ISBN 978-0-428-29454-0
PIBN 11306527

1 MONTH OF
FREE
READING

at

www.ForgottenBooks.com

By purchasing this book you are
eligible for one month membership to
ForgottenBooks.com, giving you
unlimited access to our entire
collection of over 1,000,000 titles via
our web site and mobile apps.

To claim your free month visit:
www.forgottenbooks.com/free1306527

English
Français
Deutsche
Italiano
Español
Português

www.forgottenbooks.com

Mythology Photography **Fiction**
Fishing Christianity **Art** Cooking
Essays Buddhism Freemasonry
Medicine **Biology** Music **Ancient**
Egypt Evolution Carpentry Physics
Dance Geology **Mathematics** Fitness
Shakespeare **Folklore** Yoga Marketing
Confidence Immortality Biographies
Poetry **Psychology** Witchcraft
Electronics Chemistry History **Law**
Accounting **Philosophy** Anthropology
Alchemy Drama Quantum Mechanics
Atheism Sexual Health **Ancient History**
Entrepreneurship Languages Sport
Paleontology Needlework Islam
Metaphysics Investment Archaeology
Parenting Statistics Criminology
Motivational

IMPRIMERIE DAUPELEY-GOUVERNEUR, A NOGENT-LE-ROTROU.

BIBLIOTHÈQUE

DE L'ÉCOLE

DES CHARTES

REVUE D'ÉRUDITION

CONSACRÉE SPÉCIALEMENT A L'ÉTUDE DU MOYEN AGE.

LIV.

ANNÉE 1893.

PARIS

LIBRAIRIE D'ALPHONSE PICARD ET FILS

RUE BONAPARTE, 82

1893

LES PRÉPARATIFS

D'UNE INVASION ANGLAISE

ET LA

DESCENTE DE HENRI III EN BRETAGNE.

(1229-1230.)

On sait que les Plantagenets ont attendu plus de cinquante ans avant de reconnaître par un acte solennel les conquêtes de Philippe-Auguste. Depuis les premières années du XIIIᵉ siècle jusqu'en 1259, ils ont été constamment en guerre avec la France. Ne pouvant se résoudre à ratifier la perte de leurs possessions continentales, trop faibles pour les reprendre, trop fiers pour acheter la paix au prix d'un humiliant abandon, ils n'ont traité qu'en désespoir de cause, après de longs et inutiles efforts. Pour reprendre la Normandie, le Poitou, l'Anjou, le Maine, il aurait fallu gagner des batailles, et la victoire ne se décida jamais que pour la France. Henri III, roi d'Angleterre, et ses sujets mirent longtemps à se rendre compte qu'ils devaient renoncer à la revanche; sous Philippe-Auguste, au temps de son fils et de saint Louis, ils laissèrent traîner les hostilités, guettant les occasions, préparant des armements qui n'aboutissaient pas toujours, attaquant la France, puis se retirant sans avoir rien obtenu, parfois battus et toujours malheureux. Après chaque prise d'armes, comme on ne pouvait rester indéfiniment en guerre ouverte, on faisait une trêve, conclue pour un temps plus ou moins long, et souvent, quand elle arrivait à son terme, on la renouvelait, faute de pouvoir mieux faire.

L'expédition de 1230 est l'une de ces tentatives faites par le

fils de Jean Sans-Terre pour remettre la main sur les anciens
domaines de sa famille. Elle n'a pas été plus heureuse que les
autres, et pourtant les circonstances dans lesquelles la France
se trouvait alors semblaient favorables au roi d'Angleterre.

Louis IX sortait à peine de l'enfance ; la régente Blanche de
Castille employait son génie et les ressources de la couronne à
défendre le pouvoir royal contre le mauvais vouloir ou l'inimitié
déclarée des grands vassaux. Quelques mois à peine après l'avènement de son fils, elle avait dissous, aux traités de Vendôme,
une coalition soutenue par les Anglais, à la tête de laquelle se
trouvaient Thibaud, comte de Champagne, Hugues de Lusignan,
comte de la Marche, et Pierre de Dreux, auquel était dévolue la
garde de la Bretagne pendant la minorité de ses enfants. Mais ce
premier succès n'avait pas été suivi d'une paix durable : bientôt
Blanche avait dû déjouer un complot des barons, qui voulaient
se saisir de son fils, puis marcher en plein hiver, avec le roi,
contre le comte de Bretagne et lui enlever de force le château de
Bellême. Elle venait de mettre fin à la guerre des Albigeois et de
recevoir au traité de Paris la soumission du comte de Toulouse,
quand les grands, se sentant impuissants à l'attaquer de face,
prirent le parti de ruiner, pour l'affaiblir, ceux qui lui restaient
fidèles. Le vaincu de Bouvines, Ferrand de Portugal, comte de
Flandre, que Blanche avait tiré de prison, et le comte de Champagne, qui, depuis 1227, était passé du parti des révoltés à celui
de son jeune maître, étaient alors les principaux soutiens de la
couronne ; on résolut de briser leur puissance. Après avoir, avec
une obstination pleine de perfidie, forgé de toutes pièces une
légende d'après laquelle Thibaud de Champagne aurait été l'amant
de la reine, les ennemis de Blanche passèrent de la calomnie à la
violence ouverte et se coalisèrent pour déposséder son protégé.
L'oncle du roi, Philippe Hurepel, comte de Boulogne, était à la
tête de ce parti, que composaient avec lui le duc de Bourgogne et
le comte de Nevers, les comtes de Saint-Pol et de Guines, le
sire de Coucy, le comte Robert de Dreux, ses frères le comte de
Mâcon, l'archevêque de Reims et Pierre Mauclerc, comte de Bretagne, l'irréconciliable et redoutable ennemi de la reine Blanche.
Prétendant dépouiller le comte de Champagne au profit de sa
cousine la reine Alix de Chypre, ils se disposaient à se jeter sur
ses États au moment où finit la trêve qui depuis quelque temps
avait été rétablie entre l'Angleterre et la France.

Cette trêve, conclue d'abord en 1227 pour une année, avait ensuite été prorogée jusqu'au 22 juillet 1229. C'est avec impatience que Henri III en voyait approcher le terme, car il comptait bien mettre à profit, pour reprendre l'héritage de ses pères, la guerre civile qui allait commencer en France, le mécontentement des Normands, l'humeur inquiète et turbulente des Poitevins et surtout les rancunes du comte de Bretagne. Une fois décidé à faire contre la France un grand effort, le roi d'Angleterre poussa ses préparatifs en homme qui se disposait à conquérir pour le moins deux ou trois provinces. Tout d'abord, comme prélude aux actes de guerre, on vit reparaître en Angleterre ces mesures rigoureuses qui, à chaque reprise d'hostilités, interrompaient les relations commerciales d'une rive à l'autre de la Manche.

Dès le 5 juillet, Henri III avait écrit à tous les vicomtes ou shériffs de son royaume et à plusieurs de ses baillis de s'opposer à ce qu'aucun marchand étranger séjournât en Angleterre, avec ses biens et ses marchandises, après la Sainte-Madeleine (22 juillet). Ceux qui resteraient passé ce délai devaient s'attendre à être arrêtés et dépouillés[1]. Le 17, les baillis de Dunwich et de quatorze autres ports situés sur la Manche et sur la mer du Nord furent informés que la trêve allait être finie et que déjà des barques et des vaisseaux français, réunis sur les côtes ennemies, se préparaient à faire la course; défense était faite aux vaisseaux anglais de passer la mer; tous les bâtiments étrangers en séjour dans les ports anglais devaient être arrêtés et gardés jusqu'à nouvel ordre, sans excepter ceux qui venaient de la Gascogne[2]. Des instructions de teneur analogue furent promulguées le 20 juillet[3]; puis, le 25, la sévérité de ces mesures se relâcha en faveur des marchands étrangers, à l'exclusion des Français; le maire et les vicomtes de Londres furent invités à les laisser aller[4]. Le lendemain, 26 juillet, Henri III écrivit aux vicomtes des comtés de Dorset, Norfolk, Suffolk, Essex, Lincoln, Kent, Sussex, Southampton, Devon et Cornouailles pour leur annoncer l'envoi de commissaires royaux, avec le concours desquels ils auraient à

---

1. Shirley, *Royal and other historical letters illustrative of the reign of Henry III* (collection du Maître des Rôles), t. I, p. 353-354; 5 juillet 1229.

2. Shirley, t. I, p. 354; 17 juillet 1229.

3. Record office. Close rolls; 13ᵉ année de Henri III, n° 39, membr. 7 in dorso; 20 juillet 1229 : « Rex ballivis portus de Sorham, » etc.

4. Shirley, p. 355; 25 juillet 1229.

faire arrêter tous les vaisseaux rencontrés dans leurs ports ; on devait s'assurer qu'ils s'y trouveraient à la quinzaine de la Saint-Michel, prêts à partir dans la direction que le roi leur ferait désigner. Pour chaque comté, une liste, rédigée en double expédition, devait porter l'indication de tous les vaisseaux, du nombre de chevaux que chacun pouvait contenir et des noms de leurs patrons[1].

Le 27 juillet, le roi fit savoir à Renouf, comte de Chester et de Lincoln, à tous ses comtes et barons, évêques et abbés, que, sur l'avis de ses vassaux et de certains amis qu'il avait outre-mer, il avait résolu de se trouver à Portsmouth à la quinzaine de la Saint-Michel pour s'embarquer ; il les convoquait à s'y rendre tout équipés, chacun avec un nombre donné de chevaliers[2]. Quels étaient ces amis d'outre-mer ? A coup sûr Pierre de Bretagne, probablement aussi des nobles poitevins et, sans aucun doute, un certain nombre de chevaliers et d'armateurs normands. Nous verrons souvent, au cours de ce récit, que le roi d'Angleterre considérait comme siens les marins de Dieppe et de Barfleur[3]. A l'ouest de la Normandie, la riche famille des Paynel avait montré, lors d'une révolte encore toute récente, qu'elle était bien plutôt anglaise que française ; elle se disposait à le prouver de nouveau. Parmi ceux qui bientôt allaient passer la mer avec le roi d'Angleterre, on trouve Eustache de Mortain, évidemment un Normand[4]. Enfin, comment ne pas tenir pour un ami des Plantagenets ce Richard de Harcourt qui, le 25 juillet 1229[5], se fait donner la permission exceptionnelle de faire amener d'Angleterre en France deux palefrois, et qui, un peu plus tard, le 21 juin 1232, était reçu avec égards à Douvres, d'où il devait se rendre

---

1. Shirley, t. I, p. 356 ; 26 juillet 1229. Cette circulaire fut corroborée, le même jour, par une autre, qui se trouve, comme la première, dans les rôles des lettres patentes : Patent rolls, n° 37, membr. 5 r° : « Rex omnibus ballivis et aliis de portubus maris, » etc. La Saint-Michel étant le 29 septembre, la quinzaine de cette fête, visée dans l'acte, tombait le 13 octobre.

2. Shirley, t. I, p. 356-357 ; 27 juillet 1229.

3. Record office. Patent rolls, 13e année de Henri III, 37, 3 r° ; 4 octobre 1229 : le roi convoque à Portsmouth, pour son expédition, les patrons et marins de Barfleur ; même convocation adressée à ceux de Dieppe.

4. Roberts, *Excerpta e rotulis finium* (1216-1272), t. I, p. 191 ; 17 décembre 1229 : « Rex concessit Eustachio de Moretoin, » etc.

5. Close rolls, 39, 6 r° ; 25 juillet 1229 : « Licentia ducendi duos palefridos in partes transmarinas. »

auprès du roi Henri[1]? La conquête de Philippe-Auguste, les violences de Lambert Cadoc et la dureté des agents royaux avaient laissé en Normandie des souvenirs tenaces, et l'on ne doit pas oublier que, dans ce pays encore mal habitué à son nouveau sort, plus d'un seigneur se trouvait à la fois vassal des deux couronnes. Il en était de même du clergé, et nous en sommes réduits à nous demander dans quelle mesure Blanche de Castille aurait pu compter, par exemple, sur l'abbé Guillaume de Fécamp, qui tenait comme tel des terres en Angleterre, et dont Henri III ratifia l'élection le jour même où finit la trêve avec la France[2].

Pendant l'été, en exécution des circulaires expédiées le 26 juillet, un certain nombre de navires anglais furent autorisés à quitter les ports, entre autres Winchelsea, Portsmouth, Yarmouth, Sandwich, contre la promesse de se retrouver à Portsmouth à l'époque où la flotte devait se réunir[3]. Les contingents fournis par certaines villes étaient considérables, si l'on en juge par le petit port de Dunwich, qui promit de mettre à la disposition du roi quarante bons vaisseaux, bien armés, montés par de bons pilotes et de bons équipages[4]. Les côtes de la Manche n'étaient pas seules mises à contribution, ainsi que nous l'apprend un mandement adressé au connétable de Bristol[5]. Toutes ces opérations s'effectuaient avec ordre et promptitude, et, le 20 septembre 1229, Guillaume Talbot, Geoffroy de Lucy, Gautier de Burgh et Gautier de Brackley furent envoyés à Portsmouth pour prendre livraison des bâtiments qui devaient s'y rassembler[6].

Le système prohibitif mis en vigueur depuis la reprise des hostilités était en somme assez arbitraire. Un vaisseau de Bayonne, plein de marchandises provenant de Bordeaux et de la Réole,

---

1. Close rolls; 16ᵉ année de Henri III, 43, 8 r°; 21 juin 1232 : « Pro Ricardo de Harecurt. » L'acte stipule que ce seigneur est « de Normannia. »

2. Patent rolls, 37, 5 r°; 22 juillet 1229 : « De abbate de Fiscampnis. »

3. Winchelsea. Close rolls, 39, 6 in dorso; 28 juillet 1229. — Ibidem, 6 r°; 5 août 1229. — Ibid., 5 r°; 2 septembre 1229.
Portsmouth. Close rolls, 39, 6 r°; 1ᵉʳ août 1229.
Sandwich. Ibid., 5 r°; 31 août 1229.
Yarmouth. Ibid., 6 r°; 2 août. — Ibid., 10 août 1229.

4. Close rolls, 39, 4 r°; 10 septembre 1229 : « De navibus de Dunewic[io]. »

5. Close rolls, 39, 4 r°; 12 septembre 1229 : « De navibus arestandis que xvi equos ferre possunt. Mandatum est constab[ulario] Bristoll[ie], » etc.

6. Patent rolls, 37, 4 r°; 20 septembre 1229 : « Rex assignavit Willelmum Talebot, » etc.

est arrêté à Portsmouth parce qu'on croit que sa cargaison vient
de la Rochelle, et l'on finit par le relâcher[1]. On saisit, puis on
restitue à des commerçants de Londres[2], à un habitant de Berwick[3], à un autre sujet du roi d'Écosse[4] des sacs de laine et
diverses denrées ; on va jusqu'à confisquer provisoirement un
vaisseau qui venait d'apporter à Henri III des cadeaux envoyés
par le roi de Norvège[5]. Des bateaux pris sur les côtes de Poitou
par Savary de Mauléon sont amenés à Dunwich, puis remis en
liberté, mais sous condition de venir se joindre à la flotte royale
lors du prochain passage[6]. On arrive, par tous ces procédés d'une
honnêteté plus ou moins contestable, à constituer à Portsmouth
une force navale qui, au moment décisif, se trouva insuffisante
et qui pourtant devait être considérable ; après le 19 septembre,
Guillaume Talbot et ses trois collègues commencent à distribuer
à divers seigneurs, pour leur traversée, les bâtiments dont ils ont
besoin[7].

Pendant tout le temps que durent ces préparatifs, alors que les
relations sont presque entièrement suspendues entre l'Angleterre
et les pays voisins, certains privilégiés continuent, en vertu de
permissions délivrées par Henri III, à se livrer au commerce par
mer, et, dans cette catégorie, on relève, non sans étonnement, les
noms d'un certain nombre de Français, presque tous normands :
un marchand de Gisors[8], un autre de Paris, des Rouennais[9], des
marins de Barfleur avec six vaisseaux[10], des Dieppois, hommes de
l'archevêque de Rouen[11]. Deux vaisseaux de Dieppe, chargés de

---

1. Close rolls, 39, 4 r° : « De nave de Baiona deliberanda. »
2. Close rolls, 39, 5 r° : « Pro Willelmo Joymer de Londoniis. »
3. Close rolls, 39, 5 r°.
4. Close rolls, 40, 19 r°; 28 décembre 1229 : « De quadam nave deliberanda..... navem Benedicti Scoti, » etc.
5. Ibid.; 28 décembre 1229 : « De quadam nave deliberanda..... et in qua
transmissa fuerunt domino regi exennia a rege Norwegie, » etc.
6. Close rolls, 39, 5 r°; 9 septembre 1229 : « Mandatum est Savarico de
Malo Leone, » etc.
7. Close rolls, 39, 4 in dorso; 19 septembre 1229 : « Mandatum est Willelmo
Talebot, » etc.
8. Patent rolls, 37, 6 r°; 16 juillet 1229 : « Johannes Sachevin, mercator de
Gysort. » — « Simon Cabot, mercator Parisiensis. »
9. Patent rolls, 37, 2 r° : « Walterus Blundel, mercator de Rotomago. »
10. Patent rolls, 37, 5 r°; 29 juillet 1229 : Barfleur.
11. Patent rolls, 37, 4 r°; 5 septembre 1229 : « Rex probis hominibus Rotho-
magensis archiepiscopi de Depa. »

marchandises qui appartiennent à ces derniers, après avoir été saisis, l'un à King's-Lynn, l'autre à Sandwich, sont relâchés contre la promesse ordinairement exigée de se retrouver à Portsmouth à la quinzaine de la Saint-Michel[1].

Le moment décisif approchait. Le 17 septembre, Henri III prit des mesures pour que, de tous les comtés voisins, les marchands de comestibles et de fourrages se rendissent à Portsmouth pour y apporter le pain, le vin, la bière, la viande, le foin, l'avoine et tous les approvisionnements nécessaires. Pour mieux assurer les subsistances de l'armée, il décida que jusqu'à son départ aucun marché ne se tiendrait dans la région[2]. Pensant probablement que la charité lui porterait bonheur, il se montrait généreux envers les hôpitaux[3]. Le 15 octobre et les jours suivants, on le trouve à Portsmouth[4]; il y séjournait encore le 19 et le 24 du même mois, quand il accorda en quantité à ceux qui s'étaient mis en route avec lui pour aller outre-mer des lettres de sauvegarde concernant leurs hommes, leurs terres, biens, revenus et possessions[5]. Mais il était trop pressé; sa patience allait être mise à l'épreuve.

Celui qui se chargea de faire remettre à l'année suivante l'expédition de France fut précisément ce comte de Bretagne, avec l'appui duquel on espérait la mener à bonne fin. Pierre de Dreux avait décidément jeté le masque; le rôle de vassal mécontent ne lui suffisait plus; il se posait résolument en ennemi de la France. Sans aucun doute, ses premières tentatives pour faire venir les Anglais en Bretagne ne datent pas d'alors; le rédacteur des Grandes Chroniques de France le représente allant, peu avant le siège de Bellême, proposer à Henri III une descente sur le continent[6]. Il ne semble pas que Mauclerc soit venu en Angleterre avant ce siège, qui nous paraît avoir eu lieu en janvier 1229, mais l'auteur des Grandes Chroniques a pu confondre des propositions écrites, que le comte de Bretagne aurait faites à cette

1. Close rolls, 39, 5 r°; 2 septembre 1229 : « De navi Willelmi de Senvall., et Hugonis Seman de Depe. »

2. Shirley, p. 357.

3. Close rolls, 39, 4 r°; 20 septembre 1229 : don à l'hôpital de Douvres.

4. Close rolls, 39, 2 r°; 15, 17, 18 octobre : lettres datées de Portsmouth.

5. Patent rolls, 37, 2 in dorso : une lettre de protection du 24 octobre et 43 autres du 19.

6. *Historiens de France*, t. XXI, p. 104.

époque, et les entrevues qu'il eut en octobre avec le roi d'Angleterre. Le fait de son arrivée à Portsmouth n'est pas contestable[1],
et l'on doit ajouter qu'il y débarqua dans des circonstances vraiment graves.

Henri ne songeait plus qu'à prendre la mer ; il se trouvait à la
tête d'une grande armée, où l'on remarquait, à côté des Anglais,
beaucoup de chevaliers irlandais, écossais et gallois. Mais, au
dernier moment, on s'aperçut que les vaisseaux réunis dans le
port étaient loin de suffire à tant de monde. Alors le roi s'emporta
contre le grand justicier Hubert de Burgh, l'appela « vieux
traître, » l'accusa d'avoir tout fait avorter pour cinq mille marcs
que la reine de France lui avait payés. Il s'oublia jusqu'à tirer
l'épée contre son ministre, mais fut retenu à temps par le comte
de Chester et les autres assistants.

On en était là, quand Mauclerc entra dans le port, le 9 octobre.
Sans doute quelques jours se passèrent encore dans l'hésitation,
mais le comte de Bretagne eut bientôt fait de persuader à un
jeune prince inconséquent et irrésolu que la saison était trop
avancée, qu'il valait mieux attendre au printemps suivant. On
congédia l'armée ; Hubert de Burgh et le roi se réconcilièrent
pour quelque temps[2], mais Henri III lui garda rancune, et bientôt il devait, dans des circonstances dramatiques, lui reprocher
d'avoir empêché son premier projet d'invasion en France[3].

Dès le 26 octobre, Henri III avertit ses vassaux que Mauclerc
était venu lui faire hommage pour la Bretagne, que, se confor-
mant à l'avis du comte de Bretagne et à celui de ses barons, il
avait remis l'embarquement au dimanche après Pâques (14 avril
1230)[4]. La trahison de Pierre de Dreux restait entière, quoique
l'effet en fût reculé ; les historiens des deux pays sont tous d'accord pour lui attribuer l'invasion que Louis IX et Blanche de
Castille eurent à repousser en 1230. En attendant, il recevait
le prix de son odieuse conduite ; pendant l'hiver, le printemps et
l'été, on lui rendit successivement tous les revenus et les fiefs qu'il

1. *Annales de Wintonia (Annales monastici,* éd. Luard, t. II, p. 85) et
d'autres.

2. Roger de Wendover, éd. Hewlett, t. II, p. 378-380, et, d'après lui, Mathieu
de Paris, *Chronica majora,* éd. Luard, t. III, p. 191-192.

3. Roger de Wendover, t. III, p. 33 ; *Chronica majora,* t. III, p. 222.

4. Shirley, t. I, p. 358-359. Cf. *Annales de Theokesbiria, Ann. monastici,*
t. I, p. 73.

avait perdus en Angleterre, comme sujet de Louis IX, notamment son comté de Richemont[1], et, le 21 mai, nous voyons Henri III lui donner, dans un acte daté de Nantes, ce titre de duc que le roi de France ne lui reconnaissait pas[2].

Les Anglais, fidèles à leurs habitudes, laissèrent reprendre pour quelque temps le commerce maritime : le 2 novembre, des ordres furent adressés dans ce sens aux baillis de divers ports[3]. A défaut de trêve, c'était un adoucissement à l'état de guerre. Blanche de Castille avait devant elle quelques mois pour s'occuper de ses sujets, en attendant d'avoir à se porter au-devant des ennemis. Elle ne perdit pas un instant : c'est, selon toute apparence, à ce moment qu'une partie de l'Anjou fut occupée par les troupes royales ; en tout cas, le roi se trouvait à Saumur au mois de janvier[4]. Pierre Mauclerc, au comble de la fureur, n'avait plus aucun ménagement à garder ; le 20 janvier, il fit porter au roi, par un Templier, une lettre conçue dans les termes les plus insolents, en tête de laquelle il s'intitulait duc de Bretagne et comte de Richemont. Après avoir rappelé tous ses griefs, dénis de justice, prise de Bellême, saisie de ses domaines angevins, il signifiait à Louis IX qu'il ne se considérait plus comme son vassal, se retirait de son hommage et entendait par cette déclaration lui adresser un défi[5].

La guerre, conséquence inévitable d'une aussi arrogante provocation, ne devint sérieuse aux confins de la Bretagne qu'à l'arrivée des Anglais. En prévision de cet événement redoutable, Blanche de Castille cherchait à diminuer le nombre des ennemis qu'elle allait avoir à combattre.

En février 1230, le Dauphin d'Auvergne et son petit-fils Robert,

---

1. Close rolls, 40, 15 r°; 6 février 1230 : « Pro Petro comite Britannie. » — Ibid., 25 février 1230 : « Pro comite Britannie de scutagio. » — Ibid. : « Rex concessit Petro comiti Britannie finem duarum marcarum, » etc. — Ibid., 13 r°; 2 avril 1230 : « Pro comite Britannie de finibus factis cum rege, » etc. — Roll 40, 8 r°; 27 avril 1230 : vassaux du comte de Bretagne. — Ibid., 6 r°; 16 juin 1230 : « De honore Richemundie. » — Ibid., 5 r°; 13 juillet 1230 : « Pro comite Britannie. »

2. Close rolls, 41, 8 r° : « Rex Ranulfo comiti Cestrie et Lincolnie salutem. Sciatis quod reddidimus Petro duci Britannie, » etc.

3. Close rolls, 40, 23 in dorso; 2 novembre 1229.

4. *Layettes du Trésor des chartes*, II, 2037.

5. Cette pièce est publiée par du Cange, dans les observations qui font suite à l'édition de Joinville, p. 44-45.

depuis longtemps en lutte avec la couronne, conclurent avec
Louis IX un traité qui les faisait rentrer dans l'hommage royal[1].
La réconciliation de cette maison avec la couronne enlevait au
roi d'Angleterre un des alliés sur lesquels il aurait pu compter.
La maison de France gagnait du terrain dans le voisinage des
provinces occupées par les Anglais, et c'est comme relevant du
duché d'Aquitaine qu'Archambaud, vicomte de Comborn, l'abbé
de Saint-Martial de Limoges et l'abbé d'Uzerche faisaient hommage au roi, en lui jurant fidélité, ainsi qu'à sa mère et à ses
frères[2].

Les Anglais ne perdirent pas leur temps pendant l'hiver ; ils
firent tout pour mener à bonne fin leurs projets d'invasion. A partir de novembre 1229, on les voit reprendre une à une toutes les
mesures déjà mises en vigueur en vue de l'expédition qui avait
été projetée pour le mois d'octobre. Une fois de plus on se met à
réquisitionner dans les ports de l'Angleterre tous les vaisseaux,
en ne les laissant aller que contre la promesse d'être revenus,
soit à Pâques-Closes, dimanche de la Quasimodo (14 avril 1230)[3],
soit surtout à Pâques-Fleuries, jour des Rameaux (31 mars)[4].
Les vicomtes recommencent à faire l'inspection des ports, pour
y dresser, comme pendant l'automne précédent, avec le concours
d'envoyés royaux, la liste des vaisseaux sur lesquels on peut
compter et de leurs patrons. Les étrangers, tout comme les
Anglais, font les frais de cette nouvelle entreprise. A King's-
Lynn on décharge, pour s'assurer du bateau qui les porte, les
marchandises appartenant à un commerçant de Staveren en
Frise[5]. Les Templiers de la Rochelle ont un de leurs vaisseaux
arrêté à Portsmouth ; on ne le laisse aller qu'après avoir fait
jurer au frère du Temple qui le monte et à l'équipage de rentrer
dans ce port à la fête des Rameaux, pour prendre part à l'expé-

---

1. *Layettes du Trésor des chartes*, II, 2038-2041.

2. Le Nain de Tillemont, *Histoire de saint Louis*, t. II, p. 51-52 ; du Tillet,
Recueil, t. II, p. 174. Lettre de Raimond, abbé de Saint-Martial ; Archives
nationales, reg. JJ. 26, fol. 213 v°, col. 1 ; 26 mars 1230.

3. Close rolls, 40, 23 r° ; 6 novembre 1229 : « De quadam coga. » — Ibid.,
22 in dorso ; 7 novembre : mandement au vicomte de Cornouailles et à plusieurs autres.

4. Close rolls, 40, 17 in dorso ; 30 janvier 1230 : « De navibus arestandis. »

5. Close rolls, 40, 23 r° ; 8 novembre 1229 : « De mercandisis deliberandis. »

dition de France[1]; exemple doublement curieux : il fallait qu'on eût bien besoin de se procurer des transports pour mettre la main sur un bâtiment appartenant aux Templiers, ces banquiers du monde chrétien; et, d'autre part, leur influence devait être bien grande pour que Henri III les laissât venir de la Rochelle, avant-garde de la France contre ses possessions de Gascogne. En février, en mars, en avril, la même disposition est prise en ce qui concerne des bateaux de Bayonne[2], de Dieppe, d'Abbeville[3], de Bruges[4], sans compter un vaisseau porteur de marchandises chargées à Berwick, en Écosse, et saisies à King's-Lynn[5]. Hugues de Vivonne part en mission pour le continent; le roi lui donne « une bonne nef pour son passage, » mais en s'assurant qu'on fera son possible pour revenir en temps utile à Portsmouth[6]. On n'en finirait pas s'il fallait énumérer tous les vaisseaux qui sont pris et relâchés à cette condition. Le 24 février, les barons des Cinq-Ports reçoivent un mandement prescrivant la concen-tration des vaisseaux à Portsmouth[7]; le 2 avril, Thomas de Hemmegrave est chargé d'envoyer au rendez-vous général tout ce qui se trouve dans les ports des comtés de Norfolk et de Suf-folk[8]. Pendant ce temps, le roi d'Angleterre se tient en commu-nication avec ses alliés d'outre-mer; des envoyés de Savary de Mauléon repassent en Bretagne au mois de février[9], tandis que les gens de Dieppe et de Barfleur sont de nouveau convoqués[10].

Pour suffire aux dépenses que nécessitent de tels arme-ments, Henri III joint aux ressources de son trésor les subsides qu'il demande au clergé d'Angleterre[11], aux bourgeois de ses

---

1. Close rolls, 40, 16 r°; 4 février 1230 : « De securitate navis quod veniet usque Portesmue. »
2. Close rolls, 40, 16 r°; 4 février : « De securitate navis; » vaisseaux de Bayonne et de Dieppe.
3. Close rolls, 40, 15 r°; 25 février 1230 : « De navibus permittendis abire per securitatem; » deux vaisseaux d'Abbeville.
4. Ibid., 14 r°; 9 mars : « De quadam coga deliberanda per securitatem. »
5. Ibid., 14 r°, 13 mars.
6. Ibid., 13 r°; 19 mars 1230 : « Pro Hugone de Vivone. »
7. Patent rolls, année 14, 39, membr. 5 r°; 24 février 1230.
8. Close rolls, 40, 13 r° : « De Thoma de Hemmegrave. »
9. Ibid., 16 r°; 5 février 1230 : « Pro nunciis Savarici de Malo Leone. »
10. Patent rolls, 39, 6 r°; 1er février 1230 : « De navibus de Depe et de Bar-beflé. »
11. Aide demandée au chapitre de Sarum : *Vetus registrum Sarisberiense,*

villes [1], et l'argent provenant de marchandises confisquées sur les sujets du roi de France, « venus d'Arras ou d'autres villes de ses domaines [2]. »

Le roi d'Angleterre avait décidé que deux ports seulement, Douvres et Portsmouth, seraient affectés au passage [3]; c'était là le seul parti qu'il convînt de prendre pour éviter une dispersion dangereuse; au surplus peu de ports étaient assez vastes pour renfermer une grande flotte. C'est presque uniquement à Portsmouth qu'allaient se réunir les forces navales et l'armée destinées à la guerre de Bretagne.

Les historiens ne disent pas à quel nombre d'hommes montaient les troupes que Henri III allait emmener en France, mais on sait, par les rôles de ses lettres patentes conservés aux archives d'Angleterre, que, le 20 avril 1230, quelques jours avant de mettre à la voile, il accorda des lettres de protection à trois cent quatre-vingts vassaux prêts à partir avec lui, et qu'un certain nombre d'entre eux avaient amené à l'armée d'autres chevaliers [4]. Dans l'automne qui suivit, le roi d'Angleterre, se trouvant à Nantes, fit remettre à beaucoup de ceux qui l'avaient accompagné le droit (*scutagium*) dû en raison des fiefs de chevaliers qu'ils tenaient de lui; la liste de ces ordres de paiement fournit plus de cent cinquante noms [5]. C'est encore de Nantes que sont datées des lettres de protection délivrées à divers seigneurs qui étaient venus en France, soit avec le roi, soit avec Richard de Cornouailles, soit en compagnie du comte de Chester [6]. D'autres obtinrent pendant la durée de leur service un répit pour le paiement de certaines

---

alias dictum registrum S. Osmundi episcopi, éd. Jones, t. II, 1884, p. 117; 3 février 1230.

Close rolls, 40, 13 in dorso; 7 avril 1230 : lettre aux archevêques et évêques d'Angleterre.

1. Roger de Wendover, t. II, p. 383, et, d'après lui, Mathieu de Paris, *Chronica majora*, t. III, p. 194 : aide demandée aux bourgeois de Londres.

2. Close rolls, 40, 14 r°; 4 mars 1230 : « De arestandis catallis de partibus transmarinis. »

3. Patent rolls, 39, 2 in dorso; 7 mai 1230 : le roi d'Angleterre rappelle cette disposition à Geoffroy de Lucy et à d'autres.

4. Patent rolls, 39, 4 in dorso; 20 avril 1230.

5. Record office. Chancery, Miscellaneous rolls; scutage rolls, n° 11/5.

6. Patent rolls, 38, 7 r°; 28 mai 1230 : « De protectione. » — Ibid.; 2 juin : autre lettre de protection.

dettes[1] ou se firent accorder que les Juifs auxquels ils avaient emprunté ne pourraient, jusqu'à leur départ de l'armée, accumuler les intérêts des sommes qu'ils leur avaient avancées[2]. Les sergents et les arbalétriers levés aux frais de la couronne furent embarqués sous la conduite de nobles et de clercs du roi[3]. D'ailleurs, tout désireux qu'il fût de partir à la tête de forces imposantes, Henri III, pour ne pas trop dégarnir ses États, n'emmena pas tous ceux qui avaient été convoqués à Portsmouth; c'est ainsi que quelques-uns d'entre eux furent laissés à la garde de l'Irlande[4].

Quant à la composition de la flotte, nous la connaissons à peu près, grâce à l'ordre avec lequel les rois d'Angleterre faisaient tenir leurs archives. Il ne s'agissait pas d'un de ces voyages lointains, comme, par exemple, le pèlerinage de Terre Sainte, pour lesquels on avait recours aux flottes des puissances étrangères, nolisées en masse, ainsi que cela se faisait dans les contrats passés, pour les croisades, avec les républiques de Pise, de Gênes, de Venise. Pour traverser la Manche, qui était peu large et bien connue de ses marins, Henri III avait dans son royaume les ressources nécessaires, non pas assurément qu'il y eût alors une flotte d'Angleterre capable à elle seule de suffire au transport d'une grande armée. Le prédécesseur de ceux qui dominent aujourd'hui sur les mers avait bien en propre quelques vaisseaux, mais ils étaient sans doute assez peu nombreux. L'un d'eux, *la Grande-Nef* (*Magna Navis*), est assez souvent nommé dans les rôles des lettres closes et des lettres patentes; à l'époque où le roi d'Angleterre se préparait, pour la première fois, à passer en France, il ordonna aux barons des Cinq-Ports de faire venir à Portsmouth, à ses frais, les marins qui devaient en composer l'équipage[5]. Le 11 mai 1230, alors que la flotte anglaise avait déjà passé la Manche, *la Grande-Nef* était encore en arrière; Henri III écrivit à Étienne de Segrave, l'un de ceux qui gouver-

1. Close rolls, 41, 8 r°; 31 mai : répits accordés à Jean de Neville et autres. — Ibid., 7 r°; 10 juin. — Ibid.; 28 juin.

2. Close rolls, 41, 8 r°; 21 mai 1230 : « Pro Waltero de Langetone; » et autres. — Ibid., 7 r°; 25 juin : même faveur à Gautier de « Codardville. »

3. Record office. Liberate rolls, 492, 4; 2 avril 1230 : « Liberate pro servientibus et balistariis. »

4. Close rolls, 40, 15 in dorso : mandement au justicier d'Irlande.

5. Patent rolls, 37, 2 r°; 12 octobre 1229.

naient l'Angleterre en son absence, d'en avoir bien soin et de veiller à ce qu'elle ne pérît pas faute d'être gardée[1]. On ignore si elle rendit des services dans la campagne de 1230; au début de l'année suivante, le roi fit couper du bois de construction dans la forêt de Porchester pour la remettre en état[2], et des charpentiers furent chargés de la réparer[3]. Un an plus tard, il est de nouveau question de l'armer[4]. Celui qui en avait le soin était « garde de *la Grande-Nef* et des galées[5], » car Henri III avait des vaisseaux, affectés, sans aucun doute, aux communications avec l'Irlande, les côtes d'Angleterre et les pays d'outre-mer. Les « gardes des galées, » chargés de veiller au bon fonctionnement de ce service, recevaient souvent l'ordre de mettre un ou deux de leurs navires à la disposition des envoyés royaux ou du sénéchal de Gascogne, quand il se rendait dans son gouvernement[6].

Il fallait bien autre chose pour embarquer des milliers d'hommes, de chevaux, des approvisionnements de toute sorte, et nous avons vu qu'on avait alors recours, en temps de guerre, à la levée en masse des bateaux marchands, comme à la confiscation arbitraire des bâtiments étrangers ramassés dans les ports anglais. Tous ces transports improvisés, de provenance fort diverse, ne devaient pas être, tant s'en faut, de même tonnage; il est seulement certain que, dans beaucoup de cas, on tenait à ce qu'ils pussent contenir au moins seize chevaux[7]. En septembre 1229, un bateau de Florence, qui n'avait pas cette dimension, fut autorisé à sortir du port de Shoreham[8]; deux Florentins et deux Bolonais furent laissés libres de louer dans ce même port

1. Close rolls, 41, 8 r°; Dinan, 11 mai 1230 : « De Magna Nave domini regis. »
2. Close rolls, 42, 17 r°; 14 février 1231 : « De maeremio ad reparationem Magne Navis. »
3. Close rolls, 16 r°; 11 mars 1231.
4. Close rolls, 43, 15 r°.
5. Shirley, *Royal letters*, p. 351 : « Rex Jeremie custodi Magne Navis et galearum. »
6. Close rolls, 40, 13 r°; 31 mars 1230 : « De duabus galiis liberandis Willelmo Talebot. » — Ibid.; 28 mars 1230 : « De quadam galia, » etc. — Patent rolls, 38, 8; 12 mai 1230 : « De quadam galia domini regis, » etc. — Close rolls, 39, 9 r°; 31 mai 1229 : « Pro Henrico de Trubleville. »
7. Close rolls, 39, 3 in dorso; 27 septembre 1229 : mandement aux baillis de King's-Lynn. — Close rolls, 40, 13 r°; 25 mars 1230 : « De navibus faciendis venire usque Portesmue. »
8. Close rolls, 39, 4 r°; 18 septembre 1229 : « Pro mercatoribus de Florentia. »

une barque, à condition qu'elle ne fût pas de taille à porter seize chevaux[1]. Les bateaux de pêche et les navires marchands qui se trouvaient dans ce cas étaient ordinairement relâchés[2]. En octobre, le roi fit donner à une dame noble, pour elle, sa suite, ses montures et ses bagages, « une petite nef capable de contenir sept ou huit chevaux[3]. » On ne voulait pas, à ce qu'il semble, s'encombrer de bateaux aussi petits.

Le nombre des navires réunis à Portsmouth devait être très élevé. Le roi d'Angleterre, arrivé en Bretagne, délivra, de Dinan, une quantité de lettres patentes autorisant des capitaines à s'en retourner. L'un des documents dans lesquels ces lettres sont réunies et analysées fournit les noms de plus de deux cent vingt patrons, anglais pour la plupart, quoique quelques-uns soient de l'Empire, de Bologne, de Staveren en Frise[4]. Une seconde liste mentionne soixante-dix bâtiments, dont beaucoup proviennent de France, ou, pour mieux dire, de la Flandre, de la Normandie, de la Gascogne. Le petit port de Barfleur fournit à lui seul neuf bateaux ; Saint-Valery[5], Caen, Bernières-sur-Mer, Ouistreham sont également représentés, ainsi que Berneval, entre Dieppe et le Tréport, Leure, à l'emplacement actuel du Havre, et le Pollet[6]. Cette énumération ne comprend pas tous les vaisseaux qui furent congédiés après le passage en Bretagne, et, d'autre part, Henri III a dû maintenir à sa disposition une partie de la flotte. On peut dès lors se faire une idée des forces navales qu'il avait réunies. Le roi ne profita même pas, à son départ de Portsmouth, de toutes les ressources dont il pouvait disposer ; après avoir été à court au mois d'octobre, on avait maintenant trop de vaisseaux. Les gens de Dunwich, qui avaient offert quarante bateaux, étaient autorisés à n'en fournir que trente[7]. Le 30 avril, Henri III déclara,

1. Close rolls, 39, 3 r° ; 26 septembre 1229 : « Pro quibusdam mercatoribus Bolonie. »

2. Close rolls, 40, 19 r° ; 28 décembre 1229 : vaisseau qui ne peut pas contenir seize chevaux. — Ibid., 14 r° ; 14 mars 1230 : « De nave prioris de Ormesby. » — Ibid., 13 r° ; 2 avril 1230 : « De navibus deliberandis que ferre non possunt XVI equos. »

3. Close rolls, 39, 2 in dorso ; 10 octobre 1229 : mandement aux baillis de Shoreham pour la damé de Wanneville, sœur de Guillaume de Chanteloup.

4. Patent rolls, 38, 9 r° ; Dinan, 9 mai 1230.

5. En Caux, sans doute.

6. Patent rolls, 38, 8 r° ; 10 mai 1230.

7. Close rolls, 40, 16 r° ; 6 février 1230 : vaisseaux de Dunwich.

en renvoyant trois patrons anglais, qu'il avait des vaisseaux en
nombre suffisant[1], et, le 1er mai, il faisait valoir cette raison, la
meilleure de toutes, pour permettre à cent trente-trois capitaines
de s'en retourner chez eux[2]. Cet exemple fut suivi, après le départ
du roi, en mai, en juin, par son ministre Étienne de Segrave[3].

Il fallait des voitures pour transporter au lieu d'embarquement
l'argent et le matériel. Pendant l'été de 1229, Henri III avait fait
mettre en état un certain nombre de charrettes qui se trouvaient
dans le château de Winchester[4]. Au mois d'avril suivant, on
amena par charrois de ce château à Portsmouth le trésor du roi,
ses vêtements et ses bagages[5]. On fit venir aussi l'argent qui se
trouvait en Irlande, entre les mains du justicier de cette île et du
trésorier de Dublin[6]. On avait à la Tour de Londres un dépôt
d'armes, d'arbalètes montées sur bois ou sur corne[7], de carreaux[8]; c'est là qu'on allait les prendre à destination de l'armée.
Un magasin d'arbalètes et de carreaux se trouvait aussi à Porchester[9]. Des arbalètes neuves furent envoyées au château de
Douvres, qui, en cas de guerre, était spécialement exposé[10], et
celles qui s'y trouvaient déjà furent inspectées et remises à neuf[11].
On dirigea sur Portsmouth des approvisionnements en vins[12], en

1. Close rolls, 40, 8 in dorso ; 30 avril 1230 : « Quia alias naves habuimus ad
sufficienciam. »

2. Patent rolls, 39, 3 r°; 1er mai 1230 : « De licentia navium post transfre-
tationem regis. »

3. Close rolls, 40, 6 r°; 10 mai 1230 : « De nave permittenda abire. » —
Ibid.; 17 mai 1230 : « De navibus deliberandis. » — Ibid.; 8 juin : « De nave
deliberanda per sacramentum. »

4. Close rolls, 39, 5 r°; 22 août 1229 : mandement au vicomte de Southampton.

5. Liberate rolls, 492, 2 ; 14 avril 1230 : « Contrabreve de cariando thesauro
et hernesio regis usque Portesmue. » — Ibid.; 10 avril : « Liberate de denariis deferendis ad regem usque Portesmue, » etc. — Ibid.; 30 avril : « Liberate
de denariis mittendis ad regem. » — Close rolls, 40, 11 r°; 14 avril 1230 : « De
denariis mittendis ad regem usque Portesmue. »

6. Close rolls, 40, 8 r°; 27 avril 1230 : mandement à Richard de Burgh, justicier d'Irlande.

7. Close rolls, 39, 2 r°; 11 octobre 1229 : « De balistis liberandis. »

8. Close rolls, 39, 9 r° : « De quarellis liberandis Henrico de Trubleville. »

9. Close rolls, 40, 13 r°; 2 avril 1230 : « De balistis liberandis W. Talebot, » etc.

10. Close rolls, 39, 2 r° : « De balistis liberandis. »

11. Close rolls, 39, 9 r° : « De reparatione balistarum, » etc.

12. Vins. Close rolls, 40, 8 r° : « De vinis cariandis ad regem. » — Ibid.,
11 r° : « De navibus faciendis venire usque Portesmue. »

blés[1], et beaucoup de plomb, destiné, sans doute, à lester les navires[2].

Tout porte à croire que les bagages personnels du roi étaient considérables ; il donnait l'exemple du luxe et ne se privait de rien de ce qui pouvait rehausser l'éclat de la majesté royale. C'était un homme habitué au faste. A cet égard, les heaumes dorés qu'il portait[3] ne prouvent pas grand'chose, puisque saint Louis, si modeste dans ses goûts, en avait aussi ; mais il paraît avoir eu, même en campagne, de la vaisselle d'argent. Au moment de partir, il se rappelle que ses coupes et ses bassins sont restés en arrière, et il écrit à l'évêque de Carlisle, son trésorier, de lui envoyer sans retard le coffre scellé qui les contient[4]. Il lui commande un manteau royal en diapre blanc ou en drap de soie de cette couleur, avec une couronne, un sceptre et un bâton royal en argent doré, sans oublier les sandales et les gants destinés à compléter ce costume de parade[5]. A quoi pouvait lui servir tout cela, si ce n'est à se faire solennellement reconnaître ou couronner dans cet héritage d'outre-mer qu'il allait reprendre au petit roi de France et à Blanche de Castille ? Henri Plantagenet triomphait à l'avance ; il avait oublié Jean Sans-Terre et se voyait déjà, comme son aïeul, maître de toutes les provinces françaises que baignent la Manche et l'Océan. C'était aller trop vite en besogne.

L'armée anglaise s'était réunie vers la fête de Pâques, à Reading[6] ; une assez petite distance la séparait de Portsmouth. Arrivé dans cette ville, Henri III, au moment de partir, visita les pauvres et les malades, baisa des lépreux et leur fit de larges aumônes[7] ; ces actes d'humilité extérieure étaient comme le prélude obligé de son orgueilleuse entreprise. Le 30 avril, on s'em-

---

1. Blés. Close rolls, 40, 10 r° : « De blade emendo ad opus regis. »

2. Plomb. Close rolls, 40, 11 r° : « De navibus faciendis, » etc. — Ibid., 7 r° : « De plumbo recepto apud Portesmue. »

3. Close rolls, 46, 7 r°; 16 juillet 1235 : « De galeis datis. »

4. Close rolls, 40, 10 r°; 19 avril 1230 : « De quodam coffino mittendo ad regem. »

5. Close rolls, 40, 11 r°; 14 avril 1230 : « Pro quodam regali faciendo ad opus regis. »

6. Roger de Wendover, éd. Hewlett, t. II, p. 383, et, d'après lui, Mathieu de Paris, *Chronica majora*, t. III, p. 194.

7. *Chronicon Nicolai Trivetti* (d'Achery, *Spicilegium*, in-folio, t. III, p. 190).

barqua[1] ; le 1er mai, fête de saint Philippe et de saint Jacques, on mit à la voile. Le lendemain, Henri III, ayant avec lui seulement une trentaine de vaisseaux, s'arrêta pour la nuit à l'île de Guernesey, afin de donner un peu de repos, au milieu d'une traversée pénible, à l'une de ses sœurs, qui l'accompagnait[2]. Le vendredi 3 mai, il prit terre à Saint-Malo, avec Guillaume le Maréchal, comte de Pembroke, les comtes de Hereford et de Glocester. Le justicier d'Angleterre Hubert de Burgh, le comte de Chester et de Lincoln, le comte de Huntingdon, Philippe d'Aubigny et quelques autres seigneurs étaient arrivés dans ce port la veille au soir. Ce n'était là qu'une faible partie de l'armée anglaise : le gros de la flotte, ayant à sa tête le comte Richard, frère de Henri, s'était séparé à Guernesey des vaisseaux qui accompagnaient le roi. Richard, comte de Ferrers, le connétable de Chester et presque tous ceux qui allaient envahir la France débarquèrent, dès le jeudi 2 mai, au port de Saint-Gildas, dont nous ignorons l'emplacement exact, mais qui, selon toute apparence, se trouvait sur la côte septentrionale de la Bretagne, à quelque distance de Lannion et de Morlaix[3]. Henri III, dès qu'il eut appris leur arrivée, leur ordonna de marcher à sa rencontre dans la direction de Lamballe, leur donna rendez-vous à Dinan et leur envoya des voitures destinées au transport de son trésor.

Pierre Mauclerc se trouvait alors à la frontière de l'Anjou, prêt à s'opposer à la marche de Louis IX, qui était encore en terre française et s'avançait vers Angers. Dès qu'il eut appris l'arrivée de son puissant allié, il se rendit en toute hâte à Saint-Malo, où il arriva le 6 mai. Le 7, le roi d'Angleterre et le comte de Bretagne eurent une conférence[4]. La plupart des vassaux bretons

1. Roger de Wendover; Mathieu de Paris.
2. Tous les faits relatifs à la traversée et au débarquement des Anglais nous sont connus par Roger de Wendover et Mathieu de Paris, et surtout par deux lettres, l'une de Nicolas Nevil et de ses compagnons à Raoul, évêque de Chichester et chancelier d'Angleterre, l'autre du comte Richard, frère de Henri III, à Gautier, évêque de Carlisle (Shirley, *Royal and other historical letters*, t. I, p. 364-365, et p. 361-363).
3. Record office. Close rolls, 41, 8 r° : « Tunc transferant se versus duo castra comitis Britannie, que sunt prope portum qui vocatur Sanctus Gildasius, quorum unum vocatur Lanniun et alterum Muntrelès. » Ce port de Saint-Gildas ne peut donc pas être identifié avec Saint-Gildas de Ruis, situé près du Morbihan.
4. Lettre de Nicolas Nevil; Shirley, t. I, p. 364-365.

étaient alors d'accord avec Pierre ; beaucoup firent hommage à Henri III et lui prêtèrent serment de fidélité, tandis que le comte lui livrait ses villes fortes et ses châteaux. Cependant la noblesse du pays n'était pas tout entière dévouée à cette mauvaise cause ; le propre beau-frère du comte, André de Vitré, tenait ouvertement le parti du roi de France[1]. La fidélité de ce seigneur et de plusieurs autres, qui se préparaient à la résistance, importait fort à Blanche de Castille et à son fils ; dès le début des hostilités, ils avaient en Bretagne quelques sujets fidèles, en attendant le jour où tous ceux qui craignaient ou détestaient Pierre Mauclerc allaient se retourner contre lui.

Henri III ne se proposait pas de rester longtemps sur les bords de la Rance, ni de la franchir pour attaquer immédiatement la Normandie. Il devait tout d'abord marcher vers l'Anjou, d'où le roi de France avait expulsé le comte de Bretagne, vers le Poitou, dont la noblesse toujours remuante et prête à tourner semblait disposée à rappeler les Plantagenets, ses anciens maîtres. Son séjour à Saint-Malo fut de courte durée. Le 4 mai, il data de cette ville des lettres autorisant les Templiers de la Rochelle à communiquer librement avec ses États au moyen de leurs vaisseaux *la Templière* et *la Buzarde*[2]. Il s'y trouvait encore le 5 et le 7, lorsqu'il donna des sauf-conduits à plusieurs des vaisseaux qui l'avaient suivi ; deux d'entre eux, *la Bride* et *la Dameise*, étaient de Barfleur[3]. Avant de se mettre en route, il accorda des lettres de protection et de sauvegarde à la ville de Saint-Malo et à ses habitants, qui reçurent la permission de commercer en Angleterre[4]. Puis il partit (8 mai) pour Dinan, où il comptait se rencontrer avec sa mère, la reine Isabelle. Son intention était de passer ensuite à Nantes, pour essayer de gagner à sa cause le mari de cette princesse, le comte de la Marche et d'Angoulême, Hugues X de Lusignan. Nicolas de Moles fut envoyé en avant

1. Roger de Wendover, t. II, p. 384, et Mathieu de Paris, t. III, p. 194-195.
André de Vitré avait épousé Catherine, fille cadette de Constance de Bretagne et de Guy de Thouars, sœur de la comtesse Alix et belle-sœur de Mauclerc. Plusieurs documents intéressant ce seigneur se trouvent réunis dans un vidimus conservé aux Archives nationales (AA. 60, dossier 1544) ; je dois l'indication de cette pièce à l'aimable obligeance de M. Campardon.
2. Record office. Patent rolls, 38, 9 r° ; 4 mai 1230 : « De licencia concessa veniendi in terram et potestatem domini regis. »
3. Patent rolls, 38, 9 r°.
4. Ibid.; 7 mai : « De protectione. »

pour conférer avec eux[1], tandis que, le 9 et le 10 mai, Henri III congédiait la plus grande partie de sa flotte[2]. Le 11, il était encore à Dinan[3]; il ne fit que passer à Bécherel (12 mai)[4], ne s'arrêta que deux jours à Rennes (13-14 mai)[5], traversa Bain (15 mai)[6] et parvint à Nantes; il allait y perdre six semaines (17 mai-30 juin)[7].

En attendant l'entrée en ligne des grandes armées, les hostilités se poursuivaient à la limite des pays occupés par les Français et les Anglais. Savary de Mauléon, qui tenait pour le roi d'Angleterre, faisait la guerre aux habitants de la Rochelle, fidèles au roi de France. Le 26 mai, Henri III écrivit de Nantes à ses baillis et à ses féaux de ne pas s'opposer aux prises que pourraient faire sur les Rochelois les gens de cet infatigable batailleur[8]. Mais les grandes opérations militaires se faisaient attendre; Henri se préparait lentement. Le 7 juin, il demande à Pierre Mauclerc vingt mille carreaux qu'il a déposés dans le château de Rennes[9]. En mai, en juillet, en août, en septembre, il se fait envoyer de l'argent. Il écrit d'abord à son chancelier, l'évêque de Chichester, et à son ministre Étienne de Segrave, de lui faire parvenir pour la Trinité tout le numéraire disponible, soit à Nantes, soit à Saint-Gildas, port situé non loin de Lannion et de Morlaix, si l'on ne peut remonter la Loire[10]. Puis il est question (1er juillet) de trois mille marcs destinés à Mauclerc[11]. Une partie du trésor royal est amenée par mer à Lannion et confiée d'abord à Philippe d'Aubigny, puis, le 8 août, à Gautier de Brackley[12]. A la fin du même mois, Henri III parle encore de ce trésor[13], et des lettres du 1er sep-

---

1. Lettre de Nicolas Nevil.

2. Patent rolls, 38, 8 r° et 9 r°; 9 et 10 mai 1230.

3. Lettre de Nicolas Nevil : « usque Dinant, in occursum..... matris suæ, quæ illuc erat ventura die sabbati sequenti. » Close rolls, 41, 8 r°.

4. « Teste rege apud Becherel, xii die maii; » Close rolls, 41, 8 r°.

5. Rennes, 13 mai; Close rolls, 41, 8 in dorso. — 14 mai; Patent rolls, 38, 8 r°, en bas.

6. Patent rolls, 38, 8 r°, en bas : « Teste rege apud Bay[n]. »

7. Arrivée à Nantes, 17 mai; Close rolls, 41, 8 r°. — Lettre datée de Nantes, 30 juin; Patent rolls, 38, 6 r°.

8. Patent rolls, 38, 7 r°; 26 mai.

9. Close rolls, 41, 7 r°; 7 juin.

10. Close rolls, 41, 8 r°; 11 mai.

11. Close rolls, 41, 7 r°; 1er juillet 1230.

12. Close rolls, 41, 5 r°; 8 août.

13. Close rolls, 41, 4 r°; 24 août.

tembre nous apprennent qu'il était alors déposé à Nantes[1]. Dans
toute cette guerre, les Anglais ont beaucoup dépensé pour faire
peu de chose. Il ne semble pas, d'ailleurs, qu'on leur ait envoyé
d'Angleterre des renforts considérables ; ceux qui, comme Jean
et Gérard Talbot, rejoignirent leur prince en Bretagne, étaient
isolés[2]. Selon toute apparence, Henri III avait emmené avec lui
presque toutes les forces dont il pouvait disposer ; c'était en Bretagne, en Normandie, surtout en Poitou, qu'il pouvait trouver
de nouveaux soldats.

A ce moment, la situation de Pierre Mauclerc n'était pas mauvaise ; le mouvement d'opposition dans lequel allait bientôt être
entraînée la noblesse bretonne ne s'était pas encore prononcé. En
juin, Mauclerc s'entendit avec le vicomte de Rohan[3]. D'autre
part, Henri III s'efforçait de le réconcilier avec l'Église. Les
évêques de Rennes, de Saint-Brieuc et de Tréguier, que Pierre
avait dépouillés et réduits à s'expatrier, avaient autrefois prononcé contre lui des sentences d'excommunication et d'interdit,
et, le 29 mai 1228, Grégoire IX à son tour avait ordonné à Maurice, évêque du Mans, et à deux de ses chanoines de publier à
nouveau cette condamnation[4]. Sans doute l'évêque du Mans et
ses deux collègues étaient encore, au printemps de 1230, au
nombre des adversaires avec lesquels Pierre pouvait avoir à
compter, car le roi d'Angleterre leur écrivit, de Rennes, une
lettre assez orgueilleuse. Il leur envoyait l'abbé de Cleeve, chargé
de leur faire une communication dont nous ignorons la nature,
avec pouvoir d'en appeler, disait-il, « si par hasard, ce qu'à Dieu
ne plaise, ce que nous ne voulons croire, vous vous avisiez d'agir
contre notre droit, notre intérêt et celui de nos gens[5]. » Cet
avertissement était sans aucun doute destiné à préserver Mauclerc contre des rigueurs semblables à celles dont il avait été
l'objet. Bientôt le pape se radoucit : le 30 mai, il enjoignit à

1. Close rolls, 41, 3 r°; 1ᵉʳ septembre.
2. Close rolls, 40, 5 r°; 17 juillet : « Pro Johanne et Gerardo Talebot. »
3. D. Morice, *Histoire de Bretagne*, Preuves, t. I, col. 869 ; juin 1230.
4. Potthast, *Regesta pontificum romanorum*, 8196.
5. Patent rolls, 38, 8 r°; Rennes, 14 mai 1230. Les deux chanoines nommés,
avec l'évêque du Mans, dans la bulle du 29 mai 1228, sont : « P. de Domfront
et G. de Lavalle. » Henri III, dans sa lettre, les appelle Robert de « Dam-
frunt » et Geoffroy de « Daunval. » Il s'agit sans doute ici des mêmes personnages, et l'on aura mal transcrit les noms.

trois commissaires apostoliques de relever le comte des sentences naguère fulminées contre lui par les évêques de ses États, et de promulguer cette absolution [1]. Le roi d'Angleterre pouvait espérer que toute la Bretagne allait se trouver d'accord avec Pierre contre le roi de France.

En Normandie, Henri III était sûr de trouver plus d'un allié. Foulques Paynel, dont Blanche de Castille avait récemment châtié la révolte, s'adressa aux comtes de Bretagne et de Chester pour leur proposer des conditions qu'ils transmirent au roi d'Angleterre. Le 26 juin, Henri lui écrivit qu'il acceptait ces conditions, le prenait à son service et le priait de venir le trouver au plus tôt [2]. En réponse à cette invitation, Foulques Paynel et son frère Guillaume, qui étaient, dit-on, passés en Bretagne avec soixante chevaliers, poussèrent le roi d'Angleterre à la conquête de la Normandie. Le justicier Hubert de Burgh ayant détourné son maître de cette entreprise, ils demandèrent deux cents chevaliers, avec lesquels ils se faisaient fort de mettre les gens du roi hors de leur pays. Mais Hubert protesta qu'en cédant à cette sollicitation le roi Henri ne ferait qu'envoyer ses chevaliers à la mort, et l'affaire en resta là [3]. Peut-être les Paynel n'avaient-ils pas tort, dans leur intérêt, de prêcher les résolutions hardies. Ils connaissaient les sentiments flottants et incertains que le souvenir d'une conquête encore récente et les obligations contradictoires du système féodal entretenaient chez beaucoup de Normands. C'était une situation bien difficile que celle de ces seigneurs ecclésiastiques et laïques dont un grand nombre était placé sous l'hommage de deux souverains ennemis. Plus d'un devait être aussi embarrassé qu'Isabelle de Crèvecœur, abbesse de la Trinité de Caen, sujette de Louis IX, et en même temps astreinte à venir trouver le roi d'Angleterre, pour lui rendre le service qu'elle lui devait en raison de ses domaines anglais; le 16 juin, Henri lui accorde un répit jusqu'à la Saint-Michel, en considération de la guerre qu'il fait au roi de France [4]. Avant l'expiration de ce délai,

---

1. Potthast, *Regesta*, 8560; 30 mai 1230.

2. Patent rolls, 38, 6 r°; 26 juin 1230 : « Pro Fulcone Paynel. » Un autre Normand est nommé à la suite de cette pièce : « Radulfus Normannus habet litteras de protectione, » etc.

3. Roger de Wendover, t. III, p. 5, et, d'après lui, Mathieu de Paris, t. III, p. 197.

4. Close rolls, 41, 7 r°; 16 juin 1230 : « Pro abbatissa de Cadamo. »

Isabelle s'exécute et se rend en Bretagne, pour se soumettre envers l'ennemi de Louis IX à l'accomplissement de ses devoirs[1].

Pendant que les Français et les Anglais se battent en Bretagne et en Poitou, les marins de Dieppe, de Barfleur, de Caen, de Rouen, de Quillebœuf continuent à être tolérés dans les ports anglais[2]. Il est vrai que les sujets du comte de Flandre jouissent le plus souvent des mêmes facilités. Malgré la fidélité de Ferrand au roi de France, le commerce de l'Angleterre avec ses États avait trop d'importance pour qu'on ne s'efforçât pas de le sauvegarder.

Sans aller jusqu'à prétendre, avec un historien du temps, que les grands vassaux de la couronne de France avaient traité avec le roi d'Angleterre[3], on peut affirmer que, même en présence de l'invasion étrangère, leurs sentiments à l'égard de Blanche et de Louis IX étaient restés fort tièdes. On allait voir bientôt dans quelle mesure il était possible de compter sur eux. Il est probable que le comte de Boulogne et plusieurs des grands confédérés contre Thibaud de Champagne étaient venus se ranger sous la bannière royale pour marcher contre les Anglais[4]. En tout cas, Louis IX et sa mère[5] se trouvaient à la tête d'une grande et belle armée,

1. Close rolls, 41, 3 r°; 16 septembre 1230 : « Pro abbatissa de Cadamo. »

2. Gens de Dieppe. Close rolls, 40, 6 r°; 28 juin 1230. — Patent rolls, 38, 4 r°; 30 juillet 1230. — Close rolls, 41, 6 r°; Tonnay, 11 juillet.

Gens de Barfleur. Patent rolls, 39, 6 r°; 4 février 1230. — Patent rolls, 40, 7 r°; 4 novembre 1230 : « De licentia et conductu navium. » — Close rolls, 43, 19 r°; 4 novembre 1231 : « De nave deliberanda. » — Patent rolls, 41, 2 r°; 28 septembre 1232 : « De protectione burgensium de Barbeflé. »

Rouennais. Patent rolls, 39, 8 r°; 10 novembre 1229 : « De licentia mercatoris. » — Close rolls, 40, 5 r°; 14 juillet 1230 : « De nave deliberanda. » — Ibid., 2 r°; 5 octobre 1230 : « De navibus deliberandis. » — Close rolls, 42, 21 r°; 12 novembre 1230 : « De nave deliberanda. »

Caen et Dieppe. Close rolls, 40, 5 r°; 3 juillet 1230 : « De navibus deliberandis. »

« Kileboeu in Normannia. » Close rolls, 40, 5 r°; 4 juillet 1230 : « De nave deliberanda. »

3. « Cum rege Anglorum Henrico fœdus ineunt. » *Willelmi chronica Andrensis; Monumenta Germaniæ historica*, Scriptores, t. XXIV, p. 770.

4. Philippe Mousket dit formellement que le comte de Boulogne vint à l'armée royale (v. 27988); il est d'accord en ce point avec la chronique de Saint-Médard de Soissons (d'Achery, *Spicilegium*, in-4°, t. II, p. 794; in-fol., II, 491).

5. « Mais li rois et la roïne Blanche sa mère les desfendirent si bien que il l'en convint raler en Engletière sans riens faire » (*Chronicon Hanoniense quod dicitur Balduini Avennensis; Monumenta Germaniæ*, t. XXV, p. 451).

quand, dans les premiers jours de mai, ils s'avancèrent vers Angers[1]. A côté de gens incertains ou aux sentiments ouvertement hostiles, Blanche avait dans cette armée quelques grands seigneurs d'une fidélité sûre. Les plus illustres étaient : le vieux roi de Jérusalem, Jean de Brienne, aussi dévoué que brave[2], le comte de Flandre, le comte de Champagne, qui figurent, avec les comtes de Nevers, de Blois, de Chartres, de Montfort, de Vendôme, de Roucy, avec Mathieu de Montmorency et plusieurs autres, sur l'acte de la condamnation prononcée contre Mauclerc[3]. On y chercherait en vain les noms de Philippe Hurepel et de ses amis, qui, sans doute, avaient dès ce moment abandonné le roi. Tandis que beaucoup d'autres se disposaient à déserter, s'ils ne l'avaient déjà fait, Ferrand de Portugal et Thibaud de Champagne[4] restèrent tant qu'ils purent, malgré les dangers dont leurs fiefs étaient menacés, si préoccupés de leur rôle à l'armée royale qu'ils se disputèrent le commandement de l'avant-garde et de l'arrière-garde. Le 8 juin, ils mirent fin par un arrangement à ce différend[5].

Dès le début des hostilités, le comte de la Marche, malgré ses attaches avec les Plantagenets, fut considéré par les Anglais comme gagné aux intérêts du roi de France. On avait pourtant le droit de le classer parmi ceux dont les sentiments étaient les plus incertains : c'est avec lui que Blanche de Castille s'entendit tout d'abord. Au mois de mai 1230, par le traité de Clisson, la reine de France et son fils renouvelèrent l'accord qui avait été passé entre eux et lui, en 1227, au traité de Vendôme[6]. La com-

---

1. Pendant toute la durée de la campagne, les Anglais, quoi qu'on en ait dit, ne furent jamais en possession de cette ville, qui fut dès l'abord le quartier général du roi de France. L'erreur a été commise par des historiens anglais (Roger de Wendover, II, 384. — *Flores historiarum*, éd. Luard, t. II, p. 199). L'itinéraire de Henri III dément leur assertion.

2. *Willelmi Chronica Andrensis; Monumenta Germaniæ*, Scriptores, XXIV, p. 770. — Archives nationales, KK. 1064, fol. 272 v°, et du Chesne, *Histoire de la maison de Montmorency*, Preuves, p. 92.

3. *Layettes du Trésor des chartes*, II, 2056.

4. Aubry de Trois-Fontaines, *Monumenta Germaniæ*, Scriptores, XXIII, p. 926 : « Nullus autem tam fideliter juvit regem Francie, sicut comes Campanie, ut dicitur, contra regem Anglie. »

5. Charte de Thibaud : Archives nationales, KK. 1064, fol. 279 v°; d'Arbois de Jubainville, *Histoire des comtes de Champagne*, t. V, n° 2037. — Charte de Ferrand; d'Arbois, 2037 *bis;* 8 juin 1230.

6. Traité de Clisson, 30 mai 1230 ; Teulet, *Layettes du Trésor des ch.*, II, 2052.

tesse elle-même, quoiqu'elle fût la mère de Henri III, accepta
pour sa part, au mois de juin, les conditions auxquelles son époux
venait de souscrire[1]. En même temps, des négociations se poursuivaient entre la reine de France et les seigneurs poitevins.
Bientôt, ce fut le vicomte de Thouars Raimond qui, au camp près
des Ponts-de-Cé, fit hommage au roi pour les domaines angevins
et poitevins de sa famille[2]. Il reçut la promesse d'une rente de
cinq cents livres tournois, payable jusqu'au moment où il aurait
recouvré son château de Mareuil[3]. Guy de Thouars, seigneur de
Tiffauges et neveu du vicomte Raimond, devint en même temps,
à la requête de son oncle, l'homme lige de Louis IX[4]. Raimond,
par un acte daté de Thouars, au mois de mai, avait prié le roi et
la reine de transporter à son vassal Robert de Maulevrier une
rente de cinquante livres à prendre sur les revenus qu'ils lui
avaient constitués[5]. Louis IX déclara, au camp des Ponts-de-Cé,
qu'il ratifiait ce don[6]. Blanche de Castille pouvait se flatter d'avoir
anéanti, par ces traités, une partie des espérances que les Anglais
fondaient sur la noblesse de l'Ouest.

Il ne pouvait être question de ramener le comte de Bretagne ;
on le frappa. L'armée royale était sous les murs d'Ancenis, occupée, sans doute, au siège de cette ville, quand Blanche fit prononcer par ses prélats et ses barons la condamnation solennelle de
Mauclerc. L'archevêque de Sens, les évêques de Chartres et de
Paris, les comtes de Flandre, de Champagne et de Nevers, tous
les grands seigneurs et les officiers de la couronne présents au
camp français déclarèrent que Pierre, pour ses forfaits envers
le roi, était, par leur jugement, déchu du bail de Bretagne, qu'il
exerçait en attendant la majorité de son fils. En conséquence, les
barons bretons et ses autres vassaux étaient déliés de leur hommage et de leur serment de fidélité[7]. Le roi, en notifiant cette
sentence aux barons de Bretagne, leur rappela qu'eux et leurs
ancêtres avaient toujours été fidèles au royaume et soucieux de

---

1. *Layettes*, 2068; juin 1230.
2. *Layettes*, 2060, charte du vicomte de Thouars. La charte de Louis IX
est dans le registre JJ. 26 des Archives nationales, fol. 346 r°, col. 2.
3. *Layettes*, 2061 ; JJ. 26, 346 r°, col. 1-2.
4. *Layettes*, 2062.
5. *Layettes*, 2055 ; Thouars, mai 1230.
6. *Layettes*, 2063.
7. *Layettes*, 2056.

son honneur ; il les mit en demeure de se rattacher à lui et leur promit que, s'ils restaient dans leur devoir, ils auraient lieu de s'en louer[1]. Parmi tous ceux auxquels était adressée cette déclaration, André de Vitré fut sans doute le premier à ratifier la condamnation que venaient de prononcer les prélats et les barons français. Il fit hommage lige pour ses fiefs de Vitré et de Marcillé, tout en réservant les droits qu'auraient à leur majorité les enfants de Pierre de Dreux, Jean et Yolande, héritiers de la Bretagne. En revanche, le roi lui inféoda cinq cents livrées de terre, qui devaient lui être assignées, soit en Normandie soit en Anjou, lui assura des dédommagements au cas où ses domaines lui seraient enlevés, en tout ou en partie, au cours de la présente guerre, promit de venir au secours de ses châteaux, s'ils étaient assiégés. Le connétable Mathieu de Montmorency jura sur l'âme du roi que son maître ne ferait pas la paix avec Pierre de Dreux sans l'assentiment d'André, et ne signerait avec le roi d'Angleterre aucun traité qui fît tomber le sire de Vitré dans l'hommage de ce prince. Mathieu prêta le même serment au nom de la régente[2]. André de Vitré, à son tour, promit de recevoir le roi de France et ses gens dans ses châteaux « à grande et à petite force, » et de les y laisser, s'il le fallait, jusqu'au jour où les hoirs de Bretagne, arrivés à l'âge de vingt et un ans, auraient rempli leur devoir de vassaux[3].

Des historiens modernes[4], sur la foi d'un texte qui semble perdu, ont raconté qu'après ce jugement la reine Blanche envoya Guillaume d'Auvergne, évêque de Paris, auprès des vassaux bretons, pour leur en faire part et traiter avec eux. Le fait est fort probable, mais il n'est pas vrai que tous les grands seigneurs de Bretagne se soient ralliés, dès ce moment, à la cause royale. L'armée française, maîtresse d'Ancenis, s'avança vers Oudon, situé à quelque distance, sur la rive droite de la Loire, et s'en empara ; puis on investit Champtoceaux, en face d'Oudon, sur la

---

1. Archives nationales, AA. 60, dossier 1544. Vidimus de pièces relatives à André de Vitré, 5ᵉ charte : au camp devant Ancenis; juin 1230.

2. Charte du roi, *Layettes*, II, 2057, et Archives nationales, AA. 60, 6ᵉ pièce. — Charte d'André de Vitré, *Layettes*, 2058, et Archives nationales, JJ. 26, fol. 236 rᵒ, col. 2.

3. *Layettes*, II, 2059.

4. Entre autres Le Baud, *Histoire de Bretagne*, in-folio, 1638, p. 231, et *Chroniques de Vitré* (à la fin du même volume), p. 40.

rive gauche. Les défenseurs de cette place se rendirent ; ils apportèrent leurs clefs au roi, qui leur fit grâce[1].

L'occupation d'Oudon et de Champtoceaux était un assez modeste succès, mais Blanche de Castille, abandonnée en pleine guerre par une partie de ses vassaux, ne pouvait, en ce moment, rêver de grandes victoires. Dans une situation aussi grave, c'était beaucoup que de ne pas reculer. Les nobles coalisés contre Thibaud de Champagne, au moment où le roi les avait convoqués à venir combattre les Anglais, avaient fait une trêve qui devait durer jusqu'à l'octave de la Saint-Jean (1er juillet). A l'approche de ce terme, et à l'expiration des quarante jours pendant lesquels ils devaient au roi le service militaire, ils prirent congé de Louis IX, et, malgré tous ses efforts et ses prières, retournèrent à leurs guerres privées. Le roi, qui se disposait à faire un nouveau siège, dut tout abandonner pour suivre ses barons, les surveiller et sauver, si possible, le comte de Champagne. Il rétrograda en Anjou, puis reprit le chemin de l'Ile-de-France[2] ; avant la fin de juin il fut à Paris[3]. Pierre Mauclerc reprit l'offensive, se mit en devoir d'assiéger Vitré[4]. Henri III avait entre ses mains Geoffroy de Lusignan, seigneur de Vouvant et de Mervent en Vendée ; il lui rendit la liberté moyennant la cession temporaire de ces deux places[5] ; Aimery de Thouars, dont Aimery de Lusignan était le vassal, se porta garant de sa fidélité et se mit lui-même au service de Henri III[6]. Une trentaine de chevaliers, entre autres Hervé et Pierre de Volvire, avaient été faits prisonniers, soit par les Anglais soit par Pierre de Bretagne. Le roi d'Angleterre les élargit, après s'être assuré de leur fidélité[7]. La fortune allait-elle

1. Ces deux sièges ont été racontés par Guillaume de Nangis, *Vie de saint Louis* (*Histor. de France*, XX, p. 318), *Chronique* (éd. Géraud, t. I, p. 180), et d'après lui par les *Grandes chroniques de France*, dites *Chroniques de Saint-Denis* (*Histor. de France*, XXI, p. 106 ; éd. Paulin Paris, in-12, t. IV, p. 239), puis par Guillaume Guiart. Roger de Wendover (éd. Hewlett, t. II, p. 384) parle avec dédain de ce fait d'armes : « Quoddam debile municipium Hodum appellatum obsedit. » Cf. Mathieu de Paris, éd. Luard, t. III, p. 195.

2. Lettre de G. de Wulward à l'évêque de Chichester (Shirley, t. I, p. 377-378) ; Roger de Wendover, t. III, p. 1 ; Philippe Mousket, v. 27988 ; Chronique de Saint-Médard de Soissons (d'Achery, *Spicilegium*, in-4°, t. II, p. 794 ; in-fol., II, 491).

3. Archives nationales, JJ. 26, fol. 207, n° 145 *bis*.

4. Lettre de G. de Wulward.

5. Ibid.

6. Patent rolls, 38, 6 in dorso ; Rymer, éd. de 1816, p. 196.

7. Lettre de G. de Wulward. — Patent rolls, 38, 6 r° ; 18 juin 1230 : « Pro

tourner ? Le sénéchal anglais Raoul Fitz-Nicolas avait-il raison de croire que la plupart des seigneurs poitevins étaient gagnés au parti de son maître ? Un autre Anglais, qui, dans une lettre à l'évêque de Chichester, donne, sur tous ces événements, de précieux détails, va jusqu'à déclarer que déjà l'on espère ramener à son maître le comte de la Marche[1]. Le moment semblait venu pour Henri III de pousser en avant et de marcher droit en pleine France. Il s'en garda bien : savait-il seulement ce qu'il voulait faire ? En ce moment même on l'appelait en toute hâte du côté de la Gascogne, où régnait le désordre[2].

Le roi d'Angleterre pouvait être assez rassuré sur les dangers d'une expédition en Gascogne. Il avait en Poitou de nombreux amis ; d'autres pouvaient être gagnés ; sans plus tarder, il se mit en rapport avec les seigneurs poitevins. Presque aussitôt après son arrivée à Nantes, il s'était déclaré prêt à ratifier une convention que son frère Richard avait passée avec Guillaume Maingot, seigneur de Surgères[3] ; il l'appela auprès de lui et lui fit avoir, comme garantie, avec ses lettres patentes, une lettre de Pierre Mauclerc. Guillaume accepta les ouvertures qui lui étaient faites, et bientôt (2 juin 1230) Henri III fit savoir qu'il lui avait inféodé un revenu annuel de cent marcs d'argent, à percevoir en attendant d'avoir recouvré les biens qu'il avait perdus au service de la couronne d'Angleterre[4]. En même temps (3 juin), il conclut avec Guillaume l'Archevêque, sire de Parthenay, un arrangement aux termes duquel ce seigneur devait tenir de lui un fief qui avait jusqu'alors relevé du comte de la Marche[5] ; à la fin de l'été, Guillaume reçut de Henri III une rente viagère de cinq cents marcs[6]. D'autre part, la délivrance de Geoffroy de Lusignan, seigneur de Vouvant et de Mervent, avait donné lieu à des

---

Herveo de Volurio et aliis militibus, de eorum deliberatione. » — Hommage d'Hervé de Volvire, Rymer (1816), p. 197, d'après les rôles des lettres patentes, 38, 6 in dorso.

1. Lettre de G. de Wulward.
2. Geoffroy de Beauchamp à Henri III ; Shirley, *Royal letters*, I, p. 367-368.
3. Patent rolls, 38, 7 r° ; 23 mai 1230 : « Pro Willelmo Maingo Pictavensi. » — Guillaume Maingot était seigneur de Surgères en avril 1247 et prêta hommage comme tel au comte Alphonse de Poitiers ; J. de Laborde, *Layettes*, t. III, 3592.
4. Patent rolls, 38, 7 r° ; 2 juin 1230 : « Pro Willelmo Mayngo. Feodum. »
5. Ibid. ; 3 juin 1230 : « Pro Willelmo Archiepiscopi. »
6. Patent rolls, 38, 3 r° ; 15 septembre 1230.

négociations qui montrent combien était alors active la diplomatie anglaise[1]. Le 14 juin, Henri avait donné à Gérard, vicomte
de Brosse, un sauf-conduit pour venir traiter avec Guillaume le
Maréchal comte de Pembroke[2], puis il lui accorda une trêve de
trois semaines à dater du dimanche 23 juin[3]; le terme en fut reporté
d'abord au 21 juillet[4], puis indéfiniment reculé, sauf au roi d'Angleterre à la dénoncer quatre jours à l'avance[5]. Une lettre, par
laquelle le vicomte de Brosse fut averti que cette trêve ne devait
pas durer au delà du 23 septembre[6], prouve qu'il resta étranger
aux hostilités pendant la marche des Anglais sur Bordeaux et
leur retour vers la Bretagne.

Lorsque Henri III, en traversant le Poitou, s'avança dans la
direction de la Gironde, ce qui se passa entre lui et les seigneurs
du pays montra que, de ce côté, le terrain était fort bien préparé
pour les Anglais. Dans le courant de juillet et d'août, la plupart
des vassaux poitevins s'arrangèrent de leur mieux avec l'ennemi
de leur véritable souverain, et alors se vérifia l'exactitude de ce
que Raoul Fitz-Nicolas avait écrit le 8 juin au chancelier Raoul
Nevil, évêque de Chichester : « Je crois que le roi, nostre sire,
aura le plus grand nombre des seigneurs du Poitou, qui viendront
à son service, tels que Geoffroy de Rancon, Renaud de Pons,
Itier de Barbezieux, Robert de Sablé, Aimery de Rochechouart,
Aimery de Thouars et Benoît de Mortagne. Grâce à eux, le roi
pourra chevaucher en sécurité par la terre de Poitou jusqu'en
Gascogne, et, s'il le faut, s'en retourner ensuite en Bretagne[7]. »

Peu après avoir passé la Loire, Henri III s'engagea envers
Renaud de Pons à lui restituer son château de Cognac dès qu'il
aurait pu s'en rendre maître, à lui donner une rente en attendant, à ne pas faire, sans son consentement, de trêve avec le roi

1. Patent rolls, 38, 7 r°; 6 juin 1230. — Ibid., 6 in dorso, et Rymer,
p. 197. — Autres actes du 2 et du 8 juin relatifs aux chevaliers de Geoffroy
de Lusignan; Patent rolls, 38, 7 r°.
2. Patent rolls, 38, 6 r°; 14 juin 1230 : « De conductu. »
3. Ibid.; 25 juin 1230.
4. Ibid.; 12 juillet : « De treugis prolongatis. »
5. Record office; Chancery, Miscellaneous rolls, 14, 1; 30 juillet 1230.
6. Miscellaneous rolls, 14, 1; 6 septembre 1230 (Rymer, p. 198). Dans une
lettre datée de Nantes, le 23 septembre, Henri III signifia au vicomte de Brosse
que la trêve conclue avec lui ne devait pas durer au delà du 28 (Rymer, p. 198).
7. Shirley, *Royal letters*, t. I, p. 370-371; 8 juin 1230.

de France ou le comte de la Marche[1]. La bonne harmonie fut durable entre le roi d'Angleterre et ce seigneur, puisque le séné-chal de Gascogne eut ordre (21 août) de remettre trois de ses vassaux en possession de biens qu'il avait saisis[2]. Cinq jours plus tard, Henri fit payer à Renaud de Pons le jeune sept cents marcs, à son fils Geoffroy cent marcs, à ses conseillers cent autres marcs, à deux de ses chevaliers des sommes d'argent concédées à titre de fiefs[3]. Le 11 juillet, Henri III notifie que Hugues de Tonnay lui a confié, pour un an, son château de Tonnay-Charente, afin d'y mettre garnison, et que ce château lui a été livré le 4 juillet[4]. Le 12, une rente de cinq cents livres est assurée à Guillaume de Mauzé, s'il vient à perdre, au service du roi d'Angleterre, les domaines qu'il possède dans les environs de Niort[5]. Le même jour, des rentes sont données, en considération de leur hommage et de leurs services, à six autres nobles poitevins[6].

Le 20 juillet, à Plassac, Henri III s'entend avec Itier de Bar-bezieux et lui promet d'entretenir à ses frais, à Barbezieux, soi-xante chevaliers, cent sergents à cheval et vingt arbalétriers, sous les ordres de Henri de Trubleville, sénéchal de Gascogne[7]. Des conventions sont passées, moyennant des inféodations de rentes ou d'autres concessions, le 17 juillet avec Geoffroy de Pons, Geoffroy et Benoît de Mortagne[8]; le 2 août avec Robert de Sablé[9]; les 5 et 19 août avec Aimery, vicomte de Rochechouart, et son fils[10]; le 19 avec Geoffroy de Rancon, seigneur de Taillebourg[11]. Enfin, le 26 août, de Luçon, Henri délivre une série de lettres patentes concernant les paiements qui doivent être faits, sur son

---

1. Patent rolls, 38, 6 r°; 5 juillet 1230 : « Pro Reginaldo de Pontibus. »

2. Close rolls, 41, 4 r°; 21 août 1230 : « De catallis deliberandis. »

3. Close rolls, 41, 4 r°; 26 août 1230 : « De denariis thesauri domini regis, liberandis baronibus Pictavensibus. »

4. Patent rolls, 38, 6 r°; 11 juillet 1230 : « De castro de Taunay. »

5. Patent rolls, 38, 6 r°; 12 juillet 1230 : « Pro Willelmo de Mausyaco. Feo-dum. »

6. Ibid. : « Pro Audoeno de Berbechy et aliis. Feoda. »

7. Patent rolls, 38, 6 r°; 20 juillet 1230 : « Apud Plessacum. » — « Conven-tio facta inter dominum regem et Iterium de Berbezillo. »

8. Patent rolls, 38, 6 r°; 17 juillet 1230.

9. Patent rolls, 38, 4 r°; 2 août 1230.

10. Ibid.; 5 août. — Ibid.; 19 août.

11. Ibid.; 19 août : « Pro Galfrido de Rancon. »

trésor, à treize nobles du Poitou[1]. Pour subvenir à ses dépenses, il fait des emprunts à des Bordelais, à un bourgeois de Dax, à un bourgeois de Bayonne, à d'autres encore, au nombre desquels se trouve l'évêque de Bazas[2].

C'est sur le conseil de son justicier Hubert de Burgh que le roi d'Angleterre avait décidé de passer en Poitou[3]. Malgré la brouille momentanée de Portsmouth et en attendant une disgrâce irrémédiable, Hubert avait repris son influence. Quand le roi, contre son avis, eut envoyé à Rome une ambassade pour demander la nomination du cardinal Jean Colonna comme légat en Angleterre, il eut assez de crédit pour la faire rappeler[4]. Le chapelain Richard de Saint-Jean, qui en écrivit à l'évêque de Chichester, lui apprit en même temps que leur souverain venait d'entrer en Poitou pour passer en Gascogne. Henri III s'avançait à petites journées; il traversa Pirmil, Montaigu, Luçon, Marans, Vandré[5], qu'il atteignit par un détour à l'est, ne pouvant passer sous les murs de la Rochelle. Il fut à Tonnay-Charente du 11 au 13 juillet[6], à Pons du 15 au 19[7], ou même au 20, puisqu'à cette date et de ce lieu le sénéchal Raoul Fitz-Nicolas écrivit de la part de son maître au chancelier pour se plaindre de ce qu'on ne lui envoyait pas d'argent. Henri III, à l'en croire, aurait pu, avec des ressources pécuniaires, recouvrer une grande partie de ses domaines continentaux[8].

---

1. Close rolls, 41, 4 r°; 26 août 1230 : « De denariis thesauri domini regis, liberandis baronibus Pictavensibus. »

2. Patent rolls, 38, 7 r°.

3. Roger de Wendover, t. III, p. 6.

4. Shirley, t. I, p. 379-380.

5. Pirmil, « Pilemil; » Close rolls, 41, 7 r°; 1er juillet 1230. — Ibid., 6 r°; 2 juillet.

Montaigu; Patent rolls, 38, 6 r°; 2 juillet.

Luçon; Patent rolls, 38, 6 r°; 5 juillet.

Marans; Ibid.; 6 juillet.

Vandré, « Vendery; » Close rolls, 41, 6 r°; et « Vendeny; » Patent rolls, 38, 6 r°; 9 juillet.

6. Tonnay-Charente, « Taunay; » Patent rolls, 38, 6 r°; 11 juillet. — Au même endroit; Close rolls, 41, 6 r°; 13 juillet.

7. Pons, « apud Pontem; » Patent rolls, 38, 6 r°; 15 juillet. — Au même endroit; ibid.; 19 juillet. Plusieurs autres documents établissent le séjour à Pons entre le 15 et le 19 juillet.

8. Shirley, t. I, p. 382-383 ; 20 juillet 1230.

De Plassac, où ils furent le 20 juillet[1], les Anglais allèrent mettre le siège, le 21, devant une ville qu'on croit généralement être Mirebeau. Mais Mirebeau est fort éloignée de la Saintonge, en arrière de Niort, de Saint-Maixent et de Poitiers, qui se trouvaient alors entre les mains des Français. On n'aurait pu l'atteindre en si peu de temps, et le nom latin dans lequel on a cru la reconnaître s'applique tout aussi bien à la petite place de Mirambeau, située au sud de Plassac et dans la direction de Blaye. Cette forteresse avait dû tomber, d'une façon ou d'une autre, entre les mains de ceux qui tenaient le parti du roi de France ou du comte de la Marche. Henri III, l'ayant investie, convoqua les gens de Saint-Macaire à venir le trouver sous ses murs, au reçu de sa lettre, avec tout leur monde. Des ordres semblables furent expédiés le même jour aux habitants de plusieurs villes, entre autres Sainte-Bazeille et Bazas, aux gens des franchises de Bazadois, à Hélie Ridel, sire de Bergerac, à Bernard de Rioux, aux chevaliers et bonnes gens d'Entre-deux-Mers. Les convocations adressées aux seigneurs et aux habitants de ces divers endroits n'ont rien qui puisse étonner : tous se trouvaient assez rapprochés de la place qu'on voulait prendre. Le maire et la commune de Bordeaux sont avertis d'amener trois mangonneaux, ou deux au moins, et d'envoyer à leur prince trente mille de ses carreaux[2]. Bernard de Rioux lui prête des machines de guerre, un trébuchet, deux tombereaux (*tumberellos*), deux mangonneaux, et Henri III s'engage à les lui rendre en bon état; s'ils sont détériorés, le roi l'indemnisera de ce dégât d'après l'estimation faite par des tiers ou les achètera pour son compte[3]. Les gens qu'on avait appelés devant Mirambeau répondirent à la convocation royale; Hélie Ridel s'y trouva et fit hommage, ainsi que deux autres chevaliers, Pierre de Bordeaux et Ernaud de Blanquefort[4]. Pendant le siège, Henri III fit savoir à Renouf de Talmont de rendre la liberté à quelques hommes de Hugues de Tonnay, qu'il avait entre ses mains, et de leur resti-

---

1. Plassac, « apud Plessacum ; » Patent rolls, 38, 6 r°; 20 juillet.
2. Close rolls, 41, 6 r° (en bas); 21 juillet 1230 : « Teste rege apud Mirebel. »
3. Patent rolls, 38, 4 r°; 30 juillet 1230 : « Pro Bernardo de Royl. » Ce seigneur est appelé Bernard de « Rious » dans la convocation du 21 juillet.
4. Close rolls, 41, 1 in dorso.

tuer leurs biens[1]. De son camp, il envoya des sauf-conduits, pour venir lui parler, au frère du vicomte de Limoges[2]. Après une résistance de dix jours, la garnison finit par succomber aux assauts des Anglais ; elle fut faite prisonnière en voulant se retirer[3].

Le roi d'Angleterre, maître de Mirambeau, continua sa marche vers la Gironde. A Blaye, le 2 août, il promit à Geoffroy de Rancon deux mille marcs pour l'attirer à son service et à son hommage[4]. Au cours de cette campagne, il avait remporté un avantage plus sérieux en s'assurant d'Oléron ; il l'avait inféodée naguère au comte de la Marche (8 décembre 1226), et depuis lors Louis IX et Blanche de Castille l'avaient promise à ce prince par le traité de Vendôme. Le 21 juillet, les chevaliers et autres habitants de cette île reçurent l'ordre d'obéir au sénéchal de Gascogne Henri de Trubleville[5] ; sur leur demande, transmise par le sénéchal, Henri leur confirma les libertés qu'ils avaient eues sous ses prédécesseurs[6]. Robert de Sablé, venu à l'hommage du roi d'Angleterre, fut mis en possession des terres et fiefs que son père avait eus dans l'île[7], et d'autres fiefs y furent confirmés, au nom de Henri III, par Henri de Trubleville[8]. Le roi d'Angleterre s'y maintint, et le 16 septembre on le voit mander à Savary de Mauléon de délivrer les hommes d'Oléron, leurs vaisseaux et marchandises dont il viendrait à s'emparer[9]. Ce fut pour les Anglais une conquête assez durable ; ils en restèrent maîtres plusieurs années ; une charte du 15 mai 1231 nous montre Robert de Sablé recevant la confirmation des biens qu'il avait possédés dans l'île, et dont il avait été dessaisi par le comte de la Marche[10].

La prise d'une petite ville, l'occupation temporaire d'une île située en dehors du vrai théâtre de la guerre ne pouvaient avoir

1. Close rolls, 41, 5 r° : « Apud Myrebel, xxx die julii. » — « De hominibus H[ugonis] de Taunay deliberandis. »

2. Patent rolls, 38, 6 r° ; 26 juillet.

3. Roger de Wendover, t. III, p. 6, et, d'après lui, Mathieu de Paris, *Chronica majora*, III, 198.

4. Close rolls, 41, 5 r° : « Teste rege apud Bleyve, secundo die augusti. »

5. Patent rolls, 38, 6 r° ; 21 juillet 1230.

6. Patent rolls, 38, 6 r° ; 21 juillet 1230.

7. Close rolls, 41, 5 ; 14 août 1230.

8. Close rolls, 41, 4 r° ; 23 août : « Pro Willelmo de Rabayne. »

9. Close rolls, 41, 3 r° ; 16 septembre 1230.

10. Close rolls, 42, 12 r° ; 15 mai 1231 : « Pro Roberto de Sabloil. »

qu'une médiocre influence sur la marche des hostilités, et l'on peut se demander avec quelle intention Henri III était venu de si loin visiter Bordeaux, sa capitale française, en voyant qu'il y resta tout au plus une semaine [1]. Rentré à Blaye le 10 août [2], il s'arrêta dans cette ville trois jours; il s'y trouvait encore le 12, quand il écrivit aux gens de Dax de lui faire leur service d'ost et de chevauchée à la convocation du sénéchal de Gascogne [3]. Il s'en retournait comme il était venu, à peu près par le même chemin, s'arrêtant à peine à Pons (14 août) [4], à Saint-Georges-des-Côteaux (17 août) [5], à l'ouest de Saintes, par laquelle on ne pouvait passer, parce qu'elle était au comte de la Marche, à Tonnay-Charente (19 août) [6]. Pendant cette seconde traversée de la Saintonge et du Poitou, l'armée anglaise dut être plus d'une fois inquiétée dans sa marche. Il est vrai que le roi de France était assez loin : parti pour Paris à la suite des vassaux qui avaient abandonné son armée, il était revenu en juillet à Saint-Maixent, d'où il accorda une charte de commune aux bourgeois de Niort [7]. Au mois d'août on le retrouve à Poitiers [8], occupé sans doute à surveiller les allées et venues de ses ennemis. Mais Hugues de Lusignan, et d'autres partisans de Louis IX, étaient plus près du chemin que suivait dans sa retraite l'armée de Henri III. Le jour où les Anglais quittèrent Tonnay, Guillaume de Fouquebrune fut attaqué et dépouillé par des « malfaiteurs, » qui paraissent bien avoir été des coureurs du parti français [9].

Le 21 août, jour de son passage à Surgères, Henri III ordonna au sénéchal de Gascogne de laisser les Templiers de la Rochelle introduire dans cette ville le fourrage dont ils auraient besoin [10]. Il laissait en se retirant des connétables ou capitaines dans les châteaux qu'on lui avait livrés [11]. De Marans, où il fut le 22 et le

---

1. Nous avons des actes de Henri III datés de Bordeaux les 5, 8 et 9 août 1230; Patent rolls, 38, 4 r°; Close rolls, 41, 5 r°.
2. Patent rolls, 38, 4 r° : « apud Blaviam. »
3. Close rolls, 41, 5 r°; 12 août 1230 : « De servicio domini regis ei faciendo. »
4. Close rolls, 41, 5 r°. Pons.
5. Close rolls, 41, 5 in dorso. Saint-Georges.
6. Close rolls, 41, 5 r° : Tonnay-Charente.
7. *Layettes du Trésor des chartes*, II, 2070; Saint-Maixent.
8. Archives nationales, JJ. 26, fol. 239, n° 270; Poitiers.
9. Close rolls, 41, 4 r°.
10. Close rolls, 41, 4 r° : « Pro fratribus milicie Templi de Rupella. »
11. Close rolls, 41, 4 r° : « Rex Rogero de Butemund[ia] constabulario de

23 août, il écrivit à Savary de Mauléon de faire relâcher tous les vaisseaux arrêtés par lui malgré les sauf-conduits dont ils étaient porteurs[1]; il semble en vérité qu'on ne fît pas la guerre d'une manière bien sérieuse. Du 24 août au 6 septembre, Henri III fut à demeure à Luçon[2], et enfin, le 12 septembre, après une longue et peu glorieuse expédition, il revit Nantes.

A quoi lui avait servi cette promenade militaire? Pouvait-il au moins se dire qu'en quittant le Poitou il laissait en bonne situation ceux qui s'étaient compromis pour lui, dont il avait acheté à bon prix le dévouement peu sûr? Beaucoup d'entre eux devaient, après son départ, se trouver assez exposés. C'était le cas du vicomte de Rochechouart, qui, entouré d'ennemis, avait fait à grands frais environner son château de fortes murailles, de tours et d'un fossé profond. Il écrivit à Henri III qu'il serait, sans son secours, incapable de tenir, si le roi de France venait dans le pays; il rappela dans des termes pressants ses dépenses, ses besoins d'argent, fit appel pour lui-même et pour son fils, Aimery, à la générosité de celui qui avait soulevé les Poitevins, sauf à se retirer ensuite en Bretagne[3]. Nous ne savons pas si Henri III lui fit parvenir des subsides. Le roi d'Angleterre n'était plus en état de tenir la campagne; les résultats de son expédition étaient bien médiocres; sans avoir remporté aucun avantage sérieux, sans avoir engagé d'action importante, il en était réduit à conclure une trêve partielle, en attendant l'avortement définitif de son entreprise.

Le comte de la Marche, qui avait pour femme la mère de Henri III, était le négociateur désigné d'une suspension d'armes; entre lui et son beau-fils la guerre n'avait pas été bien violente : dès le 16 juillet, Henri avait écrit aux maîtres de ses galées, à Savary de Mauléon, au sénéchal Henri de Trubleville, de laisser

---

Taunay. » — Ibid., 4 in dorso : « Mandatum est constab[ulario] de Vovent et Merevent..... »

1. Close rolls, 41, 4 r°; Henri III à Savary de Mauléon. Son séjour à Marans; 22 août, ibid. ; 23 août, ibid.

Le 21 et le 22 août, il avait été à Surgères; Close rolls, 41, 4 in dorso et r°.

2. Luçon, 24 août 1230; Close rolls, 41, 4 r°. — Luçon, 6 septembre; Patent rolls, 38, 3 r°; cf. Rymer, t. I, 198.

Passage à Montaigu, 9 septembre 1230; Close rolls, 41, 3 r°.

Lettre datée de Nantes, le 12 septembre; ibid.

3. Shirley, *Royal and other historical letters*, t. I, p. 383-384.

aller, avec leurs vins qu'on avait saisis, des marchands sujets de
Hugues X[1]. Lors de son passage à Pons, le 15 août, il avait à la
demande du comte entamé des pourparlers avec le roi de France ;
on devait rester en paix, au sud de la Loire, du 18 août au 1er septembre. Le roi d'Angleterre pria le comte de Bretagne et les principaux de ses partisans poitevins de faire observer cette trêve,
promettant de leur expliquer, quand il les verrait, les motifs qui
l'avaient amené à la conclure[2]. Le 26 août, il fit savoir qu'elle
était prolongée jusqu'au 8 septembre[3]; le 30, il écrivit encore à
Savary de Mauléon pour lui ordonner de remettre en liberté les
vaisseaux et les hommes du comte de la Marche qui étaient munis
de sauf-conduits. Si le comte et ses gens commettaient des infractions à la trêve, Henri se réservait d'en faire justice en sa cour,
devant laquelle Hugues voulait que ses hommes répondissent en
pareil cas[4]. Apprenant que deux chanoines de Saintes ont été faits
prisonniers de nuit à Saint-Pierre d'Oléron, dans une maison où
ils étaient logés, le roi d'Angleterre se demande s'ils ne doivent
pas être mis en liberté en raison de la trêve ; il écrit au connétable
d'Oléron de leur faire avoir un délai pour le paiement de leur
rançon et de lui envoyer, afin d'ouvrir une enquête, ceux qui
ont opéré l'arrestation (lettre du 3 septembre)[5]. Trois jours plus
tard il donne des pleins pouvoirs, pour régler tout ce qui concerne
la trêve, à son frère Richard, à Hubert de Burgh, au comte de
Pembroke, au connétable de Chester et à Raoul Fitz-Nicolas[6].

Henri III, rentré à Nantes, y séjourna du 12 au 23 septembre[7].
Il retrouva la Bretagne telle qu'il l'avait laissée lors de son départ
pour la Gascogne : les grands seigneurs du pays, ou tout au moins
quelques-uns des plus importants, étaient encore fidèles au parti
de Pierre Mauclerc. Henri III eut soin de se les attacher ; il donna
ordre à ses ministres de remettre le vicomte Alain de Rohan et
Henri d'Avaugour en possession des fiefs que leurs pères avaient

---

1. Close rolls, 41, 6 r° ; 16 juillet 1230.
2. Close rolls, 41, 5 in dorso : « Rex P[etro] duci Britannie, » etc. Lettre
datée de Saint-Georges-des-Côteaux, le 17 août, relatant les négociations enta-
mées le 15 août.
3. Rymer (éd. de 1816), t. I, p. 198; 26 août.
4. Close rolls, 41, 3 in dorso ; 30 août.
5. Close rolls, 41, 3 in dorso ; 3 septembre.
6. Rymer, t. I, p. 198; Luçon, 6 septembre 1230.
7. Close rolls, 41, 2 in dorso ; Nantes, 23 septembre 1230.

autrefois tenus en Angleterre, et dont ils avaient été dépouillés à l'époque où Jean Sans-Terre avait perdu la Normandie[1]. Les bonnes dispositions de la noblesse bretonne lui étaient plus que jamais nécessaires; son armée se fondait. Les Anglais, confinés dans la péninsule, avaient beaucoup souffert de la chaleur pendant tout l'été; la nourriture et les boissons qu'ils trouvaient dans le pays, et auxquelles ils n'étaient pas accoutumés, avaient occasionné des maladies; les chevaux mouraient, les vivres étaient épuisés, l'argent dépensé. Les comtes et les barons, n'ayant pas occasion de se battre, se consolaient de leur inaction en faisant bombance « à la mode anglaise; » quant aux simples chevaliers, ils en étaient réduits à vendre leurs chevaux et leurs armes pour mener une vie misérable[2]. La chevalerie anglaise était ainsi décimée sans combattre; le roi lui-même avait été malade, et son frère Richard, atteint à son tour, n'était pas encore guéri[3].

Au moment de quitter le Poitou, il avait annoncé son intention de repasser en Angleterre avant la Saint-Michel, envoyé des commissaires dans les ports de son royaume pour s'assurer des vaisseaux nécessaires au transport des troupes, et mandé à tous les patrons et marins de ses États de venir le rejoindre à Saint-Malo dès qu'ils auraient le vent favorable[4]. Bientôt on vit des nobles anglais demander et obtenir la permission de repasser la mer : Roger de Quincy, qui est tombé malade, est autorisé à s'en retourner, et avec lui plusieurs chevaliers de sa parente Marguerite de Quincy, comtesse de Winchester[5]; la même mesure est prise en faveur de Henri de Hastings et de quelques autres[6]. Henri III presse son départ : fidèle à ses procédés ordinaires, il

1. Close rolls, 41, 3 r°; 17 septembre 1230 : « Pro vicecomite de Rohan. »
   Ibid., 1 r°; 14 octobre : « Pro Henrico de Avaugor. » Mandement relatif à l'hommage de ce seigneur et à la restitution de ses fiefs : Close rolls, 42, 21 r°; 28 octobre : « Pro Henrico de la Vagor. »

2. *Willelmi chronica Andrensis ; Monumenta Germaniæ, Script.*, t. XXIV, p. 770; Roger de Wendover, éd. Hewlett, t. III, p. 7, et, d'après lui, Mathieu de Paris, *Chronica majora*, t. III, p. 199.

3. *Ex Walteri Gisburnensis cronica de gestis regum Anglie ; Monumenta Germaniæ, Scriptores*, t. XXVIII, p. 637. — Lettre de Henri III à Hugues de Lusignan; Shirley, *Royal letters*, t. I, p. 385; 29 septembre.

4. Patent rolls, 38, 3 r°; Mareuil, au nord de Luçon, 6 septembre 1230 : « De navibus. »

5. Close rolls, 41, 3 in dorso; 16 septembre 1230.

6. Ibid.; 17 septembre.

fait arrêter les vaisseaux qui se trouvent à Saint-Malo et dans
les ports voisins[1], et le commissaire qu'il a chargé de ce soin,
Robert d'Andely, s'embarque lui-même pour l'Angleterre[2]. En
même temps le roi fait savoir que l'état de sa santé ne lui permet
pas de rester en France pendant l'hiver, qu'il est d'accord, sur
la nécessité de son retour, avec ses barons et le comte de Bretagne.
C'est au havre de Saint-Gildas qu'il compte prendre la mer[3]; le
comte de Bretagne, le comte de Chester et de Lincoln, Guillaume
le Maréchal, comte de Pembroke, devront continuer la guerre[4].
Une lettre du 2 octobre nous le montre encore pressant l'arrivée
des navires anglais[5].

Le 26 septembre il écrit à tous ses chevaliers et sergents restés
sur le continent que Guillaume le Maréchal est chargé de poursuivre les opérations militaires[6]. Il annonce sa détermination au
comte de la Marche, déclare que les trois comtes ont ordre de
veiller aux intérêts de Hugues X et des partisans que la couronne
d'Angleterre conserve en France[7]. Henri promet des subsides et
donne des garanties à ceux qu'il charge de le remplacer : le comte
de Chester doit recevoir mille marcs pour soutenir la guerre[8];
Guillaume le Maréchal pourra retourner en Angleterre au carême,
s'il consent à rester jusqu'à cette époque en Bretagne pour le service de son souverain ; s'il vient à mourir auparavant, son frère
Richard pourra sans contredit recueillir son héritage[9]. Henri III
s'engage à laisser à Pierre Mauclerc quatre cents chevaliers et
cent sergents à cheval[10], et même, d'après un historien, cinq cents
chevaliers et mille sergents[11]. Le comte de Chester et Guillaume
le Maréchal pourront attirer au service du roi d'Angleterre tous

---

1. Patent rolls, 38, 3 in dorso ; 17 septembre : « Rex ballivis portus de Sancto
Maclovio, » etc.

2. Close rolls, 41, 2 in dorso ; 27 septembre 1230.

3. Patent rolls, 38, 3 r° ; 16 septembre 1230 : « De navibus faciendis venire
usque Sanctum Gildasium. »

4. Shirley, t. I, p. 385.

5. Patent rolls, 38, 2 r° ; 2 octobre 1230 : « De navibus faciendis venire usque
Sanctum Gildasium. »

6. Patent rolls, 38, 3 r° ; 26 septembre 1230.

7. Shirley, t. I, p. 385 ; 29 septembre.

8. Patent rolls, 38, 3 r° ; 28 septembre 1230 : « Pro comite Cestrie. »

9. Ibid.; 25 septembre 1230 : « Pro comite Marescallo. »

10. Rymer, t. I, p. 198 ; 23 septembre.

11. Roger de Wendover, t. III, p. 7 ; Mathieu de Paris, t. III, p. 199.

ceux qu'ils voudront, sans risquer d'être désavoués[1], et le comte
de Bretagne reçoit plein pouvoir de conclure des trêves avec le
roi de France[2]. C'est lui qui est le véritable chef du parti anglais
en France ; Henri III, toujours besogneux, a recours à la générosité intéressée de cet habile et puissant allié, qui lui avance six
mille marcs[3].

Après toutes ces demi-mesures, qui devaient aboutir à un insuccès final, le roi d'Angleterre ne songea plus qu'à s'embarquer. Il
ne lui restait pas autre chose à faire ; il avait choisi, pour descendre en Bretagne, le moment où presque tous les grands seigneurs de France s'entendaient pour combattre l'autorité de la
reine Blanche ; or, les désordres intérieurs de la France touchaient
à leur fin. Les barons avaient échoué dans leurs tentatives contre
le comte de Champagne ; Blanche de Castille avait sauvé Thibaud IV, et, dès le mois de septembre 1230, le comte de Boulogne,
Philippe Hurepel, avait donné l'exemple de l'obéissance en venant
à Compiègne se soumettre au roi. Henri III n'avait rien su faire,
alors que l'est du royaume était en feu, que les grands vassaux
de la couronne désertaient en masse la bannière royale ; la vanité
de ses grands projets devenait évidente, maintenant que la France
était pacifiée, que l'autorité de Louis IX était consolidée par le
rétablissement de la paix entre Thibaud de Champagne et ses
ennemis. Il le savait fort bien quand il reprit, à petites journées,
le chemin des côtes du Nord.

Parti de Nantes le 23 septembre, il fut à Redon du 24 au 29[4],
à Guer le 2 octobre[5], à Saint-Méen du 4 au 7 octobre[6], à Jugon
le 8 et le 9[7], à Saint-Brieuc le 10[8], à Guingamp le 10 et le 11[9],

1. Rymer, t. I, p. 198 ; 27 septembre.
2. Patent rolls, 38, 2 r° ; 8 octobre 1230 : « De treugis capiendis. »
3. Rymer, t. I, p. 198 ; 26 septembre. — Lettre du 8 octobre, relative au
même sujet ; Patent rolls, 38, 2 r° : « Comes Britannie. » Le 10 mars 1232,
Henri III était encore le débiteur de Mauclerc ; Patent rolls, 41, 8 r° : « De
debito quod rex debet Petro comiti Britannie. »
4. Redon, 24 septembre 1230 ; Close rolls, 41, 2 r°. — Redon, 29 septembre ;
ibid.
5. « Apud Ger ; » Close rolls, 41, 2 r°.
6. « Apud Sanctum Mevennum, » 4 octobre ; Close rolls, 41, 2 in dorso ;
7 octobre ; ibid., 2 r°.
7. « Gygun ; » 8 octobre ; Patent rolls, 38, 2 r°. — « Gygny ; » 9 octobre ;
Close rolls, 41, 2 r°.
8. Saint-Brieuc ; 10 octobre ; Close rolls, ibid., 2 r°.
9. 10 octobre ; Patent rolls, 38, 2 r°. — 11 octobre ; Close rolls, 41, 2 r°.

à Saint-Pabu le 11 et le 12[1], à Saint-Tugdual du 13 au 18[2], à
Lannion le 21[3], à Morlaix le 22[4], à Saint-Pol-de-Léon le 25 au
plus tard[5]; il se trouvait encore dans cette ville le 26. Après avoir
ordonné de remettre en liberté les vaisseaux de Saint-Malo et les
autres navires bretons qui avaient été saisis en prévision de son
passage[6], il mit à la voile et se dirigea sur Portsmouth, où nous
le retrouvons le 28[7]. Henri n'avait guère lieu d'être fier quand il
rentra dans ce port qu'il avait quitté, quelques mois auparavant,
plein d'une arrogante espérance. Sa situation était peu enviable;
celle de ses partisans français l'était bien moins encore. Aimery
de Thouars, sire de la Roche-sur-Yon, ne tarda pas à lui faire
savoir qu'il était en détresse[8]. Un autre de ses fidèles, Renaud de
Pons, lui écrivit que, pour se protéger contre le roi de France, il
avait dépensé beaucoup d'argent à fortifier sa ville. Il lui fallait
de nouveaux fonds pour mettre en état de défense Pons et Monti-
gnac; il suppliait le roi d'Angleterre de lui venir en aide, de ne
pas le laisser à la merci de ses ennemis : « La reine de France,
disait-il en terminant, a déclaré, devant le comte de la Marche
et Geoffroy de Rancon, qu'elle me déshéritera ou que le roi per-
dra la France[9]. »

Au moment où le sire de Pons adressa cet appel au roi d'Angleterre, il y avait encore des Anglais en Bretagne; mais la
guerre, interrompue dès l'année suivante par une nouvelle trêve,
ne leur réservait que de petits succès et de grosses dépenses.
Henri III était bien loin de Rouen, d'Angers, de Poitiers et de la
Rochelle, qu'il avait prétendu reconquérir.

Élie BERGER.

---

1. « Seint Pabus; » 11 et 12 oct.; Patent rolls, 38, 2 r° et 1 r°, et deux lettres
en faveur du vicomte Alain de Rohan; D. Morice, Preuves, t. I, col. 871-872.

2. « Apud Sanctum Tydualum; » 13 octobre; Close rolls, 41, 1 r°. — 18 octobre; ibid.

3. « Lannyun; » 21 octobre 1230; Patent rolls, 38, 1 r°.

4. « Muntrelès, » 22 octobre; ibid.

5. 25 et 26 octobre; ibid.

6. Close rolls, 41, 1 r°; 25 octobre 1230.

7. Portsmouth; 28 octobre; Close rolls, 42, 21 r°.

8. Shirley, Royal letters, t. I, p. 386.

9. Shirley, t. I, p. 386-387. On trouvera dans ce même recueil d'autres lettres
intéressant les rapports de Henri III avec Renaud de Pons et les seigneurs de
Mortagne (p. 388, 391).

LE CÉRÉMONIAL ROMAIN

JACQUES CAJÉTAN

―――

LES DONNÉES HISTORIQUES QU'IL RENFERME

I.

En 1689, dom Mabillon publiait, dans le tome II de son *Museum Italicum*[1], un cérémonial romain qu'il attribuait, mais sans preuve certaine, à Jacques Cajétan. Avant de discuter cette opinion et d'examiner ce qu'elle a de fondé, il est essentiel de dire quel était ce personnage et quelle place il occupait à la cour pontificale.

Il naquit à Rome vers 1270[2]. Il appartenait par son père, Pierre Stefani, et par sa mère, Perna, aux deux familles des Stefaneschi et des Orsini, qui jouissaient alors d'une influence considérable. Pierre Stefani fut même sénateur de Rome vers 1292-1294. Des Cajétan occupaient également de hautes situations dans l'Église : en 1294, on avait vu le cardinal Benoît Cajétan devenir le pape Boniface VIII; en 1296 et 1298, Jacques Tomasi Cajétan souscrivait des bulles pontificales comme cardinal prêtre au titre de Saint-Clément[3]; François Cajétan, neveu

---

1. P. 241-443.
2. La plupart des renseignements biographiques que l'on possède sur Jacques Cajétan proviennent de la préface qu'il écrivit lui-même en tête de son poème sur saint Pierre Célestin (*Acta sanctorum*, mai, t. IV, p. 438); d'autres sont tirés de différents passages de son cérémonial.
3. Potthast, t. II, p. 2024.

de Boniface VIII, fut créé en 1295 cardinal diacre de Sainte-
Marie *in Cosmedin;* enfin Jean Cajétan des Ursins fut cardinal
diacre de Saint-Théodore de 1316 à 1339.

Jacques vint étudier à Paris les arts libéraux ; au bout de
trois ans, il prit son grade de licencié et obtint même une
chaire où il enseigna la philosophie. Mais bientôt il fut rappelé
par sa famille en Italie, où il s'adonna au droit civil sous la direction d'habiles professeurs. La littérature ancienne l'attirait également, et, tout en commentant les lois romaines, il admirait la
magnificence du style et la hauteur des idées de Virgile et de
Lucain. Ses parents durent l'établir en même temps à la cour
pontificale : il était sous-diacre depuis au moins 1291[1] quand,
le 14 février 1296, son parent Boniface VIII l'éleva à la dignité
de cardinal diacre au titre de Saint-Georges au Vélabre ou au
Voile-d'Or. Il paraît avoir été un fidèle de la cour des papes, car
il la suivit dans toutes ses pérégrinations avec Benoît XI, Clément V, Jean XXII et Benoît XII. Sa mort est fixée à l'année 1343.

Outre le cérémonial romain que lui attribuaient Mabillon et
Fabricius[2], on possède de lui les ouvrages suivants :

1° *Liber de anno centesimo sive jubilœo*[3] ;

2° *Carmina [duo] in jubilœum*[4] ;

3° *Opus metricum [sive de vita Petri Moronii, seu Cœlestini papœ V, libri tres]*[5] ;

4° *De coronatione Bonifacii VIII, libri duo*[6] ;

5° *De canonizatione Cœlestini V, libri tres*[7] ;

6° Enfin des poésies diverses, des sermons et des lettres que
G.-Jos. Eggs a édités[8].

Le cérémonial romain a été publié, ai-je dit, par D. Mabillon ;

---

1. Le P. Ehrle (*Zur Geschichte des päpstlichen Hofceremoniells in 14 Jahrhundert*, dans l'*Archiv für Literatur- und Kirchengeschichte des Mittelalters*,
t. V, p. 573) prétend, mais sans en donner la preuve, qu'il était sous-diacre
en 1289, lors du couronnement de Charles II, roi de Naples.
2. *Bibliotheca latina*, au mot *Jacobus Cajetanus.*
3. *Bibliotheca patrum*, édit. de Lyon, t. XXV, p. 936.
4. *Ibid.*, p. 942.
5. *Acta sanctorum*, mai, t. IV, p. 437.
6. *Ibid.*, p. 461.
7. *Ibid.*, p. 473.
8. T. I, p. 257.

mais celui-ci s'est trouvé arrêté plus d'une fois par des difficultés de chronologie. C'était à propos de cérémonies qui eurent
lieu à la fin du XIVe siècle jusque sous les pontificats d'Urbain VI
et de Boniface IX[1].

En outre, le manuscrit Ciampini, d'après lequel il a établi son
édition, renfermait[2] des extraits du cérémonial de Guillaume
d'Estouteville, archevêque de Rouen dès 1453 et cardinal évêque
d'Ostie, qui mourut en 1483. Mabillon était donc obligé, en faisant l'attribution de cette œuvre à Jacques Cajétan, de supposer
qu'il y avait eu de nombreuses interpolations[3].

Fabricius eut également entre les mains un manuscrit du
même cérémonial, qui lui venait du cardinal Pierre Ferrici;
mais, en le comparant avec le texte publié par Mabillon, il avait
remarqué qu'en général son manuscrit omettait toutes les mentions postérieures à l'époque où vivait l'auteur présumé, et que,
plus complet sur certains points, il pouvait servir à corriger les
mauvaises leçons données par le premier éditeur[4]. Malgré tout,
il n'était pas encore certain que Jacques Cajétan eût véritablement rédigé ce cérémonial, et il restait encore plusieurs obscurités. Heureusement, un manuscrit aujourd'hui conservé à la
bibliothèque d'Avignon, sous le n° 1706, permet de faire complètement la lumière. Ce manuscrit, de provenance inconnue,
mais de l'ancien fonds (n° 132) de la bibliothèque, est sur papier
de format in-4° (0m290 × 0m226); il est composé de 50 feuillets; il date de la première moitié du XVe siècle et semble écrit
de diverses mains. Le texte qu'il contient est beaucoup moins
complet que celui des manuscrits de Mabillon et de Fabricius
(il n'en comprend guère que le tiers), mais il a sur ceux-ci
l'avantage de porter en toutes lettres le nom de l'auteur : au

1. Cf. §§ LXXIX, LXXXI, LXXXII, LXXXIX, XCIII. La mention la plus récente
se rapporte à l'année 1395 : *Notandum quod, anno Domini MCCCXCV, Bonifacius IX Perusii dedit cineres...* (§ LXXIX).

2. Cf. § LXVI : *Ex cæremoniali antiquo domini Rotomagensis de Stoutavilla*.
Note de Mabillon : *Id est, ex cæremonialis Petri Amelii episcopi Senogallien-
sis exemplo, quod fuit quondam Guillelmi de Stoutavilla, archiepiscopi
Rotomagensis et cardinalis.* Cf. encore §§ LXVII, LXX, LXXI, LXXII.

3. Voir son *Admonitio*, en tête du texte qu'il publie, t. II, p. 242.

4. Il a relevé un certain nombre de mauvaises leçons de Mabillon à la fin
de son article *Jacobus Cajetanus.* Le manuscrit d'Avignon pourrait également
servir en partie pour le même travail, car l'édition de Mabillon est assez
fautive.

folio 15 verso, il donne en effet cette mention, qui termine le récit de la canonisation de saint Pierre Célestin : *Ego Jacobus sancti Georgii ad Velum Aureum diaconus cardinalis domino pape a dextris in predicta canonizatione et missa*[1] *ministravi.* De plus, il transcrit le récit fidèle d'un certain nombre de cérémonies qui sont intéressantes au point de vue historique.

Ce manuscrit n'est pas signalé ici pour la première fois. Déjà, en 1889, le R. P. Ehrle en faisait la description et donnait l'indication des rubriques en même temps qu'il en publiait différents extraits[2]. Malgré la mention expresse du nom de l'auteur qui vient d'être rapportée, il émettait des doutes sur l'attribution à Jacques Cajétan Stefaneschi : il faisait remarquer que certaines parties au moins pouvaient être l'œuvre du cardinal Napoléon Orsini, qui avait assisté aux mêmes cérémonies et qui avait également suivi la fortune des papes. Il s'appuyait surtout sur la notice 233 du catalogue de la bibliothèque des papes d'Avignon, composé en 1411, qui attribuait à ce dernier un *liber ceremoniarum*[3]. Cette hésitation ne paraît pas fondée[4], et il faut s'en tenir aux données du manuscrit lui-même[5], qui toutes s'accordent à désigner Jacques Cajétan comme le seul auteur de cet ouvrage.

Il existe donc de très grandes différences entre le manuscrit d'Avignon et la publication de Mabillon. La question se pose dès lors de l'authenticité du cérémonial édité par ce dernier. La solution semble difficile au premier abord, mais cependant il est possible d'y arriver par la comparaison des deux textes. Il y a relativement peu de paragraphes entièrement semblables : je

---

1. Et non *mitra,* comme a imprimé le P. Ehrle, *loc. cit.,* p. 569 et 573.

2. P. 566 à 587.

3. Voici cette notice : « Item, fiber ceremoniarum per dominos Neapolitanum et Jacobum Gagir, diaconos cardinales, copertus pelle viridi, et incipit in secundo folio : *infrascripta,* et finit in penultimo : *oratio.* »

4. Le P. Ehrle (p. 573) reconnaît lui-même que l'attribution de tout l'ouvrage à Jacques Cajétan est la plus vraisemblable.

5. Pour les mentions du manuscrit qui désignent l'auteur : 1° comme un prélat haut placé à la cour pontificale, qui déjà, en 1289, avait suivi avec attention le cérémonial du couronnement du roi Charles II; 2° comme un Italien qui était venu en France et à Avignon à la suite des papes; 3° comme un des cardinaux à qui s'adressa le pape Benoît XI sur son lit de mort en 1304, etc., voir le P. Ehrle, p. 572.

citerai seulement le § xcii de Mabillon : *Qualiter et quibus diebus fiant processus generales,* dont une partie est au folio 1 v° du manuscrit d'Avignon, sous la rubrique : *Ordo qui sequitur feria quinta in cena Domini;* le § lxxxiv, *Item de mandato et aliis supradictis, papa non existente in Urbe,* reproduit ce qui est au folio 2 v° ; la rubrique *De inunctione et coronatione regis Sicilie* du folio 18 du manuscrit donne le même texte que le § cvii *De unctione et coronatione regis;* de même, tout ce qui a rapport au sacre, au couronnement et à la communion d'une reine (folios 19 v° et 20), correspond aux §§ cviii, cix et cx ; l'*Ordo officii de sabbato sancto* du folio 25 v° est la même chose que le § xciv ; enfin les §§ viii, ix et cxii de Mabillon se retrouvent dans les folios 39, 39 v° et 42 v° du manuscrit. Il n'en faut pas davantage pour être en droit de soutenir qu'on est là en présence de deux ouvrages dont l'un a tout au moins été longuement copié par l'autre. D'autre part, il faut remarquer avec l'éditeur lui-même que tous les passages pour lesquels Pierre Amelii[1], auteur lui aussi d'un cérémonial romain publié à la suite de celui qui nous intéresse[2], renvoie à Jacques Cajétan, se retrouvent dans le texte de Mabillon ; enfin qu'au § iv (*Modus deponendi pro electione papæ*) l'auteur de ce traité, donnant des modèles du vote des cardinaux, se nomme implicitement en indiquant cette formule : *Ego Jacobus sancti Georgii ad Velum Aureum diaconus cardinalis nomino et eligo...* Il y a bien encore d'autres formules : *Ego Berengarius... Ego frater Nicolaus...,* etc., mais pas une n'a l'importance attribuée à la première, qui est citée surtout comme type, et sur laquelle on revient par trois fois. En dernier lieu, la plupart des cardinaux dont les noms sont cités dans divers paragraphes ont été contemporains de Jacques Cajétan. Toutes ces raisons sont plus que suffisantes pour déclarer que celui-ci a contribué pour beaucoup à la rédaction de l'œuvre en question.

Mais, comme je l'ai dit plus haut, le texte de Mabillon a subi

---

1. Pierre III Amelii de Brunac d'Alet, augustin, fut évêque de Sinigaglia en 1376; il fut transféré à Otrante en 1382, à Tarente en 1386, à Venise la même année ; il devint finalement patriarche d'Alexandrie en 1399 et mourut en 1404.

2. P. 443-544.

de nombreuses interpolations, et, si l'on suppose que ce traité appartient à Jacques Cajétan, il faut reconnaître que, vers la fin du xv⁰ siècle, il a été profondément remanié. Il y a surtout un passage qui trahit bien l'interpolateur, c'est celui où l'on décrit le cérémonial du lavement des pieds par le pape le jour du jeudi saint, § LXXXIV, *De mandato fiendo in die jovis sancto, rubrica*[1]. Le voici : *Ipse vero [papa] præcinctus linteo, habens ante se linteum mundum, quo unus diaconus qui ei servit*, secundum dominum Jacobum Gaietanum, *ipsum papam præcingit...* Or, le manuscrit d'Avignon (folio 2 v⁰) porte : *precinctus linteo quo unus diaconus qui ei servit ipsum papam cingit*. Il faut encore remarquer que Mabillon, après avoir donné un texte interpolé dans ce paragraphe, publie quelques pages plus loin, § XCI, exactement le même texte que le manuscrit d'Avignon, sans aucune interpolation, mais cette fois avec la rubrique suivante : *Item, de mandato et aliis supradictis, papa non existente in Urbe.* Cette remarque nous amène tout naturellement à cette autre : c'est que le cérémonial qui se trouve dans le manuscrit d'Avignon décrit les cérémonies qui se font partout où le pape est présent, à Vienne, à Pérouse, à Carpentras, à Avignon, etc., et ne spécifie pas que celui-ci doive être à Rome; au contraire, il est évident que la cour pontificale est nomade et qu'elle n'est pas fixée à demeure. Le cérémonial de Mabillon, à l'opposé de ce dernier, suppose toujours que le pape réside à Rome et admet que ce n'est qu'exceptionnellement qu'il n'y pontifie pas[2].

Voici donc, à mon avis, ce qu'il faut supposer pour concilier toutes ces difficultés. Le manuscrit 1706 d'Avignon représente une copie du premier état de la rédaction de Jacques Cajétan. Celui-ci écrivait au fur et à mesure l'ordre et la description des cérémonies auxquelles il venait d'assister. Cela est plus que prouvé par les détails si précis qu'il donne, par exemple, les paroles prononcées par tel ou tel personnage, l'ordre de prééminence des prélats et des seigneurs qui étaient présents, enfin, par l'expression fréquemment employée de *hodie* : aujourd'hui tel règlement a été

---

1. A ce propos, Mabillon déclare dans une note qu'il faut regarder comme interpolés en général tous les paragraphes dont le titre se termine par le mot *rubrica*.

2. Voir surtout les §§ XLV, LXXIX, LXXXI, LXXXIV, XCV, XCVIII, CI, etc.

observé, aujourd'hui le souverain pontife a prononcé un sermon
sur tel texte. C'est ce qui explique en même temps le peu d'ordre
qui existe dans le récit des différentes choses racontées et pourquoi des parties qui ont trait au même sujet sont séparées quelquefois par un assez grand nombre de pages. Les événements
mentionnés dans ce cérémonial se placent tous entre les années
1289[1] et 1328[2]; mais ce n'est guère qu'à partir de 1304[3] que
l'auteur a pris la plume[4], et c'est bien à ces vingt-quatre
ou vingt-cinq ans (de 1304 à 1328) que se rapporte la rédaction de Jacques Cajétan. Le copiste du manuscrit d'Avignon,
comme l'a fait remarquer le P. Ehrle, a été embarrassé plus d'une
fois pour déchiffrer les notes prises par le cardinal et a dû laisser
en blanc un certain nombre de mots qu'il n'était pas arrivé à
lire, surtout vers la fin. Enfin le manuscrit est incomplet : il
manque en effet au moins un feuillet entre le 39e et le 40e, quoique
la numérotation des folios soit très ancienne, et l'on voit que le
feuillet qui termine n'était pas primitivement le dernier. La fin
peut encore donner lieu à quelques observations, car on y a
reproduit quelques paragraphes qui avaient déjà été rapportés.
Pourquoi? il n'est guère possible de s'en rendre compte.

Jacques Cajétan avait donc réuni une première fois les éléments
de son cérémonial[5]. Plus tard, il dut faire une rédaction plus
ordonnée, où il utilisa ces matériaux, reproduisit tout ce qui
pouvait être observé en règle générale et supprima les détails
particuliers, notamment le récit des événements historiques qui,
aujourd'hui, nous intéressent. Ce cérémonial fut en honneur à la
cour pontificale, où il servit pendant un assez long temps, puisque
Pierre Amelii, à la fin du XIVe siècle, s'en inspira; mais plus
tard, quand le grand schisme d'Occident fut terminé, quand
les papes furent établis à nouveau définitivement à Rome et qu'il
fut bien évident que plus jamais ils ne reprendraient leur vie

1. Sacre du roi Charles II de Sicile, 29 mai 1289. (Fol. 17.)
2. Consécration des cardinaux prêtres Pierre de Rabley ou d'Arrablay et
Gaucelin d'Euse, 1328. (Fol. 8 v°.)
3. Mort du pape Benoît XI, 7 juillet 1304. (Fol. 8.)
4. C'est en effet à partir de cette date que l'on trouve l'expression *hodie*,
indiquant que l'auteur vient d'assister à l'événement qu'il raconte.
5. Le P. Ehrle avait pensé, lui aussi, que le manuscrit d'Avignon représentait une réunion de matériaux recueillis pour une exposition complète du cérémonial romain.

errante du xive siècle, on songea à le réformer et à l'adapter aux
nouvelles conditions de la chapelle pontificale. C'est pour cela
que, vers la fin du xve siècle ou au commencement du xvie, un
compilateur inconnu, s'inspirant des cérémoniaux de Pierre
Amelii et de Guillaume d'Estouteville, refondit l'ouvrage de
Jacques Cajétan, dont il conserva le plus de parties possible ; ce
qui explique qu'on ait respecté, à l'occasion du vote des cardinaux pour l'élection du pape, la formule que j'ai signalée plus
haut : *Ego Jacobus sancti Georgii...* Ce nouveau cérémonial d'après Jacques Cajétan fut transcrit dans le manuscrit
Ciampini, dont s'est servi D. Mabillon pour sa publication. Quant
au manuscrit que Fabricius disait avoir en sa possession, exempt
des interpolations postérieures à Benoît XII, il se pourrait très
bien que ce fût le manuscrit du cérémonial de Jacques Cajétan
lui-même, celui qui fut rédigé en second lieu par ce cardinal et
sur lequel il supprima le récit des événements historiques qui
motivèrent les différentes cérémonies.

C'est le récit de ces événements historiques qui fait le principal intérêt du manuscrit de la bibliothèque d'Avignon. On pourra
s'en convaincre par la lecture des passages transcrits ci-dessous.
Le P. Ehrle a déjà publié, dans son article cité plus haut, *Zur
Geschichte des päpstlichen Hofceremoniells im 14. Jahrhundert*, deux de ces passages intéressants : en premier lieu[1],
les cérémonies des trois sessions du concile de Vienne qui con-
damna les Templiers (16 octobre 1311-6 mai 1312), et, en second
lieu[2], le récit des derniers instants du pape Benoît XI (7 juillet
1304). Je n'y reviendrai donc pas ici.

II.

ÉMOLUMENTS PERÇUS PAR LE PERSONNEL DE LA MAISON DU PAPE, LORS DE LA CONSÉCRATION DES PRÉLATS.

Ces émoluments étaient à peu près l'équivalent du droit de
chambellage qu'en France les nouveaux feudataires étaient obligés d'acquitter. Le cérémonial publié par Mabillon ne contient
rien qui fasse allusion à cet article ; pourtant Jacques Cajétan ne

1. P. 574-581.
2. P. 585-586.

paraît pas ici être original : il a pris ses informations dans des traités plus anciens, car il mentionne le *Liber super ordinatione familie* et un *Liber censualis antiquus*. Ce dernier pourrait bien être le *Liber censuum* de Grégoire X[1].

Que percipiunt camerarius, notarii et servientes pape a prelatis consecratis in curia. (Fol. 10 v°.)

Infrascripta que secuntur reperiuntur in libro super ordinatione familie.

Est autem sciendum quod quilibet prelatus qui consecratur in curia per dominum papam vel de ipsius mandato, si est patriarcha, archiepiscopus vel episcopus, tenetur, pro consecratione hujusmodi, camerario et clericis camere ac servientibus armorum domini nostri pape, ad pluviale quod in ecclesia portat ea die qua consecratur et ad bassinum majus de argento, si habet, vel ere, quo utitur similiter ea die et ad unum manutergium, item ad equm faleratum de syndone vel bacaranno quem equitat, facta hujusmodi consecratione, ad suum vel prelati consecrantis hospitium.

Item, quilibet abbas qui in eadem curia a domino papa vel ejus mandato benedicitur vel munus benedictionis recipit, tenetur dictis officialibus ad equm faleratum et pluviale quod portat ea die, ut supradicitur (fol. 11) in prelato; ad bassinum non tenetur, quia non utetur, cum non consecretur sed benedicitur tantum et non indiget bacinibus.

Consueverunt autem ut plurimum prelati ipsi a dictis officialibus predicta redimere pretio competenti. Et nisi predictas res disposuerint redimere, libere dimittantur officialibus antedictis et illud de quo erunt in concordia cum eisdem persolvere tenentur, antequam de ecclesia consecrati seu benedicti recedant. Attendendum tamen est quod in pacto seu redemptione rerum hujusmodi facta inter consecrandos et benedicendos et officiales predictos, non includuntur cooperte equorum nec manutergia supradicta, sed officiales ipsi illa libere debent habere; debent tamen eligi et deputari ad serviendum dictis prelatis, dum consecrantur in ecclesia, per senescallum servientum armorum aliqui servientes qui serviant et assistant, duo vel

1. Comparer le présent article du manuscrit d'Avignon avec la publication de Gatticus : *Acta selecta cæremonialia S. R. Ecclesiæ ex variis mss. codicibus et diariis...*, t. I, p. 262, d'après le ms. du Vatican 4736, fol. 1.

plures, secundum existentiam personarum, et qui etiam adestrare debent prelatum per frenum, si equitat, usque ad hospitium suum vel prelati consecrantis eundem.

Est tamen sciendum quod si dominus papa cum sua curia Rome resideat vel moretur et predicte consecrationes infra menia civitatis per ipsum vel ipsius mandato, etiam si fierent in ecclesia beatorum Petri et Pauli apostolorum atque Laurentii vel in consimilibus que sunt extra menia civitatis, que in hoc casu infra esse censentur, quidam cives Romani nomine mapularii, officiales ad hoc antiquitus deputati, de dictis sacris et benedictionibus prelatorum debent habere et recipere etiam partem omnium et illas debent pro tertia parte dividere cum camerario, clericis et servientibus supradictis, qui mapularii partem suam sacrarum hujusmodi equaliter dividunt inter se, utrum sint presentes vel absentes, quia hereditario modo possident officium supradictum et ex consuetudine observata. Ipsi vero mapularii habent sternere tapeta et parare faldistoria in ecclesia ubi dominus papa debet celebrare, in Urbe tantum et non alibi.

Quare vero tales sacre prelatorum fiunt seu benedictiones alibi quam in Urbe, utpote in alia civitate vel loco, ubi dominus papa cum sua curia residet, dicti mapularii nichil percipiunt de sacris eisdem, sed dividuntur inter camerarium, clericos et servientes predictos, videlicet medietatem pro indiviso recipiunt camerarius et clerici, et aliam medietatem servientes predicti ; qui quidem servientes partem suam dividunt equaliter inter se, tam inter presentes quam absentes, modo suo. Camerarius autem et clerici similiter partem suam (fol. 11 v°) dividunt equaliter inter presentes maxime, nisi absens de gratia partem recipiat sociorum vel de mandato in servitio ecclesie sive camere persisteret domini pape vel ipsius camerarii.

Item, reperitur sub rubrica servientum :

Servientes, quilibet eorum consuevit recipere unam vidandam et unam anonam cum feno et ferris et aliis necessariis pro equo. Dabantur omnibus servientibus in comuni .lxxii. candele in septimana, quatuor samuerii in itinere ; inter omnes dividunt cum camera partem sacrarum. Senescallus eorum et, etc.

Item, reperitur in libro censuali antiquo quod certum quid debent recipere acoliti de predictis sacris.

CANONISATION DE SAINT THOMAS DE CANTELOUP.

(1320, 19 mars-17 avril.)

Saint Thomas de Canteloup, évêque de Hereford, était mort le 2 octobre 1282. Les Bollandistes ont donné[1] le récit de sa vie, son procès de canonisation d'après le ms. 4015 du Vatican et la bulle datée d'Avignon, 17 avril 1320. C'est, en effet, en 1320 et le 19 mars que commencèrent les assemblées provoquées par le pape Jean XXII pour la proclamation du nouveau saint. Il faut remarquer que le cardinal Cajétan s'en réfère en plusieurs endroits à ce qui s'est passé lors de la canonisation de saint Louis d'Anjou, évêque de Toulouse (1296-1297), qui fut mis sur les autels le 7 avril 1317. Aussi, il ne faut pas s'étonner outre mesure de l'inadvertance du copiste du manuscrit d'Avignon, qui, après les cérémonies de la canonisation de saint Thomas, a commencé sans transition aucune le récit de celles qui eurent lieu pour saint Louis : il n'en a donné cependant que la date et la rubrique[2].

De canonizatione sancti Thome. (Fol. 11 v°.)

Vide quia bona forma procedendi est ante canonizationem alicujus sancti.

Anno quarto domini Johannis pape XXII[3], Avinione.

Notandum quod in facto canonizationis recolende memorie domini Thome de Cantalupo, sic fuit processum. Quod dominus Johannes papa, requisitis conciliis cardinalium in consistorio de singulis miraculis an prolata essent, et lectis attestationibus in consistorio super uno miraculo, et primo dicta unius testis faciebat scribi : « Plenarie probat iste testis » ; et scribebat quod ex cardinalibus non consentiebat. Et tunc non determinabat de contrarietate testium.

---

1. *Acta sanctorum*, octobre, t. I, p. 491 à 629.
2. Comparer avec le cérémonial de Pierre Amelii, *loc. cit.*, p. 535 (canonisation de sainte Brigitte, 7 octobre 1391) et de Gatticus, *op. cit.*, p. 55-59. Le texte correspondant du cérémonial pour la canonisation d'un saint attribué à Jacques Cajétan a été donné par Mabillon, *ibid.*, p. 412, 418.
3. La 4e année du pontificat de Jean XXII comprend du 7 août 1319 au 6 août 1320.

Postea vero, vise sunt contrarietates, et habitis consiliis fratrum, faciebat scribi secundum consilia : « Non obstat contrarietas. » Et tandem die mercurii proximo ante festum sancti Benedicti[1] pronuntiavit vitam et miracula probata, de quibus major pars cardinalium consuluerat. Et postmodum petiit consilia incontinenti circularia, an esset procedendum ad ejus canonizationem. Et omnes presentes consuluerunt quod sit. Ipse tamen distulit super hoc pronuntiare an esset procedendum ad canonizationem, et voluit quod aliqui absentes consulerentur. Scriptum hoc die jovis proximo ante festum prefatum sancti Benedicti[2]. Thema meum tunc fuit : *Qui fecerit et docuerit, hic magnus vocabitur in regno celorum*[3]. In ecclesia alii non dixerunt thema, nisi dominus Petrus de Columpna.

Item, hodie, scilicet die sabbati proximo ante festum annuntiationis beate Virginis[4], idem dominus Johannes Avinione in consistorio, habito consilio cardinalium absentium, des-(fol. 12)cendens de sede, deposita mitra et genu flexo, ceteris cardinalibus in locis suis genuflexis, pronunciavit sic quasi in substantia : « Ad honorem sancte Trinitatis et beate Marie et beatorum apostolorum Petri et Pauli et omnium sanctorum et exaltationem fidei, autoritate apostolica diffinimus tot et tanta probata esse de vita et miraculis sancti Thome de Cantalupo episcopi Effrodensis, quod sufficiunt ad ejus canonizationem. » Et surrexit et reposita est sibi mitra. Et voluit quod adhuc teneretur secretum. Et fuit sibi visum quod ante Pascha non posset in publico pronuntiari, quia Pasca debebat esse nona die[5].

Postmodum, die mercurii proximo ante festum beati Georgii[6], cum presentes de mandato pape prelati fuissent vocati et instructi, secundum quod factum fuit in canonizatione sancti Lodovici[7], dominus papa Avinione in ambitu supra claustrum domus sue sedit, more consueto, cum cardinalibus, et facta reverentia per cardinales, populo stante inferius et prelatis in circuitu in alto, papa proposuit thema : *Narra mirabilia que fecit Eliseus*[8], et prosecutus est pulcre quomodo

---

1. 19 mars 1320.
2. 20 mars 1320.
3. Saint Matthieu, V, 19.
4. 22 mars 1320.
5. Le 30 mars.
6. 16 avril.
7. Saint Louis d'Anjou, évêque de Toulouse en 1296, mort à Marseille en 1297, canonisé le 7 avril 1317.
8. Livre IV des Rois, VIII, 4.

aliqua narrantur in laude Dei, aliqua ad consolationem auditorum, et descendit. Dixit in genere de miraculis probatis, de suscitatione mortuorum, etc. Et conclusit quod hec ad ipsorum consolationem eis narravit. Tunc procurator capituli Effrodensis magister Johannes de Ros (*blanc*) proposuit thema : *Pater, clarifica filium tuum*[1], et con- clusit de excellentia pape et quod ipse ad quem spectabat et dominum Thomam, propter ejus vitam et probata merita, canonicavit (*sic*). Arelatensis[2] [seu Aquensis[3]] scilicet auditor contradictarum, thema : *Dilectus Deo et hominibus*[4], etc. Thema Lucani[5] : *Justificabor et magnificabor et laudabor inter gentes*[6]. Thema Zacabriensis[7], non bene audivi. Thema Brixinensis[8] : *Abissus abissum invocat*[9]. Thema Paccensis[10] : *Pater, venit hora, clarifica filium tuum*[11], sed aliter prosecutus est quam procurator capituli Effrodensis. Thema episcopi Mathoniensis : *Flores apparuerunt in terra nostra*[12] et prosequendo fuit prosequenter ulterius. Ego : *Sicut vitis fructificavi suavitatem odoris*[13]. Thema Lodovensis[14] : *Non potest abscondi civitas super montem posita*[15], etc. Et omnes concludebant suo modo quod ad papam et Romanam ecclesiam spectabat canonizare, et supplicabant quod eum propter vitam sanctam et probata merita canonizaret. Notarii vero pape et capellani et clerici camere basse simul sine pre- fationibus canonizationem ejus supplicabant.

Hiis factis, dominus papa dixit valde breviter quod eorum petitio- nes audierat, super hiis de fratrum consilio faceret quod Dominus ministrabit, et quod in crastinum venirent ad missam. Et sic factum est quod in crastinum, scilicet die jovis proximo ante festum beati

---

1. Saint Jean, XVII, 1.
2. Gaillard II de Saumate, archevêque d'Arles de 1318 à 1323.
3. *Seu Aquensis* est une addition interlinéaire. L'archevêque élu d'Aix était alors Pierre des Prés, qui mourut le 13 mai 1361.
4. Ecclésiastique, XLV, 1.
5. Henri de Carretto, archevêque de Lucques de 1300 à 1323.
6. Ézéchiel, XXXVIII, 23.
7. Augustin Gazottus, évêque de Zagrab ou Agram en Croatie de 1303 à 1322.
8. Jean Wulfing, évêque de Brixen de 1306 à 1323.
9. Psaumes, XLI, 8.
10. Simon, évêque de Badajoz de 1308 à 1324.
11. Saint Jean, XVII, 1.
12. Cantique, II, 12.
13. Ecclésiastique, XXIV, 23.
14. Jacques de Concoz, évêque de Lodève de 1318 à 1322.
15. Saint Matthieu, V, 14.

Georgii[1], papa in ecclesia majori[2] Avinione celebravit, ante tamen receptionem et processionem et alia. — Et in rubrica sancti Ludovici dicitur : habens pluviale rubeum cum mitra de pernis, sed (fol. 12 v°) ante altare majus, domino Nearme (?) sibi ministrantibus et cardina-libus et prelatis paratis in albis etc., ut est in rubrica eadem. — Fecit thema suum : *Fuit et probatus et ille perfectus inventus est, et erit illi gloria*[3], et prosequenter dixit in genere de vita et miraculis sancti Thome, etc., ut in rubrica. Et missam de ipso sancto Thoma celebravit.

Proposuit papa breviter. Legit cardinalis vitam et miracula.

Pater clarifica filium tuum ut te clarificet filius tuus[4]. Procurator negotii frater Gulgulmus (*sic*).

Elegi David servum meum[5]. Episcopus Massiliensis[6].

Dignus est ut hoc sibi prestes[7]. Archiepiscopus Bituricensis[8].

Vir sapiens replebitur gloria[9]. Archiepiscopus Rigensis[10].

Vir humilis exaltabitur in carne[11]. Episcopus Claromontensis[12].

Crescere me fecit Deus in terra paupertatis mee[13]. Episcopus Atrabatensis[14].

Ille fulxit in templo. Episcopus Magalonensis[15].

Quis est hic et laudabimus eum[16]. Episcopus Nucerinus[17].

Episcopus Mathoniensis voluit proponere et ab alia parte, namque cum paucis etiam erat ad proponendum; sed dominus noster noluit, quia nimis erat tardus (*sic*).

1. 17 avril.
2. Notre-Dame-des-Doms.
3. Ecclésiastique, XXXI, 10.
4. Saint Jean, XVII, 1.
5. Livre III des Rois, XI, 34.
6. Gasbert de la Val, évêque de Marseille de 1320 à 1323.
7. Saint Luc, VII, 4.
8. Rainaud de la Porte, archevêque de Bourges depuis 1316, cardinal en 1320; résida ensuite à Avignon, où il mourut en 1325.
9. Ecclésiastique, XXXVII, 27.
10. Frédéric Baro, archevêque de Riga depuis 1304, mort à Avignon en 1340.
11. Saint Matthieu, XXIII, 12; saint Luc, XIV; 11; XVIII, 14.
12. Aubert Aycelin de Montaigu, évêque de Clermont de 1307 à 1328.
13. Genèse, XLI, 52.
14. Pierre de Chappes, évêque d'Arras de 1320 à 1326.
15. André de Frédol, évêque de Maguelonne de 1318 à 1328.
16. Ecclésiastique, XXXI, 9.
17. Jean II, évêque de Nocera, apparaît en 1308. Son successeur Gui II est seulement mentionné en 1327.

In fine, dominus, non assumens thema, brevissime dixit : « Audivimus petitionem et supplicationem vestram et inductiones multas per vos propositas, deliberabimus et Deo dante talem dabimus responsionem, que Deo erit grata et negotio correspondens. Cras venietis ad ecclesiam et respondebimus. »

Acta[1] sunt hec Avinione in consistorio publico supra plateam que est infra domum episcopalem, anno Domini M° CCC° XVII°, indictione (*sic*), die mercurii post Pascha, que dies fuit sexta die intrantis aprilis.

Thema pape quando proposuit eadem die : *Sacramen regis celare est bonum,* etc., in Proverbiis vel in Ecclesiasticis.

De canonizatione domini Lodovici episcopi Tholosani, et hiis que dicta sunt per prelatos cum vacatione secunda die precedenti canonizationem.

Canonisation de saint Pierre Célestin.

(1313, 2-5 mai.)

Jacques Cajétan a donné dans son cérémonial une plus grande importance à la canonisation de Pierre de Murrone, qui fut pape sous le nom de Célestin V. Il est vrai que c'était un sujet qui lui tenait fort à cœur, et l'on est en droit de supposer qu'au moment où, de retour des cérémonies, il en couchait le fidèle récit dans ses notes, il préparait les matériaux qui lui servirent plus tard pour la confection de ses œuvres poétiques. Il eut toujours, en effet, une grande vénération pour ce saint qui avait voulu quitter le palais des papes pour retourner à sa cellule de moine, et, du vivant même de Célestin V, il avait conçu le projet d'écrire sa vie. Il composa d'abord son *Opus metricum*, ouvrage en trois livres sur la vie de Pierre de Murrone[2]; plus tard, il fit suivre cette vie d'un nouveau traité en vers intitulé *De coronatione Bonifacii VIII, libri duo*[3]; enfin, quand Célestin V fut canonisé, il écrivit le *De canonizatione S. Cœlestini libri tres*[4]. Le 28 janvier 1319, il adressa d'Avignon ces trois traités,

1. Ce qui suit n'a plus de rapport avec la canonisation de saint Thomas de Canteloup; il s'agit de saint Louis de Toulouse, canonisé à Avignon en 1317.
2. *Acta sanctorum*, mai, t. IV, p. 437-461.
3. *Ibid.*, p. 462-474.
4. *Ibid.*, p. 474-485.

précédés d'une longue préface et d'une lettre d'envoi, au couvent
de Salmone, de l'ordre des Célestins; puis il fit parvenir au prieur
général des Célestins l'*Officium de sancto*[1], qu'il avait également
ment composé pour le même saint.

Il est intéressant de rapprocher ces différentes œuvres de l'article du cérémonial relatif aux cérémonies de la canonisation de
Pierre de Murrone. Cet article n'est guère à comparer qu'avec
le livre second du *De canonizatione*, car c'est là seulement qu'il
est question de ces différentes cérémonies. Mais entre les deux
rédactions existe une grande différence : l'historien peut puiser
un certain nombre de renseignements dans l'une, écrite au fur et
à mesure des événements, tandis que l'autre, inspirée par les
souvenirs de l'auteur et bourrée de réminiscences classiques, ne
lui offre guère qu'un fatras de vers obscurs, desquels il n'a
presque rien à retenir[2]. Dans les préfaces de l'*Opus metricum*
et du *De canonizatione*, Jacques Cajétan affirme qu'il a assisté
le pape à la messe pontificale du 5 mai 1313 : c'est ce qu'il déclare
aussi dans son cérémonial et ce qui permet de lui attribuer cette
œuvre. Ce dernier traité lui a encore servi pour l'exposition de
son sujet dans ces mêmes préfaces, et l'analyse qu'il donne du
livre second de son *De canonizatione* pourrait s'appliquer plus
justement à sa première rédaction : *Secundo autem horum
libro, inquisitionis vitæ et miraculorum remissionem, ejusque discussionem, approbationem, definitionem seu viri
sancti canonizationem, illiusque celebria, ritusque vetustos, magnaque maturitate digestos (tanquam qui prædictis*

1. *Acta sanctorum*, p. 485-486.
2. A citer les vers suivants, qui décrivent Notre-Dame-des-Doms, la métropole d'Avignon, lors de la solennité de la canonisation :

« Surgit in effusæ fortisque cacumine rupis
Sacra domus veneranda Dei Genitricis et almæ
Virginis, haud magno fundatum schemate templum,
Urbe quasi media, spectans sic undique cives;
Avinione locus, cujus pars diruta quondam
Castrum erat, [ad] sacrum rediit nunc omnibus usum.
Hæc domus ardentes apiumque liquamina ceras
Undique transjectas trabibus, faculasque liquentes
Læta dabat, foribusque suas funalia flammas
Fundebant variisque locis; quæ lumine verum
Monstravere jubar cæli, fulgoribus huncque
Esse polo meritis divino munere fultum. »
                        (Vers 71 à 83 du livre II, *ibid.*, p. 480.)

*interfuit, et ut cardinalis levita ministravit in illis) faceto,
veridico, rhetoricoque sermone prosequitur* [1].

Le manuscrit d'Avignon revient à trois reprises sur le même
sujet. Du folio 12 v° à 15 v°, il donne le récit publié ci-dessous;
au folio 38 v°, il cite deux cas de guérison obtenus par l'inter-
cession du saint; enfin, du folio 45 v° à 47, il a transcrit une
seconde fois le programme qui est en tête de son récit.

[*De canonizatione*] *sancti Petri de Morrono*. (Fol. 12 v°.)

In negotio bone memorie fratris Petri de Murrone, videtur sic
procedendum. Ut vocentur aliqui archiepiscopi vel episcopi primo ad
partem, et exponatur eis quomodo per sanctitatem vestram et Romanam ecclesiam fuit in negotio ipso mature processum, nam instante
carissimo filio vestro domino Philippo rege Francorum illustri, de
fratrum vestrorum consilio, commisistis bone memorie archiepiscopo
Neapolitano [2] et episcopo Valvensi [3], cum clausula vos vel alter vestrum, etc. (fol. 13), ut inquirerent de vita et miraculis que per ipsius
fratris Petri merita fieri dicebantur, et quod invenirent rescriberent.
Ipsi vero in inquisitione hujusmodi, quamdiu vixit Valvensis episcopus, insimul processerunt, sed demum per mortem sublato [4] de
medio episcopo Valvensi, idem archiepiscopus inquisitionem ipsam
complevit et remisit eam sub manu publica et sigilli sui munimine
roboratam. Hanc inquisitionem fecit sanctitas vestra, more consueto,
diligentius examinari per tres vel quatuor cardinales. Consequenter
lecte fuerunt in consistorio in presentia vestra et fratrum vestrorum
attestationes super inquisitione ipsa et rubrice, et cum maxima dili-
gentia examinate; et interdum attestationes super aliquibus miraculis, in quibus videbantur testes plene deponendo, manu vestra fuerunt
signate. Consequenter, commisistis octo ex fratribus vestris, sub
certa forma, quod ipsi diligentius examinarent illas attestationes et
rubricas predictas, que ad plenum per sanctitatem vestram et fratres
vestros in consistorio non potuerunt examinari propter negotiorum
occupationem; quod predicti cardinales fecerunt. Consequenter, in
generali concilio Viennensi commisit sanctitas vestra sex vel octo

1. *Acta sanctorum*, p. 474.
2. Jacques, archevêque de Naples de 1302 à 1307.
3. Var. : *Valencie*. Il s'agit bien ici de François-Raimond de Letto, évêque
de Valve, dans le royaume de Naples, mort en 1307.
4. Var. : *subtracto*.

prelatis magne scientie et dignitatis, ut inquisitionem ipsam diligentius examinarent, non tangendo que per sanctitatem vestram de fratrum vestrorum consilio fuerant deliberata seu signata; quod etiam, juxta mandatum vestrum, dicti prelati fecerunt. Consequenter, quia in Viennensi concilio dictum negotium propter occupationes varias non poterat expediri, nunc Avinione cum oportunitas affuit, examinationem dicte inquisitionis ad secretum consistorium reduxistis, et ut solidius et certius deliberare possent fratres vestri, singulis ipsorum fecistis tradi in scriptis per extensum plura miracula et attestationes super ipsis, de verbo ad verbum. Consequenter et ultimo, non sine magnis laboribus et examinatione exquisita, inventum est per sanctitatem vestram et fratres vestros aliqua miracula et ante papatum ipsius fratris Petri et aliqua in papatu et aliqua post renuntiationem ejus ante mortem et aliqua in morte et aliqua post mortem ipsius per ejus merita esse facta, et vitam bonam et sanctam ipsius fratris Petri esse probatam.

Hiis expositis aliquibus archiepiscopis vel episcopis in totum vel in partem, prout sanctitati vestre videbitur expedire, poteritis dicere : « Hec exponimus vobis ad fidei exaltationem, et etiam quia intentionis nostre est uno istorum dierum, quando nobis et fratribus nostris videbitur, convocare vos et alios prelatos et officiales vestros et curiales et predicta que vobis exposuimus vobis et eis in consistorio publico nunciare. Ideo prelibavimus ista vobiscum, ut prediximus, ad exaltationem fidei, et ut in alia vocatione publica quam faciemus sitis previsi ad assumendum verbum in publico et dicendum in ipso negotio quod Dominus ministrabit. Nam, quamvis ista ad nos singulariter et Romanam ecclesiam spectent, tamen decens nobis videtur si ista vobis et aliis prelatis ac officialibus vestris et curialibus ad gaudium nuntiemus. » Post hec, informandi erunt predicti archiepiscopi et episcopi per sanctitatem vestram vel alium[1] cui committetis, sed in hoc casu decentius videretur per alium cui committetis, qualiter debeant se habere in vocatione alia solempni et propositione que fiet in consistorio publico per sanctitatem vestram. Informatio autem talis est. Nam, proposito verbo per sanctitatem vestram in consistorio publico de predictis, prout superius est expressum, et verbo per vos finito, singuli archiepiscopi et singull qui primo vocati fuerant per vos vel[2] partem, qui erunt collocati in diversis locis aule,

---

1. Var. : *vel per alium.*
2. Var. : *vel ad.*

surgent unus post alium, completo sermone alterius, et assumpto themate congruenti dicet unusquisque ipsorum singulariter quod Dominus ministrabit, et specialiter dicet aliqua commendabilia de ipso fratre Petro prout sciverit esse vera, vel a fide dignis audiverit, et concludet quomodo ad vos, pater sancte, et Romanam ecclesiam solum spectat diffinitio et declaratio tanti negotii et canonizatio tanti viri, et supplicabit ut in negotio procedentes ipsum fratrem P. cano-nizetis et sanctorum cathologo ascribatis. Hoc idem, scilicet quod eum canonizetis, vicecamerarius vester, cancellaria ac capellani ves-tri poterunt quasi insimul supplicare.

Die vero assignata per sanctitatem vestram, convocatis archiepi-scopis, episcopis et aliis prelatis, vi[ce]camerario[1], cancellaria et offi-cialibus ac capellanis vestris et curialibus presentibus in consistorio publico et servatis hiis que dicuntur superius, a loco illo *nam pro-positis* usque *supplicare,* pater sancte, ultimo poteritis aliquod thema assumere, prout sanctitati vestre placuerit, et dicere quod videbitur expedire, et si placet[2] tangere et declarare breviter quomodo ad vos et Romanam ecclesiam solum spectat predicta canonizatio, et conclu-dere, si placebit, sic : « Habebimus consilium super predictis cum fratribus nostris et faciemus quod Dominus ministrabit[3]. »

Anno Domini M° CCC° XIII°, die secunda maii intrantis, Avinione, dominus noster papa Clemens in consistorio publico, presentibus prelatis et officialibus curie, qui die precedenti ad hanc diem vocati fuerant, facta (*blanc*) in facto fratris Petri de Murrone, proposuit thema : *Facta nostra manifestant nos.* Ad Timotheum[4]. Prosequen-ter, narravit maturitatem ecclesie in procedendo, et quomodo vita sancta fratris Petri de Murrone, et sic omnia narravit et miracula plura probata erant, et aliqua in speciali (fol. 14) de vita, et conclu-sit quod nuntiabat eis ad fidei exaltationem et ad totius ecclesie et rectorum consolationem. Et subjunxit ne possimus errare plus vel minus dicendo vel immutando, audientes in scriptis que de vita ejus et miraculis sunt inventa. Et tunc de ejus mandato, dominus (*blanc*) cardinalis de Baiona[5] legit quoddam dictamen et narrationem pul-cram, in quibus continebatur vita mirabilis probata et miracula ali-

1. Var. : *vicecamerario vestro.*
2. Var. : *placebit.*
3. Ici s'arrête dans le manuscrit (fol. 47) la seconde transcription de ce texte.
4. 1ʳᵉ épître de saint Paul à Timothée, 25.
5. Je ne sais quel fut ce cardinal de Bayonne. Celui qui était évêque du diocèse de ce nom en 1313, Pierre II de Marenne, n'a jamais été cardinal.

qua. Post hec, surrexit Bremensis archiepiscopus[1] et assumpsit thema : *Propter unum opus quod fecit (blanc) et mirabile*[2] quod fuit in ejus renunciatione, et eum commendavit per ea que erant lecta, et conclusit quod dominus papa eum canonizaret. Post, surrexit Ebredunensis[3], assumpsit thema : *Similem enim fecit in gloria sanctorum*[4], et conclusit ut Bremensis. Post, surrexit Jadrensis[5] et assumpsit thema : *Et plura specialia que viderant etiam in se facta sunt*, narravit et conclusit quod papa ad quem spectabat eum canonicaret, et in concludendo allegavit illam auctoritatem Job[6] : *Aquila ad vultum ejus volat*, etc. Quarto, surrexit Legionensis episcopus[7] et assumpsit : *Mirificavit Dominus sanctum suum; cum clamavero ad te, exaudisti me*[8], et pulcre dixit et conclusit ut alii, et quod ad papam spectabat, et in narrando et concludendo allegavit illam auctoritatem : *Qui sanctus est sanctificetur*[9], etc. Post, surrexit episcopus Colonensis[10] qui est confessor pape, et assumpsit thema : *Hic vir perfectus est*[11]; et conclusit ut alii. Ultimo surrexit Pacensis episcopus[12], licet in ordine sederet priusquam Colosensis, et assumpsit thema : *Pater, clarifica filium tuum*, in Johanne[13]; et conclusit ut alii. Post, surrexerunt vicecamerarius et notarii et capellani et quasi simul supplicaverunt pro ejus canonizatione, et quia dicebant nimis basse, papa dicebat : « Isti alii vos non intelligunt »; ita quod ipsi aliquantulum altius dixerunt. In fine, dominus papa resumpsit thema : *Ministerium meum honorabo*[14]; et dixit in genere : « Vos bene scitis quod ad nos singulariter spectat canonizatio. Audivimus vestram supplicationem, cum fratribus nostris frequenter habuimus de tangentibus istud negotium collationem, habebimus super predictis consilium cum ipsis fratribus nostris et cum Dei adjutorio cito respon-

1. Jean Grand, archevêque de Brême de 1308 à 1327.
2. Saint Jean, VII, 21.
3. Jean du Puy, archevêque d'Embrun depuis 1311, mort à Avignon en 1317.
4. Ecclésiastique, XLV, 2.
5. Nicolas de Setia, archevêque de Zara de 1312 à 1320.
6. IX, 26.
7. Gonzalez Osorio Villalobos, évêque de Léon de 1301 à 1313.
8. Psaumes, IV, 4.
9. Apocalypse, XXII, 11.
10. Démétrius Ier, archevêque de Colocza de 1312 à 1317.
11. Épître de saint Jacques, III, 2.
12. Simon, évêque de Badajoz de 1308 à 1324.
13. XVII, 1.
14. Épître aux Romains, XI, 13.

debimus et dicemus intentionem quam credemus Deo placere et satis-
facere in quantum poterimus votis vestris. Vos interim rogatis (*sic*)
ut in hoc facto non possimus errare. » Et rediit ad cameram suam.

Omnes illi sex prelati in eadem banga sederunt post cardinales
presbiteros, scilicet a dextris pape, nam non fuerunt posite sedes ab
alils lateribus; et vicecamerarius et notarii et corrector et capellani
ad pedes domini nostri.

Anno Domini M° CCC° XIII, die sabbati, scilicet die quinta magii
intrantis, Avinione, in ecclesia cathedrali, presentibus cardinalibus
et prelatis, ecclesia intus et extra faculis infra trabibus ornata, sed
nondum accensis intus omnibus propter calorem, facta reverentia
(fol. 14 v°) in medio ecclesie, ascendit papa pulpitum parvum factum
post chorum, navem ecclesie respiciens. Paraverant se cardinales et
prelati in albis; steterunt cardinales in navi ecclesie sedilibus paratis quasi ad modum consistorii in duabus bancis continuis; post
sedilia cardinalium fuerunt prelati in lateribus ecclesie circum circa,
nam ecclesia plana est. Clerici vero et alii laici sedebant ad terram,
infra spatium cardinalium et etiam prelatorum; sed porta ecclesie
major erat clausa.

Dominus papa, propter loci altitudinem, cum duobus cardinalibus
diaconibus ministrantibus tantum et aliquibus et paucis capellanis
et suis familiaribus in ambitu post prelatos paratos, mutavit mantum,
et accepit mantum seu pluviale valde pulcrum de opere anglicano et
ymagines et mitram de pernis. Et sedens, ceteris sedentibus, fecit
sermonem cujus thema fuit : *Exulta et lauda habitatio Sion, quia
magnus in medio tui sanctus Israel.* Ysa., xii in fine[1]. Et faciens
invocationem more consueto prosecutus est, dixit, nominans fratrem Petrum de Murrone qui canonizabitur si Deus concesserit et
sua membra, prosecutus est inter alia dicens eum magnum fuisse,
non generis nobilitate, non scientie magnitudine, non experientie,
sed sanctitatis et virtutum et, dum papa fuit, dignitatis, et fuit prosecutus; conclusit quod secundum morem laudabilem ecclesie orta-
batur ut orarent quod Deus non permitteret ecclesiam suam in hoc
facto errare. Et predixit quod ipse incepturus erat *Veni creator.* Et
surgens, mitra per diaconum a dextris composita, incepit *Veni creator* cum nota et stetit genuflexis (*sic*), vertens faciem ad orientem,
videlicet ad altare. Et surrexit. Reposita fuit mitra, et stetit usque
ad finem ymni. Mandavit legi per cardinalem de Baiona vitam pro-

1. XII, 6.

batam et dictatam et miracula fratris Petri, sicut fuerat lecta alie (*sic*) die in consistorio puplico, sed expresse fuit ibi lectum quod frater Petrus resignaverat vel cesserat papatus oneri et honori propter inexperientiam et insufficientiam suam ad regimen et ut cum Maria liberius posset contemplationi vacare, et quod miracula fecerat ante papatum, in papatu, post papatum adhuc vivens, in vita et in morte. Consequenter, dominus papa surgens, mitra deposita ex devotione beate Virginis, incepit cum nota *Regina celi,* genuflexit et statim surrexit et cum mitra stetit quousque ceteri compleverunt antiphonam ; completa, mitra deposita, cum devotione incepit cum nota *Salve Regina,* et genuflexit et surrexit et stetit cum mitra quousque ceteri compleverunt. Dixerunt duo capellani versum : *Ora pro nobis, sancta Dei genitrix, alleluia.* Responderunt ceteri : *Ut digni efficiamur promissionibus Christi, alleluia.* Dominus papa dixit : *Dominus vobiscum. Et cum spiritu tuo. Oremus;* et dixit orationem : *Deus qui salutis eterne,* etc., *dominum nostrum Jesum Christum, filium tuum, qui tecum vivit et regnat,* etc. *Amen.*

Assumpsit thema : *Reddite omnibus debita, cui honorem, honorem*[1], et prosecutus est benignissime et quia vita fratris Petri sancta erat probata et miracula et credebat Dei beneplacitum esse.

(Fol. 15.) Completis oratione et responso *Amen,* sedens cum mitra, pronuntiavit et diffinivit sic in substantia : « Ad honorem Dei omnipotentis Patris et Filii et Spiritus sancti et beate Marie virginis, beati Michaelis archangeli, sanctorum apostolorum Petri et Pauli, exaltationem fidei, auctoritate Dei omnipotentis Patris et Filii et Spiritus sancti et beatorum apostolorum Petri et Pauli, et nostra, cui soli competit, de fratrum nostrorum consilio, ad supplicationem prelatorum, diffinimus fratrem Petrum de Murrone sanctorum cathalogo ascribendum et ipsum dictorum sanctorum cathalogo ascribimus. Et statuimus et mandamus festum ipsius in die obitus sui, videlicet xiiii. kalendis [junii][2] ab universali ecclesia devote celebrandum. Et accedentibus singulis annis in die obitus sui ad ejus ecclesiam, ubi ejus corpus requiescit, vere penitentibus et confessis vel qui infra octo dies erunt, vii. annos, accedentibus infra octavam unum annum et xl. dies de injuncta penitentia relaxamus. »

Hiis sic factis, incepit, mitra deposita, alta voce *Te Deum lauda-*

---

1. Épitre aux Romains, XIII, 7.
2. 19 mai. Voir à ce sujet la vie de saint Pierre Célestin, par les Bollandistes, *Acta sanctorum,* mai, t. IV, p. 427.

mus, et genuflexit, et statim surrexit et ceteri prosecuti sunt. Et interim cum mitra sedit, sed cum ventum est ibi *Te ergo,* surrexit mitra deposita, et mitra resumpta postmodum sedit. In fine, diaconus qui a sinistris, dixit cum cantu versum : *Ora pro nobis beate Petre confessor Christi, alleluia.* Ceteri responderunt : *Ut digni efficiamur promissionibus Christi, alleluia.* Dominus papa, mitra deposita, cum nota dixit : *Dominus vobiscum. Et cum spiritu tuo. Oremus;* et dixit orationem propriam factam pro dicto confessore, et finivit *Per Christum dominum nostri (sic).* Ceteri responderunt : *Amen.* Tunc papa, mitra reposita, stetit, et diaconus qui a sinistris dixit cum nota *Confiteor* more solito, faciens mentionem de beato Petro confessore.

Papa vero dedit indulgentiam vii. annorum et vii. quadragenarum qui fuerant vel illa die ad ecclesiam venirent vere penitentibus, etc., vel hiis qui usque ad octo dies venirent dedit unum [annum] et quadraginta dies.

Post, mitra deposita, more consueto, fecit absolutionem *Precibus et meritis,* etc., faciens mentionem de beato Petro confessore. *Amen. Indulgentiam,* etc. *Amen* et *Benedictio,* etc. *Amen.* Et dixit se celebraturum.

Et sic cunctis ritibus completis, paravit se more consueto et missam celebravit de ipso beato Petro confessore, et facule accense fuerunt in ecclesia et tortitia que erant extra intus accensa fuerunt portata et steterunt usque ad finem misse.

Torticia dicuntur fuisse centum ʟ., facule circa quadringentas ʟ. vel quingentas. Petierunt acoliti vel subdiaconi partem luminariorum a domino papa, ut non constabat quod deberent habere, nam talia raro fiunt. Sciatur si consuetum est, et mandavit dominus papa canonicis ecclesie (fol. 15 v°) quod luminaria reciperent; et ejus intentio videbatur et bona et sancta, quod nisi constaret quod acoliti seu subdiaconi haberent, quod omnia luminaria ecclesie remanerent.

Ego Jacobus sancti Georgii ad Velum Aureum diaconus cardinalis domino pape a dextris in predicta canonizatione et missa ministravi.

CÉRÉMONIAL POUR LE COURONNEMENT DU ROI DE FRANCE.

On est étonné de rencontrer un pareil paragraphe dans l'œuvre de Jacques Cajétan, car ce n'était pas au pape, mais à l'archevêque de Reims qu'il appartenait de sacrer les rois de

France. Aussi bien, l'auteur du cérémonial romain dit-il qu'il a pris ce qui va suivre dans les livres des Français, et s'il a jugé bon de l'introduire dans son ouvrage, c'est, semble-t-il, pour établir des points de comparaison entre le sacre des rois de France par le métropolitain de Reims et le couronnement des rois de Sicile par le souverain pontife. Inutile de faire remarquer que l'édition de Mabillon ne comporte rien de semblable et qu'il ne donne, sous la rubrique CVII, *De unctione et coronatione regis*, que le cérémonial qui fut observé, dit le manuscrit d'Avignon, lors du sacre de Robert le Sage, roi de Sicile.

C'est assurément un texte précieux que nous a ainsi conservé le cardinal de Saint-Georges au Voile-d'Or; grâce à ses indications, on peut reconstituer le détail des cérémonies qui avaient lieu à Reims, toutes les fois qu'un roi de France allait y recevoir l'onction sainte[1].

De coronatione regis Francie. (Fol. 15 v°.)

Ista rubrica que sequitur, scripta inventa est in libris Gallicorum, non in rubricis ecclesie Romane, cum essemus Avinione. Et nota quod in libris Gallicorum habetur specialis rubrica de coronatione regis Francie, quam ego vidi.

De benedicatione (sic) *et coronatione regum et reginarum rubrica.*

Cum rex benedicendus est, omnes episcopi regni conveniant ad civitatem metropolitanam vel regiam, in qua hoc fieri consuevit. Ipse vero rex benedicendus et coronandus triduanum jejunum devote peragat in ebdomada precedenti, videlicet iiii^a et vi^a feria et sabbato. Die autem dominica qua benedicendus et coronandus est, omnes episcopi conveniant mane in ecclesia in qua hoc fieri debet. Et metropolitanus paret se solemniter cum ministris, sicut missam celebraturus; episcopi vero parent se amictibus, superpellitiis vel albis, si velint, stolis, pluvialibus et mitris; ipse vero totus ablutus esse debet corpore et mundus mente. Tunc duo ex episcopis, priores videlicet, eum hinc inde deducentes offerunt metropolitano coram altari super faldistorium residenti, aliis episcopis coronam seu circulum facientibus et coronando in medio eorum constituto. Alter deducentium

---

1. Cf. Gatticus, *Acta selecta*, p. 218, d'après le ms. du Vatican 4733, fol. 61; Martène, *De antiquis ecclesiæ ritibus*, liv. II, chap. x.

dicit alta voce, in tono lectionis : « Reverende pater, postulat mater ecclesia ut presentem egregium militem ad dignitatem regiam suble- vetis. » Tunc interrogat metropolitanus : « Scitis illum esse dignum ad hanc dignitatem ? » Illi vero respondent : « Et novimus et credi- mus eum esse dignum et utilem ecclesie Dei et ad regimen hujus regni. » Et respondeant omnes : « Deo gratias. » Et mox instruitur ille publice et diligenter admonetur de fide et dilectione Dei, de salu- bri regni et populi regimine, de defensione ecclesiarum et miserabi- lium personarum et similibus, exponendo sibi insuper conditionem dignitatis sue et regalis status ; quo facto, publice facit hanc profes- sionem : « Ego, R., profiteor et promitto, coram Deo et angelis ejus, deinceps legem, justitiam et pacem sancte Dei ecclesie, popu- loque michi subjecto pro posse, nosse, facere ac servare, salvo condi- gno misericordie Dei respectu, sicut cum consilio fidelium meorum melius potero invenire, pontificibus quoque ecclesiarum Dei condi- gnum et canonicum honorem exhibere, atque ea que (fol. 16) ab imperatoribus et regibus ecclesiis collata et reddita sunt, inviolabili- ter observare, abbatibus, comitibus et vassalibus meis congruum honorem, secundum consilium fidelium meorum, prestare; et hec omnia super hec sacrosancta euvangelia tacta me veraciter observatu- rum juro. » Hiis expeditis, eo se profunde inclinante, metropolitanus dicit excelsa voce in modum orationis quod sequitur, et quecum- que ipse dixerit dicunt et alii episcopi voce summissa. Oratio. *Omni- potens eterne Deus, creator omnium, imperator angelorum, rex regum et dominus dominantium, qui Habraam fidelem famulum tuum de hostibus triumphare fecisti… qui est gloria humilium et vita salusque populorum, qui tecum vivit. Amen.* Post hec, rege coram altari ad terram prostrato, et metropolitano et episcopis super faldistoria cum mitris accumbentibus, cantores incipiunt letaniam. Cumque dixerint : *Ut obsequium servitutis nostre t. r. f.,* tunc metro- politanus se erigens, producto super illum signo crucis, dicit : *Ut hunc electum in regem coronandum bene†dicere…* Idemque dicunt et faciunt episcopi. Quo dicto et a choro responso, reddit ad accubitum, cantoribus resumentibus et prosequentibus letaniam. Qua finita, metropolitanus surgens, illo et episcopis prostratis manentibus, annuntiat *Pater noster.* Versus : *Et ne nos induces.* Versus : *Salvum fac servum tuum.* Versus : *Esto ei, Domine, turris fortitudinis…* Oratio : *Pretende, quesumus, Domine, huic famulo tuo dexteram… et per te cepta finiatur. Per* [etc.]. Post hec, metropolitanus inungit in modum crucis cum oleo exorcizato dex-(fol. 16 v°)trum illius brachium et inter scapulas, dicens legendo. Oratio : *Deus Dei filius Jesus Christus Dominus noster, qui a patre oleo exultationis unctus est... qui solus sine peccato rex regum vivit et gloriatur cum Deo patre in unitate Spiritus sancti, per omnia.* Alia oratio : *Omnipotens sempiterne Deus, qui Azabel super Syriam... ac fidei christiane defensor ad decus et laudem tui nominis gloriosi, per Dominum. Amen.* Quo finito, scola inchoat et prosequitur antiphonam ad introitum ad missam. Tunc rex vel in sacristia, vel sub papilione ad hoc parato, induitur regalibus indumentis. Induit enim super vestes communes lineam ad similitudinem albe, amphibalum novum, mundum et candidum, et est amphibalis villosa vestis, ac desuper marinam purpuram, auro et gemmis decoratam. Paratus itaque et ornatus, procedit cum suis prelatis et baronibus ad solium suum eminentem (*sic*) ornatum, sibi in ecclesia preparatum; et dicta collecta officio die precedenti (*sic*), dicit hanc orationem pro ipso rege. Oratio : *Deus regnorum omnium... tuo semper munere sit potens, per Dominum.* Deinde, graduale et alleluia cantatis, regi deducto metropolitanus ensem nudum sumit de altari et ponit illum in dextera manu illius, dicens : *Accipe gladium istum in nomine Patris et Filii et Spiritus sancti, et utaris eo ad defensionem tuam et sancte ecclesie Dei et ad confusionem inimicorum crucis Christi et fidei christiane et corone regni tui talis vel talis et quantum humana fragilitas tibi permiserit, cum eo neminem injuste ledas. Quod ipse prestare dignetur qui cum Patre... Amen.* Deinde, ense in vagina reposito, cingit illi ensem cum vagina, et cingendo dicit : *Accingere gladio tuo super femur, potentissime, in nomine Domini nostri Jesu Christi, et attende quod sancti non in gladio sed per fidem vicerunt regna.* Deinde, corona sibi imponitur hoc modo : omnes enim episcopi qui assunt manibus suis eam de altari per metropolitanum sumptam teneant, ipso me-(fol. 17)tropolitano illam regente et capiti illius imponente, dicendo : *Accipe coronam regni, que licet indignis episcoporum manibus capiti tuo imponitur, in nomine Pa†tris et Filii et Spiritus † sancti, quam sanctitatis gloriam et honorem et opus fortitudinis intelligas signare et per hanc te participem ministerii nostri non ignores, ita ut, sicut nos in interioribus pastores rectoresque animarum intelligimur, ita tu contra omnes adversitates ecclesie Christi defensor assistas, regnique tibi a Deo dati et per officium nostre benedictionis in vice apostolorum, omniumque sanctorum, regimini tuo commissi, utilis executor, perspicuusque regnator semper appareas, ut inter gloriosos athletas virtutum gemmis ornatus et premio sempi-*

terne felicitatis coronatus, cum redemptore ac salvatore. Amen. Postea dat ibidem sceptrum, dicens super eum genua flectentem : *Accipe virgam virtutis atque veritatis, qua intelligas te obnoxium mulcere pios et terrere reprobos, errantes viam docere, lapsis manum porrigere, disperdere superbos et humiles relevare.*

COURONNEMENT DU ROI CHARLES II DE SICILE.

(1289, 29 mai.)

Charles II le Boiteux avait succédé à son père Charles Ier, le 7 janvier 1285 ; ce ne fut qu'en 1289 qu'il fut sacré par le pape Nicolas IV. A l'occasion de son couronnement, le roi de Sicile dut reconnaître la suzeraineté du pape et se soumettre en fidèle vassal à toutes les prescriptions voulues par le pontife. La plus humiliante était certainement l'obligation de tenir l'étrier du pape et de le reconduire jusqu'en son palais, en tenant son cheval par la bride. Aussi, il ne faut pas s'étonner si toute cette partie du cérémonial fut supprimée plus tard. Quand le fils de Charles II, Robert le Sage, fut couronné à Avignon par Clément V, on adopta un autre règlement plus conforme à la dignité royale, et qui resta en vigueur par la suite[1]. Ce sont justement ces prescriptions abolies qui font le principal intérêt du document qui suit, c'est pour cela que je n'ai pas hésité à le donner.

De coronatione regis Sicilie. (Fol. 17.)

Quando dominus Karolus secundus, rex Sicile, fuit coronatus per dominum Nicolaum papam quartum apud Reate[2], in die Pentecostes, anno Domini M° CC° LXXX° VIIII., pontificatus ejusdem domini N. pape anno secundo, talis ordo extitit observatus.

Summo mane, dominus pontifex ad ecclesiam veniens solito more, indutus est pontificalibus ornamentis et ad altare processit ; factaque ante illud brevi oratione, ascendit ad sedem suam. Interea rex coronandus ad eandem ecclesiam venit, uno de magnatibus ejus gladium vaginatum ferente post eum. Et ipse rex in apto loco intra ipsam ecclesiam assumpsit regalia indumenta preter diadema, sceptrum et

1. C'est le § cvii du cérémonial édité par Mabillon. Cf. Gatticus, p. 134.
2. Nicolas IV fut à Rieti du 18 mai au 7 octobre.

pomum, nec accinctus est gladio. Indutus autem rex ipse detecto capite, processit cum suis magnatibus et aliquibus de regno suo prelatis indutis pluvialibus, ante introitum chori, ubi episcopi Ostiensis[1], Portuensis[2] et Tusculanensis[3] vice Albanensis[4] susceperunt. eum. Et Tusculanensis episcopus dixit super eum hanc orationem : *Deus, in cujus manu,* etc. Deinde, episcopus Portuensis (fol. 17 v°) dixit aliam orationem super eum, scilicet : *Deus innenarrabilis,* etc. Quibus dictis, iidem episcopi perrexerunt ad sedes suas. Rex autem processit per medium chorum usque prope altare, ibique in terram prosternavit se, et subdiaconus super eum letaniam brevem dixit. Qua finita, prior presbyterorum dixit *Pater noster* et versus ac orationes duas que descripte sunt in ordinario. Post hec, processit rex ad altare quod est in dextera parte majoris altaris, ibique Ostiensis episcopus, assistentibus hinc inde Portuensi et Tusculanensi, dixit super eum orationem : *Domine Deus omnipotens,* etc. Subsequenter, unxit ei de oleo exorcizato manus, compages brachiorum, pectus et inter scapulas, et hoc fætum fuit ad petitionem ipsius regis, sicut inunguntur reges Francie. Deinde, dixit episcopus idem aliam orationem : *Deus, Dei filius,* etc. Rex autem inunctus divertit paululum et depositis vestibus cum quibus inunctus fuerat, accepit vestem pretiosam, similem dalmatice, et desuper ornamentum quoddam pretiosum simile stole. Hiis pactis, summus pontifex ad altare procedens, fecit confessionem, cui rex ipse interfuit. Et post confessionem, pontifex eum recepit ad osculum pacis, sicut unum ex diaconibus cardinalibus. Deinde, pontifex ascendit ad sedem suam, et rex, deposito super altari ejus gladio per eum qui ipsum ferebat, perrexit ad pulpitum sibi preparatum in dextera parte chori, ibique cum suis prelatis et magnatibus mansit. Cantores vero, facta confessione, cantaverunt introitum et cetera que cantanda erant. Pontifex autem post orationem diei, dixit orationem specialem pro rege : *Deus regnorum omnium,* etc. Cumque post epistolam cantata fuisset sequentia sancti

1. Latinus Malabranca Orsini, cardinal évêque d'Ostie depuis 1278, mort le 10 août 1294.

2. Bernard II de Languisel, ancien archevêque d'Arles, cardinal évêque de Porto de 1281 à 1290.

3. Jean III Boccamazza, cardinal évêque de Tusculum, mort à Avignon le 10 août 1309.

4. Bentivenga de Bentivenghi, cardinal évêque d'Albano depuis 1278, était mort le 26 mars 1280, et son successeur, Bérard Bernard de Got, ne fut nommé qu'en 1294.

Spiritus, rex cum prelatis et magnatibus altare processit, ad quod summus pontifex accedens imposuit ei regium diadema, dicens : *Accipe signum glorie,* etc. Deinde, tradidit ei pomum aureum in dextera ejus manu, et in sinistra sceptrum. Quo facto, dixit orationes : *Prospice, quesumus,* etc., cum aliis in ordinario descriptis. Consequenter, pontifex gladium vaginatum de altari sumpsit et tradidit, ita dicens : *Accipe gladium,* etc. Deinde, ipsum ensem accinxit ei dicens : *Accingere gladio tuo,* etc. Rex autem, mox ut accinctus fuit, exemit eum de vagina et ter vibratum vagine continuo commendavit. Hiis peractis, rex osculatus est pontifici pedes et ab eo receptus ad osculum; ipseque pontifex rediit ad sedem suam. Rex vero coronatus, gestans sceptrum et pomum, rediit ad pulpitum suum, et ibi cum prelatis et magnatibus suis mansit usque post evangelium. Quo lecto, rex coronatus, relicto gladio in pulpito, accessit ad pontificem et, corona deposita, obtulit ei panes, fialas vini et cereos maximos, deinde monetas aureas, osculans pedem pontificis; (fol. 18) ipsoque pontifice procedente ad altare pro perficiendis misse misteriis, rex mansit prope altare juxta diaconos, usquequo pontifex ad sedem reversus communicavit, et ipse rex sacram communionem de manu ejus suscepit cum osculo pacis. Deinde, resumpta corona, ad pulpitum rediit. Post missam vero, summus pontifex equitavit ante majorem portam ecclesie et rex tenuit scapedum selle ejus, et, arrepto freno, ipsum adextravit usque ad gradus palatii adherentis ecclesie. Quibus peractis, suum equm ascendens, coronatus ad suum hospitium reversus est.

Sciendum quod in supradictis orationibus, que sumpte sunt de ordinario ubi agitur de coronatione imperatoris, verba que videbantur tantum imperatori et non regi convenire aut competentia mutata aut omissa fuerunt.

Item, sciendum quod multa ex supradictis que acta sunt in coronatione prefati regis non tam approbata quam tolerata fuerunt per dominum papam et fratres ipsius, unde non oportet quod omnia in exemplum trahantur.

Quando rex Robertus fuit coronatus Avinione, non habuimus hanc scripturam que loquitur de coronatione regis Karoli secundi, sed aliqualem memoriam ego habebam, unde facta fuit rubrica alia multum sollempnis et ordinata, quam dominus papa Clemens dixit, quod fecit poni in libro.

Telles sont les principales cérémonies qui, au point de vue historique, méritent d'être signalées dans la première rédaction du cérémonial de Jacques Cajétan. Il serait facile d'accroître le nombre des renseignements qu'il fournit à l'érudition, surtout pour la nomination des cardinaux [1], mais ce qui a été rapporté ci-dessus suffit pour démontrer l'importance du manuscrit conservé à la bibliothèque d'Avignon et pour en faire apprécier l'intérêt.

L.-H. LABANDE.

[1]. Consécration comme cardinaux prêtres à Avignon de Pierre d'Arrablay et Gaucelin d'Euse, en 1328 : fol. 8 v°.

Proclamation à Avignon comme cardinal prêtre de R. P. Bernard de (*blanc*), cardinal diacre de Sainte-Agathe, 7 mars 1327 : fol. 23.

Mort du pape Clément V à Roquemaure le 20 avril 1314; entrée des cardinaux en conclave à Carpentras fol. 26; etc.

RÉSULTAT DES FOUILLES

DE

SAINT-MARTIN DE TOURS

EN 1886.

Six années se sont écoulées depuis que des fouilles ont été faites sur l'emplacement de l'antique et célèbre basilique de Saint-Martin de Tours. Ces fouilles, pratiquées à l'occasion de la construction d'une nouvelle église, ont mis au jour une portion considérable des substructions des édifices qui ont successivement abrité le tombeau de l'apôtre des Gaules. Les débris retrouvés appartiennent à différentes époques ; et, comme ils ne consistent qu'en portions de murailles, déterminer à quel siècle chacune de ces dernières doit être attribuée est chose fort délicate. Aussi a-t-on vu surgir, tout d'abord, les opinions divergentes de Mgr Cas. Chevalier[1] et de M. Stanislas Ratel[2], soutenues toutes deux avec beaucoup d'habileté. Puis est venu M. Robert de Lasteyrie[3],

1. *Les fouilles de Saint-Martin* (Tours, Péricat, 1888, in-8°, 134 pages et 7 planches). — *Les fouilles de Saint-Martin, note complémentaire* (Tours, Péricat, 1891, in-8°, 16 pages). — *Le plan primitif de Saint-Martin de Tours, d'après les fouilles et les textes* (Paris, 20, rue de Miromesnil, 36 pages et 2 plans).

2. *Les basiliques de Saint-Martin de Tours* (Bruxelles, Vromant, 1886, in-8°, 72 pages, 9 planches). — *Du lieu de sépulture de saint Martin* (Tours, Péricat, 1889, in-8°, 48 pages, 1 planche). — *Les basiliques de Saint-Martin à Tours, supplément* (Paris, Picard, 1890, in-8° de 60-CIII pages, 6 planches). — *Les basiliques de Saint-Martin à Tours, note supplémentaire en réponse à une note complémentaire de Mgr Chevalier* (Tours, Péricat, 1891, in-8°, 49 p.).

3. *L'Église Saint-Martin de Tours, étude critique sur l'histoire et la forme de ce monument, du Ve au XIe siècle.* Paris, Klincksieck, 1891. In-4° de 52 p.

membre de l'Institut, qui leur donne tort à tous les deux, sans
arriver à les mettre d'accord.

Jusqu'à présent, ces trois écrivains sont les seuls, en France[1],
qui aient cru devoir traiter, avec quelque étendue, les questions
intéressantes et complexes soulevées par le résultat de ces
fouilles, poussées en certains endroits jusqu'à plus de douze
mètres de profondeur. Si l'on songe à l'importance de ces questions qui, pour la plupart, touchent aux origines mêmes de notre
architecture nationale, on aura lieu d'être surpris du petit nombre
d'archéologues descendus dans l'arène. Ce petit nombre s'explique
par la façon dont les fouilles ont été conduites.

Il est permis de le dire : elles ont eu lieu à huis clos. Comme
l'écrit M. de Lasteyrie, p. 28 de son Mémoire : « Au lieu d'ap-
« peler les archéologues, les sociétés savantes du pays à venir
« examiner sur place ces précieuses découvertes, la direction des
« fouilles les a systématiquement tenus à l'écart. Des ordres très
« sévères interdisaient l'entrée du chantier à tout le monde. » La
fabrique de la paroisse de Saint-Julien, dans la dépendance de
laquelle était la chapelle à construire, avait, il est vrai, nommé
une commission chargée de surveiller les fouilles. Par suite de
différentes circonstances, cette commission, très peu nombreuse
du reste, s'est trouvée réduite à Mgr Chevalier qui, seul, a pu
suivre assidûment les travaux. Un autre archéologue, M. Stanislas Ratel, ingénieur, est parvenu à en avoir connaissance, mais
d'une façon en quelque sorte subreptice et, partant, incomplète.
Ce sont là les deux seuls vrais témoins des découvertes faites au
cours des fouilles ; tous deux ont consigné leurs observations dans
de longs mémoires accompagnés de planches. Lorsqu'ils ne sont pas
d'accord sur la forme ou l'emplacement exact des objets trouvés,
ce qui arrive assez souvent, il est bien difficile de se décider pour
l'un ou pour l'autre, car chacun d'eux prétend naturellement
avoir bien vu et bien observé. La difficulté d'appréciation est
encore augmentée par ce fait que les fondations de la nouvelle
église ont détruit ou recouvert la majeure partie des constructions
anciennes. Cependant, M. de Lasteyrie a pensé avec raison qu'il

---

et 1 planche. (Extrait des *Mémoires de l'Académie des inscriptions et belles-
lettres.*)

1. M. l'abbé L. Bosseboeuf a fait, à la Société archéologique de Touraine,
diverses communications relatives à ces fouilles ; mais son travail n'a pas encore
été publié. Les conclusions sont analogues à celles de M. de Lasteyrie.

était possible d'émettre une opinion sur l'âge, au moins approximatif, de ces vénérables débris.

On peut, avec lui, les classer en trois groupes, répondant à trois monuments distincts, élevés successivement en un même lieu et superposés les uns aux autres. Le plus récent, qui a les plus grandes dimensions, appartient certainement au XIIIe siècle et n'a été détruit qu'au commencement du nôtre. Les plans du XVIIIe siècle, et celui qui fut dressé à l'époque de la complète destruction de la basilique, en 1801, concordent parfaitement avec le résultat des fouilles. Sur ce point, aucune contestation n'était possible. Le second groupe, composé de chapelles absidales entourant un déambulatoire, limité à l'intérieur par un massif semi-circulaire destiné à supporter une colonnade, a été établi, en ce qui concerne les chapelles, sur une construction plus ancienne, préalablement rasée. Il en reproduit les dispositions générales, mais avec des murailles beaucoup moins épaisses et d'un tout autre appareil. On s'accorde encore à donner cette partie au trésorier Hervé, qui fit reconstruire la basilique au commencement du XIe siècle. Les divergences éclatent à propos du troisième groupe. MM. Ratel et Chevalier veulent y voir les restes de la basilique de saint Perpet dont la dédicace peut être fixée à 470 ou à 472, tandis que M. de Lasteyrie ne le fait remonter qu'au Xe siècle.

Ce sont des murs en petit appareil, d'une épaisseur de 2^m50 à 2^m65, présentant, en plan, un chœur avec déambulatoire et cinq absidioles, comme dans l'église d'Hervé. Mais, par le fait de l'épaisseur des murs, ces absidioles qui, excepté celle du chevet, la plus grande, ont à peine 2 mètres d'ouverture, se suivent à l'extérieur sans aucun intervalle. De ces cinq absidioles, trois seulement ont été mises au jour, les deux autres se trouvant placées sous le sol de la rue voisine. Il n'en reste même plus qu'une seule d'apparente : celle du chevet dite de Saint-Perpet. C'est là tout ce qu'il est possible d'étudier aujourd'hui.

En examinant cette absidiole, on est tout d'abord frappé de l'irrégularité et de la grossièreté de l'appareil, où manquent les cordons de briques qui caractérisent les constructions un peu soignées de l'époque de saint Perpet, laquelle est certainement encore l'époque gallo-romaine[1]. Pour construire un édifice dont

---

1. A propos de ces constructions, Mgr Chevalier emploie les expressions

on voulait faire, et dont on fit en effet, la plus belle église de
la Gaule, on dut employer des matériaux de choix et les plus
excellents ouvriers du temps. Ici, matériaux et travail, tout
est très grossier, tout accuse la plus complète décadence, s'éloi-
gnant absolument de la régularité qu'offrent les murailles gallo-
romaines de Tours, bâties, selon Mgr Chevalier, soixante ans
avant la basilique. Je crois ces murailles d'environ un siècle
plus anciennes ; mais on rencontre en Touraine d'autres termes
de comparaison. Dans les planches du livre sur les églises
romanes de Touraine, publié par MM. les abbés Bourassé et Chevalier[1], plusieurs pans de murs, donnés par eux comme appartenant aux viie, viiie et ixe siècles, sont d'un appareil moins irrégulier que celui de la chapelle de Saint-Perpet. Et cependant, il
ne s'agit que de simples églises rurales ! Enfin, à Tours même,
dans le voisinage et les dépendances de la basilique, j'ai trouvé
une tour et une portion de muraille en petit appareil, qui peuvent
être, d'une façon positive, datées du commencement du xe siècle.
Rue Néricault-Destouches, n° 39, on voit, au fond du jardin, à
l'ouest de la maison d'habitation, une tour ronde, surélevée au
xiiie siècle, mais dont la partie inférieure est tout entière en petit
appareil très reconnaissable, bien que fort imparfait. Un pan de
muraille d'environ 20 mètres de longueur sur 5 de hauteur, également en petit appareil, part de cette tour et se prolonge vers le
couchant. Comme tour et muraille sont placées exactement sur le
périmètre de l'enceinte de Saint-Martin, construite pour la première fois de 906 à 918, et que ce sont bien là des ouvrages de
fortification, on est, sans doute aucun, en présence d'un débris des
défenses élevées à cette époque par le puissant chapitre. Or, l'appareil n'est pas plus irrégulier que celui de la chapelle de Saint-
Perpet. Il le serait plutôt moins, car, dans cette dernière, on ne
s'est même pas donné la peine de choisir et d'échantillonner les
pierres de revêtement. Elles sont de dimensions très variables : à
côté de plusieurs blocs, mesurant 34, 36 et même 40 centimètres

---

niveau mérovingien, murailles mérovingiennes. Mais, en 470, les Francs
n'avaient pas franchi la Somme, et Clovis, qui devait conquérir la Gaule,
venait à peine de naître.

1. *Recherches historiques et archéologiques sur les églises romanes en Touraine du VIe au XIe siècle.* Tours, Ladevèze, 1869. In-4° de 136 pages et
45 planches.

de longueur, sur 15, 18 et 20 de hauteur, on en trouve n'ayant que 12 sur 10. On voit clairement, à l'inspection, que les ouvriers ont voulu imiter le petit appareil allongé, dont ils avaient alors, sans doute, de nombreux exemples sous les yeux, mais qu'ils ne savaient plus l'exécuter. C'est, à vrai dire, une maçonnerie semblable à celle que Vitruve appelle *cœmentitia antiqua incerta*, composée de pierres irrégulières, de formes et de grosseurs différentes, empâtées de ciment; maçonnerie que, malgré son caractère de vétusté, MM. les abbés Bourassé et Chevalier ont cru devoir négliger dans leurs *Recherches sur les églises romanes de Touraine, du V⁰ au XI⁰ siècle,* « afin, disent-ils, de n'y « introduire aucun élément douteux et contestable[1]. » Ce qui était un *élément douteux et contestable* en 1869 devrait, ce semble, l'être encore aujourd'hui. Assurément, il peut être parfois dangereux, lorsqu'il s'agit de dater, même approximativement, un simple fragment de muraille, de se baser sur le plus ou moins de perfection de l'appareil, parce qu'il y eut toujours de bons et de mauvais matériaux, ainsi que de bons et de mauvais ouvriers; mais il s'agit ici, je le répète, d'un édifice exceptionnel et pour lequel rien ne dut être négligé.

J'insiste sur la grossièreté de cet appareil, qualifié d'*assez régulier* par Mgr Chevalier, parce que, dans le débat soulevé, on n'a, d'aucun côté, donné à cet élément d'appréciation la place et la valeur qu'il doit avoir. Ces murailles, en effet, sont de véritables documents[2] : on les a sous les yeux, et ils paraissent autrement probants que des textes vagues et insuffisants, sur lesquels on peut discuter à perte de vue; textes d'une application bien difficile et singulièrement périlleuse, quand il s'agit d'un monument tant de fois détruit et relevé. En supposant même que ces textes nous aient transmis l'indication de toutes les destructions de la basilique, depuis le v⁰ siècle jusqu'au x⁰, ce qui est très douteux, ils ne précisent jamais quelle partie de l'église a été atteinte, ils ne disent pas si elle a été simplement réparée ou

---

1. *Recherches*, etc., p. 65.

2. On m'assure que la muraille de la chapelle de Saint-Perpet, faute de recul suffisant, n'est pas susceptible d'être photographiée par les procédés actuels. Cela est vraiment fâcheux, car je suis persuadé que, si l'on pouvait en mettre une photographie sous les yeux des archéologues, il ne s'en trouverait aucun pour attribuer au milieu du v⁰ siècle d'aussi mauvaises maçonneries.

rebâtie en son entier. Il en est ainsi, notamment, pour les ravages commis par les Normands, à chacune de leurs invasions. La dernière, arrivée en 903, semble avoir été particulièrement désastreuse : le bourg de Saint-Martin, tout entier, fut la proie des flammes qui dévorèrent, non seulement la basilique, mais les vingt-huit églises dont elle était entourée ; cette fois, la ruine de la basilique dut être complète[1]. Celle qui la remplaça et qui fut consacrée en 918, par l'archevêque Robert, était conséquemment une construction nouvelle. J'incline à croire que le plus ancien groupe lui appartient, et non pas à l'église de saint Perpet. D'autant mieux que c'est à cette date de 918[2] que s'achevait l'enceinte dont on voit les restes rue Néricault-Destouches. L'analogie des appareils, de pierres différentes, mais également fort grossiers et sans cordons de briques, rend cette hypothèse très plausible.

On a dit, pour expliquer l'imperfection des murs de la chapelle Saint-Perpet, qu'ils avaient été faits pour être revêtus de plaques de marbres ou de métaux précieux ; cependant, sur tout le pourtour, il est impossible de trouver trace des crampons qui auraient dû maintenir ces plaques.

Mgr Chevalier convient, du reste, que la maçonnerie de la chapelle de Saint-Perpet n'a aucun « caractère intrinsèque » qui la rattache au ve siècle, plutôt qu'à l'un des trois ou quatre siècles suivants. C'est par d'autres considérations qu'il essaie d'en déterminer l'âge et de le fixer au ve siècle. J'avoue que ces considérations, si ingénieuses et si habilement présentées qu'elles soient, ne m'ont point convaincu.

Le principal argument de Mgr Chevalier, celui sur lequel il revient à plusieurs fois, est que la basilique attribuée par lui à saint Perpet a exactement la largeur de soixante pieds romains, indiquée par Grégoire de Tours. Pour rejeter l'opinion qu'il soutient, il faudrait, écrit-il, « admettre qu'on a arraché les bases « de l'édifice du ve siècle, dans toute l'étendue des fondations, « et qu'on a relevé une nouvelle basilique, précisément dans les « mêmes proportions, ce qui serait tout à fait invraisemblable. » Cet argument, examiné de près, ne me paraît pas avoir toute la valeur que lui prête le savant prélat. S'il est vrai que, dans une

---

1. *Chronicon Turon.* (édition Salmon), p. 107.
2. Diplôme de Charles III, Dom Bouquet, t. **IX**, p. 540.

reconstruction, on ne détruit pas d'ordinaire les anciennes fondations, c'est parce qu'elles peuvent servir aux nouveaux travaux. Ce n'était pas le cas, lorsque furent élevées les énormes murailles mises au jour en 1886. La basilique de saint Perpet était certainement couverte en bois, comme toutes celles de cette époque; elle n'exigeait donc que des murs de soutènement d'une médiocre épaisseur. Eh bien! nous avons ici des murs dépassant 2^{m}50! De pareilles dimensions indiquent évidemment, chez l'architecte, la pensée de voûter son église en pierre. Comme on était au début de cette révolution architecturale, et que le poids de ces voûtes nouvelles avait dû, plus d'une fois, faire écrouler les murs latéraux qui les soutenaient, il voulut combattre cette poussée par des murailles plus épaisses et des fondations plus profondes. L'emplacement était d'ailleurs imposé par la présence du tombeau de saint Martin, et la vénération pour l'ancienne basilique fit donner à la nouvelle des dimensions identiques. Ainsi s'explique naturellement la disparition des fondations de saint Perpet. Il était plus simple, surtout plus sûr, de les arracher, que de les renforcer en sous-œuvre et de les élargir. N'est-ce pas d'ailleurs le procédé adopté, en 1887, pour l'église qu'on vient de construire? Bien que sa forme et son orientation diffèrent grandement de toutes les églises successivement élevées autour du tombeau, on a fréquemment, au cours des travaux, rencontré les vieilles fondations. Les a-t-on respectées et conservées? Ne les a-t-on pas, au contraire, arrachées pour pousser plus profondément dans le sol? C'est la répétition de ce qui a eu lieu à l'époque carolingienne.

En l'absence de tout caractère intrinsèque, absence reconnue par Mgr Chevalier, il est donc permis de dire que les considérations qu'il développe sont insuffisantes pour renverser d'un seul coup toutes les notions acceptées sur l'architecture religieuse du ve siècle. Jusqu'ici, en effet, les archéologues s'accordaient à donner aux églises de cette époque la forme des basiliques romaines, qui est un carré long, avec une abside en hémicycle, s'ouvrant à l'extrémité de la nef. Tous reconnaissaient que le chœur, avec déambulatoire et absidioles, n'apparaît qu'au xe siècle, au plus tôt au ixe. Afin de prévenir cette objection, Mgr Chevalier s'est efforcé de chercher de tous côtés quelques exemples, antérieurs à l'époque **carolingienne**, des dispositions que présentent les plus anciennes substructions de Saint-Martin. Mais, comme le dit M. de Lasteyrie : « Il n'a pu trouver une « seule église qu'on soit en droit d'attribuer, avec quelque vrai-« semblance, à une époque aussi reculée, et dont le plan res-« semble à celui qu'il prête à l'église bâtie par saint Perpet. » Comment s'expliquer au surplus, qu'avec une disposition si nou-velle et si favorable aux exercices du culte, cette basilique célèbre, visitée de tous les points de la chrétienté, soit restée plusieurs siècles sans être imitée ? Cela est tout à fait inadmissible.

Dans une récente publication, qui est une réponse au mémoire de M. de Lasteyrie, Mgr Chevalier s'élève contre cette fin de non-recevoir : « L'archéologie, dit-il, est une science d'observa-« tion et elle peut se corriger et se renouveler sans inconvé-« nient. » Fort bien ! mais, pour arriver à un pareil résultat, il faudrait un ensemble de faits rigoureusement établis, nombreux et concordants, que Mgr Chevalier est loin de produire, puisqu'il est amené à écrire : « Des monuments bien caractérisés du xiᵉ « ou du xiiᵉ siècle sont *peut-être* bâtis sur des bases anciennes, « dont ils reproduisent le plan d'une manière fidèle. » Il n'y a là que de pures hypothèses.

Les objections qui précèdent sont encore plus applicables aux idées de M. Ratel qu'à celles de Mgr Chevalier ; car le premier va jusqu'à voir dans une partie de ces substructions, non seulement des restes de l'église de saint Perpet, mais encore de celle de saint Brice, qui était antérieure, et qu'un texte de Sidoine Apol-linaire, cité par M. de Lasteyrie[1], montre construite en bois, comme beaucoup d'autres du même temps. Il ne saurait donc en subsister aucun vestige.

Si quelque chose a subsisté de la basilique de saint Perpet, ce pourraient être deux portions de murs en petit appareil, se coupant à angle droit, rencontrées par Mgr Chevalier à 7ᵐ80 au-dessous du sol actuel, par conséquent à 1ᵐ60 plus bas que le niveau attri-bué par lui au dallage de la chapelle dite de Saint-Perpet ; dans l'angle formé par ces deux murs, parfaitement orientés, au-des-sus d'un radier en gros blocs, régnait un dallage en ciment rouge. Se contentant de signaler ces murs, dans lesquels il voit avec raison des débris de l'époque romaine, Mgr Chevalier dit : « Ces

---

1. Page 6 de son mémoire.

« restes n'ont évidemment aucune relation avec la basilique du
« v⁰ siècle, et leur forme n'offre aucune signification particu-
« lière[1]. » Pourquoi, au contraire, n'aurions-nous pas là les
véritables restes de la basilique de saint Perpet, commencée
vers 460, c'est-à-dire à la fin de ce que l'on peut appeler la
période romaine? L'épaisseur de ces murs, 80 centimètres, est
tout à fait conforme aux dimensions habituelles dans une église
de cette époque. Et d'ailleurs à quel autre édifice pourraient
appartenir ces murailles? Lors de l'ensevelissement de saint
Martin, il n'en existait aucun dans ce lieu qui était couvert d'un
petit bois, dont Mgr Chevalier a trouvé des racines à 11 mètres
de profondeur, avec une couche de feuilles, à 8 mètres. Il est
infiniment regrettable que l'on ne se soit pas occupé davantage
de ces murs, au cours des fouilles; que l'on n'ait pas essayé de
les dégager et de les suivre, tout au moins d'en faire faire un fac-
similé. Ils avaient, selon moi, dans la question une importance
capitale.

Dans cette matière, la constatation des niveaux est d'un intérêt
majeur.

M. de Lasteyrie signale, p. 30 de son mémoire, la discussion
qui s'est élevée entre Mgr Chevalier et M. Ratel à ce sujet. Le
premier place le niveau des prétendues constructions de saint
Perpet à 6ᵐ20 au-dessous du sol, le second à 3ᵐ94. Les constatations de niveaux analogues à celui qu'il défend, faites par
Mgr Chevalier, en trois endroits divers autour de la basilique,
et ce que l'on sait de plusieurs points de la ville de Tours, habi-
tés à l'époque romaine, militent sérieusement en faveur de son
opinion. L'objection formulée par M. Ratel, qu'à de tels niveaux
les édifices auraient été fréquemment submersibles par les eaux
de la nappe qui règne sous la ville de Tours et va de la Loire au
Cher, n'a pas la valeur qu'il lui attribue. Le régime de ces eaux
a nécessairement été profondément modifié depuis le v⁰ siècle,
surtout par l'établissement des digues de la Loire, s'élevant à
plus de 7 mètres au-dessus de l'étiage et qui, dans les grandes
crues, suffisent à peine à contenir le fleuve. Quelle pression une
pareille masse d'eau ne doit-elle pas exercer sur le plafond de la
Loire, et par suite dans les canaux souterrains qui la mettent en
communication avec le Cher !

1. *Fouilles de Saint-Martin*, p. 19.

Si cette question des niveaux a été l'objet de vifs débats, cela tient sans doute à ce qu'elle se lie à celle de l'âge du tombeau actuel de saint Martin. Il est clair en effet que, si l'on admet le niveau de la basilique de saint Perpet à 6ᵐ20 au-dessous du sol, ce petit édicule funéraire, établi à 3ᵐ94, ne saurait être contemporain de la basilique, comme le soutient M. Ratel avec une foi profonde. M. de Lasteyrie, d'accord en cela avec Mgr Chevalier, croit que les fragments retrouvés en 1860 ne peuvent être antérieurs à 1582, époque où les chanoines élevèrent un nouveau tombeau. Comme Mgr Chevalier, il se fonde principalement sur l'inscription placée, en 1582, par les chanoines contre un pilier voisin et portant que le tombeau de saint Martin avait été, en 1562, détruit par les protestants jusques aux fondements : *a fundamento ruptum*. Les plus ingénieuses interprétations ne sauraient détruire la force de cette expression. On me permettra peut-être de rappeler ici que, le premier, à l'occasion de cette question, j'ai produit ce texte décisif, dans un mémoire lu aux réunions des sociétés savantes à la Sorbonne, en novembre 1861[1].

Je ne dirai qu'un mot sur les restitutions de la basilique de saint Perpet. M. de Lasteyrie et Mgr Chevalier ont tous deux essayé d'en donner une, principalement d'après la description de Grégoire de Tours. Ces restitutions, différentes de celle proposée par Quicherat, en 1869, et dissemblables entre elles, paraissent, l'une et l'autre, assez plausibles, en se plaçant au point de vue particulier à chacun des auteurs. Mais, en l'absence de toute représentation graphique, il est difficile de s'en faire une idée exacte. D'ailleurs, le texte de Grégoire de Tours, tout à la fois très précis et très vague, pourrait, ainsi qu'en convient M. de Lasteyrie, donner lieu à bien d'autres combinaisons de colonnes et de fenêtres.

Le savant académicien attribue l'erreur de ses devanciers à l'influence exercée sur eux par les conclusions de Quicherat, dans son mémoire sur la restitution de l'église de Saint-Martin de Tours, publié en 1869. La présomption, peut-être fondée pour Mgr Chevalier, paraît plus douteuse en ce qui concerne M. Ratel. Quoi qu'il en puisse être, M. de Lasteyrie, afin de couper en

---

1. *Mémoires lus à la Sorbonne dans les séances tenues les* 21, 22 *et* 23 *novembre* 1861. Paris, Imprimerie impériale, 1863. 1 vol. grand in-8°, p. 171. — Il y a eu un tirage à part.

quelque sorte cette erreur dans la racine, examine en détail l'œuvre de Quicherat et combat la plupart de ses hypothèses, dont quelques-unes, en effet, paraissent assez hasardées. L'éminent archéologue les eût-il maintenues en présence du résultat des fouilles exécutées en 1886? Personne ne saurait rien affirmer à cet égard.

En résumé, et pour revenir à l'objet du débat, je suis convaincu que tout archéologue sans parti pris, appelé à se prononcer sur l'âge des constructions du plus ancien groupe, et mis en présence d'un plan, d'un appareil, d'une épaisseur de murailles indiquant le second siècle de l'ère carolingienne, ne pourra manquer de l'attribuer à cette époque, comme a fait M. de Lasteyrie.

Charles DE GRANDMAISON.

OBSERVATIONS

SUR LA FORMULE

« CAR TEL EST NOTRE PLAISIR »

DANS LA CHANCELLERIE FRANÇAISE.

Dans une courte et substantielle dissertation[1], notre confrère M. Louis de Mas Latrie a démontré que la formule employée dans la plupart des Édits ou Lettres royaux est ainsi conçue : « Car tel est notre plaisir, » ou, suivant une rédaction absolument synonyme : « Car ainsi nous plaist il être fait. »

« Je n'ignore pas, » ajoute notre savant confrère (*loco citato*), « que beaucoup de lettres patentes d'anoblissement et autres « lettres patentes, des ordonnances et des édits, même, ont été « imprimés par des biographes, des généalogistes et autres éru- « dits avec la formule du *Bon plaisir*. Mais je récuse absolu- « ment tous ces documents sans exception. Je les tiens tous pour « fautifs et erronés en ce point. Pas un de ceux que j'ai pu véri- « fier sur l'original n'est sorti avantageusement de l'épreuve du « collationnement. Tous ont un vice à cet endroit dans les clauses « finales, et j'en ai vu qui ont été livrés à l'impression par les « savants les plus autorisés et les plus scrupuleux. Soit inatten- « tion momentanée, soit empire d'une idée préconçue, ils ont « écrit, eux ou leurs secrétaires, *Car tel est notre* BON *plaisir,* « quand l'original porte manifestement : *Car tel est notre* « *plaisir,* ou, très exceptionnellement, l'abréviation : *Car tel* « *est, etc.* »

Cette modification abusive de la formule officielle n'a pas été

---

1. *Bibliothèque de l'École des chartes*, t. XLII, 1881.

aperçue par les auteurs de l'*Art de vérifier les dates,* disant (page 640 du tome Ier de la 3e édition) : « François Ier[1] est l'au-« teur de la formule : *Car tel est notre* BON *plaisir,* qui s'em-« ploie dans la plupart des Édits ou Lettres royaux. »

Avec cette rédaction, devenue courante, la formule a passé dans la chancellerie impériale de Napoléon Ier.

La Restauration l'a conservée.

Pour décrire l'ancien régime, on l'a qualifié *régime du* BON *plaisir.* Or, l'ancien régime n'a jamais employé la formule ainsi faite !

Ce détail est piquant.

Napoléon Ier, curieux observateur de l'étiquette ancienne[2], altérait le style de la chancellerie royale en croyant le copier[3].

« La Restauration, » ajoute M. de Mas Latrie, « n'eut garde « d'abandonner la formule (*Car tel est notre* BON *plaisir*), sans « soupçonner peut-être l'innovation, dont la chancellerie impé-« riale elle-même n'avait pas eu davantage, croyons-nous, « conscience.

« Mal lui en prit. Sur ce thème, on l'a criblée de lardons qui « ont fini par lui faire perdre la tête.

« En bonne justice, il eût fallu viser plus loin et plus juste. « Mais on eût blessé le héros, alors si populaire. »

Telle est la conclusion de notre éminent confrère.

M. de Mas Latrie part de cette idée qu'une différence profonde existe dans la lettre et la portée de ces deux formules : *Car tel est notre plaisir* et *Car tel est notre* BON *plaisir.*

---

1. Même, suivant les recherches de M. de Mas Latrie : « Le roi Charles VIII, « dont une ordonnance du 12 mai 1497 porte ces mots : *Car tel est nostre plai-« sir*, serait peut-être l'auteur de cette formule célèbre dont je n'ai pas trouvé « d'exemples avant son règne. »

2. Suivant un détail touchant de l'étiquette ancienne, dans les voitures de gala, quand la reine était enceinte, elle prenait la droite sur le roi. Napo-léon Ier n'a eu garde de manquer à cet usage, et, dans ma jeunesse, un con-temporain de Napoléon Ier m'a dit avoir appris ainsi la grossesse de l'impéra-trice Marie-Louise.

3. Dans ses lettres autographes adressées au pape, Louis XIV terminait habi-tuellement ainsi : *Sur ce, nous prions Dieu qu'il vous conserve, très-saint Père, longues années au régime et gouvernement de notre mère sainte Église.*

Votre dévot fils,
LOUIS.

(V. *Histoire du pape Pie VII, par le chevalier Artaud.* Paris, A. Le Clère, 1839. 3e édit. 3 vol. in-12. T. II, p. 113.) Mais Louis XIV variait parfois cette for-mule. Dans la correspondance de Napoléon Ier, elle est comme stéréotypée.

« *Plaisir,* » dit-il très bien, « a simplement le sens de volonté,
« car le mot *plaire,* dans cette locution : *Vous plaît-il de venir*
« *ici ?* signifie : *Voulez-vous venir ici ?* »

Au contraire, « la formule : *Car tel est notre* BON *plaisir,*
« formule blessante et justement décriée, implique une idée cho-
« quante de caprice et de pur arbitraire. »

J'admets la première de ces propositions. Je nie la seconde.

Sur la première, je présenterai quelques observations complémentaires et confirmatives, tirées des textes du Droit romain,
des Actes des Apôtres, du Droit coutumier et du style de la Procédure moderne.

Relativement à la seconde, je hasarderai une explication contraire à la thèse de M. de Mas Latrie.

PREMIÈRE PROPOSITION.

OBSERVATIONS COMPLÉMENTAIRES SUR LA FORMULE :
« CAR TEL EST NOTRE *PLAISIR.* »

I.

DROIT ROMAIN.

Plaisir est la traduction française du mot latin *Placitum,*
lequel est le participe passif pris substantivement du verbe *Placere.*

Placitum, c'est ce qui a plu, ce que l'on a décidé, en termes
d'école la *volition,* ou, si on l'aime mieux, le *vouloir*[1].

Quand une même chose a plu à deux ou plusieurs personnes,
il y a pacte ou convention, c'est-à-dire, suivant la définition
courante : *Duorum pluriumve in idem* PLACITUM *consensus*
(l. 1, § 2 au Digeste, *de Pactis,* II, 14).

Souvent, par abréviation, *Placitum* c'est la convention elle-
même[2].

Loin que le mot *Placitum* signifie un acte de volonté capri-
cieux et atrabilaire, tout au contraire, pour indiquer une déduction de l'équité naturelle, par exemple quant aux fruits perçus

---

1. Ces deux mots, *volition* et *vouloir,* pris substantivement, sont admis dans
le Dictionnaire de l'Académie (6ᵉ édition).

2. Voir les textes cités, vᵒ *Placitum,* par Dirksen, *Manuale latinitatis fon-
tium juris civilis Romanorum.* Berlin, Duncker et Humblot, 1837, in-4ᵒ.

par un possesseur de bonne foi, il est dit : *Naturali ratione*
PLACUIT *fructus quos percepit ejus esse*, etc. (Just., Instit.,
de Divisione rerum, II, 1.)

Toujours dans le même sens, le verbe *Placere* est appliqué
aux décisions publiques : *Legum placita* (Vatic. fragm., § 282);
Placere (Senatui) (l. 20, § 6 *de Hered. petit.*, Dig. V, 3); et
avec les redondances usitées dans les derniers siècles de l'empire :
Sancimus, Decernimus, Volumus, PLACET. (Code Théodosien, VIII, 12, loi 3, et XVI, 10, loi 4.)

Enfin, dans les acclamations tumultueuses qui sont les délibérations de cette époque, on lit : *Acclamatum est : Æquum
est,* PLACET, PLACET. (*Gesta in Senatu de Codice Theodo-
siano recipiendo.*)

Placere, c'est aussi parfois l'opinion individuelle d'un jurisconsulte. Papinien dit (l. 6, § 1er, Dig., *de Servis exportandis,*
XVIII, 7) : ... *Nobis aliquando* PLACEBAT... *Sed in contra-
rium me vocat Sabini sententia*[1].

II.

ACTES DES APÔTRES.

Dans les Actes des apôtres (chap. XV, versets 22 et 25), à
propos du concile apostolique de Jérusalem, il est dit : PLACUIT
*apostolis et senioribus cum omni Ecclesia, eligere viros
ex eis...* PLACUIT *nobis collectis in unum, eligere viros et
mittere ad vos,* etc. Là il s'agit d'un acte de la volonté propre
des pères du concile.

Quand il s'agit d'une définition de foi ou d'un point de discipline générale, comme était cette question vitale pour l'Église
naissante : les chrétiens seront-ils astreints à toutes les obser-
vances de la loi mosaïque? alors la formule change (Ibid.,
verset 28) : VISUM EST *Spiritui Sancto, et nobis, nihil
ultra imponere vobis oneris quam hæc necessaria,* etc.
« Avec le Saint-Esprit nous voyons, nous déclarons, nous défi-
« nissons. » Et, en effet, l'Église catholique ne fabrique pas
de *nouveaux dogmes,* comme disent légèrement les gens du

---

1. Dans les débats de l'arrêt des Chambres réunies de la Cour de cassation
du 16 janvier 1858, le procureur général Dupin a courtoisement fait l'application de ce texte au premier président Troplong, dont il combattait l'opinion.

monde. Par voie d'interprétation, elle déclare et définit ce qui a
été, ce qui est, ce qui sera jusqu'à la fin des siècles, *quod heri,
quod hodie, quod in sæcula.*

III.

ANCIEN DROIT COUTUMIER.

Le mot *Placitum* se trouve au moyen âge pour désigner les
droits seigneuriaux de *relief* et de *rachat*. Le glossaire de
Ragueau et Laurière[1] (v° PLAIT *de mortemain; plait à mercy;
plait conventionnel; plait accoutumé,* etc.) dit à ce propos :
« On a remarqué en plusieurs endroits qu'anciennement les
« fiefs étoient réunis de plein droit à la table des Seigneurs domi-
« nants par le decez des vassaux, dont les heritiers collateraux
« ne pouvoient rentrer dans ces fiefs qu'en les rachetant, ou les
« *relevant* des Seigneurs, à qui ils payoient un droit, qui fut
« nommé par cette raison *rachat* ou *relief.*
« Ce droit étoit établi en France en 1141, ce que nous appre-
« nons des mots suivans d'une Notice de Gossen, Évêque de Sois-
« sons, où il explique de quelle manière Yves de Nesle succeda
« à Renault le Lepreux au comté de Soissons : *Sed quoniam in
« regno Francorum moris et juris est quatenus ad heredi-
« tatem ex caduco venientem nullus accedat,* nisi prius ad
« arbitrium *domini de cujus feudo descendit* PLACITUM *fece-
« rit, multa prece et supplicatione nos rogavit quod singu-
« lis annis ego et successores mei Episcopi in perpetuum,
« in reditibus comitatus in quibuscumque nobis* PLACUERIT
« *sexaginta libras Suessionis currentis monetæ accipere-
« mus decemque modios salis,* etc. »
« Ce que l'Évêque Gossen appelle *Placitum* dans cette Notice,
« n'étoit autre chose que le relief ou rachat qu'on appeloit alors
« *Placitum,* parce que, n'étant pas reglé, il dépendoit à la
« rigueur de la volonté des Seigneurs dominans. Ce qui paroit
« par les paroles qui suivent de la Charte d'Yves de Nesle faite

---

1. « *Glossaire du droit françois...* Donné cy-devant au public sous le nom
« d'*Indice des droits royaux et seigneuriaux,* par M. François Ragueau...
« Revû, corrigé, augmenté de mots et de notes et remis dans un meilleur
« ordre par M. Eusèbe de Laurière. Paris, 1704, 2 vol. in-4°. »

« au même sujet en 1147, environ six années après la Notice de
« Gossen : *Quia vero in regno Francie consuetudinis et*
« *juris est, ut quicumque ad hereditatem venit ex casura,*
« PLACITUM *domino faciat de cujus feodo casamentum*
« *movet : rogavi supra dictum dominum meum Episco-*
« *pum,* UT PRO PLACITO SUO *de reditibus comitatus qui de eo*
« *movebat, singulis annis, ipse et successores ejus in per-*
« *petuum acciperent,* etc. Et de là vient qu'en quelques lieux
« les reliefs ou rachats, quoique reglez ou fixez, sont nommés
« *relevaisons à* PLAISIR et PLAITS *à mercy,* id est AD MISERICOR-
« DIAM... Et, parce que tous les reliefs étoient le plus souvent dus
« à *mutation de main* par mort, ils furent nommez plaits de
« *mortemain.* Et enfin tout rachat a été ainsi nommé sans dis-
« tinction de mutation. Voyez Galland dans son *Traité du*
« *Franc-Aleu,* page 71. »

IV.

Coutume de Paris; dernière rédaction.

La Coutume de Paris porte (art. 225) : « Le mari est seigneur
« des meubles et conquêts immeubles... En telle maniere qu'il les
« peut vendre, aliéner ou hypothéquer... *à son plaisir* et
« volonté[1], etc. »

Pothier, avec sa bonhomie, commente ainsi ce principe (*Communauté,* n° 470) : « Le mari peut, à son gré, perdre les biens
« de la communauté, sans en être comptable : il peut laisser périr,
« par la prescription, les biens qui dépendent de sa communauté,
« dégrader les héritages, briser les meubles, tuer par brutalité
« ses chevaux et autres animaux dépendans de la communauté,
« sans être comptable à sa femme de toutes ces choses. »

Dans ce chef-d'œuvre, imposé jadis aux élèves des Facultés de
droit, et qu'on appelait la *Thèse pour la licence,* j'ai parfois lu
et pourchassé la proposition suivante : Les biens de la communauté, le mari en peut tellement disposer qu'il les peut employer
même *à ses plaisirs.* La chose est vraie malheureusement; mais
jamais texte de Loi, d'Ordonnance ou de Coutume n'a consacré

---

1. Même disposition dans l'art. 193 de la Coutume d'Orléans et dans plusieurs autres.

ce résultat. Si, dans cette proposition malencontreuse, on voulait trouver comme un vague ressouvenir du texte précité de la Coutume de Paris, ce serait alors un grossier contresens. Ce contresens, je n'ai garde de l'imputer même à l'inexpérience d'un apprenti jurisconsulte.

V.

STYLE DE LA PROCÉDURE MODERNE.

Il n'est pas hors de propos d'observer que, dans le style de la Procédure moderne, les conclusions des plaideurs sont ainsi libellées : « *Plaise* au tribunal, etc. » Et, s'il s'agit d'une requête : « ... Requiert qu'il vous *plaise*, Monsieur le Président, » ou « Messieurs les Président et Juges, etc. »

De là est venu le mot français *placet,* quelquefois synonyme du mot *pétition,* mais qui, dans son acception technique, désigne l'acte contenant les conclusions de la partie qui suit l'audience.

DEUXIÈME PROPOSITION.

EXPLICATION CONJECTURALE DE LA FORMULE :
CAR TEL EST NOTRE BON PLAISIR.

Comment expliquer l'intrusion subreptice de l'adjectif Bon, dans le langage vulgaire d'abord et, de là, d'une façon inconsciente, dans la chancellerie du premier Empire et de la Restauration ?

Le langage a ses caprices, et toute explication à cet égard est conjecturale.

Donc, je conjecture que l'adjectif Bon a été inséré dans la formule ancienne par euphémisme. Dans la conversation, *voulez-vous* BIEN ? n'est-ce pas moins acerbe, plus poli que tout court : *voulez-vous ?* De même, quand le roi disait : « Obéissez, *car tel « est notre plaisir,* » c'était une atténuation de dire : *notre plaisir,* c'est-à-dire notre vouloir, est *bon.*

C'est quelque chose comme pour la taille. Les Coutumes disaient : « Le serf est taillable *à volonté* »; et les commentateurs ajoutaient : « Savoir *à volonté* RAISONNABLE. »

Ainsi, sur la deuxième proposition de M. de Mas Latrie, j'arrive à une conclusion inverse de la sienne. Mais, quoique par des motifs différents, de cette excursion philologique j'arrive à tirer une morale identique à celle de mon savant confrère.

Les mots ont une grande puissance pour passionner les masses, et l'on pourrait faire toute une histoire des préjugés alimentés par un contresens[1]. Mais, pour ne pas sortir de notre sujet, de la formule altérée on a tiré la locution courante : *Régime du bon plaisir*. Et cette locution, introduite à mon avis par euphémisme et atténuation, est arrivée à « impliquer une idée choquante de « caprice et de pur arbitraire. » (M. de Mas Latrie *ubi suprà*.)

J'ai combattu à armes courtoises, je l'espère, un des points de la dissertation de M. de Mas Latrie. Mais je ne veux pas finir sans remercier mon cher confrère et ami, dans une matière d'apparence aussi aride, d'avoir revêtu son sujet de tant de science et d'agrément.

Gabriel DEMANTE.

Post-scriptum. L'article qui précède était déjà adressé à l'impression, lorsque j'ai reçu de notre confrère M. Léopold Delisle la copie de documents relatifs à notre sujet. *Mon siège est fait !* Mais, plus heureux que l'abbé de Vertot, j'accueille très volontiers ces documents, **car** ils confirment ma thèse et autorisent mon hypothèse.

I. *Accord entre Charles, comte d'Alençon, et Philippe, comte de Valois, son frère, pour la succession de leurs parents* (3 avril 1326).

Nous Charles dessus dit..., voullons, consentons et requerons expressement et de nostre bon plaisir que du tout en tout, sans contradiction, empeschement ou debat, nostre dit cher seigneur et frère Philippe, conte de Valloys, nous pourvoye de telle succession, division ou partie... comme il lui plaira...

(*Documents sur la province du Perche*, publiés par le vicomte de Romanet et H. Tournoüer. Avril 1892, 8ᵉ fascicule, 3ᵉ série, p. 80.)

II. *Projet de convocation des états généraux à Poitiers* (vers le mois de novembre 1427).

Et pour ce que seroit grant illusion à la chose publique, et irrision

---

1. J'ai touché un de ces points dans ma dissertation sur la *Définition légale de la qualité de citoyen* (*Revue critique de législation et de jurisprudence*). Paris, Cotillon, 1869, in-8°.

à si haulte et si sollempnée assemblée, si la concluision faite par leur
deliberation, advis et conseil n'estoit fermement gardée pour le temps
qu'il sera advisé par le bon plaisir du roy...

(Musée des Archives de l'Empire, p. 260.)

III. Requête adressée à Louis XI, en 1461, par Richard, évêque de Coutances.

Premièrement que avant son partement pour aller à Romme,
auquel lieu il l'envoie pour le present, il lui plaise de sa grace lui
dire et declarer son bon plaisir et vouloir, savoir si, après l'obbeis-
sance faicte à nostre saint pere et les points de l'ambaxade expediez,
si son bon plaisir est que le dit evesque face residence en court de
Romme...

Item si le bon vouloir du roy estoit que le dit evesque demourast
par aucun temps en court de Romme, qu'il lui plaise le garder, maintenir et continuer en l'estat et office que de sa grace il lui a pleu lui
donner. ..

Item et qu'il plaise au roy... ordonner aucune somme d'argent
pour ceste presente ambaxade au dit evesque, selon son bon plaisir,
affin qu'il puisse plus honnorablement, et à l'onneur du roy, supporter les charges de la dite ambaxade et son estat.

(Original relié dans le ms. latin 17025 de la Bibl. nat., 2ᵉ partie, fol. 157.)

IV. Lettres de Jacques Galéot à Louis XI, publiée par M. Perret, dans la Bibliothèque de l'École des chartes (1891, p. 399) :

Sire, je vous supplie très humblement que vostre bon plaisier soit
donner audience au present porteur...

V. Lettre de Voltaire, relative à l'édit du 13 sept. 1774 sur le commerce des grains :

On n'avoit point encore eu d'édits dans lesquels le souverain dai-
gnât enseigner son peuple... La substance de presque tous les ordres
émanés du trône était contenu dans ces mots : « Car tel est notre bon
plaisir. »

VI. Dans une analyse des *Mémoires de Pierre Mangon, vicomte de
Valognes* [1], M. Léopold Delisle avait dit précédemment (*loc. cit.*,
p. 13-15) :

« Parmi les aveux que Pierre Mangon a recueillis, j'en ai remarqué

---

1. Saint-Lô, impr. F. Le Tual, 1891, in-8°, 32 p. (Extrait de l'Annuaire du
département de la Manche.)

un dont la première ligne renferme une formule digne d'être mise en relief :

« Suivant LE BON PLAISIR DU Roy nostre sire, André Hébert, escuyer,
« tient un fief nommé le fief de Thiboville, au droit du conquest qu'il
« a fait d'iceluy de noble homme François de Crux, sieur du lieu, et
« de demoiselle Jeanne de Belleval, son épouse[1], etc. »

« Cet aveu est du 20 mars 1540 (n. st.). Il n'est donc pas douteux que la locution *le bon plaisir du roi* ait été connue et employée
dès le temps de François Ier, et s'il n'est pas établi que ce roi et ses
successeurs aient ordinairement fait insérer la phrase « Car tel est
« notre bon plaisir » à la fin des actes émanés de leur chancellerie, on
ne saurait contester, comme on l'a fait il y a quelques années[2], que
l'expression *le bon plaisir du roi* était dès lors en usage, et sur ce
point Sully ne devait pas être très loin de la vérité quand il disait que
François Ier « laissa en instruction et en pratique à ses successeurs de
« ne requérir plus le consentement des peuples pour obtenir des secours
« et assistance d'eux, ains de les ordonner de pleine puissance et auto-
« rité royale, sans alléguer autre cause ni raison que celle de *Tel est*
« *notre bon plaisir*[3]. »

« L'emploi des mots *le bon plaisir du roi* est même antérieur au
règne de François Ier. On les trouve déjà au temps de Louis XI. Une
lettre adressée, le 19 décembre 1474, par l'évêque d'Aire à Pierre
d'Oriolle, chancelier de France, renferme ces deux phrases : « Si le
« bon plaisir du roy estoit de leur octroyer... J'en escrips au roy
« affin qu'il lui plaise de nous en mander son bon plaisir. » L'original même de cette lettre est à la Bibliothèque nationale, dans le ms.
français 2811, fol. 174.

« Au lieu de nier l'existence de cette formule, n'aurait-il pas mieux
valu montrer que, dans la langue de nos aïeux, *bon plaisir* était synonyme de *plaisir*, et signifiait, non pas *caprice*, mais simplement

---

1. Ms. 1400 de Grenoble, partie II, fol. 193.
2. *Bibliothèque de l'École des chartes*, 1881, p. 560-564. Il serait même
possible qu'on rencontrât des exemples de la formule. On trouve en toutes
lettres *Car tel est notre bon plaisir* dans un privilège obtenu le 22 février
1719 par Guillaume Gruchet, imprimeur et libraire au Hâvre de Grâce. Je
cite ce texte d'après l'édition qui s'en trouve en tête d'un journal de naviga-
tion de S. Lecordier. (Bibl. nat., in-8°, V. 8702.)
3. Sully, *Mémoires* (Amst., 1725, in-12), t. VIII, p. 455. C'est à Sully que
les auteurs de la troisième édition de l'*Art de vérifier les dates* ont emprunté
ce qu'ils ont dit de la formule « Car tel est notre bon plaisir. »

volonté ? A l'appui de cette explication, ne pourrait-on pas invoquer le témoignage de Diderot[1], au sentiment duquel « *Faites ce que je* « *vous dis, car tel est mon bon plaisir,* aurait été la phrase la plus « méprisante qu'un monarque ait pu adresser à ses sujets, si ce n'eût « pas été une vieille formule de l'aristocratie » ? *Le bon plaisir du roi* était une locution courante dans la société du XVIIᵉ siècle; elle ne choquait personne en France, pas même les parlementaires, qui se faisaient un point d'honneur d'allier au plus absolu dévouement à la royauté le plus scrupuleux souci des prérogatives de leurs compagnies et des privilèges de leurs villes ou de leurs provinces. C'est ainsi que Peiresc, dans une lettre adressée au chancelier, le 29 juillet 1636, tenait ce langage : « Au lieu que c'estoit du roy principale- « ment, et après de moy, soubs le bon plaisir de Sa Majesté, qu'il « devoit tenir cette grâce[2]... »

Parmi ces documents, jusqu'à plus ample informé, M. de Mas Latrie peut récuser tous ceux qui n'ont pas été collationnés sur le manuscrit. Il a démontré avec quelle facilité le qualificatif BON s'insinuait abusivement sous la plume *des savants les plus autorisés et les plus scrupuleux.*

Quant à la lettre de l'évêque d'Aire au chancelier Pierre d'Oriolle (1474), la lettre de Jacques Galiot à Louis XI, l'aveu d'André Hébert et la lettre de Peiresc au chancelier (1636), j'y trouve un appui pour mon hypothèse. Ce sont d'obéissants sujets ou de très humbles solliciteurs qui parlent, et, en qualifiant de BON le *plaisir du roy*, ils sacrifient à une idée de soumission et d'euphémisme.

G. D.

1. *Essai sur les règnes de Claude et de Néron*, t. II, § 36, dans l'édition des Œuvres de Diderot, publiée par Assezat, t. III, p. 264.

2. Lettre originale conservée à la Bibliothèque nationale, collection Dupuy, vol. 718, fol. 277 vº.

LA CHRONIQUE

DE

SAN JUAN DE LA PEÑA

Le « Chronicon regum Aragonum, auctore Petro Marfilo, monacho S. Joannis Pinnatensis, » in-4° sur papier, de 55 feuillets chiffrés, que la Bibliothèque nationale a récemment acquis et inscrit sous le n° 1684 des Nouvelles acquisitions latines, est un texte bien connu, qui a été souvent copié, même imprimé, et dont il n'y aurait pas lieu de signaler un nouvel exemplaire, si cet exemplaire ne présentait pas quelque chose de particulièrement remarquable. Or, le manuscrit 1684, qui date de la fin du XIVᵉ ou du commencement du XVᵉ siècle, a une histoire; il est l'un des deux exemplaires qui ont appartenu à l'antique monastère de San Juan de la Peña en Aragon et celui-là même qui servit aux deux historiens aragonais, Zurita et Blancas, auxquels il fut prêté, et que ces érudits chargèrent de leurs annotations. Voici ce qu'on lit sur le premier feuillet de garde (coté A) et sous le signe de la croix :

19. 29.

Cronica general de los Reyes de Aragon.

Blancas S.	Dice Zurita.
Quidam Mon.[1] Petrus Marfillus istius libri auctor putatur.	Esta es la historia mas antigua que se halla del Reyno de Aragon que parece ser ordenada por algun monge del monest° de S. Juan de la Peña [*llamado Pedro Marfilo segun Blancas*].

1. Il y avait d'abord *Frater*.

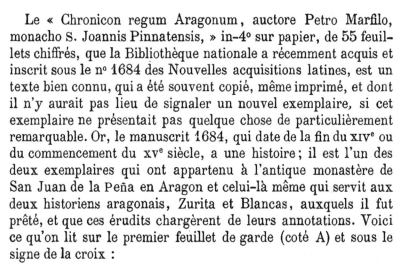

Zurita.

In registro Gratiarum Regis Alfonsi M. CCC. XXXL fº. xx. dicitur in quodam privilegio S. Saluatoris Legeriensis facto era D CCCC XVIII. quod Fortunius Rex Aragonum fuit F. Garcie filii Enieconis, filii Eximini Regum Aragonum. Cum legendum sit, quod Fortunius Rex Aragonum fuit F. Garcie Eneconis, filii Garcie Eximini Regum Aragonum.

Blancas.

Ex hoc priuilegio, quod ego Hier. Blancas Barcinonæ vidi et legi et in Commentariis intexüi non eruitur Eximinum patrem Enneconis Regem Aragonum fuisse quicquid Hier. Surita dicat cuius manu haec notata sunt. Sed tantum Enneconis id est Aristae patrem fuisse.

Ces quatre notes sont de la main même de Zurita et de Blancas, sauf le passage entre crochets, qui a été ajouté sans doute par un moine de San Juan de la Peña, le même qui a écrit le titre général de *Cronica*, etc., et les noms de Zurita et Blancas sur leurs annotations.

Plus bas, sur le même feuillet de garde, A, se lit, en lettres capitales, l'épitaphe du comte Wifred, trouvée à Barcelone en 1596, et au sujet de laquelle D. Prospero de Bofarull disserte longuement dans ses *Condes de Barcelona*, t. I, p. 51 et suiv.

Mais la pièce la plus curieuse du présent exemplaire est le mandement d'un abbé de San Juan de la Peña, Diego Xuarez de Ezpeleta, qui a pour objet d'assurer au monastère la propriété et la bonne conservation du manuscrit, demeuré longtemps hors du monastère entre les mains de Géronimo Blancas ou de ses héritiers et que l'abbé défend au prieur et aux moines de laisser désormais sortir, sous peine d'excommunication majeure. Le mandement, daté de Saragosse, 16 mars 1603, et qui est transcrit sur le feuillet de garde, E, est ainsi conçu :

Nos el Doctor Don Diego Xuarez de Ezpeleta, abbad del monasterio de Sᵗ Juan de la Peña, etcª. A los amados nuestros en Christo, los prior y monjès de dicho monasterio salud y aparejada voluntad. Porque la experiencia nos ha enseñado que por prestar la presente coronica y dalla fuera del monasterio ha estado muchos años perdida y con mucho trabaxo nuestro y cuydado la habemos cobrado de los herederos de Jeronymo de Blancas, porque el dicho en sus Comentarios, pagina 58, diçe : « Nec plura certe in ea pinatensi historia « (quam habeo) atque eadem ipsa est quam Garibaius se apud Çuri-

« tam nostrum legisse refert, etc^a. » Y con esta noticia la tubimos de dicha coronica y se nos restituyo por el maestro Espes y entrego con acto; y porque no suceda semejantes inconuenientes, mandamos a todos y cada uno de vos a quien las presentes se dirigen, so pena de obediencia y de excomunion mayor late sentenciae, trina canonica monicione premissa, que no se de ni preste fuera de dicho monasterio. En testimonio de lo qual dimos las presentes firmadas de nuestra mano y selladas con nuestro sello. En Çaragoça, en diez y seis dias del mes de março del año mil seiscientos y tres.

D. XUAVEZ, abbad de S. Joan.

Por mandado de su señoria ill^ma,

FRAY HIERONYMO VINAQUA,

Secretario.

(Sceau de l'abbé.)

Ce mandement et ses clauses comminatoires ne protégèrent pas le manuscrit et ne l'empêchèrent pas d'émigrer encore une fois hors du monastère. En 1626, les moines, intimidés par un agent du duc d'Olivares, qui commençait alors à se former une belle bibliothèque, laissèrent prendre leur précieux volume, qu'ils ne réussirent à récupérer qu'après beaucoup de démarches et une pétition au roi, en l'an 1682. C'est, du moins, ce que nous apprend l'éditeur du *Chronicon pinnatense*, D. Tomas Ximenez de Embun, dans l'édition qu'il en a donnée sous le titre de *Historia de la corona de Aragon (la mas antigua de que se tiene noticia) conocida generalmente con el nombre de Crónica de San Juan de la Peña*, Saragosse, 1876, petit in-fol. (t. I de la *Biblioteca de escritores aragoneses*[1]). En tout cas, le manuscrit se trouvait à San Juan de la Peña vers la fin du siècle dernier, car c'est à cette époque que l'y vit D. Joaquin

---

1. Sur cette édition très défectueuse, voir *Revue historique*, IX, 169, et *Zeitschrift für romanische Philologie*, II, 473. — Les renseignements donnés dans cette édition sur l'histoire du manuscrit de San Juan sont empruntés à une dissertation de D. Manuel de Abad y Lassierra, dont des extraits ont été insérés dans la *Biblioteca antigua de escritores aragoneses* de Latassa. Voir la nouvelle édition de Latassa, imprimée à Saragosse en 1885-86, sous le titre de *Bibliotecas antigua y nueva de escritores aragoneses de Latassa*, t. II, p. 243. Il est bon d'avertir le lecteur que, dans cette nouvelle édition, où l'on a prétendu suivre l'ordre alphabétique, l'article *Marfilo* se trouve placé après *Marin y Lop*.

Traggia, qui en a donné une description détaillée dans son mémoire sur Ramire II d'Aragon (*Memorias de la Academia de la Historia*, 1799, t. III, p. 552). Tous les détails caractéristiques relevés par Traggia dans sa description, âge de l'écriture, nombre des feuillets, notes de Zurita et de Blancas, mandement de l'abbé, sont précisément ceux que nous avons notés nous-même. L'identité du manuscrit étudié par les deux historiens aragonais, possédé par les moines de San Juan au commencement du xviie siècle, puis vu et décrit par Traggia à la fin du xviiie siècle, avec l'exemplaire entré récemment à la Bibliothèque nationale, est donc démontrée et certaine.

Alfred MOREL-FATIO.

ORIGINES DE L'ÉCOLE DES CHARTES

UN PROJET

D'ÉCOLE SPÉCIALE D'HISTOIRE ET DE GÉOGRAPHIE

SOUS LE PREMIER EMPIRE.

Notre confrère M. Abel Lefranc vient de publier, à la librairie
Hachette, une *Histoire du Collège de France, depuis ses origines jusqu'à la fin du premier empire* (1 vol. in-8°). Cet
ouvrage renferme, sur les origines de l'École des chartes, des aperçus et des documents nouveaux, qui viennent compléter utilement
le mémoire publié naguère sur ce sujet par M. Vallet de Viriville
(*Bibliothèque de l'École des chartes*, 2ᵉ sér., t. IV, p. 153-176).
Il nous a paru intéressant d'insérer dans notre recueil un extrait
des pages de ce volume relatives aux projets conçus par le gouvernement impérial en matière d'enseignement historique[1]. Les
documents retrouvés par M. Lefranc permettent de reconstituer
dans tout son détail l'histoire de ces différents projets et des transformations successives qu'ils ont subies. Ils prouvent, d'autre
part, jusqu'à l'évidence, que Napoléon Iᵉʳ et les hommes qui s'oc-
cupèrent avec lui de l'organisation de notre haut enseignement
furent d'abord disposés à faire une place considérable à l'histoire
et à la géographie dans le nouveau système d'instruction publique.
Le projet de décret relatif à la fondation d'une école spéciale d'histoire et de géographie, projet dont l'existence était ignorée jusqu'à présent, montre en particulier que les conceptions de Napo-

---

1. Cet extrait est emprunté au chapitre x : *le Collège de France pendant
le premier empire*, p. 309-338.

léon Ier sur cette matière furent à la veille d'être réalisées, et
qu'elles étaient infiniment plus larges et plus mûries qu'on ne
pouvait le supposer. Il s'en fallut de peu que les études historiques
ne fussent organisées, dès 1807, dans notre pays, avec le développement qu'elles ont à peine atteint depuis quelques années.

« Il est évident que, dès le début de son règne, Napoléon se
montra favorable à la spécialisation à outrance que les Écoles et
surtout les Facultés, telles qu'il les organisa plus tard, eurent
pour mission de réaliser dans l'enseignement public.

« La culture encyclopédique apparaissait à ses yeux comme
quelque chose de vague et de peu pratique qu'un gouvernement,
justement préoccupé de la nécessité d'assurer le recrutement des
professions libérales et des fonctions publiques, n'avait pas le
droit d'encourager. Il semblait, pour ce motif, que le gouvernement impérial dût regarder d'un œil peu bienveillant la vieille
fondation de François Ier, qui seule en France continuait de représenter cette universalité de connaissances, jugée inutile et même
dangereuse. Cependant le contraire arriva. Non seulement l'établissement fut maintenu et son organisation respectée, mais Napoléon songea sérieusement, durant plusieurs années, à en faire
l'organe par excellence du haut enseignement. Cette attitude favorable, qui semble en contradiction avec les principes qu'il affi-
chait par ailleurs en matière d'instruction, s'explique par différentes raisons. C'est d'abord que l'empereur reconnaissait la
nécessité d'instituer sur de larges bases l'enseignement de l'histoire et celui de la géographie. Il lui semblait avantageux de
rattacher ce double enseignement au Collège de France, déjà
existant, au lieu de former une nouvelle école spéciale, dont le
caractère et le but n'eussent pas été suffisamment définis. De plus,
les études proprement littéraires, qui lui inspirèrent toujours une
invincible défiance et qu'il se plut à signaler tant de fois comme
s'appliquant à une science sans objet, ne lui paraissaient pas
cependant devoir être bannies complètement de l'Empire. Il lui
plaisait qu'elles fussent cultivées quelque part, et le Collège de
France était, à son avis, l'établissement auquel il convenait le
mieux de les accueillir. Enfin il se rendait compte de l'utilité qu'il
y a pour un grand peuple de conserver un vaste foyer d'études,
dans lequel l'ensemble des connaissances humaines pût être
groupé et enseigné d'une façon désintéressée, sans souci des
résultats pratiques et de l'application immédiate.

« Le Collège était alors dans une situation tout à fait prospère. Pour la première fois depuis trois siècles, des ressources suffisantes lui étaient allouées avec régularité. En même temps, une réunion de savants illustres en faisait le foyer le plus intense du mouvement scientifique dans notre pays. Il n'est pas douteux que cette circonstance ait contribué puissamment à attirer les sympathies impériales sur l'établissement et à favoriser l'éclosion des curieux projets dont nous racontons l'histoire dans notre livre. Chose digne de remarque, ce fut peut-être aux éclatants services que le Collège rendait alors à l'étude des sciences pures et appliquées qu'il dut d'être choisi par le gouvernement, comme le seul centre possible de plusieurs autres branches importantes de l'enseignement supérieur.

« Ce fut vers la fin de 1806 que l'empereur se préoccupa de prendre un ensemble de mesures destinées à favoriser la culture des lettres, dont il était le premier à constater la décadence. Il se fit adresser à ce sujet, par le ministre de l'intérieur Champagny, un mémoire développé, dans lequel ce personnage exposait les causes qui, selon lui, avaient amené cette fâcheuse situation, en énumérant, d'autre part, les moyens les plus propres à provoquer un relèvement de la littérature et des études savantes[1]. Au nombre de ces moyens, dont quelques-uns, il faut le reconnaître, avaient quelque chose de singulièrement puéril, figurait le projet de création d'une espèce de nouveau Port-Royal. Cet établissement aurait fourni, dans un site agréable, une retraite tranquille et sûre aux hommes de lettres désireux d'entreprendre de grands travaux et ayant donné, par leurs précédents écrits, des espérances fondées de succès. Là, ces savants, au milieu d'une société choisie, délivrés des soucis de la vie matérielle, ayant une riche bibliothèque à leur disposition et oubliant les opinions d'un public frivole, se

1. Rétablissement de la charge d'historiographe ; création de poètes lauréats ou césaréens ; tableau des ouvrages parus dans l'année mis périodiquement sous les yeux de l'empereur ; récompenses accordées aux auteurs des meilleurs de ces ouvrages. Les trois autres mesures partaient d'une conception plus juste et plus désintéressée : encouragements divers aux sociétés savantes des provinces ; continuation de l'*Histoire littéraire de la France,* commencée par les Bénédictins ; établissement d'une espèce de nouveau Port-Royal ; réorganisation de la librairie (Archives nationales, AF IV 1289, dossier 77). Je ne crois pas qu'on ait déjà signalé ce projet de création de poètes lauréats ou césaréens, en tant que nouvel indice de la préoccupation de Napoléon de faire revivre les usages de l'ancien empire.

seraient trouvés à même d'accomplir de grands travaux. Ce mémoire parvint à l'empereur au fond de la Prusse orientale, au milieu des opérations de la campagne mémorable qui remplit les premiers mois de l'année 1807. Par une note datée du camp d'Osterode (7 mars), le souverain répondit qu'il ne pourrait se prononcer, en ce qui concernait le projet relatif au nouveau Port-Royal, qu'après avoir reçu un exposé plus approfondi et plus circonstancié de cette proposition.

« Le ministre se mit immédiatement à l'œuvre. D'ailleurs, avant même qu'il eût reçu la réponse de son maître, un examen plus attentif l'avait amené à ajourner momentanément l'étude de la dernière partie de son projet, en raison des difficultés considérables que la réalisation d'un tel dessein eût entraînées. Il s'arrêta à une conception plus simple et plus pratique, à laquelle le Collège de France fournissait des moyens aisés d'exécution. Il s'agissait d'encourager à la fois l'étude de l'histoire nationale et celle de la littérature en remplaçant la chaire de littérature française[1] par quatre autres chaires. Les considérations pleines de justesse dont il accompagna cette proposition, infiniment plus ferme et plus mûrie que la précédente, méritent d'être rapportées ici dans toute leur étendue. Rarement, à cette époque, les choses du haut enseignement ont été traitées avec autant de sens et d'élévation[2].

Sire,

En soumettant à Votre Majesté les premières vues qui s'étaient offertes à moi pour répondre à la grandeur de ses desseins sur la restauration de la littérature française, je lui annonçai que ce n'était encore qu'un premier aperçu que j'espérais compléter par la suite (*sic*). Parmi les idées qui pouvaient appartenir à ce plan, il en est une que j'ai cru devoir mûrir davantage et que je viens aujourd'hui soumettre à Votre Majesté, comme formant le supplément de

---

1. Cette chaire était alors occupée par M. de Cournand, nommé en septembre 1784, en remplacement de l'abbé Aubert. A Cournand succéda Andrieux, qui, en 1833, fut remplacé lui-même par Ampère.

2. AF IV 1289, dossier 75. Voici le titre de la pièce : *Ministère de l'intérieur, secrétariat général, supplément au rapport du 22 janvier sur la restauration de la littérature française, proposition d'établir au Collège de France quatre nouvelles chaires d'histoire de France, d'éloquence française, de poésie française, d'histoire littéraire et critique.* La pièce originale subsiste avec les annotations autographes de Napoléon.

mon premier travail que j'ai eu l'honneur de lui présenter en lui écrivant le 22 janvier dernier.

Elle consiste à remplacer la chaire de littérature française qui existe aujourd'hui au Collège de France par les quatre chaires suivantes :

Une chaire d'histoire de France ;
Une chaire d'éloquence française ;
Une chaire de poésie française ;
Une chaire d'histoire littéraire et de critique.

Les motifs qui sollicitent cet établissement s'offrent d'eux-mêmes à Votre Majesté.

Presque toutes les branches des sciences et des arts ont, dans son empire, des écoles spéciales particulièrement destinées à en favoriser le perfectionnement.

La littérature française est, en France, la seule branche qui ne jouisse pas de cet avantage, car une seule chaire, pour un vaste et si riche sujet, ne peut tenir lieu d'une école.

Cependant l'instruction littéraire donnée dans les collèges et dans les lycées, propre sans doute à orner l'esprit, à former des hommes de goût, ne peut servir d'éducation complète.

Le Collège de France semble, par son origine comme par sa nature, être l'établissement destiné à servir d'école spéciale pour la littérature française. Cependant, dans son état actuel, il est loin de remplir cette destination. Sur vingt et une chaires qu'il renferme, quatre sont accordées aux langues orientales, deux à la littérature grecque, deux à la littérature latine ; la littérature française n'en possède qu'une seule. Je reconnais combien sont justes les faveurs accordées aux langues orientales, comme aux langues anciennes, et je suis bien éloigné de proposer à Votre Majesté de leur en retirer aucune ; mais il me paraîtrait convenable d'établir une proportion un peu moins défavorable à la littérature française, de donner à son enseignement un peu plus de développement et d'éclat.

. . . .

L'établissement d'une chaire d'histoire peut avoir un but politique assez élevé, en même temps qu'il se rattache à toutes les études littéraires ; il est étonnant même qu'on n'y ait pas songé jusqu'à ce jour, et que, dans ce vaste empire, il n'y ait pas une seule chaire consacrée à l'enseignement de son histoire. Elle intéresserait cependant l'honneur de la nation..., aujourd'hui surtout que l'histoire de l'empire français s'est vu enrichie de tant d'événements qui égaleront presque chacune de ses années à autant de siècles.

Le goût de l'érudition s'est affaibli parmi nous, à mesure que celui des productions frivoles s'est développé. Les grandes recherches ne sont plus entreprises... Cet enseignement pourrait embrasser quelques parties de la biographie, de l'archéologie. Il ferait mieux observer les révolutions de la langue. Il protégerait le maintien des traditions. Il rendrait à l'étude quelques débris précieux de notre ancienne littérature...

Ce plan a l'avantage d'être d'une exécution simple et facile. Si cependant Votre Majesté juge qu'il multiplierait trop les chaires du Collège de France, on pourrait supprimer dans cet établissement la chaire d'anatomie et celle de médecine pratique, deux chaires nécessairement moins bien placées au Collège de France qu'à l'École de médecine et au Muséum d'histoire naturelle, où elles seraient entourées de toutes les circonstances propres à en seconder les effets...

« Tels étaient les arguments solides à l'aide desquels Champagny justifiait l'opportunité de la nouvelle fondation. Ce rapport, complémentaire de celui du 21 janvier, était daté du 18 mars. L'empereur, au reçu de cette pièce, en approuva les conclusions d'ensemble. Il se contenta de modifier les titres de deux chaires et récrivit de sa main, en face du résumé placé par Champagny, au début du rapport, les titres des quatre chaires. Le double changement indiqué par le souverain n'était pas sans importance. Au lieu de l'appellation *histoire de France* en général, il adopte celle d'*histoire militaire de la France*. La chaire de *poésie française* est remplacée par celle d'*histoire de la législation en France*. Les chaires d'*éloquence française* et d'*histoire littéraire et critique* se trouvaient toutes deux maintenues sans objection.

« Avant même que la réponse impériale fût parvenue à Paris, Champagny envoyait à Osterode trois nouveaux rapports détaillés[1], donnant tous les développements désirables tant sur cette dernière proposition que sur celles qui avaient fait l'objet du rapport du 21 janvier. A chacun de ces rapports était annexé un projet de décret. Le premier projet, divisé en six titres et com-

---

1. *Bibliothèque de l'École des chartes*, 2ᵉ série, t. IV, p. 153 et suiv. *Notes et documents pour servir à l'histoire de l'École des chartes*, par M. Vallet de Viriville.

prenant de nombreux articles, instituait des historiographes de l'empire, des poètes césaréens, un concours des ouvrages de littérature, un examen des travaux des académies de province, et décidait la continuation de l'*Histoire littéraire* des Bénédictins. Le dernier titre était consacré à la fondation des quatre nouvelles chaires au Collège de France, sans tenir compte des modifications indiquées par l'empereur, qui n'étaient pas encore connues du ministre. Ce dernier avait seulement remplacé l'appellation d'*histoire littéraire et critique* par celle d'*histoire littéraire et archéologique*. L'article 37 et dernier du titre VI portait, au sujet de ce cours : « Un règlement particulier, arrêté par notre ministre de l'intérieur, déterminera les époques et la forme des exercices publics qui seront donnés par les professeurs, et les conditions auxquelles sera soumise l'admission des élèves. » On voit qu'il s'agit d'une véritable école spéciale, c'est-à-dire d'une institution aussi contraire que possible à l'esprit du Collège de France. Mais ce projet ne tardera pas à être à la fois élargi et amendé. Le second rapport esquissait l'organisation d'un *Journal littéraire*, dirigé par l'administration. Enfin, le troisième et dernier reprenait le projet si curieux de la création d'un nouveau Port-Royal. Au rapport était annexé un règlement général de l'établissement. Celui-ci devait être installé dans une maison située à quelque distance de Paris, telle qu'une abbaye, dans une situation champêtre, entourée de jardins. Les bâtiments auraient été disposés pour recevoir quarante personnes et les loger d'une manière indépendante. Ces pensionnaires se fussent répartis en deux catégories : la première, composée de savants ou d'hommes de lettres, âgés de cinquante ans au moins, célibataires ou veufs, venus dans cette retraite littéraire pour y terminer leur carrière dans la tranquillité et la solitude. La vie en commun eût été de règle. Après de minutieuses dispositions touchant les conditions d'admission des solitaires, le règlement spécifiait que l'établissement pourrait aussi recevoir des pensionnaires, à leurs frais, pourvu que, remplissant les mêmes conditions, ils fussent présentés par la majorité des solitaires, agréés par le directeur et admis par le ministre. Les jeunes gens se trouveraient placés dans une dépendance particulière des anciens. De grands travaux littéraires et scientifiques et diverses recherches pourraient être indiqués par le gouvernement pour l'occupation de ces solitaires. Un règlement postérieur devait intervenir pour déterminer le

régime économique de la maison. Rien de plus caractéristique
que les considérations générales dont le duc de Cadore accompagnait la teneur du projet. Il déplore l'attraction exercée par la
capitale à l'égard de tous les esprits distingués et regrette de voir
ceux-ci abandonner définitivement la vie solitaire et paisible
d'autrefois, « où de grands travaux se préparaient dans le sein
de méditations profondes, où le génie se fortifiait par les habitudes salutaires de la vertu, pour venir dans le sein de la capitale
briguer le suffrage de quelques sociétés brillantes, mais corrom-
pues, et, bientôt après, s'y laisser entraîner par le tourbillon des
distractions et des plaisirs. » Le genre de vie des Bénédictins de
Saint-Maur, ou celui de Port-Royal des Champs, ayant donné
d'inappréciables résultats, il sera de la plus grande utilité, pour
les travaux d'érudition et pour les œuvres littéraires approfon-
dies, de le remettre en vigueur pour quelques esprits d'élite.

« Napoléon se trouvait toujours dans la Prusse orientale. Après
avoir habité quelque temps le bourg d'Osterode, où il avait établi
son quartier général dans une espèce de grange, il alla s'installer,
non loin de là, à Finckenstein, dans une demeure plus commode
et plus convenable. C'était une maison de campagne, appartenant
à un fonctionnaire de la cour de Prusse. Il profita du calme et
du repos relatifs dont il jouit à ce moment, durant quelques
semaines, pour examiner sérieusement les questions relatives au
haut enseignement qui le préoccupaient depuis plusieurs mois.
Dès qu'il eut reçu les trois rapports envoyés par Champagny, le
2 avril, il entreprit, sans plus tarder, la rédaction d'un travail
d'ensemble sur cette importante matière. Le 19 avril, il dicte
coup sur coup, dans la même journée, deux mémoires étendus,
dont on peut ne pas partager toutes les idées, mais auxquels on
ne saurait refuser une réelle profondeur et une singulière originalité de vues. On s'étonne, à les lire, de cette activité prodigieuse
qui s'attache aux objets les plus divers et qui réussit, sans effort
apparent, à trouver, sur tant de points, une solution, sinon définitive, du moins personnelle et imprévue. Il est évident que le
second de ces mémoires est d'une importance considérable pour
la connaissance des idées de Napoléon en matière d'instruction
publique. Comme il a précisément pour sujet l'extension considérable que le gouvernement songeait alors à donner au Collège
de France, il y a un véritable intérêt à citer ici ce document, fort
peu connu et cependant si significatif à tous égards.

« Avant de reproduire ce texte, nous devons indiquer sommairement le contenu du premier mémoire dicté par l'empereur dans la journée du 19 avril[1]. Ce document répondait aux trois rapports envoyés par le ministre. Les mesures présentées par ce dernier, dans le but manifeste de plaire au maître, étaient critiquées avec raison. La création des historiographes était repoussée comme inutile et même dangereuse. « Il est reçu qu'un historien est un juge, qu'il doit être l'organe de la postérité. L'on exige de lui tant de qualités qu'il est difficile de croire qu'une bonne histoire puisse se commander. » De même pour les poètes césaréens, l'idée paraissait peu séduisante à l'empereur. « On voit bien le but de cette institution... Mais il faudrait que cette création s'accordât davantage avec nos mœurs, et que surtout on détournât d'elle le ridicule que le Français saisit avec tant de malignité. » Les autres propositions, y compris celle d'un concours entre les meilleurs ouvrages parus dans l'année, étaient renvoyées à l'Institut[2]. « L'Institut, » répétait l'empereur au duc de Cadore, « l'Institut est un grand moyen dans les mains du ministre. Qu'il en tire un bon parti, et il fera tout ce que le gouvernement peut faire. » Quant au projet d'un nouveau Port-Royal, aucun passage de la réponse impériale n'y fait allusion.

« Tout ce qui était relatif aux modifications à apporter au Collège de France faisait partie du second mémoire. Nous en donnons ici les passages les plus importants, dont un certain nombre ne semblent pas avoir été connus par Vallet de Viriville.

OBSERVATIONS DICTÉES PAR L'EMPEREUR
SUR LE RAPPORT PAR LEQUEL LE MINISTRE DE L'INTÉRIEUR
A PROPOSÉ L'ÉTABLISSEMENT
D'UNE ÉCOLE SPÉCIALE DE LITTÉRATURE ET D'HISTOIRE
AU COLLÈGE DE FRANCE.

[*En marge : Ces observations ont été dictées par Sa Majesté, au château de Finckenstein, le 19 avril 1807*[3].]

Mais il est dans la littérature d'autres branches qui peuvent, jus-

---

1. Vallet de Viriville en donne quelques fragments dans l'*article cité*, p. 162.
2. C'est de ce projet qu'est sorti plus tard le concours des « Antiquités nationales » à l'Académie des inscriptions et belles-lettres. La proposition relative à la fondation d'un *Journal littéraire* est repoussée. Pour ce qui concerne la reprise de l'*Histoire littéraire*, on sait qu'elle eut lieu peu après.
3. L'original de cette pièce est conservé aux Archives nationales dans AF IV

qu'à un certain point, donner lieu à l'établissement d'écoles spéciales, c'est la géographie et l'histoire. La géographie, soit naturelle, soit politique, a plusieurs des caractères qui constituent les sciences exactes ; les faits sont nombreux, les points de contestation multipliés, les changements fréquents ; son domaine s'accroît à mesure que celui de l'esprit humain s'étend ; elle s'enrichit par des découvertes ; elle est sujette aux changements par l'effet des révolutions politiques et physiques. Les premiers éléments qui peuvent s'apprendre dans l'instruction ne sont rien en comparaison de la science. Si, dans un point central tel que Paris, il existait plusieurs professeurs de géographie qui pussent rassembler les connaissances éparses, les comparer, les épurer, qu'on fût dans le cas de les consulter avec sincérité pour être mieux instruit des faits et des choses, ce serait une bonne, une utile institution. On devrait préférer à tout autre établissement spécial littéraire celui des quatre chaires de géographie, pour chacune des quatre parties du monde. Là, comme dans une sorte de bureau de l'Europe, de l'Asie, de l'Afrique, de l'Amérique, on aurait sous la main les renseignements les plus exacts, les notions précises des découvertes nouvelles et des changements survenus. Chacun de ces professeurs serait, pour ainsi dire, un livre vivant, et leurs cours offriraient à toute personne ayant le désir ou le besoin de s'instruire beaucoup d'utilité ou d'intérêt.

L'histoire peut, par des considérations analogues, être rapprochée des sciences pour lesquelles il serait utile d'avoir une école spéciale. La manière de lire l'histoire est, à elle seule, une véritable science.

Tout a été dit et redit : les historiens apocryphes sont si multi-

1289, dossier 74. Elle est datée, par une note placée en marge, du 10 avril. Mais il y a lieu d'adopter de préférence la date du 19, acceptée d'ailleurs par les éditeurs de la *Correspondance de Napoléon*, t. XV, p. 127. En effet, dans le mémoire précédent daté du 19, une note indique que la question des fondations à effectuer dans le Collège de France est traitée dans une note à part détaillée, qui est envoyée au ministre. Cette note est précisément celle que nous donnons ici. Au 10 avril, Napoléon ne pouvait guère avoir reçu les trois rapports de Champagny, datés du 2. On peut supposer cependant qu'il avait pu préparer d'avance une réponse développée au premier projet envoyé dès le 18 mars, touchant les quatre chaires à créer au Collège. Mais c'est là une simple hypothèse. Vallet de Viriville (*article cité*) n'a donné que quelques courts fragments du mémoire que nous reproduisons ici. Il n'a pas connu le plan d'une école spéciale de géographie et d'histoire au Collège de France qui figure plus loin, document qui intéresse cependant les origines de l'École des chartes.

pliés, il y a une si grande différence entre tel livre fait à une époque et tel autre fait à une époque postérieure, au moyen des travaux et des lumières des historiens qui ont précédé, qu'un homme qui veut chercher une bonne instruction et qui est tout à coup placé dans une vaste bibliothèque historique se trouve jeté dans un dédale. Connaître ce qui reste des historiens anciens, savoir ce que l'on a perdu, distinguer les fragments originaux des suppléments écrits par de bons ou de mauvais commentateurs, cela seul est presque une science ou du moins un objet important d'études. Ainsi la connaissance et le choix des bons historiens, des bons mémoires, des véritables chroniques du temps est une connaissance utile et réelle. Si, dans une grande capitale comme Paris, il y avait une école spéciale d'histoire, et que l'on y fît d'abord un cours de bibliographie, un jeune homme, au lieu d'employer des mois à s'égarer dans des lectures insuffisantes ou dignes de peu de confiance, serait dirigé vers les meilleurs ouvrages et arriverait plus facilement, plus promptement, à une meilleure instruction.

Il y a de plus une partie de l'histoire qui ne peut s'apprendre dans les livres : c'est celle des époques qui se rapprochent de nous. Aucun historien n'arrive jusqu'à nos jours ; il y a toujours, pour un homme de vingt-cinq ans, un intervalle de cinquante années qui ont précédé sa naissance pour lesquelles il n'y a point d'histoire. Cette lacune donne beaucoup de difficultés, exige un travail toujours imparfait, souvent infructueux, pour parvenir à lier les événements passés à ceux présents. Ce serait là une importante obligation des professeurs de l'école spéciale d'histoire. Ils devraient connaître, non seulement ce qui s'est fait depuis la fondation des empires jusqu'à l'époque où les historiens se sont arrêtés, mais jusqu'au moment même où ils professent.

Ces professeurs doivent être nombreux ; il faudrait qu'il y en eût pour l'histoire romaine, pour l'histoire grecque, pour l'histoire du Bas-Empire, pour l'histoire ecclésiastique, pour l'histoire de l'Amérique, et plusieurs autres pour l'histoire de France, celles d'Angleterre, d'Allemagne, d'Italie et d'Espagne.

L'histoire se diviserait aussi selon les différentes parties qu'elle devrait enseigner. On placerait au premier rang l'histoire de la législation. Le professeur aurait à remonter jusqu'aux Romains et à descendre de là en parcourant successivement les différents règnes des rois de France, jusqu'au Consulat. Viendrait ensuite l'histoire de l'art militaire français. Le professeur ferait connaître les différents plans

de campagne adoptés dans les différentes époques de notre histoire,
soit pour envahir, soit pour se défendre ; l'origine du succès, la cause
des défaites, les mémoires dans lesquels on pourrait trouver les
détails des faits et les preuves des résultats. Cette partie de l'histoire, curieuse pour tout le monde, et si importante pour les militaires, serait de la plus grande utilité pour les hommes d'État. On
montre, à l'école spéciale du génie, l'art d'attaquer et de défendre
les places ; on ne peut montrer l'art de la guerre en grand, parce
qu'il n'est pas encore créé, si toutefois il peut l'être ; mais une chaire
d'histoire, où l'on ferait connaître comment nos frontières ont été
défendues dans les différentes guerres par les grands capitaines, ne
saurait produire que de très grands avantages.

On pourrait donc s'occuper de l'organisation d'une sorte d'Université de littérature, puisque l'on comprend dans ce mot non seulement les belles-lettres, mais l'histoire et nécessairement la géographie, car on ne peut penser à l'une sans songer à l'autre. Cette
Université pourrait être le Collège de France, puisqu'il existe, mais
il faudrait qu'elle fût composée d'une trentaine de chaires, si bien
liées entre elles qu'elle présentât comme une sorte de bureau vivant
d'instruction et de direction, où quiconque voudrait connaître à fond
tel siècle pût demander quels sont les ouvrages qu'il doit ou ne doit
pas lire, quels sont les mémoires, les chroniques qu'il doit consulter,
où tout homme qui voudrait parcourir une contrée pût trouver une
instruction positive, soit sur la direction qu'il doit donner à son
voyage, soit sur le gouvernement qui régit telle ou telle partie où il
voudrait porter ses recherches.

Il est de fait qu'il manque quelque chose dans un grand État où
un jeune homme studieux n'a aucun moyen de recevoir une bonne
éducation sur ce qu'il veut étudier, est obligé d'aller comme à tâtons
et de perdre des mois, des années, à chercher, à travers des lectures
inutiles, le véritable aliment de son instruction.

Il est de fait qu'il manque quelque chose dans un grand État où,
pour avoir des notions positives sur la situation, le gouvernement,
l'état présent d'une portion quelconque du globe, il faut avoir recours
ou au dépôt des affaires étrangères, qui ne contient pas tout, quelque
trésor qui y soit enfoui, ou aux bureaux de la marine, qui, fort souvent, ne savent pas tout ce qu'on peut leur demander.

Je désire ces institutions : elles ont été depuis longtemps l'objet
de mes méditations, parce qu'ayant beaucoup travaillé, j'en ai personnellement senti le besoin. J'ai beaucoup étudié l'histoire, et sou-

vent, faute de guide, j'ai été induit à perdre un temps considérable dans des lectures inutiles. J'ai porté à la géographie assez d'intérêt pour reconnaître qu'il ne se trouve pas à Paris un seul homme qui soit parfaitement au courant des découvertes qui se font chaque jour et des changements qui surviennent sans cesse.

Je suis persuadé que l'établissement dont il s'agit serait d'une grande utilité pour l'instruction générale et pour les hommes même qui ont reçu l'éducation la plus perfectionnée; que les cours de littérature n'auraient aucun de ces avantages, car, selon ma propre expérience, les cours de littérature n'apprennent rien de plus que ce qu'on sait à l'âge de quatorze ans.

Je ne m'oppose pas, toutefois, à ce qu'il y ait, dans un lieu tel que Paris, une discussion littéraire dans laquelle des hommes nommés par le gouvernement, parmi ceux dont la réputation est faite, remettent les principes sous les yeux des jeunes rhéteurs, et non seulement en fassent l'application, mais enseignent même la pratique de l'éloquence et de la poésie. On doit sentir néanmoins qu'à côté des chaires d'histoire et de géographie, ce n'est là qu'un établissement de luxe et qu'il doit être unique.

Les motifs développés dans cette note en faveur d'une Université littéraire, dont les objets essentiels seraient l'histoire et la géographie, ne sont pas les seuls qui me dirigent. On devinera aisément que ma secrète pensée est de réunir des hommes qui continuent non l'histoire philosophique, non l'histoire religieuse, mais l'histoire des faits, mais cette histoire portée jusqu'au moment où nous vivons. Toute notre jeunesse trouve plus de facilité pour apprendre les guerres Puniques que pour connaître la guerre d'Amérique, qui a eu lieu en 1783; elle s'instruit plus facilement des événements des siècles passés que de ceux qui se sont écoulés depuis le jour de sa naissance.

Il est à cet égard une objection sans cesse représentée : c'est que l'histoire ne peut être écrite que longtemps après les faits, c'est que les contemporains ne sont pas de bons historiens. Cette opinion n'est pas la mienne. Je la partagerais, si l'histoire des événements presque présents devait en être la satire; je la partagerais également, s'il s'agissait d'un homme vivant, et qui aurait vécu sous les yeux de l'historien, car il ne faut pas transformer l'histoire en panégyrique. Mais, une année comme cent ans après l'événement, on peut dire qu'à telle époque ou dans telle circonstance, l'État a été forcé de courir aux armes; qu'à cette époque il a forcé l'ennemi à la paix; que, dans tel mois, telle flotte a mis à la voile pour telle expédition, qu'elle a eu tel revers ou tel succès. Peu importe que l'historien soit plus ou moins éloigné des faits, s'il ne dit réellement que des faits. Il sera d'autant plus véridique que tous ses lecteurs étant contemporains peuvent être juges. Ici l'inconvénient est nul, tandis que l'avantage est réel, surtout pour la jeunesse, qui, lorsqu'elle veut apprendre les faits qui remontent à quelques lustres, ne trouve aucune instruction.

Sans cet établissement, les militaires, par exemple, n'auront de longtemps le moyen d'apprendre à profiter des fautes qui ont causé les revers et à apprécier les dispositions qui les auraient prévenus. Toute la guerre de la Révolution pourrait être fertile en leçons, et, pour les recueillir, il faut souvent employer en vain une longue application et de longues recherches. Cela ne vient point de ce que les faits en détail n'ont pas été écrits, puisqu'ils l'ont été de toute manière et partout, mais de ce que personne ne s'occupe à en rendre la recherche facile et à donner la direction nécessaire pour la faire avec discernement.

En résumé, on peut former, au Collège de France, un grand établissement ou école spéciale pour tout ce qui n'est pas sciences mathématiques, jurisprudence, médecine, etc., mais, pour avoir une véritable école spéciale de littérature, des cours d'histoire et de géographie dans toutes leurs parties, un tel établissement n'exigera pas moins de vingt à trente professeurs.

« Lorsqu'on lit ces observations, il devient évident que Napoléon ne songeait nullement à la création des Facultés des lettres et que l'idée de faire une place spéciale à cet enseignement, dans les cadres de la nouvelle organisation qui s'élaborait, ne le séduisait en aucune manière. A coup sûr, il est permis de qualifier d'étroite la conception qu'il se fait des cours littéraires ; tout au plus entrevoit-il l'avenir destiné aux sciences philologiques, alors « encore dans une si grande obscurité » ; mais, en revanche, les considérations qu'il exprime touchant l'étude de l'histoire et de la géographie sont on ne peut plus suggestives et clairvoyantes. Il est certain que l'organisation qui fut adoptée par la suite fut, en ce qui concerne ces deux enseignements, infiniment moins vivante et moins pratique que celle qu'il indique ici. Les remarques qui s'appliquent à la critique historique, à la nécessité de l'étude des sources et de la bibliographie n'ont certes rien de banal pour l'époque. Tout ce qui a trait à l'histoire contemporaine, encore qu'il soit facile d'y saisir une intention personnelle, est parfaitement juste et trouve encore son application à l'heure actuelle. La répartition des chaires proposées par l'empereur est bien comprise : l'histoire de la législation et l'histoire militaire y trouvent naturellement leur place. Bien que l'empereur ne parle pas en détail des chaires de littérature, il est évident, par différents passages de son exposé, que ces dernières devaient faire partie de l'*Université de littérature* qu'il rêvait d'établir au Collège de France. Remarquons que celle-ci n'eût pas été seulement un bureau de renseignements et de statistique. Napoléon voulait en effet qu' « elle fût composée d'une trentaine de chaires si bien liées entre elles qu'elle présentât comme une sorte de bureau vivant d'instruction et de direction. » Les plaintes qu'il fait entendre sur l'insuffisance de l'organisation de la haute culture, sur le temps perdu par les jeunes gens désireux d'apprendre, sur son expérience personnelle en pareille matière, ne manquent pas de piquant. On voit que l'histoire philosophique et l'histoire religieuse lui inspirent une certaine défiance : ce qu'il faut cultiver, c'est exclusivement l'histoire des faits. L'empereur semble avoir compris que la tradition du Collège de France s'opposait d'une façon absolue à ce que les élèves fussent enrégimentés, car il n'est pas question, dans le projet, d'une réglementation particulière de l'école spéciale d'histoire et de géographie. En somme, dans sa pensée, ces deux branches de connaissances devaient être cultivées dans un vaste établissement, tel que la France, avec son système suranné d'écoles multiples, n'en possède pas encore à l'heure actuelle : quelque chose qui eût été l'École des chartes et la Faculté des lettres réunies. L'une et l'autre de ces deux institutions peuvent en effet revendiquer leurs véritables origines dans le projet impérial, qui, bien que n'ayant pas abouti, n'en demeure pas moins comme une preuve de bonne volonté que l'historien de l'enseignement a le devoir d'enregistrer. Il est seulement curieux de constater, une fois de plus, l'avortement d'un grand projet relatif au Collège de France : les promesses de Napoléon n'ont pas plus servi à l'institution que celles de François Ier et de Henri IV, ce qui n'a pas empêché le Collège de France de poursuivre ses destinées avec tant d'éclat, au cours du XIXe siècle.

« Les observations si explicites envoyées de Finckenstein au ministre eurent pour résultat immédiat de provoquer la rédaction d'un nouveau projet, rigoureusement conforme aux intentions impériales et conçu dans un esprit infiniment plus large que le précédent. Il ne s'agissait plus d'une simple transformation de l'enseignement de la littérature française au Collège de France. L'institution de trois nouvelles chaires apparaissait maintenant comme une combinaison mesquine et insuffisante. Une vaste institution presque autonome, organisée sur un plan méthodique, unique pour toute l'étendue de l'empire, pouvait seule réaliser dignement les vues exprimées par l'hôte de Finckenstein[1]. Nous avons pu retrouver le plan élaboré à cette occasion par Champagny[2]. Comme il n'a été jusqu'à présent signalé par personne, nous croyons utile de le reproduire intégralement. Avec une division fort intéressante des enseignements, on y trouve, sur la manière dont chaque cours devait être compris, des considérations qui montrent que l'esquisse présentée par l'empereur avait été remaniée avec beaucoup d'intelligence. L'enseignement de la géographie recevait, en particulier, un développement que cette science a depuis vainement cherché à obtenir et qu'elle ose seulement, de nos jours, réclamer avec insistance. Une chaire était

1. Rappelons à ce propos qu'il avait déjà été question, en l'an VIII, de rattacher au Collège de France, en y créant plusieurs chaires nouvelles, une sorte d'école spéciale pour les sciences morales et politiques (Duruy, *l'Instruction publique et la Révolution*, p. 408). De même, il y a lieu de signaler, à un autre point de vue, les divers projets élaborés de l'an IV à l'an X, dans lesquels on réclamait comme nécessaire tantôt la création d'une école de géographes (Arch. nat., F¹⁷ 1065. *Rapport et projet de résolution présentés par Daubemesnil*, Imp. nat., vendém. an VIII), tantôt celle d'une école spéciale d'économie politique éclairée par la géographie et par l'histoire (*Rapport de Fourcroy touchant le projet de loi sur l'organisation de l'instruction publique*. Imp. de la Rép., 24 nivôse an X. *Vues présentées... par le citoyen Bergier du Puy-de-Dôme*, etc.). Il est juste d'observer que l'école de géographie, dont les projets parlent à diverses reprises, était surtout destinée à former des arpenteurs et des géomètres. Ajoutons enfin que, pour ce qui concerne l'enseignement historique, il avait été soumis au Comité d'instruction publique de la Convention un projet du citoyen Maugard, tendant à fonder à la Bibliothèque nationale une sorte d'enseignement historique et diplomatique (*Bibl. de l'École des chartes*, 1891, p. 353. Communication de M. Servois).

2. Il existe aux Archives nationales dans le carton F¹⁷ 1109, au milieu des documents intéressant le Collège de France pendant la Révolution. Le projet, comme on le verra plus loin, subit, après sa présentation à l'empereur, un certain nombre de modifications. Les articles qui ont été ainsi modifiés figurent dans notre texte sur deux colonnes : celle de droite est la rédaction définitive. Les numéros entre crochets sont ceux qu'avaient reçus les différents articles dans le projet primitif.

consacrée à la géographie maritime, deux à la géographie continentale de l'Europe et des autres parties du monde, une dernière, la plus utile et la plus heureuse peut-être de ces créations, à la géographie commerciale et statistique. L'histoire, comme il est juste, était encore plus largement partagée.

1807

PROJET DE DÉCRET

Art. 1er.

Il sera ajouté au Collège de France une École spéciale de géographie et d'histoire.

Art. 2.

Les chaires de géographie seront au nombre de quatre, savoir :

1° Une chaire de géographie maritime ;

2° Deux chaires de géographie continentale, l'une d'Europe, l'autre des autres parties du monde ;

3° Une chaire de géographie commerciale et statistique.

Art. 3.

Le professeur de géographie maritime développera l'analyse des tentatives et découvertes faites successivement par les navigateurs, et l'état actuel des connaissances sur la situation des côtes, des isles, la direction des courants, etc., dans les diverses mers du monde.

Le professeur de géographie maritime développera l'analyse des découvertes et tentatives de découvertes faites jusqu'à ce jour, et l'état actuel des connaissances géographiques qui peuvent intéresser les navigateurs, la direction des courants, etc., dans les diverses mers du monde.

Art. 4.

Les deux professeurs de géographie continentale décriront la situation physique des divers pays, leurs limites respectives, leurs climats, la direction des rivières et des fleuves, le gisement des montagnes, la situation des villes, le premier, dans les contrées de l'Europe, le second dans l'Asie, l'Afrique et l'Amérique.

Art. 5.

Le professeur de géographie commerciale et statistique fera connaître la population de chacune des contrées et le caractère physique et moral de ses habitants, les productions naturelles du sol, l'industrie, le commerce de chaque État, ses principaux établissements, et les relations que les échanges ont établies entre les États divers.

Art. 6.

Il y aura dix chaires d'histoire, savoir :

Une chaire d'histoire littéraire et de critique, une chaire d'histoire militaire, une chaire d'histoire religieuse, une chaire d'histoire de législation, une chaire d'histoire ancienne, une chaire d'histoire du moyen âge, une chaire d'histoire de France, une chaire d'histoire moderne septentrionale, une chaire d'histoire moderne méridionale, une chaire de biographie [1].

Il y aura dix chaires d'histoire, savoir :

Une chaire d'histoire ancienne y compris celle des Grecs, une chaire d'histoire romaine, une chaire d'histoire du moyen âge, une chaire d'histoire moderne, une chaire d'histoire de France, une chaire d'histoire militaire, une chaire d'histoire de la législation, une chaire d'histoire littéraire, une chaire d'histoire ecclésiastique, une chaire de biographie.

Art. 7 [11].

Le professeur d'histoire ancienne enseignera l'histoire des Assyriens, des Perses, des Grecs, des Romains et des autres nations de l'antiquité, jusqu'à la réunion de l'empire romain [et au règne de Constantin; il discutera les différentes hypothèses établies sur l'origine et l'émigration des peuples] [2].

Le professeur d'histoire ancienne y compris celle des Grecs enseignera l'histoire des Assyriens, des Perses, des Grecs et des autres nations de l'antiquité, jusqu'à leur réunion à l'empire romain.

Art. 8.

Le professeur d'histoire romaine enseignera l'histoire romaine depuis la fondation de Rome jusqu'au règne de Constantin.

Art. 9 [12].

Le professeur d'histoire du moyen âge embrassera l'histoire des peuples des différentes nations, depuis le règne de Constantin jusqu'à ceux de Charles-Quint et de François Ier.

---

1. On trouve en marge plusieurs corrections qui ont été ensuite supprimées, touchant les divisions à donner aux cours d'histoire ancienne et d'histoire du moyen âge. Ce sont : l'histoire générale et des faits ; l'histoire militaire; celle de la législation des peuples anciens et de leur religion.

2. La partie entre [ ] a été barrée et remplacée par l'article 8, lequel fait une place spéciale à l'histoire romaine depuis la fondation de Rome jusqu'au règne de Constantin.

ART. 10 [13 *bis*].

Le professeur d'histoire moderne embrassera l'histoire de l'Allemagne, de la Russie et de l'Angleterre, et de leurs diverses révolutions.

ART. 11 [13].

Le professeur chargé spécialement de l'histoire de France remontera à l'époque des établissements des Francs dans les Gaules; il tracera l'histoire des dynasties successives et des divers États compris aujourd'hui dans l'empire français; il consacrera une partie de son cours à l'histoire contemporaine d'après les actes authentiques, et à cet effet il lui sera permis de consulter les archives et les dépôts publics.

ART. 12 [8].

Le professeur d'histoire militaire exposera le développement et les progrès de l'art militaire et de la tactique chez les anciens et les modernes; il s'attachera particulièrement au tableau des guerres que les Français ont eu à soutenir contre les diverses nations de l'Europe, aux méthodes suivies pour l'attaque et la défense des places et à l'exposition des événements les plus honorables pour la valeur française.

ART. 13 [10].

Le professeur d'histoire de la législation présentera l'analyse et le tableau des divers codes civils et criminels, des institutions politiques et du droit public successivement adoptés par les autres nations, jusqu'au code Napoléon.

ART. 14 [7].

Le professeur d'histoire littéraire et de critique s'attachera essentiellement à discuter l'authenticité des sources dont l'étude de l'histoire doit dériver, à apprécier le degré de confiance dû aux divers témoignages, et à enseigner de bonnes méthodes pour l'étude de l'histoire.

ART. 15 [8].

Le professeur d'histoire ecclésiastique religieuse développera la naissance, l'établissement et le développement des opinions morales et religieuses chez les nations anciennes et modernes : il s'attachera spécialement à l'établissement du christianisme et à l'histoire ecclésiastique.

ART. 16 [15].

Le professeur de biographie tracera l'histoire de la vie des hommes illustres dans tous les genres et fera connaître leurs actions et leurs écrits, l'influence qu'ils ont exercée sur leur siècle; il présentera le développement de la civilisation des différents peuples à différentes époques et comparera entre eux les principaux traits des principales nations.

[ART. 14.]

Le professeur d'histoire mo-   (N. B. — *Cet article du pre-*
derne méridionale embrassera   *mier projet manque dans le pro-*
l'histoire d'Espagne, d'Italie et   *jet définitif.*)
de la Turquie et des nations
asiatiques.

ART. 17 [16].

Les professeurs composant l'École spéciale de géographie et d'histoire seront assimilés, pour le mode de nomination, leur traitement, etc., à ce qui a été établi pour les autres professeurs du Collège de France, par la loi du...

ART. 18.

Les chaires ne seront complétées que dans trois ans. L'Institut présentera chaque année à notre ministre de l'intérieur une liste des écrivains dont les ouvrages auront prouvé qu'ils possèdent au plus haut degré les connaissances nécessaires pour professer avec distinction, et cette liste nous sera soumise par notre ministre de l'intérieur, qui pourra y ajouter les écrivains qu'il jugera avoir quelques titres à notre bienveillance et nous proposera la nomination des chaires qui pourront être convenablement remplies.

ART. 19 [17].

Il y aura tous les mois, au Collège de France, un exercice public littéraire.

Cet exercice se composera :

1° De discours en vers ou en prose, faits par les hommes les plus distingués dans la littérature et qui auront pour objet ou d'établir et discuter les principes de l'éloquence, de la poésie et du goût, ou d'en faire quelques applications particulières ;

2° De la lecture de quelques essais faits par des hommes débutant dans la carrière des lettres, qui auront été jugés dignes d'être encouragés par l'opinion publique.

ART. 20 [18].

Notre ministre de l'intérieur désignera chaque année deux orateurs et deux poètes, parmi ceux qui auront obtenu une plus grande réputation, pour présider aux exercices littéraires et y lire alternativement les discours en vers dont il est mentionné dans l'article précédent.

ART. 21 [19].

Les hommes de lettres débutant dans la carrière littéraire, qui seraient appelés à produire leurs essais dans cet exercice, seront désignés à notre ministre de l'intérieur par la classe de la langue et de littérature française de l'Institut de France, et les pièces destinées à y être lues seront préalablement désignées par une commission formée dans cette classe.

ART. 22.

Les hommes de lettres mentionnés dans l'article 20 prendront rang, pendant la durée de leurs fonctions, avec les professeurs du Collège de France et jouiront, pendant le même temps, d'une indemnité de 1,500 francs.

« Ce projet, probablement à la suite de sa présentation à Napoléon, subit quelques remaniements intéressants à enregistrer. Ces changements sont notés en marge du texte et écrits de la main même de M. de Champagny. Il est certain que le gouvernement ne renonça pas tout de suite à la réalisation de ce plan et que les idées exprimées à Finckenstein continuèrent d'être en faveur pendant la période préparatoire de l'organisation de l'Université. Une allusion explicite fut faite à ce projet par Champagny, dans la séance tenue le 28 janvier 1808 par le conseil d'administration du ministère de l'intérieur, sous la présidence de l'empereur. « Le ministre rappelle à Sa Majesté le projet d'établissement d'une « École spéciale de géographie et d'histoire. M. de Fourcroy fait « un rapport sur la situation actuelle du travail relatif à l'Univer- « sité impériale. Il lit la dernière rédaction délibérée au conseil « d'État et présente un nouveau projet réduit aux dispositions prin- « cipales d'organisation. Sa Majesté invite M. de Fourcroy à s'oc- « cuper sans délai d'un travail qui offrirait en projet l'Université « impériale tout organisée, en y faisant entrer les éléments qui « doivent la composer et qui sont actuellement existants. Ce travail, « joint au projet d'organisation, le rendrait plus clair et mettrait « mieux en état de les juger. On fournirait, à l'appui des calculs « sur lesquels il serait basé, tous les états d'après lesquels ce tra- « vail aurait été dirigé. On diviserait l'Université impériale en « autant d'académies qu'il y a de cours d'appel. On distinguerait « les académies qui auraient deux facultés de celles qui en auraient « quatre... On joindrait à ce travail tous les calculs de finances, « dans lesquels on comprendrait les dépenses de l'École normale et

« celles de l'Université impériale et de la Faculté de théologie,
« conformément aux vues qui sont particulièrement exprimées
« par l'empereur. Sa Majesté désire que ce travail soit imprimé
« à la suite des deux projets de rédaction, pour être distribué au
« conseil d'État[1]. »

   « On peut toutefois inférer de cet exposé que la cause des Facultés de lettres avait gagné du terrain et que la constitution de
l'Université, telle qu'elle fut déterminée par le décret du 17 mars
1808, était à peu près arrêtée dans ses grandes lignes. Ce texte
fournit la dernière mention que l'on puisse signaler de l'École
spéciale de géographie et d'histoire. Le Collège de France continua de vivre comme par le passé. L'Université fut créée, et les
cadres étroits qui la formèrent ne firent que mieux ressortir le
caractère d'universalité de la fondation de François Ier. »

---

1. AF IV 1239. Séance du 18 janvier 1808. Déjà deux ans auparavant, dans
la séance tenue par le même conseil, le 20 février 1806, l'empereur avait
demandé le rapport et le projet de décret rédigé par Fourcroy, sur l'organisation du corps enseignant.

UN MANDEMENT

DE

JEAN V, DUC DE BRETAGNE,

EN FAVEUR

DE ROBERT BLONDEL ET ROBERT REGNAULT.

———————◆———————

Un acte inédit de Jean V, duc de Bretagne, du 12 mai 1426, faisant partie d'une collection de pièces relatives à la Bretagne, récemment acquise par la Bibliothèque nationale[1], porte exemption en faveur de « maistres Robert Blondel et Robert Regnault, demourans à Angiers, » de toute traite sur soixante pipes de vin qu'ils font transporter en Bretagne, « en recompensacion du labour qu'ilz ont pris à faire une certaine et belle epistole, composee en latin par ledit Blondel et depuis translatee en françois et a nous apportee et presentee en ceste nostre ville de Redon par ledit Regnault. » Avant de donner le texte de cet acte, il n'est peut-être pas inutile de faire ressortir en quelques mots l'intérêt qu'il présente pour l'histoire des deux personnages qui s'y trouvent mentionnés.

Dans deux notices qu'il a consacrées à Robert Blondel[2], M. Vallet de Viriville constatait le peu de renseignements que nous avons sur la vie du poète normand. Né dans les vingt dernières années du XIVe siècle, à Ravenoville[3], il est contraint de quitter son pays après la défaite d'Azincourt. « De quel côté le proscrit dirigea-t-il sa fuite? Dans quelle ville et sous quelle protection vint-il chercher un refuge?

1. Bibl. nat., Nouv. acq. franç. 3164, n° 11.
2. *Notices et extraits des mss.*, t. XVII, 2e part., p. 407. — *Mémoires de la Société des Antiquaires de Normandie*, 2e série, t. IX, p. 161-227.
3. Manche.

Ce sont là des questions difficiles à résoudre. » Et plus loin, après avoir mentionné la composition du *Complanctus bonorum Francorum,* en 1420, M. Vallet de Viriville ajoutait : « Pour ce qui est de la biographie de notre poète, nous perdons sa trace depuis cette époque et ne la retrouvons que vingt-neuf ans plus tard. » Une seule indication nouvelle a été donnée depuis : Stevenson, dans sa préface au *De Reductione Normannie,* du même auteur, a signalé, dans un registre des comptes de l'hôtel d'Yolande, reine de Sicile et duchesse d'Anjou, au mois de février 1436, une mention d'où il semble résulter qu'à ce moment Robert Blondel était attaché à l'hôtel de cette princesse[1]. Le mandement de Jean V, en nous montrant Blondel « demourant à Angiers », en 1426, et y composant dans une sorte de collaboration avec un futur bedeau de l'Université de cette ville, également qualifié de maître, nous permet d'affirmer que c'est dans cette ville que Blondel prit ses grades et vécut depuis son départ de Normandie ou peu après. Ce long séjour dans une ville essentiellement royaliste, au milieu d'influences toutes favorables à Charles VII, nous explique d'ailleurs très bien comment il put, dès 1420, adresser à celui-ci sa Complainte des bons Français et comment nous le trouvons plus tard attaché comme précepteur à deux petits-fils d'Yolande, François d'Étampes et le duc de Berry.

Il est assez difficile de dire en quoi consistait cette « epistole en latin, » mentionnée ici, et que d'ailleurs nous ne connaissons pas autrement. Il peut même sembler étrange qu'avec son tempérament belliqueux, avec sa haine vigoureuse contre tout ce qui était anglais ou bourguignon, Robert Blondel ait été amené à s'adresser à un prince dont la politique consistait essentiellement à ménager les uns et les autres, surtout si l'on songe au jugement sévère qu'un quart de siècle plus tard il portait sur ce même prince, l'accusant « de faire de la nuit le jour et du jour la nuit, de souper au chant du coq et de déjeuner après midi[2], » et de n'avoir éloigné de la Bretagne les horreurs de la guerre qu'au prix d'une trahison envers la France. Toutefois, si, par suite de circonstances politiques autant que par mollesse de caractère, Jean V pouvait difficilement entrer en lutte ouverte avec les Anglais, il n'en est pas moins vrai qu'il fournit plus d'une fois aux partisans du Dauphin l'espoir de l'attacher à leur cause. Les Normands, chassés par la conquête, trouvèrent toujours asile et

---

1. Arch. nat., KK 244, fol. 12 v°.
2. *De Reductione Normannie,* liv. I, ch. v, éd. Stevenson, p. 17.

protection dans son duché. Dans le seul mois de février 1422, « il fit expédier et sceller par messire Pierre Éder jusqu'à trois cents lettres de grâce ou de naturalité, pour être distribuées aux familles qui voudraient s'établir en Bretagne[1]. » Des parents de Robert Blondel purent être compris dans ce nombre, et son « epistole » n'est peut-être qu'une lettre de remerciements au duc. Peut-être aussi doit-on y voir une œuvre de portée plus haute. Depuis plusieurs années déjà des pourparlers avaient été engagés pour le mariage d'Isabelle de Bretagne avec Louis d'Anjou[2]. D'autre part, jamais peut-être plus qu'en cette année 1426, Jean V ne fut sur le point d'abandonner le parti anglais. Mécontent de voir le duc de Bedford s'efforcer d'attirer les Penthièvre dans l'alliance anglaise, il envoie au duc de Bourgogne plusieurs pressants messages pour le conjurer de se réconcilier avec Charles VII[3]. En même temps, il fait publier dans son duché le ban et arrière-ban pour défendre la Bretagne contre les Anglais[4]. Il n'y a donc rien d'impossible à ce qu'à l'instigation de la reine de Sicile, qui suivait avec intérêt tous ces mouvements, Robert Blondel se soit résolu à tenter auprès du duc de Bretagne un effort analogue à celui qui lui avait inspiré six ans plus tôt la Complainte des bons Français.

L' « epistole », à peine composée, semble-t-il, fut traduite en français et apportée au duc à Redon par maître Robert Regnault. Bien que moins connu que Blondel, Robert Regnault a pourtant sa place dans la liste des poètes de la guerre de Cent ans. En 1433, il est grand bedeau de l'Université d'Angers[5]. En 1449, sous le titre de « Ballaide touchant la grant decepcion des Anglois, » il compose un virulent dithyrambe en faveur de la guerre. Un autre poème du même auteur, de 332 vers, a été signalé par M. Geffroy à la bibliothèque de Copenhague. L'acte de Jean V nous prouve que dès 1426 Robert Regnault était déjà maître. Il nous fait en même temps connaître la première en date de ses compositions. Comme on le voit, c'est une traduction. D'ailleurs, ce ne fut peut-être pas la seule. Si l'on compare en effet sa ballade de la déception des Anglais à l'*Oratio historialis* de Robert Blondel également composée en 1449, il est facile de relever, malgré la différence des formes employées, de nombreuses

---

1. *Lettres et mandements de Jean V,* par René Blanchard, n° 1518.
2. *Ibid.*, n°° 1598, 1599.
3. *Ibid.*, n°° 1652, 1708, 1709, 1720.
4. *Ibid.*, n° 1670.
5. C. Port, *Dictionnaire biographique de Maine-et-Loire,* art. Regnault.

traces d'inspiration commune, et dans les sentiments exprimés, et
souvent même dans les réminiscences historiques. Or, c'est là une
constatation qu'il n'est pas sans intérêt de faire ; elle nous montre à
Angers l'existence d'un centre littéraire fortement dévoué à la cause
de Charles VII, et dont les auteurs, pour la plupart clercs, ne pouvant par suite défendre cette cause par les armes, la soutiennent,
suivant l'expression d'un autre traducteur de Blondel, Robinet, « de
teles armeures qu'avons[1]. » L'acte de Jean V nous fait voir quels rôles
ont pu y jouer Robert Blondel et Robert Regnault. Il n'est pas interdit d'espérer que de nouvelles recherches permettront d'y rattacher
d'autres noms de la littérature latine ou française de la première
moitié du xvᵉ siècle.

J. Lemoine.

Jehan, par la grace de Dieu, duc de Bretaigne, conte de Montfort et de Richemont, a nostre amé et feal Jehan Aleaume, receveur general pour nous de la traicte de vingt solz pour pipe de
vin yssant des pais d'Anjou et du Maine a nous ordonnee par
monseigneur le Roy, salut. Nous voulons et vous mandons expressement par ces presentes que vous faictes, souffrez et lessiez passer soixante pipes de vin franchement et sans en prendre aucune
traicte ne autrement, pour et ou nom de noz bien amez maistres
Robert Blondel et Robert Regnault, demourans a Angiers, et
laquele traicte, qui est de vingt solz tournois pour chacune des-
dites soixante pipes, yssans dudit païs d'Anjou et venans en
nostredit duchié ou pais de Bretaigne, nous avons donnee et
octroiee, donnons et octroions liberalement de nostre certaine
science et propre mouvement ausdis Blondel et Regnault pour et
en recompensacion du labour qu'ilz ont pris a faire une certaine
et belle epistole composee en latin par ledit Blondel et depuis
translatee en françois et a nous apportee et presentee en ceste
nostre ville de Redon par ledit Regnault. Et par rapportant ces
presentes avec quictances sur ce suffisantes desdis Blondel et
Regnault tant seulement, nous voulons ladite traicte, montant
pour lesdites LX pipes de vin à la somme de soixante livres tournois, estre allouee en vos comptes et desduicte de vostre recepte
entierement par noz amez et feaulx conseillers les gens de noz

---

1. A. Héron, *Œuvres de Robert Blondel*, t. I, p. 50.

comptes ou autres quiconques presens et avenir a qui il appartendra, ausquelz et a chacun d'eulx nous mandons expressement
par ces mesmes presentes que ainsi le facent sans aucun contredit ou difficulté y faire, nonobstans quelxconques ordonnances,
mandemens ou deffenses faictes ou a faire au contraire. Donné en
nostre dicte ville de Redon, le xiiᵉ jour de may, l'an de grace mil
CCCC vingt et six, soubz nostre signet, en l'absence de nos seaulx.
Donné comme dessus.

PASQUIER.

Par le duc, de son commandement, presens le sire de Beaumanoir, le seneschal de Rennes, Pierre Suette et autres.

(*Au dos :*) Le chancellier de Bretaigne, evesque de Nantes, a
Jehan Aleaume, salut. Delivrez promptement et sans delay aux
nommez au blanc soixante pipes de vin pour traicte franchement
ou L frans en monnoie de present courant, pour les causes qui y
sont contenues, dont nous vous repondons du seau, comme ils s'en
sont tenus pour contens, et vous promettons qu'ils vous seront
allouez en vos comptes et rabatuz de vostre recepte. Donné soubz
nostre saing, le quint jour d'aoust MCCCCXXVI. — J., evesque
de Nantes.

ACHILLE LE VAVASSEUR

La mort de M. A. Le Vavasseur, annoncée dans notre dernière chronique, est une perte cruelle pour la Société de l'École des chartes.

Né à Évrecy (Calvados), le 25 octobre 1862, il avait fait d'excellentes études à l'institution Sainte-Marie de Caen, où son application et son zèle pour le travail avaient été déjà remarqués. Un attrait invincible l'attirait vers les études sérieuses : cherchant encore sa voie en 1882, en même temps qu'il prenait sa première inscription de droit, il entrait à l'École des chartes. Il ne tarda pas à s'apercevoir qu'il avait trouvé là sa véritable carrière et dès lors il résolut de se consacrer entièrement au moyen âge. A la fin de sa première année d'école, il obtenait aux examens de passage le quatrième rang, qu'il conserva jusqu'à la fin de sa troisième année.

Sur les conseils de notre regretté maître M. Siméon Luce, il prit comme champ de recherches le xv⁰ siècle. En 1886, il présentait une thèse importante sur la *Valeur historique de la « Chronique d'Arthur de Richemont, connétable de France, duc de Bretagne » (1393-1458), par Guillaume Gruel*. Le sujet était des mieux choisis et des plus intéressants pour l'histoire du règne de Charles VII. La chronique de Guillaume Gruel était alors mal connue et diversement jugée. Certains érudits la considéraient comme un panégyrique sans valeur du connétable de Richemont, d'autres lui reconnaissaient une valeur égale à celle des chroniques plus étendues de Jean Chartier, de Monstrelet et de Mathieu d'Escouchy. Les uns et les autres n'avaient, d'ailleurs, à leur disposition qu'un texte étrangement défiguré de l'œuvre de Gruel. Après avoir établi sur le manuscrit de Nantes, à tous égards le meilleur, le texte définitif de la chronique, Achille Le Vavasseur fit ressortir le parti que l'on en pouvait tirer non seulement pour la monographie du connétable de Richemont, mais encore pour l'histoire générale du règne de Charles VII. En la comparant aux autres chroniques, il montra tout ce qu'elle ajoutait à leurs données. Sobre de détails pour la période qui s'étend de 1393 à 1425 et correspond à la première jeunesse de Richemont, le chroniqueur élargit le cadre de son récit lorsque son entrée au service de Richemont fait de lui un témoin oculaire. C'est l'époque où son maître devenu connétable dirige souverainement la politique royale. Il complète et rectifie de la façon la plus heureuse les récits des autres chroniqueurs et offre un intérêt de premier ordre pour l'histoire générale et principalement pour les opérations militaires. La disgrâce de Richemont (1429-1434) ramène la chronique aux proportions d'une biographie. En 1434, le connétable reparaît à la cour, et, jusqu'aux trêves de 1444, le récit de Gruel est une source des plus importantes pour l'histoire de la guerre anglaise dans le centre et le midi de la France. C'est la partie capitale de l'œuvre. Les neuf derniers chapitres, qui embrassent une période de quatorze ans, offrent un récit sans lien entre ses diverses parties et d'une sécheresse et d'une maigreur singulières. La thèse de notre confrère ne contenait pas seulement une excellente et définitive appréciation de Gruel, mais aussi une étude approfondie du rôle joué par Richemont dans les affaires de son temps. Ce travail fut très remarqué des lecteurs de la *Bibliothèque de l'École des chartes,* où il parut en 1886 et 1887 (t. XLVII, p. 525-565, et XLVIII, p. 248-285).

Ce n'était là, dans la pensée de l'auteur, que la préparation d'une édition que la Société de l'histoire de France s'empressa d'accepter. La publication de la *Chronique d'Arthur de Richemont, connétable de France, duc de Bretagne (1393-1458), par Guillaume Gruel,* parue en 1890, fit le plus grand honneur à notre confrère. Elle témoignait de patientes et consciencieuses recherches, d'une véritable érudition, d'une grande netteté de vues et d'une remarquable sûreté de jugement. Désormais nous avions un texte de Guillaume Gruel parfaitement établi et la biographie d'un chroniqueur naguère à peine connu; enfin nous savions quelle est la valeur de son œuvre et nous trouvions dans des notes puisées en grande partie à des sources inédites et dans des pièces justificatives heureusement choisies un complément aux lacunes et un correctif aux erreurs du texte.

Au mois de mai 1886, A. Le Vavasseur entra en qualité d'at-

taché à la Bibliothèque nationale et fut appelé à collaborer à la
rédaction du *Bulletin mensuel des publications étrangères.*
Il montra dans ces nouvelles fonctions le même zèle et le même
esprit de méthode que sur les bancs de notre école ; il ne tarda
pas à être justement apprécié de ses chefs, qui trouvaient en lui
un collaborateur instruit, actif et d'une scrupuleuse exactitude.
Nommé stagiaire le 26 janvier 1888 et sous-bibliothécaire le
15 mars 1889, il fut, à partir de 1890, chargé de la rédaction
du *Bulletin,* soin qu'il cumula avec une participation effective
et très appréciée au service de la salle de travail.

L'activité infatigable d'A. Le Vavasseur lui fit encore accepter en 1886 la charge, qu'il garda jusqu'au 30 juin 1888, de
bibliothécaire adjoint de la Société bibliographique et de secrétaire de rédaction du *Polybiblion.* Ici encore ses qualités d'ordre,
de méthode, de soin furent du plus précieux secours. Grâce à lui,
la bibliothèque se développa et vit avancer rapidement le travail
de catalogue. Sa situation à la Société bibliographique lui fit
prendre une part importante au Congrès bibliographique international de 1888 ; non seulement il eut une grande part à l'organisation de cette assemblée, mais il fournit au compte-rendu du
congrès une étude d'ensemble sur *les Sources de l'histoire de
France,* dans laquelle il étudiait les principales publications de
sources historiques concernant notre pays faites depuis 1878.
Mais la fatigue qui résultait pour lui de cet excès de travail et le
désir de consacrer plus de temps aux recherches d'érudition le
déterminèrent à résigner ces dernières fonctions.

Au cours de ses études, A. Le Vavasseur avait été amené à
étudier la chronique de Perceval de Cagny, qui lui avait paru
intéressante et qu'il se proposait de publier. Il l'avait déjà transcrite et commençait à s'occuper de l'annotation, lorsque la Société
de l'École des chartes, dans sa séance du 31 mars 1892, décida
la publication d'une bibliographie des travaux dus aux anciens
élèves de l'École des chartes et ne crut pouvoir confier à des mains
plus sûres la charge d'en rassembler les éléments et d'en préparer
la rédaction définitive. Ce travail lui souriait beaucoup, et il s'y
était adonné avec passion. Des notes nombreuses étaient réunies,
et un projet accompagné d'un spécimen de notice bibliographique
avait déjà paru, quand la mort l'a frappé, au lendemain du jour où
il venait de recevoir un nouvel avancement à la Bibliothèque
nationale.

Citons encore des comptes-rendus d'ouvrages relatifs au xve siècle, ou concernant les sources de notre histoire nationale, parus dans la *Bibliothèque de l'École des chartes* (1887, p. 143 et 455 ; 1888, p. 261 ; 1889, p. 97 ; 1890, p. 142), dans la *Revue des questions historiques* et dans le *Polybiblion*. Là aussi il trouva l'occasion de montrer ses qualités d'érudit et de chercheur infatigable, ne se contentant jamais d'un à peu près, mais refaisant pour ainsi dire le travail après l'auteur et ne donnant son appréciation que quand il possédait à fond son sujet. Il faut aussi mentionner un article sur Olivier de la Marche, publié dans la *Revue des questions historiques* (1889, p. 590-600), à propos de l'ouvrage de notre confrère M. Henri Stein et de l'édition donnée par la Société de l'histoire de France.

Après avoir essayé de retracer en quelques lignes la vie toute de travail du confrère que nous avons perdu, l'on me permettra de dire ce que fut l'ami que je pleure et que regrettent avec moi tous ceux qui l'ont vraiment connu. Sous des apparences un peu froides, Achille Le Vavasseur cachait le cœur le plus affectueux ; s'il n'accordait pas facilement sa confiance et son amitié, on pouvait compter sur l'une et sur l'autre du jour où il vous les avait données. D'une obligeance toujours prompte et d'une rare sûreté de jugement, l'on ne faisait point appel en vain à ses conseils. Sa mort laisse à jamais inconsolables un père et une mère qui ne vivaient que pour lui et que, de son côté, il aimait tendrement. Qu'ils reçoivent ici l'hommage de nos regrets profonds et que, dans la retraite qu'ils ont choisie auprès de la tombe prématurément fermée, le souvenir des fortes amitiés que la séparation n'a pas rompues soit, s'il est possible, un allégement à leur douleur.

Albert ISNARD.

BIBLIOGRAPHIE.

Gottesfrieden und Landfrieden, rechtsgeschichtliche Studien.
1ᵉˢ Buch : *Die Friedensordnungen in Frankreich, mit Karte und Urkunden,* von Dʳ Jur. Ludwig Huberti. Ansbach, C. Brügel und Sohn, 1892. In-8°, xvi-593 pages.

Le présent ouvrage a pour but de montrer comment les aspirations pacifiques du peuple, du clergé, de la royauté ont pu, grâce à un effort de plusieurs siècles, triompher de l'anarchie féodale et établir en France la paix intérieure; c'est dire que le sujet de ce livre est un des plus intéressants qui soient.

La paix publique, chose qui nous semble maintenant si simple, si indispensable, une grande partie du moyen âge ne l'a que peu ou pas connue. Pour bien comprendre l'intérêt de ces trêves de Dieu, de cette « pax Dei », il faut sans cesse nous rappeler que la sécurité a été pendant des siècles un idéal presque chimérique. Les efforts tentés en ce sens n'ont pas eu, pendant longtemps, de résultats utiles. Ils ont réussi néanmoins, malgré d'innombrables échecs. C'est que dans les ténèbres du haut moyen âge vacillait une idée : le prince doit aux peuples la justice et la paix. L'idée venait de l'antiquité, du monde romain; l'Église la fit sienne et la garda à travers les siècles, s'efforçant, quand les circonstances étaient favorables, de la faire pénétrer dans l'esprit des rois et des princes. A côté de cette action, l'Église en exerça une autre analogue, parallèle cependant, et peut-être plus purement religieuse. La guerre intestine et perpétuelle du moyen âge était contraire à l'esprit de l'Évangile; elle était anti-chrétienne. L'Église agit donc sur les sentiments religieux des populations, et, si l'on considère la barbarie du temps, c'est un résultat merveilleux que d'avoir réussi dès la fin du xᵉ siècle à réunir dans une association de paix (même temporaire) le clergé, les chevaliers, les classes moyennes et inférieures de toute une province. C'est là quelque chose de nouveau ; le concours du roi n'est plus indispensable pour la paix. Certes, on est heureux de l'avoir à l'occasion, mais l'action royale n'est plus le ressort principal ; c'est même parce que cette action est reconnue trop faible ou trop intermittente que l'association de paix est créée. Cette institution ne pouvait donc naitre en France que sous l'impulsion de l'Église, à une époque où l'on commençait à désespérer de la royauté et dans une région où son pouvoir était particulièrement précaire. Si donc les associations de paix sont nées à la fin du x⁰ siècle, en Aquitaine, et sous l'action du clergé, on peut dire que cet événement répondait à la logique des choses. Quant à l'Église, son intervention n'est pas seulement provoquée par des préoccupations religieuses et morales, mais par un péril matériel incessant. On sait que ses domaines étaient une proie tentante pour les seigneurs voisins.

L'auteur, M. Ludwig Huberti, a fait ses études à la Faculté des sciences juridiques et économiques de Wurzbourg. Mais, pour être avant tout un juriste, il n'en a pas moins le sens de l'histoire, et son érudition est de bon aloi. Il s'est préparé de longue main à l'étude des institutions de paix en Europe. C'est ce dont témoignent, outre une abondante bibliographie, sa thèse de doctorat, *Die Entwicklung des Gottesfriedens in Frankreich* (1891), et cinq articles parus dans des revues historiques et juridiques allemandes. Le présent volume, qui n'est qu'un tome premier, est le résultat et le développement de ces travaux antérieurs.

La division de l'ouvrage est bonne et claire. Outre une introduction juridique et philosophique sur l'idée de paix, il comprend deux parties : la première est consacrée aux efforts de l'Église et à la paix de Dieu, la seconde traite des édits des rois de France pour proclamer et consolider la paix publique.

Voici les chapitres qui composent la première partie, divisée elle-même en deux sections : Iʳᵉ section (premières tentatives de l'Église) : 1° décisions purement religieuses (synodes aquitains de Charroux, Narbonne, etc.); 2° ligues de paix dans les conciles (le Puy-en-Velay, Limoges, etc.); 3° intervention du roi; 4° conjuration pour la paix; 5° fraternités de paix; 6° interdit et fraternités de guerre. IIᵉ section (apogée avec la trêve de Dieu) : 1° débuts de la trêve de Dieu; 2° développement de la trêve de Dieu; 3° apogée de la paix et de la trêve de Dieu; 4° la paix de Dieu dans le droit coutumier; 5° décisions de conciles et décrétales sur la paix; 6° de l'efficacité de la paix de Dieu; 7° la paix de Dieu, loi générale de l'Église; 8° la répression des guerres privées se confond avec la poursuite des hérétiques (guerre des Albigeois).

La seconde partie est divisée, sans raison probante, en deux sections : I, de Louis VI à Philippe V; II, des Valois à François Iᵉʳ. Elle comprend quatre chapitres : 1° paix royales et ecclésiastiques; 2° essais pour interdire totalement les guerres privées; 3° opposition à l'abolition totale du droit de guerre; 4° succès graduel des prohibitions royales.

Les deux parties sont d'étendue et de valeur très inégales. La première (p. 23-529) est précieuse par la masse des renseignements, la sûreté de la critique, la valeur des aperçus historiques et juridiques. On pourrait seulement reprocher à l'auteur une tendance à multiplier les divisions et à chercher des différences souvent subtiles. La seconde (p. 530-593), très écourtée, ne se compose que d'un choix d'ordonnances reproduites in extenso. L'auteur s'arrête brusquement à François Ier. Il aurait pu et dû, à défaut d'un examen approfondi, du moins tracer un tableau rapide des luttes privées provoquées par les guerres de religion dans la seconde moitié du xvie siècle, indiquer qu'au xviie siècle et même au xviiie siècle, la situation de certaines provinces (l'Auvergne entre autres) favorise parfois le maintien des vieilles habitudes de guerre privée. Enfin, il fallait au moins rappeler que tout vestige du *Fehderecht* n'est pas éteint chez nous, puisque le duel est impuni dans la pratique, et que l'administration ne semble pas avoir réussi à extirper la vendetta en Corse.

On a dit que M. Huberti fait preuve de lectures et d'érudition. Il veut plutôt trop bien faire, et il donne à tout propos, et souvent hors de propos, une bibliographie surabondante autant qu'inutile. Un exemple entre cent : p. 590, à propos d'un édit de Louis XI, il cite quatre histoires de ce roi, à qui il ne consacre que deux lignes. Ajoutons que l'une de ces histoires, celle de Legrand, est inédite, « en manuscrit à la Bibliothèque nationale » (quel manuscrit, soit dit en passant?), et ainsi n'a pas été utilisée par l'auteur. Les trois quarts des ouvrages cités en note n'ont pas de valeur. M. Huberti ne les a certainement pas lus, ou, s'il les a lus, ils ne lui ont été d'aucun profit réel. L'ouvrage aurait gagné à être débarrassé de cette multitude de renvois inutiles. Dans la bibliographie, je ne vois guère que deux omissions à noter, la thèse de M. Bourgeois sur le *Capitulaire de Kiersy-sur-Oise* et celle de Faugeron *De fraternitate*. Elles auraient fourni à M. Huberti des aperçus intéressants sur les tentatives des Carolingiens pour établir la paix entre les royaumes issus du démembrement de 843.

La composition laisse à désirer. Le discussions de date, d'authenticité, les citations sont dans le texte et encombrent la marche du récit. Il aurait fallu, le plus souvent, les rejeter en notes ou dans des appendices. Il faut aussi regretter qu'il n'y ait ni table des noms de lieux et de personnes ni table de matières. Cette dernière n'est nullement suppléée par le plan de l'ouvrage (p. xii-xvi), car celui-ci ne contient aucun renvoi aux pages. — Mais, en somme, ces critiques portent sur la forme et non sur le fond, et il vaut mieux terminer en félicitant l'auteur de son courage à entreprendre une aussi lourde tâche et du zèle avec lequel il a rapidement mené à bien son premier volume.

Ferdinand LOT.

Histoire du droit et des institutions de la France, par E. GLASSON, membre de l'Institut, professeur à la Faculté de droit de Paris. Tome IV. *La féodalité : les sources du droit ; la féodalité civile ; la féodalité politique.* Paris, F. Pichon, 1891. In-8°, XLVII-762 pages.

Le quatrième volume du grand ouvrage de M. Glasson est tout entier consacré à la féodalité. Dans l'avertissement, le savant auteur déclare qu'il ne se dissimule pas les difficultés du sujet ; il reconnaît, avec raison, que le régime féodal répondait aux besoins du temps et qu'il eut ses périodes de grandeur et de puissance.

Ensuite, M. Glasson, fidèle à sa très louable habitude, donne une abondante bibliographie des sources du droit et des livres, des mémoires et des principaux articles relatifs aux fiefs, aux diverses tenures, à la féodalité politique. D'autres indications bibliographiques se trouvent en note aux paragraphes réservés aux principaux duchés et comtés. L'énumération est généralement complète et prête peu à la critique. Voici pourtant quelques observations : l'auteur du recueil des *Monuments historiques* est Jules Tardif ; un article de la *Bibliothèque de l'École des chartes*, tome LI, aurait fourni à M. Glasson d'utiles renseignements sur plusieurs jurisconsultes ou praticiens du XIV° siècle ; la même année (1890), M. de Meulenaere publiait, dans les *Bulletins de la commission royale d'histoire de Belgique* (4° série, t. XVII), des documents qui renouvelaient complètement la biographie de Jean Boutillier. M. Glasson aurait pu en faire son profit (cf. p. 38). Les articles de MM. Lot et Delachenal, concernant Guillaume du Breuil, ne sont pas mentionnés.

L'introduction nous offre une esquisse du régime féodal qui suppose trois faits essentiels : la possession de la terre, l'association et une forte hiérarchie sociale. La confusion entre la souveraineté et la propriété, continue M. Glasson, est non pas la cause, mais le résultat de la féodalité, laquelle est « avant tout née du besoin de protection et de sécurité. » Ces principes généraux nettement indiqués, l'auteur s'occupe des sources imprimées du droit au moyen âge. Ce chapitre est considérable (259 pages) ; il renferme « une sorte de géographie des coutumes, en même temps qu'il fait connaître les pays dans lesquels s'appliquait le droit romain » et où et par qui les textes ont été publiés. Contrairement à l'opinion de MM. Tardif et Viollet, M. Glasson ne croit pas que la compilation dite les Établissements de saint Louis émane de l'école d'Orléans, mais il n'apporte pas de preuve et, en réalité, il ne se prononce pas. Généralement il résume les travaux antérieurs et n'apporte aucun fait nouveau quand il traite des textes de droit coutumier. Le passage relatif à Boutillier est à remanier ; à propos des décisions dites de Jean Desmarès, il fallait indiquer que la première partie est presque toujours empruntée aux Coutumes notoires. Remarquons une longue discussion sur l'authenticité des *Olim;* voici la conclusion : « Ces premiers registres du Parlement, connus sous le nom d'Olim, ont sans doute été rédigés par le greffier de la cour ; mais c'était là une œuvre purement privée, sans caractère officiel. »

L'éminent professeur trouve dans le droit romain un terrain plus solide. Il admet que l'enseignement du droit romain a persisté en Italie et en France, mais pour lui, comme pour M. Flach, cet enseignement n'était pas sérieux : « On s'en tenait, dit-il, à de simples observations grammaticales et, au lieu de travailler sur des sources, on ne se servait que de pauvres manuels. » Finalement il taxe d'exagération ceux (entre autres le regretté A. Tardif) qui ramènent à de modestes proportions la prétendue renaissance juridique du XIIᵉ siècle, mais est-il bien sûr de ne pas exagérer lui-même dans l'autre sens ?

Après avoir longuement discuté les motifs qui ont pu déterminer les papes à prohiber l'enseignement du droit romain à l'Université de Paris, il se rallie à l'opinion émise en 1880 par A. Tardif.

Le second chapitre comprend l'étude compliquée des fiefs et des autres tenures féodales. Les conclusions principales de M. Glasson sont les suivantes :

Le fief est sorti des institutions franques, du vasselage et du bénéfice. La recommandation de l'époque carolingienne est toujours un lien personnel ; la libéralité, s'il en existait une, avait lieu à l'occasion de la recommandation et n'en était pas la cause. Au contraire, « dans le bénéfice, la terre devient la cause juridique du lien qui unit le vassal à son seigneur, » le lien avait sa cause dans une tenure. « Le bénéfice est la source directe du fief, on peut même dire qu'il se confond avec lui, aussi pendant longtemps les deux termes furent synonymes. Le bénéfice ou fief resta un certain temps viager, l'hérédité ne s'introduisit que successivement, par degré et en vertu de causes diverses... la question d'hérédité s'est présentée en même temps pour les duchés, les comtés et les fiefs... et avec la même lenteur pour tous, » elle est définitivement constituée au XIIᵉ siècle.

Puis, ayant parlé de l'exclusion des filles à l'hérédité des fiefs, M. Glasson examine en quoi consistait le fief : « A l'origine, le fief proprement dit consistait dans la concession d'une tenure à charge du service militaire et d'autres devoirs... d'autres fois la création d'un nouveau fief tenait à la seconde cause qui avait donné naissance au bénéfice : le propriétaire d'un alleu consentait à le convertir en fief et à dépendre à l'avenir d'un seigneur pour éviter les oppressions de ses voisins. D'un autre côté, l'alleutier devenait vassal ou censitaire en acceptant du seigneur une terre à titre de fief ou de censive. Parfois un alleu était changé en fief par la seule influence des temps. » La notion du fief prenant une extension considérable, « on en arriva rapidement à donner toutes sortes de choses en fief. » Ici l'auteur nous renseigne sur les ducs, les comtes, les marquis, les barons, sur les sergenteries normandes et bretonnes et sur les vicomtés. Il ne paraît pas avoir connu l'intéressant mémoire de M. de Lasteyrie sur les comtes et vicomtes de Limoges antérieurs à l'an 1000.

La fidélité est soigneusement distinguée de l'hommage : « On peut être tenu de la fidélité sans être obligé par hommage. » « Avant l'organisation du régime féodal, la fidélité et l'hommage se confondaient... plus tard, la confusion resta facile parce que le plus souvent on devait à la fois fidélité et hommage. En outre, l'usage s'introduisit de faire suivre l'hommage d'un serment de fidélité prêté par le vassal. Cependant, en y regardant de près, on arrive à se convaincre que l'hommage était attaché à un fief, tandis qu'il n'en était pas nécessairement de même de la fidélité. » Vers le milieu du XIIIᵉ siècle il n'y a plus que deux hommages : l'hommage simple et l'hommage lige.

Viennent ensuite des explications sur les formalités de l'hommage, sur l'investiture et sur la capacité en matière de fief. Aucun texte n'exclut absolument les femmes de la succession aux fiefs en France, et, « en réalité, à l'époque de Beaumanoir, il existe une égalité à peu près complète entre les hommes et les femmes dans le régime des fiefs, sauf un droit de préférence au profit des premiers en matière de succession. » Les paragraphes suivants sont réservés à l'aliénation des fiefs. Enfin, cet important exposé du fief se termine par l'examen des droits et des devoirs du seigneur et du vassal, de la sanction des droits du seigneur et de l'extinction du fief.

L'auteur passe alors aux censives et aux tenures inférieures du régime féodal ou rattachées à ce régime, puis aux tailles, corvées, banalités et autres charges, à l'alleu et à la franche-aumône.

Le troisième et dernier chapitre comprend la description des fiefs, l'histoire de la féodalité politique et de ses transformations du Xᵉ au XVᵉ siècle. L'ordre à suivre était tout indiqué : les anciennes pairies laïques, le duché de Bretagne, la moyenne et la petite féodalité. Ce tableau et cette géographie, tenus au courant des travaux spéciaux, rendront service à tous ceux qu'intéresse l'histoire de nos institutions. Les détails relatifs à l'administration seigneuriale, au régime municipal, à la situation du clergé sont très abondants, les notes sont très riches en renseignements bibliographiques.

L'auteur finit en exposant rapidement le rôle que le roi, l'Église et les communes ont joué dans la féodalité.

Ce long compte-rendu donne une idée de l'ampleur avec laquelle le sujet si compliqué est traité par M. Glasson. Plus encore que dans les volumes précédents on admire sa puissance de travail ; un pareil ouvrage exigeait en effet une somme étonnante de lectures et de recherches personnelles. On rencontre tant d'aperçus, tant de détails que parfois la netteté et la précision en souffrent; le lecteur ressent un peu de trouble. De nombreuses subdivisions n'auraient pas été inutiles, et une table analytique permettrait seule de tirer parti de tout ce qui est accumulé dans ces grandes pages si pleines. Certaines théories et plusieurs assertions donneraient lieu à discussion; ce n'est pas un blâme, c'est le propre de tout travail approfondi sur les anciennes institutions et sur les sources juridiques, spécialement sur cette féodalité, au sujet de laquelle on ne trouverait peut-être pas deux érudits complètement d'accord.

Remercions M. Glasson, félicitons-le d'avoir entrepris son histoire du droit et des institutions sur un si vaste plan et invitons-le à nous donner bientôt la suite.

F. AUBERT.

L'Assise du bailliage de Senlis en 1340 et 1341, publiée, d'après le manuscrit du Comité archéologique de Senlis, par M. Eugène DE ROZIÈRE, membre de l'Institut. Paris, Larose et Forcel, 1892. In-8°, 94 pages. (Extrait de la *Nouvelle Revue historique de droit français et étranger.*)

Jusqu'ici on n'avait encore signalé aucun registre judiciaire de bailliage royal antérieur au XVᵉ siècle; aussi est-ce une heureuse fortune que la publication du registre de l'assise tenue à Senlis en 1340 par le bailli de Senlis et d'un fragment de celui de l'assise tenue dans la même ville l'année suivante. Le manuscrit qui les renferme est devenu récemment la propriété du Comité archéologique de Senlis, dont les membres ont eu la bonne inspiration de prier M. de Rozière d'en donner une édition.

En dehors de l'intérêt naturellement assez considérable qu'il présente au point de vue local, intérêt que M. de Rozière a fait ressortir en dressant une table des noms de lieux et de personnes et en identifiant soigneusement les premiers, ce document est surtout précieux par les renseignements qu'il nous apporte sur le fonctionnement et la procédure des assises de bailliage au milieu du XIVᵉ siècle. Dans quelques pages d'introduction, brèves, mais très instructives, le savant éditeur a étudié les questions principales qu'éclaire sa publication : la composition du conseil qui assistait le bailli, le rôle du procureur du Roi, la marche générale de la procédure, la périodicité des assises.

Nous n'avons pas affaire ici à un de ces registres dont Beaumanoir conseillait déjà la tenue aux juges, et qui sont représentés dans les archives du Parlement par les registres de *Plaidoiries.* On chercherait vainement dans le registre de Senlis un résumé des faits et raisons

« sur quoi les parties entendent à avoir jugement », et on n'y trouve que des décisions du tribunal ou des protestations faites par les parties et dont le tribunal leur donnait acte. A ce point de vue il se rapproche assez du registre de la prévôté de Villeneuve-Saint-Georges, publié, il y a quelques années, par M. Tanon, bien qu'on n'y rencontre pas ces interminables séries d'appointements d'instruction à huitaine et à quinzaine qui remplissent ce dernier et qui n'étaient possibles que dans une juridiction permanente.

Le registre de Senlis, en effet, est un registre d'*assises,* et ces assises étaient fort courtes : celle de 1340, ouverte le 1er décembre, fut close le 16. Ce peu de durée pourrait faire croire que les baillis, à cette époque, se conformaient encore aux anciennes règles, qui leur avaient été récemment rappelées, et tenaient leurs assises fréquemment (une ordonnance de 1331 en avait prescrit la tenue de deux mois en deux mois). Mais M. de Rozière a pu démontrer que les assises de Senlis n'étaient qu'annuelles ; dans l'intervalle, le bailli ou son lieutenant tenaient bien des audiences privées, comme cela avait été l'usage de tout temps, mais le registre ne donne que très peu d'exemples de renvois à ces audiences : presque tous les délais et renvois portent d'une assise sur l'autre, ce qui fait qu'ils étaient annuels, comme ils l'étaient au Parlement à la même époque. Il est vrai que dans l'étendue d'un bailliage il y avait plus d'une assise par an : au milieu du xiv⁰ siècle, les baillis continuaient toujours à aller en tenir dans les chefs-lieux des différentes châtellenies appartenant au Roi qui étaient situées dans leurs circonscriptions respectives, ainsi que les registres du Parlement, entre autres documents, permettent de le constater (et à ce point de vue le titre donné à l'ouvrage dont nous rendons compte : *l'Assise du « bailliage »* de *Senlis,* manque un peu d'exactitude) ; mais cette multiplicité des assises ne servait aucunement à l'accélération de la justice, puisque, pour chacune d'elles, le ressort, et partant les justiciables, étaient différents.

Nous pourrions continuer longtemps cette analyse, si nous voulions passer en revue les nombreuses questions intéressantes que soulève ou qu'éclaircit le registre de Senlis, et tous ceux que préoccupe l'étude des institutions du moyen âge seront reconnaissants à M. de Rozière et au Comité archéologique de Senlis d'une publication qui contribue, dans une large mesure, à combler une véritable lacune.

P. Guilhiermoz.

C.-M. Briquet. *Lettre à M. le chevalier l. Giorgi, préfet de la Bibliothèque nationale de Palerme, sur les papiers usités en Sicile, à l'occasion de deux manuscrits en papier dit de coton.* Palermo, tipografia dello Statuto, 1892. In-8° de 16 pages et 11 planches.

Cette brochure apporte de nouveaux éléments à l'histoire de la fabri-

cation du papier. M. Briquet rejette l'existence du papier de coton, conclusion conforme à celle des spécialistes qui, en Allemagne, en Italie,
en France, ont minutieusement analysé les plus anciens manuscrits où
l'on aurait pu trouver cette matière. Il constate l'existence de fabriques
de papier en Italie, particulièrement à Fabriano, au milieu du XIIIᵉ siècle.
Ces fabriques sont nombreuses et florissantes dans les premières années
du siècle suivant. S'il est vrai que les papeteries françaises ne remontent
qu'aux premières années du règne de Philippe de Valois, on peut
admettre que pour cette industrie la France était antérieurement tribu-
taire de l'Italie. Les plus anciens filigranes signalés jusqu'ici (1287 par
M. Barone, 1299 par M. Briquet, 1297 aux archives du Pas-de-Calais)
sont de provenance italienne, et ceux des années suivantes, reproduits
par M. Briquet, qui en donne quarante et un de 1299 à 1348, se
retrouvent pour la plupart sur des papiers utilisés en France presque
toujours quelques années plus tard; ainsi, sur ces quarante et un types,
j'en ai relevé dix-huit dans les seuls comptes du trésor des chartes d'Artois, à Arras, de 1314 à 1361[1]. « Tous ces papiers, dit M. Briquet, nous
paraissent provenir, nous n'osons pas dire exclusivement de Fabriano,
mais au moins de l'Italie centrale. » Les comptes du commencement
du XIVᵉ siècle signalent fréquemment l'achat de cahiers de papier chez
les merciers parisiens et à la foire du Lendit.

J.-M. RICHARD.

*Recueil de documents relatifs à l'histoire des monnaies frappées par
les rois de France, depuis Philippe II jusqu'à François Iᵉʳ*, par
F. DE SAULCY. In-4° : I (1879), XVI-569 p.; II (1888), 399 p.; III
(1887), 415 p.; IV (1892), IV-527 p.

Le texte si compact de ces quatre beaux volumes a été emprunté à la
Bibliothèque nationale, aux cinq registres de la Cour des monnaies
déposés aujourd'hui à la bibliothèque de la Sorbonne, aux archives de
la Monnaie de Paris, aux archives de la Cour des comptes de Dauphiné,
aux Archives nationales, et complété par quelques trouvailles faites aux
dépôts de Londres, de Poitiers, de Dijon et de Lille. Pour chaque pièce,
M. de Saulcy a donné seulement par extrait les passages relatifs aux
monnaies royales françaises émises entre 1180 et 1547, laissant au lecteur, en cas de doute, le soin de recourir à l'acte lui-même afin d'en
peser l'autorité. Ces extraits ont été reproduits de la façon la plus exacte;
et la plume de l'auteur, familiarisée avec les termes techniques de la
numismatique, n'a laissé passer aucune de ces inexactitudes qui trop
souvent, et jusque dans le *Recueil des ordonnances des rois de France*,
défigurent les documents numismatiques; par contre, elle a cru devoir

---

1. Publiés dans le *Bulletin archéologique du Comité des travaux historiques*,
année 1888.

figurer les abréviations au lieu de les traduire et souvent s'est contentée de reproduire les dates sans les ramener au style du 1er janvier.

C'est par un labeur de cinq années, qu'il eût prolongé deux ans encore s'il n'avait reçu communication des fiches recueillies par le savant M. Anatole de Barthélemy, que M. de Saulcy est parvenu à constituer l'importante masse de textes monétaires qui vient d'être mise au jour. Est-il parvenu à découvrir *toutes* les archives, *tous* les manuscrits relatifs à l'histoire monétaire de la troisième race[1]? On peut estimer que des recherches dans les dépôts inexplorés par lui combleraient plus d'un vide dans la riche moisson mise entre nos mains. A titre d'exemple, nous citerons deux documents imprimés qui font défaut dans les volumes dont nous nous occupons :

1421, 11 avril, Rouen. — Lettres par lesquelles Henri V fixe la valeur de certaines monnaies (Champollion, *Lettres de rois... extraites de la collection de Bréquigny*, II, 389).

1442, 8 juin. — Ordonnance royale fixant le cours des monnaies d'or à Senlis (*Comité de Senlis*, 1875, p. 123).

Le recueil de M. de Saulcy a été « composé exclusivement pour les numismatistes, » et, dans la pensée de l'auteur, il n'a jamais dû être limité aux seuls documents officiels; il ne faut donc pas s'étonner si les pièces qui y sont renfermées n'ont pas été données *in extenso* et si, à côté des ordonnances des rois de France, à côté des mandements des généraux des monnaies, on rencontre, soit des fragments de documents manuscrits accompagnés seulement de leurs dates et de leurs sources, soit même de simples notes empruntées au *Traité des monnoies* de Le Blanc, au *Philippe le Bel* de Boutaric et à d'autres ouvrages. Il eût été préférable sans doute de donner toutes les pièces dans leur intégrité, de façon à constituer le *Corpus* de la numismatique française; mais, pour M. de Saulcy, l'âge venait à grands pas, et, décidé comme il l'était à ne publier que des copies faites par lui, il ne pouvait songer à tripler sa tâche en prenant *in extenso* tous les actes où il trouvait un renseignement utile. Il sentait bien que, s'il voulait mettre au jour lui-même le fruit de ses recherches, force lui était de limiter sa besogne matérielle.

Il n'a pas dépendu de lui, en effet, que l'ouvrage entier ne fût imprimé de son vivant : la publication, dans la collection des *Documents inédits,* aux frais de l'État, avait été décidée par le ministre de l'Instruction publique; le tome I, paru en 1879, avait été imprimé en moins de deux ans, et les suivants, dont le texte était prêt d'avance, allaient suivre

1. Voir F. de Saulcy, *Éléments de l'histoire des ateliers monétaires du royaume de France depuis Philippe-Auguste jusqu'à François Ier* (Paris, 1877, vi-168 p. in-4°), où le savant académicien, en deux séries se complétant l'une l'autre, a dressé par ordre géographique un tableau sommaire des documents monétaires de la troisième race.

sans délai; malheureusement, des circonstances, sur lesquelles il est inutile d'insister ici, mirent obstacle à ce que l'impression fût continuée dans les mêmes conditions et provoquèrent la radiation du tome I de la collection à laquelle il était destiné. La science doit être reconnaissante à Mme de Saulcy, qui, en terminant à ses frais l'impression de l'ouvrage resté en souffrance, a doté la France d'un instrument de travail des plus importants et que nul jamais ne songera à refaire.

Nous ne saurions trop engager nos confrères à donner place au *Recueil de documents* dans les dépôts dont ils ont la garde. La numismatique française y est mise à la portée de tous ; on y trouve, en effet, dans les exécutoires des généraux maîtres des monnaies, tous les détails de la fabrication, le poids, le titre, le type de chaque espèce et la marque secrète des divers ateliers ; on y rencontre des pièces nombreuses de comptabilité, des procès-verbaux de vérification des boîtes, des tableaux dressés par les changeurs, indiquant la valeur marchande de chaque type aux yeux de ces commerçants, etc. Les collectionneurs eux-mêmes seront heureux d'y apprendre le chiffre exact d'émission de certaines monnaies.

Le tome I a été édité à un grand nombre d'exemplaires et figure aujourd'hui dans beaucoup de bibliothèques ; il est regrettable que le chiffre du tirage des trois autres ne permette pas à ceux-ci de prendre place partout où se trouve le volume publié en 1879.

Bertrand de Broussillon.

Demosthenis Orationum Codex Σ. Œuvres complètes de Démosthène. Fac-similé du manuscrit grec 2934 de la Bibliothèque nationale, publié par Henri Omont. Paris, Ernest Leroux, éditeur, 1892. Deux volumes in-folio.

Le progrès des procédés employés pour l'impression à l'encre grasse des clichés photographiques a donné naissance à un genre d'éditions qui prend chaque jour des développements considérables, et qui amènera peut-être une révolution dans l'art typographique. Les études paléographiques et philologiques sont appelées à en profiter dans une large mesure. Ce qui pouvait sembler un rêve il y a quelques années est devenu une réalité. Les manuscrits les plus importants de nos bibliothèques et de nos archives pourront être reproduits en entier dans des conditions telles que, grâce à ces reproductions, les critiques les plus exigeants peuvent étudier et discuter les textes avec tout autant de sécurité que s'ils avaient les exemplaires originaux sous les yeux. Du même coup sera assurée la conservation absolue et indéfinie des plus précieux monuments historiques et littéraires de l'antiquité et du moyen âge sous la forme la plus ancienne qui nous en soit parvenue.

Entre toutes les expériences qui en ont déjà été faites, il convient d'accorder une attention particulière à celle dont vient d'être l'objet un ouvrage d'une très grande étendue et dont le succès, nous l'espérons du moins, est suffisant pour encourager les éditeurs. Notre confrère M. Omont, secondé par un libraire aussi éclairé qu'entreprenant, nous donne, en deux forts et beaux volumes, la reproduction complète d'un des plus précieux manuscrits du fonds grec de la Bibliothèque nationale, le n° 2934, c'est-à-dire du célèbre recueil des Discours de Démosthène, si connu des hellénistes sous la désignation de Codex Σ.

La reproduction phototypique des 1,028 pages de ce manuscrit a été exécutée avec une rigueur et une netteté qui font honneur à l'habileté des frères Berthaud et au soin avec lequel M. Omont a dirigé leur travail.

Dans la préface que l'éditeur a mise en tête du premier volume, on trouve d'abord l'indication des principales reproductions de manuscrits plus ou moins étendus qui ont été exécutées en France et à l'étranger dans les vingt dernières années, puis une histoire détaillée des vicissitudes du manuscrit de Démosthène depuis le jour où il fut découvert à la fin du xve siècle par Jean Lascaris dans un de ses voyages en Orient.

A cette préface succède la notice du manuscrit Σ par Voemel, telle qu'elle a été imprimée aux pages 219-243 des Prolégomènes de l'édition des *Contiones* de Démosthène, publiée à Halle en 1856 (2 vol. in-8°).

Félicitons donc M. Omont de cette belle et utile publication. Puisse-t-il trouver des imitateurs qui nous rendent des services du même genre pour des textes de premier ordre, qu'il y a toujours intérêt à étudier sur les manuscrits fondamentaux ! L. D.

Les Comptes et pièces comptables concernant l'administration de l'hôtel des comtes de Flandre, des sires et des dames de Cassel et de Bar, des comtes et des comtesses de Hainaut, des ducs et des duchesses de Bourgogne, conservés aux Archives du Nord, par M. Jules Finot, archiviste du département du Nord. Lille, impr. L. Danel, 1892. In-4°, cxii pages.

Ce mémoire forme l'introduction du septième volume de l'Inventaire sommaire des Archives du Nord, volume qui comprend l'analyse des comptes et pièces comptables se rapportant à l'hôtel des différentes familles désignées ci-dessus. L'auteur indique ainsi le but qu'il voulait atteindre en l'écrivant : « Nous allons essayer, en passant successivement en revue les principaux documents analysés, de montrer les ressources qu'ils peuvent offrir à l'histoire politique, économique et artistique des Pays-Bas et du nord de la France, qu'ils embrassent pendant une période de près de trois siècles. » M. Finot déclare donc lui-même qu'il ne fait que reproduire ici les différentes données des documents que mentionne le septième volume de son Inventaire sommaire.

Ce mémoire est naturellement divisé en quatre parties, disposées à peu près selon le même plan : les officiers de l'hôtel, leurs attributions, leurs gages, les dépenses ordinaires et extraordinaires de la maison, enfin les particularités relatives à tel ou tel personnage de la famille. Il y avait là matière à un beau livre, plein d'intérêt pour « l'histoire politique, économique et artistique » de la région. Tout le monde regrettera que M. Finot n'ait pas voulu l'écrire : il n'a fait que l'ébaucher. Les énumérations sont longues, les renseignements sont simplement disposés les uns à la suite des autres, sans qu'aucune vue d'ensemble fasse sentir le lien des sujets traités ou en relève l'intérêt. Aussi est-il à craindre que cette introduction ne soit peu consultée : les historiens recourront plus volontiers à l'inventaire lui-même, qui leur donnera les mêmes renseignements sous une forme non moins précise et dont la lecture ne leur paraîtra pas plus difficile.

L.-H. Labande.

J. Finot. *Droits seigneuriaux dus aux évêques de Cambrai en 1275, et note sur le commerce et l'industrie de cette ville au XIIIe siècle.* Paris, E. Leroux, 1892. In-8°, 25 pages. (Extrait du *Bulletin archéologique du Comité des travaux historiques,* année 1891, n° 3.)

M. Finot donne dans cette plaquette, le texte et le commentaire d'une partie d'un registre qui se trouve dans le fonds de l'église cathédrale de Cambrai, aux Archives départementales du Nord : c'est le dénombrement des droits dus aux évêques par les industriels et commerçants de la ville. Le document en question est d'autant plus curieux qu'en regard de chaque article un artiste aussi consciencieux que naïf a donné le dessin colorié de l'objet sur lequel il porte. Ces dessins, comme le fait justement remarquer M. Finot, « constituent une source précieuse de renseignements sur les produits de l'agriculture et de l'industrie, les instruments aratoires, les ustensiles et les animaux domestiques employés alors par les populations du Cambrésis. » Quelques-uns représentent même, mais d'une façon très sommaire et très primitive, des monuments de Cambrai, du Cateau-Cambrésis, de Thun-l'Évêque et de Câtillon.

Le texte publié est intéressant à plusieurs points de vue. Je me borne à signaler aux philologues ce document en dialecte picard mélangé de wallon, sans m'attarder aux particularités qu'il présente. L'historien de l'industrie de la France au xiiie siècle peut y puiser une foule de renseignements, surtout pour la fabrication des draps, leur teinture par la garance, les poids et mesures, les droits perçus sur les matières premières, etc.

L.-H. Labande.

Comte DE PONTBRIAND. *Histoire de la principauté d'Orange*. Paris,
Picard, 1891. In-8°.

S'il suffisait à une étude historique d'être complète pour mériter un
brevet de perfection, ce brevet, bien peu d'ouvrages le recevraient à
aussi juste titre que celui de M. le comte de Pontbriand. Plus d'un, à la
place de l'auteur, aurait été tenté de restreindre sa besogne à fondre en
un récit courant l'informe amas de documents publié en 1639 par Joseph
de la Pise. Même réduite à ce travail de coordination, lourde encore
eût été la tâche de l'écrivain soucieux de composer une monographie
définitive de la terre souveraine qui a emprunté tant de lustre au renom
de plusieurs de ses possesseurs. Mais M. de Pontbriand ne l'a pas entendu
ainsi. Il a pensé qu'il devait demeurer çà et là, dans les chartriers municipaux ou les collections particulières, quelques glanes à recueillir. Les
83 pièces justificatives, de date et d'origine très diverses, imprimées à
la fin du gros volume qu'il vient de livrer au public, témoignent hautement et de la conscience et de la sagacité de ses recherches. Peut-être
cependant le désir d'épuiser la matière lui a-t-il fait dépasser le but. La
plupart des numéros de l'appendice ne valaient guère les honneurs
d'une reproduction intégrale. Une série d'analyses sommaires aurait
amplement suffi, et le volume eût été soulagé d'une centaine de pages,
sans perte appréciable.

J'aurais mauvaise grâce à insister sur ce reproche ; je l'aurais même
passé sous silence, si le détail, à l'apparence bénigne, du trop d'importance accordé par M. de Pontbriand à la lettre des textes, n'aidait à
découvrir les causes d'une défectuosité infiniment plus grave de son
Histoire de la principauté d'Orange.

Comme toute personne, toute collectivité a une existence propre, et
le principal attrait d'une monographie consiste précisément à en suivre
sur les pas de l'auteur les transformations à travers les âges : au moral,
l'amélioration ou la décadence de ses mœurs civiques ou familiales, son
état de progrès ou de retard sur les cités voisines ; au physique, les
modifications d'aspect de ses rues, de ses places publiques, de son enceinte
de défense, tantôt tragiques, sous le souffle d'un incendie, par exemple,
tantôt graduelles, telles que la démolition de certains édifices devenus
sans emploi ou la construction de certains autres que réclament les
nouveaux besoins du temps.

Il est vrai que, dans l'exhumation d'un passé mort depuis si longtemps,
on est souvent gêné par la rareté ou l'indigence des documents. Force
est alors de recourir à des hypothèses, à des déductions analogiques fort
délicates et dont beaucoup hésitent à assumer la responsabilité. Mais
tel n'était pas le cas pour Orange. Jusque dans sa physionomie matérielle, — la plus difficile à saisir d'ordinaire, — il n'y avait qu'à inter-

prêter : descriptions littéraires et plans figurés s'offraient en foule tout
le long de ses annales séculaires. Qu'on juge par là de l'abondance des
indications relatives à la vie économique et sociale de la principauté.

M. de Pontbriand ne paraît pas s'être rendu compte de la valeur des
trésors qu'il remuait à pleines mains. Pour le fait si capital de l'abolition du servage, il n'a qu'une ligne, et rejetée en note par surcroît : « En
1311, Bertrand des Baux vendit la liberté à ses sujets. » On conviendra
que c'est peu, surtout après la reproduction religieuse de quatorze vers
en patois local moderne, où sont rappelées les prétentions de la famille
à laquelle appartenait ce seigneur de descendre d'un des rois mages. Et
puis, que viennent faire Mistral et sa *Calendau,* cités à tout bout de
champ à propos des exploits de Guillaume *au Court Nez* ou *au Cornet,*
premier comte d'Orange ? Passe pour les longues tirades extraites du
Charroi de Nîmes, bien rocailleuses, bien obscures sans doute, mais si
précieuses en tant qu'éléments d'évocation, puisque, grâce à elles, on
peut reconstituer par la pensée le spectacle que présentait Orange au
xiiᵉ siècle. Je suis toutefois à me demander en vertu de quel scrupule
M. de Pontbriand n'a pas cru devoir soumettre cette esquisse au lecteur, au lieu de lui fournir seulement les moyens de la tracer.

Me voici revenu à ma critique initiale : trop de respect pour le document en lui-même, et, par voie de conséquence presque fatale, trop peu
de souci du sens intime qui le vivifie. Des faits, des faits, rien que des
faits. De là aussi la disproportion choquante qui existe entre les différentes parties du livre, déplorablement écourté jusqu'à l'avènement de
la maison de Châlon, exagérément développé pour la période, d'un intérêt, en somme, assez médiocre, où les Conti succèdent aux Nassau. On
est également en droit de regretter le narré implacablement terne auquel
s'est complu l'auteur. Sièges, entrées solennelles, combats, négociations
diplomatiques, intrigues de cour, tout est écrit sur le même ton. Est-il
donc besoin de rappeler que la simplicité du style n'est pas obligatoire-
ment de la sécheresse, que la forme se doit modeler sur le caractère spécial de l'événement raconté, de façon à nous en suggérer l'impression
vivante ?

Malgré ces défauts, l'ouvrage de M. de Pontbriand reste un morceau
d'érudition estimable. Il représente l'état intermédiaire entre les compilations du genre de celles de La Pise et la monographie-type que j'aurais souhaitée. Mais pourquoi M. de Pontbriand ne nous donnerait-il
pas lui-même cette dernière ? Nul n'y est mieux préparé par la connaissance approfondie du sujet.

Léon MARLET.

Dictionnaire historique et généalogique des familles du Poitou, par
H. BEAUCHET-FILLEAU et feu Ch. DE CHERGÉ. Seconde édition, entièrement refondue, considérablement augmentée et publiée par
H. BEAUCHET-FILLEAU et Paul BEAUCHET-FILLEAU, avec le concours
des RR. PP. H. et G. BEAUCHET-FILLEAU et de plusieurs membres
des sociétés savantes de la province, et la collaboration, pour la
partie héraldique, de M. Maurice DE GOUTTEPAGNON. Poitiers, Paul
Oudin. In-8° grand raisin : tome Ier, 1891 ; 1er et 2e fascicules du
tome II (A—CHA), 1892-1893.

Il y a un demi-siècle, M. Beauchet-Filleau, guidé par un sentiment
de piété filiale et aussi par la communauté de goûts et d'études, avait
complété et mis en œuvre, sous forme de dictionnaire, les abondants
matériaux recueillis par son grand-père, M. Henri Filleau, sur les
anciennes familles du Poitou. C'est en 1841 que parut le premier des
deux gros volumes de cette publication. Les travaux de cette nature ne
sont jamais parfaits. Le premier essai du savant poitevin présentait
d'inévitables erreurs de noms et de dates, et surtout de nombreuses
lacunes. Ces imperfections ne l'empêchèrent pas d'être accueilli avec
faveur et consulté utilement, aussi bien par les érudits que par les
familles dont il retraçait sommairement les annales. Les exemplaires
de cet ouvrage de plus en plus recherché étaient devenus d'une extrême
rareté, quand M. Beauchet-Filleau, qui avait consacré une bonne partie de sa laborieuse existence à amasser de nouveaux documents, et
trouvait en ses fils de précieux auxiliaires, se décida à mettre sous presse
une seconde édition. Depuis trois ans, les livraisons se succèdent régulièrement. Un premier volume, comprenant 800 pages, et deux fascicules sur cinq du deuxième tome sont en vente, de sorte que l'on peut
dès maintenant juger ce que sera la nouvelle publication.

Les corrections, les améliorations, des remaniements importants et
surtout le développement, qui a presque triplé, en font un travail entièrement neuf. Le *Dictionnaire des familles du Poitou,* augmenté d'un
nombre considérable d'articles, est devenu un vaste répertoire, comprenant non seulement les maisons dont les généalogies ont pu être dressées complètement, qu'elles soient nobles ou simplement bourgeoises,
mais encore celles dont on ne connaît que quelques représentants. Ces
derniers sont disposés dans l'ordre chronologique des textes où leur nom
figure. De cette façon, beaucoup d'antiques familles féodales, éteintes
depuis des siècles, sans que personne ait jamais songé à établir leur
filiation, et sur lesquelles par suite il était jusqu'ici fort difficile de se
procurer des renseignements, revivent dans leurs principaux membres,
ceux qui ont joué un rôle historique. Souvent même l'abondance des
documents a permis de constituer des fragments importants de leurs

généalogies, absolument certains et basés uniquement sur des textes authentiques.

Les auteurs du nouveau dictionnaire ont parfaitement compris que, si ces sortes d'ouvrages peuvent rendre de grands services à l'érudition, permettre de lever bien des difficultés, de dissiper des obscurités ou de résoudre des questions intéressantes, c'est à la condition que la vérité historique y soit strictement observée, scrupuleusement respectée. Pour les maisons les plus importantes, dont les généalogies connues sont imprimées depuis longtemps, ils ne se sont pas contentés de les reproduire purement et simplement. La plupart du temps, ils les ont soumises à une nouvelle critique; ils sont ainsi parvenus à une exactitude plus rigoureuse, et bien souvent ont corrigé des erreurs universellement accréditées. La généalogie des anciens vicomtes de Châtellerault, pour ne citer qu'un exemple, a été complètement remaniée et rectifiée. Ajoutons que des articles sont consacrés dans le *Dictionnaire* aux personnages ecclésiastiques et laïques qui ont rempli des fonctions importantes dans la province, même quand ils n'en sont pas originaires, et à tous ceux qui s'y sont fait un nom, soit dans l'administration, soit dans les sciences, les lettres et les arts. On y trouvera aussi l'armorial des évêques de Poitiers, de Luçon et de Maillezais, les listes des sénéchaux et des autres principaux officiers.

On voit tout l'intérêt qu'offre ce recueil : les renseignements abondants et spéciaux qu'il renferme sont la base de toute biographie et le complément indispensable de l'histoire politique et administrative. Les faits ne peuvent être jugés indépendamment des personnes; leur véritable caractère et leur portée ne peuvent être précisés que si les acteurs sont placés en pleine lumière, et il ne saurait être indifférent de bien connaître les liens de famille, les alliances et les relations des personnages qui y ont joué un rôle. A ce point de vue, quand le *Dictionnaire* de MM. Beauchet-Filleau sera achevé, le Poitou possédera une mine précieuse, que les autres provinces pourront justement lui envier.

Ce n'est pas à dire que nous n'ayons que des éloges à adresser aux auteurs et aucune critique à leur soumettre. Parmi les défauts que nous devons signaler, il en est qui sont inhérents à la nature du travail et d'autres qui auraient pu être évités. Un recueil aussi complexe ne peut être fait entièrement de première main. Dans le nombre des travaux antérieurs auxquels on est obligé parfois de faire accueil, il s'en trouve, quelles que soient d'ailleurs les garanties qu'ils présentent, qui renferment des erreurs difficiles à contrôler. Et puis, dans ces pages si remplies de noms, de dates et de menus faits, comment éviter çà et là des inexactitudes, des incorrections typographiques et même quelquefois des fautes plus graves ! Le dépouillement d'un si grand nombre de textes imprimés et manuscrits nécessite le concours de multiples collabora-

teurs, qui tous ne sont pas également attentionnés dans l'accomplissement de la tâche qui leur est dévolue. On pourrait citer, par exemple,
tels passages de la généalogie d'Argenton, extraits d'un volume des
Archives historiques du Poitou, qui ont été mal compris et inexactement
rapportés. Certains seigneurs de Mirebeau, des xiiie et xive siècles, figurent
dans les textes de l'époque sous le nom de *Bomez.* Le *Dictionnaire* les a
recueillis sous cette forme surannée, alors qu'il était facile de déterminer sa véritable traduction, c'est-à-dire Bommiers, localité du Berry,
qui donna son nom à cette ancienne famille. Nous ne voulons pas multiplier les observations de cette nature; ce n'est pas ici le lieu de faire
un relevé des *errata.*

Mais, d'une façon générale, on peut reprocher à MM. Beauchet-Filleau, comme d'ailleurs à presque tous les recueils généalogiques, de ne
point se préoccuper assez d'identifier les noms de seigneuries. Bien des
confusions résultent de la manière d'orthographier ces noms, que l'on
donne le plus souvent tels qu'on les trouve dans les textes anciens,
c'est-à-dire écrits tantôt d'une façon, tantôt d'une autre, avec toutes les
variations qu'ils comportent. L'histoire est intéressée, autant que la
géographie, à ce que cette faute soit réparée, et nous appelons la sérieuse
attention des savants auteurs sur ce point, dont l'importance ne peut
leur échapper. Les fiefs poitevins dûment identifiés, on aimerait à les
voir figurer à leur place alphabétique dans la nomenclature du *Dictionnaire,* avec renvois aux familles qui les ont possédés successivement.
Dans les chroniques et mémoires, les personnages sont désignés constamment par le titre de leur seigneurie, et souvent ce titre change à
plusieurs reprises dans le cours d'une même existence, si bien qu'en
présence de cette sorte de déguisement, on éprouve parfois un véritable
embarras pour découvrir à quelles familles ils se rattachent. La liste
que nous demandons fournirait un moyen commode de les reconnaître
sûrement. Puisqu'il est trop tard maintenant pour la fondre dans la
nomenclature courante, elle pourrait utilement trouver place à la fin du
Dictionnaire. Nous la souhaiterions très complète; elle devrait comprendre à la fois les noms tels qu'ils sont orthographiés dans les dictionnaires géographiques modernes, et aussi les principales formes
anciennes, avec multiples renvois.

En résumé, malgré ces quelques taches, dont les plus apparentes ne
sont pas sans remède et disparaîtront sans doute dans la suite de la
publication, le *Dictionnaire des familles du Poitou* est un ouvrage indispensable, non seulement aux savants qui s'occupent spécialement de
cette ancienne province, mais à tous ceux qu'intéresse l'étude approfondie de l'histoire nationale. Un livre où sont rapportés les faits et gestes
des Lusignan, des vicomtes de Thouars et de Châtellerault, des Parthenay, Aubigné, Beaumont-Bressuire, Chabot, Chasteigner, Gouffier,
La Trémoïlle, Rouault, Saint-Gelais, Sainte-Marthe, Vivonne, etc.,

l'origine et le développement de tant d'autres maisons illustres, a sa place marquée dans toute bibliothèque d'érudition.

Paul Guérin.

Ch.-G. de Toustain-Richebourg, économiste, membre correspondant de l'Académie de Rouen (1746-1836), par Gustave-A. Prévost, ancien magistrat. Rouen, 1892. In-8°, 39 pages.

Le nom de M. G.-A. Prévost n'est pas inconnu du lecteur. La *Bibliothèque de l'École des chartes* a déjà rendu compte, et non sans éloges, de plus d'une œuvre de cet ancien magistrat [1]. La présente brochure contient le discours prononcé par M. Prévost à sa réception dans l'Académie de Rouen. Ce discours est consacré tout entier à *Ch.-G. de Toustain-Richebourg, économiste, membre correspondant de l'Académie de Rouen.*

Né le 7 juillet 1746, Toustain-Richebourg fut admis en 1760 [2] parmi les pages de la grande écurie du roi et nommé, à dix-neuf ans, sous-lieutenant à la suite dans le régiment de cavalerie Royal-Lorraine. En 1789, il était parvenu au grade de major. Arrêté plusieurs fois, malgré son zèle civique, pendant la Révolution, il reçut avec joie la nouvelle du 18 Brumaire, accepta sous l'Empire les fonctions de colonel de la 11ᵉ légion nationale du département de la Seine-Inférieure, se rallia avec enthousiasme au gouvernement de la Restauration (dont il sollicita d'ailleurs en vain les faveurs), et mourut en 1836, laissant de nombreux écrits de tous genres.

Il avait de très bonne heure pris la plume. A dix-sept ans, il débuta, comme il convenait, par un couplet en vers à Voltaire [3] et ne craignit pas, avant vingt et un ans, de faire imprimer une histoire abrégée de la Normandie. Il continua à écrire jusqu'à ses derniers jours. Sans être un précurseur, Toustain-Richebourg s'associa au mouvement réformateur et philosophique du siècle, saisissant rapidement toute idée nouvelle et la partageant, du moins tant qu'elle régnait. Malgré l'épithète jointe à son nom, il semble avoir très peu marqué comme économiste. L'objet principal de ses travaux a toujours été, d'ailleurs, l'étude de la noblesse, tant dans le passé que dans le présent, étude dans laquelle il apporte, nous devons le reconnaître, un esprit assez sage et un certain bon sens.

---

1. *Bibl. de l'École des chartes,* t. XL, p. 596, et t. XLIX, p. 280 et 281.

2. La date précise de son entrée, nous nous en sommes assuré, est le 7 mai 1760. Il sortit des pages le 1ᵉʳ juillet 1763. (Voir, aux Archives nationales, le registre O1* 958, fol. 94.)

3. Toustain-Richebourg a trop souvent rimé. M. Prévost nous cite (p. 10-11) comme beaux certains vers du gentilhomme écrivain qui nous semblent, à vrai dire, bien médiocres et nous donnent une piètre idee de ce que doivent être les autres.

Au résumé, la vie de Toustain-Richebourg reste, comme ses écrits, assez peu intéressante; et nous n'affirmerions pas qu'elle méritât d'être racontée. M. Prévost eût pu trouver facilement, en tout cas, un meilleur emploi à ses loisirs. En dépit des événements dramatiques au milieu desquels il a vécu, Toustain-Richebourg demeure constamment, pour nous, le plus insignifiant comme le plus vaniteux des témoins.

L'auteur aurait pu rendre son étude biographique plus attrayante s'il n'avait pas emprunté aux propres publications de son héros tous les traits du portrait et s'il avait bien voulu faire faire, au dehors, quelques recherches complémentaires. Aux Archives nationales, par exemple, se trouvent certaines pièces qui, toutes émanées de Toustain-Richebourg, le peignent sur le vif, sous un jour, il est vrai, toujours avantageux.

« Toutes mes connaissances disent, » écrit un jour Toustain-Richebourg, « que j'ai supporté le malheur avec constance et dignité... Je goûte, ajoute-t-il, la satisfaction de remplir au gré des généraux, du préfet, des collègues et des subordonnés la place honorable par laquelle il a plu au gouvernement de me rappeler au service[1]. » « Il doit, » dit-il ailleurs de lui-même, « il doit et donne l'exemple sur tous les points du service[2]... » Colonel de la 11e légion nationale de la Seine-Inférieure, il a toujours rempli ses fonctions, écrit-il encore, « d'une manière à la fois régulière, paternelle et fraternelle[3]... » etc., etc.

Les documents auxquels nous empruntons ces citations nous montrent Toustain-Richebourg servant successivement tous les régimes et quémandant sous chacun.

Sous l'ancien régime, il est admis parmi les pages de la grande écurie; il sollicite sa présentation au roi, son entrée dans les carrosses du roi, etc.

Sous la Révolution, il se glorifie d'avoir, dès 1765, donné asile à J.-J. Rousseau et arraché à sa prison, de 1774 à 1789, plus d'un Français détenu par lettre de cachet[4]. N'a-t-il pas rempli tous ses devoirs civiques et tour à tour été commissaire civil de sa section, caution volontaire pour l'emprunt de la Vendée, etc.[5]?

Sous l'Empire, il invoque à diverses reprises ses services, toujours

1. Lettre de Toustain au ministre de l'Intérieur, en date du 25 février 1808 (Arch. nat., carton F1d II, T5, v° Toustain).
2. Lettre de Toustain au ministre de l'Intérieur, du 26 avril 1809 (Arch. nat., carton F1d II, T5, v° Toustain).
3. Lettre de Toustain au ministre de l'Intérieur, du 22 juin 1816 (Arch. nat., carton F1d IV, T3, v° Toustain).
4. Arch. nat., carton F7 4642, v° Toustain.
5. Arch. nat., ibid.

remplis, nous le savons, à la satisfaction de tous, pour demander la croix de la Légion d'honneur[1] ou une pension[2].

Sous la Restauration, enfin, il sollicite de nouveau la croix de la Légion d'honneur, « cette légion bien royalisée et nationalisée depuis qu'elle porte l'image de Henri IV[3], » mais à d'autres titres, comme un ancien serviteur de la royauté, « qui, Dieu aidant! ne cessera point de parler, agir, écrire et penser en otage de S. M. Louis XVI et en volontaire royal de S. M. Louis XVIII[4]! »

De semblables palinodies étaient alors fréquentes, et bien peu de ses contemporains eussent eu le droit de les reprocher à Toustain-Richebourg[5]. Nous regrettons seulement que M. G.-A. Prévost n'y ait pas trouvé l'occasion de relever, par quelques traits plus ou moins piquants, le portrait trop académique de son malencontreux héros.

Pierre BONNASSIEUX.

Les Relations politiques de la France avec le royaume de Majorque (îles Baléares, Roussillon, Montpellier, etc.), par A. LECOY DE LA MARCHE. Paris, E. Leroux, 1892. 2 vol. in-8°, XIV-515, 576 pages.

On pourrait se demander, à première vue, quelles ont bien pu être les relations de la France avec les Baléares, si on n'en jugeait que par les faibles liens commerciaux qui nous unissent actuellement à ces îles.

Il n'en a pas été de même au moyen âge, alors que les rois de Majorque étaient, en même temps, comtes de Roussillon et seigneurs de Montpellier.

C'était assurément un royaume composé de pièces et de morceaux. Il pouvait être néanmoins intéressant d'en étudier la formation et la manière d'être, et c'est ce que M. Lecoy de la Marche s'est chargé, non de nous apprendre, il n'y a guère plus d'inédit maintenant, mais de

---

1. Lettre de Toustain au ministre de l'Intérieur, en mai 1810 (Arch. nat., carton Fld IV, T³, v° Toustain).

2. Lettre de Toustain au ministre de l'Intérieur, du 25 février 1808 (Arch. nat., carton Fld II, T⁵, v° Toustain). M. Prévost ne parle, dans sa brochure, comme faveur demandée par son héros à l'Empire, que d'une place de conservateur d'une grande bibliothèque ou de proviseur de lycée (p. 25).

3. Lettre de Toustain au ministre de l'Intérieur, du 27 septembre 1814 (Arch. nat., carton Fld IV, T³, v° Toustain).

4. Lettre de Toustain au ministre de l'Intérieur, du 22 juin 1816 (Arch. nat., carton Fld IV, T³, v° Toustain).

5. Nous sommes cependant en droit de faire remarquer qu'elles ne s'accordent pas très bien, ce semble, avec ces belles paroles de M. Prévost : « Dans sa vie et dans ses écrits, M. de Toustain, courageusement fidèle à ses amitiés et à ses convictions, a mérité cette belle devise : *Amicus et in adversis!* » (p. 39).

nous expliquer avec plus de détails et de précision que les historiens qui l'ont précédé. Me permettra-t-il d'ajouter, avec trop de détails, et même avec une nuance de patriotisme bien rétrospectif, ce qui a pu le rendre quelquefois partial. Ceci n'est pas pour amoindrir l'œuvre très considérable de M. Lecoy.

L'auteur a mis à contribution, non seulement les fonds d'Anjou aux Archives nationales, mais aussi quelques recueils de pièces, à la Bibliothèque nationale, les archives de Montpellier, de Perpignan, celles de Barcelone et, enfin, celles de Palma en Majorque, quoique avec restriction, car, nous dit l'auteur, « comment travailler avec assiduité sous ce climat enchanteur, entre les mille séductions d'un ciel et d'une terre qui captivent à la fois les yeux et l'esprit? J'ai eu pourtant la force de consulter avec fruit quelques précieux volumes des xiiie et xive siècles... »

Pour notre part, nous ne nous serions nullement plaint, si M. Lecoy de la Marche s'en était tenu au titre même de ce qu'il avait choisi, mais l'intérêt très réel du sujet et l'abondance des matières ont pu parfois l'entraîner au delà. Jugez plutôt : Il s'agit des relations politiques de la France avec le royaume de Majorque et il faut parcourir plus de cent pages pour arriver au but. L'auteur ne pouvait-il pas, en quelques mots, nous mettre au courant de faits que notre mémoire avait sans doute oubliés, pour entrer tout de suite *in medias res*? Mais il faut reconnaître que l'histoire de ce petit royaume est fort instructive. Tour à tour ravagées par les Vandales et par les Goths, ces îles deviennent la proie des Sarrasins, et leur domination dure cinq siècles, jusqu'au jour où un roi entreprenant, Jacques Ier d'Aragon, un contemporain de saint Louis, enlève aux Infidèles, non sans le concours de chevaliers français (car de tout temps la France fut prodigue de son sang), Majorque, Valence et Murcie.

L'auteur raconte, très heureusement (chapitre iii), cette conquête de Majorque par un roi de vingt ans; l'arrivée des croisés à Palomera, car c'était bien une croisade; la bataille de Portupi (le port du pin), qui ouvrit à l'armée le chemin de la capitale, et enfin le siège de Palma ou Majorque, qui ne dura pas moins de trois mois et demi, puis la reddition de la ville maure (31 déc. 1229).

Majorque, la grande île, est prise, il faut la coloniser. Ses anciens habitants n'ont cependant pas tous péri, d'aucuns se sont soumis, et la fusion entre les vainqueurs et les vaincus ne pourra se faire qu'à la longue. La conquête des deux autres îles, Minorque et Iviça, de moindre étendue, ne devait pas tarder. En 1231, Jacques Ier s'est assuré le protectorat de la seconde Baléare; Iviça elle-même est conquise en 1235.

Un des passages les plus intéressants est, sans contredit, celui qui est consacré au repeuplement de Majorque (p. 77 et suiv.). Si les Espagnols formèrent le gros des *populatores* ou *peupleurs*, la France contribua aussi largement à cette repopulation en y envoyant des gens du Languedoc, de Montpellier, de Marseille, de Narbonne, de Prades. Le régime de la propriété implanté à Majorque fut celui de l'indépendance absolue, ce qui vaut la peine d'être noté, à cette époque du XIIIe siècle, pour la petite propriété. Mais ce régime tout libéral de la franchise de la terre devait subir promptement de sérieuses restrictions.

Je laisse de côté à dessein ce qui touche au premier seigneur de Majorque, Pierre, infant de Portugal, pour arriver à la création du royaume de Majorque en État indépendant. Ce fut Jacques, deuxième fils d'Yolande d'Aragon, la seconde femme du conquérant, qui eut en partage le royaume assez bizarre que Jacques Ier forma pour lui dans son héritage à venir, et qui fut composé des Baléares, de la seigneurie de Montpellier, du comté de Roussillon, de la Cerdagne, etc. Le royaume d'Aragon, Barcelone et Valence devaient revenir au frère aîné qui régna sous le nom de Pierre III (juillet 1276). Le désir du roi d'Aragon était que Jacques fût absolument indépendant de son frère, sauf en ce qui touchait le Roussillon; mais ce désir ne devait être qu'une chimère.

Quelle était l'origine des annexes françaises du royaume de Majorque? Le Roussillon avait été légué par testament (4 juillet 1172) au roi d'Aragon; mais ce comté ne revenait nullement de droit à ce souverain. C'était un fief du roi de France, et la preuve en est dans la date même, qui porte la mention du règne de Louis VII. Il est vrai d'ajouter que l'autorité du roi sur cette terre lointaine était alors plutôt nominale. La Cerdagne était considérée en général comme appartenant à l'Espagne : il est vrai, à cette époque, la Cerdagne ne relevait plus du roi de France, mais pourquoi M. Lecoy ne fait-il pas ressortir, comme il a eu soin de le faire pour le Roussillon, que jusqu'au XIIIe siècle, non seulement le Roussillon et la Cerdagne, mais même une partie du comté de Barcelone furent considérés à bon droit comme fief mouvant de la couronne (cf. A. Longnon, *Atlas historique,* pl. XII)? Quant à la seigneurie de Montpellier, elle avait été apportée au père du conquérant Jacques Ier par mariage. C'est également par succession que le roi d'Aragon revendiquait des droits sur le petit pays du Carladez ou vicomté de Carlat, au sud-ouest du mont Cantal.

Malheureusement le partage qu'avait fait le conquérant entre ses enfants devait être pour les deux frères un grave élément de discorde. Les premiers torts paraissent appartenir au roi d'Aragon; il avait en effet contraint le roi de Majorque à se reconnaître son vassal (1279), non seulement pour le Roussillon, mais pour tous ses États, sauf cependant pour Montpellier qui relevait du roi de France. C'était là une violation de la volonté paternelle.

Il est certain que la guerre ne pouvait tarder d'éclater entre les deux frères. Elle éclata, en effet, mais pour un autre motif; Pierre d'Aragon ayant été excommunié par le pape pour avoir envahi la Sicile et peut-être aussi pour avoir encouragé le triste massacre des Vêpres siciliennes

(1282), le pontife réussit à provoquer une croisade contre ce fils rebelle, et Philippe le Hardi et le roi de Majorque, devenus alliés, s'embarquèrent dans les expéditions stériles que l'on sait. Le sol d'Espagne est fatal aux envahisseurs. Je ne sais si l'excommunié fut abandonné des hommes; il ne paraît pas qu'il l'ait été de Dieu, en dépit du pape. Le roi de France ne retira aucun profit de cette malheureuse guerre, qui échoua (1285) par suite de la résistance désespérée du roi d'Aragon; cependant le successeur de Philippe III, Philippe le Bel, parviendra à faire rendre ses États au roi de Majorque (1294).

Les derniers chapitres sont remplis par la querelle des deux beaux-frères, Jacques II de Majorque, petit-fils de Jacques Ier, et l'astucieux Pierre IV d'Aragon; par le procès inique que ce dernier intenta au roi de Majorque, et enfin par l'annexion violente du Roussillon et des iles à l'Aragon. Le royaume indépendant de Majorque avait vécu; et ce sera bien en vain que la fille de Jacques II de Majorque vendra au frère du roi de France Charles V, à Louis d'Anjou, tous ses droits sur ce pauvre royaume.

Tel est, résumé d'une manière sans doute très imparfaite, le patient travail de M. Lecoy de la Marche, et nous n'avons rien dit des documents, souvent curieux, qui ne sont pourtant pas quantité négligeable, puisqu'ils n'occupent pas moins de 300 pages dans les deux volumes.

Trudon des Ormes.

Un Ami de Pétrarque. Lettres de Francesco Nelli à Pétrarque, publiées d'après le manuscrit de la Bibliothèque nationale par Henry Cochin, avec une introduction et des notes. Paris, Champion, 1892. In-12, 328 pages avec fac-similés.

Si la correspondance du modeste prieur florentin à qui Pétrarque garantissait une immortelle renommée est demeurée jusqu'à présent enfouie dans le manuscrit latin 8631 de la Bibliothèque nationale, elle n'a rien perdu pour attendre. M. Henry Cochin vient d'en donner une édition très soignée[1], où la date, la forme et le fond de chaque lettre sont l'objet d'observations aussi précieuses que précises, pour employer l'allitération chère aux lettrés du moyen âge. En homme qui possède à merveille son Pétrarque, l'éditeur nous explique, dans une introduction

---

1. M. Cochin pousse l'exactitude si loin qu'il va jusqu'à reproduire ordinairement la ponctuation du manuscrit. Je serais presque tenté de le regretter. Cette ponctuation du xive siècle, pour être rationnelle, n'en est pas moins insuffisante; témoin cette phrase de la première lettre, qui, faute de deux virgules ou de deux parenthèses, ne se comprend qu'avec un peu d'effort : « Edissere quantum amare perceperis expressi casus sinistri seriem in literis nostro Johanni Boccaccio directis flebiliter refero tam pio sermone contextam. »

substantielle, et de plus fort agréable à lire, les relations des deux amis. Rien n'est curieux comme l'admiration, — ce n'est pas assez dire, — le culte que François Nelli, ainsi que beaucoup d'autres, professait pour le grand homme. Il se disait bienheureux d'être né dans le siècle où vivait un Pétrarque; il lisait et relisait ses lettres, il les couvrait de baisers; en les lisant, il avait « l'âme blessée d'amour. » Ailleurs, voulant exprimer comment la beauté des œuvres de Pétrarque avait doucement pris possession de son âme, il parlait d'une « neige étincelante qui tombe dans le calme des nuits et enveloppe silencieusement la nature d'un manteau immaculé. » Le plus singulier, c'est que ces œuvres, qu'il vantait si fort, il les connaissait à peine : M. Cochin l'a très bien démontré. C'est ce qui m'empêche de croire, aussi fermement que l'éditeur, à la naïve sincérité de cette admiration; de même que je ferais quelques réserves sur les charmes d'un style éloquent quelquefois, ingénieux souvent, mais toujours prétentieux, sentant le pastiche et l'effort. C'était, du reste, le défaut commun à tous ces humanistes du XIVe siècle. La correspondance de Nelli apporte un document nouveau à la curieuse histoire du développement de l'esprit humain et de la renaissance littéraire.

N. Valois.

Lettres intimes de J. M. Alberoni, adressées au comte I. Rocca, ministre des finances du duc de Parme, publiées d'après le manuscrit du collège de S.-Lazaro Alberoni par Émile Bourgeois. Paris, G. Masson, 1893. In-8°, LIII-701 pages. (*Annales de l'Université de Lyon,* t. IV.)

Ces lettres, qui embrassent surtout la période comprise entre les années 1705 et 1718, ont été recueillies par M. l'abbé Bersani. Un professeur d'histoire de l'Université, M. Bourgeois, les a publiées et les a commentées dans une introduction agréablement écrite et qui contient quelques vues intéressantes sur le rôle politique d'Alberoni.

L'abbé placentin a-t-il été méconnu, calomnié? Oui, selon M. Bourgeois, qui tente une réhabilitation de son héros et qui pense que ces lettres, en même temps qu'une plus exacte connaissance des papiers diplomatiques de l'époque, permettront de redresser les jugements assez sévères portés sur Alberoni par beaucoup de ses contemporains, jugements qui ont encore cours aujourd'hui. Tout est possible, mais à coup sûr les lettres au comte Rocca ne suffiront pas pour modifier sensiblement l'opinion reçue. Quand on les a lues, on ne peut s'empêcher de trouver que l'épithète « faiseur de potages », infligée par Saint-Simon à l'abbé italien, le définit, somme toute, assez convenablement. Que de cuisine dans ces billets, que de charcuterie et que de fromage! Correspondance intime, dira-t-on, et dont le terre à terre ne doit pas surprendre.

Mais l'homme supérieur se trahit partout, et, si Alberoni avait simplement dépassé la moyenne de l'aventurier politique italien, il en paraitrait quelque chose dans cette grosse liasse de lettres écrites à un personnage de non médiocre importance.

Le volume est naturellement plein de noms de personnes et de lieux. M. Bourgeois n'a pas jugé utile d'identifier ces noms au bas des pages; il renvoie à la table qui contient çà et là quelques éclaircissements. Dans cette table, d'ailleurs très utile et qui paraît complète, les noms, surtout les noms espagnols, figurent sous la forme parfois altérée qu'Alberoni leur a donnée dans ses lettres; cela servira à ceux qui liront les lettres, mais déroutera quelque peu ceux qui consulteront d'abord la table. Pour la commodité du lecteur, il eût fallu enregistrer les noms sous les deux formes, correcte et incorrecte; il eût fallu aussi rédiger, pour quelques noms très importants, des articles analytiques; car, faire suivre *Élisabeth Farnèse* ou *Espagne* (roi d') de deux cents chiffres sans plus, c'est à peu près comme si on ne donnait rien.

En parcourant cette table, nous avons noté quelques inexactitudes. *Bedmar* (marquis de) était de la maison de la Cueva et non d'Albuquerque, qui est un titre; il n'eut pas la Toison, mais, en revanche, exerça la présidence du Conseil des ordres (et non celle du Conseil de guerre qui n'a jamais existé). — *Canales.* Le marquis de Canales se nommait don Manuel Coloma (non pas don Gaspar Colonia); il fut conseiller d'État et secrétaire du Despacho. — « *Medinaceli* (casa del duca), autrement Casa del campo. » Le palais du duc de Medinaceli et la Casa del campo sont choses très différentes. — *Pattino.* La forme espagnole correcte du nom est *Patiño* et non *Patino*. — *Rivargoca* (la). C'est *Ribagorza*. — *Tamavit* (marquis de). Lire *Tamarit.* Le titre fut créé en 1681 en faveur d'un financier catalan, don Francisco de Monserrate. — *Valhermosa* (marquis de). C'est *Valhermoso.*

En général, M. Bourgeois, qui aborde pour la première fois, croyonsnous, l'histoire de l'Espagne et de l'Italie, s'est fort bien tiré de sa tâche d'éditeur, et nous devons le remercier, ainsi que la Faculté de Lyon, d'avoir fourni aux historiens du xviiie siècle un dossier si considérable d'informations utiles et qui leur étaient inaccessibles.

Alfred Morel-Fatio.

Manitius. *Philologisches aus alten Bibliothekskatalogen bis 1300.* (Dans le *Rheinisches Museum für Philologie,* nouv. série, XLVII, 1892, *Ergänzungsheft.*)

Sous ce titre, M. Manitius vient de publier un état sommaire des manuscrits des auteurs latins qui sont mentionnés dans les catalogues des bibliothèques du moyen âge. En faisant cette publication, il a suivi l'ordre adopté dans l'ouvrage considérable de Teuffel sur les écrivains classiques latins[1], avec un sous-ordre d'abord géographique, puis chronologique. Il a donné pour limite à ses recherches l'année 1300, parce qu'avec cette année commence, dit-il, le siècle de l'humanisme, et qu'à partir du xɪvᵉ siècle, les manuscrits de ce genre présentent le plus souvent un intérêt secondaire. C'est seulement par exception que l'auteur dépasse cette limite chronologique, par exemple, pour ce qu'il appelle, assez inexactement d'ailleurs, le catalogue de l'Université de l'année 1338. La plus grande partie de cette publication est consacrée aux auteurs classiques de l'antiquité latine. Toutefois, une certaine place y est attribuée aux auteurs de la décadence, à divers écrivains chrétiens, notamment aux poètes. C'est ainsi qu'on retrouve dans cette nomenclature les noms de Boèce, de Priscien, de Prudence, d'Avitus, d'Ennodius, de Fortunat, de Bède, etc. Mais les Pères de l'Église, les jurisconsultes n'y sont pas compris, car l'auteur a pensé qu'ils offrent une matière suffisante à un autre travail du même genre et qu'ils dépasseraient le cadre qu'il s'était tracé.

Dans ce travail bibliographique, l'auteur, dont le *Philologus* a précédemment publié les *Beiträge zur Geschichte römischen Dichter und Prosaiker im Mittelalter,* s'est servi pour l'ensemble de ses recherches de l'importante étude de Gottlieb sur les bibliothèques du moyen âge : *Ueber mittelalterliche Bibliotheken* (Leipzig, 1890, in-8°). Il faut en rapprocher surtout le savant répertoire de G. Becker, *Catalogi bibliothecarum antiqui*[2] (Bonn, 1885, in-8°).

Il a fait une étude qui sera consultée avec fruit, car elle présente une sorte de tableau qui permet de suivre la diffusion des œuvres des écrivains latins à travers les bibliothèques du moyen âge. Cet exemple mériterait d'être imité pour d'autres catégories d'auteurs, pour les jurisconsultes, par exemple, ce qui permettrait de connaître la destinée des manuscrits juridiques jusqu'à l'époque des premiers incunables. Enfin, l'auteur aurait rendu un service plus pratique aux érudits, s'il ne s'était pas limité au dépouillement des catalogues des bibliothèques du moyen âge, mais s'il avait joint au résultat de ses premières recherches le dépouillement méthodique des inventaires de manuscrits qui sont conservés actuellement dans les dépôts littéraires.

Victor Mortet.

---

1. *Geschichte der römischen Literatur*, neu bearb. von Ludwig Schwabe, 5ᵉ Aufl. Leipzig, Teubner, 1890, in-8°.

2. Ce répertoire comprend deux parties : I. *Catalogi sæculo XIII vetustiores.* II. *Catalogus catalogorum posterioris ætatis.*

Les Mots latins dans les langues brittoniques (gallois, armoricain, cornique). Phonétique et commentaire, avec une introduction sur la romanisation de l'île de Bretagne, par J. LOTH. Paris, Bouillon, 1892. In-8°, 246 pages.

Le nouvel ouvrage du jeune et infatigable doyen de la Faculté des lettres de Rennes n'offre pas seulement un intérêt de premier ordre pour les études celtiques, il mérite encore d'attirer l'attention des historiens et surtout des romanistes. Ce volume comprend trois sections : une étude sur la romanisation de l'île de Bretagne et ses conséquences, la phonétique du groupe brittonique, le vocabulaire critique des mots latins passés dans ces dialectes.

Une bonne partie de l'introduction historique n'est que la reproduction presque textuelle du chapitre III de la thèse de l'auteur sur l'*Émigration bretonne en Armorique* (Rennes, 1883). Les sentiments hostiles des Bretons contre les Romains au IV⁰ siècle me semblent passablement chimériques. Si Théodose, vers 368, est obligé de livrer bataille pour arriver seulement jusqu'à Londres, cela tient à ce que la Bretagne a été envahie par les Pictes et les Scots; c'est contre ceux-ci et non contre les Bretons qu'il a à lutter. — Il est décourageant de voir toujours citer un passage de Zosime en l'interprétant comme s'il signifiait qu'en 408 les Bretons ont chassé les magistrats romains. Voilà pourtant bientôt vingt ans que Fustel de Coulanges a démontré qu'on s'était complètement mépris (*Hist. des inst. politiques de l'ancienne France*, 1875, p. 529). Les Bretons chassent les fonctionnaires de l'usurpateur Constantinus, qui appelait les barbares, et ils sont, au contraire, fidèles à l'Empire. En revanche, l'auteur montre, par des exemples curieux (p. 13-14), que la valeur historique de l'œuvre de Gildas est des plus minimes et qu'il faut bien se garder de prêter trop de foi à ses descriptions de l'état de la Bretagne au V⁰ siècle.

M. Loth a encore raison quand il insiste sur ce fait capital que la romanisation de l'île de Bretagne a été beaucoup plus superficielle que celle de la Gaule. Il n'a pas de peine à ruiner la thèse de M. Pogatscher, prétendant prouver, par les emprunts latins faits par les Anglo-Saxons, qu'au moment de leur arrivée dans l'île (milieu du V⁰ siècle), il y·régnait une langue romane. La méthode qui consiste à examiner les emprunts par une langue étrangère, pour chercher à quel stade d'évolution est arrivé tel ou tel phonème, est en soi excellente, mais périlleuse à manier. Dans le cas présent, il fallait posséder à la fois des connaissances en philologie germanique, romane et celtique. Or, prétendre que la sonorisation des occlusives sourdes intervocaliques s'est produite en Gaule et en Bretagne vers l'an 400, c'est démontrer qu'on ignore deux, au moins, de ces sciences. Si certains mots latins qui ont passé en anglo-saxon présentent ce phénomène, c'est qu'ils ont été

empruntés au roman de la Gaule vers le vii⁰ siècle. M. Loth fait observer justement (p. 19) que le mot *bôc-laeden* (latin de livre), sur lequel
M. Pogatscher échafaude son système, se trouve dans un passage de la
Chronique saxonne *emprunté à Bède* (*mort en* 735). Toute l'argumentation de l'érudit allemand s'écroule du coup. Mais M. Loth ne va-t-il
pas trop loin quand il prétend que la langue latine disparut en Bretagne avec le retrait des légions et que les emprunts latins ont complètement cessé au début du v⁰ siècle (p. 31)? C'est tout à fait invraisemblable. Ce qu'il y a de curieux dans ces études linguistiques, c'est
qu'on a toujours l'air de s'imaginer que c'était seulement par les
légions que s'opérait la romanisation. Mais les légions étaient depuis
longtemps composées de provinciaux et de barbares; beaucoup de soldats savaient très mal ou pas du tout le latin vulgaire. La romanisation
s'opérait plutôt par l'école, l'administration, la justice, le commerce;
et ce n'était pas le retrait de trois légions qui pouvait l'anéantir brusquement, si superficielle qu'elle pût être. Je crois, tout au contraire,
qu'en Bretagne il y eut après le départ des troupes, pendant un siècle
ou au moins un demi-siècle, des gens, peu nombreux, je le veux bien,
qui continuèrent à parler la langue romaine, et qui purent transmettre
à la langue indigène nombre de mots latins.

L'objection faite par M. Loth (p. 31) qu' « aucun des 600 à 700 mots
latins passés dans les langues brittoniques ne présente de trace d'assibilation » n'a pas la force qu'il imagine. Il prouve bien par l'exemple
des noms de lieux romans passés en breton armoricain que l'assibilation de *ti* + *voyelle* était déjà un fait accompli dans la Gaule du Nord,
dans la deuxième moitié du v⁰ siècle. Mais rien ne prouve qu'il en fût
de même en Grande-Bretagne. Je suis persuadé, au contraire, que c'est
au cours du v⁰ siècle que la langue celtique de Grande-Bretagne reçut
le plus grand nombre de mots latins. Quand, dans un pays où coexistent
deux langues, la langue littéraire va être absorbée par l'idiome vulgaire,
elle se survit, en quelque sorte, en inondant ce dernier de son vocabulaire.
Ce phénomène s'est produit, par exemple, pour le vieil anglais. Jusqu'au xiii⁰ siècle le nombre des mots franco-normands qui avaient passé
en cette langue etait insignifiant. C'est justement lorsque le français
disparaît de l'usage, au xiv⁰ siècle, que le lexique anglais s'en trouve
envahi. Cela tient à des raisons psychologiques autant que philologiques
et que l'on s'explique facilement. Tant qu'une personne parle à la fois
deux langues, elle a une conscience assez nette de leur différence et
évite de les mêler. Le jour où elle commence à oublier l'une d'elles, elle
a une tendance naturelle à introduire dans l'autre un certain bagage
de mots; car la syntaxe s'oublie plus vite que le vocabulaire (dans le
langage parlé). On pourrait sans doute s'expliquer, par un motif analogue, l'énorme introduction de mots latins savants dans le français
du xvi⁰ siècle.

Nous croyons que l'auteur a raison quand il conteste que la population de l'Angleterre soit exclusivement saxonne en dehors du pays de Galles. Il fait remarquer, avec justesse, que toute la partie occidentale de l'île, depuis la Cornouailles jusqu'à la Clyde, a formé des royaumes indigènes qui se sont perpétués plusieurs siècles. Bien qu'ils aient été peu à peu rendus tributaires des Anglo-Saxons, il est évident que leur population n'a pas été exterminée et que le fonds en est encore celtique. Il faudrait même se garder de croire que l'ethnographie du centre et de l'est de l'Angleterre soit exclusivement germanique. La théorie régnante jusqu'à ce jour était que les envahisseurs s'étaient constitués sur le sol conquis en communautés de villages, composées d'hommes libres. Rien de plus faux. M. Seebohm (*Village community*) a pu évaluer à 12 %, tout au plus, la proportion des hommes libres avant la conquête normande. Il n'est pas douteux que, parmi les 68 % des tenanciers serfs ou demi-libres, beaucoup descendaient des Bretons vaincus ou des propres serfs de ces derniers. Les érudits anglais, entre autres M. Coote et Seebohm, frappés de la ressemblance entre l'organisation du *manor* et celle de la *villa* romaine ou mérovingienne, en ont conclu que le *manor* saxon était la continuation du système d'économie rurale des Romains transmis aux conquérants par les Bretons; vue très séduisante *a priori,* mais, jusqu'à ce que la question ait suscité de nouveaux travaux, il ne faut l'accepter que sous bénéfice d'inventaire. Du reste, M. Seebohm s'est lourdement mépris quand il a prétendu établir que le système d'agriculture à trois soles n'existait ni chez les Celtes ni chez les Romains et qu'il a été importé dans l'île au IVe siècle, par des tribus alamanniques (*sic*). La discussion de M. Loth (p. 56-59) ne laisse rien subsister de cette thèse ultra-fantaisiste.

J'insisterai moins sur la seconde et la troisième partie, qui intéresseraient peu les lecteurs de cette revue. J'indiquerai seulement quelques faits phonétiques qui ont de l'importance pour les romanistes. Je rappelle que l'auteur a établi (p. 30-31) par la toponomastique de la Bretagne armoricaine que l'assibilation de *ti + voyelle* était un fait accompli en Gaule dans la seconde moitié du Ve siècle. Il montre d'une façon irréfutable (p. 20-26), par l'exemple des mots latins qui ont passé dans les langues brittoniques, qu'au Ve siècle la langue latine n'avait pas encore transformé en *b, d, g* les *p, t, c* intervocaliques. Quant à l's latin, même intervocalique, il avait un son dur et s'est conservé, tandis que l's indigène qui était devenu sonore a disparu (p. 82). — Du vocalisme des emprunts latins, il résulte ce fait très important que le latin a conservé beaucoup plus tard que ne l'a soutenu M. W. Meyer la distinction de la quantité et de la qualité des voyelles toniques. En conséquence, la diphtongue *au* est conservée. Mais *oe* était déjà passée à $\bar{e}$; on ne peut rien affirmer pour *ae*, faute d'exemples probants. Cette question du vocalisme est si importante pour les études romanes qu'on nous permettra de citer quelques règles : *Voyelles brèves accentuées, en position ou non :* ĭ latin donne *y* dans les langues brittoniques, tandis qu'ē se diphtongue en *oe ;* ŭ donne *w (u)* en gallois ; mais ō donne *u (ü)* ; ě, ĭ, ŏ sont intacts ; ū passe à *i* dans les emprunts très anciens, mais le plus souvent on trouve *u (ü).* Il n'est jusqu'à la voyelle *a* pour laquelle les langues brittoniques nous affirment la distinction tardive d'ă et ā, la première passant intacte dans ces dialectes, tandis qu'ā devient ō. Ce fait a une importance considérable ; toutes les langues romanes ayant confondu les deux timbres, on était porté à croire cette confusion très ancienne en latin vulgaire. Les langues brittoniques montrent qu'il n'en est rien.

L'étude des posttoniques présente aussi de l'intérêt, grâce à une circonstance particulière. Tandis que dans l'idiome préceltique l'accent tonique était presque toujours sur l'initiale du mot, quelle que fût sa longueur (cf. gaulois *tricasses, árelatum*) et que cette loi s'est continuée dans le groupe gaélique (irlando-écossais), dans le groupe brittonique (gallois, cornique, armoricain) l'accent se déplaça pour se fixer sur la pénultième *brève ou longue,* et cela à l'époque des emprunts latins. Il en résulta ce fait curieux, que la première posttonique des proparoxytons latins s'est conservée dans ce groupe, tandis qu'elle a disparu dans certaines langues romanes. Ainsi *asĭnus,* qui donne *asne* en français, donne *asyn* en gallois ; *manĭca, mespĭlus,* sont devenus *manche, nèfle* chez nous et *maneg, mesper* en gallois, etc. — Je ne possède point assez de compétence pour discuter les nombreuses questions d'étymologies que soulève le long et savant vocabulaire qui forme la dernière partie du volume. Je note seulement en passant que le gallois *achos* (cause) contribue, avec le vocable français *achaison,* à dénoncer un latin vulgaire *ăccāsio* à côté du classique *ŏccāsio.* En revanche, quant au mot latin *esox* qui désigne le saumon, ou plutôt un poisson du Rhin, M. Loth donne de bonnes raisons (p. 95), après Schuchardt, pour lui assigner une origine celtique.

Je souhaite que cette analyse donne une idée de l'intérêt que présente, à tous égards, ce savant ouvrage. Espérons que l'auteur nous donnera bientôt la seconde partie de sa *Chrestomathie bretonne* et qu'il complétera sa traduction des *Mabinogion* par celle des poésies des bardes de Grande-Bretagne, attribuées aux vi⁰ et vii⁰ siècles, qui reste un des *desiderata* de la philologie celtique. C'est une tâche très lourde, mais qu'il serait plus à même que tout autre en France de mener à bien.

Ferdinand Lot.

Quelques Hypothèses sur l'imprimerie en Languedoc au XVᵉ siècle, par M. Pellechet. (Dans la *Bibliographie de la France, journal général de l'imprimerie et de la librairie,* n⁰ du 21 janvier 1893.)

Le très intéressant article de Mˡˡᵉ Pellechet, que nous annonçons, a pour objet l'histoire de l'imprimerie à Toulouse et les livres sortis des presses du prototypographe d'Albi, Jean Numeister, ou de ses successeurs. Dans cette étude, dont le titre est trop modeste, il est établi que le plus ancien livre imprimé à Toulouse avec date (1476), le *De fide instrumentorum,* de Barbatia, est l'œuvre de Martin Huss, qui, deux ans plus tard, se servait à Lyon des mêmes caractères. A cette époque (1478), il était associé avec un autre Allemand, Jean Siber, et deux caractères, dont l'un beaucoup plus fort que l'autre, employés par Siber, ont servi en 1480 à imprimer à Toulouse un Boèce daté et signé du nom de Jean Parix, qui, jusqu'à ce jour, était le premier typographe connu pour avoir exercé l'art nouveau dans la capitale du Languedoc. Signaler ces constatations, résultant de l'examen des impressions et que des fac-similés permettent de contrôler, est, en même temps, démontrer leur importance pour l'étude de la divulgation du procédé typographique comme pour l'histoire locale.

Des rapprochements analogues ont permis à Mlle Pellechet d'augmenter la liste des ouvrages que M. Claudin avait déjà attribués à Jean Numeister. Si l'on s'en tient aux éditions exécutées en France, on en comptera désormais quinze, qui sont

1. *b*[1] Epistola Enee Silvii de amoris remedio (Albi, s. d.).
2. *b* Historia septem sapientium (Albi, s. d.).
3. *c* Johannis de Turrecremata Meditationes (Albi, 17 nov. 1481).
4. *e* Ordo missalis secundum usum Romane ecclesie (Albi, s. d.).
5. *b* Bartholomæi de Sancto Concordio Summa de casibus conscientie (s. l. n. d.).
6. *b* Manipulus curatorum (s. l. n. d.).
7. *b* Angeli de Aretio de Criminibus (s. l., 15 avril 1477).
8. *b* S. Gregorii Liber pastoralis (s. l. n. d.).
9. *b* Joh. Andreæ Casus breves decretalium (s. l. n. d.).
10. *b* S. Isidori Soliloquia (s. l. n. d.).
11. *b* Nicolai d'Ausmo Summa pisanella (s. l. n. d.).
12. *a* et *e* Durandi Rationale (s. l. n. d.).
13. *e* Missale ecclesie Lugdunensis (Lyon, 1487).
14. *a* Breviarium ecclesie Viennensis (Lyon, 24 janv. 1489, *anc. style*).
15. *d* Missale ecclesie Uceciensis (Lyon, 5 août 1495).

Le nom de l'imprimeur ne figure que dans les souscriptions des n°s 13, 14 et 15 ; dans le dernier il est joint à celui de Michel Topie.

Mlle Pellechet conclut, avec toute vraisemblance, que « ces éditions,

---

1. Les divers caractères employés par Numeister sont désignés par les lettres *a, b, c, d, e,* dans l'ordre de leur force, *a* étant le plus faible. M. Claudin en a donné des fac-similés dans ses *Origines de l'imprimerie en Languedoc* (Paris, 1880, in-8°).

assez nombreuses (caractère *b*), et qui ne sont peut-être pas les seules sorties des mêmes presses, semblent indiquer une activité prolongée de Numeister, soit à Albi, soit dans le voisinage, ou bien encore la cession par lui de son matériel à un imprimeur anonyme qui aurait continué les travaux de Numeister en Languedoc tandis que lui-même allait s'installer à Lyon. »

Ch. PORTAL.

Studien zur Geschichte des fünften Kreuzzuges, von Reinhold RÖH-RICHT. Innsbruck, Verlag der Wagnerschen Universitäts-Buchhand-lung, 1891. In-8°, VI-139 pages.

M. le professeur R. Röhricht avait préparé, pour la Société de l'Orient latin, un *Epistolarium quinti belli sacri,* dont l'impression allait commencer au moment de la mort du regretté comte Riant. La copie de ce travail s'est malheureusement perdue, et M. Röhricht a dû renoncer à faire paraître son livre. Il avait conservé toutefois le double de plusieurs des pièces qui devaient y prendre place ; il possédait en outre divers autres documents et de nombreuses notes sur le même sujet. Il s'est décidé à mettre au jour, dans le petit volume que nous annonçons ici, les plus importants de ces matériaux.

Ses *Études sur l'histoire de la cinquième croisade* se composent de cinq parties : 1° une notice sur les préparatifs de la croisade ; 2° une histoire de la croisade du roi de Hongrie, André II, en 1217 ; 3° le texte ou l'analyse de seize lettres des années 1217 à 1224 ; 4° l'analyse de cinquante-quatre chartes, de provenances diverses, des années 1217 à 1221 ; 5° une liste des croisés ayant pris part à l'expédition.

Dans la notice sur les préliminaires de la croisade, M. Röhricht s'occupe surtout du rôle des papes Innocent III et Honorius II, de la prédication de la croisade et de la levée des décimes dans les divers pays de la chrétienté ; il expose les motifs pour lesquels l'entreprise, dont la préparation avait coûté un effort considérable, fut exécutée avec des moyens insuffisants.

Le récit de la croisade du roi de Hongrie nous fait assister aux débuts de la campagne, qui devait se terminer si misérablement devant Damiette, en 1221. André, parti de Venise, au mois d'août 1217, avec 15,000 cavaliers et un nombre plus grand encore de fantassins, débarqua dans la première moitié de septembre à Acre, où se trouvait déjà le duc Léopold d'Autriche. Après avoir fait en personne et sans grand résultat une expédition dans la région de Damas et en avoir vu échouer deux autres contre les forteresses du Mont-Thabor et de Beaufort près de Sidon, il quitta la Palestine par crainte d'être empoisonné, dit le chroniqueur Thomas de Spalato (fin décembre 1217).

Ces deux monographies, dont la matière est puisée aux meilleures

sources, complètent très heureusement le récent travail de M. H. Hoo-
geweg sur la croisade de Damiette[1].

Ch. Kohler.

*Catalogue sommaire des manuscrits de la bibliothèque d'Avignon
(musée Calvet)*, par L.-H. Labande, archiviste.paléographe, conservateur de la bibliothèque et du musée d'Avignon. Avignon,
Seguin frères; Paris, Alph. Picard, 1892. In-8°, vi-433 pages.

On ne peut que féliciter M. L.-H. Labande d'avoir, en moins de dix-
huit mois, dressé et publié le catalogue des 3,093 manuscrits de la
bibliothèque d'Avignon. Ce catalogue, si sommaire soit-il, permet de
se rendre un compte assez exact de l'importance de cette collection.
Riche surtout en matériaux pour l'histoire de la Provence depuis le
xvie siècle, elle mérite également d'attirer l'attention des médiévistes,
qui, pour la période postérieure au xiie siècle, y rencontreront des pièces
de premier ordre : bibles, traités de théologie et d'histoire ecclésiastique, documents sur les papes d'Avignon, littérature provençale, etc.
M. Labande, invité par la municipalité d'Avignon à donner aussi rapidement que possible un aperçu du contenu de la bibliothèque, n'a pu
s'attarder à résoudre tous les problèmes bibliographiques qui s'offraient
à lui. Aussi le nombre des ouvrages anciens indiqués sans nom d'auteur
est-il relativement considérable dans son catalogue. En en transcrivant
au moins les premiers mots, il eût sans doute permis au lecteur d'en
reconnaître plusieurs, dont ses notices, dans leur extrême concision,
ne fournissent qu'un signalement insuffisant. Il a craint probablement
de donner trop d'étendue à un inventaire annoncé comme provisoire
et destiné surtout à assurer la conservation des manuscrits confiés à sa
garde. Il se propose de reprendre son œuvre avec plus de développement, suivant le plan adopté par le Ministère de l'instruction publique
pour les catalogues des bibliothèques départementales. Son activité
nous est un sûr garant que ce nouveau travail sera promptement mené
à bonne fin.

Ch. Kohler.

P. Bonnassieux. *Les Grandes Compagnies de commerce. Étude pour
servir à l'histoire de la colonisation. Ouvrage récompensé par
l'Académie des sciences morales et politiques.* Paris, Plon, 1892.
In-8°, iv-562 pages.

L'origine du présent ouvrage se trouve dans un mémoire que M. Bonnassieux a composé pour répondre à une question mise au concours

---

1. *Mittheil. des Instituts für österr. Geschichtsforschung*, t. VIII et IX.

par l'Académie des sciences morales et politiques en 1880. Son mémoire, récompensé par la savante compagnie, est offert au public sous une forme remaniée et améliorée. Il nous présente les compagnies de commerce groupées par pays, puis dans chaque pays par ordre géographique, et enfin dans l'ordre chronologique de leur fondation. L'auteur a joint à l'historique de chaque compagnie les considérations économiques spéciales qui concernent chacune d'elles.

L'ouvrage est divisé en six livres. Après une introduction historique dans laquelle M. Bonnassieux passe en revue les premières associations commerciales, ghildes et hanses allemandes, compagnies anglaises, compagnies françaises des *marchands de l'eau,* compagnies italiennes, banque de Saint-Georges, il aborde, dans les livres I à IV, les compagnies commerciales de chaque pays à partir du xvi⁰ siècle : livre I, Hollande ; livre II, Angleterre ; livre III, France. Toujours dans le même ordre, pour ces trois livres, il énumère les sociétés fondées pour favoriser le commerce : 1⁰ avec l'Europe et le Levant ; 2⁰ avec l'Afrique (pour l'Angleterre et la France seulement) ; 3⁰ avec l'Asie ; 4⁰ avec l'Amérique. Notre confrère étudie dans autant de paragraphes les diverses compagnies, notamment les célèbres compagnies des Indes orientales et occidentales. Il examine la fondation, les vicissitudes et la suppression ou la chute de chacune d'elles. Le livre III, consacré à la France, nous fait connaître pour l'Europe et le Levant quatre compagnies, pour l'Afrique trois, pour l'Asie deux, pour l'Amérique dix. Ce n'était pas chose facile de les bien distinguer les unes des autres, car il y en a qui ne portent pas moins de cinq titres successifs : *compagnie du Canada, du Castor, de l'Acadie, de la Nouvelle-France* ou *des Cent associés.* Le livre IV, qui comprend neuf chapitres, est consacré aux autres États de l'Europe : Autriche, Danemark, Espagne, Italie, Pologne, Portugal, Prusse, Russie, Suède. Le livre V traite des principes économiques sur lesquels étaient établies les grandes compagnies de commerce et des inconvénients qu'elles ont présentés à raison de ces principes. Enfin, dans un dernier livre, qui est une addition au mémoire récompensé, passant à une question d'actualité, l'auteur s'occupe des nouvelles compagnies de commerce et de colonisation fondées ou à fonder sur le modèle des anciennes grandes compagnies.

Il est à peine besoin d'ajouter que M. Bonnassieux, à la compétence duquel l'Académie a rendu hommage, a traité ce vaste sujet avec la conscience et le soin qu'il apporte à tous ses travaux. Pour les xvi⁰, xvii⁰ et xviii⁰ siècles, son ouvrage sera consulté avec profit par tous ceux qui s'occupent des institutions commerciales et financières de la France. Au courant des travaux les plus récents, français et étrangers, il a réuni dans son travail de nombreux renseignements épars dans des ouvrages et des articles de revues ou de journaux, et il y en a ajouté d'inédits qu'il a puisés dans nos dépôts publics, notamment aux Archives nationates et aux archives du Ministère de la marine et des colonies. Il a même dû sacrifier, pour ne pas trop grossir son volume, d'intéressants documents inédits. Aussi est-ce avec juste raison que la Société de géographie commerciale vient de décerner à notre confrère une médaille de vermeil.

A. Bruel.

Les Évêques et les archevêques de France depuis 1682 jusqu'à 1801, par le P. Armand Jean, de la Compagnie de Jésus. Paris, A. Picard; Mamers, Fleury et Dangin, 1891. In-8°, xxv-544 pages.

Entrepris pour servir de base à un cours d'histoire religieuse de la France depuis la célèbre assemblée du clergé de 1682 jusqu'à la fin de l'ancienne Église gallicane en 1801, cet ouvrage se présente sous deux aspects différents. L'auteur a voulu d'abord y donner un résumé chronologique des séries des évêques et archevêques français, et, en second lieu, porter des jugements brefs et équitables sur le rôle que ces prélats ont joué dans les grandes questions et dans les querelles religieuses des XVIIe et XVIIIe siècles. On nous permettra de n'envisager ici cet ouvrage que sous le premier aspect, qui intéresse surtout nos lecteurs. Nous chercherons à y trouver une suite à la *Gallia christiana*. En effet, le premier volume de cet ouvrage, ayant paru en 1716, laissait incomplètes les séries d'archevêques, évêques et abbés depuis cette époque. La même observation est à faire pour les volumes suivants, toute proportion gardée, malgré les mutations dans le clergé gallican, que l'on trouve dans les volumes subséquents. Pour les trois dernières provinces (*Turonensis, Vesontionensis, Viennensis*), dont l'histoire n'était pas encore écrite au moment de la dispersion des Bénédictins et que M. Hauréau a achevée, il s'est arrêté à la date de 1790.

Le P. Jean, envisageant les événements à un autre point de vue, a pensé qu'il devait conduire son travail jusqu'en 1801, qu'il considère comme la dernière année de l'ancienne Église gallicane et la première de la nouvelle Église de France établie en vertu du Concordat. Quant à son point de départ, l'auteur l'explique ainsi : il lui en fallait un qui fût commun à toutes les provinces ecclésiastiques de France. Or, le premier volume des Bénédictins, paru en 1716, reste en arrière de quelques années. Fallait-il donc partir de 1701 ? mais, l'année 1701 ne présentant pas un événement ecclésiastique assez notable pour faire époque, l'auteur a cru devoir remonter jusqu'en 1682, année à partir de laquelle il avait, suivant son aveu même, à étudier l'histoire ecclésiastique de la France.

De quels éléments le P. Jean s'est-il servi pour dresser ses listes épiscopales? D'abord de la *Gallia christiana*, depuis 1682 jusqu'à l'époque où cesse cet ouvrage, puis de Hugues Du Tems, de l'ouvrage de M. Fis-

quet, *la France pontificale*, des *Almanachs royaux*, qui donnent année
par année l'état du clergé de France ; enfin, il a eu à sa disposition les
notes d'un de ses confrères de la Compagnie de Jésus, le P. François
Le Lasseur, qui avait composé un *Répertoire biographique* des évêques
de France, dans lequel l'auteur annonce avoir puisé beaucoup de renseignements particuliers.

Quant au plan de l'ouvrage, le P. Jean a pris pour bases les anciennes
circonscriptions des provinces ecclésiastiques telles qu'elles sont tracées
dans les cartes jointes à la *Gallia christiana*. Comme les Bénédictins et
leur continuateur, il a suivi, sauf quelques dérogations sans importance,
l'ordre alphabétique des noms latins des provinces, et il a adopté le même
ordre pour les évêchés, s'écartant en cela du système suivi par ses
devanciers, qui avaient choisi un certain ordre de dignité pour les évêchés et d'ancienneté pour les abbayes. Les séries épiscopales commencent
à l'évêque qui siégeait en 1682 ; il porte le numéro d'ordre qui lui a été
assigné par la *Gallia christiana*. Son prédécesseur est toujours indiqué au
moins par un mot. Les séries archiépiscopales sont reprises d'un peu
plus haut, souvent depuis le milieu du xvie siècle. Pour chaque personnage, l'auteur donne le nom de l'évêque, la date de sa naissance, de son
sacre, de sa translation ou de sa démission, enfin celle de sa mort, et il
résume le nombre des années écoulées depuis la naissance et depuis le
sacre au moyen de l'abréviation des deux mots *ætatis, consecrationis.*
Lorsqu'un évêque a occupé successivement plusieurs sièges, sa notice
est divisée en autant de fragments, qu'il faudra rapprocher au moyen de
la table alphabétique qui y renvoie.

Mais l'auteur, qui ne prétendait pas compléter sous tous les rapports
la *Gallia christiana,* n'a recherché que les évêques et a omis les doyens
ou prévôts, les abbés et les abbesses, dont les listes seraient souvent si
utiles aux historiens ; il a du moins énuméré, à la suite de chaque diocèse, les abbayes qui s'y trouvaient.

Le corps de l'ouvrage est suivi de trois appendices. Le premier donne
la liste des évêques français de Québec depuis l'érection de ce siège jusqu'à la cession du Canada à l'Angleterre ; le second, celle des évêques
de la Corse depuis le commencement de la domination française ; le
troisième, la liste alphabétique des abbayes d'hommes qui étaient ou
avaient été en commende, et l'auteur a eu soin d'y ajouter les noms des
titulaires en 1788. Mais il a passé entièrement sous silence les collé-
giales, couvents, séminaires, collèges et hôpitaux, dont beaucoup se sont
relevés depuis la Révolution.

Tout en rendant hommage au P. A. Jean et en le remerciant de nous
faire profiter de son grand travail, qui servira de manuel indispensable
à consulter pour l'histoire des évêques et archevêques français aux xviie
et xviiie siècles, il faut souhaiter, comme il le demande lui-même, qu'il
se trouve parmi les successeurs de l'ordre illustre des Bénédictins des

érudits assez courageux et assez dévoués pour continuer la *Gallia christiana,* au moins jusqu'en 1790, et compléter la liste des abbés, des abbesses, des doyens, etc. Nous voudrions aussi y voir joindre l'histoire des prieurés, dont beaucoup, parmi les plus célèbres, valaient des abbayes, avec les listes de leurs titulaires, que l'on cherche vainement dans la *Gallia.* Ce serait là un grand service, qui serait fort apprécié de tous ceux qui étudient l'histoire de l'ancienne Gaule.

L'ouvrage du P. Jean se termine par une table alphabétique des noms de lieux et de personnes.

A. BRUEL.

LIVRES NOUVEAUX.

SOMMAIRE DES MATIÈRES.

Sciences auxiliaires. — Épigraphie, 158. — Bibliographie, 56, 91, 199 : manuscrits, 37, 101, 104; imprimés, 44, 77, 185, 211, 239.

Sources, 37. — Chroniques, 39, 140, 207. — Archives, 67, 103, 119, 126. — Mémoires, 238. — Correspondances, 63, 115, 146, 171, 182. — Cartulaires, 51-53, 55, 65, 178, 237. — Régestes, 54, 236. — Obituaire, 176.

Histoire générale, 120.

Biographie et généalogie, 6, 64, 186, 240. — D'Aguilers, 135; Alcuin, 243; Arthur, 153; saint Benoît, 25, 108; saint Bernard, 222; Bill, 30; de Blaru, 59; Bouchard, 207; saint Brandan, 170; Cão, 62; Castellion, 46; Charles le Téméraire, 27; Coligny, 156; Colomb, 86, 112, 113, 169, 189; Dante, 188; Döring, 3; saint Dominique, 76; Eudes, 148; Fabri de Moncaut, 23; Ferdinand le Catholique, 123; Fichet, 185; François Ier, 54; Gouberville, 99; Granvelle, 63; Henri IV, 115; Hermann, 231; Innocent IV, 26; Jean l'Aveugle, 197; Jeanne Ire, 15; Jeanne d'Arc, 35, 50; Lamy, 7; Le Doulx de Melleville, 165; saint Louis, 26; Louis XII, 182; Marmion, 69; Mesnil-au-Val, 99; Mignot de Bussy, 64; Montaigne, 36; Nelli, 171; Olivier, 31; d'Orange, 28; Pauli, 87; Ranchin, 166; René de Lorraine, 27; Russy, 99; Sars, 98; Savoie-Carignan, 142; Urbain IV, 236; Urbain VIII, 131; saint Venant, 132.

Droit, 8, 22, 32, 61, 100, 162, 180, 198, 200, 212, 242. — Droit canon, 122.

INSTITUTIONS, MŒURS ET USAGES, 33, 55, 85, 90, 93, 105, 111, 118, 136, 145, 150, 203, 209, 215, 218, 219, 223.

RELIGIONS. — Paganisme, 8. — Judaïsme, 12-14. — Catholicisme, 167, 193, 221; papauté, 11, 26, 131, 236; clergé séculier, 21; clergé régulier, 6, 25, 43, 76, 108, 146; liturgie, 151, 194. — Protestantisme, 192.

ARCHÉOLOGIE, 18, 30, 38, 56, 58, 83, 84, 110, 124, 138, 159, 228. — Architecture, 92 : édifices civils, 70, 107, 152, 183, 212, 220; édifices religieux, 57, 78, 129, 187, 206, 216, 229. — Sculpture, 74, 75, 149, 154, 164, 208, 216, 241. — Peinture, 69. — Céramique, 202. — Métal, 17, 107. — Tapisserie, 109. — Numismatique, 20, 175, 195. — Blason, 10.

LANGUES ET LITTÉRATURES, 137, 153. — Arabe, 12, 137. — Hébreu, 13, 14. — Grec, 80, 104, 137. — Latin, 12, 25, 59, 60, 102, 151, 157. — Langues romanes : italien, 170, 188; français et provençal, 22, 28, 134, 157, 214, 223, 227; espagnol, 47; catalan, 73. — Gaulois, 114. — Langues germaniques : allemand, 34, 82, 124, 210; anglais, 41, 134; islandais, norrois, etc., 101, 133, 177.

SOMMAIRE GÉOGRAPHIQUE.

ALLEMAGNE, 33, 45, 92, 136, 140, 209, 213, 215, 244. — Alsace-Lorraine, 44, 147, 211. — Bavière, 138, 239. — Lübeck, 121. — Prusse, 19, 39, 77, 84, 128, 178, 216, 231, 237. — Saxe, 218. — Wurtemberg, 173.

AUTRICHE-HONGRIE, 37, 38, 197, 208, 212.

BELGIQUE, 75, 198, 205, 224, 240.

DANEMARK, 146.

ESPAGNE, 61, 67, 95, 104, 123, 163, 172, 174.

FRANCE, 26, 37, 68. — Bourgogne, 184; Gascogne, 50; Limousin, 6, 18; Lorraine, 79; Lyonnais, 10, 179, 238. — Ain, 66; Aisne, 220; Allier, 9, 56, 57, 183; Ardennes, 94; Aube, 226; Aude, 31; Cher, 45; Côte-d'Or, 88, 103, 155, 230; Côtes-du-Nord, 89; Creuse, 160; Dordogne, 83, 127; Doubs, 23; Eure, 190; Eure-et-Loir, 21; Finistère, 229; Garonne (Haute-), 5; Gers, 16, 40, 225; Hérault, 72, 166; Indre-et-Loire, 35, 52, 107; Loir-et-Cher, 51, 52, 116, 227; Loire, 17, 191, 228; Loire (Haute-), 235; Lot-et-Garonne, 1, 139; Lozère, 81; Manche, 2, 186; Marne, 129, 130; Marne (Haute-), 53; Mayenne, 141; Meuse, 158; Nièvre, 96; Nord, 70; Orne, 74, 144; Pas-de-Calais, 4, 69, 162; Puy-de-Dôme, 233, 234; Pyrénées (Basses-), 175; Pyrénées-Orientales, 42; Rhône, 202; Saône (Haute-), 117; Sarthe, 149; Savoie, 32; Seine, 65, 90, 109, 118, 119, 125, 126, 181, 185; Seine-et-Marne, 150; Seine-et-Oise, 97, 176, 187, 204; Sèvres (Deux-), 196; Somme, 142, 143; Var, 232; Vendée, 132; Vienne (Haute-), 91.

1. Abbaye (l') d'Eysses en Agenais. Notice composée par un bénédictin de Saint-Maur et publiée, avec notes, compléments et appendices, par Ant. de Lantenay. Bordeaux, Feret, 1893. In-8°, 119 p. (Extrait en partie de la *Revue de l'Agenais*.)

2. ADAM (l'abbé J.-L.). Le Prieuré de Saint-Pierre de la Luthumière ou de Saint-Jouvin, à Brix, avec des illustrations inédites. Évreux, impr. de l'Eure, 1892. In-8°, 59 p. et gravures. (Extrait de la *Revue catholique de Normandie*.)

3. ALBERT (P.). Matthias Döring, ein deutscher Minorit des XV. Jahrhunderts. Stuttgart, Süddeutsche Verlagsbuchhandlung. In-8°, VIII-194 p. 2 m. 50 pf.

4. Album historique du Boulonnais, publié par A. de Rosny. Avant-propos de M. V.-J. Vaillant. Photographies de MM. P. Sauvanaud, de Paris, A. Lormier, de Boulogne, et X., de Londres. Photocollographie de MM. Chêne et Longuet, Paris. Neuville-sous-Montreuil, impr. Duquat, 1892. In-folio oblong, 56 p. et 50 planches.

5. ARAGON (l'abbé). Histoire de Saint-Julia-de-Gras-Capou, ancienne ville maîtresse du diocèse de Toulouse. Toulouse, Sistac; Paris, Picard, sans date. In-8°, XII-267 p. 4 fr.

6. ARBELLOT (l'abbé). Les Bénédictins de Saint-Maur originaires du Limousin. Limoges, Ducourtieux; Paris, Haton, 1892. In-8°, 31 p.

7. ARBELLOT (l'abbé). Étude biographique sur Guillaume Lamy, patriarche de Jérusalem. Limoges, Ducourtieux; Paris, Haton, 1892. In-8°, 32 p.

8. ARBOIS DE JUBAINVILLE (H. D'). Comparaison entre le serment celtique et le serment grec dans l'Iliade. Paris, Leroux, 1892. In-8°, 8 p. (Extrait de la *Revue archéologique*.)

9. ARGOUGES (Florent D'). Procès-verbal de la généralité de Moulins,

dressé en 1686. Publié par A. Vayssière. Moulins, Durand, 1892. In-8°, xii-292 p. (Bibliothèque bourbonnaise.)

10. Armorial général de Lyonnais, Forez, Beaujolais, Franc-Lyonnais et Dombes, publié par André Steyert, Lyonnais. 4ᵉ livraison : All-Ame. Lyon, Brun, 1892. In-4° à 2 col. avec figures, p. 121 à 160. 5 fr.

11. AUDISIO (G.). Histoire civile et religieuse des papes, de S. Léon III à Boniface VIII. Traduit de l'italien par le chanoine Labis. Lille, Société de Saint-Augustin, 1892. In-8°, 464 p.

12. AVENCEBROLIS (IBN GEBIROL) Fons vitae ex Arabico in Latinum translatus ab Johanne Hispano et D. Gundissalino. Ex codicibus Parisinis, Amploniano, Columbino primum edidit C. Baeumker. Münster, Aschendorff. In-8°, 209 p. (Beiträge zur Geschichte der Philosophie des Mittelalters. Herausgegeben von C. Baeumker. I : 2, 3.)

13. BACHER (W.). Die hebräische Sprachwissenschaft vom x. bis zum xvi. Jahrhundert. Mit einem einleitenden Abschnitte über die Massora. Trier, Sigm. Mayer. In-8°, iii-114 p. (Extrait de Winter et Wünsche, *Die jüdische Litteratur.*) 2 m. 25 pf.

14. BACHER (W.). Die jüdische Bibelexegese vom Anfange des x. bis zum Ende des xii. Jahrhunderts. Trier, Sigm. Mayer. In-8°, iii-102 p. (Extrait de Winter et Wünsche, *Die jüdische Litteratur.*) 2 m.

15. BADDELEY (St.-Clair). Queen Johanna I. of Naples, Sicily, and Jerusalem, countess of Provence, Forcalquier, and Piedmont. An essay on her times. London, Heinemann. In-8°, 340 p. et illustrations. 16 s.

16. BARADAT DE LACAZE (Ch.). La Vicomté du Fezensaguet, capitale Mauvezin : ses vicomtes, sa composition, ses coutumes. Paris, Champion; Auch, Couget, 1893. Grand in-4°, 123 p. (Extrait des *Archives historiques du département de la Gironde,* tome XVII.)

17. BARBIER DE MONTAULT (X.). Le Fer à hosties de Saint-Marcel-d'Urfé (Loire) (xiiiᵉ siècle). Roanne, impr. Souchier, 1892. (Extrait de la revue historique et archéologique *l'Ancien Forez.*)

18. BARBIER DE MONTAULT (X.). Inventaires bas-limousins du xviiiᵉ s. Tulle, impr. Crauffon, 1893. In-8°, 6 p.

19. BARDEY (E.-G.). Geschichte von Nauen und Osthavelland. Rathenow, Babenzien. In-8°, xv-655 p. 10 m.

20. BARTHÉLEMY (Anatole DE). Note sur le monnayage du nord de la Gaule (Belgique). Paris, imprimerie nationale, 1892. In-8°, 7 p. (Extrait des *Comptes rendus de l'Académie des inscriptions et belles-lettres.*)

21. BEAUHAIRE (l'abbé Joseph). Chronologie des évêques, des curés, des vicaires et des autres prêtres du diocèse de Chartres depuis les

temps les plus reculés jusqu'à nos jours. Paris, Techener, 1892. In-8°, VIII-711 p. et grav. 10 fr.

22. BEAUNE (Henri). Sens du mot « quitte » dans les actes féodaux de la Bresse et du Bugey. Paris, Leroux, 1892. In-8°, 5 p. (Extrait du *Bulletin du Comité des travaux historiques et scientifiques,* section d'histoire et de philologie.)

23. BEAUSÉJOUR (Gaston DE). La Citadelle de Besançon sous Louis XIV et son premier gouverneur français, Louis Fabri de Moncaut. Besançon, impr. Jacquin, 1893. In-8°, 20 p.

24. BENADDUCI (Giovanni). Della signoria di Francesco Sforza nella Marca e peculiarmente in Tolentino (decembre 1433-agosto 1447). Narrazione storica con 164 documenti inediti. Tolentino, tip. Francesco Filelfo, 1892. In-8°, VII-398-CXV p.

25. BENOÎT (saint). Regula sancti patris Benedicti iuxta antiquissimos codices recognita ab E. Schmidt. Accedunt quaedam benedictiones et preces. Ratisbonae, Pustet. In-16, XIV-143 p., 1 planche. 80 pf.

26. BERGER (Élie). Saint Louis et Innocent IV. Étude sur les rapports de la France et du Saint-Siège. Paris, Morin, 1893. In-8°, III-433 p.

27. BERLET (A.). Charles le Téméraire et René de Lorraine. Dijon, impr. Darantière, 1892. (Extrait des *Mémoires de la Société bourguignonne de géographie et d'histoire,* tomes VIII et IX.)

28. BERTRAND DE BROUSSILLON. René d'Orange, poète du bas Maine. Laval, impr. Moreau. In-8°, 10 p. (Extrait du *Bulletin historique et archéologique de la Mayenne,* 2ᵉ série, t. VI, 1892.)

29. BERTRANDON DE LA BROQUIÈRE. Le Voyage d'outre-mer de Bertrandon de la Broquière, premier écuyer tranchant et conseiller de Philippe le Bon, duc de Bourgogne. Publié et annoté par Ch. Schefer. Paris, Leroux, 1892. In-8°, LXXVIII-325 p. et planches. (Recueil de voyages et documents pour servir à l'histoire de la géographie depuis le XIIIᵉ jusqu'à la fin du XVIᵉ siècle. XII.)

30. BILL (il Libro di Antonio), esistente in due copie nella Biblioteca nazionale di Firenze. Herausgegeben von Carl Frey. Berlin, Grote. In-8°, XXII-104 p. 3 m.

31. BLANC. Le Livre de comptes de Jacme Olivier, marchand narbonnais du XIVᵉ siècle. Paris, Leroux, 1892. In-8°, 6 p. (Extrait du *Bulletin du Comité des travaux historiques et scientifiques,* section d'histoire et de philologie.)

32. BLANCHARD (Cl.). Jurisprudence féodale. Le Droit de litre devant

le Sénat de Savoie en 1782. Chambéry, imprimerie savoisienne, sans date. In-8°, 18 p.

33. BLONDEL (Georges). De advocatis ecclesiasticis in Rhenanis praesertim regionibus a nono usque ad tredecimum seculum. Paris, Picard, 1893. In-8°, 115 p.

34. BOHNENBERGER (K.). Geschichte der schwäbischen Mundart im xv. Jahrhundert. I : Allgemeines und Vocale der Stammsilben. Tübingen, Laupp. In-8°, x-139 p. 4 m.

35. BOISMARMIN (DE). Mémoire sur la date de l'arrivée de Jeanne d'Arc à Chinon (4 mai 1429). Paris, Leroux, 1892. In-8°, 10 p. (Extrait du *Bulletin du Comité des travaux historiques et scientifiques,* section d'histoire et de philologie.)

36. BONNEFON (Paul). Montaigne, l'homme et l'œuvre. Bordeaux, Gounouilhou ; Paris, Rouam, 1893. In-4°, xiii-504 p. avec 80 grav. et 2 planches. 15 fr.

37. BOUGENOT (E.-S.). Notices et Extraits de manuscrits intéressant l'histoire de France, conservés à la Bibliothèque nationale de Vienne. Paris, Leroux. In-8°, 69 p. (Extrait du *Bulletin du Comité des travaux historiques et scientifiques,* section d'histoire et de philologie, 1892.)

38. BRANIŠ (Josef). Dějiny uméni středověkého v Čechách. Sešit 1. V Praze, Höfer. Gr. in-8°, 24 p. 25 kr.

39. BRAUN (S.). Naumburger Annalen vom J. 799 bis 1613. Nach seiner im städtischen Archiv befindlichen Handschrift herausgegeben von Köster. Naumburg, H. Sieling. In-8°, 537 p. 3 m. 50 pf.

40. BREUILS (l'abbé A.). Églises et Paroisses d'Armagnac, Eauzan, Gabardan et Albret, d'après une enquête de 1546. Auch, impr. Foix, 1893. In-8°, 168 p. (Extrait de la *Revue de Gascogne.*)

41. BROOKE (S.-A.). The History of early English literature, being the history of English poetry from its beginnings to the accession of king Alfred. London, Macmillan. In-8°, 2 vol., 680 p. 1 l. st.

42. BRUEL (H.). Étude archéologique sur le château et le village d'Opoul jusqu'au xviie siècle. Perpignan, impr. de l'*Indépendant,* 1892. In-8°, 25 p.

43. BRUNE (l'abbé P.). Histoire de l'ordre hospitalier du Saint-Esprit. Lons-le-Saulnier, Martin et Cie ; Paris, Picard, 1892. Grand in-8°, ix-462 p. avec grav., dont 10 hors texte.

44. Büchermarken (die) ober Buchdrucker- und Verlegerzeichen. I : Elsässische Büchermarken bis Anfang des xviii. Jahrhunderts. Herausgegeben von P. Heitz. Mit Vorbemerkungen und Nachrichten

über die Drucker von K. A. Barack. Strassburg, Heitz. In-4°, xxxiv-160 p., 76 planches. 30 m.

45. Buhot de Kersers (A.). Histoire et Statistique monumentale du département du Cher. Texte et dessins. Fascicule 25 : Canton de Saint-Martin. Illustré d'une carte et de 10 planches, gravées à l'eau-forte par Georges Garen, sous la direction de J. Boussard. Bourges, impr. Tardy-Pigelet, 1892. In-4°, p. 193 à 256.

46. Buisson (Ferdinand). Sébastien Castellion : sa vie et son œuvre (1515-1563). Études sur les origines du protestantisme libéral français. Paris, Hachette, 1892. In-8°, xix-441, 516 p. et portrait. 20 fr.

47. Cancionero de la rosa. Manojo de la poesía castellana formado con las mejores composiciones liricas consagradas á la reina de las flores durante los siglos xvi á xix por los poetas de los dos mundos, por D. Juan Pérez de Guzmán. Tomo II. Madrid, Murillo, 1892. In-16, 528 p. 5 pesetas.

48. Caporale (Gaetano). Ricerche archeologiche, topografiche e biografiche della diocesi di Acerra. Livraisons 1 et 2. Napoli, Nicola Jovene, 1892. In-8°, 128 p. Chaque livraison, 1 l.

49. Carocci (Guido). Il Comune del Galluzzo. Guida-illustrazione storico-artistica. Firenze, pia casa di patronato, 1892. In-16, 259 p. (I Comuni toscani. Vol. II.) 2 l.

50. Carsalade du Pont (le chanoine de). *Gesta Johannae per Vascones.* Jehanne d'Arc et les capitaines gascons, discours prononcé à la réunion publique des Sociétés archéologiques de Montauban et d'Auch, à l'hôtel de ville de Montauban, le 22 mai 1892. Auch, impr. Cocharaux. In-8°, 19 p.

51. Cartulaire de l'abbaye royale du Lieu-Notre-Dame-lez-Romorantin (ordre de Cîteaux). Publié d'après l'original, avec une introduction, un appendice et des notes historiques, par l'abbé Ernest Plat. Romorantin, Sandachar et Cie, 1892. In-8°, xi-209 p. et portrait.

52. Cartulaire de Marmoutier pour le Vendômois, publié sous les auspices de la Société archéologique du Vendômois par M. de Trémault. Deuxième partie. Vendôme, Ripé ; Paris, Picard, 1892. In-8°, xxxii p. et p. 273 à 509.

53. Cartulaire (le) de Riaucourt. Recueil de documents inédits et anciens relatifs à l'histoire de ce village, par Mgr Fèvre. Saint-Dizier, impr. Saint-Aubin et Thévenot, 1892. In-8°, 119 p.

54. Catalogue des actes de François Ier. Tome V : 2 janvier 1546-mars 1547. Supplément : 1515-1526. Paris, imprimerie nationale, 1892.

In-4º, 819 p. (Académie des sciences morales et politiques. Collection des ordonnances des rois de France.)

55. CHATELAIN (Émile) et DENIFLE (le R. P. Henri). Observations critiques sur les « Statuts et Privilèges des universités françaises, publiés par Marcel Fournier », par Émile Chatelain. Suivi de : les Délégués des universités françaises au concile de Constance (nouvelles rectifications aux ouvrages de M. Marcel Fournier), par le R. P. Henri Denifle, O. P. Rennes, impr. Le Roy, 1892. In-8º, 32 p. (Extrait de la *Revue des bibliothèques.*)

56. CLÉMENT (l'abbé J.-H.). Inventaire archéologique et bibliographique des communes du département de l'Allier, avec de nombreuses planches dans le texte et hors texte. Canton de Bourbon-l'Archambault. Moulins, Durond, 1892. In-8º, xiv-196 p.

57. CLÉMENT (l'abbé J.-H.). Nos Églises rurales. L'église de Saint-Pourçain de Marigny, canton de Souvigny (Allier), avec planches et dessins. Moulins, Durond, 1892. In-8º, 19 p. (Extrait du *Bulletin-Revue de la Société d'émulation et des beaux-arts du Bourbonnais.*)

58. Codice (il) Magliabecchiano Cl. XVII. 17, contenente notizie sopra l'arte degli antichi e quella de' Fiorentini da Cimabue a Michelangelo Buonaroti, scritte da anonimo fiorentino. Herausgegeben und mit einem Abrisse über die florentinische Kunsthistoriographie bis auf G. Vasari versehen von Carl Frey. Berlin, Grote. In-8º, c-404 p. 12 m.

59. COLLIGNON (A.). De Nanceide Petri de Blaro Rivo Parisiensis. Nancy, impr. Berger-Levrault, 1892. In-8º, xi-118 p. et planche.

60. COLLIGNON (A.). Pétrone au moyen âge et dans la littérature française. Nancy et Paris, Berger-Levrault, 1893. In-8º, 51 p. (Extrait des *Annales de l'Est.*)

61. CORBELLA (Arturo). Historia jurídica de las diferentes especies de censos. Memoria premiada con accésit por la Real Academia de ciencias morales y políticas. Madrid, impr. de los Huérfanos, 1892. In-8º, 335 p. 3 pes. 50 cent.

62. CORDEIRO (Luciano). Descobertas é descobridores. Diogo Cão. Memoria apresentada á 10ª sessão do congresso internacional dos orientalistas. Lisboa, imprensa nacional, 1892. In-8º, 79 p., 13 planches.

63. Correspondance du cardinal de Granvelle, publiée par Ch. Piot. Tome IX (1582). Bruxelles, Hayez, 1892. In-4º, lxxi-828 p. (Collection de chroniques belges inédites, publiée par ordre du gouvernement.)

64. COURTAUX (Théodore). Généalogie de la famille Mignot de Bussy et de ses alliances (Beaujolais, Lyonnais, Forez et Bresse), d'après des

documents conservés dans les dépôts publics. Paris, Jouaust; cabinet de l'Historiographe, 52, rue d'Amsterdam, 1892. In-8°, 32 p. (Extrait de l'*Historiographe.*)

65. COYECQUE (Ernest). Notice sur les cartulaires de l'Hôtel-Dieu de Paris. Paris, imprimerie nationale, 1892. In-4°, LXVIII p. et p. 497 à 562. (Extrait des *Archives de l'Hôtel-Dieu de Paris.*)

66. CUAZ (E.). Histoire du château de Pont-d'Ain, précédée d'une étude sur la charte des franchises de cette ville. Lyon, impr. Mougin-Rusand, 1892. In-8°, 247 p. et planche.

67. Curiosidades bibliográficas y documentos inéditos. Homenaje del archivo hispalense al cuarto centenario del descubrimiento del Nuevo Mundo. Madrid, Murillo, 1892. In-8°, XVII-51 p., 5 planches. 5 pesetas.

68. DALLINGTON (Robert). Un Aperçu de la France telle qu'elle était vers l'an 1598. Traduit de l'anglais par E. Émérique, d'après un exemplaire de l'édition imprimée à Londres par Symon Stafford (1604). Versailles, impr. Cerf, 1892. In-8°, IX-234 p.

69. DEHAISNES (Mgr). Recherches sur le retable de Saint-Bertin et sur Simon Marmion. Lille, Quarré, 1892. Grand in-8°, 163 p.

70. DELATTRE (Victor). Les Souterrains du château de Selles, à Cambrai. Notices historiques et dessins. Publiées par Gustave et Édouard Delattre. Lille, impr. Prévost, 1892. In-4°, 32 p. et 12 planches.

71. DELAVILLE LE ROULX (Joseph). L'Ordre de Montjoye. Paris, Leroux, 1893. In-8°, 19 p. (Extrait de la *Revue de l'Orient latin,* I, p. 42-57.)

72. DELOUVRIER (l'abbé A.). Histoire de Paulhan (diocèse de Béziers) et de ses environs sous l'ancien régime, suivie de l'histoire de Notre-Dame-des-Vertus. Montpellier, impr. Grollier père, 1893. In-8°, 389 p.

73. DENK (V.-M.-O.). Einführung in die Geschichte der altcatalanischen Litteratur von deren Anfängen bis zum XVIII. Jahrhundert. Mit vielen Proben, bibliographisch-litterarisch-kritischen Noten und einem Glossar. München, M. Poessl. In-8°, XXI-510 p. 9 m.

74. DESPIERRES (Mme Gérasime). Menuisiers-imagiers ou sculpteurs des XVIe et XVIIe siècles à Alençon. Paris, impr. Plon, Nourrit, 1892. In-8°, 39 p. avec fac-similés.

75. DESTRÉE (J.). Recherches sur la sculpture brabançonne. Nogent-le-Rotrou, impr. Daupeley-Gouverneur. Paris, 1892. In-8°, 22 p. avec grav. (Extrait des *Mémoires de la Société nationale des antiquaires de France,* tome LII.)

76. DOMINIQUE (Saint). Le Testament de saint Dominique, avec les commentaires du cardinal Odon de Châteauroux et du bienheureux

Jourdain de Saxe. Publié par le R. P. Berthier. Fribourg, librairie de l'Université. In-8°, xv-21 p. et 1 fróntispice.

77. Dommer (A. von). Die ältesten Drucke aus Marburg in Hessen, 1527-1566. Marburg, Elwert. In-8°, xi-32-182 p. 7 m.

78. Dumaine (l'abbé L.-V.). La Cathédrale de Sées. Coup d'œil sur son histoire et ses beautés. Sées, impr. Montauzé, 1892. In-8°, 77 p. et planche.

79. Duvernoy (F.). Politique des ducs de Lorraine envisagée dans leurs rapports avec la France et l'Autriche de 1477 à 1545. Nancy, impr. Berger-Levrault, 1892. In-8°, 89 p. (Extrait des *Mémoires de l'Académie de Stanislas*.)

80. Études de philologie néo-grecque, recherches sur le développement historique du grec, publiées par Jean Psichari. Paris, Bouillon, 1892. In-8°, ccxxi-386 p. (Bibliothèque de l'École des hautes études, publiée sous les auspices du ministère de l'instruction publique. Sciences philologiques et historiques. 92ᵉ fascicule.)

81. Falgairolle (Edmond). Un Envoûtement en Gévaudan en l'année 1347. Nîmes, Catélan, 1892. In-16, 127 p. 2 fr.

82. Faulmann (K.). Etymologisches Wörterbuch der deutschen Sprache nach eigenen neuen Forschungen. Halle, Karras. Gr. in-8°, viii-421 p.

83. Fayolle (le marquis de). Excursion de la Société archéologique du Périgord à Cadouin, Saint-Avit-Sénieur, Bannes, Beaumont, Montpazier, Biron, Gavaudun et Sauveterre. Périgueux, impr. de la Dordogne, 1891. In-8°, 23 p.

84. Fischer (G.). Kunstdenkmäler und Alterthümer im Kreise Münden. I : Stadt Münden und Stadtgebiet. Münden, Augustin. In-8°, 55 p. 1 m. 25 pf.

85. Flach (Jacques). Les Origines de l'ancienne France, xᵉ et xiᵉ siècles. II : les Origines communales ; la Féodalité et la Chevalerie. Paris, Larose et Forcel, 1893. In-8°, 588 p. 10 fr.

86. Florentino (Nicolau). A Mulher de Colombo. Notas extraidas d'um estudo inedito. Lisboa, Guedes, 1892. In-8°, 59 p., 3 tableaux.

87. Focke (W.). Theodericus Pauli, ein Geschichtsschreiber des xv. Jahrhunderts und sein Speculum historiale. Halle, Kaemmerer. In-8°, 122 p. (Hallesche Beiträge zur Geschichtsforschung, herausgegeben von Th. Lindner. 1.) 2 m.

88. Fontaine (Louis-Auguste). Le Château de la Rochette à Pont-d'Aisy, son origine et ses seigneurs, précédé d'une introduction sur les

Northmans et leurs invasions en Bourgogne. Dijon, impr. Berthoud, 1892. In-8°, 87 p.

89. Fouéré-Macé (l'abbé). Le Prieuré royal de Saint-Magloire de Lehon. Introduction par M. le chanoine Daniel. Frontispice de Paul Chardin. Illustrations de Th. Busnel, P. Chardin, A. Bourel, comte de Brecey, A. de la Bigne, R. de Brem, A. Lemoine, J. Even, E. Renault, frère Ange Garnier, H. Wingfield. Rennes, Caillière, 1892. In-4°, xxiii-424 p.

90. Franklin (Alfred). La Vie privée d'autrefois. Arts et Métiers, Modes, Mœurs, Usages des Parisiens du xiie au xviiie siècle, d'après des documents originaux ou inédits. « Les Chirurgiens. » Paris, Plon, Nourrit, 1893. In-18 jésus, xii-304 p.

91. Fray-Fournier (A.). Bibliographie de l'histoire de la Révolution dans le département de la Haute-Vienne. Limoges, impr. Ussel frères, 1892. In-8°, ix-121 p. (Extrait du tome III des *Archives révolutionnaires de la Haute-Vienne.*)

92. Fritze (R.). Fränkisch-thüringische (althennebergische) Holzbauten aus alter und neuer Zeit. Leipzig, Junghanss und Koritzer. In-4°, ii-21 p., 45 planches. 15 m.

93. Gaidoz (Henri). Un vieux Rite médical. Paris, Rolland, 1892. In-8°, 87 p.

94. Ganneron (Annales de dom). Les Antiquités de la Chartreuse du Mont-Dieu, publiées par Paul Laurent. Paris, Picard et fils, 1893. In-8°, xxvi-329 p.

95. Garrán (Constantino). Santa Maria la Real de Nájera. Memoria histórico-descriptiva. Logroño, la Rioja, 1892. In-8°, 117 p. 2 pesetas.

96. Gauthier (Gaston). Monographie de la commune de Beaumont-la-Ferrière (Nièvre). Nevers, impr. Vallière, 1892. In-8°, xii-240 p. et planches. (Publication de la Société nivernaise des lettres, sciences et arts.)

97. Gautier (l'abbé). Notice historique sur le hameau de Sainte-Gemme, commune de Feucherolles, canton de Marly-le-Roi (Seine-et-Oise). Versailles, impr. Cerf, 1892. In-8°, 10 p.

98. Généalogie de la famille de Sars et de quelques familles qui en sont issues, par le chevalier William de Sars. Douai, impr. Dechristé, 1892. In-4°, vi-208 p.

99. Généalogie des sires de Russy, de Gouberville et du Mesnil-au-Val. Notes complémentaires, pièces justificatives, suivies du testament et de la correspondance de Gilles de Gouberville. Caen, impr. Valin, 1892. In-8°, xviii-133 p.

100. Glasson (E.). Le Droit de succession au moyen âge. Paris, Larose et Forcel. In-8°, 162 p. (Extrait de la *Nouvelle Revue historique de droit français et étranger,* 1892.)

101. Gödel (Wilh.). Katalog öfver Upsala universitets biblioteks fornisländska och fornnorska handskrifter. Upsala, Lundequist. In-8°, 77 p. (Skrifter utgifna af Humanistiska Vetenskapssamfundet i Upsala, II, 1.) 2 kr.

102. Gourmont (Remy de). Le Latin mystique. Les Poètes de l'Antiphonaire et la Symbolique au moyen âge. Préface de J.-K. Huysmans. Miniature de Filiger. Paris, Vanier, 1892. In-8°, xvi-379 p.

103. Gouvenain (de) et Vallée (Ph.). Inventaire sommaire des archives communales antérieures à 1790. Ville de Dijon. Tome III. Dijon, impr. Carré, 1892. In-4° à 2 col., vii-422 p.

104. Graux (Charles). Notices sommaires de manuscrits grecs d'Espagne et de Portugal. Mises en ordre et complétées par Albert Martin. Manuscrits des bibliothèques publiques et privées d'Espagne et de Portugal, sauf la bibliothèque de l'Escurial et la Bibliothèque nationale de Madrid. Paris, Leroux, 1892. In-8°, 327 p. (Extrait des *Nouvelles Archives des missions scientifiques et littéraires,* tome II.)

105. Grave (E.). Un Livre de comptes du xvᵉ siècle et la cuisine de Louis XIV (1696). Versailles, Cerf, 1892. In-8°, 23 p.

106. Gridario mirandolese, ossia raccolta di gride, provvisioni, decreti, ordini, emanati in diverse epoche nell' antico ducato della Mirandola. Mirandola, Gaet. Cagarelli, 1892. In-8°, xi-150 p. (Memorie storiche della città e dell' antico ducato della Mirandola, pubblicate per cura della commissione municipale. X.)

107. Grimaud (Henri). La Cloche du château de Chinon (1399). Notes historiques. Tours, Péricat, 1892. In-8°, 8 p.

108. Grützmacher. Die Bedeutung Benedikts von Nursia und seiner Regel in der Geschichte des Mönchtums. Berlin, Mayer und Müller. In-8°, iii-72 p. 1 m. 80 pf.

109. Guiffrey (Jules). Les Manufactures parisiennes de tapisseries au xviiᵉ siècle : hôpital de la Trinité, grande galerie du Louvre, Savonnerie, faubourg Saint-Marcel, faubourg Saint-Germain, Gobelins. Nogentle-Rotrou, impr. Daupeley-Gouverneur. In-8°, 254 p. et plan. (Extrait des *Mémoires de la Société de l'histoire de Paris et de l'Ile-de-France,* tome IX, 1892.)

110. Gurlitt (Cornelius). Beiträge zur Entwicklungsgeschichte der Gothik. Berlin, Ernst und Korn. Gr. in-4°, 18 p., 3 fig., 2 planches. (Extrait de la *Zeitschrift für Bauwesen.*) Cartonné, 4 m.

111. Hamy (E.-T.). Un Naufrage en 1332. Documents pour servir à l'histoire des marques commerciales au xiv⁰ siècle. Paris, Leroux, 1892. In-8°, 12 p. (Extrait du *Bulletin d'histoire et de philologie.*)

112. Harrisse (Henry). Autographes de Christophe Colomb récemment découverts. Paris, 1893. In-8°, 23 p. (Extrait de la *Revue historique.*)

113. Harrisse (Henry). Christophe Colomb devant l'histoire. Paris, Welter, 1892. In-8°, 126 p.

114. Havet (Julien). Igoranda ou Icoranda, « frontière. » Note de toponymie gauloise. Paris, Leroux, 1892. In-8°, 8 p. (Extrait de la *Revue archéologique.*)

115. Henri IV. Lettres inédites à M. de Béthune, ambassadeur de France à Rome, du 9 mars au 31 juillet 1602, publiées d'après le manuscrit de la Bibliothèque nationale par Eugène Halphen. Paris, Champion, 1892. In-8°, 87 p.

116. Henri (H.). Lavardin. Guide des visiteurs et Notice historique. Vendôme, Ripé, sans date. In-16, 40 p.

117. Histoire de Luxeuil. Guide du baigneur et du touriste. Orné d'illustrations en simili-gravure. Luxeuil-les-Bains, Jeudy, 1892. In-18, 157 p. 3 fr.

118. Histoire générale de Paris. Les Métiers et Corporations de la ville de Paris. II. Orfèvrerie, Sculpture, Mercerie, Ouvriers en métaux, bâtiment et ameublement, par René de Lespinasse. Paris, Champion, 1892. In-4°, viii-773 p., avec 93 gravures et 3 planches. 30 fr.

119. Histoire générale de Paris. Registres des délibérations du bureau de la ville de Paris, publiés par les soins du service historique. Tome V (1558-1567). Texte édité et annoté par Alexandre Tuetey. Paris, Champion, 1892. In-4°, lv-754 p. 30 fr.

120. Histoire générale, du iv⁰ siècle à nos jours, ouvrage publié sous la direction de MM. Ernest Lavisse et Alfred Rambaud. Tome Iᵉʳ : les Origines. Fascicule I. Paris, Colin, sans date. In-8°, 80 p. (L'ouvrage formera environ 12 volumes.)

121. Hoffmann (M.). Geschichte der freien und Hansestadt Lübeck. 2ᵉ Hälfte mit einer Auswahl lübeckischer Münzen, beschrieben von C. Curtius. Lübeck, Schmersahl. In-8°, iii-242 p., 2 planches. 4 m.; l'ouvrage complet, 7 m. 50 pf.; relié, 9 m. 25 pf.

122. Hussarek von Heinlein (M.). Die bedingte Eheschliessung. Eine canonistische Studie. Wien, Hölder. In-8°, xv-264 p. 6 m.

123. Ibarra y Rodríguez (Eduardo). D. Fernando el Católico y el descubrimiento de América. Madrid, Murillo, 1892. In-16, 203 p. 2 pesetas.

124. Ilg (A.). Beiträge zur Geschichte der Kunst und der Kunsttechnik aus mittelhochdeutschen Dichtungen. Wien, Graeser. In-8°, xi-187 p. (Quellenschriften für Kunstgeschichte und Kunsttechnik des Mittelalters und der Neuzeit. Neue Folge. V.) 3 m.

125. Inventaire de Galeran le Breton et Testament de Jeanne de Malaunay, bourgeois de Paris (1299-1311), publiés par le docteur Arthur Goldmann. Paris, 1892. In-8°, 8 p. (Extrait du *Bulletin de la Société de l'histoire de Paris et de l'Ile-de-France*.)

126. Inventaire sommaire des archives de la Seine. Partie municipale. Période révolutionnaire (1789-an VIII). Fonds de l'administration générale de la commune et de ses subdivisions territoriales (série D), analysées par M. Marius Barroux. 1er fascicule. Paris, impr. Dupont, 1892. In-4°, ii-122 p. (Préfecture du département de la Seine.)

127. Inventaires du château de Montréal, en Périgord (1569-1792), publiés pour la première fois, d'après les manuscrits de la Bibliothèque nationale, les archives de Périgueux, de Bergerac et du château de Montréal, par Henri de Montégut. Paris, Pedone-Lauriel, 1892. In-8°, 135 p. et planches.

128. Jacobs (P.). Geschichte der Pfarreien im Gebiete des ehemaligen Stiftes Werden a. d. Ruhr. I. Düsseldorf, Schwann. In-8°, v-232 p. 4 m.

129. Jacquesson (l'abbé). L'Église de Hans. Châlons-sur-Marne, impr. Martin, 1892. In-8°, 38 p. et grav. (Société d'agriculture, commerce, sciences et arts du département de la Marne.)

130. Jadart. État du chapitre de Reims au moment du sacre du roi Charles VII (17 juillet 1429). Paris, Leroux, 1892. (Extrait du *Bulletin du Comité des travaux historiques et scientifiques,* section d'histoire et de philologie.)

131. Jahr (R.). Die Wahl Urbans VI. 1378. Halle, Kaemmerer. In-8°, 94 p. (Hallesche Beiträge zur Geschichtsforschung, herausgegeben von Th. Lindner. 2.) 1 m. 50 pf.

132. Jaud (l'abbé L.). Recherches historiques sur saint Venant, abbé, et sur son culte à Notre-Dame de Fontenay-le-Comte. Fontenay-le-Comte, impr. Gouraud, 1892. In-16, 32 p. 50 cent.

133. Kahle (B.). Die Sprache der Skalden auf Grund der Binnen- und Endreime, verbunden mit einem Rimarium. Strassburg, Trübner. In-8°, viii-303 p. 7 m.

134. Kaluza (M.). Chaucer und der Rosenroman. Eine litterarge-schichtliche Studie. Berlin, Felber. In-8°, vi-255 p. 8 m.

135. Klein (C.). Raimund von Aguilers. Quellenstudie zur Geschichte des ersten Kreuzzuges. Berlin, Mittler. In-8°, 146 p. 2 m. 75 pf.

136. Koehne (C.). Das Hansgrafenamt. Ein Beitrag zur Geschichte der Kaufmannsgenossenschaften und Behördenorganisation. Berlin, Gaertner. In-8°, xvi-318 p. 7 m.

137. Krumbacher (Karl). Woher stammt das Wort Ziffer (chiffre)? Chartres, impr. Durand; Paris, 1892. In-8°, 11 p. (Extrait des *Études de philologie néo-grecque*.)

138. Kunstdenkmale (Die) des Königreichs Bayern vom 11. bis zum Ende des 18. Jahrhunderts. Beschrieben und aufgenommen in Auftrage des königlichen Staatsministeriums des Innern, für Kirchen- und Schulangelegenheiten. I : die Kunstdenkmale des Regierungs-Bezirks Oberbayern, bearbeitet von G. v. Bezold und B. Riehl, 1. Gr. in-8°, 48 p. et 8 planches in-fol. 10 m.; pour les souscripteurs, 9 m.

139. Labrunie (l'abbé Joseph). Abrégé chronologique des Antiquités d'Agen. Agen, Ferran, 1892. In-8°, liii-216 p. (Extrait de la *Revue de l'Agenais*.)

140. La Huguerye (Michel de). Éphéméride de l'expédition des Allemands en France (août-décembre 1587). Publiée avec la collaboration de M. Léon Marlet et offerte à la Société de l'histoire de France par le comte Léonel de Laubespin. (Complément des Mémoires du même auteur, publiés pour la Société par M. le baron de Ruble.) Paris, Laurens, 1892. In-8°, xiii-560 p. et planches.

141. Leblanc (Edmond). L'Abbaye de Fontaine-Daniel, sa fondation et ses derniers jours, avec une vue de l'abbaye en 1695, reproduite à l'eau-forte. Mayenne, Poirier-Bealu, 1892. In-8°, 116 p.

142. Ledieu (Alcius). Les Étrangers en Picardie. Les Princes de Savoie-Carignan, derniers seigneurs de Domart-sur-la-Luce. Abbeville, impr. Fourdrinier, 1892. In-8°, 50 p.

143. Ledieu (Alcius). Un Grand Seigneur picard au xvie siècle. Documents annotés. Paris, Picard, 1892. In-8°, 52 p. (Extrait du *Bulletin de la conférence scientifique d'Abbeville et du Ponthieu*, 3e volume.)

144. Le Faverais (H.). Histoire de Lonlay-l'Abbaye depuis les temps les plus anciens, avec une monographie complète de l'ancienne église abbatiale et de l'église actuelle de Lonlay, et un historique du fief de Fredebise, de la ville et du château de Domfront et Notre-Dame-sur-l'Eau. Mortain, impr. Leroy, 1892. In-8°, 108 p. avec grav. et plans.

145. Lefranc (Abel). Histoire du Collège de France depuis ses origines jusqu'à la fin du premier Empire. Paris, Hachette, 1893. In-8°, xiv-432 p. 7 fr. 50 c.

146. Lettres des bénédictins de la congrégation de Saint-Maur, 1652-1700. Publiées d'après les originaux conservés à la Bibliothèque royale de Copenhague. Copenhague, Gad. In-8°, 392 p. (Lettres inédites de divers savants de la fin du xviie et du commencement du xviiie siècle. Publiées et annotées par E. Gigas. Publication faite sous les auspices de la fondation Carlsberg. Tome I, 1re partie.) 6 couronnes.

147. Levy (J.). Geschichte des Klosters, der Vogtei und Pfarrei Herbitzheim. Saargemünd, Schmitt. In-8°, xix-288 p., 1 planche. 2 m. 50 pf.

148. Lex (Léonce). Eudes, comte de Blois, de Tours, de Chartres, de Troyes et de Meaux (995-1037), et Thibaud, son frère (995-1004). Troyes, impr. Dufour-Bouquot. In-8°, 200 p. (Extrait des *Mémoires de la Société académique de l'Aube*, tome LV, année 1891.)

149. Liger (F.). Les Dalles tumulaires de Rouessé-Vassé. Paris, Baudry, 1892. In-8°, 11 p. avec grav.

150. Lioret (G.). La Compagnie de milice bourgeoise instituée sous le titre de chevaliers de Moret (1779-1789). Dessin de Pellenc et gravure hors texte. Paris, impr. Montorier; Moret-sur-Loing (Seine-et-Marne), 1892. In-8°, 34 p.

151. Liturgische Reimofficien des Mittelalters. 2e Folge. Aus Handschriften und Wiegendrucken herausgegeben von Guido Maria Dreves. Leipzig, Reisland. In-8°, 266 p. (Analecta hymnica medii aevi. XIII.) 8 m. (Les vol. I-XIII : 96 m. 50 pf.)

152. Löwis of Menar (C. von). Die städtische Profanarchitektur der Gothik, der Renaissance und des Barocco in Riga, Reval und Narva. Herausgegeben von der Gesellschaft für Geschichte und Alterthumskunde der Ostseeprovinzen Russlands. Lübeck, Nöhring. In-fol., vii-30 p., 33 planches. Cartonné, 36 m.

153. Loth (J.). Des nouvelles théories sur l'origine des romans arthuriens. Chartres, impr. Durand; Paris, 1892. In-8°, 31 p. (Extrait de la *Revue celtique*.)

154. Male (Émile). Les Chapiteaux romans du musée de Toulouse et l'École toulousaine du xiiie siècle. Paris, Leroux, 1892. In-8°, 29 p. et planches. (Extrait de la *Revue archéologique*.)

155. Marc (Henri). Histoire de Chenove, près Dijon, composée d'après des notes et des documents inédits et suivie de pièces justificatives.

Ouvrage orné d'un plan et de plusieurs gravures hors texte. Dijon, impr. Darantière, 1893. In-8°, xvi-352 p.

156. MARCKS (E.). Gaspard von Coligny. Sein Leben und das Frankreich seiner Zeit. I, i. Stuttgart, Cotta. In-8°, viii-423 p. 8 m.

157. MATHEOLUS. Les Lamentations de Matheolus et le Livre de Leesce de Jehan Le Fèvre de Resson (poèmes français du xive siècle). Édition critique accompagnée de l'original latin des Lamentations, d'après l'unique manuscrit d'Utrecht, d'une introduction et de deux glossaires par A.-G. Van Hamel. Tome I : textes français et latin des Lamentations. Paris, Bouillon, 1892. In-8°, xxv-324 p. (Forme le 95e fascicule de la Bibliothèque de l'École des hautes études.)

158. MAXE-WERLY. Note sur les inscriptions du moyen âge récemment découvertes à Bar-le-Duc. Paris, Leroux, 1892. In-8°, 8 p. et planches. (Extrait du *Bulletin du Comité des travaux historiques et scientifiques,* section d'archéologie, année 1892.)

159. MAYOR (J.). Fragments d'archéologie genevoise. Genève, H. Georg, 1892. In-8°, 102 p., 9 planches. 4 fr.

160. MAZET (Albert). Contribution à l'histoire de la ville d'Ahun (Creuse). Guéret, impr. Mazet, 1892. In-8°, 34 p. et grav.

161. MELONI (Milone). Treia e i papi. Dissertazione storico-critica. Macerata, Mancini, 1892. In-8°, 38-xxii p.

162. MENCHE DE LOISNE (le comte A.). La Loi de justice et de coutume de la ville de Béthune du 2 mai 1334. Saint-Omer, impr. d'Homont, 1892. In-8°, 40 p.

163. MENDÍA Y ELEJALDE (Santiago DE). Historia del condado de Ayala (Alava). Vitoria, Iturbe, 1892. In-8°, iii-164 p.

164. MEYER (A.-G.). Lombardische Denkmäler des vierzehnten Jahrhunderts. Giovanni di Balduccio da Pïsa und die Campionesen. Ein Beitrag zur Geschichte der oberitalienischen Plastik. Stuttgart, Ebner und Seubert. In-4o, xiv-139 p., 13 planches. Relié, 18 m.

165. MOLLE (Charles). Notice généalogique sur la famille Le Doulx de Melleville. Additions nouvelles. Évreux, impr. Hérissey, 1892. In-4°, 109 p.

166. MOUTON (Eugène). François Ranchin, premier consul et viguier de la ville de Montpellier, pendant la peste de 1629. Marseille, impr. Barlatier et Barthelet, 1892. In-16, 103 p. (Extrait du *Sémaphore de Marseille.)*

167. MUGNIER. L'Expédition du concile de Bâle à Constantinople pour l'union de l'Église grecque à l'Église latine (1437-1438). Paris, Leroux,

1892. In-8⁰, 16 p. (Extrait du *Bulletin du Comité des travaux historiques et scientifiques*, section d'histoire et de philologie.)

168. Naef (A.). Notes descriptives et historiques sur la ville de la Tour-de-Peitz. Lausanne, B. Benda. In-8°. 2 fr. 50 c.

169. Nao (la) Santa María, capitana de Cristobal Colón en el descubrimiento de las Indias occidentales, reconstituída, por iniciativa del ministerio de marina y ley votada en cortes, en el Arsenal de la Carraca, para solemnidad del centenario cuarto del suceso. (Memoria de la comisión arqueológica ejecutiva.) Madrid, impr. de « el Progreso editorial », 1892. In-4⁰, 92 p., gravures.

170. *Navigatio* (la) *sancti Brendani* in antico veneziano, edita ed illustrata da Francesco Novati. Bergamo, Cattaneo, 1893. In-8°, LVIII-109 p. 8 l.

171. Nelli (Francesco). Un ami de Pétrarque. Lettres de Francesco Nelli à Pétrarque. Publiées d'après le manuscrit de la Bibliothèque nationale par Henry Cochin, avec une introduction et des notes. Paris, Champion, 1892. In-16, 332 p. et deux fac-similés.

172. Nobiliario de conquistadores de Indias. Le publica la Sociedad de bibliófilos españoles. Madrid, Murillo, 1892. In-8⁰, XXII-322 p., 50 planches. 20 pesetas; papier de fil, 25 pesetas.

173. Nübling (E.). Ulm's Handel und Gewerbe im Mittelalter. Eine Sammlung von Einzeldarstellungen. Ein Beitrag zur deutschen Stadte- und Wirthschaftsgeschichte. 3 : Ulm's Lebensmittel-Gewerbe im Mittelalter. Ulm, Nübling. In-4⁰, IV-32 p. 2 m.

174. Nueva Colección de documentos ineditos para la historia de España y de sus Indias. Publícanla D. Francisco de Zabálburu y D. José Sancho Rayón. Tomo I. Madrid, M. Murillo, 1892. In-8°, VIII-388 p. 12 pesetas.

175. Numismatique du Béarn. Tome I : Histoire monétaire du Béarn, par J.-Adrien Blanchet. Tome II : Descriptions des monnaies, jetons et médailles du Béarn, par Gustave Schlumberger. Paris, Leroux, 1893. 2 vol. in-8⁰, X-217, X-80 p. et 17 planches.

176. Obituaire du prieuré de Deuil, publié par C. Couderc. Nogent-le-Rotrou, impr. Daupeley-Gouverneur; Paris. In-8⁰, 19 p. (Extrait du *Bulletin de la Société de l'histoire de Paris et de l'Ile-de-France*, 1892.)

177. Orvar-Odds Saga, herausgegeben von R. C. Boer. Halle, Niemeyer. In-8⁰, XXIV-124 p. (Altnordische Bibliothek. II.) 3 m. 60 pf.

178. Osnabrücker Urkundenbuch. Im Auftrage des historischen Vereins zu Osnabrück bearbeitet und herausgegeben von F. Philippi.

I : die Urkunden der Jahre 772-1200. Osnabrück, Rackhorst. In-8°, xxvi-411 p., 1 carte, 1 planche. 10 m.

179. Pagani (l'abbé L.). La Seigneurie de Belmont d'Azergues en Lyonnais. Lyon, impr. Rey, 1892. In-8°, 159 p. et grav.

180. Pagart d'Hermansart. Certificat d'accomplissement de pèlerinage pour homicide en 1333. Paris, Leroux, 1892. In-8°, 4 p. (Extrait du *Bulletin du Comité des travaux historiques et scientifiques,* section d'histoire et de philologie.)

181. Pélissier (Léon-G.). Nouvellistes italiens à Paris en 1498. Nogent-le-Rotrou, impr. Daupeley-Gouverneur; Paris. In-8°, 16 p. (Extrait du *Bulletin de la Société de l'histoire de Paris et de l'Ile-de-France,* 1892.)

182. Pélissier (Léon-G.). Les Sources milanaises de l'histoire de Louis XII. Trois registres de lettres ducales de Louis XII aux archives de Milan. Paris, Leroux, 1892. In-8°, 80 p. (Extrait du *Bulletin d'histoire et de philologie.*)

183. Pérot (Francis). Les Vues et Plans de l'ancien château de Moulins. Moulins, impr. Auclaire, 1892. In-8°, 23 p. avec grav. (Extrait des *Annales bourbonnaises.*)

184. Petit (Ernest). Histoire des ducs de Bourgogne de la race capétienne, avec des documents inédits et des pièces justificatives. Tome IV. Dijon, impr. Darantière, 1891. In-8°, vi-491 p. (Publication de la Société bourguignonne de géographie et d'histoire.)

185. Philippe (Jules). Guillaume Fichet : sa vie, ses œuvres. Introduction de l'imprimerie à Paris. Annecy, Dépollier, 1892. In-4°, 175 p.

186. Pigeon (E.-A.). Vies des saints du diocèse de Coutances et Avranches, avec leurs actes anciens, en latin et en langue romane. Tome 1. Avranches, impr. Perrin, 1892. In-8°, iv-256 p. (L'ouvrage sera complet en 4 volumes.)

187. Plancouard (Léon). L'Église de Banthelu. Versailles, impr. Cerf, 1892. In-8°, 12 p.

188. Poletto (Giacomo). Alcuni Studi su Dante Allighieri, come appendice al Dizionario dantesco del medesimo autore. Siena, tip. S. Bernardino, 1892. In-16, viii-349 p. 3 l.

189. Poli (le vicomte Oscar de). Les Colomb au service de France (1325-1558). Paris, au Conseil héraldique de France, 1892. In-8°, 71 p.

190. Porée (l'abbé). L'Abbaye du Bec et ses écoles (1045-1790). Évreux, impr. Odieuvre, 1892. In-8°, 114 p.

191. Prajoux (l'abbé J.). Étude historique sur le Beaujolais. Notes et

documents sur Saint-Cyr-de-Favières et l'Hôpital. Roanne, impr. Chorgnon et Bardiot, 1892. In-8°, vi-188 p.

192. Précis historique de la guerre des camisards (1702-1710). Nîmes, Gervais-Bedot, 1892. In-8°, 270 p.

193. PREGER (W.). Geschichte der deutschen Mystik im Mittelalter. Nach den Quellen untersucht und dargestellt. III : Tauler. Der Gottesfreund vom Oberlande. Merswin. Leipzig, Dörffling und Francke. In-8°, viii-418 p., 1 fac-similé. 9 m.

194. PROBST (F.). Die ältesten römischen Sacramentarien und Ordines erklart. Münster, Aschendorff. In-8°, xv-412 p. 9 m.

195. PROU (Maurice). Catalogue des monnaies françaises de la Bibliothèque nationale. Les Monnaies mérovingiennes. Paris, Rollin et Feuardent, 1892. In-8°, cxv-634 p. avec 36 planches et 1 carte.

196. PROUHET (le docteur A.). Paysages et Monuments du Poitou, photographiés par Jules Robuchon, imprimés en héliogravure par Dujardin. Avec notices par divers auteurs. Livraisons 220-224 : La Mothe-Saint-Héray (Deux-Sèvres). Paris, impr. Motteroz, 1893. In-fol., p. 1 à 34 et 8 planches.

197. PUYMAIGRE (le comte DE). Jean l'Aveugle en France. Paris, 5 rue Saint-Simon, 1892. In-8°, 64 p. (Extrait de la *Revue des Questions historiques*.)

198. Recueil des anciennes coutumes de la Belgique. Coutumes des pays et comté de Flandres. Quartier de Bruges. Coutumes des petites villes et seigneuries enclavées. Tome V. Sysseele, Thourout, Watervliet, par L. Gilliodts-Van Severen. Bruxelles, Gobbaerts, 1892. In-4°, 525 p. 12 fr.

199. Repertorium über die in Zeit- und Sammel-Schriften der Jahre 1812-1890 enthaltenen Aufsätze und Mitteilungen schweizergeschichtlichen Inhaltes. Herausgegeben von der allgemeinen geschichtsforschenden Gesellschaft der Schweiz und in deren Auftrag bearbeitet von Josef Leopold Brandstetter. Basel, Ad. Geering, 1892. 8 fr.

200. RÉVILLE (André). L' « Abjuratio regni ». Histoire d'une institution anglaise. Nogent-le-Rotrou, impr. Daupeley-Gouverneur. In-8°, 42 p. (Extrait de la *Revue historique,* 1892.)

201. RIGOBON (Pietro). La Contabilità di stato nella repubblica di Firenze e nel granducato di Toscana. Girgenti, Salvatore Montes, 1892. In-8°, 298 p. 4 l.

202. RONDOT (Natalis). Les Potiers de terre italiens à Lyon au xvie siècle. Paris, Allison, 1892. In-8°, 160 p. et gravures.

203. Rotulus et matricula d. d. juristarum et artistarum gymnasii Patavini a. MDXCII-III post Christum natum, curantibus doct. Blasio Brugi et I. Aloysio Andrich. Patavii, Gallina, 1892. In-4°, XIV-61 p.

204. ROUSSE (Émile). La Roche-Guyon. Châtelains, château et bourg. Paris, Hachette, 1892. In-16, IV-501 p. et plan. 3 fr. 50 c.

205. RYCKEL (Amédée DE). Les Communes de la province de Liège. Notices historiques. Liège, Demarteau, 1892. In-16, VI-664 p. 4 fr.

206. SAINTENOY (Paul). Études d'architecture comparée. Prolégomènes à l'étude de la filiation des formes des fonts baptismaux depuis les baptistères jusqu'au XVIᵉ siècle. Bruxelles, Ramlot, 1892. In-8°, 172 p., 14 planches. 8 fr.

207. SAINT-MAUR (Eudes DE). Vie de Bouchard le Vénérable, comte de Vendôme, de Corbeil, de Melun et de Paris (Xᵉ et XIᵉ siècles). Publié avec une introduction par Charles Bourel de la Roncière. Paris, Picard et fils, 1892. In-8°, XXXVI-45 p. (Collection de textes pour servir à l'étude et à l'enseignement de l'histoire.)

208. Sammlung von Abbildungen mittelalterlicher Grabdenkmale aus den Ländern der österreichisch-ungarischen Monarchie. Redigirt von K. Lind. 1ᵉ Abtheilung, bis zum Schlusse des XV. Jahrhunderts reichend. Wien, Kubasta und Voigt. In-fol., IV-104 p., 51 planches. (Kunsthistorischer Atlas. Herausgegeben von der k. k. Central-Commission zur Erforschung und Erhaltung der Kunst- und historischen Denkmale unter der Leitung von J. A. Freiherrn von Helfert. X, 1.) 14 m.

209. SASS (J.). Deutsches Leben zur Zeit der sächsischen Kaiser. Ein Beitrag zu den deutschen Privataltertümern. Berlin, Springer. In-8°, XII-81 p. 2 m.

210. SCHÜLTER (W.). Untersuchungen zur Geschichte der altsächsischen Sprache. I. Die schwache Declination in der Sprache des Heliand und der kleineren altsächsischen Denkmäler. Göttingen, Peppmüller. In-8°, XV-263 p. 6 m.

211. SCHMIDT (Ch.). Répertoire bibliographique strasbourgeois jusque vers 1530. I. Jean Grüninger, 1483-1531. Strasbourg, Heitz. In-4°, XIII-103 p., 4 planches. 10 m.

212. SCHÖNHERR (D.-R. VON). Geschichte und Beschreibung der alten landesfürstlichen Burg in Meran. 2ᵉ Auflage. Mit Illustrationen. Meran, Elmenreich. Petit in-4°, III-75 p. 1 m. 20 pf.

213. SCHULTE (J.-F. VON). Lehrbuch der deutschen Reichs- und Rechtsgeschichte. 6ᵉ Auflage. Stuttgart, Nitzschke. In-8°, XVI-624 p. 12 m.; relié, 14 m.

214. Schwan (E.). Grammatik des Altfranzösischen (Laut- und For-menlehre). 2e Auflage. Leipzig, Reisland. In-8°, viii-247 p. 4 m. 80 pf.

215. Schwappach (A.). Grundriss der Forst- und Jagdgeschichte Deutschlands. 2e Auflage. Berlin, Springer. In-8°, viii-176 p. 3 m.

216. Semrau (A.). Die Grabdenkmäler der Marienkirche zu Thorn. Thorn, Ernst Lambeck. In-4°, vii-66 p., planches. (Mitteilungen des Coppernicus-Vereins für Wissenschaft und Kunst zu Thorn. VII.) 5 m.

217. Silvercruys (Édouard). Le Portugal depuis les Carthaginois jus-qu'au règne de dom Carlos Ier. Lille, impr. Liégeois-Six, 1892. In-8°, 171 p.

218. Simon (A.). Die Verkehrsstrassen in Sachsen und ihr Einfluss auf die Städteentwickelung bis zum J. 1500. Stuttgart, Engelhorn. In-8°, 99 p., 1 carte. (Forschungen zur deutschen Landes- und Volks-kunde, herausgegeben von A. Kirchhoff. VII, 2.) 4 m.

219. Smith (G.-B.). History of the English parliament; together with an account of the parliaments of Scotland and Ireland. London, Ward. In-8°, 2 vol., 1180 p. 1 l. 4 s.

220. Souchon. L'Hôtel du Petit-Saint-Vincent à Laon. Paris, Leroux, 1892. In-8°, 7 p. (Extrait du *Bulletin du Comité des travaux historiques et scientifiques,* section d'archéologie.)

221. Stewart (R.-M.). The Church of Scotland from the time of queen Margaret to the Reformation. With supplementary chapter deal-ing with Scottish ecclesiastical affairs to the presbyterian settlement of 1690. London, A. Gardner. In-8°, 402 p. 7 s. 6 d.

222. Storrs (R.-S.). Bernard of Clairvaux : the times, the man, and his work. London, Hodder. In-8°, 616 p. 9 s.

223. Taillevent (Guillaume Tirel, dit). Le Manuscrit de la biblio-thèque Vaticane (supplément au Viandier de Taillevent), publié, avec avant-propos, notes et tables, par le baron Jérôme Pichon et Georges Vicaire. Paris, Leclerc et Cornuau, 1892. In-8°, p. 183 à 300.

224. Tandel (Émile), Leuze (l'abbé de). Les Communes luxembour-geoises. Tome V : l'arrondissement de Marche. Arlon, Bruck, 1892. In-8°, 710 p., planches. (Publications de l'Institut archéologique du Luxembourg [belge], 1892, t. XXVI des *Annales.*)

225. Tarbouriech (A.). Curiosités révolutionnaires du Gers. Avec une préface de M. Paul Bénétrix. Auch, impr. Capin; aux Archives dépar-tementales, sans date. In-8°, xxiv-102 p.

226. Thévenot (Arsène). Éphémérides communales. Arcis-sur-Aube, Frémont, 1892. In-8°, 47 p.

227. Thibault (Adrien). Glossaire du pays blaisois. Blois, tous les libraires; Orléans, Herluison; l'auteur, à la Chaussée-Saint-Victor près Blois, 1892. In-8º, xxv-363 p.

228. Thiollier (F.). L'Art roman à Charlieu et en Brionnais. Avec la collaboration de MM. E. Brossard, J. Déchelette, V. Durand, E. Jeannez. Montbrison, impr. Brassart, 1892. In-4º, 108 p. avec grav. et 86 héliogravures.

229. Thomas (Alexandre). Visite de la cathédrale de Quimper. Quimper, impr. de Kerangal, 1893. In-8º, xxvi-146 p.

230. Thomas (l'abbé Jules). Le Livre d'or de la belle défense de Saint-Jean-de-Losne en 1636. Dijon, impr. Jobard; l'auteur, 1892. In-8º, 248 p.

231. Tourtual (F.). Bischof Hermann von Verden, 1149-1167. 2e Auflage. Berlin, Stargardt. In-8º, viii-82 p. 2 m.

232. Trabaud (P.). Polyptique de Six-Fours. Marseille, impr. Barlatier et Barthelet, 1892. In-8º, 7 p. (Extrait des *Mémoires de l'Académie de Marseille*.)

233. Trincard (Amable). Notice historique sur la commune de Cournon, avec la description de son territoire, servant de statistique. Clermont-Ferrand, impr. Mont-Louis, 1892. In-8º, 32 p. 60 cent.

234. Trincard (Amable). Notice historique sur le monastère de Cronome ou Cronosme, en Auvergne, au lieu dit la Nef ou Naud, commune de Cournon (Puy-de-Dôme) (époque du moyen âge). Clermont-Ferrand, impr. Mont-Louis, 1892. In-8º, 16 p. 40 cent.

235. Truchard du Molin. Baronnies du Velay. Vicomté de Polignac. Revu et complété par M. Augustin Chassaing. Paris, impr. Firmin-Didot, 1892. In-4º, viii-269 p. avec grav. et 78 planches hors texte.

236. Urbain IV. Les Registres d'Urbain IV (1261-1264). Recueil des bulles de ce pape, publiées ou analysées d'après les manuscrits originaux du Vatican par MM. Léon Dorez et Jean Guiraud. 1er fascicule (feuilles 1 à 14). Paris, Thorin et fils, 1892. In-8º à 2 col., p. 1 à 112. 8 fr. 40 c.

237. Urkunden und Aktenstücke zur Geschichte der in der heutigen Provinz Posen vereinigten ehemals polnischen Landesteile. Im Auftrage des Provinzialausschusses der Provinz Posen in italienischen Archiven und Bibliotheken, vornehmlich dem vatikanischen Archiv gesammelt und herausgegeben von H. Ehrenberg. Leipzig, Veit. Gr. in-8º, lix-700 p. 20 m.

238. Vachez (A.). Les Livres de raison dans le Lyonnais et les provinces voisines. Lyon, Brun, Cote, 1892. In-8°, 75 p.

239. Varnhagen (H.). Ueber eine Sammlung alter italienischer Drucke der Erlanger Universitätsbibliothek. Ein Beitrag zur Kenntnis der italienischen Litteratur des 14. und 15. Jahrhunderts. Erlangen, Fr. Junge. In-4°, iv-62 p. 4 m.

240. Vierset-Godin (E.). Les Bourgmestres de Huy, depuis l'édit de Son Altesse Sérénissime Ernest de Bavière, prince-évêque de Liège, en date du 24 décembre 1595, réglementant l'élection magistrale, jusqu'à et inclus l'année 1890. Liège, Benard, 1892. In-fol.; 124 p., 103 planches de blasons en couleurs. (Non mis dans le commerce.)

241. Vincens (Charles). De l'iconographie de sainte Anne et de la Vierge Marie, à propos d'une statue du xve siècle. 2e édition. Paris, Chaix, 1892. Grand in-8°, 12 p. et planche.

242. Viollet (Paul). Histoire du droit civil français, accompagnée de notions de droit canonique et d'indications bibliographiques. 2e édition du Précis de l'histoire du droit français, corrigée et augmentée. Paris, Larose et Forcel, 1893. In-8°, xii-917 p. 12 fr.

243. West (A.-F.). Alcuin and the Christian schools. London, Heinemann. In-8°, 210 p. (Great Educators.) 5 s.

244. Winkelmann (A.). Der Romzug Ruprechts von der Pfalz, nebst Quellenbeilagen. Innsbruck, Wagner. In-8°, vi-146 p. 2 m. 80 pf.

CHRONIQUE ET MÉLANGES.

Les élèves de l'École des chartes ont soutenu leurs thèses le 30 et le 31 janvier 1893. Suit la liste des sujets choisis par les candidats :

Recherches sur la condition de la classe agricole dans l'ancien diocèse de Troyes au moyen âge, par Paul D'ARBOIS DE JUBAINVILLE.

Histoire de la ville de Langres et de ses institutions municipales jusqu'au milieu du xve siècle, par Ferdinand CLAUDON.

Étude sur les forêts de la Franche-Comté, du i^{er} au xviie siècle, par Auguste COULON.

Essai sur l'histoire de Calais sous la domination anglaise, par Georges DAUMET.

Jean II, duc d'Alençon (1404 ou 1405-1476), par Joseph GUIBERT.

Étude sur l'église Sainte-Madeleine de Troyes, par Paul HOPPENOT.

De l'influence des coutumes de Berry sur la législation de Genève au xvie siècle, par Emmanuel DE PERETTI DE LA ROCCA.

Étude sur François de Coligny, seigneur d'Andelot, colonel général de l'infanterie française (1521-1589), par Marc SACHÉ.

Guerre et négociations entre François Ier et Henri VIII, du traité de Crépy au traité d'Ardres (septembre 1544-juin 1546), par Georges SALLES.

La communauté des habitants de Blois jusqu'au commencement du xvie siècle, par Jacques SOYER.

Étude sur la vie et les œuvres de Robert Cénalis (1483-1563), par A. VAUTIER.

— Par arrêté du 4 février 1893, ont été nommés archivistes paléographes, dans l'ordre de mérite suivant :

MM. COULON,
  DAUMET,
  SACHÉ,
  CLAUDON,
  SOYER,
  GUIBERT,
  DE PERETTI DE LA ROCCA,
  SALLES,
  D'ARBOIS DE JUBAINVILLE.

Ont été nommés archivistes paléographes, hors rang, comme appartenant à des promotions antérieures :

MM. HOPPENOT,
VAUTIER.

— Par décret du 18 février 1893, notre confrère M. Auguste Molinier a été nommé professeur titulaire de la chaire ayant pour objet l'étude critique des sources de l'histoire de France à l'École des chartes.

— Le 27 février 1893, nous avons eu la douleur de perdre notre confrère M. Léon-Arsène Brièle. Né à Paris le 10 septembre 1836, M. Brièle était sorti de l'École des chartes au mois de novembre 1858, après avoir soutenu une thèse sur Conrad de Wurzbourg. Peu de mois auparavant, il avait été nommé archiviste du département du Haut-Rhin. Il quitta ce poste pour prendre celui d'archiviste de l'assistance publique à Paris, qu'il occupait encore au moment de sa mort.

M. Brièle s'est signalé par le dévouement dont il a fait preuve dans l'accomplissement de ses fonctions, par les publications qu'il a consacrées aux documents des archives hospitalières de Paris, et surtout par les mesures qu'il prit en 1870 et 1871 et qui ont préservé de la destruction la meilleure partie de ce précieux dépôt.

Pendant plusieurs années, à partir de 1872, M. Brièle fut autorisé à faire aux élèves de l'École des chartes un cours de langue allemande.

Les ouvrages auxquels notre regretté confrère a attaché son nom sont les suivants :

Rapport à M. le préfet du Haut-Rhin sur la première partie du fonds de la régence d'Ensisheim. — [Colmar, 1861.] In-8°.

Inventaire sommaire des archives civiles du Haut-Rhin antérieures à 1790. Volume in-4° inachevé s'arrêtant à la cote 904 de la série E.

Inventaire sommaire des archives de la ville de Cernay (Haut-Rhin) antérieures à 1790. — Colmar, 1872. In-4°.

Notes pour servir à l'histoire de l'Hôtel-Dieu de Paris. — Paris, 1870. In-8°.

Inventaire sommaire des archives de l'administration générale de l'assistance publique (Hôtel-Dieu et établissements divers), tomes II, III et supplément. — Paris, 1869, 1870 et 1889. — Les tomes II et III, détruits en 1871, ont été réimprimés en 1884 et 1886. — L'introduction du tome II avait déjà été reproduite en 1877, sous le titre de : *les Archives de l'administration générale de l'assistance publique de Paris,* dans le tome III des *Mémoires de la Société de l'histoire de Paris.*

Récolement des archives de l'administration générale de l'assistance publique qui ont échappé à l'incendie de mai 1871. — Paris, 1876. In-8°. (Tirage à part de la première partie du volume intitulé : *les Archives hospitalières de Paris,* par H. Bordier et L. Brièle. — Paris, 1877. In-8°.)

Collection de documents pour servir à l'histoire des hôpitaux de Paris.

Tomes I-IV. — Paris, 1881-1885. In-4°. (Délibérations de l'ancien bureau de l'Hôtel-Dieu. Collection des comptes de l'Hôtel-Dieu, etc.)

De l'origine de l'hospice des incurables. François Joulet de Châtillon. — Paris, 1885. In-8°.

La Bibliothèque d'un académicien au XVII siècle. Inventaire et prisée des livres rares et des manuscrits de J. Ballesdens, suivis de son testament.* — Paris, 1885. Grand in-4°. (Extrait de la *Collection de documents pour servir à l'histoire des hôpitaux de Paris.*)

Une Bienfaitrice de l'Hôtel-Dieu de Paris. La dernière marquise de Lionne (1689-1759). — Paris, 1886. In-8°.

L'Hôpital de Sainte-Catherine en la rue Saint-Denis (1184-1790). — Paris, 1890. Grand in-8°.

Anciennes Chartes de l'Hôtel-Dieu de Paris. Volume sous presse qui sera compris dans la Collection de documents inédits de l'histoire de France et dont l'achèvement est confié à notre confrère M. Coyecque.

La *Bibliothèque de l'École des chartes* a reçu de M. Brièle une notice biographique sur notre confrère M. Hugot, bibliothécaire-archiviste de Colmar (6° série, t. I, p. 367, année 1865), la traduction d'une communication officielle de l'année 1876 sur le service des archives et des publications historiques en Prusse (t. XXXVII, p. 138), ainsi que des comptes rendus de l'ouvrage de l'abbé Hanauer sur les Paysans de l'Alsace au moyen âge (6e série, t. II, p. 172, année 1866) et du livre de M. Pfannenschmid sur le service des archives en Alsace-Lorraine (t. XXXVI, p. 487).

— Par décret du 15 octobre 1892, notre confrère M. Hanotaux a été nommé directeur des consulats et des affaires commerciales au ministère des affaires étrangères.

— Par décret du 13 décembre 1892, notre confrère M. Émile Molinier a été nommé conservateur adjoint au département de la sculpture et des objets d'art du moyen âge, de la Renaissance et des temps modernes au musée du Louvre.

— Par arrêté du 15 novembre 1892, notre confrère M. Gaston Paris a été nommé, pour trois ans, vice-président de l'assemblée des professeurs du Collège de France.

— Par arrêté du 8 février 1893, notre confrère M. Guiffrey a été nommé administrateur de la manufacture des tapisseries des Gobelins.

— Par arrêté du 3 mars 1893, notre confrère M. Léon Gautier a été nommé chef de la section historique des Archives nationales.

Par arrêté du même jour, notre confrère M. Paul Guérin a été nommé secrétaire des Archives nationales ; et nos confrères MM. Courtaux et Marichal, archivistes dans le même établissement.

— Par arrêté du 27 mars 1893, notre confrère M. Ledos a été nommé sous-bibliothécaire au Département des imprimés de la Bibliothèque nationale.

— Par arrêté du 4 avril 1893, nos confrères MM. Brutails, archiviste de la Gironde, et Prudhomme, archiviste de l'Isère, ont été nommés officiers de l'instruction publique.

— Le souvenir de notre regretté confrère M. Siméon Luce a été ainsi rappelé par M. Poincarré, ministre de l'instruction publique, dans le discours qu'il a prononcé, le 8 avril 1893, à la clôture du congrès des sociétés savantes :

« Pourquoi faut-il, Messieurs, que cette fête de la science libre soit assombrie, cette année, par des regrets cruels et par des pertes irréparables ?

« L'auteur de cette admirable *Histoire de Duguesclin*, M. Siméon Luce, est mort. Il est mort sans avoir pu donner la seconde édition, si impatiemment attendue, de son *Histoire de la Jacquerie*; il est mort avant d'avoir pu achever la publication des *Chroniques de Froissart*.

« Ce grand érudit était un grand patriote. Et peut-être sera-t-il permis au ministre de l'instruction publique, qui représente comme député la ville de Vaucouleurs, de rendre un hommage particulièrement attristé à celui dont la dévotion inquiète s'attachait si ardemment à tous les souvenirs de Jeanne la Lorraine. »

— Le fragment suivant d'un rapport fait le 10 février 1893 à l'Académie des inscriptions et belles-lettres a trait aux travaux accomplis par notre confrère M. Léon Dorez, pendant la seconde année de son séjour à l'École française de Rome :

« M. Léon Dorez a été associé aux recherches de son collègue M. Guiraud pour la préparation du registre de chancellerie du pape Urbain IV. Il a envoyé, comme travail particulier, un *Essai sur Niccolò Perotti*. Son étude sur la vie et les ouvrages de ce personnage, mort en 1480 à l'âge de cinquante ans, a eu pour point de départ un recueil manuscrit formé au XVIIe siècle par Torquato Perotti et conservé au Vatican. Elle a été conduite avec méthode et a abouti à des résultats nouveaux et intéressants. L'auteur a le mérite d'avoir reconnu, principalement au Vatican, les exemplaires originaux des principaux écrits de Perotti et d'avoir correctement transcrit et fidèlement analysé un assez grand nombre de lettres fort curieuses pour l'histoire de l'humanisme et des humanistes en Italie au XVe siècle. Il en a tiré un excellent parti pour fixer les points essentiels de la vie qu'il voulait reconstituer. Le temps lui a manqué pour épuiser certaines recherches et pour donner à son mémoire une forme définitive. Les différentes parties n'en sont pas traitées avec les mêmes développements. La fin paraît écourtée. Il y manque un résumé et un jugement sur la part qui revient à Niccolò Perotti dans le mouvement littéraire du XVe siècle, sur l'influence qu'il a exercée et sur l'emploi qu'on a fait de ses œuvres pour l'enseignement de la grammaire. L'exposition gagnera en clarté et en intérêt, si on peut rejeter dans un appendice de trop longues citations et des notices de manuscrits, auxquelles il n'y a, d'ailleurs, que des éloges à accorder. Dès maintenant, le mémoire de M. Dorez peut être signalé comme un bon chapitre de l'histoire littéraire de l'Italie pendant la seconde moitié du xvᵉ siècle. »

— L'Académie des inscriptions et belles-lettres, dans sa séance du 10 mars 1893, a décerné le prix de numismatique, fondé par M. Allier de Hauteroche, à notre confrère M. Babelon, pour son nouveau volume du *Catalogue des monnaies grecques* de la Bibliothèque nationale : *les Perses Achéménides ; les satrapes et les dynastes tributaires de leur empire ; Cypre et Phénicie.*

— L'Académie des sciences, belles-lettres et arts de Rouen décernera en 1894 le prix Gossier (700 francs) à l'auteur du meilleur travail sur la question suivante :

« Examiner en quoi a consisté la réforme de la Coutume de Normandie au xviᵉ siècle et signaler les différences entre l'ancien Coutumier et la Coutume réformée. »

La même Académie décernera le prix de la Reinty (500 francs) à l'auteur du meilleur ouvrage manuscrit ou imprimé, écrit en français, ou de la meilleure œuvre d'art, faisant connaître, par un travail d'une certaine importance, soit l'histoire politique et sociale, soit le commerce, soit l'histoire naturelle des Antilles, présentement possédées par la France ou qui ont été jadis occupées par elle.

Les ouvrages devront être envoyés francs de port avant le 1ᵉʳ mai (terme de rigueur) soit à M. Barbier de la Serre, soit à M. Pierre Le Verdier, secrétaires de l'Académie.

ARCHIVES D'ALLEMAGNE.

Notre confrère M. E.-Daniel Grand, archiviste de la ville de Montpellier, veut bien nous communiquer, sur quelques-unes des principales archives d'Allemagne dont il a examiné l'installation matérielle, la note suivante, destinée à former l'appendice d'un rapport annuel sur les archives municipales de Montpellier [1] en 1892 :

« Dans un récent voyage fait en Allemagne pendant un congé de vacances, j'ai fait, sur les archives et les bibliothèques de l'empire alle-

---

1. Voyez *Budget de* 1893 de la ville de Montpellier, publication annexe du *Bulletin municipal de la ville de Montpellier,* où notre confrère M. E.-D. Grand a déjà fait paraître le *Récolement des archives municipales* (voy. *Bibliothèque de l'École des chartes,* t. L, p. 681 et suiv.).

mand, quelques observations, dont certaines pourront être intéressantes au point de vue des archivistes français et que je me permets de communiquer dans le présent rapport, en les groupant suivant l'ordre des paragraphes qui précèdent. Les archives que j'ai visitées sont celles de Bâle (Suisse), Stuttgart (arch. du roy. de Wurtemberg), Nuremberg (arch. municip.), Dresde (arch. municip. et arch. du roy. de Saxe), Leipzig (arch. municip.), Weimar (arch. grand-ducales), Marbourg (arch. de Hesse), Francfort-sur-le-Mein (arch. municip.), Strasbourg (arch. dép. et arch. municip.), Mulhouse (arch. municip.), Lucerne (arch. cantonales), Berne (arch. fédérales de Suisse)[1].

« *Local des archives.* Ce qui frappe tout d'abord les voyageurs, c'est la sollicitude apportée à l'installation matérielle des archives. Les archives placées dans des locaux isolés (comme à Montpellier, Toulouse, Lyon, Dijon, Niort, Châteauroux, etc.) se rencontrent à Stuttgart (arch. du roy. de Wurtemberg), Dresde (édifice neuf pour les archives du royaume de Saxe), Weimar (édifice neuf pour les archives du grand-duché de Saxe-Weimar), Marbourg (archives de la province de Hesse prussienne dans l'ancien château des landgraves de Hesse), Francfort-sur-le-Mein (édifice neuf pour les archives municipales), Strasbourg (ancien bâtiment de l'École de médecine affecté aux archives et à la bibliothèque municipales). Tous ces édifices sont solidement bâtis et quelquefois presque somptueusement installés (comme à Dresde)[2]. En installant les

---

1. Nous rappelons que notre recueil a déjà publié plusieurs notices sur les archives de l'étranger, et notamment : *État des archives en Prusse,* par M. Brièle (t. XXXVI, p. 138); *les Archives du royaume de Hongrie* (t. XLV, p. 699); *Archives municipales de Francfort-sur-le-Mein* (t. XLVII, p. 196); *Congrès des archivistes allemands* (t. XL, p. 658); *les Archives italiennes à Rome,* par M. Clédat (t. XXXVI, p. 457); *les Archives de Milan,* par M. G. Porro (t. XXXIV, p. 650). Rappelons aussi que notre confrère M. Giry a donné de nombreux détails sur la composition des archives d'Allemagne dans la notice consacrée aux *Archives* dans la *Grande Encyclopédie* (t. III, p. 747-762). On connaît l'ouvrage d'ensemble consacré aux archives d'Allemagne, d'Autriche et de Suisse par M. Burkhardt, archiviste du grand-duché de Saxe-Weimar (*Hand- und Adressbuch der Deutschen Archive,* Leipzig, 1887, 2ᵉ édit., 2 vol., in-8° et in-16, dont le vol. in-8° ou *Handbuch* [x-230 p.] contient les notices relatives à chaque fonds d'archives, et le vol. in-16 ou *Adressbuch* [66 p.] les notices relatives aux conditions de travail et au personnel des diverses archives), et l'*Archivalische Zeitschrift* publiée par von Löher et consacrée à l'étude de toutes les questions techniques d'installation, de classement et d'inventaire.

2. Une notice sur tous les locaux d'archives nouvellement bâtis en Allemagne se trouve dans un des derniers numéros de la *Bauzeitschrift* publiée par Schmitz. Sur les archives royales de Saxe, voy. *Das Haupt-Staats-Archiv zu Dresden,* par K. von Weber, dans *Archiv für die sächsische Geschichte,* t. II (1864), et une notice sur le nouvel édifice par M. l'archiviste Ermisch, dans *Archivalische Zeitschrift,* t. XIII.

archives dans des locaux spéciaux, on a songé, plus qu'on ne l'a fait en France, à séparer complètement la partie ancienne de la partie moderne et courante (comme aux archives municipales de Leipzig, Francfort et Strasbourg), qui reste, depuis la date de 1815 en général, dans les bureaux des hôtels de ville. L'aménagement intérieur (parquets, tapis, badigeonnages, mobilier, etc.) est toujours soigné et propre. Le chauffage se fait généralement par les calorifères à eau chaude ou à vapeur d'eau. Quand les archives ne sont pas dans des locaux isolés, les précautions contre les dangers d'incendie sont minutieuses : tuyaux et bouches d'incendie dans les salles et les escaliers, murs doubles et portes de fer séparant le local des archives du reste du bâtiment, ouvertures en forme de puits ménagées dans l'épaisseur des murs pour précipiter les documents dans le sous-sol en cas de danger imminent (Francfort), grands paniers d'osier placés à demeure dans les salles (Nuremberg), caisses et petites armoires mobiles pour les documents les plus précieux (Nuremberg, Dresde, Strasbourg).

« *Personnel*. Le personnel des archives d'Allemagne est en général nombreux et bien payé. Voici les appointements des employés de quelques archives municipales, évalués en marks (1 mark = 1 franc 25 cent.) :

Nuremberg. Archiviste, 3,720 marks ; 420 m. (indemnité de logement).
     Archiviste-adjoint, 2,280 m.

Le traitement annuel de début de l'archiviste était de 3,360 m. (4,200 fr.). Les augmentations sont de 360 m. tous les cinq ans (2 fois).

Dresde. Archiviste, 5,000 m.
     Archiviste-adjoint, 2,000 m.
     Deux garçons de bureau à 1,030 m.

Leipzig. Archiviste, 4,100 m.
     Archiviste-adjoint, 3,225 m.
     Autres employés, 2,280 m., 1,500 m., 1,440 m. et 1,200 m.

Francfort-sur-le-Mein. Archiviste, 4,725 m.
     Deux employés à 2,100 m. et 1,900 m.

Strasbourg. Archiviste, 3,600 m.
     Archiviste-adjoint, 2,000 m.
     Autres employés, 1,080 m., 800 m. et 360 m.

« Dans les archives de provinces ou de cercles, le personnel est encore plus nombreux, surtout dans l'Allemagne du Nord, par exemple à Marbourg (archives de la Hesse), où il y a : un archiviste en chef (4,500 m., plus le logement), cinq archivistes-adjoints, cinq expéditionnaires et garçons de bureau [1].

1. Les archives des villes hanséatiques, qui peuvent être comparées dans une certaine mesure, au point de vue de l'importance historique au moyen

« *Matériel*. Les soins apportés par les archivistes allemands à la conservation des documents ne sauraient être assez donnés en exemple aux
archivistes des autres nations. Dans toutes les archives sans exception
(excepté actuellement les anciennes archives départementales à Strasbourg), tous les documents sur parchemin, jusqu'à la fin du siècle dernier, et tous les documents sur papier, jusqu'en 1400 en moyenne, sont
placés chacun séparément dans des couvertures, chemises ou enveloppes en papier fort ou en carton. Ce procédé de conservation des
chartes, quoique assez dispendieux (chaque carton coûtant de 4 à 10 pfen-
nigs pièce, à Marbourg), préserve les documents de la poussière et des
chocs, ce qui est essentiel pour la préservation des sceaux en cire. Le
nombre de ces chemises de carton peut varier de 10,000 (archives grand-
ducales de Weimar, archives municipales de Strasbourg) à 90,000
(archives de la Hesse prussienne)[1]. Les documents, ainsi placés dans
des enveloppes distinctes, sont conservés dans des armoires ou des
caisses. Les armoires, sur les rayons desquelles tous ces cartons sont
rangés à la suite les uns des autres, sont munies de portes percées de
larges trous d'aération, fermés par des grillages de fil de fer très fin,
pouvant arrêter une partie de la poussière extérieure. Les documents
de trop grande dimension pour entrer dans les chemises en papier
sont montés sur des feuilles de carton et placés dans les tiroirs d'armoires spéciales. Les caisses sont de petites dimensions, pour pouvoir
être déplacées facilement en cas de danger, et généralement placées
sur deux rangées de quatre caisses, les unes au-dessus des autres, de

âge, au groupe des villes méditerranéennes de Marseille, Montpellier et Cette
(Agde), sont encore mieux traitées. La ville de Brême, par exemple, dépense
annuellement 21,850 marks pour les archives, dont 8,000 marks pour le traitement de l'archiviste en chef, 3,050 marks pour celui de l'archiviste-adjoint,
7,520 marks pour ceux de trois employés, 1,500 marks pour l'impression du
cartulaire municipal, etc. (voy. *Spezial-Budgets für* 1892-93 [de la ville de
Brême], art. 31).

1. Les cartons employés aux archives de Marbourg ont 0^{m}37 de long sur
0^{m}22 de haut, et sont de quatre espèces : 1° Pour les chartes avec grands
sceaux (0^{m}02 d'épaisseur); 2° pour les chartes avec petits sceaux; 3° pour les
chartes sans sceaux (collées ou encartées); 4° pour les chartes endommagées
(collées sur des feuilles de carton mince placées à l'intérieur du grand carton).
Les deux premières espèces de cartons sont fermées sur trois côtés, les deux
dernières sur un côté seulement. Le carton employé est un carton couleur
jaune ocre de 0^{m}001 d'épaisseur. — Aux archives grand-ducales de Weimar,
on enveloppe les chartes dans du papier très épais, de couleur rose, avec
le mode de pliure usité dans l'ancienne manière de cacheter les lettres,
suivant la dimension du document. Les enveloppes ainsi pliées sont placées
debout, sur deux rangées, dans des tiroirs découverts, posés eux-mêmes sur les
rayons, auxquels ils sont assujettis par les deux rainures dans lesquelles ils se
meuvent.

manière à donner l'apparence d'une seule grande caisse (arch. municip. de Nuremberg, arch. de Saxe à Dresde). Ce système de conservation des chartes dans des caisses, qui était celui du moyen âge et qui s'est conservé sans aucune modification dans le principal fonds des archives de la ville de Montpellier (*cassettes* et *tiroirs*[1] et *nouvelles layettes* faites par M. de la Pijardière), a été conservé jusqu'à nos jours par l'Allemagne, qui n'a fait que le perfectionner et le rendre plus pratique par le montage de plusieurs caisses ensemble, l'installation de compartiments dans les caisses et autres détails, tels que couvercles mobiles, tringles latérales, roulettes, etc. Ce système serait très difficile à appliquer dans les archives françaises, car, d'après le mode de classement en vigueur, on peut trouver côte à côte, dans le même portefeuille, une charte carolingienne et un papier du siècle dernier, si ces documents rentrent tous les deux dans telle ou telle subdivision du classement. Dans les anciennes archives départementales de Strasbourg, qui furent des premières à être classées d'après les plans de réorganisation des archives inaugurés vers 1860, le nouvel archiviste allemand a déjà commencé à extraire tous les documents sur parchemin des séries anciennes, pour les mettre dans de petites armoires spéciales placées entre les fenêtres, et a le projet de faire une refonte générale du classement et de mettre à part, dans des enveloppes et dans des armoires ou des caisses, tous les documents sur parchemin et tous les documents sur papier jusqu'en 1400. — La conservation des documents modernes est généralement très soignée : chaque dossier est remis aux archives, classé et cousu dans une chemise, et les dossiers sont conservés, en général, empilés les uns au-dessus des autres dans des casiers spéciaux, plus hauts que larges, appelés *Lokate* (Dresde, Leipzig, Marbourg, etc.) ou, plus rarement, placés, comme en France, dans des portefeuilles (Weimar).—Quelques dispositions matérielles de plusieurs bibliothèques méritent d'être signalées ici également, comme l'installation de casiers à fiches dans les battants de portes d'armoires (bibl. univ. de Leipzig), disposition qui se retrouve dans les vitrines du musée paléographique des archives de Marbourg, et surtout les crémaillères extérieures de rayons inventées par M. Ébrard (bibliothécaire de la ville de Francfort-sur-le-Mein, descendant de réfugiés protestants languedociens), permettant de déplacer les rayons de cran en cran, pour les élever ou les abaisser, sans enlever les livres du rayon.

« *Inventaires et publications.* Les inventaires des archives d'Allemagne sont en général très avancés, mais peu sont encore publiés, car la plupart des archivistes préfèrent ne livrer qu'un travail achevé et soigné, aucun délai de publication ne leur étant imposé. Les inven-

---

1. Voyez *Bibliothèque de l'École des chartes*, t. L, p. 682.

taires sont généralement rédigés sur des fiches de grande dimension,
divisées en compartiments réservés aux différentes mentions, analyse
de la charte, date, cote, etc. (arch. municip. de Bâle, arch. de Saxe à
Dresde, etc.)[1]. L'état d'avancement des inventaires a permis de dresser
presque partout deux sortes de tables très utiles pour faciliter les
recherches : la table alphabétique des sujets contenus dans les chartes
(*Realrepertorium*) et la table alphabétique de tous les noms de personnes
importants (*Personenregister*), comme aux archives municipales de
Dresde[2]. A ces deux tables essentielles s'ajoutent presque toujours,
suivant l'importance des archives, d'autres répertoires : table des corporations (arch. municip. de Dresde), familles nobles, histoire des ins-

---

1. Voici le modèle des fiches de rédaction des analyses aux archives de la
ville de Bâle. Ces fiches sont sur papier vergé de 0^m22 sur 0^m17 et sont disposées de la manière suivante :

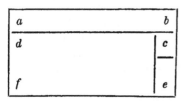

a. Date.
b. Cote moderne.
c. Cote ancienne.
d. Analyse.
e. Matière subjective, sceaux, etc.
f. Références bibliographiques.

2. Voici quelques exemples de ces deux sortes de tables aux archives de la
ville de Dresde :

1° Table des matières.

Ratsämter-Rechnungen. A. III. 1, 27; A. XV (bes. No. 23). 31u.
Ratsämter-Verteilung . A. II. 3, 5, 100c, 100d, 100g *bis* 100i; A. III. 4, 39,
41, 48a.
Ratsarbeiter . . . . A. XV. 24a; A. XII. 199n (Vol. I).
Ratsarchiv . . . . . A. II. 101e; A. VIII. 39 (Blt. 26 flg., 67); A. IX.
cf. auch Akten und Repertorien.
Ratsarchivar . . . . A. VIII. 54b (Blatt 155f), A. IX. 12; A. XII. 194.
Ratsarmeninstitute, siehe « Armeninstitute. »
(*Sachregister* ou table méthodique, actuellement achevée et recopiée sur un
registre.)
Les majuscules indiquent les séries (A, administration, etc.), les chiffres
romains indiquent les subdivisions (II et III, personnel, etc.; VIII, employés
diplômés; IX, archives; XII, employés non diplômés; XV, comptes, etc.) et
les chiffres arabes indiquent les cotes (pour les indications de registres, *Blt.*
= *Blatt, flg. = folgende*, etc.).

2° Table des noms.

Moritz, Kurfürst. — Autograph 1545. 1551. 1546. 1543. A. VI. 119kI (Bl. 81.
92. 93), A. XXIII. 289zI (Bl. 4), F. XXII. 42a (Bl. 18). Schreiben vom 21 April
1550, worin er seine Friedensliebe beteuert C. XXII. 93wI (Bl. 28).
(*Personenregister* ou table onomastique, en cours d'exécution sur fiches.)

titutions, histoire de Saxe, théâtre et musique, etc. (arch. de Saxe à Dresde), table chronologique des chartes (Dresde, Weimar), etc. Le principal inventaire d'archives municipales qui ait été publié est celui de la ville de Francfort-sur-le-Mein (*Inventare des Frankfurter Stadtarchivs*, 1888 et ann. suiv., 3 vol. in-8°)[1]. La publication des cartulaires est également très avancée (Dresde, Francfort, Cologne, etc., et, en Suisse, Bâle, Zurich, etc.). L'archiviste de la ville de Bâle, M. Wackernagel, a publié une analyse et un récolement sommaire des archives[2], analogue au *Récolement des archives municipales* de Montpellier. — Les bibliothèques de référence ou bibliothèques administratives et historiques des archives d'Allemagne sont généralement très bien pourvues de tous les ouvrages nécessaires aux archivistes et aux lecteurs dans leurs travaux, tant au point de vue des ouvrages historiques généraux, dictionnaires, répertoires, manuels paléographiques, etc., qu'à celui des ouvrages d'histoire locale. J'ai surtout remarqué les bibliothèques des archives de Saxe à Dresde (environ 8,000 volumes) et des archives de la Hesse prussienne à Marbourg (environ 20,000 volumes et brochures, parmi lesquelles un certain nombre de raretés bibliographiques, comme des journaux français de 1639). — Les publications paléographiques de documents d'archives et de bibliothèques sont déjà nombreuses en Allemagne. Dans les archives de Saxe à Dresde se trouve un laboratoire de photographie, dirigé par M. le Dr Posse. Des musées paléographiques existent dans les archives de Nuremberg (arch. municip.), Marbourg (arch. de la Hesse prussienne), Strasbourg (arch. municip.), etc. »

LES BIBLIOTHÈQUES DE L'ALLEMAGNE.

Sous le titre d'*Adressbuch der deutschen Bibliotheken*, M. le Dr Paul

---

1. Cf. *Bibliothèque de l'École des chartes*, t. XLVII, p. 196.

2. *Inventar des Staatsarchivs des Kantons Basel-Stadt*, von Rudolf Wackernagel (Separat-Abdruck aus dem « Anzeiger für Schweizerische Geschichte »). [Bâle,] imp. Wyss, 1892, 32 p. Une notice détaillée (p. 1-16) sur la formation du dépôt des archives de la ville de Bâle depuis l'incendie de 1356 précède le récolement des fonds, comprenant trois grandes sections : A. *Das eigentliche staatliche (städtische) Archiv* (archives cantonales), remontant à la seconde moitié du XIVe siècle ; B. *Das Klosterarchiv* (archives ecclésiastiques ou des couvents), remontant au XIIe siècle ; C. *Das Adels- und Lehenarchiv* (archives féodales), legs d'archives de familles nobles et fiefs appartenant à la ville, remontant au commencement du XIVe siècle. Plusieurs séries supplémentaires, comprenant : les archives des églises de la ville, versées en 1885, avec des registres d'état civil (*Kirchenbücher*) remontant à 1529 ; les archives des corporations, remontant à 1226 ; les archives de familles, depuis le XVIe siècle ; les archives des immeubles (*Hausurkunden*), remontant à 1256.

Schwenke, bibliothécaire à la bibliothèque de l'Université de Gœttingue, vient de publier un volume rempli des informations les plus précieuses et les plus pratiques sur les bibliothèques de l'Allemagne. Des articles plus ou moins développés y sont consacrés à 1,617 bibliothèques publiques ou semi-publiques, qui ont toutes un caractère scientifique ou technique. Un chiffre peut donner l'idée de l'étendue du cadre adopté par l'auteur : le nombre des bibliothèques de Berlin qu'il a passées en revue s'élève à 86.

Pour chaque bibliothèque, M. le Dr Paul Schwenke nous renseigne avec autant de précision que d'exactitude sur le nombre des ouvrages imprimés, des incunables, des manuscrits, des cartes, des estampes, etc., — sur les ressources financières, — sur l'état du personnel, — sur les heures d'ouverture et le temps des vacances, — sur les règlements, — sur les catalogues imprimés ou manuscrits, — sur les collections qui sont venues en tout ou en partie se fondre dans la bibliothèque, — sur les ouvrages à consulter pour connaître l'histoire, l'organisation et les richesses du dépôt.

Cet ouvrage, qui est appelé à rendre des services quotidiens dans le monde des bibliothèques, est une annexe du *Centralblatt für Bibliothekswesen* (Leipzig, Otto Harrassowitz) ; il forme un volume in-8°, de xx et 411 pages, d'une justification compacte, dans lequel les recherches sont facilitées par des dispositions typographiques parfaitement entendues.

LES NOMS DES ÉVÊQUES DE METZ RÉVÉLÉS PAR UN ANGE.

Dans plusieurs manuscrits, les anciens catalogues des évêques de Metz sont suivis d'une série de lettres majuscules dont l'explication n'a point encore été donnée. M. E. Paulus, de l'Académie de Metz, veut bien nous communiquer une observation qui nous indique l'origine vraisemblable de ces lettres.

Une légende voulait que saint Clément, premier apôtre de Metz, eût reçu par un ange la liste des évêques qui devaient lui succéder et dont les noms étaient figurés par des initiales de couleurs différentes. Sigebert, biographe de l'évêque Thierri Ier (*Deodericus*), rapporte ainsi cette légende :

« *De primis litteris nominum per angelum datis.* Dicamus ergo rem relatu et scripto majorum compertam, pro sui novitate merito in thesauro memoriæ recondendam. Sanctus Clemens, principis apostolorum Petri auditor, Mediomatricorum autem primus apostolus et prædicator, inter cætera quæ ei ad roboranda nascentis ecclesiæ rudimenta contulit pius salutis nostræ amator, hoc speciale cælitus emeruit donum, ut nomina futurorum in ecclesia Mettensi pontificum acciperet missa sibi per angelum annotatis tantum primis litteris nominis. Adeptus vir beatus de quo agimus ecclesiæ suggestum, cum quadam die delectaretur jocunda et seria affabilitate familiarium ac sapientium (nam etiam in hoc fideli suo Dei consuluerat dispositio, ut ei sapientium et bonorum consiliariorum non deesset collatio) illa angelicæ scripturæ monimenta jussit deferri in conspectu suo. Quas cum diligenter inspexisset, et alias quidem aurei, alias argentei, alias alius cujuslibet coloris varietate formatas stuperet, et altiori intellectu per colorum varietatem variam meritorum cujusque qualitatem signari perpenderet, inter alias sui nominis litteram argenteo colore albentem videt. Qui conversus ad semetipsum, et hinc profundum et inmutabile, divinæ præscientiæ demirans consilium, inde bonæ voluntatis suæ considerans propositum : « Si, inquit, cooperator omnium bonorum Deus bono affectui méo optatum ministraverit effectum, tanta bona in episcopatu me confido facturum, ut argentea ista littera quandoque transformetur in aurum[1]. »

Alpert, moine de Saint-Symphorien de Metz, qui vivait dans la première moitié du xie siècle, fait allusion à la même légende quand il parle dans les termes suivants de deux évêques de Metz, Adalbéron II et Thierri II :

« ... Item Adalbero annis XXII. Verba sancti angeli brevia et obscura solent esse, ut in his indagandis piæ mentes delectabiliter exerceantur. Ecce etenim dicit *Item Adalbero,* quasi diceret istum superiori esse similem et nomine et vita, ut qui concordabit nomine, non discrepabit operatione.

« Hæc littera[2] illius[3] nomini qui in sede nunc substitutus est minime, ut perspicuum est, congruit; unde et multi opinantur illum in numero pontificum non computandum, set propter transgressionem populi subpositum, et tamdiu quoad ille venerit qui litteram prænotatam portaverit episcopatum cessare dicunt. Set nos etiam ad nostram opinionem mittamus manum. Nam existimamus A positam quasi *Alter Deodericus,* in quo nos quæstio obscura eo angustat cur non angelus dixerit : *Item Deodericus,* sicut de superioribus dixerat. Denique hujus sermonis occulta dum enodasse cupimus, occurrit animo, quasi ob duas significationes *alterum,* aut ex computatione numeri, qua dicimus *unus, alter, tercius,* aut ex discretione alterius vitæ, ut nomine æquivocos, set vita dissimiles futuros innotesceret[4]. »

Voici maintenant la série des initiales qui accompagnent le catalogue

---

1. *Monumenta Germaniae historica, Scriptores,* t. IV, p. 465 et 466.

2. L'initiale A.

3. Il s'agit du nom de Thierri II, appelé *Deodericus* dans les textes contemporains.

4. *Monumenta Germaniae historica, Scriptores,* t. IV, p. 700.

des évêques de Metz dans trois manuscrits de la Bibliothèque nationale :

1°   DIΔ¹SPLODKCSVACSCOXC².
2°   IASAPLODKCSVAC³.
3°   ASAPLODN⁴CSVAQ⁵SCOXC⁶.

Il est bien vraisemblable que cette série d'initiales représente la liste
à laquelle font allusion Sigebert et Alpert; mais il a dû s'y glisser des
altérations. Dans tous les cas, il serait téméraire de vouloir expliquer
chacune des initiales. Nous sommes encore plus fondés que l'écrivain
du xi° siècle à déclarer que *Verba sancti angeli brevia et obscura
solent esse.*

CHARTE DE FONDATION DU PRIEURÉ DE BROUZILS.

L'École des chartes possède dans sa bibliothèque une pièce imprimée
qui lui a été donnée par feu Benjamin Fillon et dont l'existence mérite
à plusieurs titres d'être signalée. Elle porte, au haut de la première
page, un titre de départ ainsi conçu : « Exemplar fundationis prioratus
beate ‖ Marie de Brousiliis, Lucionensis diocesis, ‖ a prioratu conven-
tuali beati Martini ‖ d'Ais immediate dependentis, ‖ Cluniacensis ordinis. »
La pièce se compose de 4 feuillets, grand in-quarto, dont le verso du
dernier est resté en blanc. L'impression est en caractères gothiques,
d'apparence archaïque; mais elle ne paraît pas antérieure à la seconde
moitié du xvi° siècle. On y remarque l'emploi régulier de l'apostrophe
(*d'Ais*), et d'une virgule absolument semblable à celle des impressions
modernes.

L'acte imprimé est une charte par laquelle Hugues, vicomte de
Thouars, et Marguerite, sa femme, vidiment, confirment et expliquent
la charte de fondation du prieuré de Notre-Dame des Brouzils[7], émanée
de « Gerardus Archemasle, dominus Montis Acuti. » La charte de fondation est dépourvue de date; celle du vicomte de Thouars est du
20 août 1200.

Voici les premiers et les derniers mots de l'une et de l'autre :

« Universis Christi fidelibus presentes literas inspecturis, Hugo, vice-

---

1. Le delta a été sans doute substitué par erreur à un A.
2. Ms. latin 5294, fol. 17 v°.
3. Ms. latin 9433, fol. 260.
4. La lettre N doit sans doute être remplacée par un K.
5. Ce Q tient sans doute la place d'un C.
6. Ms. latin 4280, fol. 56 v°.
7. Les Brouzils, Vendée, cant. de Saint-Fulgent.

comes Thouarcii, et Margareta, ejusdem uxor, Montis Acuti et Gannas-
pie domini, salutem in eo qui est salus vera fidelium et redemptor.
Noveritis quod gravis et difficilis questio et querela mote fuerunt inter
nos, ex una parte, et Radulphum, priorem de insula d'Ais prope Rupel-
lam, et Eliam Deserré, priorem de Brousiliis... Omnis charte totum
tenorem et seriem de verbo ad verbum in presentibus literis scribere
fecimus, in veritatis testimonium, sub hac forma :

« Universis ad quos presens charta et pagina pervenerint, Gerardus
Archemasle, dominus Montis Acuti, salutem in Domino Jesu Christo.
Quia breves sunt dies hominis, qui quasi flos egreditur et conteritur et
fugit velut umbra et numquam in eodem statu permanet, vanitatis similis factus, assidue de vanitate in vanitatem labitur, sicque in vanitate et
miseria subito vitam finit... Et ideo ego Gerardus presenti pagine scripto
seu testimonio trado et commendo, ad perpetuam mei memoriam et
meorum, quod in honorem et gloriam sancte et individue Trinitatis,
sancte Marie Virginis perpetue gloriose, beati Petri Cluniacensis et
omnium sanctorum Dei, pro salute et refrigerio anime mee parentum-
que meorum et omnium fidelium defunctorum, fundavi et constitui
prioratum ecclesie beate Marie de Brousiliis, quem subjeci et dedi abbati
Cluniacensis et immediate priori d'Ais ejusdem ordinis[1]...

« ... In cujus rei testimonium et perpetuam memoriam omnium predictorum, dedi presentem chartam priori et prioratui de Brousiliis, et
omnibus hominibus ejusdem prioratus, sigillatam sigillo meo, guber-
nante et imperante per omnia et in omnibus Domino Jesu Christo,
cui est honor et gloria, virtus et potestas, per infinita seculorum secula.
Amen.

« Nos vero... totum tenorem et seriem ipsius charte dicti Gerardi,
prout in presentibus literis sunt et continentur, per omnes casus et arti-
culos ipsius charte approbamus et confirmamus... In cujus rei testimonium, laudabilem et perpetuam memoriam omnium predictorum, presentes literas dedimus supradicto priori de Brousiliis, prioratui suo et
omnibus hominibus sui prioratus, sigillis nostris propriis sigillatas,
anno Domini millesimo ducentesimo, vigesimo mensis Augusti. »

Le style de ces deux actes ne ressemble point à celui qui était en
usage au XIIe et au commencement du XIIIe siècle. La fausseté en est
d'ailleurs démontrée par ce fait que le vicomte de Thouars au mois
d'août 1200 était Aimeri et non pas Hugues[2].

---

1. M. l'abbé Aillery, dans le *Pouillé de l'évéché de Luçon* (Fontenay-le-Comte,
1860, in-4°), p. 71, note 3, cite la charte de fondation du prieuré des Brouzils ;
il l'a sans doute connue d'après un exemplaire de l'édition dont il est ici question, puisqu'il renvoie simplement aux « Archives Fillon. »

2. Voyez Imbert, *Notice sur les vicomtes de Thouars* (Niort, 1867, in-8°),
p. 48-63.

UN CORSAIRE PICARD.

Froissart[1] cite, à propos du siège de Calais, un hardi corsaire qui, à plusieurs reprises, ravitailla cette place durant le siège célèbre qu'elle soutint en 1346 et en 1347; il le nomme Marant et ajoute qu'il était d'Abbeville. Deux autres chroniques prononcent aussi son nom. D'abord la « Chronographia regum Francorum[2] » signale en 1337, parmi les chefs de la flotte chargée d'empêcher un débarquement des Anglais, « duos piratas, unum nomine Barbavaria et alterum Marauldum. » La lecture de ce second nom n'est pas douteuse, et cependant il est probable qu'il faut reconnaitre là le Marant dont parle Froissart. De même à une autre date, en 1346, on relève dans la « Chronographia[3] » comme dans la « Chronique normande[4] » une mention d'un personnage ainsi désigné dans le second de ces textes : « un marinier en mer, qui estoit nommez Marans. » De ces témoignages concordants, on pouvait tirer cette conclusion que le personnage avait réellement existé et que nous possédions son nom sous une forme assez précise. Les documents suivants confirment cette présomption et montrent que les chroniques ont été très exactes. Le premier est tiré de la Bibliothèque nationale :

« Pierre des Essars, chiers amis, le Roy m'a enchargié que je vous mande de par lui que à Maran vous delivrez encor cent livres parisis oultre les trois cenz que vous li baillastes avant hyer. Si les li delivrés de l'argent que vous savez, tost et hastivement. Car il est besoing que il se parte de ci, pour aler sur mer. Et je vous en donroy tiels lettres comme vous voudrez, toutesfois qu'il vous plaira. Nostre Sire vous ait en sa garde. Donné à Saint Mandé le vi jour de jung.

(Ms. franç. 20437, fol. 58, parchemin.)   « G. Flote, sires de Revel. »

Le second, que nous communique notre confrère M. Viard, est un extrait des *Journaux du Trésor de Philippe VI*, dont il prépare la publication dans la *Collection de documents inédits*. Il donne le prénom de Marant :

« Johannes Marant, pro dono sibi ex certa causa per dominum Regem facto hac vice, per litteras ipsius domini datas ixᵃ hujus mensis [junii], signatas sic : *Par le Roy, present monseigneur Loys de Beaumont*, JUSSY, et litteras recognitorias dicti Johannis datas xviᵃ dicti mensis, c l. t. valent viii l. p. compt. ut supra; super Regem. » (19 juin 1349.)

(*Journaux du Trésor de Philippe VI de Valois*, n° 1411.)

1. Éd. Luce, t. IV, p. 30.
2. T. II, p. 41.
3. T. II, p. 221. Cf. *Anciennes Chroniques de Flandre*, à la même date (Kervyn de Lettenhove, *Istore et croniques de Flandres*, t. II, p. 20).
4. Publiée par A. et E. Molinier, p. 74.

LA VIE

DE

SAINTE GENEVIÈVE

>⚬⚬⚬<

M. Br. Krusch vient de publier, dans le *Neues Archiv*[1], un mémoire sur la vie de sainte Geneviève. On sait quel est l'intérêt de cette pièce, non seulement au point de vue de l'hagiographie parisienne, mais aussi pour l'histoire des débuts du régime franc en nos contrées. Il importe de se renseigner le mieux possible sur sa provenance et sa date, ainsi que sur les sources de son texte. Ces questions ont sollicité à diverses reprises les recherches des érudits. En 1881, M. Kohler publia, dans la *Bibliothèque de l'École des hautes études,* un mémoire considérable où il s'attachait surtout à classer les manuscrits et à établir le texte, sans se désintéresser pourtant de la critique historique. Peu après M. l'abbé Narbey reprit[2] la même étude et aboutit, sur certains points, à des conclusions différentes.

M. Krusch, venu après les deux érudits français, nous présente des solutions d'une gravité inattendue. Jusqu'ici, quelle que fût la créance que l'on crût pouvoir attacher à tel ou tel récit du biographe, on n'avait guère contesté qu'il eût écrit à une date assez rapprochée de la mort de sainte Geneviève. D'après M. Krusch, sa composition doit être reculée jusque vers la fin du VIIIe siècle; comme l'auteur dit avoir commencé d'écrire dix-huit ans seulement après la mort de la sainte, il suit de là qu'il a menti grossièrement, en d'autres termes que la vie de sainte

1. T. XVIII, fasc. 1.
2. *Bulletin du comité d'histoire et d'archéologie du diocèse de Paris.* Paris, Poussielgue, 1884, p. 141 et suiv.

Geneviève est un faux. Cette expression sévère est le titre même
de l'article de M. Krusch[1].

Nous allons voir jusqu'à quel point elle est justifiée. Mais il
faut d'abord examiner les conclusions de M. Krusch sur les sources
du texte. Les manuscrits, fort nombreux, que l'on a étudiés jusqu'ici, ont été répartis par M. Kohler en quatre familles, dont
deux sont évidemment secondaires et, de l'avis commun, ne sauraient prétendre à représenter le texte primitif. Quant aux deux
autres recensions, l'une a été préférée par M. Kohler[2], l'autre
par M. Narbey. Cette dernière contient quelques passages qui
manquent à la première, notamment le récit d'un miracle opéré
à Orléans et un assez long développement sur la mission de saint
Denis dans les Gaules comme envoyé du pape saint Clément,
ainsi que sur les premiers successeurs de saint Pierre.

M. Krusch se range à l'avis de M. l'abbé Narbey ; il considère
comme primitive la rédaction la plus complète. Les raisons qui
le décident sont de deux sortes ; d'abord l'âge des manuscrits,
puis la langue. La rédaction la plus longue se présente dans des
manuscrits plus anciens que l'autre ; la langue y est plus incorrecte, plus voisine de l'état où se trouvait le latin avant la renaissance carolingienne.

Je répondrai que la première raison, peu concluante en elle-
même, s'affaiblit encore si l'on y regarde de près. Les manuscrits
de la recension la moins longue ne remontent pas, il est vrai, au
delà du xiie siècle ; mais ceux de l'autre recension ne sont pas
d'un âge beaucoup plus reculé ; les plus anciens sont du xie siècle
ou de la fin du xe. Il est vrai que M. Krusch en signale un du ixe,
le *Farfensis 29* de la bibliothèque Victor-Emmanuel, à Rome.
Il ne dit pas l'avoir eu entre les mains ; plus heureux, j'ai pu
étudier cet exemplaire il y a un an, et je puis attester qu'il est
aussi du xie siècle, tout au plus de la fin du xe, comme les autres
de la même classe.

L'argument tiré de la langue est plus sérieux ; je ne le discu-
terai pas en détail, par la raison que je ne me crois pas obligé de
prendre parti entre les deux recensions concurrentes. Quand
l'édition que prépare M. Krusch aura mis sous les yeux du public
un appareil de variantes commode à étudier, on pourra revenir

1. *Die Fälschung der Vita Genovefae.*
2. Celle-ci est celle que les Bollandistes ont publiée au 3 janvier.

sur cette question. La comparaison que j'ai faite des deux textes, tels que les donnent les éditions actuelles, me laisse quelques doutes. Mais M. Krusch eût-il définitivement prouvé sa thèse, qu'il y aurait encore lieu de distinguer entre l'ensemble de la vie et les épisodes ou développements qui manquent à la recension Kohler. Ces épisodes ou développements, je les considère comme interpolés. Ici on me dira : mais de quel droit prononcez-vous qu'il y a interpolation ? Si le texte le plus long est ou paraît être le plus voisin de la recension originale, pourquoi ne pas l'accepter tout entier ?

A cela je répondrai qu'il peut arriver et qu'il arrive en effet quelquefois qu'un même texte ait subi, indépendamment l'une de l'autre, deux catégories de retouches, l'une consistant en corrections de grammaire et de style, l'autre en interpolations. Il n'y a aucune raison pour que le correcteur et l'interpolateur combinent leurs modifications ; aussi peut-il arriver que les interpolations se rencontrent dans des manuscrits dans lesquels on aura laissé subsister l'incorrection grammaticale primitive, tandis que des manuscrits corrigés auront été soustraits à l'interpolation[1].

· Telle est, je crois, la cause des divergences de nos deux rédactions. On accordera au moins que les choses ont *pu* se passer ainsi. Pour aller au delà de la possibilité, je dois considérer en eux-mêmes les passages que je soupçonne d'être interpolés. L'un d'eux est un récit de miracle. S'il n'a pas été interpolé dans l'une des rédactions, c'est qu'il aura été effacé dans l'autre. Or, est-il naturel que l'on fasse de telles suppressions dans un texte de cette nature ? S'il s'agissait d'une rédaction abrégée systématiquement, par exemple en vue de la lecture liturgique, cela se comprendrait ; mais nous sommes en présence de deux recensions à peu près de même étendue. Dans ces conditions, le rédacteur aurait supprimé pour supprimer ; il aurait, de gaîté de cœur, éteint un des rayons de l'auréole de sa sainte. Les hagiographes ne procèdent pas ainsi ; ils ajoutent volontiers, suppriment rarement.

Quant au développement sur saint Clément et les autres anciens papes, il n'a vraiment aucun lien avec le récit ; c'est un pur hors-d'œuvre. On conçoit très bien qu'un lecteur ou un recenseur érudit ait inséré ici quelques développements tirés de la passion

---

1. La tradition paléographique du *Liber pontificalis* m'a offert de fréquents exemples de ces rapports.

de saint Denis, de Rufin, ou même du *Liber pontificalis ;* on ne voit guère pourquoi le biographe primitif aurait tenu à disserter si longuement sur les premiers papes et l'ordre de leur succession. Il est question du martyr saint Denis et de son tombeau ; le narrateur nous montre sainte Geneviève s'intéressant à ce sanctuaire et provoquant sa transformation en une belle basilique. Ce que vient faire à ce propos saint Clément, avec ses prédécesseurs Lin et Anaclet, sans parler de saint Pierre et de Simon le Magicien, j'avoue ne pas l'apercevoir.

Il est donc fort douteux que les passages qui manquent à l'une des rédactions aient appartenu à la composition primitive. Cela étant, voyons quels arguments sont allégués pour abaisser jusqu'au déclin du VIIIe siècle la date de cette composition.

1°. — *Son auteur a connu Grégoire de Tours, Fortunat, la vie de sainte Gertrude, enfin l'histoire ecclésiastique de Bède.*

En ce qui regarde ce dernier livre, M. Krusch accorde que la dépendance n'est pas très sûre ; Bède et le biographe de sainte Geneviève ont pu puiser, chacun de son côté, dans la vie de saint Germain d'Auxerre. Celle-ci fut écrite au Ve siècle ; quelles que soient les retouches qu'elle a pu subir depuis[1], on peut toujours admettre qu'elle contenait déjà l'indication des voyages de saint Germain en Bretagne, c'est-à-dire les choses que notre biographe en a tirées. De cette façon, il se trouve dépendre non d'un auteur du VIIIe siècle, mais d'un texte du Ve.

La vie de sainte Gertrude a été écrite vers l'an 700, d'après M. Krusch ; elle a en commun avec celle de sainte Geneviève le miracle d'un enfant noyé, sauvé par les prières de la sainte, puis l'idée[2] que des personnes éloignées l'une de l'autre peuvent cependant s'aimer ou s'estimer. — En ce qui regarde l'enfant noyé, cette histoire est tellement fréquente dans les vies de saints qu'il n'y a pas lieu à s'y arrêter. Si toutes les vies de saints où l'on voit sauver des enfants tombés à l'eau devaient être placées dans la dépendance les unes des autres, on arriverait à des classifications étonnantes. Quant à la réflexion sur les sentiments solides que l'absence n'empêche ni n'atténue, on m'accordera qu'elle est

1. Parmi ces retouches, il faut sûrement compter les passages relatifs à sainte Geneviève, interpolés d'après sa vie.

2. Je dis *l'idée.* M. Krusch a mis les deux textes en regard ; tout le monde peut voir qu'ils n'ont pas un *mot* de commun.

du genre le plus banal ; du reste, le passage y relatif est de ceux qui ne figurent que dans une des recensions de la vie de sainte Geneviève.

Celle-ci, nous dit-on, dépend de Fortunat, parce qu'elle rapporte que sainte Geneviève ne mangeait que le jeudi et le dimanche, et qu'une semblable forme d'ascèse est indiquée dans la vie de sainte Radegonde. — La dépendance est peu visible ; il est fort possible que deux saintes femmes en soient venues là isolément ; le dimanche et le jeudi, en pays latin, ont toujours été des jours de relaxation pour le jeûne. Du reste, le biographe de Geneviève dit que la sainte jeûnait ainsi tout le long de l'année ; celui de sainte Radegonde ne parle que du carême. La dépendance n'est donc pas établie.

Quant à Grégoire de Tours, M. Krusch signale deux traits caractéristiques qui se retrouvent dans la vie de sainte Geneviève : le mot *sonus* dans le sens de rumeur, et l'expression *iudicare membra,* signifiant avoir l'usage de ses membres. — Les termes en question sont, en effet, communs aux deux auteurs ; mais qu'en conclure ? Que le biographe dépend de Grégoire ? Que Grégoire dépend du biographe ? Quant à moi, je suis plutôt porté à croire qu'ils se sont exprimés l'un et l'autre, sans se copier en aucune façon, comme on s'exprimait de leur temps.

Voilà tout ce qu'on a pu rassembler de soi-disant emprunts à des auteurs du VIᵉ siècle et au-dessous. C'est peu. Aussi M. Krusch se plaint-il (p. 35) de la ruse du biographe, qui a si bien dissimulé ses larcins. Il a, en effet, poussé l'adresse jusqu'au dernier point. Comme il prétend écrire au VIᵉ siècle, il ne se cache aucunement pour puiser dans le Pasteur d'Hermas, qui est du IIᵉ siècle, ni dans les écrits de Sulpice Sévère, qui sont du IVᵉ ; j'ajouterai même, circonstance qui a échappé à M. Krusch, qu'il reproduit, dans son dernier paragraphe, un vers entier de Sidoine Apollinaire (*cui est porticus applicata triplex,* cf. Sid., ep. II, 10), qui est du Vᵉ siècle, et je rappellerai qu'il ne se gêne pas davantage avec la vie de saint Germain d'Auxerre, contemporaine de Sidoine. Ainsi, tous les emprunts faits à des auteurs antérieurs au VIᵉ siècle sont aisés à reconnaître ; quant aux autres, quant aux textes postérieurs à l'an 500, il faut une ingéniosité, pour ne pas dire une complaisance, tout à fait extraordinaire pour en distinguer quelques traces. Encore se trouve-t-il des incrédules comme moi qui ne parviennent pas à les apercevoir.

2°. — *L'auteur trahit par certains détails qu'il écrit vers la fin du VIIIe siècle.*

Voyons ces détails.

Il y a d'abord le vocable de l'église Sainte-Geneviève. D'après le biographe, Clovis l'aurait élevée en l'honneur de la sainte, *honoris eius gratia;* or, elle portait le nom de basilique des saints apôtres Pierre et Paul ; elle le conserva très tard, et ce n'est que depuis le commencement du ixe siècle que l'on voit apparaître, à côté de l'ancien vocable, celui de sainte Geneviève. A cela, je répondrai que le biographe n'indique nullement ce vocable. Dans le passage allégué, il parle de l'influence exercée sur Clovis par Geneviève vivante. Le roi, *pro dilectione sanctae virginis,* lui accorde la liberté de nombreux prisonniers, la grâce de certains coupables ; il fait même commencer, *honoris eius gratia,* la basilique dont sa femme Clotilde procura l'achèvement. Je ne vois pas pourquoi on traduit *honoris eius gratia* par « en son honneur. » A ce dernier sens correspond exactement l'expression *in honorem eius,* et notre auteur l'emploie à deux reprises à propos de la basilique de Saint-Denis. *Honoris eius gratia* me semble signifier par déférence pour elle, pour faire honneur à sa demande ; et c'est bien ainsi que l'un des interpolateurs (troisième recension) a compris, car il ajoute à *honoris eius gratia* les mots *et exhortatione saepissima.*

Ainsi le changement de vocable n'a rien à voir avec la question qui nous occupe. Sainte Geneviève a exhorté le roi Clovis à faire construire une belle basilique ; voilà tout ce que nous dit le biographe, lequel est si peu explicite à cet endroit qu'il n'indique ni le vocable de cet édifice ni dans quel rapport il se trouvait avec le tombeau de la sainte. Tout ceci était trop connu et de lui et de ceux pour lesquels il écrivait. D'autres documents nous apprennent que la basilique était dédiée aux apôtres Pierre et Paul et que Geneviève y était enterrée. Mais ils ne sont pas plus en contradiction avec notre auteur que l'affirmation de quelqu'un qui parle avec le silence de son voisin qui se tait.

Un autre indice est fourni à M. Krusch par une double préoccupation qu'il croit constater chez le biographe, celle du culte des images et celle de la Trinité. En effet, le récit se termine par la description de la basilique dont il vient d'être question et des peintures dont elle était décorée. Puis vient une finale, où les personnes qui croient à la Trinité divine sont toutes invitées à invoquer sainte Geneviève. D'autre part, il se tint en 767, à Gentilly, une assemblée à laquelle prirent part des légats romains et des ambassadeurs grecs, et l'on y traita de la Trinité et des images. L'annaliste de Lorsch, de qui nous tenons ce renseignement, n'entre pas dans d'autres détails : *Tunc habuit domnus Pippinus rex in supradicta villa synodum magnum inter Romanos et Graecos de sancta Trinitate vel de sanctorum imaginibus.* M. Krusch voit un lien entre cet événement et les idées exprimées à la fin de la vie de sainte Geneviève.

Je ne suis pas de son avis. En ce qui regarde l'assemblée de Gentilly, il est bien naturel que l'on y ait parlé du culte des images, car on était alors au temps des iconoclastes; mais on ne voit pas quel débat aurait pu s'élever au sujet de la Trinité : Grecs, Romains et Franks étaient absolument d'accord sur ce dogme. Peut-être fut-il question du *Filioque;* ce point, en tout cas, ne semble pas avoir préoccupé notre biographe; les termes dans lesquels il parle de la Trinité correspondent à la foi commune et tranquille de tous les pays chrétiens au moment du synode de Gentilly.

D'autre part, le biographe décrit, à la vérité, des peintures, ou plutôt il les indique en termes très rapides; mais autre chose est la décoration picturale des églises, autre chose le culte des images. Nous ne manquons pas de documents sur la façon dont on parlait de l'un et de l'autre, surtout au vIIIe siècle, alors que la discussion précisa le langage et fit naître les termes techniques. Ici, il n'est question que de représentations empruntées « à l'histoire des patriarches, des prophètes et des martyrs, telle qu'elle est racontée dans les livres anciens et véridiques. » C'est de la décoration, non du culte[1].

Quant à la phrase qui suit, où, au lieu de dire tout simplement : « Nous autres chrétiens, » l'auteur développe ainsi : « Nous tous qui confessons le Père, le Fils et le Saint-Esprit unis dans la substance d'une même divinité, » il est impossible d'y voir la moindre préoccupation polémique, surtout si on la suppose écrite au vIIIe siècle. Au vIe siècle, il n'en serait pas tout à fait de même. Alors, il y avait encore beaucoup d'ariens, et les

---

1. Il serait du reste inconcevable qu'un clerc du temps de Charlemagne eût plaidé pour le culte des images. On sait que ce culte était repoussé énergiquement par le clergé franc.

catholiques, Grégoire de Tours en est un illustre exemple, tenaient extrêmement à se distinguer d'eux ; ils aimaient à introduire dans leurs livres des professions de foi propres à empêcher toute confusion.

C'est ainsi que l'argument de M. Krusch se retournerait aisément contre lui, et que la finale de la vie de sainte Geneviève, loin d'indiquer le vIIIe siècle, indiquerait plutôt le vIe.

3°. — Ici devrait venir une discussion sur le passage relatif à saint Denis. Dans le texte le moins étendu (Kohler), ce passage n'offre aucune difficulté ; dans l'autre (Narbey), non seulement saint Denis est dit avoir été envoyé par saint Clément, suivant une chronologie qui ne s'établit qu'au vIIIe siècle, mais la *passio Dionysii* est citée formellement. Or, cette *passio*, comme l'a montré M. Julien Havet, doit avoir été rédigée fort tard, peu avant ou peu après l'an 800. Pour le dire en passant, ceci nous éloignerait beaucoup du synode de Gentilly. Mais je n'insisterai pas. J'ai dit plus haut qu'il n'est nullement prouvé que ce développement tienne au texte primitif ; avant d'en tirer argument pour fixer la date de celui-ci, il faudra d'abord établir qu'il en a fait partie.

4°. — Je n'entrerai pas non plus dans la discussion des menus détails de langue et de grammaire, d'où M. Krusch tire des conclusions d'une précision vraiment inquiétante, comme quand il déclare que l'expression *navali evectione* n'a pu se produire au vIe siècle ni au vIIe, mais qu'un livre où elle se rencontre a dû être écrit entre 734 et 768[1]. Il est vrai que la vie de sainte Geneviève, qui est dans ce cas, présenterait quelques indices de sens contraire. Ainsi, le nom de la ville de Laon est, depuis l'année 627, *Laudunum* ou *Lauduno*. Le biographe, lui, écrit *Lugdunum*, forme évidemment antérieure ; à cela M. Krusch répond qu'il a fait de l'archaïsme (gelehrte Rückbildung)[2]. Ces variations du

---

1. Sans chercher, je trouve le mot *evectio* (sur lequel plus que sur l'adjectif *navali* porte l'observation de M. Krusch) employé en 646 par le septième concile de Tolède, c. IV. Il est recommandé à l'évêque de ne pas faire ses visites diocésaines en trop grand équipage : *nec unquam quinarium numerum evectionis excedat.*

2. Autres détails étonnants : l'expression *Nemetodurensis parochia* est donnée comme postérieure à *Nemptodurus vicus*. Il me semble pourtant que la forme *Nemeto-* est primitive, la forme *Nempto-* dérivée. D'après M. Krusch, le biographe aurait écrit *Altesodorensis urbs*, forme sûrement postérieure à *Autissio-*

raisonnement, suivant que le fait observé est conforme ou contraire au système, sont, en elles-mêmes, peu édifiantes; on me permettra, en tout cas, d'éviter le terrain philologique où elles se produisent. Pourquoi, d'ailleurs, donner tant d'importance à de tels détails, quand le texte sur lequel on disserte n'est représenté que par des manuscrits bien postérieurs à l'écriture originale, quand il s'agit de compositions envers lesquelles les copistes ne se sentaient tenus à aucun scrupule de fidélité, sur lesquelles ils ne cessaient d'exercer leur esprit inventif, qu'ils complétaient, ornaient, allongeaient de mille manières ?

5°. — Outre ces considérations extrinsèques, M. Krusch fait valoir, contre la vie de sainte Geneviève, le contenu même de cette pièce. Il n'y trouve rien ou à peu près rien d'acceptable ; tout l'étonne, le choque, le scandalise même.

Ainsi, les rapports de la sainte avec l'évêque d'Auxerre, saint Germain. Saint Germain apparaît à Nanterre, au cours d'un voyage qu'il fait en Bretagne, accompagné de saint Loup, évêque de Troyes ; plus tard, un nouveau voyage de Germain l'amène à repasser par Paris et à rencontrer de nouveau Geneviève. Or, dit M. Krusch, la chronique de Prosper ne parle que d'un voyage de Germain et ne lui attribue aucun compagnon. Donc, le biographe est dans l'erreur. Mais, répondrai-je, le biographe ne contredit nullement Prosper ; il parle du même fait avec plus de détails, voilà tout[1]. Il est naturel que l'on ait eu en Gaule des renseignements spéciaux sur cette affaire et qu'on les ait consignés dans les vies des saints qu'elle concernait. L'annaliste romain, dans ses notes rapides, s'est borné à l'essentiel ; le biographe de saint Germain en a dit plus long, et celui de sainte Geneviève s'est aidé de sa narration.

dorensis. Mais les deux éditions Kohler et Narbey portent ici _Aut._, et non pas _Alt._, sans qu'une variante soit indiquée. Il y a donc au moins partage entre les manuscrits ; certains d'entre eux, au moins, portent _Aut._ De quel droit alors attribue-t-on au biographe une orthographe de basse époque pour s'en faire ensuite une arme contre lui?

1. C'est le même cas que pour la mission d'Irlande. Prosper l'attribue à un Palladius, envoyé de Rome, absolument ignoré de la tradition irlandaise, laquelle ne connait que saint Patrice. Or saint Patrice est un personnage impossible à sacrifier; outre la tradition nationale, ancienne et imposante, il y a des lettres de lui : nous l'atteignons directement. On s'arrangera d'une façon ou d'une autre pour concilier les témoignages; mais personne ne voudra, pour l'amour de Prosper, effacer de l'histoire la figure et l'activité de saint Patrice.

A ce propos, comme saint Germain allait en Bretagne pour combattre le pélagianisme, le biographe donne une définition de cette hérésie. Selon lui, elle consistait à nier que les enfants de parents chrétiens eussent besoin d'être baptisés. M. Krusch est assez théologien pour avoir vu que tel n'est pas, en effet, l'essentiel de la doctrine pélagienne; mais c'en était sûrement une conséquence, et, si les pélagiens hésitaient à la tirer, leurs adversaires n'avaient aucun scrupule à la mettre en évidence. C'était la façon populaire de concevoir le pélagianisme. Et la preuve, c'est que cette même définition, qui, dans la vie de sainte Geneviève, offusque la théologie de M. Krusch, nous la retrouvons dans le *Liber pontificalis*, c'est-à-dire dans un autre écrit populaire, précisément de la date que revendique notre biographe[1].

Saint Germain mourut à Ravenne; il était tellement vénéré que l'on se disputa ses vêtements et quelques menus objets qu'il portait sur lui. Son biographe nous renseigne sur la répartition qui en fut faite entre les personnes de la cour impériale. Quant à celui de sainte Geneviève, il montre l'archidiacre d'Auxerre arrivant à Paris peu après la mort de Germain, et offrant à Geneviève un souvenir de la part de son évêque. M. Krusch s'étonne de cela. Il n'est pas question de Geneviève dans le partage fait à Ravenne, et, quant à une disposition testamentaire, on n'en parle pas non plus. C'est beaucoup d'exigence. L'évêque d'Auxerre pouvait fort bien avoir chargé oralement son archidiacre de remettre un souvenir de lui à sa sainte amie; je n'ai pas besoin, pour le croire, que l'on m'exhibe un testament.

Où M. Krusch s'inquiète tout à fait, c'est quand on lui parle des relations de Geneviève avec Childéric et saint Siméon Stylite. Childéric a pour elle une affection respectueuse; il ne peut rien lui refuser, et on le voit un jour lui accorder la grâce de plusieurs prisonniers. « Si c'était d'un saint que l'on parlât ainsi, dit M. Krusch, je n'aurais rien à dire; mais, comme c'est d'une jeune fille, cela ne me paraît pas lui faire honneur. »

C'est beaucoup de sévérité. Du reste, comme le biographe ne marque pas de date précise, la jeune fille en question pourrait

---

1. Vie d'Innocent Ier (t. 1, p. 220) : « Et hoc constituit (Innocentius) ut qui natus fuerit de christiana denuo nasci per baptismum, hoc est baptizari, quod Pelagius damnabat. »

bien avoir eu de cinquante à soixante ans ; Childéric vécut jusqu'en 481 et Geneviève était née vers 420. Il n'y a donc pas lieu
de s'alarmer.

Quant à saint Siméon Stylite, M. Krusch n'admet pas qu'il ait
pu confier à des marchands, de passage en Syrie, des compliments respectueux pour la vierge parisienne. Le célèbre ascète
ne pouvait supporter la vue des femmes, pas même de sa mère :
comment aurait-il noué des relations de politesse avec une étrangère ? Ici je me bornerai à faire remarquer qu'il y a loin de Paris
au désert d'Antioche ; à de telles distances des saints peuvent se
saluer sans se compromettre[1].

Dans l'ensemble, la situation, l'activité de sainte Geneviève
sont, pour M. Krusch, des choses incompréhensibles. C'est une
religieuse ; mais il n'est pas question de couvent. Elle demeure
chez elle, y reçoit des visites, va et vient, la nuit comme le jour ;
se mêle aux affaires municipales, donne des conseils aux Parisiens, pourvoit à l'approvisionnement de la ville. On la trouve
toujours en route, à Arcis[2], à Troyes, à Orléans, à Tours, à
Meaux. A Meaux, elle a des terres, et, au temps de la récolte,
elle va surveiller l'ouvrage ; au nord de Paris, elle fait construire
une église en l'honneur de saint Denis, et les maçons travaillent
sous ses yeux. Tout cela, dit M. Krusch, nous représente une
religieuse d'un genre bien particulier.

---

1. Suivant M. Krusch, lequel, du reste, n'a pas ici l'honneur de la découverte, ce qui a conduit le biographe à « inventer » l'épisode de sainte Geneviève saluée par Siméon, c'est que la fête de l'une tombe le 3 janvier, la fête
de l'autre deux jours après, le 5. Je me demande sur quoi on se fonde pour
dire de pareilles choses. Les hagiographes savaient aussi bien que nous que le
voisinage au calendrier ne résulte nullement du synchronisme des personnages
ainsi rapprochés. A-t-on des faits analogues à citer ?

2. Arcis est sur l'Aube, Troyes sur la Seine. Le biographe ne parle que de
la Seine, qui, dans le voyage à partir de Paris, correspond aux cinq sixièmes du
parcours. M. Krusch se figure qu'il a fait naviguer sainte Geneviève d'Arcis à
Troyes, et lui reproche en conséquence d'avoir transporté Arcis sur les bords
de la Seine. La vérité est que sainte Geneviève va par eau à Arcis, à proxi-
mité de laquelle se trouvaient apparemment les grains qu'elle allait chercher ;
puis elle se transporte à Troyes, sans qu'on dise qu'elle se soit rembarquée
pour s'y rendre. Pourquoi mettre dans les textes des absurdités qui n'y sont
pas ? De plus, je me demande comment cette erreur, si elle était réelle, pourrait prouver que le biographe est d'une date ou d'une autre. Arcis a toujours
été sur l'Aube, Troyes toujours sur la Seine. Un Parisien du viiie siècle était
aussi incapable qu'un Parisien du vie de les transporter d'une rivière à l'autre.

Je n'en disconviens pas. Mais d'abord, comment un faussaire
du temps de Charlemagne aurait-il pu créer un pareil type? En
ce temps-là toutes[1] les religieuses étaient au couvent, bien murées
derrière leurs grilles. Qui aurait eu l'idée d'une telle activité
extérieure chez une religieuse?

Au contraire, reportons-nous au Ve siècle. Alors, les couvents
de femmes commencent, il est vrai, à s'établir; mais la *virgo
sacra* de l'ancien type, la religieuse vivant dans sa famille, est
encore celle que l'on rencontre le plus souvent. Geneviève a
d'abord vécu chez ses parents, puis chez sa marraine; enfin, l'âge
venu, elle a vécu seule, ou plutôt entourée de quelques com-
pagnes, aussi peu recluses qu'elle-même. Quoi d'extraordinaire
à cela? C'est l'usage du temps.

A l'approche d'Attila, Geneviève engage les dames de Paris,
puis leurs maris eux-mêmes, à se fier, plus qu'ils ne sont disposés
à le faire, à la situation de leur ville, leur promettant un secours
céleste. Quand les environs de Paris, ravagés dix ans durant
par les Franks, ne fournissent plus à l'alimentation que des ressources insuffisantes, Geneviève s'embarque sur la Seine, se rend
à Arcis, puis à Troyes, et ramène des bateaux chargés de grain[2].
Elle décide les prêtres et les fidèles à se concerter pour la construction de la basilique de Saint-Denis; ses conseils, comme on
l'a vu plus haut, ont porté Clovis à édifier celle des apôtres Pierre
et Paul. Cette activité, M. Krusch juge qu'elle conviendrait à un
maire de Paris plutôt qu'à une sainte.

Ici je me bornerai à un simple rapprochement. Au moment où,
par l'ascendant de sa vertu, Geneviève avait conquis et exerçait
sur les Parisiens une influence aussi grande, un moine inconnu
déployait, sur les bords du Danube, une autorité comparable et
supérieure à celle d'un gouverneur de province. Je veux parler
de saint Séverin de Norique, contemporain de sainte Geneviève,
comme son biographe, Eugyppius, est contemporain du narrateur
parisien. La vie de saint Séverin est acceptée par tout le monde
comme un document historique de haute valeur; personne ne met

1. J'entends ici les religieuses proprement dites, les *virgines sacrae*, qui,
comme Geneviève, avaient reçu le voile des mains de l'évêque. Aux temps
carolingiens, il y avait des religieuses en dehors des communautés; mais ce
n'étaient pas des *virgines sacrae*. Cf. Thomassin, III, 1, c. XXIX.

2. Ce grain était évidemment sa propriété, car on la voit en disposer elle-
même; peut-être avait-elle des terres à Arcis.

en doute le rôle éminent de Séverin au milieu des populations romaines qui subsistaient encore dans ces provinces abandonnées. On le voit, comme Geneviève, en rapports quotidiens avec le clergé, les autorités militaires, les rois barbares ; comme elle, il arrache des prisonniers aux chefs des tribus germaniques ; comme elle, il s'occupe d'approvisionnements et donne son avis sur l'attitude à prendre en temps de siège ou d'invasion. Et ce n'est qu'un moine, un moine étranger, dont personne ne connaît les antécédents.

Mais, me dira-t-on, c'est un homme ; Geneviève n'est qu'une femme. C'est vrai, mais la sainteté n'a pas de sexe ; et, après tout, ce n'est pas dans le pays de Jeanne d'Arc qu'il faut s'ébahir quand on voit des femmes se distinguer.

Cette même vie de saint Séverin va me permettre d'écarter encore un argument de M. Krusch. Sur le tombeau de la sainte, un miracle est accompli en faveur d'un Goth. M. Krusch en est scandalisé, car un Goth, c'est un arien ; et voit-on un saint catholique guérir des infirmes d'une autre confession? Grégoire de Tours a pour les ariens la plus profonde horreur. — C'est possible, mais il suffit d'ouvrir la vie de saint Séverin pour constater des cas de miracles interconfessionnels. Séverin guérit chez les Ruges ariens comme chez les Romains catholiques. Rien donc d'incongru à ce que sainte Geneviève ait guéri un Goth. D'ailleurs est-il sûr, après tout, que ce Goth fût arien? Le biographe ne dit rien de sa religion.

Genovefa est un nom germanique. Comment expliquer qu'il ait été donné à une enfant née en 420, de parents à noms romains, *Severus* et *Gerontia?* — Ce n'est pas la première fois qu'on se pose cette question. Aucune réponse précise ne peut y être faite; mais d'abord il n'est pas sûr de conclure des noms des gens à leur nationalité; rien ne prouve que Severus ou Gerontia n'aient pas été des Germains immigrés depuis plus ou moins longtemps. Mais, supposons-les Romains tous les deux : qui les empêchait, si cela leur convenait, de donner à leur enfant un nom germanique? N'y avait-il pas alors des Germains dans toutes les conditions de la société romaine? Un Arbogast, un Mérobaude n'ont-ils pu s'allier à des familles romaines et y propager des noms francs?

L'évêque de Paris qui consacre Geneviève comme *virgo sacra* est *Vilicus*, dont le nom ne se retrouve pas dans le catalogue épiscopal parisien. — Ici je ferai remarquer que ce nom d'évêque est très mal attesté. Au lieu de *Vilico* on trouve dans certains manuscrits *ilico* ou *velum ;* cette dernière leçon est adoptée par M. l'abbé Narbey; d'autres portent *Iulico* ou *Villico*. Il faudra d'abord déterminer si de ces variantes une leçon certaine peut être déduite; on verra ensuite à s'arranger avec le catalogue.

Cilinia, jeune fille de Meaux, dont la profession virginale fut protégée par Geneviève, est dite avoir persévéré jusqu'à la fin dans la vie religieuse. Mais la mère de saint Remi s'appelait aussi *Cilinia* ou plutôt *Caelinia*. D'autres en auraient conclu qu'il y eut deux personnes de ce nom dans la Gaule du nord, vers le déclin du ve siècle; le vieux biographe de saint Remi ne dit pas du tout que sa mère fût de Meaux. M. Krusch identifie les deux personnes, pour le plaisir de prendre son auteur en défaut; et là-dessus il s'engage (p. 39, 40) dans la composition d'un petit roman sur des querelles de propriétés qui auraient pu se produire au IXe et au Xe siècle entre l'église de Reims et l'abbaye de Sainte-Geneviève, et qui, ayant pu se produire, auraient pu engager les moines de Sainte-Geneviève à dégager la mère de saint Remi des liens du mariage pour la faire entrer rétrospectivement en religion. — Il me semble que la critique doit se borner à raisonner sur les faits attestés et négliger les faits qui auraient pu se produire.

Sur le nom primitif de la localité de Saint-Denis, M. Krusch fait une singulière pétition de principe. Il veut démontrer que le terme *Catholacensis vicus*, dont se sert le biographe, n'a fait son apparition qu'au VIIIe siècle avancé. Suivant lui, il a été déduit du nom de la matrone *Cadulla*, à qui la passion de saint Denis donne un rôle. Voici comment il raisonne : Grégoire de Tours, Frédégaire, ses continuateurs et l'auteur du *Liber historiae Francorum*, qui sont plus anciens que le biographe (c'est justement ce qui est à démontrer), emploient toujours l'expression *basilica s. Dionysii*, sans parler du *vicus :* donc le biographe est postérieur. Ceci n'est guère logique : mais passons. Aux endroits[1] où les auteurs allégués parlent de Saint-Denis, c'est de

---

1. Grégoire de Tours parle d'un serment prêté au tombeau du saint (*H. Fr.*, V, 32); d'un prince enterré dans son église (*ibid.*, 34); des sacrilèges commis dans ce sanctuaire par des Austrasiens (*Gl. M.*, 71). Frédégaire parle aussi d'un serment prêté (IV, 54), de la sépulture de Dagobert (IV, 79); son continuateur mentionne le séjour du pape Étienne II au monastère (36), puis la mort et la sépulture de Pépin le Bref au même lieu (53). Enfin le *Liber hist. Fr.* relate (34, 43) deux sépultures.

l'église elle-même, du sanctuaire, qu'ils ont à s'occuper ; ils n'ont aucune raison de mentionner la population groupée autour ou de citer un autre nom de lieu que celui de la basilique. Le biographe, lui, parlant de la première fondation de cet édifice, est bien obligé de dire où on l'a construit, et il est ainsi amené à donner le nom du *vicus*. Du reste, il est naturel qu'une fois la basilique élevée et fréquentée, son vocable ait été employé pour désigner le *vicus* lui-même. De là l'expression *vigus sancti Dionisii* employée dans un diplôme de 710 ; de là le fait que le même monétaire, Ébrégisile, marque la monnaie frappée en ce lieu tantôt du mot CATOLACO ou CATVLLACO, tantôt du terme SCI DIONISII[1]. L'abbé Fulrad, dans son testament rédigé en 777, emploie aussi les deux expressions. Ébrégisile et Fulrad sont dans le cas de mentionner le *vicus ;* ils le désignent indifféremment par les deux noms. Si Grégoire de Tours, Frédégaire et son continuateur, enfin l'auteur du *Liber historiae Francorum* avaient tous parlé du *vicus,* en l'appelant obstinément *vicus s. Dionysii* et non *vicus Catullacus,* leur usage signifierait quelque chose. Mais comme ils ne parlent que de l'église, il était impossible qu'ils l'appelassent autrement qu'ils ne l'ont fait.

Je pourrais prolonger cette discussion et montrer, par des exemples plus nombreux, combien sont chétives les raisons que l'on a cru devoir mettre en ligne contre notre biographe, ou plutôt contre la date qu'il s'attribue. Je ne crois pas que, de son récit, on puisse tirer quoi que ce soit qui porte la marque d'un temps postérieur à cette date, c'est-à-dire au règne de Childebert[2].

Sans doute, il y a lieu de n'user de ses récits qu'avec une certaine prudence. Il nous apprend lui-même qu'il écrit dix-huit ans

1. M. Krusch déduit de son système que ce monétaire est du VIIIe siècle ; mais rien ne prouve qu'il ne soit pas du VIIe ou même du VIe.

2. Jusqu'à présent on admettait que Grégoire de Tours avait eu son récit sous les yeux lorsqu'il écrivait son *De gloria confessorum.* Dans ce livre, il dit (c. LXXXIX) quelques mots de Geneviève et mentionne en particulier un miracle qui se retrouve dans la vie. Il est vrai qu'il ne se réfère ici à aucun texte. M. Krusch voit dans ce silence la preuve que Grégoire ne dépend que de la tradition orale. Sans aller jusqu'à croire que Grégoire ait toujours pris la peine de citer expressément les sources où il puisait, je ne vois pas de raison pour admettre, dans le cas présent, une dépendance littéraire. Il faut descendre jusqu'aux *Gesta Dagoberti,* c'est-à-dire jusqu'au commencement du IXe siècle, pour constater d'une manière certaine l'usage de la vie de sainte Geneviève.

après la mort de Geneviève et il ne paraît pas l'avoir connue. Presque tout ce qu'il dit, il le tient de la tradition orale, et, en ce qui regarde le commencement de son histoire, d'une tradition orale déjà vieille de cent ans. Comme tous les hagiographes, il est très accueillant pour les miracles et les faits de toute nature qui peuvent contribuer à grandir le personnage dont il s'occupe. Ce personnage est pour lui le centre de l'histoire ; les autres hommes n'y figurent qu'à titre de comparses. S'il se produit un événement où diverses personnes ont joué un rôle, celui du saint est seul signalé, seul mis en relief, par là même exagéré. Tout cela c'est le procédé de Sulpice Sévère à l'égard de saint Martin. Et pourtant Sulpice Sévère a vécu avec saint Martin ; il a écrit très peu de temps après sa mort, et même de son vivant. Pourquoi appliquerait-on une mesure plus sévère à l'auteur anonyme qui écrivit sur sainte Geneviève, dix-huit ans après sa mort, et sans l'avoir connue personnellement ?

Je conclus.

1° M. Krusch n'a nullement prouvé que le texte de la vie de sainte Geneviève soit mieux représenté par les manuscrits de la famille A (*Kohler II*) que par ceux de la famille B (*Kohler I*). On parviendra peut-être à établir que ces derniers ont subi plus de retouches grammaticales que les autres ; mais ils auront toujours l'avantage d'être moins interpolés.

2° Il est faux que la vie de sainte Geneviève dépende de Grégoire de Tours, de Fortunat et d'auteurs moins anciens encore ; il est faux que sa rédaction porte trace d'événements ou de préoccupations du VIIIe siècle avancé.

3° Aucun des faits consignés dans cet écrit n'offre, soit en lui-même, soit par la façon dont il est raconté, la moindre objection contre la date que s'attribue l'auteur, c'est-à-dire les environs de l'année 520.

4° Le biographe mérite à peu près la même créance que ceux de saint Martin de Tours et de saint Séverin de Norique. Son livre doit, comme ceux de Sulpice Sévère et d'Eugyppius, être maintenu au nombre des documents historiques relatifs au pays et au temps qu'il concerne.

L. Duchesne.

QUESTIONS D'HISTOIRE LITTÉRAIRE

MAÎTRE BERNARD

Parmi les chapitres obscurs de l'histoire de la littérature savante du moyen âge, il n'en est guère de plus important que celui des destinées de l'humanisme au XIIe siècle. On est encore bien mal renseigné sur les écrivains lettrés et ingénieux qui, au rapport de Jean de Salisbury, luttèrent avec tant d'énergie contre ces contempteurs de la grammaire et de toute culture littéraire, les « métalogiciens » du Petit-Pont, les sectateurs du détestable Cornificius. Après une victoire passagère[1], les humanistes furent mis en déroute : maître Mainier, ce rhéteur incomparable, *rhetor ille incomparabiliter eximius,* vécut assez pour voir l'accomplissement de cette prédiction de l'antique sibylle : « Un jour viendra où l'étude des lois anéantira l'étude des lettres » ; et la décadence de l'art de bien dire, causée par le triomphe de la barbarie scolastique[2]. Mais, parce qu'ils n'ont pas réussi à endiguer le torrent des modes nouvelles, est-ce une raison pour oublier ces vieux maîtres? Sans doute, tous les *dictatores,* tous les auteurs de *Poetriæ,* tous les professeurs de rhétorique et de versification du XIIe siècle n'ont pas été des hommes éminents, et les élégances

---

1. Jean de Salisbury, *Metalogicus*, I, 5 : « ... Redierunt artes, et, quasi jure postliminii, honorem pristinum nactæ sunt, et, post exsilium, gratiam et gloriam ampliorem. »

2. *Giraldi Cambrensis Opera*, éd. Brewer, t. IV, p. 7 : « Literaturæ defectus causa est quod scolares diebus istis in trivio studentes, pretermissis omnino fere duabus facultatibus pernecessariis, quarum prima recte, secunda vero lepide loqui docet et ornate, ad studium logices et garrulæ loquacitatis apparentiam, quatinus acuti videantur et diserti, se cursu veloci transferre deproperant... Deflorescentibus itaque artibus, ... succrevit paulatim adulterina ea eruditio, quæ barbariem unice invectura videbatur. »

laborieuses d'un Mathieu de Vendôme, d'un Geoffroi de Vinsauf, inspirent aujourd'hui plus de pitié que d'estime ; mais Jean de Salisbury cite, au nombre des adversaires de Cornificius, des personnages tels que Guillaume de Conches, Thierri de Chartres, Bernard de Chartres : *amatores illi litterarum se omnes opposuerunt errori.* L'histoire littéraire de ces chorèges de l'humanisme, chefs d'une Renaissance avortée, et de leurs disciples, n'a été écrite jusqu'ici que partiellement. Sur beaucoup de points, elle reste incertaine, bien que les beaux travaux de M. B. Hauréau aient grandement contribué, en ces derniers temps, à la préciser. Nous nous proposons de présenter dans ce mémoire quelques faits nouveaux et de réviser les solutions reçues de quelques problèmes anciens.

I.

Le catalogue des manuscrits de la Bibliothèque royale de Bruxelles intitule brièvement le volume n° 2070 de ce dépôt : *Summa dictaminum.* Ce volume, qui vient de Stavelot et dont l'écriture est du XIIe siècle, a été étudié en 1842 par M. de Reiffenberg[1], en 1869 par M. Wattenbach[2]. Il contient un traité de rhétorique (*ars dictaminis*), mêlé de prose et de vers, dont tel est l'incipit :

> Consimiles res omnis amat nec competit unquam
> Si quis dissimiles res simul esse velit.

La *Summa dictaminum* du manuscrit de Stavelot se retrouve au fol. 51 du n° 246 des manuscrits latins de la Bibliothèque impériale de Vienne (XIIe siècle), où M. B. Hauréau en a pris connaissance[3].

Le même ouvrage se lit enfin[4] dans le n° 549 (fol. 25) de la bibliothèque de Bruges, qui est aussi du XIIe siècle. Il y est précédé

---

1. *Annuaire de la Bibliothèque royale de Belgique*, t. VIII, p. 129-135 ; *Bulletin de l'Académie de Bruxelles*, IX, 2° partie, p. 272-277.

2. *Anzeiger für Kunde der deutschen Vorzeit*, XVI, c. 189 et suiv.

3. *Mémoires de l'Académie des inscriptions*, XXXI, 2° part., p. 100-101 ; *Journal des Savants*, 1883, p. 213.

4. Nous ne connaissons que ces trois exemplaires, mais ce n'est pas à dire qu'il n'en existe pas d'autres dans les bibliothèques dont on n'a point encore de catalogues détaillés, au Vatican par exemple.

d'une rubrique ainsi conçue : « Incipit dictaminis prosaici competens eruditio a Bernardino ad omnem sociorum utilitatem constituta. »

Recherchons, après en avoir sommairement analysé le contenu, quel est l'auteur de cet opuscule, et à quelle époque, en quel lieu, ledit opuscule a été rédigé[1].

I. — L'auteur annonce, dans un préambule en distiques, qu'il va traiter brièvement, pour se conformer au goût du temps, de l'art de bien dire, et il invite les curieux à ne pas aboyer contre lui. Les manuscrits de Bruges et de Bruxelles ajoutent, sous la rubrique *Commendatio additionis*, ce quatrain qui manque dans l'exemplaire de Vienne, apparemment plus ancien :

> Quamvis letari soleant novitate moderni,
>   Nil tamen est novitas utilitate carens ;
> Sed bene vivacis redolent compendia sensus,
>   Cujus ad introitum cornea porta patet.

C'est en prose que l'auteur définit ensuite le *dictamen* et énumère les quatre genres de *dictamina* : prosaïque, métrique, rythmique, mixte (*quod constat partim ex prosa, partim ex metris, ut dictamen Boecii*). Il ne se propose de traiter que du *dictamen prosaycum*, et encore d'un genre particulier, celui qui convient au style épistolaire. Définition de l'*epistola,* qui se divise régulièrement en cinq parties : règles de la salutation, de l'exorde, de la narration, de la *petitio,* de la conclusion, accompagnées et appuyées d'exemples. « Mais il est temps, » dit notre rhéteur (fol. 3), « d'aborder la matière du *cursus.* » Suit une théorie complète du *cursus.* Après quoi l'auteur revient à la salutation pour en donner de très nombreuses formules, différentes suivant la qualité de celui auquel on s'adresse et de celui qui parle ; il s'applique aussi à fournir aux maladroits un choix d'exordes (*proverbia*) persuasifs ; quelques-uns de ces exordes sont en vers. Le traité, quand il était complet, devait com-

---

1. Nous n'avons eu sous les yeux que les manuscrits de Vienne et de Bruxelles. Nous citons le ms. de Bruges d'après les indications fournies par le Catalogue de M. Laude. Nous nous servons surtout du ms. de Vienne, le plus complet.

Notons ici que l'exemplaire de Bruges semble avoir été écrit à Chartres (P.-J. Laude, *Catalogue des manuscrits de la bibliothèque de Bruges.* Bruges, 1859, in-8°, p. 495).

prendre des collections analogues de formules de narrations, de pétitions et de péroraisons.

II. — Nous savons le nom de l'auteur de la Somme de Vienne, de Bruxelles et de Bruges, car on lit dans les trois exemplaires, à l'adresse des envieux qui oseraient attaquer une si belle œuvre :

> Auctorem laudato Deum, quem ledit aperte,
> Si quis in hoc operis insidiosus erit.
> BERNARDUS siquidem tantummodo verba notavit
> Cuncta, velut docuit Spiritus Almus eum.

Dans les formules de salutation revient en outre très fréquemment le nom de « Bernhardus, dictaminum professionis minister; » de « magister B., tocius litteralis science fulgore preclarus. » Un écolier est censé écrire à sa famille :

> Nobilitatem vestram non cupio ignorare me, divina favente gratia, sospitem morari in dictaminum studiis, sub magistri Bernhardi doctrina jugiter conversari.

Quel est ce maître Bernard? Trois érudits ont risqué à ce sujet chacun une hypothèse; nous sommes donc en présence de trois hypothèses différentes : *tot auctores, quot sententiæ*. Celle de M. de Reiffenberg est absurde : « La mention de Cluni dans les formules de ce traité semble indiquer qu'il s'agit de saint Bernard, cet homme étonnant... » — M. Wattenbach s'est montré beaucoup plus sage : « On pense tout de suite, dit-il, à Bernard de Meung, auteur bien connu de *Flores dictaminum,* mais l'incipit de la Somme de maître Bernard n'est pas identique à celui des *Flores* du *dictator* de Meung, et, dans les « exemples » de ces deux traités, les noms de lieu sont très différents. Maître Bernard est donc un Bernard nouveau, que quelque heureuse découverte tirera peut-être un jour de l'obscurité. » — Quant à M. Hauréau, il attribue formellement l'opuscule du manuscrit de Vienne à Bernard, surnommé *Silvestris*, ou plutôt *Silvester*[1].

III. — Avant de prononcer entre ces autorités considérables, il convient d'examiner les formules données dans nos manuscrits à titre de paradigmes. C'est d'ordinaire le meilleur

---

1. Sur *Silvester* et *Silvestris*, voyez Reginald Lane Poole, *Illustrations of the history of medieval thought*. Londres, 1884, in-8°, p. 116, note.

procédé pour localiser dans le temps et dans l'espace les *artes dictaminis* qui nous ont été conservés.

Il résulte des formules de l'exemplaire de Bruxelles que, lorsqu'elles ont été rédigées, Frédéric Ier était empereur et Eugène III pape ; Rainald était archevêque de Cologne. L'auteur des formules avait-il été en Italie ? On le croirait, à le voir citer les noms de Ravenne, de Faenza, d'Ancône, de Fermo. Il cite aussi l'évêque d'Utrecht, l'évêque de Paris, l'abbé de Cluni, le prieur de Saint-Victor de Paris, le prévôt d'Arles. — Mais nous lisons, dans l'exemplaire de Vienne, d'autres noms : ceux du pape Innocent, des archevêques d'Auch, de Narbonne, de Salzbourg et de Mayence, de plusieurs dignitaires de l'Église de Paris, de Thibaud, comte de Blois et sénéchal de France[1], des évêques de Tarbes, de Dax et de Ratisbonne, de l'abbé de Saint-Cernin.

Ces renseignements sont assez faciles à interpréter pour ceux qui savent comment les *artes dictaminis* se transmettaient au moyen âge. — Soit un traité théorique comme celui de « maître Bernard » ; l'auteur avait naturellement nommé, dans ses exemples, les personnages de son temps et de son pays ; mais les copistes qui, plus tard et ailleurs, transcrivaient le traité théorique ne se faisaient point scrupule de remplacer dans les exemples les noms qu'ils ne connaissaient pas par ceux qui leur étaient familiers ; ils ne procédaient point toutefois systématiquement à ces substitutions, et certains noms du formulaire primitif subsistaient presque toujours dans le formulaire rajeuni. — Cela posé, il est très clair que le manuscrit de Bruxelles est un exemplaire du traité théorique de maître Bernard, qui a été copié par un clerc allemand attaché probablement à ce Mécène des *dictatores,* l'archevêque Rainald de Cologne, qui fit tant de voyages en Italie[2] ; les mentions relatives aux dignitaires de Paris et de Cluni sont

---

1. « Ponatur quod Theobaldus, comes Blesensis, sit obsessus in quodam opido a rege Anglico, et scribat regi Gallico in hunc modum : *Serenissimo domino B.* (sic) *Dei gratia regi Gallie* (l) *Th., fidelis suus, comes Blesensis, senescallus Francie, salutem et obsequium.* » (Fol. 53.)

2. C'est à Rainald (cf. *Romania, IX,* p. 496) qu'est adressée la *Confessio Golie (Notices et extraits des manuscrits,* XXIX, 2e part., p. 269) :

Vide si complaceat tibi me tenere.
In scribendis litteris certus sum valere,
Et si forsan accidat opus imminere,
Vices in dictamine potero supplere.

des vestiges d'une édition antérieure. Nous dirons de même que le manuscrit de Vienne est un exemplaire allemand, copié peut-être sur un exemplaire venu de la région pyrénéenne, où quelques mentions subsistent (Église de Paris, Thibaut de Blois) d'une édition primitive, cette édition primitive étant d'ailleurs certainement postérieure à l'année 1153, date à laquelle le comte Thibaut fut élevé au dapiférat.

En résumé, les noms cités dans les formules des manuscrits de Vienne et de Bruxelles nous renseignent approximativement sur la date et sur la provenance de ces deux éditions différentes de la Somme de maître Bernard; ils ne nous apprennent rien ou presque rien sur la date et sur la provenance du traité théorique lui-même. On peut seulement conjecturer que l'édition primitive, dont les deux éditions précitées dérivent, venait de la France du nord.

Cette conjecture est fortifiée par un exemple de salutation en vers, peu flatteuse pour les gens de la ville de Blois, omise dans le manuscrit de Bruxelles, mais que le manuscrit de Vienne a gardée très certainement de l'archétype :

> Spernere Blesorum semper mala verba virorum;
> Nec dare conatus nisi noveris esse reatus [1].

IV. — Nous sommes maintenant en mesure de discuter utilement les attributions de MM. Wattenbach et Hauréau.

A) M. Wattenbach a conclu trop vite. De ce que le formulaire joint au manuscrit de Bruxelles contient d'autres noms de personnes et de lieux que le formulaire joint aux exemplaires connus par M. Wattenbach de l'*Ars dictaminis* de Bernard de Meung, on ne saurait tirer cette conséquence que Bernard de Meung et le « maître Bernard » du manuscrit de Bruxelles sont deux personnages différents. L'*Ars dictaminis* de Bernard de Meung et la Somme de maître Bernard sont peut-être un seul et même traité théorique dont les formulaires seuls sont distincts.

« Mais l'incipit des deux ouvrages, ajoute M. Wattenbach, n'est pas le même. » — Ce second argument ne paraîtra pas plus valide que le premier, si nous montrons que, à la vérité, les incipit diffèrent, mais que l'un est l'abrégé de l'autre. Ne serait-il pas possible d'établir que l'*Ars dictaminis* de Bernard de Meung n'est qu'un abrégé de la Somme de maître Bernard?

1. Fol. 55 v°, c. 1.

Les exemplaires de l'*Ars dictaminis* de Bernard de Meung sont très communs. Voici la liste de ceux que nous connaissons[1] :

a) Bibl. nat., lat. 994, fol. 30 (xiiie s.). — Formulaire rédigé de 1187 à 1198 dans l'Orléanais. — Cf. B. Hauréau, *Notices et extraits de quelques manuscrits latins de la Bibliothèque nationale*, I, p. 98.

b) — lat. 15170, fol. 16 (xiiie s.). — Formulaire rédigé de 1185 à 1187 dans l'Orléanais.

c) — lat. 1093, fol. 55 (xiiie s.). — Formulaire rédigé vers 1200 dans l'Orléanais.

d) — lat. 14193, fol. 20 (xiiie s.). Décrit par M. Hauréau : *Notices et extraits de quelques manuscrits latins de la Bibliothèque nationale*, II, p. 356. On lit, fol. 23 v° : « Hec de salutationibus magistri Bernardi Magudensis archiepiscopi. »

e) — lat. 8653, fol. 23 (xiiie s.). — Formulaire rédigé sous le règne de Philippe-Auguste dans l'Orléanais[2].

f) — lat. 11386, fol. 32 (xive s.). — On lit parmi les formules, fol. 33 : « Summa quam legit doctor Bernardus et egit, » et au fol. 35 : « Incipit (lisez *Explicit*) summa magistri Bernardi. »

g) Bibl. d'Agen, n° 4 (xiiie s.). — Formulaire rédigé après 1162 dans l'Orléanais. — Cf. L. Auvray, *opus citatum*.

h) Bibl. de Troyes, n° 893 (xiiie s.). — Fragment relatif au *cursus* : « Magister B. Aurelianensis de dictamine. »

---

1. Des listes du même genre ont été publiées par M. Delisle, *Ann.-Bull. de la Société de l'histoire de France*, 1869, pp. 140-142 (quatre mss.); par M. Noël Valois, *Bibl. de l'École des chartes*, 1881, p. 166, note 1 ; et par M. L. Auvray, *Documents orléanais du XIIe et du XIIIe siècle, extraits du formulaire de Bernard de Meung*, Orléans, 1892, in-8[o], p. 5, note 3.

2. L'explicit est ainsi conçu (fol. 38 v°) : *Explicit Summa magistri Guidonis*. Il a conduit M. Delisle (*loc. cit.*, p. 141) à supposer l'existence d'un « maître Gui, Orléanais », et professeur de *dictamen*. C'est sous le nom de « Somme de maître Gui » que M. Noël Valois a cité, dans tous ses travaux, l'opuscule du ms. 8653. Or, si l'on observe qu'au fol. 39 r° de ce manuscrit commence la fameuse *Summa dictaminis* de Guido Faba (Inc. : Quasimodo geniti...), on n'hésitera pas à croire que le scribe a écrit, par erreur, au bas du fol. 38 v° : *Explicit Summa magistri Guidonis*, au lieu de : *Incipit Summa magistri Guidonis*. Il n'y avait, parmi les dictatores, qu'un seul maître Gui, Gui Faba. L'opuscule du ms. 8653 n'est qu'un exemplaire anonyme de l'*Ars* de Bernard de Meung.

i) Bibl. de Munich, n° 14708, fol. 50 : « Bernardi de Magduno Summa. »

j) — n° 22294, fol. 25 : « Bernhardi de Magduno flores dictaminum. »

k) — n° 96, fol. 17.

l) — imp. de Vienne, n° 521, fol. 85 (xiiie s.). — Décrit par Wattenbach dans l'*Archiv* de Pertz, X (1852), p. 557-560.

m) British Museum, Add. mss., n° 18382, fol. 65 v° (xive s.) : « Summa Bernardina incipit. » — Le formulaire a été rédigé à la fin du xiie siècle dans l'Orléanais.

n) — Cotton. mss., Vitellius. C. VIII, fol. 128 : « Summa magistri Bernardi que vocatur modus rhetoricus dicendi. »

o) — Add. mss., n° 8167, fol. 169 (xiiie s.) : « Minor compilatio m[agistri] B[ernardi]. »

p) Bibl. Bodléienne, mss. Douce, n° 52, fol. 89 (xiiie s.). — Formulaire rédigé en Angleterre au xiiie siècle.

q) Il faut ajouter un certain nombre d'exemplaires qui paraissent perdus. — Pez (*Anecd.*, III, 3, p. 62) avait vu à Benedictbeuern en Bavière une « Bernardi magistri summa dictaminum. » — D'après l'*Histoire littéraire* (XIV, p. 377), la bibliothèque du chapitre de Beauvais possédait jadis une *Summa dictaminis* qui, d'après l'analyse qu'on en donne, était absolument identique aux seize mss. ci-dessus énumérés (avec un formulaire rédigé de 1185 à 1187 dans l'Orléanais). Elle était attribuée, paraît-il, à « magister Dominicanus Hispanus, » rubrique certainement fausse, qui provenait sans doute de quelque erreur matérielle [1].

On voit que, sur dix-huit manuscrits connus de l'*Ars dictaminis* dont il s'agit, cinq (*f, m, n, o, q*) sont au nom de « maître Bernard » ; deux seulement (*i, j*) sont rubriqués au nom de Bernard de Meung, mais le nom de Bernard de Meung se retrouve défiguré par l'ignorance d'un copiste [2] dans un troisième exem-

---

1. La bibliothèque de Saint-André de Villeneuve-lez-Avignon possédait, en 1307, une *Summa Bernardina;* la bibliothèque de Sainte-Geneviève de Paris, au xiiie siècle, une *Summa magistri Bernardi de dictaminibus* (cf. L. Delisle, *Cabinet des manuscrits*, II, p. 514, n° 88; III, p. 8, n° 47).

2. Le nom de Meung (par exemple : *Actum publice, in domo magistri B. de Magduno*) paraît d'ailleurs très souvent dans les formules. Les scribes étrangers à la région de la Loire l'ont défiguré de la manière la plus étrange. Celui de *c*, au lieu de *fontem Magdunum*, a écrit *fontem istum madidum*. Cf. N. Valois, *De arte scribendi epistolas*, p. 32.

plaire (*d*), et sous la forme « Bernard d'Orléans » dans un quatrième (*h*).

Les exemplaires de l'*Ars dictaminis* de Bernard de Meung, qui est entièrement rédigé en prose, se reconnaissent à l'incipit caractéristique qui leur est commun : « Ad doctrinam dictaminis accedentes » ou « accessuri », « primo debemus cognoscere » ou « primo videamus quid sit dictamen. Dictamen est litteralis edicio, venustate verborum egregia, sententiarumque coloribus adornata... »

Or, si l'on retranche de la Somme conservée à Bruxelles, à Vienne et à Bruges, le préambule en distiques dont nous avons parlé plus haut, et si l'on contracte légèrement, par la suppression de mots redondants et inutiles, les premières lignes en prose de l'opuscule, on obtient : « De dictaminum scientia grata rudibus documenta ministrare desiderantes... quid sit dictamen... breviter videamus. Dictamen est congrua litteralis edicio, venustate verborum egregia, sententiarum coloribus adornata... »

Ainsi, quoi qu'en dise M. Wattenbach, la Somme de maître Bernard ressemble fort, quant à l'incipit, à l'*Ars dictaminis* de Bernard de Meung. La ressemblance, d'ailleurs, ne s'arrête pas là, et une collation attentive nous permet d'affirmer que, tirades en vers et amplifications à part, le second opuscule ne doit pas être distingué du premier, dont il est purement et simplement l'abrégé.

Nous pourrions fournir au besoin d'autres preuves de ce fait que l'on connaissait au moyen âge deux rédactions, l'une assez ample, l'autre très abrégée, du célèbre ouvrage de Bernard. — L'auteur du *Laborintus* recommande, au sujet de l'art d'écrire en prose, les préceptes de maître Bernard, et s'exprime ainsi : « Dabit illam [viam dictandi] Bernardi major Summa minorque tibi[1]. » D'autre part, Pierre de Blois, qui juge sévèrement les écrits didactiques des *dictatores* en vogue de son temps, dit que le livre de maître Bernard est obscur et prolixe, tandis que les *summulæ* des maîtres tourangeaux sont insuffisantes[2], d'une sécheresse exagé-

---

1. *Comptes-rendus de l'Académie des inscriptions*, VI (1870), p. 260. Une glose interlinéaire ajoute après *Bernardi* : « illius doctoris rhetorici. »

2. « Licet magistri Bernardi de dictaminibus liber prudenter sit pertractatus, delicatis tamen et minus districtis lectoribus perplexe prolixitatis dicitur arguendus. Turonenses etiam magistros dictandi scientiam in summulas redigentes nihil perfectum asserunt scripsisse... » Bibl. de l'Université de Cam-

rée ; ces critiques s'appliquent fort bien respectivement à la *major summa* des manuscrits de Vienne, de Bruxelles et de Bruges, et aux *minores summœ,* abrégés d'origine orléanaise ou tourangelle, dont nous avons énuméré ci-dessus seize exemplaires complets ou partiels.

B) Maître Bernard, Bernard de Meung, Bernard d'Orléans, ne sont donc, à ce qu'il semble, qu'un seul et même personnage, dont la popularité, dans les écoles du moyen âge, est hors de doute ; ce fut au XIIe siècle un grammairien de grand renom [1] ; avec Gui Faba, Buoncompagno et Jean de Garlande, il fut considéré pendant le XIIIe siècle comme le *dictator* par excellence[2]. — Faut-il l'identifier, comme l'a proposé M. Hauréau, avec Bernard *Silvester* [3] ?

M. Hauréau n'a point, à notre connaissance, donné les raisons qui l'ont conduit à attribuer à Bernard *Silvester* la Somme bernardine du manuscrit 246 de Vienne. Mais il n'est peut-être pas impossible de les deviner. Mathieu de Vendôme dit quelque part[4] qu'il apprit dans la ville de Tours les règles du style épistolaire sous la discipline d'un maître très renommé, Bernard *Silvester* :

> Me docuit dictare decus Turonense magistri
> Silvestris, studii gemma, scolaris honor.
> Dictando didici quid scribat amicus amico,
> Subjectus domino mancipioque potens.

Or, Bernard *Silvester* est l'auteur de plusieurs ouvrages, dont l'un au moins, cité par Mathieu de Vendôme sous le titre de

bridge, **Dd. IX,** 38, fol. 115. Cf. *Notices et extraits des manuscrits,* XXXIV, 2e partie, p. 25.

1. B. Hauréau, *Notices et extraits de quelques manuscrits latins de la Bibliothèque nationale,* t. II (Paris, 1891, in-8°), p. 356.

2. Cf. la Somme de Conrad de Múre : « Licet magistri in arte prosandi, videlicet Boncunbancus, Bernhardus, Guido, Johannes de Garlandia et alii quamplures in suis summis plurima proverbia, plures formas epistolarum posuerint, ad rudium informationem seu ad sue scientie ostentationem... » (*Quellen und Erœrterungen zur bayerischen und deutschen Geschichte,* t. IX, 1re part., Munich, 1863, in-8°, p. 482.)

3. M. Hauréau n'a pas proposé d'identifier Bernard de Meung avec Bernard *Silvester,* mais il attribue, comme nous l'avons vu (ci-dessus, p. 226, note 3), la Somme du ms. 246 de Vienne à Bernard *Silvester.*

4. Dans un formulaire de lettres en vers qui a été publié par M. Wattenbach (*Sitzungsberichte* de l'Académie de Munich, 1872, p. 580).

« Cosmographia Turonensis [1] », le *De mundi universitate*, appelé aussi *Megacosmus et microcosmus*, jouit d'une légitime célébrité auprès des philosophes. Le style de Bernard *Silvester*, mêlé de prose (très soigneusement rythmée, conformément aux règles du *cursus*) et de distiques, est donc bien connu ; il ne diffère point du style du « maître Bernard » qui a composé la Somme bernardine du manuscrit de Vienne. Ce « maître Bernard » a écrit d'ailleurs très probablement, comme le professeur d'art épistolaire de Mathieu de Vendôme, sur les bords de la Loire, puisque, nous l'avons vu, il n'aimait pas les Blésois. Ne faut-il pas conclure du rapprochement de ces circonstances que la Somme de « maître Bernard » doit être ajoutée au bagage littéraire, déjà considérable, de Bernard *Silvester ?*

Nous sommes en mesure d'apporter, à l'appui de cette opinion si vraisemblable, un argument qui n'est pas sans valeur. On lit, dans un manuscrit de la bibliothèque d'Erfurt (O. 16, fol. 52-58), d'une écriture qui paraît remonter au milieu du XIIe siècle, un opuscule, mi-partie en prose, mi-partie en vers, ainsi rubriqué : *Liber de metrificatura Bernhardi Silvestris, optimi poetæ.* L'auteur se désigne, dans un préambule en vers, comme dans le traité de *dictamen* prosaïque dont nous avons cité plus haut (p. 228) les distiques initiaux :

> Quid sit oportunum cupientibus edere versum
> Iste quaternellus sufficienter habet,
> Quem BERNARDINUS, sociis ad vota favendo,
> Elicuit breviter fructibus ex variis,
> Et, quatinus sua Musa sibi memoranda paravit,
> Addidit huic studio sicque peregit opus [2].

Bernard *Silvester,* qui commenta, nous le savons, à l'usage des écoliers, l'*Énéide,* sinon l'*Ecloga* de Théodule [3], fut certainement un professeur de rhétorique émérite, en même temps

---

1. *Mémoires de l'Académie des inscriptions*, XXXI, 2, p. 99.

2. W. Schum, *Beschreibender Verzeichniss der amplon. Handschriften-Sammlung zu Erfurt.* Berlin, 1887, in-4°, p. 684.

3. W. Schum, *op. cit.,* p. 793, c. 2 : « Commentum Bernhardi Silvestris super Theodolum. » Je crains que cette mention d'un Catalogue de 1412 ne soit erronée, et qu'il ne s'agisse ici du commentaire bien connu de l'*Ecloga* par Bernard d'Utrecht.

qu'un philosophe hardi. Il a rédigé un traité de *dictamen* métrique ; il enseignait à Tours, au rapport de Mathieu de Vendôme,
le *dictamen* prosaïque. Voilà bien des motifs solides pour lui-
faire honneur du traité de *dictamen* prosaïque qui, surtout sous
sa forme abrégée (*summulæ Turonenses*), a longtemps bénéficié, dans les écoles, d'une popularité exceptionnelle.

Nous n'hésiterons donc pas à conclure dans le même sens que
M. Hauréau. Oui, l'*ars dictaminis* des manuscrits de Vienne,
de Bruxelles et de Bruges, est l'œuvre de Bernard *Silvester*.
Mais comment expliquer alors que les manuscrits de l'abrégé
qu'on a fait de cet opuscule ne soient jamais rubriqués au nom de
Bernard *Silvester,* et que quelques-uns le soient même au nom
d'un certain Bernard de Meung? — Ce Bernard de Meung n'est
pas d'ailleurs un être imaginaire ; il était chanoine de Meung,
et il a collaboré à la rédaction des « Miracles de saint Lifard » :
*Aliud miraculum a fratre Bernardo, Magdunensi cano-
nico, dictatum*[1].

Deux hypothèses se présentent naturellement à l'esprit : ou
bien Bernard *Silvester* a été chanoine de Saint-Lifard de Meung, et
c'est là un trait de sa biographie que rien ne laissait soupçonner
jusqu'ici ; ou bien Bernard, chanoine de Meung, a été l'un des abré-
viateurs de la *major summa* de son quasi-homonyme, Bernard
Silvester.

La seconde hypothèse doit être, à notre avis, préférée. Il est
certain que la Somme de maître Bernard a été rééditée à Meung ;
cela résulte clairement des éloges pompeux de Meung qui se lisent
dans divers exemples de la *summula* abrégée[2]. L'abréviateur de
Meung, le chanoine Bernard, aura bénéficié de la ressemblance
de son nom avec celui de l'auteur primitif, et, bien qu'il se fût
contenté d'abréger le texte, de rajeunir les paradigmes, il aura
usurpé, au XIIIᵉ siècle, dans les rubriques, la place due à Bernard
Silvester.

---

1. Mabillon, *Acta sanctorum ordinis sancti Benedicti*, t. I, p. 164. Ce morceau,
régulièrement rythmé, est d'un *dictator* expérimenté.

2. « Qui dictandi secuntur scientiam ad reges veniunt et prelatis ecclesie
traduntur a regibus... Amans te fide solida, laudo et consulo quod relinquas
de cetero cornices garrulas, et ad vivum fontem dictaminis ad profectum plenum accedere non moreris. Fontem istum Magdunum reperi, qui non timet
solem nec estus aridum. » (Bibl. nat., lat. 1093, fol. 61.)

En résumé, nous distinguons, avec Pierre de Blois et l'auteur du *Laborintus,* deux formes de la Somme bernardine sur l'*ars dictaminis*.

La première, représentée par trois manuscrits, nous l'attribuons, comme M. Hauréau, à Bernard *Silvester*.

La seconde, représentée par seize manuscrits, est un abrégé de la première, dont Bernard, chanoine de Meung, est probablement l'auteur.

Chaque exemplaire de la Somme complète et de la Somme abrégée est accompagné de modèles de lettres. Ces modèles peuvent servir à déterminer approximativement, grâce aux noms des personnages cités, la date et le lieu des différentes éditions. On constate de la sorte qu'il y a eu des éditions de la Somme bernardine, non seulement en France, mais en Angleterre et en Allemagne; la plus ancienne édition paraît remonter au milieu du XIIe siècle; la plupart des éditions connues sont de la fin de ce même siècle et de provenance orléanaise[1].

Remarquons en terminant que la Somme de Bernard n'est pas le seul traité tourangeau ou orléanais sur l'art épistolaire qui nous ait été conservé[2]. Les *artes dictaminis* composés dans les écoles de la Loire au XIIe siècle sont nombreux; ils se distinguent à première vue, même quand ils sont anonymes, des ouvrages analogues dus aux *dictatores* d'Italie, par l'emploi d'une certaine phraséologie qui leur est particulière. Nous essaierons de définir dans un autre mémoire cet important criterium, auquel les auteurs les plus recommandables qui ont écrit, jusqu'ici, sur la théorie médiévale du *Cursus,* n'ont point songé à recourir.

II.

Nous avons dit que Bernard *Silvester* est un personnage bien

---

1. M. L. Auvray a particulièrement étudié l'édition représentée par le ms. d'Agen (*g*) dans son Mémoire déjà cité : *Documents orléanais du XIIe et du XIIIe siècle, extraits du formulaire de Bernard de Meung.* Orléans, 1892, in-8°.

2. Signalons seulement le ms. 6911 de la bibl. de Munich, décrit (*Quellen zur bayerischen Geschichte,* IX, p. 97-102) et publié (*ibid.,* p. 103-114) par M. Rockinger, parce qu'il est apparenté aux abrégés ordinaires de la Somme de Bernard. — L'opuscule *Cognito,* dont on connaît deux exemplaires (Soissons, n° 8, fol. 65; Br. Mus., add., n° 18382, fol. 69), est rubriqué dans l'un d'eux : *Summa magistri Radulphi Vindocinensis.*

connu de l'histoire littéraire du XIIe siècle ; on a, en effet, beaucoup écrit sur son compte[1]; toutefois, ses principales œuvres sont
encore mal publiées[2]; la liste n'en est pas encore définitivement
dressée, et sa biographie est encore si obscure que l'on n'est même
pas d'accord sur le point de savoir si *Silvester* est ou n'est pas
le surnom du fameux Bernard de Chartres. Ayant eu l'occasion

1. Voyez la *Bio-bibliographie* de M. l'abbé U. Chevalier, au mot « Bernard
de Chartres. » — Ajoutez R. Lane Poole, *op. cit.*, p. 117 et suiv.

2. M. B. Hauréau a recommandé à plusieurs reprises (*Journal des Savants*,
1889, p. 369 ; *Notices et extraits de quelques manuscrits latins*, IV, p. 304)
aux jeunes érudits de faire mieux connaître, par une réédition critique, le *De
mundi universitate* de Bernard *Silvester*, « cette œuvre si digne d'estime d'un
vrai philosophe et d'un vrai poète, » dont C.-S. Barach a donné, en 1876, à
Innsbruck, l'édition princeps, d'après deux manuscrits assez défectueux de
Munich et de Vienne. « On m'a dit, » ajoute M. Hauréau, « que l'entreprise
avait autrefois tenté Charles Lenormant, dont l'esprit vif avait le goût de tous
les arts. Qu'elle en tente un autre et qu'enfin on l'exécute. Il est vraiment
pénible de voir presque ignorés, en France même, des écrits aussi noblement
inspirés que ce *Megacosmus* de notre Bernard et le *De planctu naturæ* d'Alain
de Lille. »

« Le grand nombre de manuscrits où cet ouvrage se rencontre », dit l'*Histoire
littéraire* (XII, p. 272), « est une preuve de la grande estime dont il a joui. »
Voici, en effet, une liste provisoire de quelques-uns des principaux manuscrits
du *Megacosmus :*

Bibl. nat., lat. 3245.	Bibl. nat., lat. 8751 C.	
— — 6415.	— — 8808 A.	
— — 6752 A.	— — 14194, fol. 56.	
— — 7994.	— — 15009, fol. 187.	
— — 8320.		

Bibl. d'Auxerre, n° 243.
— de Troyes, n° 787.
— univ. de Cambridge, KK, IV, 25, fol. 119.
— Bodl. d'Oxford, Laud. lat. 86, fol. 53 v°.
- — Laud. misc. 515, fol. 182.
— — Digby, n° 157.
— de Corpus Christi College, Cambridge, n° 406.
British Museum, Cotton mss., Titus, D. XX, fol. 110 v°.
— — — Cleopatra, A. XIV.
Vaticane, Reine Christine, n° 711 A. (Extraits.)
— — n° 1440.
— Palat., n° 953. (B. Silvestris Carmina.)
Padoue. Cf. *Archiv* de Pertz, XII (1874), p. 666.
Bibl. de Berne, A 91, fol. 9.
— — n° 710, fol. 96.
Le ms. 6415 de la Bibliothèque nationale a été utilisé par M. Cousin, *Ouvrages
inédits d'Abélard*. Paris, 1836, in-4°, p. 627 et suiv.

d'étudier, à propos de l'histoire de l'*ars dictaminis,* ce problème récemment débattu, nous prenons la liberté de consigner ici les observations que cette étude nous a suggérées.

M. Hauréau a posé les termes de la question en litige d'une manière très claire ; et nous ne saurions mieux faire, pour mettre le lecteur au courant, que de citer textuellement les expressions de l'éminent critique. — « Fabricius, dit-il, les auteurs de l'*Histoire littéraire,* M. Cousin, M. l'abbé Demimuid, M. Barach, à peu près tous les critiques modernes [1], rapportent à Bernard de Chartres les écrits nombreux, en vers, en prose, qui nous sont offerts par les manuscrits sous le nom de Bernard *Silvestris,*

> Bernardin li sauvages
> Qui connoissoit toz les langages
> Des esciences et des arts,

comme dit Henri d'Andeli. On ne prouve pas, il est vrai, cette identité par quelque témoignage ancien et formel, mais on la démontre par un ensemble de raisons vraiment concordantes. Et, d'abord, les opinions dont, selon Jean de Salisbury, Bernard de Chartres fut, en son temps, le promoteur, ces opinions téméraires, qui furent alors condamnées par la plupart des libres esprits, on les retrouve très fermement exprimées dans les vers, dans la prose de Bernard *Silvestris.* Que si, d'ailleurs, on rapproche de ces vers ceux que Jean de Salisbury donne à Bernard de Chartres, on y reconnaît sur-le-champ les mêmes qualités et les mêmes défauts, le mérite le plus estimable étant l'emploi de l'expression fournie par la science et le principal des défauts étant l'allure pénible du vers forcé de l'admettre. Enfin, il est prouvé que Bernard de Chartres, ayant été l'un des maîtres les plus lettrés du XIIᵉ siècle, a fait des livres pour exposer, pour propager ses opinions singulières, et cependant on ne rencontre aujourd'hui, dans aucune bibliothèque, aucun livre sous son nom. D'autre part, il n'a peut-être pas existé, dans tout le moyen âge, un poète aussi souvent cité par les scoliastes que Bernard dit *Silvestris ;* et pourtant, si l'on interroge sur ce poète si connu tous les chroniqueurs, dont plusieurs doivent avoir été de son pays ou du moins

---

1. Ajoutez tous les rédacteurs de catalogues de manuscrits, qui indiquent couramment, comme l'auteur du *Megacosmus* ou du Commentaire sur l'*Énéide,* « magister Bernardus Silvestris Carnotensis. »

de son temps, on constate que pas un d'eux ne l'a nommé. Tout cela semble bien inexplicable si les deux noms ne désignent pas la même personne. Nous en avons dit assez pour justifier la conjecture généralement admise[1]. »

Cette conjecture a été admise, non seulement par les auteurs précités, mais par M. Hauréau lui-même jusqu'en 1884. Elle l'est encore implicitement aujourd'hui, malgré l'argumentation en sens contraire de M. l'abbé Clerval (1882) et celle de M. Hauréau (1884)[2], par des érudits tels que le P. Ehrle[3]. Elle mérite donc d'être pesée avec le plus grand soin.

I. — Que savons-nous précisément sur ce maître Bernard de Chartres, si célèbre au XIIe siècle, sous le nom duquel aucun ouvrage manuscrit ne nous a cependant été conservé?

Jean de Salisbury a parlé de Bernard de Chartres à plusieurs reprises et dans les termes les plus flatteurs. Dans un chapitre souvent cité du *Metalogicus* (I, 24), il l'appelle *exundantissimus modernis temporibus fons litterarum in Gallia*, et il décrit longuement, en détail, toutes les parties de son enseignement et de sa méthode. C'était, dit-il, un très habile professeur de rhétorique (*figuras grammaticæ, colores rhetoricos, cavillationes sophismatum proponebat in medio*), toujours prêt à faire sortir des textes qu'il expliquait d'ingénieuses leçons de morale, et d'un goût excellent; « mes professeurs de grammaire, ajoute Jean de Salisbury, Guillaume de Conches et Richard Lévêque, aujourd'hui (1159) archidiacre de Coutances, suivaient la méthode de ce maître; *ad hujus magistri formam suos discipulos aliquandiu informaverunt*[4]. » Bernard de Chartres était en même temps un philosophe, *perfectissimus inter Platonicos seculi nostri* (*Metal.*, IV, 35); il s'appliquait à concilier Aristote et Platon (II, 17); mais c'est en poète qu'il s'était occupé de

---

1. *Mém. de l'Acad. des inscr.*, XXXI, 2e part., p. 97. Cf. *Comptes-rendus*, 3e série, I (1873), p. 79.

2. Cf. *Histoire littéraire*, XXIX (1885), p. 569. — Notons cependant que, tant est grande la force de l'habitude et de la tradition, M. Hauréau parle un peu plus loin, dans ce même volume de l'*Histoire littéraire* (p. 583), du « *Megacosmus* de Bernard de Chartres. »

3. *Historia bibliothecæ pontificum romanorum*. Rome, 1890, in-4°, p. 511, note.

4. Guillaume et Richard eurent Jean de Salisbury pour élève entre 1139 et 1141. — Cf. *Metalogicus*, I, 5 : « W. de Conchis, grammaticus post Bernardum Carnotensem opulentissimus. »

philosophie. Bien qu'il eût commenté en prose l'*Introduction* de Porphyre (IV, 35), c'est en vers qu'il avait exposé la majeure partie de ses idées platoniciennes, comme l'attestent les hexamètres et les distiques que Jean attribue dans le *Policraticus* (VII, 13) et dans le *Metalogicus* (IV, 35) à celui qu'il appelle d'ordinaire, « par antonomase », le vieillard de Chartres, *senex Carnotensis* (*Pol.*, VII, 13; *Metal.*, I, 11).

D'autres renseignements sont fournis par Othon de Freisingen, qui fréquenta les écoles de Paris de 1126 à 1130. D'après Othon, l'illustre Gilbert de la Porrée (mort en 1154) avait étudié sous Bernard de Chartres, et celui-ci était originaire de Bretagne. « Est predicta terra », dit Othon en parlant de la Bretagne armoricaine, « clericorum acuta ingenia et artibus applicata habentium, sed ad alia negotia pene stolidorum, ferax; quales fuerunt duo fratres, Bernardus et Theodericus, viri doctissimi[1]. » Nous apprenons ainsi (ce qu'Abailard confirme)[2] que le Breton Bernard de Chartres était le frère de Thierri de Chartres, l'illustre réaliste, *totius Europæ philosophorum præcipuus*[3], dont la mémoire doit tant aux savantes investigations de M. Hauréau.

Un rythmeur anonyme, qui écrivait après le 16 juillet 1141[4], cite Bernard de Chartres au nombre des maîtres les plus renommés des écoles de Paris :

> Celebrem theologum vidimus Lombardum
> Cum Yvone Heliam Petrum et Bernardum,
> Quorum opobasalmum spirat os et nardum[5].

Bernard de Chartres vivait encore en 1141, car Gilbert de la Porrée écrivit cette année-là de Poitiers à son ancien maître une lettre empreinte de la plus sincère vénération[6].

Les archives de l'église de Chartres ne laissent pas d'apporter encore quelques faits et quelques dates pour la biographie de

---

1. M. G. H. *Scriptores*, XX, p. 376. Cf. l'auteur de la Vie d'Adalbert de Mayence, parlant de Thierri (Ph. Jaffé, *Bibl. rerum germ.*, III, p. 589) :
> Cujus erat genitrix Britannia, Francia nutrix.
2. *Mém. de l'Acad. des inscr.*, XXXI, 2, p. 88-89.
3. B. Hauréau, *Notices et extraits de quelques manuscrits latins*, t. I, p. 50.
4. Sur la date controversée de cette pièce, voy. Denifle, *Archiv für Literatur und Kirchengeschichte*, I (1885), p. 606.
5. *Mém. de l'Acad. des inscr.*, XXVIII, 2, p. 231.
6. *Ibid.*, XXXI, 2, p. 92-93.

notre Bernard. Un certain Bernard est qualifié de *magister scolœ* de l'église de Chartres dans un acte que M. l'abbé Clerval date de l'année 1119[1]. Une charte de 1124 prouve qu'à cette date maître Bernard avait remplacé son frère Thierri dans les hautes fonctions de chancelier du chapitre[2]. Il n'y resta pas longtemps, car, à la fin de l'année 1126, le cancellariat de Chartres était déjà occupé par Gilbert de la Porrée.

II. — Comparons maintenant ce que l'on sait de la vie de Bernard de Chartres avec ce que l'on sait de celle de Bernard *Silvester.*

Nous l'avons déjà dit, en transcrivant tout à l'heure des remarques de M. Hauréau, le style de Bernard de Chartres, dans ses vers que nous a conservés Jean de Salisbury, est le même que celui de Bernard *Silvester* dans son *De mundi universitate.* La doctrine est absolument identique. Au point de vue philosophique, il est impossible de discerner la moindre différence entre les idées des deux Bernard.

Bernard de Chartres ne fut pas seulement un philosophe; ce fut avant tout un grammairien et un lettré. Or, Bernard *Silvester* est l'auteur certain, non seulement du *De mundi universitate,* mais encore d'un commentaire sur l'*Énéide,* où il s'attache à démontrer, suivant la méthode attribuée par Jean de Salisbury à Bernard de Chartres, que tous les vers du poème contiennent une leçon de morale. Il a, en outre, formulé les règles du *dictamen* prosaïque et du *dictamen* métrique, nous croyons l'avoir établi. — Au point de vue de l'enseignement des belles-lettres, comme au point de vue de la doctrine philosophique, pas de différence appréciable entre les deux Bernard.

Bernard de Chartres était le frère cadet de Thierri de Chartres. Or, le *De mundi universitate* de Bernard *Silvester* est dédié, dans la plupart des manuscrits, à maître Thierri : « Terrico veris scientiarum titulis doctori famosissimo Bernardus Silvester opus suum. » Ajoutons que le *De mundi universitate* est une paraphrase poétique des écrits authentiques de Thierri de Chartres[3].

---

1. *Les Lettres chrétiennes,* V, p. 394. — C'est à tort que M. Hauréau (*Mém. de l'Acad. des inscr.,* XXXI, 2º part., p. 90) dit que Bernard paraît avec le titre de *magister scolœ* dans une charte antérieure à 1115. Dans cette charte, Bernard est qualifié seulement de « magister ».

2. *Les Lettres chrétiennes,* V, p. 395.

3. B. Hauréau, *Histoire de la philosophie scolastique,* I, 407.

Enfin Bernard de Chartres était Breton[1]. Or, le surnom *Silvester*, « sauvage, » paraît avoir été appliqué avec une intention malicieuse, pendant le XIIe siècle, aux Celtes du pays de Galles. Gérald de Barri, né dans le Pembrokeshire, est appelé « Giraldus Silvester » ou « Silvestris[2]. » Le gallois Merlin est quelquefois désigné sous le nom de « Merlinus Silvester[3]. » Au XVIIIe siècle, on parlait encore en Angleterre des *wild Welshmen*. D'autre part, c'était, au moyen âge, un proverbe que : « Li plus sauvage en Irlande » ; on disait couramment : « Irois sauvages », *wild Irish*, « gens Hiberniæ silvestris[4] ». Mais bien des choses étaient jadis communes, comme l'atteste justement l'archidiacre de Saint-David[5], aux membres épars de la *Britannia*. Les Bretons, qu'ils fussent de la Bretagne cismarine ou de la Bretagne transmarine, galloise, irlandaise ou armoricaine, passaient pour grossiers, arriérés, primitifs. Le sobriquet *silvestris* n'aurait-il pas été attribué aux uns comme aux autres[6] ; et ne faut-il pas entendre, par Bernard *Silvester*, Bernard le Breton ?

La conclusion qui se dégage de ces rapprochements — (même si l'on attache peu d'importance au dernier) — s'impose, à notre avis, avec une telle force qu'elle emporte nécessairement l'adhésion. Reste à savoir à l'aide de quels arguments elle a été récemment contestée.

III. — Bernard de Chartres paraît pour la première fois dans un acte à date certaine en 1115 ; pour la dernière fois (dans la lettre de Gilbert de la Porrée) en 1141, et nous savons par ailleurs qu'il mourut fort vieux (*senex Carnotensis*).

D'autre part, le *De mundi universitate*, ouvrage de Bernard

---

1. Abailard dit qu'il était compatriote d'Éon de l'Étoile, né, comme on sait, au territoire de Loudéac.

2. *Giraldi Cambrensis Opera*, éd. J.-S. Brewer, t. I. Londres, 1861, in-8°, p. IX, note 1.

3. G. Cambrensis *Descriptio Cambriæ*, I, 16.

4. P. Meyer, *Le Débat des hérauts d'armes de France et d'Angleterre*, Paris, 1877, in-8°, p. 138.

5. G. Cambrensis *De jure et statu Menevensis ecclesiæ*, p. 130. — Thierri de Chartres était traité de « Béotien », parce qu'il était Breton (v. *Journal des Savants*, 1884, p. 516).

6. Les noms *Sevestre, Sauvage,* sont encore aujourd'hui très répandus dans les marches de Bretagne.

Silvester, est daté. On lit en effet, à la page 16 de l'édition de
M. Barach :

> Munificens Deitas Eugenum commodat orbi,
> Donat et in solo munere cuncta sibi.

Ces vers ont été évidemment composés peu de temps après
l'avènement d'Eugène III, qui fut pape de l'an 1145 à l'an 1153.

Il faut donc supposer que Bernard de Chartres, s'il est, comme
nous le croyons, Bernard *Silvester*, a vécu au moins jusqu'en
1145 et que le *De mundi universitate* est le fruit de son âge
mûr. A vrai dire, nous ne voyons aucune raison qui s'y oppose.
Qualifié de « maître » en 1115, Bernard était né probablement vers
1090 ; en 1145, il devait avoir cinquante-cinq ou soixante ans.
Remarquons que Jean de Salisbury ne l'a appelé le « vieillard de
Chartres » que dans un ouvrage (le *Policraticus*) daté de 1155,
et dans le *Metalogicus* daté de 1159. Ajoutons que le *De mundi
universitate* est dédié à Thierri ; Thierri de Chartres, frère aîné
et maître de Bernard, était-il mort en 1145 ? Nullement : il était
encore vivant, personne ne le conteste, en l'année 1148.

M. l'abbé Clerval, dans un mémoire sobre, ingénieux, mais, à
l'user, très peu solide, s'est étonné cependant que le *De mundi
universitate* ait été composé par un homme de cinquante à
soixante ans, parce que, pour employer ses expressions, « soixante
ans, ce n'est plus guère l'âge des fleurs et de l'imagination[1]. »
M. Clerval corrobore, il est vrai, cette opinion par la mention d'un
nécrologe de l'église de Chartres (dont tous les obits seraient, à
l'en croire, antérieurs à 1140), qui contient, au 2 juin, celui d'un
certain « Bernard, sous-diacre et chancelier de Notre-Dame[2]. »
Mais cette soi-disant preuve ne vaut pas, pour deux raisons, dont
l'une est décisive. D'abord, il n'est pas certain que l'obit du 2 juin
soit celui de Bernard de Chartres ; l'église de Chartres a compté,
au commencement du XIIe siècle, plus d'un chancelier du nom de
Bernard. En second lieu, comme l'a observé M. Hauréau[3], le
nécrologe cité contient, en dépit de l'affirmation de M. Clerval,
plusieurs mentions postérieures à 1140, celle, par exemple, du
chanoine Geoffroi Bonnel, qui vivait encore en l'an 1169.

---

1. *Les Lettres chrétiennes,* V, p. 393.
2. *Ibid.,* p. 395.
3. *Mém. de l'Acad. des inscr.,* XXXI, 2ᵉ part., p. 99.

L'avis de M. Hauréau est d'un tout autre poids et plus fortement motivé en apparence. Nous ne saurions, cependant, l'admettre davantage. L'éminent érudit l'exprime en ces termes :
« L'argument présenté par M. Clerval n'a pas de valeur, mais
nous allons en présenter un autre qui prouvera mieux ce qu'il
s'agit de prouver, que Bernard de Chartres et Bernard *Silvestris*
sont deux personnes différentes. M. Clerval n'accorde pas qu'elles
aient vécu dans le même temps ; il a tort ; elles ont vécu dans le
même temps, mais non dans les mêmes lieux. »

Où vécut Bernard de Chartres? Né en Bretagne, il devint,
nous l'avons vu, chancelier de l'église de Chartres, puis professeur à Paris, où le rythmeur de 1141 constate sa présence.

Où vécut l'auteur du *De mundi universitate?* A Tours.
N'avons-nous pas déjà cité ces vers caractéristiques de Mathieu
de Vendôme?

> Me docuit dictare decus Turonense magistri
> Silvestris, studii gemma, scolaris honor.

Et n'avons-nous pas dit que l'œuvre capitale de *Silvester*,
composée vers 1145, est désignée, par le même Mathieu de Vendôme, sous le titre de « Cosmographie tourangelle? »

Voilà les faits. Comment les interpréter?

« Il est ainsi prouvé, dit M. Hauréau, que Bernard dit *Silvestris* habitait, en l'année 1145, la ville de Tours. Or, il n'était
pas alors nouveau venu dans cette ville ; il y donnait depuis assez
longtemps des leçons de grammaire, puisque le jeune Mathieu l'y
avait eu pour maître avant d'aller étudier aux écoles d'Orléans.
Enfin, ce même Bernard *Silvestris* faisant intervenir, par choix,
comme auteur d'une lettre imaginaire, Thibaud, comte de Blois
et sénéchal de France, qui ne devint sénéchal qu'en 1153[1], il est
probable qu'il n'avait pas à cette date quitté la Touraine ; il est,
du moins, certain qu'à cette date il vivait encore. Ainsi les deux
Bernard doivent être distingués. L'un brillait à Chartres, à Paris,
quand l'autre était la gloire de l'école de Tours[2]. »

Qu'il nous soit permis de suggérer une explication plus simple.
— Les faits allégués ne prouvent positivement qu'une chose,

---

1. Allusion à la lettre insérée dans l'exemplaire de Vienne de la *Summa dictaminis* de maître Bernard, dont il est question ci-dessus, p. 229.

2. *Mém. de l'Acad. des inscr.*, XXXI, 2, p. 101.

c'est que Bernard, le *dictator*, l'auteur du *De mundi universitate*, a enseigné dans les écoles de Tours[1]. Le raisonnement de M. Hauréau se ramène donc à celui-ci : « Il est impossible que Bernard de Chartres, qui a enseigné à Chartres et à Paris, ait enseigné aussi à Tours. » — Mais pourquoi, répliquerons-nous, cela est-il impossible? Si la chanson du rythmeur de 1141 était perdue, nous n'aurions point de preuve formelle que Bernard de Chartres ait enseigné à Paris. Il abandonna vers 1126 le cancellariat de Chartres, et, depuis cette époque jusqu'à sa mort, arrivée bien des années après, nous ne savons point de source certaine où il a résidé. Toutes les vraisemblances sont pour qu'il ait voyagé, à l'exemple de tant d'autres maîtres célèbres que les écoles du XIIe siècle se sont disputés, de ville lettrée en ville lettrée. Paris l'attira. Tours, qui méritait en ce temps-là, tout autant que Paris, l'honneur d'être appelée par un pape *artium urbs famosa*, devait l'attirer plus sûrement encore, car les Bretons, compatriotes de Bernard et de Thierri, y étaient nombreux, influents. A Paris, on l'appelait Bernard de Chartres, du nom de l'église où sa jeunesse avait été nourrie; à Tours, on l'appela Bernard *Silvester*, peut-être à cause de son pays d'origine, ou bien Bernard tout court. Que ses écrits nous soient parvenus tous sous le nom de Bernard *Silvester*, c'est là, soit dit en passant, un motif très sérieux de supposer qu'ils ont été édités pour la première fois sur les bords de la Loire, et que nous n'avons conservé aucun monument de la première activité littéraire de Bernard, antérieure à l'époque où il vint s'installer à Tours. — D'ailleurs, quelle que soit la valeur de cette dernière observation, nous n'avons voulu mettre hors de doute qu'une proposition seulement : savoir que l'identification de Bernard *Silvester* avec Bernard de Chartres, qui s'est imposée à la grande majorité des bibliographes

---

1. A quelle date et pendant combien de temps, c'est ce qu'il est impossible de dire. Si l'on peut admettre que Bernard était à Tours en 1145, date de la composition du *Megacosmus* (la *Cosmographia Turonensis* de Mathieu de Vendôme), nous ne saurions conclure, de ce que l'on trouve parmi les exemples annexés à la *Summa dictaminis* de Bernard, un nom qui n'a pu y être mis qu'après 1153, que ladite *Summa* ait été rédigée après 1153; nous avons vu, en effet, que les noms cités dans les exemples des traités de *Dictamen* ne peuvent guère servir à dater que les éditions de ces traités, non pas ces traités eux-mêmes. — Voyez toutefois, au texte, la raison qui nous porte à croire que la plupart des ouvrages de Bernard ont été écrits pendant son séjour à Tours.

pendant des siècles, peut et doit être défendue contre les attaques les plus autorisées de l'hypercritique contemporaine. N'y avons-nous pas réussi?

En résumé, Bernard de Chartres, Bernard *Silvester* et Bernard, auteur d'une *Summa dictaminis* tourangelle, ne sont qu'un seul et même Bernard, celui dont Jean de Salisbury dit qu'il était *exundantissimus modernis temporibus fons litterarum in Gallia,* et le maître des maîtres.

III.

Les auteurs de l'*Histoire littéraire* attribuent à Bernard *Silvester* deux opuscules, très souvent copiés au moyen âge, qui lui ont été contestés de nos jours. On nous reprocherait sans doute de les passer sous silence. Il s'agit de l'*Epistola de forma honestæ vitæ* et du *De cura rei familiaris*.

Le *De forma honestæ vitæ,* comme tous les écrits du moyen âge qui sont d'un Bernard quelconque, ont été mis indûment sous le nom de saint Bernard. « Le P. Théophile Raynaud », dit l'*Histoire littéraire* (XII, p. 264), « prétend qu'il est de Bernard *Silvestris,* d'après l'autorité de quelques manuscrits auxquels on n'a rien à opposer. » Mais M. Hauréau affirme qu'il n'a jamais vu de pareils manuscrits, et il donne une raison suffisante pour rayer le *De forma honestæ vitæ* de la liste des œuvres de Bernard : c'est que celui-ci était un clerc séculier, tandis que le *De forma* paraît avoir été composé par un moine très rigide pour l'instruction d'un autre moine[1].

Quant au *De cura rei familiaris,* c'est une lettre adressée à un certain R. (ou Raymond), seigneur d'un lieu que les innombrables manuscrits de ce texte orthographient différemment (*castrum Ambasie, Ambrosii, Sancti-Ambrosii, Ambitiosi, Sancti-Angeli,* etc.), par un certain Bernard (quelquefois « Bertrand »), alors fort âgé, *in senium deductus.* L'auteur donne au châtelain, son ami, de bons conseils sous forme d'aphorismes. Quoi qu'on en ait dit, cet écrit, qui a joui d'une immense popularité, n'est pas de saint Bernard, car « on ne se représente pas saint Bernard dissuadant un châtelain de léguer à l'Église quelque

---

1. *Notices et extraits de quelques manuscrits latins,* t. II, p. 345.

part de ses biens[1]. » Est-il de Bernard *Silvester?* Oui, dit l'*Histoire littéraire*, car le vrai nom du fief du châtelain Raymond est sans doute Amboise, ville voisine de Tours, et « neuf anciens manuscrits du Roi du *De cura* portent le nom et le surnom de notre auteur[2]. » Non, dit M. Hauréau, car l'attribution « n'est confirmée par aucun manuscrit », et, dans le catalogue des seigneurs d'Amboise au XIIe siècle, il n'y a point de Raymond. — Au lecteur de se décider pour l'une ou pour l'autre de ces deux solutions contraires. N'omettons point toutefois de faire remarquer que ni dans le fond ni dans la forme du *De cura* il n'y a rien qui s'oppose à l'attribution recommandée par les Bénédictins, et que le « Bernardus in senium deductus » du *De cura* ne laisse pas de faire penser au *senex Carnotensis* de Jean de Salisbury[3].

IV.

Voici enfin des manuscrits, inconnus aux auteurs de l'*Histoire littéraire,* qui font honneur à Bernard *Silvester* d'un ouvrage qu'aucun bibliographe n'a songé, jusqu'ici, à lui attribuer. — Ainsi se trouve posé un dernier problème qui, pour n'avoir pas encore été débattu, n'en excite pas moins la curiosité.

Le manuscrit Digby n° 46 de la bibliothèque Bodléienne, à Oxford, écrit au XIVe siècle, est ainsi rubriqué : *Experimentarius Bernardi, sive Bernardini Silvestris.* On lit, au fol. 8 : « Experimentarius Bernardini Silvestris, non quia inventor fuit, sed fidelis ab arabico in latinum interpres. » — Le même traité d'astronomie, mêlé de prose et de vers léonins, et suivi de tables, se trouve, avec les mêmes rubriques, dans un volume un peu plus ancien, qui porte, à la Bodléienne, le n° 304 dans la collection des manuscrits d'Ashmole[4].

On est tenté, au premier abord, de rejeter comme absurde cette bizarre attribution. Bernard *Silvester* n'a pas été, que nous

---

1. *Notices et extraits de quelques manuscrits latins,* t. I, p. 335.
2. *Hist. litt.,* t. XII, p. 265.
3. Pour la bibliographie très considérable du *De cura* et du *De forma,* voyez *Xenia Bernardina,* pars quarta. Vienne, 1891, in-8°, p. 493-494.
4. Cf., dans la même collection, le ms. n° 345, fol. 63. — S. Pepys possédait un volume intitulé : « Bernardus Silvester de virtute ac efficacia planetarum, cum figuris. » (Catalogue de 1697, II, p. 209.)

sachions, un arabisant. Parmi les arabisants qui ont transmis à l'Occident les livres de la science sémitique, au xiiᵉ siècle, les historiens les plus autorisés n'ont relevé, d'autre part, le nom d'aucun Bernard[1].

Observons cependant que les deux frères illustres, Thierri et Bernard de Chartres, ont certainement été en contact avec la littérature scientifique des Arabes d'Espagne. — En ce qui concerne Thierri, on sait depuis longtemps qu'une traduction latine de la traduction arabe du *Planisphère* de Ptolémée, par Abul-Câsim Maslama, fut dédiée à ce maître en l'an 1144[2]. — Le collège des traducteurs de Toulouse (Hermann le Dalmate, Rodolphe de Bruges, Robert de Rétines), particulièrement appliqué à la vulgarisation des ouvrages astronomiques, qui professait pour Thierri de Chartres une si vive admiration (*diligentissime preceptor Theoderice... latini studii pater*[3]...), n'aurait-il point été en rapport avec Bernard, frère et disciple de Thierri?

Le mathématicien Abul-Câsim Maslama, qui mourut à Cordoue en 1007, ne s'était pas contenté de traduire le *Planisphère* de Ptolémée. On a de lui, en arabe, un traité *De astrolabii descriptione et usu*. Ce traité a été traduit en latin par Rodolphe de Bruges[4]. Hermann le Dalmate passe, de son côté, pour l'auteur d'un opuscule *De utilitatibus astrolabii*, dont on conserve à Chartres un exemplaire du xiiᵉ siècle, provenant de l'ancienne bibliothèque du Chapitre[5]. Nous ne sommes pas malheureusement en mesure de comparer cet opuscule, traduit, lui aussi, de l'arabe, avec celui de Rodolphe de Bruges, car nous n'avons point sous la main de manuscrits de ce dernier. Mais nous devons faire remarquer que, quelle que soit la relation qui existe entre ces deux ouvrages, le *De utilitatibus astrolabii* est précédé d'une dédicace de Her-

---

1. F. Wüstenfeld, *Die Uebersetzungen arabischer Werke in das Lateinische*, dans les *Abhandlungen der k. Gesellschaft der Wissenschaften zu Göttingen*, XXII. Göttingen, 1877, in-4°.

2. Il n'est pas aussi certain que le pensent MM. Jourdain (*Recherches sur les anciennes traductions latines d'Aristote*, p. 103) et Clerval (*Congrès scientifique international de catholiques*, II, 1888, p. 295) que cette traduction dédicacée soit de Hermann le Dalmate. Voyez les arguments de F. Wüstenfeld, *op. cit.*, p. 51-53, en faveur de Rodolphe de Bruges.

3. Dédicace de la traduction du *Planisphère*.

4. F. Wüstenfeld, *op. cit.*, p. 52.

5. Bibl. de Chartres, ms. n° 214. Cf. un autre exemplaire à la Bibl. nat., lat. 11248, fol. 33.

mann le Dalmate à un personnage dont le nom commençait par
un B. « Avait-il été envoyé, dit M. l'abbé Clerval[1], au frère de
Thierri, Bernard de Chartres, grand ami lui-même des sciences,
ou à son conscolastique Bernard de Quimper? » Nous n'hésitons
pas à croire, pour notre part, qu'il s'agit ici du premier.

Cela posé, les rubriques des manuscrits d'Oxford seront désormais jugées, nous le croyons, plus dignes d'attention. — Sans
doute, l'*Experimentarius* n'a pas été traduit de l'arabe par
Bernard *Silvester*, mais c'est un ouvrage traduit ou inspiré de
l'arabe que Bernard *Silvester* aura reçu de l'un de ses amis et
qu'il aura utilisé pour son enseignement. Or, quel est cet ami
arabisant de Bernard *Silvester?* C'est Hermann le Dalmate,
dont la figure, dans le manuscrit Ashmole n° 304, est dessinée
en pendant à celle d'Euclide, l'astrolabe à la main. Mais Hermann
le Dalmate a dédié très probablement à Bernard de Chartres son
De utilitatibus astrolabii. Ne recueillons-nous pas de la sorte
une preuve aussi nouvelle qu'inattendue de l'identité de Bernard
Silvester et de Bernard de Chartres? Si elle n'était pas, à vrai
dire, nécessaire, on sera peut-être d'avis qu'elle achève la
démonstration.

Ch.-V. Langlois.

1. Clerval, *Hermann le Dalmate.* Paris, 1891, in-8°, p. 11.

MANUSCRITS D'ESPAGNE

REMARQUABLES PRINCIPALEMENT

PAR LEURS PEINTURES ET PAR LA BEAUTÉ
DE LEUR EXÉCUTION

D'après des notes prises, à Madrid, à l'Exposition historique
pour le quatrième centenaire de Colomb,
Et complétées à la Biblioteca Nacional et à la Bibliothèque de l'Escurial.

———————⋈———————

L'Espagne avait à célébrer, en 1892, un souvenir glorieux entre tous : le quatrième centenaire de la découverte de l'Amérique par Christophe Colomb. Elle a su s'en acquitter de la manière la plus digne. Entre autres manifestations, cet anniversaire a été l'occasion pour elle de réunir à Madrid, dans le somptueux palais destiné à recevoir plus tard la Bibliothèque nationale et différents musées, une exposition historique, dont une moitié, consacrée à l'art rétrospectif européen, est encore ouverte à l'heure où nous écrivons[1]. Cette dernière section, organisée, sous la direction supérieure du Révérend Père Fidel Fita, par des érudits doublés d'hommes d'un goût achevé, tels que M. le comte de Valencia de Don Juan, a remporté un succès aussi complet que mérité. Près de trente salles, dont quelques-unes ayant la dimension de vraies galeries, offrent aux visiteurs une éblouissante succession des tapisseries et des broderies les plus précieuses, de tableaux, de sculptures, d'émaux, d'ivoires, de morceaux d'orfèvrerie, d'armes, de souvenirs historiques[2].

1. Cette partie « Exposicion histórico-europea » occupe le premier étage du palais, tandis que tout le rez-de-chaussée est consacré à la « Exposicion histórico-americana. » L'exposition doit rester ouverte jusqu'au prochain mois de juin 1893.

2. Voir, sur l'ensemble de l'exposition, les articles de notre confrère M. Mazerolle dans la *Gazette des beaux-arts*, janv.-avril 1893.

Parmi tous les trésors ainsi groupés, une grande place a été réservée aux manuscrits. La bibliothèque particulière de Sa Majesté, la bibliothèque de l'Escurial et, surtout, la Biblioteca nacional de Madrid se sont momentanément dépouillées en faveur de l'exposition d'une partie de leurs plus beaux volumes. A ce premier noyau, très important, sont venus se joindre les envois faits par le Museo arqueologico nacional, la Real Academia de la Historia, les bibliothèques de l'Université centrale de Madrid, les Archives de la couronne d'Aragon (Barcelone), celles de Simancas, l'Archivio general central de Alcala de Henarès, l'Archivio historico nacional, les bibliothèques provinciales ou universitaires de Séville, Tolède, Grenade, Salamanque, Cordoue, Valladolid, Gerona, Santiago, la municipalité de Valence, les chapitres et les cathédrales de Saragosse, Burgos, Gerona, Séville, Léon, Vich, Santiago (Compostelle), Tolède, Osma, Barcelone, enfin par des amateurs comme D. Juan José Escanciano, D. Luis de Ezpeleta, le marquis de Casa-Torrès, le marquis de Comillas, D. Martial Lopez de Aragon, les marquis de Mondejar, M. Villa amil y Castro, etc.[1]. De ces apports variés est résulté un ensemble véritablement imposant. Rarement, peut-être même jamais, exposition rétrospective n'a montré en plus grande quantité manuscrits précieux, livres à miniatures, textes littéraires originaux, autographes, documents de toute espèce, sans parler des imprimés et des estampes.

L'exposition historique pour le quatrième centenaire de Colomb offre donc une occasion exceptionnelle — dont nous avons été heureux de pouvoir profiter — de connaître une notable partie des richesses bibliographiques que possède l'Espagne. Plus tard, quand l'heure de la dispersion aura sonné, de longs voyages seront nécessaires pour retrouver tous ces beaux livres.

Si brillante que soit la part prise, à cette manifestation de la grandeur historique de l'Espagne, par la bibliothèque de l'Escurial, et surtout par la Biblioteca nacional de Madrid, elle est loin d'avoir épuisé les ressources de ces deux collections capitales. Nombre de manuscrits, parfois du plus grand prix, sont restés

---

1. Quelques amateurs non espagnols, notamment des Français, comme M. le baron Chandon de Briailles, ont également coopéré à l'exposition de Madrid. Je n'ai pas à parler ici de leurs envois, que les circonstances n'ont amenés en Espagne qu'à titre essentiellement transitoire.

sur leurs rayons. Dans certains cas, un seul volume a été exposé qui représente toute une série[1]. La revue commencée dans les salles de l'exposition demandait par conséquent à être complétée à la Biblioteca nacional et à l'Escurial. Les notes que nous avons ainsi réunies ne forment à vrai dire qu'un même tout. Il nous a paru qu'il y avait intérêt à ne pas les disjoindre. Nous comprendrons également dans le plan de notre étude tous les manuscrits examinés par nous. Ceux d'entre eux figurant à l'exposition restent d'ailleurs de beaucoup les plus nombreux. On les distinguera facilement des autres, dans les pages qui vont suivre, à l'indication de la salle et du numéro de catalogue.

En présence de l'abondance des richesses mises à notre disposition, il faut se résoudre à faire un choix. Nous tomberions dans la rédaction d'un gros catalogue, à vouloir simplement énumérer, mais sans rien omettre, tout ce que nous avons pu voir. Nous nous attacherons ici au côté particulier de l'ornementation intérieure des livres et des peintures qui les illustrent. Les manuscrits à miniatures, où souvent la richesse de l'exécution est rehaussée par le prestige d'une origine illustre, tel sera donc notre lot[2].

C'est par là, du reste, comme il arrive quand il s'agit de frapper les yeux du public, que l'exposition du centenaire de Colomb est surtout brillante. Mais c'est aussi le point sur lequel il y a véritablement le plus à découvrir pour la série des manuscrits conservés en Espagne. Les érudits, en effet, qui se sont occupés

1. Il en est ainsi pour le missel riche de Cisneros, les écrits de Johan Ferrandez de Heredia, les livres de chœur de l'Escurial, etc.

2. Pour tout ce qui n'a qu'un pur intérêt de texte, les autographes, les écrits scientifiques ou littéraires, les manuscrits originaux d'époque récente, les pièces historiques, les documents autres que ceux enrichis de décorations, ainsi que pour les volumes de provenance orientale : grecs, arabes et persans, on trouvera les renseignements désirables, souvent donnés avec détail, dans les catalogues officiels de l'exposition. Ceux-ci consistent, indépendamment d'un guide général abrégé (*Bosquejo de la Exposicion histórico-europea en el dia de su apertura*, in-8°, 101 p.), dans une série de catalogues spéciaux pour chaque salle, formant autant de fascicules séparés. Il n'est presque pas de salles, sauf celles numérotées XI, XIII, XV, XXI, XXII, XXIV et XXV, qui ne contiennent des manuscrits, des livres ou des documents. Les plus intéressantes à cet égard sont les salles V (cathédrale de Tolède), VI à IX (différentes cathédrales), X (bibliothèques publiques et archives diverses), XII (Museo arqueologico nacional), XVI (Maison royale : Escurial, bibliothèque de Sa Majesté), XVIII (Biblioteca nacional), XIX, XX et XXIII (collections particulières). Il faut y ajouter la salle XVII pour les imprimés. Les salles I, III et IV contiennent des envois étrangers à l'Espagne, venus principalement d'Autriche et de France.

jusqu'ici, d'une manière un peu générale, des ressources offertes
par les bibliothèques et les collections espagnoles, Knust, Valentinelli, le Père Tailhan, Mgr Carini, les savants allemands,
MM. P. Ewald et Hartel, et à plus forte raison les rédacteurs de
simples répertoires comme Haenel[1], n'ont porté leur attention, à
quelques rares exceptions près, que sur le contenu des volumes.
Les caractères matériels, sauf le strict nécessaire, l'historique des
manuscrits et surtout la question d'art les ont laissés indifférents[2].
Tous ces riches missels, tous ces livres d'heures aux images éclatantes, tous ces exemplaires de luxe des classiques latins et italiens qui feront le principal objet de nos observations, ils les ont
au contraire passés sous silence; ou, s'ils les ont parfois nommés,
ils n'ont employé à leur égard que quelques-uns de ces mots d'admiration banale : « Manuscrit très beau, — manuscrit très
notable, — très belles peintures », qui ne vous apprennent en
réalité absolument rien. Bien plus, certains de ces manuscrits
peuvent être célèbres; ils ont pu même être le sujet de longues

1. Knust, *Reise nach Frankreich und Spanien* (1839-1841), dans l'*Archiv* de
Pertz, t. VIII, p. 102-252 et 768-822; Valentinelli, *Delle biblioteche di Spa-
gna*, dans les *Sitzungsberichte der k. Akademie der Wissenschaften* [de Vienne],
philosoph. historis. Classe, Band XXXIII, 1860, p. 1-178; le Père Tailhan,
Appendice sur les bibliothèques espagnoles du haut moyen âge, à la fin des
Nouveaux mélanges d'archéologie, Bibliothèques du Père Cahier, Paris, 1877;
Mgr Isidoro Carini, *Gli Archivi e le biblioteche di Spagna*, Palerme, 1884, in-4°;
P. Ewald, *Reise nach Spanien* (1878-1879), dans le *Neues Archiv*, t. VI, p. 217-
398; Hartel, *Bibliotheca patrum latinorum Hispaniensis*, Band 1, Vienne, 1887
(extrait des *Sitzungsberichte der k. Akademie der Wissenschaften*); Haenel,
Catalogus librorum manuscriptorum, col. 917 et sq. (reproduit dans le *Dictionnaire des manuscrits*, de Migne, t. II, col. 385 et sq.).
   Voir aussi, à titre d'indications de manuscrits, un répertoire alphabétique de
la Biblioteca nacional à la fin du tome II de l'*Ensayo de una biblioteca española*, de Gallardo et Zarco del Valle, Madrid, 1866, et la *Revista de archivos,
bibliotecas y museos*, t. II, p. 218 et 237, et t. VIII, p. 321 et 349. Cf. également l'article très général de D. Florencio Janer, *las Miniaturas de los manus-
critos que se conservan en los Archivos y Bibliotecas de España*, dans *El Arte
en España*, t. I, p. 101-108.
   2. Il faut faire exception pour D. José Maria de Eguren, l'auteur de l'excellente *Memoria descriptiva de los códices notables conservados en los archivos
eclesiásticos de España*, Madrid, 1859, in-8°; pour D. José Amador de los Rios,
et les autres écrivains dont nous citerons les articles dans le *Museo español de
Antiguedades* (publié sous la direction de D. Juan de Dios de la Rada y Delgado,
Madrid, 1872-1885. 10 vol. in-fol.); et, jusqu'à un certain point, pour D. Jaime
Villanueva, dans le *Viage literario a las iglesias de España*, Madrid, 1803-1852,
22 vol. in-8°. Mais c'est à peine si ces érudits ont eu occasion de s'occuper de
quelques-uns des manuscrits sur lesquels doit porter notre étude.

monographies spéciales, comme l'*Apocalypse figurée* de l'Escurial, sur lesquels cependant tout ou presque tout restait à découvrir et à préciser quant à leur origine, à leur vraie patrie, à leur premier possesseur, à leur caractère esthétique, à l'école qui les a exécutés. A ce point de vue, hormis pour les manuscrits d'origine espagnole, naturellement mieux connus et mieux appréciés, nous nous trouverons presque toujours sur un terrain vierge encore. Cette nouveauté des constatations à faire excusera, nous l'espérons, les développements auxquels nous serons quelquefois obligés de recourir pour arriver à mettre la vérité en lumière.

Avant d'aller plus loin, il me reste un agréable devoir à remplir. J'ai à exprimer ma gratitude à tous ceux qui ont facilité mes travaux d'examen. Je dois nommer surtout M. le comte de Valencia de Don Juan, à qui revient à double titre une si grande part dans le succès de l'exposition. Un de ses principaux organisateurs, il ne s'est pas contenté d'appliquer à l'arrangement de ses salles ce goût exquis dont témoigne également à Madrid l'Armeria real, il a encore contribué à son éclat par le prêt de sa splendide collection d'objets d'art. Je ne saurais non plus oublier la complaisance parfaite de M. Paz y Melia, le savant chef du département des manuscrits à la Biblioteca nacional, du Révérend Père Fita, de D. Cristobal Perez Pastor, représentant de la bibliothèque de la Real Academia de la Historia, ni, à l'Escurial, l'aimable empressement du Révérend Père Eustasio Esteban. Qu'ils veuillent bien recevoir mes remerciements pour leur accueil si empreint de toute la grâce de la courtoisie espagnole.

Dans ce travail, je suivrai une marche méthodique, répartissant les manuscrits d'après leur origine locale en six grandes divisions et m'attachant uniquement pour l'ordre de l'énumération au caractère intrinsèque de chaque volume. Mais, à la fin, on retrouvera le tableau général de tout ce dont nous aurons parlé classé, au contraire, par bibliothèques et collections publiques ou privées. Ainsi pourront se trouver facilitées les recherches dans l'avenir. La référence de ce tableau au texte de nos observations sera établie au moyen de numéros progressifs en chiffres romains entre [ ] que nous donnerons à chacun de nos paragraphes principaux.

La classe la plus nombreuse et la plus variée est, comme on doit s'y attendre, celle des manuscrits de toute nature exécu-

tés en Espagne. Nous aurions donc bien des raisons de commencer par eux. Mais je ne saurais me soustraire à cet attrait
qu'exerce, surtout à l'étranger, le pays natal. Ce qui est le plus
intéressant, pour nous Français, n'est-ce pas de constater d'abord
la part à revendiquer pour notre patrie dans les richesses réunies
à Madrid et à l'Escurial? Mes aimables hôtes d'Espagne voudront
bien me pardonner si je donne le pas aux manuscrits d'origine
française et, après eux, aux produits des ateliers flamands qui ne
peuvent pas logiquement en être séparés. Je reviendrai ensuite
aux manuscrits faits en Espagne et je terminerai par ceux venus
d'Italie, d'Allemagne et enfin d'Angleterre.

I.

MANUSCRITS D'ORIGINE FRANÇAISE.

Cette catégorie est riche et renferme, entre autres, quelques
volumes d'un très haut prix. On pourrait lui reprocher de manquer un peu de variété. En effet, à quelques exceptions près, dont
la seule remarquable est constituée par le *Jouvencel* de l'Escurial, elle ne consiste qu'en textes sacrés ou en manuscrits liturgiques, et particulièrement en livres d'heures. Il nous sera permis
aussi, en notre qualité de Français, de regretter l'absence à l'exposition de certains manuscrits dont l'étude eût été particulièrement attrayante : la bible de la cathédrale de Gerona, par exemple,
qui a fait partie de la bibliothèque du Louvre et a appartenu à
notre roi Charles V[1]. Mais nous avons pour nous dédommager
des livres tels que les Heures de Charles VIII, possédées ensuite
par Louis XII.

Parlons d'abord de la classe la moins nombreuse, celle des
manuscrits renfermant des textes littéraires.

La Biblioteca nacional de Madrid possède deux exemplaires
du *Roman de la Rose* [I]. L'un, qui a été envoyé à l'exposition
(sala XVIII, n° 148), du commencement du xv° siècle, provenant
de la bibliothèque du duc d'Osuna[2]; l'autre, plus ancien, remon-

---

1. L. Delisle, *le Cabinet des manuscrits*, t. III, p. 336.
2. Écriture du temps de Charles VI. A la suite du *Roman de la Rose* sont le
Testament et le *Petit codicille*, de Jean de Meung. Les miniatures sont au
nombre de trente-huit; les unes, grandes et en couleurs, en tête de chacun

tant au moins au milieu du xiv⁰ siècle[1]. Tous deux sont écrits à deux colonnes, de format petit in-folio ou grand in-4°, et ornés de miniatures sans aucun intérêt particulier.

A la Biblioteca nacional appartient encore un exemplaire des *Grandes chroniques* [II] (Expos., sala XVIII, n° 133), grand in-folio, de la seconde moitié du xv⁰ siècle ; 433 feuillets, le premier en parchemin décoré d'une grande miniature-frontispice, plus qu'ordinaire d'exécution[2], les autres en papier. Sur le dernier feuillet, cette note autographe : « C'est la genealogie et fais des roys de France, laquel est à Mons. Charles de Croy, prince de Chimay. [*Signé :*] Charles. » Nous retrouverons, en parlant des manuscrits flamands, ce bibliophile émérite qui a, dans l'histoire, la gloire d'avoir donné son prénom, comme parrain, à l'enfant destiné à devenir l'empereur Charles-Quint.

Les trois volumes qui viennent d'être cités n'offrent rien de vraiment digne d'attention. Voici au contraire un manuscrit du plus grand intérêt :

Le *Jouvencel*, par Jean de Bueil, petit in-folio de la bibliothèque de l'Escurial [III] (Expos., sala XVI, n° 186). — Les derniers éditeurs du *Jouvencel* pour la Société de l'histoire de France n'ont connu cet exemplaire que d'après des renseignements fournis par un des bibliothécaires de l'Escurial. Ils en parlent en ces termes :

Manuscrit sur parchemin de la fin du xv⁰ siècle, à longues lignes, se compose de 247 pages et renferme dix grandes miniatures d'assez bon style. Bordures et ornements sur un grand nombre de feuillets et 162 lettres ornées avec soin. Aucun vestige de propriété. Ce volume, qui paraît être un manuscrit de prix, a été offert, en 1573, au roi par Don Alonzo de Zuniga, gentilhomme de la chambre de Philippe II. — Texte complet, y compris le *Commentaire* de Tringant[3].

des trois ouvrages contenus dans le volume ; les autres, plus petites, dans les colonnes du texte, avec les personnages simplement peints en grisaille sur fonds coloriés. Cette disposition est celle de beaucoup de produits de la librairie parisienne au commencement du xv⁰ siècle.

1. Dans ce volume, à la fin du texte, est écrit de la main du copiste : « Detur pro pena scriptori pulcra puella. » Au-dessous, cette note mise par un ancien possesseur : « C'est romant est messire Alain de la Houssoye, chevalier. »

2. Cet exemplaire des *Grandes chroniques* pourrait bien avoir été copié en Flandre, mais il ne se distingue en rien des mss. provenant de la France propre.

3. *Le Jouvencel, par Jean de Bueil*, publié par MM. Camille Favre et Léon Lecestre, Paris, 1887-1889, 2 vol. Introduction du tome I⁰ʳ, page cccxx.

Cette description est exacte, sauf qu'à l'expression insuffisante de « miniatures d'assez bon style » il est juste de substituer celle de « très belles peintures ».

Il n'existe, en dehors du volume de l'Escurial, que trois autres manuscrits du *Jouvencel* ornés de peintures : à la Bibliothèque nationale à Paris, à la Bibliothèque royale de Munich et au British Museum. J'ai eu occasion déjà de parler dans la *Bibliothèque de l'École des chartes* des deux exemplaires de Paris et de Munich[1]. Ce sont de magnifiques volumes, mais ils ont été exécutés en Flandre et à une époque postérieure de quelque dix ans à la mort de Jean de Bueil[2].

L'exemplaire de l'Escurial, sans porter de date certaine, nous apparaît comme sensiblement plus ancien et encore contemporain de la vie de l'auteur. D'autre part, ses miniatures sont tout à fait dans le style imprimé par Jean Foucquet à l'école de Touraine. Or, la Touraine, c'est le pays de Jean de Bueil. Le manuscrit de l'Escurial n'est donc pas seulement très voisin comme âge de l'époque où l'auteur du *Jouvencel* a dicté son œuvre; il provient encore de la contrée même qu'il habitait. Il serait très possible que cette belle copie eût été exécutée pour quelqu'un de son entourage immédiat. C'est dire tout l'intérêt qui s'attache à ses dix miniatures au point de vue de l'exactitude historique. Si jamais on rêvait de faire une édition illustrée du *Jouvencel,* ce sont les compositions de l'exemplaire de l'Escurial qu'il faudrait reproduire de préférence à toutes les autres. Ces miniatures sont d'ailleurs par elles-mêmes des œuvres d'art remarquables. On y sent d'une manière très heureuse l'influence de Foucquet; et il faudrait vraiment peu de chose à plusieurs d'entre elles pour qu'elles fussent presque dignes du maître lui-même. L'importance de ces belles peintures mérite que nous en donnions la liste :

Fol. A. Grande miniature formant frontispice : le roi de France devant ses soldats.

Fol. 5 v°, à mi-page : le Jouvencel partant sur son roncin pour chercher fortune; composition charmante.

---

1. *Notes sur quelques manuscrits français conservés dans des bibliothèques d'Allemagne,* dans la *Bibliothèque de l'École des chartes,* t. LIII (1892), p. 127 (tirage à part, p. 15).

2. Le manuscrit de Munich, peint par Alexandre Bening, a été copié à Gand en 1486. Celui de Paris est du même pays et du même temps.

Fol. 23 : Entrée de troupes dans un château.

Fol. 66 : Bataille sous les murs d'une ville.

Fol. 108 v°, à pleine page : un Messager apportant une missive au conseil.

Fol. 155 : Combat sur la place d'une ville.

Fol. 185, à pleine page : le Roi donnant au Jouvencel sa charte de lieutenant-général.

Fol. 202 v° et 203, en regard, deux miniatures à pleine page : Scènes de tournoi. Le roi, qui y préside, dans la page de gauche, a les traits de Louis XI.

Fol. 230 : un Auteur écrivant; cette dernière miniature ouvrant l'*Exposition du Jouvencel,* qui remplit la fin du volume.

Nous pourrions placer encore ici, comme texte intéressant l'histoire littéraire de notre pays, un exemplaire, conservé à l'Escurial, du *Breviari d'amor* de Matfre Ermengaud de Béziers. Mais nous nous réservons d'en parler en même temps que d'un autre exemplaire du même ouvrage qui a été transcrit à Valence, et qui par conséquent trouve sa place parmi les manuscrits d'origine espagnole [1].

Passons au groupe beaucoup plus nombreux des textes sacrés ou des livres liturgiques copiés en France. Nous les énumérerons autant que possible d'après l'ordre d'ancienneté des manuscrits.

D'abord trois livres liturgiques de natures diverses :

Psautier appartenant à la Biblioteca nacional (Res. 6ª, 16) [IV], in-8°, fin du XIIᵉ ou commencement du XIIIᵉ siècle. Manuscrit d'une décoration assez sobre, mais très soignée [2]. En tête du *Beatus vir* est un grand B à enroulements d'excellent goût. Ce *Psautier* rappelle les beaux volumes exécutés à la fin du XIIᵉ siècle dans le nord de la France, par exemple à l'abbaye de Saint-Amand [3].

Livre d'heures de petit format, du milieu du XIIIᵉ siècle, avec calendrier à l'usage de Paris, également à la Biblioteca nacional (Res. 8ª, 10) [V]. En tête du manuscrit est une suite de vingt-deux miniatures à pleine page, sur fonds d'or, représentant des scènes de la vie du Christ, peintes sur un seul côté des feuilles de par-

---

1. Voir plus loin, § LIII.

2. Ainsi l'initiale de chaque verset est en or.

3. A la suite du *psautier* est reliée dans le même volume une *Vie du Christ* abrégée, d'une écriture italienne du XIVᵉ siècle, avec des images, sans valeur d'art, de style giottesque.

chemin, de manière à se faire face par groupes de deux. Dessin et
exécution assez médiocres. Dans le corps du manuscrit, quelques
lettres historiées à personnages de même style. Au xve siècle, cè
manuscrit a appartenu à la famille anglaise de Clinton[1].

Enfin *Pontifical,* exposé par le chapitre de la cathédrale de
Tolède (sala V, n° 18) [VI], ayant appartenu à l'archevêque
Carillo. Petit in-folio, deux colonnes, fin du xiiie siècle, présentant tout à fait l'aspect des beaux produits de la librairie parisienne
à cette époque. Très nombreuses lettres historiées d'excellent style
et d'un dessin ferme, représentant des cérémonies religieuses.
Elles sont parfois accompagnées de jolies petites figurines disposées sur les marges comme ornementation[2]. Il y avait, en outre,
au verso du folio 91, une grande peinture à pleine page; malheureusement, celle-ci a été en partie détruite par des mains cupides
qui ont gratté l'or du fond.

De tous les types de manuscrits sortis des ateliers de la librairie
française, et spécialement parisienne, au temps de saint Louis et
de ses successeurs immédiats jusque dans le xive siècle, nul ne
paraît avoir eu un plus grand succès que ces jolies petites *bibles*
contenant, en un seul volume de format commode et portatif, le
texte entier des livres saints, écrites à deux colonnes, en caractères très fins mais très nets, sur un vélin d'une minceur parfois
presque prodigieuse, et ornées de lettres historiées du meilleur goût,
aux sujets appropriés à chaque division de l'Ancien et du Nouveau
Testament. Ces petites bibles d'origine française se sont répan-
dues par toute l'Europe.

L'exposition de Madrid en compte plusieurs [VII]. L'une,
envoyée par la Biblioteca nacional (sala XVIII, n° 96), est un
exemple des pérégrinations auxquelles peut se trouver soumis un
manuscrit : avant d'arriver en Espagne, ce volume, copié en
France, a été jusqu'en Bosnie, à Cettinge; il fut pris, en 1593,
dans le camp des Turcs, à Sileg, en Croatie[3]. Deux autres petites
bibles de même nature appartiennent au chapitre de la cathédrale

---

1. On lit, en effet, au calendrier ces deux notes rajoutées, d'une écriture
cursive du xve siècle : Au 2 mars : « Obitus domini Johannis de Clynton. »
Au 3 septembre : « Obitus Johannis, filii domini Johannis de Clinton. »

2. Par exemple, sur le folio 21 du manuscrit, on voit en haut un laboureur,
dans le bas des groupes de bourgeois et un soldat.

3. Sur ce manuscrit, voir Eguren, *Memoria descriptiva de los codices notables conservados en los archivos eclesiasticos de España,* p. 25 (Biblia 20).

de Tolède (Expos., sala V, n° 21) et aux bibliothèques de l'Université centrale de Madrid, Faculté de philosophie et belles-lettres (Expos., sala X, n° 4). En dehors de l'exposition, j'en citerai deux autres encore restées sur les rayons de la Biblioteca nacional et de la bibliothèque de l'Escurial (ii, B, 16).

Il nous faut franchir ensuite quatre-vingts ou cent ans pour arriver à deux beaux *livres d'heures*, probablement parisiens, des premières années du xvᵉ siècle : l'un [VIII] exposé par les bibliothèques de l'Université centrale de Madrid (sala X, n° 19), avec des miniatures rappelant le style de l'atelier de Jacquemard d'Hesdin ; l'autre [IX] dans la collection du marquis de Casa-Torrès (Expos., sala II), orné de peintures fines, mais trop sèches de touche, telles qu'on en trouve dans plusieurs manuscrits ayant fait partie de la librairie du duc de Berry.

Nous sommes amenés au milieu du xvᵉ siècle, sinon même à sa seconde moitié, avec un très joli petit *livre d'heures* de la collection de D. Juan José Escanciano [X] (Expos., sala XIX, n° 34). Ce livre d'heures a été fait, comme l'admirable manuscrit latin de la *Mer des Histoires* de notre Bibliothèque nationale[1], pour un des membres de la famille Jouvenel des Ursins, dont il porte, placés dans les ornements des marges, le blason et l'emblème, ce dernier consistant en un ours. Il est illustré de miniatures très fines, en grisailles, avec carnations peintes, rehauts d'or et emploi de violet et de vert pour certains détails. Autant que j'ai pu l'examiner sous vitrine, il m'a paru que l'artiste qui l'a décoré est ce même charmant maître qui a peint, entre autres beaux livres, les *Heures de Coëtivy*, de la Bibliothèque impériale de Vienne, et le manuscrit français 64 de la Bibliothèque nationale[2].

C'est aux ateliers florissant à la même époque au centre de la France, dans la contrée formée par l'Anjou, la Touraine et le Poitou, qu'il faut attribuer l'origine des deux volumes suivants :

Psautier, dit de l'empereur Charles-Quint, de la bibliothèque de l'Escurial (Expos., sala XVI, n° 163) [XI], in-4°, à grosse écriture, orné d'une dizaine de miniatures représentant des scènes de la vie du roi David[3]. Ces miniatures laissent à désirer

---

1. Manuscrit latin 4915.

2. Voir sur ce miniaturiste nos *Notes sur quelques manuscrits français des bibliothèques d'Allemagne*, dans la *Bibliothèque de l'École des chartes*, loc. cit., p. 120 (tirage à part, p. 7).

3. Une de ces miniatures a été photographiée par Laurent (n° 640).

sous le rapport de la finesse, mais elles sont caractéristiques pour montrer la grande influence de Jean Foucquet sur ses compatriotes et ses contemporains. C'est, en effet, le maître de Tours que l'enlumineur du psautier, dit de l'empereur Charles-Quint, s'est proposé pour modèle. Il s'est efforcé d'imiter, d'aussi près que possible, ses figures, son coloris et jusqu'à certains procédés de sa facture. Cette série d'illustrations est un pastiche qui arriverait presque parfois à faire illusion, sans une certaine rudesse de touche et une lourdeur persistante.

Livre d'heures, à l'usage du diocèse de Limoges[1], exposé par la Biblioteca nacional (sala XVIII, nº 111) [XII], in-4º de 191 feuillets, très riche ornementation, nombreuses et grandes miniatures. Celles-ci, embrassant la série des sujets habituels des livres d'heures, présentent des compositions animées mettant souvent en scène de nombreux personnages. Le coloris en est chaud et très brillant, mais on peut leur reprocher, avec des proportions trop trapues pour les figures, une recherche exagérée du mouvement et de l'expression. Ce défaut est sensible notamment dans des scènes de la Passion et surtout dans une annonce aux bergers d'un caractère presque étrange (p. 44 du ms.). Les types arrivent à être grimaçants, les corps à prendre des attitudes impossibles.

La décoration de ce manuscrit est encore l'œuvre d'un de ces enlumineurs[2] qui, faute d'une originalité personnelle suffisante, subissent l'influence des maîtres contemporains. Ici les tendances sont plus complexes. Foucquet pourrait réclamer le caractère général des compositions. Le coloris, très brillant et à l'aspect comme émaillé, fait penser à ce merveilleux maître du *Cœur d'amour épris* et de la *Théséide* de Vienne, qui fut le miniaturiste préféré du bon roi René[3]. Enfin, la prédilection pour les mouvements exagérés, les attitudes violentes et strapassées me paraissent inspirées par les créations, sinon par l'enseignement

1. Parmi les saints du calendrier, figure au 25 août saint Yrieix (S. Arenius). A la fin du volume, on lit sur une banderole la devise : POUR TOUT MAIS.

2. Je parle ici d'un seul enlumineur. Il est possible cependant que plusieurs mains aient travaillé à cette décoration du livre d'heures de la Biblioteca nacional ; mais, s'il y a eu plusieurs collaborateurs pour la série d'images, ils étaient tous animés des mêmes tendances et restaient dans une note identique.

3. Ce maître est probablement Barthélemy de Clerc. *Notes sur quelques manuscrits français des bibliothèques d'Allemagne, loc. cit.,* p. 142 (tirage à part, p. 26).

d'un autre maître, également employé par le roi René, au talent discutable à certains égards, mais profondément original, qui a travaillé à Angers et auquel on doit, entre autres œuvres, l'illustration des *Grandes heures de Rohan* à notre Bibliothèque nationale[1].

Malgré les réserves qui viennent d'être formulées, ce livre d'heures n'en reste pas moins un volume remarquable. Il est telles de ses peintures, par exemple une image de saint Georges, qui peuvent être louées sans restriction pour leur beauté.

Je passerai rapidement, comme très ordinaires, sur deux autres *livres d'heures* du xve siècle, exposés par les bibliothèques de l'Université centrale de Madrid, Faculté des sciences (sala X, n°s 17 et 20) [XIII], pour arriver à un manuscrit tout à fait intéressant, au contraire, au point de vue français :

Livre d'heures du roi de France Charles VIII, appartenant à la Biblioteca nacional (Expos., sala XVIII, n° 109) [XIV]. Ce manuscrit serait sorti des collections de la couronne de France en 1623, par suite d'un don fait par Louis XIII à un grand personnage espagnol. Il a appartenu plus tard au comte de Peñaranda, D. Gaspar de Bracamonte, et en 1703 au marquis de Mejorada, lequel en fit présent à la Bibliothèque royale de Madrid, qui le possède depuis lors.

Petit in-8°, 0[m]25 de haut sur 0[m]12 de large, de 112 feuillets, ornementation extrêmement brillante. Chaque page est entourée de décorations variées, et le nombre des miniatures ne s'élève pas à moins de trente et une, dont plusieurs couvrant toute la surface de la page. Une de ces miniatures, placée en regard d'un calvaire, nous montre un roi de France en armure complète, la tête nue, à genoux, en prière sous la protection de Charlemagne[2]. Dans la bordure du recto du dernier feuillet, lequel contient la fin de prières en vers français composées pour le roi, on voit un personnage aussi à genoux, revêtu d'une houppelande, son bonnet posé près de lui. Une inscription tracée sur un listel, au-dessus de sa tête, le désigne comme « L'ACTEUR », c'est-à-dire l'auteur. Citons encore, aux

---

1. Voir sur cet enlumineur mes *Notes sur quelques manuscrits précieux de la collection Hamilton,* dans le *Bulletin de la Société nationale des Antiquaires de France,* année 1889, p. 159 (tirage à part, p. 5).

2. Cette miniature est gravée dans la *Gazette des Beaux-Arts,* janvier 1893, p. 45.

folios 15 verso et 16, se faisant vis-à-vis, deux figures du Christ et de la Vierge, traitées dans une grande échelle, rare pour des miniatures.

Nul doute n'est possible quant à l'attribution de ces peintures. A l'exception de la tête du roi de France, elles sont toutes de la main du miniaturiste le plus en vogue à Paris à la fin du xve siècle, de l'ancien bâtonnier de la confrérie des libraires et enlumineurs parisiens, Jacques de Besançon.

Reste la question d'origine du volume. Un point a particulièrement intrigué ceux qui l'ont examiné à l'exposition de Madrid. Le livre d'heures a été certainement fait pour Charles VIII. Sans parler de la présence de Charlemagne derrière la figure du roi, la prière en vers du dernier feuillet est décisive à cet égard. Elle se termine par cette invocation à saint Jean l'Évangéliste :

Dieu t'a esleu et fait de Marie filz.
Requeres luy par la grant charité
Qu'à tous pechés le pecheur soit quitté,
Et gard de mal *Charles, fils de Loys.*

Cependant, la tête du roi, dans la miniature où il est représenté en oraison, ne ressemble en rien au fils de Louis XI. Au contraire, elle présente tous les traits si connus de Louis XII. Un examen minutieux donne la clé du mystère. En y regardant de près, on aperçoit dans le cou un raccord qui montre que la tête a été grattée, puis repeinte. C'était là, on le sait, coutume admise au xve siècle et au commencement du xvie; quand un manuscrit changeait de maître, on ne se contentait pas de modifier les marques de propriété, telles qu'armoiries ou devises, ce qui était presque de règle; on changeait aussi les portraits [1]. Nul exemple plus caractéristique à cet égard ne pourrait être cité ici que celui fourni par un autre manuscrit passé également dans la bibliothèque de Louis XII, après avoir été fait pour un autre personnage. Le magnifique *Ptolémée* de Louis de Bruges, sei-

1. Dans un compte des ducs de Bourgogne, publié par le marquis de Laborde, Jean de Prestinien, enlumineur de Philippe le Bon, est payé « pour avoir osté les armes du roy d'Angleterre qui estoient au livre de M[on] dit S[eigneur] que l'on appelle le livre du Tresor, y avoir mis en ce lieu les armes de M. d. S. et de madame la duchesse, *et y avoir figuré les personnes de mes dits seigneur et dame ou lieu de celles du roy et de madame de Hollande.* »

gneur de la Gruthuyse[1], portait en tête un grand portrait de
l'illustre amateur flamand. Le volume étant entré dans la collection de la couronne de France, ce premier portrait a été gratté
et remplacé par celui de Louis XII. Le rapprochement est d'autant plus intéressant que la main qui a repeint la tête de Louis XII
dans le *Ptolémée* est certainement la même qui a exécuté le
semblable travail dans le *Livre d'heures* de Madrid. Cette main,
ajoutons-le d'après l'étude de la facture, est celle du peintre des
Heures d'Anne de Bretagne, Jean Bourdichon.

Quel est maintenant cet « acteur » représenté au recto du dernier feuillet? Doit-il cet honneur, tout à fait exceptionnel, de figurer en effigie dans un livre destiné au roi, au seul mérite d'avoir
composé les méchants vers des prières finales? N'aurait-il pas
été pour quelque chose de plus dans l'exécution du volume tout
entier? Ce personnage, nous pouvons arriver à établir son identité au simple aspect. Tel nous le voyons ici, vêtu de sa houppelande et son bonnet près de lui, tel nous le retrouvons avec les
mêmes traits, la même coupe de cheveux, le même costume et
jusqu'à la même attitude à genoux, dans les miniatures de présentation de toute une série de précieux volumes, également
exécutés pour Charles VIII, également décorés en tout ou partie
par le même enlumineur Jacques de Besançon, que possède la
Bibliothèque nationale[2]. Cet « acteur » n'est pas seulement l'auteur des prières versifiées, bien qu'il se piquât de poésie à l'occasion[3]; c'est avant tout, en quelque sorte, « l'éditeur » qui a fait
faire le livre dans son atelier. En effet, d'après les miniatures en
question, nous devons reconnaître en lui Antoine Vérard, le
célèbre « marchant libraire, demeurant à Paris sur le pont Notre-
Dame », comme il s'intitule lui-même dans ses imprimés. Pour
achever de s'en convaincre, il suffit de tourner le dernier feuillet
du manuscrit de Madrid. Sur le verso s'étale précisément, peinte
en or et en couleur, la marque de Vérard, si connue des bibliophiles, avec un cœur chargé d'un monogramme. Dès lors, le livre
d'heures de la Biblioteca nacional de Madrid cesse d'être isolé.
Il rentre dans la même catégorie que cette suite des impressions

1. Ms. lat. 4804 de la Bibliothèque nationale.
2. Ces volumes ont été décrits dans notre travail publié en 1892 par la
Société de l'histoire de Paris : *Un Grand enlumineur parisien au XVᵉ siècle,
Jacques de Besançon et son œuvre.*
3. On a, en effet, d'Antoine Vérard tout un poème sur la Passion.

de Vérard, offertes par le libraire lui-même au roi Charles VIII,
qui constitue l'un des plus beaux fleurons de la collection des
vélins à la réserve des imprimés de la Bibliothèque nationale..
Il trouve aussi un véritable pendant parmi les manuscrits, malgré une moins grande richesse d'ornementation, dans le *Psau-*
tier latin-français du même roi, resté, lui, jusqu'à nos jours
dans l'ancienne collection de la couronne de France, pendant
que le livre d'heures en sortait pour passer de l'autre côté des
Pyrénées[1].

Ainsi donc, pour nous résumer, le livre d'heures de Madrid
nous a livré toute son histoire. Ce beau manuscrit a été exécuté
pour Charles VIII, par Antoine Vérard, le libraire du pont
Notre-Dame; celui-ci en a confié l'illustration, comme il le faisait toujours pour ses travaux les plus importants, au plus
renommé des enlumineurs employés par lui, Jacques de Besançon. Plus tard, le manuscrit ayant passé à Louis XII, Jean
Bourdichon a été chargé de l'approprier à son nouveau possesseur. Il a alors substitué, dans le portrait du roi en prières, la
tête de Louis XII à celle de Charles VIII.

C'est également aux ateliers parisiens du temps de Charles VIII
et de Louis XII qu'il faut faire honneur d'un prétendu *Livre*
d'heures de Charles-Quint[2], passé de la bibliothèque du chapitre de Tolède à la Biblioteca nacional de Madrid [XV] (Expos., sala XVIII, n° 112). Ce livre d'heures, de 333 pages in-4°,
se distingue principalement par l'extraordinaire abondance de
ses images, tantôt formant tableaux, parfois à pleine page, tan-

---

1. Bibl. nat., ms. lat. 774. Ce manuscrit, petit in-folio, est illustré de huit
grandes miniatures de la main de Jacques de Besançon. Il ne porte pas, il
est vrai, la marque de Vérard; mais son apparence matérielle, le caractère des
ornements et de l'écriture, la disposition des images et des bordures ne permettent pas de douter qu'il ne sorte également de l'atelier du libraire du pont
Notre-Dame. La première miniature peut donner l'idée de ce que devait être
originairement la page retouchée du manuscrit de Madrid, avant la substitution
de la tête de Louis XII à celle de Charles VIII. Dans cette miniature, en effet,
qui est restée intacte, Charles VIII est représenté en prières, également revêtu
d'une armure complète et la tête nue; la seule différence est que la figure se
trouve tournée à gauche au lieu de l'être à droite.

2. Cette désignation repose uniquement sur ce fait que l'aigle impérial est
gravé sur une plaque d'argent ornant le plat de la reliure. Si le manuscrit a
appartenu réellement à Charles-Quint, ce n'est que de seconde main, et il n'a
pas été fait pour lui.

tôt couvrant seulement les marges. Le principe de cette décoration est identique à celui des livres d'heures imprimés, que faisaient paraître à la même époque avec tant de succès les Simon Vostre, les Philippe Pigouchet, les Antoine Vérard et leurs émules. On pourrait croire que les enlumineurs et les artisans du manuscrit, menacés d'une concurrence terrible par les nouvelles inventions, se soient piqués au jeu et aient voulu montrer qu'ils pouvaient égaler par le pinceau la richesse et la variété continue d'illustrations obtenue au moyen de la gravure dans les heures imprimées.

Le choix des sujets n'a pas été laissé au hasard ; il résulte d'un plan général qu'un préambule, de la même main que le texte, explique en ces termes : « En ces presentes heures est demonstré en bref le viel Testament et auxi le nouveau ; et au kalendrier est noté à chascun toute la forme et maniere de vivre en ce monde, se peu de temps que Dieu nous a presté pour acroistre en bien et en vertus pour le salut de l'âme; et fault entendre que tout au cas pareil sera ce par Luy payé comme il fera, car sy labeure à chastier son corps, qui ne cesse de vouloir dominer contre l'esprit pour le faire dampner, pour tout certain il aura paradis ; autrement, non. »

Conformément à ce programme, les peintures du calendrier montrent en contraste, dans une série de petites scènes, la vie de l'homme vertueux et celle de l'homme adonné aux vices. On les suit depuis la petite enfance jusqu'à la mort, qui ouvre le Paradis pour l'un et livre l'autre à l'Enfer. Signalons aussi, pages 218 à 242, les figures de la danse macabre.

Ce qui est beaucoup plus remarquable encore que le nombre des images, c'est la quantité de mains différentes auxquelles elles sont dues. Il semble qu'à la décoration de ce manuscrit aient été conviés les principaux enlumineurs de Paris à cette époque. On dirait d'un de ces livres modernes, résultat d'une collaboration multiple, où chacun vient apporter sa petite part. Tous, ou presque tous les enlumineurs qu'employaient alors dans la capitale les Vérard, les Pierre le Rouge, les Marnef, les Guyot Marchand, y défilent tour à tour. Jacques de Besançon y est représenté par un Paradis aux nombreux personnages (p. 316). Une grande peinture des trois morts et des trois vifs, couvrant deux pages en regard, est du coloriste qui a enluminé, pour Pierre le Rouge, le splendide exemplaire sur vélin de la *Mer des His-*

toires à la Bibliothèque nationale. Voici d'autres enlumineurs qui cherchent à copier les artistes en vue : une Annonciation (p. 45) et une Trinité (p. 277) sont deux pastiches, véritablement très réussis dans certaines de leurs parties, du Tourangeau Jean Bourdichon. Un grand Triomphe de David (p. 176-177) fait, au contraire, penser aux manuscrits de l'école de Rouen exécutés pour le cardinal d'Amboise. Jacques de Besançon est lui-même très fréquemment pris pour modèle, et ces imitations sont d'autant plus piquantes que le volume renferme une page authentique du maître. D'autres se laissent simplement aller à leur génie naturel, et il faut avouer, hélas ! que celui-ci ne les conduit pas bien loin dans la voie de la perfection. De cette réunion de concours si divers résulte un ensemble inégal sans doute, dont aucune page n'a une valeur bien supérieure, mais singulièrement intéressant pour l'histoire de l'art de l'enluminure à Paris, et tel qu'on n'en trouverait peut-être nulle part ailleurs l'équivalent.

Les manuscrits seuls doivent nous occuper dans ce travail. On permettra cependant ici une exception en faveur de deux de ces beaux livres d'heures imprimés, honneur de la typographie parisienne, dont j'ai été amené à parler tout à l'heure [XVI]. Avec leurs images miniaturées d'or et de couleurs, ils se rapprochent tant encore des livres du même genre écrits à la main !

L'un est un exemplaire sur vélin des heures de Simon Vostre, « achevées le xxᵉ jour de aoust » 1496[1], appartenant à la Biblioteca nacional. Sur la première page sont peintes les armes de la maison d'Este. Entre les princes de cette maison, il serait naturel de penser au duc de Ferrare, Hercule d'Este, que mit en relations plus particulières avec la France son mariage avec la fille de Louis XII.

Le second est un exemplaire sur papier, mais en superbe condition, des heures de Geoffroy Tory et Simon de Colines, édition de 1525[2], exposé (sala X, nᵒ 233 *bis*) par la bibliothèque provinciale de Tolède[3]. Le coloris qui enlumine les grands sujets

---

1. Nᵒ 28 de la notice sur les heures gothiques à la fin du tome V du *Manuel du libraire* de Brunet.

2. Nᵒ 323 de la même notice.

3. Disons à cette occasion que la même bibliothèque expose également un exemplaire, mais qui n'a rien de particulier, des Heures de Simon Vostre de 1507 (sala X, nᵒ 232 *bis*).

gravés en fait le pendant d'un précieux exemplaire des mêmes
heures, conservé à Paris à la réserve des imprimés de la Bibliothèque nationale.

Le xvi⁰ siècle un peu plus avancé est en France, à part quelques
exceptions, une période de décadence pour l'industrie de la calligraphie et surtout de la miniature. On rencontre bien encore des
manuscrits exécutés avec une recherche de grand luxe et tout
éclatants d'or et de vives couleurs ; mais, sous ces apparences
brillantes, qui miroitent aux yeux plus qu'elles ne les charment,
se cachent trop souvent l'indigence de la pensée et la banalité du
style. Tel est exactement le signalement qui pourrait s'appliquer
à un *Évangéliaire* de format in-4⁰, très décoré et illustré de
nombreuses miniatures, grandes ou petites, exposé par la Biblioteca nacional (sala XVIII, n⁰ 105) [XVII]. Dans les bordures
de ce manuscrit, on voit partout répétées, comme blason du premier possesseur, les armoiries d'Orléans-Angoulême : de France
au lambel d'argent, chargé d'un croissant de gueules. Ce blason
fut celui de François I⁰ʳ, en tant que comte d'Angoulême, jusqu'à
son avènement au trône. Cependant, cet *Évangéliaire* me semble
peut-être un peu trop récent pour avoir cette provenance royale.
La date d'exécution se placerait plutôt entre 1525 et 1540. On
peut, en effet, le rapprocher surtout, pour la grande analogie de
l'aspect matériel, du manuscrit contenant les *Chants royaux
du Puy de Rouen* de 1519 jusqu'à 1528, que possède notre
Bibliothèque nationale[1]. Il se pourrait que ces armoiries d'Angoulême désignassent, non François I⁰ʳ avant d'être roi de France,
mais le troisième de ses fils, Charles, duc d'Angoulême, né en
1522, mort sans alliance en 1545. On sait que, dans son enfance,
ce prince passa quelque temps en Espagne comme otage, en
vertu du traité de Madrid.

Dans la même catégorie absolument que ce manuscrit aux
armes d'Angoulême se range encore, avec un format plus petit
et une décoration moins abondante, un *Livre d'heures* également compris dans l'exposition de la Biblioteca nacional (sala XVIII, n⁰ 108) [XVIII]. Il est orné d'armoiries : d'or à une
fleur de lis de gueules. Ce blason a été porté, entre autres
familles, par les Tilly, dont les seigneurs de Chamboy et de Blaru.

A une époque plus tardive encore, à la seconde moitié, sinon

_____
1. Ms. franç. 1537.

même au dernier tiers seulement du XVIe siècle, appartient un *Livre de prières*, de format presque minuscule, placé à l'exposition dans les vitrines du Museo arqueologico nacional (sala XII, n° 284) [XIX]. Calligraphié avec beaucoup de soin, ce joli petit volume est orné de quelques peintures très fines.

Enfin nous terminerons notre revue des manuscrits d'origine française au XVIIe siècle avec un missel de la bibliothèque de Sa Majesté (sala XVI, n° 178) [XX], dû à la plume renommée de Jarry et portant sa signature : « N. Jarry scripsit anno 1641. »

J'ai laissé de côté jusqu'ici un des manuscrits les plus précieux et les plus riches en illustrations de la bibliothèque de l'Escurial. Ce volume présente un certain caractère un peu hybride, si l'on considère la situation géographique intermédiaire du pays d'où il vient, et que nous allons préciser. Cependant, à ne s'arrêter qu'au livre en lui-même, sous le rapport de la paléographie et de la décoration, c'est encore dans la catégorie des manuscrits que l'on peut appeler français qu'il est légitime de le faire rentrer.

Le manuscrit en question, copié à peu près vers le milieu du XVe siècle, est une *Apocalypse* en images ou « figurée », avec un court commentaire [XXI]. Il appartient, par conséquent, à une série dont la grande importance est bien connue, surtout au point de vue de l'art. Il y fait suite aux manuscrits célèbres de Paris et d'Oxford et y précède les Apocalypses xylographiques[1].

L'*Apocalypse figurée* de l'Escurial comprend 49 feuillets, de format grand in-folio, écrits et peints des deux côtés. A chaque page, la moitié supérieure de la justification est remplie par une grande miniature, plus large que haute. Chacune de ces peintures est accompagnée en marge d'un autre tableau, beaucoup plus petit, disposé en hauteur, représentant toujours l'apôtre saint Jean dans des attitudes variées[2]. Dans la moitié inférieure

---

1. Le texte de ces livres n'a rien de commun avec le *Commentaire de Beatus*, que nous trouverons dans la série des manuscrits espagnols. Parmi les manuscrits d'*Apocalypses figurées*, celui qui se rapproche le plus du volume de l'Escurial, non par le style des figures, mais par la date d'exécution, est le manuscrit néerlandais 3 de la Bibliothèque nationale, avec ses grandes peintures si curieuses et cependant si peu connues, presque aucun écrivain spécialiste n'en ayant parlé.

2. La figure de saint Jean est, en général, tournée du côté du tableau, et le plus souvent l'apôtre tend une main en avant, comme s'il voulait désigner la scène.

se trouve le texte, qui est en latin, divisé en deux colonnes. Il est transcrit en lettres de forme, d'une belle écriture gothique française. Tout autour de la page court une brillante ornementation de légères tiges, de fleurons et de bouquets de palmes, dans le goût des beaux manuscrits exécutés dans notre pays de 1425 à 1450[1].

La copie du texte se suit homogène et paraissant avoir été effectuée tout entière d'un seul jet ; de même, pour la partie purement ornementale. Les miniatures, au contraire, ont été peintes en deux fois et à un intervalle assez long. Un premier groupe de peintures va du folio 1 au folio 29. Ces peintures indiquent par leur style les années qui avoisinent le milieu du xv⁰ siècle. Sans être d'un maître tout à fait supérieur, elles sont très remarquables. En dépit de quelques fautes de proportion dans les personnages et d'une perspective défectueuse, elles méritent d'être signalées particulièrement aux artistes et aux historiens de l'art. La composition y offre souvent un caractère de grandeur digne de la solennité des sujets traités, et on y relève certaines figures vraiment admirables, des anges, par exemple, ou une Vierge apparaissant portée sur le croissant de la lune[2]. A partir du folio 30, la main devient sensiblement plus récente ; nous nous trouvons en face de miniatures qu'on ne peut faire remonter plus haut que les vingt ou vingt-cinq dernières années du xv⁰ siècle.

L'*Apocalypse figurée* est citée par la plupart des écrivains qui se sont occupés de l'Escurial. Tous s'accordent à en louer la beauté en la rangeant parmi les trésors du célèbre monastère ; mais ils s'arrêtent, en ce qui la concerne, à une indication aussi courte que vague. Tout au plus un ou deux s'avancent-ils à désigner ce manuscrit comme flamand ou allemand. Quant à son histoire, une tradition constante rapporte qu'il a appartenu au fondateur de l'Escurial, Philippe II, et rien de plus. On a proposé de croire qu'il a pu être apporté en Espagne par une de ces com-

1. Plusieurs pages de ce manuscrit ont été photographiées en dimensions réduites. On trouvera d'autre part une reproduction en couleurs de l'une d'elles, grandeur naturelle, dans le tome IV du *Museo español de Antiguedades*.

2. Dans cette première série, les peintures des folios 24, 25 et 26 sont d'une touche plus sèche et pourraient être d'une main différente ; mais elles sont conçues dans le même esprit et traitées dans le même style que les autres du même groupe.

missions que Philippe II, quand il s'occupait de créer sa bibliothèque, avait envoyées dans les pays étrangers, en Italie, en
Flandre et en Allemagne. Suivant une autre conjecture, ce
manuscrit aurait été « peint et enluminé par les moines des pays
du Nord pour les princes de la maison d'Autriche », puis serait
arrivé aux mains de la reine Marie de Hongrie, sœur de Charles-
Quint, laquelle finalement l'aurait donné ou légué à son neveu,
le roi d'Espagne, comme elle le fit de plusieurs autres livres
précieux[1]. Mais, en somme, tout ceci n'est qu'hypothèses, non
appuyées par des preuves. C'est au manuscrit même qu'il faut
essayer d'arracher son secret.

L'écriture, dans sa régularité, ne peut rien nous apprendre.
Pas de date, pas de souscription de copiste, pas de signatures
non plus d'anciens possesseurs. Reste l'examen des miniatures.
J'ai dit que celles-ci se partageaient en deux séries. La première,
la plus ancienne et la plus remarquable, montre une parenté évidente avec les productions de ce que l'on peut appeler l'école
flamando-parisienne du premier tiers du xve siècle [2]; mais on y
relève en même temps un caractère local très tranché. Ce caractère, qu'il serait trop long de définir, plus aisé d'ailleurs à saisir par les yeux qu'à exprimer par des mots, est celui qu'on
retrouve dans certains manuscrits faits pour des princes de la
maison de Savoie, par exemple dans les belles *Heures de Savoie*
de la Bibliothèque nationale [3]. La seconde série, plus récente, est
d'un élève sorti de l'atelier de Jean Foucquet. Or, des peintures
absolument du même style, sinon même de la même main, se
voient aussi dans d'autres manuscrits des princes de Savoie, et
précisément dans des manuscrits où l'illustration était d'abord
restée inachevée. D'autre part, dans les motifs de pure ornementation qui couvrent les marges, les fleurons, sur plusieurs pages,
ont pour motif central, à l'endroit où en France on met ordinairement une fleur de lis, une croix blanche sur fond rouge, c'est-
à-dire la croix de Savoie. La même croix de Savoie orne aussi

1. Voir à ce sujet *el Apocalipsis de san Juan*, par Don José Fernandez y
Montaña, dans le *Museo español de Antiguedades*, t. IV, p. 443-483. Cf. Haenel,
col. 925 (d'après Damian Bermejo, *Descripcion artistica del real monasterio de
S. Lorenzo del Escorial.* Madrid, 1820, p. 291).
2. J'appelle ainsi l'école des frères de Limbourg, de Jacquemard d'Hesdin et
de leurs élèves et successeurs à Paris.
3. Ms. lat. 9473.

les dalmatiques ou tabars que portent plusieurs anges dans les miniatures.

Nous sommes donc amené à conclure que l'*Apocalypse figurée* de l'Escurial est un manuscrit exécuté en Savoie, ou tout au moins pour un des princes de ce pays.

Cette conclusion est celle à laquelle nous étions arrivé devant le manuscrit même à l'Escurial. Un détail nous avait échappé, et celui-ci achèvera la démonstration. De retour à Paris, la lecture d'une description détaillée, publiée dans le *Museo español de Antiguedades,* nous a appris, — et le fait est exact, — que dans une bordure du manuscrit, au folio 41, se trouve écrit un mot pris assez plaisamment pour la signature ou le monogramme de l'enlumineur. Or, ce mot n'est autre que le mot : FERT[1]. La présence de cette célèbre devise de la maison de Savoie, venant corroborer toutes les observations que nous avons faites, est absolument décisive pour trancher, sans discussion possible, la question d'origine.

Comment maintenant un manuscrit des ducs de Savoie peut-il se trouver à l'Escurial? Nous verrons plus loin, en parlant des manuscrits d'origine allemande, qu'un autre livre encore plus précieux, le *Codex aureus,* est arrivé à Philippe II de sa grand'-tante Marguerite d'Autriche, la gouvernante des Pays-Bas, par l'intermédiaire de la reine Marie de Hongrie, laquelle, ayant hérité d'une partie des collections de Marguerite, institua à son tour pour légataire le roi d'Espagne. Il serait tout naturel, pour l'*Apocalypse figurée,* de songer à une semblable provenance. Marguerite d'Autriche n'a-t-elle pas été quelque temps duchesse de Savoie par son second mariage avec Philibert le Beau? Ses inventaires ne nous apprennent-ils pas qu'après son veuvage elle a continué à posséder jusqu'à sa mort et a laissé dans sa succession des livres venant certainement de la maison de Savoie[2]?

---

1. Article cité plus haut du *Museo español de Antiguedades,* t. IV, p. 478. Mon ami M. Maxence Petit a bien voulu vérifier que cette devise se trouve aussi aux fol. 12 et 14.

2. « Item, unes Heures, couvertes de satin violet... avec deux cloans d'argent doré, et les armes de Savoie dessus. »

« Item, ung aultre petit [livre], couvers de velours verd, avec les armes de Savoie, qui son d'argent doré, qui ce nomme *De Amé, premier duc de Savoie.* » — *Inventaire de Marguerite d'Autriche,* publié par H. Michelant. Bruxelles, 1870 (extr. du t. XII, n° 1, 3ᵉ série des *Bull. de la Comm. d'hist. de Belgique*).

Cette hypothèse, relativement à l'*Apocalypse* de l'Escurial, me semble être transformée en certitude par une dernière observation à laquelle prête le manuscrit même. En tête du volume est inscrite, d'une écriture du commencement du xvie siècle, cette ancienne cote : « Du iiie pepitre, le xviiie. » Ouvrons l'inventaire de Marguerite d'Autriche en 1523, publié par M. Michelant : dans sa bibliothèque, ou, pour parler le vieux langage, dans sa « librairie » à Malines, nous trouvons exactement à l'endroit voulu, au « iiie pourpitre », le livre cherché : « Item, un aultre grant, couvers de velours verd, qui ce nomme l'*Apocalise figuré*, à cloz dorez. »

Ainsi, l'obscurité est dissipée en ce qui concerne l'*Apocalypse* de l'Escurial. Ce manuscrit si luxueux, dont les peintures seraient si dignes, à tous égards, d'une étude approfondie[1], a appartenu d'abord à la maison de Savoie jusqu'au duc Philibert le Beau, et c'est après avoir passé par la « librairie » de Marguerite d'Autriche qu'il a fini par devenir, dans la suite, la propriété de Philippe II.

II.

MANUSCRITS D'ORIGINE FLAMANDE.

Une observation générale que nous avons faite pour les manuscrits venus de France peut être répétée d'une manière plus accentuée encore pour ceux d'origine flamande. Cette catégorie ne comprend presque exclusivement que des livres de prières. Je n'ai qu'une unique exception à signaler. Encore s'agit-il d'un volume appartenant à la Biblioteca nacional qui n'a pas été envoyé à l'exposition, quoique cependant digne à tous égards d'un pareil honneur.

Le volume en question est un in-folio à longues lignes, d'une grosse et belle écriture gothique flamande, renfermant trois traités de morale religieuse : Saint Augustin, « Des seulz parlers de l'ame à nostre sire Dieu. » — « Douloureuse complainte de l'homme en l'article de la mort. » — « Le Miroir de vraie humi-

---

1. L'*Apocalypse figurée* de l'Escurial n'a été citée ni par M. Ambroise Firmin-Didot (*les Apocalypses figurées*) ni par M. de Frimmel (*die Apokalypse in den Bilderhandschriften des Mittelalters*).

lité » [XXII]. Son aspect matériel est identique à celui de ces livres de luxe, exécutés, principalement à Bruges, pour les ducs de Bourgogne Philippe le Bon et Charles le Téméraire, que se partagent aujourd'hui la Bibliothèque royale de Bruxelles et, à Paris, la Bibliothèque nationale et l'Arsenal. Le travail de copie est d'ailleurs de la main du calligraphe le plus employé à la cour de Bourgogne, le fameux David Aubert. Et c'est pour un chambellan de Philippe le Bon, Philippe de Croy, seigneur de Quiévrain, plus tard comte de Chimay, que le volume a été ainsi transcrit en 1462. Le manuscrit a passé ensuite au fils du premier possesseur, Charles de Croy, comte et prince de Chimay, puis à d'autres seigneurs flamands, connus en général, comme les Croy eux-mêmes, pour leurs goûts de bibliophiles : Philippe de Bourgogne, seigneur de Falais, Antoine de Lannoy et Maximilien de Hornes, seigneur de Gaësbeck. Cette filiation pendant près de cent ans découle d'une intéressante série de notes, d'écritures et d'âges divers, qui se succèdent en ces termes à la fin du volume :

[*A la suite du texte, et de la même main :*] Cy fine le miroir d'humilité, escript et ordonné comme il appert par le commandement de noble et très preu en armes Monseigneur Phelippe de Croy, seigneur de Kievraing, conseiller et chambellan de Monseigneur le duc Phelippe de Bourgoingne et de Brabant, cappitaine general et grant bailly de son pays de Haynnau. L'an de l'incarnation Nostre Segneur mil CCCC soixante-deux.

[*Signé :*] AUBERT, manu propria.

[*Au-dessous :*] C'est le livre appellé le Mereor d'humilité où il y a chincq histores, lequel est à Monseigneur Charles de Croy, comte de Chimay[1].

[*Signé :*] CHARLES.

[*Plus bas :*] En l'an 1542[2], le 4e de janvier, moy, Anthoine de

---

1. Philippe de Croy, seigneur de Quiévrain, ne prit le titre de comte de Chimay qu'à la mort de son père en 1472. Chevalier de la Toison d'or en 1473, il mourut en 1482. Son fils Charles, comte puis prince de Chimay, également chevalier de la Toison d'or, fut le parrain du futur empereur Charles-Quint, à qui il donna son nom. A sa mort, en 1527, il ne laissa comme enfants vivants que des filles.

2. C'est-à-dire 1543 (n. st.).

Lannoy, l'ay achaté à la maison mortuaire de feu Mons. de Falais[1] à la vente publique.

[*Signé :*] ANTOINE DE LANNOY.

[*Plus bas encore :*] Ce livre appartient au sʳ de Gasbeque par le don dudit sʳ Anthoine de Lannoy, dernier acheteur, audit sʳ de Gasbeque, en l'an 1556.

[*Signé :*] M. DE HORNES[2].

L'origine du volume est également rappelée par la présence, dans la décoration, du chiffre et de la devise : MOY SEUL, du premier propriétaire, accompagnés du grelot, emblème de la famille de Croy.

Quant à l'illustration, elle se compose, ainsi que le constatait Charles de Croy, de cinq « histoires » ou miniatures. Celles-ci sont des grisailles, relevées d'or et de gouache, avec les carnations peintes. Par le système d'exécution comme par le caractère de la composition elles rappellent beaucoup les peintures d'un des plus beaux manuscrits à grisailles qui soit au monde, l'exemplaire de la Bibliothèque nationale du tome II des *Miracles de la Vierge,* composés par Miélot pour Philippe le Bon[3]. Mais la valeur d'art n'y atteint pas un aussi haut degré, et les grisailles de Madrid, tout en étant d'ailleurs encore fort belles, ne pourraient soutenir que de loin le parallèle avec les délicieux chefs-d'œuvre du manuscrit de Paris. Il est vrai que ceux-ci sont d'une classe tout à fait exceptionnelle et défiant presque la comparaison.

La série des livres de prières, à laquelle nous arrivons maintenant, comprend deux ou trois pièces de tout premier ordre. Je commencerai par la plus importante, le *Livre d'heures,* dit improprement *de Jeanne la Folle,* ou même parfois d'Isabelle la Catholique, en réalité *de la reine d'Aragon Jeanne Henriquez,*

---

1. Philippe de Bourgogne, seigneur de Falais et de Sommerdick, conseiller et chambellan de Charles-Quint, était fils de Baudouin de Bourgogne, bâtard de Philippe le Bon. Il mourut en 1542 sans avoir été marié. Comment le manuscrit, aujourd'hui à Madrid, avait-il passé des héritiers de Charles de Croy au seigneur de Falais ? C'est le seul point que les notes n'indiquent pas.

2. Antoine de Lannoy. C'est probablement le seigneur de la Moterie. — Maximilien de Hornes, seigneur de Gaesbeck, vicomte de Berg-Saint-Winox, chevalier de la Toison d'or.

3. Ms. franç. 9199.

appartenant à la bibliothèque particulière de Sa Majesté [XXIII] (Expos., sala XVI, n° 147).

Ce volume, de format in-8°, est recouvert d'une magnifique reliure, ornée d'orfèvrerie ciselée et émaillée du xvi° siècle, qui a été attribuée jadis sans aucune preuve à Benvenuto Cellini[1]. A l'intérieur, il offre l'exemple de la décoration la plus riche, restée généralement dans toute sa fraîcheur, toute éclatante d'or et de couleurs vives. Indépendamment de vingt-quatre petites miniatures au calendrier, l'illustration comprend soixante-douze très belles peintures à pleine page, se succédant à certains.endroits sans interruption de feuillet en feuillet. Dans trois d'entre elles, on voit le portrait de la reine pour qui le manuscrit a été exécuté. Celle-ci est représentée couronne en tête, à genoux en prière, implorant la Vierge[2]. Les oraisons du texte nous apprennent que cette souveraine portait le prénom de Jeanne. Les autres miniatures embrassent la série des sujets habituels. On peut y admirer surtout des fonds de paysage ravissants.

Ces miniatures, de même que toute la partie décorative des bordures, sont du plus pur style flamand, du temps de Philippe le Bon et de Charles le Téméraire. Leur exécution doit se placer vers le milieu ou dans le troisième quart du xv° siècle. En tout cas, on ne saurait la faire descendre plus bas que 1480, dernière limite. Cette date suffit pour exclure le nom traditionnel d'*Heures de Jeanne la Folle*, donné au manuscrit. En 1480, celle qui devait être appelée Jeanne la Folle avait tout juste un an! Que le volume lui ait appartenu ultérieurement, la chose est possible et même très probable. Mais la reine Jeanne, qui a été la première à posséder le livre, est sa grand'mère, Jeanne Henriquez, reine d'Aragon, seconde femme du roi Jean II, et mère de Ferdinand le Catholique. Cette origine, en dehors de la question de date, qui serait

---

1. Cette reliure est reproduite dans l'ouvrage du baron Davillier, *Recherches sur l'orfèvrerie en Espagne* (Paris, 1879), p. 73. Suivant une tradition en cours au xvii° siècle, rapportée par le baron Davillier d'après une note inscrite sur le volume même, la reliure aurait été exécutée pour Ferdinand et Isabelle la Catholique, et dorée avec le premier or venu d'Amérique. Comment les auteurs qui en ont parlé n'ont-ils pas prêté plus d'attention au grand écusson royal qui orne le milieu des plats? Le blason émaillé sur cet écusson est conforme à celui dont nous allons mentionner la présence à l'intérieur sur les pages du volume, c'est-à-dire un parti d'Aragon et d'Henriquez. Il ne peut donc se rapporter ni à Isabelle la Catholique ni à sa fille Jeanne la Folle.

2. Deux des miniatures en question ont été photographiées par Laurent.

déjà décisive, est prouvée par des armoiries très fréquemment répétées dans les bordures. Ces armoiries, en effet, ne sont pas celles des rois Catholiques et de leurs descendants, avec Castille et Léon, mais le seul blason royal d'Aragon, parti du blason d'Henriquez.

Les miniatures en elles-mêmes ont aussi donné lieu à discussion. Le baron Davillier les croyait « exécutées en Espagne, — probablement en Catalogne[1]. » Mieux avisés ont été ceux qui ont songé à un artiste flamand. On peut, suivant nous, serrer les choses de bien plus près. Quelques pages du milieu du volume ont été, comme il arrive souvent, confiées simplement à des élèves. Sauf cette exception, toutes les peintures révèlent sûrement la même main que les illustrations d'un des plus beaux manuscrits de la bibliothèque des ducs de Bourgogne, le tome II des *Chroniques du Hainaut*[2]. Or, l'auteur de ces dernières est connu. Un texte d'archives nomme, comme les ayant exécutées vers 1467-1468, Guillaume Vrelant, Wrelant ou Wyelant. C'est donc également à Guillaume Vrelant qu'il faut rapporter l'honneur d'avoir décoré les *Heures de la reine Jeanne Henriquez*.

Guillaume Vrelant est un des grands noms de l'histoire de la miniature flamande au xve siècle. Il faisait déjà partie de la gilde des enlumineurs de Bruges au moment de sa réorganisation, en 1454-1455. Il cessa d'y payer sa cotisation en 1481, ce qui nous donne la date approximative de sa mort. On peut mentionner, comme un des traits intéressants de sa vie, qu'en 1478 il servit d'intermédiaire entre la gilde et Memling pour la commande d'un tableau votif. A cette occasion, il eut la bonne fortune d'avoir son portrait exécuté par le grand peintre.

Vrelant fut à plusieurs reprises employé par la cour de Bourgogne. Les documents nous apprennent que, en dehors du tome II des *Chroniques du Hainaut*, mentionné plus haut, il illustra pour Philippe le Bon, vers 1469, une *Vita Christi*. Nous avons pu arriver en outre, par la méthode de l'étude comparative, à le reconnaître aussi avec certitude pour l'auteur de plusieurs autres travaux importants d'enluminure, que certains historiens de l'art ont voulu à tort donner à des maîtres différents. Ainsi c'est de lui que sont les célèbres grisailles de la *Vie de sainte Catherine*,

1. *Recherches sur l'orfèvrerie en Espagne*, p. 72, en note.
2. Bibliothèque royale de Bruxelles, n° 9243.

de Miélot, attribuées à Rogier van der Weyden par Waagen[1]. De lui encore l'enluminure du missel de Ferry de Clugny, cardinal, évêque de Tournai, ce manuscrit de la bibliothèque de Sienne, révélé par notre regretté confrère M. Castan, devant lequel on a prononcé au hasard tant de noms divers, sauf précisément le seul bon[2].

Le fait de l'existence d'un manuscrit enluminé par Guillaume Vrelant pour une reine d'Aragon laisse à penser. D'autre part, en parlant des manuscrits d'origine espagnole, nous aurons occasion de dire que, si parmi les miniaturistes flamands du xvᵉ siècle il en est un qui paraisse avoir exercé une influence plus particulière sur les enlumineurs de la péninsule ibérique, c'est précisément ce même Vrelant.

Le maître brugeois ne serait-il pas venu en personne travailler en Espagne? On sait combien les artistes à cette époque voyageaient volontiers. Ceci expliquerait tout. Les archives de la couronne d'Aragon donneront peut-être un jour le dernier mot sur la question. Si jamais on y rencontre un document attestant la présence, au sud des Pyrénées, sous le roi Jean II, d'un enlumineur nommé maître Guillaume, ce maître Guillaume ne sera autre, très vraisemblablement, que notre Vrelant.

Pour en revenir aux *Heures de la reine Jeanne Henriquez,* ce superbe volume constitue, du moins dans l'état actuel de nos connaissances, le chef-d'œuvre de Guillaume Vrelant.

Il a cependant presque son rival, à l'exposition même de Madrid, dans un autre *Livre d'heures* à peu près de même format, également peint par Vrelant, également très riche en grandes et belles images. Le livre d'heures appartient à la Biblioteca nacional [XXIV] (Expos., sala XVIII, n° 110).

Les possesseurs d'origine, un seigneur et une dame, sont représentés dans une miniature, au verso du folio 25 du volume, adres-

1. Bibl. nat., ms. franç. 6449. Nous sommes heureux de nous être rencontré pour l'attribution de ces grisailles à Guillaume Vrelant avec le savant et regretté conservateur des manuscrits de la Bibliothèque royale de Bruxelles, M. Ruelens.

2. Le marquis de Laborde s'est véritablement montré sévère jusqu'à l'injustice dans sa critique des œuvres de Vrelant (*les Ducs de Bourgogne,* t. I, introduction, p. LXXXV-LXXXVIII, en note). Assurément Vrelant n'est pas un de ces grands artistes comme notre Jean Foucquet. Mais, en somme, parmi les enlumineurs de profession, travaillant en Flandre au milieu du xvᵉ siècle, bien peu eussent été capables de lui disputer la palme.

sant leurs prières à la Trinité. Malheureusement, il ne se trouve
aucune marque distinctive permettant d'essayer de nommer ces
personnages. Ce qu'on sait, c'est que le volume, avant d'être
apporté en Espagne, était conservé en Flandre et qu'il a passé
par les mains de Doña Leonor de la Vega.

Indépendamment de sa luxueuse ornementation intérieure, ce
second livre d'heures de Vrelant est encore intéressant par son
ancienne reliure, très bien conservée. Celle-ci, en peau, est munie
de deux fermoirs de métal doré. Au milieu de chaque fermoir fait
saillie une sorte de chaton, dont le centre est rempli par une
minuscule peinture de forme ronde, de la main de Vrelant. Au
revers des chatons, sur la face intérieure des fermoirs, on voit,
gravé dans un cartouche circulaire, un monogramme enlacé de
rinceaux d'ornement. La lettre principale qui se détache bien nettement dans ce monogramme est un W. On pourrait être tenté
d'y voir l'initiale du nom de l'artiste lui-même, écrit aussi souvent au moins Wrelant que Vrelant. L'hypothèse a son côté
séduisant. Mais je crois qu'il est plus prudent de songer d'abord
au premier possesseur, qui aura fait exécuter et relier pour lui le
manuscrit.

Il existe une catégorie de délicieux volumes dont les miniatures
sont très près de celles de Vrelant, si même elles ne doivent pas
être considérées comme des œuvres d'une première manière du
maître brugeois. Ces manuscrits sont caractérisés par l'emploi,
comme note dominante dans le coloris, d'un vermillon clair et
gai, d'une harmonie charmante. Le plus beau type peut-être de
cette série nous est fourni par un livre d'heures conservé à Paris
à la bibliothèque de l'Arsenal[1]. Un *Livre d'heures* tout à fait
voisin de celui-ci, sous un format un peu plus petit, figure à l'exposition de Madrid, dans la collection de D. Juan José Escanciano (Expos., sala XIX, nº 33) [XXV].

Après ces volumes de grand prix, il serait oiseux de s'arrêter
à d'autres livres de prières d'origine flamande qui n'offrent véritablement rien que de très ordinaire. Je citerai seulement un
Bréviaire, passé de l'ancienne bibliothèque d'Osuna à la Biblioteca nacional [XXVI], à cause de cette souscription du copiste,
qui accompagne la date de 1455 : « per manum Johannis, magistri ordinis fratrum heremitarum Sancti Augustini, de Gandavo in

---

1. Nº 652 (ancien 271, T. L.).

Flandria, completum Brugis. » Cette note apporte une nouvelle preuve des rapports constants qui ont existé, au point de vue de l'industrie du livre à la main, entre Bruges et Gand, copistes et enlumineurs nés dans l'une de ces villes allant, comme on le voit ici, travailler dans l'autre, et réciproquement.

Bien plus digne de notre attention serait un *Livre d'heures* des bibliothèques de l'Université centrale de Madrid, Faculté des sciences [XXVII] (Expos., sala X, n° 21). De format petit in-8°, ce livre d'heures est orné de trente-sept peintures en grisaille annoncées comme très belles. Des circonstances particulières, indépendantes de l'extrême bonne volonté de mes hôtes, ne m'ont pas permis malheureusement de le feuilleter. La page à laquelle le manuscrit se trouvait ouvert sous vitrine rappelait sensiblement les camaïeux d'Alexandre Bening dans le livre de la *Vita Christi*, qui vient de Louis de Bruges[1]. Mais il aurait fallu un examen plus complet pour se prononcer. Ce que nous pouvons dire, c'est que le volume a une excellente provenance. Il porte, dans sa décoration, les armes de la famille Rollin. Or, on sait combien l'amour des arts était vif et éclairé chez les membres de cette famille bourguignonne, à commencer par le chancelier de Philippe le Bon, qui a la gloire d'avoir commandé à Van Eyck la Vierge au donateur du Louvre, et à Rogier van der Weyden le Triptyque de Beaune.

Ce manuscrit, en nous amenant à prononcer le nom d'Alexandre Bening, nous conduit à un nouveau groupe de manuscrits flamands à miniatures. Il s'agit des productions de cette grande école ganto-brugeoise, qui naît dans les dernières années du XVe siècle et jette un si vif éclat avec les Bening et leurs rivaux, les Horebout, en produisant, entre autres œuvres capitales, le *Bréviaire Grimani*.

De maître Alexandre Bening lui-même, en laissant de côté la question relative aux *Heures de Rollin,* l'exposition de Madrid ne nous a rien offert, pas plus que l'Escurial ou la Biblioteca nacional. Mais je puis signaler, comme existant à Madrid, une belle miniature isolée du maître, sans doute enlevée à quelque

---

1. Ms. franç. 181 de la Bibl. nat. — On trouvera la reproduction d'une des belles grisailles de ce manuscrit dans notre travail sur *Alexandre Bening et les peintres du bréviaire Grimani*. Paris, 1891, gr. in-8° (extrait de la *Gazette des beaux-arts,* n°ˢ de mai et juillet 1891).

grand livre de dévotion, qui fait partie des si précieuses collections de M. le comte de Valencia [XXVIII]. Cette miniature figure le triomphe de l'Agneau. Le choix seul de ce sujet trahit chez l'habile miniaturiste ganto-brugeois l'influence de l'immortelle création des Van Eyck à Saint-Bavon.

Le fils d'Alexandre, Simon Bening, est au contraire, à notre avis[1], représenté à l'exposition, dans les vitrines de la Biblioteca nacional (sala XVIII, n° 113), par un délicieux bijou, un petit *Livre d'heures* rempli de miniatures de la plus exquise finesse [XXIX]. Tantôt ces peintures forment tableau principal au milieu de la page, tantôt elles se développent en bordures couvrant les marges. Toujours elles se distinguent par des qualités de charme et de délicatesse hors ligne. Rarement Simon Bening a été mieux inspiré et mieux servi par son remarquable talent d'exécution. On voudrait pouvoir connaître le premier possesseur de ce ravissant volume. Son chiffre, que l'on trouve sur les feuillets, consistait en deux I gothiques; il avait pour devise : Vostre demeure. C'était vraisemblablement quelque seigneur flamand. Toutes les rubriques du texte sont en langue française, de même au calendrier la liste des saints ; parmi ceux-ci, on doit noter comme trait local la mention de sainte Aldegonde. Ces diverses indications mettront peut-être un jour sur la voie de la solution cherchée. En dernier lieu, le livre d'heures peint par Simon Bening est venu de la Bibliothèque du chapitre de Tolède.

Du chef de la famille rivale des Bening, de Gérard Horebout, l'exposition de Madrid montre, suivant nous[2], une œuvre incontestable et d'une importance rare. Elle consiste en trois miniatures, ou, si l'on veut, en une triple miniature, de très grandes dimensions et de l'exécution la plus fine. Ce morceau est peint sur parchemin, avec la même technique et le même caractère que

1. Le rapprochement de ce livre d'heures avec la grande miniature du missel de Dixmude, laquelle est authentiquée par un texte d'archives, nous paraît ne laisser aucun doute sur la légitimité de notre attribution à Simon Bening.

2. L'attribution découle de la comparaison avec les miniatures de plusieurs manuscrits, dont les documents permettent de restituer la paternité à Gérard Horebout, tels que l'*Hortulus animæ* de Marguerite d'Autriche, de la Bibliothèque impériale de Vienne. La provenance du triptyque de l'Escurial n'est malheureusement pas connue. On suppose qu'il a dû venir à Philippe II, comme le manuscrit de l'*Apocalypse figurée*, en dernier lieu de la reine Marie de Hongrie, la nièce de Marguerite d'Autriche.

les miniatures placées dans les manuscrits. Mais l'artiste ne l'a pas exécuté en vue d'illustrer un volume. Il s'est proposé de faire un véritable tableau analogue aux peintures sur panneau ou sur toile. Son œuvre se présente en conséquence montée dans un cadre et formant triptyque à charnières (Expos., sala XVI, n° 173) [XXX]. Ce triptyque est en temps ordinaire conservé à l'Escurial, dans la chambre aux reliques. La partie centrale, la plus grande, montre saint Jérôme en prières, dans un paysage d'une profondeur et d'une variété de détails inouïes. Sur le volet de gauche est le départ de la Sainte-Famille pour l'Égypte ; sur celui de droite, saint Antoine de Padoue debout, portant sur un livre l'enfant Jésus[1]. On peut admirer également, dans ces deux volets, des fonds de paysage analogues à celui de la composition centrale.

L'inspiration, l'originalité de création et surtout l'émotion communicative manquent à parler franc dans cette œuvre de Horebout. Mais, comme habileté de main, comme fini et prodigieuse patience du pinceau, on ne peut rien voir de plus achevé en son genre.

Cette manière de constituer de vrais tableaux indépendants, avec des miniatures sur parchemin, fut plus d'une fois appliquée en Flandre. Et généralement c'est aux enlumineurs les plus habiles qu'on s'est adressé. A l'exposition même de Madrid, on en trouve un exemple remarquable dans un envoi de D. Luis de Ezpeleta. Il s'agit d'une grande miniature en hauteur, cintrée du haut, exécutée avec une science consommée de métier, dans une tonalité très douce et harmonieuse. Elle représente l'*Annonciation* (Expos., sala XX, n° 158) [XXXI].

Ce qui est tout à fait intéressant, c'est que cette *Annonciation* isolée est, pour la composition, exactement la même que l'on trouve, avec une échelle différente, dans le *Bréviaire Grimani*[2]. Ce sont deux épreuves d'un même modèle. En les comparant entre elles, l'avantage reste à la miniature de D. Luis de Ezpeleta. C'est à elle, si on voulait à toute force prononcer les mots relatifs d'original et de copie, que reviendrait le droit à la pre-

1. Le triptyque mesure, ouvert, 0m39 de haut sur 0m70 de large. Il a été photographié par Laurent, n° 1540.

2. Planche LXVI de la reproduction photographique du *Bréviaire Grimani*, par Perini.

mière désignation. Mais, à vrai dire, la miniature de l'exposition ne me paraît être, elle aussi, tout comme l'image du *Bréviaire,* qu'une répétition d'un type primordial restant encore à retrouver. Dans tous les cas, l'existence de cette composition de l'*Annonciation* sous forme de tableau séparé apporte un élément précieux pour la discussion critique des peintures du *Bréviaire Grimani* au point de vue de leur réelle valeur esthétique. On trouve là un argument nouveau à ajouter à bien d'autres pour avancer que, dans plusieurs de ses parties, le fameux *Bréviaire* n'est pas une création originale, mais une sorte d'album de copies, une collection d'imitations d'après des œuvres alors en vogue, prises un peu de côté et d'autre. Ainsi s'expliquent ces ressemblances que l'on a constatées entre certaines pages du *Bréviaire Grimani* et certains panneaux de l'école flamande. De ces ressemblances, il ne faut nullement conclure à l'identité de main. Telle image du *Bréviaire* peut dériver, par exemple, de tel tableau de Gérard David sans que pour cela ce soit Gérard David lui-même qui l'ait tracée dans le volume. L'auteur d'une copie n'est pas forcément l'auteur de l'original. C'est même généralement bien plutôt le contraire. Mais revenons à notre sujet en reprenant la série des manuscrits proprement dits.

Parmi les maîtres de l'école ganto-brugeoise autres que les Bening et les Horebout dont la personnalité s'est dérobée jusqu'ici à toutes nos tentatives de détermination, un des plus anciens et des plus dignes d'estime est un miniaturiste auquel on doit de charmantes illustrations dans un *Bréviaire* de notre Bibliothèque nationale (ms. latin 1314), et aussi, ce me semble, quelques-unes des images du très beau manuscrit de la Bibliothèque impériale de Vienne, appelé par M. de Chmelarz le « cousin du bréviaire Grimani[1]. » L'Escurial possède de ce maître une excellente série de miniatures dans un *Livre d'heures* de petit format, avec calendrier à l'usage de Bruxelles, passant pour avoir appartenu à Isabelle la Catholique (Escurial, iii, E, 2) [XXXII]. Nous avons si peu d'indications sur l'enlumineur en question que toute particularité pouvant le concerner devient intéressante. Il

---

1. Voir, sur ce manuscrit de Vienne, Eduard von Chmelarz, *Ein Verwandter des Breviarium Grimani,* dans le *Jahrbuch der kunsthistorischen Sammlungen des Allerhochsten Kaiserhauses,* t. IX, p. 429 (Annuaire des collections impériales d'Autriche).

n'est donc pas indifférent de noter dans le *Livre d'heures* de l'Escurial la présence d'une date. Dans la bordure qui accompagne la Résurrection de Lazare, on lit, écrit sur une banderole : « Respice finem. 1486. »

Dans le même groupe toujours, un *Livre d'heures* envoyé à l'exposition par les bibliothèques de l'Université centrale de Madrid (sala X, n° 18) [XXXIII] n'est qu'une production ordinaire dans le goût de l'atelier des Bening. Mais trois volumes de la bibliothèque de l'Escurial [XXXIV] doivent être tirés à part pour la beauté de leurs miniatures : un recueil de *Prières spéciales pour les navigateurs* (iii, E, 6), manuscrit composé et dédié à Charles-Quint, à qui il a été offert, par un certain « Robertus Gandensis » ; — un *Bréviaire* (iiii, H, 1) avec calendrier à l'usage d'Espagne, mais certainement fait en Flandre, de format petit in-8°, singulier par son extraordinaire épaisseur[1] ; — enfin un *Livre d'heures* ayant été à l'usage du roi Philippe III[2]. Dans ces deux derniers manuscrits, les miniatures se distinguent à la fois par la douceur et l'harmonie de leur coloris et par le caractère très réaliste et souvent vulgaire donné aux têtes des personnages. La réunion de ce double caractère marque en général les œuvres des artistes qui ont plutôt vécu et travaillé à Gand même.

D'une date plus récente que tous les manuscrits précédents, mais toujours antérieure à la seconde moitié du xvie siècle, est un *Livre de prières de l'empereur Charles-Quint,* exposé par D. Martial Lopez de Aragon (sala XX) [XXXV]. L'admirable exécution de ce manuscrit et surtout la beauté de dessin et la finesse de touche de ses miniatures en font encore une pièce du plus grand prix, sans parler de l'intérêt de sa provenance certaine. Dans une des peintures, Charles-Quint est représenté en grand costume impérial, priant à genoux sous la protection de son bon ange. Par la qualité d'art de toute la décoration, aussi bien que par son caractère où perce, sous la fidélité aux vieilles traditions, la tendance vers le style dit de la Renaissance, ce livre d'heures est une sorte de pendant des admirables *Heures*

---

1. Ce bréviaire est trois fois plus épais qu'il n'est haut. Ses feuillets sont au nombre, relativement énorme pour un seul tome, de 1645, soit près de 3,300 pages.

2. L'une des miniatures des Heures de Philippe III a été photographiée par Laurent, n° 643.

de l'empereur Ferdinand, dans l'ancienne collection d'Ambras, aujourd'hui au Musée impérial de Vienne.

Les *Heures de Charles-Quint* sont dignes de clore la série qui s'ouvre par les *Heures de la reine Jeanne Henriquez.* Nous nous y arrêterons, nous bornant à mentionner pour mémoire un petit *Recueil de prières,* dans le goût des manuscrits de Jarry, copié à Bruxelles en 1667 (coll. de M. Villa-amil, Expos., sala XXII, n° 239) [XXXVI].

III.

MANUSCRITS D'ORIGINE ESPAGNOLE.

En tête de la série des manuscrits à peintures exécutés en Espagne[1], il faut placer, tant pour leur date reculée que pour l'importance de leur illustration, avec les deux recueils de canons de l'Escurial, dont nous parlerons plus loin, les plus anciens exemplaires du fameux *Commentaire de saint Beatus sur l'Apocalypse.* Le mémoire magistral que M. Léopold Delisle, venant après MM. d'Avezac et Ambroise Firmin-Didot, a consacré à cette catégorie de manuscrits[2] nous dispense d'insister longuement à leur égard. On sait quel est l'intérêt de ces volumes,

---

1. On s'accorde généralement à considérer comme le plus ancien monument de l'art de l'enluminure, existant aujourd'hui en Espagne, une image du Christ en croix, placée au canon d'un missel de San Millan de la Cogolla, qui fait partie de la bibliothèque de la Real Academia de la Historia. Dans cette image, grossièrement dessinée au trait avec quelques touches de couleur, le Christ est placé entre la Vierge et saint Jean debout, et, dans le haut, accompagné de deux figures en buste dans des médaillons personnifiant le soleil et la lune (voir la reproduction dans le tome III, p. 65, du *Museo español de Antiguedades*). D. J. Amador de los Rios fait remonter cette image au VIIIe siècle (*Museo,* t. III, p. 11), Eguren jusqu'au VIIe (*Memoria de los codices,* p. 54). Il nous semble que, malgré son caractère d'archaïsme barbare très prononcé, on pourrait être tout aussi bien autorisé à la dater seulement du IXe siècle (cf. le Père Tailhan, dans les *Nouveaux mélanges d'archéologie. Bibliothèques,* du P. Cahier, p. 312, note 8).

M. Samuel Berger veut bien me signaler comme un des plus anciens et des plus précieux manuscrits à peintures en caractères wisigothiques la grande Bible de San Isidro de Léon, datée de 960 de l'ère chrétienne (cf. sur ce manuscrit Eguren, p. 47).

2. *Les manuscrits de l'Apocalypse de Beatus conservés à la Bibliothèque nationale et dans le cabinet de M. Didot,* pages 117-148 des *Mélanges de paléographie et de bibliographie* (Paris, 1880, in-8°).

où les visions de l'apôtre sont, non seulement commentées par le texte, mais placées sous les yeux du lecteur dans une suite nombreuse de grandes peintures, couvrant souvent une page entière ou même deux pages en regard, de format in-folio. On sait aussi que, si ces manuscrits sont généralement spéciaux à l'Espagne, un des plus beaux cependant vient du monastère de Saint-Sever en Gascogne[1].

De tous les exemplaires du commentaire de Beatus dont M. Delisle a dressé la liste, le plus ancien à date certaine qui soit resté en Espagne est celui de la cathédrale de Gerona. Ce précieux volume a été envoyé à l'exposition (sala VIII, n° 92) [XXXVII]. Il est daté de l'an 1013 de l'ère d'Espagne, soit 975 de l'ère chrétienne. Non seulement il porte la signature du scribe, le prêtre « Senior », qui a exécuté la copie sur l'ordre d'un certain abbé « Dominicus », mais encore le nom du peintre des images est indiqué dans une note finale, et, circonstance curieuse, ce peintre se trouve être une femme : « Ende pintrix[2]. »

La présence du manuscrit de Gerona à l'exposition rend possible une très intéressante comparaison avec deux autres exemplaires du même ouvrage que l'on peut en tout temps étudier à Madrid [XXXVIII]. L'un vient du monastère de San-Millan de la Cogolla. Il appartient aujourd'hui à l'Académie royale d'histoire de Madrid. On lui assigne pour date le xe siècle. L'autre est à la Biblioteca nacional, provenant de l'antique basilique de San Juan Bautista de Léon, devenue la collégiale de San Isidro[3], puis du marquis de Mondexar. Il porte la signature du copiste : « Facundus scripsit », et la date de 1085 de l'ère d'Espagne, correspondant à 1047 de Jésus-Christ[4]. Sauf pour de menus pro-

1. Ms. lat. 8878 de la Bibliothèque nationale.
2. Un prêtre nommé Emeterius a également contribué à l'exécution du volume. Toutes ces indications résultent des notes inscrites à la fin du volume : « Senior presbiter scripcit. Dominicus abba liber fieri precepit. Ende pintrix et Dei ajutrix. Frater Emeterius fecit presbiter. Inveni portum volumine vii[a] [?] nonas julias... discurrente era millesima XIII[a]. »
Sur ce manuscrit, voir le mémoire déjà cité de M. Delisle, p. 124, et D. J. Amador de los Rios, dans le *Museo español de Antiguedades*, t. III, p. 13.
3. Dans ce manuscrit une inscription disposée dans un « labyrinthe » ou carré magique donne les noms du premier roi de Castille, D. Fernando le Grand, et de sa femme, Doña Urraca. On pense que ce sont ces souverains qui ont dû donner le volume à l'antique basilique de Léon.
4. Sur le *Beatus* de la Real Academia de la Historia, voir le mémoire de

cédés de facture, ces trois manuscrits, espacés entre eux de trois quarts de siècle environ, présentent d'une manière générale une grande ressemblance.

On relève dans leurs images d'intéressantes particularités d'origine bien locale. L'arc outrepassé, en fer à cheval, s'y rencontre perpétuellement, non seulement dans l'ornementation, ce qui n'aurait pas grande portée[1], mais employé d'une manière constante pour la figuration des architectures de monuments. Les constructions représentées sont donc de style arabe ou du moins hispano-arabe. D'autres souvenirs rappellent également les conquérants musulmans de l'Espagne. Les cavaliers, dans l'*Apocalypse,* n'ont rien, ni dans le costume, ni dans l'armement, de nos guerriers de l'époque chevaleresque. Au contraire, ils sont toujours montés à la manière arabe, « á la jineta », sur des selles très hautes. Arabes aussi sont les harnachements; on y voit pendre des ornements de métal qui ont la forme du croissant.

Tous ces traits originaux disparaissent dans les manuscrits de *Beatus,* d'une époque plus récente. On ne les retrouve pas non plus dans l'*Apocalypse de Saint-Sever,* bien que, pour l'ensemble général de la composition, les images de ces exemplaires dérivent encore des mêmes prototypes que ceux de Gerona et de Madrid.

Disons de suite qu'une de ces copies, de date moins reculée, figure à l'exposition. Elle appartient à la cathédrale d'Osma (sala IX, n° 60) [XXXIX]. Cette copie n'est pas citée dans la liste de M. Delisle. On peut la considérer comme étant des dernières années du XIe siècle, ou plutôt du XIIe. Elle porte à la fin la souscription du scribe : « Martini peccatoris memento », et a peut-être été exécutée à Tolède[2]. Les images, moins intéressantes

M. Delisle, p. 126; Eguren, p. 49; Amador de los Rios, *loc. cit.,* p. 13; Ewald, p. 333; Hartel, p. 511. — Sur celui de la Biblioteca nacional : M. Delisle, p. 130; Eguren, p. 50; Amador de los Rios, *loc. cit.,* p. 15; Knust, p. 774; Hartel, p. 380.

1. On retrouve en effet l'arc en fer à cheval, employé comme motif, dans la décoration de manuscrits qui n'ont rien à voir avec l'Espagne; par exemple dans des volumes se rattachant à la même école que la seconde Bible de Charles le Chauve, exécutés, par conséquent, au IXe siècle dans un pays au nord de la France.

2. Je déduis cette hypothèse de l'importance relative donnée, dans la mappemonde du manuscrit d'Osma, au petit monument qui figure la ville de Tolède. De même, dans l'*Apocalypse de Saint-Sever,* on voit l'église de la modeste

de détail, sont aussi beaucoup moins nombreuses dans ce volume.

Sur le même rang que les plus anciens manuscrits du *Commentaire de Beatus* viennent se placer deux célèbres recueils de canons de la bibliothèque de l'Escurial : le *Codex Vigilanus* et le *Codex Emilianus* ou *Emilianensis* [XL].

Le *Codex Vigilanus* ou *Codex Albeldensis* (coté i, D, 2) est un recueil de 421 feuillets grand format renfermant les actes des conciles, puis des décrétales des papes, le traité de saint Isidore sur la foi catholique, la très ancienne chronique dite d'Albelda, enfin l'antique code du *Forum judicum* (Fuero Juzgo). Il tire sa désignation de Vigila, moine du monastère de Saint-Martin d'Albelda, qui a exécuté le volume avec l'aide d'un compagnon, le prêtre Sarracinus, et d'un élève appelé Garcia[1]. L'œuvre commune de Vigila, de Sarracinus et de Garcia fut achevée en 1014 de l'ère d'Espagne, 976 de Jésus-Christ. Le nom du premier possesseur se trouve indiqué vers le commencement par une inscription disposée en « labyrinthe » ou carré magique[2] : « Maurelli abbatis librum. »

Ce gros volume est enrichi d'illustrations très nombreuses, d'une exécution barbare, mais d'un vif intérêt. En tête se trouvent des pages décoratives, où l'on voit notamment la fameuse croix pattée ou croix des anges d'Oviédo, une grande figure du Christ assis entre l'Alpha et l'Oméga, Adam et Ève dans le Paradis[3], une mappemonde, une rose des vents. Viennent ensuite des compositions ayant un caractère historique, représentant des tenues de conciles ou les figures des pontifes dont émanent les actes du texte. L'une d'elles, relative au concile de Tolède, couvre toute la surface d'un feuillet (fol. 142). En haut se déroulent les murs de Tolède, d'une architecture très curieuse; dans le bas sont des tentes avec des ornements suspendus, la croix pattée, l'A et l'Ω. La plus intéressante de toutes les images est

petite cité gasconne où le manuscrit a été fait indiquée sur la carte presque aussi grosse que Rome et Jérusalem.

1. « Vigila scriba, cum sodale Sarracino presbytero, pariterque cum Garsea discipulo suo edidit hunc librum » (inscription placée en marge auprès de leurs portraits dans la dernière page peinte du volume).

2. C'est-à-dire que, sur une page couverte de lettres, l'inscription peut se lire dans tous les sens en partant de la lettre centrale.

3. L'Alpha est au-dessus du Christ et l'Oméga sous ses pieds. Cette figure du Christ a été photographiée, avec l' « Adam et Ève dans le paradis » qui lui fait face, sur un même cliché, par Laurent.

celle, également à pleine page, de la fin du volume, au folio 420. Elle contient les figures de neuf personnages debout dans autant de compartiments rectangulaires juxtaposés trois par trois. Dans la rangée du haut sont les rois goths Chindasvinte, Recesvinte et Egica, placés là comme auteurs principaux du *Forum judicum*[1]. Viennent ensuite la reine Urraca et les rois D. Sanche et D. Ramire, sous le règne desquels le *Codex Vigilanus* lui-même a été exécuté[2]. Enfin, dans la rangée d'en bas, le scribe Vigila est au milieu, ayant à sa droite son collaborateur Sarracinus et à sa gauche son disciple Garcia, tous les trois debout[3].

Le *Codex Emilianensis* (coté I d 1) est ainsi nommé à cause de son origine, parce qu'il provient du monastère de San Millan de la Cogolla. C'est un recueil absolument du même genre que le *Codex Vigilanus,* ou plutôt c'en est, à beaucoup d'égards, une véritable imitation. Il a été commencé en 1014 de l'ère d'Espagne, 976 de Jésus-Christ, l'année, par conséquent, où le *Codex Vigilanus* fut terminé. L'exécution, sous la haute direction de l'évêque Sisebutus, par le scribe Velasco, prêtre, et son élève Sisebutus[4], qualifié de « notarius », ne dura pas moins de seize ans, jusqu'en 1030 de l'ère, 992 de J.-C. Et cependant la partie de décoration n'a pas été entièrement achevée. Assez souvent, les images sont simplement esquissées d'un trait léger. L'illustration, dans son ensemble, rappelle tout à fait celle du *Codex Vigilanus,* mais avec un caractère d'inexpérience encore bien plus accentué, quant au dessin et au coloris[5].

Le *Codex Emilianensis* se termine également par une page de neuf portraits en trois rangées. Dans les deux rangées du haut, les personnages sont les mêmes que dans le *Codex Vigilanus.* Dans celle du bas, on voit au milieu l'évêque « Sisebutus ēps » assis sur un fauteuil, étendant une main en avant et paraissant

1. « Hii sunt reges qui abtaverunt librum judicum. »

2. « In tempore horum regum et regine perfectum est opus libri hujus, discurrente era TXIIIIª. »

3. Cette page et celle du concile de Tolède sont reproduites en couleur dans deux planches du *Museo español de Antiguedades,* t. III, accompagnant l'article mentionné ci-dessous de D. José Fernandez Montaña.

4. « Sisebutus episcopus cum scriba Belasco presbitero, pariterque cum Sisebuto discipulo suo, edidit hunc librum. »

5. Ainsi, dans le *Vigilanus,* les carnations des personnages sont peintes en tons naturels ; dans l'*Emilianensis,* elles sont laissées en blanc, les contours seuls des têtes étant indiqués.

donner des instructions ; à droite et à gauche sont « Belasco scriba »
et « Sisebutus notarius », tous deux debout, tenant dans leurs
mains un instrument à écrire, style ou plume, et une sorte de
palette rectangulaire munie d'un manche[1].

Ces deux *Codices* de l'Escurial sont, à la vérité, au point de
vue des illustrations, surtout l'*Emilianensis*, d'un art bien
incertain encore et presque voisin de la barbarie. Le rendu des
têtes est enfantin ; des yeux gigantesques mangent une partie du
visage ; les extrémités, les mains surtout, sont démesurées. Mais
sous cette inexpérience se cachent une saveur de sincérité et une
certaine audace naïve à aborder des compositions relativement
compliquées. Le caractère historique de beaucoup de ces images
leur donne d'ailleurs un intérêt particulier. Si bien que les œuvres
de ces enlumineurs de la vieille Espagne chrétienne, au temps où
elle commençait à peine à reprendre l'avantage contre l'étreinte
de l'invasion arabe, doivent être placées peut-être, malgré tous
leurs défauts, au-dessus de beaucoup de miniatures de la même
époque, celles exécutées en Allemagne, par exemple, d'une technique bien plus savante, mais qui ne font que copier, plus ou
moins bien et sans originalité, des modèles byzantins ou carolingiens.

Les volumes dont nous venons de parler, les plus anciens exemplaires du *Commentaire de Beatus* et les recueils de canons,
rentrent dans la catégorie des manuscrits qu'on peut appeler,
d'après le nom donné au caractère de l'écriture employée alors en
Espagne, les manuscrits wisigothiques.

Vers la fin du xıe siècle, surtout après la prise de Tolède (1085),
une sorte de révolution s'accomplit, en ce qui concerne les manuscrits, dans la péninsule ibérique. Elle résulte de l'introduction,
de plus en plus accentuée, d'un nouvel élément venant de France,
qui finit par détruire l'ancienne lettre wisigothique en la remplaçant par la lettre française. Cette révolution a ses causes historiques. C'est d'abord l'arrivée, sous Ferdinand le Grand, et l'installation en Espagne des moines de Cluny. C'est surtout, sous
Alphonse VI, à la suite de la conquête de Tolède, l'influence de

---

1. Sur le *Codex Vigilanus* et le *Codex Emilianensis*, consulter : D. José
Fernandez Montaña, *El codice Albeldense ó Vigilano*, au tome III du *Museo
español*, p. 509-544 ; Eguren, p. 70-74 ; Knust, p. 184-812 ; le P. Tailhan, p. 310 ;
D. J. Amador de los Rios, dans le *Museo*, t. III, p. 13-14 ; Ewald, p. 236-241 ;
Hartel, p. 43.

la reine Constance de Bourgogne et de Bernard, le nouvel archevêque de Tolède, tous deux Français de naissance[1].

Cependant, si l'écriture change, la miniature dans les manuscrits espagnols conserve longtemps un caractère original, moins tranché qu'aux époques antérieures et qui va en s'affaiblissant, mais encore très sensible. Nous pouvons citer à cet égard, comme figurant à l'exposition de Madrid, sans reparler du *Beatus* d'Osma :

Une *Bible* de très grand format, venant d'Avila, appartenant à la Biblioteca nacional (sala XVIII, n° 98) [XLI]. L'écriture paraît du XIe siècle. La décoration, dans les initiales, les encadrements, se rattache encore à la tradition du style dérivé de l'anglo-saxon, tel qu'on le trouve à l'époque carolingienne. Un jaune éclatant en est la note principale. Plusieurs lettres historiées contiennent des figures de personnages. En outre, trois feuillets au milieu du volume (fol. 123-125) sont entièrement remplis, sur leurs deux faces, par des scènes de la vie de Notre-Seigneur dessinées au trait et rehaussées d'un coloris violent où domine le vermillon[2]. Ces images barbares, mais très curieuses, rappellent beaucoup, quant au dessin, les illustrations de la fameuse Bible de Noailles, qui au XIIe siècle appartenait à l'abbaye de Saint-Pierre-de-Rosas, en Catalogne[3].

Un exemplaire des *Morales de saint Grégoire*, grand in-folio, exposé par le chapitre métropolitain de Saragosse (sala X, 1[a] parte, n° 40) [XLII]. En regard du début du livre, toute une page est occupée par une grande image de saint Grégoire assis, dictant à un scribe. Les figures sont placées sous une construction très compliquée, où intervient l'arc outrepassé. A la gauche se dresse un grand mât reposant sur un piédestal formé de deux lions accroupis, peints en rouge, d'aspect tout à fait arabe[4].

---

1. Ce point a été parfaitement mis en lumière par J.-M. de Eguren, *Memoria de los codices notables*, p. 68 et suiv.

2. Les autres couleurs sont : le brun rouge, le bleu gris, le jaune et le gros vert. Les cheveux sont peints en brun rouge, parfois en bleu. Une plaque de vermillon marque les carnations dans les visages d'hommes.

3. Bibl. nat., ms. lat. 6.

4. Il y a une comparaison intéressante à faire entre cette image de saint Grégoire, du manuscrit de Saragosse, et une autre analogue, également de grandes dimensions, à peu près du même temps, mais exécutée en Flandre, qui se trouve en tête du manuscrit latin 2287 de la Bibliothèque nationale. Rien ne peut mieux faire sentir le côté original, dans les détails, de l'enluminure espagnole avant le XIIIe siècle.

Un *Commentaire de la sainte Écriture*, venant du monastère del Paular, aujourd'hui au Museo Arqueologico nacional (Expos., sala XII, n° 182) [XLIII], également de format in-folio, à rapprocher encore de la série des exemplaires de Beatus[1]. Dans ses images, d'un dessin ferme, l'armement des guerriers avec heaumes coniques à nazal et cottes de mailles est devenu le costume chevaleresque tel qu'on le portait vers l'an 1200.

Vers le milieu du XIIIe siècle se place un très intéressant livret de 40 feuillets, petit in-4° : « Notule de principatu, nobilitate et dominio Ecclesie Toletane, » autrefois dans la bibliothèque du chapitre de Tolède, passé depuis à la Biblioteca nacional (Expos., sala XVIII, n° 115) [XLIV]. Ce livret contient les actes des conciles de Tolède et des extraits des bulles des papes, relatifs à la primatie du siège de Tolède. Il a été écrit à Tolède en 1253, la première année du règne d'Alphonse le Sage[2]. Il est orné de petits dessins sans prétention, mais exécutés d'une plume assez vive. Les dessins représentent les tenues des conciles de Tolède et les pontifes auteurs des bulles. Ils sont, à travers les âges et sous la réserve de l'extrême différence des styles, comme un écho lointain des compositions du même genre dans les vieux *Codices* de l'Escurial.

Franchissons encore vingt ou trente ans et nous arrivons à un manuscrit qui est véritablement la merveille de l'enluminure en Espagne : le livre des Cantiques et des louanges de la sainte Vierge, composé par le roi Alphonse X, le Sage, *las Cantigas del rey Sabio* [XLV]. La bibliothèque de l'Escurial possède deux exemplaires des *Cantigas*, tous deux contemporains du règne d'Alphonse X et enrichis de miniatures. Ils auraient, croit-on, été légués jadis par le monarque-auteur à la cathédrale de Séville. Ces exemplaires portent les cotes i b 2 et i t 1. Le premier, le moins beau quoique déjà très remarquable, écrit par un certain Juan Gonzalez, montre dans une de ses miniatures, de dimensions plus importantes, le roi Alphonse le Sage entouré de ses chanteurs et de ses musiciens[3], et, dans ses autres images,

---

1. Sur ce manuscrit, voir Hartel, p. 534.
2. Voir Ewald, p. 319.
3. Cette page charmante est reproduite en réduction dans Juan F. Riaño, *Critical and bibliographical Notes on early Spanish Music* (Londres, 1887, in-8°), fig. 27.

des joueurs d'instruments divers. Le second exemplaire est le merveilleux volume envoyé à l'exposition (sala XVI, n° 175) dont nous avons surtout à parler ici.

Suivant l'opinion motivée de D. José Amador de los Rios, ce manuscrit, de grand format, a dû être exécuté à Séville entre 1275 et 1284[1]. Un seul chiffre donnera l'idée de sa richesse au point de vue de l'illustration. Celle-ci, dans l'état actuel[2], ne comporte pas moins de 1,226 tableaux différents ; et non pas de ces tableaux de genre banal, avec cinq ou six personnages au plus, comme ceux par exemple des bibles historiées jusqu'à la fin du XIVe siècle encore, mais des compositions développées, d'une incroyable variété, où se pressent souvent de nombreux acteurs, pleines de vie, d'animation et d'esprit. Deux de ces tableaux, en tête du volume, disposés en largeur, n'occupent en hauteur qu'une partie de feuillet. Ils représentent Alphonse le Sage, tel qu'on le voit aussi dans la grande miniature du premier exemplaire des *Cantigas*. Les autres tableaux sont réunis six par six, sur deux colonnes de trois chacune, couvrant entièrement 204 pages[3].

L'exécution de ces miniatures est d'une légèreté charmante, présentant un aspect d'aquarelle aux tonalités gaies et harmonieuses. Sur un fond très peu teinté, les figures s'enlèvent d'un dessin fin, dans l'excellent style du XIIIe siècle, avec des attitudes très justes, des mouvements pleins de naturel. Le nu même, chose rare pour l'époque, dénote une certaine science relative. Et quel souci du détail ! quelle amusante exactitude dans le rendu de tous les accessoires : costumes, armes, instruments de musique,

---

1. D. José Amador de los Rios, *Codice de los cantares y loores de Santa Maria, conoscido bajo el titulo de las Cantigas del rey Sabio,* dans le tome III du *Museo español de Antiguedades,* p. 1-41.

2. Le manuscrit est aujourd'hui incomplet d'un certain nombre de feuillets. Le total des miniatures devait, par conséquent, être sensiblement plus élevé encore à l'origine.

3. Voici, d'après l'article de D. J. Amador de los Rios, quelques chiffres exacts. Les feuillets, dans le manuscrit des *Cantigas,* mesurent 0^m485 de haut sur 0^m330 de large. Les deux miniatures isolées, en tête, ont respectivement 0^m123 et 0^m107 de haut sur une même largeur de 0^m251. Dans le reste du volume, les groupes de six tableaux réunis couvrent une surface de 0^m335 sur 0^m233. Enfin, chaque tableau pris à part a 0^m099 sur 0^m094. Les deux colonnes de tableaux sont entourées et séparées verticalement par une bordure en forme de ruban, présentant l'aspect d'une sorte de mosaïque d'or et de couleurs, où des fleurons et des rosaces alternent avec les blasons de Castille et de Léon.

navires[1], orfèvrerie, meubles, objets d'art, tableaux mêmes, rétables, autels, etc.! L'archéologue et l'historien trouvent là le champ le plus riche. Une particularité locale achève de donner un intérêt exceptionnel aux compositions. Dans celles-ci, un rôle important est souvent réservé à l'ennemi héréditaire, à ces Maures qui, si récemment encore, occupaient Séville[2] et qui détiennent encore Grenade. Ce n'est pas seulement l'Espagne chrétienne et conquérante de saint Ferdinand et d'Alphonse le Sage qui défile devant nous, c'est aussi l'Espagne arabe, l'Espagne de l'Alhambra et de la Mosquée de Cordoue[3].

Les *Cantigas* ne sont pas la seule œuvre du roi Alphonse le Sage. On sait qu'il avait également composé un ouvrage d'astronomie, les « Tables Alphonsines », et un traité sur les jeux des échecs et des dés.

Un exemplaire du premier de ces écrits : *Los libros del saber de Astronomia*[4], a été envoyé à l'exposition par les bibliothèques de l'Université centrale de Madrid, Faculté de droit (sala X, n° 23) [XLVI]. Cet exemplaire, orné de figures astronomiques, passe pour être un original du temps de l'auteur. Il vient de la bibliothèque d'Alcala de Henarez (b. Complutense).

Quant au second : *Los libros del ajedrez, de los dados y de las tablas*, l'Escurial en possède un beau manuscrit, terminé à Séville en 1283 [XLVII] avec de nombreuses images de grande dimension[5].

A l'Escurial se trouvent aussi deux beaux volumes à peintures

1. A cet égard, les *Cantigas* ont fourni à un officier de la marine espagnole, D. F. Javier de Salas, la matière de tout un mémoire d'archéologie navale : *Hallazgo de la Nave y galera del siglo XIII*, inséré au tome VI du *Museo*, p. 48-58.

2. C'est en 1248 que Séville fut reprise sur les Maures par Ferdinand III le Saint.

3. Une luxueuse édition des *Cantigas* a été publiée par la Real Academia Española, avec préface et glossaire du marquis de Valmar (Madrid, Luis Aguado, 1889). Elle est accompagnée de planches de fac-similés en couleurs, exactes, mais un peu trop crues de ton. — Voir aussi les gravures données par Riaño, *Notes on early Spanish Music*, fig. 40-51.

4. *Los libros del Saber de Astronomia* ont été publiés, avec planches de chromos, par l'Academia de ciencias fisicas y naturales (1863-1867).

5. Voir sur ce manuscrit : D. Florencio Janer, *Los libros del ajedrez, de los dados y de las tablas, codice de la bibl. del Escorial, mandado escribir por D. Alfonso el Sabio,* dans le tome III, p. 225, du *Museo*. — Cf. Riaño, *Notes on early Spanish Music*, p. 122.

qui permettent de suivre l'histoire de l'enluminure en Espagne pendant le XIVe siècle [XLVIII] : le *Codice de la coronacion*, manuscrit non entièrement terminé quant à l'illustration, avec des représentations de cérémonies, de cortèges royaux, etc.; et l'*Historia Troyana*, imitation libre en espagnol de notre *Roman de Troie* de Benoît de Sainte-Maure, exécutée pour le roi Don Pedro de Castille (Pierre le Cruel)[1].

Citons encore, de la même période, au point de vue de la décoration [XLIX], une jolie *Bible* de format réduit, imitation, avec une gamme de coloris plus claire et plus éclatante dans les lettres historiées, des petites Bibles françaises du XIIIe et du XIVe siècle[2], exposée par la bibliothèque provinciale de Burgos (sala X, n° 404), et un exemplaire in-folio de l'*Historia scolastica* de Pierre le Mangeur, venant d'Aragon, à la Biblioteca nacional (Expos., sala XVIII, n° 118), muni d'un grand frontispice en or et couleurs, brillant mais lourd[3].

Le classement par ordre géographique présente cet inconvénient d'amener parfois à des cas embarrassants. On doit placer sans hésitation dans la catégorie des manuscrits espagnols les très précieux écrits historiques en langue vulgaire de Don fray Johan Ferrandez de Heredia, grand maître de l'ordre de Saint-Jean de Jérusalem [L], consistant en plusieurs gros volumes in-folio, passés de la bibliothèque du duc d'Osuna à la Biblioteca nacional[4]. Mais il faut remarquer que l'un des plus importants, la première partie de *la Grant cronica de Espanya* (Expos., sala XVIII, n° 209), a été achevé de copier, le 13 janvier 1385, à Avignon. Il est vrai que le copiste était un compatriote de l'auteur, Alvar Perez de Sevilla, chanoine de Jaen[5]. D'autre part, ces volumes sont ornés de grandes lettres historiées avec des personnages vus en buste. Or, ces illustrations révèlent la main de ces enlumineurs comme il en travaillait alors à Avignon, dont

1. Sur ces deux manuscrits, consulter les deux monographies accompagnées de planches de reproductions de D. Francisco Maria Tubino, dans le *Museo español*, t. V, p. 43 et 187.

2. Cette jolie Bible pourrait tout aussi bien peut-être avoir été exécutée dans le midi de la France ou du côté d'Avignon.

3. Ce manuscrit est inachevé quant à l'ornementation.

4. M. Morel-Fatio a extrait de ces manuscrits de Ferrandez de Heredia la *Chronique de Morée aux XIIIe et XIVe siècles,* publiée pour la Société de l'Orient latin. Genève, 1885.

5. Voir le texte de l'*explicit* de ce volume dans Morel-Fatio, *op. cit.*, p. 25.

les œuvres sont tout à fait dans le style italien. L'Espagne n'est donc pas seule à avoir des droits sur les manuscrits en question.

Les figures en buste ainsi placées dans les initiales ont la prétention d'être des portraits historiques. La plus intéressante est celle de Ferrandez de Heredia lui-même, répétée en tête de plusieurs ouvrages et qui paraît authentique. On peut citer aussi l'effigie d'Alphonse le Sage, représenté en empereur, avec l'apparence d'un Charlemagne, à grande barbe blanche sous la couronne impériale.

Plus on avance, à partir de la fin du XIIIᵉ siècle, dans l'examen des manuscrits espagnols à peintures, plus on voit s'accentuer, comme un trait général, une tendance à se tourner vers l'art du dehors et à emprunter des modèles à l'étranger pour les imiter parfois presque jusqu'à la copie. Des influences diverses se succèdent alors en Espagne en luttant parfois entre elles. C'est d'abord celle de la France qui domine.

Cette influence française, en ce qui concerne la décoration, est très sensible, avant le milieu du XIVᵉ siècle [LI], dans un exemplaire des *Etymologies d'Isidore* exposé par le chapitre métropolitain de Saragosse (sala X, 1ª parte, nº 51) et dans un *Pontifical romain* provenant du chapitre de Tolède, à la Biblioteca nacional (sala XVIII, nº 102).

On la retrouve non moins accentuée pour une période un peu plus récente [LII] dans un *bréviaire* de la bibliothèque de l'Escurial (iii, A, 3) et surtout dans trois *missels* des archives de la couronne d'Aragon (Expos., sala X, nᵒˢ 222, 223 et 225). Ces trois missels sont particulièrement caractéristiques à cet égard. Les grandes images du calvaire, qui décorent le canon dans chacun d'eux, sont la copie des images correspondantes qu'offrent les missels parisiens du temps de Charles VI. Une observation analogue peut être formulée sur un autre *missel,* d'ailleurs fort grossier d'exécution, du XVᵉ siècle, exposé par le Colegio de Escuelas pias de San Fernando (sala V, nº 120).

Comme il arrive en général, les imitateurs sont souvent en retard sur leurs modèles. Ils paraissent dans certains cas s'être inspirés de prototypes déjà vieux de quelque cinquante ou soixante ans. Ainsi un exemplaire du *Breviari d'Amor* de Matfre Ermengaud de Béziers[1], à la Biblioteca nacional (Expos., sala XVIII,

---

1. Suivant une note mise au commencement du livre, ce manuscrit a appartenu à D. Gaspar Galcerán de Gurrea, comte de Guimerá.

n° 217) [LIII], est orné de dessins qui, à première vue, rappellent absolument les illustrations analogues de certains manuscrits français de la première moitié du xive siècle. A en juger uniquement par le style des images, il n'y aurait presque pas de différence d'âge entre ce volume et une autre belle copie du *Breviari d'Amor* que possède la bibliothèque de l'Escurial[1]. Et cependant, tandis que l'exemplaire de l'Escurial est du commencement du xive siècle, celui de la Biblioteca nacional a été achevé à Valence seulement le 11 octobre 1426.

Bien des raisons pourraient expliquer l'introduction et la persistance de cette influence française en Espagne. L'une d'elles est que des Français ont été certainement s'établir de l'autre côté des Pyrénées, jusque dans le sud de la Péninsule, pour y gagner leur vie à exécuter des livres de luxe. L'exposition de Madrid en fournit une preuve bien intéressante. Il s'agit d'un très bel exemplaire en cinq gros volumes, richement décorés, du *Commentaire sur la Bible* de Nicolas de Lyre, appartenant à la bibliothèque universitaire de Séville (Expos., sala X, 2ª parte, n° 204) [LIV]. Cet exemplaire a été copié à Séville pour D. Pedro Afan de Ribera, archidiacre de Cornado, de 1435 à 1437, par deux de nos compatriotes, Pierre de France, ou le Français (Gallicus), et Jacques de Paris, qui n'ont pas manqué de faire sonner leur nationalité dans leurs signatures à la fin des volumes[2].

Il reste toutefois en Espagne, dans la première moitié du xve siècle, des enlumineurs conservant leur originalité personnelle et sachant tirer de leur propre fond des œuvres remar-

1. Cet exemplaire de l'Escurial, de format in-folio, à deux colonnes, est orné de miniatures, parfois réunies à plusieurs sur la même page, d'une exécution plate et sans valeur d'art, dans le style du midi de la France au début du xive siècle. Consulter sur lui : D. José Fernandez Montaña, *El Breviario de Amor*, dans le *Museo español de Antiguedades*, t. VI, p. 377-394. Ce volume présente, au point de vue matériel, une très grande analogie avec trois des exemplaires du même ouvrage que possède notre Bibliothèque nationale, mss. fr. 857, 858 et 9219. Il est très probable que ces quatre copies doivent sortir d'un même atelier de librairie.

Les deux manuscrits de l'Escurial et de Madrid ne sont pas cités dans les prolégomènes de l'édition du *Breviari d'Amor* donnée par M. Azaïs.

2. A la fin du tome Ier, avec la date de 1436 : « Petrus Gallicus scripsit. » — Tome II : « Istud volumen scripsit Petrus de Francia, ad mandatum P. Afan de Ribera archidiaconi de Cornado, anno Domini millesimo quadragentesimo tricesimo quinto. » — Tome III : « Completum est oc opusculum anno Domini millesimo CCCC° XXXVII°, in vigilia beati Thome de Aquino, per Jacobum Parisiensem, in civitate Ispalensi, ad mandatum Petri Afan de Ribera. »

quables. Dans le *Nicolas de Lyre* d'Afan de Ribera même, si la copie est due à des mains françaises, tout le travail de décoration assez développé, d'un dessin ferme et d'une superbe couleur, n'a rien d'un pastiche et nous apparaît comme la création indépendante de miniaturistes purement espagnols.

Sous le même rapport, il faut surtout citer un superbe *Missel à l'usage de Barcelone*, exposé par le chapitre de la cathédrale de cette cité (sala VIII, n° 73) [LV]. Sur les marges de la première page du volume, une composition à nombreux personnages, représentant le Jugement dernier, est disposée comme une bordure entourant le texte. Cette composition, d'un très beau caractère, peut être admirée comme l'œuvre d'un maître dans toute la force du terme.

Certains manuscrits échappent aussi au reproche d'être des copies ou des imitations, en ce qui concerne leurs images, mais à cause de l'absolue nullité même de ces images sous le rapport de l'art. Les volumes en question sont de ceux qui renferment des textes en langue vulgaire, délassements de grands seigneurs, intéressants pour l'histoire de la littérature espagnole. Ils appartiennent à la Biblioteca nacional [LVI]. L'un, venant de la bibliothèque d'Osuna, est la traduction des *Morales de saint Grégoire sur Job* par le chancelier D. Pedro Lopez de Ayala (Expos., sala XVIII, n° 119); l'autre, la traduction des *Décades de Tite Live* par D. Rodrigo Alfonso Pimentel, comte de Benavente, portant la date de 1439 (*Ibid.*, n° 129). Les deux volumes sont, je n'ose pas dire ornés de dessins coloriés d'aquarelles. Mais quels dessins! Toute l'inexpérience, ou peu s'en faut, des bonshommes d'écoliers! On retrouve un peu dans tous les pays des manuscrits d'un genre identique. Souvent ce sont les minutes originales destinées à être remises au net par des calligraphes de profession. Parfois les illustrations, les « histoires » y sont de la main de l'auteur en personne[1]. Peut-être en est-il de même dans les deux manuscrits de la Biblioteca nacional, ou au moins dans celui des *Decadas de Tito Livio*.

A dater de la seconde moitié du XVe siècle, l'influence française proprement dite cède la place à une influence flamande. On voit alors se répéter pour l'enluminure, en Espagne, le même

---

1. Le fait est certain, par exemple, pour les images de manuscrits autographes de Jean Mielot, l'auteur à la solde de la cour de Bourgogne.

fait que les historiens de l'art ont relevé pour la grande peinture,
en le rattachant à des circonstances telles que le voyage de Van
Eyck dans la péninsule ibérique. Les événements de la politique
y sont aussi pour beaucoup. Par son mariage avec Isabelle de
Portugal, en 1430, le duc de Bourgogne Philippe le Bon, le
grand protecteur des enlumineurs flamands, se trouve devenu le
très proche parent des maisons régnantes au sud des Pyrénées.
La reine Isabelle, femme du roi Jean II de Castille, est sa propre
nièce ; Isabelle la Catholique, sa petite-nièce. Les liens entre les
Flandres et l'Espagne achèvent de se resserrer tout à fait lorsque,
soixante ans plus tard, l'héritier de la maison de Bourgogne, Philippe le Beau, épouse la fille des rois catholiques.

Au début de cette infiltration flamande, et pendant une assez
longue période, c'est moins l'école du temps de Philippe le Bon
dans son ensemble qu'un de ses chefs en particulier, dont l'empire s'exerce sur les enlumineurs de la péninsule espagnole. Ce
chef, nous avons déjà eu occasion de le dire en parlant des manuscrits d'origine flamande, est Guillaume Vrelant. Dans aucun
manuscrit exécuté en Espagne, je ne saurais rien citer qui rappelle la plupart des émules du maître brugeois, Jean Tavernier
ou Loyset Lyedet par exemple. Au contraire, les œuvres de
Vrelant nous apparaissent sans cesse comme ayant été la source
d'une inspiration qui se propage ensuite de proche en proche.
Les deux caractéristiques de la manière de Vrelant sont, d'une
part, la recherche dans les visages de la douceur des traits et des
expressions gracieuses et amènes, poussée presque jusqu'à la
fadeur au détriment de la vigueur de sentiment ; et, d'autre part,
une exécution extrêmement méticuleuse, trop sèche même et précise, qui accentue tout, qui marque les plis de la peau, qui
détaille les cheveux et les barbes. Or, ces deux préoccupations
sont aussi celles dominantes chez les enlumineurs espagnols qui
se rapprochent le plus des Flamands. Rien de probant à cet égard,
pour ne citer qu'un exemple entre beaucoup, comme la miniature de la Résurrection dans le livre d'heures d'Isabelle la Catholique dont nous allons parler un peu plus bas.

L'influence flamande n'est pas seule à s'exercer. Elle a une
rivale dans une influence italienne qui va se développer de plus
en plus. On trouve aussi des miniaturistes espagnols qui résistent
à l'engouement pour les œuvres étrangères et continuent à suivre
leurs simples inspirations.

Les œuvres de ces derniers ne sont pas, il est vrai, les plus
agréables. Leur ornementation avec de gros rinceaux, et chargée de couleurs épaisses, pèche par sa lourdeur. Dans leurs
images, les personnages ont généralement les corps trop ramassés, les visages longs, les traits tirés, les yeux creux, avec
quelque chose de maussade ou même parfois de farouche. Citons
immédiatement, comme spécimen de cette manière âpre et peu
faite pour séduire, le livre d'heures dit *de l'impératrice Isabelle, mère de Philippe II*[1], de la bibliothèque de l'Escurial
(iii, C, 12) [LVII], illustré de miniatures déplaisantes, dont une
en grisaille et les autres en couleurs.

On constate donc en somme, à partir du milieu du xve siècle
environ, l'existence de trois courants, que l'on peut appeler
indigène, flamand et italien. L'analyse les fait ressortir, chacun
avec son individualisme propre. Mais, dans la pratique, ils se
juxtaposent ou souvent même se mêlent. Dans tel manuscrit
espagnol de la seconde moitié du xve siècle, l'ornementation rappelle plutôt l'Italie, tandis que les figures des miniatures font
penser à la Flandre[2]. Ailleurs, un sectateur décidé de Vrelant se
rencontre avec des collaborateurs qui apparaissent au contraire
indépendants vis-à-vis de l'art étranger[3]. On peut noter un trait,
jusqu'à un certain point particulier à l'Espagne[4], qui se retrouve
d'une manière assez générale, quoique peut-être plutôt dans les
manuscrits où l'imitation flamande se fait le plus sentir : c'est la
prédilection, dans le décor, pour les nuances tristes et sombres,
le noir et le gris. Ainsi, le motif de la palme frisée et recourbée,
peinte de couleurs différentes sur ses deux faces, que l'on voit
dans les manuscrits français ou flamands, où elle constitue le
fond de l'ornementation dans les bordures, jetant toujours une

---

1. Ce nom vient seulement de ce qu'il a appartenu à l'impératrice Isabelle
de Portugal, femme de Charles-Quint, et non de ce qu'il a été fait pour elle.
Son exécution, en effet, est sensiblement antérieure même à la naissance d'Isabelle. Le manuscrit porte un blason écartelé de Calatrava et de Santiago. Une
de ses pages à peinture a été photographiée par Laurent.

2. Bréviaire d'Isabelle la Catholique de la Biblioteca nacional. — Missel
pontifical du cardinal Mendoza.

3. Livre d'heures d'Isabelle la Catholique.

4. On retrouve l'emploi de ces mêmes tonalités pour le décor dans des
manuscrits purement flamands. Mais le fait est très exceptionnel, tandis que
pour les manuscrits espagnols il se répète tout à fait fréquemment.

vive note d'azur et d'or, est répété en Espagne en noir et or, noir et gris ou noir et blanc. Cette coloration s'étend même parfois jusqu'aux fleurettes qui accompagnent la palme. Les volumes, principalement des livres d'heures, arrivent par là à prendre comme un aspect de deuil.

Les manuscrits qui nous ont amené à ces constatations seraient en nombre relativement élevé s'il les fallait tous citer. Nous ne nous arrêterons qu'à ceux qui ont une réelle importance. Un premier groupe peut être constitué avec ceux où l'influence flamande est plus ou moins accentuée. Tels sont :

Un exemplaire du *Libro de la monteria*, composé par le roi Alphonse XI[1], de la bibliothèque de l'Escurial (Expos., sala XVI, n° 180) [LVIII]; la place avait été ménagée dans ce volume pour plusieurs grandes miniatures; six seulement d'entre elles ont été peintes ;

Diverses œuvres de Sénèque, traduites en espagnol par Alfonso de Santa Maria, exposé par la bibliothèque universitaire de Salamanque (sala X, n° 410) [LIX]; en tête du volume, une miniature à pleine page, représentant l'auteur en prière, est caractéristique à la fois pour l'emploi des tonalités noires et grises dans le décor et pour l'imitation de Vrelant dans la figure;

Enfin un beau *Missel pontifical* qui prête aux mêmes observations sous le rapport de l'art, resté sur les rayons à la Biblioteca nacional (Res., 5ª-7) [LX]; dans une de ses trois miniatures on voit un cardinal en prières, au pied de l'autel, pendant que ses acolytes préparent tout pour la messe[2].

Une sécheresse et une précision de touche, toutes de goût flamando-bourguignon, doivent faire rapprocher des peintures de ces manuscrits la célèbre image du prince de Viana, l'infortuné D. Carlos d'Aragon[3], placée au commencement d'un recueil de lettres écrites en 1480 par l'ancien majordome du prince, D. Fernandez de Bolea y Galloz (Biblioteca nacional, Expos., sala XVIII, n° 221) [LXI]. Cette image, curieuse par elle-même, est encore intéressante en ce qu'elle offre les plus grands points de ressemblance avec une précieuse estampe en taille-douce de l'époque,

---

1. Le *Libro de la Monteria* a été publié avec préliminaires et notes de D. José Guttierez de la Vega (Madrid, M. Tello, 1877, 2 vol. in-8°).

2. Les autres miniatures placées en regard l'une de l'autre, folios xxii et xxiii du manuscrit, représentent le Calvaire et le Christ glorieux bénissant.

3. Fils du roi Jean II d'Aragon et de sa première femme Blanche de Navarre.

dont l'unique exemplaire connu est également exposé par la Biblioteca nacional (même salle, n° 2)[1].

Le plus beau des manuscrits où se fasse sentir d'une manière très sensible le souvenir des œuvres de Vrelant est un superbe *livre d'heures* in-4° de la bibliothèque de l'Escurial, aux armes d'une branche de la famille Zuniga, avec de nombreuses miniatures à pleine page [LXII]. Ce manuscrit nous conduit déjà presque au xvi° siècle. Dans plusieurs des encadrements, on voit apparaître l'emploi du nouveau style de décoration adopté par l'école ganto-brugeoise des Bening.

Un peu plus ancienne d'exécution paraît être une série de livres de dévotion faits pour Isabelle la Catholique [LXIII]. Ces volumes sont reconnaissables aux armoiries et à la présence de l'emblème de la grande reine : un faisceau de flèches liées par le milieu. Parfois cet emblème est accompagné de celui de son mari, Ferdinand le Catholique, consistant en un joug.

En tête de la série se place un beau *livre d'heures* de la bibliothèque de l'Escurial (Expos., sala XVI, n° 157). Encore couvert de sa première reliure en satin carmin, avec des plaques d'argent niellé sur les plats, portant les armoiries des rois catholiques avant la conquête de Grenade, ce manuscrit, de format in-8°, contient à l'intérieur de nombreuses lettres historiées à très petits personnages et quelques miniatures à pleine page. L'une de celles-ci (fol. 211[b]), consacrée à la Résurrection, est un vrai pastiche de Vrelant. Les autres, au contraire, d'une exécution plus grossière, appartiennent au courant espagnol proprement dit.

Un *Bréviaire* in-4°, également de la bibliothèque de l'Escurial (ii, C, 15), rivalise parmi les manuscrits d'Isabelle la Catholique avec le précédent livre d'heures. Peut-être l'emporte-t-il par la légèreté de son ornementation, par l'agrément de ses images, toutes imprégnées de l'imitation flamande[2], et par le beau ton général de ses colorations.

De format plus grand, mais moins achevé d'exécution, un

---

1. La miniature et l'estampe du prince de Viana ont été publiées par D. Valentin Carderera dans son *Iconografía española* (Madrid, 1855-1864), t. II, pl. XLVII, et dans le recueil *El arte en España*, t. III, p. 41 ; et à nouveau par notre confrère M. Mazerolle, dans la *Gazette des beaux-arts*, janv. 1893, p. 48 et 49.

2. Dans une des miniatures, en tête de la seconde partie du bréviaire, folio 251b du volume, on voit un prince représenté en prières.

autre *Bréviaire* de la reine, exposé par la Biblioteca nacional
(sala XVIII, n° 103), est toujours dans les mêmes données,
quant aux figures; l'ornementation, au contraire, y tourne parfois au genre italien.

Nous pouvons rapprocher de cette série des fragments décou-
pés, principalement une immense initiale historiée, provenant de
Livres de chœur que les rois catholiques avaient fait faire pour
le couvent de Santo Tomas d'Avila, aujourd'hui à D. Vicente
Polero (Expos., sala XXVII, n° 91) [LXIV].

Un très beau *Missel pontifical* du cardinal Mendoza, appartenant au chapitre de la cathédrale de Tolède (Expos., sala V,
n° 19) [LXV], constitue, avec celui des bréviaires d'Isabelle la
Catholique qui est à la Biblioteca nacional, une transition pour
passer à un nouveau groupe. Dans le missel de Mendoza, une
grande miniature du Calvaire, aux colorations claires, particulièrement dans le lointain formé de montagnes bleuâtres, est une
page bien personnelle. Cependant, la précision de la touche,
ainsi que le style de la bordure qui l'accompagne, la rapprochent
encore plutôt des œuvres inspirées par la Flandre. Mais, dans le
reste du volume, toute l'ornementation est imitée des manuscrits
italiens, dans le goût principalement de ceux que décorait à Florence le charmant enlumineur Francesco d'Antonio del Chierico.

Ces mêmes emprunts à l'Italie, en ce qui concerne la décoration des livres, nous les retrouvons [LXVI] dans le *Libro de
las castas y virtuosas mujeres* de D. Alvaro de Luna, exemplaire fait pour l'auteur, exposé par la bibliothèque universitaire
de Salamanque (sala X, n° 409), dans un *bréviaire* aux armes de
Jean d'Acosta, évêque de Lamego en Portugal, à la bibliothèque
de l'Escurial (iii, A, 6), et surtout dans une série de grands *Livres
de chœur* envoyés à l'exposition par la cathédrale de Séville
(sala VII, n°s 29 à 32) et par la bibliothèque provinciale de
Tolède (sala X, n° 231, trois volumes). Ces derniers nous font
franchir la limite du xv° et du xvi° siècle. L'influence italienne
y est particulièrement sensible. Certaines de leurs images font
penser à des maîtres ombriens, tels que Bonfigli ou Fiorenzo di
Lorenzo, d'autres à Piero della Francesca[1].

---

1. Tel est le cas, dans un des livres de chœur de la bibliothèque provinciale
de Tolède, pour une Résurrection dont la composition rappelle la fresque de Borgo
San Sepolcro.

Enfin certains livres, sans avoir de caractère d'art à propre-ment parler, montrent des images intéressantes par le sujet [LXVII]. En tête d'un exemplaire des *Usages de Barcelone et constitutions de Catalogne*, imprimé sur vélin entre 1481 et 1495, une grande miniature représente la tenue des Cortès de Catalogne (exposé par les Archives de la couronne d'Aragon[1], sala X, n° 226). Une autre grande miniature initiale qui ouvre des *Institutiones latinæ ab Antonio Nebrisense* nous fait pénétrer dans une école du xve siècle, au moment où le professeur donne sa leçon (exposé par la Biblioteca nacional, sala XVIII, n° 125).

Au xvie siècle, l'élément indigène a disparu. Il ne reste plus, pour se disputer les préférences des enlumineurs espagnols, que l'influence flamande et l'influence italienne.

En ce qui concerne la première, on voit se refléter en Espagne les mêmes phases qui se manifestent dans les Flandres mêmes. Les créations de l'école ganto-brugeoise remplacent comme modèles les œuvres des maîtres plus anciens. Dans la décoration, par exemple, au style un peu maigre et uniforme de Guillaume Vrelant succèdent ces riches bordures des Bening et des Horebout, où, sur un fond d'or ou de couleur, s'enlèvent des fleurs, des fruits, des insectes, des papillons peints à l'effet et en échelle vraie, de manière à imiter d'aussi près que possible la nature.

Ces tendances nouvelles apparaissent dans le magnifique *Missale aureum almæ ecclesiæ Toletanæ* ou *Misal rico de Cisneros*, passé du chapitre de la cathédrale de Tolède à la Biblioteca nacional [LXVIII]. Ce missel en sept volumes (l'un d'eux exposé sala XVIII, n° 100), commandé par le grand cardinal Ximenès de Cisneros, a été commencé en 1503 et achevé à Tolède en 1518. Des documents relevés par Cean Bermudez et par M. Zarco del Valle nous ont conservé les noms de quelques-uns des enlumineurs qui y ont travaillé. Tous sont Espagnols. Les principaux s'appellent Bernaldino de Canderroa, Alfonso Ximenès et Alfonso Vazquez[2]. Mais ils composent et ils peignent

---

1. Les mêmes Archives de la couronne d'Aragon exposent aussi des *Usages et constitutions de Catalogne*, en manuscrit richement décoré (sala X, n° 224).

2. Zarco del Valle, *Documentos ineditos para la historia de las bellas artes en España* (Madrid, 1870 ; tiré du tome LV des *Documentos ineditos para la historia de España*), p. 321-323 ; Cean Bermudez, *Diccionario historico de los mas ilustres profesores de las bellas artes en España*, t. I, p. 207, et t. V, p. 143.

dans le goût flamand, tantôt suivant encore l'ancien style, tantôt adoptant les données de la jeune école.

Du *Misal rico de Cisneros* on doit rapprocher un autre beau *missel* en un volume [LXIX], aux armes de Mendoza et Luna (maison de l'Infantado), acquis par la Biblioteca nacional à la vente du duc d'Osuna.

L'art imité des Bening trouve surtout son expression dans la décoration d'une magnifique copie, en très grand format, de la *Cronica del rey D. Joham primeiro de Portugal*, par Fernand Lopez (exposé par la Biblioteca nacional, sala XVIII, n° 213) [LXX]. Une imagination d'une fertilité extraordinaire et pleine d'un charmant imprévu a semé tout le long de ce volume les lettres ornées les plus variées, souvent accompagnées de figures jetées sur le parchemin blanc des marges. C'est tout un monde de personnages réels, grotesques ou fantastiques, d'oiseaux, d'animaux, de bêtes monstrueuses. Très souvent, on y voit des nègres ou des Indiens, représentés d'une façon très exacte. Ce détail indiquerait à lui seul, pour lieu d'origine de ce beau livre, un pays en relations suivies avec l'Afrique et les contrées plus lointaines encore, comme l'était le Portugal ; mais les principes qui animent l'auteur des illustrations ont leur source dans les Flandres et les Pays-Bas. Sans vouloir faire d'attribution trop à la légère, il est permis tout au moins de songer ici à ce miniaturiste si célèbre en Portugal dans la première moitié du xvi⁰ siècle, dont le nom seul, Antoine de Hollande, indique l'origine, et que l'on sait avoir été en relations avec Simon Bening.

Le manuscrit que nous venons de citer a un rival tout à fait du même genre, à l'exposition de Madrid, dans un grand *Livre de chœur* de la cathédrale de Tolède (sala V, n° 17) [LXXI], luxueusement orné d'une suite de larges bordures, où de très nombreux personnages se jouent au milieu des fleurs et des rinceaux. Si l'on rencontrait ce magnifique livre isolé, sans en connaître la provenance, on n'hésiterait pas à le croire absolument flamand.

Le style des Bening persista en Espagne jusqu'à une époque avancée dans le xvi⁰ siècle. Sous Philippe II, au moins jusqu'en 1575 encore, on en trouve toute une série d'exemples dans les décorations de ces lettres de privilèges ou « ejecutorias », dont nous allons parler un peu plus bas (notamment une « ejecutoria de hidalguia » appartenant au Colegio de Escuelas pias de San Fernando, sala V, n⁰ 113, et une autre du Musée provincial de Tolède, sala XIV, n⁰ 71) [LXXII].

Cependant, l'influence italienne qui, dès le commencement du siècle, contrebalançait l'influence flamande, surtout pour la catégorie des livres de chœur, gagnait de plus en plus de terrain et c'est elle qui finit par rallier définitivement les préférences des derniers enlumineurs de l'Espagne.

Un recueil d'*heures* en cinq volumes grand in-4°, de la bibliothèque de l'Escurial [LXXIII], nous fait, en quelque sorte, assister à cette victoire. Ce recueil a été commencé pour Charles-Quint et terminé pour Philippe II. Les artistes qui y ont travaillé paraissent avoir été exclusivement des Espagnols. Au début, tout en sacrifiant déjà beaucoup au style classique de la Renaissance italienne, ils se tournent encore de préférence du côté de la Flandre en ce qui concerne les images, et spécialement des portraits des souverains placés en médaillons (un des volumes contenant plusieurs portraits de Charles-Quint, exposé sala XVI, n⁰ 161). Mais ils achèvent de passer ensuite d'un camp dans l'autre, et, s'il reste jusqu'au bout quelques bordures dans le style des Bening, tout dans l'ensemble est devenu italien, y compris même l'écriture où le caractère romain a remplacé le gothique.

Le style emprunté à l'Italie [LXXIV] domine dans un *missel* aux armes du cardinal Alexandre Riaño, appartenant au chapitre métropolitain de Saragosse (Expos., sala X, 1ᵃ parte, n⁰ 50). Il triomphe surtout dans la fameuse série des immenses *Livres de chœur*[1], que Philippe II fit exécuter pour l'église de l'Escurial (deux de ces livres exposés sala X, n⁰ˢ 49 et 62). Les artistes employés par Philippe II, dont le plus habile est Fray Andrès de Léon et, après lui, Fray Julian de la Fuente del Saz, Francisco Hernandez, Cristobal Ramirez, Ambrosio Salazar, etc., n'ont plus d'autre idéal que de rivaliser avec les maîtres italiens. Les contemporains ne voient pas de plus bel éloge à adresser à Fray Andrès de Léon que de proclamer qu'il se rapproche de très près de Giulio Clovio[2].

1. Cette série a été commandée par Philippe II en 1572. Son exécution se termina en 1589. Elle comprend 216 volumes mesurant 1ᵐ15 de haut sur 0ᵐ84 de large, décorés de la manière la plus luxueuse. — Voir Riaño, *Notes on early Spanish Music*, p. 137.

2. Voir le texte contemporain, très significatif à ce sujet, tiré d'un manuscrit de l'Escurial, publié dans *El arte en España* (1869), t. VIII, p. 24.

Le chef-d'œuvre de la miniature espagnole à cette époque
dernière est le fameux *Capitolario romano* de la bibliothèque
de l'Escurial, petit in-fol. orné de peintures à pleine page, de la
main ou dans la manière de Fray Andrès [LXXV]. Ce volume
est montré à l'Escurial comme une pièce du plus grand prix. Il
est de fait que l'habileté d'exécution y est merveilleuse. Comme
science du dessin et de la technique, on ne peut rien rêver de plus
parfait. Mais l'émotion ; mais le sentiment personnel ; mais surtout le caractère local ; qu'en reste-t-il ? Sous cette apparence
d'irréprochable perfection, quelle froideur absolue ! Assurément
ce serait tomber dans le paradoxe que de remonter ici jusqu'aux
vieux *Codices* barbares de l'époque des manuscrits wisigothiques. Mais il sera permis de préférer à cet art trop impeccable
des miniaturistes de l'Escurial sous Philippe II l'art des *Cantigas del rey Sabio*, très inférieur, sans doute, comparativement
quant aux procédés matériels de l'expression, mais si vivant, si
spontané, si libre, si varié, et, par-dessus tout, si vraiment
espagnol.

Après avoir constaté ces nombreux emprunts aux écoles étrangères, il nous reste à traiter, pour en finir avec cette division de
notre étude, un point qui est peut-être, au contraire, à prendre
les choses dans leur ensemble, un peu plus particulier à l'Espagne.

Il n'est pas de pays de l'Europe occidentale où l'on n'ait songé
parfois à étendre les enjolivements de l'enluminure et de l'ima-
gerie aux pièces diplomatiques et aux documents d'archives. On
pourrait citer, pour la France, certaines chartes de Charles V
et du duc de Berry, et d'autres exemples connus ; pour l'Italie,
le contrat de mariage de Ludovic le More et de Béatrix d'Este,
les *commissioni* de la République de Venise, etc. Mais, entre
toutes les contrées, il semble que l'Espagne soit celle où le fait
a été le plus constant. De très bonne heure, en effet, au delà des
Pyrénées, et l'habitude s'est ensuite conservée sans interruption
pendant des siècles, on paraît avoir eu une tendance à introduire, surtout dans les recueils de pièces de la catégorie des cartulaires, mais aussi dans les documents isolés, des figures ayant
la prétention de représenter les personnages nommés par les
actes. Une copie peu postérieure d'une donation de l'an 1042 de
J.-C., par exemple, faite par un certain Oveko Munnioz et sa
femme au monastère de Villacete, porte sur ses marges les images
des donateurs et de l'abbé du monastère. Au bas d'une très belle

charte du roi Sanche IV, relative à l'élection de sa sépulture dans la cathédrale de Tolède, on voit d'un côté le roi, de l'autre l'archevêque de Tolède, et au milieu le tombeau du souverain [1]. L'esprit qui dicte ces représentations est, en somme, le même qui a donné naissance aux illustrations du *Codex Vigilanus* et du *Codex Emilianensis* de l'Escurial et du manuscrit de 1253 du chapitre de Tolède [2].

L'exposition de Madrid présente deux intéressants spécimens de cartulaires à images [LXXVI] de la seconde moitié du xiii° siècle. L'un, exposé par la cathédrale de Léon (sala VIII, n° 138), contient les testaments des rois en faveur de l'église de Léon, accompagnés des portraits des souverains en question, qui forment autant de miniatures à pleine page. L'autre, tiré de l'Archivo historico nacional (sala X, n° 355), est le recueil des privilèges et dons octroyés par les souverains pontifes et les monarques espagnols à l'ordre de Saint-Jacques. Il est illustré de dessins appropriés. Ainsi, en tête de la donation à l'ordre de Saint-Jacques du monastère d'Ucclès, on voit, rangés sur une même ligne, en largeur, en allant de gauche à droite : la reine Alienor, fille du roi Henri II d'Angleterre, puis le roi Alfonse IX le Noble, tendant la charte de donation, munie de son sceau, au grand maître « P. Ferrandi. » Vient ensuite un monument représentant ·Ucclès, sur lequel flotte déjà le drapeau de saint Jacques ; enfin, à l'extrémité, tout à fait à droite, un frère de l'ordre, « quidam frater. »

A la classe des documents enrichis d'ornementation se rattache le « privilegio rodado », c'est-à-dire l'acte royal concédant quelque faveur, expédié sous une forme solennelle et muni de ce qu'on appelle le « signo rodado ». Ce « signo rodado » est imité de la roue ou « rota » des grandes bulles pontificales. Il apparaît au xii° siècle et est d'abord simplement tracé à l'encre. Mais, sous le règne d'Alphonse le Sage, l'usage s'introduit de le miniaturer en or et couleurs, ce qui persiste jusque sous les rois catholiques. Le « signo rodado » consiste alors en un cercle au centre duquel sont peintes les armoiries de Castille et Léon et portant sur sa

---

1. Voir D. José Maria Escudero de la Peña, *Privilegio rodado e historiado del rey Don Sancho IV (Archivo historico nacional)*, dans le *Museo español de Antiguedades*, t. I, p. 91-100.

2. §§ XL et XLIV de ce travail.

circonférence une inscription en lettres d'or. Le cercle est lui-même inscrit dans un carré, les angles étant remplis par des motifs d'ornements. Le « signo rodado » varie d'importance, suivant la générosité plus ou moins grande des personnes que l'acte concerne à rémunérer à cet égard les soins des employés de la chancellerie royale. Dans certains cas, le carré arrive à avoir jusqu'à 12 et 15 centimètres de côté et la perfection apportée au travail d'enluminure en fait une véritable œuvre d'art[1].

On trouve à l'exposition de Madrid plusieurs exemplaires magnifiques de « privilegios rodados » [LXXVII]; deux entre autres, de D. Fernando IV en 1304 et de D. Juan II en 1438, appartenant à la Biblioteca nacional (sala XVIII, n°s 212 et 220), et deux autres du même D. Juan II, confirmant un acte de D. Enrique III de 1408, et des rois catholiques en 1481, tirés des archives de Simancas (sala X, n°s 708 et 709).

A la fin du xve siècle, les documents, particulièrement les actes royaux à titre gracieux, changent d'apparence. Ils sont désormais expédiés sous la forme matérielle d'un cahier, généralement de format in-4°, ressemblant à un livre ordinaire [LXXVIII]. Cette nouvelle disposition se prête encore bien mieux au développement de l'ornementation par la miniature. Nous en avons des exemples anciens et très beaux dans des lettres patentes de Ferdinand et d'Isabelle la Catholique du 30 juillet 1491 (exposées par D. Fernando Alvarez Guijarro, sala XXIII, n° 138) et dans un acte du cardinal Mendoza[2] relatif à la fondation d'un collège (Bibl. universitaire de Valladolid, sala X, n° 340).

Mais cette série comprend surtout les innombrables lettres patentes ou « ejecutorias » du xvie et même du xviie siècle encore, portant concession de faveurs, anoblissements ou confirmations de noblesse, dons, privilèges, octrois de charges, etc. Les cahiers de ce genre sont trop abondants à l'exposition de Madrid pour que nous puissions entrer dans le détail de leur énumération. Lorsque les intéressés veulent y mettre le prix, les lettres patentes arrivent à se transformer en volumes de luxe richement décorés

---

1. Voir D. José Maria Escudero de la Peña, *Signos rodados de los reyes de Castilla*, dans le *Museo*, t. V, p. 247.

2. Le livret qui renferme cet acte, portant la signature autographe du cardinal Mendoza, est richement orné. Il s'ouvre par une initiale historiée dans laquelle on voit le cardinal assis, entre deux évêques debout, remettant l'acte à un personnage à genoux.

et illustrés de grandes miniatures. Citons seulement dans ce genre une « ejecutoria » de Philippe II en faveur de l'église de Santiago, où se voient, entre autres peintures, deux tableaux à très nombreux personnages, dont l'un représentant la miraculeuse mise en déroute des Maures par saint Jacques (exposé par le chapitre de la cathédrale de Santiago, sala VI, n° 144).

Toutes ces dernières manifestations de l'art de l'enluminure en Espagne ne sont plus que des ouvrages de pratique, à la fois d'un caractère prétentieux et sans aucune valeur réelle. Et cependant, comme il arrive souvent aux époques de décadence, leurs auteurs en étaient fiers. Ils signent parfois leurs œuvres. Un certain Montès, par exemple, a tenu à instruire la postérité que c'était lui qui avait exécuté les ornements plus que médiocres d'un certificat de profession religieuse de 1579 (exposé par l'ordre de Calatrava, sala X, n° 725). Pourquoi ce sentiment s'est-il fait jour si tardivement? Pourquoi aussi le cas que le *Beatus* de Gerona nous a offert aux temps les plus lointains pour la « peintresse » Ende ne s'est-il à peu près jamais renouvelé au cours des siècles? Que de noms d'artistes nous pourrions avoir, dignes d'être glorifiés pour de magnifiques travaux, qui resteront, hélas! pour nous à jamais ignorés!

IV.

MANUSCRITS D'ORIGINE ITALIENNE.

Cette catégorie, comme la précédente, n'est pas seulement riche en beaux volumes, elle offre encore le mérite de la variété. Contrairement à ce que nous avons constaté pour les séries des manuscrits d'origine française et flamande, les livres de dévotion n'y sont qu'en minorité. Ce sont les textes littéraires, anciens ou modernes, qui y dominent surtout de beaucoup.

La série s'ouvre, au XIVe siècle, avec deux de ces gros volumes de droit canonique, d'un type bien connu, écrits en « lettre boulonnoise », avec miniatures de pratique dans le style giottesque [LXXIX]. L'un de ces volumes est exposé par le chapitre métropolitain de Saragosse (sala X, 1ª parte, n° 52); l'autre, un *Décret de Gratien,* par la Biblioteca nacional (sala XVIII, n° 211). Des feuillets détachés d'un autre manuscrit du même genre, également avec miniatures, ont été envoyés à l'exposition par D. Rafaël Garcia Palencia (sala XXVII, nᵒˢ 93, 94, 95).

Parmi les volumes un peu plus récents, un grand *psautier*, passé de la bibliothèque du chapitre de Tolède à la Biblioteca nacional (Expos., sala XVIII, nᵒ 104) [LXXX], nous offre comme frontispice une belle miniature de style siennois. On peut en rapprocher pour le caractère du style un très joli *bréviaire* romain de la bibliothèque de l'Escurial (iii, D, 12).

Citons encore, comme manuscrits de dévotion de la fin du xivᵉ siècle remarquables par l'élégance et la finesse de la décoration, un *bréviaire* franciscain et un *psautier* restés sur les rayons à la Biblioteca nacional (Rés., 5ª-9 et 6ª-17) [LXXXI].

Les précédents volumes sont en latin. En fait de manuscrit de la même époque écrit en langue vulgaire, l'exposition de Madrid montre, appartenant à la Biblioteca nacional (sala XVIII, nᵒ 117) [LXXXII] et provenant antérieurement du chapitre de Tolède, un recueil de divers opuscules religieux[1], petit in-4ᵒ de 79 feuillets à deux colonnes, orné de quelques illustrations sans valeur d'art.

Jusqu'ici rien de bien important, en somme. Mais les choses changent quand nous arrivons au xvᵉ siècle. Pour cette époque, la Biblioteca nacional se présente d'une manière véritablement triomphante. Dans ses vitrines, à l'exposition, s'étale une suite de ces admirables livres qui furent l'honneur des ateliers de l'Italie aux plus beaux temps de la Renaissance du *quattrocento*. D'une exécution matérielle irréprochable, avec des lettres ornées et des bordures du style le plus pur, ces volumes sont en général rehaussés encore par la présence de miniatures, dont quelques-unes presque dignes de rivaliser avec les merveilleuses productions de la grande peinture du même moment. Toutefois, — trait caractéristique, — ces illustrations, sauf peut-être dans les manuscrits napolitains, y sont toujours tenues rares, souvent réduites à une seule image placée en tête pour servir de frontispice, comme si les enlumineurs italiens avaient craint d'avilir leurs œuvres en les prodiguant sans compter à la manière de leurs confrères de la France et des Flandres.

---

1. En tête du volume est l'*Ordine della vita cristiana*, par Fra Simone da Cascia della Marca. Viennent ensuite des tables de sermons traduits de saint Augustin et de saint Bernard, etc.

En tête de ce groupe des manuscrits de la Biblioteca nacional [LXXXIII], nous placerons deux exemplaires de la *Divine Comédie* : l'un, qui est peut-être encore de l'extrême fin du XIVᵉ siècle, enrichi de grandes miniatures à pleine page au début de chacune des trois parties (sala XVIII, nᵒ 152); l'autre, un peu plus récent, avec des dessins à l'encre, d'ailleurs assez faibles, tracés sur les marges (ibid., nᵒ 153). Le premier de ces deux Dante vient de la bibliothèque du duc d'Osuna; le second, relié aux armes du cardinal Zelada, du chapitre de Tolède.

Un exemplaire de la *Cosmographie de Ptolémée,* contenant vingt-sept grandes cartes à l'aquarelle, a été dédié au pape Alexandre V par Jacopo Angelo (ibid., nᵒ 138). Il s'ouvre par une lettre historiée où des figures charmantes font penser à Benozzo Gozzoli.

Mais voici surtout deux pièces hors ligne : un *Plaute* et un *Pétrarque,* tous deux de format in-folio, dont la haute origine n'avait pas encore, croyons-nous, été reconnue avant nous :

Le *Plaute* (ibid., nᵒ 155) a la moitié de sa première page occupée par une miniature de toute beauté, de style plutôt florentin, représentant l'enfance d'Hercule. Deux devises inscrites dans les encadrements attestent la provenance. L'une, en français : VRAI AMOUR NE SE CHANGE, est la devise de Louis III de Gonzague, marquis de Mantoue, le célèbre protecteur de Mantegna; l'autre, en allemand : BIDERCRAFT, celle de sa femme, la savante Barbe de Brandebourg.

Le *Pétrarque,* renfermant les œuvres du poète en langue vulgaire, les *Sonetti, Canzone* et *Trionfi* (ibid., nᵒ 150), ne le cède pas en quartiers de noblesse au *Plaute.* Si celui-ci provient des Gonzague, marquis de Mantoue, le *Pétrarque* sort de la fameuse bibliothèque d'Urbin. Il a été exécuté pour le premier duc d'Urbin, Federico de Montefeltro, dont il porte le chiffre F. D.[1], entouré de l'ordre de la Jarretière, l'emblème : une hermine, et la devise : NON MAY. A la fin se trouve la signature du plus habile peut-être des calligraphes et ouvriers en livres employés par la cour d'Urbin, Matteo di ser Ercolano da Volterra : « Matthaeus domini Herculani de Vulterris[2]. »

L'ornementation de ce magnifique manuscrit n'a pas été entièrement achevée. Quelques bordures y sont restées en blanc. Telle

1. Fredericus Dux.
2. C'est le même copiste qui signe aussi parfois Matthæus de Contugiis.

qu'elle est cependant, cette ornementation est digne d'un amateur aussi raffiné que Frédéric d'Urbin. L'illustration proprement
dite comprend, en tête du volume, un buste de Pétrarque placé
dans une grande lettre historiée[1], et, vers la fin, trois ou quatre
grandes miniatures pour les *Trionfi*.

Un autre manuscrit des *Trionfi* est exposé (ibid., n° 161)
non loin du précédent. Il fait contraste avec celui-ci, grand
livre de bibliothèque, par son format au contraire tout à fait
minuscule; mais il l'égale quant à la valeur d'art. Rien de
plus délicat que les sept miniatures à pleine page qu'il renferme,
entourées chacune d'une bordure exquise qui se répète autour du
feuillet de texte placé en regard. La particularité peut-être la plus
intéressante de ce délicieux livre de poche est d'être la reproduction très fidèle, en proportions extrêmement réduites, du merveilleux exemplaire des poèmes de Pétrarque qui fut copié à Florence,
en 1475, par Antonio Sinibaldi pour Laurent de Médicis et passa
ensuite aux rois de France[2]. Les deux volumes sont contemporains; ils sortent du même atelier. Sauf la différence d'échelle,
tout y est semblable, disposition générale, dessin des figures,
gamme du coloris, manière de poser la touche dans la peinture,
style des ornements, choix des motifs. De même que le manuscrit
de Paris, la ravissante réduction de Madrid doit être attribuée,
quant à ses illustrations et à sa décoration, à l'enlumineur préféré
des Médicis, Francesco d'Antonio del Chierico.

Deux manuscrits encore, tous deux in-folio, renferment des
œuvres de Pétrarque : le traité *Degli Uomini illustri* (ibid.,
n° 149), venant de la bibliothèque d'Osuna, beau produit de
librairie, plutôt florentin d'apparence, mais sans peinture; et le
traité *Des remèdes contre la fortune* (ibid., n° 151), avec un
portrait du poète, d'une touche légère, dans la première initiale.
Ces deux manuscrits portent les armoiries et la devise : Dios e
vos, du marquis de Santillana, de la maison de Mendoza.

Les mêmes armoiries et devises du marquis de Santillana se
retrouvent sur un autre volume : les *Confessions de saint
Augustin*, traduites en italien (ibid., n° 120), in-folio, venant
de la bibliothèque d'Osuna[3].

---

1. Cette lettre historiée est gravée dans le *Museo español de Antiguedades*,
VII, p. 565, et dans la *Gazette des beaux-arts*, janvier 1893, p. 39.
2. Aujourd'hui à la Bibl. nat., ms. italien 548.
3. On retrouve encore les armes du marquis de Santillana sur un court traité

Ces trois derniers manuscrits, ainsi qu'un *Ovide*, in-folio, plutôt dans le goût des manuscrits napolitains (ibid., n° 154), tout en étant de très beaux livres, ne peuvent se comparer aux précédents.

Plus ordinaire encore, du moins quant à l'ornementation, est un *César* (ibid., n° 130), également de la bibliothèque du duc d'Osuna.

Mais un Josèphe, *De bello judaico* (ibid., n° 131), provenant du chapitre de Tolède, se distingue par la qualité d'exécution, tout à fait supérieure, d'une série de lettres historiées contenant des figures à mi-corps, dans le goût des frères Gherardo et Monte di Giovanni.

Citons enfin, d'une date un peu plus récente, mais toujours rentrant dans le même ordre de livres, une traduction en latin par Lapo Fiorentino (Lapum Florentinum) des *Vitæ parallelæ* de Plutarque (ibid., n° 134), dédiée à Jean-Jacques Trivulce, maréchal de France.

Cette splendide série de la Biblioteca nacional se complète par deux manuscrits de l'Escurial, un *Virgile* (Expos., sala XVI, n° 172) et un *Pline, Historia naturalis*[1], provenant l'un et l'autre de la bibliothèque des rois aragonais de Naples [LXXXIV]. Comme il arrive assez souvent pour les manuscrits napolitains, la décoration, dans le goût de la Renaissance, ainsi que les miniatures proprement dites, sont d'une exécution un peu inférieure, surtout relativement aux produits si parfaits des ateliers florentins. Travaillant avec moins de soin, les enlumineurs de la cour de Naples sont en revanche plus disposés à ne pas autant ménager les images. Dans le *Virgile* envoyé à l'exposition de Madrid, chaque églogue, chaque livre des *Géorgiques* et de l'*Énéide* a sa miniature initiale, et celle-ci est de grande dimension en tête de chacune des trois divisions de l'œuvre du poète.

En regard de cette suite d'ouvrages de littérature, un seul *livre d'heures* italien du xve siècle est exposé par la Biblioteca nacional (sala XVIII, n° 114) [LXXXV]. Il fait, par comparaison, assez mince figure avec ses illustrations d'un excellent modèle, sans

(12 feuillets in-fol.) du *Vrai nom d'amour*, composé en espagnol par le Dr Ferran Nuñez, passé de la bibliothèque du duc d'Osuna à la Biblioteca nacional (Expos., sala XVIII, n° 157).

1. Une page de chacun de ces deux manuscrits a été photographiée par Laurent.

doute, mais peintes d'une manière trop rapide et lâchée. Il est vrai que ce qui a valu à ce volume l'honneur d'être placé dans les vitrines, c'est surtout une belle reliure ornée d'orfèvrerie émaillée.

Avec le XVIe siècle, au contraire, nous revenons aux livres liturgiques. Ceux-ci sont des *missels* au nombre de trois :

Le moins intéressant d'entre eux est un missel de la Biblioteca nacional, achevé de copier en 1519 par « Constantinus Venecianus », moine de Monte-Oliveto (Expos., sala XVIII, n° 101) [LXXXVI]. Son ornementation est lourde et crue de ton.

Bien plus digne d'attention se trouve un autre missel, également de la Biblioteca nacional, écrit et peint pour Antonio Pallavicini, cardinal du titre de Sainte-Praxède en 1489, évêque de Pampelune à partir de 1492, mort le 10 septembre 1507 (Expos., sala XVIII, n° 107) [LXXXVII]. En tête du volume, est une grande et superbe miniature représentant une Descente de croix. Le cardinal Pallavicini y figure lui-même au premier plan, vu de profil, à genoux, en prières. La composition, le style et le coloris de cette belle page, ainsi que l'emploi caractéristique d'ombres violettes pour faire ressortir les motifs de décoration, indiquent une œuvre d'une remarquable école de miniaturistes du nord de l'Italie, qui tient de très près à Mantegna.

Enfin, le troisième missel, envoyé à l'exposition par le chapitre de la cathédrale de Tolède (sala V, n° 25) [LXXXVIII], est un manuscrit digne de rivaliser avec ceux du duc d'Urbin et du marquis de Mantoue. Il a été exécuté pour Léon X, avant son pontificat, alors que le futur pape n'était encore que le cardinal Jean de Médicis.

Ce volume, petit in-folio, de tout point admirable, renferme deux grandes peintures à pleine page : une Annonciation en tête et au canon un Calvaire. La page placée en regard de chaque miniature est encadrée d'une large bordure avec six médaillons contenant des figures et, dans le bas, les armoiries du cardinal de Médicis. Un très bel encadrement ouvre également le Commun des Saints. Enfin, des lettres historiées viennent jeter leur note brillante d'or et de couleurs dans le corps du manuscrit. Toute cette décoration nous paraît de la main d'Attavante. On ne trouve pas, il est vrai, dans le missel de Tolède, le nom du grand artiste florentin écrit en toutes lettres, comme dans les missels de Thomas James et de Mathias Corvin ; mais l'arrangement des figures, le type des visages, le dessin, le coloris, la touche, tout enfin équivaut à une signature formelle pour mettre au-dessus de la discussion l'attribution à Attavante. C'est lui certainement, avec son faire si personnel et si reconnaissable dans son exquise délicatesse, qui a exécuté ce travail d'enluminure pour le futur Léon X. Quant à expliquer la présence à Tolède d'un tel manuscrit, une hypothèse paraît assez vraisemblable. L'illustre cardinal Ximenès de Cisnéros est un des prélats qui ont le plus contribué à l'enrichissement de la cathédrale de Tolède et de sa bibliothèque. Or, Ximenès assistait au conclave où se fit l'élection à la papauté de Jean de Médicis. Ne serait-ce pas alors que le nouveau pontife aurait donné au cardinal-archevêque son ancien missel de simple prélat, qui ne convenait plus à un pape?

V.

MANUSCRITS D'ORIGINE ALLEMANDE.

Parmi tous les groupes de manuscrits de très grand luxe pris ensemble sans acception d'époque ni de patrie, il en est peu qui rivalisent, pour la recherche de la magnificence, avec une série de recueils des quatre évangiles et d'évangéliaires exécutés en pays allemands, spécialement dans les contrées avoisinant le Rhin, sous les Othons et les empereurs Henri II et Henri III, de la fin du Xe siècle au milieu du XIe. Cette série s'ouvre par l'évangéliaire d'Egbert, archevêque de Trèves (977-993), le *Codex Egberti*. Elle se continue par les évangiles d'Othon II et de Théophanie (983-992), autrefois à l'abbaye d'Echternach, aujourd'hui à Gotha, par ceux d'Othon III et de saint Henri II, à Bamberg et à Munich. Dans cette série rentrent aussi, pour parler d'un manuscrit passé en France depuis très longtemps, les évangiles en lettres d'or, dits quelquefois de Henri le Saint, copiés probablement entre 1002 et 1014 pour une église de l'Empire, que notre roi Charles V donna en 1379 à la Sainte-Chapelle[1]. On peut encore y rattacher, du moins quant à leurs peintures, les fragments des évangiles de Gérard, abbé de Luxeuil (milieu du XIe siècle), de l'ancienne collection Firmin Didot[2].

1. Bibl. nat., ms. lat. 8851. — A la Sainte-Chapelle, le volume était connu sous le nom impropre de *l'Apocalice*.
2. Aujourd'hui à la Bibl. nat., nouv. acq. lat. 2196.

Les miniatures de tous ces manuscrits appartiennent à une même école, très remarquable malgré son inexpérience sur bien des points, dont Reichenau, sur le haut Rhin, près de Constance, paraît avoir été le principal centre d'origine[1]. Elles se distinguent principalement par la douceur du coloris, où dominent les nuances tendres.

De ce groupe de manuscrits, la bibliothèque de l'Escurial possède le plus beau spécimen qui se puisse voir dans le célèbre *Codex aureus* [LXXXIX], recueil des quatre évangiles, de grand format[2], écrit entièrement en lettres d'or sur deux colonnes. Ainsi que l'indiquent des inscriptions placées dans les frontispices, ce volume a été exécuté pour la cathédrale de Spire, sous l'empereur Conrad II le Salique, par les soins de son fils, le futur empereur Henri III, du temps où ce dernier était associé comme roi à son père (1033-1039).

On a prétendu que ce manuscrit avait fait partie de la bibliothèque de Mathias Corvin[3]. Aucune preuve n'appuie cette assertion. Ce qui est certain, c'est qu'au commencement du XVIe siècle il a appartenu à Marguerite d'Autriche, la régente des Pays-Bas. Nous avons à cet égard le témoignage d'Érasme, à qui le volume fut communiqué par la princesse. Il porte d'ailleurs sur les plats de sa reliure les armoiries de la régente comme duchesse douairière de Savoie. A la mort de Marguerite, il passa à sa nièce Marie de Hongrie, sœur de Charles-Quint, et celle-ci le légua à son tour à Philippe II.

L'illustration de ce volume est magnifique, digne de son origine impériale. Sans parler de frontispices à grandes et superbes initiales pour les titres des différentes parties, et outre les figures isolées, à pleine page, de chacun des évangélistes, elle comprend cinquante et un tableaux consacrés à des scènes de la vie du Christ. Ceux-ci couvrent parfois toute une face de feuillet. Mais ce qui est le plus digne d'attention, ce sont deux peintures historiques, que l'on peut appeler de dédicace, placées en regard l'une de l'autre en tête du manuscrit. La première (fol. 2 v°) montre

---

1. Ce sont deux moines de Reichenau, Keraldus et Eribertus, qui ont exécuté le *Codex Egberti*. — Voir à ce sujet Samuel Berger, *De la tradition de l'art grec dans les manuscrits latins des évangiles.* Paris, 1893 (extrait des *Mémoires de la Société nationale des Antiquaires de France*, t. LII).

2. Les feuillets mesurent 0ᵐ505 de haut sur 0ᵐ340 de large.

3. Haenel, col. 924.

l'empereur Conrad le Salique et l'impératrice Gisèle, sa femme, à genoux, priant le Christ, qui trône dans une gloire. Dans la seconde (fol. 3), la Vierge, assise au ciel, reçoit de la main droite le livre que lui tend le futur Henri III et de la main gauche couronne sa femme, la reine Agnès. Des constructions conventionnelles indiquant la ville de Spire[1] forment le fond du tableau[2].

La haute valeur documentaire de ces peintures n'a pas besoin d'être démontrée. Elles présentent aussi un vif intérêt pour l'histoire de l'art, à cause surtout d'une particularité qui mérite de nous arrêter un instant. Dans ces deux pages, les deux figures du Christ et de la Vierge tranchent de la manière la plus accentuée sur ce qui les environne. Tandis que tout le reste, dans chaque tableau, est empreint du style propre à l'école allemande de l'époque des Othons, on dirait ces deux figures seules tracées de la main d'un artiste byzantin, au sens propre du mot. Le coloris est monté de ton, le dessin ferme, l'allure majestueuse, le modelé très poussé, les ombres accentuées. Le contraste est frappant avec la gaucherie relative du tracé, l'insuffisance du modelé et la gamme claire des couleurs dans les figures des autres personnages[3]. Devant une telle disparate, on a pu croire que le Christ et la Vierge avaient dû être repeints postérieurement, sans doute au XVIe siècle. Il n'en est rien. Les deux peintures de dédicace nous sont parvenues intactes comme au premier jour. Elles sont du même temps dans toutes leurs parties et très vraisemblablement aussi de la même main. Si les figures hiératiques de la Vierge et de son divin fils sont si différentes des autres, c'est que l'enlumineur allemand aura eu à sa disposition, pour se guider dans cette partie de son travail, des peintures réellement grecques qu'il aura imitées patiemment jusque dans leur facture. Pour le reste, ayant un caractère d'iconographie locale et contemporaine, le modèle lui manquait, et il a été réduit à se laisser aller à sa seule inspiration. En tous

1. La ville est désignée par cette inscription : « Spira fit insignis Heinrici munere regis. »

2. Pour plus de détails, voir J. M. Escudero de la Peña, *El Codice aureo*, dans le *Museo español de Antiguedades*, t. V, p. 503. — Cf. Samuel Berger, *loc. cit.;* Knust, p. 187 et 820; Ewald, p. 283.

3. A défaut de l'original, on pourra constater cette différence simplement sur une planche en couleurs, reproduisant la dédicace à la Vierge, qui accompagne dans le *Museo* l'article cité ci-dessus de D. J. M. Escudero de la Peña. — Il existe aussi pour le *Codex aureus* des photographies de Laurent.

cas, nous avons là un témoignage remarquable à citer pour la question encore controversée des rapports de l'art allemand avec l'art byzantin à cette brillante époque des xe et xie siècles.

Nous ne pouvons entrer dans plus de détails sur le *Codex aureus* de l'Escurial. Mentionnons cependant encore deux dernières particularités. L'une est la présence, au revers de plusieurs feuillets, de dessins d'ornementation imitant des étoffes orientales. De semblables imitations se retrouvent dans les fragments des évangiles de Luxeuil. L'autre particularité consiste en ce que, dans la série des grandes figures isolées des quatre évangélistes, saint Marc, au lieu de porter comme les autres le costume antique, est vêtu en évêque, avec le pallium. C'est là une caractéristique spéciale aux enlumineurs se rattachant de plus ou moins près à cette école des bords du Rhin. On constate le même fait, par exemple, dans les évangiles en lettres d'or de la Sainte-Chapelle et dans les fragments de Luxeuil. Suivant une ingénïeuse hypothèse formulée par M. l'abbé Duchesne à la Société des Antiquaires de France, cette tradition de distinguer saint Marc par un costume spécial pourrait bien venir de Reichenau, que nous avons nommé comme un des points de naissance de l'école. A Reichenau, en effet, saint Marc était l'objet d'un culte particulier presque autant qu'à Venise.

Nous passons sans transition du xie au xve siècle avec deux manuscrits envoyés à l'exposition de Madrid par la Biblioteca nacional et la bibliothèque universitaire de Grenade [XC].

Celui de la Biblioteca nacional (sala XVIII, n° 215) est un recueil de divers opuscules, le dernier portant la date de « Insprukk a. 1432. » En tête du volume est un *Speculum humane salvationis,* orné, de la page 4 à la page 47, d'images à l'aquarelle couvrant la partie supérieure des feuillets, d'une main très allemande, mais avec une certaine influence italienne et particulièrement siennoise.

Celui de la bibliothèque universitaire de Grenade (sala X, n° 227) est une *Histoire naturelle*[1] d'Albert le Grand où le texte latin est accompagné de quelques notes marginales en allemand, in-folio à deux colonnes, d'une grosse écriture gothique. Ce volume est illustré de près de mille miniatures généralement sur fond d'or ou de pure décoration, quelquefois cependant avec

---

1. Sur ce volume, voir Knust, p. 774; Hartel, p. 377.

fond de paysage, représentant des animaux, des plantes, des personnages dans les différents actes de la vie. La composition est naïve et la perspective peu savante. Mais il se dégage de l'ensemble une agréable impression. L'enlumineur allemand cherche à animer ses sujets, souvent ingrats par eux-mêmes. Il en fait de petits tableaux. Les têtes, chez les femmes principalement, ont le charme et la douceur de l'école de Cologne. Le style de grands rinceaux qui accompagnent les initiales, en s'étendant sur les marges, est de nature à rappeler les produits de la Bohême, mais, dans les images, c'est la tradition allemande pure qui règne exclusivement.

Enfin, la Biblioteca nacional expose une copie du fameux *Triomphe de Maximilien*[1] avec les légendes des figures en allemand (sala XVIII, n° 223) [XCI]. Cette copie n'est que de la fin du xvi⁰ siècle ou même du commencement du xviiᵉ. Elle constitue un album dont les feuillets, hauts de 0ᵐ46, se développent en largeur pour former des successions de tableaux qui atteignent jusqu'à 2ᵐ50 de large[2].

VI.

MANUSCRIT D'ORIGINE ANGLAISE OU ANGLO-NORMANDE.

Notre dernière section se réduit uniquement à un psautier à l'usage de l'ordre de Saint-Augustin, petit in-folio de la fin du xiiiᵉ siècle, de la bibliothèque de l'Escurial (Expos., sala XVI, n° 165) [XCII].

Ce manuscrit rentre dans la série de ces beaux manuscrits anglo-normands exécutés depuis la fin du xiiᵉ siècle jusqu'au commencement du xivᵉ, dont le célèbre psautier de Peterborough est le type le plus achevé. Sans offrir un mérite particulier, il constitue un excellent spécimen du genre. Le psautier, écrit à longues lignes en gros caractères, ne commence qu'au folio 15. On trouve auparavant, dans le volume, un calendrier où dominent les saints anglais, y compris saint Thomas de Cantorbéry, et deux suites

---

1. Sur ce volume, voir Ewald, p. 384.

2. Voir sur cet exemplaire D. Isidoro Rosell y Torres, *El triunfo de Maximiliano I*, dans le *Museo español de Antiguedades*, t. I, p. 409-416.

de prières, chacune disposée sur deux colonnes et ornée de petites miniatures à fond d'or. Dans la première suite, en tête, les oraisons sont en langue française. Dans la seconde, qui précède immédiatement le psautier (fol. 13 et 14), les prières, ainsi que les images les accompagnant, se rapportent à la Passion. Le psautier lui-même est orné de lettres historiées et de vignettes courant sur les marges, d'un bon style du XIIIe siècle. Des écussons armoriés se mêlent aux motifs de décoration. Les plus souvent répétés, qui doivent être ceux du possesseur primitif, sont : à la place d'honneur, à dextre, d'azur à trois quintefeuilles d'or; et à senestre, burrelé d'argent et de sable de dix pièces.

Paul DURRIEU.

TABLEAU

DES LIVRES, DOCUMENTS ET MINIATURES MENTIONNÉS DANS CE TRAVAIL, CLASSÉS PAR BIBLIOTHÈQUES ET COLLECTIONS PUBLIQUES OU PRIVÉES.

ESCURIAL.

Codex aureus (évangiles de l'empereur Henri III) : LXXXIX.
Petite Bible d'origine française : VII.
Apocalypse figurée, venant de Savoie : XXI.
Psautier de l'ordre de Saint-Augustin, d'origine anglo-normande : XCII. — Psautier dit de Charles-Quint, avec miniatures du genre tourangeau : XI.
Bréviaire de la fin du XIVe siècle : LII. — B. de style siennois : LXXX. — B. d'Isabelle la Catholique : LXIII. — B. de Jean d'Acosta, évêque de Lamego : LXVI. — B. à l'usage d'Espagne, fait en Flandre : XXXIV.
Capitolario romano, du temps de Philippe II : LXXV.
Heures flamandes de 1486, dites d'Isabelle la Catholique : XXXII. — H. dites de Philippe III : XXXIV. — H. dites de l'impératrice Isabelle : LVII. — H. d'Isabelle la Catholique : LXIII. — H. où l'imitation de Vrelant en Espagne est très sensible : LXII. — H. de Charles-Quint et Philippe II : LXXIII.
Prières pour les navigateurs, ms. offert à Charles-Quint : XXXIV.
Recueils de canons du Xe siècle (Codex Vigilanus et Codex Emilianensis) : XL.

Virgile et Pline l'Ancien, des rois aragonais de Naples : LXXXIV.
Le Jouvencel de Jean de Bueil : III.
Breviari d'Amor de M. Ermengaud de Béziers : LIII.
Cantigas del rey Sabio (2 exemplaires) : XLV. — Los libros del ajedrez y de las tablas : XLVII. — Codice de la coronacion : XLVIII. — Historia Troyana : XLVIII. — Libro de la Monteria : LVIII.

Église de l'Escurial : Livres de chœur commandés par Philippe II : LXXIV.

Chambre des reliques : Triptyque avec peintures sur parchemin paraissant de Gérard Horebout : XXX.

MADRID.

Bibliothèque particulière de Sà Majesté.

Missel écrit par Jarry : XX.
Heures de la reine Jeanne Henriquez, dites de Jeanne la Folle, peintes par G. Vrelant : XXIII.

Biblioteca nacional.

Bible d'Avila : XLI. — Petites Bibles d'origine française : VII.
Historia scolastica de Pierre le Mangeur : LIX.
Commentaire de Beatus sur l'Apocalypse : XXXVIII.
Psautier, de la fin du XIIᵉ siècle : IV. — P. de style siennois : LXXX. — P. de style italien : LXXXI.
Missel pontifical de la fin du XVᵉ siècle : LX. — M. du cardinal Antonio Pallavicini : LXXXVII. — M. du cardinal Cisneros : LXVIII. — M. aux armes de l'Infantado : LXIX. — M. copié en Italie en 1519 : LXXXVI. — Pontifical romain : LI.
Évangéliaire aux armes d'Angoulême : XVII.
Bréviaire copié à Bruges en 1455 : XXVI. — B. d'Isabelle la Catholique : LXIII. — B. franciscain, d'origine italienne : LXXXI.
Heures françaises du XIIIᵉ siècle : V. — H. italiennes du XVᵉ siècle : LXXXV. — H. à l'usage du diocèse de Limoges : XII. — H. peintes par G. Vrelant : XXIV. — H. des rois Charles VIII et Louis XII, exécutées dans l'atelier de Vérard : XIV. — H. parisiennes, dites de Charles-Quint : XV. — H. françaises du XVIᵉ siècle : XVIII. — H. imprimées de Simon Vostre : XVI. — H. peintes par Simon Bening : XXIX.
Morales de saint Grégoire sur Job, traduites en espagnol : LVI. — Confessions de saint Augustin, traduites en italien : LXXXIII. —

Traités de morale religieuse en français, copiés par David Aubert :
XXII. — Traités en italien : LXXXII. — Speculum humane salvationis, et traités religieux, copiés en Allemagne : XC.

Décret de Gratien : LXXIX.

Institutiones latine : LXVII.

Cosmographie de Ptolémée : LXXXIII.

Écrits historiques de Fr. J. Herrandez de Heredia : L. — Grandes
Chroniques de France : II. — Chronique de Portugal : LXX.

Recueil d'actes en faveur de l'église de Tolède : XLIV. — Recueil
avec un portrait du prince de Viana : LXI. — Triomphe de Maximilien : XCI. — Privilegios rodados : LXXV.

Plaute, des marquis de Mantoue. — César. — Ovide. — Josèphe.
— Plutarque, du maréchal Trivulce : LXXXIII.

Tite-Live, traduit en espagnol : LVI.

Roman de la Rose (2 exempl.) : I.

Breviari d'Amor de M. Ermengaud : LIII.

Dante (2 exempl.). — Pétrarque, de Frédéric Ier, duc d'Urbin. —
Pétrarque florentin, dans le goût de Francesco d'Antonio del Chierico.
— Pétrarque (2 traités), du marquis de Santillana : LXXXIII.

Academia de la Historia.

Commentaire de Beatus : XXXVIII.

[Missel de San Millan de la Cogolla : p. 286 en note.]

Archivo historico nacional.

Recueil des privilèges de l'ordre de Santiago : LXXVI.

Bibliothèques de l'Université centrale.

Petite Bible d'origine française : VII. — Heures du xve siècle :
VIII et XIII. — H. de Rollin : XXVII. — H. dans le goût de l'atelier des Bening : XXXIII. — Libros del saber de Astronomia, d'Alphonse le Sage : XLVI.

Colegio de Escuelas pias de San Fernando.

Missel : LII. — Ejecutoria de Philippe II : LXXII.

Museo arqueologico nacional.

Commentaire sur l'écriture sainte : XLIII. — Livre de prières du
xvie siècle : XIX.

Nobles comendadoras de la Orden de Calatrava.

Acte de profession religieuse de 1579 : LXXVIII.

BARCELONE.

Chapitre de la cathédrale : Missel de Barcelone : LV.
Archives de la couronne d'Aragon : Trois missels : LII. — Constitutions de Catalogne : LXVII.

BURGOS.

Bibliothèque provinciale : Bible : XLIX.

GERONA.

Chapitre de la cathédrale : Commentaire de Beatus : XXXVII.

GRENADE.

Bibl. universitaire : Albert le Grand, Histoire naturelle : XC.

LÉON.

Chapitre de la cathédrale : Recueil de testaments en faveur de l'église de Léon : LXXVI.

OSMA.

Chapitre de la cathédrale : Commentaire de Beatus : XXXIX.

SALAMANQUE.

Bibl. universitaire : Traduction espagnole de Sénèque : LIX. — Libro de las castas y virtuosas mujeres, de D. Alvaro de Luna : LXVI.

SANTIAGO.

Chapitre de la cathédrale : Ejecutoria de Philippe II : LXXVIII.

SARAGOSSE.

Chapitre de la cathédrale : Missel du XVIe siècle : LXXIV. — Morales de saint Grégoire : XLII. — Étymologies d'Isidore : LI. — Droit canon : LXXIX.

SÉVILLE.

Chapitre de la cathédrale : Livres de chœur : LXVI.
Bibl. universitaire : Commentaire sur la Bible de N. de Lira, copié à Séville par deux Français : LIV.

SIMANCAS.

Archives : Privilegios rodados : LXXVII.

TOLÈDE.

Chapitre de la cathédrale : Petite Bible d'origine française : VII.

— Pontifical du xiiie siècle : VI. — Missel pontifical du cardinal Mendoza : LXV. — Missel du cardinal Jean de Médicis (plus tard Léon X), peint par Attavante : LXXXVIII. — Livre de chœur : LXXI.

Bibl. provinciale : Livres de chœur : LXVI. — Heures imprimées de Geoffroy Tory et de Simon Vostre : XVI.

Musée provincial : Ejecutoria de Philippe II : LXXII.

Valladolid.

Bibl. universitaire : Acte du cardinal Mendoza : LXXVIII.

Collections particulières.

Comte de Valencia de Don Juan : Miniature d'Alexandre Bening : XXVIII.

Marquis de Casa-Torres : Heures : IX.

D. Juan José Escanciano : Heures de Jouvenel des Ursins : X. — H. avec miniatures se rapprochant de Vrelant : XXV.

D. Luis de Ezpeleta : Miniature-tableau de l'Annonciation, traitée comme dans le bréviaire Grimani : XXXI.

D. Fernando Alvarez Guijarro : Ejecutoria des rois catholiques : LXXVIII.

D. Martial Lopez de Aragon : Heures de Charles-Quint : XXXV.

D. Rafaël Garcia Palencia : Fragments d'un volume de droit, d'origine italienne : LXXIX.

D. Vicente Poleró : Fragments des livres de chœur de Saint-Thomas d'Avila : LXIV.

M. Villa-amil y Castro : Livre de prières copié à Bruxelles en 1667 : XXXVI.

CATALOGUE

DE LA

BIBLIOTHÈQUE DE BERNARD II

ARCHEVÊQUE DE SAINT-JACQUES-DE-COMPOSTELLE

(1226).

On sait combien sont rares les anciens catalogues de manuscrits d'Espagne; dans son livre récent : *Ueber mittelalterliche Bibliotheken*[1], M. Th. Gottlieb en cite seulement vingt-trois, et sur ce nombre il n'y en a que huit qui soient antérieurs au xive siècle.

Le nouveau catalogue publié plus loin nous a été conservé dans un manuscrit de la fin du xiie ou du début du xiiie siècle, de la bibliothèque de Marseille (Ea. 59, t. II, fol. 227). Il est copié sur le dernier feuillet d'un volume de la glose ordinaire de la Bible, contenant seulement le texte des Nombres, du Deutéronome, de Josué et des Juges, qui provient de la chartreuse de Marseille et peut-être auparavant de celle de Villeneuve-lez-Avignon[2].

Ce catalogue est daté dès la première ligne, suivant le style espagnol, de l' « era 1264, 12 kal. maii, » qui correspond au lundi de Pâques, 20 avril 1226. Le titre qui suit est moins explicite : « In hac scriptura continentur numerus librorum B. archiepiscopi, tam de theologia, quam de legibus et decretis, quam de aliis libris doctorum. » Mais on peut identifier en toute certitude ce « B. archiepisco-

---

1. Leipzig, 1890, in-8°, p. 267-273; cf. p. 430-435.
2. *Catalogue général des manuscrits des bibliothèques publiques de France;* Départements, t. XV : *Marseille,* par M. l'abbé Albanès (1892), p. 9. — Ce volume est peut-être le n° 2 du catalogue publié ci-dessous.

pus » avec l'archevêque de Santiago, ou Saint-Jacques-de-Compostelle, Bernard II, si l'on remarque les mentions de précédents possesseurs ajoutées à la suite de quelques-uns des articles du catalogue : « Archiepiscopus P. Suerii » (n°s 44 et 88), « archiepiscopus P. Muñoz » (n°s 48, 86 et 91), et, en 1238, celle d'un « J. archiepiscopus electus » (n°s 48-49, note). La *Series episcoporum* du P. Gams [1] présente en effet ainsi, à la fin du XIIe et au début du XIIIe siècle, la suite des archevêques de Saint-Jacques : « Petrus *Suarez* de Deza (c. 1177), — Petrus *Muñoz* (1207), — Pelagius *Raimundez* (1214), — *Bernardus* (1231), — Joannes Arias *Suares* (1234). » Ce dernier archevêque succéda à Bernard II (qui ne mourut qu'en 1240) et occupa le siège de Saint-Jacques jusqu'en 1255.

Dans ce catalogue, les manuscrits sont classés méthodiquement : en premier lieu, les différents livres de la *Bible*, la plupart glosés, Ancien Testament (n°s 1-14) et Nouveau Testament (n°s 15-20); puis les livres de *Droit canon* (n°s 21-26) et de *Droit civil* (n°s 27-32); enfin les *Libri Doctorum* (n°s 33-63), rubrique sous laquelle figurent tous les autres manuscrits des Saints Pères, théologiens, livres liturgiques, etc. A la suite ont été ajoutés, à une époque contemporaine, mais sans aucun ordre autre sans doute que celui de leur acquisition, une série de manuscrits de tout genre (n°s 64-90), qui montrent l'intérêt que l'archevêque Bernard prenait à l'accroissement de sa bibliothèque [2]. Et, tandis que dans la première partie du catalogue on ne trouve qu'un volume de grammaire, un Priscien (n° 57), et un exemplaire des *Dérivations* grammaticales d'Uguccione (n° 60), parmi ces nouveaux manuscrits on peut remarquer un Sénèque (n° 65), deux traités de rhétorique (n° 76), un recueil d'opuscules philosophiques et historiques (n° 77), enfin un texte complet des œuvres d'Avicenne, qui termine le catalogue.

De nombreuses mentions d'emprunts et de prêts, qu'on trouvera reproduites en notes, et qui surchargent en maints endroits le texte et les marges du catalogue, témoignent de la libéralité avec laquelle étaient communiqués et prêtés les manuscrits de la bibliothèque de l'archevêque Bernard, et de l'activité des études théologiques et juridiques, au début du XIIIe siècle, dans l'un des plus grands centres ecclésiastiques de l'Espagne.

H. Omont.

1. Ratisbonne, 1873, in-4°, p. 26.
2. On peut rappeler aussi que vers le même temps florissait le célèbre canoniste Bernard, archidiacre de Saint-Jacques-de-Compostelle.

Era M CCLXIIII.[1] et quot XII. kalendas maij.

In hac scriptura continentur numerus librorum B. archiepiscopi, tam de theologia, quam de legibus et decretis, quam de aliis libris doctorum.

1-2. Inprimis continetur totum Eptaticum, in duobus voluminibus[2].

3. Item liber Regum totus, in uno volumine.

4. Item Thobias, Judid, Hester, Ruth, Paralipomenon, et Daniel, in eodem volumine.

5. Item Hesdras, cum Neemia, in eodem volumine.

6. Item liber Machabeorum primus et secundus, in eodem volumine.

7. Item liber XII[cim]. Prophetarum totus, in eodem volumine.

8. Item Ezechiel, in uno volumine.

9. Item Jeremias, in uno volumine.

10. Item Job, in uno volumine.

11. Item Ysaias, in uno volumine.

12. Item libri Salomonis omnes.

13. Item Psalterium grosatum grosatura majori, in uno volumine.

14. Item Bibliothecam totam, in uno volumine.

Et sic completur totum Testamentum vetus.

Sequitur novum Testamentum.

15. In primis Matheus et Marchus, in eodem volumine.

16. Item Luchas et Johannes, in uno volumine.

17. Item Epistole Pauli, in uno volumine[3].

18. Item Epistole canonice omnes, in uno volumine.

19. Item Auctus apostolorum totus, in uno volumine.

20. Item Apocalipsis, in uno volumine.

Et sic continetur totum novum Testamentum.

Sequuntur libri Decretales et Legales.

21. In primis Decreta magistri Graciani[4].

1. *Ms.* LXXIIII, *corr. en* LXIIII.
2. *En marge :* Id est Moys[es], Josue, Judi[cum].
3. *Addition interlinéaire :* De majori grosatura, quas habent fratres Vallis Dei.
4. *Addition interlinéaire :* Et habent fratres Bone Vallis.

22. Item compilatio decretalium Bernaldi, Papiensis episcopi, in uno volumine.

22 *bis. Decretales Alexandri tercii, in uno volumine*[1].

23. Item Decretales Innocentii tercii, in uno volumine.

24. Item Decretales que scolasticis dicuntur quarte, cum decretalibus Honorii, in eodem volumine.

25. Item compilatio nova per magistrum Remundum facta, tota integra, in eodem volumine.

26. Item compilatio B. Papiensis transcripta, in eodem volumine.

Sequuntur libri Legales.

27-29. Imprimis totum Pandectam, in tribus voluminibus, videlicet Digestum vetus, in uno[2], Enfortiatum, cum tribus partibus, in alio volumine, Digestum novum, in uno volumine[3].

30. Item Codex totus, cum tribus libris, in eodem volumine.

31. Item Auctenticum cum Institutionibus, in uno volumine.

32. *Item Sum[m]a Azonis, quam habet Martinus P[e]l[a]gii canonicus*[4].

Et sic expletum est totum Corpus legale.

Sequuntur libri Doctorum.

33. In primis beati Gregorii pape expositio in Job, et sunt xxxv. libri in eodem volumine, plene cum suis titulis[5].

34. Item Pastoralis ejusdem Gregorii, cum omeliis super visionibus Ezechiel, in eodem volumine.

35. Item Omelie ejusdem Gregorii in Evangelia, et sunt x. omnes in uno volumine.

36. Item, in eodem volumine, regula sancti Benedicti et regula sancti Augustini et liber Dialogorum; et isti libri contenti in uno volumine sunt ecclesie sancti Laurencii de[6].....

37. Item Sententie Lombardi, in uno volumine[7].

38. Item Ystorie Manducatoris, in uno volumine. Et isti duo libri sunt de armario archiepiscopi[8].

---

1. *Addition interlinéaire postérieure.*
2. *Addition interlinéaire :* Habet Jo[annes] Pela[gii].
3. *Même addition.*
4. *Addition peu postérieure.* — *Cf.* nº 55.
5. *En marge :* Et habent fratres Bone Vallis.
6. *Tout cet article a été gratté.*
7. *Addition interlinéaire :* Habent fratres Bone Vallis.
8. *Même mention en marge.*

39. Item pars de Vitas Patrum, in uno volumine[1].

40. Item liber Sacramèntorum, quem fecit scripi[2] B. archiepiscopus[3].

41-42. Item duo libri qui dicuntur Ordinarii, quorum unum fecit scribi B. archiepiscopus, alter est de armario[4].

43. Item Moralitas quam fecit magister Stephanus super Biblioteca[5].

44. Item liber de officiis ecclesiasticis quem compilavit archiepiscopus P. Suerii[6].

45. Item Sicardus de officiis, quem fecit scribi B. archiepiscopus[7].

46-47. Item Omilie super Evangelia, in duobus voluminibus, quas fecit scribi B. archiepiscopus.

48-49. Item duo volumina Bibliotece, qui fuerunt archiepiscopi P. Muñ[oz][8].

50-51. Item duo volumina de Omeliis super Evangelia in quibus continentur Vite et passiones sanctorum[9].

52. Item quidam liber qui vocatur Abel.

53. Item Breviarius quidam, quem fecit fieri B. archiepiscopus.

54. Item Psalterium, de capella archiepiscopi[10].

55. Item Summa Azonis in leges[11].

56. Item liber Judicum secundum Gotos.

57. Item Precianus major[12].

58. Item Martirologium, secundum quem auctorem sit nescimus.

59. Item compilatio B. archiepiscopi de decretalibus Innocentii.

---

1. *Même mention en marge.*
2. *Corr.* scribi.
3. *Quelques mots grattés en interligne.*
4. *Addition interlinéaire :* Quos habet judex P.
5. *Addition interlinéaire :* Habent fratres Bone Vallis.
6. *Addition interlinéaire :* Et habet Cantor.
7. *Addition interlinéaire :* Et habent fratres Bone Vallis.
8. *Cet article a été biffé ainsi que les articles* 50-51, 54-55, *et on lit en marge :* J[oannes] archiepiscopus electus habet tam Bibliotecam in duobus voluminibus, quam duo volumina de Omeliis que sequuntur, et Phalterium de capella domini archiepiscopi, quos libros dedit dominus B. eidem electo XIII die junii sub era M CC LXXVI (1238). Qui suprascripti libri fuerunt domini archiepiscopi P[etri] Mu[ño]z.
9. *Addition interlinéaire :* Sunt de armario archiepiscopi.
10. *Addition interlinéaire :* Scriptum defert ..... J. archiepiscopi (?).
11. *Addition marginale :* Et habet C[antor?]. — *Cf. n°* 32.
12. *Addition interlinéaire :* Habent fratres Bone Vallis.

60. Item Summa Huguichionis de derivationibus[1].

61. Item Compotus.

62-63. Item duo libri, cooperti de corio rubeo, parvi, et uno eorum continentur multa que faciunt ad negocium primacie, et alter est de papiro[2].

64. Item pars glosarum magistri Ugonis, fratris ordinis Predicatorum, super libris Salomonis[3].

65. Liber Senece, qui est monasterii de Super Addo[4].

66. Item liber de officiis ecclesiasticis.

67-69. Item quatuor Evangelia[5], in duobus voluminibus, et postillas suas in alio volumine, que fuerunt magistri J. quondam decani. Et ipsas postillas habent fratres Bone Vallis.

70-72. Item tres libri sermonum, in tribus voluminibus, sine tabulis.

73. Item liber interpretationum ebraycorum nominum, in uno volumine, sine tabulis.

74. Item omelie Origenis super veteri Testamento, que fuerunt J. Cresconii archidiaconi.

75. Item Ysidorum de summo bono.

76. Item due Retorice, in hoc volumine.

77. Quidam saccus ligneus c[um] libri[s] sermonum philosoforum ystoriograforum.

78-79. Item Psalterium[6], et Breviarius, qui fuerunt archidiaconi A. Fern[andi].

80-81. Item Biblia de capella, in duobus voluminibus, que fuit (sic).

82-84. Item Psalterium[7], et pars Offitialii, et quidem liber vetus Omeliarum, de littera galleca, qui fuerunt et sunt pro terciis obligati.

85. Item Psalterium, quod fuit cardinalis P. Ordonii.

86-87. Item Biblia, in duobus voluminibus, que fuit archiepiscopi P. Mu[ño]z[8].

1. *Addition sur un grattage :* Quam habet cardinalis de Did'z.
2. *Addition interlinéaire :* Et defert ... scriptum ... J. archiepiscopi (?).
3. *Cet article et les suivants ont été ajoutés à la liste primitive.*
4. Sobrado, au nord-est de Santiago.
5. Cum postillis suis, *biffé.*
6. *Corr.* Psalteria duo.
7. *Ces deux mots ont été biffés.*
8. *Cet article a été biffé.*

88-90. Item liber Orationarius, et alter liber Offitiarius, et alius Antiphanarius, qui fuerunt archiepiscopi domni P. Suerii.

91-92. Item duo libri de passionibus et omeliis per tocius anni circulum, qui fuerunt archiepiscopi domni P. Mu[ño]z.

Nota[1] quod omnes libri suprascripti sunt in archa, exceptis Summa Azonis[2], quam habet Martinus P[e]l[a]gii canonicus, et Psalterio glosato[3], quod habet...[4], et Summa Huguichionis de dirivationibus[5], quam habet D. Dominici cardinalis, et Sentenciis Lombardi[6], in uno volumine, quas habet magister P. Fern[andi] de Bona Valle, et Moralitate[7], quam postea dedimus eidem magistro P. F[e]r[nandi] Bone Vallis[8].

Preter predicta habet J[oannes] P[e]l[agii] cardinalis Sicardum[9] de armariis, et magister Salvator totum Avizennam, in tribus corporibus.

1. *De première main, tout au bas du feuillet.*
2. N° 32.
3. N° 13.
4. *Une demi-ligne grattée.*
5. N° 60.
6. N° 37.
7. N° 43.
8. *Ce dernier article a été ajouté.*
9. N° 45.

UN FRÈRE DE JOINVILLE

AU SERVICE DE L'ANGLETERRE

GEOFFROY, SIRE DE VAUCOULEURS

Depuis deux siècles que Du Cange a mentionné le fait du mariage d'un frère de Jean de Joinville, Geoffroy, sire de Vaucouleurs, avec Mahaut de Lacy, héritière de grands domaines en Angleterre et en Irlande[1], on n'a presque rien ajouté aux trop rares indications relevées par l'illustre érudit sur le compte d'un personnage qui méritait cependant d'être moins ignoré. Dans ces dernières années seulement, MM. d'Arbois de Jubainville[2] et Ch.-V. Langlois[3] ont signalé l'existence en Angleterre de quelques documents relatifs à la résidence du sire de Vaucouleurs outre-Manche et au grand rôle qu'il tint à la cour de Henri III et d'Édouard Ier ; mais les événements principaux de sa vie, les dates les plus importantes de sa carrière, la liste même de ses enfants n'étaient encore que très vaguement connus. Sans avoir d'autre prétention que celle de suggérer à quelqu'un de nos jeunes confrères le désir d'aller chercher, dans les collections du *Record office*, les éléments d'une biographie qui ne saurait manquer d'être intéressante, je me permettrai de présenter aux lecteurs de la *Bibliothèque de l'École des chartes* le résumé des notes concernant Geoffroy de Vaucouleurs que j'ai pu recueillir au cours de mes recherches sur les seigneurs de Joinville. On voudra bien m'excuser si, pour montrer l'origine des circonstances qui amenèrent le chevalier champenois à passer en Angleterre, je

---

1. Du Cange, *Généalogie de la maison de Joinville*, p. 13 et 14.
2. *Bibliothèque de l'École des chartes*, année 1885, p. 342-343.
3. *Ibidem*, p. 722-723.

me vois forcé d'entrer dans une explication préliminaire un peu longue.

Personne, parmi ceux qui ont quelque connaissance des mœurs du moyen âge, n'ignore combien le veuvage était alors de peu de durée. La multiplicité des unions contractées par un même individu, en établissant une parenté entre des personnages de noms différents, est la cause de la plupart des difficultés auxquelles se heurtent les recherches des généalogistes. A cette cause d'erreurs peut s'en ajouter une autre encore plus difficile à démêler : celle qui provient de la fréquence des ruptures de mariages. Les interdictions promulguées par l'Église pour cause de consanguinité s'étendaient si loin que des époux, las de la vie commune, trouvaient sans peine, pour la rompre, le prétexte d'une parenté à un degré prohibé. La postérité issue de ces mariages si facilement annulés étant cependant considérée comme légitime, on juge, si les anciens conjoints se remariaient chacun de leur côté, des étranges confusions qui devaient en résulter. C'est ainsi que, les enfants issus des nouveaux mariages ne songeant nullement à désavouer les liens de fraternité qui les unissaient à ceux du premier, il pouvait se faire que, sans avoir entre eux la moindre communauté de sang, ces enfants se trouvassent avoir pour frères, les uns à titre consanguin, les autres à titre utérin, les enfants nés du mariage rompu. Philippe-Auguste et Richard Cœur-de-Lion, par exemple, se disaient, l'un et l'autre, frères des comtesses de Blois et de Champagne, filles de Louis VII et d'Aliénor de Guyenne.

C'est dans une situation de ce genre, — moins embrouillée toutefois puisqu'un seul des époux s'était remarié, — qu'il faut chercher l'explication de deux passages de Joinville où il se dit oncle de la dauphine de Viennois, Béatrix de Savoie[1], et de l'archevêque de Lyon, Henri de Villars[2]. Ces liens de parenté se justifient en effet le plus naturellement du monde par un fait que les éditeurs du *Régeste genevois* ont établi il y a plusieurs années.

Avant d'épouser, vers 1222, Simon, père de Jean de Joinville, la mère de celui-ci, Béatrix d'Auxonne, avait été mariée à Aimon, sire de Faucigny, de qui elle avait eu deux filles : 1° Béatrix, plus tard dame de Thoire et de Villars, mère de l'archevêque de

1. Joinville, § 663.
2. Joinville, § 762.

Lyon ; 2° Agnès, mariée à Pierre de Savoie et mère de la dauphine[1]. Aimon de Faucigny ayant vécu jusqu'en 1253, il est évident que son mariage avec Béatrix avait dû être cassé. La chose n'avait alors rien d'exceptionnel, et la propre mère de Béatrix d'Auxonne, Béatrix, comtesse de Chalon, avait été séparée de son mari, Estévenon, après en avoir eu plusieurs enfants ; ce qui n'avait pas empêché son volage époux de se remarier, du vivant de la comtesse, avec Agnès de Dreux[2]. Il semble d'ailleurs que la situation, malgré son étrangeté, n'apportait aucune gêne dans les rapports des familles issues des unions successives des époux séparés. Non seulement Joinville paraît avoir été dans les meilleurs termes avec sa nièce la dauphine, mais trois de ses frères, Geoffroy, sire de Vaucouleurs, Simon, sire de Marnay, et Guillaume, qui avait embrassé l'état ecclésiastique, durent leur fortune aux relations que le mariage d'une de leurs sœurs utérines leur donnait avec la maison de Savoie.

L'une des filles de Béatrix et d'Aimon de Faucigny avait en effet épousé ce Pierre qui, devenu comte de Savoie, mérita plus tard le surnom de *Petit Charlemagne*. Mais, à cette époque, l'époux d'Agnès ne paraissait guère en passe d'être un jour le chef de sa maison, et il était allé à la cour de Henri III d'Angleterre déployer les talents qui lui valurent d'y être partout le premier après le roi. Pierre, à ce qu'il paraît, s'intéressait à ses jeunes beaux-frères. Il fut un des intermédiaires du mariage de Simon, sire de Marnay, avec l'héritière de la seigneurie de Gex[3], et l'on ne peut guère imaginer que son influence ait été étrangère à la détermination de Simon et de son frère, Geoffroy de Vaucouleurs, lorsque ceux-ci se décidèrent à suivre en Angleterre le flot des Savoyards avides d'exploiter la faveur de leur compatriote.

Plus d'un les avait précédés. Un petit-neveu de Pierre de Savoie, Pierre, fils du comte Humbert de Genève et d'Agnès, fille d'Amédée III, avait su gagner la bienveillance de Henri III au point d'obtenir de lui la main de Mahaut, fille de Gautier de Lacy, un des plus riches partis d'Angleterre. Mais il ne dut pas jouir longtemps des grands biens que celle-ci lui avait apportés

1. *Régeste genevois*, p. 219, pièce 1034.
2. Archives nationales, K 1333, n° 8, p. 62.
3. 1252, janvier, *Régeste genevois*, n° 843. Léonète de Gex était nièce du premier mari de la mère de Simon (Guichenon, *Histoire de Savoie*, II, p. 311).

en Angleterre et en Irlande; il mourut en 1249[1]. Pierre de Savoie conçut-il le projet de marier l'opulente veuve à Geoffroy de Vaucouleurs? On ne sait, mais son intervention paraît certaine quand on voit la singulière rapidité de la fortune du jeune seigneur champenois.

Jusqu'à cette époque, sa carrière est peu connue. Nommé pour la première fois dans un acte de juillet 1241[2], Geoffroy s'était, tout jeune encore, trouvé, avec son frère Jean, aux côtés de leur parent Josserand de Brancion, le jour où l'héroïque chevalier, qui devait plus tard mourir à la croisade, les avait tous deux appelés pour chasser de leur pays des Allemands envahisseurs d'une église[3]. En 1248, il était au château de Joinville, tandis que Jean se préparait à partir pour la terre sainte[4]; mais il ne suivit pas alors l'exemple de son aîné. Pendant que celui-ci nouait avec saint Louis, sous le ciel d'Orient, cette amitié que la mort même ne devait pas rompre, en 1250[5], en 1251[6] le sire de Vaucouleurs était encore en France. Un an plus tard, on le trouve en Irlande, assez haut placé pour que le roi Henri III l'appelle à venir lui rendre compte de l'état de l'île[7], enfin marié à Mahaut de Lacy et maître, grâce à elle, du vaste territoire de Meath, qu'elle tenait de son aïeul[8], ainsi que des biens qu'elle possédait en Angleterre dans le comté de Hereford, sur les frontières du pays de Galles[9].

Depuis lors Geoffroy se maintint dans la haute situation à laquelle il avait su parvenir; avec son frère Simon de Gex, il suivit son nouveau suzerain en Gascogne en 1254[10] et reçut encore du roi de nouvelles faveurs[11], faveurs justifiées d'ailleurs par les services qu'il rendait : en 1255, il accompagnait le prince Édouard à la Réole[12]; en 1260, il soutenait Henri III dans sa lutte contre

---

1. Mathieu de Paris, *Chronica majora*, éd. Luard, V, 90.
2. Abbé Ch. Lalore, *Cartulaire de l'abbaye de Boulancourt*, p. 59.
3. Joinville, § 277.
4. Joinville, § 110.
5. Du Cange, *Généalogie de la maison de Joinville*, p. 13 et 14.
6. D'Arbois de Jubainville, *Catalogue des actes des comtes de Champagne*, n° 2970.
7. Sweetman, *Calendar of documents relating to Ireland*, 1252-1284, n° 727.
8. *Ibidem*, n° 69.
9. Dugdale, *Monasticon anglicanum*, V, p. 554.
10. *Rôles gascons*, publiés par Fr. Michel, I, 2964, 2974, 2433, 3342.
11. *Ibidem*, I, 4074, 4104, 4142. — Sweetman, n°ˢ 399 et 402.
12. *Archives historiques de la Gironde*, II, 251.

les Gallois et leur chef Lewellyn[1], avec lequel il fut chargé de conclure la paix en 1267[2]. Mais ses devoirs envers le roi d'Angleterre ne pouvaient faire oublier à un Joinville ses devoirs envers la religion chrétienne. Imitant l'exemple que lui avaient donné tous les chefs de sa maison depuis son bisaïeul Geoffroy III jusqu'à son frère Jean, le sire de Vaucouleurs se croisa en même temps que l'héritier du trône et le suivit, en 1270, à Tunis, et plus tard, à Saint-Jean-d'Acre[3].

On sait que, durant cette croisade, la mort de Henri III fit passer la couronne sur le front d'Édouard Ier. Celui-ci, qui avait déjà pris le chemin du retour, se trouvait en Sicile quand il reçut, à la fin de 1272, la nouvelle de son élévation au trône. Il alla voir le pape, séjourna en France et ne revint dans son royaume qu'en 1274; mais Geoffroy ne l'attendit point. En 1273, le sire de Vaucouleurs rentrait en Irlande où il prit possession de la grande charge de justicier[4] qu'il exerçait encore en 1276[5]. Son rôle, en effet, ne devait pas être moins brillant sous ce règne que sous le précédent. On le vit tantôt servir le roi dans le pays de Galles[6], tantôt s'acquitter de missions importantes auprès du roi de France[7] ou du pape[8], ou même porter les armes en Gascogne[9] ou en Flandre[10] et combattre le souverain du pays où il était né[11].

---

1. Rymer, *Fœdera*, éd. de 1816, I, 399.

2. *Ibidem*, I, 473.

3. Plusieurs actes de la première moitié de 1270 donneraient à croire qu'en allant s'embarquer, Geoffroy visita ses domaines français. Voyez Archives de la Haute-Marne, Cartulaire de Saint-Laurent de Joinville, fol. 38 r°. — Simonnet, *Essai sur l'histoire des sires de Joinville*, p. 340, d'après les Archives de la Côte-d'Or et de la Meurthe. — *Mémoires de la Société d'archéologie lorraine*, t. XXXI, p. 242.

4. *Annals of Ireland*, publiées par John Gilbert dans les *Chartularies of St Mary's abbey Dublin*, II, 317.

5. Lettre du 11 mai 1276, publiée dans la *Bibliothèque de l'École des chartes*, année 1885, p. 342, d'après J.-T. Gilbert, *Fac-similes of national mss. of Ireland*, 2e partie, pl. LXXIV, n° 3.

6. 1276. Rymer, *Fœdera*, I, 2e partie, 537. — 1282. *Ibidem*, 603. — 1294. Sweetman, *Calendar of documents relating to Ireland*, année 1294, n° 187.

7. 1280. Rymer, *Fœdera*, I, 2e partie, 580 et 583. — 1291, 23 avril. *Ibidem*, 754.

8. 1290, 3 février. *Ibidem*, 726 et 746. — 1300, 28 février et 11 avril. Sweetman, années 1300-1301, n° 729 et 744.

9. 1294, 26 juin. Rymer, I, 803.

10. 1298, 28 avril. Sweetman, 1297-1298, n° 483.

11. 1297, 4 mai. Sweetman, 1297-1298, n° 396.

D'autres fois, son rôle était plus pacifique ; chargé d'abord, le 3 mars 1298, de la négociation d'une trêve avec la France[1], puis, quelques mois plus tard, de celle d'une paix définitive[2], il fut, l'année suivante, l'un des signataires du traité de Montreuil[3], dont il eut encore à régler certains détails d'exécution avec le commissaire français Simon de Melun[4]. Ces fonctions multiples ne l'empêchaient pas de prendre une grande part aux affaires de l'Irlande[5] et de l'Écosse[6]. Il dut cependant donner à Édouard Ier quelques causes de mécontentement, car celui-ci fit mettre mainmise sur la justice de sa ville de Trim[7] ; mais cette mesure fut plus d'une fois suspendue ou tempérée[8].

Après plus d'un demi-siècle d'union, Mahaut de Lacy mourut au mois d'avril 1303[9]. Son mari dut s'éloigner de la vie publique, car son nom n'apparaît plus dès lors que dans certaines pièces relatives aux comptes qu'il avait avec le roi[10]. Il méditait sans doute la retraite définitive qu'il accomplit cinq ans plus tard. Il y avait longtemps déjà qu'un de ses fils était investi de son fief de Vaucouleurs. En 1308, Geoffroy se démit de ses seigneuries d'Angleterre et d'Irlande et se fit dominicain au couvent de Trim[11], où il mourut le 21 octobre 1314[12].

Ceux de ses frères qui avaient, comme lui, suivi le parti anglais l'avaient depuis longtemps précédé dans la tombe. Le plus jeune, Guillaume, archidiacre de Salins en 1258[13], était allé en Irlande profiter de la faveur de Geoffroy, qui lui valut la cure d'Arthimurchir, dont il était titulaire en 1259-1260[14], mais il n'avait pas tardé à revenir en France où on le trouve investi du doyenné

1. Record office, Chancery, Miscell. Portfolios III, cité par Ch.-V. Langlois, *Bibl. de l'École des chartes*, 1885, p. 723, note 2.

2. 1298, novembre. Rymer, I, 2ᵉ partie, p. 900. — 1299, 12 mai. *Ibidem*, 904.

3. 1299, 28 août. *Ibidem*, 906.

4. Discours de Pierre Flotte en date du 14 janvier 1300. Record office, Chancery, Miscell. Rolls, n° 473, cité par Ch.-V. Langlois, *loc. cit.*, p. 723, note 3.

5. 1301, 21 mai. Sweetman, n° 809.

6. 1301, 19 avril, et 1302, février. *Ibidem*, n°ˢ 800, 39 à 42, 46.

7. 1295, 2 mai. *Ibidem*, n° 211.

8. 1294 à 1302. *Ibidem*, n°ˢ 149, 211, 447 et 146.

9. *Annals of Ireland*, II, 330.

10. 1303 à 1306. Sweetman, n°ˢ 241, 372, 535, 571, 596.

11. *Annales de Wigornia*, p. 560. — *Annals of Ireland*, II, 337.

12. *Annals of Ireland*, II, 343.

13. *Régeste genevois*, n° 899.

14. Sweetman, 1252-1282, n° 645.

de Besançon en 1261[1] et 1268[2]. Quant au sire de Marnay et de Gex, Simon, il n'avait, pas plus que Guillaume, fixé sa résidence au delà de la Manche. Bien qu'il ait, nous l'avons déjà dit, combattu pour Henri III en Gascogne en 1254, bien qu'on l'ait vu encore en 1273[3] servir Édouard Ier sur le continent, parmi les nombreux actes où son nom figure, on n'en trouve qu'un seul qui prouve qu'il ait jamais passé la Manche; c'est le testament d'Ebles de Genève qu'il souscrivit comme témoin, à Londres, le 12 mai 1259[4]. Il mourut le 3 juin 1277[5]. Un de ses fils, Pierre, sire de Marnay, suivit les mêmes errements : il fut l'un des principaux parmi ces seigneurs comtois qui s'allièrent à Édouard Ier et au roi des Romains pour empêcher l'annexion de la Franche-Comté acquise par Philippe le Bel. Après quatre années de luttes, les Comtois, abandonnés par leurs alliés, finirent par se soumettre en 1301, et Pierre de Marnay fit hommage au roi de France le 31 mai[6]. Depuis cette époque, les Joinville de la branche de Gex furent de fidèles serviteurs des rois de France. Il en fut du reste ainsi de ceux de la branche de Vaucouleurs.

Geoffroy avait eu de Mahaut de Lacy au moins neuf enfants :

1° *Pierre*, qu'il appelle son fils aîné en 1283[7], posséda, dans le pays de Galles et dans les comtés de Hereford et de Salop, des terres qui lui venaient de sa mère, telles que Walterston, Staunton-Lacy, Ludlow, Malmeshull, Wulverlowe et Ewyas-Lacy[8]. Il expira en 1292[9]; il avait épousé Jeanne de la Marche, sœur

---

1. Archives de la Haute-Marne, Cartulaire de Saint-Laurent de Joinville, fol. 24 r°, mentionné par Simonnet, *Essai sur l'histoire..... des sires de Joinville*, p. 326.

2. *Régeste genevois*, n° 1034.

3. En juin ou août 1273, il était au château de Saint-Georges témoin de l'acte par lequel Guillaume, sire de Tournon, fit sa soumission à Édouard Ier. Rymer, *Fœdera*, éd. de 1816, I, 2e partie, 504.

4. *Régeste genevois*, n° 912.

5. *Régeste genevois*.

6. Funck-Brentano, *Philippe le Bel et la noblesse franc-comtoise*, dans la *Bibliothèque de l'École des chartes*, année 1888, p. 247 et 250, et aussi p. 33 et 34, où l'on doit substituer le nom de Pierre de *Marnay* à celui de Pierre de *Mornay*.

7. Sweetman, n° 2163.

8. *Calendarium inquisitionum post mortem*, I, p. 112, n° 132. — *Abbreviatio placitorum*, règne d'Édouard Ier, p. 276, col. 1.

9. *Annals of Ireland*, II, 321.

de Guyard, comte de la Marche[1], de qui il laissa trois filles[2] :

> a. *Jeanne*, née le 2 février 1286[3], épousa Roger Mortimer et reçut la seigneurie de Meath en 1308, quand son aïeul entra au couvent[4].
>
> b. *Béatrix*, née en 1287[5].
>
> c. *Mahaut*, née le 4 août 1291[6]. Toutes deux furent religieuses à Acornbury[7].

2° *Gautier*, qualifié fils aîné de Geoffroy, en 1294[8], tint, du vivant même de son père, la seigneurie de *Vaucouleurs*, dont il était investi en 1298[9]. Il était alors marié à Isabeau de Cirey. Il fut l'un des ambassadeurs chargés par Philippe le Bel d'aller à Narbonne, en 1303, convenir, avec ceux du roi d'Aragon, d'une action commune contre Boniface VIII[10], et périt en 1304 lors du coup de main tenté par l'armée française contre la Bassée[11].

3° *Jean* succéda à son frère dans la seigneurie de *Vaucouleurs*[12]. Il était l'aîné des fils survivants de Geoffroy lors du partage de la succession de celui-ci en 1315[13]. Comme son fils aîné porta aussi le nom de Jean, on ne sait si c'est encore de lui qu'il est question dans un acte par lequel Philippe le Long fit, en janvier 1319, don de 80 livrées de terre en augment de fief à Jean de Joinville, sire de Vaucouleurs[14]. C'est ce fils qui échangea avec Philippe VI la seigneurie de Vaucouleurs contre celle de *Méry-sur-Seine* dont lui et ses successeurs portèrent dorénavant le

---

1. Archives nationales, J 407, n° 15.

2. *Calendarium genealogicum*, I, 449, n° 132. — *Placita de quo warranto*, p. 678, col. 1, et 680, col. 2.

3. *Calendarium genealogicum*, I, 449, n° 132.

4. *Annales de Wigornia*, p. 560. — *Annals of Ireland*, II, 337. — Mortimer est appelé Jean dans les *Annals of Ireland*, II, 329.

5. *Calendarium genealogicum*, I, 449, n° 132.

6. *Ibidem.*

7. Du Cange, *Généalogie de la maison de Joinville*, p. 14.

8. *Ibidem*, p. 29, d'après dom Pierre de Sainte-Catherine.

9. N. de Wailly, *Recueil de chartes..... de..... Joinville*, pièce W.

10. Dom Vaissète, *Histoire de Languedoc*, IV, p. 108. — Nouvelle édition, IX, 231.

11. Guillaume Guiart, v. 17970, dans les *Historiens de France*, p. 276, col. 1. — *Anciennes chroniques de Flandre, ibidem*, p. 385 H.

12. 27 juillet 1313. Archives de Meurthe-et-Moselle, Trésor des chartes de Lorraine, layette *Rosières, salines I*, n° 58.

13. Bibl. nat., *Trésor généalogique de D. Villevieille*, au mot *Joinville*, fol. 93 v°.

14. Arch. nat., JJ 56, n° 510.

titre. Un autre fils de Jean, *Erard*, fut la tige des seigneurs de *Doulevant*.

4° *Simon* fut en procès avec son père en 1294[1] et vivait encore en 1329[2]. Sa femme, *Jeanne Fitzlyon*, lui survécut jusqu'en 1346[3]. Il avait eu un fils, *Nicolas,* mort en 1324 et enterré dans le couvent des Dominicains de Trim[4].

5° *Nicolas*, nommé dans un acte de 1294[5], passa dans le royaume de Naples où l'avaient précédé depuis longtemps d'autres membres de la famille de Joinville. Il reçut du roi Charles II les seigneuries de Miglionico, de Grottole et de Pietra[6]. De là le titre de sire de *Milonique* qu'il prit souvent par la suite[7]. Ce fut sans doute pendant son séjour en Italie qu'il épousa *Jeanne de Lautrec*, fille de Sicard de Lautrec, vicomte de Paulin[8]. Il revint ensuite en France où il porta le plus habituellement le nom de sire de *Morancourt*. Ce nom lui venait d'une terre qui avait appartenu à son père et qui lui fut attribuée en juillet 1315, lors du partage de la succession, en même temps que la Neuville-à-Mathons, Mussey, Magneux et Montigny-aux-Ormes[9]. Il vivait encore en 1322[10], mais il était mort en 1336[11]. On peut se demander s'il n'avait pas été dans les ordres avant d'aller chercher fortune en Italie, car on voit un Nicolas, fils de Geoffroy de Joinville, chanoine de Saint-Patrick et recteur de Trim de 1283 à

1. Sweetman, 1293-1301, n° 176.
2. *Annals of Ireland*, II, 370.
3. *Ibidem*, II, 390.
4. *Ibidem*, II, 362.
5. Du Cange, *Généalogie de la maison de Joinville*, p. 29.
6. *Syllabus membranarum ad regix Siclx archivum pertinentium*, part. II, p. 44. Miglionico et Grottole sont des communes de Basilicate, province de Potenza, arrondissement de Matera. Pietra est peut-être Pietra-pertosa, province et arrondissement de Potenza.
7. Juillet 1315. Bibl. nat., *Trésor généalogique de D. Villevieille*, article *Joinville*, fol. 93 v°. — 4 août 1319. Arch. nat., KK 906, fol. 101 r°-v°, et KK 907, fol. 92 r°, n° 4.
8. Sa femme est nommée dans plusieurs actes de février 1320 (*Trésor généalogique de D. Villevieille*, article *Joinville*, fol. 94 r°. Arch. nat., KK 906, fol. 102 v°); du 31 mars 1336 (D. Villevieille, fol. 95 r°. Arch. nat., KK 907, fol. 92 r°, n° 37), et du 12 août 1339 (Arch. nat., KK 906, fol. 100 r°, n° 423, et KK 907, fol. 9 r°, n° 31). Voy. aussi P. Anselme, VI, 697 B.
9. *Trésor généalogique de D. Villevieille*, article *Joinville*, fol. 93 v°.
10. Il est nommé dans un acte d'Anseau, sire de Joinville, comme étant en possession de la maison de Beauregard le 29 avril 1322 (Bibl. nat., collection Moreau, vol. 224, p. 42).
11. Voy. l'acte du 31 mars 1336, cité dans la note 8.

1295[1]. Il peut se faire pourtant qu'il y ait eu deux fils du sire de Vaucouleurs qui aient porté le prénom de Nicolas, car il y en a eu certainement deux qui se sont appelés Pierre.

6° *Pierre* paraît en effet deux ans après la mort de son frère aîné Pierre, mari de Jeanne de la Marche, dans un acte de 1294, où il est nommé à la suite de Simon et de Nicolas, avant Guillaume et avant sa sœur Jeanne[2].

7° *Guillaume*, qui figure dans la même pièce, était, en 1304, au nombre des chevaliers du bailliage de Troyes convoqués par Philippe le Bel[3]. En 1306, il se disait sire de *Beauregard* et neveu du sénéchal de Champagne[4]. Celui-ci parlait de lui comme déjà mort en février 1309[5]. Guillaume n'avait pas dû laisser de postérité, car sa maison de Beauregard était passée à son frère, Nicolas de Morancourt, en 1322[6].

8° *Jeanne*, comtesse de Salm, est mentionnée après ses frères dans l'acte de 1294 déjà cité plusieurs fois.

9° *Catherine* de Joinville était prieure d'Acornbury le 1er janvier 1315[7].

On voit que deux seulement des fils du sire de Vaucouleurs, Pierre et Simon, restèrent fixés en Angleterre; mais le hasard permit que l'extinction rapide de leurs branches nous épargnât le regret de voir figurer le nom de Joinville parmi ceux des seigneurs anglais de race française qui, lors de la guerre de Cent ans, portèrent les armes contre leur pays d'origine. Leurs frères, au contraire, firent souche de bons Français et, dix ans avant la mort de Geoffroy, l'aîné de ses fils survivants, Gautier,

> Li drois sires de Vaucouleur
> Qui n'iert vilain ni bobancier[8],

leur donnait bravement l'exemple en se faisant tuer sous la bannière du petit-fils de saint Louis.

H.-François DELABORDE.

1. Sweetman, 1252-1284, n° 2872; 1293-1301, n°° 45, 128, 198 et 199.
2. Du Cange, p. 29, d'après dom Pierre de Sainte-Catherine.
3. Archives nationales, JJ 35, fol. 50 r°.
4. Archives de la Haute-Marne, Cartulaire de St-Laurent de Joinville, fol. 4 r°.
5. *Ibidem*, fol. 20 r°.
6. Bibl. nat., collection Moreau, vol. 224, p. 42.
7. *A descriptive catalogue of ancient deeds*, I, B 532.
8. Guillaume Guiart, v. 17972.

UN

INCIDENT DE FRONTIÈRE

DANS LE VERDUNOIS

(1387-1389).

C'est avec raison qu'un récent historien de Verdun, l'abbé Clouët, a pu dire qu'il était impossible, faute de documents, de faire l'histoire des petites guerres que des pillages réciproques provoquaient au moyen âge entre les habitants du Verdunois et les habitants des marches de Champagne ou, si l'on veut, des frontières du bailliage de Vitry [1]. D'ailleurs, quel que puisse être l'intérêt qu'en présenterait l'examen pour l'histoire des progrès lents et sûrs de la monarchie vers cette frontière du Rhin qu'elle sut donner et conserver à la France, il est rare que ces incidents aient été assez graves pour attirer l'attention du pouvoir impérial, trop occupé ailleurs, ou pour mettre en mouvement le bailli de Vitry. Un dossier suffisamment complet donnera l'exemple d'un conflit que la répression de brigandages amena entre le bailli royal et le représentant impérial.

---

1. *Histoire de Verdun et du pays verdunois*, t. III, p. 456. Ces incidents étaient parfois assez sérieux : ainsi, peu avant le mois de mars 1390 (n. st.), un fonctionnaire fut enlevé par des brigands venus de terre d'empire : « En venant « audit Reteil (Rethel), le bailli fu prins par les Allemans et mené en Alle- « maigne, où il fu detenu x sepmaines. » (Arch. nat., X2ᴬ 12, fol. 80 v°.) Une population aussi constamment menacée par ses voisins avait contracté des habitudes de violence assez excusables, et les aventuriers s'y réfugiaient volontiers. En 1392, un chevalier, Guillaume de Quesnes, « fist venir iiij compaignons du « païs d'Ardenne, dont il ne scet les noms, si comme il dit, pour faire batre « feu maistre Jehan Cochon, lequel fu bastu par lesdiz compaignons par la « maniere qu'il est contenu en la grace dudit chevalier. » (Arch. nat., X2ᴬ 12, fol. 147 v°.)

Vers l'année 1387, un défi mit aux prises la ville de Verdun, d'une part, et d'autre part Jean de Saulx[1], Pierre d'Argiers[2] et Guyot de Savigny[3]. Les gens d'armes de Verdun eurent l'avantage, et, à leur tête, Richard des Armoises, d'une famille célèbre, Jean de Wadonville et Jaquemin de Baleicourt poussèrent une pointe jusqu'aux environs de Sainte-Menehould, en menant vivement leurs adversaires ; ils en profitèrent pour faire toute sorte de dégâts à Chaudefontaine[4], à Moiremont[5], à la Grange-aux-Bois[6], à Dannevoux[7], à Baulny[8] et à Montfaucon[9]; ils prirent à

1. Il y avait un Jean de Saulx, fils de Colart de Saulx, bailli de Vitry, seigneur de Servon, Binarville, Lançon et Vandy; mais ce personnage s'étant retiré à l'abbaye du Mont-Dieu (H. Vincent, *les Inscriptions anciennes de l'arrondissement de Vouziers*, p. 354, et P. Laurent, *les Antiquités de la Chartreuse du Mont-Dieu*, p. xxi, note 1), où il mourut en 1386, il est certain qu'il ne s'agit pas de lui. Il faut reconnaître ici un second Jean de Saulx, appartenant sans doute à la même famille, et seigneur de Ranzières (Meuse, arrondissement de Commercy, canton de Saint-Mihiel).

2. Pierre d'Argiers, seigneur de Cumières (sans doute Meuse, arrondissement de Verdun, canton de Charny-sur-Meuse, plutôt que Marne, arrondissement d'Épernay, canton d'Ay), figure parmi les chevaliers dont Édouard, comte de Grandpré, fit montre à Édimbourg le 3 août 1385 (marquis Terrier de Loray, *Jean de Vienne, amiral de France*, p. cxiv), lors de l'expédition que l'amiral Jean de Vienne conduisit en Écosse. Il était peut-être fils de Jean d'Argiers, qui avait été bailli de Vitry, reçu en cette qualité le 5 avril 1366 à prêter serment au Parlement (Arch. nat., X1ᴀ 1469, fol. 134 rᵒ), et avait sans doute succédé dans cette charge à Colart de Saulx (Bibl. nat., Cab. des Titres, Pièces originales, vol. 90, dossier 1881, pièce 2). Sur Cumières, voir l'*Histoire de Verdun et du pays verdunois* de l'abbé Clouët, t. III, p. 339 à 341.

3. Guyot de Savigny tirait son nom de Savigny-sur-Aisne (Ardennes, arrondissement de Vouziers, canton de Monthois); ses armes figurées sur son sceau ne laissent aucun doute à cet égard (Bibl. nat., Cab. des Titres, Pièces originales, vol. 2654, dossier 58943, pièces 3 et 4, et Dossiers bleus, vol. 602, dossier 15900, pièce 2). Il fut au service du frère de Charles VI, Louis d'Orléans, quand celui-ci étendit son autorité sur le duché de Luxembourg (E. Jarry, *la Vie politique de Louis de France, duc d'Orléans*, p. 292, et Bibl. nat., Cab. des Titres, Pièces originales, vol. 2654, dossier 58943, pièces 2 à 4). Il portait d'après son sceau : gironné de douze pièces [d'azur et d'or], à l'écusson [de gueules] mis en cœur, chargé d'une bande d'hermine [emanchée d'or des deux bouts].

4. Chaudefontaine, Marne, arrondissement et canton de Sainte-Menehould.

5. Moiremont, ibid.

6. La Grange-aux-Bois, Marne, commune de Sainte-Menehould.

7. Dannevoux, Meuse, arrondissement de Montmédy, canton de Montfaucon-en-Argonne.

8. Baulny, Meuse, arrondissement de Verdun, canton de Varennes-en-Argonne.

9. Montfaucon-en-Argonne, arrondissement de Montmédy, chef-lieu de canton.

Moiremont les chevaux de Pierre d'Argiers, s'emparèrent même
du prévôt de Sainte-Menehould, de divers habitants du pays et,
enfin, de l'abbé de Moiremont, qu'ils emmenèrent prisonniers à
Verdun.

Ceci passait la mesure : le bailli de Vitry, Guyot de Brecons,
décidé à faire un exemple, mit la main, au printemps de l'année 1388[1], sur les châteaux occupés par deux des principaux
pillards, Wadonville[2] et Baleicourt[3]. Le coup était singulièrement hardi, car c'était une incursion en terre d'empire ou mieux
la prise de vive force de deux places fortes étrangères ; et quels
que pussent être les griefs très justifiés de l'assaillant, des procédés aussi violents, pour être efficaces, n'en étaient pas moins
singuliers.

Ce qu'il y a de plus bizarre, c'est que les représentants de l'em-
percur ne protestèrent pas contre la prise de deux forteresses,
ni contre la violation du territoire impérial[4], affectant, sans
doute, de considérer ce fait comme un épisode d'une guerre pri-

1. Quittance de Guyot de Brecons, écuyer, bailli de Vitry, pour 1,637 livres
8 sous 2 deniers qui lui étaient dus pour fin de compte rendu en la Chambre
des comptes, « à cause de la prinse par moy faicte des forteresses de Wartron-
« ville et de Balecourt pour le Roy nostredit seigneur » (Bibl. nat., Titres scellés de Clairambault, vol. 21, pièce n• 1513, 19 août 1388).

2. Wadonville-en-Woëvre, Meuse, arrondissement de Verdun, canton de
Fresne-en-Woëvre.

3. Baleicourt, ou Baleycourt, fait partie de la commune de Verdun. Le roi
de Bohême, Jean l'Aveugle, fit élever à Baleicourt, qui était de la mouvance
du Luxembourg, un château « qu'il inféoda en 1340 à un certain chevalier
« Rogier », avec obligation de rendre la place, à première réquisition, au duc
de Luxembourg (*Histoire de Verdun et du pays verdunois* par l'abbé Clouët,
t. III, p. 187). En 1416, Jacquemin de Baleicourt vendit cette place à Philippe
de Nauroy et disait dans l'acte que « ladite Baleicourt avoit esté, sans cause et
« sans raison, prinse et arse par ceux de la duchié de Luxembourg » (*ibid.*,
p. 580). Mais, lasse des pilleries de la nouvelle garnison, la ville de Verdun fit
prendre Baleicourt le 22 février 1420 (n. st.) et fit raser la forteresse, dont
l'emplacement entra dans le domaine de la ville. En 1502, les bourgeois de Verdun reconnurent tenir de l'archiduc d'Autriche, duc de Luxembourg, « ung siege
« ruyné, enmy les champs, où soulloit avoir maison, appellé Ballecourt, avec
« les fossés en l'environ dudit siege » (*Ville de Verdun, Inventaire sommaire des archives communales antérieures à* 1790, par H. Labande et J. Vernier, DD 2). C'était là tout ce qui restait du château.

4. Verdun n'accepta jamais au moyen âge, d'une façon définitive, d'être considéré comme « infra regni nostri Francie limites » (*Histoire de Verdun et du
pays verdunois*, t. III, p. 119).

vée entre les sires de Wadonville et de Baleicourt, d'une part,
et le bailli de Vitry, d'autre part. Cette apparente indifférence
est d'autant moins explicable que l'installation de deux garnisons
françaises si près de Verdun (l'une, celle de Baleicourt, était, à
proprement parler, aux portes mêmes de la ville) devait porter
ombrage à l'autorité impériale, si l'on remarque que cette occupation coïncidait avec les débuts de l'expédition dirigée par
Charles VI contre le duc de Gueldre, donnait à la France deux
postes importants qui pouvaient lui servir de base d'opérations
contre Verdun et retirait à la cité toute envie et tout pouvoir de
s'opposer utilement à l'établissement, discret d'abord, de l'autorité royale[1].

En effet, la France cherchait à réimposer sa protection à la
ville de Verdun. Après Louis X, qui, le premier, avait su établir
la garde de la France, et son successeur qui l'y avait confirmée,
cette garde s'y était continuée, malgré diverses vicissitudes, jusqu'au moment où les préoccupations de la guerre de Cent ans
avaient obligé Philippe VI de Valois à la partager également
entre le comte, depuis duc de Luxembourg, et le comte, depuis
duc de Bar; seulement, l'influence de la maison de Luxembourg,
qui détenait alors l'empire, eut bien vite fait d'annuler la part
d'autorité légitime à laquelle eût pu prétendre la maison de Bar,
et Verdun finit par considérer sa garde luxembourgeoise comme
une garde impériale.

Les choses en étaient à ce point, quand Wenceslas, devenu roi
des Romains et dont les mains trop débiles ne pouvaient maintenir en un tout les différentes parties de l'empire, délégua, en 1387,
le gouvernement de son duché de Luxembourg à son cousin germain Josse, marquis de Moravie, qui conserva ses fonctions de sénéchal à Huart d'Autel[2], déjà gardien à vie de Verdun depuis 1384.

1. Verdun, menacé d'un siège par l'armée en marche contre le duc de
Gueldre, fit une soumission complète, et Charles VI traversa la ville (abbé
Clouët, *Histoire de Verdun et du pays verdunois*, t. III, p. 433 à 435).

2. Il était déjà sénéchal de Luxembourg en 1358 (Bibliothèque nationale,
Cab. des Titres, Pièces originales, vol. 147, dossier 2933). La même année, on
constate que le roi Jean lui avait assigné sa part « de la value de la prevosté
« d'Autri (Ardennes, arrondissement de Vouziers, canton de Monthois), ensemble
« les chastelz », soit 100 livres tournois, « à prenre et lever par lui et ses genz
« jusquez il soit paiez de certaine somme d'argent que le Roy nostre sire li
« doit, si comme on dit » (Bibl. nat., ibid., vol. 2642, dossier 58769, pièce 3).
Ce fut l'un des serviteurs les plus fidèles et les plus dévoués de Wenceslas.

C'était donc à Huart d'Autel qu'il eût appartenu de protester énergiquement contre l'occupation de Wadonville et de Baleicourt.

Peut-être y eut-il quelque réclamation et peut-être faut-il expliquer ainsi la remise des deux places entre les mains du duc de Bourbon[1], beau-frère de Charles V et par conséquent oncle de Charles VI, qui aurait joué alors le rôle de séquestre, en raison de ses liens étroits aussi bien avec la maison de France qu'avec la maison de Luxembourg[2].

Le fait est que cette remise en mains tierces ne mit pas fin aux difficultés, et les dégâts commis aux environs par la garnison de Baleicourt fournirent assez vite au sénéchal de Luxembourg un excellent motif d'intervention[3]. Huart d'Autel se décida, au début de l'année 1389, à cette intervention qu'il voulut efficace et, empruntant au bailli de Vitry ses procédés, il jugea ne pouvoir mieux faire, pour mettre hors d'état de nuire les gens d'armes de Baleicourt, que de les expulser.

1. *Histoire de Verdun et du pays verdunois*, par l'abbé Clouët, t. III, p. 452, note 1, et Pièces justificatives, I.

2. Quand l'empereur Charles IV vint rendre visite à Charles V à Paris, il demanda, après qu'on l'eut présenté à la reine, à voir la mère de la reine, la duchesse de Bourbon ; « et quant il furent pres l'un de l'autre, l'empereur « commença si fort à plourer et ladite duchesse aussi, que c'estoit piteuse « chose à regarder ; et les causes si estoient pour la memoire qu'il avoit eu de « ce que la seur de ladite duchesse avoit esté sa premiere femme et aussi que « ladite duchesse avoit esté compaigne et nourrie avec la duchesse de Normen- « die, seur de l'empereur et mere du Roy » (*Grandes Chroniques*, t. VI, p. 400). J'ajouterai qu'en raison de sa qualité d'héritier pour partie de Béatrix de Bourbon, jadis reine de Bohême, sa tante, le duc de Bourbon avait des droits à exercer, tant dans le comté de Chiny que dans le duché de Luxembourg. Il négocia à cet effet plusieurs fois avec Wenceslas, roi des Romains et de Bohême, depuis l'année 1384 (*Archives nationales, Inventaires et documents......, Titres de la maison ducale de Bourbon*, t. II, nᵒˢ 3582 et 3590) ; le 2 janvier 1389 (n. st.) notamment, il donne procuration à Charles de Hangest et à Humbert de Boissy pour traiter en son nom, avec Wenceslas, de la part qui doit lui revenir dans le comté de Chiny et autres lieux par la succession de sa tante (*Ibid.*, nᵒ 3753). C'est tout à fait à tort que l'abbé Clouët propose de reporter à 1393 la date de la mort de Béatrix de Bourbon, date qui jusqu'à présent était fixée à Noël 1383 (*Histoire de Verdun et du pays verdunois*, t. III, p. 435, note 1), puisqu'en 1384 la succession de cette princesse était ouverte.

3. Wadonville fut remis par le duc de Bourbon lui-même au mois de février 1390 (n. st.), avec des réserves, entre les mains de ses anciens maîtres, comme en fait foi un document reproduit par l'abbé Clouët (t. III, p. 452, note 1).

Il réunit donc le plus de troupes qu'il put et fit son mandement, comme on disait alors, dans le comté de Sultz ; la nouvelle en vint à la connaissance de la garnison de Baleicourt. Aussitôt le capitaine de la place passa le commandement à Waleran de Noyelle et accourut auprès du duc de Bourbon pour mettre en mouvement son autorité. Cependant, le péril augmentait de jour en jour et Waleran de Noyelle, sans nouvelles de son capitaine, avec un faible effectif, sentait les provisions sur le point de manquer et se voyait près d'être investi ; le propriétaire dépossédé de Baleicourt, Jaquemin de Baleicourt, venait jusqu'aux barrières de son ancien château et provoquait la garnison ; Richard des Armoises, qui, avec Jaquemin de Baleicourt, avait fait l'expédition de Sainte-Menehould, s'était joint cette fois encore à lui, si bien qu'avant que les communications avec le dehors devinssent tout à fait impossibles, Waleran de Noyelle adressa, le 13 mars 1389 (n. st.), un appel très pressant[1] au bailli de Vitry[2].

Il était grand temps : car Huart d'Autel était au moins depuis la veille à Damvillers[3]. Avant de recourir à la force, le 12 mars 1389 (n. st.), le sénéchal de Luxembourg avait adressé à Guyot de Brecons une lettre très nette, où il le sommait en termes modérés, mais fermes, d'avoir à mettre un terme aux dégâts faits par la garnison de Baleicourt ; il ajoutait qu'il ne pouvait admettre que ces actes de brigandage fussent la conséquence d'ordres du roi ou du bailli. J'ignore où cette sommation trouva son destinataire ; mais elle lui fut remise le mardi 16 mars, et il se hâta d'y répondre.

Avant toutes choses, le bailli de Vitry fit une distinction importante. Alors que le sénéchal de Luxembourg affectait de considérer

---

1. D'après les termes de sa lettre, on constatera que les gens de Baleicourt n'étaient pas sous les ordres du bailli de Vitry, sans doute parce qu'ils occupaient une place remise au duc de Bourbon.

2. Vers la fin du mois de mars 1389, le prévôt de Bouconville (Meuse, arrondissement de Commercy, canton de Saint-Mihiel) poursuivait les gens de Baleicourt (abbé Clouët, *Histoire de Verdun et du pays verdunois*, t. III, p. 452, note 2). Ceci montre que la garnison de Baleicourt maltraitait avec une égale impartialité les sujets de l'empire et les habitants du Barrois.

3. Damvillers, Meuse, arrondissement de Montmédy, chef-lieu de canton. Quand Charles VI passa à Verdun, le chapitre lui fit de grandes plaintes sur les maux que causaient aux terres capitulaires les malfaiteurs, qui trouvaient un refuge assuré à Damvillers (abbé Clouët, *Histoire de Verdun et du pays verdunois*, t. III, p. 434).

la prise de Baleicourt comme un gage que le roi avait jugé bon de
s'attribuer en raison des dégâts commis par Jaquemin de Baleicourt, Guyot de Brecons affirmait qu'il s'était emparé de la forteresse par confiscation faite au nom du roi. On saisit la portée
de cette prétention, puisqu'on ne saurait imaginer une confiscation exercée sur territoire étranger, la confiscation ne pouvant
pas être opérée *extra limites ;* ceci revenait à affirmer catégo-
riquement devant le représentant impérial que Baleicourt, faubourg de Verdun, était en terre française[1].

Puis, passant à la demande de répression que lui adressait le
sénéchal, Guyot de Brecons offrit d'abord de citer les gens de
Baleicourt par-devant lui à Sainte-Menehould, prévôté la plus
voisine de l'empire, et là d'y faire justice des accusations dont le
bien fondé lui serait prouvé. Il proposait aussi à Huart d'Autel
une entrevue « en marche commune » à Montfaucon-en-Argonne,
à Varenne ou à Clermont-en-Argonne. Enfin, il le priait de lui
répondre à Sainte-Menehould, où il allait se rendre, et en même
temps rendait hommage aux sentiments conciliants dont le sénéchal de Luxembourg avait fait preuve depuis le début de son
administration.

Cette lettre parvint au sénéchal le samedi « devant le dymenche
« que on chante *Oculi* », c'est-à-dire le 20 mars 1389 (n. st.).
Le même jour, Huart d'Autel, tout en acceptant en principe le
projet d'une entrevue avec Guyot de Brecons, le prévint qu'une
conférence devait avoir lieu prochainement à Mouzon[2] entre le

---

1. Lors d'une enquête faite en 1288 sur les frontières respectives de la Champagne et du Verdunois, la Biesme, affluent de la rive droite de l'Aisne, avait
été reconnue comme formant la limite des deux pays (*Histoire de Verdun et
du pays verdunois*, par l'abbé Clouët, t. III, p. 3 à 16 ; et *Bibliothèque de
l'École des chartes*, année 1881, t. XLII, *la Frontière d'empire dans l'Argonne*,
par M. J. Havet). En 1378, Charles V avait également reconnu que Clermont-
en-Argonne (Meuse, arrondissement de Verdun, chef-lieu de canton) était en
empire (abbé Clouët, *op. cit.*, t. I, p. 403). Mais en 1390, c'est-à-dire deux
ans après la lettre de Guyot de Brecons, on avait bien d'autres prétentions, et
le bailli de Chaumont recueillait avec empressement des dépositions où on
affirmait que la frontière de la France s'étendait jusqu'à la Meuse et même
au delà (abbé Clouët, *op. cit.*, t. I, p. 42 et 45 à 49). L'abbé Clouët propose
avec raison (p. 44) de considérer ces mots *frontière de la France* comme synonymes de *frontière du Barrois mouvant de la couronne de France ;* mais la
prétention n'en subsiste pas moins tout entière.

2. Mouzon, Ardennes, arrondissement de Sedan, chef-lieu de canton. Cette
entrevue avait dû primitivement avoir lieu sans doute avant la fin du carême.

duc de Bourbon, d'une part, le roi des Romains et le marquis de Moravie, d'autre part, qu'il était obligé d'y assister, mais qu'aussitôt après il se mettrait à sa disposition. Il termina en le priant d'imposer jusque-là aux gens de Baleicourt l'obligation de laisser en paix le voisinage[1].

Guyot de Brecons s'était déjà avancé jusqu'à Sainte-Menehould ; c'est de là qu'il data, le 22 mars, sa réponse, qui, en défi· nitive, déclarait l'incident clos ; et, après des témoignages d'estime pour le sénéchal de Luxembourg et la promesse d'agir énergiquement sur la garnison de Baleicourt, le bailli de Vitry pria son correspondant de profiter de son voyage prochain à Mouzon, où il devait rejoindre le roi des Romains et le marquis de Mora-

Elle fut remise, d'accord avec le duc de Bourbon, au 27 avril. Le 10 mars 1389 (n. st.), Jean, duc de Gorlitz, donnait à entendre que ni lui ni son frère ne se rendraient à Mouzon, mais qu'ils y enverraient des négociateurs avec leurs pleins pouvoirs, chargés de traiter avec le duc de Bourbon du règlement de la succession de Béatrix de Bourbon. Voici d'ailleurs la lettre qu'il adressa à ce sujet au duc de Bourbon : « A mon tres chier et tres amé cousin le duc de « Bourbonnois, conte de Clermont et de Fores, peire et chambrelain de France. « — Tres chier et tres amé cousin, voz gracieuses lettrez contenans comment « vous avels consenti au prolongement d'une journée au lieu de Mouson emprise « sur aucunez chouses vous touchanz, dont autresfois envoyet aveis par dever « le Roy des Romains, mon freire, jusques au mardy apres Quasimodo, par ensi, « si j'aie entencion de procedeir gracieusement et par voie de paix, que je le « faice savoir à mondit frere qu'il envoye à ladite journée genz qui aient puis- « sance de oyr voz demandes, respondre à ycelles, faire et acomplir ce qui « appartendra à celuy fait, a je bien entendu, et vouz plaise savoir que je en « sembley matiere à consentir et consente à tenir audit mardy apres Quasimodo « prochain venant ladite journée ensi prolongée au lieu de Mouson; là j'envoie- « rai ceulz qui auront plaine puissance de part mon tres chier et tres redoub- « teit signeur et freire monsseigneur le Roy des Romains et de moy qui oyer- « ront voz demandes, à ycelles responderont et ausui plus feront tout ce qui « appartendra en celuy fait à faire. Sur quoy, tres chier et tres amé cousin, « vous plaise avoir vostre avis et à moy feaublement commandeir comme à « cely qui est desirrans et prest de faire chose qui vous fuist aggreauble. Ly « Saint Esperit vous ait en sa sainte benote garde. Escript à Luccembourg le « dixime jour de marce. — Johan, duc de Luccembourgh et de Gorlitz et mar- « quis de Lusicz. » (Bibl. nat., fonds français 5044, pièce 112, papier.)

1. Dans des lettres du 28 février 1396 (n. st.), Charles VI, considérant que le chapitre de Verdun venait de demander la garde de la France, reconnut formellement les excès de la garnison de Baleicourt, en donnant l'ordre de restituer au chapitre ce que les garnisons de Wadonville et de Baleicourt lui avaient enlevé (abbé Clouët, *Histoire de Verdun et du pays verdunois*, t. III, p. 452, note 2). L'abbé Clouët, qui n'a pas connu les documents qui font l'objet de la présente notice, n'a pu s'expliquer la raison de l'occupation de ces deux places par la France.

vie, pour aviser les gens du duc de Bourbon des difficultés causées par les garnisons des places remises entre ses mains.

Telle fut la fin d'une difficulté que non seulement la faiblesse du marquis de Moravie, maître temporaire du Luxembourg, mais aussi l'impuissance du roi des Romains, devaient empêcher d'arriver à l'extrême. Peut-être par ces raisons jointes elles-mêmes à la modicité des intérêts en cause, plus encore que par la modération du sénéchal de Luxembourg, une solution pacifique ne pouvait-elle manquer d'intervenir.

H. MORANVILLÉ.

I.

Copie des lettres du cappitaine de Ballecourt adreçans à Guiot de Brecons[1].

A noble et puissant signeur Guiot de Bricon, bailli de Vitri, lieutenant du Roy, nossigneur. Tres grans et tres redoubtez sires. On nous a dit pour vray que messire Hue d'Autel, seneschal du Roy d'Allemaingne en la duchié de Lucembour, fait tres grant mandement en le conté de Suy, pour venir mettre le siege devant Ballincourt et a de present ii chenz lanchiez. Si est no cappitaine alez devers monsigneur de Bourbon et devers no signeur. Si ne savons quant il revenra. Si n'avons mie vivres pour tenir la maison et le nous fault leschier se nous n'avons des vivres. Si vous supplions tant chierement comme nous povons à remedier à che fait. Car nous ne savons à qui retraire que à vous qui estes lieutenant du Roy nossigneur es parties de par deça. Et vous supplions, tres redoubtez sires, que ce soit le plus brief que vous pourrez. Et aussy, tres redoubtez sires, Jaquemin de Ballincourt est venus jusques aux barrieres de no maison et nous a deffié et a de present grant foison de gens Allemans et autres. Et aussi messire Richart des Armoises ne fait que courre; si ne savons pourquoy et n'osons saillir hors de no maison pour ledit messire Richard et pour Jaquemin qui sont tous les jours entour no maison. Tres grant et tres redoubté sire, Nostre Sire par sa saincte grace vous doint bonne vie et longue. Escript à Ballincourt, le xiiie jour de mars.

Vostre petit serviteur,

WALERAN DE NOIELLE, lieutenant du cappitaine de Ballincourt.

1. Bibl. nat., fonds français 6537, p. 59, papier.

II.

Copie d'autres lettres envoyés par le seneschal de Lucembour.

A mon tres chier et grant ami Guiot de Bricon, bailli de Vitri. Chier et grant ami, je vous salus. Comme ainsy soit que pour le Roy de France, nossigneur, vous ayez woingnier la forteresse de Balleicourt et en ycelle il ait gens qui ont pris et prennent de jour en jour les marchans, les bourgois, les wardains et les biens du duchié de Lucembour, appartenans à mon tres redoubté signeur monsigneur le Roy de Rommains et monsigneur le marquis de Morable; dont je sui moult mervilleux comment vous leur souffrez à faire tel dommage en dit pays, sur la bonne amour qui est et doit estre entre le Roy de France nossigneur dessusdit, et mon tres redoubté signeur monsigneur le Roy des Rommains et monsigneur le marquis; pour laquelle chose je vous pri et requier que les dessusdiz de Balleicourt ayez à telz, qu'il se depportent de faire telz dommages sur le pays et wardes de mesdis signeurs. Et de ce qui fait en est, nous en soit tropt fait amende. Su que faire en voulez, me vuilliez rescrire par le porteur de ces lettres, et se vous les advouez ou non; car je ne tieng point que ce qui font soit dou commandement dou Roy, nossigneur, ne dou vostre. Donné à Danviller, le xiie jour de mars, sus le seel Jehan de Trepingney en deffaut dou mien.

HUART, signeur d'Autey, seneschal dou duchié de Lucembour.

III.

Copie des lettres de la response faicte par Guiot de Brecons audit seneschal de Lucembour.

Chiers sires et grans amis, plaise vous savoir que j'ay reçeu voz lettres ce mardi xvie jour de mars mil CCC IIIIxx et huit, données en date du xiie jour de ce present mois de mars, par lesquelles vous m'escripvez en substance ce qui s'ensuit... *(Voir ci-dessus, pièce II.)* Si vuilliez savoir, chiers sires et grans amis, quant est au premier point contenu en voz lettres, cy dessus transcriptes, que sauve soit vostre bonne grace, que pour le Roy, nostre sire, je ne tieng point avoir wagié la forteresse de Balleicourt, maiz l'ay prise à bon tiltre comme confisquée au Roy, nostre sire. Et quant aux gens qui sont dedens que vous dictes qui ont pris et prennent de jour en jour les marchans, les bourgois, les wardains et les biens du duchié de Lucembour appartenans à mon tres redoubté signeur monsigneur le Roy des Rommains et à monsigneur le marquis de Morave, vuilliez savoir que de ce n'est il rien venu à ma cognoissance ne n'en fu onques sommez ne requis par vous ne autres officiers de mes tres redoubtez signeurs monsigneur le Roy des Rommains et monsigneur le marquis. Et quant ad ce que vous me requerez que j'aye à telz ceulz de Balleicourt que je les face depporter de faire telz dommages sur mes dis signeurs, et que de ce que fait en est, le trop fait vous en soit amendé, vuilliez savoir que je vous offre, de par le Roy, nostre sire, comme son bailli de Vitri, de contraindre les dessusdiz de Ballecourt de venir à jour et à droit par devant moy à Saincte Manehoult, pour faire d'eulz raison de tout ce qu'il auront mesprins contre mondit signeur le Roy et marquis, pourveu qu'il apperre des dommages qui par eulz seroient faiz; et aussy leur deffenderay et feray deffendre, de par le Roy, que aucunement il ne meffacent sur mesdis signeurs et leur subgez. Et quant assavoir se je les advoe, ne que ce qu'il ont fait soit fait du commandement du Roy, nostre sire, ne du mien, vuilliez savoir que en ce qu'il ont bien et dehument fait, je, pour le Roy, nostre sire, les puiz bien advoer; maiz en ce qu'il auroyent mal fait, je vous offre, par ces presentes, de les en punir et vous en faire si grant raison comme au cas appartenra. Et se sur ce vous plait à moy mander une brief journée où vous et moy puissions parler ensemble en marche commune, à vostre aise et le mien, à Monfaucon, à Varennes, à Clermont ou autre part qui soit marche commune, escripvez le moy à Saincte Manehoult; et je y seray au plaisir de Dieu, pour y faire ce que raison appartient, affin de norrir la bonne paix et amour de nossigneurs et princes, comme raison est et que tenus y sommes et que tousjours l'avez fait de tout le temps que vous avez esté gouverneur. Et s'aucune chose vous plait que je puisse, escripvez le moi et je le feray de tres bon cuer. Chiers sires et grans amis, le benoit Filz de Dieu vous ait en sa saincte garde. Escript, etc.

Le vostre,

G. DE BRECONS, bailli de Vitri.

IV.

Copie d'autres lettres envoyés par ledit seneschal audit bailli.

A mon tres chier et bon ami Guiot de Brecons, bailli de Vitry. Tres chier et bon ami, vuilliez savoir que aujourdui ay receu voz lettres et bien entendu ce que par la teneur d'icelles escript m'avez, et comme pour norrir tousjours bonne amour et affinité entre nos signeurs je voulroye voulentiers venir et estre sur une journée que vous et moy puissiens parler ensemble. Maiz, tres chier ami, pour pluseurs journées et par especial pour certainne journée assignée à lieu de Mouson, entre mes tres redoubtez signeurs le Roy des Rommains et le marquis de Moravie, d'une part, et hault prince et noble monsigneur de Bourbon, delez autre, que tenir moy fa, je ne pue si brief tenir journée à vous. Maiz, la journée dessusdicte tenue, nous prouverons d'une journée en lieu convenable que vous et moy puissiens estre et parler ensemble, sur fin que bonne amour soit tenue tousjours entre nozdis signeurs. Et vous prie, tres chier ami, bien de cuer, qu'il vous plaise à commander et tant faire par devers les gens de Ballecourt, que de faire aucun dommage sur mesdis signeurs et leur pays il s'en depportent et cessent et que toute chose soit tenus en bonne amour et paisible estat jusques ad ce que nous aurons esté ensemble. Car en moy n'y aura aucun deffaut de maintenir et norrir bonne amour et acord entre noz signeurs et princes. Et si vous plait chose que je puis faire pour vous et pour le royaulme de France, vuilliez le moy mander et je à tout mon povoir et de cuer le feray. Le Saint Esperit vous ait en sa saincte garde. Donné le samdi devant le dymenche que on chante *Oculi*. Tres chier ami, ce que faire et commander vous en plait à ceulz de Ballecourt, me vuilliez rescrire et faire assavoir. Donné comme dessus.

HUART, sires d'Auteil, seneschal de la duchié de Lucembourg.

V.

Copie de la response sur ce faicte par ledit bailli et par escript audit seneschal.

A mon tres chier et grant ami messire Huart, signeur d'Auteil,

seneschal du duchié de Lucembour. Chiers sires et grans amis, plaise
vous savoir que j'ay receu voz lettres par lesquelles vous m'escripvez que pour norrir tousjours bonne amour et affinité entre nos
signeurs, vous voulrez voulentiers venir et estre sur une journée que
vous et moy peussiens parler ensemble ; maiz pour certaines journées, et par especial pour une qui est assignée au lieu de Mouson,
entre mes tres redoubtez signeurs le Roy des Rommains et le marquis de Moravie, d'une part, et hault prince et noble monsigneur de
Bourbon, d'autre, que tenir vous fault ; vous ne porrez si brief tenir
journée à moy ; maiz la journée dessusdicte tenue, vous prouverrez
d'une journée en lieu convenable que vous et moy puissiens estre
ensemble pour parler sur fin que bonne amour soit tousjours tenue
entre nozdis signeurs. Et avec ce me priez que je deffende aux gens
de Ballecourt que aucun dommage ne facent sur le pays et subgés de
noz tres redoubtez signeurs le Roy des Rommains et marquis. Et
aussy m'escripvez pluseurs et doulces et raisonnables paroles à l'onneur et à norrir la paix d'entre nozdis signeurs, comme je tieng
fermement que vous voulez tousjours faire et avez fait jusques à
ore. Se vous plaise savoir, chiers sires et grans amis, que quant vostre
aisement sera de tenir ladicte journée, faictes le moy savoir et je me
penray de tout mon povoir prez d'y estre, pour tousjours garder et
norrir la paix entre nozdis signeurs, selon ce que cy dessus est
escript, et mieulz, se faire le sçay, ne ne puiz. Et quant ad ce que
vous m'escripvez que toutes choses soient tenues en bonne amour
et paisible estat jusques à ce que nous ayens esté ensemble, vuilliez
savoir que je n'y say ne ne taing autre chose que bonne amour et
acord et s'aucune chose y teniez, ou s'aucune chose vouliez entre-
penre contre le Roy ou ses subgés, je vous sçay et taing à tel chevalier que vous le feriez savoir au Roy où à moy pour li, si deument
comme en tel cas appartient à faire. Et quant à rescrire et commander à ceulz de Ballecourt que aucune chose ne meffacent sur les païs
et subgés de noz tres redoubtez signeurs devant nommez, vuilliez
savoir que je leur ay fait faire ladicte deffense et ancor feray dere-
chief. Et en ce et en toutes autres choses qui seroient honnorables
et prouffitables au bien de nozdiz tres redoubtez signeurs et de vous
qui avez le gouvernement du pays, vuilliez savoir que tousjours de
tres bon cuer je en feroye tout le bien que je pourroye et y travaille-
roye tres voulentiers adfin de y tousjours norrir bonne amour. Car
je sçay bien que alnsy le vuell et desire le Roy, nostre sire ; et est

bon que vous en parliez aux gens qui seront à la journée à Mouson pour mon tres redoubté signeur monsigneur le duc de Bourbon, en la main duquel ladicte forteresse et les gens estans en ycelle est à present, adfin que vous sachiez qu'il vous en responderont et avoir sur ce entre vous et moy noz advis ensemble. Chiers sires et grans amis, s'aucune chose vous plait que je puisse, escripvez le moy et je le feray de bon cuer. Le Saint Esperit vous ait en sa saincte garde. Escript à Saincte Manehoult le xxiie jour de mars.

Le vostre,

GUIOT DE BRECONS, bailli de Vitri.

L'ÉLÉPHANT DE HENRI IV

La très intéressante lecture que M. le docteur Hamy a faite le 8 avril dernier à la séance de clôture du Congrès des sociétés savantes sur les origines de la ménagerie du Muséum d'histoire naturelle a suggéré à notre confrère M. Charles de Robillard de Beaurepaire la pensée de nous envoyer deux mandements qu'il avait remarqués depuis longtemps aux archives de la Seine-Inférieure, aux fol. 23 v° et 49 v° du « Registre des expéditions faictes par Messieurs les président et trésoriers generaulx de France au bureau transféré à Dieppe durant les années 1591 et 1592. » Ces deux mandements témoignent du goût de Henri IV pour l'entretien d'animaux rares, venus de pays lointains. Ils ont trait à un éléphant qui avait été amené des Indes et aux besoins duquel il devait être pourvu à Dieppe par le bureau des trésoriers de France. Voici le texte du premier mandement :

De par le roy,

Noz amez et féaulx, Par ce que nous désirons que l'elléphant qui nous a esté admené des Indes soit conservé et gardé comme chose rare et qui ne s'est encore veue en cestuy nostre roiaulme, nous vous mandons faire marché avec quelque personne qui s'entende à le traicter, nourrir et gouverner, et, des deniez de nostre recepte générale de Rouen, transférée à Dieppe, faire paler par le dit recepveur général ce qui sera de besoing pour loger celluy qui en aura la charge et le dit elléphant, et tous aultres frais qui concerneront la dicte nourriture, dont les acquitz, qui en seront déclarez au dit recepveur général, seront conceuz soubz le nom de nostre amé et féal conseiller trésorier de nostre espargne estant en exercice, qui luy tournera sa quittance pour son acquit. De ce faire vous donnons pouvoir, voullant que ce qui sera ordonné par vous pour cest effect, que nous avons dès à present vallidé, soit passé et alloué en la despense des comptes de nostre dit trésorier de l'espargne sans difficulté.

Douné au camp devant Noyon, le xxix⁰ jour de juillet 1591.

(Signé :) HENRY. (Et plus bas :) POTIER.

(Et sur la subscription est escript :) A nos amés et féaux conseillez les trésoriez généraulx de Rouen et recepveur général de noz finances establiz à Dieppe.

Henri IV était au camp devant Noyon, le 29 juillet 1591, quand il faisait expédier ce mandement qui devait assurer la subsistance de son éléphant. L'année suivante, au mois de septembre, alors qu'il voyait encore bien des obstacles à surmonter pour arriver à la pacification du royaume, il saisit une occasion de n'avoir plus à sa charge la dépense de l'éléphant, tout en faisant une gracieuseté à sa fidèle alliée la reine d'Angleterre. Il donna des instructions au gouverneur de Dieppe, le sieur de Chatte, sur la façon dont la bête, jusqu'alors gardée à Dieppe, devait être mise à la disposition de la reine Élisabeth.

Monsieur de Chaste,

Ayant entendu que la royne d'Angleterre, madame ma bonne seur, auroit agréable ung éléphant qui est à Dieppe, je luy en ay faict present, comme je ferois encores plus vollontiers de chose plus excellente si je l'avois. Et pour ce, je vous prie, sy vous avez moien de luy envoyer seurement, de n'en perdre la premiere comodité, ou bien attendre sur ce le commandement qu'elle vous pourra faire pour le dellivrer à celluy qui aura charge de le recevoir de sa part. Et n'estant la presente à aultre fin, je prie Dieu, Monsieur de Chaste, qu'il vous ait en sa saincte garde. Escript au camp de Provyns, ce iiii⁰ jour de septembre M. V⁰. IIII^xx. XII.

(Signé :) HENRY. (Et plus bas :) RENOL.

(Et sur la subscription est escript :) A Monsieur de Chaste, chevallier de mon ordre, cappitaine de cinquante hommes d'armes de mon ordonnance et gouverneur de ma ville et citadelle de Dieppe.

Henri IV croyait être le premier roi de France qui eût possédé un éléphant. Il n'avait point entendu parler de l'éléphant que le calife Haroûn ar-Rachîd envoya à Charlemagne en 802 et dont les annalistes contemporains ont soigneusement enregistré le nom, Abulabaz, et dont ils ont mentionné la mort comme un des événe-

ments importants de l'année 810[1]. Il ignorait aussi que saint
Louis avait offert un éléphant à Henri III, roi d'Angleterre, vers
l'année 1255, c'est-à-dire immédiatement après le retour de la
croisade. Mathieu de Paris, qui n'a point négligé d'enregistrer
le fait dans sa Grande chronique[2], ajoute cette observation :
« Nous ne croyons pas qu'on eût jamais vu d'éléphant en Angleterre, ni même en deçà des Alpes. Aussi les populations se pres-
saient-elles pour jouir d'un spectacle aussi nouveau. »

Sous le règne de Louis XIII, l'arrivée d'un éléphant en France
était encore considérée comme un notable incident. Il en vint un
à Paris dans le cours de l'année 1626. Peiresc, alors fixé dans la
ville d'Aix, regretta vivement de ne pouvoir pas l'examiner. Le
bruit de la mort de cet animal, qui s'était répandu pendant le
mois de décembre, ne tarda pas à être démenti. Peiresc ne fut
pas le dernier à se réjouir de cette bonne nouvelle. Il aurait voulu
qu'on profitât de l'occasion pour peindre la bête, pour en étudier
le naturel et surtout pour en faire l'anatomie, s'il venait à mourir en France. Il écrit à Dupuy, le 4 janvier 1627, pour lui dire
qu'il avait « esté bien aise d'entendre que l'éléphant n'estoit pas
« mort. Mais, ajoute-t-il, je le serois dadvantage si j'apprenois
« que quelque brave peinctre entreprinst de le bien desseigner, et
« que quelque grand naturaliste entreprinst de le voir et observer
« souvent, et d'en descrire exactement le naturel, et surtout de
« sçavoir s'il se vérifie qu'il entende si facilement comme on dict
« le jargon de son interprète. M. Tavernier le debvroit faire tail-
« ler en belle taille doulce, non seulement tout entier, mais les
« principaulx membres à part, et, s'il se laissoit mourir, il méri-
« teroit bien de passer par l'anatomie de quelques galants hommes
« et bien curieux[3]. »

Peiresc revient sur ce sujet dans une lettre du mois de février
1627, où il parle des études à faire pour contrôler les observations consignées dans le traité de Pierre Gilles, intitulé : *Ele-
phanti descriptio*, et pour vérifier l'exactitude des peintures
antiques sur lesquelles se voyaient des représentations d'éléphants.

---

1. Voyez les textes rassemblés dans le t. V du *Recueil des historiens de la
France*.
2. *Chronica majora*, éd. Luard, t. IV, p. 489.
3. Lettre du 4 janvier 1627; éd. de M. Tamizey de Larroque, t. I, p. 122.

J'ay escript à Lyon pour voir si cette édition d'Ælian s'y trouve-
roit, où est le traicté de l'éléphant de Gillius, que je n'ay poinct veu...

Si M. Rubens a trouvé à redire à la grandeur des oreilles dans les
peintures ordinaires, ce ne sera pas sans en avoir luy-mesmes faict
un dessein mieux proportionné pour ce regard. Je vouldrois bien que
vous eussiez veu les portraicts qui ont esté tirez des peinctures
antiques de Rome où sont representez divers animaulx estranges, et
entr'autres des éléphants, qui semblent avoir les oreilles beaucoup
plus petites que ceux que l'on peinct aujourd'hui, que j'estime avoir
esté fort exactement desseignez sur les animaulx mesmes en leur
temps, et sont tirez de certaines grottes de bains qui estoient prez du
Vivarium de Rome, où se gardoient toutes les bestes sauvages plus
estranges. Ces peintures furent descouvertes l'an 1547 et imprimées
en taille doulce, en trois grandes planches, qui se trouvent dans les
recueils de ces grandes images des Antiquitez de Rome... Et serois
bien aise que, aprez avoir veu ces images, vous eussiez reveu l'éléphant vivant, pour voir si vous y trouveriez des actions et postures
qui reviennent à celles des dictes peintures, et specialment pour l'es-
lévement ou arrection des oreilles ou rabbaissement d'icelles et maniement des jambes[1]...

Quelque temps après, en 1631, le même éléphant revint en
France. Il était à peine débarqué à Toulon que Peiresc décida le
maître de l'animal à lui faire une visite dont il profita pour examiner l'éléphant avec tout le soin et l'intérêt qu'on pouvait
attendre d'un naturaliste aussi curieux et aussi perspicace.

Gassendi[2] nous a conservé le souvenir des attentions dont l'éléphant fut l'objet pendant les journées qu'il passa à Belgencier.
Nous possédons en outre la lettre adressée à Dupuy, dans laquelle
Peiresc lui-même rend compte d'une partie des observations qu'il
fit durant la trop courte visite de cet hôte extraordinaire. Il en
examina particulièrement la mâchoire, ce qui l'amena à reconnaître la véritable origine d'une dent qui lui avait été envoyée
d'Afrique et qu'on disait avoir été trouvée dans la sépulture du
prétendu géant Theutobochus, aux environs de Tunis ou d'Utique.
Ce morceau de lettre mérite d'être cité d'après l'excellente édition de M. Tamizey de Larroque[3] :

---

1. Éd. Tamizey de Larroque, t. I, p. 138.
2. *N. Cl. Fabricii de Peiresc Vita*, éd. de 1641, p. 250.
3. T. II, p. 293 et 294.

Je ne sçay si je ne vous ay poinct mandé que j'eus la curiosité de voir cet éléphant que vous avez veu là (à Paris), quelques années y a, lequel on ramenoit d'Italie. Il vint passer par icy, où il fut troys jours, durant lesquels je consideray bien à mon aise et avec grand plaisir, ne l'ayant pas laissé eschapper de mes mains ou despaïser que je ne l'aye faict peser contre quelques six vingt boullets de canon. Il me cognoissoit desjà quasi comme son gouverneur, et je me laissay porter jusques à ce poinct de curiosité, ou pour mieux dire de follie, que de luy mettre ma main dans la bouche et de luy manyer et empoigner une de ses dents maxillaires, pour en mieux recognoistre la forme, et ne les ayant pas assez bien peu voir sans les toucher, à cause qu'en ouvrant la gueulle il les entrecouvroit avec sa langue. Or, ce fut pour vérifier, comme je fis, qu'elles estoient entièrement semblables de figure, bien que de moindre grandeur, avec la dent du prétendu géant de la coste de Thunis ou Utica...

Voilà une curieuse observation d'anatomie comparée, qui fait honneur à Peiresc et qui montre comment, au commencement du xviie siècle, des hommes éclairés savaient faire profiter la science des exhibitions d'animaux rares amenés en France par des bateleurs.

L. Delisle.

BIBLIOGRAPHIE.

Notices et extraits de quelques manuscrits latins de la Bibliothèque nationale, par B. HAURÉAU, membre de l'Institut. Tome VI. Paris, C. Klincksieck, 1893. In-8°, 344 pages.

Ce volume, où sont examinés 50 manuscrits, savoir : 26 de la dernière série des anciens fonds et 24 du fonds des Nouvelles acquisitions, nous conduit à la fin de la très utile revue que M. Hauréau a passée de l'ensemble des manuscrits latins de la Bibliothèque nationale et qui a eu pour résultat de déterminer les véritables auteurs de beaucoup d'œuvres anonymes et de mettre en lumière une foule de particularités se rattachant, les unes à l'histoire des mœurs, et les autres, en plus grand nombre, à l'histoire littéraire du moyen âge.

Les notices se succèdent suivant l'ordre des numéros assignés aux manuscrits. Il y a donc beaucoup de variété dans les sujets auxquels se rapportent les textes indiqués, discutés et souvent publiés, toujours avec autant de goût que d'érudition. M. Hauréau, dans son nouveau volume, semble s'être attaché de préférence aux recueils de sermons et aux poésies latines. Pour les uns et pour les autres, il continue à nous faire connaître et apprécier beaucoup de productions sur lesquelles l'attention ne s'était pas fixée ou sur l'origine desquelles on s'était mépris.

A titre d'exemples, il faut citer, comme de notables suppléments à l'histoire de nos vieux sermonnaires, l'édition d'un sermon d'Alain de Lille (p. 194); — des remarques sur les Expositions des évangiles des dimanches par Philippe de Grève (p. 56), ouvrage qu'on a parfois, mais à tort, confondu avec les sermons du même auteur; — des détails nouveaux sur la vie et les écrits de Guiard de Laon, qui fut chancelier de l'église de Paris avant de monter sur le siège épiscopal de Cambrai (p. 220); — des extraits des sermons de Nicolas de Biard (p. 3 et 262); — une discussion sur un recueil de sermons contenus dans le ms. latin 18172, sermons attribués à « Alanus Anglicus », et dont presque tous ont pu être restitués aux véritables auteurs; — une longue analyse d'un manuscrit de Cluni (nouv. acq. lat. 338), où sont copiés beaucoup de sermons prêchés dans les églises de Paris au temps de saint Louis (p. 197-260). Ce dernier recueil abonde en renseignements sur les mœurs parisiennes, et notamment sur la vie des écoliers du

XIIIe siècle. C'est là que s'est rencontrée la mention d'un hérétique nommé Guichard, qui paraît avoir joui d'un certain prestige et qui fut condamné par un concile de Reims (p. 240).

La poésie n'a pas été moins bien partagée. On remarquera dans le nouveau volume de M. Hauréau : plusieurs petites pièces de vers composées par Fulbert (p. 9) ; — une bonne édition de cette instruction rythmique adressée aux curés, dont le premier vers est « Viri venerabiles, sacerdotes Dei... » (p. 13) ; — un choix de vers plaisants qui se répétaient dans les écoles et qui ont trouvé place dans les gloses du Grécisme et de l'Alexandréide (p. 117 et 123) ; — la table raisonnée des pièces de piété rassemblées au xve siècle par un moine de Cluni (p. 174-193) ; — des extraits fort étendus d'une collection de poésies métriques et rythmiques contenues dans un manuscrit du xve siècle (nouv. acq. lat. 1544), et parmi lesquelles on distingue une satire composée à l'occasion d'un synode de Reims (p. 328) ; — des fragments, d'après le ms. latin 18201, d'un poème intitulé *Paraclitus* (p. 79), qui fut classique au moyen âge et dont le nom de l'auteur, *Warnerius Basiliensis,* nous a été assez récemment révélé par le *Registrum multorum auctorum* de Hugues de Trimberg (publié en 1888 par le docteur J. Huemer), et, à ce propos, M. Hauréau nous indique, à Vienne et à Valenciennes, deux copies d'un autre poème, le *Sidonius,* attribué également à Garnier de Bâle par Hugues de Trimberg, attribution incontestable puisque les initiales des dix premiers vers donnent le nom VUARNERIUS. — N'oublions pas la complainte *Dives eram et dilectus,* que nous connaissions par une édition défectueuse et qu'on nous avait présentée sous le nom de Golias. M. Hauréau en a établi le texte d'après trois manuscrits (p. 129) et l'a très justement rendue au véritable auteur, Hugues le Primat, puisqu'elle est intitulée *Opus Hugonis Aurelianensis primatis* dans un manuscrit de Florence, et que Primat se désigne lui-même au début de la dernière strophe :

> Modo, fratres, judicate,
> Neque vestro pro primate
> Aberrantes declinate
> A sincera veritate,
> An sit dignus dignitate,
> Vel privandus potestate...

Les autres genres littéraires sont bien représentés dans les Notices de M. Hauréau. C'est ainsi qu'on y pourra lire la préface du commentaire de Gilbert de la Porrée sur les traités chrétiens de Boèce (p. 19) ; — une ancienne version de l'histoire des danseurs saxons qui avaient profané la nuit de Noël (p. 39) ; — une relation du miracle de Notre-Dame de Déols (p. 85), que les historiens de Philippe-Auguste, et notamment Rigord, ont rapporté sous l'année 1187 ; — les actes du procès engagé à la cour céleste par le procureur de Satan pour maintenir les droits de celui-ci sur le genre humain : prototype de cette fiction qui a été souvent imprimée à la fin du *Tractatus judiciorum* de Bartole et qui a été mise en vers français sous le titre de « l'Advocacie de Notre Dame. »

Quoique le cadre de l'ouvrage ne semble s'appliquer qu'à la littérature latine, les amateurs de la vieille littérature française y trouveront encore à glaner. Nous leur signalons deux séries de proverbes français ; dans l'une, les proverbes sont mis en regard de textes correspondants de l'Écriture sainte (p. 62), l'autre a été recueillie dans les sermons que renferme le ms. latin 18193 et qui sont peut-être de Pierre de Saint-Benoît (p. 68).

Un des résultats les plus nouveaux des recherches de M. Hauréau, c'est l'attribution de beaucoup d'écrits aux auteurs qui les ont composés, et le rejet d'attributions qui reposent sur des raisons insuffisantes. Outre les exemples qui ont été déjà cités au courant de cet article, relevons ici les raisons invoquées pour faire honneur du *Speculum disciplinæ* au franciscain Bernard de Besse (p. 153) ; — pour combattre les critiques qui mettent le *Liber de scriptoribus ecclesiasticis* sous le nom de Henri de Gand (p. 162); — pour ne pas tenir compte d'une rubrique qui attribue à Richard l'Anglais un manuel de procédure bien connu (p. 114), attribution tout à fait fausse, mais qui offre d'ailleurs quelque intérêt, puisqu'elle semble montrer que le Richard l'Anglais, auteur d'un *Ordo judiciarius* publié en 1853 par Charles Witte, jouissait d'une certaine notoriété au xiiie siècle.

Ceux qui, comme nous, ont attentivement dépouillé l'ouvrage de M. Hauréau au moment où chacun des six volumes dont il se compose a vu le jour, regretteront de voir l'auteur arrivé au terme de la tâche qu'il a si laborieusement et si régulièrement remplie. Espérons que, sous une forme ou une autre, il continuera à nous entretenir des voyages d'exploration qu'il a exécutés avec tant de bonheur dans toutes les parties de la littérature latine du moyen âge et dont il est bien loin de nous avoir communiqué tous les résultats.

L. Delisle.

Ueber mittelalterliche Bibliotheken, von Theodor Gottlieb. Leipzig, Otto Harrassowitz, 1890. In-8°, xii-520 pages.

Il y a longtemps que l'on recherche avec passion les catalogues des bibliothèques publiques ou privées du moyen âge. Rien n'est plus utile en effet pour l'histoire littéraire et la bibliographie. Le *Serapeum* et les autres journaux bibliographiques d'Allemagne, de France, de Belgique s'en sont fréquemment occupés ; MM. Edward Edwards, dans ses *Memoirs of libraries,* Léopold Delisle, dans son *Histoire du cabinet des manuscrits de la Bibliothèque impériale,* et surtout Gustav Becker, dans son ouvrage intitulé : *Catalogi bibliothecarum antiqui* (Bonn, 1885, in-8°), en ont publié un grand nombre[1]. Malgré les recherches et les publications antérieures, M. le Dr Gottlieb en a retrouvé beaucoup, et il est à peu près certain qu'après lui il en subsistera encore au fond des archives et des bibliothèques inexplorées.

Quoi qu'il en soit, le chiffre de 1,390 catalogues auquel est arrivé son répertoire est déjà respectable. Ils sont classés par pays (Allemagne, France, Grande-Bretagne, Italie, Pays-Bas, Espagne et Portugal; les autres ne sont pas représentés). Dans chaque pays l'auteur a suivi l'ordre alphabétique des localités ou des personnes, et indique, après le titre et la date, l'*incipit* et le *desinit,* la source et la publication. La notice est quelquefois suivie d'explications complémentaires, sommaires et judicieuses. La France seule est représentée par 282 numéros (l'Allemagne, 441, y compris la Suisse allemande, etc.; l'Italie, 276).

Il a paru plusieurs comptes-rendus de cet ouvrage ; aux éloges qui lui ont été décernés nous voulons ajouter les nôtres. Les deux principaux articles qui lui ont été consacrés, par M. Max Perlbach dans le *Centralblatt für Bibliothekswesen*[2], par le P. Gabr. Meier dans les *Goettingische gelehrte Anzeigen*[3], ont signalé quelques erreurs et bon nombre d'omissions dont le Dr Gottlieb pourra profiter pour un supplément qui sera le bienvenu. Nous n'y reviendrons pas, mais, à leur exemple, nous prendrons la liberté de mentionner quelques catalogues de bibliothèques médiévales inconnus à l'auteur.

Aux archives de la Haute-Saône (G 81), se trouve un testament de Jean Sardon, fait à l'hôpital de Vesoul en 1442, et contenant l'inventaire de ses livres; il a été imprimé dans l'*Histoire du prieuré du Marteroy de Vesoul,* de l'abbé Vannier, p. 122.

Aux archives des Basses-Pyrénées, se trouve le catalogue de la bibliothèque d'un curé de Préchac, compris dans son testament de 1442, avec évaluations; il a été imprimé, mais avec quelques erreurs, dans le tome I de la *Chronique du diocèse et du pays d'Oloron,* par l'abbé Menjoulet, p. 513-514.

Dans les minutes de notaires que possèdent les archives des Pyrénées-Orientales, se trouvent plusieurs inventaires de bibliothèques appartenant à des juifs de Perpignan; deux catalogues, de 1370 et de 1403, ont été publiés par M. P. Vidal dans la *Revue des études juives,* XVI (1888), p. 179-182.

Le tome XLIV (1888) des *Annales de l'Académie d'archéologie de Belgique* est tout entier relatif à Tongres et renferme les plus curieux et

1. Cf. M. Manitius dans le *Neues Archiv* (1890).
2. Tome VIII (1891), p. 127-130.
3. Année 1891, n° 4, p. 134-140.

les plus intéressants détails sur les écolâtres, la bibliothèque (catalogue, p. 222) et les archives du chapitre de Tongres au moyen âge[1].

Il se trouve en outre fréquemment, dans les inventaires d'objets d'art et de meubles, des indications de livres; il eût été bon de les mentionner, quoique la recherche en soit assez compliquée.

L'impression du volume du Dr Gottlieb ne laisse en rien à désirer. La table est utile, mais pourrait donner lieu à de nombreuses observations. Il fallait placer à l'A et non au D les noms d'*Artois* et d'*Achery*; ne pas faire figurer Carpentras dans l'index des noms de personnes; ne pas écrire plusieurs fois Huveanne (pour Huveaune), Bachelin-Deflorence, Moutier-en-Der, Gravenhage (au lieu de 's Gravenhage); ni confondre la bibliothèque de Bourgogne avec les archives royales de Bruxelles; ni faire de Rebais en Brie une abbaye allemande sous le nom de *Reisbach*; ni conserver la forme latine *Abbatisvilla* pour Abbeville. Nous reprocherons encore à l'auteur une certaine confusion dans les appendices.

On aurait tort de croire que par ces critiques nous avons l'intention de diminuer l'intérêt de cette publication et de méconnaître le long et utile travail dont elle est le résultat.

H. STEIN.

Handbook of Greek and Latin palæography, by Edward Maunde THOMPSON. London, Kegan Paul, Trench, Trübner and C[o], 1893. Petit in-8°, VIII et 343 pages.

Ce résumé est tel qu'on pouvait l'attendre du savant qui dirige depuis plus de vingt ans le recueil de la Société paléographique de Londres. C'est un exposé très clair et très méthodique de toutes les notions par lesquelles on doit s'initier au déchiffrement et à la critique des manuscrits proprement dits et des documents diplomatiques. L'auteur y a fait entrer beaucoup d'observations personnelles, qu'il a très habilement combinées avec la substance des meilleurs travaux publiés anciennement et de nos jours sur les mêmes matières dans tous les pays de l'Europe. La partie grecque et la partie latine ont été traitées avec le même soin, le même goût et la même compétence. Les exemples très judicieusement choisis sont en parfaite harmonie avec le texte; ils sont disposés de façon à faire suivre les transformations des types et reconnaître les caractères propres aux différents genres d'écriture de chaque siècle et de chaque pays. M. Thompson insiste sur les distinc-

1. M. Gottlieb s'est arrêté à 1500; pour une date à peine postérieure, nous aurions pu lui indiquer un texte inédit : l'inventaire des livres de Jean Duchesne, chanoine de Chartres, en 1501 (*Archives d'Eure-et-Loir*, G 186).

tions à établir entre les manuscrits de la France, ceux de l'Irlande et de la Grande-Bretagne, ceux de l'Allemagne, de l'Italie, de l'Espagne. Les monuments d'origine irlandaise ou anglaise ont été traités avec une prédilection particulière, qui s'explique naturellement et dont personne ne songera à se plaindre. Les pages qui leur ont été consacrées suffiraient pour assurer le succès du livre et pour lui assigner une place très honorable parmi les ouvrages de paléographie.

Une table alphabétique permet de retrouver aisément les renseignements que l'auteur a donnés sur une foule de particularités et qui, dans beaucoup de cas, se recommandent par un véritable caractère d'originalité.

L. Delisle.

Books in manuscript. A short introduction to their study and use, with a chapter on records, by Falconer Madan. London, Kegan Paul, Trench, Trübner and Cº, 1893. Petit in-8º, xv et 188 pages, plus 8 planches.

Cet élégant volume est surtout destiné à la catégorie de lecteurs que nous appelons le grand public; mais tous les chapitres dont il se compose portent l'empreinte de l'érudition et de l'expérience bibliographique dont l'auteur a donné des preuves multipliées dans sa charge de sous-bibliothécaire de la Bodléienne. Les instructives causeries de M. Madan portent sur les sujets suivants : le matériel de l'écriture et la forme des livres; — l'histoire de l'écriture; — les scribes et leurs habitudes; — l'enluminure; — les erreurs des copistes et le moyen de les corriger; — les bibliothèques célèbres; — les manuscrits célèbres; — les supercheries littéraires; — la manière de traiter et de cataloguer les manuscrits; — les archives publiques et privées.

Dans plus d'un chapitre de son livre, M. Madan a eu l'occasion de signaler d'intéressantes particularités, qui, je crois, ne sont guère connues en France. Les informations qu'il donne sont généralement très exactes; elles ont été puisées aux meilleures sources. Quelques détails étrangers aux manuscrits de l'Angleterre auraient pu cependant être vérifiés avec plus de rigueur. Il est douteux, par exemple, que la bibliothèque d'Orléans ait le droit d'être citée comme renfermant 9,000 manuscrits (P. 164). On éprouve aussi quelque étonnement en lisant cette phrase à la p. 52 : « The Ashburnham Pentateuch in the British Museum is a good example of the style as produced in the seventh century. » Les mots *in the British Museum* sont évidemment le résultat d'un de ces accidents dont parle l'auteur dans le chapitre intitulé *The blunders of scribes* et à l'abri desquels n'ont jamais été même les écrivains les plus habiles et les plus soigneux.

La publication de ce livre nous fournit l'occasion d'annoncer que la paléographie est aujourd'hui l'objet d'un cours à l'Université d'Oxford, et d'applaudir au choix qui a été fait de M. Falconer Madan pour remplir les fonctions de « lecturer in mediæval palæography ».

L. Delisle.

Repertorium bibliographicum in quo libri omnes ab arte typographica inventa usque ad annum MD. typis expressi..... recensentur, opera Ludovici Hain; *indices uberrimi,* opera Conradi Burger. Leipzig, Otto Harrassowitz, 1891. In-8°, viii-428 pages.

Quiconque a voulu se servir du Hain a pu se convaincre de la difficulté que l'on éprouve à se servir commodément de cet ouvrage précieux pour l'étude et la recherche des incunables. Un de ses plus gros inconvénients était l'absence de tables, et M. Burger, de la bibliothèque de Berlin, a rendu un véritable service en faisant paraître un volume où se trouvent réunis tous les éléments d'investigation nécessaires. Que l'on veuille connaître la suite des impressions faites par tel ou tel imprimeur dans une ou plusieurs villes jusqu'en l'an 1500, que l'on veuille connaître la série des typographes qui ont ouvert un atelier (passagèrement ou non) dans une des cités où l'art nouveau s'implanta dès le xve siècle, ou que l'on recherche le nombre d'éditions incunables qu'a pu avoir tel ou tel ouvrage édité sans lieu ni date ni nom d'imprimeur, on sera satisfait d'avoir sous la main, pour un prix modique, un instrument de travail qui éviterait une perte de temps immense à quiconque se serait avisé de vouloir entreprendre un dépouillement systématique et complet du Hain.

La publication de M. Burger est soignée, disposée avec clarté et dressée avec intelligence; elle répond à tous les besoins. Assurément, ces *indices* ne nous donnent que ce qu'il y a dans Hain, et Hain (on le sait) n'est pas complet : diverses publications récentes l'ont prouvé. Mais Hain reste et restera longtemps encore, quoique mal commode à consulter, le guide le plus sûr pour l'identification des incunables, en attendant les additions nombreuses qui pourront être relevées dans le futur *Catalogue général des incunables des bibliothèques de France* auquel on travaille sérieusement.

H. Stein.

Les enlumineurs, les relieurs, les libraires et les imprimeurs de Toulouse aux XVe et XVIe siècles (1480-1530), par A. Claudin. Paris, 1893. In-8°, 67 pages[1].

M. Claudin a relevé dans les registres de la série CC des archives

---

1. Tirage à part d'articles parus dans le *Bulletin du Bibliophile,* nos de novembre 1892 et de mars-avril 1893.

communales de Toulouse les mentions d'enlumineurs, relieurs, libraires et imprimeurs, augmentant considérablement la liste de ces artisans donnée par le docteur Desbarreaux-Bernard dans son *Établissement de l'imprimerie en Languedoc*, et substituant au classement par métiers adopté par cet érudit l'ordre chronologique. La plupart des noms sont accompagnés de notes dans lesquelles l'auteur résout divers petits problèmes se rattachant à la vie ou à l'œuvre de ces personnages. C'est un résumé de longues et savantes recherches.

Dans les pages (1 à 21) qui servent de préface à ces extraits annotés, on trouve encore d'autres documents d'un grand intérêt pour l'histoire de la librairie. L'un, déjà publié en majeure partie par MM. Roschach et Desbarreaux-Bernard, est la requête adressée en 1477 aux capitouls par les écrivains et enlumineurs toulousains qui se plaignent d'être « réduits à néant », par le commerce de « toutes sortes de livres » que font les relieurs. Cet acte rappelle les poursuites ou menaces de poursuites dont Jean Fust avait été l'objet, lorsqu'en 1462 il était venu à Paris vendre des exemplaires de la Bible à un prix relativement bas. Une action judiciaire devant, non point le Parlement, mais les syndics du métier, était natürelle et légitime ; l'exemple fourni par les archives de Toulouse la rend encore plus vraisemblable. Les autres pièces, jusqu'à ce jour inédites, sont l'acte d'union des enlumineurs et des relieurs et deux articles des statuts rédigés à cette occasion en 1481. Cette confusion de deux professions, conséquence de la multiplication des livres par l'imprimerie, était à signaler.

Mais pourquoi réserver pour une publication ultérieure les renseignements recueillis sur le compte du premier imprimeur de Toulouse, qui a daté de cette ville et de 1476 le *De fide instrumentorum* de Barbatia (Martin Huss)? Une note de quelques lignes eût pu résumer ce que l'on en sait, grâce aux recherches de Mlle Pellechet, que nous avons analysées ici (p. 162-164).

Nous nous permettrons de rectifier une mauvaise identification de *Sanctum Suplicium* avec Saint-Sulpice de Lézat (p. 65). Dans l'acte auquel nous faisons allusion et qui est relatif à une visite des moulins à papier de la sénéchaussée de Toulouse en 1503-1504, Buzet et Saint-Sulpice sont mentionnés dans un même article, circonstance qui permet de conclure au voisinage des deux localités. Or, la commune de Buzet (arr. de Toulouse, cant. de Montastruc) est limitrophe de celle de Saint-Sulpice-la-Pointe (arr. de Lavaur, Tarn). Ailleurs (p. 49, 2ᵉ col.), au lieu de *Pierre Breugnier (ou Bergier)*, il faut lire *Pierre Brenguier (ou Berenguier)*, nom très répandu dans cette région.

L'étude de M. Claudin est l'œuvre d'un savant bibliographe, et elle nous fait vivement désirer que son travail d'ensemble sur *les Origines de l'imprimerie à Toulouse* ne tarde pas à paraître.

Ch. Portal.

De la valeur des filigranes de papier comme moyen de déterminer l'âge et la provenance de documents non datés, par C.-M. Briquet. Genève, Romet, 1892. In-8°, 13 pages. (Extrait du *Bulletin de la Société d'histoire et d'archéologie de Genève*, I, livr. 2.)

M. Briquet, de Genève, à qui l'histoire du papier et l'étude des filigranes sont redevables de plusieurs excellents travaux, vient d'essayer dans une substantielle brochure de déterminer la proportion dans laquelle les filigranes peuvent servir pour préciser l'âge et la provenance de documents non datés. Malgré l'autorité que donne à l'auteur l'exploration consciencieuse des principaux dépôts d'archives du centre et du midi de l'Europe, et la collection de 10,000 filigranes qu'il y a récoltée, nous hésitons à accepter les conclusions qu'il formule et nous trouvons prématurée la synthèse doctrinale qu'il voudrait tirer de données analytiques trop insuffisantes.

Tant que le répertoire géographique des moulins à papier n'aura pas été dressé région par région, tant que les dates extrêmes du fonctionnement de chacun d'eux et l'identification chronologique de leurs filigranes ne seront pas établies, il est imprudent de généraliser en pareille matière.

D'autre part, la durée persistante de certaines marques, héréditaires dans les papeteries comme les armoiries dans les familles, la durée du « moule » lui-même, établi en fil d'argent, et d'une longévité supérieure aux deux années que M. Briquet lui assigne (p. 4), rendent et rendront longtemps aléatoire la détermination, par le filigrane seul, de l'âge précis d'un document non daté. Au point de vue du lieu où le document a été rédigé, le colportage des papiers italiens ou autres, aux extrémités de l'Europe, et cela surtout aux xive et xve siècles, et la contrefaçon, devenue dès le xve siècle l'âme du commerce en ce qui concerne le papier et ses marques de fabrique, rendent bien hypothétique toute conclusion.

En somme et dans l'état présent de la question, les filigranes, tout intéressants qu'ils soient, restent un moyen de critique bien inférieur aux autres ressources que la paléographie fournit pour dater les manuscrits et documents à date incertaine, et ce n'est qu'à titre exceptionnel, j'allais dire accidentel, qu'ils peuvent aider à en fixer la provenance.

Jules Gauthier.

La Rose dans l'antiquité et au moyen âge, histoire, légendes et symbolisme, par Charles Joret, professeur à la Faculté des lettres d'Aix, correspondant de l'Institut. Paris, Bouillon, 1892. In-8°, 482 pages.

Ce volume, à la fois aimable et savant, est le fruit d'un travail très considérable et surtout très dispersé. L'auteur a été chercher les éléments de son livre dans les régions les plus diverses de la science, de la mythologie, de la poésie et de l'art. Il s'est montré tour à tour botaniste, philologue, folk-loriste et archéologue, et, si l'on reconnait qu'il n'est pas également chez lui dans tous les domaines qu'il aborde, il sait dans chacun s'orienter parfaitement et y prendre avec choix et discernement ce dont il a besoin. Après une intéressante recherche sur les espèces de roses connues dans l'antiquité et sur la façon dont les anciens cultivaient cette fleur, il passe en revue ce qui se rapporte à la rose dans la poésie et les légendes des Grecs et des Romains, et les usages divers qu'ils en faisaient dans leurs cérémonies, dans leurs fêtes, dans leur parure, ainsi que son emploi dans leur pharmacopée. A cette première partie se rattachent d'intéressantes recherches sur la rose dans l'ancien Orient; l'auteur montre qu'elle n'était connue, aux hautes époques, ni en Égypte, ni en Assyrie, ni en Judée (malgré un contresens fréquent qui l'introduit dans le *Cantique des cantiques*), ni en Inde, ni en Grèce, qu'elle a probablement d'abord été cultivée dans l'Iran, et que son nom grec, βρόδον, devenu ῥόδον (d'où le latin *rosa*), doit être d'origine perse (l'arménien *vard* suppose un perse *vareda*, fleur). Ces renseignements sont partout puisés aux meilleures sources et résumés avec précision. Dans la seconde partie, *la Rose au moyen âge*, M. Joret travaille tout à fait de première main, bien qu'il consulte et utilise toujours avec critique ce qui a été fait avant lui. Nous n'essaierons pas de donner une idée de tout ce que cette partie du livre contient de faits précieux à divers points de vue pour l'historien de la civilisation et de la littérature; nous nous bornerons à donner les titres des six chapitres qui la composent : *Culture de la rose dans l'Orient et dans l'Occident; — la Rose dans les légendes et dans la poésie de l'Orient, la Rose et le rossignol; — la Rose dans les légendes chrétiennes; — la Rose dans les légendes profanes et dans la poésie de l'Occident; — la Rose dans les usages de la vie, dans le culte et dans l'art; — la Rose dans la pharmacopée et dans l'art culinaire.* On voit combien de lecteurs différents ce livre est susceptible d'intéresser. Il leur plaira également, car l'auteur, en traitant un sujet aussi gracieux, s'est attaché à ne pas l'alourdir par une exposition pédante et un étalage d'érudition inutile; il a dissimulé autant qu'il l'a pu la longueur et la difficulté des recherches qu'il lui avait fallu faire, et a présenté à ses lecteurs un bouquet dont il avait délicatement enlevé les épines, non sans s'y être plus d'une fois piqué lui-même en le formant au milieu des haies et des fourrés. Cet échantillon donne l'idée la plus favorable du grand ouvrage sur l'histoire de la botanique auquel M. Joret travaille depuis longtemps, et dans lequel il fera une place considérable au *folk-lore* relatif aux végétaux.

Gaston PARIS.

Concilia ævi merovingici. Recensuit Fridericus Maassen. Hannoveræ, impensis bibliopolii Hahniani, 1893. In-4°, xvii et 281 pages.

Ce volume, qui, dans la série in-4° des *Monumenta Germaniæ historica,* forme le tome Iᵉʳ de la *Legum sectio tertia,* est consacré aux conciles qui ont été célébrés dans le royaume des Francs, à l'époque mérovingienne, en commençant par le concile d'Orléans de l'année 511 et en finissant par celui d'Auxerre en 695; on y a compris les conciles qui s'assemblèrent dans le royaume de Bourgogne et dans les provinces occupées par les Goths et réunies plus tard au royaume franc. Indiquer le sujet d'un tel recueil et le nom de l'éminent critique qui en a préparé l'édition, c'est en signaler toute l'importance. L'exécution du travail est digne à tous égards de l'historien des sources du droit canonique en Occident jusqu'au ixᵉ siècle.

M. le professeur Maassen, qui mieux que personne connait les manuscrits canoniques de toutes les bibliothèques de l'Europe, n'a rien négligé de ce qui pouvait contribuer à la perfection du recueil. Il a constitué ses textes à l'aide des manuscrits dont il avait précédemment déterminé les caractères et fixé le classement, savoir :

I. Collectio codicis Corbeiensis (Paris, lat. 12097).

II. Collectio codicis Coloniensis (Cologne, 212).

III. Collectio codicis Albigensis (Albi, 2, et Toulouse, 364).

IV. Collectio codicis Lauareshamensis (Vatican, palat. 574).

V. Collectio codicis S. Mauri (Paris, lat. 1451, et Vatican, 1127 de la Reine).

VI. Collectio codicis Pithœani (Paris, lat. 1564).

VII. Collectio codicis Lugdunensis (Berlin, 1745 de Phillipps, et Paris, lat. 1452).

VIII. Collectio codicis Burgundici (Bruxelles, 8780-8793).

IX. Collectio codicis Diessensis (Munich, lat. 5508).

X. Collectio codicis Remensis (Berlin, 1743 de Phillipps).

XI. Collectio codicis Sancti Amandi (Berlin, 435, jadis 132 de Hamilton ; Paris, lat. 3846 et 1455).

XII. Collectio codicis Bellovacensis (Vatican, 3827).

XIII. Collectio hispanica formæ gallicæ (Vienne, 411).

XIV. Codex Parisiensis lat. 1458.

XV. Codex Parisiensis lat. 1454.

XVI. Collectio codicis Andegavensis (Vienne, 2171 ; Saint-Gall, 675 ; Berlin, n° 1765 de Phillipps).

Sauf de très rares exceptions, les éditeurs des collections antérieures n'ont rien connu dont la source n'ait été retrouvée par M. le professeur Maassen. Celui-ci leur a donc fait très peu d'emprunts. Il n'a rien tiré de la collection des *Concilia Galliæ* dont le tome Iᵉʳ, préparé par dom Pierre-Daniel Labat, a paru en 1789, et, puisque l'occasion se présente de citer cet ouvrage, dont la Révolution a interrompu la publication, je puis faire observer que la première partie du second tome de l'ouvrage, allant jusqu'au règne de Pépin, était imprimée quand la congrégation de Saint-Maur fut dissoute. Dom Brial le dit expressément dans son *Éloge historique de dom Pierre-Daniel Labat* (p. 9), et nous savons depuis quelques années qu'un exemplaire des feuilles imprimées, s'arrêtant à la col. 680, est conservé à la bibliothèque de l'Université de Gand.

On peut voir à ce sujet une brochure peu connue d'un savant hanovrien qui a longtemps travaillé dans nos bibliothèques : *Table des matières de la partie imprimée du second volume des Concilia Galliæ publiés par les Bénédictins de la congrégation de Saint-Maur, par M. le Dʳ Nolte. Extrait de la Revue des sciences ecclésiastiques.* Amiens, 1876. In-8° de 20 pages. ·

On me pardonnera d'avoir rappelé l'entreprise des Bénédictins français au moment où, grâce à l'incomparable érudition du professeur Maassen, nous sommes mis en jouissance d'une édition définitive des conciles mérovingiens, édition dont la valeur a été justement appréciée par le juge le plus compétent, M. l'abbé Duchesne, quand, dans le *Bulletin critique* du 1ᵉʳ juin 1893, il a résumé par ces mots son opinion sur l'œuvre de M. Maassen : « Les textes sont admirablement publiés ; le commentaire est sobre, mais suffisant ; il est d'ailleurs complété par des tables dressées avec un soin parfait. »

L. Delisle.

Catalogue des monnaies françaises de la Bibliothèque nationale : Les monnaies mérovingiennes. Paris, Rollin et Feuardent, 1892. In-8°, cxviii-630 pages avec planches en héliotypie.

Voici un livre qui n'intéresse pas seulement les collectionneurs et les numismates ; il s'adresse aussi aux archivistes et à toutes les personnes qui s'occupent de la géographie historique de la France. Les documents de l'époque mérovingienne sont d'une rareté désolante ; les monnaies fournissent une très riche collection de noms de lieux et de noms d'hommes, de façon à fournir des éléments d'étude pour la toponymie et l'onomastique. Les descriptions et les lectures proposées par M. Prou sont d'une exactitude scrupuleuse ; ses classifications sont judicieuses ; ses assimilations presque toujours certaines et basées sur une saine critique. J'ajouterai que sa grande prudence laisse à déterminer un certain nombre de noms de lieux ; il y a encore des découvertes à faire dans le champ moissonné par lui.

Les 118 pages qui servent d'introduction au livre sont, par le fait, un véritable cours de numismatique mérovingienne au triple point de vue monétaire, économique et archéologique. Je ne sache pas que, jusqu'à ce jour, on ait traité la question avec autant de critique et d'érudition. Ce livre marque une étape dans la marche de la science. Dorénavant, il est inutile de regarder en arrière ; il faut, en partant du catalogue de M. Prou, chercher si l'on peut trouver du nouveau et arriver à la solution de certains problèmes.

A. DE BARTHÉLEMY.

Philippe le Bel et les Tournaisiens, par Armand D'HERBOMEZ. Bruxelles, F. Hayez, 1893. In-8°, 181 pages. (Extrait des *Bulletins de la Commission royale d'histoire de Belgique,* 5e série, t. III, n° 1.)

Le tableau que notre confrère M. d'Herbomez a tracé des rapports de Philippe le Bel avec la ville de Tournai forme un chapitre très neuf et très instructif de l'histoire politique et administrative de la France à la fin du XIIIe siècle et au commencement du XIVe. Il y faudra souvent recourir pour se rendre un compte exact du jeu des institutions royales et municipales dans une ville qui était d'une importance de premier ordre pour assurer les frontières du nord de la France.

Ce qui donne un prix particulier au travail de notre confrère, c'est qu'il a joint à son étude le texte d'une centaine de documents émanés de la chancellerie de Philippe le Bel, presque tous inédits et tirés des archives de la ville de Tournai. Un tel recueil a sa place marquée dans nos bibliothèques historiques à côté des *Lettres inédites de Philippe le Bel* que M. Ad. Baudouin a publiées en 1887.

Les textes que M. d'Herbomez a exhumés des admirables archives de Tournai ne serviront pas seulement pour l'histoire générale des institutions, notamment du parlement, et pour l'histoire particulière de la ville de Tournai. On y trouvera beaucoup de détails curieux sur les rapports des Tournaisiens avec diverses localités plus ou moins rapprochées de leur ville, et, pour n'en citer qu'un exemple, avec Saint-Quentin en Vermandois.

L. DELISLE.

La Diplomatie au temps de Machiavel, par M. DE MAULDE LA CLAVIÈRE. Tome I. Paris, E. Leroux, 1892. In-8°, x-465 pages.

Notre confrère M. de Maulde La Clavière vient de faire paraître le premier tome d'un ouvrage considérable sur l'histoire de la diplomatie ; il ne faudra pas moins de trois volumes pour accomplir l'œuvre entreprise par lui. Il apporte une nouvelle preuve du soin qu'il prend, dans tous ses travaux, de recourir aux sources les meilleures et les plus variées, et de ne commencer à rédiger qu'après avoir réuni une collection, presque effrayante, de notes dans les livres et pris connaissance des documents d'archives. Cette fois, M. de Maulde ne fait pas seulement preuve d'une grande puissance de travail, mais aussi d'un véritable courage. Il aborde un sujet neuf, qui s'adresse au grand public, aux érudits et aux diplomates de carrière.

Ce premier volume est consacré surtout aux généralités; avant d'entrer dans le détail, l'auteur tient à faire connaître le cadre dans lequel seront les faits et les acteurs qu'il exhibera à ses lecteurs. Il se place à une époque dont il a une connaissance toute spéciale, c'est-à-dire au commencement du XVIe siècle. Il nous rappelle d'abord le rôle du pape, arbitre entre les nations jusqu'au moment où la Réforme vient modifier les idées de la chrétienté; ensuite, l'empereur cherchant à établir sa prépondérance sur tous en prétextant la tradition de l'empire romain; enfin le roi de France aspirant à s'attribuer la même suprématie en s'autorisant de Charlemagne et du titre de roi très chrétien qu'il devait au dévouement héréditaire de ses prédécesseurs à la papauté.

Au XVIe siècle, le rôle de la diplomatie est clairement défini; elle veille aux rapports des nations entre elles et par conséquent au droit de faire la guerre et de conclure la paix. Jusqu'à la fin du XVe siècle, il y eut un arbitre reconnu par tous les peuples qui décidait des questions internationales; ensuite, ces questions furent traitées et discutées par des personnages politiques, délégués des souverains. Un fait curieux est le revirement qui se manifeste alors dans les rapports de la chrétienté avec l'islamisme. Pour le peuple, le Turc était plus que jamais l'ennemi; on ne parlait que de l'anéantir; on se servait de lui pour obtenir des aides et des impôts employés à toute autre chose qu'à le combattre; il semblait que les croisades allaient recommencer. Et cependant les princes chrétiens, la France toute la première, renouaient des relations avec les musulmans; c'était l'œuvre de la nouvelle diplomatie.

M. de Maulde expose avec précision ce qui concerne le pouvoir et son étendue, le droit régalien d'ambassade, les rapports de faits en l'absence de traités, le droit de marque et de représailles, les rapports de souverain à souverain, les ambassades permanentes ou temporaires, extra-diplomatiques et secrètes; il parle aussi des agents secrets, des espions, des agents provocateurs et même de ces personnages, peu estimables, soudoyés, qui étaient employés, à Venise particulièrement, à faire disparaître des gêneurs.

La diplomatie est vieille comme le monde, M. de Maulde le dit au commencement de son avant-propos; seulement elle a subi des transformations. N'aurait-il pas rendu un grand service à ses lecteurs en disant, en quelques pages, ce qu'était la diplomatie dans l'antiquité? Peut-être y pensera-t-il dans un appendice. Il me semble aussi que dans un ouvrage si riche en faits, en appréciations, on eût aimé, à la fin de chaque grande division, avoir un résumé des matières qui y sont traitées.

J'ai presque honte de hasarder ces observations sur un livre très bien fait, qui ne peut manquer d'ajouter encore aux titres de l'auteur à l'estime des savants, et qui comblera utilement la lacune constatée en France où il n'existe pas de chaire officielle de l'histoire de la diplomatie.

A. DE BARTHÉLEMY.

Album historique du Boulonnais, publié par Arthur DE ROSNY, avec avant-propos de M. V.-J. VAILLANT. Neuville-sous-Montreuil, 1892. In-plano, 50 planches en phototypie et texte explicatif. (Tiré à 50 exemplaires.)

La ville de Boulogne est une de celles dont l'histoire a été le mieux et le plus souvent écrite dans tous ses détails. On connaît, pour ne citer que les plus récents, les travaux de MM. Morand, Haigneré, H. et E. de Rosny, Deseille et V.-J. Vaillant. Seule, l'œuvre de ce dernier est commentée par un habile crayon, et ses dessins concernent presque exclusivement la période romaine. M. A. de Rosny vient de combler heureusement par son magnifique *Album historique* la lacune qui existait dans l'histoire de son pays. Les cinquante planches, toutes inédites, comprennent une série de plans et de vues tirées de la belle collection de l'auteur et des dépôts publics de Paris, Londres et Boulogne. Les plus anciennes datent de Louis XI; ce sont les enluminures de la légende de Notre-Dame de Boulogne, ms. de la bibliothèque de l'Arsenal; les plus récentes datent du premier empire; beaucoup d'anciens plans militaires anglais et français des XVIe et XVIIe siècles permettent de restituer les fortifications du XIIIe et du XVIe siècle et les opérations de Henri VIII, de François Ier et de Henri II (1544-1550). D'autres planches figurent quelques monuments et objets mobiliers; elles se rapportent au château (1231), au beffroi (XIIIe-XVIIIe siècles), au *grand hostel,* édifice municipal du XIIIe siècle, qui fut à la fois une salle des fêtes, un entrepôt et un arsenal. Les meubles sont : un reliquaire en forme de disque, émail cloisonné du XIVe siècle, rare et bel objet (malheureusement attribué au XIIe siècle sur la foi d'une légende); une enseigne de pèlerinage en plomb du XVe siècle; un couteau de chasse de Henri VIII d'Angleterre, à lame ornée d'une vue du siège de Boulogne et d'une inscription en vers latins (collection Spitzer); une image en bois de Notre-Dame de Boulogne, du XVIIe siècle, et diverses pièces d'artillerie du XVe et du XVIe siècle.

L'excellente préface de M. V.-J. Vaillant et un *post-scriptum* de M. A. de Rosny nous renseignent sur les documents iconographiques disparus et sur les plans et vues qui n'ont pas été compris dans l'*Album.* Chaque planche est commentée par une explication précise et substantielle; on y trouve des extraits d'historiens et des documents d'archives inédits, notamment ceux que M. V.-J. Vaillant a réunis sur le *grand hostel* dont il a scrupuleusement dessiné l'ensemble et les détails en l'état actuel. Dans les autres notices, M. de Rosny fait preuve d'une critique sûre et d'une érudition étendue. Ses amis et ses compatriotes ne peuvent que le remercier du beau et précieux recueil dont il vient de leur faire présent.

C. Enlart.

L'église Notre-Dame de Saint-Omer, d'après les comptes de fabrique et les registres capitulaires, par L. Deschamps de Pas. 2ᵉ partie : *Intérieur de l'église.* Saint-Omer, d'Homont, 1893. In-8°.

Tous ceux qui s'occupent d'archéologie du moyen âge honorent la mémoire de M. L. Deschamps de Pas comme celle d'un des pères de cette science et d'un des esprits les meilleurs et les plus sûrs qui aient collaboré à l'œuvre de Didron et de Caumont. Ils accueilleront son œuvre posthume avec une sincère reconnaissance pour le regretté savant dont la seule erreur fut peut-être une trop grande modestie. Le volume qui vient de paraître est le résultat de longues, patientes et judicieuses recherches dans des documents d'un haut intérêt. Il fait suite à un volume paru en 1892 qui reproduit et commente les passages des mêmes registres qui ont trait à la construction de Notre-Dame de Saint-Omer, depuis 1378 seulement, les comptes antérieurs ayant péri. Le second volume, non moins intéressant, contient de précieux détails sur l'ancien mobilier de Notre-Dame et sur les remaniements qu'il a subis aux XIVᵉ, XVᵉ, XVIᵉ, XVIIᵉ et XVIIIᵉ siècles. Le jubé, les autels, les stalles et pupitres, la chaire, les tapisseries, le luminaire, l'arbre pascal, etc., les livres, le tombeau de Saint-Omer, les épitaphes, les statues et tableaux, les orgues et l'horloge y sont passés en revue. Les verrières sont étudiées dans la première partie de l'ouvrage. Beaucoup de noms d'artistes figurent dans ces deux volumes, qui viennent apporter un très important complément à l'histoire de l'art dans le nord de la France. L'intérêt est d'autant plus grand que Notre-Dame de Saint-Omer, loin d'avoir été détruite comme les églises de Lille, de Cambrai, d'Arras et de Boulogne, sur lesquelles nous avons aussi de ces renseignements, est demeurée complète et a même gardé une grande partie de son mobilier. Il eût peut-être été intéressant de joindre au livre quelques vues des objets ou des représentations anciennes qui y sont étudiés.

Plusieurs mentions et descriptions intéressantes qui ne figurent pas dans ce travail ont été données par M. Deschamps de Pas dans des ouvrages antérieurs, tels que : *Essai sur l'art des constructions à Saint-Omer à la fin du XVᵉ et au commencement du XVIᵉ siècle* (*Mém. des antiq. de la Morinie,* t. IX). Les belles études sur les pavements et sur les objets du trésor de la même église dans les *Annales archéologiques;*

l'étude sur *les Cérémonies religieuses dans la collégiale de Saint-Omer*; *l'Épigraphie de Saint-Omer* que M. Loriquet a publiée dans le recueil de la Commission départementale des monuments historiques du Pas-de-Calais d'après les manuscrits de M. Deschamps de Pas, etc. Il trouve enfin un utile complément dans l'intéressant *Inventaire des reliquaires, joyaux et ornements de N.-D. des Miracles* publié par M. Pagart d'Hermansart en 1890 (*Bulletin du Comité des travaux historiques*).

C. Enlart.

Causeries du Besacier. Mélanges pour servir à l'histoire des pays qui forment aujourd'hui le département de l'Oise (Picardie méridionale. Nord de l'Ile-de-France), par le vicomte DE CAIX DE SAINT-AYMOUR. Paris, A. Claudin et H. Champion, 1892. In-8°, 307 pages.

Sous le titre de *Causeries du Besacier,* M. le vicomte de Caix de Saint-Aymour a commencé, en 1892, la publication d'une série d'études que liront avec plaisir et profit les personnes qui s'occupent de l'histoire du département de l'Oise. Les notes et les souvenirs du temps passé dont cet érudit a bourré sa besace depuis vingt ans sont répartis et commentés en des causeries qui forment chacune un chapitre consacré à un sujet particulier, ou plus exactement à un même ordre d'idées. Dans toutes, l'auteur cherche, nous dit-il, à rester également éloigné de la sécheresse qui fait bailler et de la futilité qui fait perdre le temps ; il y réussit sans peine.

Le présent volume, qui est le premier de la série, contient, avec un avant-propos sur les sobriquets des archers et arquebusiers, six causeries qui se rapportent, pour la plus grande partie, aux hommes et aux choses de la ville de Senlis. Il se termine par un très copieux index alphabétique et une table des matières. Une seule observation nous semble devoir être faite.

Aux sources indiquées par M. de Caix de Saint-Aymour, ne conviendrait-il pas d'ajouter quelques-uns des fonds classés aux Archives départementales de l'Oise dans les séries G et H, partiellement inventoriées dans deux volumes parus en 1878 et 1888 ? Cette réflexion nous était suggérée par la lecture de certains passages, notamment de ceux où l'auteur discute l'origine et l'étymologie des noms Saint-Yves-à-l'Argent [pages 151-154] et Fontaine-les-Cornu [pages 9-10], qu'il pourrait être utile de rapprocher des articles H 566-569 et 683-684.

E. Coüard.

Regesta regni Hierosolymitani, MXCVII-MCCXCI, edidit Reinhold RÖHRICHT. Œniponti, 1893. In-8°, 516 pages.

On connaît les nombreux travaux de M. Reinhold Röhricht sur

l'histoire et la géographie de la Terre-Sainte. Établis sur les témoignages les plus certains et les plus variés, ils apportent tous des notions nouvelles et positives sur toutes les questions qu'ils concernent. La nouvelle publication dont nous avons rappelé le titre en sera le complément et fournira aux érudits qui s'occupent de l'histoire des croisades un précieux auxiliaire de recherches et de travail. M. Röhricht y donne, dans l'ordre chronologique, l'abrégé des pièces détachées concernant la Terre-Sainte depuis les temps de la première croisade jusqu'à la prise de Saint-Jean-d'Acre, dernière capitale de ce qui fut le royaume de Jérusalem, c'est-à-dire de 1097 à 1291. Les actes analysés dans le recueil, lettres, chartes ou diplômes sont au nombre de 1,519. Chaque notice indique la date précise de la pièce, le nom et les qualités des parties, l'objet et le résultat précis du document, très souvent le nom des témoins qui figurent dans l'acte. On ne saurait exiger davantage d'un sommaire analytique. D'amples index, très abrégés mais clairs, l'un onomastique, l'autre géographique, terminent le recueil et en facilitent l'usage.

Je cherche quelque chose à reprendre dans cet excellent travail, modèle de concision, d'exactitude et de critique; je ne trouve pas même à signaler quelques incorrections typographiques que l'auteur n'ait relevées et corrigées lui-même. Je m'arrête cependant à l'orthographe d'un nom à la fois historique et géographique, sur laquelle il y aurait, je crois, à revenir. C'est le mot *Crac* ou *Krac*. Il y avait en Syrie, dans le royaume latin de Jérusalem, trois localités de ce nom, dont deux surtout furent importantes et célèbres. M. Röhricht sait aussi bien que qui que ce soit la situation de ces trois localités et les désignations supplémentaires qui servaient à les distinguer l'une de l'autre. Mon observation porte seulement sur le nom initial qui leur est commun. Dans les textes occidentaux, ce nom est écrit tantôt *Krac, Crac, Cracum* par un *c*, tantôt *Krat, Crat, Cratum* par un *t*. Les manuscrits ne peuvent servir à donner la bonne leçon, tant il est difficile généralement de distinguer le *c* du *t* des copistes. Mais l'étymologie la détermine et la fixe. Le mot *Crac* ou *Krac* est venu d'un mot arabe ou syriaque *Karak*, signifiant enceinte fortifiée, qui est toujours terminé par une consonne forte que nous ne pouvons remplacer en Occident que par l'une de ces trois lettres : *c, k* ou *q*. Jamais la pensée n'a pu venir de la rendre par un *t*. Je crois donc qu'il est légitime et même nécessaire de rejeter absolument les formes *Crat* et *Cratum* que conserve quelquefois M. Röhricht, et d'imprimer toujours dans les textes français ou latins *Crac* (ou *Krac*) et *Cracum,* alors même que le manuscrit porte lisiblement *Crat* et *Cratum*. C'est la règle que j'ai suivie dans quelques travaux.

M. L.

J. Delaville Le Roulx. *L'Ordre de Montjoye.* Paris, E. Leroux, 1893. In-8°, 19 pages. (Extrait de la *Revue de l'Orient latin*, I, 42-57.)

En préparant son grand Cartulaire de l'ordre de l'Hôpital de Jérusalem, auquel il travaille depuis de longues années et dont le premier volume va enfin paraître, il est arrivé à notre confrère M. J. Delaville Le Roulx de rencontrer les documents les plus intéressants pour l'histoire de tous les ordres militaires. Il y a quelques années, il nous en donnait quelques-uns concernant les Templiers[1]; aujourd'hui, il nous révèle en quelque sorte l'existence de l'ordre de Montjoye. On peut dire, en effet, que cet ordre était inconnu. C'est à peine si le P. Hélyot et les autres auteurs qui ont traité des ordres militaires en ont dit quelques mots. Le nouveau travail de notre confrère est donc absolument nouveau.

L'ordre de Montjoye a eu une existence extrêmement éphémère. Fondé vers 1180 par un Espagnol, un certain comte Rodrigue, dont la vie tient vraiment du roman, cet ordre, qui avait été doté de nombreuses possessions en Terre sainte, s'est développé presque exclusivement dans la péninsule ibérique. Il y a subsisté pendant une vingtaine d'années seulement, pour se fondre partie dans l'ordre du Temple, partie dans l'ordre de Calatrava.

Les archives de l'ordre de Montjoye ont suivi la destinée de l'ordre lui-même et sont allées, les unes dans les archives des Templiers, les autres dans celles des chevaliers de Calatrava. M. J. Delaville Le Roulx a eu la bonne fortune de retrouver la portion, assez minime, de ces archives qui a été remise, après la suppression de l'ordre du Temple, à l'ordre des Hospitaliers, et se trouve aujourd'hui, avec la majeure partie des archives des Hospitaliers d'Espagne, dans le splendide dépôt d'archives d'Alcala de Hénarès. Nous nous associons aux regrets qu'exprime lui-même M. J. Delaville Le Roulx de n'avoir pu voir l'autre portion des archives de l'ordre de Montjoye, celle qui est devenue la propriété des chevaliers de Calatrava. Nul doute que, s'il l'avait connue, son travail sur l'ordre de Montjoye eût été définitif. Mais, tel qu'il est, nous le répétons, il est entièrement neuf, et par conséquent très important, malgré l'exiguïté de ses dimensions, pour l'histoire du XIIe siècle en Espagne et dans la Terre sainte.

Armand d'Herbomez.

Histoire de l'ordre hospitalier du Saint-Esprit, par l'abbé P. Brune. Lons-le-Saunier et Paris, 1892. Gr. in-8°, ix-451 pages.

L'ordre hospitalier du Saint-Esprit est fort peu connu de nos jours.

---

1. *Documents concernant les Templiers, extraits des archives de Malte* (Paris, Plon, 1882). — *Un Nouveau manuscrit de la Règle du Temple* (Paris, 1890).

Cet ordre a joué pourtant un rôle considérable dans l'histoire de la charité. Fondé à Montpellier vers la fin du xiie siècle pour soulager toutes les misères, il s'est bientôt répandu, grâce surtout à l'appui des papes, dans presque toute la chrétienté. Ce sont les diverses phases de ce développement que M. l'abbé Brune a essayé de retracer. Il faut lui en savoir gré, car il n'existait pas encore d'histoire générale de l'ordre du Saint-Esprit.

Le sujet offrait donc un grand intérêt, mais il était difficile à traiter : les matériaux d'un semblable travail sont nombreux et disséminés partout, l'ordre du Saint-Esprit, aux xiiie et xive siècles surtout, ayant pour ainsi dire couvert de ses hôpitaux et de ses confréries une partie du monde chrétien. De plus, par suite de la rivalité des maisons de Rome et de Montpellier, qui prétendaient toutes deux à la suprématie de l'ordre, et en raison des troubles survenus dans les hôpitaux du Saint-Esprit en France au xviie siècle, un certain nombre de documents ont été falsifiés ou même fabriqués de toutes pièces[1] : d'où nécessité pour l'historien d'examiner avec un soin particulier les textes se rapportant à l'ordre. Ces difficultés n'ont pas arrêté M. Brune.

Le travail qu'il a consacré à l'ordre du Saint-Esprit est divisé en trois parties : Naissance de l'ordre. Son organisation et sa règle. — Splendeur et décadence de l'ordre. — Nomenclature des hôpitaux du Saint-Esprit. L'auteur s'est surtout servi pour composer sa première partie de l'étude de Mgr Paulinier sur les origines de l'ordre. Ce dernier travail avait été lui-même fait principalement à l'aide de l'ouvrage de Pierre Saulnier paru en 1649 sous ce titre : *De capite sacri ordinis Sancti Spiritus dissertatio.* Or, Saulnier n'est pas un guide à suivre en ce qui touche les origines de l'ordre. Cette question des origines et de la règle reste donc à éclaircir. Un travail que j'ai préparé sur ce sujet et qui paraîtra prochainement contribuera peut-être à cet éclaircissement.

Les deux dernières parties du livre de M. Brune sont mieux traitées que la première. Les notices que l'auteur a consacrées aux hôpitaux de l'ordre situés en France contiennent en particulier des indications fort utiles. L'ouvrage se termine par quelques pièces justificatives dont la publication laisse à désirer.

En résumé, ce livre, malgré toutes les imperfections que j'ai dû signaler, représente une somme de travail considérable et est appelé à rendre de réels services.

Marcel POETE.

---

1. L'authenticité de plusieurs documents de l'ordre du Saint-Esprit a été examinée par notre confrère M. Delisle dans un article du *Journal des savants* du mois de juin 1893.

LIVRES NOUVEAUX.

SOMMAIRE DES MATIÈRES.

SCIENCES AUXILIAIRES. — Chronologie, 264. — Épigraphie, 263. — Diplomatique, 304. — Bibliographie, 433; bibliothèques, 350; manuscrits, 295, 346, 388, 438; imprimerie, 246, 250, 313, 315; papier, 261, 289, 290.

SOURCES, 334, 397. — Légendes, 363. — Correspondances, 308, 330, 443. — Mémoires, 444. — Archives, 248, 281, 296, 355, 392. — Cartulaires, 294, 351, 421.

BIOGRAPHIE, GÉNÉALOGIE, 253, 272, 318, 369. — Becket, 377; saint Boniface, 445; Ceillier, 427; Chabannes, 298; Charlemagne, 380; Charles de France, 434; Clément IV, 304; Cunio, 284; Dacquin, 246; Étienne de Tournai, 330; Etton, 316; Filangieri, 314; Girard (saint), 398; Heemsce (de), 251; Innocent V, 270; Jeanne d'Arc, 364; Juvénal des Ursins, 325; Kalm, 287; La Porrée, 267; Marnef, 315; Mauléon, 372; Mignot de Bussy, 310; Ockeghem, 286; Raigecourt, 343; Raimbaut de Vaqueiras, 428; Renaudot, 277; Rive, 387; San Clemente, 308; Surreau, 354; Villars, 444.

GÉOGRAPHIE, 319, 357, 382, 384, 447.

DROIT, 302, 328, 373.

INSTITUTIONS, 274, 321, 360, 362, 389, 431, 432.

MŒURS, ÉCONOMIE SOCIALE, SCIENCES, 245, 255, 259, 268, 284, 323, 335, 391, 394, 412, 436.

RELIGIONS. — Catholicisme, 416; théologie, 269; liturgie, 249; conciles, 307, 358; papauté, 304; églises nationales, locales, 321, 324, 327; ordres monastiques, 254, 263, 348, 413. — Protestantisme, 252, 293, 337.

ARCHÉOLOGIE, 253, 256, 260, 300, 301, 303, 305, 340, 354, 410. — Architecture, 396; édifices religieux, 261, 317, 446; édifices civils, 258, 338, 399, 442. — Sculpture, 309. — Peinture, 251, 265, 347, 434; mosaïque, 402. — Armement, 339. — Sphragistique, 279, 280. — Numismatique, 262.

LANGUES ET LITTÉRATURES. — Grec, 331, 388. — Gaulois, 384. — Langues romanes : français, 332, 383, 440; provençal, 420. — Langues germaniques, 429; scandinaves, 326, 437.

SOMMAIRE GÉOGRAPHIQUE.

245. ADLER (G.). Die Fleisch-Teuerungspolitik der deutschen Städte
beim Ausgange des Mittelalters. Tübingen, Laupp. In-8°, VIII-125 p.
2 m. 40 pf.

246. ADVIELLE (Victor). Bauldrain Dacquin, premier imprimeur de
la province d'Artois. Abbeville, impr. du Cabinet historique de l'Artois
et de la Picardie, 1893. In-8°, 15 p.

247. ADVIELLE (Victor). Les Places d'Arras à la fin du XVIIIᵉ siècle.
Paris, Lechevalier; Arras, Sueur-Charruey; Lille, Quarré, 1893. In-4°,
4 p., 2 planches.

248. Allain (le chanoine E.). Inventaire sommaire des archives de l'archevêché de Bordeaux antérieures à 1790. Bordeaux, impr. Duverdier, 1893. In-4°, xxxiii-242 p.

249. Anecdota Maredsolana. Vol. I : Liber comicus sive Lectionarius missæ quo Toletana ecclesia ante annos mille et ducentos utebatur. Editor D. Germanus Morin. Brugis, Desclée, 1893. Grand in-4°, xvi-463 p., 1 fac-similé. 10 fr.

250. Angot (l'abbé A.). Histoire de l'imprimerie à Laval jusqu'en 1789. Laval, impr. Moreau. In-8°, 48 p. (Extrait du *Bulletin historique et archéologique de la Mayenne*, 2e série, t. VI, 1893.)

251. Angot (l'abbé A.). Simon et David de Heemsce, peintres-verriers à Moulay (Mayenne) (1543-1567). Mamers, Dangin, 1893. In-8°, 16 p.

252. Arnaud (E.). Histoire des protestants de Crest en Dauphiné penpant les trois derniers siècles. Paris, Fischbacher, 1893. In-8°, 104 p.

253. Artistes français (les) des xvii° et xviii° siècles (1681-1787). Extraits des comptes des états de Bretagne, réunis et annotés par le marquis de Granges de Surgères. Paris, Charavay, 1893. In-8°, 240 p. (Société de l'histoire de l'art français.)

254. Assignations de livres (les) aux religieux du couvent des Frères prêcheurs de Barcelone (xiii°-xv° siècles). Texte latin publié pour la première fois par C. Douais. Toulouse, Privat; Paris, Bouillon, 1893. In-8°, 39 p.

255. Audigier (C.). Quelques Coutumes et Traditions de la haute Auvergne. Aurillac, impr. Blancharel, 1892. In-8°, 69 p. (Étude extraite de la *Revue d'Auvergne*.)

256. Barbier de Montault (X.). Inventaire archéologique de l'abbaye des Châtelliers. Saint-Maixent, impr. Reversé, 1892. In-8°, 125 p. (Extrait de la *Revue poitevine et saintongeaise*.)

257. Barrière-Flavy (C.). La Baronnie de Calmont en Languedoc. Notice historique. Toulouse, Privat, 1893. In-8°, 75 p.

258. Barthety (Hilarion). Le Vieux Pont d'Orthez et la « Peyre d'Agnaa ». Histoire et légende. Pau, impr. Garet, 1893. Petit in-4°, 20 p. avec gravures. (Extrait du *Journal des étrangers,* décembre 1892-janvier 1893.)

259. [Bartholomæus Anglicus.] Mediæval Lore : an epitome of the science, geography, animal and plant lore and myth of the middle age : being classified gleanings from the encyclopædia of Bartholomew Anglicus on the properties of things. Edited by Robert Steele. With a preface by William Morris. London, Stock. In-8°, 140 p. 7 s. 6 d.

260. BAYE (le baron J. DE). Le Cimetière wisigothique d'Herpes (Charente). Communication faite au congrès des sociétés savantes à la Sorbonne dans la séance du 21 mai 1891. Angoulême, impr. Chasseignac, 1892. In-4°, 12 p., 26 planches. (Extrait des *Bulletins et Mémoires de la Société archéologique et historique de la Charente,* 6ᵉ série, t. I.)

261. BEAUREPAIRE (Ch. DE). Notice sur une croix funéraire de Notre-Dame de Bondeville, suivie de quelques notes sur l'ancienne fabrication du papier aux environs de Rouen. Rouen, impr. Cagniard, 1892. In-4°, 27 p., 2 planches.

262. BELFORT (A. DE). Description générale des monnaies mérovingiennes par ordre alphabétique des ateliers, publiée d'après les notes manuscrites de M. le vicomte de Ponton d'Amécourt. T. III : Paciacus-Vultaconnus. Paris, Société française de numismatique, 1893. Grand in-8°, 468 p.

263. BENOIT (Arthur). Les Anciennes Inscriptions des abbayes de l'ordre de Prémontré situées dans le département des Vosges. Saint-Dié, impr. Humbert. In-8°, 39 p. (Extrait du *Bulletin de la Société philomathique vosgienne,* année 1892-1893.)

264. BERFRIED (G.). Die Ausgestaltung der christlichen Osterberechnung, zu Rom in Anlehnung an die heidnische und im Anschluss an die jüdische Berechnungsweise, unter Fortbildung des 8jährigen Cyklus zu einem 84jährigen, in Alexandrien auf Grund des kalyppisch-metonischen 19jährigen Mondcyklus, unter Anpassung an die mosaische Jahrform, einheitlich geregelt seit Annahme der alexandrinischen Berechnungsweise auch im Abendlande, und neu geordnet durch die gregorianische Reform des julianischen Kalenders. Mittelwalde in Schlesien, Rud. Hoffmann. In-12, 60 p., 1 planche. 2 m. 40 pf.

265. BERGER (Samuel). De la tradition de l'art grec dans les manuscrits latins des Évangiles. Paris, 1893. In-8°, 11 p. (Extrait des *Mémoires de la Société nationale des antiquaires de France,* t. LII.)

266. BERGSTRÖM (G.). Arboga Krönika. I : Medeltidsminnen. Efter samtida källor. Arboga, l'auteur. In-8°, 205 p. 3 kr.

267. BERTHAUD (l'abbé). Gilbert de la Porrée, évêque de Poitiers, et sa philosophie (1070-1154). Poitiers, impr. Oudin, 1892. In-8°, 359 p.

268. BERTHELOT (M.). Histoire des sciences. La Chimie au moyen âge. I, Essai sur la transmission de la science antique au moyen âge; II, l'Alchimie syriaque (avec la collaboration de M. Rubens Duval) ; III, l'Alchimie arabe (avec la collaboration de M. O. Houdas). Paris, imprimerie nationale, 1893. In-4°, VIII-459, XLVIII-414, 474 p.

269. BERTHIER. L'Étude de la Somme théologique de saint Thomas d'Aquin. Fribourg (Suisse), B. Weith. In-8°, XXIII-333 p.

270. Béthaz (P.-J.). Pierre des Cours de la Salle (Aoste), pape sous le nom d'Innocent V. Aoste, impr. Ed. Duc, 1892. In-8°, 56 p.

271. Bigazzi (Pas.-Aug.). Firenze e contorni. Manuale bibliografico e biografico delle principali opere e scritture sulla storia, i monumenti, le arti, le istituzioni, le famiglie, gli uomini illustri, ecc., della città e contorni. Firenze, Ciardelli, 1893. In-8°, 360 p. 2 l.

272. Bisticci (Vespasiano da). Vite di uomini illustri del secolo xv, rivedute sui manoscritti da Ludovico Frati. Vol. II. Bologna, Romagnoli-Dall'Acqua, 1893. In-8°, 339 p. (Collezione di opere inedite o rare dei primi tre secoli della lingua, pubblicata per cura della R. Commissione pe' testi di lingua nelle provincie dell' Emilia.) 8 l.

273. Bladé (Jean-François). Fin du premier duché d'Aquitaine. Le Puy, impr. Marchessou, 1892. In-8°, 118 p.

274. Blondel (Georges). De advocatis ecclesiasticis in Rhenanis praesertim regionibus a ix usque ad xiii seculum. (Thèse de doctorat ès lettres.) Paris, Picard, 1892. In-8°, 120 p.

275. Boissonnade (P.). Histoire de la réunion de la Navarre à la Castille. Essai sur les relations des princes de Foix-Albret avec la France et l'Espagne (1479-1521). Paris, Picard et fils, 1893. In-8°, xxiv-689 p.

276. Bonnabelle (C.). Notes sur Mont-Devant-Sassey. Montmédy, impr. Pierrot, 1893. In-8°, 51 p.

277. Bonnefont (Gaston). Un Docteur d'autrefois : Théophraste Renaudot, créateur de la presse, de la publicité, des dispensaires, du mont-de-piété (1586-1653). Limoges, Ardant, sans date. Grand in-8°, 119 p. avec 13 grav.

278. Borheck (A.-Chr.). Versuch einer Geschichte der Stadt Duisburg am Rhein. Duisburg 1800. Neudruck. Duisburg, Karl Schmitz. In-8°, 64 p. 60 pf.

279. Bosredon (Ph. de). Notes pour servir à la sigillographie du département de la Haute-Vienne. Limoges, Ducourtieux, 1892. In-8°, vii-273 p., planches.

280. Bosredon (Ph. de). Sigillographie du Périgord. 2e édit. Brive, impr. Roche, 1891. In-4°, vii-500 p.

281. Bourbon (Georges). Inventaire sommaire des archives départementales antérieures à 1790. Eure : Archives ecclésiastiques. Série H. Évreux, impr. Hérissey, 1893. In-4°, vi-326 p.

282. Bournon (Fernand). La Bastille (1370-1789). Histoire et description des bâtiments; administration; régime de la prison ; événements historiques. Paris, Champion, 1893. In-4°, xiv-366 p., 11 planches en héliogravure. (Histoire générale de Paris.) 30 fr.

283. Brandi (Brando). L'Archivio storico del comune di Forlì. Roma, Forzani, 1892. In-8°, 57 p.

284. Brandi (Brando). Notizie intorno a Guillelmus de Cunio, le sue opere e il suo insegnamento a Tolosa. Roma, Forzani, 1892. In-8°, 130 p.

285. Braquehay (Aug.). L'Église de l'abbaye royale de Sainte-Austreberte à Montreuil-sur-Mer ; son histoire, sa description, son trésor. Abbeville. In-8°, 50 p. (Extrait du *Cabinet historique de l'Artois et de la Picardie*, 1892.)

286. Brenet (Michel). Jean de Ockeghem, maître de la chapelle des rois Charles VII et Louis XI. Étude bio-bibliographique d'après des documents inédits. Paris, 1893. In-8°, 36 p. (Extrait des *Mémoires de la Société de l'histoire de Paris et de l'Ile-de-France*, t. XX.) Ne se vend pas.

287. Brinckmeyer (E.). Genealogische Geschichte des alten braunschweigischen uradeligen reichsfreien Geschlechts Derer von Kalm. Braunschweig, Sattler. In-8°, 192 p., 1 planche, 4 tableaux. 6 m.

288. Briot (le Dr). Annales de Chaussin. 2e édit. Dôle, impr. Blind, 1893. In-8°, 131 p.

289. Briquet (C.-M.). De la valeur des filigranes du papier comme moyen de déterminer l'âge et la provenance de documents non datés. Genève, Georg, 1892. In-8°, 13 p. (Extrait du *Bulletin de la Société d'histoire et d'archéologie de Genève*, I.) 1 fr.

290. Briquet (C.-M.). Sur les papiers usités en Sicile, à l'occasion de deux manuscrits en papier dit de coton. Lettre à M. le chevalier I. Giorgi. Genève, Georg, 1892. In-8°, 16 p., 11 planches. (Extrait de l'*Archivio storico siciliano*, XVII.) 3 fr.

291. Brown (P.-H.). Scotland before 1700, from contemporary documents. Edinburgh, Douglas. In-8°, 366 p. 14 s.

292. Camuzzoni (Giulio). Soave e il suo castello. Monografia illustrata da tavole e documenti. Verona, G. Franchini, 1893. In-8°, 271 p., 10 planches.

293. Cadier (Alfred). Osse. Histoire de l'Église réformée de la vallée d'Aspre. Pau, Ribaut ; Paris, Grassart, 1892. In-8°, xv-396 p. et carte. 5 fr.

294. Cartulaire des fiefs de l'église de Lyon (1473-1521), publié sous les auspices de la Société des bibliophiles lyonnais par Georges Guigue. Lyon, impr. Vitte, 1893. In-4°, xvi-581 p.

295. Catalogue général des manuscrits des bibliothèques publiques de France. Départements : t. XIX, Amiens, par E. Coyecque ; t. XXII,

Nantes, Quimper, Brest. Paris : bibliothèque Sainte-Geneviève, par Ch. Kohler, t. I. Paris, Plon, 1893. In-8°, c-619, 567, 655 p.

296. Catalogue sommaire du musée des Archives nationales, précédé d'une notice historique sur le palais des Archives par Jules Guiffrey. Paris, Delagrave, 1893. In-18, 127 p. avec grav. et fac-similés.

297. Celani (Enrico). Lo Statuto del comune di Montelibretti del secolo xv. Contributo alla storia del diritto statutario nella provincia romana. Roma, tip. Vaticana, 1893. In-8°, 81 p.

298. Chabannes (le comte H. de). Histoire de la maison de Chabannes. I. Dijon, impr. Jobard, 1892. In-4°, 575 p. et album in-fol. de 55 planches.

299. Chabeuf (Henri). Dijon. Monuments et souvenirs. Livraisons 1 à 10. Dijon, Damidot, 1893. In-4°, ii-40 p., 10 planches.

300. Chapelier (l'abbé Ch.). Inventaires ecclésiastiques. Collégiale de Saint-Dié; chapitres nobles des Vosges. Saint-Dié, impr. Humbert. In-8°, 26 p. (Extrait du *Bulletin de la Société philomathique vosgienne,* année 1892-93.)

301. Cimetière d'Herpes (le). (Fouilles et collection Ph. Delamain.) Angoulême, Coquemard, 1892. In-4°, 48 p., 26 planches. (Extrait des *Bulletins et Mémoires de la Société archéologique et historique de la Charente,* 6e série, t. I.)

302. Cipolla (Carlo). Nuove Considerazioni sopra un contratto di mezzadria del secolo xv. Verona, G. Franchini, 1892. In-8°, 141 p. (Extrait des publications de l'Académie d'agriculture, arts et commerce de Vérone, 3e série, vol. LXVII.)

303. Clemen (P.). Die Kunstdenkmäler der Rheinprovinz. II, 1 : Die Kunstdenkmäler des Kreises Rees. Düsseldorf, Schwann. In-4°, vi-158 p., 75 fig., 6 planches. 6 m.; relié, 7 m.

304. Clément IV. Les Registres de Clément IV (1265-1268). Recueil des bulles de ce pape, publiées ou analysées, d'après les manuscrits originaux des archives du Vatican, par M. Édouard Jordan. 1er fascicule. Paris, Thorin et fils, 1893. In-4° à 2 colonnes, feuilles 1 à 14 (p. 1 à 112). (Bibliothèque des Écoles françaises d'Athènes et de Rome, publiée sous les auspices du ministère de l'instruction publique, 2e série, XI, 1.)

305. Collection Spitzer (la), antiquité, moyen âge, renaissance. T. V : gemmes, par Edm. Bonnaffé; horloges et montres, par Léon Palustre; instruments de mathématiques, par Alfred Ernst; manuscrits, miniatures, dessins et tableaux, par Auguste Molinier; cires, par Gaston Le Breton; étoffes et broderies, par L. de Farcy; coffrets et jeux, par

Émile Molinier. Paris, librairie centrale des beaux-arts, 1893. In-fol., 276 p., 50 planches.

306. Colly (l'abbé H.). Yssingeaux, ses couvents, chapelles, confréries et dévotions dans le passé et le présent. Monographies religieuses, augmentées de notices historiques sur plusieurs congrégations populaires et d'un choix de poésies inédites. Le Puy, impr. Prades-Freydier, 1893. In-16, ix-424 p.

307. Concilia aevi merovingici. Hannoverae, Hahn. In-4°, xvii-281 p. (Monumenta Germaniae historica. Legum sectio III. Tomus I.) 10 m.; papier vélin, 15 m.

308. Correspondencia inédita de D. Guillén de San Clemente, embajador en Alemanía de los reyes D. Felipe II y III, sobre la intervención de España en los sucesos de Polonia y Hungría (1581 á 1608), publicada por el marqués de Ayerbe, conde de San Clemente. Zaragoza, la Derecha, 1892. In-8°, xxxix-407 p. 12 pesetas.

309. Courajod (Louis). École du Louvre. Cours d'histoire de la sculpture. Fragments de la leçon professée le 14 décembre 1892. Paris, Bouillon. In-8°, 12 p. (Extrait du *Moyen âge* de février 1893.)

310. Courtaux (Théodore). Généalogie de la famille Mignot de Bussy et de ses alliances (Beaujolais, Lyonnais, Forez et Bresse), d'après les documents conservés dans les dépôts publics. Paris, cabinet de l'*Historiographe,* 52 rue d'Amsterdam, 1892. In-8°, 32 p. (Extraite de l'*Historiographe, recueil de notices historiques sur les familles et de biographies.*)

311. Cugnac (l'abbé Bertrand de). Jonzac et Ozillac (étude et documents). La Rochelle, impr. Texier, 1893. In-8°, 444 p. et gravures. (Publication de la Société des archives historiques de la Saintonge et de l'Aunis.)

312. Daffner (F.). Geschichte des Klosters Benediktbeuren (704-1803) mit Berücksichtigung der allgemeinen Geschichte und der handschriftlichen Literatur. München, Dr M. Huttler. In-8°, iv-132 p. 10 m.

313. Degeorge (Léon). L'Imprimerie en Europe aux xve et xvie siècles. Les premières productions typographiques et les premiers imprimeurs. Paris, Paul, Huard et Guillemin, 1892. In-18, xii-139 p. 3 fr.

314. Del Giudice (Giuseppe). Riccardo Filangieri, sotto il regno di Federico II, di Corrado e di Manfredi, con note ed osservazioni critiche intorno ai fatti di quei tempi e con appendice di documenti. Napoli, tip. Francesco Giannini, 1893. In-8°, xx-306 p. (Extrait de l'*Archivio storico per le provincie napolitane,* 15e, 16e et 17e années.)

315. Delisle (Léopold). Une Réclame de la librairie parisienne des

Marnef. Paris, 1893. In-8°, 5 p. (Extrait du *Bulletin de la Société de l'histoire de Paris et de l'Ile-de-France.*)

316. Delobelle (l'abbé Adrien). Saint Etton, évêque, patron de Dompierre : sa vie, ses reliques et son culte. 3ᵉ édition. Dompierre (Nord), au presbytère. In-18, 223 p. avec grav.

317. Demange (l'abbé M.). Découvertes à la cathédrale de Toul. Tombeau d'Henri de Ville : peinture murale. Nancy, Crépin-Leblond. In-8°, 10 p. (Extrait du *Journal de la Société d'archéologie lorraine*, 1892.)

318. Des Gozis (M.). Les Montluçonnais de 1490-1497. Étude sur les familles qui habitaient Montluçon à la fin du xvᵉ siècle. Moulins, impr. Auclaire, 1893. In-8°, 174 p.

319. Desjardins (Ernest). Géographie historique et administrative de la Gaule romaine. T. IV : les sources de la topographie comparée. Suivi d'une table alphabétique de tout l'ouvrage. Paris, Hachette, 1893. In-8°, iii-301 p., 13 planches. 20 fr.

320. Dion (A. de). L'Hospice de Montfort-l'Amaury. Notes historiques. Tours, impr. Deslis, 1892. In-8°, 63 p. 1 fr.

321. Documents relatifs aux rapports du clergé avec la royauté de 1682 à 1705. Publiés par Léon Mention. Paris, Picard, 1893. In-8°, v-191 p. (Collection de textes pour servir à l'étude et à l'enseignement de l'histoire, fasc. 14.)

322· Drayton (M.). The Battaile of Agincourt. With introduction and notes by Richard Garnett. London, Whittingham. In-8°, 142 p. 7 s. 6 d.

323. Du Bois-Melly. Les Ordonnances royales et les mœurs sous le règne des derniers Valois. 2ᵉ étude. Genève et Bâle, Georg. In-8°, 66 p. 2 fr.

324. Duchesne (l'abbé L.). La Primatie d'Arles. Paris, 1893. In-8°, 86 p. (Extrait des *Mémoires de la Société nationale des antiquaires de France*, t. LII.)

325. Durrieu (Paul). Le Nom, le Blason et l'Origine de famille de l'historien Juvénal des Ursins. Paris, 1892. In-8°, 31 p. (Extrait de l'*Annuaire-Bulletin de la Société de l'histoire de France*.)

326. Edda (Die). Die Lieder der sogenannten älteren Edda, nebst einem Anhang : Die mythischen und heroischen Erzählungen der Snorra Edda. Uebersetzt und erläutert von H. Gering. Leipzig, Bibliographisches Institut. In-8°, xvii-402 p. Rel. toile, 4 m.; demi-maroquin, 6 m.

327. Egli (Emil). Kirchengeschichte der Schweiz bis auf Karl den Grossen. Zürich, A. Frick, 1893. In-8°, vii-145 p. 3 fr.

328. Espinay (G. d'). La Réforme de la coutume du Maine en 1508. Mamers, Fleury et Dangin, 1893. In-8°, 55 p.

329. Estadieu (M.). Annales du pays castrais depuis les temps les plus reculés jusqu'à nos jours. Castres, impr. Abeilhou, 1893. In-4° à 2 col., ix-502 p. et plan. 10 fr.

330. Étienne de Tournai. Lettres d'Étienne de Tournai. Nouvelle édition, par l'abbé Jules Desilve. Valenciennes, Lemaître; Paris, Picard, 1893. In-8°, xxiii-477 p.

331. Extraits des auteurs grecs concernant la géographie et l'histoire des Gaules. Texte et traduction nouvelle, publiés pour la Société de l'histoire de France par Edm. Cougny. T. VI, par M. Henri Lebègue. Paris, Laurens, 1892. In-8°, xxiii-276 p.

332. Ferrand (David). La Muse normande. Publiée, d'après les livrets originaux (1625-1653) et l'inventaire général de 1655, avec introduction, notes et glossaire, par A. Héron. Tome III. Rouen, Cagniard, 1892. In-4°, 500 p.

333. Fodéré (le P. Jacques). Le Monastère de Sainte-Claire de Moulins. Introduction, notes et appendice par A. Vayssière. Moulins, Durond, 1892. In-8°, 35 p.

334. Fontes rerum Byzantinarum. Sumptibus Academiae Caesareae scientiarum accuravit W. Regel. I, 1. Lipsiae, Voss. Gr. in-8°, xx-182 p. 3 m. 25 pf.

335. Franklin (Alfred). La Vie privée d'autrefois. Arts et Métiers, Modes, Mœurs, Usages des Parisiens du xiie au xviiie siècle, d'après les documents originaux ou inédits. « Le Café, le Thé et le Chocolat. » Paris, Plon, Nourrit, 1893. In-18 jésus, xi-324 p. 3 fr. 50 c.

336. Frost (J.). The History and Topography of the county of Clare. Dublin, Sealy; London, Williams and Norgate. In-8°, 11 s.

337. Gassaud (Antoine). Le Protestantisme à Forcalquier. Mémorial inédit, publié par L. de Berluc-Perussis. Digne, Chaspoul, 1892. In-8°, 66 p. (Extrait du *Bulletin de la Société scientifique et littéraire des Basses-Alpes.*)

338. Gauthier (Gaston). Notice sur le château de Dompierre-sur-Nièvre. Nevers, impr. Vallière, 1893. In-8°, 7 p., planche. (Extrait du *Bulletin de la Société nivernaise des lettres, sciences et arts.*)

339. Gauthier (Jules). L'Artillerie de la place de Gray pendant les guerres du xviie siècle. Vesoul, impr. Suchaux, 1892. In-8°, 20 p.

340. Germain (Léon). Le Musée de Longwy et ses taques de foyer. Montmédy, impr. Pierrot, 1893. In-8°, 23 p.

341. Ghinzoni (P.). La Battaglia di Morat narrata dall' ambasciatore milanese presso il duca di Borgogna, testimonio oculare. Milano, Rivara, 1892. In-8°, 8 p. (Extrait de l'*Archivio storico lombardo,* XIX.)

342. Gilbert (André). Le Siège de Stenay en 1654, d'après les correspondances des contemporains. Bar-le-Duc, impr. Contant-Laguerre. In-8°, 158 p. et planches. (Extrait des *Mémoires de la Société des lettres, etc., de Bar-le-Duc,* 1892.)

343. Goyon (Marie DE Raigecourt, comtesse DE). Quelques Pages sur l'ancienne Lorraine et la maison de Raigecourt. Mesnil, impr. Firmin-Didot, 1893. In-8°, xii-74 p.

344. Grands Traités (les) du règne de Louis XIV (1648-1659), publiés par Henri Vast. Paris, Picard et fils, 1893. In-8°, xiv-193 p. (Collection de textes pour servir à l'étude et à l'enseignement de l'histoire, fascicule 15.)

345. Guelfi (F.), Baldi (C.). Monte San Savino attraverso i secoli. Ricerche storico-biografiche. Siena, L. Lazzeri, 1892. In-4°, 243 p.

346. Guibert (Louis). Les Manuscrits du séminaire de Limoges. Notice et catalogue. Limoges, Ducourtieux, 1892. In-8°, 107 p.

347. Haendcke (B.). Die schweizerische Malerei im xvi. Jahrhundert diesseits der Alpen und unter Berücksichtigung der Glasmalerei, des Formschnittes und des Kupferstiches. Aarau, H. R. Sauerländer. In-8°, v-416 p., 30 planches. 12 fr.; relié, 14 fr. 80 c.

348. Handegger (A.). Die Cistercienserinnen zu Maggenau. St. Gallen, Fehr. In-4°, 66 p., 1 planche. 2 fr. 40 c.

349. Hauser (Karl baron). Die alte Geschichte Kärntens von der Urzeit bis Kaiser Karl dem Grossen. Klagenfurt, Ferd. von Kleinmayr. In-8°, 147 p.

350. Havet (Julien). The National Library of France (Bibliothèque nationale). London, John Bale, 1893. In-8°, 13 p. (Extrait du *Library* d'octobre 1892.)

351. Hessisches Urkundenbuch. II. Urkundenbuch zur Geschichte der Herren von Hanau und der ehemaligen Provinz Hanau von H. Reimer. II : 1301 bis 1349. Leipzig, Hirzel. In-8°, vii-870 p., 1 pl. (Publicationen aus den k. preussischen Staatsarchiven. LI.) 18 m.

352. Huguenin (A.). Un Village bourguignon sous l'ancien régime : Gemeaux. Dijon, impr. Darantière, 1893. In-18, 323 p. 3 fr. 50 c.

353. Husson (Georges). Promenades à travers la vallée du Grand-Morin. Esbly à Mortcerf. Paris, Lechevalier; Meaux, Le Blondel;

Crécy-en-Brie, Gruot, 1893. In-8°, 302 p., 144 grav., 1 plan, 1 carte.
5 fr.

354. Inventaire de Pierre Surreau, receveur général de Normandie,
suivi du testament de Laurens Surreau et de l'inventaire de Denise de
Foville, publiés pour la première fois, avec notes et glossaire, par
J. Félix. Rouen, Lestringant; Paris, Picard et fils, 1892. In-8°, xii-445 p.
(Société de l'histoire de Normandie.)

355. Inventaire des archives des châteaux bretons. Archives du château de Saffré (1394-1610), publiées par le marquis de l'Estourbeillon.
Vannes, Lafolye; Paris, Picard et fils, 1893. In-8°, iv-132 p.

356. JEANDET (J.-P.-Abel). Pages inédites d'histoire de Bourgogne
au xvie siècle. Fragments des annales de la ville de Verdun-sur-Saône-
et-Doubs. Dijon, impr. Darantière, 1893. In-8°, xxxii-473 p.

357. JIREČEK (Hermenegildus). Antiquae Bohemiae usque ad exitum
saeculi xii Topographia historica. Pragae, F. Tempsky. In-8°, xxviii-
194 p.

358. JOANNIS DE SEGOVIA presbyteri cardinalis tit. SANCTI CALIXTI Historia gestorum generalis synodi Basileensis. Editionem ab E. Birk
inchoatam apparatu critico adjecto continuavit R. Beer. Vol. II :
liber xvi. Lipsiae, Freytag. In-4°, p. 399-538. (Monumenta conciliorum
generalium seculi xv. Ediderunt Caesareae Academiae scientiarum
socii delegati. Concilium Basileense, scriptorum tomi III pars ii.) 7 m.
50 pf.

359. JOSSE (Hector). Histoire de Notre-Dame-de-Moyenpont, canton
de Roisel. Amiens, Piteux, 1893. In-8°, iv-162 p.

360. Jurades (les) de la ville de Bergerac, tirées des registres de l'hôtel de ville par G. Charrier. Tome II : 1487-1530. Bergerac, imprimerie
générale du Sud-Ouest, 1893. In-16, xii-404 p., planches. 4 fr.

361. KERVILER (René). Armorique et Bretagne. Recueil d'études sur
l'archéologie, l'histoire et la biographie bretonnes, publiées de 1873
à 1892, revues et complètement transformées. Paris, Champion, 1893.
In-8°, 288 p. et 1 carte, 566, 372 p.

362. KÖHLER (G.). Entwickelung des Kriegswesens und der Krieg-
führung in der Ritterzeit. Ergänzungsheft, die Schlachten von Taglia-
cozzo und Courtrai betreffend. Breslau, Koebner. In-8°, iii-27 p. 1 m.

363. KURTH (Godefroid). Histoire poétique des Mérovingiens. Bruxelles,
Société belge de librairie, 1893. In-8°, vi-552 p. 10 fr.

364. LA BALLE (l'abbé DE). Jeanne d'Arc et le pays d'Évreux. Évreux,

impr. Odieuvre, 1893. In-8°, 33 p. (Extrait de la *Revue catholique de Normandie.*)

365. Labroue (Émile). Bergerac sous les Anglais. Essai historique sur le consulat et la communauté de Bergerac au moyen âge. Bordeaux, Gounouilhou; Paris, Rouam, 1893. In-4°, xiii-237 p., gravures. 7 fr.

366. La Chapelle (Jean de). Johannis de Capella Cronica abbreviata dominorum et sanctorum abbatum sancti Richarii. Nova editio, quam summariis annotationibusque illustravit E. Prarond. Paris, Picard, 1893. In-8°, xviii-201 p.

367. Lagier (l'abbé A.). Le Trièves et son passé. Valence, impr. Céas, 1892. In-8°, ii-216 p.

368. La Lande de Clain (Ch. de). La Défense des côtes de Bretagne aux xvi° et xvii° siècles. Vannes, Lafolye, 1892. In-8°, 41 p.

369. La Roque (Louis de). Biographie montpelliéraine. Les Évêques de Maguelone et de Montpellier. Montpellier, Calas; Paris, Champion, 1893. In-8°, xiv-316 p. et portrait.

370. La Sicotière (Léon de). Notice historique sur Sainte-Suzanne (Mayenne). Laval, Goupil, 1892. In-8°, 25 p.

371. Lauwereyns de Roosendaele (Louis de). Monographie audomaroise : comment la ville de Saint-Omer fit retour à la France en 1677 (1676 à 1680). Saint-Omer, Tumerel. In-16, 205 p.

372. Ledain (Bélisaire). Savary de Mauléon et le Poitou à son époque. Saint-Maixent, impr. Reversé, 1892. In-8°, 60 p. (Extrait de la *Revue poitevine et saintongeaise.*)

373. Leges Burgundionum. Hannoverae, Hahn. In-4°, 188 p., 1 planche. (Monumenta Germaniae historica. Legum sectio I : legum nationum Germanicarum tomi II pars i.) 6 m.; papier vélin, 9 m.

374. Le Hule (dom Guillaume). Le Thrésor ou Abrégé de la noble et royalle abbaye de Fescamp, contenant l'histoire du précieux sang, avec plusieurs merveilles arrivées tant en la fondation qu'en diverses dédicaces de l'église, un estat des sainctes reliques et autres pièces notables conservées dans le thrésor et un catalogue de tous les abbés qui ont gouverné ce célèbre monastère. (1684.) Fécamp, Banse, 1893. In-16, xii-330 p. 6 fr.

375. Le Lieur (J.). Rouen au xvi° siècle, d'après le manuscrit de J. Le Lieur (1525), par Jules Adeline. Rouen, Lestringant, sans date. In-4°, 8 p., 20 eaux-fortes.

376. Le Verdier (P.). Notes sur le dernier état et les derniers jours du prieuré de Longueville, suivies de documents inédits. Évreux, impr.

Odieuvre, 1893. In-8°, 42 p., planche. (Extrait de la *Revue catholique de Normandie*.)

377. L'Huillier (le R. P. dom A.). Saint Thomas de Cantorbéry. Tome II. Paris, Palmé, 1892. In-8°, 595 p., 1 planche.

378. Liber vitae : register and martyrology of New Minster and Hyde abbey, Winchester. Winchester, Warren ; London, Simpkin. In-8°, 420 p. 15 s.

379. Lièvre. Les Agésinates ou *Cambolectri Agesinates*. Paris, Leroux. In-8°, 10 p. (Extrait du *Bulletin de géographie historique et descriptive* du Comité des travaux historiques et scientifiques.)

380. Lindner (Th.). Die Fabel von der Bestattung Karls des Grossen. Aachen, Cremer. In-8°, iii-82 p. (Extrait de la *Zeitschrift des Aachener Geschichtsvereins*.) 1 m. 60 pf.

381. Lindström (G.). Anteckningar om Gotlands medeltid. I. Stockholm, Norstedt. In-8°, 112 p. 1 kr. 50 ö.

382. Lipp (M.). Das fränkische Grenzsystem unter Karl dem Grossen. Neu untersucht und nach den Quellen dargestellt. Breslau, Koebner. In-8°, vii-76 p. (Untersuchungen zur deutschen Staats- und Rechtsgeschichte, herausgegeben von Otto Gierke. 41.) 2 m. 50 pf.

383. Livre des oraisons (le) de Gaston Phébus, vicomte souverain de Béarn, comte de Foix, publié pour la première fois, d'après un manuscrit de la Bibliothèque nationale, par l'abbé de Madaune. Paris, Picard, 1893. In-8°, viii-43 p.

384. Longnon (Auguste). Le Nom de lieu gaulois *ewiranda*. Paris, Leroux, 1892. In-8°, 7 p. (Extrait de la *Revue archéologique*.)

385. Macineira y Pardo (Federico). Crónicas de Ortigueira. Madrid, Murillo, 1892. In-8°, xix-332 p. 3 pes. 50 c.

386. Marchandon de la Faye (Maurice). L'Abbaye de Château-Chalon. Notice, suivie de deux inventaires de 1742 et 1762. Paris, May et Motteroz, 1893. In-8°, 118 p. avec grav.

387. Martin (Henry). L'Odyssée d'un bibliognoste. Paris, Techener, 1892. In-8°, 32 p.

388. Martini (E.). Catalogo di manoscritti greci esistenti nelle biblioteche italiane. Vol. I, parte i. Milano, Ulrico Hoepli, 1893. In-8°, xiii-218 p. 8 l. 50 c.

389. Maulde-La-Clavière (R. de). La Diplomatie au temps de Machiavel. Tome Ier. Paris, Leroux, 1892. In-8°, 471 p.

390. Mauss (C.). L'Église de Saint-Jérémie à Abou-Gosch (Emmaüs

de saint Luc et Castellum de Vespasien), avec une étude sur le stade au temps de saint Luc et de Flavius Josèphe ; mesures théoriques du pilier de Tello. Paris, Leroux, 1892. In-8°, 130 p.

391. MAYER (M.). Bayerns Handel im Mittelalter und in der Neuzeit. Historische Skizze. München, Pohl. In-8°, VI-100 p. 2 m.

392. Meddelelser om Rigsarkivet for 1889-91. Christiania, Reitzel. In-8°, 66 p. 1 kr.

393. Mena. Noticia del noble y real valle de Mena, provincia de Cantabria. Publícala á sus expensas, con un prólogo, notas y varios apéndices, Julián de San Pelayo. Carta-introducción de don Miguel Mir. Sevilla, E. Rasco, 1892. In-8°, XVIII-283 p., 1 planche. (Non mis dans le commerce.)

394. MESUE jun. (Die angebliche Chirurgie des Joh.) nach einer Handschrift der Pariser Nationalbibliothek zum ersten Male theils herausgegeben, theils analysirt, nebst einem Nachtrag zur « Chirurgie des Heinrich von Mondeville » von Dr J. L. Pagel. Berlin, Aug. Hirschwald. In-8°, 146 p. 4 m.

395. MIGNANE (Ferd.). Schizzi storici su S. Angelo de' Lombardi. S. Angelo de' Lombardi, Pasquale Davidde, 1893. In-16, 99 p. 1 l.

396. MOMMÉJA (Jules). Du rôle des moines dans l'architecture du moyen âge. Analyse de la conférence faite par M. Anthyme Saint-Paul, en séance publique de la Société archéologique de Tarn-et-Garonne, le 19 mars 1892. Montauban, impr. Forestié. In-8°, 23 p. (Extrait du *Bulletin archéologique de Tarn-et-Garonne*.)

397. Monumenta Germaniae historica. Scriptorum tomus XXIX. Hannoverae, Hahn. In-fol., 647 p., 2 planches. 40 m.; papier vélin, 60 m. (Voyez aussi : Concilia ; Leges.)

398. MORICEAU (le chanoine). Notice sur saint Girard, de Bazouges, près Château-Gontier, moine de Saint-Aubin d'Angers. Laval, Chailland, 1893. In-32, 72 p.

399. MORIN DE LA BEAULUÈRE (L.-J.). Le Château de Laval. Laval, Goupil, 1892. In-8°, 39 p.

400. MORIZE (L.). Le Canton de Chevreuse (département de Seine-et-Oise). Notes topographiques, historiques et archéologiques. Nouvelle édition. Tours, impr. Deslis, 1892. In-8°, X-131 p. avec 15 grav. et une carte. (Société archéologique de Rambouillet. Documents pour servir à l'histoire du département de Seine-et-Oise. XXII.)

401. MÜLLENHEIM VON RECHBERG (H. VON). Das Geschöll der von Müllenheim und Zorn 1332. Ein Beitrag zur Localgeschichte von Strassburg. Strassburg, Heitz. In-4°, 48 p., 6 planches. 3 m.

402. Müntz (Eugène). La Mosaïque chrétienne pendant les premiers siècles. I, la technique; II, la mosaïque dans les catacombes. Paris, 1893. In-8°, 90 p. avec gravures. (Extrait des *Mémoires de la Société nationale des antiquaires de France*, t. LII.)

403. Niessen (P. van). Geschichte der Stadt Woldenberg i. N., herausgegeben von der Falbeschen Stiftung bei dem königlichen und Gröningschen Gymnasium zu Stargard in Pommern. Stettin, Burmeister. In-8°, x-511 p. 6 m.

404. Ogier (François), aumônier du comte d'Avaux. Journal du congrès de Munster (1643-1647). Publié par Auguste Boppe. Paris, Plon, 1893. In-8°, xxxix-273 p., portrait. 6 fr.

405. Oliveira Martins (J.-P. de). Les Explorations des Portugais antérieures à la découverte de l'Amérique. Conférence faite à l'Athénée de Madrid. Traduite de l'espagnol par Alexandre Boutroue, avec une préface, des notes du traducteur et une carte. Paris, Leroux, 1893. In-8°, viii-39 p.

406. Orioli (Paolo). Mantova : sinodi, costituzioni. Mantova, tip. Aldo Manuzio, 1892. In-8°, 223 p. 3 l.

407. Oysonville, son château, ses seigneurs. Chartres, Garnier, 1892. In-4°, 140 p. et planches.

408. Parascandola (Michele). Cenni storici intorno alla città ed isola di Procida. Napoli, L. de Bonis, 1892. In-8°, 306 p. 6 l.

409. Perrens (F.-T.). La Civilisation florentine du xiiie au xvie siècle. Paris, Motteroz, sans date. In-8°, 255 p. avec grav. (Bibliothèque d'histoire illustrée.)

410. Perrin (l'abbé Élie). L'Archéologie religieuse en Franche-Comté. (Mémoire présenté au troisième congrès provincial de la Société bibliographique, à Besançon.) Besançon, impr. Jacquin, 1893. In-8°, 15 p.

411. Pinatel (Philippe). Quatre Siècles de l'histoire de Cannes (1448-1892). Cannes, imprimerie Cannoise, 1892. In-12, 247 p.

412. Piton (C.). Les Lombards en France et à Paris. II : numismatique; leurs marques, leurs poids-monnaie, leurs sceaux de plomb; l'échiquier; les tailles; jetons des Lombards aux xive et xve siècles. Paris, Champion, 1893. In-8°, iv-137 p.

413. Placard d'annonce d'indulgences accordées en faveur des œuvres des Mathurins (xvie siècle), publié par Jules Rouyer. Paris, 1893. In-8°, 11 p. (Extrait du *Bulletin de la Société de l'histoire de Paris et de l'Ile-de-France.*)

414. Pointeau (l'abbé Ch.). Notice sur les seigneurs de Vautorte.

Laval, impr. Moreau, 1892. In-8°, 46 p. (Extrait du *Bulletin historique et archéologique de la Mayenne,* 2ᵉ série, t. VI.)

415. Prajoux (l'abbé J.). Le Canton de Saint-Just-en-Chevalet. Recherches historiques sur Saint-Just-en-Chevalet, Saint-Romain-d'Urfé, Champoly, Saint-Marcel-d'Urfé, Juré, Cremeaux, Cherier, Saint-Priest-la-Prugne. Roanne, impr. Chorgnon et Bardiot, 1892. In-8°, 312 p.

416. Prévost (Gustave-A.). L'Église et les campagnes au moyen âge. Paris, Champion, 1892. In-8°, vii-293 p.

417. Proust (Henri). Les Revenus et les Dépenses de l'hôtel de ville de Niort avant 1789. Saint-Maixent, impr. Reversé, 1892. In-8°, 318 p.

418. Prudhomme (A.). Documents pour servir à l'histoire de l'église de Saint-Antoine-en-Viennois. Grenoble, impr. Allier, sans date. In-8°, 12 p. (Extrait du *Bulletin de l'Académie delphinale,* 4ᵉ série, tome V.)

419. Quarré-Reybourbon (L.). Lille. Notes historiques, avec le plan de la ville. Lille, impr. Danel, sans date. In-8°, 8 p. (Société de géographie de Lille.)

420. Raimbaut de Vaqueiras (Die Briefe des Trobadors) an Bonifaz I Markgrafen von Montferrat. Zum ersten Male kritisch herausgegeben, nebst 2 Karten und einer Beilage über die Markgrafen von Montferrat und die Markgrafen Malaspina in ihren Beziehungen zu den Trobadors von O. Schultz. Halle, Niemeyer. In-8°, ix-140 p. 4 m.

421. Rappoltsteinisches Urkundenbuch 759-1500. Herausgegeben von K. Albrecht. II : 1364-1408. Colmar, Barth. In-4°, viii-695 p. 32 m.

422. Recueil des instructions données aux ambassadeurs et ministres de France depuis les traités de Westphalie jusqu'à la Révolution française, publié sous les auspices de la commission des archives diplomatiques au ministère des affaires étrangères. X : Naples et Parme, avec une introduction et des notes par Joseph Reinach. Paris, F. Alcan, 1893. In-8°, clxxxvi-254 p. 20 fr.

423. Reveillé de Beauregard. Promenades dans la ville de Tarascon et dans ses environs, suivies d'une notice historique et statistique sur Beaucaire. Aix, impr. Nicot, 1892. In-8°, 216 p.

424. Sallière du Pont-Farcy (Pierre-Lucas). Déploration des troubles et misères advenus en France. Publiée avec introduction par T. Genty. Rouen, impr. Cagniard, 1892. In-4°, xxx-34 p. (Société des bibliophiles normands.)

425. Salvá (Anselmo). Cosas de la vieja Burgos. Burgos, Arnaiz, 1892. In-8°, 208 p. 3 pesetas.

426. Sauzé (Charles). Le Couvent des bénédictins de la Mothe-Saint-Héray. Notes historiques. Saint-Maixent, impr. Reversé. In-8°, 41 p. (Extrait de la *Revue poitevine et saintongeaise,* 1892.)

427. Seillière (le baron Frédéric). Un nouveau Portrait de dom Remi Ceillier, prieur de Flavigny-sur-Moselle. Saint-Dié, impr. d'Humbert, 1893. In-8°, 21 p., portrait. (Extrait du *Bulletin de la Société philomathique vosgienne,* 1892-1893.)

428. Sellier (Charles). Curiosités du vieux Montmartre. Les carrières à plâtre. Paris, impr. Kugelmann, 1893. In-18, 48 p. (Extrait de l'*Aurore du XVIIIe.)*

429. Singer (S.). Willehalm, ein Rittergedicht aus der zweiten Hälfte des dreizehnten Jahrhunderts von Meister Ulrich von dem Türlin. Prag, H. Dominicus. In-8°, lxxxix-410 p.

430. Sixt (F.). Chronik der Stadt Gerolzhofen in Unterfranken. Würzburg, Leo Woerl. In-8°, 175 p., 2 plans. (Extrait de l'*Archiv des historischen Vereins für Unterfranken und Aschaffenburg.*) 3 m.

431. Spont (Alfred). Une Recherche générale des feux à la fin du xve siècle. Paris, 1892. In-8°, 15 p. (Extrait de l'*Annuaire-Bulletin de la Société de l'histoire de France.*)

432. Stadtbuch von Posen. I : die mittelalterliche Magistratsliste; die ältesten Protokollbücher und Rechnungen. Herausgegeben von A. Warschauer. Posen, J. Jolowicz. In-8°, 198-529 p., 1 plan. (Sonder-Veröffentlichungen der historischen Gesellschaft für die Provinz Posen. I.) 12 m.

433. Stein (Henri). Mélanges de bibliographie. 1re série. Paris, Techener, 1893. In-8°, 49 p.

434. Stein (Henri). Recherches iconographiques sur Charles de France, duc de Berry, de Normandie et de Guyenne. Paris, Plon, 1893. In-8°, 12 p., héliogravure.

435. Stein (Henri). Un Épisode de la guerre de Cent ans dans le Gâtinais. L'affaire de Villemaréchal (1360). Paris, Picard, 1893. In-8°, 32 p., planche.

436. Stouff (L.). Le Régime colonger dans la Haute-Alsace et les pays voisins, à propos d'un rôle colonger inédit du xve siècle. Paris, Larose et Forcel. In-8°, 91 p. (Extrait de la *Nouvelle Revue historique de droit français et étranger,* 1893.)

437. Sturluson (Snorra). The Stories of the kings of Norway, called the Round World (Heimskringla). Done into English out of the Icelandic by William Morris and Eirikr Magnusson. Vol. I. London, Quaritch. In-8°, 386 p., 1 carte. (Saga Library.) 7 s. 6 d.

438. Tabulae codicum manu scriptorum praeter Graecos et Orientales in bibliotheca Palatina Vindobonensi asservatorum. Edidit Academia Caesarea Vindobonensis. Vol. VIII : cod. 14001-15500. Lipsiae, Freytag. In-8°, 267 p. 5 m. 40 pf.

439. TARDIEU (Ambroise), MADEBÈNE (A.). Histoire illustrée de la ville et du canton de Saint-Gervais-d'Auvergne (Puy-de-Dôme), suivie d'un dictionnaire historique et archéologique. Herment et Saint-Gervais-d'Auvergne, les auteurs, 1892. In-16, 232 p., grav.

440. TIMMERMANS (Adrien). L'Argot parisien, étude d'étymologie comparée, suivie du vocabulaire. Paris, Klincksieck, 1892. In-8°, XII-322 p.

441. TRAUTENBERGER (G.). Die Chronik der Landeshauptstadt Brünn. Im Verein mit mehreren Geschichtsfreunden zusammengestellt. I; II, I. Leipzig, Schulze. In-8°, VIII-226, 80 p. 7 m.

442. VACHEZ (A.). Les Châteaux historiques du Roannais : Chenevoux. Notice historique et archéologique. Roanne, impr. Miquel, 1892. In-4°, 33 p. et 6 grav.

443. Venetianische Depeschen vom Kaiserhofe (Dispacci di Germania) herausgegeben von der historischen Commission der kaiserlichen Akademie der Wissenschaften. II. Bearbeitet von G. Turba. Leipzig, Freytag. Gr. in-8°, LI-789 p. 12 m.

444. VILLARS (le maréchal DE). Mémoires. Publiés d'après le manuscrit original pour la Société de l'histoire de France et accompagnés de correspondances inédites par M. le marquis de Vogüé. Tome V. Paris, Laurens, 1892. In-8°, 446 p. 9 fr.

445. WOELBING (G.). Die mittelalterlichen Lebensbeschreibungen des Bonifatius, ihrem Inhalte nach untersucht, verglichen und erläutert. Leipzig, Fock. In-8°, VIII-160 p. 2 m.

446. WOLFF (C.). Der Kaiserdom in Frankfurt am Main. Eine baugeschichtliche Darstellung. Frankfurt, Jügel. Gr. in-8°, XV-150 p., 38 planches. 10 m.

447. ZAHN (Joseph VON). Ortsnamenbuch der Steiermark im Mittelalter. Wien, Alfr. Hölder. In-4°, XXV-584 p.

CHRONIQUE ET MÉLANGES.

Dans la séance du 27 avril 1893, la Société de l'École des chartes a procédé au renouvellement annuel de son Conseil, qui se trouve ainsi constitué pour l'année 1893-1894 :

Président : M. Lair.

Vice-président : M. Lemonnier.

Secrétaire : M. Guilhiermoz.

Secrétaire adjoint : M. Teulet.

Commission de publication : membres ordinaires, MM. Delisle, de Lasteyrie et Omont; membres suppléants, MM. Havet et Valois.

Commission de comptabilité : MM. de Barthélemy, Bruel et Morel-Fatio.

Archiviste-trésorier : M. Eugène Lefèvre-Pontalis.

— Notre confrère M. Michel Perret est décédé à Paris le 24 avril 1893, dans sa trente-deuxième année. Une notice lui sera consacrée dans le prochain cahier de la Bibliothèque de l'École des chartes.

— Notre confrère M. Amédée Tardieu est décédé à Paris le 14 mai 1893, à l'âge de soixante-dix ans. Les paroles suivantes ont été prononcées sur sa tombe par M. L. Delisle, président de la Commission administrative de l'Institut :

« Je viens, au nom de la Commission administrative centrale de l'Institut, dire un dernier adieu à notre excellent bibliothécaire, Amédée Tardieu, qui, pendant trente-six ans, a rendu quotidiennement des services de tout genre à nos académies.

« Tardieu s'était préparé, par de fortes études littéraires, à entrer dans une carrière qu'il devait parcourir avec autant de modestie que de science et de dévouement. Au sortir de l'École des chartes, il s'était d'abord trouvé attiré par des traditions de famille vers les travaux géographiques, et tout jeune encore il occupa, de 1843 à 1849, un poste de géographe au ministère des affaires étrangères.

« Ce fut le 23 décembre 1857 qu'il fut appelé en qualité de second bibliothécaire à prendre part à l'administration de notre bibliothèque. Il ne tarda pas à donner des preuves de son zèle et de son aptitude, si bien qu'en 1862, quand il fut promu premier sous-bibliothécaire, il passait à bon droit pour connaître à fond tous les détails de nos collections bibliographiques. Son chef, le docteur Roulin, dont la mémoire vénérée n'est pas près de s'éteindre au milieu de nous, l'investit de toute sa confiance et l'associa à tous les actes de son administration. Fort de l'appui qu'il trouvait près d'un tel maître, Tardieu conçut alors de vastes projets, dont il a poursuivi la réalisation avec une patience exemplaire et sans jamais se laisser décourager ni par l'immensité d'une tâche dont il n'avait pas mesuré l'étendue, ni par l'exiguïté des ressources dont il disposait.

« Son activité redoubla le jour où, en 1874, il fut appelé à succéder à notre regretté confrère le docteur Roulin. Il avait l'ambition de nous doter d'un immense catalogue qui, dans sa pensée, ne devait pas seulement nous faire trouver tous les livres possédés par l'Institut, mais encore nous indiquer, par de minutieux dépouillements et par des rappels multipliés, les ressources que le contenu de ces livres offre pour les études les plus variées.

« Toutes les académies ont profité et profiteront encore plus dans l'avenir de la peine que notre bibliothécaire s'est donnée pendant de longues années pour préparer les éléments de ce catalogue, pour classer les livres dont le dépôt s'enrichissait chaque jour, pour en faciliter la communication et pour combler les lacunes qui lui étaient signalées et dont mieux que personne il appréciait l'importance. L'Académie des inscriptions et belles-lettres lui a des obligations particulières. Choisi comme auxiliaire en 1855, il a collaboré de la façon la plus utile à l'édition du recueil des Historiens occidentaux des croisades. Les éditeurs du dernier volume de cette collection se sont plu à reconnaître le soin qu'il a mis à copier ou collationner les textes, à corriger les épreuves et à préparer les tables. Il n'apporta pas moins de diligence à diriger la publication des Comptes-rendus de l'Académie des inscriptions, qui lui fut confiée depuis 1865 jusqu'à la fin de l'année 1873.

« Les rares loisirs qui restaient à Tardieu après le consciencieux accomplissement des devoirs professionnels étaient encore consacrés à l'étude. Il avait toujours un goût très vif pour les travaux géographiques, par lesquels il avait marqué ses débuts dans la vie littéraire. Ce fut avec une véritable passion qu'il entreprit une traduction française du grand ouvrage de Strabon. Une telle besogne demandait à la fois les connaissances techniques d'un géographe, l'expérience d'un helléniste et le goût d'un littérateur. Toutes ces conditions se trouvaient heureusement réunies chez Tardieu. Il eut la satisfaction de mener l'entreprise à bonne fin et d'en voir le complet succès. L'Académie française a proclamé les mérites de la traduction, et la table analytique qui termine la publication, citée comme un modèle de critique, rend de grands services, même aux savants qui étudient Strabon dans le texte original.

« La vie de Tardieu s'est ainsi partagée entre ces austères occupations.

Il a travaillé jusqu'au dernier jour. Nous qui l'avons vu à l'œuvre, nous n'oublierons pas les exemples qu'il nous a donnés, et les travaux qu'il a accomplis; ceux-là même qu'il ne lui a pas été donné d'achever, conserveront longtemps encore leur utilité et rappelleront à nos successeurs qu'il a bien mérité de l'Institut. »

— Le 21 juin 1893, l'Université d'Oxford a conféré le titre de Doctor civil law (honoris causa) à notre confrère M. Paul Meyer.

— Par décret en date du 24 juin 1893, notre confrère M. Courajod a été nommé conservateur du département de la sculpture du moyen âge, de la Renaissance et des temps modernes au musée du Louvre.

— Par décret en date du 24 juin, notre confrère M. Émile Molinier a été nommé conservateur au département des objets d'art du moyen âge, de la Renaissance et des temps modernes au musée du Louvre.

— Le 7 juin 1893, notre confrère M. Ludovic Lalanne a été élu bibliothécaire de l'Institut en remplacement de M. Tardieu, décédé.

— Le 9 juin 1893, notre confrère M. François Delaborde a été élu par l'Académie des inscriptions et belles-lettres auxiliaire attaché aux travaux de publication des Historiens occidentaux des croisades.

— Par arrêté ministériel en date du 1er juillet, notre confrère M. Abel Lefranc a été nommé secrétaire du Collège de France.

— Par arrêté ministériel en date du 30 juin 1893, notre confrère M. Marcel Poete a été nommé attaché non rétribué à la bibliothèque Sainte-Geneviève.

— Par décret en date du 13 juillet 1893, notre confrère M. Servois, garde général des Archives nationales, a été promu officier de l'ordre national de la Légion d'honneur.

— Par décret en date du même jour, ont été nommés chevaliers de la Légion d'honneur nos deux confrères M. Martel, inspecteur général de l'instruction publique, et M. Jules Roy, professeur à l'École des chartes.

— La première médaille du concours des antiquités nationales a été décernée à notre confrère M. Jacqueton, pour son ouvrage sur la Politique extérieure de Louise de Savoie.

— La seconde mention honorable du même concours a été attribuée à l'édition que notre confrère M. Parfouru et M. le chanoine de Carsalade du Pont ont donnée des Comptes consulaires de la ville de Riscle, 1441-1507.

— Le second prix Gobert a été décerné, le 7 juillet 1893, par l'Académie des inscriptions et belles-lettres, à l'ouvrage de notre confrère M. Lecoy de la Marche : *Relations de la France avec le royaume de Majorque.*

— Le prix Lafons-Mélicocq a été décerné, le 26 mai 1893, par la même Académie, à notre confrère M. Labande, pour l'ouvrage intitulé *Histoire de Beauvais et de ses institutions municipales jusqu'au commencement du XVe siècle* (Paris, 1892, in-8°).

— Nos confrères MM. Abel Lefranc et Fernand Bournon ont obtenu de l'Académie française, le 1er juin 1893, deux prix de la fondation Thérouanne, le premier un prix de 1,500 francs pour son *Histoire du Collège de France,* et le second un prix de 500 francs pour l'*Histoire de la Bastille,* qui va paraître dans la collection de l'*Histoire générale de Paris.*

— Dans un article intitulé : *Remercîment au poète des « Trophées »* (M. José-Maria de Heredia) et publié dans le *Journal des Débats* du samedi soir 22 avril 1893, M. le vicomte E.-M. de Vogüé, de l'Académie française, s'adressant au poète, s'exprime ainsi :

« Un autre homme s'est fait en vous quand vous nous avez amené vos galions pour les transmuter en bon or de France. Discipliné par notre culture, le fougueux exotique est devenu le plus châtié, le plus français des élèves de Ronsard. Vous avez reçu chez nous l'enseignement qui vous convenait le mieux ; vous avez eu le bonheur et l'honneur de passer par l'École ; c'est notre glorieuse École des chartes que je veux dire. Nous avons des institutions plus vantées, plus populaires ; il n'en est pas de plus utile, d'une utilité invisible. École unique parmi nos usines à diplômes, enseignement qui ne prépare à rien, sinon à comprendre et à aimer le passé. Tel député de province s'arrête avec scrupule devant ce scandale ; il hésite à voter le maigre crédit ; une fabrique d'archivistes paléographes, à quoi cela sert-il ? A tout. C'est proprement le conservatoire de notre vie historique et des sources de notre idiome, le grand reliquaire de France. Quand je me remémore les esprits les plus fins, les mieux trempés que j'aie connus, j'en trouve un bon nombre qui avaient été forgés dans cet incomparable foyer d'études.

« Il a fait de vous un bon jongleur, un trouvère émérite. Vous vous y êtes armé pour ce long et parfait labeur, la traduction de Bernal Diaz. Avec un chef-d'œuvre du même ordre, le maître Amyot a gagné une bonne place dans notre littérature. N'eussiez-vous, à votre actif, que *la Véridique histoire de la conquête de la nouvelle Espagne,* vous auriez droit à prendre rang près de lui. Mais cette gymnastique fut pour vous l'école du versificateur. Dans une lutte acharnée contre les mots, vous avez appris à peser leur puissance et leur valeur. »

M. José-Maria de Heredia a appartenu à l'École des chartes, successivement comme élève de première, de seconde et de troisième année, de 1862 à 1865.

LA SOURCE DES CHAPITRES C-CXXV DU LIVRE I
DU TRÉSOR DE BRUNETTO LATINI.

Le P. Timoteo Bertelli, barnabite, m'écrivait de Florence, le 29 juin
dernier, pour m'informer qu'il avait constaté que Brunetto Latini avait
pris « une très grande partie de son *Tesoro* dans le manuscrit latin 6556
de la Bibliothèque nationale, » [c'est-à-dire dans un traité que renferme
ce manuscrit]. Il ajoutait qu'il avait annoncé sa découverte dans plusieurs journaux et me priait de lui transcrire le passage relatif à la
boussole, si toutefois ce passage existait dans le manuscrit latin 6556.

Pour répondre au savant barnabite italien, j'ai dû examiner le manuscrit 6556, et je ne crois pas commettre d'indiscrétion en rendant compte
ici de mon examen.

Ce manuscrit est un volume in-folio de 75 feuillets (0,370 sur 0,263).
Il a été exécuté au xive siècle par un copiste qui a fait connaître son
nom à deux endroits, d'abord au folio 10 :

> Te laudo, Christe, quoniam liber explicit iste ;
> Sit et Matheus scriptor a te benedictus.

Puis au folio 75 v° :

> Hunc qui studuerit librum notet omnia clare,
>   Placida reperiet utilliora nimis.
> Si quem deffectum viderit legendo, scriptori
> Inputet et corigat dulci caritate replectus.
> Scriptor sum rudis ; Matheus nomine vocor,
> Ordine Carmelli, salvet quem virgo Maria.

La portion la plus considérable du manuscrit 6556 (fol. 11-75 v°) est
occupée par le livre de Thomas de Cantimpré : *De natura rerum*, dont
j'ai donné la notice en 1888 dans l'*Histoire littéraire de la France*, t. XXX,
p. 365-384.

Les dix premiers feuillets du manuscrit contiennent un traité sur les
Quatre éléments, dépourvu de titre, qui a été traduit en français par
Brunetto Latini et qui répond aux chapitres c-cxxv du premier livre du
Trésor (p. 103-172 de l'édition de Chabaille). Les indications suivantes
mettront suffisamment en relief le rapport constant qui existe entre le
texte latin du manuscrit 6556 et le texte français du *Trésor*.

Texte du ms. 6556.	*Texte du Trésor.*

Postquam diximus de dominiis
mundanis, et sicut ecclesia Dei fuit
exaltata tempore sancti Silvestri,
et sicut imperium fuit multociens
translatum, in libro nostro ystoria-

rum antiquarum, nos dicemus hic de natura quatuor elementorum que sunt substentamina mundi.

Primum elementum est ignis, qui est nature calide et sicce. Secundum elementum est aqua, que est nature frigide et humide. Tertium elementum est terra, que est nature frigide et sicce. Quartum elementum est aer, qui est nature calide et humide.

De istis quatuor elementis supradictis sunt complexionata omnia corpora, id est homines et animalia, etc. Et ideo sunt in eis quatuor humores, id est : colera, que est calida et sicca ; fleuma, quod est frigidum et humidum ; sanguis, qui est calidus et humidus ; melanconia, que est frigida et sicca.

Annus similiter dividitur in quatuor tempora, que sic sunt complexionata. Primum est ver...

Postquam diximus de natura quatuor elementorum, id est de igne, de aere, de aqua et de terra, hic distinguemus de quodam elemento quinto, quod secundum Philosophum est extra quatuor elementa, quod nichil complexionis habet naturam sicut habent predicta quatuor elementa, ymo est ita nobile quod non potest corrumpi...

In hoc fuit natura bene previsa, cum fecit totum orbem rotundum...

Fol. 1 v°. Ex dictis apparet quod terra est rotunda, quoniam, si esset alterius forme, esset propinquior celo ex una parte quam ex altera...

Supra terram, de qua satis diximus, est aqua, id est mare magnum quod dicitur Oceanum, de quo

P. 103. ... Li iiii element qui sont aussi comme sostenemens dou monde...

Autressi en sont complexioné li cors des hommes et des bestes et de touz autres animaus : car en eulx a iiii humors : colere, qui est chaude et seche ; flemme, qui est froide et moiste ; sangs, qui est chaus et moistes ; melancolie, qui est froide et seche.

L'année meismes est devisée en iiii tens, qui sont aussi complexioné. Car li printens...

P. 109. Li contes a devisé çà arrieres de la nature des iiii elemenz, ce est dou feu, de l'air, de l'aigue et de la terre ; mais Aristotes, li granz philosophes, dist que il est un autre element hors de ces iiii, qui n'a point de nature de complexion as autres, ainçois est si nobles que il ne puet pas estre esmeuz ne corrumpuz...

P. 110. En ce fu nature bien porveanz quant ele fist l'orbem tout reont...

P. 113. Et por ce est il necessaire chose que la terre soit reonde : car se ele fust d'autre forme, jà seroit elle plus près dou ciel et dou firmament en i leu que en i autre...

P. 114. Sor la terre, de cui li contes a tenu lonc parlement, est assise l'aigue, ce est la mer grei-

omnia alia maria et brachia maris et flumina et fontes que sunt per terram exeunt et primo oriuntur et in eum revertuntur in fine...

Nos diximus olim quod aer circuit terram et aquam et eas includit in se, in quo sunt orti homines et alia animalia in aere viventia in quo vivunt et respirant sicut pisces in mari...

Fol. 2 v°. Post hoc dimittemus loqui de aere et dicemus de quarto elemento, id est igne... Et ignis qui jacet super alia elementa non tangit alia elementa, id est orbis...

Incipit tractatus de VII planetis secundum magistrum Asaph ebreum.

Nos diximus supra quod supra quatuor elementa est quidam aer clarus et purus absque aliqua obscuritate, qui ignem circuit et includit in se alia tria elementa...

Fol. 3. Si hoc est verum quod terra et alii circuli sint formati cum compassu, ergo est neccessarium quod sint facti numero et mensura...

Supra Saturnum, qui est septimus planeta, superior est firmamentum in quo alie stelle sunt posite...

Fol. 3 v°. In hoc potestis vos intelligere quod sol qui est pulcrior et dignior aliis...

Fol. 4. Via solis est in labendo continue ab oriente in occidentem per suum circulum circa terram...

Fol. 4 v°. Circulus XII signorum qui circuit totum mundum dividitur in IIII partes...

gnor qui est apelée la mer oceane, de cui toutes les autres mers et braz de mer et flueves et fontaines qui sont parmi la terre issent et naissent premierement et là meisme retornent il à la fin.

P. 117. Li contes a dit çà arriere que li airs environe la terre et l'aigue et les enclost et sostient dedanz soi; neis les homes et les autres animaus vivent par l'air, car il aspirent enz, et font autressi comme li peisson en l'aigue...

P. 123. Après l'avironement de l'air est assis li quars elemenz, ce est uns orbes de feu... Et li feus qui siet desus les autres elemenz ne touche pas as autres elemens, ce est orbis...

P. 124. Li contes devise çà en arriere que sor les IIII elemenz est uns orbes purs et clers, sanz nulle oscurité, qui environe le feu et les autres III elemens dedanz soi...

P. 126. Et se ce est la verité que la terre et li autre cercle sont formé au compas, donc covient il par necessité qu'il soient tuit fait à nombre et à mesure...

P. 127. Sor Saturnus, qui est la septisme planete, amont est li firmamens où les autres estoiles sont assises...

P. 130. A ce poez vos entendre que li solaus est plus biaus et plus dignes des autres...

P. 131. La voie dou soleil et ses cours est d'aler chascun jor d'orient en occident par son cercle, environ la terre...

P. 132. Li cercles des XII signes qui environe tout le monde est devisez en IIII parties...

De differentia que est inter me-
ridiem et septentrionem. — Ob hoc
possumus nos perpendere quod,
quemadmodum in meridie sunt
multe terre relicte vicinitate calo-
ris solis...

Fol. 5. Et sciatis quod sol et
planete et sydera que supra ipsum
manent sunt majora tota terra...

Et quod hoc sit verum quod
luna recipiat a sole suam clarita-
tem...

Fol. 5 v°. Sed quia luna est
inferior aliis stellis...

De cursu solis et lune... Nos
legimus in Biblia quod in principio mundi, cum Dominus noster
creavit...

Fol. 6 v*. De signis et planetis
et duabus tramuntanis. — Modo
est leve scire continue in quo
signo est sol...

Et sic per ordinem labuntur
omnia tempora, dies et noctes,
sicut firmamentum circuit semper
absque quiete ab oriente in occidentem subter xii signa (*sic*), que
sunt unum in meridie, aliud in
septentrione. Et hec non mutan-
tur sicut illa a sua sede.

Ideo navigant naute ad signa
stellarum que illic sunt, quas ipsi
vocant tramuntanas; et gens que
est in Europa et in istis partibus[1]
navigant ad signum meridiei. Et
quod hec sit veritas probo. Acci-
pite quemdam lapidem diaman-
tem : vos invenietis quod habet
duas facies, quarum una jacet versus tramontanam, altera versus
alteram ; utraque (*sic*) istarum
facierum est ligata acies sive cus-

P. 135. De la différence entre
midi et septentrion. — A ce poons
nos conoistre que, tout aussi comme il a en midi grant terre deserte
par l'aprochement dou soleil...

P. 136. Sachiez que li solaus et
toutes les planetes et les estoiles
qui sor lui sont assises sont plus
grandes que toute la terre...

P. 138. Et que il soit voirs ainsi,
ce est que la lune emprunte sa
clarté dou soleil...

P. 140. Mais por ce que la lune
est plus en bas des autres estoiles...

P. 141. De compot dou soleil et
de la lune... Nous lisons en la
Bible que au commencement dou
siècle, quant Nostre Sires crea...

P. 145. Des signes et des planetes et des ii tramontaines. — Or
est il bien legiere chose de savoir
tozjors en quel signe maint li
solaus...

P. 147. Et ainsi va par ordre
tout tens et jor et nuit, selonc ce
que li firmamenz tornoie tozjors
sanz definer d'orient en occident,
sor les ii essiaus, qui sont l'uns
emmi midi et l'autres en septentrion. Et cil ne se muent pas aussi
comme cil d'une charrete.

Por ce nagent li marinier à
l'enseigne des estoiles qui i sont,
que il apelent tramontaines. Et
les gens qui sont en Europe et
es parties de deça nagent à la
tramontaine de septentrion ; et li
autre nagent à cele de midi. Et
qui n'en set la verité, praigne une
pierre daimant, et troverez que ele
a ii faces : l'une qui gist vers l'une
tramontaine, et l'autre gist vers
l'autre. Et à chascune des ii faces

---

1. Ici le copiste paraît avoir omis quelques mots.

pis cujusdam acus versus illam tramuntanam cui talis facies jacet. Et ideo essent naute decepti si non caverent sibi...

Fol. 7. Terra est succincta et circumdata mare, sicut actenus enarravimus in capitulo quo loquitur de elementis...

Fol. 7 v°. In Egipto est civitas quedam Babilonie et Carre et Allexandria et multe plures civitates...

Fol. 8 v°. Europa est quedam pars terre que est divisa a parte sive a terra Asie ubi est artum brachii Sancti Georgii...

Fol. 9. Ultra Siciliam est in Europa terra Grecie que incipit a montibus Ramis...

Deinde incipit recta Francia ad civitatem Lugduni super Rodanum, et sufficit usque Flandriam ad mare Engletere et usque Picardiam et Ormandiam et parvam Britaneam et Anjo et en Poitun usque Bordellum et fluvium Gyronde usque Podium Nostre Domine, ubi sunt vii archiepiscopatus et li episcopatus...

Fol. 9 v°. Ex Yspania transfretatur in Libia...

Fol. 10. ... secundum crescenciam et decrescenciam lune de vii in viii (*sic*) diebus in quibus luna facit suas iiii revolutiones in diebus xxviii, per iiii partes sui circuli, de quibus diximus.

De provintiis autem, regionibus et de patriis mundi, de maribus, fluminibus, fontibus, montibus, lacubus et civitatibus et de hiis omnibus que distinximus, perfectam noticiam habeatis visino (*sic*) organo. Hec omnia totaliter non diximus, distincta et ordinata in mappa mundi, id est in figura terrarum pictarum poteritis evidenter et clarius intueri. Explicit.

a lié la pointe d'une aguille vers cele tramontaine à cui cele face gist. Et por ce seroient li marinier deceu se il ne se preissent garde...

P. 151. Terre est ceinte et environnée de mer, selonc ce que li contes a devisé cà en arrieres, là où il parole des elemens...

P. 152. En Egipte est la cité de Babiloine et dou Caire et Alixandre et plusors autres viles...

P. 162. Europe est une partie de la terre qui est devisée de cele de Aisie, là où li estroiz del bras Saint Jorge est...

P. 165. Outre Sezille est dedans Europe la terre de Grece, qui commence as mons Ceraumes...

P. 167. Puis commence la droite France à la cité de Lion sur le Rosne, et dure jusqu'en Flandres, à la mer d'Angleterre et en Picardie et Normandie, et la petite Bretaigne et Anjou et en Poitou jusqu'à Bordele et au flun de la Gironde, jusqu'au Pui-Nostre-Dame, où il a vii archeveschiez et bien li eveschiez...

P. 169. De Espaigne est li trespas en Libe...

P. 172. ... Selonc la croissance et la descroissance de la lune, de vii en vii jors que la lune fait ses iiii voultes en xxviii jors, par les iiii quartiers de son cercle, de cui li contes a dit.

Le ms. latin 6556 est un volume de l'ancienne librairie des ducs de Milan. Il figure en ces termes sur le catalogue de l'année 1426, dont nous devons le texte au marquis d'Adda[1] :

« 291. Tractatus de elementis et signis celi, cum quodam libro de proprietatibus rerum, copertus corio rubeo hirsuto. Incipit *Postquam diximus,* et finitur *machina spirabilis.* Signatus DCCC XXI. »

L. D.

LETTRES RELATIVES A PHILIPPE-AUGUSTE ET A SAINT LOUIS.

L'an dernier, M. Simonsfeld a communiqué à l'Académie des sciences de Munich un mémoire sur des fragments de formulaires qui forment le n° 29095 des manuscrits latins de la Bibliothèque royale de Munich. Nous empruntons à ce travail[2] deux lettres qui offrent un réel intérêt pour l'histoire des règnes de Philippe-Auguste et de saint Louis.

La première est une lettre de Manassès, évêque d'Orléans, qui prescrivait de faire dans les paroisses de son diocèse des prières et des processions pour obtenir la guérison de Philippe-Auguste (vers 1221).

La seconde est la lettre de félicitation que le pape Urbain IV adressa [le 14 mars 1264] à saint Louis pour le féliciter d'avoir rétabli la paix entre le roi et les barons d'Angleterre.

« Episcopus presbiteris ut orent pro rege egrotante, quod Deus ei restituat sanitatem.

« M. Dei gratia Aurelianensis episcopus, universis presbiteris in episcopatu suo constitutis, salutem et episcopalem benedictionem. Cum humana manus succedit officio medicantis, implorari debet divina clementia, quia semper vincit misericordia medicinam. Infirmitatis gravissime fatigari molestia regem nostrum vestra, fratres, experientia non ignorat. De salute regis desperant medici ; lamentantur in cassum labores cedere, presumentes prius de sua fisica, quam nunc omnino vident et sentiunt impotentem. Unam tamen nobis fisicam experiri precipiunt, ut rogemus illum felicem medicum, qui non poscit pecuniam pro salute languentium, sed piarum orationum desiderat holocaustum. Quocirca fraternitatem vestram in Domino commonemus, quatenus per commissas vobis parrochias pro salute regis processionum humilitas indicetur. Scitis enim quod vere filius erat Ecclesie, malignorum a rabie defendens Ecclesiam et illius servitio deputatos. »

---

1. *Indagini storiche, artistiche e bibliografiche sulla libreria Visconteo-Sforzesca del castello di Pavia,* parte I (Milan, 1875), p. 28.

2. *Sitzungsberichte der philos.-philol. und historischen Classe der K. b. Akademie der Wissenschaften zü München,* 1892, p. 499 et 510.

« De ordinatione facta inter regem Anglie et barones.

« Regi. Exultantes in plenitudine pacis, pacificum omnibus orbis terre provinciis, in quibus cultum divini nominis vigere novimus, intimis desideriis affectamus, sed eo specialius regnum Anglie desideramus in tranquillitate manere, quo illud majori affectione prosequimur et quo ferent precordia nostra molestius, si, quod absit, regnum ipsum cujuslibet vexari contingeret turbine tempestatis. Hoc profecto est regnum quod sedes apostolica paterne benivolentie oculo respicit cuique divino munere presidet rex devotus, carissimus ecclesie Romane filius, et in quo fides orthodoxa devoto ac sedulo cultu multipliciter honoratur. Graves siquidem et amaras suscepimus in corde puncturas, quod humani generis inimicus, pacis emulus et scandali suscitator, dulces amaricare satagens tranquillitatis christiane delicias, in eodem regno dissensiones ac scismata procuravit; sed demum resumpsimus grandem, nec mirum, in mente letitiam, quod, iniquis superne potentie virtute repressis, salutifere unionis integritas, detestabili deformata dissidio, tuo vigili et operoso ministerio dicitur reparata et reformatione congrua subsecuta. Ex litteris namque tuis et.. regis accepimus, quod, cum, super discordiis et controversiis inter eundem regem et ipsius regni barones circa multa et varia suscitatis, in te fuisset a partibus de alto et basso concorditer compromissum de observandis omnibus que in hiis statueres et ordinares, hinc inde corporali prestito juramento, tu, pensata negotii qualitate ac in premissis regali habita consideratione consilii tui, super hiis dictum sive arbitrium proferens, per certam ordinationem discordias et controversias hujusmodi terminasti, in qua, fili karissime, gratum Deo sacrificium te credimus immolasse, dum predictum regnum, incentiva seditione concussum, ad statum pacificum reduxisti. Unde letamur et exultamus in Domino, quod tam laudabiles fructus ex tuis provenere laboribus, quod tam viriliter illius catholice religionis obviasti periculis et quod in hoc ipse pater altissimus honoris tui culmina sublimavit. Gaudemus inquam de ipsorum tranquillitate regis et regni, nec minori jucunditate reficimur, quod tanta dissensio, plena tot ignibus odiorum, oportuna medele remedia, te operante, recepit. Cum enim tamquam princeps christianissimus habeas zelum pie devotionis ad Deum, lites odias, detesteris injurias, pacem diligas et justitiam amplexeris, in dubium nequaquam referimus quin in predictis illam duxeris diligentiam adhibendam que Deo placeat ac hominibus merito sit accepta. Super eo vero quod tu et rex prefatus arbitrium seu ordinationem hujusmodi petiisti apostolico munimine roborari, quesumus tua excellentia teneat quod affectu sincero intendimus in hoc et in aliis annuere votis vestris, cum utriusque personam, utpote nobis amantissimam, prerogativa dilectionis intime prosequamur. Verum, quia originalis ordinationis littera seu dicti vel arbitrii nobis et fratribus nostris non extitit presentata, nequivimus super hiis, juxta regie petitionis tenorem, sollempnis et efficacis confirmationis munimenta concedere, sequendo in hoc tam juris debitum quam dicte sedis circa talia consuetudinem approbatam. Cum autem ordinationem seu arbitrium sub patentibus litteris tuo sigillo signatum nobis feceris presentari, nos tuis et dicti regis postulationibus, in hac parte, ad tuum et ipsius honorem ac dicti regni statum prosperum et tranquillum, favorabiliter annuemus. »

LETTRES DE MARINO SANUDO (1334-1337).

M. Geffroy, directeur de l'École française de Rome, dans une lettre adressée, le 13 juin 1893, à l'Académie des inscriptions et belles-lettres, donne les détails suivants sur les travaux de deux de nos confrères, MM. Léon Dorez et Bourel de la Roncière :

« M. Léon Dorez, membre de notre École française, a découvert chez un libraire de Rome deux feuillets, peut-être autographes, très probablement inédits, d'un registre de lettres en minutes de Marino Sanudo le vieux. On ne connaissait jusqu'ici que deux lettres de Sanudo postérieures à 1326 ; les feuillets retrouvés offrent des fragments de cinq autres lettres, de 1334 à 1337, et de trois mémoires de la même date. Un autre membre de l'École, M. de la Roncière, a pu étudier rapidement ces lettres, et les croit très intéressantes.

« L'une d'elles, postérieure au 17 septembre 1334, en français, retrace la campagne maritime de cette même année, campagne jusqu'à présent peu connue, et pendant laquelle toutes les escadres chrétiennes obéissaient à l'amiral de France Jean de Chepoy ;

« Une autre, de l'hiver 1336-1337, également en français, adressée à Guillaume Ier de Hainaut, parle de « la signification d'une figure d'un « soutilissime maistre de painture, qui estoit clamez Joth » (évidemment Giotto) ;

« La troisième est adressée à Paulin, l'évêque bien connu de Pouzzole, et retrace l'itinéraire des ambassadeurs envoyés par le khan de la Horde d'or au pape.

« Les autres lettres, aussi en français, sont adressées à Jean Musaut et à un personnage qui se trouvait en France (1335).

« Les mémoires (en vénitien et en latin) sont relatifs à la cour de Rome et au schisme de Louis de Bavière.

« Ces documents seront prochainement publiés par MM. Dorez et de la Roncière. »

PIÈCES SOUSTRAITES AU TRÉSOR DES CHARTES DES DUCS DE BRETAGNE.

Une vente de lettres autographes, qui avait été annoncée pour le 23 juin 1893, a eu lieu à Londres le 26 du même mois, par les soins de MM. Sotheby, Wilkinson et Hodge. Nous avons remarqué sur le catalogue de vente un certain nombre de pièces antérieures à l'avènement de François Ier qui présentent un grand intérêt pour l'histoire de France. Nous allons les indiquer, en mettant en tête de chaque article, entre parenthèses, le numéro assigné à la pièce sur le catalogue :

I (28). — Le roi Charles V. Ordre d'envoyer des viretons à Milet de Lyons, maître de l'artillerie au château du Louvre. — Beauté-sur-Marne, 1er septembre 1380.

II (84). — Isabeau de Bavière, reine de France. Traité d'alliance offensive et défensive avec Jean V, duc de Bretagne, qui avait épousé Jeanne, fille de la reine. — « Ayans aussi consideracion et regart à ce qu'il a espousée nostre fille, par le moyen duquel mariage il est telement joint et allié à nous que de plus près ne le pourroit estre, et que les enfans qui, au plaisir de Dieu, istront dudit mariage seront noz enfans. » — Paris, 17 février 1404.

III (182). — Valentine de Milan, duchesse d'Orléans. Elle renouvelle un traité conclu entre les ducs d'Orléans et de Bretagne. Au bas de la pièce le duc Charles a ajouté ces lignes : « Et nous Charles, duc d'Orléans et de Valois, prometons loyaument et en bonne foy tenir ce que dessus est promis par nostre très redoubtée dame et mère. Et en temoing de verité, avons ces deux lignes escriptes et signées de nostre main. CHARLES. » — A Blois, 7 mai 1408. (Acquis pour la Bibliothèque nationale.)

IV (87). — Jeanne de France, femme de Jean V, duc de Bretagne. Elle renonce à la garde de ses enfants. « ... Et jurons et promettons en parolle de fille de roy que, s'il y a nul ne aucun, soit monsieur le daulphin ou autre quiconque, qui pourroint subceder à ladicte ducbie après noz diz enffans, comme dit est, qui voulsissent entreprandre à avoir aucunement la garde de nos diz enfans... » — Vannes, 9 septembre 1420. (Acquis pour la Bibliothèque nationale.)

V (49). — Jean, bâtard d'Orléans, comte de Dunois. Consentement au mariage de Marguerite de Bretagne avec François de Bretagne. « ... Et à icelle dame Marguerite ait voulu et ordonné estre baillié et payé par mon très redoubté seigneur, monseigneur Pierre, à present duc de Bretaigne, son frère et heritier, la somme de cent mil escus d'or une fois payez. » Le consentement est aussi donné par Charles, duc d'Orléans, et par le comte de Richemont, connétable de France. — Bourges, 26 août 1455. (Acquis pour la Bibliothèque nationale.)

VI (29). — Charles VII. Il informe Arthur, duc de Bretagne, de la trahison du duc d'Alençon, qui est entré en « grans traictez et enterprinses avecques nos diz ennemis [les Anglais] pour les faire venir et recevoir à puissance en nostre royaume. » Il ajoute en post-scriptum que « ou chastel de Saint-Maslo a aucunes gens qui doivent livrer la place à nos diz ennemis, et pour ce vous en advertissons, afin de pourveoir tellement à la garde de la dite place que aucun inconvenient n'en adviengne. » — Au Chastelar-en-Bourbonnois, 2 juin [1456]. (Acquis pour la Bibliothèque nationale.)

VII (65). — « Instructions bailliées à messire Guy de Brilhac, chevalier, le Galois de Rougé, seigneur du Boais, messire Jehan de Rouville, docteur en decret, et Jehan d'Estampes, escuier, commis et depputez par messeigneurs les ducs d'Orléans, de Bretaigne et conte d'Angolesme, de ce qu'ilz auront affaire vers le duc de Modene, marquis de Ferrare, et la seigneurie de Venise. » Ils devaient décider ces puissances à attaquer Francesco Sforza pour reconquérir Milan réclamé par les ducs d'Orléans. — A Tours, en 1460.

VIII (103). — Jean, duc de Calabre et de Lorraine. Traité d'alliance offensive et défensive avec François II, duc de Bretagne. « ... Et en ces presentes alliances... acceptons nostre très chier et très amé cousin le conte de Charrolois et ses pays, seigneuries et subgez, ... excepté seulement le roy Edouart d'Angleterre, ou cas qu'il seroit allié de nostre dit cousin de Bretaigne. » — Nancy, 31 décembre 1464. (Acquis pour la Bibliothèque nationale.)

IX (106). — Louis XI. Il dissuade François II, duc de Bretagne, de traiter avec Édouard IV, roi d'Angleterre. « J'envoye Normandie (un hérault) devers vous pour vous dire aucunes choses que luy ay chargées. » — A Saint-Lo près Angers, le 6 avril [1468]. (Acquis pour la Bibliothèque nationale.)

X (165). — Louis de Luxembourg, comte de Saint-Pol. Il s'engage à observer le traité conclu à Péronne entre Louis XI et Charles le Téméraire. — Péronne, 14 octobre 1468. (Acquis pour la Bibliothèque nationale.)

XI (42). — Philippe de Commines. Lettre à Cico Simonetta. N'ayant point reçu de lettres de Simonetta ni de la duchesse régente, il attendra leurs ambassadeurs. Le roi est décidé à renouveler à Lyon l'assemblée tenue à Orléans et à assister Bonne de Savoie contre Ferdinand de Naples; il agrée l'alliance qu'elle a conclue avec les Médicis et les Vénitiens. — Au Plessis, le 26 octobre [1478].

XII (52). — Édouard IV, roi d'Angleterre, à Maximilien, duc d'Autriche. Il regrette le départ de sa sœur Marguerite, veuve de Charles le Téméraire, qui était venue en Angleterre demander la main d'Anne d'Angleterre pour Philippe le Beau et un contingent d'archers anglais destinés à combattre les troupes de Louis XI. Édouard IV rappelle à Maximilien ses traités et la trêve récemment conclue avec Louis XI. Il envoie son ministre Thomas de Montgommery. — A Cantorbéry, 22 septembre [1480].

XIII (121). — Marie, duchesse de Bourgogne. Elle recommande à François II, duc de Bretagne, le prince d'Orange et le seigneur de Chimay, qu'elle envoyait en ambassade près d'Édouard IV, roi d'Angleterre. — Bruges, 13 février 1480.

XIV (30). — Charles VIII. Il recommande à François II, duc de Bretagne, sa cousine la comtesse de Penthièvre, « en vous priant que lui voulsissiez faire delivrer la dite conté, avecques autres terres à elle appartenant, et les fruiz d'icelles, qu'avez fait saisir ja pieça à l'occasion des differens qui ont esté entre feu nostre très cher seigneur et père que Dieu absoille et vous. » — Melun, 24 novembre [1483]. (Acquis pour la Bibliothèque nationale.)

XV (158). — Richard III, roi d'Angleterre. Il nomme des ambassadeurs pour s'entendre avec l'évêque de Saint-Pol-de-Léon, ambassadeur du duc de Bretagne, sur la prolongation des traités « d'abstinences de guerre et entre cours de marchandises. » — Westminster, 19 février 1484.

XVI (128). — L'empereur Maximilien. Manifeste adressé à François II, duc de Bretagne, pour protester contre le gouvernement d'Anne de Beaujeu, etc. — Bruxelles, 13 juillet 1486. (Acquis pour la Bibliothèque nationale.)

XVII (7). — Anne de France, dame de Beaujeu. Lettre à Marguerite d'Autriche, duchesse de Savoie, datée de Moulins, le 8 décembre [1502]. Remercîments pour les services rendus à Bertrand de Bourbon. Prière de protéger les intérêts des enfants de Carency-en-Artois. — (Acquis pour la Bibliothèque nationale.)

XVIII (6). — Le cardinal Georges d'Amboise. Il insiste auprès de Philippe le Beau, roi de Castille, sur le droit que le roi de France a d'aider le comte d'Egmont dans ses guerres; il soutient que la conduite de Philippe le Beau et de Ferdinand le Catholique à Milan doit expliquer la politique de Louis XII en Flandre. — A Rouen, juin 1506.

XIX (107). — Louis XII. Il félicite Philippe le Beau, roi de Castille, de son « arrivée par delà (en Espagne), ensemble du bon vouloir, propos et deliberacion en quoy vous estes de bien vivre avec nostre très cher et très amé frère et cousin le roy d'Espaigne, vostre beau-père. » — Aux Montils-lès-Tours, 27 juin [1506].

XX (78). — Henri VII, roi d'Angleterre. Lettre à Philippe le Beau, roi de Castille. Il a reçu la requête de M. de Chièvres, « de lui vouloir envoier 1500 archeers pour la preservacion et deffence de voz païs et subgetz à l'encontre de messire Charles de Gheldres. » Il ajoute que Macé de Villebresme l'informe que Louis XII « n'y entendoit permettre ne souffrir le dict messire Charles, son parent et serviteur, estre desherité. » Il enverra cependant les archers demandés si en retour on arrête à Anvers les Anglais rebelles, complices d'Edmond de la Pole. — Oking, 8 septembre [1506].

XXI (192). — Jacques de Willinger, seigneur de Sainte-Croix. Il annonce à Marguerite d'Autriche que Maximilien a reçu les ambassadeurs du duc de Lorraine, venus pour demander la main d'Éléonore;

il attend la réponse de la princesse. Il désire que le duc s'allie avec lui pour réduire la révolte du pays de Gueldre. En Italie, les troupes du prince d'Anhalt, aidées par les Français, ont battu les Vénitiens. — Augsbourg, 26 mars 1509. (Acquis pour la Bibliothèque nationale.)

XXII (17). — Charles, duc de Bourbon, connétable de France. Lettre à Anne de Beaujeu sur le mariage de Louis XII avec Marie d'Angleterre. — Paris, 22 septembre [1514].

Le sujet même de plusieurs de ces pièces (nos II-IX et XIII-XVI) indique assez clairement qu'elles ont dû à un moment faire partie des archives du duché de Bretagne. Pour quelques-unes d'entre elles nous avons la preuve matérielle qu'elles ont été incorporées au Trésor des chartes de cette province.

La pièce n° VII (Instructions aux ambassadeurs envoyés en Italie en 1460) a été publiée par dom Morice (*Preuves*, II, 1755), qui signale la présence de l'original parmi les titres du château de Nantes, armoire A, cassette F, n° 14.

Quatre autres pièces sont expressément mentionnées sur l'ancien inventaire des titres du château de Nantes, savoir :

Le n° VIII : Armoire K, cassette E, n° 7.

Le n° IX   : Armoire L, cassette A, n° 8.

Le n° XIV : Armoire P, cassette F, n° 34.

Le n° XVI : Armoire N, cassette A, n° 11.

Malgré les grattages et les lavages auxquels on a eu recours pour faire disparaître les cotes mises au dos des pièces par un ancien archiviste, les traces de ces cotes sont encore très visibles sur les actes III, IV, V, VI, VIII, IX, XIV et XVI.

Tous ces documents ont été certainement choisis pour les signatures qui sont tracées au bas de chacun d'eux et qui émanent de personnages considérables du temps de Charles VI, Charles VII, Louis XI et Charles VIII.

Il me semble évident que le vol a été commis au xixe siècle, après le moment où le goût des collections de lettres autographes s'est répandu en France et en Angleterre. Ce n'est pas d'ailleurs la première fois que l'on remarque dans les ventes publiques la présence d'actes du xive et du xve siècle ayant dû sortir du Trésor des chartes de Bretagne; mais je ne crois pas qu'on eût encore vu figurer dans une même vente un ensemble comparable à celui qui a été vendu à Londres le 26 juin dernier.

L. DELISLE.

LA DATE DU BRÉVIAIRE IMPRIMÉ A SALINS.

« Impressoris manus que presens perfecit opus, Eacide similis Vulcanique arma capessans, De Pratis hujus artis veri productus Achiles,

Que sunt digna suis interdum gaudia curis, Anno milleno bis quater velut centeno, Salinis in valle Herculeo nomine clara, Dedit Bisuntinis hoc presens munus aptum. »

L'auteur de ce texte a voulu l'écrire en vers : deux vers intacts, comme « Eacide... » et « Que sunt digna..., » ne permettent pas d'en douter.

Le poète capable de composer deux vers aussi réguliers était incapable d'en faire d'aussi irréguliers que le sont les autres, tels que nous les lisons. Donc ces vers n'ont pas été transcrits tels qu'ils avaient été composés. Donc, pour comprendre quelque chose de ce texte, la saine méthode est de s'appliquer d'abord à le restituer en remettant les vers sur leurs pieds.

Pour trois des cinq vers altérés, ce résultat peut être obtenu par une simple transposition de mots :

> Que presens perfecit opus manus impressoris.
> In valle Herculeo Salinis nomine clara.
> Hoc Bisuntinis presens munus dedit aptum.

Ces exemples montrent que le texte, écrit en vers par un homme qui savait la prosodie et la métrique, a été copié par un homme qui les ignorait : c'est pourquoi celui-ci s'est cru en droit de remettre les mots dans un ordre qui lui semblait plus clair, et il ne s'est pas douté qu'en agissant ainsi il détruisait la versification.

Dans le vers :

> De Pratis hujus artis veri productus Achilles,

il suffirait, semble-t-il, de supprimer un mot quelconque pour rétablir la mesure. Mais, quel que soit le mot qu'on supprime, on n'obtient pas un sens satisfaisant ; la véritable lecture de ce vers est donc encore douteuse.

Reste le vers le plus intéressant, celui qui contient la date. Cherchons, dans les mots qu'il renferme, ceux qui peuvent faire une fin de vers. Nous ne trouvons que deux fins possibles : « quater anno » ou « velut anno. » Mais « velut » est inintelligible, partant suspect. Essayons « quater anno. »

Le nombre total doit être un peu moins de 1500. Donc « quater » se rapporte à « centeno ; » donc ces deux mots ne peuvent être séparés. D'autre part, « milleno » ne peut guère se placer qu'au commencement du vers. Nous avons ainsi :

> Milleno..... centeno quater anno.

Pour boucher le vide, qui est d'un pied et demi, et pour compléter le nombre, auquel il manque encore environ 80 à 100, nous n'avons plus que les deux mots « bis velut. » Dans ces termes, il ne peut y avoir de doute : « velut » est une leçon corrompue, une faute de copie, qui cache une notation numérale. Puisqu'il nous manque environ 80 à 100, et que cette notation est accompagnée du mot « bis, » ce doit être celle d'un nombre compris entre 40 et 50. Entre ces limites, la seule notation qui ait pu paléographiquement donner naissance à la fausse lecture « velut » est VL = 45.

Il n'est pas rare, dans les vers latins du moyen âge, de trouver des nombres exprimés en chiffres romains et comptés, dans la mesure, seulement pour le nom des lettres qui les forment. VL se prononçait *u-el,* et, les deux lettres étant jointes en un seul mot, l'*u,* suivi d'une voyelle, était forcément bref : « bis VL » faisait donc deux demi-pieds. Pour compléter le vers, ajoutons « et; » les mots « vl et » seront devenus, sous la plume du copiste inintelligent, « velut. » Le texte restitué sera donc :

Milleno, bis VL, et centeno quater, anno.

La pièce de vers transcrite à la fin du bréviaire de Salins signifie donc que ce bréviaire a été imprimé en 1490.　　　　　J. Havet.

LA SÉPULTURE DE PEIRESC.

L'Écho des Bouches-du-Rhône, à la date du 18 juin 1893, annonce dans les termes suivants la découverte de la sépulture de l'illustre Peiresc :

« On savait, à n'en pas douter, par le testament de Peiresc qu'a publié M. Tamizey de Larroque, et par le récit de Gassendi, témoin oculaire des obsèques de son ami, que les restes de Claude-Nicolas Fabri de Peiresc furent déposés, le 25 juin 1637, dans l'église des Prêcheurs d'Aix, aujourd'hui paroissiale de la Madeleine, et dans le caveau de sa famille, situé non loin du maître-autel. Une tradition moins précise identifiait la chapelle funéraire de Peiresc avec certaine salle obscure, retranchée depuis longtemps de l'église par une muraille, et qui, après avoir servi de bûcher, est actuellement une dépendance de la sacristie. Mais cette identification présentait quelque incertitude. Une exploration faite jadis par M. Rouard et par d'autres savants, pour éclaircir le fait, avait été infructueuse.

« Plus heureux ont été, l'autre jour, quelques chercheurs aixois qui ont visité cette ancienne chapelle. Sous une longue accumulation de plâtras et de poussière, ils ont découvert une pierre tombale, portant gravées les armoiries des Fabri-Peiresc. Mais comme ces armoiries, représentant un simple lion, sans indication d'émaux, ne sont pas sans quelque banalité, et auraient pu tout aussi bien s'appliquer à plus d'une autre famille provençale, la découverte n'était probante qu'à moitié. Par bonheur, nos explorateurs ont eu la bonne chance de constater dans la partie inférieure de la dalle tumulaire, et fortement engagée sous la muraille qui sépare la chapelle en question du reste de l'église, la présence d'une inscription. Enlever quelques pierres de la muraille, avec l'autorisation de qui de droit, et mettre à nu ce texte

mystérieux, fut l'affaire de peu d'heures. Et quelle ne fut pas la satisfaction des curieux et pieux amis de Peiresc d'y lire ces deux lignes
décisives :

$$\overline{\text{FABRITIORV}}$$
$$\text{TVMVLVS.}$$

« La sépulture de Peiresc était authentiquement emplacée. Restait à
savoir si, en vertu des lois révolutionnaires, les restes déposés dans
cette tombe n'auraient pas été, à la fin du dernier siècle, transportés
dans le cimetière de la Madeleine. Une nouvelle exploration s'impo-
sait, celle du caveau de la chapelle. Nos infatigables chercheurs n'ont
pas reculé devant ce supplément d'enquête : ils sont, en présence de
M. le doyen Fouquou, descendus dans le funèbre souterrain, et ont
été heureux de constater que les ossements des Fabri et des Valbelle,
leurs successeurs, furent respectés dans leur asile séculaire. Rien, il est
vrai, ne permet d'y distinguer le corps de Peiresc de ceux de ses
parents ; mais il est là, au lieu même où Gassendi le vit déposer.

« Désormais donc, nous ne serons plus condamnés à rougir devant les
visiteurs qui nous demanderont à saluer la tombe du grand provençal.

« Mais il faudrait mieux : il va de l'honneur de notre ville et de la
France que la sépulture de Peiresc soit honorée comme elle le mérite.
La découverte qui vient d'avoir lieu appelle un complément. La chapelle funéraire des Fabri doit être restaurée. Une inscription commémorative, un médaillon du père de l'érudition moderne doivent signaler au peuple de Provence et aux savants du dehors le lieu où gît cette
gloire européenne.

« Nous espérons que l'État, le département et la ville mettront une
hâte égale à acquitter cette patriotique dette. »

La *Bibliothèque de l'École des chartes* s'associe de tout cœur au vœu
exprimé par M. L. de Berluc-Perussis dans l'article qui vient d'être
reproduit.

LE PREMIER TESTAMENT D'ÉTIENNE BALUZE.

En 1872, la *Bibliothèque de l'École des chartes* (XXXIII, 187) a fait
connaître, d'après une copie contemporaine, un testament d'Étienne
Baluze, du 25 mai 1716.

De son côté, M. le vicomte de Grouchy, dont les recherches dans les
anciennes minutes des notaires de Paris ont amené la découverte de
tant de documents précieux pour l'histoire des lettres et des arts au xvii[e]
et au xviiie siècle, vient de trouver en original un premier testament de
Baluze, en date du 24 avril 1704. Nous avons tenu à faire profiter nos
lecteurs du texte annoté de ce document, qu'il a inséré dans le dernier
cahier du *Bulletin du Bibliophile* (année 1893, p. 267).

« Pardevant les conseillers du Roy, notaires au Chastelet de Paris, soussignez, fut présent Messire Étienne Baluze, prieur et seigneur de Talluy, et professeur Royal en droit canon en l'Université de Paris, demeurant sur les fossez des Pères de la doctrine crétienne, paroisse Saint-Étienne-du-Mont, gissant au lit, malade de corps, en une chambre, au premier étage, ayant veüe sur la cour et sur le jardin de la maison où il demeure, toutes fois, sain d'esprit, mémoire et entendement, comme il est apparu aux susdits notaires soussignez, par l'inspection de sa personne et par ses parolles et actions; lequel a fait son testament, qu'il a dicté et nommé aux dits notaires soussignez, ainsy qu'il ensuit[1] :

« Premièrement, déclare que Dieu lui ayant fait la grâce d'estre né de parens catholicques et ayant toujours fait profession de la religion catholicque, apostolicque et romaine, il veut y vivre et mourir. Desire le dit sieur testateur estre inhumé dans le cimetière de la paroisse où il décèdera, prohibant expressément la superfluité et le luxe dans ses honneurs funèbres[2].

« Donne et lègue le dit sieur testateur aux pauvres honteux de la dite paroisse, où il décèdera à Paris, la somme de six cens livres[3], et pareille somme de six cens livres aux pauvres malades de la dite paroisse, le tout une fois payé; et, néanmoins, en cas qu'il décède et soit inhumé hors de Paris, les dits deux legs de six cens livres chacun n'auront lieu que pour deux cens livres chacun, à quoy ils demeureront réduits, faisants ensemble quatre cens livres, au proffit, scavoir moitié des pauvres honteux de la dite paroisse hors Paris, où il aura esté inhumé, et l'autre moitié au profit des pauvres malades de la dite paroisse[4].

« Donne et lègue le dit sieur testateur à l'hôpital général de Tulle, lieu de sa naissance, la somme de mil livres, une fois payée une année après son déceds, sans aucun interest, cependant[5].

« Et à l'égard de tous les autres biens du dit sieur testateur, qui proviennent tous de son œconomie et épargnes; les gratifications qu'il reçoit depuis longtemps du Roy, et les apointemens que feu Monseigneur Colbert, Ministre et Secrétaire d'Estat, et controlleur général des finances, dont il avoit l'honneur d'estre bibliothéquaire, lui donnoit, l'ayant mis en estat de faire des espargnes considérables, n'en ayant fait aucunes des biens de ses père et mère, dont il n'a jamais rien eu[6],

1. Dans l'acte de 1716, ce passage est beaucoup plus court et ne mentionne ni la maladie ni la demeure de Baluze.
2. Ce vœu est exprimé d'une manière différente dans le dernier testament.
3. Mille livres dans le testament de 1716.
4. Ce paragraphe n'existe pas dans le dernier testament.
5. Ce legs n'est pas maintenu en 1716.
6. Autrement exprimé dans le texte de 1716.

ny de ses bénéfices, dont le revenu estoit très modicque, le dit sieur testateur a disposé de ses dits biens ainsy qu'il ensuit :

« Premièrement, donne et lègue le dit sieur testateur à son frère,
Jean Baluze, chanoine de Tulle, toute la part et portion qui peut appartenir au dit sieur testateur, à quelque titre et qualité que ce soit, dans
les biens de leurs père et mère, ensemble toutes les sommes de deniers
que son dit frère, Jean Baluze, se trouvera lui devoir au jour de son
décods[1], et toutes les acquisitions qui ont esté ou seront faittes cy après
au nom du dit testateur et de ses deniers dans les lieux où leur dit père
avoit du bien[2].

« Et en outre, donne et lègue le dit sieur testateur à son dit frère,
Jean Baluze, la somme de trois mil livres, qu'il veut lui estre payée
dans un an après son décods, sans aucun intérêt, cependant[3].

« Et en cas que le dit sieur testateur, avant son décods, n'ait pas
disposé des biens et maisons que tant son dit frère que feüe sa femme
luy ont donnez par acte passé à Tulle le douzième de juillet de l'année
1682, accepté par le dit sieur testateur à Paris, le 29 des ditz mois et
an, par acte passé par devant de Beauvais et son confrère, notaires au
Chastelet, le dit sieur testateur veut et entend que les dits biens et maisons appartiennent à son dit frère, Jean Baluze, tout ainsy qu'ils lui
appartenoient, et à sa dite femme, avant la dite donation, et que son
dit frère venant à décéder sans en avoir disposé, les dits biens et maisons appartiennent à Louise et à Catherine Baluze, ses filles, chacune
par moitié, auxquelles et à leur dit père, chacun dans les cas cy dessus,
le dit sieur testateur a fait don et legs des dits biens et maisons[4].

« Item, le dit sieur testateur donne et lègue à Julienne et Marie
Baluze, ses sœurs, cent cinquante livres de pension annuelle et viagère,
à chacune d'elles, qu'il veut leur estre exactement payée pendant
leur vie[5].

« Item, donne et lègue à sa sœur, religieuse au couvent de Sainte-
Claire à Tulle, la somme de cinquante livres de pension annuelle et
viagère, pendant sa vie, pour ses menues nécessitez[6].

« Item, donne et lègue aux dites Louise et Catherine Baluze, ses
nièces, cy dessus nommées, la somme de douze mil livres, qui est six
mil livres pour chacune, une fois payé, qu'il veut leur estre payée le
plus promptement qu'il se pourra après son décods, leur faisant ce legs

1. Ces dispositions sont les mêmes dans les deux testaments.
2. Ne se trouve pas dans l'acte de 1716.
3. Le legs de trois mille livres se retrouve dans le dernier testament.
4. Cette clause n'existe pas dans le testament de 1716, où Baluze parle du
contrat de mariage de Catherine avec M. de la Serre.
5. En 1716, Marie Baluze seule est portée pour cent cinquante livres de
pension.
6. Ce paragraphe ne se retrouve pas en 1716.

pour les aider à se marier, et cependant l'intérest en sera payé à chacune d'elles au denier vingt, à compter du décods du dit sieur testateur[1].

« Item, donne et lègue le dit sieur testateur à son filleul, Étienne Melon, fils de sa nièce du Verdier, la somme de quatre mil livres[2] qu'il veut luy estre payée, ou à son père, pour luy, deux ans après son décods, sans aucun intérest cependant, et, en cas que son dit filleul vienne à décéder sans enfants nez en légitime mariage, avant qu'il aye atteint l'âge de vingt-six ans, le dit sieur testateur donne et lègue les dites quatre mil livres aux dites Louise et Caterine Baluze, ses nièces, par égalles portions, le tout, outre et pardessus les autres legs qu'il leur a cy-dessus faits[3].

« Item, donne et lègue à M. Étienne Muguet, prestre, et Louis Muguet, advocat, fils de feu le sieur Muguet, libraire et imprimeur ordinaire du Roy, qui a imprimé les ouvrages du dit sieur testateur, la somme de dix mille livres, une fois payée, qui est cinq mil livres pour chacun, payables trois ans après son décods, et ce pendant l'intérest au denier vingt.

« Item, donne et lègue le dit sieur testateur à sa filleule, Madelène Lemaire, la somme de deux mil livres, pour une fois, payable deux ans après son décods, et ce pendant l'intérest au denier vingt[4].

« Item, donne et lègue à la veuve du dit sieur de Levrye, qui sert le dit sieur testateur depuis près de vingt ans, et qui l'a toujours servi avec beaucoup d'affection, de soin et de fidélité, la somme de cinq cents livres de pension alimentaire et viagère, par chacun an, sa vie durant, la quelle pension il veut lui être payée annuellement par avance de quartier en quartier, sur ses simples récépissez, sans autres quittances et sans que la dite pension viagère puisse être saisie ou arrestée par aucun de ses créanciers, ni autrement pour quelque cause que ce soit[5].

« Item, donne à Angélique de Levrye, fille de la dite veuve de Levrye susnommée, qui sert aussi le dit sieur testateur depuis longtemps, la somme de six mil livres[6] pour une fois, payable deux années après son

---

1. En 1716, Mme de la Serre est portée pour deux mille livres, outre les six mille précédemment données par contrat de mariage.

2. Plus tard, Baluze lègue à son *fillot*, Étienne Melon, receveur des tailles à Nevers, les six mille livres qu'il lui a données par contrat de mariage.

3. Cette clause n'a pas été renouvelée en 1716.

4. En 1716, Madeleine Muguet, veuve de M. Le Maire, avocat et banquier expéditionnaire en cour de Rome, et Louis Muguet, « le quel est affligé de la perte de la vue, » reçoivent six mille livres ; Catherine Muguet, leur sœur, outre une donation entre vifs, six mille livres, et Madeleine Le Maire, filleule de Baluze, si elle n'est ni mariée ni religieuse au jour du décès de son parrain, deux mille livres.

5. Ce legs ne se retrouve pas en 1716.

6. Trois mille en 1716.

décéds, et ce pendant l'intérest au denier vingt; plus il luy donne et
lègue la tapisserie qui est dans la salle à manger, avec les deux pièces
de la mesme tapisserie qui sont dans la chambre de la dite Angélique
de Levrye, le grand miroir qui est dans la grande chambre du dit sieur
testateur, et toute sa vaisselle d'étain et batterie de cuisine en quoy
qu'elle puisse consister, sans nulle réserve, déclarant en outre que les
meubles qui sont dans la chambre de la dite Angélique de Levrye
appartiennent entièrement en propre à icelle de Levrye[1].

« Item, donne et lègue à Louis Choubert, garçon menuisier, qui l'a
servy plusieurs années, la somme de trois cents livres, outre ce qu'il
lui a donné pour le mettre en mestier, lequel legs il veut luy estre payé
dans un an, du jour de son décéds, avec l'intérest à compter du dit
jour[2].

« Item, donne à Charles de Laubelles, son lacquais, s'il se trouve
actuellement estre à son service au jour de son décéds, la somme de
trois cents livres une fois payée, outre ses gages, payable avec l'intérest,
du jour du dit décéds, dans une année après iceluy[3].

« Item, donne et lègue à Charlotte Hérisson, sa servante, en cas
qu'elle demeure à son service au jour de son décéds, pareille somme de
trois cens livres, pour une fois, outre ses gages, payable aussi un an
après son décéds, et ce pendant l'intérest à compter du jour d'icelui[4].

« Item, donne et lègue à d[lle] Caterine Muguet, aussy fille du dit sieur
Muguet, imprimeur et libraire du Roy, la somme de dix mil livres[5]
pour une fois, payable dans deux années, du jour de son décéds, avec
l'intérest au denier vingt, à compter du mesme jour, pour employer la
dite somme de dix mil livres, par la dite demoiselle Muguet, qui est
présentement pensionnaire aux religieuses de Corbeil, à son établissement par mariage, ou autrement en disposer à sa volonté.

« Et, quant au surplus de tous les biens meubles et immeubles du
dit sieur testateur, qu'il délaissera au jour de son décéds, de quelque
nature et en quelques lieux qu'ils soient scituez et deubs, à quelque
somme qu'ils puissent monter, sans aucune réserve, après le présent
testament accomply, le dit sieur testateur a donné et légué le dit surplus de tous ses biens à celuy des enfants masles nez et à naistre du
mariage de M. François Le Maire, conseiller du Roy, banquier expéditionnaire en cour de Rome, et de dame Geneviève-Madeleine Muguet,
son épouze, que le dit sieur Le Maire, seul, voudra choisir et nommer

1. Ce legs est bien plus important plus tard.
2. En 1716, ce legs n'est plus que de deux cents livres.
3. Dans le second testament, Charles Lambelle reçoit deux cents livres.
4. En 1716, Charlotte Hérisson, femme de Charles Lambelle, est portée pour
un legs de deux cents livres.
5. Six mille seulement dans le dernier testament.

pour recueillir le présent legs, à l'effet de quoy le dit sieur testateur a
fait et institué son légataire universel du surplus de tous ses dits biens
celuy des enfants masles des dits sieur et dame Le Maire que le dit sieur
Le Maire aura choisy et nommé, et, au cas que le dit sieur Le Maire
vienne à décéder sans avoir fait le dit choix et nomination, le dit sieur
testateur veut et entend que, en ce cas, tous les biens qui composeront
le dit legs universel appartiennent, et en fait don et legs au profit de
l'aisné des enfants masles des dits sieur et dame Le Maire, et, s'il décé-
doit avant majorité et sans enfants, à son frère puiné, pour faire jouir
et disposer de tous les dits biens en propriété par celuy des enfants
masles des dits sieur et dame Le Maire que son dit père aura ainsy
nommé, et, au défaut de nomination, par l'aisné des dits enfants masles,
ou par le puisné, dans les cas et comme il est ci-dessus marqué, le tout
à la charge par le dit légataire universel de porter le nom et armes du
dit sieur testateur, et à condition que le dit légataire universel ne jouira
des dits biens donnés que du jour de sa majorité, si non du jour du
décéds de son dit père, en cas qu'il arrive avant la dite majorité, jusqu'au quel temps le dit sieur Le Maire père en aura l'usufruit et jouissance à son profit, dont le dit sieur testateur lui fait don et legs. Et d'autant qu'une partie des biens du dit sieur testateur consiste en sommes
de deniers qui lui sont dues par la succession du dit sieur Muguet, par
la demoiselle sa veuve et leurs enfants, et que si les dits légataires vou-
loient les obliger de leur payer les dites sommes incontinent après son
décéds, cela pourroit causer du désordre dans leurs affaires ; pour l'éviter, le dit sieur testateur veut et entend que ses dits légataires ni autres
ne puissent faire, pendant l'espace de cinq années, du jour de son décéds,
aucunes demandes ni poursuittes contre la dite veuve Muguet et ses
enfants pour le payement des sommes principalles qu'ils doivent au dit
sieur testateur, en payant par eux les intérêts des dites sommes au
denier vingt, qui leur(?) ont esté adjugées par sentence, annuellement de
trois en trois mois, l'intention du dit sieur testateur estant que la dite
veuve Muguet et ses enfants ayent le terme de cinq années pour payer
les dites sommes principalles [1].

« Déclare le dit sieur testateur qu'il ne doit aucune chose à qui que
ce soit, si non à M. l'abbé Galloys la somme de deux mil livres, dont
il a entre ses mains un billet du dit sieur testateur [2].

« Désire le dit sieur testateur qu'après son décéds il ne soit fait aucun
inventaire ou description de ses papiers de littérature, ce qui seroit d'un
travail infiny et d'une très grande dépence très inutile, déclarant que

1. En 1716, Baluze renouvela cette disposition en faveur de Geneviève-Madeleine Muguet, veuve Le Maire, et ajouta : « Dans lequel legs universel je comprends ma bibliothèque et mes papiers. »
2. Nous ne retrouvons pas cette déclaration dans le second testament.

tous ses papiers d'affaire sont dans une cassette couverte de cuir noir, et souhaitant qu'on ne fasse inventaire d'autres papiers que ceux qui se trouveront dans cette cassette, ce qu'il recommande expressément à ses exécuteurs testamentaires cy-après nommés[1]. Et deffend et prohibe expressément que l'on vende en gros les livres de sa bibliothèque, ordonnant qu'ils soient vendus en détail au plus offrant et dernier enchérisseur, afin que les curieux en puissent avoir leur part, ayant une très grande quantité de livres rares et difficiles à trouver, que les gens de lettres seront bien aises d'avoir occasion d'acquérir[2].

« Et pour exécuter le présent testament le dit sieur testateur a choisi et nommé les personnes du dit abbé Galloys, son ancien amy, du dit sieur Le Maire, banquier expéditionnaire en cour de Rome, aussy son amy, les quels il prie d'en prendre la peine par amour de luy et de vouloir recevoir chacun un diamant de cinquante pistolles, dont il leur fait don et legs pour marque de son amitié[3].

« Révocquant le dit sieur testateur tous autres testaments, codiciles, donnations à cause de mort et autres dispositions testamentaires qu'il pourroit avoir fait auparavant son présent testament, auquel seul il s'arrête comme étant sa dernière volonté[4].

« Ce fut ainsy fait, dicté et nommé par le dit sieur testateur aux dits notaires soussignés, et à luy par l'un d'eux, l'autre présent, leu et releu, qu'il a dit bien entendre, et y a persévéré, en sa dite chambre, où il est alité, sus désignée, l'an mil sept cent quatre, le vingt-quatrième jour d'avril, sur les huit heures demy de relevée, après avoir vacqué à tout ce que dessus depuis trois heures et demy de relevé et a signé.

« BALUZE.   DOYEN.   MARCHAND. »

MANUSCRITS IRLANDAIS DE W. REEVES.

La vente de la bibliothèque de l'évêque William Reeves s'est faite à Dublin, au mois de novembre 1892; elle a duré quatre jours, du 21

---

1. Plus tard, Baluze écrivait : « Je deffends aussy et prohibe expressément de faire inventaire de mes papiers de littérature et autres, qui sont dans les trois armoires garnies de fil d'archal, attendu que ce seroit une très grosse dépense très inutile. »

2. Cette clause est reproduite textuellement dans le testament de 1716, où se lit encore : « J'excepte néantmoins de cette prohibition ma bibliothèque de manuscrits, au cas qu'il se trouve quelqu'un qui les veuille acheter en gros et en donner un prix raisonnable, dont ma légatrice universelle puisse être contente. »

3. En 1716, l'exécuteur testamentaire est Me de Beauvais, notaire au Châtelet de Paris, logé rue Coquillière, lequel reçoit un diamant de cent pistolles.

4. Une clause semblable se trouve dans le dernier testament.

au 24. Le catalogue comprend 1,351 numéros, correspondant à environ 3,000 volumes et qui ont produit environ 600 livres sterlings, soit 15,000 francs. Cette bibliothèque était fort riche en imprimés et manuscrits concernant l'Irlande. Notre confrère M. H. d'Arbois de Jubainville veut bien nous donner, d'après une communication de M. J.-Casimir O'Meagher, l'indication des prix atteints par la plupart des manuscrits.

Les manuscrits étaient au nombre de 56, portant les numéros 811 à 866 ; celui qui a été vendu le plus cher est le numéro 853, manuscrit médical de 254 feuillets en parchemin, in-4°, écrit en 1469, par Donnchadh óg Uah-Sceadha, ou, pour nous exprimer d'une façon plus moderne, par Donogh O'Hickey le jeune. Ce manuscrit a, en Irlande, une certaine notoriété, car, en 1845, O'Donovan en a donné un extrait dans son ouvrage intitulé : *A grammar of the Irish language,* p. 451-453 ; O'Donovan le dit daté de 1420, le vieillissant ainsi de quarante-neuf ans ; ce manuscrit a fait partie de la bibliothèque d'Edward O'Reilly, l'auteur du grand dictionnaire irlandais-anglais ; il a été vendu 35 livres, soit 885 francs.

Vient ensuite le n° 852, vendu 8 l. 8 s., soit 210 fr. : 83 feuillets de parchemin, in-fol. ; une partie est datée de 1513, c'est un recueil de traités sur des sujets religieux, homélies sur les commandements, sur la Passion, sur saint Joseph et la vierge Marie, histoire de Nicodème, etc.

Un prix presque égal a été atteint par le n° 811, payé 8 l. (200 fr.) ; il a 72 feuillets de parchemin, in-fol., écrits en 1473, consiste en un recueil d'homélies et provient, comme le premier, de la collection d'Edward O'Reilly.

Le n° 834, 256 pages in-fol., sur papier, contenant deux ouvrages médicaux copiés, l'un en 1478, l'autre en 1585, a été vendu 6 l. 10 s. 6 d.

Le n° 849, « Histoire d'Irlande » de Keating, copie du XVIIe siècle, sauf les premières pages qui sont d'une main plus moderne, 6 l. 6 s. 6 d.

818. Papier in-4° de 300 pages, copié en 1687, contient la presque totalité du *Táin bó Cuailnge* et divers poèmes, 5 l. 15 s.

831. Recueil formé avec des fragments de manuscrits en parchemin : une partie date du XVIIe siècle, elle est relative à l'histoire d'Irlande pendant la première moitié de ce siècle et le précédent ; une autre partie remonte au XVe siècle ; elle concerne la médecine, la botanique, les guerres entre César et Pompée, 5 l.

832. Écrit en 1621, papier, 250 pages, *Leabhar Gabhala ; Dindseanchus* et poèmes divers, 4 l. 17 s. 6 d.

817. Parchemin et papier, in-4°, plusieurs mains et plusieurs dates, 1440, 1540, 1726, etc., concerne principalement la médecine ; un fragment de l'*Amra Choluincille* paraît plus ancien, 4 l. 4 s.

819. Papier, in-4°, près de 600 pages. Poèmes ossianiques copiés par plusieurs mains au XVIIIe siècle ; paraît provenir de la bibliothèque d'Edward O'Reilly, 4 l.

812. Papier, in-4·, 290 pages. Rédaction irlandaise des aventures du Chevalier au lion, 3 l. 15 s.

833. In-fol., papier, 350 pages. Médecine, copie écrite en 1577, 3 l. 15 s.

823. In-4°, papier, 142 pages. Copié en 1648. Annales, généalogies, poèmes, 3 l. 12 s. 6 d.

837. Papier, in-4°, 400 pages. Copié en 1823. Poèmes ossianiques, etc., 3 l. 5 s.

828. Papier, in-4°, 300 pages, 1790. Compositions ossianiques, etc., 3 l. 5 s.

824. Papier, in-4·, 206 pages. Copié, partie en 1761, partie au commencement du xixe siècle. Compositions épiques diverses, 3 l.

822. In-4°, papier, 438 pages. Copié, partie de 1766 à 1789, partie en 1816, contient l'*Agallamh na Seanórach* (incomplet), la bataille de Ventry, etc., 2 l. 17 s. 6 d.

820. In-4°, papier, près de 300 pages. Copié en grande partie en 1768. A cette date remonte la transcription de trois pièces : Bataille de Ventry, Mort des fils de Ler, « Découverte de la Branche, » 2 l. 15 s.

826. In-4·, papier, 250 pages. Plusieurs mains, xviie siècle, « Bataille de Moytura, » etc., 2 l. 15 s.

827. Papier, in-4°, environ 200 pages. 1681. Keating, « les Trois Pointes aiguës de la mort » et divers poèmes, 2 l. 12 s. 6 d.

838. Papier, in-4°, 350 pages. 1805. Compositions ossianiques, 2 l. 12 s. 6 d.

816. Papier, in-4°. Diverses dates : 1616, 1624, 1718, etc. Médecine, 2 l. 5 s.

821. Papier, in-4·, 440 pages. 1715. Les deux ouvrages bien connus de Keating sur la messe et sur la mort, 2 l. 5 s.

825. Papier, in-4°, environ 200 pages. Traités de grammaire, copiés vers 1640, 2 l. 5 s.

836. Papier, in-4·, 400 pages. La première partie, copiée en 1778, contient : « le Parlement des femmes, le Purgatoire du soldat, la Vie de saint Thomas de Cantorbéry, » etc.; la seconde partie, copiée au xviie siècle, concerne l'histoire romaine (cf. n° 856), 2 l. 5 s.

851. Papier, in-fol. Copié en 1700. Contient la rédaction du « Livre des invasions » dû à Michel O'Clery, etc., 2 l. 4 s.

855. Papier, in-4·, 170 pages. xviie siècle. Copie de poèmes par divers auteurs, notamment par Flaun Manistrech, 2 l.

846. Papier, environ 200 pages. Les aphorismes d'Hippocrate en latin et en irlandais, xvie siècle, 1 l. 2 s.

856. Papier, in-4·, 404 pages. 1698. Copie du traité irlandais de la guerre entre César et Pompée (cf. n° 836), 1 l. 8 s.

DE L'ORIGINE ET DU SENS

DES MOTS

DAUPHIN ET DAUPHINÉ

ET DE LEURS RAPPORTS AVEC L'EMBLÈME DU DAUPHIN

EN DAUPHINÉ, EN AUVERGNE ET EN FOREZ.

Deux grandes familles féodales, les comtes de Vienne et d'Albon et les comtes de Clermont en Auvergne, ont adopté le titre de dauphin et l'ont transmis à leur principauté. Le comté de Vienne et d'Albon est devenu le Dauphiné de Viennois ou plus simplement le Dauphiné ; le comté de Clermont est devenu le Dauphiné d'Auvergne. D'autre part, les comtes de Lyon et du Forez ont, au XIIIᵉ siècle, introduit le dauphin dans leurs armes, en même temps qu'il remplaçait dans leurs sceaux le gonfanon des comtes d'Auvergne et les tours des comtes d'Albon.

Pourquoi ces transformations? Quel est le sens de ce titre mystérieux? Quelles causes ont provoqué la création de cette nouvelle dignité féodale? Ce problème historique, que je vais à mon tour essayer de résoudre, a déjà vivement sollicité l'attention des historiens du Dauphiné et de l'Auvergne et les solutions ne manquent pas.

Dans une *Dissertation sur le titre de dauphin que porte le fils aîné de nos rois*[1], Bullet a rappelé toutes les explications données par ses devanciers. Les uns, dit-il, prétendent que le Dauphiné a été ainsi appelé des *Auffinates*, ses anciens habitants ; les autres disent que les Allobroges, ancêtres des Dauphi-

---

1. Leber, *Collection des meilleures dissertations, notices et traités particuliers relatifs à l'histoire de France...* Paris, 1838, in-8°, t. VI, p. 29.

nois, étaient une colonie grecque venue de Delphes ; d'autres font
descendre les premiers dauphins d'une famille vénitienne nommée Delfino. L'explication de Claude de la Grange mérite d'être
citée : « Le Dauphiné, dit-il, s'appelait auparavant le Viennois,
et, dans le langage populaire du pays, « le Vienné. » Lorsqu'on
interrogeait quelque habitant de cette province d'où il était, il
répondait dans son patois : « Do Vienné. » Les Allemands, sous
l'empire desquels était alors ce pays, changeant le V consonne
en F, prononçaient « Do Fienné, » d'où, par une crase facile et
usitée dans leur langue, ils ont fait « Dofiné » et donné ensuite
le nom de « Dofin » au prince qui en était souverain. » Cette
conjecture est subtile, déclare gravement Bullet, mais elle est
sans solidité. Je renvoie à Bullet ceux qui seraient désireux de
connaître les conjectures non moins subtiles des autres historiens
dauphinois et celle de Bullet lui-même qui voit dans le nom de
dauphin deux mots celtiques signifiant le souverain de la contrée,
et j'arrive de suite à ceux dont l'opinion est moins fantaisiste, à
Chorier, Valbonnais, Salvaing de Boissieu, Duchesne et de
Terrebasse.

« C'était, dit Chorier, la coutume des chevaliers de charger leurs
casques, leurs cottes d'armes et la housse de leurs chevaux de
quelque figure qui leur était particulière et par laquelle ils pouvaient se faire distinguer des autres qui entraient comme eux
dans un combat ou dans un tournoi. Il est vraisemblable que ce
prince (Guigue IV) choisit le dauphin, qu'il en fit le timbre de son
casque, qu'il en chargea sa cotte d'armes et qu'il en mit la figure
sur la housse de son cheval en quelque tournoi célèbre ou en
quelque grand combat. Il se fit remarquer entre tous les autres
par son adresse et sa valeur ; et de là il fut appelé *le comte du
Dauphin* et *le comte Dauphin*. Ce titre, lui étant agréable
parce qu'il lui rappelait son adresse ou sa valeur, le fut aussi
pour la même raison à ses descendants, qui l'adoptèrent. Le dauphin devint après ce prince la devise de cette illustre maison. Il
n'en devint pas sitôt les armes, comme le croient tous les historiens ; car les armes des comtes de Viennois, sous les deux premières races, étaient un château composé de trois tours, ainsi qu'il
paraît par les sceaux de ces princes. Tels sont ceux du dauphin
Guigue-André, de l'an 1200 et de l'an 1225, tels sont ceux de
Guigue VII, de l'an 1244, de l'an 1246, de l'an 1254 et de
l'an 1258. Il est vrai que celui-ci, qui est le dernier des dauphins

de la deuxième race[1], commença le premier à placer un dauphin dans son écu, mais sans quitter les anciennes armes de ses prédécesseurs. Il est représenté, dans un sceau de l'an 1258, à cheval et armé et un dauphin dans son écu qu'il porte à son bras gauche, mais de l'autre côté du sceau est représenté un château comme les vraies armes de sa maison. Enfin ce prince, par inclination pour ce symbole, fit graver le dauphin seul sur un sceau particulier, qu'il appela son sceau secret[2]. »

Nous verrons plus loin ce qu'il y a d'exact et ce qu'il y a d'erroné dans cet exposé historique, mais nous pouvons, dès maintenant, faire remarquer que Chorier s'est chargé lui-même·de réfuter son propre système. Il ne peut être vrai que le Dauphin ait emprunté son nom à l'emblème peint sur son écu, puisque cet emblème n'apparaît dans les armes des Dauphins qu'un siècle plus tard.

Du Chesne, Salvaing de Boissieu et Valbonnais se rapprochent davantage de la vérité en constatant que Dauphin était un nom donné au baptême à Guigue IV par son père, et que ce nom plut à ses successeurs qui s'en firent un titre de dignité. « Guigue IV, dit Duchesne, reçut au baptême le nom de Dauphin, comme enseignent diverses chroniques anciennes, lequel nom ses successeurs convertirent depuis en dignité[3]. »

« Au reste, dit Salvaing de Boissieu[4], les anciens comtes d'Albon et de Graisivaudan prirent le nom de Dauphins en mémoire de l'un d'eux : ce fut Guigue VIII, fils de Guigue le Gras[5], qui reçut au baptême celui de Dauphin, environ l'an 1130[6], et qui pourtant ne laissa pas de s'appeler aussi Guigue, comme ses prédécesseurs, suivant la coutume de ce temps-là parmi les grands, qui portaient souvent deux noms : l'un qui leur était propre et particulier, et l'autre en mémoire de leurs ancêtres... Finalement, d'un nom de maison il s'en est fait un de dignité,... tellement que

---

1. Ceci est inexact : à Guigue VI dit le Jeune, que Chorier appelle Guigue VII, — parce qu'il a donné par une erreur générale de son temps le nom de Guigue à André, — succéda son fils Jean Ier (1270-1282).

2. Chorier, *Hist. du Dauphiné.* Réimp. Valence, 1878. I, p. 600 et suiv.

3. Duchesne, *Hist. des dauphins de Viennois*, p. 11.

4. *Usage des fiefs*, éd. de 1731, p. 13.

5. Ceci est une erreur. C'est le petit-fils de Guigue le Gras qui prit le premier le nom de Dauphin.

6. Cette date est également fausse. C'est en 1110 que le nom de Dalphinus apparaît pour la première fois.

dauphin de Viennois veut dire la même chose que prince de Viennois,... et pourtant les frères du Dauphin, qui n'avaient point de
part à la principauté, n'ont pas laissé de porter le même nom,
mais au génitif, pour désigner leur maison, au lieu que les Dauphins le portaient au nominatif. Ainsi Guy Dauphin, frère de
Jean II, est nommé « Guido Delphini. »

« Il est plus vraisemblable, dit le président de Valbonnais[1],
que le surnom de Dauphin, que le comte Guigue IV porta le premier, plut assez à ses successeurs pour l'ajouter à leur nom et
pour s'en faire un titre, qui s'est conservé ensuite parmi leurs
descendants. »

Cette explication, pourtant si rationnelle, n'est pas admise par
M. de Terrebasse, d'ordinaire mieux inspiré, et, après l'avoir
combattue, il revient au système de Bullet, en le modifiant un
peu. « Dalfinus » n'est plus un mot celtique, c'est un mot tudesque
signifiant chef, prince. « Wigo, Vuigo, Guigo, dit-il, est un nom
d'origine germanique, et les premiers membres de cette famille
étaient sans doute au nombre des seigneurs lorrains qui vinrent
s'établir à Vienne à la suite du roi Boson. Il est probable qu'ils
avaient été investis dans leur pays natal de quelque charge, office
ou dignité, et que, plus tard, ils tinrent à honneur de ne pas en
perdre le souvenir. C'est alors que Guigue III joignit au nom
héréditaire que portait son fils celui de « Delphinus, » qui représente en latin du moyen âge la qualification tudesque dont nous
venons de parler. Tout concourt à prouver que « Dalphinus »
n'est autre chose qu'un ampliatif du titre de comte qui ne suffisait
plus à la fortune et à la puissance des comtes d'Albon. « Guigo
« comes, qui vocatur Dalphinus. » Quelle que soit la signification
qui se cache sous cette traduction, la valeur et la majesté de
l'expression ne sont pas moins garanties par l'adoption qu'en ont
faite trois dynasties[2] souveraines, et, plus tard, les rois de France
eux-mêmes. Dieu nous garde de nous aventurer avec Bullet et
Eusèbe Salverte à la recherche de l'étymologie de ce nom qui
demeure un de ces problèmes historiques dont les savants ont
vainement poursuivi la solution ! »

1. *Hist. du Dauphiné*, t. I, p. 3.
2. Quelles sont ces trois dynasties ? Je connais les comtes d'Albon et les
comtes de Clermont; mais si M. de Terrebasse fait allusion aux comtes de
Forez, il se trompe. Ceux-ci ont placé, il est vrai, le dauphin dans leurs armes,
mais ils n'ont jamais pris le titre de dauphin.

En dépit de cet aveu d'impuissance, M. de Terrebasse, après avoir combattu les opinions de Chorier et de Valbonnais qu'il déclare « également dépourvues de critique et de fondement, » expose ainsi son système personnel, qui est, à peu de différence près, celui de Bullet : « Dalfinus, Talfinus, ainsi que l'écrivent les chartes allemandes, serait, ainsi que nous l'avons déjà dit, un nom tudesque défiguré par sa traduction en latin et n'ayant originairement aucun rapport avec le mot *Delphinus*. Et, en effet, il s'écoule un siècle avant que les comtes d'Albon, jouant sur ce mot, se fassent du dauphin des armes parlantes. Ce nom aurait été sous sa forme primitive un nom de dignité, revenant à celui de chef, thane, prince, et le passage suivant de la Chronique d'Ipérius, abbé de Saint-Bertin au xive siècle, serait l'écho confus de cette tradition :

« Du temps de Conrad le Salique, le roi de Bourgogne Rodolphe, voyant que les Bourguignons, ses sujets, persistaient dans leurs insolences habituelles contre leurs maîtres, transmit à l'empereur le royaume de Bourgogne que les rois de sa race avaient possédé plus de cent trente ans, et la Bourgogne fut ainsi réduite de nouveau en province. Et remarquez à ce propos que, dans le voisinage de la Bourgogne, il existe des princes qui sont appelés dauphins, comme le Dauphin de Vienne, le comte Dauphin d'Auvergne, ainsi nommés parce que leurs prédécesseurs furent rois. Dauphin, en effet, n'est autre chose que roi déposé, et les Dauphins sont des rois déposés[1]. »

C'est par respect pour la haute autorité de M. de Terrebasse et parce que c'est la dernière solution proposée[2], que j'ai donné cette longue citation. Problème insoluble, dit M. de Terrebasse, et, comme s'il ne lui suffisait pas de l'affirmer, il le prouve en proposant une solution inadmissible.

Et pourtant l'énigme n'est pas si difficile à déchiffrer, et il suffisait de consulter nos vieux chartriers et aussi ceux de l'Auvergne pour en trouver le mot et pour comprendre et expliquer la genèse de cette nouvelle dignité. Cette consultation, je l'ai faite, non seulement sur les cartulaires imprimés, mais, autant que cela

---

1. A. de Terrebasse, *Œuvres posthumes*, p. 121-125.
2. Voyez toutefois à ce sujet un intéressant article de M. Joseph Roman, inséré dans les *Mélanges de numismatique*, t. III (1878). J'aurai occasion d'en reparler dans la troisième partie de cette étude.

m'a été possible, sur les chartes originales elles-mêmes. J'ai relevé avec grand soin les suscriptions au nom des comtes de Vienne et d'Albon, depuis l'année 1110, époque où Guigue IV, encore enfant, prend pour la première fois, du vivant de son père, le nom de Dauphin, jusqu'à Humbert II qui porte le titre d' « Humbertus delphinus Viennensis, Vienne et Albonis comes, etc.´ » J'ai procédé de même pour les Dauphins d'Auvergne, depuis Guillaume VII jusqu'à la fin du xɪvᵉ siècle.

Le classement chronologique de ces suscriptions m'a amené à faire les constatations suivantes.

I.

DAUPHINS DE VIENNOIS.

Des prédécesseurs de Guigue IV, le plus ancien porte les sur-noms de « senex, senior, vetus, vetulus. »

« Ego Guigo comes, qui nomine vocor senex, » est-il dit dans une charte de 1053 du Cartulaire d'Oulx[1].

Le second, Guigue II, est cité dans le même acte sous le nom de Guigue le Gras : « Atque filius meus Guigo pinguis. » Ailleurs, il est appelé « Guigo crassus. »

Le troisième, Guigue III, n'a pas de surnom, mais il est assez souvent distingué par le rappel du nom de son père ou de celui de sa mère : « Ego Guigo comes, filius Guigonis crassi[2]; » « Guigo comes, filius Guigonis pinguis[3]; » « Guigo comes, filius Petronille[4]. »

Guigue IV (1132-1142) porte, du vivant de son père, le nom de « Delphinus. » Une charte de 1110 du Cartulaire de Chalais[5] le constate : « Ego Guigo comes et uxor mea regina nomine Meheldis... Et laudaverunt similiter filii eorum Guigo Dalphinus et Humbertus.´ » Et, vers la même époque, une charte du Cartulaire de Domène[6] commence ainsi : « Ego Guigo Delphinus deci-

---

1. *Cart. d'Oulx*, ch. 152.
2. *Gall. christ.*, XVI. Instr., c. 82.
3. *Cart. d'Oulx*, ch. 243.
4. *Ibid.*, ch. 227.
5. Arch. de l'Isère. Chartes de Chalais. Cf. Pilot de Thorey, *Cart. de Chalais*, p. 13-15.
6. Monteynard, *Cart. de Domène*, Lyon, 1859, in-8°, n° 13.

mas ecclesie Heronei quas pater meus Guigo, comes, mihi dimisit, dono... » De ces mentions, il résulte que le nom « Delphinus, » donné à un enfant du vivant de son père, ne saurait être un titre honorifique comme le prétendent Bullet et M. de Terrebasse.

Qu'est-ce donc ? Une charte du Cartulaire de Saint-Hugues va nous le dire. Elle est d'environ 1140[1]; Guigue IV y est ainsi désigné : « Guigo comes *qui vocatur Delphinus*. » Guigue comte surnommé Dauphin. Et le texte de la charte montre bien qu'il s'agit d'un surnom et non d'un titre, car, toutes les fois qu'il y est question de Guigue IV, qui y règle un différend avec Hugues II, évêque de Grenoble, le mot « comes » est opposé au mot « episcopus. »

Donc « Delphinus » est un surnom. Mais quel est le sens de ce surnom ? C'est ce que Duchesne, Salvaing de Boissieu et Valbonnais avaient à peu près deviné. Ce surnom est un prénom, peu répandu à la vérité, mais qui avait été glorieusement porté par un évêque de Bordeaux de la fin du IVe siècle, saint Delphinus (380-404), et par un évêque de Lyon du VIIe siècle, saint Anemond, surnommé Dalfinus (650-659). Ce prénom fut porté après Guigue IV par son petit-fils Dauphin, comte de Clermont, souche des dauphins d'Auvergne, et plusieurs de ses descendants, par sainte Delphine de Sabran (1296-1360) et très vraisemblablement, nous le verrons plus loin, par le chef de la deuxième race des Dauphins de Viennois, André.

Est-il besoin de montrer par des exemples qu'au XIIe siècle, époque où se forment les noms de famille, des prénoms, des noms de baptême ont été adoptés comme second nom? Dans le seul Cartulaire de Domène, on trouve à la même époque : « Guigo Albertus, Guigo Geraldus, Wuigo Abbo, Guigo Garinus, Guigo Desiderius, etc. »

« Guigo Delphinus » est de même formation.

Ce surnom ou nom patronymique est gardé par Guigue V, fils de Guigue IV (1142-1162), qui porte dans les actes les titres suivants :

1146. Guigo comes, filius Guigonis Delfini[2]

1151. Dominus comes Albionensium Guigo scilicet Dalphinus[3].

---

1. Marion, *Cart. de Saint-Hugues*, p. 243.
2. Arch. de l'Isère. Chartes de Chalais.
3. Giraud, *Cart. de Saint-Bernard de Romans,* art. 307.

1155. Wigo Delphinus comes Albionensis[1].

Et dans un diplôme de Frédéric Ier (1155) : « Fidelis noster Gygo Delphinus, comes Albonensis[2]. »

Pour Guigue V, comme pour son père, *Delphinus* est un surnom.

Guigue V, en qui s'éteint la première race des comtes d'Albon, meurt en 1162, ne laissant qu'une fille, Béatrix, pour héritière de ses états. Celle-ci se maria deux fois : d'abord avec Albéric Taillefer, fils de Raimond V, comte de Toulouse, qui prend dans les actes les titres suivants :

1178. Ego Talifers, Viennensium et Albonensium comes[3].

1183. Ego Taillafers, Viannensium et Albonensium comes[4].

En 1183, Béatrix, veuve de Taillefer, épouse en secondes noces Hugues III, duc de Bourgogne. Le nouveau souverain du Dauphiné se désigne ainsi :

1186. Ego Hugo, Dei gratia, Burgundie dux et Albonii comes[5].

De son côté, Béatrix porte les titres de : « Beatrix, ducissa Burgundie et Albonii comitissa[6], » ou « Beatrix, Dei gratia ducissa Burgundie et Albonii ducissa[7]. »

Ni Béatrix, ni l'un ni l'autre de ses deux maris ne prennent le nom ou titre de Dauphin, ce qu'ils n'auraient pas manqué de faire si ce nom était devenu déjà synonyme de souverain des comtés de Vienne et d'Albon. « Delphinus » était considéré comme le surnom du comte Guigue V, de même que Taillefer était celui du comte Albéric, premier mari de Béatrix. C'est ce que montre l'extrait ci-après d'un acte de 1184 où ces deux noms Delphinus et Taillefer sont opposés : « Cum Hugo, Divionensis dux, filiam comitis Dalphini, viduam Taillefer... in uxorem duxisset et comitatum Albonensem teneret[8]. »

Remarquons encore, — et cette conclusion découle de la précédente en même temps qu'elle la confirme, — que les états de Béatrix

1. U. Chevalier, *Cart. de Saint-André-le-Bas de Vienne*, p. 293.
2. Arch. de l'Isère, B. 3162.
3. *Cart. d'Oulx*, ch. 45.
4. Guichenon, *Bibl. Sebusiana*, p. 5.
5. *Oulx*, ch. 35.
6. *Oulx*, ch. 37.
7. *Ibid.*, ch. 38.
8. *Gall. christ.*, XVI. Instr., c. 90. Valb., I, 181.

ne portent pas le nom de Dauphiné; c'est le « comitatus Albonensis, » ce sont les « comitatus Viennensium et Albonensium. »

Béatrix n'eut pas d'enfants de son premier mariage. De son
union avec Hugues III elle eut un fils, qui lui succéda, et deux
filles. A ce fils, âgé de huit ans, qu'elle ramenait de Bourgogne
en Dauphiné, elle avait donné le nom ou surnom de « Delphinus »
pour bien marquer sa descendance des anciens comtes d'Albon,
descendance que les deux mariages de la fille de Guigue V
auraient pu faire oublier. Le nom de ce prince a été défiguré par
la plupart des historiens dauphinois qui l'ont appelé Guigue-
André. Or, aucun acte ne lui donne le nom de Guigue. Dans tous
ceux que j'ai consultés, — et j'en ai vu de chacune des années de
son règne (1192-1237), — il est appelé tantôt « Delphinus » comme
son cousin le comte de Clermont, tantôt « Andreas Delphinus. »

Il porte le nom de « Delphinus » dans les suscriptions ou mentions ci-après :

1193. Beatrix, ducissa Burgundie et Albonii comitissa, et filius meus
Dalphinus, cum mecum primo ad Ulciensem ecclesiam accessisset[1]...

1210. Ego Dalfinus, comes, dono... omne id quod Guigo comes de
Albione, peravus meus, et regina, uxor ejus nomine Mathildis, et
Guigo Dalfinus filius corum donaverunt[2]...

1216. Dom. comes Delphinus[3].

1219. Ego Delphinus, comes Albonii et Vienne palatii[4].

1222. Dom. Delphinus, comes Viennensis[5].

1230. Nos Delphinus, Viennensis et Albonensis comes[6].

1234. Dom. Delphinus, comes Albonii et Vienne[7].

Dans son testament, daté de 1228, Béatrix appelle constamment son fils Delphinus : « Dono tibi Beatrici, comitisse, uxori
filii mei Delphini... »

Enfin, dans un hommage rendu par André-Dauphin au chapitre de Saint-Maurice de Vienne (acte sans date), il s'intitule :
« Nos Dalphinus, comes Albonis et Vienne[8]. »

1. *Oulx*, ch. 50.
2. Arch. de l'Isère, série H. Chartes de Chalais.
3. *Oulx*, ch. 40.
4. Chartes de Chalais.
5. *Oulx*, ch. 34.
6. *Obit. de l'Église de Lyon*, p. 206.
7. *Oulx*, 42.
8. Arch. de l'Isère, série G., fonds du chapitre Saint-Maurice de Vienne.

Cet acte est muni d'un sceau d'André-Dauphin qui a été décrit par M. E. Pilot de Thorey[1] dans son inventaire des sceaux relatifs au Dauphiné. Ce sceau reproduit au recto un cavalier galopant à gauche, et au revers les murs de la ville de Vienne. La première partie de la légende manque sur environ les 2/5 de la circonférence ; le reste, très nettement conservé, doit être lu : ..... INI . COMITIS . ALBONIS, et au revers : ET . VIENNE . P.... M. Pilot, d'après Valbonnais, a restitué ainsi cette légende : *Sigillum Guigonis Andree Dalphini comitis Albonis. Et Vienne palatini.* Cette restitution est inadmissible, d'abord parce qu'André n'a jamais porté le nom de Guigue et ensuite parce que dans la partie du sceau qui est enlevée il serait impossible de placer les mots : *Sigillum Guigonis Andree Dalph...* Les capitales de la légende sont en effet très grosses et dans la partie qui reste il n'y a aucune abréviation ; on ne peut donc raisonnablement en introduire dans la première partie. Après avoir calculé le nombre de lettres qui occupent les 3/5 de la légende encore visibles, on est amené par une opération arithmétique à conclure que les mots emportés étaient *Sigillum Dalf*, et que la légende doit être ainsi restituée : *Sigillum Dalfini, comitis Albonis. et Vienne palatini,* ce qui correspond exactement à la suscription de l'acte citée plus haut : « Nos Dalfinus, comes Albonis et Vienne, » et à la légende de Dauphin, comte de Clermont, cousin d'André et son contemporain : *S. Dalfini, comitis Claromontensis.*

Cette reconstitution nous permet d'affirmer ce fait absolument nouveau que dans son grand sceau André-Dauphin ne prend que le seul nom de « Dalfinus. »

Il prend ou reçoit le nom d' « Andreas-Dalphinus » dans les actes ci-après :

1201. Tibi Beatrici, comitisse Albionii et tibi Andree-Dalphino, ejus fillo et successoribus vestris, qui comites Albionii erunt[2].

Notons en passant cette incidente significative : *qui comites Albionii erunt.* Si le nom de *Delphinus* avait été le titre distinctif des souverains du pays, n'aurait-on pas écrit, comme on le

1. E. Pilot de Thorey, *Inventaire des sceaux relatifs au Dauphiné, conservés dans les archives départementales de l'Isère.* Grenoble, 1879, in-8°, p. 33.
2. Valbonnais, I, 121.

fera un siècle plus tard, sous Humbert Ier : au lieu de *qui* COMITES
ALBIONII *erunt*, *qui* DALPHINI *erunt?*

1213. Andreas dictus Dalphinus, comes Albionii et Vienne palatii[1].

1215. Ego Andreas dictus Delphinus, comes Albionii et Vienne
palatii[2].

1223. Andreas-Dalphinus, Albonis comes et Vienne[3].

1223. Andreas-Delfinus, comes Albionis et palatinus Vienne[4].

1236-1237. Dominus Andreas-Delphinus, Vienne et Albonis comes[5].

Je pourrais multiplier ces exemples; mais ceux que je viens de
citer suffisent, il me semble, à prouver que, sous le règne d'André, *Delphinus* est encore considéré comme un nom ou surnom
et, par conséquent, qu'il convient de rectifier une fois de plus le
nom de ce prince et de l'appeler André-Dauphin.

A André succéda son fils Guigue VI (1237-1270), lequel prend
dans les actes tantôt le nom de « Guigo Dalphinus, » tantôt celui
de « Guigo Dalphini. » J'observerai à ce sujet que les éditeurs de
cartulaires et autres recueils d'actes n'ont pas toujours assez fait
attention à ces différences et qu'il leur est arrivé fréquemment
d'imprimer *Guigo Dalphinus*, et même *Guigo dalphinus Viennensis et Albonis comes*, là où le texte portait *Guigo Dalphini, Vienne et Albonis comes*. Il est vrai d'expliquer à leur
décharge que parfois les scribes ont abrégé la suscription sous
cette forme : *Nos G. Dalph. Vien. et Albon. comes*, ce qui
prête aux deux interprétations; mais, à côté de ces suscriptions
douteuses, il en est un grand nombre, — les actes de cette époque
abondent, — qui sont d'une lecture indiscutable.

Voici quelques-unes des suscriptions où j'ai retrouvé le génitif
« Dalphini, » caractéristique des noms de famille :

1238. Nos dictus G. Dalphini[6].

1244. Nos G. Dalphini, Vienne et Albonis comes... Nos G. Dalphini[7].

1. Arch. de l'Isère, série G. Cart. d'Aymon de Chissé, fol. 315.
2. Arch. de l'Isère, B. 3162.
3. Auvergne, *Cart. de Saint-Robert de Cornillon*, p. 2. (*Bull. de l'Ac. delph.
Doc. inédits*, t. I.)
4. Arch. de l'Isère, série H. Chartes de Chalais.
5. Testament d'André-Dauphin. Arch. de l'Isère, B. 3162.
6. U. Chevalier, *Cart. an. d'Aymon de Chissé*, p. 68-69.
7. Arch. de l'Isère, B. 3021.

1246. Nos Guigo Dalphini, Vianne et Albonis comes... per totum comitatum nostrum[1].

1250. Nos Guigo Delphini, Vienne et Albonis comes[2].

1251. Illustrem virum Guigonem Dalphini, Vienne et Albonis comitem... super rancuris quas facit dom. Guigo Dalphini[3].

1254. Nos Guigo Dalphini, Vienne et Albonis comes[4].

1255. Nos G. Dalphini, Vienne et Albonis comes[5].

1260. Même forme[6].

1260. Domino nostro G. Dalphini, Vienne et Albonis comiti... dicto domino G. Dalphini[7].

1261. Nos Guigo Dalphini, Vienne et Albonis comes[8].

1263. Nos G. Dalphini, Vienne et Albonis comes[9].

1263. Vendidit illustri viro G. Dalphini, Vienne et Albonis comiti[10].

1270. Inter bone memorie dom. G. Dalphini, Vienne et Albonis comitem... dicto domino G. Dalphini[11].

La forme *Guigo Delphinus* ou *Dalphinus* se retrouve dans tous les textes imprimés, sauf ceux édités par M. l'abbé Ulysse Chevalier, le paléographe impeccable. Assez souvent cette forme n'est que l'interprétation de l'abréviation *Guigo Delph.*; mais parfois, il faut le reconnaître, les textes originaux la fournissent d'une façon indubitable. Je me bornerai à citer ici les mentions que j'ai relevées moi-même sur les chartes du temps :

1246. Inter dominum Guigonem Delphinum, Vienne et Albonis comitem[12].

1248. Domino meo Guigoni Delphino, Vienne et Albonis comiti[13].

1252. Illustri viro karissimo domino meo Guigoni Dalphino, Vien. et Albonis comiti[14].

1. Arch. de l'Isère, B. 3021.
2. Ibid.
3. Ibid.
4. Ibid., B. 3314.
5. Ibid.
6. Ibid., B. 3316.
7. Ibid., B. 3021.
8. Ibid. Série G: Chartes de l'Arch. de Vienne.
9. Ibid., B. 3316.
10. Ibid., B. 3021.
11. Ibid.
12. Ibid., B. 2640.
13. Ibid., B. 3137.
14. Ibid., B. 3021.

1266. Illustri domino Guigone Dalphino, Vienne et Albonis comiti[1].
1267. Nos G. Dalphinus, Vienne et Albonis comes[2].

Si l'on écarte du débat, comme on doit le faire, toutes les formes abrégées que les éditeurs ont reconstituées, on constate que la forme *Guigo Delphini* est plus fréquente que la forme *Guigo Delphinus*. On remarque en outre que la première se trouve particulièrement dans les actes émanés de la chancellerie du Dauphin, et la seconde se rencontre plutôt dans les actes émanés d'autres chancelleries ou passés par-devant notaires. C'est que, si la chancellerie delphinale conservait encore le sens du mot *Delphinus*, les chancelleries étrangères tendaient visiblement à modifier ce sens et à faire du nom patronymique un titre de dignité[3].

C'est ainsi que, dans un diplôme impérial de 1248, Guigue est appelé : « Guigo Dalphinus Viennensis, dilectus consanguineus et fidelis noster[4]. »

Dans un autre diplôme de 1250, l'empereur parle du « Camerarius Delfini Viennensis, dilecti consanguinei[5]. » Et dans le testament de Pierre, comte de Savoie, daté de 1268, on lit : « Beatricem carissimam filiam nostram, uxorem illustrissimi viri Dalphini Viennensis[6]. »

En résumé, sous Guigue VI, *Delphinus* est traité comme un nom patronymique par la chancellerie delphinale, mais déjà à l'étranger on tend à le considérer comme un titre.

La même conclusion découle de l'examen des actes émanés de Jean Ier (1270-1282), fils et successeur de Guigue VI. Il se donne le nom de « Nos Johannes Dalphini, comes Vienne et Albonis, » dans son testament de 1282, où il confirme le testament de son père : « testamentum inclite recordationis patris nostri, comitis *comitatuum predictorum*[7]. » C'est par ces mots *comitatus*

1. Arch. de l'Isère, B. 2640.
2. Ibid., B. 3316.
3. Une bulle du pape Innocent IV, datée de 1247, oppose constamment le mot *delphinus* au mot *archiepiscopus*, ce qui laisse entendre qu'ils étaient considérés l'un et l'autre comme des qualificatifs. (Arch. de l'Isère, B. 3266.)
4. Arch. de l'Isère, B. 3162.
5. Ibid. D'autre part, un diplôme impérial de juin 1247 nomme aussi Guigue VI : « Guigo comes Vienne et Albonis, dilectus consanguineus. »
6. Valb., I, 195.
7. Arch. de l'Isère, B. 3162.

Vienne et Albonis que sont désignés les états de Jean Ier. Le mot *Delphinatus* n'apparaît pas encore. Il ne figure pas non plus dans le traité passé en 1276 entre Robert II, duc de Bourgogne, et Béatrix, comtesse de Vienne et d'Albon, mère de Jean Ier, « super regimine comitatuum Vienne et Albonis et alterius terre quondam G. Dalphini[1]. »

Dans un acte de 1278 passé à Cornillon, près Grenoble, Jean II est ainsi qualifié : « Coram illustri ac serenissimo domino Johanne de Dalphyn, comite[2], » forme isolée, résultat d'une distraction de scribe, mais qui laisse supposer que ce scribe considérait encore « Dalphyn » comme un nom patronymique.

Ailleurs, on trouve « Johannes Dalphinus, comes Vienne et Albonis. » Comme le dauphin Jean Ier mourut avant d'avoir atteint sa vingtième année, les actes émanés de lui sont très rares. Le plus souvent c'est sa mère Béatrix qui agit en son nom : elle prend alors les titres de : « Beatrix, Vienne et Albonis comitissa et domina Fucigniaci » (1270)[3]; « Illustri domine Beatrici, Vienne et Albonis comitisse, nomine illustris viri Johannis Delphini, filii sui, comitis Vienne et Albonis... eidem Johanni comiti... idem dom. Johannes Delphinus, filius suus » (1276)[4].

Sous Humbert Ier, la transformation du nom patronymique en titre de dignité peut être considérée comme faite. On sait qu'avec Jean Ier s'éteignait la descendance masculine de la seconde race des comtes d'Albon. Anne, sa sœur, qui lui succédait, avait épousé en 1273 Humbert de la Tour, qui porte dans les actes antérieurs à la mort de son beau-frère les titres de :

1279. Humbertus, dominus de Turre et de Cologniaco[5].

L'année même de son avènement, il prend le titre de « Delphinus » qui ne peut plus être pour lui un nom de famille :

1282. Nos Humbertus Delphinus, Vienne et Albonis comes, dominusque de Turre et de Coloniaco[6].

En même temps, sa femme, Anne, prend le nom de « Delfina, »

1. Arch. de l'Isère, B. 3162.
2. Ibid., B. 2640.
3. Arch. de l'Isère, H. Chartes de la chartreuse de Saint-Hugon.
4. Ibid., B. 3021.
5. Ibid.
6. Valb., II, 25.

et la veuve de Guigue VI, Béatrix de Faucigny, le prend aussi[1].

En 1285, dans le traité conclu entre Humbert Ier et Robert, duc de Bourgogne, au sujet de la succession de Jean Ier, le mot « Delphinatus » apparaît pour la première fois. « Inter... nobilem virum Humbertum, dominum de Turre, tenentem DELPHINATUM Vienne et Albonis, ratione nobilis domine Anne, uxoris sue, filie Guigonis quondam tenentis DELPHINATUM predictum pro se... super hereditate et bonis que fuerunt Andree quondam Delphini, Vienne et Albonis comitis[2]. »

DELPHINATUS devient pour les contemporains synonyme de « comitatus. » On lit dans un acte de 1293 : « Ipsi domino dalphino et ejus in ipso DALPHINATU SEU COMITATU successoribus[3]. » Ailleurs le Dauphiné est appelé « comitatus Delphini, » le comté du Dauphin. « Pro illustri viro domino Humberto, comite dalphino, nomine ipsius domini dalphini et illustris domine Anne, uxoris dicti domini dalphini et comitisse ejusdem comitatus Dalphini[4], » lit-on dans un acte de 1289.

Si Humbert Ier prend le titre de « Delphinus, » il n'y joint pas toujours l'adjectif « Viennensis. » La forme qu'il adopte le plus fréquemment est celle que j'ai citée plus haut :

« Humbertus dalphinus, comes Vienne et Albonis » ou « Vienne et Albonis comes, dominus de Turre et de Cologniaco[5]. »

Et dans les rares chartes françaises :

1290. Nos Humbers, darphins et coins d'Arbons et de Vianois et sires de la Tor[6].

1297. Nos Humbers daufins, de Vienne et de Albon cuens et sires de la Tor, et nos Anne daufine, de Vienne et de Albon contesse et dame de celui mesme lue[7].

Cette dernière suscription prête à une double interprétation suivant qu'on place ou non une virgule après les mots *daufins* et *daufine*. Si l'on y voit la traduction de la formule latine :

1. Valb., II, 35.
2. Arch. de l'Isère, B. 3162.
3. Ibid., B. 2640.
4. Ibid., B. 3021.
5. Ibid., B. 3162. Valb., II, 28. Chartes de Chalais. *Gall. christ.*, XVI. Instr., 55, etc.
6. Arch. de l'Isère, B. 3266.
7. ·Valb., II, 85.

« Humbertus Dalphinus, Vienne et Albonis comes, » il faut évidemment une virgule, mais en supprimant la virgule on peut tout aussi bien lire : « Humbers daufins de Vienne » et « Anne daufine de Vienne. »

Cette dernière interprétation serait autorisée par la légende du sceau secret d'Humbert Ier qui est : « Sigillum secreti Humberti, delphini Viennensis et de Turre domini[1], » et celle du sceau de Jean Ier, son fils, du vivant de son père (1294) : « Sigillum Johannis primogeniti Humberti, dalphini Viennensis[2]. »

D'autre part, les monnaies attribuées par M. H. Morin[3] à Humbert Ier portent comme légende, au droit : « Dalphinus Viennensis, » et au revers : « comes Albonis. » Il est vrai que la date de ces monnaies et leur attribution à Humbert Ier sont douteuses.

Cette forme « Delphinus Viennensis » est presque générale dans les actes rédigés en dehors de la chancellerie delphinale.

« Nostre amé et féal Humbert, dauphin de Viennois[4], » dit Philippe le Bel dans un acte de 1297. Et ailleurs :

1298. Domino Humberto, dalphino Viennensi[5].

1305. « Dalphinus Viennensis, » dit le pape Clément V[6].

1305. Anna delphina Viennensis et Johannes DALPHINI ejus primogenitus[7].

Remarquons cette forme « Johannes DALPHINI, » pour désigner le fils du Dauphin, du vivant de son père. Elle nous amène à formuler cette règle exactement observée pendant les règnes d'Humbert Ier, Jean II, Guigue VII et Humbert II, à savoir que tous les membres de la famille delphinale, hors le prince régnant, portent comme un nom patronymique le nom « Delphinus » au génitif. Donc, en modifiant son sens primitif, en devenant un titre de dignité, synonyme de prince ou de comte, le mot « Delphinus » est resté pour eux un nom de famille.

Nous venons de voir que Jean II porte, du vivant de son père, le nom de « Johannes DALPHINI ; » Hugues, son frère, seigneur de

1. E. Pilot de Thorey, *Inv. des sceaux*, p. 34-35.
2. Douët d'Arcq, n° 600.
3. H. Morin, *Numismatique féodale du Dauphiné*, p. 65.
4. Valb., II, 81.
5. Valb., I, 91.
6. Arch. de l'Isère, B. 3267.
7. Arch. de l'Isère. Série H. Chartes de la chartreuse de S.-Hugon.

Faucigny, est ainsi nommé dans son contrat de mariage avec Marie, fille d'Amédée, comte de Savoie (1309) : « Hugonem DAL-PHINI, dominum Fucigniaci[1], » et dans un autre acte de 1321 où intervient son neveu Guigue VII : « Nos Hugo DALPHINI, domi-nus terre Fucigniaci et Vizilie... rogantes excellentem virum Guigonem Dalphinum, carissimum nepotem nostrum[2]. »

Henri Dauphin, autre frère de Jean II, qui fut évêque nommé de Metz et régent du Dauphiné pendant la minorité de Guigue VII, porte les titres de :

1324. Henricus DALPHINI, electus Metensis, regens Dalphinatum[3].

1326. Henricus DALPHINI , Montisalbani et Medullionis dominus, regens Dalphinatum Viennensem[4].

Dans son testament daté de 1317, Gui Dauphin, baron de Mon-tauban, quatrième fils d'Humbert Ier, s'intitule « Guido DALPHINI, miles » et il institue pour héritier son neveu « Humbertum DAL-PHINI, » qui deviendra le dauphin Humbert II[5].

Enfin, dans un acte postérieur de quelques jours à la mort d'Humbert Ier, on trouve ce prince désigné lui-même sous cette forme : « Illustri viro domino Humberto DALPHINI, Vienne et Albonis comite, domino que de Turre, nuper viam universe carnis ingresso[6]. »

Jean II (1307-1319), fils d'Humbert Ier, et Guigue VII (1318-1333), fils et successeur de Jean II, portent, dans la légende de leurs sceaux et de leurs monnaies, le titre de « Dalphinus Vien-nensis. » La légende du sceau de Jean II est : « Sigillum Johan-nis Dalphini Vienensis, Albonis comitis, dominique de Turre[7]. » Celle de ses monnaies est au droit : « Johannes Dalphinus Vien-nensis, » et au revers : « † Comes Albonis » et « Sit nomen Domini benedictum[8]. » Les monnaies de Guigue VII portent au droit : « G. Dalphinus Viennensis, » et au revers : « S. Johannes Bap-tista[9]... »

1. Valb., I, 199.
2. Ibid., I, 150.
3. Ibid., I, 148.
4. Ibid., I, 210.
5. Arch. de l'Isère, B. 3164.
6. Ibid., B. 2641.
7. Douët d'Arcq, n° 602.
8. H. Morin, p. 67.
9. Ibid., p. 70.

Dans les actes on trouve tantôt « Dalphinus Viennensis, » tantôt « Dalphinus, Vienne et Albonis comes. » Ainsi, tandis que la suscription du testament de Jean II, daté de 1318, est : « Johannes dalphinus, Vienne et Albonis comes, dominusque de Turre[1], » dans l'acte de fiançailles de Guigue VII avec Isabelle, fille du roi de France Philippe le Long, Jean II prend les titres suivants : « Johannes, dalphinus Viennensis, comes Albonis, dominusque de Turre, » et il explique en ces termes qu'il désigne pour son successeur son fils Guigue VII : « Et eundem Guigonetum filium nostrum heredem ac successorem cum effectu faciemus in *Dalphinatu Viennensi, comitatu Albonis ac baronia de Turre*[2]. »

Guigue VII est le plus souvent nommé : « Illustris princeps dominus Guigo Dalphinus Viennensis, Albonis comes, dominusque de Turre[3], » ou « Guigo Dalphinus, comes Albonis, delphinus Viennensis, dominusque de Turre[4], » ou plus simplement « Guigo Dalphinus Viennensis[5]. » Il est appelé « le dalphin de Vienne » dans un acte passé à Paris en 1328[6]. C'est également sous ce titre qu'il est désigné dans les chroniques de Saint-Denis[7] : « La septieme (bataille) mena le Dauphin de Vienne » (à la bataille de Cassel).

Avec Humbert II apparaît une dernière transformation dans la suscription des actes émanés du Dauphin. La formule « delphinus Viennensis, » malgré son air décoratif, parut à ce prince fastueux et épris de titres une sorte d'abdication de ses droits sur le comté de Vienne en ce qu'elle supprimait le titre de « comes Vienne. » C'est pourquoi il adopta le premier et le seul la formule : « Humbertus Dalphinus Viennensis, Vienne et Albonis comes, ac palatinus[8], » et, la jugeant encore trop modeste, il l'amplifia des titres suivants, qu'il fit tous figurer sur la légende de son grand sceau : « Sigillum Humberti, dalphini Viennensis, ducis Campisauri, principis Brianconesii, marchionis Cesane, Vienne,

---

1. Arch. de l'Isère, B. 3164.
2. Arch. de l'Isère, B. 3164.
3. Valb., I, 209.
4. Arch. de l'Isère, B. 2642.
5. Valb., I, 210-211.
6. Ul. Chevalier, *Doc. hist. inédits sur le Dauphiné*, p. 30.
7. Éd. Paulin Paris, V, 313-314.
8. Arch. de l'Isère, B. 3137.

Albonis, Graisivodani comitis ac palatini, Vapincesii, Ebreduni et Andrie comitis et domini baroniarum Turris, Fucigniaci, Montisalbani, Medullionis, Montislupelli[1]. »

Son successeur adopta une formule plus brève : « Karolus, primogenitus regis Francorum, dalphinus Viennensis[2], » laquelle fut désormais de style dans la chancellerie delphinale.

CONCLUSION. — En ce qui concerne les dauphins de Viennois, DELPHINUS est un prénom emprunté au martyrologe par Guigue IV et adopté par lui comme second nom. Ce surnom est gardé par Guigue V, son successeur. Il n'est pas repris par Albéric Taillefer et Hugues III, ducs de Bourgogne, les deux maris de Béatrix, fille de Guigue V. Mais cette dernière le donne à son fils André, pour rappeler sa descendance des anciens comtes d'Albon. Les Dauphins de la seconde race successeurs d'André, Guigue VI et Jean Ier, portent le plus souvent le nom *Delphinus* au génitif, ce qui implique qu'ils le considéraient comme un nom patronymique ; mais déjà, sous Guigue VI, les chancelleries étrangères au Dauphiné le prennent pour un titre de dignité.

C'est sous Humbert Ier (1282-1307), chef de la troisième race, que DELPHINUS devient définitivement un titre, en même temps qu'apparaissent pour la première fois les mots *Dalfina* ou *Delfina* pour désigner l'épouse du Dauphin, et *Dalphinatus* ou *Delphinatus* pour désigner ses états. Toutefois *Delphinus* reste un nom patronymique pour tous les membres de la famille delphinale autres que le prince régnant.

II.

DAUPHINS D'AUVERGNE.

On sait que les Dauphins d'Auvergne se rattachent aux comtes d'Albon par une fille de Guigue IV dit Dauphin, qui épousa un comte d'Auvergne. Cette alliance est attestée par le chanoine Guillaume, auteur de la Vie de Marguerite de Bourgogne, femme de Guigue Dauphin : « Cum ejus filie, dit-il, ad nubilem venissent etatem, non absque sumptibus copiosis, alteram inclito et

---

1. Pilot, *Inv. des sceaux relatifs au Dauphiné*, p. 144.
2. Arch. de l'Isère, B. 3127.

potenti viro Arvernensium comiti, regis Francie consanguineo,
alteram Valentinensium comiti, viro claris natalibus orto, lege
matrimonii copellavit[1]. »

Baluze a suffisamment prouvé que ce comte d'Auvergne était,
non Robert III, comme le disent Justel, Chorier et l'*Art de vérifier les dates*, mais Guillaume VII (1145-1168) auquel le pape
Alexandre III donnait précisément le titre de « consanguineus
regis Francorum » dans une lettre écrite à l'évêque de Clermont
en 1165[2].

Sur le nom de la fille de Guigue IV Dauphin, qui épousa Guillaume VII, Baluze n'a pas été aussi heureux. Sur la foi d'un
acte de donation faite en 1149 par le comte d'Auvergne et sa
femme à l'abbaye de Saint-André-lès-Clermont, acte dont il a
lui-même reconnu et démontré la fausseté, Baluze appelle cette
femme Jeanne de Calabre. A sa suite, l'*Art de vérifier les dates*,
le *Trésor de Chronologie* et la nouvelle édition de l'*Histoire
du Languedoc* ont reproduit cette erreur. Je dis erreur, et erreur
grossière, car Jeanne de Calabre n'est nommée que par le seul
acte de 1149, cité plus haut, et elle vaut ce que vaut cet acte de
naissance. Or, cet acte est faux : Baluze l'explique copieusement.
Il avait eu entre les mains l'original et avait aisément reconnu
qu'il ne remontait pas à plus d'un siècle. Il n'était pas, du reste,
besoin de cette expertise paléographique pour en dénoncer le
caractère apocryphe. Le comte d'Auvergne y est appelé Béraud,
alors qu'en 1149 c'est manifestement Guillaume VII qui règne.
Il n'y eut de Béraud dans la branche delphinale des comtes d'Auvergne qu'après l'avènement des Mercœur. Ce comte Béraud prend
le titre de dauphin d'Auvergne que Guillaume VII ne porta
jamais et qui ne fut adopté que par Robert II en 1281, comme
nous aurons occasion de le faire remarquer plus loin. Enfin, l'ap-
position du sceau y est ainsi annoncée : « Concessimus predictis
carissimis nostris religiosis presentes litteras NOSTRI DELPHINATUS
sigillo communitas, » alors que le mot DELPHINATUS n'apparaît
dans les actes que plus d'un siècle plus tard.

Tout dans cet acte est donc manifestement faux, et l'on ne

---

1. Cité par Baluze, *Hist. d'Auvergne*, t. II, p. 61.
2. Baluze, après avoir cité cette lettre à propos de Guillaume VII qu'elle
concerne, l'a placée par erreur aux pièces justificatives de Guillaume VIII. (*Hist.
d'Auvergne*, t. II, p. 65.)

s'explique pas pourquoi Baluze, après avoir reconnu la fausseté du nom du mari, a admis sans hésitation le nom de la femme.

Ce nom de Jeanne de Calabre que le faussaire a peut-être emprunté à Renée de Bourbon, femme d'Antoine de Lorraine, duc de Calabre, à qui François Ier rendit en 1529 la baronnie de Mercœur, confisquée sur le connétable de Bourbon, de même qu'il avait emprunté aux Mercœur le nom de Béraud qu'il donne à son mari[1], ce nom, dis-je, doit être rayé de la liste des alliances des comtes d'Auvergne.

La fille de Guigue IV Dauphin, que Guillaume VII épousa, s'appelait Marchise : c'est elle que le chanoine Guillaume, dans sa *Vie de Marguerite de Bourgogne,* déclare « verborum elegantia vehementer idonea. » Il ne précise pas, il est vrai, qu'elle fut la femme du comte d'Auvergne, mais un acte du Cartulaire de Chalais l'indique assez clairement. Dans cet acte, qui porte la date de 1223, André-Dauphin, comte de Vienne et d'Albon, confirme les donations faites à Chalais par les membres de sa famille, et il cite : sa tante Marchise, Dauphin d'Auvergne, son cousin, et Guillaume, fils de ce dernier : « Et ab amita mea domina Marchisia et a Delphino de Arvernia, consobrino meo, ejusdemque Delphini filio nomine Wilelmo. »

Ce premier point établi, voyons quel fut en Auvergne le sort du mot Dauphin et comment il fut successivement, pour les descendants de Guillaume VII et de Marchise, d'abord un prénom, puis un nom patronymique, puis enfin un titre de dignité, d'où fut formé celui de Dauphiné d'Auvergne.

On sait que Guillaume VII fut dépossédé de la plus grande partie de la comté d'Auvergne par son oncle Guillaume VIII dit le Vieil. Guillaume VII n'en conserva pas moins, durant sa vie, le titre de comte d'Auvergne. Il s'intitule, dans un acte de 1167 où intervient son fils : « Willelmus, comes Arverniæ et filius ejus Delphinus[2]. » Ses descendants prendront encore quelquefois ce titre de « comes Arvernie, » mais le plus souvent ils le remplaceront par celui de « comes Claromontis » ou « comes Claromontensis. »

---

1. Cette conjecture m'a été suggérée par un des hommes les plus compétents sur l'histoire de l'Auvergne, M. Teilhard de Chardin, qui a bien voulu, à la requête de mon collègue de Clermont-Ferrand, mettre à ma disposition, avec une générosité dont je lui sais un gré infini, les trésors de son érudition si sagace et si sûre.

2. Baluze, II, 63.

Le fils de Guillaume VII et de Marchise s'appelait Dauphin, en souvenir de son aïeul maternel Guigue IV Dauphin. Pendant son gouvernement, qui dura plus de soixante ans (1169-1234), il prit constamment dans les actes les titres suivants :

Ego Delphinus, comes Arvernorum (1196, 1201).
Delphinus, comes Claromontensis (1198, 1199, 1223, 1233).
Delphinus, Arvernorum comes (1201).
Ego Delphinus, comes Arvernie (1229).

C'est donc à tort que l'*Art de vérifier les dates* l'appelle Robert-Dauphin. Il ne portait qu'un seul nom, et ce nom était Dauphin[1].

Son fils Guillaume (1234-1240) porte les titres suivants :

Willelmus, comes Alvernie, filius Delphini (1212).
Ego Guillelmus, comes Montisferrandi, filius Delphini (1225).
Guillelmo comite, filio quondam Delphini (1238).
Nos Guillelmus, comes Claromontensis, et Robertus filius ejus (1223).

Robert Ier (1240-1262) porte d'abord le titre un peu long de « Robertus, comes Claromontensis, Guillelmi quondam, filii Delphini, filius » (1240), et plus souvent celui de « Robertus, comes Claromontis » ou « Claromontensis. » Après 1250, il adopte le nom de *Delphinus* au génitif comme nom patronymique, vraisemblablement pour se distinguer de son cousin Robert V, comte d'Auvergne et de Boulogne (1247-1277). Son testament, daté de l'année 1262, débute ainsi :

Ego Robertus Delphini, comes Claromontensis[2].

Cette forme de suscription est d'abord conservée par Robert II, fils et successeur de Robert Ier (1262-1282), mais dans son testament, daté de 1281, il prend pour la première fois le titre de *delphinus Alvernie* : « Nos Robertus comes Claromontensis et Alvernie delphinus[3]. »

Robert III (1282-1324) porte en 1283, dans un traité avec sa sœur Dauphine, abbesse de Mégemont, le nom de « Robertus

1. Son contre-sceau ou sceau secret porte pour légende : « Sigillum Delfini. » (Douët d'Arcq, *Inv. des sceaux des archives*, p. 327.)
2. Baluze, II, 268.
3. Ibid., 277.

Delphini, comes Claromontensis, » mais le plus souvent il se fait appeler :

Robertus comes Claromontensis, delphinus Alvernie[1].

C'est cette formule que l'on trouve dans son contrat de mariage avec Isabeau de Châtillon (1289) et dans la suscription de ses deux testaments (1296, 1302).

La légende de son sceau est, d'après Douët d'Arcq[2] : « S. R. Dalphini : comitis : claromontis : militis : » Baluze donne un sceau de Robert III qu'il a emprunté à Justel, lequel porte pour légende :

S. Roberti, comitis Claromontis, dalphini Alvernie.

Jean (1324-1351) était appelé, du vivant de son père, « dalphinetus, » le petit dauphin : « Dalphinetus, filius emancipatus comitis Dalphini[3]. » Après la mort de son père, il prend comme lui le titre de dauphin d'Auvergne :

Johannes, comes Claromontensis delphinusque Alvernie.

Ce titre figure également dans la légende de son sceau.

De ce rapide exposé, il résulte qu'en Auvergne, comme en Dauphiné, « Delphinus » est d'abord un prénom, celui du fils de Guillaume VII et de Marchise ; il devient le nom patronymique de Robert Ier et de Robert II. C'est dans le testament de ce dernier, en 1281, qu'il est pour la première fois traité comme un titre et depuis lors il est considéré comme tel par tous les successeurs de Robert II. Toutefois, les membres de la famille delphinale continueront à le garder comme un nom patronymique et le porteront au génitif.

Si l'on compare ces conclusions à celles que nous avons précédemment formulées au sujet des dauphins de Viennois, on ne peut pas ne pas être frappé de leur exact parallélisme. André-Dauphin était le contemporain de Dauphin, comte de Clermont, son cousin, et, comme lui, il portait le prénom de Dauphin. Ses deux successeurs, Guigue VI et Jean Ier, portent le nom « Delphinus » au génitif, comme Robert Ier et Robert II d'Auvergne, dont ils sont les contemporains. Enfin, c'est en 1281 que la forme « Delphinus

1. Baluze, II, 291.
2. *Inv. des sceaux*, n° 404.
3. Baluze, II, 313.

Arvernie » apparaît pour la première fois et c'est précisément à cette époque qu'Humbert Ier transforme définitivement le nom de Dauphin en titre de dignité et qu'apparaît le mot « Dalphinatus. »

Si la démonstration que nous avons faite des transformations du mot « Delphinus » en Dauphiné avait besoin d'être confirmée, ne le serait-elle pas par cette frappante et si naturelle analogie avec les destinées du même mot en Auvergne ?

III.

L'Emblème du Dauphin.

Nous avons à dessein laissé de côté, dans le double exposé qui précède, l'étude des rapports entre le nom ou titre de Dauphin et l'emblème héraldique gravé sur l'écu des comtes de Vienne et d'Auvergne. Il est, en effet, impossible d'admettre avec Chorier que le surnom de Dauphin ait été donné aux comtes d'Albon à cause du dauphin peint sur leurs armes, et il est, au contraire, indiscutablement établi que le nom a précédé l'emblème et lui a donné naissance.

C'est ce que nous démontrerons clairement en fixant l'époque à laquelle le dauphin remplaça dans les sceaux le lion des comtes du Forez, le gonfanon d'Auvergne et les tours de la maison d'Albon.

On sait que les comtes du Forez de la deuxième race se rattachent aux comtes d'Albon par le mariage d'Ide Raimonde, fille d'Artaud V[1], avec Guigue-Raimond, fils de Guigue le Vieux, comte d'Albon et frère de Guigue le Gras. Ide Raimonde succéda à ses neveux Guillaume et Eustache en 1107. De son

---

1. J'adopte ici la numérotation de l'*Art de vérifier les dates* et de La Mure, mais je crois que la liste des comtes du Forez, donnée par ces auteurs, est fautive. Si j'en avais le loisir, je démontrerais qu'Artaud V doit se confondre avec Artaud IV et que Vuidelin, comme semblent l'avoir compris les nouveaux éditeurs de l'histoire des comtes du Forez, doit être confondu avec Guillaume III. Vuidelinus n'est en effet connu que par une seule charte du Cartulaire de Savigny datée de 1078. Comme dans d'autres actes à peu près contemporains, le comte du Forez est appelé Guillaume, il n'est pas malaisé de deviner que Vuidelinus a été créé par une faute du scribe qui a écrit *Vuidelinus* au lieu de *Vuillelmus*. Je me borne à signaler cette rectification, qui pourrait être aisément justifiée, à l'attention des historiens du Forez.

mariage avec Guigue-Raimond elle laissa un fils, nommé Guigue, qui fut la souche de la seconde race des comtes du Forez.

A la famille d'Albon, les nouveaux comtes du Forez empruntèrent d'abord leur nom de Guigue, puis leurs armes : le dauphin. A quelle époque prirent-ils le dauphin ? S'il fallait en croire La Mure et l'*Art de vérifier les dates*, ce serait Guigue Ier (1109-1137) qui l'aurait adopté. Comme ils n'en fournissent pas la preuve, nous ne pouvons accepter cette déclaration. Mais on connaît une monnaie et un sceau de Guigue V (1203-1241) qui portent l'effigie du dauphin. Il est donc permis de faire remonter au commencement du XIIIe siècle l'introduction du dauphin dans les armes des comtes du Forez.

C'est précisément à cette époque que Dauphin, comte de Clermont, souche des dauphins d'Auvergne, abandonne le gonfanon des comtes d'Auvergne, ses ancêtres, pour prendre des armes parlantes. La collection sigillographique des Archives nationales possède un sceau de ce prince, appendu à un acte de 1199, dont le contre-sceau reproduit l'empreinte d'un dauphin avec cette légende : « Sigillum Delfini[1]. » Ce dauphin est conservé par les successeurs de ce comte.

En Dauphiné, on ne connaît pas de sceaux à l'effigie du dauphin avant l'année 1237. Le sceau d'André-Dauphin (1192-1237), contemporain de Guigue V, comte du Forez, et de Dauphin, comte de Clermont, reproduit au droit un cavalier galopant, dont le bouclier est placé de telle sorte qu'il est impossible de voir l'emblème qui y est figuré, et, au revers, les trois tours qui symbolisent la ville de Vienne. Guigue VI, fils d'André-Dauphin, est, d'après tous les historiens, le premier qui ait adopté le dauphin dans ses armes. Il le prend dès l'année même de son avènement. Aux archives d'Embrun se trouve un sceau de ce prince appendu à un acte du 2 décembre 1237[2], où il est représenté à cheval, l'épée haute, et portant un grand bouclier sur lequel est figuré un dauphin. De la même date est un sceau de la cour comtale d'Embrun, à l'effigie du dauphin, signalé depuis longtemps par M. Joseph Roman dans sa *Sigillographie d'Embrun*[3]. Enfin, on

---

1. Douët d'Arcq, *Inventaire des sceaux des Archives nationales*, t. I, p. 327.

2. Je dois la connaissance de ce sceau à M. Joseph Roman, qui a bien voulu, — et je l'en remercie, — me faire profiter de ses connaissances sigillographiques si étendues et si sûres.

3. P. 109, n° 36.

possède un sceau secret de Guigue VI, de l'année 1259, qui porte
l'écu au dauphin vif avec cette légende : « S. Secretum G. Dalphini[1]. »

On serait donc amené à conclure que le dauphin a paru en
Auvergne et en Forez bien longtemps avant d'être adopté en
Dauphiné. Cette conclusion me semble difficile à admettre. Il est
évident, en effet, que les comtes du Forez, qui ne portaient pas le
nom de Dauphin et qui descendaient d'un comte d'Albon antérieur
de trois générations à Guigue IV Dauphin, n'ont pas inventé ces
armes et qu'ils ont dû les emprunter. Ils les ont empruntées, cela
est bien vraisemblable, à leurs parents et voisins les comtes de
Clermont, qui les portaient en 1199. Pourquoi le comte André-
Dauphin, qui eut d'assez fréquentes relations avec son cousin
Dauphin d'Auvergne, ne lui aurait-il pas fait le même emprunt ?
Le sceau de la cour comtale d'Embrun, daté de 1237, l'année
même de la mort d'André, ne prouve-t-il pas que ce prince avait,
lui aussi, introduit le dauphin dans ses armes ? Pour que l'emblème du dauphin fût donné comme sceau à une juridiction delphinale, fondée par André-Dauphin, il fallait que, pour les populations, cet emblème représentât clairement les armes du seigneur
haut-justicier. Avant de donner cet écu à sa cour comtale d'Embrun, André-Dauphin avait dû s'en servir lui-même. On objectera
que nous possédons le grand sceau d'André et que le dauphin n'y
figure pas. Cela est vrai, mais peut-être cela tient-il à la disposition spéciale du bouclier qui ne nous permet pas de voir l'emblème qui y est gravé. Et puis nous ne possédons pas le sceau
secret d'André-Dauphin qui nous révélerait cet emblème comme le
sceau secret de Guigue VI reproduit le dauphin gravé sur son
bouclier. Or, c'est sur les sceaux secrets des comtes de Clermont,
c'est sur les contre-sceaux des comtes du Forez que le dauphin a
d'abord pris place. Comme ces princes, ses contemporains, André-
Dauphin devait avoir un sceau secret. De ce que nous n'en possédons plus aucun exemplaire, sommes-nous en droit de conclure
qu'il n'a pas existé ?

Les chartriers dauphinois, pour des raisons multiples qu'il
serait trop long d'expliquer ici, sont très pauvres en monuments
sigillographiques. Ces délicates médailles de cire ont disparu de
presque tous nos anciens actes, brisées par des mains ignorantes

---

1. Valb., I, p. 374.

ou ravies par des mains trop expertes. C'est un fait regrettable
qu'ont pu constater tous ceux qui ont fouillé les divers dépôts
d'archives du Dauphiné. Il n'y a donc rien d'étonnant à ce qu'on
ne retrouve pas d'exemplaire du sceau secret d'André-Dauphin ;
mais c'est une raison de plus pour n'en pas mettre en doute
l'existence, alors surtout que tant d'autres arguments semblent
la démontrer.

Ma conviction personnelle est que le dauphin figurait sur le
sceau secret d'André-Dauphin dès le commencement du xiiie siècle.
André l'a-t-il emprunté à son cousin le comte de Clermont ou le
lui a-t-il fourni ? Il est bien difficile de se prononcer sur ce point,
alors surtout que les sceaux delphinaux d'André ne nous sont pas
parvenus. Toutefois, il me paraît plus logique d'admettre que
c'est Dauphin d'Auvergne qui l'a inventé[1]. Dépouillé de ses états
par son oncle Guillaume VIII et chef d'une dynastie nouvelle, il
ne pouvait plus porter le gonfanon d'Auvergne. Il le remplaça
par le dauphin, qui lui faisait des armes parlantes. André-Dauphin n'était pas dans le même cas ; aussi garda-t-il les armes de
ses ancêtres maternels, mais, comme il portait, lui aussi, le nom
de Dauphin, il adopta à son tour le « noble et fier poisson, » ainsi
que l'appellent les légendes de nos vieux jetons, et le plaça sur
son sceau secret comme une sorte de signature emblématique.
C'est l'écu de ce sceau secret que nous retrouvons en 1237 sur le
sceau de la cour comtale d'Embrun.

Et ainsi je me crois en droit de conclure que l'emblème du dauphin a paru presque simultanément vers la fin du xiie siècle et le
commencement du xiiie en Auvergne, en Forez et en Dauphiné, et
qu'il est très probable que c'est en Auvergne qu'il fit sa première
apparition.

---

1. Cette conclusion est également celle de M. J. Roman dans l'article sur
l'*Ancienneté des monnaies des dauphins de Viennois*, que j'ai cité précédemment. Dans cet article, M. Roman fixe à tort à l'année 1236 la mort d'André-
Dauphin qu'il appelle Guigue-André. Ce prince a constamment suivi dans la
chronologie de ses actes les règles du style florentin. Or, son testament est daté
du 4 mars 1236 (1237 nouveau style). M. Roman se trompe encore en mettant en
doute l'alliance qui unissait les dauphins d'Auvergne à ceux du Viennois. Ce
fait historique a été péremptoirement établi par tous les historiens de l'Auvergne et, en particulier, par Baluze.

CONCLUSION.

Résumant maintenant mes conclusions partielles, je dirai : en
Auvergne comme en Dauphiné, *Delphinus* est d'abord un prénom, puis un nom patronymique, puis un titre de dignité. Il
prend définitivement ce dernier sens, dans les deux pays, à la fin
du XIIIᵉ siècle, vers l'année 1282, qui correspond à l'avènement
de Robert III en Auvergne et d'Humbert Iᵉʳ en Dauphiné. A la
même époque apparaît pour la première fois le mot *Delphinatus*.

Quant à l'emblème du dauphin, il n'apparaît dans les sceaux
qu'environ un siècle après l'époque où Guigue IV est mentionné
pour la première fois avec le nom de Dauphin. C'est Dauphin,
comte de Clermont, qui l'adopta le premier à la fin du XIIᵉ siècle.
Guigue V, comte du Forez, et André-Dauphin, comte de Vienne
et d'Albon, le lui empruntent au commencement du XIIIᵉ siècle.

A. PRUDHOMME.

VISITES PASTORALES

DE MAITRE HENRI DE VEZELAI

ARCHIDIACRE D'HIÉMOIS

EN 1267 ET 1268.

Dom Germain Morin, religieux bénédictin de l'abbaye de Maredsous, en Belgique, qui s'est fait connaître par d'importantes découvertes dans la vieille littérature ecclésiastique, a récemment rendu compte[1] d'une visite à la bibliothèque princière d'Oettingen-Wallerstein, à Maihingen, en Bavière. Entre autres manuscrits, il y a signalé des fragments d'un « Journal de visites pastorales dans le diocèse de Bayeux au xiiie siècle. » Profitant de cette indication, j'ai obtenu du prince Charles d'Oettingen-Wallerstein, grâce à l'entremise du savant et obligeant bibliothécaire M. le Dr G. Grupp, la communication des fragments dont il s'agit, et j'ai pensé que le texte en serait bien placé dans la *Bibliothèque de l'École des chartes*.

Ces fragments se réduisent à deux feuillets, qui, d'après les renseignements fournis par le Dr Grupp, ont jadis servi de couverture à un manuscrit de l'abbaye de Fussen[2], et qui, par suite d'un tel emploi, ont subi d'assez graves détériorations. Ils sont hauts de 188 millimètres et larges de 123. L'écriture est cette fine cursive, très élégante, très bien formée, qui était employée en France dans les chancelleries administratives du temps de saint Louis.

---

1. *Revue bénédictine*, année 1893, p. 165-171.
2. Contenu de ce manuscrit, coté II. 1. 4° 9 : « 1° Adaptationes sermonum; 2° De gestis et laudibus beate Virginis Marie; 3° Super psalmum *Miserere mei Deus*. »

Sur les deux feuillets conservés à la bibliothèque de Maihingen, sont consignés les procès-verbaux de visites faites en 1267
et en 1268 par un archidiacre de l'église de Bayeux dans trente-
deux paroisses des doyennés de Fontenai-le-Marmion et de
Demouville.

Le nom de l'archidiacre qui a fait ces visites suffirait pour
donner une grande valeur aux fragments dont nous nous occupons. C'est en effet un clerc qui, sans être arrivé aux plus hautes
dignités de l'Église, n'en a pas moins pris une part considérable
au gouvernement du royaume sous les règnes de saint Louis et
de Philippe le Hardi. Il se nommait Henri de Vezelai, et nous
pouvons le suivre pas à pas pendant plus de vingt années dans la
carrière qu'il a suivie, en justifiant constamment la confiance
dont les rois l'avaient investi.

Henri de Vezelai devait être originaire de la localité dont il
portait le nom. C'est ce qui explique comment il fut l'un des exécuteurs des dernières volontés de Gui de Mello, évêque d'Auxerre,
dont le testament est du mois d'octobre 1265, avec un codicille
du mois de septembre 1270 [1].

De 1259 à 1262, Henri de Vezelai, en qualité de commissaire
du roi, examina les réclamations d'un grand nombre de communautés et de particuliers des sénéchaussées de Beaucaire et de
Carcassonne. Il avait des pouvoirs très étendus pour faire droit
à ce qu'il y avait de fondé dans les plaintes des populations, trop
longtemps maltraitées par les représentants de la couronne. Nous
avons la plupart des sentences que lui et ses deux collègues,
Nicolas de Chalons et Pierre de Voisins, prononcèrent au cours
de leur mission [2]. Ces sentences ont la forme de mandements
adressés au sénéchal chargé de les mettre à exécution; elles sont
généralement libellées au nom de *magistri Henricus de Virzi-
liaco, Nicolaus de Catalaunis* [3] *et Petrus de Vicinis, clerici,
inquisitores deputati ab illustrissimo domino rege Francie*

1. Lebeuf, *Mémoires concernant l'histoire d'Auxerre*, éd. Quantin, t. IV,
p. 123.

2. *Histoire générale de Languedoc*, nouv. édit., t. VII, part. II, col. 197-330.
— *Recueil des historiens*, t. XXIV (sous presse), p. 619-695.

3. Ce clerc de saint Louis obtint, comme Henri de Vezelai, des dignités ecclésiastiques. Le 18 avril 1273, Grégoire X réserva une prébende de la cathédrale
de Châlons en faveur de Nicolas de Châlons, trésorier de l'église d'Évreux, clerc
du roi de France. *Registres de Grégoire X*, éd. Guiraud, p. 94, n° 225.

in partibus Albigesii super injuriis et emendis ipsius domini regis. Henri de Vezelai était dès lors chanoine d'Auxerre, titre qu'il prend sur le sceau appendu, au mois de mai 1262, à une sentence rendue sur les réclamations de l'abbaye de Caunes : SIGILLVM MAGISTRI HENRICI DE VIRSILIACO CANO-NICI AVTISSIODORENSIS[1].

Il semble que maître Henri de Vezelai ait dû, en 1261, être chargé auprès du roi d'Angleterre d'une mission se rattachant au procès que Renaud de Pons soutenait au sujet de la saisine de Bergerac[2].

Il ne tarda sans doute pas à devenir archidiacre d'Hiémois, dans l'église de Bayeux, pas toutefois avant l'année 1263, date à laquelle le titulaire de cette dignité était Jean le Bouchier[3].

Au parlement de la Pentecôte 1262, un jugement fut rendu sur le rapport de maître Henri de Vezelai[4]. A la session de la Pentecôte 1263, un autre jugement fut prononcé après constatations faites par le même clerc du roi[5]. Il figure une troisième fois dans les *Olim*, au parlement de la Pentecôte 1267, comme ayant été chargé de faire une enquête pour le partage des biens de la famille Bertrand[6]. En décembre 1268, le différend qui s'était élevé pour le droit de régale entre Jean, duc de Bretagne, et l'évêque de Nantes fut réglé par maître Henri de Vezelai, archidiacre d'Hiémois, de concert avec Raoul Grosparmi, évêque d'Albano, légat du saint-siège[7].

Au mois de février 1270 (n. st.), saint Louis, partant pour la croisade, désigna, comme l'un de ses exécuteurs testamentaires,

---

1. Douët d'Arcq, *Inventaire des sceaux des Archives nationales*, t. II, p. 668, n° 7728. La charte à laquelle appartient le sceau doit être dans le carton J. 898; c'est la sentence dont le texte est dans le registre des enquêteurs (*Recueil des historiens*, t. XXIV, p. 672); voyez aussi l'édition que Mahul en a donnée dans son *Cartulaire de Carcassonne*, t. IV, p. 89, d'après une copie de Doat.

2. Ch.-V. Langlois, *Textes relatifs à l'histoire du parlement depuis les origines jusqu'en* 1314, p. 67.

3. Léchaudé d'Anisy, *Extraits des chartes du Calvados*, t. I, p. 192.

4. *Olim*, éd. Beugnot, t. I, p. 537.

5. *Ibid.*, p. 556.

6. *Ibid.*, p. 256. — François Duchesne (*Histoire des chanceliers*, p. 239) dit avoir vu dans un registre du Trésor des chartes, à la date de juillet 1267, une mention de « Henricus de Vezeliaco, clericus regis. »

7. Dom Morice, *Preuves de l'hist. de Bretagne*, t. I, col. 1016.

magistrum Henricum de Verzeliaco, clericum nostrum,
archidiaconum in ecclesia Baiocensi [1].

Le crédit dont Henri de Vezelai avait joui à la cour de saint
Louis ne subit aucune atteinte sous le règne de Philippe le Hardi.
Le nouveau roi, à peine monté sur le trône, le fit entrer dans le
conseil de régence qu'il institua le 2 octobre 1270, pour le cas où
lui-même viendrait à mourir avant la majorité de son fils aîné [2].

Henri de Vezelai continua à siéger assidûment à la cour du roi.
Il assistait, en juin 1271, à la séance du parlement dans laquelle
Henri, roi de Navarre, fit hommage du comté de Champagne au
roi de France [3].

Dans l'été de l'année 1273, il agit au nom du roi, avec Philippe,
évêque d'Évreux, pour faire respecter les droits du chapitre de
Paris sur la terre de Garlande [4].

Dans les actes précédents, Henri de Vezelai est qualifié d'archidiacre de l'église de Bayeux. A partir de l'année 1275, il est
revêtu d'une autre dignité, celle de trésorier de l'église de Laon,
qu'il conserva au moins jusqu'en 1281, puisqu'à cette dernière
date nous trouvons une charte munie du sceau de HENRICVS
DE VIZILIACO THESAVRARIVS LAVDUNENSIS [5].

La première mention que j'ai rencontrée de ce titre est fournie
par une sentence arbitrale du 7 décembre 1275 qui termina un
procès pendant à la cour du roi entre Érard, évêque d'Auxerre,
et Jean, comte d'Auxerre, au sujet des murs de la cité [6].

Avec le titre de trésorier de l'église de Laon, Henri de Vezelai
cumulait celui de chapelain du pape. C'est ce que nous apprend
une lettre du 23 janvier 1277, par laquelle Jean XXI engage
maître Henri de Vezelai à user de son influence sur le roi pour
l'intéresser aux affaires de la Terre sainte [7].

Cette année 1277, Henri de Vezelai s'entendit avec le comte

---

1. *Chartul. universitatis Paris.*, éd. Denifle et Chatelain, t. I, p. 485.
2. *Gallia christ.*, t. XI, instr., col. 38. — *Ordonnances des rois de France*,
t. I, p. 295.
3. *Recueil des historiens*, t. XXI, p. 424, note.
4. *Cartul. de Notre-Dame de Paris*, éd. Guérard, t. III, p. 377 et 378.
5. Douët d'Arcq, *Inventaire des sceaux des Archives de l'empire*, t. II,
p. 664, n° 7702, avec renvoi à la pièce du Trésor des chartes cotée J. 172, n° 25.
6. *Gallia christ.*, t. XII, instr., col. 176.
7. Ch.-V. Langlois, *le Règne de Philippe III le Hardi*, p. 425. — C'est, je
crois, sans raison que, dans le même ouvrage, p. 42, note, Henri de Vezelai a
été qualifié de chapelain de Philippe III.

de Blois pour poser les bases d'un accord entre la comtesse de
Flandre et les bourgeois de Gand[1]. Vers la même époque, il reçut
du gouverneur de la Navarre une lettre où celui-ci exposait les
difficultés auxquelles il avait à faire face[2].

En 1278, maître Henri de Vezelai intervint dans un record
auquel le parlement, à la session de la Toussaint, dut recourir
pour constater les droits que le duc de Bourgogne avait reconnus
à Robert, comte de Clermont, sur le comté de Chalon[3].

L'année suivante, il déclara aux représentants du roi d'Angleterre dans quelles conditions le roi de France pouvait se prêter à
faire procéder à une enquête relative aux affaires du Querci[4].

Sur plusieurs listes des chanceliers de France[5], le nom de Henri
de Vezelai est inscrit à la date de 1279[6]. Ce qui peut, jusqu'à un
certain point, justifier cette insertion, c'est que le compte-rendu d'un
jugement rendu par le parlement le 17 janvier 1280 (n. st.), pour
les échevins de Reims, mentionne comme « jugeur, » c'est-à-dire
comme ayant pris part au jugement, « maistre Henris de Verze-
lai, chancelier le roi[7]. » Il est vrai que le compte-rendu n'a aucun
caractère officiel, et rien n'empêche de supposer que Henri ait été
simplement chargé de tenir le sceau royal, sans avoir reçu le titre
de chancelier. Dans tous les cas, il ne l'aurait conservé que fort
peu de temps. La formule *Data vacante cancellaria*, qu'on lit
au bas de deux diplômes de Philippe le Hardi du mois d'août
1279[8] et du mois d'août 1281[9], prouve qu'à ces deux dates la
chancellerie n'avait point de titulaire.

1. *Fragments inédits du registre de Nicolas de Chartres*, dans *Notices et
extraits des manuscrits*, t. XXIII, partie II, p. 158.

2. Ch.-V. Langlois, *le Règne de Philippe III*, p. 111, note.

3. *Olim*, éd. Beugnot, t. II, p. 121.

4. Ch.-V. Langlois, *le Règne de Philippe III*, p. 433.

5. François Duchesne, *Histoire des chanceliers*, p. 239. — P. Anselme, *Histoire généalogique*, t. VI, p. 273. — Du Cange, *Gloss.*, éd. Didot, t. II, p. 82.
— N. de Wailly, *Éléments de paléographie*, t. I, p. 230. — Lalanne, *Dictionn.
histor. de la France*, p. 484. — L. de Mas Latrie, *Trésor de chronologie*, col. 2171.

6. C'est, je crois, sans fondement que François Duchesne (*Histoire des chanceliers*, p. 239) dit que maître Henri de Vezelai est qualifié de « cancellarius
regis » en 1277 dans un registre du Trésor des chartes.

7. *Archives administratives de Reims*, t. I, p. 968. — Langlois, *Textes relatifs à l'hist. du parlement*, p. 107.

8. Original aux Archives nationales, K. 34, n° 24 (n° 907 des *Monuments historiques* de J. Tardif).

9. Registre JJ. 30 A du Trésor des chartes, n° 610, fol. 212 v°.

Henri de Vezelai, soit qu'il eût été promu chancelier en 1279, soit qu'il eût eu simplement et pour un temps limité la garde du sceau, prenait toujours part à l'expédition des affaires de l'État. Il fut l'un des arbitres qui, le 1ᵉʳ août 1281, réglèrent les différends du roi avec l'évêque et le chapitre de Chartres[1]. Il semble qu'il ait alors été question de lui donner un évêché. Le pape Martin IV, par une lettre dont la date ne nous est point parvenue, chargea l'évêque de Paris d'accorder à Henri de Vezelai, son chapelain, trésorier de l'église de Laon, qui avait perdu l'usage de l'œil gauche, les dispenses dont, par suite de cet accident, il pouvait avoir besoin pour être promu à la dignité épiscopale[2].

Il ne paraît pas avoir été donné suite à ce projet, et tout porte à croire que maître Henri de Vezelai cessa de vivre ou du moins d'être mêlé aux affaires publiques peu de temps après le témoignage de bienveillance que Martin IV lui avait donné et qui peut être rapporté à l'année 1281. La dernière mention que j'ai rencontrée de ce personnage se trouve sur le rôle de la taxe des maisons que l'Université de Paris fit faire au mois de février 1283 (n. st.); nous y lisons un article ainsi conçu : *Domum Guillelmi de Seint Cuir, in vico Serpentis, ante domum magistri Henrici de Verdeliaco*[3].

La part que maître Henri de Vezelai prenait à l'administration du royaume ne l'empêchait pas de remplir les devoirs de sa charge ecclésiastique. Nous en avons pour garant les débris du registre dans lequel il avait consigné, soit de sa propre main, soit de la main d'un secrétaire, les procès-verbaux des visites qu'il fit en 1267 et en 1268 dans les paroisses de son archidiaconé d'Hiémois. Le texte qu'on en va lire constitue un document fort curieux à consulter pour l'histoire de la discipline ecclésiastique. On pourra le rapprocher de certains passages du Journal des visites pastorales d'Eudes Rigaud, et surtout du Registre de l'Official de Cerisi, au diocèse de Bayeux, dont nous devons à M. Gustave

1. *Gallia christiana*, t. VII, col. 393.

2. Martène, *Ampl. collectio*, t. II, col. 1290. — Potthast, *Regesta pontificum*, t. II, p. 1765, n° 21832. — C'est cette lettre, mal comprise, qui a fait dire à François Duchesne (*Histoire des chanceliers*, p. 239) que maître Henri de Vezelai « fut esleu evesque de ....., mais que le pape refusa d'approuver son élection à cause qu'il estoit borgne. »

3. Jourdain, *Index chronol. chartarum universitatis Paris.*, p. 55, col. 1. — *Chartul. universitatis Paris.*, éd. Denifle et Chatelain, t. I, p. 597.

Dupont une édition savamment commentée et trop peu connue[1].

Les articles sur lesquels j'appelle particulièrement l'attention sont ceux qui concernent les confréries et les trésoriers des paroisses rurales. Ce qui est relatif aux livres liturgiques, nécessaires au culte dans les petites églises de campagne, mérite aussi d'être soigneusement noté.

Je ne saurais terminer ce préambule sans réitérer mes remerciements au prince Charles d'Oettingen–Wallerstein et à son aimable et savant bibliothécaire M. le Dr G. Grupp.

L. Delisle.

Anno Domini M° CC° LX° septimo. Visitatio magistri Henrici de Vizeliaco, ecclesie Baiocensis archidiaconi in Oximio.

Primo die jovis ante festum beate Marie Magdalene[2].

Decanatus de Fonteneto.

Apud Vauceles[3], deficit cl[avis[4] in fonti]bus, [et] missale. Petrus li Cauchoys tenet focariam in domo et aliam dimisit. Nicholaus Furnerius negligit [venire ad ecc]lesiam. Henricus de Platea de Fonteneto, falsus crucesignatus, [fuit mandatus] per litteras et valde male diffamatur. Guillelmus de Annoville tenet pedissecam suam.

Cormelie[5]. Ecclesia cooperienda est. Quidam redditus confratrie Beate Marie distracti sunt. Johannes ////////// tenet tres pecias terre, que debent confratrie Beate Marie de Cormeles tres boissellos ordei quos non vult reddere. Perrota pedisseca diffamatur publice.

Soliers[6]. Thesaurarii debent emere unum psalterium. Juraverunt tractare fideliter thesaurum, et de cetero debent jurare in institutione sua. Custos ecclesie negligens est in officio suo.

Die veneris[7].

Fubert Folie[8]. Deficit clavis in fontibus et crismatorio, et calix

---

1. *Le Registre de l'officialité de Cerisy*, 1314-1457, dans *Mémoires de la Société des antiquaires de Normandie*, t. XXX, p. 271-662.
2. 21 juillet 1267.
3. Vaucelles, faubourg de Caen.
4. Les mots placés entre crochets sont d'une lecture douteuse.
5. Cormelles-le-Royal, canton de Caen.
6. Soliers, canton de Bourguébus.
7. 22 juillet 1267.
8. Hubert-Folie, canton de Bourguébus.

plumbeus ad viaticum debet emi. Non est ibi nisi solum vestimentum.

Tilloy[1]. Gradele religandum est. Vestimenta immunda sunt. Deficit psalterium. Catherina diffamatur de Guilloto.

Veteres Capelle[2]. Conqueruntur parrochiani de decano de Fonteneto, quia portat apud Fontenetum breviarium eorum. Dominica vidua diffamatur publice de incontinentia. Item conqueruntur parrochiani quod decanus defert ornamenta eorum ad capellam Sancte Margarite, quod ei prohibuimus.

Sanctus Martinus de Fonteneto[3]. Parum deficit ibidem nisi quod ecclesia vetus est.

Sanctus Andreas de Fonteneto[4]. Psalterium vetus religandum est. Cimiterium claudendum. Deficiunt libri. Ista corrigenda sunt diu est.

Die sabbati[5].

Moy[6]. Psalterium religandum est. Turris ecclesie debet aptari, que valde ruinosa est, et precepimus collectam propter hoc fieri.

Fontenetum le Marmion[7]. Deficit psalterium. Calix debet novus emi. Multa debentur thesauro ecclesie. Precepimus thesaurariis ut compellant debitores ecclesie. Loquendum est cum domino episcopo de Alloto Armiot, excommunicato de sexdecim excommunicationibus, et a longo tempore[8]; ipse tenet publice focariam suam. Petrus Seignorie uxoratus diffamatur de Robelga.

Sanctus Germanus de Chemino[9]. Deficit clavis in fontibus, in aumariolis juxta altare debet fieri hostium firmans ut ibi reponatur

1. Tilly-la-Campagne, canton de Bourguébus.
2. Ce nom doit désigner une paroisse qui a été réunie à Saint-Martin de Fontenai. M. de Caumont (*Statist. monum. du Calvados*, t. II, p. 144) cite un registre de l'abbaye de Fontenai, dans lequel étaient mentionnés les droits de ce monastère sur « ecclesia Sancti Martini de Fontaneto, cum duabus capellis, videlicet Sancti Jacobi de Verrieres et Sancte Margarete de Trotteval. » — Verrières et Trotteval sont situés sur le territoire de la commune de Saint-Martin de Fontenai, canton de Bourguébus.
3. Saint-Martin de Fontenai, canton de Bourguébus.
4. Saint-André de Fontenai, même canton.
5. 23 juillet 1267.
6. Mai, canton de Bourguébus.
7. Fontenai-le-Marmion, même canton.
8. En marge, on lit le nom : *Guillelmum de Fontenoy.*
9. Ce nom ne figure pas dans le *Dictionnaire topographique du Calvados,* par Hippeau. Peut-être s'agit-il de la paroisse de Cintheaux ou de la paroisse de Cauvicourt, voisines l'une et l'autre de Fontenai-le-Marmion, l'une et l'autre sous le patronage de saint Germain.

eucaristia. Commune sanctorum debet scribere quidus clericus, qui jam recepit inde mercedem suam. Robertus li Neveuz excommunicatus est a longo tempore. Hec omnia corrigenda sunt ab anno precedente. Quedam mulier reliquit maritum suum, et ivit cum quodam clerico.

Cuelli[1]. Deficit clavis in fontibus. Cimiterium non est clausum. Ab anno preterito corrigenda sunt. Johanna filia Radulfi Renodi diffamatur publice de incontinentia, et peperit filium in fornicatione.

Grainville[2]. Totum est bene correctum et totum bene vadit. Sed quadrigarii infringunt festa. Et ecclesia non bene cooperta est.

Bretteville la Rabel[3]. Deficit clavis in fontibus. Crismatorium insufficiens est. Cimiterium non est clausum. Precepimus ut fiat aumeria retro altare ad reponendum corpus Domini. Quadrigarii infringunt festa. Ista corrigenda sunt ab alio anno. Deficit psalterium.

Pirus[4]. Presbiter refrenavit se, ut dicitur, a consorcio Roberti le Melle de Furno villa. Omnia que sunt in ecclesia multum bene vadunt.

Furno villa[5]. Fremura nova est in ecclesia et non adhuc tecta. Cetera satis bene vadunt.

Die sabbati post nativitatem beate Marie[6].

Cressantville[7]. Nichil deficit in ornamentis. Ecclesia vetus et obscura est.

Anno Domini M° CC°˙ LX° octavo.

Die lune ante festum beati Michaelis[8].

Decanatus de Dumo villa.

Raimbert bome[9]. Crismatorium debet renovari. Gradale et psalterium debent emi. Tele aranearum debent removeri desuper altare, et altare benedictum debet renovari et reparari, ut precepimus persone et thesaurariis loci. Garinus Hayche, uxoratus, diffamatur de Johanna filia Guillelmi Viel, soluta.

1. Quilli, canton et commune de Bretteville-sur-Laize.
2. Grainville-la-Campagne, canton de Bretteville-sur-Laize.
3. Bretteville-le-Rabet, canton de Bretteville-sur-Laize.
4. Le Poirier, canton de Bourguébus, commune de Frénouville.
5. Frénouville, canton de Bourguébus.
6. 10 septembre 1267.
7. Croissanville, canton de Mézidon.
8. 24 septembre 1268.
9. Robehomme, canton de Troarn.

Die martis[1].

Bavant[2]. Parum deficit in ornamentis et ecclesia. Debet emi laterna pro viatico[3] faciendo. Henricus Hemet, clericus, diffamatur de Maltide filia defuncti Noel et habuit ex ea prolem. Henricus Prestrel diffamatur de uxore Homont quam absjuravit, et abjecit uxorem propriam. Magister Galescuel[4] des Bigarz, clericus, detinet in domo propriam concubinam.

Peti ville[5]. Cancellus ecclesie ruinosus est et valde periculosus. Tabernaculus ubi reponitur corpus Domini et fontes non firmabantur propter negligenciam sacerdotis.

Varaville[6]. Missale vetus et obscurum.

Salineles[7]. Non intravimus ecclesiam, quia presbiter absens erat, nec potuit clavis ecclesie inveniri.

Anfreville[8]. Presbyter absens erat. Tamen ecclesiam visitavimus, et invenimus calicem in uno sacco sine aliquo alio panno. Ecclesia discooperta per negligentiam sacerdotis. Aumarie ubi corpus Domini reponitur et fontes non firmabantur. Vestimenta valde sordida et horribilia. In fine venit presbiter, et omnia ei fuerunt ostensa. Et preceptum fuit ei sub pena suspensionis quod clavis fieret in aumeriis corporis Christi infra diem lune sequentem et alia corrigeret.

Columbeles[9]. Ecclesia retegenda est. Deficiunt libri.

Guiberville[10]. Nichil deficit in ornamentis ecclesie. Ecclesia discooperta est. Duo capellani adhuc frequentant tabernas. Thomas Diaconus, clericus, diffamatur de usura et tenet focariam suam. Guillelmus Synemande excommunicatus est pluribus excommunicationibus per longum tempus. Aliotus clericus tenet focariam suam. Regnaudus Basile, clericus, diffamatur de Petronilla, relicta defuncti Martini filii Philippi.

Dumo villa[11]. Nichil deficit in ecclesia vel ornamentis ecclesie.

1. 25 septembre 1268.
2. Bavent, canton de Troarn.
3. *Viaco* dans le ms.
4. Peut-être *Gales Tuel*.
5. Petiville, canton de Troarn.
6. Varaville, canton de Troarn.
7. Sallenelles, même canton.
8. Amfréville, même canton.
9. Colombelles, même canton.
10. Giberville, même canton.
11. Demouville, même canton. En regard de l'article relatif à cette paroisse on a tracé dans la marge le mot *procuratio* en abrégé.

REGISTRE DE HENRI DE VEZELAI

Henricus frater decani, clericus, diffamatur de Florencia vidua. Herbertus Boet habuit prolem de Maltidi. Richardus Boti, clericus, adhuc tenet Marietam. Richardus Carsanoz diffamatur de Juliana, uxore Selle Guerart, et eam duxit per patriam. Robertus Biquet, clericus, tenet Maltidim et habuit ex ea prolem. Homines infringunt festa.

Die jovis[1].

Berneville[2]. Ornamenta, corporalia et vestimenta sordida sunt. Breviarium vetus et oscurum.

Guillerville[3]. Pauper ecclesia. Ornamenta satis sunt sufficientia.

Hemeville[4]. Clavis in fontibus et crismatorio deficit. Cimiterium disclusum. Sunt tres anni quod corrigenda sunt ista. Deficit psalterium et manuale. Persona ecclesie non vult residere in ecclesia. Episcopus tenet ecclesiam in manu sua. Robertus Hardiz adhuc tenet Lucetam au Tabour, quam non potest habere in uxorem propter consanguinitatem que est inter eos.

Magneville[5]. Deficit clavis in crismatorio per negligenciam sacerdotis. Idem debet thesauro ecclesie sue iii sextaria ordei.

Caigni[6]. Totum correctum est quod deficiebat in ecclesia.

Vimont[7]. Persona ecclesie diffamatur adhuc de Petronilla, consanguinea sua, quam absjuraverat, et cum ipso conversatur. Precepimus ut persona removeat fenum suum de ecclesia.

1. 27 septembre 1268.
2. Banneville-la-Campagne, canton de Troarn.
3. Guillerville, canton de Troarn, commune de Banneville-la-Campagne.
4. Émiéville, canton de Troarn.
5. Manneville, canton de Troarn, commune de Banneville-la-Campagne.
6. Cagni, canton de Troarn.
7. Vimont, canton de Troarn.

NOTE

SUR UNE COMPILATION INÉDITE

DE HUGUES DE SAINTE-MARIE

ET SA VIE DE SAINT SACERDOS

ÉVÈQUE DE LIMOGES.

La Vie de saint Sacerdos, évêque de Limoges, composée par Hugues de Sainte-Marie, est bien connue de tous ceux qui s'occupent d'hagiographie et de l'histoire des premiers siècles de l'église des Gaules. Elle a été publiée plusieurs fois[1], mais les difficultés qu'elle soulève n'ont pas encore reçu de solution définitive.

Certains érudits font vivre saint Sacerdos au VIe siècle, tandis que d'autres le placent au commencement du VIIIe. Deux documents seulement servent de base à leur discussion : la Vie, dont il vient d'être parlé, qui a été composée dans les premières années du XIIe siècle, et les catalogues des évêques de Limoges. Le plus ancien de ces catalogues est celui qui a été inséré par Bernard Itier, au commencement du XIIIe siècle, dans un manuscrit de Saint-Martial[2]. Leur conclusion varie selon qu'ils reconnaissent plus ou moins d'autorité à l'un ou à l'autre de ces textes. Ainsi Baluze[3] se prononce pour le VIIIe siècle, mais il est obligé, pour

---

1. *AA. SS. Boll.*, mai, t. II, p. 14-22, et Migne, *Patr. lat.*, CLXIII, col. 979-1004. Cette Vie a été abrégée par Bernard Gui, et c'est cet abrégé qu'ont publié Baluze (à la suite de sa dissertation) et Labbe, *Nova bibl. man.*, II, p. 661-665.

2. Cf. L. Delisle, *Anciens catalogues des évêques des églises de France*, dans *Histoire littéraire*, t. XXIX, 1885, p. 398-399, et H. Duplès-Agier, *Chroniques de Saint-Martial de Limoges*, Paris, 1874, in-8°, p. 244.

3. *Disquisitio seculi quo vixit sanctus Sacerdos, episcopus Lemovicensis.* Tulle, 1655, in-4°, 18 p.

se débarrasser d'un passage formel de la Vie de saint Sacerdos, de la supposer interpolée [1]. Les Bollandistes Henschenius et Papebroch placent au contraire saint Sacerdos au VIe siècle et concluent à une erreur des catalogues [2]. Les auteurs de la *Gallia christiana* [3] mettent bien saint Sacerdos à la place qui lui est assignée par les catalogues, mais ils n'acceptent pas pour cela les conclusions de Baluze : « Quo tempore sederit Sacerdos incertum... creditur præfuisse ecclesiæ Lemovicinæ, ab anno 711 ad 720. »

Notre intention n'est pas de traiter le sujet après tant d'autres ; nous voulons seulement signaler une compilation inédite de Hugues de Sainte-Marie [4], que nous avons rencontrée dans le manuscrit 11 de la bibliothèque de Bordeaux [5], et en publier le prologue, qui apporte à la discussion un élément nouveau d'un très réel intérêt. Il nous suffira de dire que la conclusion qui s'en dégage vient corroborer celle des Bollandistes. Il ne nous paraît plus possible de douter que Hugues de Sainte-Marie n'ait considéré saint Sacerdos comme un évêque du VIe siècle.

M. Jules Delpit avait bien signalé cette compilation dans son *Catalogue des manuscrits de Bordeaux* [6], mais il n'en avait pas identifié l'auteur, et personne, à notre connaissance, ne l'a fait depuis.

Hugues de Sainte-Marie déclare, dans son prologue, qu'il a composé cette compilation pour servir en quelque sorte de pièces justificatives à sa Vie de saint Sacerdos : « Hæc omnia, amore

1. L'abbé Pergot accepte, dans son travail sur *la Vie de saint Sacerdos*, Périgueux, 1865, in-8°, les conclusions de Baluze.

2. *AA. SS. Boll.*, mai, t. II, p. 11.

3. *Gall. christ.*, t. II, col. 506.

4. Le travail le plus complet qui ait été fait sur la vie et les œuvres de Hugues de Fleury ou de Sainte-Marie est celui que G. Waitz a mis en tête de l'édition partielle qu'il a donnée de ses œuvres, dans les *Monumenta Germaniae, Scriptores*, t. IX, p. 337. Il a été reproduit par Migne, dans le t. CLXIII de la *Patrologie latine*, col. 805-820, à la suite de l'article qui avait été consacré à ce chroniqueur dans l'*Histoire littéraire*, t. X, p. 285.

5. Fol. 180. Cf. C. Couderc, *Catalogue des manuscrits de Bordeaux*, dans le t. XXIII, p. 14, du *Catalogue général des manuscrits des bibliothèques des départements*, série in-8°.

6. Bordeaux, Delmas, 1880, in-4°, p. 12. « Incipiunt : Chronica Hugonis, depuis Auguste jusqu'à Charlemagne en 814 ; à la suite : Chronologie des papes... »

profuso beati Sacerdotis, ad confirmandam scilicet seriem vite ejus, a diversis auctoribus colligere statui. » On sait, en effet, que ce n'est pas à la suite de recherches personnelles que notre chroniqueur a composé la Vie de ce saint évêque. Il explique lui-même, dans son *Historia ecclesiastica,* qu'il n'a fait que corriger et compléter une Vie en langue vulgaire qui circulait de son temps[1]. Nous avons ici le dernier travail de vérification auquel il semble s'être livré.

Le prologue n'est précédé d'aucune dédicace, mais la formule d'adieu qui le termine et les termes employés, dans le dernier paragraphe, permettent de conclure qu'il a été adressé aux moines de l'abbaye de Sarlat, dans laquelle le corps de saint Sacerdos était déjà conservé. C'est évidemment pour eux que Hugues de Sainte-Marie a travaillé.

La compilation ne présente pas par elle-même un grand intérêt. On en retrouve presque tous les éléments dans la seconde édition de l'*Historia ecclesiastica,* dont elle n'est qu'un résumé. Il serait par suite inutile de l'imprimer. Elle comprend deux parties ; la première est relative aux empereurs et aux rois de France, la seconde contient une liste des papes. Il n'y a aucune division par chapitres. Les mentions ou notes consacrées aux différents empereurs ou rois sont très brèves, elles n'occupent souvent qu'une ligne ; celles qui suivent les noms des papes le sont encore plus, car elles ne donnent, pour beaucoup d'entre eux, que l'indication de la durée de leur pontificat. Il nous suffira de reproduire le commencement et la fin de ces deux parties et les trois ou quatre passages dans lesquels il est question de saint Sacerdos et de l'abbaye de Sarlat. On verra ainsi que la chronique commence à Auguste et va jusqu'à Charlemagne et que la liste des papes s'arrête à Léon V.

Cette œuvre n'ajoutera pas beaucoup à la réputation de Hugues

---

1. Voici ce passage, d'après l'éd. Rottendorf, Munster, 1638, p. 127 : « Cujus [S. Sacerdotis] preciosissimi confessoris vitæ seriem, partim in *occulto sermone* compositam, partim vero scriptorum judicio depravatam conspiciens, nuper corrigere statui ; et tempus quo floruit, post multorum annorum curricula, moderno tempore designavi ; et de ipsius quidem sancti virtutibus, in eadem serie, apertissimo sermone veritatem expressi. » Cette Vie en langue vulgaire est perdue, et il est peu probable qu'on la retrouve jamais. Cf. C. Chabaneau, *Sur quelques manuscrits provençaux perdus ou égarés,* dans la *Revue des langues romanes,* t. XXI (janvier-juin 1882), p. 215-217.

de Sainte-Marie. Il n'était pas toutefois sans intérêt de la signaler, parce que tout ce qui touche à un chroniqueur de cette importance mérite d'être recueilli.

I. — *Prologus*. — Igitur[1] ab Octaviano Augusto exordium narrationis incipiam et Romanorum imperatorum et presulum nomina, in hoc codicello, curiosissime denotabo usque ad Karolum Magnum, Ludovicil pii patrem, et usque ad Leonem, Romanum antistitem. Istarum enim rerum notitiam vos firmiter nosse non erit inutile, nam Karolus Magnus, quem modo premisimus, Constantini imperatoris et Hirene matris ejus tempore, ex rege Francorum Romanorum creatus imperator, fuit vestre ecclesie fundator, et Leo, papa sanctissimus, sue auctoritatis pagina liberalissimus premunitor. Inseram quoque huic libellulo ultimam perfide gentis Wandalice cladem que, tempore Justiniani imperatoris, post excessum contigit Sacerdotis gloriosissimi confessoris. Que gens Mundanam, beatissimam matrem incliti presulis Sacerdotis, pro fide catholica gladio trucidavit.

Hec omnia, amore profuso beati Sacerdotis, ad confirmandam scilicet seriem vite ejus, a diversis auctoribus colligere statui : a quodam scilicet episcopo Constantinopolitano, nomine Niceforo, necnon et ab Anastasio, sancte ecclesie Romane bibliotecario, et a Julio Hilario, historiographo. In quorum libris investigare curavi quis fuit ille rex Altitius, qui jam dictum Dei famulum Sacerdotem a baptismate legitur suscepisse, et quod inveni retexam. Sed ego de hoc eodem Altitio illud plane diffinire non volui quod probare non possum; melius esse credens illud, quod adhuc latet seu de quibus ambigo, dubio[2] totum relinquere quam dubia pro certis proterva auctoritate defendere. Verum ad hoc tantum laboravi ne et hoc quidem indiscussum remaneret, et ne istud hoc, quod saltem quasi per tenuem nubem quolibet indicio contueri licet, desidie mee gravatum pondere, amodo deperiret.

Preterea plurimorum sanctorum mentio in hoc nostro volumine continetur, et tempora quibus floruerunt lucide designantur. Porro lectori sapienti non possit extraneum, si cum nominibus sanctorum ponamus nomina gentilium virorum. Lucas nempe evangelista, cum Dominice Incarnationis texeret historia[m], Herodis, regis truculentis-

1. Fol. 180.

2. Cette phrase se retrouve textuellement dans l'*Historia ecclesiastica,* p. 127-128. Rottendorff a eu le tort d'imprimer ici « Deo » au lieu de « dubio. »

simi, in ipso sui evangelii exordio, intulit mentionem. Fuit, inquit, in diebus Herodis, regis Judee, sacerdos quidam nomine Zacharias de vice Abia; itemque post pauca : Exiit edictum a Cesare Augusto ut describeretur universus orbis, Octaviani Cesaris iterum faciens mentionem [1].

Hec idcirco dixerim quia sunt nonnulli qui autenticas spernunt historias, sub specie religionis vel propter imperitiam. Verumtamen, hii tales dum, secundum suum arbitrium, actus precedentium conantur texere, in opusculorum suorum excutione apparent inanes, et, veluti aniles fabulas recitent, ab auditoribus despiciuntur. Igitur a notissimis regum imperatorumque temporibus licet viris catholicis ecclesiasticam historiam ordinare, et precedentium rerum signis et temporibus novas relationes legitime confirmare. Idem enim Deus, et dominus omnium, sua providentia et equo libramine transfert seculi regna a gente in gentem, et a progenie in progeniem alteram, operatusque suam potentiam in omnes hominum generationes.

Nunc autem, sicut proposui, seriem temporum et cathalogum hominum antiquorum lucide designabo, et ponam seorsum nomina imperatorum et seorsum presulum Romanorum, poteritque lector in hoc codicello invenire facile, ubi illa, que de beato scripsi Sacerdote, voluerit adprobare, quomodo singula singulis etatum temporibus debeat adsignare, et omnia que ibi continentur probabilia esse hoc eodem codice comprobare. Vos amodo, Dei gratia, in eum metendo laborem, oportunitatem hujus scripture legendo poteritis perpendere, dum non erit vobis necessarium diversas et multiplices historias per multa volumina querere. [V]alete feliciter. Explicit prologus.

II. — *Incipiunt chronica Hugonis.* — Mundi anno quinquies millesimo quadringentesimo septimo, sicut beatus Maximus in sermone de Pascha testatur, secundus Romanorum monarcus Cesar [2] Octavianus exstitit. Quo nullus in bellis felicior nec in pace fuit moderatior; qui etiam primus a Romanis Augustus appellatus est, eo quod rem Romanam auxerit, nam, superato rege Egiptiorum Antonio et ejus uxore Cleopatra, pacatisque omnibus regionibus, per universum orbem terrarum, anno ab Urbe condita DCC secundo, triumphans eam ingressus est...

III. — Theodosius [3], junior, imperavit annis XL duobus... Hoc etiam

---

1. Cette idée est exprimée en d'autres termes, mais avec le même exemple, dans l'*Historia ecclesiastica*, éd. Rottendorff, p. 34.

2. Cf. *Historia ecclesiastica*, éd. Rottendorff, p. 36-37.

3. Fol. 183 v°.

tempore, rex Gothorum Alaricus Romam invasit et partem ejus incendit. Alarico, regi Gothorum, Athanulfus[1], qui et Atalfus, in regnum successit, qui Placidiam, sororem imperatoris, uxorem accepit. Hic Atalfus, corrupto nomine, Alticius potuit appellari et beatum Sacerdotem, Lemovicensem antistitem, a baptismate suscipere... Eoricus (*alias* Segoricus seu Gensericus), rex, Gotthis imperavit, qui construxit ecclesiam Sancti Juliani Brivate. Hujus anno xx, Edicius quidam, senator, regie dignitatis homo exstitit, qui iiii milia pauperum ex eadem regione aluit, in diebus famis usque ad tempora ubertatis. Qui inde etiam competenter Alticius potuit appellari. Sed quia hic Alticius rex non fuit, [dubium est] utrum beatum Sacerdotem, Lemovicensem episcopum, a baptismi fonte levare [poterit]. Hac etiam tempestate, ipse beatus Sacerdos potuit esse infantulus[2]...

IV. — Sedit vero iste Johannes papa in Romana ecclesia, a beato Petro apostolo lv. Hac etiam tempestate, florebat beatissimus pater monachorum Benedictus et sanctus Remigius, Remorum archiepiscopus, et sanctus Vedastus, antistes Atrebathensis, sanctus quoque Sacerdos, episcopus Lemovicensis.

V. — Justinianus Magnus imperavit annis xx et viii. Sub quo Constantinopolim facta est sinodus quinta. Porro anno septimo imperii Justiniani, sancto Sacerdote jam defuncto, facta sunt Wandalica bella et recepit Belisarius, patricius, Affricam...

VI. — Karolus igitur, primus ex gente Francorum Romanorum creatus imperator, imperavit annis xlv. Hujus temporibus sinodus magna Aquisgrani congregata est, anno ab Incarnatione Domini DCCC VIIII. In qua sinodo de processione sancti Spiritus agitatum est, utrum sicut procedit a Patre ita procedat a Filio. Hanc questionem Johannes, monachus Hierosolimitanus, moverat, cum regula et fides ecclesiastica firme Spiritum sanctum a Patre et Filio procedere adfirment, non creatum, non genitum sed Patri et Filio coeternum et consubstantialem. Nomen autem processionis a Patre et Filio in Apocalipsi ita apte est positum : *Et ostendit mihi* (haud dubium quin angelus) *flumen aque vive, splendidum tanquam cristallum, procedentem de sede Dei et Agni* [xxii, 1]. In eadem etiam sinodo quesitum est et ventilatum de statu ecclesiarum et ordine singulorum cujusque conversationis, et quales clerici esse debeant.

---

1. Il en est parlé dans l'*Historia ecclesiastica*, éd. Rottendorff, p. 122.
2. Ce dernier passage se retrouve, avec plus de détails, dans l'*Historia ecclesiastica*, p. 127-128.

VII. — Hoc[1] est excerptum ex libris Romanorum pontificum. — Beatus Petrus sedit in Antiochia, primum annis VII, deinde in urbe Roma annis XXV, mensibus II, diebus III. Hic ordinavit Rome III episcopos : Linum, Cletum et Clementem. Ex quibus Linus et Cletus presentialiter omne ministerium sacerdotale Rome supervenienti populo exhibuerunt, dum Petrus orationi et predicationi vacaret. Clementi vero omnem ecclesiam disponendam commiserat. Apostolus autem Petrus cum beato Paulo martirio coronatus est, anno a passione Domini XXXVIII, Neronis vero imperatoris anno XIII.

Linus sedit annis XI, mensibus III, diebus XII...

VIII. — Hic[2] Johannes VIII papa venit in Trecassina civitate, que est in Gallias, et habuit sinodum, in qua Himmarus[3] Lugduni, clavati (corr. Lauduni, incarceratus) episcopus, post avulsionem oculorum, episcopatu suo est redditus. Huic autem Johanni Leo quintus[4] successit, qui ecclesiam beatissimi confessoris Christi Sacerdotis privilegio sue sanctitatis munivit feliciter. Explicit.

C. COUDERC.

1. Fol. 185.
2. Fol. 186 v°.
3. Cf. *Histoire littéraire*, V, 522-527.
4. Ces indications sont incomplètes. Léon V ne fut pas le successeur immédiat de Jean VIII (872-882). Le renseignement qui le concerne se retrouve, avec plus de détails, dans la vie de S. Sacerdos, mais son nom n'y est pas suivi comme ici d'une indication de rang. Les Bollandistes se sont demandé s'il ne s'agissait pas de Léon IV, qui fut pape de 847 à 855. Cette hypothèse a été adoptée par l'abbé Pergot, mais elle est inadmissible. Migne, *Patr. lat.*, CLXIII, col. 994.

LA GUERRE DE PARTISANS

DANS

LA HAUTE NORMANDIE.

(1424-1429.)

L'histoire individuelle de certaines régions normandes, pendant la période sans nom qui dure de 1417 à 1450, représente l'un des éléments les plus positifs de tout essai d'analyse de l'occupation anglaise en France. Celle de Rouen et des contrées avoisinantes, centre et cœur de la domination étrangère, d'où l'invasion rayonne et s'épand, où elle se retrempe et retrouve des forces vives, est de celles qui offrent toujours d'invincibles tentations. Elle a ses chapitres célèbres, classiques et épuisés, sur lesquels il ne reste guère à revenir ; il en est d'autres fragments qui paraissent demeurés moins connus, ou, si l'on veut, moins explorés jusqu'ici. C'est toute une série de ces faits, rattachés l'un à l'autre par une même cause latente, par un même lien secret de sentiments, que cet aperçu voudrait essayer de signaler, de relier, et de classer à leur rang, dans le cadre et le milieu qui les réclament.

Les années qui s'écoulent entre l'été de 1424 et celui de 1429, depuis l'heure du désastre de Verneuil, qui anéantit dans les plaines du Perche la dernière armée nationale, jusqu'à la violente secousse provoquée par l'apparition de Jeanne d'Arc, passent généralement pour circonscrire le triomphe tranquille de la conquête étrangère en France. Auparavant, la défensive était traversée d'espoir ; depuis, le courage reprend avec la confiance et le goût héréditaire de l'attaque : dans l'intervalle, toute illusion semble abolie. « Ces quatre années de torpeur, bien plus que les treize qui avaient précédé, » a dit Quicherat, « furent ce qui mit la France à deux doigts de sa perte[1]. » La nappe d'invasion achève de croître avec lenteur, mais sans trêve : ses bords s'allongent vers l'Anjou, vers la Champagne; elle va noyer tout l'espace entre la Meuse et la Loire; en Normandie, depuis longtemps, rien n'émerge plus de son lisse niveau. Ce n'est plus la foudroyante irruption de la conquête, guidée par l'œil et le bras d'un Henri de Lancastre; mais la crue roule d'un flot sûr, et chaque année qui passe imprègne plus profondément le sol sur lequel elle s'étale et fait peser sa masse.

Pendant cette morne époque, qui tranche encore par sa teinte plus sombre sur la période ambiante, il pourra paraître intéressant de dégager et d'établir, dans la région vitale de la France anglaise, dans Rouen même et dans plusieurs pays prochains, l'existence d'un esprit d'insurrection aussi violent que vivace, dont la persistance et l'intensité sont faites pour étonner, retenir et dérouter l'observateur. Cet état se traduit, chez les populations des campagnes, par une somme d'événements expressifs, tous motivés par une même excitation profonde, s'éclairant l'un l'autre et se prêtant une mutuelle intelligence; derrière les remparts de la grande ville normande, il se révèle par une série de tentatives identiques, hardies, chimériques ou subtiles, toutes dénotant l'indomptable énergie des individus et l'ingénieuse fertilité de leur audace.

Des faits que cet exposé s'est efforcé de rassembler en corps, il ne faudrait pas conclure que cette guerre sans lois, par un défi à l'impossible, ait attendu pour éclater l'instant où sombrait la dernière chance française. Non. Il y avait des insurgés en armes dans les campagnes de Normandie, depuis le dimanche d'août 1417 où Henri V débarquait à Touques, et des conjurés résolus jusque dans Rouen, quelques semaines à peine après la capitulation de janvier 1419. L'événement de Verneuil, sur ce point, ne change rien à l'ordre de choses existant. Les gens de village qui, depuis le désastre, vont tenir les landes ou les bois, les hardis conspirateurs qui guettent le point faible d'un rempart ou d'une tour, comptaient déjà d'héroïques devanciers dont l'exemple leur désignait la voie.

1. *Aperçus nouveaux sur l'histoire de Jeanne d'Arc* (par. 2), p. 14.

Comme aveu de cette hostilité toujours en éveil, indépendamment des témoignages isolés des documents contemporains[1], et sans parler des actes officiels dont les termes jettent un jour singulier sur l'état du pays conquis, même alors qu'agissait et commandait Henri V[2], il suffirait de consulter cette liste significative qui porte le nom de vingt-sept Français exécutés à Rouen, en huit mois, de juin 1423 à mars 1424, énumération saisissante si rarement rassemblée sous cette forme, et qu'un hasard a conservée, seule parmi tant d'autres peut-être plus instructives encore[3]. Noms obscurs ou surnoms populaires, on y voit figurer deux Rouennais, douze natifs du pays de Caux ou du Lieuvin, un Bas Normand, trois Picards, trois Orléanais[4], trois compagnons errants[5]. Le document qui contient l'énoncé de leur supplice, et au cours duquel gibet et échafaud alternent sans commentaire, demande à être étudié loyalement, sans ironie facile. Sous ces malfaiteurs d'apparence, sous ces criminels de surface,

1. De même genre que ceux qu'on trouvera cités pour la période de 1424 à 1429 (exécutions, faits de guerre, complicité), mais en moins forte proportion toutefois.

2. Mandement de Henri V au duc de Glocester, daté de Bayeux, le 21 mars 1418, ordonnant de fixer aux insurgés un délai de deux semaines pour se soumettre. « ... Omnes et singuli brigantes ac alii quicumque in locis privatis et absconditis se tenentes... » (*Rôles norm. et franç.*, n° 1360.) — Mandement de Henri V aux baillis de Normandie, que les éditeurs datent de Rouen, le 27 juin 1421 (?), ordonnant de dresser la liste des réfractaires et de saisir leurs biens. « ... Quia datum est nobis intelligi quod quàm plures nobiles et alii populares de ducatu nostro Normannie... nonnulli ad hostes et inimicos nostros ac loca in obedientia se traxerunt, alii vero ad cavernas, cavas, nemora et alia loca insidiosa se diverterunt... » (*Id.*, n° 1001.) — Mandement de Henri V aux baillis de Normandie, ordonnant l'expulsion, dans la huitaine, de toutes les femmes des dissidents. « Omnes et singule mulieres quarum mariti se tenent in patriâ inobedienti, se trahant ad illos et non morantur in ducatu Normannie... » (*Id.*, n° 1314.) — *Rôles normands et français et autres pièces tirées des Archives de Londres par Bréquigny, en* 1764, 1765 *et* 1766 (*Mémoires de la Société des antiquaires de Normandie*, t. XXIII (3ᵉ série, t. III), année 1858).

3. Liste dressée à Rouen, le 5 août 1424. « Ensuient les noms des personnes executez à Rouen, depuis le xvIIᵉ jour de juing M CCCC XXIII jusques au IXᵉ jour de mars ensuivant eudit an. » (Bibl. nat., ms. fr. 26046, n° 79.)

4. Les noms de ces patriotes originaires de l'Orléanais sont cités dans l'ouvrage récent de M. L. Jarry, *le Compte de l'armée anglaise au siège d'Orléans*, chap. III, par. 4 (*Mémoires de la Société historique et archéologique de l'Orléanais*, t. XXIII, année 1892).

5. Et deux Anglais, déserteurs sans doute, en tout vingt-neuf exécutions.

c'est autant de suspects, de proscrits et de combattants qu'il convient de reconnaître, de définir et de réhabiliter.

Quant aux initiatives énergiques que pouvaient déjà compter les cités les mieux gardées, le premier essai de soulèvement tenté à Rouen même, au début de l'occupation ennemie, et dont une trace sommaire a été conservée, montre suffisamment quelles ressources latentes s'y maintenaient en réserve. Un passage assez imprécis du chroniqueur Pierre de Fenin signale seulement le fait d'une conjuration destinée à rendre la ville au parti français[1], peu de temps après la capitulation du 19 janvier 1419, mentionne son échec et les exécutions qui la suivent, et dénonce le rôle infamant que joue dans l'événement l'ancien capitaine bourguignon de la place, Guy Le Bouteiller, passé aux Anglais bien avant le traité de Troyes, qui feignit d'entrer dans le secret pour mieux livrer ses compatriotes de la veille[2]. D'autre part, dans l'été de 1419, on voit un acte authentique du roi d'Angleterre, alors à Mantes, commettre le comte de Warwick[3], avec pleins pouvoirs à cet

---

1. « En la main du Roy. » Il s'agit donc du parti bourguignon, maître de la personne de Charles VI et du gouvernement de la France, depuis la surprise de Paris dans la nuit du 28 mai 1418. A ce moment même, la haute Normandie, où l'invasion n'avait encore atteint que Harfleur, était presque également partagée entre les deux partis d'Armagnac et de Bourgogne, dont les positions sont incroyablement enchevêtrées. Voir sur ce point le curieux document publié par M. de Beaurepaire : *Accord conclu entre les capitaines du parti de Bourgogne et les capitaines du parti d'Orléans*, 5 juin 1418 (*Bibliothèque de l'École des chartes*, t. XXXVI, année 1875, p. 307-319). — Auparavant, le théâtre de la guerre ne s'étant porté qu'en basse Normandie, où le parti bourguignon n'avait aucune racine, on ne peut guère citer d'opérations entreprises par ce dernier contre l'ennemi national. — Depuis, jusqu'à l'ouverture des négociations de Troyes, au début de 1420, les Anglais ont encore double sorte d'adversaires : le gouvernement bourguignon entre Rouen et Paris, le parti dauphinois sur les frontières du Maine et de basse Normandie, et sur celles de Picardie et du pays de Caux.

2. La Chronique de Pierre de Fenin est seule à mentionner cette première conjuration, sans lui assigner aucune date particulière ; elle y fait seulement allusion après le récit du siège de Rouen, en même temps qu'elle indique la défection de Guy Le Bouteiller et le don de la terre de la Roche-Guyon, à lui attribuée comme on sait (*Mémoires de Pierre de Fenin*, éd. de Mlle Dupont, p. 104-105). Le récit de cet épisode se trouve dans l'*Histoire de Rouen* de M. Chéruel (*Histoire de Rouen sous la domination anglaise au XVe siècle*. Rouen, 1840, p. 78-79 et 140-141).

3. Richard Beauchamp, comte de Warwick, né en 1382, mort à Rouen le 30 avril 1439, commandant de la place de Rouen pendant le procès de Jeanne

effet, pour instituer une enquête sur le complot récemment tramé contre la sûreté de Rouen[1]. En rapprochant de ce document la brève allusion de la chronique, on voit que cette première conjuration dut se nouer et se laisser trahir dans le courant de juillet, moins de six mois après la capitulation du 19 janvier[2], au moment même où s'achevait, aux entrevues de Pouilly, le plus sérieux des rapprochements tentés jusqu'à ce jour entre les deux partis qui déchiraient la France[3]. Il est probable que cette entreprise se

d'Arc, beau-père de Richard Neville, comte de Warwick, le *Faiseur de rois* de la guerre des Deux-Roses.

1. Lettres de Henri V, datées de Mantes, le 23 juillet 1419. « ... Ad inquirendum de omnibus et singulis rebus infrà villam de Rouen contrà statum et majestatem regiam et in perdicionem predicte ville per quoscumque et qualitercumque perpetratis... » (*Rôles norm. et franç.*, n° 1261 : 48.)

2. L'*Histoire de Rouen sous la domination anglaise* (*ll. cc.*) place cet événement à l'époque où Guy Le Bouteiller, en possession de plusieurs seigneuries et de la terre de la Roche-Guyon, aurait exercé les fonctions de bailli de Rouen, entre Walter Beauchamp et John Kygley.

Guy Le Bouteiller reçoit en don du roi d'Angleterre, — le 16 mars 1419 (*Rôles norm. et franç.*, n° 329) : dans le Vexin normand, des terres situées au Plessis (comm. de Touffreville), à Écouis (et non à Conches), à Touffreville, Fleury-la-Forêt, Morgny, Lilly, Gamaches ; dans le pays de Bray, à Massy ; dans le pays de Caux, au Bourg-Dun ; aux environs de Rouen, à Boisguillaume ; — le 20 mars 1420, la seigneurie et le château de la Roche-Guyon (*Rôles norm. et franç.*, n° 783), qui avait capitulé en avril 1419 (*Chroniques de Normandie*, éd. Hellot, p. 48, et notes, n. 140).

Il ne paraît pas qu'il ait jamais été bailli de Rouen. L'origine de cette erreur doit remonter à la liste dressée par Farin (*Histoire de la ville de Rouen*, 1668, 3 vol. in-4°), qui inscrit en effet Guy Le Bouteiller parmi les titulaires de cette fonction, à la date de 1420, entre « Gautier de Beauchamp », premier bailli anglais, et « Jean de Liglai ». Or Walter Beauchamp, chevalier (qui n'a rien de commun avec Richard Beauchamp, comte de Warwick, ni avec John Beauchamp, commandant de Pont-de-l'Arche), nommé bailli de Rouen par lettres de Henri V, du 19 janv. 1419 (*Rôles norm. et franç.*, n° 1215), est encore en charge au 27 déc. 1420 (Bibl. nat., Cab. des Titres, P. or., *Beauchamp* 5296, n° 23). D'autre part, John Kygley, chevalier, apparaît comme bailli de Rouen, cité dès la date du 14 févr. 1421 (Ibid., *Kigley*, n° 2). — On voit encore ce dernier en charge au 8 oct. 1421 (*Rôles*, n° 1039). John Salvayn, qui lui succède, est cité à la date d'oct. 1422 (Bibl. nat., ms. fr. 26046, n°⁸ 4 et 6) et encore au 18 nov. 1447 (P. or., *Salvain*, n° 58). Sur sa gestion, sur l'intérim de Raoul Bouteiller, l'ancien bailli de Caux, pendant le procès de Jeanne d'Arc, et sur son successeur Henry Redford, dernier bailli anglais, voir la savante étude de M. de Beaurepaire, *Recherches sur le procès de condamnation de Jeanne d'Arc* (*Précis analytique des travaux de l'Académie des sciences, belles-lettres et arts de Rouen*, années 1867-1868).

3. Le 11 juillet 1419, après quatre jours d'entrevue, un traité de paix venait d'être signé à Pouilly, près de Melun, entre le dauphin et le duc de Bourgogne,

reliait au projet pareil surpris à Neufchâtel[1], et dont un acte analogue, confiant une semblable mission au comte de Kent[2], révèle à cette époque l'existence et l'insuccès[3].

Vers le même temps, une tentative aussi hasardeuse réussissait à Saint-Martin-le-Gaillard[4], vers les frontières de Picardie, et mettait un instant la place aux mains des Dauphinois[5]. Une autre échouait à Dieppe[6] : des lettres de grâce, accordées quelques mois plus tard à deux des affidés, constatent la sanglante répression du complot en même temps que les inquiétudes qu'il a fait naître[7].

à la suite de l'échec des conférences de Meulan entre le gouvernement bourguignon et le roi d'Angleterre : ces négociations avaient duré du 30 mai au 30 juin; jusqu'au 7 juillet, Jean Sans-Peur est encore à Pontoise (De Beaucourt, *Histoire de Charles VII*, t. I, p. 43-44, 126-127 et 143-153). On verra plus tard, en 1424, la première conjuration de Richard Mites se reformer à Rouen dans des circonstances presque pareilles.

1. On ne voit pas bien l'époque de la capitulation de Neufchâtel-en-Bray. Gournay s'était rendu le 9 février 1419 (Hellot, notes des *Chroniques de Normandie*, p. 212, n. 131, et p. 220, n. 137). D'une concession d'office confisqué, on pourrait déduire que Neufchâtel était tombé avant le 14 février (*Rôles norm. et franç.*, n° 290, p. 50, col. 2, n° 16).

2. Gilbert Humphreville, comte (?) de Kent, tué à la bataille de Baugé le 22 mars 1421, l'un des commissaires de la capitulation de Rouen. Par une coïncidence singulière, entre autres concessions de fiefs en Normandie, il s'était fait attribuer la terre d'Amfreville-sur-Iton, confisquée sur Pierre d'Amfreville (*Rôles norm. et franç.*, n°° 1013 et 593), d'où celui de ses aïeux qui avait passé en Angleterre avec le Conquérant tirait peut-être, avec la déformation d'usage, son origine et son nom patronymique.

3. Lettres de Henri V, datées de Mantes, le 23 juillet 1419. Même libellé que celles du comte de Warwick concernant Rouen (*Rôles norm. et franç.*, n° 1261 : 48).

4. Saint-Martin-le-Gaillard avait capitulé le 15 février 1419 (Hellot, notes des *Chron. de Norm.*, n. 131 et n. 147).

5. Le 15 août 1419, les Anglais, qui réassiégeaient la place, selon la remarque bien fondée de M. Hellot, sont mis en déroute par un parti français (*Chron. de Norm.*, éd. Hellot, p. 51 et notes, p. 215, n. 147). Sur l'alliance des capitaines bourguignons et dauphinois pour cette opération, voir *Monstrelet*, éd. Douët d'Arcq, t. III, p. 334-337, et le curieux passage de la Chronique bourguignonne anonyme publiée par M. le baron Kervyn de Lettenhove sous le nom du Livre des trahisons de France : « Monsigneur de Lille-Adan prist la croix droitte, la porta et fist porter à touttes ses gens, » etc. (*Livre des trahisons*, éd. K. de Lettenhove, p. 143).

6. Dieppe avait capitulé le 8 février 1419 (Hellot, notes des *Chron. de Norm.*, n. 131).

7. Lettres de Henri V, datées de Rouen, le 28 janvier 1420, graciant Cardot

Mais alors tout ressort moral n'est pas encore détendu : on se bat pour un objet visible et prochain, et la répétition des revers n'a pas encore stérilisé tout effort. La partie conserve une fraction d'imprévu : on peut toujours compter sur un heureux retour de chance, comme à Baugé, comme à la Gravelle. Depuis la journée de Verneuil, tout paraît transformé. Ce que le désastre entraîne avec lui de particulier, c'est la vanité de toute lutte, l'inutilité de tout plan d'ensemble, c'est la désorganisation, l'anarchie de la défense. La France est acculée : l'espace étroit où elle se débat encore fond et se réduit à vue d'œil : elle peut compter les heures qui lui restent à vivre.

Au cours de ces lourdes et poignantes années, tout indice d'insurrection particulière, tout exemple de soulèvement individuel mérite d'être relevé et suivi avec ardeur. Il n'est pas de détail qui ne doive trouver sa place dans l'histoire dispersée de ce temps, s'il marque un essai de recours aux armes et une volonté d'agir. L'assemblage des faits qui composent cet aperçu commencera peut-être à créer, — avec combien de lacunes irritantes, — la chronique de la guerre locale, de la guerre née du sol, dans certains cantons de France. Il exposera, d'autre part, la série émouvante des conjurations qui se succèdent à Rouen : en distinguant l'une de l'autre deux d'entre elles, souvent confondues et transposées hors de leur cadre réel, il en dévoilera deux autres qui ne semblent pas encore avoir été classées. Les recherches qui suivent n'ont, d'ailleurs, d'autre intention que celle d'essayer une ébauche et d'esquisser comment survécut et dura, dans quelques régions du pays conquis, la résistance tenace et désespérée des derniers défenseurs de l'idée nationale.

Divers et Michel de Ronchois, complices de la conjuration, en considération de leurs aveux. « ... Nuper tanquam suspectus cujusdam prodicionis infrà villam nostram de Dieppe per quosdam inimicos et proditores nostros maginate, commisse et perpetrate... que quidem persone capitalem sentenciam postmodum subierunt. » (*Rôles norm. et franç.*, n° 737.)

LES PARTISANS.

Entre les bornes qui viennent d'être posées, de 1424 à 1429, un certain nombre de régions du plat pays normand, d'un bord et de l'autre de la grande voie de la Seine, apparaissent comme le domaine incontesté de compagnies de partisans[1] qui tiennent résolument la campagne, menacent les approches des villes et constituent une alarme continuelle pour les forces de l'occupation étrangère[2]. Pour ne parler que de la Haute Normandie, on les voit agir vers le haut pays d'Auge, autour de Lisieux, Orbec et Bernay; dans le Lieuvin, entre la Touques et la Rille; dans les forêts et les plateaux du Vexin; vers les limites indécises du pays de Bray, du comté d'Eu et du pays de Caux[3]. Ces partisans ont

---

1. J'use à dessein de ce terme, avec peut-être un regret de n'avoir pas cru devoir employer quelqu'une des expressions modernes qui en feraient mieux saisir la valeur, mais risqueraient d'en dénaturer la portée. Dans sa généralité, il rend d'ailleurs suffisamment l'état d'esprit qu'il tend à définir. Il a été employé dans ce sens par M. Quicherat (*Aperçus nouveaux sur l'histoire de Jeanne d'Arc*, par. 2, p. 17), et par M. Siméon Luce (*Philippe Le Cat : un complot contre les Anglais à Cherbourg* (*Mémoires de l'Académie des sciences, arts et belles-lettres de Caen*, t. XLII, années 1887-1888), et *Chronique du Mont-Saint-Michel*, Pièces justificatives, t. I, p. 141, n. 1).

2. Thomas Basin leur a consacré un de ses plus curieux chapitres, où, sans citer de faits spéciaux, il peint en termes énergiques leur condition désespérée et la terreur qu'ils inspirent. La distinction entre les partisans proprement dits et les corps français, eux-mêmes plus ou moins irréguliers, qui se battaient aux frontières, y est parfaitement caractérisée. Évêque de Lisieux de 1447 à 1474, dans la région même où les partisans furent le plus fortement organisés et où la guerre de haies compta le plus de complices, son témoignage est particulièrement sûr et précieux. Il ne paraît y avoir rien d'exagéré dans le chiffre des dix mille exécutions dont il parle. Il est à noter que ce chapitre se place justement entre Verneuil et le siège d'Orléans (*Thomas Basin*, éd. Quicherat, t. I, p. 56-61, livre III, ch. II). Les Chroniques de Normandie ne mentionnent les partisans qu'en 1435, à l'heure des grands soulèvements de la campagne de Caen et du pays Cauchois (*Chron. de Norm.*, éd. Hellot, p. 82). Pierre Cauchon ne paraît pas s'en être préoccupé. Cet état n'a rien de commun avec celui que signale le Religieux de Saint-Denis, au fort de la guerre civile, entre 1408 et 1417, dans le Valois et la région de Paris, et qui, dans cette contrée, ne provient que des passions politiques, alors si furieuses dans chaque village (*Religieux de Saint-Denis*, éd. Bellaguet, t. IV, p. 454 et ss.; t. VI, p. 89, 137).

3. Il est évident qu'il existe des partisans dans toute la Normandie, de la forêt d'Eu jusqu'à la Hague. Mais, *à cette époque*, ce n'est qu'en haute Normandie, dans les contrées qui viennent d'être citées, qu'on les voit organisés

une organisation, des chefs et des armes ; ils conduisent des opérations de guerre et terrorisent des régions ; ils restent en relations constantes avec les garnisons françaises des frontières, qui reculent chaque année, mais avec lesquelles ils savent garder la filière et le contact[1].

Sans doute, leur façon de comprendre la guerre n'a rien de la pratique d'un tournoi. Ils rançonnent sans scrupules, pillent pour vivre, se livrent à tous les actes qui, en tout temps et en tout lieu, caractérisent la contre-partie inévitable de toute guerre de buissons. Mais la recette d'un collecteur des tailles est de gaie prise, quand l'argent doit passer à Rouen, pour payer le siège du Mont-Saint-Michel ou le blocus d'Orléans ; les chevaux de rechange sont bons à enlever en pleins champs, quand la chasse des garnisons voisines serre une compagnie de trop près. Jamais résistance improvisée, jamais défense du sol ne s'est maintenue sans risques, sans hasards pareils. En essayer l'excuse ou l'apologie serait puéril. Une telle guerre, sans code et sans quartier, vit d'elle-même, et ne choisit pas ses ressources.

Il vaut mieux se rappeler qu'ils sont hors la loi, bons pour l'exécution sommaire, sur simple constatation de leur personne, et que dans les halliers, les carrières abandonnées, les côtes rocheuses où ils « repairent », ils se savent réduits à la condition d'animaux de chasse[2]. De même que le fait de rébellion, toute aide, toute assistance à eux portée implique peine de mort ; le recel est poursuivi comme l'insurrection[3], et les femmes convaincues

et *livrant des combats*. En basse Normandie, les exécutions sont nombreuses, mais on ne voit guère de compagnies encadrées comme celles des Guillaume Halley, des Perrot Le Saige, des Roger Christophle, des Guillaume de Brèvedent, des Jeannequin de Villers, des Le Roy de Valescourt.

1. Voici comment Thomas Basin les différencie des partis français des frontières : « Præter vero eos qui pro Francorum partibus se militari dicebant, et, licet plerumque absque ordine et stipendio, tamen oppida et castra incolebant quæ Francis parerent et sese ac prædas suas in iisdem receptabant, erant alii sine numero desperati atque perditi homines, qui... relictis agris et domibus propriis, non quidem Francorum oppida seu castra incolerent, aut in eorum exercitibus militarent, sed ferarum more ac luporum densissima silvarum et inaccessa loca tenebant. »

2. Témoignage de Thomas Basin : « Licet Anglici eos cùm potuissent, sine ullâ miseratione trucidantes, frequentissime perquirerent, perlustrantes silvas et *canibus eas cingentes et pervagantes...* »

3. Voir sur ce point les nombreuses lettres de rémission citées ci-dessous, et le témoignage de Thomas Basin : « Tam de ipsis quam de eorumdem receptatoribus, quibus non dissimile judicium reddebatur. »

de les avoir secourus sont enterrées vives au pied des gibets[1]. Souvent même leur dépouille ne trouve pas grâce, et, s'ils sont tués dans la rencontre ou la poursuite, leur cadavre se voit refuser la sépulture en terre sainte[2]. Leur vie a sa cote, comme la peau d'un loup. Elle vaut six livres, payées à qui les prend. En octobre 1424, on publie de nouveau, dans toute la Normandie[3], les ordonnances royales qui règlent leur sort[4]. Six livres par corps, tel est le prix d'un partisan, amené vivant au siège de la vicomté. C'est le taux de l'homme : si la capture est opérée en bande, chacun reçoit sa part de prise; si le lot de victimes compte plusieurs têtes, accroissement proportionnel de la prime et répartition correspondante au nombre des preneurs. En tout cas, défense absolue à tout homme de troupe, à tout capitaine ou lieutenant, de faire financer directement les prisonniers entre leurs mains : c'est à l'administration qu'ils doivent les remettre, contre paiement réglementaire et tarifé[5]. Autour de toutes les places, de tous les lieux de garnison, ce gibier humain devient l'objet d'un trafic habituel[6], et souvent la quittance de l'homme d'armes ou de l'archer, qui a traqué et pris un insurgé, décapité au lieu de justice le plus proche, figure presqu'en mêmes termes à côté de celle du

1. Thomasse Raoul, d'Esquay-sur-Seulles, à Bayeux, en avril 1424; Jeanne La Hardie, à Falaise, en avril 1435 (Siméon Luce, *Chron. du Mont-Saint-Michel*, Pièces just., n°ˢ 24 et 172, et Bibl. nat., ms. fr. 26061, n° 2920). — Une femme est brûlée à Paris, à la suite de la découverte de la conjuration de décembre 1422 (*Chronique dite des Cordeliers*, Bibl. nat., ms. fr. 23018, fol. 432, et *Monstrelet*, éd. Douët d'Arcq, t. IV, p. 135). Deux autres subissent le même supplice, on ne voit pas pour quel motif : à Bayeux, en 1436 (Bibl. nat., ms. fr. 26061, n° 2874); à Carentan, en 1438 (Id., 26066, n° 3807).

2. Prise de Colin Rose, à Songeons (Oise, ch.-l. de cant., arr. de Beauvais), amené mort à Gournay (Seine-Inférieure, arr. de Neufchâtel), en mars 1426 (Bibl. nat., ms. fr. 26049, n° 558).

3. Mandement de Henri VI aux baillis de Normandie, visé dans un mandement du bailli de Cotentin au vicomte de Cherbourg, daté du siège devant le Mont-Saint-Michel, le 20 octobre 1424 (Bibl. nat., ms. fr. 26047, n° 338).

4. Ce mandement se réfère à des ordonnances antérieures. Cf. entre autres : Bibl. nat., ms. fr. 26046, n° 168; 26047, n°ˢ 263, 264. Cf. le témoignage absolument concordant de Thomas Basin (*l. c.*) : « Erat enim publico edictu occidentibus vel adducentibus *brigandos* certum salarium de fisco regis propositum et constitutum. »

5. Sur la défense de faire composer directement les insurgés prisonniers, voir le mandement de Henri V aux baillis de Normandie, daté de Rouen, le 8 décembre 1421 (*Rôles norm. et franç.*, n° 1061).

6. A ce tarif répondent toutes les pièces citées ci-dessous, ainsi du reste que celles éditées ailleurs.

louvetier, qui déclare le résultat de sa chasse et touche le prix du pied de la bête fauve.

Les débris de la comptabilité de l'époque fournissent sur leur caractère et leur identité réelle des renseignements qui font loi. Ils demandent toutefois à être consultés, non seulement avec suite, mais encore, et surtout, avec bonne foi.

Quiconque les a compulsés y a distingué facilement, entre autres classes de pièces, les quittances de soldats étrangers et d'exécuteurs de justice qui reconnaissent avoir touché leur prime de capture ou leur salaire de métier, et les mandements de taxation émanés des fonctionnaires compétents, baillis, lieutenants de bailliage ou vicomtes, qui ordonnancent les paiements à effectuer pour l'un ou l'autre de ces objets. Dans tous ceux de ces documents où se trouve relevée une imputation criminelle, le terme toujours employé, seul ou joint à d'autres analogues, est celui de « brigand », que les rédactions latines, négligeant les équivalents insuffisants de la langue classique, traduisent par un vocable directement calqué sur la forme vulgaire[1]. Les qualifications de larron, pillard, meurtrier, guetteur de chemins, à l'une ou plusieurs desquelles on le trouve souvent accolé, pourraient porter à présumer des méfaits d'ordre banal et sans intérêt particulier. Les termes plus expressifs de traître, ennemi et adversaire du roi, criminel de lèse-majesté, espion de forteresses, qui, dans le même acte ou dans un autre relatif au même personnage, ont soin de préciser l'inculpation, donnent bientôt à réfléchir et fournissent la solution du problème.

Dans tout le pays de conquête, à cette époque, tout Français qualifié de « brigand », ou d'une appellation analogue, est un partisan qui tient la campagne ou les bois, un patriote qui a refusé le serment ou renié une soumission passagère, déchiré la « bullette de ligeance » délivrée aux premiers jours de l'occupation par les fonctionnaires de l'étranger[2]. Du reste, si des associations

---

1. « Omnes et singuli *brigantes*, » en 1418. — « Per *brigantes* et alias gentes partem Francie tenentes » (pays d'Ouche), en 1419. — « Propter metum et confluentiam *brigandorum* » (pays d'Auge), en 1419. — « Effecti predones et *brigandi*, » en 1421. — « Propter confluentiam *brigandorum* in partibus d'Auge » (pays d'Auge), en 1422 (*Rôles norm. et franç.*, n°ˢ 1360, 272, 651, 1001, 1315). — « Hoc si quidem genus desperatorum hominum, qui vulgò *brigandi* appellabantur » (*Thomas Basin*, éd. Quicherat, t. I, p. 57).

2. Le type de ces sortes d'actes a été dégagé et établi par M. Siméon Luce

de détrousseurs vulgaires exploitent le pays, les actes officiels les distinguent des combattants irréguliers en armes : l'un d'eux, singulièrement caractéristique, a conservé la trace de pareil fait, survenant vers les confins du pays d'Auge, où des malfaiteurs rançonnent un village, « feignants estre brigands nos ennemis », dit le texte qui accorde sa grâce à l'un d'eux[1].

Il y a plus. Certaines pièces comptables, entièrement muettes sur toute espèce de qualification, ne contiennent que l'énoncé du fait pour lequel elles ont été dressées. Celles qui ont trait à une capture en rase campagne, effectuée par un homme d'armes ou quelque escouade d'un poste voisin, se passent d'explication superflue, et trahissent par elles-mêmes un acte d'insurrection manifeste. Il en est d'autres, moins explicites sans doute, se rapportant à une exécution légale, par exemple, et ne paraissant pas forcément comporter, à première vue, une signification semblable. Or, ces dernières aussi, dans leur silence énigmatique, n'en doivent pas moins être interprétées dans le même sens que les précédentes, comme indices d'un fait de guerre ou de rébellion déclarée. En effet, quand tel document de trésorerie, une quittance de salaire par exemple, mentionne sèchement quelque mise à mort à Rouen, à Caudebec ou à Bernay, telle autre pièce annexe, mandement de taxation ou ordonnance de paiement, spécifie nettement la prévention[2]. Sous la victime jugée ou dépêchée « pour ses démérites », selon l'expression administrative et consacrée, elle permet ainsi de soupçonner et de restituer à son vrai caractère le « brigand », l'insurgé tenant le plat pays, pris sur les routes, en forêt, sur la rivière ou dans les ruines d'un lieu fort, les armes à la main et combattant l'étranger[3]. Le cas est si fré-

---

dans la *Chronique du Mont-Saint-Michel*, Pièces justificatives, n° 2. Voir *Monstrelet*, éd. Douët d'Arcq, t. III, p. 309-310, et le récit, évidemment d'un témoin oculaire, présenté par le Livre des trahisons : « Sy les bailloient sur le selle ou le dos de la main pour telle ville ou pour autant de tels hommes ou telles maisons » (*Livre des Trahisons*, éd. K. de Lettenhove, p. 141).

1. Rémission pour Vincent Lerhese, journalier, de la Haye-Saint-Silvestre (Eure, canton de Rugles), en date du 12 juin 1427 : faits récents (Arch. nat., JJ 173, n° 694).

2. Quelquefois avec moins de renseignements sur le lieu d'origine et la condition civile du personnage que n'en contient la quittance.

3. C'est ainsi qu'on a pu, dans ce qui suit, reconnaître l'identité réelle de Pierre de Cleuville, l'un des conjurés du second complot rouennais de Richard

quent, et détermine si bien la règle, que là où la pièce explicative fait défaut, il n'y a pas lieu de se préoccuper de son absence. Il serait d'ailleurs puéril de vouloir établir une distinction entre le mode de suppression des uns ou des autres. La corde, comme la hache ou la noyade, marque alors le terme de tant de vaillantes existences, qu'il ne faut pas songer, sur un détail aussi mesquin, à baser aucune répartition arbitraire ni à vouloir confondre malandrins et patriotes.

Ce principe donc se démontre. Sauf indication formellement contraire, tout Français exécuté en Normandie, pendant l'occupation étrangère, est un patriote condamné. Pour qui rencontre un de ces témoignages, explicites ou non, mentionnant le supplice d'un paysan, d'un ouvrier de métier, d'un écuyer de la petite noblesse rurale, le souci de la vérité s'impose. Autant de « brigands » traqués, arrêtés, questionnés, autant d'exécutions sommaires, sans cause apparente, de la Bresle au Couesnon, autant d'insurgés, autant de victimes qui tombent pour le nom de France.

Les compagnies.

Les partisans, groupés en compagnies irrégulières, ne possédant ni lieux forts ni enceintes, n'ayant à eux que la campagne, ont une organisation, un genre de vie dont il convient de réunir quelques traits[1].

Ils ont entre eux un mot d'ordre, une formule de serment[2]. Un des chefs qui tiennent le Lieuvin, en 1426, fait jurer au volontaire entré dans la troupe « que de tout son pouvoir il nuirait et greverait les Anglais[3]. » Ils ont des éclaireurs, des guides en titre, des indicateurs, continuant à résider au village, au bourg ou à la ville, qui battent les champs, les routes, les marchés, par

Mites, en 1427, et établir le fait de la conspiration à laquelle prend part le chef de partisans Pierre Le Bigourdais, en 1428.

1. Tous les renseignements cités au cours de ce chapitre se réfèrent à des faits se rapportant aux années 1424-1429, limites, comme on l'a vu, assignées à cette étude.

2. « Le serement tel qu'ils ont acoustumé faire entre eulx. » Arch. nat., JJ 173, n° 513. — « Auquel fist faire serement de le servir bien et loyaument. » Arch. nat., JJ 173, n° 534.

3. « Et que de tout son povoir il nuyroit et greveroit les Anglois et tous autres noz subgez. » Arch. nat., JJ 183, n° 534.

occasion de culture ou de métier, leur signalent les coups à tenter, font de la propagande et leur expédient des recrues[1]. Quand
un nouveau venu demande à entrer dans le rang, une enquête
s'opère, afin de savoir quel mobile le pousse : si c'est une rancune
personnelle contre un compatriote, un goût passager d'aventures,
on le surveille sans le perdre de vue : jusqu'à plus mûre épreuve,
il ne figure pas sur le même pied que l'engagé d'élite, dont on connaît la haine sans remède contre l'étranger et l'énergie prête à
tous les risques[2]. Quelques-uns même, pour ne pas compromettre
leurs parents et leurs familles restées au pays, prennent des pseu-
donymes et des noms de guerre, qui ne mettent qu'eux seuls en
péril et leur assurent toute liberté d'action[3].

Dans la compagnie ainsi montée, une comptabilité curieuse se
tient, qui assure à chacun sa part de prise, qui prélève au fur et
à mesure les frais d'équipement sur le fonds de bénéfices individuel[4]. Le rançonnage est un de leurs moyens courants d'existence[5]; l'industrie s'opère sur les petits fonctionnaires locaux,
sergents, receveurs des aides, collecteurs d'impôts[6]. D'autre part,
ils payent consciencieusement les provisions, les denrées de
toute sorte dont il leur serait aisé de s'emparer par force ou de
réquisitionner par menace. Un parti traqué dans le Vexin, vers
Méru et Chaumont, règle ses frais de subsistance dans le hameau
écarté de Neuvillebosc[7], où les fugitifs se font apporter des vivres[8].
D'autres partisans, près de Trie-Château[9], agissent exactement
de même, et payent scrupuleusement le repas au cours duquel on
a réglé l'enlèvement d'un fonctionnaire anglais du voisinage[10].
Une compagnie, entre Pont-Audemer et Honfleur, se fait livrer,
dans le bourg d'Épaignes[11], dix-huit paires de souliers, que l'ouvrier porte dans les bois et dont il touche le prix[12]. Une bande,

1. Arch. nat., JJ 173, n⁰ˢ 38, 379, 436, 513, 515, 534.
2. Arch. nat., JJ 173, nˢˢ 534, 537.
3. Arch. nat., JJ 173, n° 355. Bibl. nat., ms. fr. 26050, n° 889.
4. Arch. nat., JJ 173, n⁰ˢ 534, 537, 671 et 673.
5. Entre autres : Arch. nat., JJ 173, n⁰ˢ 390, 443, 513, 515, 523, 534, 671 et 673.
6. Arch. nat., JJ 173, nˢˢ 355, 520.
7. Oise, cant. de Méru.
8. Arch. nat., JJ 173, n⁰ˢ 256, 269.
9. Oise, cant. de Chaumont-en-Vexin.
10. Arch. nat., JJ 173, n° 443.
11. Eure, cant. de Cormeilles.
12. Arch. nat., JJ 173, nˢ 436.

cantonnée dans les bois qui bordent l'Avre, aux alentours de Verneuil[1], expédie à trente lieues de distance, au chirurgien qui a guéri un de ses blessés, le faible salaire qui lui est dû pour ses soins[2].

Dans les villages, les hameaux, les maisons écartées en lisière des bois, les partisans ont des complicités, des intelligences, que n'effrayent pas les terribles pénalités édictées contre le recel, et qui leur assurent le ravitaillement, l'espionnage et le secret. Des prêtres du petit clergé des campagnes leur servent d'intermédiaires, vont pour eux aux nouvelles, leur donnent la liste de leurs morts, correspondent avec eux et les partis français du voisinage, quand ils ne combattent pas dans le rang, les armes à la main[3]. Dans la population rurale, des paysans, des femmes leur portent dans leur abri, carrière, hallier ou ravin, des vivres frais, des provisions de toute espèce[4]. Ils se procurent ainsi des vêtements, ici des souliers, des chausses, des pelisses, des chapeaux, là une pièce de futaine, des pièces de drap, de bourrette, de toile[5]. Sur les limites du Bray et du Beauvaisis, une compagnie possède mieux encore : elle a dans les bois un parc à bétail, un dépôt de fourrage, des approvisionnements de victuailles, beurres et fromages, des barils de liquides ; elle va vendanger pour son compte les vignes du curé de Goincourt[6] et fait du vin sur place, en forêt, avec des pressoirs installés à l'abri : elle organise des chasses et va braconner tout le gibier de la garenne de Milly[7], qui est à l'évêque Pierre Cauchon[8].

Ils ont aussi leurs blessés, qu'ils traînent avec eux comme ils peuvent, qu'ils font soigner et laissent en garde entre des mains sûres[9]. Quelques récits contemporains ont conservé la trace d'émouvantes scènes de ce genre où revivent de curieux traits de

1. Eure, arr. d'Evreux.
2. Arch. nat., JJ 173, n° 201.
3. Arch. nat., JJ 173, n°ˢ 79, 104, 379, 430, 539, 692.
4. C'est le cas le plus fréquemment mentionné par les lettres de rémission contemporaines. Presque toutes celles citées ici le signalent comme principal ou connexe.
5. Arch. nat., JJ 173, n°ˢ 38, 203, 322, 334, 436, 699, 535, 677.
6. Oise, cant. de Beauvais-Sud.
7. Oise, cant. de Marseille-le-Petit.
8. Arch. nat., JJ 173, n° 677.
9. Arch. nat., JJ 173, n°ˢ 201, 390, 692.

mœurs. — Un jeune chirurgien-barbier de Breteuil[1], Chardot
Honfroy, qui exerce dans le canton, sur les lisières du Perche,
vers Pâques 1425, courant les campagnes et les marchés, avec
sa trousse et ses outils, « ainsi que tels pauvres compagnons font
quand ils n'ont que besogner », est un jour guetté dans sa tournée, près du village de Séez-Moulins[2], par une femme du pays,
accourue le chercher de la part de Jean Havage, partisan, tenant
les bois du voisinage, qui vient d'être dangereusement atteint
dans une rencontre et se trouve caché près de Dampierre-sur-
Avre[3]. Le chirurgien se rend dans sa retraite, le panse, reste
deux jours et deux nuits auprès de lui, au milieu de la compagnie, puis, effrayé des conséquences de son action, s'enfuit à
Fécamp, sous prétexte de pèlerinage, où lui parvient à travers
toute la Normandie, en rémunération de ses soins, un paiement
en nature, « une paire de chausses vermeilles », humble et vraiment touchant témoignage de la reconnaissance du blessé[4]. —
Ailleurs, en Vexin normand, dans la forêt de Lyons, en pays
hanté de bandes bien armées, frère Laurent Anquetil, religieux
de l'abbaye de Mortemer[5], se rendant un matin de l'hiver
de 1427, après sa messe, à la culture qu'il a prise à bail, à la
Lande[6], près de Lyons, rencontre un parti d'une douzaine de
partisans en retraite, emportant avec eux leur chef, un noble du
pays, Jeannequin de Villers, très maltraité et en péril de mort[7].
La petite troupe arraisonne le moine, lui fait jurer le secret, porte
le blessé dans la ferme en lisière des bois, où frère Anquetil
le cache, le garde et le soigne avec l'aide du page, demeuré pour
veiller son maître. Le moine le remet sur pied en cinq semaines
et le renvoie guéri, sans avoir songé un instant à trahir son
serment[8].

Toutes ces compagnies ont des armes. Chacun de leurs hommes
est au moins « embastonné », selon le terme usuel et courant. Il
serait assez plausible de croire, à première vue, que cette expres-

---

1. Eure, arr. d'Évreux.
2. Eure, cant. de Breteuil, comm. de Condé-sur-Iton.
3. Eure-et-Loir, cant. de Brezolles.
4. Arch. nat., JJ 173, n° 201.
5. Mortemer, dans la forêt de Lyons (Eure, cant. de Lyons, comm. de Lisors).
6. La Lande, dans la forêt de Lyons (Eure, comm. de Lyons).
7. Sur ce personnage, voir ci-dessous.
8. Arch. nat., JJ 173, n° 692.

sion désigne quelque objet défensif, naturel et d'un emploi facile,
quelque bâton ferré ou durci au feu, qui composerait de la sorte
tout l'équipement des partisans. Il n'en est rien cependant. Les
armes qu'ils ont en main sont des armes de gens de guerre et de
soldats, moins régulières et moins parfaites peut-être, mais suffisantes néanmoins pour livrer combat sans inégalité trop marquée.
Comme pièces offensives, ils ont tout ce qui équipe une troupe
régulière. Les textes contemporains sont unanimes à définir,
directement ou par déduction, le fait de l' « embastonnement » et
à lui attribuer une tout autre valeur que celle qu'on pourrait lui
réserver. Constamment y revient la mention de gens de village,
de partisans « embastonnés » d'armes variées : « armures inva-
sibles[1] », piques, épées, vouges, faucillons, arcs et flèches, haches
d'armes, lances surtout[2]. Tel d'entre eux désigne simplement
comme « embastonnés », sans autre explication, des partisans
des environs de Lisieux qu'un passage suivant du même acte présente comme armés de pied en cap, et disposant de cavalerie[3]. Quant
au simple bâton, c'est encore un terme dont il convient d'établir
la valeur. On le voit, en effet, couramment appliqué pour désigner de véritables armes de guerre : une pique à rouelle de métal,
par exemple[4], une guisarme[5], cette demi-pique à large fer que
portent des fantassins spéciaux ; ailleurs, des pièces offensives,
dites « bâton de défense[6] » ou « bec de faucon[7] » ; ailleurs encore,
une hache d'armes[8], une « hachette norroise[9] », rappel archaïque

1. Arch. nat., JJ 173, n° 513.
2. Entre autres : Arch. nat., JJ 173, nos 322, 334, 377, 379, 504, 509, 513, 534, 558,
692, 699 ; JJ 174, nos 67, 229, 252 ; Bibl. nat., Cab. des Titres, P. or., *Gourdel*, n° 16.
3. Arch. nat., JJ 173, nos 504 et 558.
4. « Un grant plançon ou baston fait en manière de picque à rouelle de fer. »
A Bacqueville, en Caux, en 1427. Arch. nat., JJ 174, nos 240 et 241.
5. « Un baston nommé guiserme. » A Cauville, en Caux, en 1429. Arch. nat.,
JJ 174, n° 328.
6. « Un baston de défense », employé en même temps qu'une cognée, façon
de hache d'armes. A Saint-Germain-la-Campagne, en Lieuvin, en 1429. Arch.
nat., JJ 174, n° 297.
7. « Se mirent à défense de leurs bastons qu'ils avoient porté, c'est assavoir
d'un bec de faucon et d'une coignée enhantée en forme de hache. » Au Trans-
lay, en Vimeu, en 1427. Arch. nat., JJ 173, n° 705.
8. Des gens de village sont désignés comme « embastonnés », les uns ou les
autres, d'une hache d'armes, d'un épieu, d'un haubergon et d'une pique de fer.
A Braine-le-Château, en Soissonnais, en 1425. Arch. nat., JJ 173, n° 377.
9. « Lequel mist au devant un baston qu'il avoit, nommé hachette noirroise. »
A Coulonces, dans le pays virois, en 1424.

des conquérants scandinaves. On peut donc en venir à la conclusion suivante. Un partisan désigné, sans explication complémentaire, comme muni d'un bâton n'est pas forcément un paysan
qui porte un tronçon de bois coupé dans la haie voisine : il a déjà
une arme meurtrière entre les mains. Un partisan signalé comme
« embastonné », sans définition plus précise, est un soldat presque
régulièrement équipé. La démonstration de ce fait est moins
superflue qu'on ne saurait croire. Elle présente une réelle importance pour l'étude des grands soulèvements qui éclateront plus
tard dans la plaine de Caen, le pays de Caux et le val de Vire,
et à l'occasion desquels chroniques et documents emploient si
souvent cette expression caractéristique dans un sens auquel il
importe de reconnaître sa véritable portée[1].

Dans le Lieuvin, en 1426, voici l'équipement d'un nouvel
engagé dans une compagnie bien encadrée : robe, chaperon,
chausses, souliers, épée, arc et trousse de flèches, que le capitaine lui fait délivrer sur l'heure[2]. Plusieurs ont aussi des cape-
lines de fer[3]. C'est exactement l'armement des corps d'archers
mis sur pied pour leur donner la chasse, dans les environs d'Eu,
et qui sont « garnis d'arcs, trousses, cappelaines et gros pour-
points[4]. » On vient d'énumérer les autres armes qu'on voit couramment entre leurs mains : piques, demi-piques, demi-lances,

---

1. C'est vraisemblablement dans cette acception, plutôt qu'au sens littéral,
qu'il faut prendre le passage connu des Chroniques de Normandie, qui relate
comment le gouvernement anglais fit « armer et embastonner les communes du
pais, » en Normandie, après le traité d'Arras, pendant l'hiver de 1435-1436
(Chron. de Norm., éd. Hellot, p. 82). De même également le passage de Monstrelet relatif à cet événement : « ... Les communes gens du pays de Normandie
... armés et embastonnés chascun selonc son estat » (Monstrelet, éd. Douët
d'Arcq, t. V, p. 104). Même acception sans doute dans ce mandement du bailli
de Cotentin au vicomte d'Avranches, dont porte trace, en mars 1436, une des
Pièces justificatives de la Chronique du Mont-Saint-Michel : « Que chascun
homme du plat pays de sadite vicomté se tenissent embastonnés et ambus-
chassent les chemins » (t. II, n° 182). De même encore, dans celui du bailli de
Rouen au vicomte d'Orbec, en date du 7 octobre 1435 : « Que les gens du
peuple embastonnez se tiennent prestz » (Bibl. nat., Cab. des Titres, P. or.,
Salvain, n° 34). Sens également identique dans cette montre de dix archers, le
30 juillet 1435, destinée à « conduire le peuple embastonné en la vicomté d'Auge
(Bibl. nat., ms. fr. 25772, n° 958).
2. Arch. nat., JJ 173, n° 534.
3. Arch. nat., JJ 173, n° 526.
4. Bibl. nat., ms. fr. 25768, n° 276.

faucillons, vouges, haches d'armes[1]. Quant aux lances, ils en portent presque tous. Ils s'en procurent par les plus audacieux moyens. Les indicateurs qu'ils ont dans chaque village leur désignent les paysans que leurs affaires amènent aux marchés des villes, et ceux-ci reçoivent commission de leur en acheter dans les places. Un journalier des environs de Pont-Audemer va de la sorte leur en chercher à Rouen, et les cache en dépôt le long de la côte, près de l'abbaye de Grestain[2], dans un endroit convenu[3]. Un dizenier de paroisse du village de la Lande[4], assermenté pour les combattre, leur en rapporte de la même façon et garde l'approvisionnement chez un voisin, dans ses granges[5]. La poudre ne leur manque pas non plus. Une compagnie des environs de Beauvais envoie un prisonnier en acheter jusqu'à Amiens[6]. Les fuyards d'un parti détruit sur les rives de l'Andelle, en face de Pont-de-l'Arche, laissent leur provision dans une habitation écartée, entre la Seine et la forêt de Longbœl, où ils doivent venir la reprendre[7]. Les partisans des bois du Lieuvin s'en font livrer par les habitants du pays en même temps que des vêtements et des vivres[8]. Jusqu'à des engins d'escalade, dont certains chefs, plus prévoyants encore, se précautionnent pour les coups de main. Entre Bayeux et Vire, dans les bois de Ferrières-Harang[9], une compagnie en relations avec les garnisons françaises du Maine tient cachée une échelle « à eschieller », qu'on force par menace un vieux gentilhomme du lieu, Colin Le Vaillant, père de douze enfants, à dissimuler dans une étable à brebis, où le lieutenant anglais de Vire, avisé par ses espions, vient opérer une descente de justice et saisir cet étrange matériel de siège[10].

Souvent même, les compagnies sont montées. Comment ils se pourvoient de chevaux, d'avoine, de fourrage pour les nourrir au bois, il est facile de le présumer ; on prend de tout cela où l'on

---

1. Arch. nat., JJ 173, n⁰ˢ 322, 334, 692, 699 ; JJ 174, n° 67.
2. Grestain, Eure, cant. de Beuzeville, comm. de Fatouville-Grestain.
3. Arch. nat., JJ 173, n° 379.
4. Eure, cant. de Beuzeville.
5. Arch. nat., JJ 173, n° 526.
6. Arch. nat., JJ 173, n° 203.
7. Arch. nat., JJ 173, n° 511.
8. Arch. nat., JJ 173, n° 535.
9. Calvados, cant. de Bény-Bocage.
10. Arch. nat., JJ 173, n° 115.

en trouve[1]. Comment néanmoins, et par quel procédé qui tient
du prodige, peuvent-ils se former en troupe au fond des bois et en
sortir en ordre de bataille ? Toujours est-il qu'aux deux extrémités du champ de résistance, dans le pays d'Auge et dans le pays
de Bray, à plusieurs reprises ils courent le pays, par pelotons
d'une vingtaine de cavaliers, au grand jour, et se dénombrant
par leur chiffre de lances, comme la mieux ordonnée des compagnies de ligne[2].

Singulier groupement que celui de ces insurgés prêts à tout, de
ces *outlaws* que l'Angleterre avait connus, elle aussi, comme
l'héroïque expression de la résistance d'un peuple. Dans les compagnies qui bataillent ainsi sans trêve, qui défendent pied à
pied leur existence et leur liberté, toutes les classes sociales se
trouvent confondues : gens du peuple, venus de la terre ou des
métiers, religieux, nobles proscrits. On y voit des cultivateurs,
des journaliers, des bûcherons, des pêcheurs de rivière, des
chasseurs de profession, des carriers, des bouchers, des tanneurs,
des cordonniers, des charpentiers, des commis de marchands, des
maréchaux-ferrants. Ils coudoient des sergents forestiers, des
clercs de procureurs, des moines qui ont sauté les murs de leur
couvent pour courir au bois. Il y a dans le nombre des nobles du
pays, qui savent la guerre, qui l'ont pratiquée régulière, qui font
autant de chefs tout trouvés. Paysans et petits gentilshommes[3],
vivant de la même vie, n'existant que par le sol, sont restés liés,
après la conquête, à la culture qui les nourrit. Puis, un jour, ils
se décident à quitter leur maigre bien, à sacrifier leur manoir ou
leurs champs pour rejoindre la compagnie de partisans la plus
proche. Ils se rendent alors, selon l'expression consacrée, « bri-

---

1. Arch. nat., JJ 173, n°° 273, 334, 677.
2. Arch. nat., JJ 173, n°° 504 et 558 ; Bibl. nat., ms. fr. 26048, n° 501 (hiver
et automne de 1425).
3. Sur l'union de la petite noblesse des campagnes et des paysans, voir le
mandement de Henri V, du 27 juin 1421, déjà cité : « Quàm plures *nobiles et
alii populares* de ducatu nostro Normannie » (*Rôles norm. et franç.*, n° 1001).
— Voir aussi, raconté plus loin, l'exil volontaire de Robert de Carrouges, en compagnie de gens du pays qui se dévouent pour le suivre. Remarquer également
un passage caractéristique du Journal d'un bourgeois de Paris, en 1425, parlant
d'une expédition où l'on prend deux cents partisans dans la région de Paris.
« Et si n'avoient point d'aveu et nul estandart, et estoient pauvres gentilz-
hommes qui ainsi devenoient larrons de jour et de nuyt » (*Journal d'un bourgeois de Paris*, éd. Tuetey, p. 206).

gands et adversaires » du roi anglais, pour vivre hors la loi, braver la conquête et jouer leur vie chaque jour, dans les bois voisins de leur village, à la vue de leur clocher natal et de leurs terres confisquées.

LE PAYS D'AUGE. LE LIEUVIN[1].

Le haut pays d'Auge, les environs d'Orbec, de Bernay, de Lisieux, déterminent une des régions où les compagnies de partisans sont maîtresses des campagnes.

A Bernay, il n'existe qu'un poste, en ville alors presque ouverte[2]; à la Rivière-Thibouville, on ne voit de détachement qu'au moment de la campagne du Sacre[3]; quant aux maisons fortes d'Orbec et de Beaumont-le-Roger[4], elles n'en imposent guère. Des prisons d'Orbec, on s'évade à volonté[5], et l'hôtel du roi à Beaumont-le-

1. Tous les noms de lieu cités dans ce chapitre ont été, sauf indication contraire, ramenés à la forme actuelle : presque tous se trouvent compris dans la même région contiguë (Calvados : arr. de Pont-l'Évêque et de Lisieux; Orne : cant. de Gacé, du Merlerault, de la Ferté-Fresnel, dans l'arr. d'Argentan; cant. de Moulins-la-Marche et de Laigle dans l'arr. de Mortagne; Eure : cant. de Rugles, Breteuil et Conches, dans l'arr. d'Évreux; arr. de Bernay et de Pont-Audemer; cant. du Neubourg et d'Amfreville-la-Campagne, dans l'arr. de Louviers; Seine-Inférieure : cant. d'Elbeuf, dans l'arr. de Rouen). Il a donc paru inutile d'en répéter à chaque fois l'identification. Elle ne sera donc donnée que pour les localités ne formant pas chef-lieu de commune, les lieux d'origine ou de famille, les pays situés hors de la région et certains cas particuliers.

2. « Dicta villa, quamvis non murata » (*Religieux de Saint-Denis*, éd. Bellaguet, t. VI, p. 476). Les documents cités pour cette région font souvent mention des « Anglais de Bernay », mais il ne paraît pas y avoir eu de garnison ni de capitaines payés par le trésor pour cette forteresse. Voir la liste des places de Normandie dressée par M. de Beaurepaire d'après les comptes de 1424-1429. *De l'Administration de la Normandie sous la domination anglaise*, 1424-1429 (*Mémoires de la Société des antiquaires de Normandie*, t. XXIV (3ᵉ série, t. IV), année 1859). Ces comptes comprennent l'époque comprise entre le 16 novembre 1423 et le 28 septembre 1425, et celle qui s'écoule du 29 septembre 1428 au 28 septembre 1429.

3. De Beaurepaire, *l. c.*

4. Bibl. nat., ms. fr. 26062, nᵒ 3146; 26050, nᵒ 916. Ces deux places ne sont pas mentionnées dans les comptes de Normandie. En 1428, il est fait mention d'un « lieutenant de capitainerie » à Orbec. Boucher de Molandon et Adalbert de Beaucorps, *l'Armée anglaise vaincue par Jeanne d'Arc sous les murs d'Orléans*, Pièces just., nᵒ 95 (*Mémoires de la Société historique et archéologique de l'Orléanais*, t. XXXIII, année 1892).

5. Arch. nat., JJ 174, nᵒ 85 : faits de 1427.

Roger, tout fortifié qu'il est, ne représente qu'une défense négligeable[1]. Plus au sud, Chambrois[2], Gacé[3], la Ferté-Fresnel[4] ont certainement des soldats[5] et gardent la lisière accidentée du Perche[6]. Mais en somme[7], de la Rille à la mer[8], entre Conches et Touques[9],

1. Bibl. nat., ms. fr. 26050, n° 916 : faits de 1428.

2. Ancien nom de Broglie. En octobre 1419, le château de Chambrois est signalé comme armé (*Rôles norm. et franç.*, n° 675).

3. Le château de Gacé, en 1425, a un capitaine et un lieutenant (Arch. nat., JJ 173, n° 179).

4. On voit souvent citer les « Anglais de la Ferté-Fresnel », comme ceux de Bernay (Arch. nat., JJ 173, n° 694; JJ 174, n° 156). En 1423, la place avait un connétable, Pierre des Perriers (Bibl. nat., ms. fr. 26046, n° 168).

5. Ces trois places ne figurent pas dans les comptes de Normandie. Lors de l'invasion de 1417-1419, Chambrois seul donne lieu à une capitulation, le 9 mars 1418 (Hellot, notes des *Chron. de Norm.*, n. 86). Lors de la reconquête de 1449, Chambrois et la Ferté-Fresnel se rendent aux capitaines de Charles VII (De Beaucourt, *Hist. de Charles VII*, t. V, p. 6, n. 6, et p. 8). On ne voit pas trace de Gacé.

6. Là, deux lieux forts, Bonmoulins et Saint-Évroult-Notre-Dame-du-Bois, dont la grande compagnie anglo-navarraise occupait en 1362 l'abbaye fortifiée (Siméon Luce, *Histoire de Bertrand du Guesclin et de son époque*, p. 360 et 495), sont « emparés » par des partis français à la suite de la campagne de 1429 ; ces deux postes perdus restent quelques années entre leurs mains, malgré de furieux assauts. Les Anglais de Bonmoulins sont souvent cités en 1425 (Arch. nat., JJ 173, n⁰ˢ 79, 104). Bonmoulins était encore français dans l'été de 1420 (Arch. nat., JJ 173, n⁰ˢ 628, 717).

7. A Lisieux même, durant toute cette époque, on ne voit pas trace de garnison fixe. Abandonnée par les Français aussitôt la descente de Henri V à Touques, en août 1417, la place avait été occupée par le duc de Clarence en mai 1418 (*Chron. de Norm.*, éd. Hellot, p. 34). De 1419 à 1422, on voit la ville commandée par un capitaine (*Rôles norm. et franç.*, n⁰ˢ 675, 1012, 1359). En 1432, on en voit un de nouveau (Siméon Luce, *Chron. du Mont-Saint-Michel*, Pièces just., t. II, n° 131). Les circonstances de la reprise de Lisieux en 1449 sont bien connues (De Beaucourt, *Hist. de Charles VII*, t. V, p. 6-7).

A Laigle, même remarque. Cette place avait capitulé le 13 octobre 1417 (Hellot, *l. c.*, n. 84). En 1421, on la voit commandée par un capitaine (*Rôles norm. et franç.*, n° 1309). En 1425, 1426, on voit signaler les Anglais de Laigle (Arch. nat., JJ 173, n⁰ˢ 79, 531). En 1432, en août, elle est assiégée par le duc d'Alençon (Siméon Luce, *l. c.*); à la date du 18 décembre, elle est française (Bibl. nat., ms. fr. 26054, n° 1978); elle le paraît encore au 28 juin 1433 (Bibl. nat., ms. fr. 26057, n° 2898). Laigle ne figure pas dans la liste des places reprises lors de la reconquête.

8. En considérant comme hors du cadre de cet exposé les places du haut Perche et de l'Hiémois, sur l'autre versant de la forêt du Perche, des monts d'Amain et de la forêt de Saint-Évroult.

9. Ces deux places figurent continuellement sur les comptes de Normandie et sont minutieusement surveillées.

il n'y a pas de troupe anglaise à craindre, et la campagne est presque libre[1].

L'âme du parti français dans le pays a longtemps été Robert de Carrouges, de cette race des Carrouges sur laquelle pesait un sombre renom, depuis la tragédie sanglante[2] dont sa mère, Marguerite de Thibouville, s'était trouvée devenir la fatale occasion[3]. Robert de Carrouges[4], dont un parent vient de figurer à la tête des défenseurs de Honfleur[5], a gardé, dans la contrée, les biens de sa mère, morte au lendemain de la conquête, après avoir prêté serment au roi anglais[6] : outre des domaines en Cotentin, il

1. Lors de l'invasion de 1417-1419, ou de la reconquête de 1449, on voit, en outre, les places suivantes donner lieu à des capitulations : Pont-l'Évêque, Auvillars, Crèvecœur, Argences, Livarot, le Breuil, Fauguernon, Courtonne, Harcourt, Beaumesnil, Rugles (De Beaucourt, *Hist. de Charles VII*, t. I, p. 31, 37; t. V, p. 6-8, et Pièces just., n° 1). Mais alors aucune ne semble avoir possédé de garnison proprement dite.

2. Le célèbre duel judiciaire de Jean de Carrouges, son père, contre l'écuyer normand Jacques Le Gris, accusé de viol commis sur la personne de la dame de Carrouges, soutenu à Paris, auprès de Saint-Martin-des-Champs, le 29 décembre 1386, et dans lequel Le Gris trouva la mort.

Cet événement, qui défraya les chroniques et les traités de gage de bataille, a inspiré l'un des récits du recueil bien connu de Nicolas de Troyes, rédigé comme on sait vers 1536, le Grand Parangon des nouvelles nouvelles. La trente-quatrième nouvelle du second volume, le seul conservé, porte pour titre : « De Jacques Le Gris qui print à force une demoiselle en son chastel, laquelle le dit à Jehan de Carrouge son mary. » (*Le Grand Parangon des nouvelles nouvelles, recueillies par Nicolas de Troyes... publié... par Émile Mabille. Paris, 1866, nouvelle 34, p. 130-138.*) — Les pièces de la procédure engagée au Parlement à cette occasion ont été citées et publiées par M. Aug. Le Prévost, dans l'*Histoire de la commune de Saint-Martin-du-Tilleul*. Paris, 1849, p. 63, 102 et ss.

3. Marguerite de Thibouville, seconde femme de Jean de Carrouges, dont l'aventure avec Jacques Le Gris, parrain d'un de ses beaux-fils, donna lieu au drame et au combat en champ clos. C'est de ce second mariage qu'était né Robert de Carrouges. Sur ces points, voir *Rôles norm. et franç.*, n° 529, et Aug. Le Prévost, *Hist. de la comm. de St-Martin-du-Tilleul*, p. 56, 63, 102 et ss.

4. Pour tous ces faits relatifs à Robert de Carrouges : Arch. nat., JJ 173, n°s 18, 30, 103, 174 : documents en date de novembre 1424; faits remontant à Pâques (23 avril), puis au temps compris entre la Trinité et la Saint-Jean (18-24 juin).

5. Thomas de Carrouges, chevalier, signe la capitulation de Honfleur, le 25 février 1419, immédiatement après le commandant français de la place. *Rôles norm. et franç.*, n° 313.

6. Lettres de Henri V, datées de Vernon, le 4 mai 1419, maintenant Robert de Carrouges dans la possession des biens de sa mère, Marguerite de Thibouville. *Rôles norm. et franç.*, n° 529.

conserve ainsi quelques terres autour de Serquigny, de Carsix, au Tilleul-Folenfant[1], à Fontaine-la-Soret[2] où il réside[3] : le tout vaut environ quatre cents livres de revenu. Dans les premiers mois de 1424, il met à exécution un plan froidement calculé. En avril, vers Pâques, relevant à peine de maladie, il fait vendre brusquement tous ses biens, à la hâte, à vil prix, comme faire se peut, entraîne quelques gens du pays, un clerc de procureur de Serquigny, un maréchal-ferrant de Carsix[4], des gens du peuple, qui sacrifient leur gagne-pain pour le suivre. Avec un petit parti bien monté, il se rend d'une traite, par le pays d'Auge, la campagne de Caen, en contournant Saint-Lô, jusqu'au fond du Cotentin, à Montfarville[5], dans cette région du val de Saire qui compte encore tant de partisans désespérés[6]. Il y a donné rendez-vous à ses derniers fidèles, partis après lui de Serquigny pour le rejoindre. Quelques semaines plus tard, abandonnant ses terres à la confiscation prochaine[7], il reprend son périlleux voyage, va rôder à Carrouges[8], le lieu d'attache héréditaire,

1. Fraction de la commune actuelle de Saint-Martin-du-Tilleul (Eure, cant. de Bernay).

2. Sur la possession de la seigneurie du Tilleul-Folenfant, et, outre les textes qui viennent d'être cités (Arch. nat., JJ 173, n⁰ˢ 18, 30, 103, 174, et *Rôles*, n° 529), sur celle de la seigneurie de Fontaines-la-Soret, par la maison de Thibouville, voir Aug. Le Prévost, *Hist. de la comm. de Saint-Martin-du-Tilleul*, p. 46, 63 et ss, 102 et ss. 124, et de la Roque, Histoire de la maison de Touchet, dans l'*Histoire générale des maisons nobles de la province de Normandie*, t. II, p. 85, 86.

3. Voir cependant le maintien de domaines à Fontaine-la-Soret et à Montfarville, en Cotentin, dont il est parlé plus loin, à Jeanne de Fricamp, par lettres de Henri V, datées de Rouen, le 27 janvier 1419 (*Rôles norm. et franç.*, n° 271). Les textes qui viennent d'être cités (n. 2) indiquent néanmoins formellement Robert de Carrouges comme possesseur de domaines en ces lieux.

4. Jean Lemonnier, de Serquigny; Jean Lebret, de « Carresiz » (Carsix).

5. « Morfarville » (Arch. nat., JJ 173, n° 18). Montfarville, village de la côte, entre la pointe de Barfleur et la pointe de Saire (Manche, cant. de Quettehou).

6. Siméon Luce, *Philippe Le Cat, l. c.*

7. Elle ne se fit pas attendre. Des lettres de Henri VI, du 15 juin 1424, transfèrent à l'Anglais John Hanford les biens de Robert de Carrouges sis dans les bailliages de Rouen et de Cotentin, valeur de 400 l. t. de revenu annuel à l'estimation de 1410, selon la clause usuelle des actes de confiscation de ce genre (Arch. nat., JJ 173, n° 103). John Hanford, qualifié seigneur de Maisons-sur-Seine, était alors capitaine de Saint-Germain-en-Laye et de la tour de Montjoye. *Un détail du siège de Paris par Jeanne d'Arc* (*Bibliothèque de l'École des chartes*, t. XLVI, année 1885).

8. Carrouges, Orne, ch.-l. de cant., arr. d'Alençon.

berceau de sa maison, pays de frontières et de bonnes courses, entre la forêt d'Écouves et la forêt d'Andaine, d'où les hautes vallées de la Mayenne et du Sarthon mènent par quelques lieues de chemins perdus jusqu'aux premiers postes français. Un jour, il assemble ses compagnons, saute à cheval avec eux et, courant au sud, vers la lisière du Maine, va gagner les lignes de l'armée nationale, où s'élabore le suprême effort qui va se briser à Verneuil[1]. Il y retrouve son rang, pour prendre sa part du grand choc attendu, où comme tant d'autres il disparaît sans laisser de traces, dans l'effondrement de tout.

Robert de Carrouges a laissé derrière lui des souvenirs et des exemples. Un de ses anciens forestiers, Guillot Lardant, chasseur de loups de son métier, dont les beaux-frères ont été exécutés comme partisans tenant les bois, est resté en relations avec les compagnies franches des alentours. L'an d'après, il sera tué dans une rixe provoquée par l'annonce imminente d'un de leurs coups de main[2]. Un autre écuyer du pays, Guillaume de Brévedent[3], de la petite noblesse rurale du canton[4], tient la campagne avec une forte compagnie, vers l'époque même du départ de Robert de Carrouges. On suit sa trace, d'un bord ou de l'autre de la vallée de la Touques, vers la fin d'avril 1424, autour de Lisieux[5], puis bientôt dans les collines du pays d'Auge, au Torquesne, où sa troupe, sortant brusquement d'une carrière, enlève le receveur des aides de la vicomté, Jean Vipart l'aîné[6], qui vaut cent écus

1. « Et tantost après qu'ils furent audit lieu de Carrouges, qui est prochain de noz ennemis et adversaires, soudainement icellui Robert de Carrouges dist : « Montons à cheval. » Et, eulz montez, icellui de Carrouges se ala rendre avecques nosdiz ennemis et adversaires. » Arch. nat., JJ 173, n° 30.

2. Doc. en date de juin 1425 : faits récents. Arch. nat., JJ 173, n° 174.

3. Le Brévedent, Calvados, cant. de Blangy.

4. Brevet de Brévedent, écuyer, figure, en 1419, parmi les signataires de la capitulation de Honfleur, avec Thomas de Carrouges (*Rôles norm. et franç.*, n° 313). Jean et Cardin de Brévedent obtiennent sauf-conduit, le 15 juin 1418, pour se rendre à l'abbaye du Bec-Hellouin, aux funérailles de Jean de Ferrières, chevalier, sans doute leur parent, époux de Marguerite d'Harcourt (*Rôles norm. et franç.*, n° 1166; cf. n°s 1189 et 1208). Voir Bibl. nat., Cab. des Titres, P. or., *Brévedent*, n°s 45 et ss.

5. Doc. en date du 29 mars 1426 : faits remontant à deux ans auparavant, aux environs de Pâques (23 avril 1424). Arch. nat., JJ 173, n° 390.

6. Jean Vipart l'aîné est encore titulaire de ces fonctions, depuis 1431 jusqu'à la fin de l'occupation anglaise. Bibl. nat., Cab. des Titres, P. or., *Vipart*, n°s 2 à 4, 17.

d'or de rançon, pour le complément desquels il fait accepter son frère en otage[1]. De là, Guillaume de Brévedent gagne le Mans, traversant toute la Normandie, le Perche et le Maine, en livrant en route à l'ennemi combat sur combat[2].

Entre Lisieux et Bernay, le charpentier Roger Christophle, des environs de Fauguernon, s'est improvisé partisan et a levé une compagnie franche. La terre de Livet-sur-Authou, près de Brionne, appartient[3] au seigneur de Saint-Pierre, un Français renié, implanté de force dans le pays, à Livet, à Roncheville[4], dans la vallée de la Touques, âme damnée du gouvernement anglais, commissaire spécial chargé de traquer les partisans vers les frontières de Caux[5]. L'attaque du village de Livet est résolue. Roger Christophle la conduit en personne, et assez de combattants y sont engagés pour qu'on ramasse vingt morts sur le terrain[6]. Un autre parti, muni de cavalerie, bien armé, courant la contrée par groupe d'une vingtaine de chevaux, pousse des reconnaissances, au commencement de 1425, jusqu'au milieu du Lieuvin[7]. A Morainville-près-Lieurey, il s'éclaire, se renseigne avec la complicité des gens des hameaux, et dans les maisons de l'un d'eux, au « Hamel-Garoust[8] », guidé par la voix des chiens de garde qui se répondent de cour en cour, il surprend le collecteur des tailles,

1. Rémission pour Guillaume Dunel et Pierre Dunel, son fils, cultivateurs, du Torquesne, pour faits de participation. Doc. en date du 24 mai 1426 : faits remontant à deux ans. Arch. nat., JJ 173, n° 520.

2. Ibid., id.

3. Lettres de Henri V, datées du siège de Dreux, le 19 août 1421. *Rôles norm. et franç.*, n° 1017.

4. Roncheville, dans la commune de Saint-Martin-aux-Chartrains (Calvados, cant. de Pont-l'Évêque).

5. Sur ce personnage, voir ci-dessous, *le Pays de Bray.*

6. Il est difficile de déterminer la date exacte de ce fait, le document qui le mentionne, en date de septembre 1427, le signalant seulement comme antérieur de quelque temps déjà. Il en ressort toutefois que Roger Christophle était demeuré longtemps « abulleté » et n'avait levé sa compagnie que quelques années après la conquête. Arch. nat., JJ 174, n° 67.

7. « Comme an et demi a ou environ, plusieurs brigans et autres noz ennemis et adversaires feussent en grand nombre et puissance oudit pays et aloient *de jour et de nuit à pié et à cheval* par icellui pays comme bon leur sembloit sans aucune résistance, ouquel temps feussent venus plusieurs desdiz brigans armez et embastonnez jusques au nombre de xviii feusts de lances ou environ en l'ostel dudit suppliant. »

8. « En un hamel nommé Hamel-Garoust, à moins de demi trait d'arc du bois. » Aucun nom de lieu des cartes modernes ne paraît répondre à cette désignation.

ses sergents et toute sa recette[1]. Vers la même époque, un autre partisan est signalé à la tête d'une compagnie redoutable : un habitant du pays, escomptant sa capture, fabrique de fausses lettres de confiscation qui lui adjugent les biens de l'insurgé, et les porte à enregistrer au tabellionage de Lisieux[2]. C'est Benoît Collet, qui répand la terreur dans toute la région, chef de bandes sur lequel on voudrait savoir plus, mais dont survit au moins le nom.

Dans le courant de cet été, sur les routes qui mènent à Bernay, les communications sont partout coupées. Gacé, confisqué sur la race héroïque des Paynel[3], appartient à William Glasdall, le capitaine que sa fin tragique dans les flots de la Loire, devant Orléans, a rendu légendaire, le type même d'une variété de l'homme de guerre d'alors, à la verve familière, à l'apostrophe enlevante et toujours prête, l'un des plus énergiques et des plus solides entraîneurs d'hommes que compte la troupe anglaise. Glasdall sert alors avec vingt lances et soixante archers dans l'armée d'invasion du Maine, où il va prendre le commandement de Malicorne et du Lude[4], en attendant le poste de bailli d'Alençon[5]. A Gacé, il a pour lieutenant Pierre du Moustier. Livré à lui-même, celui-ci n'ose envoyer à Bernay un prisonnier précieux que le bailli de Rouen, en tournée judiciaire, réclame impérieusement pour lui faire son procès : il n'a pas d'escorte disponible et ne peut se risquer à l'expédier, étant donné le péril des chemins. Le partisan captif, Jean de Launay[6], s'évade d'ailleurs de sa prison en sciant ses entraves, en sautant douves et courtines.

1. Rémission pour Robert Castellain, journalier, de Morainville, pour faits de complicité. Doc. en date d'août 1426 : faits remontant à dix-huit mois. Arch. nat., JJ 173, nᵒˢ 504 et 558.

2. Doc. en date de juin 1426 : faits remontant à un an. Arch. nat., JJ 173, nᵒ 467.

3. Lettres de Henri V, datées du siège de Dreux, le 8 avril 1421, transférant à William « Glacedale » la terre de Gacé, appartenant à la dame de Moyon (*Rôles norm. et franç.*, nᵒ 1010). C'était Jeanne Paynel, femme de Louis d'Estouteville, défenseur du Mont-Saint-Michel. Sur elle, voir Siméon Luce, *Jeanne Paynel et le château de Chantilly.*

4. Robert Triger, *Une Forteresse du Maine pendant l'occupation anglaise. Fresnay-le-Vicomte de 1417 à 1450*, chap. II, par. ɪ (*Revue historique et archéologique du Maine*, t. XVII, année 1886, 1ᵉʳ semestre).

5. William Glasdall est bailli d'Alençon depuis la fin de 1425, et, depuis le quartier d'avril 1426, commandant de Fresnay-le-Vicomte (*Ibid., id.*).

6. Des lettres de sauf-conduit, datées de Bernay, le 1ᵉʳ juin 1422, sont déli-

Très près de là, dans la région montagneuse d'où descendent tous les cours d'eau de la contrée, courant vers la Sarthe, l'Orne, la Touques, la Rille ou l'Eure, le pays n'appartient qu'aux partisans. La compagnie de Perrot Le Saige, l'année précédente, livre un combat en règle, acharné et sanglant, dans le village de Planches, aux anglais de Bonmoulins; un grand nombre de morts et de blessés restent sur le terrain. Une seconde rencontre a lieu quelques jours plus tard avec la troupe qui occupe Laigle[1]. Les curés d'Échauffour, de Champ-Haut pactisent ouvertement avec les partisans. Celui d'Échauffour se rend au bois pour leur donner la liste des morts et des blessés dans l'affaire de Planches[2]. Celui de Champ-Haut, en août 1424, correspond secrètement avec les Français du Maine et délivre des sauf-conduits au nom de Jean d'Harcourt : les anglais de Bonmoulins viennent perquisitionner chez lui, et il ne leur échappe qu'à grand'peine en quittant le pays[3]. De l'autre côté de Laigle, entre la Rille et l'Iton, se tient la compagnie de Jean Havage, autour de Breteuil, de Séez-Moulins[4], de Dampierre-sur-Avre[5]. En avril 1425, Jean Havage a été grièvement blessé dans une rencontre, puis tenu caché dans les bois de l'Avre et rétabli par les soins du chirurgien Chardot Honfroy, dans les circonstances dont on se rappelle le récit[6].

Autour de Bernay, au printemps de 1426, dans un coup de panique générale, les paysans ont tout caché dans les bois

vrées « pro Johanne Launay » (*Rôles norm. et franç.*, n° 1164). On retrouve trace de Jean de Launay l'an d'après en Lieuvin (Arch. nat., JJ 173, n° 519). Dans la région, entre autres noms de lieu similaires, existe Launay-sur-Calonne (Calvados, cant. de Blanzy, comm. de Saint-Julien-sur-Calonne).

1. Rémission pour Thibaud Le Prévost, curé d'Échauffour, pour faits de complicité. Doc. en date de février 1425 : faits remontant au début du carême précédent (9 mars 1424). Arch. nat., JJ 173, n° 79.

2. Ibid., id.

3. Rémission pour Guy du Mesle, curé de Saint-Martin de Champ-Haut, pour faits de complicité. Doc. en date du 16 mars 1425 : faits remontant au mois d'août précédent. Arch. nat., JJ 173, n° 104.

4. « Septmolins. » Séez-Moulins, sur l'Iton, entre Condé-sur-Iton et Damville, dans la commune de Condé-sur-Iton (Eure, cant. de Breteuil).

5. Dampierre-sur-Avre, sur la rive droite de l'Avre, du côté du pays de Thimerais (Eure-et-Loir, cant. de Brezolles).

6. Rémission pour Chardot Honfroy, chirurgien, de Breteuil, pour faits de complicité. Doc. en date de juillet 1425 : faits remontant à Pâques (8 avril). Arch. nat., JJ 173, n° 201.

d'alentour : bestiaux, vivres, biens de toute sorte; il leur faut aller déterrer dans les carrières les provisions dont ils vivent au jour le jour, en rationnant leur faim. Une compagnie qui a découvert un dépôt bien garni, à Boissy[1], est pendant quelque temps hébergée et nourrie par les gens des villages. Les Anglais de Bernay viennent l'attaquer dans sa retraite; elle perd six hommes dans le combat[2]. Dans le courant de 1427, d'autres bandes sont signalées comme hantant les bois de Menneval[3], et plus loin, entre Conches et la Ferté-Fresnel, autour de la Haye-Saint-Sylvestre[4]. A cette époque, Roger Christophle, le charpentier passé chef de bandes, a disparu dans une scène dramatique. Un dimanche de mai, rentré audacieusement dans son village, il se rendait à l'assemblée du bourg voisin de Fauguernon, où, malgré les troubles du temps, se représente pour la fête du lieu un « mystère ou jeu de saint[5] ». Il y rencontre un des acteurs désignés, Guillaume Le Mire, écuyer de vingt ans, dont la famille a reconnu la conquête, et dont il a autrefois enlevé le père, mort à la suite de l'aventure : Guillaume Le Mire, à présent écuyer anglais, revient lui-même de la campagne du Maine et de l'affaire de Pontorson. Une rixe s'engage sous un prétexte futile, les coups pleuvent, et l'ancien partisan tombe mortellement frappé par le fils de sa victime[6].

1. « Boissy, en la vicomté d'Orbec. » Fraction de la commune actuelle de Boissy-Lamberville (Eure, cant. de Thiberville). La seigneurie de Lamberville était dans la famille maternelle de Robert de Carrouges (Aug. Le Prévost, *Hist. de la comm. de Saint-Martin-du-Tilleul*, p. 56).

2. Rémission pour Jean Marmion, cultivateur, et sa femme, de Boissy, pour faits de complicité. Noms des partisans cités : Pierre Lami (en juin 1424, ce dernier faisait partie d'une compagnie du Lieuvin. Arch. nat., JJ 173, n° 390); Colin Morieult (en 1426, le curé de Carbec (Carbec, fraction de la commune actuelle de Fatouville-Grestain, Eure, cant. de Beuzeville) porte le nom de Pierre Morieult. Arch. nat., JJ 173, n° 519). Doc. en date du 19 avril 1426 : faits remontant à Pâques (31 mars). Arch. nat., JJ 173, n° 509.

3. Doc. en date du 18 mars 1427 : faits récents, état général du pays. Arch. nat., JJ 173, n° 620.

4. Doc. en date du 12 juin 1427 : faits récents, état général du pays. Arch. nat., JJ 173, n° 694.

5. Cette représentation d'un *mystère* à Fauguernon, à cette époque, est intéressante à relever. L'église de Fauguernon étant dédiée à saint Regnobert, évêque de Bayeux, dont la commémoration tombe le 16 mai, et le texte qui a conservé le récit de l'événement le plaçant « environ la Saint-Jean », le fait a lieu vers la fin de mai ou les premiers jours de juin.

6. Doc. en date de septembre 1427 : faits remontant à un dimanche, entre le 16 mai et le 24 juin. Arch. nat., JJ 174, n° 67.

L'an d'après, en 1428, à Beaumont-le-Roger, l'inquiétude est des plus vives. Les partisans viennent attaquer la forte maison du lieu, fracassent les portes et y mettent le feu : il faut murer le grand huis de la cohue pour la sûreté des officiers qui rendent la justice, et barder de panneaux de fer garnis de clous de vingt livres la grande entrée de l'hôtel du roi, pour le préserver de l'incendie[1]. Non loin de là, court une compagnie où figurent des gens de la région de Paris : deux d'entre eux[2], de Boulogne[3] et de Palaiseau[4], qui ont gagné la lisière normande[5], sont pris et exécutés au Neubourg[6]; des paysans[7] qui en ont recélé d'autres sont emmenés de Beaumont à Evreux, liés à même sur des chevaux, de peur qu'on ne les enlève en route[8].

Après la campagne du Sacre, l'an suivant, toute cette région sera l'une des plus profondément ébranlées, l'une de celles où la secousse, à travers tout le pays d'Auge, se fera sentir jusqu'aux ports de la côte[9].

---

1. Bibl. nat., ms. fr. 26050, n° 916. Quittance, en date du 1er juillet 1428, pour travaux récents exécutés à Beaumont.

2. Étienne Martin, de Boulogne-sur-Seine, Philippe Desaulx, de Palaiseau, « traîtres, criminels de lèse-majesté, agresseurs de chemins, brigands, ennemis et adversaires du roy, » décapités et leurs corps pendus au gibet.

3. « Boulongne-la-Petite, près Paris. » Boulogne-sur-Seine (Seine, cant. de Neuilly).

4. Seine-et-Oise, ch.-l. de cant., arr. de Versailles.

5. Dans cette direction, l'incroyable résistance du château d'Orsay, à cinq lieues de Paris (Seine-et-Oise, cant. de Palaiseau), pris seulement le 19 juin 1423 (*Journal d'un bourgeois de Paris*, éd. Tuetey, p. 186), avait longtemps entretenu l'esprit de combat. Le château d'Orsay, avec celui de Palaiseau, d'où vient un des partisans cités ici, avait été enlevé par Jean Sans-Peur, en septembre 1417, lors de sa marche de la basse Oise sur le pays chartrain, en contournant Paris (*Monstrelet*, éd. Douët d'Arcq, t. III, p. 218-220), et sans doute repris ensuite par le parti d'Armagnac, en janvier 1418, en même temps que les autres places du Hurepoix (De Beaucourt, *Hist. de Charles VII*, t. I, p. 30). La garnison d'Orsay paraît avoir été composée de routiers gascons, mêlés de partisans. C'est elle qui alla enlever Meulan (Seine-et-Oise, ch.-l. de cant., arr. de Mantes) et s'y maintint quinze jours, en avril 1422 (*Bourgeois de Paris*, p. 186); la seconde surprise de Meulan, en janvier 1423, fut opérée par la compagnie française qui occupait encore, dans le voisinage, Marcoussis (Seine-et-Oise, cant. de Limours) et (Seine-et-Oise, cant. d'Arpajon) Montlhéry (*Monstrelet*, t. IV, p. 142).

6. Bibl. nat., ms. fr. 26050, n°° 861 et 864. Mandements de taxation en date du 1er avril 1428.

7. Jeannin Subout et Raoul Pennier, des environs de Beaumont-le-Roger, « receleurs de brigands », amenés à justice à Évreux.

8. Bibl. nat., ms. fr. 26050, n° 893. Mandement de taxation en date du 28 mai.

9. Ces faits seront l'objet d'une prochaine étude.

Une autre contrée immédiatement voisine offre encore un quartier plus sûr à l'insurrection qui s'y recrute à l'abri. C'est le vaste plateau du Lieuvin, entre la Touques, la mer, la baie de Seine et la Rille, dans les replis duquel, loin des postes et des places, les partisans peuvent respirer et s'organiser pour l'offensive. Là, cantonnées dans les bois épais qui cernent le bourg de Cormeilles, au centre du district, des compagnies fortement entraînées, encadrées et commandées par des paysans doués de l'instinct de la guerre, se meuvent à leur gré entre les approches de Honfleur et les forêts qui se prolongent jusqu'aux abords de Rouen.

La défense régulière s'y est longtemps attardée. Honfleur, qui a repoussé une première fois l'ennemi, au lendemain de la descente à Touques[1], a vu revenir à la charge le flot de l'invasion. La place, coupée du reste de la Normandie[2], enceinte isolée et perdue, où se sont enfermés les contingents du pays, n'a capitulé que cinq semaines après Rouen[3]. Depuis la conquête, la forteresse du Bec-Hellouin[4], à l'autre extrémité de la région[5], a été enlevée dans un coup de main, risqué, à vingt lieues de distance, par un chef de

---

1. La descente de Henri V a lieu à Touques, le dimanche 1er août 1417 (comp. la *Chronique normande de Pierre Cochon*, éd. de Beaurepaire, p. 227, et les *Chron. de Norm.*, éd. Hellot, p. 30). Le château de Touques capitule aussitôt, le 3-9 août (Hellot, notes des *Chron. de Norm.*, n. 82). Honfleur est immédiatement l'objet d'une attaque, pour assurer le commandement de l'entrée de Seine, déjà surveillée par Harfleur, occupé depuis 1415. Devant l'énergique résistance de la ville, l'armée anglaise doit se retirer et se porte devant Caen, où elle paraît le 18 août. Vallet de Viriville, *Histoire de Charles VII et de son époque*, t. I, p. 56-57.

2. De Lisieux à Pont-de-l'Arche, toutes les places sont enlevées de mars à juillet 1418.

3. Honfleur capitule le 25 février 1419 (*Rôles norm. et franç.*, n° 313). La place était commandée par Jean de Bétas, seigneur d'Hermeville, en Caux, parent des Martel de Bacqueville (Hellot, notes des *Chron. de Norm.*, n. 134).

4. Le Bec-Hellouin, la célèbre abbaye bénédictine, au diocèse de Rouen, sur la rive droite de la Rille.

5. L'abbé du Bec-Hellouin était alors Robert Vallée, originaire du pays, élu en février 1418, juste avant l'apparition des Anglais dans la contrée, mort en 1430, successeur de son oncle Guillaume d'Auvillars. Robert Vallée, demeuré partisan de la cause nationale, fut emprisonné pendant cinq mois à Rouen à la suite de la surprise du Bec (*Gallia christiana*, t. XI, col. 236). Thomas Frique, son successeur, lors du procès de Jeanne d'Arc, est présent à la scène du cimetière Saint-Ouen. De Beaurepaire, *Notes sur les juges et assesseurs du procès de condamnation de Jeanne d'Arc* (*Précis analytique des travaux de l'Académie des sciences, belles-lettres et arts de Rouen*, années 1888-1889).

troupes françaises sorti de l'abri de Dreux, Lestendard de Milly[1], qui s'y maintient quelque temps, follement, contre toute vraisemblance[2]. A l'heure actuelle, il y a garnison anglaise à Honfleur, l'une des clefs de la côte[3]. A Pont-Audemer, il n'y a qu'un poste en maison forte[4] et des prisons d'où l'évasion est habituelle[5]. Au Bec-Hellouin, on ne voit plus de soldats[6].

Aussi la région est-elle plus qu'une autre encore fertile en partisans indigènes, ne courant guère au loin, mais continuant à hanter le pays, connus de la population sédentaire qui les craint et les admire, et parmi laquelle ils ont tous les villages pour complices. Tout un groupe serré de témoignages permet de suivre les actions de ces compagnies pendant plusieurs années, d'en nom-

1. « Lestendard de Milly », capitaine du parti d'Armagnac, commandait en 1417 le château de Bresles (Oise, cant. de Nivillers), entre Beauvais et la forêt de Hez (Arch. nat., JJ 173, n° 454). Pendant le siège de Louviers, le 17 juin 1418, il obtient un sauf-conduit pour se rendre en Normandie (*Rôles norm. et franç.*, n° 1166). On le retrouve à la défense de la terre de Guise en mai 1424 (*Chronique anonyme dite des Cordeliers*, Bibl. nat., ms. fr. 23018, fol. 447 v°-448), en compagnie de Saintrailles, dont il paraît avoir été le fidèle compagnon (*Monstrelet,* éd. Douët d'Arcq, t. IV, p. 181, 376).

2. Ce curieux fait de guerre ressort avec évidence de deux documents publiés dans les Rôles normands et français, sous les dates du 28 février et du 16 juin 1421 (n°ˢ 1284 et 1000). Lestendard de Milly y est formellement présenté comme tenant le Bec-Hellouin et en relation avec la garnison de Dreux, place qui reste française jusqu'en août 1421, puis, comme prisonnier au Bec-Hellouin même, après le recouvrement du lieu par les Anglais (cf. n°ˢ 675, 983, la place anglaise au 4 octobre 1419 et au 3 avril 1421). L'événement est d'ailleurs relevé dans la *Gallia christiana* (t. XI, col. 236) : « Cum anno 1421, mense februario, Franci in arcem Beccensem introducti fuissent... »

3. Seule ville de la région figurant dans les comptes de Normandie.

4. Bibl. nat., Cab. des Titres, P. or., *Salvain*, n° 30. Au moment de l'invasion, on ne voit pas Pont-Audemer donnant lieu à une capitulation. La place est cependant mentionnée dans l'énumération de Monstrelet (éd. Douët d'Arcq, t. III, p. 309). En août 1424, Pont-Audemer a un capitaine, Jean Teston, écuyer (Arch. nat., JJ 173, n° 110). En 1449, elle était défendue par une enceinte de pieux, et fut reprise après un violent combat (*Chron. de Norm.*, éd. Hellot, p. 110-111, et notes, n. 329, 332. — Déposition d'Osbern Mundford, trésorier général de Normandie, dans *Mathieu d'Escouchy*, éd. de Beaucourt, Pièces just., n° 12).

5. Arch. nat., JJ 174, n° 93. Faits de 1427.

6. L'abbaye et forteresse « abbatia sive fortalitia » du Bec-Hellouin avait capitulé le 4 mai 1418 (*Rôles norm. et franç.*, n° 131). « L'abbaye du Bec fut englesquée, merquedi xiⁱ jour de may CCCC XVIII, » dit pittoresquement Pierre Cochon (éd. de Beaurepaire, p. 278-279). On vient de reconnaître son rôle de 1419 à 1421. Lors de la reconquête, on ne la voit pas occasionner de siège.

mer les chefs, lieutenants et soldats, de dresser le compte de leurs coups de main[1]. Deux capitaines tiennent le pays : Guillot Le Vetre[2] et Guillaume Halley[3], le plus entreprenant de tous. Ils ont avec eux des gens de Cormeilles, de Bois-Hellain, de Selles, de la Chapelle-Bayvel, d'Épaignes, de Saint-Pierre, de Saint-Sylvestre-de-Cormeilles[4], un compagnon dépaysé, Laurent Hue, qui erre à la suite d'un pèlerinage à Saint-Leu-d'Esserent[5], des gentilshommes du pays, Fouquet de la Fosse[6], Jean de Saint-Denis[7], écuyer, moitié victime, moitié complice, qui se laisse rançonner sans émoi et sert à son tour d'intermédiaire complaisant. Un de leurs indicateurs continue à résider[8] sous les murs de l'abbaye de Cormeilles[9], l'ancien retranchement du célèbre James de Pipe, d'où le routier a si longtemps bravé du Guesclin[10].

1. Entre autres, les lettres de rémission qu'on trouvera citées ci-après, au nombre d'une vingtaine, se référant uniquement à des faits survenus dans cette région. Deux de ces pièces (Arch. nat., JJ 173, nᵒˢ 513, 515) ont été visées par M. Siméon Luce dans une note des Pièces justificatives de la *Chronique du Mont-Saint-Michel*, consacrée à l'opposition du clergé normand à la conquête (t. I, nᵒ 102, p. 178, n. 1).

2. « Le Vedre », ou « Le Vetre ».

3. « Halle », forme que l'accentuation probable permet de ramener à celle de Halley, adoptée par l'éditeur de la *Chronique du Mont-Saint-Michel* (*l. c.*), et qu'on trouvera employée ici. A la même époque, on trouve d'autres personnages désignés sous l'assonance « Halet » (*Rôles norm. et franç.*, nᵒ 187). Le nom de Halley est d'ailleurs fréquent, actuellement, dans les ports de cette partie de la côte.

4. Outre ceux dont on trouvera ci-après les noms, on rencontre : Jeannin Baudouin; Philippot Grue, de Cormeilles; Perrot Le Guetier, de Saint-Silvestre-lez-Cormeilles; Colin Boutry, de la Chapelle-Bayvel; Colin Valée, Jean Breton, Guillot Larquer, Cauchie, Poulain, de la compagnie de Guillot Le Vetre; Huet Alaine, de Selles, qui s'évade des prisons de Pont-Audemer en 1427 (Arch. nat., JJ 174, nᵒ 93); Robin Le Changeur, prisonnier à Brionne en juillet 1428 (Bibl. nat., Cab. des Titres, P. or., *Poolin*, nᵒ 8). Jean Delamare, boulanger, d'Épaignes, soldat régulier français, ayant prêté autrefois serment, est prisonnier à Rouen, à la même époque, en mai 1426 (Arch. nat., JJ 173, nᵒ 517).

5. Saint-Leu-d'Esserent (Oise, cant. de Creil), dont la splendide église, ancien prieuré de Cluny, domine la vallée de l'Oise, entre Creil et Beaumont.

6. La Fosse, Eure, cant. de Beuzeville, comm. de Saint-Maclou.

7. Saint-Denis, Eure, cant. et comm. de Brionne.

8. Arch. nat., JJ 173, nᵒ 513.

9. Cormeilles, abbaye de l'ordre de S.-Benoît, au diocèse de Lisieux, auprès du bourg du même nom. La Grande-Compagnie y avait longtemps dominé tout le Lieuvin, et vendit cher l'évacuation qu'elle consentit à opérer en 1362 (Siméon Luce, *Hist. de Bertrand du Guesclin*, p. 361-362 et 369-370).

10. L'abbé de Cormeilles était alors Guillaume Bonnel, de Cormeilles même,

La veuve de l'un d'eux, Yolette Halley, jeune et galante, naguère épouse de Jean Halley, « en son vivant brigand[1] », continue à résider à Cormeilles et conserve « grande accointance à ceux qui repairoient et fréquentoient illecques[2]. » Jusqu'à un moine, frère Jean de Guiseville[3], bénédictin de Préaux[4], qui a quitté son cloître pour les bois, et qui mène une compagnie à l'assaut nocturne de sa propre abbaye. Le nom du « moine de Préaux, » de « dom Jean de Guiseville, » revient avec persistance dans chaque témoignage, dans chaque récit de ses compagnons d'aventure, qui semblent avoir conservé une admiration reconnaissante pour son audace et pour sa force.

Le Vetre et sa compagnie « repairent » dans les bois de la Vigne[5], de Tourville[6], par pelotons de dix à trente hommes. En juin 1424, on voit sa compagnie[7] aux environs de Moyaux, sur la route de Cormeilles à Lisieux[8] ; en mai 1425, dans les

en charge dès 1408, mort en 1437 (*Gall. christ.*, t. XI, col. 848). Il était assez dévoué à la cause anglaise pour avoir été consulté sur le jugement de la Pucelle (De Beaurepaire, *Notes sur les juges et assesseurs du procès de Jeanne d'Arc*).

1. « Jean Halet, rebelle, » est dépouillé d'une maison qu'il possède à Harfleur par lettres de Henri V, du 13 juin 1418 (*Rôles norm. et franç.*, n° 187).

2. Arch. nat., JJ 173, n° 513.

3. La *Chronique du Mont-Saint-Michel* (*l. c.*) porte : « Jean de Guilleville ». Il y a un Guilleville en Beauce (Eure-et-Loir, cant. de Janville). Mais les textes (n°° 513 et 534) ne portent que « Guiseville », ou « Guisebeville ».

4. Saint-Pierre-de-Préaux, abbaye de l'ordre de S.-Benoît, au diocèse de Lisieux, aujourd'hui ruinée. La dénomination actuelle du lieu est Notre-Dame-des-Préaux, fraction de la commune de Les Préaux.

5. « Tant ès bois de la Vigne que ailleurs » (n° 523). La carte de Cassini marque un groupe d'habitations du nom de « Labigne » sur la rive droite de la Calonne, au-dessous de Cormeilles, au milieu d'autres dont la désignation désigne un canton anciennement boisé.

6. « Dans les bois de Tourval où ledit Marin detenoit ung prisonnier de Brionne » (n° 535). Ce doit être Tourville-sur-Pont-Audemer, au sud de Pont-Audemer, plutôt dans la direction de Brionne. La distance serait trop grande jusqu'au hameau de Courval, sur le bord de l'embouchure de la Seine, un peu au-dessus de Quillebeuf, mentionné souvent dans les textes contemporains (marquis de Blosseville, *Dictionnaire topographique du département de l'Eure*), et dont un phare de la côte rappelle seul aujourd'hui l'emplacement.

7. Elle compte dans ses rangs le partisan Pierre Lami, fait prisonnier, comme on l'a vu, en mars 1424, au combat livré près de Boissy-Lamberville. Arch. nat., JJ 173, n° 509.

8. Rémission pour Renaud Davy, cultivateur, de Moyaux, pour faits de complicité. Doc. en date du 24 mars 1426 : faits remontant à la Saint-Jean 1424. Arch. nat., JJ 173, n° 390.

bois autour de Cormeilles[1] ; l'an suivant, à la fin de février 1426, autour de Moyaux encore[2] ; huit jours après, dans les bois de Cormeilles[3] ; puis sur la Rille, dans la direction de Brionne, sous son lieutenant Marin[4]. Guillaume de Brèvedent a servi dans ses rangs avant d'aller rejoindre les lignes françaises du Maine[5].

Halley hante de préférence les bois d'Hébertot[6], les alentours de Saint-Sylvestre-de-Cormeilles, « la Chapelle-Biset[7] », « la vallée de Torcel[8] ». Dès 1424, les environs du Bec-Hellouin voient paraître les partisans : le bourg est l'objet d'une réquisition de drap pour habiller les insurgés[9]. En mai et juin 1425, la compagnie tient fortement les bois de Cormeilles, recrutant des villageois de la Chapelle-Bayvel[10], d'Épaignes[11], de Bois-Hellain[12]. Un

1. Rémission pour Guillaume Bouchier, cultivateur, de la Chapelle-Bayvel, partisan. Doc. en date de mai 1426 : faits remontant à un an. Arch. nat., JJ 173, n° 523.

2. Arch. nat., JJ 173, n° 390. Voir n. 4 : faits remontant à un mois.

3. Rémission pour Colin Duquemin, tanneur, de Cormeilles, partisan. Doc. en date d'avril 1426 : faits remontant aux environs de la mi-carême (7 mars). Arch. nat., JJ 173, n° 513.

4. Rémission pour Jean Thomine, boucher, de Saint-Pierre-de-Cormeilles, complice et partisan. Doc. en date de mai 1426 : faits récents. Arch. nat., JJ 173, n° 535.

5. Arch. nat., JJ 173, n° 520. Voir ci-dessus.

6. Lisière de la forêt de Touques vers le Lieuvin. La dénomination d'Hébertot est actuellement partagée entre les communes de Saint-Benoît et Saint-André, près de laquelle est situé le château d'Hébertot. Jean d'Hébertot, écuyer, avait prêté serment au roi d'Angleterre dès février 1419. *Rôles norm. et franç.*, n°ˢ 1229, 1238.

7. « A la Chapelle-Biset qui est à ung quart de lieue d'ilecques (Saint-Sylvestre-de-Cormeilles, semblerait-il), laquelle chapelle qui est ès bois » (n° 513). Faut-il reconnaître dans ce lieu la Chapelle-Becquet, entre Cormeilles et Pont-Audemer (comm. de Saint-Siméon)?

8. « En ung hostel assis en une vallée appelée la vallée de Torcel où demeure Josset Briffaut » (n° 534). Un grand nombre de groupes d'habitations portent aux environs le nom de la Vallée joint à quelque autre dénomination, surtout dans le vallon qui débouche dans la Calonne, par la droite, immédiatement au-dessous de Cormeilles.

9. Rémission pour Jean de Saint-Denis, écuyer, de la vicomté de Pont-Audemer, demeurant « loing de forteresse et en pays hanté de brigands », pour faits de participation. Doc. en date de décembre 1424 : faits récents. Arch. nat., JJ 173, n° 38.

10. Arch. nat., JJ 173, n° 523.

11. Arch. nat., JJ 173, n° 436.

12. Arch. nat., JJ 173, n° 515.

samedi de marché, à Bourgtheroulde, dans la direction de Rouen, une panique effare tout à coup la population : les partisans sont signalés ; la route d'Elbeuf est coupée ; la terreur bloque dans le bourg des paysans de la Londe, des carriers d'Orival, qui n'osent rentrer chez eux, le curé de La Haye[1], venu au marché avec les gens de la campagne, et qui vit de leur existence, à l'hôtellerie et à la halle[2]. En septembre, la compagnie de Halley a tué un traînard isolé, ancien soldat de la garnison de Cherbourg. Des Anglais des places de la côte opposée se rassemblent pour venger leur camarade et montent une expédition privée, sorte de contre-guerilla curieuse à constater. Menés par John Michiel, Anglais établi à Beuzevillette, au-dessus de Tancarville[3], ils prennent des barques, traversent la baie de la Seine et viennent chercher autour de Cormeilles le fameux Guillaume Halley, dont la renommée s'étend jusque dans le pays de Caux. Ils ne peuvent l'atteindre, et, pour profiter de leur course, sont réduits à saccager les maisons de trois partisans[4] qui servent dans sa compagnie[5].

L'hiver n'interrompt pas l'insurrection, qui bat son plein pendant toute l'année suivante. Dans le courant de janvier 1426, le partisan Jean de Launay, évadé des cachots de Gacé[6], est signalé près de Honfleur[7]. En février, Halley envoie acheter des armes à Rouen[8] et embauche de nouvelles recrues[9]. A Bonneville[10], pendant une cérémonie qui réunit tout le clergé des environs et une

---

1. Une grande quantité de localités de la région portent le nom de la Haye, joint à une autre désignation. La Haye-du-Theil, sur la route de Neubourg, n'est qu'à deux lieues environ de Bourgtheroulde. Ce curé de la Haye porte le nom de Pierre Le Veneur.

2. Doc. en date de juin 1425 : faits récents. Arch. nat., JJ 173, n° 372.

3. Beuzevillette, Seine-Inférieure, cant. de Bolbec.

4. Guillaume Clarice, Le Franc, Mouton, de Cormeilles.

5. Doc. en date de mars 1426 : faits remontant à six mois. Arch. nat., JJ 173, n° 372.

6. Arch. nat., JJ 173, n° 179. Voir ci-dessus.

7. Doc. en date de mai 1426 : faits remontant à trois semaines avant le début du carême (13 février). Arch. nat., JJ 173, n° 519.

8. Arch. nat., JJ 173, n°° 379, 526.

9. Arch. nat., JJ 173, n° 534.

10. « Bonneville. » Bonneville-Appetot, sur la rive droite de la Rille, dans la direction de Bourgtheroulde, ou plus vraisemblablement Bonneville-la-Louvet, sur la Calonne, à une lieue et demie environ de Cormeilles, dans la direction de Pont-l'Évêque.

cinquantaine de gens de la campagne, à l'occasion de la première
messe d'un prêtre, une compagnie apparaît brusquement : les partisans surgissent du taillis, poussant de grands cris, et « embastonnés » de toute espèce d'armes. C'est une simple démonstration,
inoffensive d'intention, pour demander des vivres. Un prieur qui
préside la cérémonie[1], présent à la scène, leur en fait porter au
bois par deux prêtres[2] et quelques paysans qui se chargent com-
plaisamment de les ravitailler. Des fuyards qui ont pris peur
courent chercher les anglais de Pont-Audemer, qui arrivent en
hâte, mais trop tard pour les rejoindre[3]. Dans les premiers jours
de mars, un lieutenant de Halley, Mathieu Clopinel, conduit une
expédition de nuit contre le bourg de Beuzeville, sur la route de
Honfleur : on y prend trois personnages de marque, qu'on
emmène en forêt près d'Hébertot, et qu'on met à finance à 60,
40, 20 écus d'or[4]. Martainville-en-Lieuvin, quelque temps
après, est attaqué deux fois ; un autre notable a le même sort[5].
D'autres menues expéditions se succèdent[6]. L'une d'elles est
menée par un trio singulier, composé du moine de Préaux, du
pèlerin de Saint-Leu-d'Esserent et d'un inconnu qu'on ne désigne
que sous le surnom de Chopine[7].

Enfin, le mercredi de Pâques, 3 avril, une « route » de parti-

1. Il est désigné sous le nom de « le prieur de Monfouquerand ». Lieu et
personnage qui n'ont pu être identifiés.

2. Jean Le Prévost et Pierre Andrieu.

3. Rémission pour Guillaume de la Haye, journalier, de la vicomté de Pont-
Audemer, pour faits de participation. Doc. en date de mars 1426 (très probablement, selon l'usage, à l'occasion de Pâques, 31 mars) : faits remontant à six
semaines. Arch. nat., JJ 173, n° 379.

4. Arch. nat., JJ 173, n°ˢ 513, 534. Doc. en date d'avril, de mai 1426 : faits
remontant aux environs de la mi-carême (7 mars), à quinze jours après la
première semaine de carême (13 février).

5. Rémissions pour Jean Halley, cultivateur, de Bois-Hellain, partisan ; pour
Laurent Hue, cordonnier, partisan ; pour Guillaume Bouchier, cultivateur, de
la Chapelle-Bayvel, partisan. Doc. en date de mai 1426 : faits remontant au
carême, à quelque temps après l'expédition de Beuzeville, précédemment relatée. D'après l'un de ces témoignages (n° 534), démenti par les autres (n°ˢ 515,
523), les partisans auraient mis à la question la femme d'un habitant du lieu.
Arch. nat., JJ 173, n°ˢ 515, 523, 534.

6. Arch. nat., JJ 173, n° 534 : faits postérieurs à la seconde affaire de Martainville-en-Lieuvin.

7. Arch. nat., JJ 173, n° 523 : faits remontant au carême, plutôt vers la fin,
aux approches de Pâques (31 mars).

sans, guidée par frère Jean de Guiseville, arrive au point du jour sous les murs de l'abbaye de Préaux[1]. Il s'agit d'assurer la délivrance d'un autre moine, « bien ami dudit frère Jehan[2] », quelque patriote sans doute, que l'abbé du lieu[3] a fait arrêter et transférer dans la prison de Pont-Audemer. La compagnie ne traîne pas avec elle d'échelle de siège, comme celles qu'on a vu les partisans du Bocage se garder dans leurs retraites[4]. Le religieux en prend une dans le bourg, escalade les portes, les démolit de l'intérieur pour faire entrer ses compagnons, trouve au dedans sept moines tremblant de peur, qu'il harangue énergiquement et fait emmener vite dans les bois de Campigny[5], dans l'espoir d'un échange. Surviennent les anglais de Pont-Audemer, qui engagent le combat et font prisonniers cinq partisans, qu'on expédie dans les geôles de Rouen[6].

Malgré cet éclat[7], les compagnies ne désarment pas. On n'a plus occasion depuis, il est vrai, de voir surgir les noms de Guillaume Halley, de Le Vetre ou de frère Jean de Guiseville. Mais l'état de la région ne paraît pas s'être pour cela modifié. Le gouvernement anglais a tenté d'organiser la défense. Des dizeniers sont institués dans les paroisses pour essayer d'encadrer les gens de village, pour fouiller les bois, traquer et saisir les partisans[8].

---

1. On a vu la situation de l'abbaye de Préaux. Elle figure dans les places occupées au temps de la Grande-Compagnie (Siméon Luce, *Hist. de Bertrand du Guesclin*, Tableau des lieux forts). Charles VII y logea quelque temps après la reprise de Honfleur, en mars 1449 (De Beaucourt, *Hist. de Charles VII*, t. V, p. 27).

2. Arch. nat., JJ 173, n° 513.

3. Arch. nat., JJ 173, n° 534. L'abbé de Saint-Pierre-de-Préaux était alors Jean Moret, dont on voit l'élection autorisée par lettres de Henri V, en date du 22 août 1420 (*Rôles norm. et franç.*, n° 1487), et qui prête serment le 5 mars 1421 (*Gall. christ.*, t. XI, col. 840). Étant encore en charge, il se trouvait présent, lors du procès de Jeanne d'Arc, à la scène du cimetière de Saint-Ouen (De Beaurepaire, *Notes sur les juges et assesseurs du procès de condamnation de Jeanne d'Arc*).

4. Arch. nat., JJ 173, n° 115. Voir ci-dessus, *les Compagnies*.

5. « Campaigne » (Arch. nat., JJ 173, n° 513). Campigny, sur la Véronne, à une lieue et demie environ de Préaux.

6. Doc. en date d'avril, de mai 1426 : faits remontant (3 avril) au « mercredi d'après Pasques communaulx » (31 mars). Arch. nat., JJ 173, n°⁵ 513, 534.

7. C'est peut-être à la suite de cette aventure qu'on dut procéder à la purification de l'église de Préaux : « Ecclesiam effuso sanguine pollutam reconciliari vel expiari curavit anno 1427. » *Gall. christ.*, t. XI, col. 840.

8. Ces faits résultent de la pièce citée ci-après, où Richard Chelloy, cultivateur,

Premier essai, important à relever, de cet armement des campagnes, si imprudemment généralisé quelques années plus tard[1], et qui fera jaillir du sol, contre les envahisseurs, ces armées paysannes de la plaine de Caen, du pays de Caux et du Bocage, capables de bloquer une ville, de mener un siège et de marcher en ligne au combat. Mais déjà cette ébauche de milice locale ne semble pas avoir réussi aux conquérants. Au bourg de la Lande, entre Cormeilles et Beuzeville, où elle fonctionne, vers avril ou mai 1426, une compagnie a attaqué de nuit le village et éclairé sa retraite en incendiant quinze bâtiments, étables, granges ou maisons. Un des dizeniers en charge, Richard Chelloy, pactise ouvertement avec les insurgés : il en héberge plusieurs, les fournit de provisions, va leur acheter des armes à Rouen, et en tient un dépôt chez un voisin[2], où les Anglais de Pont-Audemer, opérant une perquisition, découvrent la « musse », dont le contenu le fait arrêter sur-le-champ[3].

Les partisans ont toutes les campagnes pour complices : quand on voudra les armer contre eux, « gens de village » et « brigands » ne feront qu'un.

SUR LA SEINE.

Ce groupe de compagnies franches pouvait tendre la main, par-dessus le fossé de la Seine, à d'autres bandes armées dont l'existence et l'activité se manifestent sur une étendue bien plus vaste encore.

Le long de la côte périlleuse et trouble qui s'étend de Honfleur jusqu'au delà du travers de Caudebec, en bordure des chenaux

est signalé comme exerçant ces fonctions à la Lande, village situé entre Cormeilles et Beuzeville, sur la route de Honfleur, dont le territoire communal compte actuellement deux à trois cents habitants. Voici la description du village : « Loing de toutes forteresses et garnisons de gens tenant nostre parti... près des bois esquelz iceulx brigans repairoient et fréquentoient à grant force continuelment » (Arch. nat., JJ 173, n° 426).

1. Sur ce point, voir les Chroniques de Normandie, et le conseil prêté au duc d'Orléans, alors captif en Angleterre (éd. Hellot, p. 82), Monstrelet (éd. Douët d'Arcq, t. V, p. 104), Chartier (éd. Vallet de Viriville, t. I, p. 173), la Chronique du Mont-Saint-Michel (éd. Siméon Luce, t. I, p. 36 et n. 1), Thomas Basin (éd. Quicherat, t. I, p. 103).

2. « En l'ostel de Michelet Moue. »

3. Rémission pour Richard Chelloy, cultivateur, de la Lande, pour faits de participation. Doc. en date de mai 1426 : faits récents. Arch. nat., JJ 173, n° 426. Cf. n° 379.

variables, des plages indécises entre le sol et le flot, les partisans du Lieuvin ont des havres, des abris, des embarcations de mer à portée, sur lesquelles ils passent d'une terre à l'autre, à travers les bancs, les courants, les dangers de l'entrée de Seine.

De la haute mer jusqu'aux étranglements qui limitent alors le débouché du fleuve, la côte est gardée par des places toutes situées sur la terre du nord, où les forces naturelles, depuis la période historique, ont plus sûrement fixé le rivage. Harfleur, Montivilliers, Caudebec, à cette époque, paraissent les seules villes régulièrement armées[1]. Tancarville[2], un des commandements du chenal, Lillebonne[3], un peu plus engagée, même alors, dans les terres, n'ont pas de garnison appréciable. Le lieu fort de la Carrière-Drumare, à la crête des falaises de Saint-Vigor, entre Tancarville et Harfleur[4], semble abandonné depuis longtemps[5]. Mau-

---

1. Ces trois places figurent seules dans les comptes de Normandie.

2. Tancarville, malgré l'importance de la situation, n'y est pas mentionné. Cette place aurait-elle été enlevée peu après Harfleur, dès 1415 (Chéruel, *Histoire de Rouen*, p. 20, et Pièces just., p. 13, n. 7, d'après Deville, *Histoire du château et des sires de Tancarville*)? Elle ne dut cependant capituler qu'entre le 30 janvier 1419 et le 5 janvier 1420 (*Rôles norm. et franç.*, nᵒˢ 276, 719). On lui voit un commandant au début de l'invasion (*Rôles norm. et franç.*, nᵒˢ 675, 1359). En 1428, de même (Boucher de Molandon et Adalbert de Beaucorps, *l'Armée anglaise*, Pièces just., n° 96). Le château fut enlevé par les insurgés cauchois vers la fin de 1435 et resta français près de deux ans (De Beaucourt, *Histoire de Charles VII*, t. III, p. 7, 11; *Chron. norm.*, éd. Hellot, p. 84-88. et notes, n. 262). Il fut reconquis en 1449, par le même traité que Rouen (De Beaucourt, *l. c.*, p. 18, n. 5).

3. Lillebonne capitule presque aussitôt après Rouen, le 31 janvier 1419 (*Rôles norm. et franc.*, n° 277). On lui voit un commandant en mai 1421 (*Ibid.*, n° 1296). Place enlevée par les Cauchois en même temps que Tancarville à la fin de 1435, reprise par les Anglais dans l'été de 1436 (De Beaucourt, *l. c.*, p. 6, 8. *Chron. de Norm.*, éd. Hellot, p. 84-87). Réoccupée un instant par les Français en 1439 (De Beaucourt, *l. c.*, p. 19). Reconquise en 1449 par le même traité que Rouen (De Beaucourt, *l. c.*, p. 18, n. 5).

4. Saint-Vigor-d'Ymonville, village situé sur le plateau, entre le Nay de Tancarville et le cap du Hode (Seine-Inférieure, cant. de Saint-Romain-de-Colbosc).

5. Ce curieux lieu fort, dont on ne voit pas trace au temps de la Grande-Compagnie, était aux mains du parti bourguignon au moment de la révolution de 1418 (De Beaurepaire, *Accord conclu, l. c.*). De novembre 1438 à mai 1439, on le retrouve de nouveau armé, et aux mains des Anglais, sous le même capitaine que Tancarville : il avait dû, sans doute, comme tant d'autres places abandonnées de la région, être enlevé et « emparé » par les Cauchois en 1435, puis repris par les troupes anglaises (Bibl. nat., Cab. des Titres, P. or., *Miners*, nᵒˢ 4, 8, 11). Sa situation offre une frappante analogie avec celle de la Roche-d'Orival, lieu fort situé dans les falaises crayeuses qui dominent Elbeuf, men-

levrier, sur le bord des forêts qui surplombent Caudebec[1], les châteaux du Trait[2] et des Moulineaux[3], les plus haut situés sur la Seine, en approchant de Rouen, sont désemparés sans doute depuis la fin de la guerre civile et le début de l'invasion étrangère[4].

Les partisans de 1426 n'en sont pas encore au point de couper toute communication entre les deux terres, comme on le verra faire dix ans plus tard[5]. Ils n'arment pas en course, comme les Dieppois d'alors, pour venir croiser et donner chasse devant l'estuaire de la Seine[6]. Ont-ils déjà fortifié, au débouché de la Rille, les escarpements de la pointe de la Roque, qui seront le refuge d'un nouveau corps d'insurgés, lors du grand soulèvement de 1435[7]? Toujours est-il qu'ils ont des intelligences à Grestain[8], près de

tionné plusieurs fois au siècle précédent (Siméon Luce, *l. c.*). Un groupe d'habitations sur le territoire communal de Saint-Vigor-d'Ymonville porte actuellement le nom de Drumare ou de Ferme-Drumare.

1. Maulevrier, sur la lisière de la forêt du même nom, près du chemin de Caudebec à Yvetot (Seine-Inférieure, canton de Caudebec).

2. Le Trait, village dominant un coude de la Seine, entre le fleuve et la forêt du même nom (Seine-Inférieure, cant. de Duclair).

3. Les Moulineaux, entre la forêt de la Londe et la Seine (Seine-Inférieure, cant. de Grand-Couronne).

4. Le château de Maulevrier est aux mains du parti bourguignon au moment de la révolution de 1428 (De Beaurepaire, *Accord conclu, l. c.*). Il figure dans l'énumération des places conquises par Henri V, donnée par Monstrelet (*Monstrelet*, éd. Douët d'Arcq, t. III, p. 309). — Le château du Trait, de même (*Ibid., id., ll. cc.*). — Le lieu fort des Moulineaux, qu'on ne voit pas signalé en 1418, est souvent mentionné au temps de la Grande-Compagnie (Siméon Luce, *Hist. de Bertrand du Guesclin*, tableau des lieux forts). Il figure sous le nom de « Chasteau-Moulineau » dans la liste de Monstrelet (*l. c.*). En 1428, une compagnie livrera combat non loin de là. En 1436, une autre rencontre a lieu sur le même point (Bibl. nat., ms. fr. 26060, n° 2765).

5. Bibl. nat., ms. fr. 26060, n° 2747; Cab. des Titres, P. or., *La Perreuse*, n° 2 : faits de janvier 1436. Bibl. nat., ms. fr. 26065, n° 3749 : levée de gens de guerre dans les vicomtés de Bernay et de Pont-Audemer « pour garder et tenir seure la mer, mesmement à l'endroit de la gueulle et bouche de Seine ordonner tel nombre de gens et navires qu'il convient, » avril 1439. Cf. n. 6.

6. Bibl. nat., ms. fr. 26066, n°ˢ 3844, 3855, 3856 : faits de 1439. Cf. n. 5.

7. « La Roque de Rille » est occupée et « remparée », en mars 1436, par une compagnie de partisans. La Roque-sur-Rille, à peu de distance de la pointe de la Roque, est actuellement une fraction de la commune de Saint-Samson-de-la-Roque. On y voit des traces d'ouvrage fortifié qui portent encore le nom de Camp-des-Anglais (Bibl. nat., ms. fr. 26060, n° 2772).

8. Grestain, abbaye de l'ordre de S.-Benoît, au diocèse de Lisieux, dont il ne subsiste plus que quelques pans de mur, près des parages les plus dangereux de l'entrée de la Seine. Grestain est une fraction de la commune actuelle de

l'abbaye[1], où ils ont un dépôt d'armes[2], en un point de la côte où ils savent la traîtrise des passes, les risques du flot, et la façon de s'en faire des complices. Aux abords de Caudebec, ils disposent des barques, des canots de pêche du pays[3]. Aux heures propices, ils s'engagent en Seine et débarquent sous le rempart des falaises de Caux, où ils pénètrent à volonté par des routes à eux. En septembre 1426, la situation devient telle, que le bailli de Rouen est obligé de mander à celui de Caux de saisir toutes les embarcations de la côte et de les mettre sous bonne garde dans les villes closes de son ressort, et ce « pour cause des ennemis du roi qui de jour en jour passent et s'efforcent de traverser la rivière[4]. » Le témoignage est expressif et vaut qu'on s'y arrête. Il caractérise la vitalité et l'esprit d'entreprise des compagnies du Lieuvin, qui ont acquis le droit d'alarmer de la sorte un ennemi victorieux et tout-puissant, contre lequel il semble qu'il soit folie de s'obstiner au combat.

Au-dessus de Rouen, le long du fleuve, dont les côtes ne sont plus que des berges, Pont-de-l'Arche, soutenu dans les terres par Louviers, qui rejoint Évreux, le roc de Château-Gaillard, le pont fortifié de Vernon[5] et le donjon privé de la Roche-Guyon[6],

Fatouville-Grestain (Eure, cant. de Beuzeville). L'abbaye ne paraît pas avoir, été jamais fortifiée. Charles VII y fit un assez long séjour, en février 1449, au moment de la reddition de Honfleur (De Beaucourt, *Hist. de Charles VII*, t. V, p. 26-27).

1. L'abbé de Grestain était alors Richard de Thieuville, en charge en 1411, mort en 1435 (*Gall. christ.*, t. XI, col. 842). On ne le voit pas figurer au procès de Jeanne d'Arc.

2. Rémissions pour Guillaume de la Haye et Richard Chelloy. Arch. nat., JJ 173, nᵒˢ 379, 526.

3. Pour ce qui suit : — mandement de taxation du lieutenant général du bailliage au vicomte de Rouen, pour frais de voyage (14-15 septembre) du messager ayant porté le mandement, en date de Rouen, le 21 septembre 1426. Bibl. nat., ms. fr. 26049, nᵒ 625.

4. « Que l'en feist arrester et retraire ès villes closes tous les batiaux de la rivière de Saine, pour cause des ennemis du roy, nostre sire, qui, de jour en jour, passent et s'efforchoient traverser ladicte rivière. » Bibl. nat., ms. fr. 26049, nᵒ 625.

5. Toutes ces places sont mentionnées dans les comptes de Normandie.

6. La terre et le château de la Roche-Guyon, confisqués sur Perrette Bureau de la Rivière, veuve de Guy VI de la Roche, et sur les héritiers de celui-ci, avaient été donnés à Guy Le Bouteiller, par lettres de Henri VI, du 20 mars 1420 (*Rôles norm. et franç.*, nᵒ 783).

La place, héroïquement défendue par Perrette de la Rivière, s'était rendue en avril 1419 (Hellot, notes des *Chron. de Norm.*, n. 140). Le texte même des

qui serrent le débouché de l'Epte, s'échelonnent à d'assez longues distances. — Au delà sont Mantes et Meulan, à l'extrémité du Vexin, puis Poissy, la tour de Montjoye et Saint-Germain, qui guettent les abords de Paris[1]. — Le travers d'Elbeuf n'a pas encore les ouvrages fortifiés de l'île de la Bastille[2] : les lieux forts des Goulets, dans le long chapelet d'îles qui divisent la Seine au-dessous de Vernon[3], sont jetés bas depuis deux ans[4].

Chroniques de Normandie présente ici quelque obscurité, la date assignée à la prise du château (6 avril) étant la même que celle du début du siège (cf. *Chron. de Norm.*, éd. Hellot, p. 48, et *Rôles norm. et franç.*, nᵒˢ 359 et 360). La Roche-Guyon ne figure pas sur les comptes de Normandie et fut gardée par les moyens de son nouveau possesseur. Elle est menacée en 1428 et 1436 (voir ci-dessous, *le Vexin*). Lors de la reconquête, elle capitule le 12 septembre 1449 (De Beaucourt, *Hist. de Charles VII*, t. V, p. 8, n. 5, et Pièces just., nᵒ 1).

1. Toutes ces places sont mentionnées dans les comptes de Normandie.

2. Diverses pièces comptables de 1440 et 1441 mentionnent l'existence de « l'île fortifiée devant Elbeuf ». Ces ouvrages de défense devaient s'élever dans l'île qui porte actuellement encore le nom d'île de la Bastille. Une seconde île, celle de Saint-Gilles, aujourd'hui réunie à la première, divisait alors le bras de Seine qui la sépare de la terre du nord. Quatre autres îles voisines, à présent soudées à celles-ci, formaient autrefois dans la traversée d'Elbeuf un petit groupe coupé de chenaux. La garnison de l'ouvrage de l'île de la Bastille comporte cinquante-deux hommes d'armes et archers, et une petite flottille de foncets et de baleiniers. Bibl. nat., Cab. des Titres, P. or., *Burdett*, nᵒ 16, et *Gérard*, nᵒ 10.

On ne voit plus mentionner à cette époque la Roche-d'Orival, le lieu fort situé à la crête des falaises d'Orival, qui domine Elbeuf (Seine-Inférieure, cant. d'Elbeuf, comm. d'Orival), lieu si souvent signalé au temps de la Grande-Compagnie (Siméon Luce, *Hist. de Bertrand du Guesclin,* tableau des lieux forts).

3. Les lieux forts du Grand-Goulet et du Petit-Goulet étaient situés, dit M. Siméon Luce (*Hist. de Bertrand du Guesclin*, p. 430, n. 1, et Pièces just., nᵉ 54), dans une île de la Seine, l'île aux Bœufs, dépendant du territoire communal de Notre-Dame-de-l'Isle (Eure, cant. des Andelys). — De la traversée de Vernon jusqu'au large bassin de la Garenne, la longue ligne droite de la Seine, sur plus de trois lieues, est coupée par une file d'îlots placés bout à bout, qui laissent entre eux de véritables détroits : l'orifice de l'un d'eux, entre l'île Miène et l'île aux Bœufs, est déterminé par le village de Notre-Dame-de-l'Isle, sur la rive du nord, et par le hameau du Goulet (Eure, cant. de Gaillon, comm. de Saint-Pierre-la-Garenne), sur celle du sud.

4. Le Grand-Goulet et le Petit-Goulet avaient capitulé le 26 février 1419, à la suite des autres places du Vexin (Rymer, *Fœdera*, vol. IV, part. 3, p. 95. Cf. *Rôles norm. et franç.*, nᵉ 316). Il faut sans doute les reconnaître sous la désignation de « les Boulles », dans l'énumération, précieuse par elle-même, mais demeurée si défigurée, des places conquises par Henri V, que donne Monstrelet (*Monstrelet*, éd. Douët d'Arcq, t. III, p. 309). Ils furent démolis en exécution d'un mandement de Henri V au bailli de Gisors, daté du siège de Meaux, le 8 février 1422 (*Rôles norm. et franç.*, nᵒ 1078).

Dans cette direction du cours de la Seine, le point préféré par les partisans, pour opérer le passage difficile du large fossé de Normandie, semble être la partie qui s'étale vers le débouché de l'Eure, vers ces parages où vient mourir le flot de marée qui renverse deux fois par jour la marche du courant du fleuve. C'est là que naguères l'armée d'invasion, cherchant à s'ouvrir les chemins de Rouen, a forcé la défense de la Seine, pendant le siège de Pont-de-l'Arche, en juillet 1418. C'est là que huit canots, intrépidement commandés par le seigneur de Cornouailles, ayant derrière eux, à la traîne, un cheval chargé de canons légers, se sont emparés d'une île, puis du passage même, à la vue de huit cents lances françaises et de douze mille fantassins des communes, paralysés par la guerre civile et demeurant inactifs devant ce trait de bravoure folle[1]. A présent, c'est vers ce point que se dirigent, en petits groupes ou en compagnies menaçantes, les partisans qui changent de pays, ou qui, pour mieux faire, tiennent à gagner les approches de Rouen.

Dans la forêt de Pont-de-l'Arche, vers les bois qui contournent Elbeuf, se tient depuis le début de l'invasion un redouté chef de bandes, Pierre Le Bigourdais[2], qui hante les bois de Saint-Didier[3] et de la Saussaye[4], et dont les courses s'étendent jusqu'aux faubourgs d'Évreux. Enfant du pays, originaire du village voisin de la Haye-Malherbe[5], ayant à Louviers toute la famille de sa femme, il combat sous un sobriquet de guerre pour

---

1. Sur ce point, voir le récit curieux de Monstrelet (t. III, p. 275-278). Si le passage s'opéra devant l'abbaye de Bonport, un peu au-dessous de Pont-de-l'Arche, sur la rive du sud, l'île occupée est l'île de Bonport. Les Chroniques de Normandie (p. 40-41) disent qu'il eut lieu à deux endroits, le précédent et un autre situé en face les Damps, un peu au-dessus de Pont-de-l'Arche, sur la même rive; l'île qui se trouve là est l'île Saint-Pierre, qui marque, en aval, le débouché de l'Eure. La Chronique d'un Bourgeois de Verneuil parle d'un pont de claies jeté en l'un ou l'autre de ces points sur la Seine (*Chronique d'un Bourgeois de Verneuil*, éd. Hellot, dans le *Bulletin de la Société de l'histoire de Normandie*, t. III, années 1880-1883). Pont-de-l'Arche est assiégé le 1er juillet et capitule le 20 (Hellot, notes des *Chron. de Norm.*, n. 116).

2. Rémission pour Guillaume Ravenier, cultivateur, de Louviers, beau-frère de Pierre Le Bigourdais, pour faits de complicité. Doc. en date de février 1426 : faits remontant entre la Madeleine et quinze jours après la Toussaint (22 juillet-15 novembre 1425). Arch. nat., JJ 173, n° 355. Cf. Bibl. nat., ms. fr. 26050, n° 889.

3. Saint-Didier-des-Bois, Eure, cant. d'Amfreville-la-Campagne.

4. La Saussaye, ibid., id.

5. La Haye-Malherbe, Eure, cant. de Louviers.

ne pas compromettre les siens, et, du nom tronqué de son village, n'est connu des Anglais eux-mêmes que comme le brigand Pierre de la Haye. Il y a huit ans qu'il tient ainsi la campagne. En juillet 1425, il vient de livrer un combat malheureux aux ennemis. Quelque temps après, il prend sa revanche en leur enlevant un sergent, Guillaume Guibelet, qu'il retient prisonnier en forêt. En novembre, il est à son tour capturé sous les murs d'Évreux, et les ennemis, en dépit des ordonnances royales, traitent avec lui l'échange de leur fonctionnaire contre sa liberté, ou, sinon, d'une rançon de soixante écus d'or et de trois marcs d'argent. Libéré contre toute attente, il continue à tenir la campagne : on l'y retrouvera préparant contre les remparts bien gardés de Rouen le projet de surprise héroïque qui lui coûtera la vie.

Les partisans de la forêt de Pont-de-l'Arche font face à ceux des bois de l'Andelle, qui prolongent la forêt de Longboël. Là, dans le courant de 1424, se dispersent les débris d'une compagnie détruite[1]. Un des fugitifs, séparé des siens, met en lieu sûr sa provision de poudre et va se terrer dans les ruines du manoir de Rouville[2], en face l'embouchure de l'Eure.

Dans cette section de la Seine, entre les falaises crayeuses d'Elbeuf et la célèbre côte des Deux-Amants, qui signale de si loin la rive de l'Andelle et les terres du Vexin, le dédale des îles et des chenaux, les berges noyées, les coudes brusques et les anses profondes du fleuve, l'abri tout proche des bois sans fin, assurent aux partisans l'impunité, la vie libre et le droit au combat.

Vers 1424, une compagnie qui se tient sur la rive du sud se transporte de force[3] de Criquebeuf[4] à Freneuse[5], en s'emparant

---

1. Rémission pour Jean Émery, de la vicomté de Pont-de-l'Arche, pour faits de complicité envers le partisan Colin Lerat, qui plus tard se rend Anglais et prend la croix rouge. Doc. en date du 10 mai 1426 : faits remontant à deux ans. Arch. nat., JJ 173, n° 511.

2. Le château de Rouville, entre les bois et la rive nord de la Seine (Eure, cant. de Louviers, comm. d'Alizay), en face de l'île du même nom, dont la pointe marque en amont le débouché de l'Eure dans un des bras de la Seine.

3. Rémission pour Pierre de Surgy, pêcheur de poisson d'eau douce, de Criquebeuf-sur-Seine, pour faits de participation. Doc. en date de janvier 1429 : faits remontant à la sixième année antérieure. Arch. nat., JJ 174, n°ˢ 25 et 260.

4. Criquebeuf-sur-Seine, sur la rive sud, entre Elbeuf et Pont-de-l'Arche (Eure, cant. de Pont-de-l'Arche).

5. Freneuse, sur la rive nord, en face de Criquebeuf (Seine-Inférieure, cant. d'Elbeuf). Un point de passage, marqué actuellement par un bac, se dessine assez nettement entre deux îles, l'île Lamy et l'île de Criquebeuf, dans un che-

des canots de pêche, fait habituel et constant, assure le texte qui mentionne l'événement. Est-ce également là que traverse, en avril 1424, le parti français expulsé de Compiègne, les vies sauves, et qui, quinze jours après, surprend par escalade, sur l'autre rive, le château de Gaillon[1], où cette poignée d'hommes va se maintenir pendant trois mois contre toutes les forces anglaises[2]? Fait presque extravagant de ces années fertiles en sujets d'étonnement, où les bornes connues du courage et de l'audace semblent reculer à chaque pas[3].

C'est en tout cas exactement vers les mêmes parages que se dirige, en avril 1428, un suprême effort des partisans de la région[4]. Cette fois, ils ont réuni toutes leurs forces, et ils tiennent en nombre les bois de Pont-de-l'Arche et d'Elbeuf. Leurs rassemblements ont une portée plus inquiétante : ils servent d'éclaireurs et de guides à un parti régulier français qui cherche à s'approcher de Rouen en traversant la rivière[5]. Les nouvelles sont telles, leur projet de se rendre maîtres du passage est si menaçant, que le bailli de Rouen, le 17 avril, fait mander au vicomte de Pont-de-l'Arche, comme naguère au bailli de Caux, les précautions les

nal coupé lui-même de deux îlots. Les chemins du sud viennent y converger de la forêt de Pont-de-l'Arche. En face, des sentiers mènent vers Freneuse, Tourville-la-Rivière, de l'autre côté de la presqu'île, et à Sotteville-sous-le-Val, d'où les bois rejoignent la forêt de Longboël.

1. Gaillon, sur la rive gauche de la Seine, à quelque distance du fleuve, entre Vernon et Louviers (Eure, ch.-l. de cant., arr. de Louviers).

2. Sur les circonstances de la reprise de Gaillon, voir ci-dessous, *Annexe* 1.

3. On ne discute pas ici l'hypothèse d'un passage de la Seine, qui aurait été exécuté en août 1422 par un groupe de partis français du Maine, sous Jean d'Harcourt, comte d'Aumale, pour aller débloquer, sur les bords de l'Epte, bien avant dans le Vexin, la place de Dangu. On démontrera, lorsqu'il sera question de Dangu, qu'il s'agit du lieu fort de Dangeul, entre Mamers et le Mans. Voir ci-dessous, *le Vexin* et *Annexe* 2.

4. Pour ce qui suit : — mandement du lieutenant général du bailliage de Rouen au vicomte de Pont-de-l'Arche, en date de Rouen, le 17 avril 1428 : — quittance de Jean de Cintray, chevalier, pour voyage, en avril, à Louviers, le Neubourg et Elbeuf, en date du 12 mai. Bibl. nat., ms. fr. 26050, n°ˢ 873, 884. Cf. n°ˢ 896, 894, 889, 888.

5. « Pour ce que sur le pays y avoit brigans et *aultrez gens de guerre*, ennemis et adversaires du roy... que l'en doubtoit qu'ilz ne venissent passer la rivière de Saine. » Bibl. nat., ms. fr. 26050, n° 884. — « Pour ce que plusieurs adversaires et brigans sont dedens vostredicte viconté, tant en forestz que ailleurs, et fréquentent souventes fois en *entencion de passer la rivière de Saine,* dont plusieurs et grans inconvéniens se pourroient ensuir. » Bibl. nat., ms. fr. 26050, n° 873.

plus minutieuses pour prévenir le danger. Tous les bateaux, canots, chalands, pirogues de la rivière sont à retirer immédiatement de leurs lieux de stationnement habituel, le jour comme la nuit, sous peine de prison, dans le plus bref délai ; ordre d'amener toutes les embarcations devant Pont-de-l'Arche[1], ou autres lieux forts de la vicomté, pour y être gardées rigoureusement, surtout le soir tombé. Quant aux patrons de bacs, défense absolue de passer des inconnus ou des étrangers au pays, quels qu'ils soient, même isolés et se présentant un à un : ils devront s'assurer de l'identité de leurs passagers, et les obliger à se faire reconnaître, le tout sous leur responsabilité et sous les mêmes peines. A Louviers, au Neubourg, à Elbeuf, les jours de marché, on notifie l'ordonnance à cri public, sur les places : un officier de la vicomté de Pont-de-l'Arche s'y transporte et procède à la proclamation contre ces « brigands et ennemis du roi », qu'on ne peut arracher du sol, et dont le sang répandu ne sert qu'à perpétuer la race.

Le point faible, comme on voit, est toujours le même : la rive du sud[2], entre Elbeuf et le débouché de la vallée de l'Eure[3]. C'est là que les partisans réussissent encore une fois à tromper la surveillance de l'ennemi, et à opérer malgré tout le passage de la rivière[4], qui livre les routes de Rouen, les approches et la vue des remparts, à l'intérieur desquels quelques âmes bien trempées n'ont pas encore perdu courage.

Germain LEFÈVRE-PONTALIS.

1. A ce sujet, voir les lettres de Henri V, du 6 février 1419 (*Rôles norm. et franç.*, n° 209 : 6 et 7).

2. « Au bort de ladite rivière, eu costé devers lesdis adversaires. » Bibl. nat., ms. fr. 26050, n° 873.

3. La direction où sont prises les mesures de précaution : Elbeuf, Louviers, le Neubourg, montre bien que c'est ce côté qui est menacé.

4. Au commencement de mai, le lieutenant général du bailliage de Rouen se fait escorter de Rouen à Pont-de-l'Arche « pour doubte des chemins et dangiers des brigans qui *estoient passez la rivière de Saine ès parties de Pont-de-l'Arche* ». Mandement de taxation du vicomte de Pont-de-l'Arche, en date du 31 mai, pour faits récents. Bibl. nat., ms. fr. 26050, n° 896.

JULIEN HAVET

Notre confrère Julien-Pierre-Eugène Havet est décédé à Saint-Cloud le 19 août 1893, à l'âge de quarante ans. Les obsèques ont été célébrées le surlendemain à l'église de la Madeleine à Paris. Sur la tombe, au cimetière de Montmartre, M. Léopold Delisle et M. Jules Lair se sont faits les interprètes des sentiments de profond regret qu'une mort aussi cruelle et aussi inopinée inspire à tous ceux qui ont connu Julien Havet, principalement à la Bibliothèque nationale et à l'École des chartes.

A la suite de ces discours, nous insérons la notice que notre confrère avait rédigée en 1892, d'après le plan adopté par la Société, pour entrer dans la « Bibliographie des travaux publiés par les anciens élèves de l'École des chartes. »

DISCOURS DE M. L. DELISLE,

ADMINISTRATEUR GÉNÉRAL DE LA BIBLIOTHÈQUE NATIONALE.

Messieurs,

Rarement la Bibliothèque nationale a été éprouvée par un malheur comparable à celui qui la frappe aujourd'hui. Elle perd en Julien Havet un de ses fonctionnaires les plus distingués, un de ceux qui lui ont rendu le plus de services, un de ceux sur lesquels elle fondait les plus grandes et les plus légitimes espérances. La carrière qu'une mort si imprévue vient de brusquement interrompre a été courte; mais elle a été si bien remplie qu'on s'étonnera du nombre et plus encore de la valeur des travaux qui ont pu être entrepris et menés à bonne fin pendant une période aussi restreinte.

Dès sa plus tendre jeunesse, Julien Havet laissa deviner des dons naturels qui se développèrent, comme par enchantement, sous les yeux et la direction de son illustre père et dont il devait faire un si noble emploi. Déjà, sur les bancs de l'École des chartes, par son application à s'assimiler l'enseignement de tous les professeurs et par la méthode qu'il suivit pour recueillir et mettre en ordre les matériaux de sa thèse, il avait fait preuve d'une rare aptitude aux œuvres d'érudition. Ceux qui avaient dès lors entrevu son ardeur au travail, l'étendue de sa mémoire, la clarté de ses idées, la sûreté et la finesse de sa critique, l'aménité et la fermeté de son caractère, la délicatesse de sa conscience, savaient quel précieux concours il donnerait à l'établissement littéraire qu'il serait appelé à servir.

D'heureuses circonstances permirent à la Bibliothèque nationale de l'enrôler aussitôt dans les rangs du personnel du Département des imprimés. Pendant les dix-huit ans qu'il y a passés, il n'a pas cessé un seul jour de donner l'exemple du strict accomplissement du devoir et de montrer que, dans les besognes les plus humbles, même dans celles que des esprits superficiels peuvent trouver fastidieuses, il y a moyen d'exercer son intelligence et de déployer des talents d'un ordre supérieur.

Il s'était rendu compte de l'origine et par là même de la raison de traditions qu'il est plus facile de dédaigner que de comprendre, et, après avoir docilement appris à les respecter, il savait à son tour en démontrer l'utilité et l'importance, comme on le vit en 1890 quand il expliqua aux élèves de l'École des chartes, dans un petit nombre de leçons, les principes d'après lesquels doivent être préparés et disposés les éléments du catalogue d'une grande bibliothèque.

Le respect des traditions s'alliait chez Julien Havet à un très vif amour du progrès, à un esprit d'initiative très hardi et à une rigueur de principes dont il ne fut jamais tenté d'abuser, tant il savait avec quelle prudence il fallait toucher aux rouages de mécanismes compliqués et vieillis, tenir compte de ressources limitées et ne point s'exposer, par excès de zèle, à désorganiser des services qui ne supportent point la moindre interruption. Aussi toutes les améliorations dont il a eu l'idée, et qu'il a réalisées d'accord avec ses collègues, ont-elles pu se concilier avec nos anciennes habitudes et s'introduire graduellement sans jamais amener aucune perturbation.

C'est surtout dans le bureau des entrées, auquel il a toujours été spécialement attaché et dont la direction lui fut confiée en 1890, qu'il eut l'occasion de nous faire profiter de ses connaissances encyclopédiques, de sa familiarité avec les langues et les littératures de toute l'Europe et même d'une partie de l'Orient, de son intelligente curiosité, de ses habitudes d'ordre et de sa parfaite entente des besoins des différentes classes de lecteurs qui fréquentent la Bibliothèque nationale. C'est là qu'on le vit faire complètement abstraction de ses goûts personnels et se préoccuper de faire arriver sur nos rayons tout ce que nous avons l'obligation de réclamer au dépôt légal, en essayant, par des démarches auprès des administrations, des auteurs ou des libraires, de combler les lacunes résultant des imperfections de la loi et des négligences ou des oublis des imprimeurs.

La nécessité de veiller à tous ces détails administratifs, d'assurer la conservation d'impressions dépourvues en apparence de caractère littéraire, historique ou scientifique, de défendre les intérêts de la Bibliothèque contre les prétentions des fournisseurs, n'altérait jamais sa bonne humeur. A ses yeux, tout ce qui pouvait contribuer à l'accroissement et au bon ordre des collections prenait de l'importance et était digne de fixer l'attention et de prendre le temps d'un bibliothécaire. Il y apportait les mêmes soins qu'à ces travaux historiques auxquels il a consacré tous ses loisirs et qui devaient, nous en avons la conviction, lui ouvrir à bref délai les portes de l'Académie des inscriptions et belles-lettres.

Les mémoires qu'il a publiés sous le titre de *Questions mérovingiennes* ont eu un grand retentissement en France et en Allemagne. On peut dire que, sur des points essentiels, il a renouvelé la critique de documents qui sont au premier rang parmi les sources de la partie la plus ancienne de nos annales. Il a enlevé tout crédit à des textes sur lesquels personne avant lui n'avait élevé le moindre soupçon, et il a ouvert des voies nouvelles à la diplomatique sur un terrain que les érudits des deux derniers siècles et ceux de l'époque contemporaine avaient battu dans tous les sens. Qui de nous n'a pas admiré la sagacité avec laquelle il a étudié les systèmes d'écritures tironiennes, et notamment celui qui avait cours en Italie au xe siècle et qui lui a livré le secret d'une partie de la correspondance politique de Gerbert?

La *Bibliothèque de l'École des chartes* doit se féliciter d'avoir eu la primeur de la partie la plus considérable de ces études, mais elle a envers Julien Havet des obligations d'un genre tout particulier. Pendant plus de dix ans il a rempli les ingrates fonctions de secrétaire de la rédaction avec un soin, une compétence, une modestie et un tact que jamais ses camarades ne sauront assez reconnaître. Il rendait des services analogues au Comité des travaux historiques, dont il était membre depuis le commencement de l'année 1892, et à l'Académie des inscriptions et belles-lettres, dont il faisait connaître les travaux en préparant le compte-rendu officiel des séances et en publiant chaque semaine, dans la *Revue critique,* des analyses aussi exactes que précises qui étaient fort goûtées, surtout à l'étranger.

Tous ces travaux, fruits de mûres réflexions, s'exécutaient sans précipitation et sans bruit, aux applaudissements discrets d'un petit nombre de connaisseurs dont les suffrages étaient la meilleure récompense de Julien Havet. Son courage était soutenu par la conscience du devoir rempli et par la certitude que son dévouement contribuait dans une large mesure à procurer au public les ressources qu'on croit pouvoir trouver à la Bibliothèque nationale. Il ne se faisait pas illusion. Pleine justice lui a toujours été rendue et par ses chefs, et par ses collègues, et par ses subordonnés, et par les habitués de la salle de travail. Que de fois n'a-t-il pas imaginé d'ingénieux expédients pour faire face à des difficultés imprévues et pour atténuer les inconvénients de lacunes que nous avons à déplorer dans notre personnel comme dans nos collections !

Si nous avons eu tant à nous louer de sa collaboration pendant les années de sa jeunesse, que ne devions-nous pas en espérer pour le temps, en apparence prochain, où le gouvernement, guidé par la voix publique, l'aurait appelé à présider aux destinées du grand établissement auquel il avait voué sa vie et dans lequel son trop court passage au Département des imprimés laissera une trace ineffaçable !

Ce sont là, hélas ! de vains regrets. Mais il fallait les exprimer dans cette triste cérémonie, encore plus par amour de la vérité et par esprit de justice que par désir de montrer combien la Bibliothèque nationale s'associe à la douleur d'une femme si digne d'un tel époux et à celle d'un frère si cruellement atteint dans ses affections. Nul ne serait assez téméraire pour essayer de consoler de pareilles afflictions. Mais il importait de rendre, sans plus tarder; un hommage public au fonctionnaire qui a servi la Bibliothèque nationale avec tant de dévouement, au savant dont les travaux ont fait honneur au pays et seront toujours cités comme des modèles, à l'homme dont la mémoire restera chère à tous ceux qui ont eu l'avantage de pouvoir apprécier les incomparables qualités de son intelligence et de son cœur.

DISCOURS DE M. J. LAIR,

PRÉSIDENT DE LA SOCIÉTÉ DE L'ÉCOLE DES CHARTES.

Mesdames, Messieurs,

Au nom de la Société de l'École des chartes, je viens rendre un dernier hommage au confrère, à l'ami que nous avons perdu, au collaborateur éminent qui depuis tant d'années nous prêtait son précieux concours.

Notre maître M. L. Delisle nous a dit, dans des termes qui nous ont tous émus, ce qu'était M. Julien Havet et combien sa perte était douloureusement sentie à la Bibliothèque nationale.

La mort d'un homme aussi laborieux et d'une aussi grande portée d'esprit creuse, hélas! en plus d'un endroit, un vide difficile à combler.

Notre Société en apprécie tout particulièrement l'étendue.

Julien Havet, né à Vitry-sur-Seine le 4 avril 1853, entrait à l'École des chartes en 1872. Après des études brillantes, il en sortait, en janvier 1876, le premier de sa promotion. Dès l'année suivante, honneur peu commun, il était nommé membre de la Commission de publication de notre Société.

En réalité, la publication de la Bibliothèque de l'École des chartes constitue notre véritable objet social ; elle est le signe de notre vie comme elle en est l'honneur. La nomination que je viens de rappeler était donc une grande marque de confiance accordée au jeune archiviste paléographe, confiance parfaitement méritée.

Julien Havet prouva, dès le début, qu'il possédait les traditions des maîtres. Seize ans d'une collaboration incessante, à la fois habile et dévouée, ont justifié notre heureux choix et les suffrages unanimes que nous aurions voulu lui continuer longtemps encore.

Vous connaissez tous, Messieurs, les travaux dont il a enrichi notre recueil, ses premières études : sur la *Série chronologique des gardiens et seigneurs des îles normandes ;* sur les *Cours royales des îles normandes.*

A ce sujet, permettez-moi de rappeler les paroles de M. Gaston Paris dans son rapport sur le concours des antiquités nationales :

« Parmi les ouvrages présentés, aucun n'est composé avec plus d'art, de science, de critique, aucun ne permet de concevoir pour l'avenir de son auteur de plus vives et de plus justes espérances. »

Ces espérances, Julien Havet ne tardait pas à les réaliser.

Je ne puis énumérer ici toutes les œuvres de notre confrère. Chacune d'elles marquait un progrès.

On se rappellera longtemps à la Société la séance où l'on entendit la lecture de son mémoire sur la formule *Vir inluster* des actes mérovingiens. On éprouva la sensation d'une vive lumière dissipant l'obscurité et s'imposant. Ce fut une révélation.

Notre confrère prit alors rang parmi les maîtres de la diplomatique. Le monde savant, en France et en Europe, connut Julien Havet, qui en 1887 obtenait le prix Delalande-Guérineau à l'Académie des inscriptions et belles-lettres et en 1890 le second prix Gobert pour la publication des lettres de Gerbert. Chacun de nous, reprenant les justes espérances dont parlait Gaston Paris en 1877, entrevoyait le jour où notre confrère, après avoir reçu ces hautes récompenses, serait appelé à son tour à les décerner. Hélas ! M. L. Delisle n'a pu lui apporter son vote que sur sa tombe.

Havet était devenu chez nous le représentant incontesté de l'érudition française dans les questions mérovingiennes. Sa critique habile poursuivait, anéantissait des documents suspects, leur enlevait une autorité usurpée, en même temps en ramenait d'autres à leur véritable place. Quand la mort l'a frappé, il allait faire la lumière sur la question des *Acta Cenomannensium episcoporum.*

L'autorité me manque pour louer dignement notre confrère ; mais je puis bien dire ce qui est répété partout, partout admis comme constant. Julien Havet possédait, non seulement une érudition vaste et solide, mais de plus un sens critique très pénétrant, une puissance étonnante de réflexion. Une fois maître de son sujet, il l'exposait avec une lucidité merveilleuse, comme s'il le voyait. Il avait l'art de se faire écouter. Dans les discussions, son calme, sa présence d'esprit, la sûreté avec laquelle il portait le coup droit d'un bon argument, lui assuraient une supériorité dont il avait le bon goût de ne pas abuser.

Sous son apparence un peu froide, tout au moins réservée, Julien Havet cachait un excellent cœur.

Il y a quelques mois à peine, après une séance de la Société, au cours d'une conversation intime, il nous entretint de notre École, de son enseignement; il en signalait avec une justesse remarquable les traits distinctifs, manifestant le vif désir d'en voir conserver l'originalité; tout cela dit avec sa mesure, sa netteté habituelles, et de plus avec une nuance de sentiment qui fut remarquée. Il aimait notre École et notre Société. Notre Société et notre École perdent en lui un homme comparable à ceux qui en ont été ou qui en sont comme l'incarnation vivante.

Je puis dire aussi que tous ses confrères l'aimaient autant qu'ils l'estimaient.

En leur nom à tous, je me joins à M. Delisle pour présenter à la famille de Julien Havet l'expression respectueuse de notre sympathie et de notre douleur commune.

En finissant, je ne puis me défendre d'exprimer une pensée, pensée qui m'est venue au moment même où l'on m'apprenait la mort de Julien Havet. A l'École des chartes, au milieu de certaines diversités de vues, nous faisons tous profession de chercher et d'aimer la vérité. Nul n'a travaillé avec plus de sincérité que notre regretté confrère. Puisse cet amour, puisse cette recherche consciencieuse lui être comptés, à lui comme à nous, à l'heure suprême où apparaît l'éternelle Vérité !

BIBLIOGRAPHIE DES TRAVAUX DE JULIEN HAVET.

HAVET (*Julien*-Pierre-Eugène), né à Vitry-sur-Seine (Seine) le 4 avril 1853. Promotion du 18 janvier 1876. Conservateur adjoint au Département des imprimés de la Bibliothèque nationale, membre du Comité des travaux historiques et scientifiques (section d'histoire et de philologie), lauréat de l'Académie des inscriptions et belles-lettres, membre suppléant de la commission de publication de la Société de l'École des chartes, membre d'honneur de la Société jersiaise, officier de l'Instruction publique.

1. Lettres de Gerbert (983-997), publiées avec une introduction et des notes. *Paris, A. Picard,* 1889. In-8°, LXXXVIII-255 p.

> N° 6 de la *Collection de textes pour servir à l'étude et à l'enseignement de l'histoire.*

2. Miracles de sainte Geneviève à Paris (XII°-XIV° siècle). Rédaction française attribuée à Thomas Benoist. *Paris,* 1889. In-16, 31 p.

> Pour le mariage de M. Henri-Auguste Omont et de Mlle Fernande-Marie de Fresquet, 23 juillet 1889.

3. The National Library. (Bibliothèque nationale.) *Paris,* s. d. [1892]. In-8°, 12 p.

> Cf. n° 28.

4. La justice royale dans les îles normandes (Jersey, Guernesey, Auregny, Serk) depuis le XIII° siècle jusqu'à nos jours.

> Pages 17-21 de : *École nationale des chartes. Positions des thèses présentées par les élèves de la promotion 1876,* 1876, in-8°. (Cf. les n°° 9-10.)

5. Poème rythmique d'Adelman de Liège sur plusieurs savants du XI° siècle.

> Pages 71-92 de : *Notices et documents publiés pour la Société de l'histoire de France à l'occasion du cinquantième anniversaire de sa fondation,* 1884, in-8°.

6. L'écriture secrète de Gerbert.

> *Académie des inscriptions et belles-lettres.* Comptes-rendus des séances. In-8°, 4° série, XV (1887), p. 94-112; et à part, A. Picard, in-8°, 23 p., 3 planches.

7. La tachygraphie italienne du X° siècle.

> *Ibid.,* 4° série, XV (1887), p. 351-74; et à part, A. Picard, in-8°, 28 p., 1 planche.

8. *Denarii Turonenses* ou *denarii Turonensium*.

Bibliothèque de l'École des chartes. In-8°, XXXVII (1876), p. 143-4.

9. Série chronologique des gardiens et seigneurs des îles normandes (1198-1461).

Ibid., XXXVII (1876), p. 183-237; et à part, in-8°, 55 p.

9 *bis.* Nicolas de Moels, gardien des îles normandes.

Ibid., XXXVII (1876), p. 444.

9 *ter.* Nouvelles additions à la série chronologique des seigneurs et gardiens des îles normandes.

Ibid., XXXVII (1876), p. 580-1.

10. Les cours royales des îles normandes.

Ibid., XXXVIII (1877), p. 49-96, 275-332; XXXIX (1878), p. 5-80, 199-255; et à part, H. Champion, in-8°, IV-239 p.

11. Construction d'église dans une ville neuve [Besmont, Aisne] (1230).

Ibid., XLI (1880), p. 453-4.

12. L'hérésie et le bras séculier au moyen âge jusqu'au XIIIe siècle.

Ibid., XLI (1880), p. 488-517, 570-607; et à part, H. Champion, in-8°, 67 p.

13. La frontière d'Empire dans l'Argonne. Enquête faite par ordre de Rodolphe de Habsbourg, à Verdun, en mai 1288.

Ibid., XLII (1881), p. 383-428, 612-3; et à part, H. Champion, in-8°, 50 p.

14. Rapport adressé à l'abbé et au couvent de Cluny par Jimeno, ex-prieur de Notre-Dame de Nájera (Espagne), sur sa gestion (premières années du XIIIe siècle).

Ibid., XLIV (1883), p. 169-78; et à part, in-8°, 10 p.

15. Compte du trésor du Louvre sous Philippe le Bel (Toussaint 1296), publié d'après le rôle conservé au Musée britannique, *additional charters*, n° 13941.

Ibid., XLV (1884), p. 237-99; et à part, H. Champion, in-8°, 63 p.

16. Questions mérovingiennes.

I. La formule *N. rex Francorum v. inl. : Ibid.*, XLVI (1885), p. 138-49; et à part, H. Champion, in-8°, 16 p. (Cf. *Ibid.*, XLVIII, 1887, p. 127-31, et à part, *Vir inluster* ou *viris inlustribus?*, in-8°, 6 p.) — II. Les découvertes de Jérôme Vignier : *Ibid.*, XLVI (1885), p. 205-71; et à part, 72 p.; cf. les nᵒˢ 17 et 18. — III. La date d'un manuscrit de Luxeuil : *Ibid.*, XLVI (1885), p. 430-9; et à part, 12 p. — IV. Les chartes de Saint-Calais : *Ibid.*, XLVIII (1887), p. 5-58, 209-47; et à part, 99 p. — V. Les origines de Saint-Denis : *Ibid.*, LI (1890), p. 5-62; et à part, 62 p. — VI. La donation d'Étrépagny (1er octobre 629) : *Ibid.*, LI (1890), p. 213-37; et à part, 29 p.

17. Notes tironiennes dans les diplômes mérovingiens.

Ibid., XLVI (1885), p. 720.

18. A propos des découvertes de Jérôme Vignier.

Ibid., XLVII (1886), p. 335-41 ; et à part, in-8°, 7 p. — Cf. les nᵒˢ 16, ii, et 19.

19. Encore les découvertes de Jérôme Vignier.

Ibid., XLVII (1886), p. 471-2. — Cf. les nᵒˢ 16, ii, et 18.

19 *bis*. L'Album paléographique de la Société de l'École des chartes.

Ibid., XLVIII (1887), p. 507-10.

20. Charte de Metz accompagnée de notes tironiennes (27 décembre 848).

Ibid., XLIX (1888), p. 95-101 (cf. même tome, p. 144-5) ; et à part, avec additions, sous le titre : *Une charte de Metz*, etc., A. Picard et H. Champion, in-8°, 12 p., 1 planche.

21. L'avènement de Clotaire III.

Ibid., LIII (1892), p. 323-4.

22. La date du Bréviaire imprimé à Salins.

Ibid., LIV (1893), p. 417-9.

23. Les Églises de Paris.

Bulletin de la Société de l'histoire de Paris et de l'Ile-de-France. In-8°, X (1883), p. 144-5.

24. L'Obituaire de Saint-Jean-aux-Bois.

Ibid., X (1883), p. 153.

25. Ballade pieuse de la maladrerie d'Eu.

Bulletin de la Société des anciens textes français. In-8°, XII (1886), p. 91-3.

26. Rapport de M. Julien Havet sur une communication de M. Laurent. [Chiffres diplomatiques français du xviiᵉ siècle.]

Bulletin historique et philologique du Comité des travaux historiques et scientifiques. In-8° (1892), p. 243-4.

27. Chronique de Bourges, 1467-1506, par Jean Batereau, ancien recteur de l'Université de Bourges, et divers autres habitants de cette ville.

Cabinet historique (Le). Gr. in-8°, nouvelle série, I (1882), p. 450-7 ; et à part, H. Champion, gr. in-8°, 8 p.

28. The National Library of France (Bibliothèque nationale).

The Library. In-8° (1892), p. 277-87; et à part, London, 1893, in-8°, 13 p.;
réimpression du n° 3.

---

29. Maître Fernand de Cordoue et l'Université de Paris au xv⁰ siècle.

Mémoires de la Société de l'histoire de Paris et de l'Ile-de-France. In-8°,
IX (1882), p. 193-222; et à part, 1883, in-8°, 30 p.

---

30. Handschriftliche Notizen aus dem Bamberger Kloster Michels-
berg.

Mittheilungen des Instituts für oesterreichische Geschichtsforschung. In-8°,
II (1881), p. 119-22.

---

31. Notices et extraits des manuscrits de la Bibliothèque nationale et
autres bibliothèques, publiés par l'Institut national de France.....
Tome XXX, contenant les tables alphabétiques des matières renfermées dans les tomes XVI à XXIX des Notices et extraits des manuscrits. [II⁰ partie. Table alphabétique des matières contenues dans la
partie occidentale.]

Notices et extraits des manuscrits. In-4°, XXX, II (1893), VIII-301 p.

---

32. L'Affranchissement *per hantradam.*

Nouvelle Revue historique de droit français et étranger. In-8°, I (1877),
p. 657-62.

---

33. **Igoranda* ou **icoranda*, « frontière. » Note de toponymie gauloise.

Revue archéologique. In-8° (1892), p. 170-5; et à part, in-8°, 8 p.

---

34. Société jersiaise pour l'étude de l'histoire et de la langue du pays.

Revue critique d'histoire et de littérature. In-8°, nouvelle série, II (1876),
p. 45-7.

35. Philippe d'Aubigny.

Ibid., nouvelle série, II (1876), p. 173-4.

36. « Philippus de Aubingni » et son origine.

Ibid., nouvelle série, II (1876), p. 398-9.

---

37. Les Proverbes d'Aristote en hexamètres latins.

Revue de philologie. In-8°, nouvelle série, XI (1887), p. 123-4.

---

38. Du sens du mot « romain » dans les lois franques. Examen d'une
théorie récente présentée par M. Fustel de Coulanges.

Revue historique. In-8°, II (1876), p. 120-36, 632-7.

39. Du partage des terres entre les Romains et les Barbares, chez les Burgondes et les Visigoths.

Ibid., VI (1878), p. 87-99.

40. Mémoire adressé à la dame de Beaujeu sur les moyens d'unir le duché de Bretagne au domaine du roi de France (1485 ou 1486).

Ibid., XXV (1884), p. 275-87; et à part, in-8°, 13 p.

41. Note sur Raoul Glaber.

Ibid., XL (1889), p. 41-8.

42. Les couronnements des rois Hugues et Robert.

Ibid., XLV (1891), p. 290-7; et à part, in-8°, 8 p.

---

43. *Remissio pro Richardo Duneville.*

Société jersiaise, bulletin annuel. In-4°, II (1876), p. 72-4.

44. Contrat jersiais du 8 juin 1384.

Ibid., V (1880), p. 190-3.

---

45. Julien Havet a rédigé, depuis 1873, dans la *Revue critique,* les comptes-rendus des séances de l'Académie des inscriptions et belles-lettres[1]; depuis 1879, la liste des « Livres nouveaux » qui accompagne les livraisons de la *Bibliothèque de l'École des chartes;* et l'analyse du *Centralblatt für bibliothekswesen* dans le *Bulletin des bibliothèques et des archives* (1884-1889). — Il a collaboré, pour la rédaction des sommaires, au *Musée des archives départementales* (1878); à l'*Album paléographique,* publié par la Société de l'École des chartes (1887), dans lequel on lui doit les notices des planches 7 à 9, 11 et 18; à la *Phœnix, seu nuntius latinus internationalis* (Londres, 1891, in-4°). — Il a collationné l'un des manuscrits des *Récits d'un ménestrel de Reims,* publiés pour la Société de l'histoire de France, par N. de Wailly (1876); les textes de la *Notice sur les actes en langue vulgaire du XII* siècle contenus dans la collection de Lorraine à la Bibliothèque nationale,* publiés par le même dans les *Notices et extraits des manuscrits,* XXVIII, II (1878), p. 1-288, et à part, in-4°; enfin une partie du *Roman de Florimont,* pour le mémoire de M. Jean Psichari dans les *Études romanes dédiées à Gaston Paris* (1891). — Il a fourni les déchiffrements de notes tironiennes publiés par M. Delisle dans la *Note sur un monogramme d'un prêtre artiste.....,* par J. Desnoyers, avec note complémentaire de M. L. Delisle dans les *Comptes-rendus de l'Académie des inscriptions* (4° série, t. XIV (1886), p. 378-381, et à part, in-8°, 8 p.); et dans le *Mémoire sur d'anciens sacramentaires,* par M. L. Delisle, dans les *Mémoires de l'Académie des inscriptions et belles-lettres,* XXXII (1886), p. 57-423, et à part, in-4°. —

---

1. Il était chargé, en outre, depuis 1887, sous la direction du secrétaire perpétuel, de la rédaction des *Comptes-rendus des séances de l'Académie des inscriptions et belles-lettres* (Paris, A. Picard, in-8°).

On lui doit aussi différentes remarques pour le *Dictionnaire général de la langue française* de MM. Hatzfeldt, Darmesteter et Thomas. — Il est enfin l'auteur du *Cadre de classement de la table méthodique du « Bulletin mensuel des publications étrangères reçues par le Département des imprimés de la Bibliothèque nationale »* (1879, in-8°), et c'est par lui, ou sous sa direction, qu'a été publié ce même *Bulletin mensuel* depuis 1877.

P.-M. PERRET

1861-1893.

Paul-Michel Perret naquit à Lyon le 21 juin 1861. Il est mort
à Paris le 24 avril dernier, ayant consacré les dernières années
d'une vie trop courte à des travaux qui ne donnent qu'une faible
idée de ce qu'il était capable de faire et qui pourtant suffisent à
lui assurer un rang honorable entre les érudits de sa génération.
Fils unique d'un grand industriel lyonnais qui représenta le
département du Rhône à l'Assemblée nationale et au Sénat, possesseur d'une fortune considérable, ayant de nombreuses et puissantes relations, Michel Perret avait le choix entre des carrières
plus brillantes que celle de l'érudition, et il aurait pu aussi, comme
bien d'autres eussent fait à sa place, n'en choisir aucune. Mais,
dès son entrée à l'École des chartes, en 1881, sa décision était
prise, et il s'y tint avec la persévérance qui était la note dominante de son caractère. Il se voua à l'histoire et particulièrement
à l'étude du règne de Louis XI. La promotion à laquelle il appartenait, celle qui a été diplômée en janvier 1885, fut remarquable
entre toutes. Elle compte quatre agrégés d'histoire ; elle a fourni
au service des archives et des bibliothèques d'excellents fonctionnaires, et la plupart de ceux qui la composent ont fait depuis longtemps leurs preuves en diverses branches de l'érudition. Perret ne
sortit pas dans les premiers. Il eut du mérite à se maintenir dans
la moyenne. Il avait toujours été d'une faible santé et ses forces
n'étaient pas au niveau de son énergie. C'était un élève appliqué
et réfléchi, d'un esprit juste et pondéré, plus solide que brillant,
d'une maturité précoce. La thèse qu'il présenta au sortir de
l'École, et qu'il a remaniée et publiée en 1889[1], est la biographie

---

1. *Notice biographique sur Louis Malet de Graville, amiral de France*
(144?-1516). Paris, A. Picard, 1889.

très fouillée d'un homme important du xve siècle, qui jusque-là n'avait pas été mis à sa vraie place et qu'il a su apprécier avec une parfaite mesure. Elle lui valut une mention honorable au concours des Antiquités de la France en 1890[1].

Au sortir de l'École, il sollicita et obtint du Conseil de perfectionnement une mission à l'effet d'étudier les délibérations du Sénat de Venise au xve siècle et d'en extraire, en copie ou en analyse, tout ce qui pouvait intéresser l'histoire de France à cette époque. Ces missions sont rétribuées sur un crédit de 3,600 francs, inscrit au budget de l'École, et dont l'emploi a été déterminé par un décret du 29 août 1873. Dans le cas présent, la rétribution allouée à Perret pour sa mission fut purement nominale. Du reste, l'École n'aurait pu faire les frais d'un travail qui comportait un séjour de plusieurs mois à Venise. Le jeune paléographe consacra à la mission qui lui avait été confiée, et dont il avait au préalable soumis le plan très étudié au Conseil de l'École, une grande partie de l'année 1885, et il revint à Paris, rapportant un volumineux recueil de documents tous copiés ou analysés de sa main.

Il retourna en Italie au commencement de l'année suivante avec une mission de l'Académie des sciences morales et politiques, qui l'avait chargé de recueillir en divers dépôts d'archives les actes de François Ier qui pouvaient s'y trouver. Il explora les archives de Turin, Gênes, Milan, Florence, Bologne, Modène et Mantoue, et y copia ou fit copier un nombre considérable de lettres de François Ier. Les résultats de cette mission furent consignés dans une brochure de soixante pages qu'il publia en 1888 et où il rend un juste hommage à la courtoisie et à l'obligeance dont avaient fait preuve à son égard les conservateurs des archives italiennes. On reconnaît dans ce travail les qualités d'ordre et de méthode, la sûreté et l'abondance des connaissances bibliographiques qui distinguent tous ses écrits[2].

Peu de temps après[3], il fut officiellement attaché comme auxi-

---

1. Voir le rapport de M. Luce, *Bibl. de l'École des chartes*, LI, 360.

2. *Notes sur les actes de François Ier conservés dans les archives de Turin, Milan, Gênes, Florence, Modène et Mantoue.* Paris, Picard, 1888, in-8°. Cf. le compte-rendu publié dans la *Bibliothèque de l'École des chartes*, XLIX, 487, et le rapport fait, en 1887, à l'Académie des sciences morales et politiques par M. G. Picot, au nom de la commission chargée de la publication des ordonnances des rois de France (*Séances et travaux de l'Académie des sciences morales et politiques*, nouv. série, XXVII, 548-9).

3. Le 22 janvier 1887.

liaire aux travaux de la commission chargée de continuer le recueil des Ordonnances. L'Académie des sciences morales et politiques eut à ce moment à faire appel au concours de plusieurs de nos jeunes confrères. Deux d'entre eux donnèrent leurs services gratuitement. Perret fut de ceux-là, et il ne fut pas le moins laborieux. Il entreprit, d'abord à la Bibliothèque nationale, puis aux Archives nationales, une série de dépouillements méthodiques qui eurent pour résultat la découverte de pièces très nombreuses qu'on intercala dans la série déjà sous presse ou qui furent réservées pour un supplément[1].

Cependant, Perret ne perdait pas de vue ses recherches sur Louis XI et son époque. Tout en recueillant les actes de François Ier, il avait pris dans les archives italiennes beaucoup d'extraits et surtout de notes, grâce auxquels il lui fut possible plus tard de diriger de Paris les copistes qu'il employait à transcrire les documents italiens dont il prévoyait avoir à se servir. Du reste, il retourna de nouveau dans l'Italie du Nord en 1889[2] et en 1891. Mais le dernier de ces voyages fut très court et n'eut pas un but exclusivement scientifique. Perret avait remplacé son père, décédé en 1887, dans le Conseil d'administration de Saint-Gobain, et ce fut pour les affaires de cette compagnie qu'il fit son dernier voyage au delà des Alpes. Peu à peu, ses études s'étaient concentrées sur les relations diplomatiques de la France avec l'Italie au xve siècle, et il avait conçu le plan d'un livre exposant les vicissitudes de ces relations au temps de Louis XI, avec une large introduction sur l'époque antérieure. Ce fut l'œuvre à laquelle il consacra les trois ou quatre dernières années de sa vie.

La santé de notre jeune confrère, qui avait toujours été chancelante, commença à donner des inquiétudes dès 1890. La prudence lui conseillait de séjourner pendant l'hiver à Nice, où il avait passé une grande partie de sa jeunesse et où sa famille possédait une villa. Il ne pouvait s'y résigner. Indifférent aux plaisirs mondains, la pensée de son livre l'occupait continuellement,

1. Voir les rapports présentés par M. Picot en 1888 (*Séances et travaux de l'Académie des sciences morales et politiques*, nouv. série, XXIX, 417, XXXI, 318-9).

2. En même temps, il fit des recherches en Suisse pour le *Catalogue des actes de François Ier;* voy. le rapport de M. Picot en 1890 (*Séances et travaux de l'Académie des sciences morales et politiques*, nouv. série, XXXIII, p. 517).

et il n'y pouvait travailler qu'à Paris, au milieu de la bibliothèque spéciale qu'il avait formée à grands frais, à portée de la Bibliothèque nationale et des Archives qu'il fréquentait assidûment. Comme s'il avait pressenti que ses jours étaient comptés, il poussait ses recherches avec un redoublement d'activité. Il composait, comme autant de travaux préparatoires ou accessoires, une série de mémoires sur des personnages ou sur des événements du xve siècle, et, pressé de les voir paraître, il les disséminait en diverses revues[1]. En même temps, il rédigeait son livre, dont il ne voulait pas commencer l'impression avant d'en avoir écrit la dernière page. Cette dernière page, il ne lui fut pas donné de l'écrire. Dans les premiers jours de cette année, vaincu par la maladie, se voyant réduit à l'impuissance, il se résigna à partir pour Nice, emportant ses papiers, ses notes et l'ouvrage qu'il n'espérait déjà plus finir. En partant, il m'écrivait une lettre mélancolique qui prouvait qu'il ne se faisait plus guère d'illusions. A ce moment, en effet, son état était désespéré. Arrivé à Nice, il

---

1. En voici la liste :

1889. — L'ambassade de Jean de Chambes à Venise (1459), d'après des documents vénitiens (*Bibl. de l'École des chartes*, L).

1890. — La paix du 9 janvier 1478 entre Louis XI et la république de Venise (*Bibl. de l'École des chartes*, LI).

Les règles de Cicco Simonetta pour le déchiffrement des écritures secrètes (*Ibid.*).

1891. — Le renouvellement par Charles VIII du traité du 9 janvier 1478 entre la France et Venise (1484) (*Ibid.*).

La première ambassade vénitienne à Louis XI, 12 oct. 1461-mai 1462 (*Revue d'histoire diplomatique*).

La mission de Peron de Baschi à Venise, d'après des documents vénitiens (*Bibl. de l'École des chartes*, LII).

Quatre documents relatifs aux rapports de François Philelphe avec François Sforza (*Ibid.*).

Jacques Galéot et la république de Venise (*Ibid.*).

Le manuscrit de Cicco Simonetta, ms. latin 19133 de la Bibl. nat. (*Notices et extraits des mss.*, XXXIV, 1re partie).

L'ambassade de l'abbé de Saint-Antoine de Vienne et d'Alain Chartier à Venise, d'après des documents vénitiens (1425) (*Revue historique*).

Boffile de Juge, comte de Castres, et la république de Venise (*Annales du Midi*, III).

1892. — Le discours d'Angelo Acciajuoli au roi de France (1453) (*Bibl. de l'École des chartes*, LIII).

Le maréchal d'Esquerdes et la république de Venise (*Annuaire-Bulletin de la Société de l'histoire de France*, XXVIII).

fit effort pour se remettre au travail et traça quelques lignes de son dernier chapitre. Ce fut tout ce qu'il put faire. Aucune amélioration ne s'étant produite dans son état, il crut qu'il valait autant revenir à Paris pour y mourir au milieu de ses livres, et, rassemblant ce qui lui restait de forces, il s'y fit transporter. Là, il tenta en vain de consacrer ses derniers jours à l'achèvement de son « pauvre livre, » selon l'expression qu'il employait lorsqu'il en parlait. Mais la tuberculose avait envahi le larynx, et en même temps il souffrait de l'estomac et de l'intestin. N'ayant plus de voix, condamné au silence le plus absolu, il dut se résigner à ne plus voir ses amis. Bientôt, l'état de la gorge empirant, il fallut employer la sonde œsophagienne pour le nourrir. La mort vint enfin mettre un terme à ses souffrances, et il expira le 24 avril, après une courte agonie, entre les bras de sa mère.

Peu avant sa mort, il avait exprimé le désir que son livre, s'il ne pouvait l'achever, fût remis entre mes mains pour en assurer la publication. La dernière volonté de notre bien regretté confrère sera accomplie. Un de nos jeunes paléographes très versé dans l'histoire du xve siècle, M. Alfred Spont, a bien voulu, à ma demande, se charger de revoir l'ouvrage, de le compléter où besoin sera, de faire le choix des pièces justificatives, et de surveiller l'impression. Cette publication, j'en ai la certitude, augmentera la considération due à un jeune savant qui à toutes les jouissances de la fortune a préféré les satisfactions que procure l'étude désintéressée de l'histoire [1].

Paul MEYER.

1. Il sera permis au directeur de l'École des chartes de consigner ici l'expression de sa respectueuse gratitude envers Mme Perret, qui a bien voulu l'autoriser à prendre dans la bibliothèque de son fils les livres (ce sont principalement des recueils publiés en Italie ou en Allemagne) qui manquaient à la bibliothèque de notre école.

BIBLIOGRAPHIE.

La Prose métrique de Symmaque et les origines métriques du Cursus,
par Louis HAVET, professeur au Collège de France, directeur adjoint
à l'École pratique des hautes études. Paris, Émile Bouillon, 1892.
In-8°, 112 pages. (*Bibliothèque de l'École des hautes études,
sciences philologiques et historiques,* 94e fascicule.)

Des travaux récents[1], bien connus des lecteurs de la présente Revue,
ont établi qu'au moyen âge les formules liturgiques, les actes de la
chancellerie pontificale et beaucoup d'œuvres des écrivains ecclésiastiques étaient rédigés en une langue qui, n'étant à la vérité ni vers ni
prose, tenait à la fois de l'un et de l'autre, si bien qu'elle mériterait
très exactement la qualification de demi-prose. C'est en réalité une prose
rythmée, c'est-à-dire une prose dont tous les membres de phrases se
terminent, non par des mots arbitrairement choisis, mais par l'une des
quelques combinaisons de mots déterminées d'après des règles fondées
sur l'accent. Il est à remarquer que les auteurs byzantins suivaient un
système analogue, quant aux principes, au système de leurs contemporains latins. Or, cette prose rythmée, d'un usage si général, ne doit pas
être considérée comme une création propre du moyen âge ; sur ce point,
comme sur tant d'autres, le moyen âge a transformé une habitude de
l'antiquité. C'est ainsi que les prosateurs instruits du monde latin au
IVe et au Ve siècle, saint Léon, Symmaque, les rédacteurs des constitutions impériales conservées au Code Théodosien, se gardent bien de s'en
rapporter au hasard quand il s'agit de terminer leurs phrases ; eux aussi
possèdent un *cursus,* mais ce *cursus* diffère de celui du moyen âge par
ce fait que la base en est, non point l'accent, mais la quantité. « Le
principe de cette prose métrique remonte jusqu'au classicisme (on la

---

1. Je me borne à mentionner les travaux de M. Noël Valois (*Étude sur le
rythme des bulles pontificales,* dans la *Bibliothèque de l'École des chartes,*
1881, t. XLII) et de M. l'abbé Couture (*le Cursus ou rythme prosaïque dans
la liturgie,* publié dans la *Revue des Questions historiques,* 1892, t. I, et dans
la 5e section du *Compte-rendu du Congrès scientifique international des catholiques,* 1891). Il faut signaler encore la note publiée ici même par M. l'abbé
Duchesne sur l'origine du *cursus* suivi dans les bulles pontificales (1889, t. L).

retrouve dans Pline le Jeune et Cicéron), et jusqu'au classicisme hellé-
nique, car il semble impossible qu'Isocrate n'y soit pas pour quelque
chose. Ce qu'il nous fait voir sous un aspect nouveau n'est autre chose
que l'esprit de l'antiquité. »

En ces termes peuvent se résumer les conclusions générales du remarquable mémoire que M. Louis Havet vient de consacrer à l'étude de la
prose métrique de Symmaque : ce mémoire, qui détermine les règles,
à la vérité assez larges, du *cursus* de Symmaque, ouvre des aperçus
nouveaux sur l'histoire littéraire du moyen âge, ainsi que sur les rapports des écrivains de cette époque avec ceux de l'antiquité. D'ailleurs,
il présente une utilité concrète et immédiate sur divers points, que je
regrette de ne pouvoir signaler que brièvement. Le lecteur s'en rendra
facilement compte s'il veut bien accepter le principe incontestable que
formule ainsi M. Louis Havet : pour le critique, toute règle observée
par un ancien doit devenir un instrument.

L'instrument de précision que l'auteur place dans les mains du critique le mettra tout d'abord en mesure de déterminer, en beaucoup de
cas, les habitudes d'un écrivain de l'antiquité en matière de grammaire
et de prosodie. Ce qui est plus important, ce sont les services que l'observation attentive des règles de la prose métrique doit rendre à l'établissement du texte. Chez Symmaque, comme chez ses contemporains,
« c'est la métrique de la prose qui aidera à choisir entre les variantes,
à préciser le diagnostic d'une faute mal définie, ou encore à réhabiliter
contre des soupçons arbitraires une bonne leçon des manuscrits. » Par
des exemples multipliés, M. Louis Havet montre combien il est regrettable que M. Seeck, le dernier éditeur de Symmaque, n'ait pu employer
les critères fournis par les connaissances des règles de la prose métrique.
Je me bornerai à citer un seul fait : c'est la métrique qui, dans la lettre
de Symmaque à Ausone sur la Moselle, permet de rétablir l'hommage,
très conforme à la tradition classique, rendu à la limpidité des eaux du
lac Fucin. Autre avantage : l'observation des lois de la métrique fournit le moyen de donner à la prose latine une ponctuation scientifique;
les innombrables applications que Symmaque fait de ces lois « constituent une distribution continue du texte, ineffaçable puisqu'elle est tis-
sée dans l'étoffe même, et encore plus authentique que ne le serait un
autographe de l'écrivain puisqu'elle représente un calcul de sa pensée. »
Déjà M. Louis Havet salue la restauration dans la prose latine « d'une
distribution pondérée qui lui convient et dont la plupart des éditeurs
s'écartent, les Français ayant souvent une tendance à mettre trop de
virgules, les Allemands une tendance à n'en mettre pas assez. » Et, pour
prouver son dire, l'auteur offre comme échantillon la lettre relative à
l'autel de la Victoire, ponctuée d'après sa méthode. — Enfin, il arrivera
que les corrections de textes provoquées par l'application des lois de la
métrique profiteront à la connaissance des faits; ainsi, par exemple, la

métrique aidera à débrouiller l'histoire du procès perdu par Symmaque
(II, 30).

L'étude de M. Louis Havet ne doit pas être recommandée seulement
aux philologues et aux historiens. Les juristes qui étudient les constitutions impériales auraient tort de négliger la voie nouvelle qui s'ouvre
à la critique; peut-être leur permettra-t-elle de faire de ce côté des progrès dignes d'être rapprochés des résultats obtenus par MM. Eisele et
Gradenwitz en ce qui touche les interpolations des Pandectes. Est-il
besoin d'ajouter que les canonistes ne doivent pas moins se préoccuper
du rythme des lettres pontificales de l'antiquité que du *cursus* suivi dans
les bulles du moyen âge? En réalité, le *cursus* s'imposera désormais
à l'attention de tous ceux qui ont à s'occuper des textes latins des bas
temps.

Paul FOURNIER.

Étude sur le « Liber censuum » de l'Église romaine, par Paul FABRE,
ancien membre de l'École française de Rome. Paris, 1892. In-8°,
233 pages. (*Bibliothèque des Écoles françaises d'Athènes et de
Rome,* 62ᵉ fascicule.)

On sait que M. Paul Fabre a entrepris, dans la collection de l'École
de Rome, la publication du célèbre *Liber censuum* dressé en 1192 par le
camérier de l'Église romaine, Cencius, plus tard pape sous le nom d'Honorius III. Ce document est, à proprement parler, le registre où sont
inscrits, province par province, les noms de ceux qui doivent régulièrement des redevances à l'Église romaine et la quotité de ces redevances,
connues sous le nom de cens. A côté de l'édition d'un texte très riche
d'annotations qu'il poursuit actuellement, M. Fabre vient de donner au
public un volume uniquement consacré à l'étude du vieux registre de
Cencius. Des quatre chapitres qui composent ce volume, l'un traite des
manuscrits du *Liber censuum,* l'autre de ce document étudié dans son
objet et ses sources, les deux autres du cens apostolique et de sa percep-
tion. Je n'éprouve aucune hésitation à louer l'érudition de l'auteur, la
perspicacité de sa critique, la clarté et la sobriété de son exposition.
La partie capitale de son œuvre est une théorie du cens apostolique
dont je crois utile de faire connaître au lecteur la structure et les traits
généraux.

Les cens dus à l'Église romaine au temps de Cencius provenaient
d'une double origine. Des cens étaient dus par des concessionnaires
établis, à charge de redevances, sur les patrimoines de formation plus
ou moins ancienne qui appartenaient à l'Église romaine. Ceux-ci ne
présentaient aucun caractère spécial; ils n'étaient d'ailleurs « qu'une
exception » dans la liste de Cencius. En très grande majorité, les cens
étaient payés par des monastères offerts au saint-siège ou bien par des

royaumes et des principautés qui lui étaient inféodés. C'est sur cette double catégorie de cens que M. Fabre concentre son attention.

Considérons d'abord les cens payés par les monastères. Ce n'était point une œuvre aisée que celle de fonder un établissement religieux à l'époque barbare. Le doter était facile; la difficulté commençait lorsqu'il s'agissait d'assurer l'avenir du monastère en mettant son patrimoine à l'abri des convoitises des puissants. A qui en confier la protection? A un seigneur voisin? mais c'est s'exposer à tomber d'un péril dans un autre; « quis custodiet custodes? » Au saint lui-même, patron du monastère ou de l'église? mais il n'est pas sûr que son prestige moral soit toujours respecté. Résoudre cette question est malaisé en tout temps, plus malaisé à une époque de violences, plus malaisé encore lorsque le pouvoir royal, défenseur naturel de la justice, s'est affaibli au point d'être presque annihilé.

Aussi, au ixe siècle, quand s'ouvre la décadence des Carolingiens, ceux qui ont besoin de protection tournent leurs regards vers une puissance supérieure à celle des rois. C'est celle du siège romain, qui, occupé par des papes comme Nicolas Ier et Jean VIII, a pris une situation prépondérante, encore rehaussée « par la vénération toujours grandissante de la chrétienté occidentale pour l'apôtre à qui le Christ a donné le pouvoir de lier ou de délier. » Des fondateurs de monastères s'aviseront alors de céder au Saint-Siège l'établissement qu'ils ont fondé, ainsi que les biens dont ils l'ont doté. Au lieu de constituer à lui seul une personne morale indépendante, le monastère appartiendra au pontife romain; mais, remarquez-le bien, ce pontife ne saurait pousser à l'extrême les conséquences de son droit de propriété. « En fait, l'Église romaine est simplement chargée de veiller à la perpétuité de l'œuvre; » elle n'est constituée propriétaire que pour être en mesure de protéger et non pour user des droits étendus que confère la propriété, par exemple du droit d'aliéner. Les moines demeureront en jouissance des biens qui leur ont été affectés (M. Fabre appelle improprement cette jouissance usufruit, désignation qui ne convient qu'à une jouissance temporaire); quant au domaine éminent du saint-siège, il se manifeste par le paiement d'un cens annuel qui en est le signe sensible en même temps qu'il est le signe de la protection due par l'Église romaine aux biens du monastère. Ce cens a donc un caractère essentiellement temporel (M. Fabre insiste là-dessus à plusieurs reprises), puisqu'il représente la propriété des biens du monastère désormais transférée à l'apôtre; jusqu'à Grégoire VII, on peut dire que le cens « est toujours recognitif de propriété. » Les rois s'arrangèrent de ces procédés suivant les circonstances; on en vit parfois qui y eurent eux-mêmes recours quand ils fondèrent un établissement religieux; quant aux monastères fondés par d'autres personnes, les rois, suivant qu'ils étaient faibles ou forts, acquiescèrent en silence à ces combinaisons ou se réservèrent de les autoriser.

La situation des monastères ainsi cédés au saint-siège porta le nom classique de *libertas Romana;* le monastère était dit le plus souvent *liberum ab omni dominatu.* Grégoire VII s'efforça de rendre effective cette indépendance. « En somme, la papauté tient à ce que les domaines qu'on lui offre soient vraiment pour saint Pierre des alleux libres de tout lien, car sans cela la protection du Saint-Siège risquerait de devenir illusoire. » L'empereur lui-même n'y doit avoir aucun droit. En pratique, cette immunité absolue est naturellement plus ou moins respectée suivant les circonstances.

Après avoir ainsi caractérisé la nature de la *libertas Romana* jusqu'à la fin du xie siècle, M. Fabre revient en arrière pour étudier une autre classe de privilèges pontificaux. Nous savons que la *libertas* a, selon lui, des effets purement temporels; les privilèges dont il s'occupe maintenant ont au contraire des effets d'un autre ordre; ce sont ces fameuses exemptions qui soustraient le monastère à la juridiction spirituelle de l'évêque diocésain pour le placer sous la dépendance immédiate de Rome. Ces privilèges, dit M. Fabre, n'apparaissent qu'à l'état d'exceptions jusqu'à la fin du viie siècle; ils deviennent alors plus fréquents (voir le *Liber Diurnus* et, pour un exemple, le diplôme rendu en 751 en faveur de Fulda). Les Ottons favorisent ces exemptions; Grégoire VII, qui s'appuie sur l'ordre monastique pour accomplir sa réforme, n'hésite pas à les multiplier.

Or, il arrive souvent que l'exemption spirituelle est conférée à des monastères jouissant aussi de la liberté temporelle; par suite, les deux catégories de privilèges tendent à se combiner et à se pénétrer. Ainsi « se formera peu à peu, pour les monastères offerts à l'apôtre sous un cens annuel, une condition dont le terme logique sera l'exemption complète de la juridiction épiscopale. » Une formule qui est employée dans les bulles à partir d'Urbain II précipite la confusion qui tend à se faire entre les deux ordres d'immunités; le cens est exigé *ad indicium perceptæ a Romana Ecclesia libertatis.* Si le mot *libertas* n'avait, comme par le passé, été employé que pour désigner l'immunité temporelle, aucune erreur n'eût été possible; mais la langue des diplômes ne conserva pas sur ce point l'exactitude désirable. « A travers les renouvellements successifs des privilèges, on finit par oublier d'indiquer la raison première du cens établi, » c'est-à-dire la donation des biens temporels faite à l'apôtre. Se trouvant ainsi séparée de l'indication de son origine, la notion de la *libertas* perdit sa précision pour s'étendre aux immunités les plus diverses, même aux immunités d'ordre spirituel; « le cens apparaît de plus en plus comme le signe d'une *libertas* dont la définition varie avec les dispositions diverses qui précèdent les mots : *Ad indicium autem hujus perceptæ libertatis.* »

Peu à peu, le mot *libertas,* détourné de sa signification première, en vint à être interprété comme synonyme d'exemption; par suite, tout monastère qui paie un cens *ad indicium libertatis* se trouve considéré comme exempt au spirituel de la juridiction épiscopale et soumis directement au Saint-Siège. On voit qu'ainsi comprise la *libertas* entraîne des conséquences graves, fort désagréables aux adversaires de l'exagération des exemptions ; aussi, la pratique de chancellerie pontificale décèle des hésitations quand il s'agit d'employer ce mot. Au temps d'Alexandre III, elle le réserve à l'exemption spirituelle ; le mot *protectio* signifie alors la sauvegarde matérielle que le Saint-Siège s'engage à donner aux intérêts temporels d'une abbaye.

Quelles qu'aient été les vicissitudes du mot *libertas,* la Chambre apostolique n'a pas oublié la signification primitive du cens payé à l'Église romaine ; elle le considère toujours « comme un signe de la propriété de l'apôtre. » Elle admettait à la vérité « que l'exemption en découlât comme une conséquence des plus naturelles, mais, pour elle, la vraie source de la redevance censuelle résidait toujours dans le droit de propriété. » Telles étaient les idées reçues à la chancellerie lorsque Cencius rédigea son catalogue des cens. Aussi « nombre de monastères qui n'avaient jamais été donnés à l'apôtre et qui n'étaient devenus censiers que parce qu'ils étaient exempts » furent classés parmi les propriétés de l'apôtre, *ad jus et proprietatem beati Petri pertinentes.* « Dans la pensée du camérier, l'unique raison de toute inscription au livre censier réside dans le droit de haute propriété attribué au Saint-Siège sur les terres frappées du cens. »

A côté des églises et des monastères, Cencius mentionne, comme chargés de cens envers l'Église romaine, des principautés et des royaumes. La plupart de ces cens résultaient des inféodations par lesquelles de nombreux souverains, grands ou petits, s'étaient placés dans la vassalité du Saint-Siège ; le paiement régulier d'un cens était une des conditions de ces inféodations. En fait, les souverains trouvaient de réels avantages à ces combinaisons par lesquelles, en recommandant leurs domaines à l'Église romaine pour les tenir d'elle, ils faisaient constater par le Saint-Siège ce qu'ils avaient acquis ou pris et se donnaient ainsi une certaine légitimité. C'est, en effet, une des fonctions du pape, et aussi de l'empereur au moyen âge, que celle de régulariser des situations politiques qui pourraient paraître suspectes si elles étaient appréciées à la mesure de la justice absolue. D'autres cens ne devaient point leur origine à des inféodations ; ils résultaient simplement de la dévotion qui animait les peuples et les rois envers le tombeau de l'apôtre. Or, les clercs romains de la chancellerie du XIIe siècle ne distinguaient plus les cens constatant une inféodation de ceux dont l'origine était différente. Pour eux, le cens était en tout cas « le signe du domaine éminent ; et, lorsqu'au lieu d'un monastère il s'est agi de seigneuries ou même de royaumes, ils n'ont pas changé de point de vue ;

le cens a toujours représenté pour eux la reconnaissance d'un droit de propriété. » Ce qu'il y a d'étrange, c'est que cette idée finit par être adoptée par un des plus puissants monarques de l'Europe, dont les domaines, quoiqu'ils payassent le denier de saint Pierre, n'avaient jamais été recommandés à l'apôtre ; je veux parler du roi d'Angleterre Henri II. Écrivant en 1173 au pape Alexandre III, dont il implore l'appui contre son fils révolté, il dit : « Le royaume d'Angleterre est de votre dépendance, et, quant aux obligations du vassal, c'est envers vous seul que j'en suis tenu ; montrez à l'Angleterre ce que peut le pontife romain et, puisque vous n'usez pas des armes temporelles, protégez du moins par votre glaive spirituel le patrimoine de saint Pierre. » M. Fabre fait remarquer que le roi déclare lui-même l'Angleterre « propriété de l'apôtre. » Grégoire VII n'avait pas prétendu davantage.

En résumé, « tous ceux qui étaient censiers de l'Église romaine étaient dits au même titre par le camérier de 1192, *in jus et proprietatem beati Petri consistentes,* qu'il s'agit d'ailleurs d'églises, de monastères, de principautés ou de royaumes. » Ainsi, l'Église romaine pouvait revendiquer la propriété d'innombrables monastères, les plus opulents des divers pays de la chrétienté ; elle pouvait se dire propriétaire d'états tels que l'Angleterre, le royaume de Pologne et de Danemark, celui de Sicile, les royaumes de la Péninsule ibérique[1], les royaumes de Kiew et de Dalmatie, le duché de Bohême, sans mentionner les villes et les comtés moins importants. Vraiment, la théorie résultant de l'interprétation donnée aux cens fut féconde en conséquences importantes. On remarquera que cette théorie est pour une large part le produit de ces traditions de chancellerie qui furent toujours une des grandes forces, — peut-être la moins connue, — du gouvernement pontifical. Remarquez en outre que les royaumes assujettis au cens forment la moitié de l'Europe ; joignez-y l'Empire, lié au Saint-Siège par son institution même, et les royaumes de l'Orient latin, qui par leur création dépendent étroitement du chef de la chrétienté, vous constaterez que la monarchie universelle du Saint-Siège était en grande partie faite sans qu'on eût besoin d'arguments théologiques pour en expliquer et en justifier la formation. M. Fabre a bien raison de dire : « L'œuvre de Cencius marque le point d'arrivée d'une évolution historique qui a constitué au profit du Saint-Siège une seigneurie d'un caractère spécial et d'une immense étendue. »

On comprendra que j'ai tenu à faire connaître cette théorie, à la fois si large et si brillante, que l'auteur a su appuyer sur l'examen critique de très nombreux documents. Elle me paraît tout à fait séduisante ; je voudrais seulement être éclairé sur la valeur d'un scrupule que provoque

---

1. Plusieurs de ces revendications pouvaient être aussi appuyées sur la donation de Constantin.

en moi une affirmation de l'auteur. Est-il bien certain que les effets de la *libertas*, jusqu'à Grégoire VII, fussent exclusivement temporels[1]? Est-ce que les nombreux privilèges qui la concèdent ne produisent pas quelques effets spirituels? Est-ce que, par exemple, le droit conféré aux religieux d'élire librement leur supérieur ou d'exclure de leur église la célébration des cérémonies pontificales ne doit pas être considéré comme une atteinte à la suprématie spirituelle de l'évêque? Peut-être d'ailleurs la distinction entre les effets spirituels et temporels n'avait-elle pas alors été poussée dans le détail avec la netteté que nous y apportons maintenant. En tout cas, la thèse de M. Fabre aurait pour complément naturel une histoire de l'exemption monastique; il serait utile de déterminer exactement les diverses situations occupées par les moines et les monastères vis-à-vis des évêques diocésains. M. Fabre est de ceux qui pourraient entreprendre cette œuvre et la mener à bonne fin avec succès.

Paul Fournier.

Visitations and chapters-general of the order of Cluni, in respect of Alsace, Lorraine, transjurane Burgundy (Switzerland), and other parts of the province of Germany, from 1269-1529; with notices of early Cluniac foundations in Poland and England; extracts from the original records in the National Library of France, the Palais Bourbon and the Bibliothèque de l'Arsenal. Edited with notes and observations by sir G. F. Duckett, bart. knight of the order of merit of Saxe Coburg Gotha, etc., etc. London, printed for subscribers only, 1893. In-8°, 399 pages.

Le baronnet sir G. F. Duckett continue à faire un noble emploi de sa fortune et de ses loisirs. Frappé de la place que le monastère de Cluni occupe dans l'histoire religieuse, politique et économique du moyen âge, il consacre sa verte vieillesse à mettre en lumière plusieurs parties des archives de cette maison qui sont restées en dehors de la grande publication de notre confrère M. Bruel.

En 1886, M. Duckett préludait à son entreprise par un inventaire des documents de Cluni relatifs à l'Angleterre : *Record-Evidences among archives of ancient abbey of Cluni from 1077 to 1534* (Lewes, 1886, in-8° de 64 pages).

Deux ans plus tard, il consacrait deux beaux volumes à la reproduc-

---

1. Je lis dans Thomassin : « Il s'ensuit de là que la protection de l'Église romaine, que les monastères recherchaient avec tant de soin, n'était qu'une sauvegarde, autant pour le temporel, et peut-être davantage, que pour le spirituel, mais enfin qui ne les affranchissait pas du pouvoir ordinaire des évêques. » Cette formule est moins affirmative que celle de M. Fabre (*Ancienne et nouvelle discipline de l'Église,* éd. 1725, t. I, part. I, liv. III, chap. xxviii, n° 5).

tion des documents anglais de l'abbaye de Cluni : *Monasticon Clunia-cense Anglicanum, or Charters and records among the Archives of the ancient abbey of Cluni from 1077 to 1534 illustrative of the acts of some of our early kings, and all the abbey's english foundations* (Lewes, 1888, 2 vol. in-8° de II-262 et 323 pages). La *Bibliothèque de l'École des chartes* (1888, p. 113) en a annoncé l'apparition.

En 1890, sir G. F. Duckett ajoutait à ce recueil un petit supplément intitulé : *Visitations of english Cluniac foundations in 47 Hen. III (1262), 3 and 4 Edw. I (1275-1276) and 7 Edw. I (1279) translated from the ori-ginal records...* (London, 1890, in-8° de 52 pages).

Le volume que nous avons à annoncer aujourd'hui offre un intérêt encore plus général que les précédents. Il n'a plus trait seulement aux dépendances anglaises de l'ordre de Cluni. Nous y trouvons une abon-dante série de documents relatifs à beaucoup d'établissements monas-tiques situés en Alsace, en Lorraine, en Suisse, en Allemagne, en Pologne et en Angleterre. Le titre du volume montre que tous les dépôts utiles à consulter ont été mis à contribution pour rassembler les procès-verbaux de visites et ceux des chapitres généraux de l'ordre depuis le XIII° jusqu'au milieu du XVI° siècle. Il a été trop souvent ques-tion dans la *Bibliothèque de l'École des chartes* des visites et des chapitres généraux de Cluni pour qu'il soit nécessaire d'en rappeler ici l'impor-tance. Sir G. F. Duckett a donc été heureusement inspiré en publiant les extraits de ces documents qui concernent les pays ci-dessus indi-qués. Le recueil qu'il a formé renferme :

1° Les visites des maisons d'Allemagne, de Suisse et de Lorraine, en 1269, 1272, 1275, 1276, 1289, 1299, 1303, 1324 et 1335 ;

2° La visite des maisons d'Allemagne, faite en 1417-1418, à la suite d'un chapitre général de l'ordre des Bénédictins célébré à Constance ;

3° Un état des maisons de Pologne au XV° siècle ;

4° De courtes notes sur les visites de 1410, 1427, 1428, 1455 et 1529 (d'après un manuscrit de l'Arsenal) ;

5° Les décisions prises par les chapitres généraux, en 1291 et 1293, pour les maisons d'Allemagne et d'Angleterre ;

6° Des extraits des chapitres généraux du XIII° et du XIV° siècle, d'après la collection de la bibliothèque de la Chambre des députés, dont M. Bruel a donné la notice dans la *Bibliothèque de l'École des chartes* (1873, p. 568) ;

7° Un choix de 22 pièces, du XII° au XVI° siècle, relatives à diverses maisons comprises dans le cadre adopté par l'éditeur.

Une ample table alphabétique termine ce volume, dont la composi-tion assure à sir Georges Duckett une place très honorable parmi les érudits qui ont employé leur activité et leur critique à la publication des archives de Cluni.

L. Delisle.

*Chartularium Universitatis Parisiensis sub auspiciis Consilii generalis
facultatum Parisiensium, ex diversis bibliothecis tabulariisque
collegit et cum authenticis chartis contulit* H. DENIFLE, O. P.,
in archivo apostolicæ Sedis Romanæ vicarius, auxiliante Æ. CHA-
TELAIN, bibliothecæ Universitatis in Sorbona conservatore adjuncto.
T. II, sectio prior, ab anno MCCLXXXVI usque ad ann. MCCCL.
Parisiis, ex typis fratrum Delalain, anno MDCCCLXXXXI. In-4°,
XXIII-808 pages.

Ce volume, dont nous venons rendre compte un peu tardivement aux
lecteurs de la *Biblioth. de l'École des chartes,* est plus gros que le premier,
quoiqu'il ne forme que la première partie du tome II du Cartulaire de
l'Université de Paris. La dissertation détaillée que les éditeurs se pro-
posent d'écrire sur l'histoire de l'Université de Paris de 1286 à 1350,
ayant été renvoyée au volume suivant qui comprendra les collèges,
sans lesquels on ne pourrait montrer l'aspect complet des études, le
présent volume n'est accompagné que d'une courte introduction, dont
l'analyse succincte suffira, nous l'espérons, pour donner une idée du
travail accompli jusqu'à ce jour et pour en montrer l'importance et
l'utilité.

La période embrassée par le tome II, section 1re, et qui va jusqu'au
22 août 1350, c'est-à-dire jusqu'à l'avènement de Jean II, placée entre
le XIIIe siècle et l'époque du schisme, que beaucoup d'auteurs ont étudiée, est restée assez obscure. C'est une erreur de croire que la période
la plus brillante de l'Université soit celle du schisme. Les hommes
remarquables qu'elle a comptés alors, comme Pierre d'Ailly et Jean
Gerson, étaient une exception. La vigueur et le souffle lui manquaient,
et le déclin que l'on croit né du schisme commence déjà à l'époque antérieure. Les éditeurs se sont donné pour tâche de rechercher par quelles
causes l'Université a cessé d'être florissante et nous montrent quelle est,
à ce point de vue, l'utilité des documents qu'ils ont publiés. Trois causes
principales ont, suivant eux, contribué au déclin de ce grand corps :
1° la facilité extrême donnée aux candidats pour passer la licence et le
doctorat en théologie ; 2° la décadence de la discipline et des études
dans les ordres religieux ; 3° enfin la permission donnée par les papes
d'enseigner la théologie et de conférer la licence dans beaucoup d'autres
universités que celle de Paris. Nous nous arrêterons un moment sur
chacun de ces points.

Ce qui faisait la gloire de l'Université de Paris, c'était l'enseignement de la théologie, dont elle était regardée comme le siège propre ;
elle devait son prestige au soin avec lequel les grades étaient conférés ;
ce n'était que plusieurs années après la lecture des Sentences que la
licence et le doctorat pouvaient être obtenus. Mais, depuis que Nicolas IV et surtout Jean XXII et Clément VI eurent permis de conférer

la licence avant les deux ans révolus, et de lire les Sentences pendant
les vacances, pour gagner du temps, les bons usages de l'Université
s'altérèrent; les documents montrent que beaucoup de bacheliers
reçurent la licence dans des facultés qui n'avaient seulement pas de
chaires de théologie, souvent dans les chapitres généraux de divers
ordres, et même dans des villes où il n'y avait pas du tout d'université.
En 1345, Richard de Bury, dans son *Philobiblion,* déplore les abus qui
se glissaient dans l'Université de Paris et l'abaissement qui en est la
suite : « Parisiense palladium nostris mestis temporibus cernimus jam
sublatum, ubi tepuit, immo fere friguit zelus scole tam nobilis, cujus
olim radii lucem dabant universis angulis orbis terre. » Le cartulaire
montre par de nombreux exemples que les clercs étaient surtout pres-
sés d'acquérir des grades pour se faire attribuer de fructueux bénéfices,
et qu'ils en venaient même à fuir, pour rester à Paris, l'administration
des paroisses, qui furent souvent desservies par des clercs n'ayant pas
leurs grades en théologie et quelquefois par de simples sous-diacres.

Une seconde cause du déclin de l'Université provient du fait des
ordres religieux. Ils fournissaient le plus grand nombre des théologiens,
mais, ayant perdu leur vigueur première, le zèle pour l'étude, comme
il est d'usage, s'en allait avec l'esprit religieux. Les actes publiés font
voir la dissolution des mœurs dans les collèges des Cisterciens et des
Clunistes; un document représente le collège de Cluny comme man-
quant d'un docteur parisien pendant vingt ans (n° 1090). Comme le doctorat était pour les religieux une source de privilèges et d'exemptions,
ils faisaient tous leurs efforts pour y arriver le plus tôt possible, même
en dehors de la présentation de leurs supérieurs. De là naissaient des
jalousies entre condisciples, comme on le voit dans quelques documents
(n° 875). D'autres cherchaient à obtenir par de puissantes amitiés, et
même par l'entremise de leurs pénitentes, de se faire envoyer à Paris
(n° 876). On comprend que le mérite de ces docteurs n'était pas en rapport avec leur nombre.

Les papes, en permettant d'enseigner la théologie et de conférer la
licence dans beaucoup d'autres universités, contribuèrent aussi au
déclin de celle de Paris. Au xiii° siècle, elle était seule, avec Oxford et
Cambridge, à donner le doctorat en théologie. A Rome, les promotions
avaient lieu par exception. C'est en vain qu'Innocent VI avait attribué
à Toulouse le droit de faire des docteurs en théologie, les Augustins et
les autres ordres religieux ayant refusé de recevoir les ordres à Toulouse, par égard pour l'Université de Paris, le pape Urbain V restreignit
le droit de Toulouse à un exercice triennal. Sous Clément VI, les leçons
de théologie et la licence furent données à Pise (1343), à Prague (1347)
et à Florence (1349), et, surtout pendant le schisme, le pape de Rome fut
forcé de concéder la théologie aux universités qui suivaient son parti.
Comme elles avaient peu de maitres, on y arrivait facilement au docto-

rat. C'est ainsi que Paris perdit peu à peu sa supériorité. Les conséquences de cet ordre de choses nous sont révélées par le P. Denifle. Ce
furent l'altération de la doctrine, la multiplication des erreurs théologiques, dont la plupart sortirent du cerveau des bacheliers et des licenciés en théologie. Depuis le commencement du xive siècle, un seul
théologien, Étienne III de Bourret, occupa le siège épiscopal de Paris.
· Le contre-coup de cet abaissement se fit sentir aussi dans les autres
facultés. Celle des Arts, déjà chancelante à la fin du xiiie siècle, fut
livrée aux disputes des *Réalistes* et des *Nominalistes*. Si la Faculté de
Médecine fit des progrès à Paris, la science du droit prévalut toujours
à Orléans. Les chanceliers de l'Université, sauf Pierre d'Ailly, eurent
leur part dans cette décadence, qui atteignit son maximum au moment
du schisme. Pour être juste, il convient de mentionner aussi les causes
extérieures, comme la guerre avec la Flandre et l'Angleterre, et la terrible mortalité, la Peste noire, qui dévasta l'Europe. Le nombre des
ministres diminua sensiblement. Mais, afin de ne pas nous laisser sous
cette pénible impression, les éditeurs nous font entrevoir des éléments
de résistance et de rénovation qui se préparaient dans l'Université; certains esprits élevés s'occupent de la science; les ordres religieux
cherchent à renouveler l'antique discipline; l'Université elle-même
fait tous ses efforts pour arrêter la ruine par des prohibitions, des statuts et des règles; les collèges séculiers tels que Navarre et la Sorbonne
exercent sur leurs élèves une sévère discipline et préparent, pour le
siècle suivant, une ère meilleure qui profitera à toute l'Université.

Le troisième paragraphe de la préface est consacré à l'énoncé des
documents inédits, qui sont plus nombreux dans ce volume que dans
le premier. Parmi les plus importants, il convient de citer ceux qui sont
relatifs aux médecins, à la vision béatifique, aux erreurs qui troublèrent
l'Université depuis Jean de Poilly jusqu'à Jean de Mirecourt. Les *rôles*
envoyés par les facultés au souverain pontife, pour l'obtention des bénéfices, méritent une mention spéciale. Les éditeurs avaient promis de les
publier avec les actes de la nation germanique, mais, comme les mêmes
noms se retrouvent dans les documents de l'Université, on a voulu les
réunir. Un seul exemple montrera leur importance. S'il fallait en croire
Ch. Thurot, le nombre des maîtres régents de toutes les facultés pourrait être évalué à deux cents aux époques les plus brillantes de l'Université. Erreur énorme du savant professeur, qui n'a pas connu les
registres du Vatican! Dans le seul rôle de la Faculté des Arts, envoyé
en 1349, on trouve cinq cent deux maîtres régents, et tous ses membres
ne sont pas énumérés, mais seulement ceux qui demandaient quelque
bénéfice. Malheureusement, les plus anciens de ces rôles ont disparu.
Parmi les documents inédits, nous signalerons encore ceux qui sont
relatifs à la licence, aux ordres religieux, qui ont tenu une place si
importante au moyen âge, surtout pour l'enseignement de la théologie;

aux Templiers et à la lutte de Boniface VIII contre Philippe le Bel ; aux copistes et libraires de Paris, dont les noms, au nombre de quatre-vingt-neuf pour une période de cinquante ans, ne sont nulle part aussi nombreux. Enfin, nous mentionnerons les serments, qui font connaître les statuts des facultés, souvent perdus et qui ne se trouvent que dans ce genre de documents. Le paragraphe se termine par la liste des chanceliers de Paris, déjà commencée au tome Ier, revue et continuée jusqu'à la fin du XIVe siècle.

Le paragraphe suivant (IV) concerne la méthode de l'édition et les notes. Les éditeurs ont suivi la même méthode qu'au tome Ier, sauf quelques modifications nécessaires. Ils ont exclu de ce volume les collèges séculiers, qui seront étudiés dans la deuxième partie du tome H, pour ne pas mêler leurs actes avec ceux de l'Université. Ils ont réuni quelquefois les pièces de procédure éloignées seulement d'une ou deux années, ce qui altère un peu l'ordre chronologique ; ils ont abrégé quelques actes de moindre importance en les plaçant dans les notes ; d'autres sont seulement indiqués par un sommaire détaillé ; nous regrettons dans ce cas que les éditeurs n'aient pas jugé à propos de donner les premiers mots du texte, ce qui facilite la recherche des documents ; pour les rôles déjà indiqués ci-dessus, on n'a imprimé les formules qu'une seule fois par rôle.

Les requêtes (*supplices libelli*) ont été tirées des *Regesta supplicationum*, bien plus intéressants que les registres des bulles. La requête, en effet, donne des détails précis, les noms, les circonstances de la demande, etc. D'ailleurs, les bulles ont été rapportées en peu de mots dans les notes. Celles-ci sont plus abondantes que dans le premier volume. Les éditeurs se sont attachés au côté biographique et bibliographique de leur sujet. Ils ont voulu donner, d'après les sources principales, la vie des hommes illustres, indiquer à quelles dates ils sont devenus bacheliers, licenciés ou docteurs, quelles sciences ils ont professées, combien d'années ils ont passées dans la même faculté et dans l'Université, quels bénéfices ils ont obtenus, quelles dignités ils ont occupées. Les registres des papes ont servi aux éditeurs pour rectifier les dates (surtout celles de mois) auxquelles les membres de l'Université sont devenus évêques et cardinaux. C'est ainsi qu'ils ont pu apporter de nombreuses corrections à la *Gallia christiana* et à l'ouvrage de Gams, qui ont été faits sans le secours des archives vaticanes. Pour donner une idée des travaux accomplis par les éditeurs (et principalement à Rome par le P. Denifle), nous extrayons de la préface les chiffres suivants : les registres des papes feuilletés pour les notes jusqu'à Benoît XIII contiennent environ 200,000 lettres (les registres de Jean XXII et de Clément VI en renferment déjà 120,000) et ils ont fourni pour le cartulaire environ 8,000 notes.

Ceci nous amène à parler des sources (§ V). Les premières et les plus anciennes sont les mêmes que dans le tome Ier ; nous n'y reviendrons pas. Après celles-là, la principale source se trouve dans les registres des papes. Les éditeurs font connaître avec la plus grande précision les séries diverses qu'ils ont consultées, et expliquent les abréviations sous lesquelles on les désigne. Il est fort intéressant de résumer en quelques lignes ce qu'ils nous en apprennent. D'Honorius IV à la neuvième année de Clément VI (1350), les volumes sont numérotés 43 à 205. Avec Jean XXII commencent deux compilations, une de registres en parchemin, l'autre de registres en papier, mais originaux, sur lesquels les premiers ont été copiés. Ceux-ci s'appellent *Avenionenses* ; de Jean XXII à Benoît XIII, les volumes sont au nombre de 347. Les registres en parchemin sont désignés par le mot *Communes* (*libri*). Les autres registres employés sont : les *Regesta secreta* ; les *Regesta supplicationum*, comprenant de Clément VI à Benoît XIII 99 volumes in-folio, qui ont fourni les rôles ; les *Introitus et exitus cameræ apostolicæ*, 269 petits registres pour l'époque correspondant à notre volume ; les livres *Obligationum* et *Division.*, qui ont donné des notes sur les cardinaux ; les *Instrumenta miscellanea*, qui ont procuré quelques chartes originales ; enfin l'*Archivium Castelli S. Angeli*.

Il faut signaler particulièrement le n° 440 de la collection *Avenionensis*, le dernier des volumes dits *Collectoria*, qui contient une information dans le procès fait à Jean Blankart, chancelier de l'Université de Paris en 1385 et qui nous a conservé dans les dépositions la plupart des lois et des usages antiques de l'Université. Les éditeurs ont consulté encore les Archives nationales de Paris, celles de l'Université, où, par une étude à fond des documents, ils ont relevé jusqu'à 300 noms et surnoms dans les cartons déjà vus par Ch. Jourdain (n° 703), les archives de la Faculté de Médecine, et diverses bibliothèques de Paris. Enfin, l'étude des statuts des ordres religieux étant d'une nécessité absolue pour ceux qui veulent recueillir les statuts que les ordres ont établis pour leurs étudiants, les éditeurs font connaître avec détails les documents qu'ils ont examinés pour les Frères Prêcheurs, les Mineurs, les Augustins, les Cisterciens, les Clunistes, les Carmes, etc. Ils en ont tiré de nombreux statuts et des listes de maîtres et d'étudiants.

Que si l'on nous demandait de désigner dans un aussi grand nombre les documents les plus importants et les plus curieux, nous serions fort embarrassé. Ce qui frappe dans ce recueil, c'est la variété des actes, qui est plus grande que dans le premier volume. En dehors des statuts nombreux et d'importance capitale qui sont indiqués à la table, en dehors des rôles qui fournissent les noms de centaines de maîtres et de bacheliers (n°^{os} 1131, 1162 à 1165), il nous sera permis de mentionner la taxe des maisons faite par des maîtres et des bourgeois en 1286-1289 (n° 556); une liste de livres légués aux pauvres étudiants en théologie en 1297 (n° 607); une autre avec le prix de location des livres en 1304 (n° 642); l'inventaire du trésor (*archa jocalium*) de la nation de France en 1339 (n° 1028); un calendrier de l'Université pour la nation de Picardie (n° 1192), etc.

Comme le premier volume, celui-ci se termine par une table chronologique, de 1286-1350 (p. 721-751), dans laquelle l'ordre des dates est rigoureusement observé cette fois, sauf quelques groupements de pièces indiquées ci-dessus et quelques actes donnés en appendice; un *Index* des personnes par noms et prénoms, pour lequel les registres du Vatican ont fourni bien des surnoms de cardinaux et d'évêques (p. 752-794); enfin, ce qui manquait au premier volume, les éditeurs ont ajouté un copieux *Index rerum,* ou table des matières, dans laquelle on trouve, sous les rubriques les plus importantes (par exemple, le mot *Universitas Parisiensis* est divisé en cinq paragraphes : *generatim, personæ, res, facultates, nationes*), les renvois aux documents qui les concernent, ce qui rendra plus facile et plus fructueux l'emploi de ce volumineux recueil.

Que pourrions-nous faire en terminant, si ce n'est de répéter les éloges que nous avons déjà donnés aux auteurs et à l'imprimeur du *Chartularium Universitatis Parisiensis?* Nous devons admirer la persévérance du P. Denifle et de son savant collaborateur, leur courage en face de la masse énorme de documents qu'ils ont eu à analyser et à extraire, et leur demander de nous donner bientôt la seconde partie du tome II, qui doit renfermer l'introduction promise, en attendant qu'ils continuent leur vaste entreprise, exécutée avec autant de soin et d'exactitude dans les détails que de largeur de vues dans l'ensemble.

A. Bruel.

Archives municipales de Bayonne. Livre des Établissements. Bayonne, impr. Lamaignère, 1892. In-4°, LII-546 pages, avec deux facsimilés.

La municipalité de Bayonne vient de suivre l'exemple que depuis plus de vingt-cinq ans donne celle de Bordeaux : elle a entrepris la publication des documents antérieurs à la Révolution que conservent ses archives. Ces documents sont nombreux et des plus intéressants; partie d'entre eux étaient déjà connus grâce aux travaux de quelques érudits; pour ne citer que les principaux ouvrages auxquels les archives municipales de Bayonne ont fourni une source précieuse de renseignements, il suffira de rappeler les *Études historiques* de Balasque et Dulaurens, et, plus récemment, l'excellent livre de M. A. Giry sur les *Établissements de Rouen,* dont deux chapitres ont été écrits en grande partie à l'aide des documents des archives bayonnaises. Dans les derniers jours de l'année 1889, un incendie faillit anéantir toutes ces précieuses richesses; les pertes furent moindres qu'on ne l'avait craint au premier abord; mais, afin d'obvier aux suites que pourrait entraîner une seconde catastrophe, la municipalité décida la publication successive de tous ses titres et privilèges, dont quelques-uns, déjà vieux de sept siècles, attestent la force et la vitalité de la seconde ville de Guyenne. Les savants bayonnais se mirent immédiatement à l'œuvre, et tel fut leur zèle qu'au bout de deux ans à peine paraissait un premier volume : c'est le *Livre des Établissements,* qui n'est autre chose que la reproduction du plus ancien cartulaire de la ville.

Commencé en 1336 sur l'initiative du maire Guilhem-Arnaut de Biele et continué après lui, ce volume représente, avec le *Livre des coutumes,* dont la publication doit suivre la sienne, tout ce qui reste aux archives de Bayonne pour la période antérieure à 1451, époque de la conquête de Charles VII; on y trouve transcrits tous les documents qui, dans ces siècles du moyen âge, établissaient les droits et privilèges de la cité bayonnaise, son régime intérieur, ses rapports avec ses voisins. Le plus connu de ces privilèges est la fameuse charte de commune concédée en 1215 aux bourgeois de Bayonne par le roi d'Angleterre Jean-sans-Terre, et qui, établie à l'instar de celle de la Rochelle, dérive, ainsi que l'a prouvé M. Giry, des *Établissements de Rouen.*

Des quatre parties entre lesquelles les éditeurs ont partagé les actes transcrits dans le cartulaire, la plus originale est la seconde; elle renferme les 190 *établissements* ou ordonnances des maire et cent pairs; on y peut suivre, pour ainsi dire pas à pas, les modifications successives apportées sous des influences diverses dans la législation, l'administration communale, la police de la cité. — La troisième partie ne le cède guère en intérêt à la seconde : entre autres pièces, on y rencontre les accords et traités de paix conclus par les Bayonnais avec les puissances voisines, et notamment la copie du traité conclu en 1303 entre Philippe le Bel et Édouard Ier d'Angleterre. C'est toute l'histoire extérieure de la ville aux XIIIe et XIVe siècles. — Le volume est précédé d'une Introduction, où M. Bernadou, l'un des éditeurs, a retracé l'histoire très détaillée et très intéressante des archives de Bayonne et donné le plan des publications que la municipalité se propose de poursuivre.

L'œuvre serait de tous points louable, n'étaient les incorrections que présente le texte; il s'y est malheureusement glissé un certain nombre d'erreurs paléographiques, s'il faut en juger par celles qu'il est permis de relever à l'aide des quelques fac-similés insérés dans le volume[1]. Il

---

1. Je n'en citerai que deux ou trois exemples : p. 165, ligne 9, lisez *fon apropriatz* au lieu de *son aperatz;* p. 297, 3e paragraphe, *marinaus* au lieu de *marinans, lour* au lieu de *leur, creist* au lieu de *trest;* p. 342, 5e ligne avant la fin, *outre un an* au lieu de *outre i an,* etc. Il faut reconnaître que les éditeurs ont rectifié beaucoup de leurs erreurs dans un errata d'une longueur quelque peu démesurée. — Quelques actes sont mal datés : le n° 494, daté du

n'est point jusqu'au glossaire roman qui le termine où la critique philologique ne trouverait peut-être aussi à s'exercer.

Ces quelques imperfections, qu'il sera facile aux éditeurs d'éviter dans les volumes suivants, n'enlèvent rien au mérite de leur première publication ; on doit féliciter sans réserve la municipalité bayonnaise d'avoir compris l'intérêt et l'utilité d'une pareille entreprise et de s'être imposé des sacrifices en vue de la mener à bien ; elle ne les regrettera pas. N'en a-t-elle pas déjà été récompensée au dernier Concours des antiquités nationales, où une mention honorable lui a été décernée ? — Il serait à souhaiter que nos autres villes du Sud-Ouest, Pau et Orthez entre autres, qui possèdent des archives riches et anciennes, suivissent l'exemple que Bayonne vient de leur donner et entreprissent des publications du même genre : les érudits méridionaux ne s'en plaindraient pas.

Henri COURTEAULT.

Le président Jean Savaron, érudit, curieux, collectionneur, et ses rapports avec les savants de son temps, par A. VERNIÈRE. Clermont-Ferrand, Bellet, 1892. In-8°, 100 pages.

Sous ce titre, M. Antoine Vernière, déjà avantageusement connu par plusieurs ouvrages d'érudition [1], vient de publier une très intéressante étude sur le célèbre magistrat auvergnat Jean Savaron, qu'il ne faut pas confondre avec son frère François Savaron, procureur du roi en la sénéchaussée d'Auvergne. Jean, né le 30 décembre 1566, fut successivement conseiller au présidial de Riom (1593?), puis conseiller à la Cour des aides de Montferrand et garde du sceau de cette juridiction (1598), et enfin président au présidial de Clermont (1604), lieutenant général en la sénéchaussée d'Auvergne et maître des requêtes de la reine Marguerite (1605). Ardemment attaché au parti royaliste dès sa jeunesse, il se montra, dans l'exercice de ses charges, dans les missions

---

14 avril 1451, doit être rapporté à 1452 (en 1451, l'année commença le 25 avril). Les éditeurs ont commis de ce fait dans leur *Introduction*, p. XL, une grosse erreur historique : Bernard de Béarn ne fut jamais sénéchal des Lannes pour le roi d'Angleterre ; il fut toujours un fidèle soldat du comte de Foix, son frère, et de Charles VII ; le changement de date que j'indique ici permet de comprendre que Bernard de Béarn ait pu prêter serment à Bayonne pour la charge de sénéchal ; le 14 avril 1452, Bayonne était française, les comtes de Foix et de Dunois ayant pris la ville au mois d'août précédent. — Bernard de Béarn était d'ailleurs sénéchal des Lannes pour le roi de France depuis l'année 1443 (Arch. des Basses-Pyrénées, E 319, fol. 262 v°).

1. Entre autres, le *Journal de voyage de D. Jacques Boyer, religieux bénédictin de la congrégation de Saint-Maur* (1710-1714). Clermont-Ferrand, Ferd. Thibaud, 1886, in-8°.

diverses qu'il remplit à la cour et aux états généraux de 1614, et surtout dans ses écrits polémiques, le défenseur toujours infatigable et parfois excessif des prérogatives de la couronne.

M. Vernière ne l'étudie pas à fond sous cet aspect. Il a jugé sans doute que des ouvrages de combat comme les deux *Traictés de la souveraineté du roy et de son royaume,* où s'exprime un gallicanisme étroit et bizarre, sont aujourd'hui d'un intérêt bien refroidi et ne méritent pas une analyse dans les règles. Il donne un crayon sommaire de la vie publique de Savaron et s'attache principalement à faire connaître l'historien des *Origines de Clermont,* le savant éditeur de Sidoine Apollinaire, le collectionneur, l'archiviste, l'amateur, qui, pour ses travaux ou pour son plaisir, entretint une correspondance suivie avec les plus érudits des « honnêtes gens » de son temps. Au nombre de ses correspondants figure l'excellent Peiresc, avec qui on eût été surpris de ne pas le trouver en commerce épistolaire, Scévole de Sainte-Marthe, Papire Masson, André Duchesne, Dupuy, Besly, le chancelier de Bellièvre, Montorcier. M. Vernière publie en appendice quinze lettres inédites de ces divers personnages.

Il y ajoute les documents inédits suivants :

1° Un *Mémoire des médailles et pièces rares trouvées dans le cabinet de feu M. le président Savaron.*

2° Un *Inventaire des livres qui se sont trouvez chez Mme Savaron et qui ont relation à la couronne de France, ou autres, qui sont les ouvrages de M. Savaron,* fait en 1785[1].

---

1. Au sujet d'un article de cet inventaire (n° 39) ainsi conçu : *Établissement de l'Hôtel-Dieu de Billom fait par le cardinal d'Austremoine Gilles d'Aycelin par son testament de 1304,* M. V. se demande s'il n'y a pas erreur dans l'analyse de cette pièce, « aucun Aycelin n'ayant porté le surnom de cardinal de Saint-Austremoine. » Il y a, en effet, une erreur du rédacteur de l'inventaire, mais une erreur qu'il est aisé d'expliquer et de rectifier. Il s'agit, à n'en pas douter, du premier en date des deux Aycelin qui furent cardinaux au xiiie et au xive siècle, du dominicain Hugues de Billom, nommé cardinal-évêque d'Ostie en 1294 par Célestin V, et à qui la ville de Billom fut redevable de la fondation de son Hôtel-Dieu et du développement de ses écoles. En transcrivant sa cote, le scribe a commis deux lapsus : 1° ayant dans l'esprit le nom de saint Austremoine, un des premiers évêques de Clermont, qu'il a dû voir dans une pièce précédente, il traduit étourdiment par *cardinal d'Austremoine* les mots abrégés *card. Ost.* (ou *card. Ostiens.*, qu'il déchiffre mal) écrits en tête de la pièce ; il est possible que Savaron ou son copiste ait lui-même écrit sur le document *card. Austiens.;* 2° selon toute apparence, le scribe a également mal lu la date, qui devait être MCCXCIIII, et il a supprimé le X par inadvertance. — En 1294, Hugues Aycelin, par suite de sa promotion à l'évêché d'Ostie, recevait d'importants bénéfices en France et en Angleterre (voy. Baluze, *Vit. pap. Aven.,* t. I, col. 596) et se trouvait en état, plus qu'à toute autre époque, de distribuer d'abondantes largesses.

(Cet inventaire de 294 numéros relate un grand nombre de pièces curieuses pour l'histoire civile et religieuse d'Auvergne et des livres dont quelques-uns sont conservés à la bibliothèque de Clermont.)

3° Le catalogue des œuvres imprimées de Jean Savaron avec une description minutieuse de chaque édition.

Indiquons, en terminant, que cette bio-monographie, écrite d'un style attrayant et exercé, a paru d'abord dans le *Bulletin historique et scientifique de l'Auvergne*, recueil très estimable que publie périodiquement l'Académie des sciences, lettres et arts de Clermont-Ferrand.

Maurice Faucon.

La Sénéchaussée d'Armagnac. Lectoure, siège de la Sénéchaussée, par Paul Tierny, archiviste du Gers. Auch, 1893. In-8°, 15 pages.

La création de la Sénéchaussée d'Armagnac date de la fin de 1473. En quelques pages bien documentées, M. P. Tierny montre d'abord la situation faite à la ville de Lectoure par sa qualité de chef-lieu judiciaire et les avantages qu'elle en retira. C'est à cette qualité, en effet, comme le dit avec raison l'auteur, que Lectoure dut principalement son importance et son activité commerciale au XVI° siècle.

M. Tierny parle ensuite des luttes que Lectoure eut à soutenir pour conserver cette situation, qui lui fut disputée pendant près d'un siècle par deux villes voisines et rivales, Auch et Vic en Fezensac. Au siècle suivant (1639), Auch finit par obtenir un siège présidial, au moyen d'un démembrement de celui d'Armagnac. M. Tierny nous fait voir, en troisième lieu, les rapports, souvent tendus, des officiers de la Sénéchaussée avec les consuls de Lectoure (préséances, privilèges, etc.), le rôle actif joué par les premiers en matière de police locale, enfin l'accord et l'union des hommes de loi et des magistrats municipaux dans leur fidélité au roi et à la reine de Navarre.

Cette étude ouvre une série de notes sur la Sénéchaussée d'Armagnac. Le début nous fait désirer vivement la suite promise. Les vieux registres de la Sénéchaussée, dont le plus ancien remonte à 1543, si nous avons bon souvenir, renferment assurément d'autres détails curieux, notamment sur les guerres de religion et le protestantisme à Lectoure. Notre zélé successeur en a dit un mot déjà dans les *Soirées archéologiques* si heureusement organisées par lui aux Archives départementales du Gers.

Paul Parfouru.

Étude sur les filigranes des papiers lorrains, par Lucien Wiener, conservateur du Musée historique lorrain. Nancy, René Wiener, 1893. In-4°, 80 pages et 35 planches. (Papier vergé, tiré à 150 exemplaires.)

L'étude des filigranes des papiers offre un double intérêt, et nous comprenons facilement qu'elle ait, depuis quelques années, tenté un certain nombre d'érudits et de curieux. En effet, à côté des éléments de critique qu'elle peut fournir pour fixer l'authenticité, la date et la provenance d'autographes, de manuscrits et de livres, elle nous offre, au point de vue iconographique, une véritable importance par la suite des types si variés que fournissent les marques ou les dessins reproduits sur les papiers. Ajoutons que l'examen consciencieux et le rapprochement de ces marques peuvent apporter des éléments utiles pour l'histoire de la fabrication du papier dans tel ou tel pays.

La Serna Santander fut un des premiers à s'occuper de cette question, dans un supplément du Catalogue de sa riche bibliothèque, publié à Bruxelles en 1803, et il ne tarda pas à être suivi dans ses recherches par le Hollandais Jacobus Koning, dont le travail fut imprimé avec des figures dans les publications de la *Maatschappij der Wettenschappen* de Haarlem, en 1816. Mais nous ne voulons pas refaire la bibliographie du sujet, cela nous entraînerait trop loin, et il nous suffira de rappeler, après un article assez court de Vallet de Viriville, dans la *Gazette des Beaux-Arts* de 1859, l'étude considérable de MM. Midoux et Matton sur « les Filigranes des papiers employés dans le nord de la France » aux xive et xve siècles (*Société académique de Laon*, t. XVI-XVII, 1867-1868[1]), et un travail fort important, mais malheureusement rédigé en hollandais, publié en 1869 par M. J.-H. de Stoppelaar[2]; ces deux derniers volumes accompagnés de nombreuses planches, mais n'ayant pour but que de donner des recueils de types classés par sujets, avec l'indication des fonds dans lesquels ils ont été relevés et les dates où les papiers ont été employés. — Je ne dois pas omettre d'indiquer également les travaux de M. C.-M. Briquet, et notamment ses « Recherches sur les premiers papiers employés en Occident et en Orient du xe au xive siècle, » insérées dans les *Mémoires de la Société des Antiquaires de France* (t. XLVI, 1885); mais les études du savant genevois ont eu surtout pour objet l'essence même du papier, et c'est à la suite de nombreuses analyses microscopiques qu'il est arrivé à établir que, nulle part et en aucun temps, on ne trouve de papier exclusivement composé de coton et que l'emploi du papier de chiffe en Europe remonte au xie siècle. M. Briquet constate que les papiers fabriqués en Orient, du xe au xive siècle, sont dépourvus de filigranes. Cette invention, ajoute-t-il, paraît indu-

---

1. A la suite de ce travail sont reproduits des filigranes pris dans le midi de la France, recueillis dans les papiers de la famille de la Tour-Maubourg, mais sans indication de source exacte. M. Midoux avait poursuivi ses recherches, et en 1888, année de sa mort, il présentait au Congrès de la Sorbonne plus de 3,000 dessins de filigranes.

2. *Het papier in de Nederlanden gedurende de middeleeuwen inzonderheid in Zeeland.* Middelburg, 1869, in-8°.

bitablement de provenance occidentale et remonte à la fin du xiiiᵉ siècle. Les exemples les plus anciens en ont été relevés à Fabriano (1293) et aux archives de Valère, à Sion (1297).

Le travail de M. Wiener est tout à fait local, et l'auteur a surtout cherché à faire connaître les filigranes des papiers d'origine lorraine et les papeteries de la province. Chez lui, à côté des marques recueillies dans les registres des archives de Meurthe-et-Moselle ou sur les placards sortis des imprimeries de Nancy, se trouvent les analyses ou les extraits des édits, arrêts ou règlements des ducs de Lorraine et des rois de France relatifs à la fabrication du papier, etc.[1].

La plus grande partie du volume est consacrée à la marque au double C, ƆC (dite aussi parfois à tort à l'X), marque employée depuis le règne de Charles III, duc de Lorraine, dont on constate la présence dès 1578, et qui désigna aussi un format dont le nom se conserva pendant deux siècles et est remplacé aujourd'hui, en France, par le terme de *Tellière,* du nom du ministre Le Tellier, et, à l'étranger, par celui de *Pro Patria,* employé dès le xviiᵉ siècle en Hollande. Cette marque se compose à l'origine d'une croix de Lorraine, enlacée de deux C croisés et couronnée; c'est l'emblème ducal, et on le voit figurer aussi sur des jetons frappés aux armes du duc et de sa femme, Claude de France, à propos de la naissance de leur premier enfant. Au commencement du xviiiᵉ siècle, sous le règne de Léopold, la croix de Lorraine disparaît; on ne trouve alors que les deux C croisés ou accolés, presque toujours surmontés de la couronne ducale, qui manque d'ailleurs parfois; enfin, à la Révolution, la couronne est presque définitivement supprimée; il ne reste que les deux C, marque que montrent encore les papiers fabriqués dans les départements de l'ancienne Lorraine jusque dans les premières années du xixᵉ siècle.

Mais, à côté de la marque aux ƆC dont il existe de nombreuses variétés, figurent des contremarques ou monogrammes dans lesquels le savant conservateur du Musée lorrain avait espéré trouver soit le nom, soit l'adresse du fabricant; mais le nombre des variétés est tel qu'il a dû y renoncer, et il se borne à indiquer les documents d'archives mentionnant des dons de papier faits par les ducs pour des impressions, etc.

M. Wiener ne s'est pas borné à étudier le papier lorrain au double C; il nous donne également une suite d'autres filigranes employés soit en Lorraine, soit ailleurs, mais recueillis par lui dans la province, et

---

1. Signalons notamment le tarif joint à l'arrêt du Conseil d'État du 18 septembre 1741, qui fait connaître les noms des différents formats de papiers avec leurs dimensions et leur poids, et dans lequel on voit figurer un certain nombre de dénominations encore employées et que beaucoup de personnes croient modernes, telles que le Grand-Aigle, le Jésus, le Raisin, le Cavalier, la Couronne, le Pot, etc.

notamment ceux des registres de la Chambre des comptes, dont le papier, fabriqué plus tard à Bayon, était encore acheté à Troyes au commencement du xvi⁰ siècle, ainsi que l'établissent des mentions de ces registres[1]. Un certain nombre de ces filigranes figurent également dans les publications de MM. Matton et Midoux et de Stoppelaar, ainsi que dans une étude de M. C. Schmidt sur les Filigranes des papiers employés à Strasbourg de 1343 à 1525[2].

Il est curieux, à ce point de vue, de constater la diffusion simultanée de certaines marques qui se trouvent relevées jusqu'à la même date à Nancy, à Laon et en Zélande, où les fournitures étaient faites par des marchands de Rouen (Ex. : Wiener, pl. 23, 1, 1488. — Stoppl., pl. XIV, 16, 1487, à Middleburg. — W., pl. 23, 2, 1486. — St., pl. XIV, 10, 1486, et Mid., 288, 1487, à Laon, etc.), tandis que des paquets conservés en magasin font prolonger jusqu'en 1576 l'emploi du papier à l'L fabriqué sous Louis XII[3].

A la dernière réunion des sociétés savantes, M. Jules Gauthier, archiviste du Doubs, a présenté un mémoire sur les filigranes recueillis en Franche-Comté. Espérons qu'il en publiera bientôt les dessins reproduits par un procédé photogénique fort ingénieux, et que, dès que des études analogues auront encore été faites pour trois ou quatre de nos provinces, quelqu'un nous donnera un travail d'ensemble sur les anciens papiers français et leur fabrication. Mais, pour arriver à un résultat utile, il est indispensable de bien indiquer, à côté des dates, si les documents employés sont en quelque sorte originaires du pays, comme peuvent l'être des registres, ou incertains et souvent de provenance étrangère, comme des lettres, certificats, etc.

M. Wiener a terminé son ouvrage en décrivant les papiers timbrés de la Ferme de Lorraine et de Barrois et une série d'enveloppes de rames de papier au double C, datant du commencement du xviii⁰ siècle. Elles nous font connaitre les papeteries de Joseph Jacquot (1707), de Pierre Retournat et Antoine Olive et de Jean Le Clerc à Épinal, d'Archête, de Joseph Cordal, de Louis Humbert et de Bon Gourmié à Remiremont, etc. Dix planches tirées en rouge et en bleu leur sont consacrées, et ce

1. Nous n'avons pas encore trouvé dans l'ouvrage de M. Wiener d'éclaircissements suffisants sur la signification de la marque dite *Quatre de chiffre* que l'on rencontre dans tout le nord de l'Europe, au moyen âge et jusqu'à nos jours, comme marque industrielle et artistique et qui se retrouve sur un certain nombre de filigranes lorrains.

2. Mulhouse, 1877.

3. Nous devons dire que les dessins de M. Wiener sont bien supérieurs à ceux de M. de Stoppelaar et qu'il a eu raison à ce titre de donner de nouveau les marques d'Edmon Denise et de S. Nivelle. La publication de l'érudit hollandais fournit un certain nombre de marques de ce dernier libraire de l'Université de Paris.

ne sont pas les moins curieuses de ce bel ouvrage qui fait honneur à l'auteur et à ceux qui l'ont aidé dans l'exécution : René Vagner pour le texte, et A. Barbier pour les planches en autographie, très bien réussies.

Comte DE MARSY.

Archevêché de Bordeaux. Inventaire sommaire des archives antérieures à 1790, par M. le chanoine ALLAIN. Bordeaux, Duverdier, 1893. In-4°.

Le fonds de l'Archevêché de Bordeaux est divisé en deux parties : l'une est aux Archives du département; l'autre, sans doute rendue sous la Restauration, est gardée au palais archiépiscopal. En 1885, il fut décidé d'un commun accord, entre le Ministère de l'Instruction publique et Mgr Guilbert, que cette seconde partie serait inventoriée et que l'analyse en prendrait place dans la collection des inventaires d'archives départementales. Elle occupe dans le tome I de la série G de la Gironde les articles 525-920.

C'est de ces pages que M. le chanoine Allain vient de donner un tirage à part, augmenté d'une introduction. Les inventaires sommaires ne prêtent pas à de brillants comptes-rendus; c'est un genre de littérature éminemment ingrat, où l'on ne demande que l'ordre, la précision, la concision même, de façon à ce que le plus possible de renseignements utiles soient condensés dans le plus petit espace possible. Les érudits, qui connaissent les précédents travaux de M. Allain, savent à quel point il possède la méthode et la netteté qui sont les mérites essentiels des inventaires. Et néanmoins ils ne constateront pas sans quelque surprise, dans ce nouvel ouvrage, d'une facture toute spéciale, l'habileté rare avec laquelle l'auteur a su résumer clairement en de brefs articles de très nombreux documents.

Ces qualités professionnelles se retrouvent dans l'Introduction, qui n'est autre que l'Introduction placée par ordre du Ministère en tête du volume de l'inventaire départemental. On y trouve, avec un historique succinct du fonds de l'Archevêché, un tableau synoptique des pièces qui le composent dans l'un et l'autre des dépôts entre lesquels il est réparti, un résumé de la géographie de l'ancien diocèse de Bordeaux, enfin un pouillé de ce même diocèse.

Ce pouillé ne comprend pas moins de vingt pages compactes, où des milliers d'indications, produit de longues et minutieuses recherches, sont groupées sous forme de tableaux d'un maniement fort commode. Voici dans quel ordre sont distribués, pour les paroisses, les éléments de cette vaste synthèse : 1re colonne, nom du lieu et du saint titulaire; 2e, qualité du bénéfice; 3e, désignation des patrons et collateurs; 4e, désignation des décimateurs; 5e et 6e, revenus et charges du bénéfice en 1730 ; 7ᵉ et 8ᵉ, renseignements analogues pour 1760 ; 9ᵉ, 10ᵉ, 11ᵉ et 12ᵉ, revenus et impositions, nombre des habitants et nombre des communiants en 1772. Ce pouillé fournit des indications pour l'Archevêché : 6 chapitres séculiers, 10 sociétés de bénéficiers, 3 séminaires, 11 abbayes, 25 couvents d'hommes, 15 couvents de filles, 60 prieurés, 390 paroisses, 35 annexes. Cette simple énumération suffit pour donner une idée du labeur qu'a coûté un semblable travail et des services qu'il est appelé à rendre.

Souhaitons que l'érudit auteur s'emploie à mettre en œuvre, ainsi qu'il le laisse espérer dans un passage de son Introduction, les matériaux qu'il a réunis avec une telle abondance. Puisse-t-il bientôt publier sur le clergé bordelais de l'ancien régime un de ces livres vigoureux comme il sait les faire !

Brutails.

La France pendant la guerre de Cent ans. Épisodes historiques et Vie privée aux XIVᵉ et XVᵉ siècles, par Siméon Luce. Deuxième série. Paris, Hachette, 1893. In-16.

La seconde série des intéressants mémoires qui sont groupés sous ce titre vient de paraître à la librairie Hachette. Elle comprend les morceaux suivants :

Le Soufflet de l'Écluse et la chanson des Pastoureaux normands.
Les Origines militaires de Jacques Bonhomme.
La Mort de Charles V.
Jeanne Paynel à Chantilly.
Perrette de La Rivière, dame de la Roche-Guyon.
Deux documents inédits relatifs à frère Richard et à Jeanne d'Arc.
Une pièce de vers sur le siège d'Orléans.
Louis d'Estouteville et la défense du Mont-Saint-Michel.

Les pages émues que M. Léon Gautier a mises en tête du volume ont leur place marquée dans la Bibliothèque de l'École des chartes :

« Nous ne saurions avoir le dessein de raconter ici la vie de notre vieil ami Siméon Luce, qui, le 14 décembre dernier, au matin, nous entretenait encore de ses plus vives préoccupations et de ses plus chères espérances, et qui, le soir de ce même jour, s'affaissait soudain dans la rue et tombait pour ne plus se relever, foudroyé par l'apoplexie. Cette modeste et noble existence trouvera quelque jour un biographe plus autorisé, et nous nous proposons seulement de crayonner, en quelques traits, la physionomie de celui que nous avons si prématurément perdu.

« Le titre même de ce livre que nous étions, hélas ! destiné à publier après sa mort, ce titre : *la France pendant la guerre de Cent ans*, nous apprend fort lucidement et en peu de mots l'objet principal des études

de Siméon Luce et la période de nos annales à laquelle il a consacré
ses rares qualités d'historien. Personne n'a mieux connu cette désastreuse époque, personne ne l'a mieux jugée. On peut dire qu'il fréquentait personnellement tous les acteurs de ce grand drame, et qu'il était
jour par jour au courant de leurs moindres affaires. Il y a là un luxe
de détails et une minutieuse érudition dont on pourra se rendre compte
en lisant plus loin les pages sur Jeanne Paynel et sur Louis d'Estouteville. Ces personnages qui lui étaient si familiers, il avait en outre le
talent de les faire mouvoir sur un terrain dont il avait la notion la
plus précise, et rien n'égale, particulièrement pour la Normandie,
l'exactitude de ses descriptions topographiques. Mais ce sont là de petits
mérites si on les compare au sens historique que possédait si profondément l'auteur de la *Jacquerie* et dont il a surtout fait preuve dans
ces merveilleux sommaires du *Froissart* qui peuvent légitimement passer pour son chef-d'œuvre. Il savait grouper les événements, les ramener à leurs causes réelles, en déduire les vraies conséquences. Il n'ignorait ni les passions qui agitent les hommes ni les mobiles qui les font
agir. Au milieu de ces abominables luttes entre les Armagnacs et les
Bourguignons, il démêle aisément les motifs qui ont entraîné tel grand
seigneur ou tel aventurier et les ont jetés dans une de ces factions plutôt que dans l'autre. Il lit dans ces âmes, il leur rend la vie, il converse
avec elles. Tant d'éminentes qualités ne suffiraient pas néanmoins à
former, sans le style, un historien digne de ce nom. C'était le sentiment de notre ami, et nous l'avons entendu bien des fois protester,
avec une certaine animation, contre ceux qui dédaignent cet élément
nécessaire de l'histoire telle qu'il la comprenait, telle qu'il faut la comprendre. Siméon Luce a été un écrivain, et il a contribué à dissiper cet
injuste préjugé qui sévit encore contre tant d'érudits qu'on félicite
volontiers de bien savoir dater une charte, mais qu'on accuse de ne
pas savoir tenir une plume.

« Siméon Luce a eu cette heureuse fortune de rencontrer sur son
chemin les deux plus lumineuses figures de ces siècles si noirs ; mais
le mot « fortune » manque ici d'exactitude et, en réalité, rien ne fut
laissé au hasard. Le futur auteur de la *Jeunesse de Bertrand* et de *Jeanne
d'Arc à Domremy* eut le mérite d'aller de lui-même au-devant de ces
belles âmes, et son choix, son très libre choix, fut le résultat d'une
réflexion approfondie et d'un amour intense pour la Patrie française.
Nous n'avons jamais rencontré quelqu'un qui aimât plus vivement son
pays, et il avait l'art très naturel de concilier sans peine son ardent
amour pour « la grande patrie » avec la tendresse touchante qu'il conserva toujours pour sa province natale, pour sa chère Normandie et son
bien-aimé Cotentin. Il était Normand jusqu'aux moelles et ne parlait
jamais sans émotion de ses beaux herbages, de ses plages de sable et
de ses pommiers en fleurs ; mais, dès qu'il entendait prononcer le mot

« France, » il s'élevait soudain à de belles hauteurs, et s'emportait principalement contre ces esprits mal informés et étroits qui prétendent que l'amour de la Patrie ne remonte chez nous qu'à la fin du dernier siècle. Il fallait l'entendre, en ces heures de véritable éloquence, alors qu'il racontait, de sa voix forte, le patriotisme admirable des habitants de Rouen durant le siège de leur ville par les Anglais, et surtout quand il parlait d'*Elle*. La pensée de Jeanne d'Arc a vraiment rempli et animé ses derniers jours, et il s'occupait encore, la veille de sa mort, de cette chapelle de Vaucouleurs où la pauvre Pucelle avait prié au début de sa mission, de ce véritable reliquaire, de ce monument national dont nous devons peut-être la conservation à celui qui vient de mourir.

« Les xive et xve siècles n'ont pas été l'unique objet de l'activité de Siméon Luce, et ce serait bien mal connaître cet excellent esprit que de le croire capable de se confiner en ces limites, si larges qu'elles puissent paraître. Tout le moyen âge était un aimant qui l'attirait, mais surtout toutes les annales de la vieille France. Lorsqu'il fut nommé professeur à l'École des chartes, il lui fallut pénétrer soudain en des siècles dont il n'était pas coutumier et remonter aux sources de notre histoire durant les deux premières races. Luce avait alors cinquante ans, et c'est l'âge où l'on n'entre pas volontiers en de nouveaux chemins; il y entra d'un pas résolu. Il ne savait pas l'allemand; il l'apprit, et se sentit bientôt de force à comprendre les érudits d'outre-Rhin et même à les combattre. Ce cours de l'École des chartes, qui n'avait pas été sans l'effrayer un peu, il ne tarda pas à le posséder en maître, et on l'entendit bientôt parler de Charlemagne avec la même sûreté que de Charles V, et de Grégoire de Tours ou d'Eginhard aussi pertinemment que de Froissart ou de la Chronique du Mont-Saint-Michel. Toute notre antique histoire fut rapidement logée et classée en son cerveau. Dans ses leçons qui sont un modèle de critique solide et pénétrante, comme dans ses livres eux-mêmes qui sont si scientifiquement cons-truits, on ne saurait guère adresser à Siméon Luce qu'un reproche, et nous entendons ici parler d'une tendance trop vive à des généralisations trop absolues. Ce défaut n'est peut-être pas sans danger.

« L'étude et l'amour de la vieille France avec ses quatorze siècles de douleurs et de gloire ne suffisaient pas encore à l'activité de ce studieux et ardent esprit, et il n'était pas de ceux qui s'enfouissent dans le passé. La France moderne ne le passionnait pas moins chaudement, et il n'est pas une seule de ses luttes et de ses tendances, de ses désastres et de ses résurrections qui l'ait jamais trouvé indifférent ou sceptique. Il aimait son pays avec un enthousiasme exempt de chauvinisme; il l'aimait et ne le flattait pas. En toutes choses il voyait juste et jugeait sans passion. Dans ces bonnes et fraternelles conversations que nous nous sommes donné la joie d'avoir ensemble durant tant d'années, il nous est rarement arrivé de nous trouver en désaccord; mais, quand le cas se présentait, nous avions soin de nous réfugier bien vite sur le terrain de cette ancienne France que nous chérissions à l'envi, et l'accord ne tardait pas à se faire. Siméon Luce était d'ailleurs très bon et se montrait fort indulgent pour les vivacités de ses amis. Il faisait mieux que les pardonner, il les oubliait.

« On a trop souvent une singulière idée de ceux qui se consacrent à l'étude spéciale du moyen âge et auxquels on décerne, non sans quelque dédain, l'épithète de « chartistes. » On se les représente volontiers avec quelque parchemin sous les yeux, qui absorbe toute leur intelligence et dévore tout leur être. Il n'en est pourtant pas ainsi, et, si belle prison que soit le moyen âge, nous prétendons n'y pas rester enfermés. Siméon Luce donnait ici l'exemple à ses amis comme à ses élèves; il avait l'entendement large, et aimait aussi vivement son siècle que les plus beaux de notre histoire. La plupart de ses lecteurs s'étonneront sans doute d'apprendre qu'il était en peinture un connaisseur des plus fins et qu'il faisait surtout estime de l'art contemporain. Nous n'osons pas dire qu'il avait « découvert » Millet; mais il est certain qu'il avait intimement fréquenté ce grand artiste durant les jours les plus âpres de sa très noble vie. Parmi les lettres qu'il avait reçues du Maître, il en est une que notre ami mettait au-dessus de toutes les autres et qu'il aimait à nous relire : c'est celle où le peintre de l'*Angelus* analyse et juge lui-même cette incomparable toile et où il déclare en bons termes qu'il s'était avant tout proposé d'y exprimer le sentiment religieux dans ce qu'il a de plus sincère et de plus profond. Siméon Luce, d'ailleurs, n'avait pas pour Millet une admiration exclusive, bien qu'il lui ait toujours conservé un amour de préférence; il se plaisait à visiter les ateliers et y était recherché. Chose curieuse : il n'avait aucun goût pour la peinture historique, sans doute parce qu'avec son regard d'historien il jugeait l'art trop inférieur à la réalité; il ne se plaisait qu'aux paysages, à la condition qu'ils ne fussent pas « embellis. » Il y avait à la fois chez lui du campagnard et de l'érudit; il aimait les arbres et les champs pour eux-mêmes. Cet amour du réel, il l'avait transporté dans ses jugements littéraires, et il y avait plaisir à l'entendre parler de l'auteur de *Salammbô*. On ne saurait nier d'ailleurs qu'il ne fût, comme Flaubert, très difficile pour ses propres ouvrages. Il les ciselait.

« L'homme, comme nous l'avons dit, était foncièrement bon, et le succès, chose rare, l'avait encore rendu meilleur. Ses débuts avaient été rudes, et il en avait longtemps souffert. Il n'arriva qu'assez tard à ces heureuses fortunes qu'il méritait si bien et qui furent la joie et l'honneur de ses dernières années. Ce qui dominait en lui, c'était la droiture; toute iniquité le révoltait. Il ne lui en coûtait pas de rendre pleine justice à ses adversaires ou, pour mieux parler, à ceux dont il regrettait de ne pas pouvoir partager les convictions ou les idées. Cette impartialité ne nuisait en rien à sa finesse d'observation, qui était de

nature normande; il était en même temps très observateur et très bienveillant, très réservé et très « en dehors. » A l'Académie, où tant de
qualités lui avaient conquis une légitime influence, bien peu de séances
s'achevaient sans qu'il présentât à la Compagnie quelque publication
récente, sans qu'il lui offrît la primeur de quelque nouveau mémoire.
Il avait trouvé le secret de se faire toujours écouter par un auditoire
aussi difficile, parce qu'il parlait de la France et qu'il en parlait bien.
Sa conversation de tous les jours ne ressemblait pas à ses livres, qui
ont un caractère généralement grave et parfois un peu solennel; il
s'attaquait volontiers à tous les sujets et les traitait à la française, avec
une lucidité qui n'avait rien de banal. Nous avons beaucoup appris à
l'écouter, et nous estimons que bien d'autres pourraient lui rendre le
même témoignage.

« Nous ne saurions aborder ici la vie privée, ni dire avec quelle tendresse il aimait les siens, avec quelle émotion il nous en parlait
quelques heures seulement avant sa mort. Quant à l'affection qu'il portait à ses amis, nul ne l'a connue mieux que nous et n'en a gardé un
souvenir plus ému.

« Son éloge peut se résumer en quelques mots :

« Siméon Luce a été un homme de bien qui a su écrire l'histoire :
Vir bonus, historiæ peritus. »

La seconde série des études de Siméon Luce aura, n'en doutons pas,
le même succès que la première, dont la librairie Hachette a récemment publié une nouvelle édition.

Catalogue des incunables de la bibliothèque de Besançon, par Aug.
Castan. Besançon, 1893. In-8°.

Au moment où paraîtra cette livraison de la *Bibliothèque de l'École
des chartes*, la Société d'émulation du Doubs mettra en distribution un
beau volume in-octavo rempli par la description que notre très regretté
confrère M. Aug. Castan avait rédigée des incunables de la bibliothèque
de Besançon. Nous avons pensé que nos lecteurs seraient contents d'être
renseignés sur un travail très utile et très original, qui fera le plus
grand honneur à notre École. Voici la préface que notre confrère
M. Léopold Delisle a mise en tête du volume :

« La mort prématurée d'Auguste Castan, si affligeante à tous égards,
a été un coup désastreux pour les institutions littéraires, archéologiques
et artistiques de la ville de Besançon. Elle a été surtout sensible à la
bibliothèque qu'il a dirigée pendant plus d'un quart de siècle, qu'il a
entourée d'un culte si éclairé, à laquelle il a consacré, sans réserve et
sous les formes les plus variées, tous les dons de sa riche nature : amour

de l'ordre, ardeur au travail, étendue des connaissances, amour du beau, délicatesse de goût, sûreté de critique, culte passionné du pays natal.

« Castan ne perdit jamais de vue, pas même un instant, la tâche qu'il avait assignée à son infatigable activité dès le jour où, à peine sorti de l'École des chartes, il fut associé à l'administration de la bibliothèque de Besançon; il s'était dès lors voué de la façon la plus absolue à un établissement qui était, dans sa pensée, le centre de toutes les études relatives au passé, au présent et à l'avenir de la Franche-Comté; il s'était promis de ne rien épargner pour en augmenter les richesses, pour en mettre les collections en bon ordre et en pleine lumière, pour en assurer la conservation, pour les faire servir aux travaux des savants, aux progrès de la science et à la gloire de la ville de Besançon.

« Le programme qu'il s'était tracé a été rempli autant que l'ont permis les ressources dont il disposait et la brièveté de la carrière qu'il lui a été donné de parcourir. Sous son administration et par son initiative, les collections ont reçu des développements inespérés, les inventaires ont été mis et tenus à jour, les catalogues raisonnés des séries les plus importantes ont été ou publiés ou mis en l'état de l'être.

« Telle est l'origine du Catalogue des incunables, qui paraît aujourd'hui par les soins de la Société d'émulation du Doubs et auquel les amateurs de bibliographie savante ne sauraient manquer de faire l'accueil le plus bienveillant.

« Castan ne partageait pas d'instinct l'irrésistible passion dont certains bibliothécaires sont animés pour les incunables. Ce fut par devoir, et pour remplir toutes les obligations de sa charge, qu'il en aborda l'étude et se décida à en dresser le catalogue. Il n'avait peut-être pas mesuré du premier coup d'œil l'étendue de la tâche, l'aridité d'une grande partie du terrain à explorer, la multiplicité des questions à résoudre. Mais, une fois à l'œuvre, il s'arma de courage et se promit bien d'aller jusqu'au bout, sans négliger aucun des détails qui pouvaient mieux faire connaitre les livres dont il avait entrepris la description. A ce travail, nouveau pour lui, il procéda avec la méthode et la critique dont tous ses travaux portent l'empreinte. Il se familiarisa avec l'usage des répertoires spéciaux; il lut et compara les meilleurs livres et les meilleures dissertations que nous possédons sur l'histoire générale ou particulière des imprimeurs et des impressions du xve siècle; il exerça ses yeux si pénétrants et sa mémoire si infaillible à distinguer les types propres aux différents ateliers et les papiers employés de préférence dans certaines villes. C'est ainsi qu'il arriva à être maitre du sujet et à donner à son catalogue une forme qu'il jugea digne de sa chère bibliothèque et de la Compagnie qui s'était empressée d'en voter l'impression.

« La collection méritait d'ailleurs le soin que Castan mit à la décrire. En effet, la bibliothèque de Besançon ne possède pas moins de 985 volumes ou opuscules imprimés dans le courant du xve siècle, et, parmi ces 985 articles, plusieurs doivent être cités comme les produits les plus rares et les plus recherchés des premiers ateliers typographiques de l'Allemagne, de l'Italie, de la Suisse et de la France.

« Le plan que Castan a adopté pour la rédaction des notices sera, je n'en doute pas, approuvé par les bibliographes de profession; il satisfera en même temps les personnes qui s'intéressent particulièrement aux livres de la bibliothèque de Besançon comme à des monuments d'histoire locale.

« Les éditions que L. Hain a décrites d'après ses propres observations sont l'objet d'indications sommaires, avec un renvoi au numéro correspondant du *Repertorium bibliographicum*. Les autres sont l'objet de notices détaillées, comparables aux modèles que Campbell a donnés dans les *Annales de la typographie néerlandaise*. Le style des grandes lettres et des ornements est caractérisé avec la rigueur qu'on pouvait attendre d'un critique habitué de longue date à manier la langue de l'art et de l'archéologie. Les filigranes du papier ont été indiqués avec une scrupuleuse minutie, et les marques des imprimeurs ou des libraires rapprochées des divers recueils de reproductions qu'on en a publiés en France et à l'étranger. Des gravures font passer sous les yeux du lecteur tous les morceaux dont une description n'aurait pas donné une idée suffisamment nette.

« D'après des rapprochements ingénieux, qui plus d'une fois emportent la certitude, Castan a proposé d'attribuer à des ateliers ou à des typographes connus des livres dépourvus de noms de villes et d'imprimeurs. Je ne crois pas me tromper en annonçant qu'on trouvera dans son Catalogue beaucoup de détails nouveaux pour les annales typographiques du xvᵉ siècle en France et à l'étranger.

« En ce qui concerne Paris, par exemple, il nous apprend[1] que l'atelier fondé par Pierre Cesaris et Jean Stoll, à l'enseigne du *Soufflet vert*, mettait en vente, le 25 mai 1476, une édition du *Manipulus curatorum*. L'existence de cet atelier n'avait point été signalée avant le 3 janvier de l'année suivante.

« La marque aux écus de France et de la ville de Paris, dans un cadre à la devise : UNG DIEU, UNG ROY, UNGNE LOY, UNGNE FOY, qui se voit sur plusieurs impressions parisiennes et qui n'avait point été expliquée, devra désormais, selon toute apparence, être attribuée à Antoine Caillaut[2]. La conjecture émise à ce sujet par Castan a paru très acceptable à M. Claudin, qui croirait volontiers que la marque dont il s'agit caractérise les produits d'une association conclue par Antoine Caillaut avec Louis Martineau.

« Le dépouillement du Catalogue des incunables de la ville de Besan-

1. P. 384, notice 520.
2. P. 247, notice 335.

çon enrichira la bibliographie lyonnaise de beaucoup d'observations intéressantes. Je ne citerai que la notice du Missel bisontin, dont l'impression fut terminée à Venise, le 14 avril 1500, par Jacques Maillet, imprimeur dont le nom figure honorablement dans les fastes de la typographie lyonnaise; la grande marque, de style bien français, qu'il employait dans son atelier de Venise se trouve reproduite à la page 699 du Catalogue.

« Castan était trop curieux pour s'en tenir à un examen superficiel, et pour ainsi dire extérieur, des volumes dont il s'occupait. Il savait bien que la lecture des titres placés sur le premier et le dernier feuillet ne suffit pas toujours pour en déterminer l'origine. Aussi a-t-il porté son attention sur les préfaces et les pièces accessoires en prose ou en vers, qui sont souvent en tête ou à la fin des livres du premier siècle de l'imprimerie. Il en a tiré de très curieuses notions sur divers points d'histoire bibliographique ou littéraire. C'est ainsi, pour citer un seul exemple, qu'il a éclairci[1] l'origine d'un livret qui avait intrigué plus d'un bibliographe : la première édition du *Liber super celestium motuum indagatione sine calculo.* Le regretté Campbell, directeur de la Bibliothèque royale de la Haye, avait bien reconnu, après Mercier de Saint-Léger, que la souscription *Ex Carpen. per Guillermum Egidii de Wisseberc ex Zelandia,* 1494, par laquelle se termine le volume et dans laquelle la ville de Carpentras est nettement désignée, devait se rapporter à la composition et non à l'impression de l'ouvrage, mais il n'était pas allé plus loin. C'est Castan qui, par la comparaison avec les caractères d'un autre livret gothique de la bibliothèque de Besançon (*Ricardus, de Nuptiis Paulini et Pollae*), a été amené à attribuer l'exécution du traité de Guillaume Gilles de Wisseberc aux presses lyonnaises de Pierre Mareschal et de Barnabé Chaussart. La justesse du rapprochement a été démontrée par les termes de la dédicace que le libraire Bonino Bonini ajouta à une réimpression italienne du même traité, et dont Castan a cité quelques lignes[2] : nous y voyons que Bonino avait trouvé l'ouvrage de Guillaume Gilles à Lyon, où il était venu apporter une grande quantité de livres.

« Une large place a été réservée dans le Catalogue au relevé de toutes les particularités que présente chacun des volumes décrits : condition des exemplaires, nature et état de la reliure, noms des anciens possesseurs, notes ajoutées sur les feuillets blancs. C'est là surtout que les amateurs d'histoire et d'archéologie locale auront la plus ample moisson à recueillir : leur besogne sera singulièrement simplifiée par les commentaires dont Castan s'est fait une loi d'accompagner la plupart des noms de lieux et de personnes.

1. P. 735 et 736.
2. P. 736.

« Les bibliophiles sauront gré à Castan du soin qu'il a pris de fournir des renseignements sur l'origine et les vicissitudes des exemplaires qui sont passés par ses mains. L'histoire des bibliothèques aura largement à profiter des notes qu'il a semées au bas des pages et dont beaucoup sont tirées de documents inédits. Plusieurs des ex-libris qu'il a fait reproduire, notamment les marques du cardinal de Granvelle (p. 68 et 562) et celle de Laurent Chiflet (p. 159), prendront place parmi les plus curieux types de ce genre de gravures auxquelles tant de collectionneurs attachent aujourd'hui de l'importance.

« Des noms moins célèbres, mais qui n'en doivent pas moins être conservés, ont été relevés çà et là sur les titres ou les gardes de différents incunables, par exemple celui d'un jurisconsulte italien du xv⁰ siècle, Giuliano Guizzelmi [1], originaire de Prato, en Toscane, dont plusieurs livres ont été importés en France, au retour de l'émigration, par le chanoine Labbey de Billy, et légués à la ville de Besançon par Cl.-Fr. Aymonnet de Contréglise; — celui d'un citoyen de Besançon, Claude Loys, qui profita d'un assez long séjour en Italie, vers l'année 1486, pour se procurer des volumes [2], qui durent passer plus tard dans le cabinet des Chiflet; — celui du cordelier Odet Tronchet, de Gray, évêque de Tibériade, mort en 1502, qui faisait entrer des *tronçons* d'arbres dans les enluminures de ses livres [3]; — celui de Lactantio Ferri, que Claude Loys fit venir de Bologne pour gouverner les écoles municipales de Besançon, où il mourut le 7 janvier 1516 [4]; — celui de Pierre Phénix, professeur à Dôle, au commencement du xvi⁰ siècle [5].

« Castan, avec beaucoup d'à-propos, a décrit les différents exemplaires que la bibliothèque de Besançon se trouve posséder de certains livres du xv⁰ siècle [6]. Si cet exemple est généralement suivi, nous ne tarderons pas à avoir des informations qui seront mises à profit le jour où les bibliothèques publiques voudront et pourront, sous l'autorité du ministre, procéder à des échanges qui, sans léser aucun intérêt, enrichiront les parties contractantes et aboutiront à une meilleure répartition de nos richesses bibliographiques.

1. Voyez le Catalogue, p. 55, 56, 207, 208, 240, 291 et 661.
2. P. 66, 157, 319, 379, 518, 521 et 627.
3. P. 46-48, 222, 507 et 719.
4. P. 274.
5. P. 500.
6. En laissant de côté les nombreux incunables dont la bibliothèque de Besançon renferme deux exemplaires, on pourra remarquer que ce dépôt contient en triple exemplaire la Bible publiée à Lyon en 1490 par Jacques Maillet (nᵒˢ 207-209), deux opuscules de Baptiste le Mantouan (nᵒˢ 154-156 et 157-159), et une petite Somme de saint Antonin (nᵒˢ 78-80). Il s'y trouve six exemplaires de l'Ordinaire et des Statuts de Besançon, imprimés à Paris en 1495 (nᵒˢ 733-736 et 879-884), et jusqu'à sept de la Chronique latine de Nurenberg (nᵒˢ 836-842).

« Le Catalogue dont le plan vient d'être indiqué était entièrement rédigé quand la mort inopinée, qui a frappé Auguste Castan le 27 juin 1892, est venue ruiner les espérances que nous formions pour la continuation d'une carrière déjà si noblement remplie. L'impression était arrivée au tiers du volume; continuée sur une copie parfaitement arrêtée jusqu'aux tables exclusivement, elle a été menée à bonne fin par les soins d'une femme dévouée, initiée de longue date aux travaux de son mari, et qui, dans son inconsolable affliction, n'a plus qu'une pensée : la mise au point et la publication des œuvres commencées qui peuvent augmenter la réputation de l'auteur et accroître la somme des services qu'il a rendus à la science et au pays.

« Les lecteurs qui consulteront le présent volume ne devront pas oublier le zèle et le soin qu'un collaborateur d'Auguste Castan a mis à corriger les épreuves et à vérifier les textes. Sans le concours actif et dévoué de M. Bouillet, il eût été difficile d'arriver à terminer dans un délai relativement restreint la publication d'une œuvre aussi étendue, surchargée de détails et hérissée de difficultés typographiques.

« La tâche de M. Bouillet ne s'est pas bornée à un contrôle purement matériel. C'est à lui que revient l'honneur d'avoir découvert, entre le cuir et les ais d'une reliure d'incunable, une pièce qui a pris place parmi les curiosités bibliographiques de la bibliothèque de Besançon et dont le fac-similé sert de frontispice au Catalogue. Cette pièce est une double formule de lettres d'indulgences accordées, ou plutôt à accorder, à des bienfaiteurs du couvent des Dominicains de Poligni; elle est datée de 1483, et M. Bouillet ayant constaté qu'elle est composée avec les caractères qui ont servi pour le Bréviaire de Besançon imprimé à Salins, probablement en 1484, et qu'elle est tirée sur un papier identique à celui dudit Bréviaire, en a conclu, avec beaucoup de raison, qu'il avait mis la main sur un produit de la typographie de Franche-Comté antérieur à ceux qu'on avait jusqu'alors signalés et dont l'exécution doit être rapportée à ce Jean des Prés, auteur du Bréviaire et du Missel, datés de Salins en 1484 (?) et en 1485.

« Castan aurait applaudi de tout cœur à la découverte de son modeste et dévoué collaborateur. Il s'en serait servi pour reprendre l'examen d'un problème encore fort obscur, la question de savoir si Jean des Prés, l'imprimeur de Salins, est le même que Jean du Pré ou du Prat, dont le nom figure un peu plus tard sur des livres exécutés à Lyon. Ce n'aurait pas été la page la moins intéressante des prolégomènes par lesquels devait s'ouvrir le Catalogue des incunables de Besançon et dans lesquels auraient été groupées et discutées toutes les données relatives à l'introduction et aux premiers développements de l'art typographique en Franche-Comté [1]. Ce sujet ne tardera pas, espérons-le, à être

_____

1. L'histoire de l'atelier qui fonctionna à Besançon en 1487 et en 1488 était

traité par M. Claudin, pour qui les antiquités typographiques de la France n'ont point de mystère, et qui nous a fait profiter de sa grande expérience pour la revision des épreuves du travail de M. Castan.

« Le Catalogue des incunables de Besançon est donc présenté au public sans les prolégomènes qui en auraient formé la partie la plus originale et la plus vivante. Tel qu'il est, il prendra place au premier rang parmi les publications parisiennes et provinciales que nous voyons se multiplier depuis une vingtaine d'années et qui ont pour objet la description des incunables de nos bibliothèques publiques. Ce livre montrera que Castan savait traiter la bibliographie avec la perspicacité, l'expérience et l'érudition dont il a donné tant de preuves éclatantes en abordant les sujets les plus variés d'archéologie et d'histoire de l'art. Mais il montrera surtout avec quelle conscience et quel amour il remplissait sa charge de bibliothécaire. Nous en avons, d'ailleurs; d'autres témoignages, et, sans parler des mesures qu'il a prises pour assurer la conservation et le bon ordre des collections, pour en faire jouir les simples visiteurs et surtout pour faciliter les recherches et les travaux des personnes de toutes les classes de la société, il n'est pas hors de propos de signaler ici des publications qui doivent se placer à côté du Catalogue des incunables et font voir que Castan se préoccupait avec une égale sollicitude de toutes les séries du beau dépôt dont l'administration lui était confiée.

« En 1875, il fit paraître le catalogue de la première partie des ouvrages compris dans la division SCIENCES ET ARTS (philosophie, beaux-arts, arts mécaniques, jeux, sciences occultes), volume in-4° de 516 pages, où sont classés méthodiquement plus de 3,700 articles principaux, sans compter ni les rappels ni les mentions de livres ou de pièces englobés dans des recueils factices. Le chapitre des beaux-arts y est traité avec des développements considérables, de façon à mettre les artistes au courant des ressources iconographiques qu'ils peuvent trouver à la bibliothèque de Besançon.

« C'est aussi aux morceaux d'art de la même bibliothèque que Castan

---

un des problèmes qui auraient été examinés et probablement résolus dans ces prolégomènes. Castan était porté à croire que l'atelier de Besançon se composait d'ouvriers venus de Bâle, de la maison de Jean d'Amerbach, et qu'il avait peut-être pour chef Pierre Metlinger, connu par des travaux exécutés à Dôle en 1490 et à Dijon en 1491. Cette hypothèse, déjà émise par un critique des plus compétents, M. Thierry-Poux, ne manque pas de vraisemblance. Il est même à remarquer que Pierre Metlinger eut pour collaborateur à Dijon un beau-fils de Jean d'Amerbach qui fut plus tard connu sous le nom de Bernard de Besançon. M. le Dr L. Sieber, dont la bibliothèque de Bâle n'est pas seule à porter le deuil, avait rédigé à ce sujet une note qui est publiée dans le Catalogue.

a consacré une monographie de 90 grandes pages in-octavo, à deux colonnes, insérée en 1887 au tome II de l'*Inventaire général des richesses d'art de la France*. Il y a décrit, avec la compétence qu'on est unanime à lui reconnaître, tous les objets de ce dépôt qui se distinguent par un caractère artistique bien prononcé : les dessins originaux, la seconde partie du Diurnal de Maximilien Ier illustré par les élèves d'Albert Durer, les portefeuilles de l'architecte Paris, un choix de treize manuscrits à peintures, des sculptures, des médailles et des matrices de sceaux, des planches gravées, des armes et des curiosités diverses.

« Auparavant, Castan avait classé le médaillier de la bibliothèque, composé d'environ 10,000 articles, dont il avait exposé dans des vitrines les pièces les plus rares et les plus précieuses pour donner aux visiteurs un aperçu des richesses numismatiques de la ville de Besançon.

« La prédilection de Castan pour les œuvres d'art ne lui fit point négliger une série de monuments, d'un aspect généralement austère, à l'étude desquels l'École des chartes l'avait préparé d'une façon particulière. Il s'agit des manuscrits. La ville de Besançon en possède une collection dont elle a le droit d'être fière ; peu de villes, en effet, peuvent montrer sur les rayons de leurs bibliothèques des recueils historiques comparables aux trésors qui sont venus des familles de Granvelle et de Chiflet. Castan possédait à un haut degré les connaissances paléographiques, littéraires et historiques indispensables pour en apprécier la valeur et en déterminer rigoureusement le contenu. On a pu s'en rendre compte en lisant les dissertations qu'il a composées sur des œuvres d'élite, dont il a, pour ainsi dire, révélé l'existence et auxquelles il a assuré une véritable célébrité parmi les savants qui s'occupent d'histoire littéraire et de littérature historique. Tel est le beau manuscrit des Chroniques de Jean Froissart, jadis conservé à Saint-Vincent de Besançon et qu'on supposait avoir péri pendant la Révolution ou être caché au fond de la Russie, manuscrit qui a été et qui sera encore très utile pour l'édition définitive des écrits de notre grand chroniqueur du xive siècle[1]. Tel aussi un recueil de traités moraux, en français, à la fin duquel est une souscription de la main de Charles V, si soigneusement effacée que personne n'avait reconnu dans ce volume un débris de la librairie royale installée au xive siècle dans une tour du château du Louvre[2]. Tel, enfin, un exemplaire de la compilation historique intitulée Chronique de Burgos, que Charles V s'était fait traduire et dont l'existence n'avait point été signalée[3].

---

1. *Étude sur le Froissart de Saint-Vincent de Besançon.* Dans *Bibliothèque de l'École des chartes*, 1865, 6ᵉ série, t. 1, p. 114-148.

2. *Un Manuscrit de la bibliothèque du roi de France retrouvé à Besançon.* Dans *Bibliothèque de l'École des chartes*, 1882, t. XLIII, p. 211-218.

3. *Les Chroniques de Burgos traduites pour le roi de France Charles V, en*

« Ces notices, qui avaient pour but d'attirer l'attention sur des volumes d'une importance exceptionnelle, n'étaient que le prélude d'une œuvre de longue haleine à laquelle Castan a consacré des années de travail et qu'il avait toujours présente à l'esprit au cours de ses lectures et de ses voyages. Il avait résolu de dresser le catalogue détaillé des 1,850 manuscrits confiés à sa garde, et il n'est point mort sans avoir réalisé ce projet ni sans avoir mené à bonne fin le classement des archives municipales, qui lui avaient été livrées dans un complet état d'abandon et de désordre[1].

« J'ai parcouru à loisir les feuillets sur lesquels ont été rédigées les notices de tous les manuscrits de Besançon, et je puis déclarer que la plupart des notices n'auront besoin d'aucune retouche pour être livrées à l'imprimeur. Le fruit de tant de veilles ne saurait être perdu, et la collection du Catalogue général des manuscrits des départements, en vue de laquelle le travail a été entrepris, ne peut tarder à s'enrichir du dépouillement raisonné qu'un bibliothécaire tel que Castan a fait d'une des plus remarquables collections de manuscrits qui sont en France.

« Le Catalogue des manuscrits de Besançon sera digne de prendre place à côté du Catalogue des incunables, qui paraît aujourd'hui sous les auspices de la Société d'émulation du Doubs. Ni l'un ni l'autre n'aura peut-être pas dans tous les détails la perfection que l'auteur, plus difficile encore pour lui que pour les autres, voulait donner à ses travaux ; mais tous deux sont appelés à rendre beaucoup de services ; tous deux témoigneront de la science, du goût, du désintéressement et de l'activité d'un homme qui s'est acquis des droits impérissables à la reconnaissance de la ville et de la bibliothèque de Besançon. »

L'annonce de la publication d'une œuvre importante d'Auguste Castan nous fournit l'occasion de reproduire ici l'hommage qui a été rendu à la mémoire de notre confrère par M. le comte Robert de Lasteyrie dans un discours prononcé à la Société des Antiquaires de France le 11 janvier 1893 :

. . . .

« S'il est pénible de voir disparaître de vieux et utiles travailleurs comme ceux que je viens de nommer, combien n'est-il pas plus regrettable encore de voir frappés en pleine activité, dans la maturité du

partie retrouvées à la bibliothèque de Besançon. Dans _Bibliothèque de l'École des chartes_, 1883, t. XLIV, p. 265-283.

1. Castan a reclassé tout le dépôt, dans lequel chaque liasse porte aujourd'hui une étiquette qui en indique le contenu. Pour les registres des délibérations, qui remontent au XIIIe siècle, il a rédigé un inventaire qui est bon à imprimer. Il a fait le dépouillement détaillé des comptes depuis 1397 jusqu'en 1684.

talent, des hommes qui, par leur âge, semblaient destinés à fournir encore une longue carrière !

« C'est le sentiment que nous avons éprouvé tous en apprenant la mort d'Auguste Castan, le savant bibliothécaire de Besançon, frappé subitement à l'âge de cinquante-neuf ans, comme le soldat sur la brèche, c'est-à-dire au milieu de ses livres, dans la bibliothèque même où s'est écoulée sa vie. Castan naquit en 1833. Après de fortes études à l'École des chartes, d'où il sortit le premier de la promotion, il rentra dans son pays natal, où Charles Weiss, alors bibliothécaire de la ville, l'appelait comme auxiliaire, avec l'intention de lui laisser bientôt sa succession.

« Le premier ouvrage de Castan fut un essai sur les *Origines de la commune de Besançon*[1]. Ce fut en quelque sorte le prélude d'une longue série de recherches sur les antiquités et l'histoire de la Franche-Comté. Un juge sévère, qui pouvait mieux que personne apprécier ses travaux, Jules Quicherat, les déclarait « tous remarquables par la nouveauté « du sujet et par le talent de la mise en œuvre. »

« Si vous voulez voir combien cette opinion était justifiée, jetez un coup d'œil au hasard sur l'un ou l'autre de ses mémoires, sur celui, par exemple, dans lequel il étudie le nom de *Chateur* donné à une des rues de Besançon, prouve que c'est une forme vulgaire du latin *Capitolium*, en conclut que l'ancien Capitole de *Vesontio* ne devait pas être cherché où on le plaçait jusque-là, sur la montagne de la citadelle, et démontre, par les observations archéologiques les plus probantes, qu'il était au centre de la ville, sur l'emplacement de la rue qui en a gardé le nom. Cet excellent mémoire fut le point de départ d'un travail justement estimé sur les capitoles des anciennes villes romaines[2].

« Archéologue de race, Castan savait conduire une fouille comme il savait décrire les monuments.

« La ville de Besançon lui doit la découverte d'antiquités romaines qui feraient bonne figure même dans ces cités du Midi, si fières de leurs belles ruines. Grâce à lui, les restes du théâtre antique, enfouis sous une des places publiques, ont été exhumés, relevés en partie, et forment aujourd'hui un des plus beaux ornements de la cité en même temps qu'un intéressant sujet d'étude[3].

« Grâce à lui encore, grâce aux fouilles qu'il dirigea ou inspira, le Musée de Besançon s'est enrichi d'un grand nombre d'objets de toutes les époques. Non content de les sauver, de les classer avec soin, il les

---

1. Besançon, 1858, in-8°.
2. *Les Capitoles provinciaux du monde romain* (Besançon, 1886).
3. *Le Théâtre de Vesontio et le square archéologique*, texte par Aug. Castan, et dessins par Alf. Ducat (Besançon, 1873, in-4°).

a signalés dans un excellent catalogue dont il a donné plusieurs éditions.

« Castan s'intéressait aux monuments de toutes les époques; il était aussi habile à étudier le mobilier funéraire des Gaulois ou des peuples barbares qu'à décrire les ruines romaines ou les monuments du moyen âge. Je n'en veux pour preuve que ses recherches sur le palais Granvelle, le plus bel édifice de Besançon et l'un des plus curieux produits de la Renaissance dans l'Est[1], ou la part qu'il prit aux grandes discussions soulevées par la question d'Alésia.

« En un mot, c'était un archéologue accompli, qui laissera dans le champ des études francomtoises un sillon ineffaçable. »

1. *Monographie du palais Granvelle à Besançon.* (Paris, Impr. impériale, 1867, in-8°).

CHRONIQUE ET MÉLANGES.

Les examens de fin d'année de l'École des chartes ont eu lieu du 3 au 8 juillet 1893. Ils ont porté sur les textes et les questions qui suivent :

Première année.

Épreuve orale.

1º Paléographie latine : Lecture de quelques lignes d'un manuscrit du xive siècle contenant la *Légende dorée.*

2º Question d'histoire : Indiquer la date et les principaux événements des deux croisades de saint Louis.

3º Traduction latine : *Cartulaire de l'Université de Paris,* nº 565.

4º Paléographie française : Lecture d'un acte du garde du sceau aux obligations de la vicomté de Cany, de l'an 1550.

5º Philologie romane : Texte tiré du manuscrit de la Bibliothèque nationale, fr. 818 (*Atant venit novella a sainti Eulali,* etc.), à traduire en en indiquant l'origine.

Épreuve écrite.

1º Texte latin à transcrire d'après le fac-similé nº 264 du fonds de l'École.

2º Texte provençal à transcrire d'après le fac-similé nº 205 du fonds de l'École.

3º Traduction latine : Bulle de Nicolas IV (nº 7396 des *Registres de Nicolas IV*).

4º Traduction provençale : Poésie de Rambaut de Vaqueiras : *Valen marques senher de Monferrat...*

5º Bibliographie : I. Indiquer sommairement les principaux dictionnaires de la langue française jusqu'à la fin du xviiie siècle. II. Rédiger les fiches de catalogue méthodique et alphabétique de l'ouvrage décrit dans Hain sous le nº 7985.

Deuxième année.

Épreuve orale.

1º Paléographie : Lecture de quelques lignes d'un manuscrit du xive siècle contenant la *Légende dorée.*

2º Diplomatique : Décrire et dire à quels documents étaient apposés les sceaux suivants dont un moulage a été mis sous les yeux des élèves : Sceaux de justice de Charlemagne ; sceaux et contre-sceaux de Louis VII antérieurs à 1154 ; sceau secret de Charles V ; sceau de la prévôté de Paris.

3° Histoire des institutions : I. A quelle époque a été instituée la Chambre des comptes ? Quelles étaient ses attributions ? Quels sont les titres de ses principaux officiers ? II. Quelles sont les principales dispositions de la Constitution civile du clergé ?

4° Sources de l'histoire de France : La *Vita Caroli* d'Éginhard. Biographie de cet auteur, valeur historique et économie de l'ouvrage.

5° Classement d'archives : Qu'entend-on par Trésor des chartes et quels sont les principaux inventaires de ce fonds ?

Épreuve écrite.

1° Texte à transcrire d'après le fac-similé n° 349 du fonds de l'École.

2° Traduction latine : Bref de Grégoire XIV adressé aux consuls et échevins de Lyon en 1581.

3° Analyse : Pièce tirée de M.-C. Guigue, *Cartulaire lyonnais,* t. II, n° 688.

4° Diplomatique : I. Expliquer et commenter le texte suivant de Conrad de Mure : *De bulla pape.*

« Item bulla pape rotunda de plumbo per cordas lini vel canapi carte solet appendi.

« Et ab una parte habet capita apostolorum Petri et Pauli, ab alia parte nomen pape cum annotatione numeri equivocorum.

« Et circumferentia utrobique certis punctulis est expressa ut eo difficilius possit falsificari et eo facilius falsitas valeat deprehendi.

« Tamen papa famosis indulgentiis vel statutis auream bullam quandoque appendit similiter imperator. »

II. Dire quelle est la nature du document donné comme texte à traduire et exposer très sommairement les caractères des documents de ce genre. III. Traduire les trois dates qui suivent, expliquer brièvement chacun des éléments qui les composent, dire à quels documents correspond chacune d'elles et les exprimer selon notre manière de compter le temps :

I. Data kalendas decembris anno xi. Christo propitio imperii nostri et xliiii. regni in Francia atque xxxviii. in Italia, indictione v. Actum Aquisgrani, palatio regio. In Dei nomine feliciter amen.

II. Datum iii. nonas mai, indictione x. anno xxxvii. regni domni Karoli imperatoris in Francia, et in successione Hlotharii regis viii. et imperii secundo. Actum Compendio palatio imperiali. In Dei nomine feliciter. Amen.

III. Datum ii. idus martii, indictione vi., anno xxvi. regnante Karolo rege glorioso, redintegrante xxi. largiore vero hereditate indepta vii. Actum Compendio palatio. Feliciter. Amen.

5° Histoire des institutions : Comment le ministère était-il organisé aux deux derniers siècles de la monarchie absolue ? Comment l'était-il sous le régime de la Constitution de 1791 ?

Troisième année.
Épreuve orale.

1° Paléographie : Lecture de quelques lignes d'un manuscrit du xive siècle contenant la *Légende dorée.*

2° Histoire du droit : I. A quelle date et de quelle manière apparaît dans la législation révolutionnaire la distinction entre les droits fonciers féodaux et les droits purement fonciers ? Quand les droits fonciers féodaux furent-ils supprimés ? Comment les distinguait-on des droits purement fonciers ? II. Quelles mesures furent prises peu de temps avant la Révolution pour adoucir la situation faite aux protestants ?

3° Archéologie : On a soumis aux élèves la reproduction d'un sarcophage chrétien du ive siècle conservé à Girone (Garrucci, pl. 318, n° 4), qu'ils ont dû dater et commenter.

Épreuve écrite.

1° Texte à transcrire d'après le fac-similé n° 354 du fonds de l'École.

2° Histoire du droit : I. Qu'est-ce que la précaire au moyen âge ? Qu'entend-on par *Olim ?*

3° Archéologie : Décrire le château de Coucy, en insistant sur les particularités essentielles qu'il présentait au point de vue militaire et en montrant par quoi il différait des châteaux bâtis au xiie siècle.

4° Sources de l'histoire de France : Qu'entend-on par *Grandes chroniques* ou chroniques françaises de Saint-Denis ? A quels auteurs doit-on attribuer la partie de cette compilation (édit. de 1476) correspondant aux règnes de Charles V et de Charles VI ? Biographie sommaire de ces auteurs et valeur historique de leurs récits.

A la suite des examens et par arrêté ministériel du 17 juillet 1893, ont été admis à passer en deuxième année (ordre de mérite) :

MM. 1. PINET DE MANTEYER.
2. POUTE DE PUYBAUDET.
3. TROUILLARD.
4. DEMAY.
5. DELATOUR.
6. THIOLLIER.
7. PORÉE.
8. D'ETCHEGOYEN.
9. MARUÉJOULS.
10. BONNET.
11. SCHMIDT.

Ont été admis à passer en troisième année (ordre de mérite) :

    MM. 1. DIEUDONNÉ.
         2. ESPINAS.
         3. JACOB.
         4. LEBEL.
         5. SAINT-JOHN DE CRÈVECŒUR.
         6. HUBERT.
         7. RIAT.
         8. LECACHEUX.
         9. BOURDE DE LA ROGERIE.
        10. ROYET.

Et, hors rang, M. PETIT.

Ont été admis à subir l'épreuve de la thèse (ordre alphabétique) :

    MM. 1. CHAVANON.
         2. COLLON.
         3. DUNOYER.
         4. GOUBAUX.
         5. JOIN-LAMBERT.
         6. LAURAIN.
         7. MIROT.
         8. VAUTIER.
         9. VILLEPELET.

— Par arrêté du 4 novembre 1893, ont été nommés élèves de l'École des chartes, dans l'ordre de mérite suivant :

    MM.

1. LAUER (Jean-*Philippe*), né à Thorigny (Seine-et-Marne), le 2 décembre 1874.

2. PETIT (Jules-*Joseph*-Eugène), né à Abbeville (Somme), le 10 juin 1874.

3. CHASSÉRIAUD (Jacques-*Henri*), né à Royan (Charente-Inférieure), le 23 décembre 1873.

4. MOREL (*Octave*-François-Henri), né à Lyon (Rhône), le 7 janvier 1871.

5. PAWSLOWSKI (Gustave-Stanislas-*Auguste*), né à Paris, le 3 mars 1874.

6. PONTHIÈRE (Achille-Paul-*Émile*), né à Hargnies (Ardennes), le 27 mai 1873.

7. GRAND (*Roger*-Charles-Marie), né à Châtellerault (Vienne), le 8 septembre 1874.

8. DUMOULIN (*Joseph*-Marie-Désiré), né à Paris, le 2 septembre 1875.

9. GARDÈRE (Marie-Louis-*Joseph*-Jean), né à Condom (Gers), le 8 mars 1875.

10. Poux (*Joseph*-Firmin), né à Carcassonne (Aude), le 11 avril 1873.

11. Caron (Marie-Eugène-Alfred-*Pierre*), né à Versailles (Seine-et-Oise), le 19 juin 1875.

12. Déprez (*Eugène*), né à Caen (Calvados), le 29 mai 1874.

13. Nicolle (*Paul*-Joseph), né à Chaumont (Haute-Marne), le 5 décembre 1873.

14. Levillain (*Léon*-Octave), né à Deauville-sur-Mer (Calvados), le 12 septembre 1870.

15. Dacier (Édouard-*Émile*-Gabriel), né à Orléans (Loiret), le 4 avril 1876.

16. Palustre (*Bernard*-Joseph), né à Fontevrault (Maine-et-Loire), le 8 juillet 1870.

17. Pagel (Jean-Joseph-*René*), né à Batna (Constantine), le 9 janvier 1875.

18. Des Roys d'Eschandelys (Étienne-*Jacques*-Lazare), né à Paris, le 21 juin 1873.

19. Duval (Bernard-*Gaston*-Paul), né à Saint-Cloud (Seine-et-Oise), le 23 juillet 1871.

20. Du Plouy (Adhémar-Marie-*Hector*), né à Ercourt (Somme), le 5 août 1873.

— La Société de l'École des chartes, dans la séance du 26 octobre, a nommé M. Ledos membre suppléant du Comité de publication, en remplacement de M. Havet, décédé.

— Notre confrère M. Jean Kaulek est décédé à Paris le 4 septembre 1893, dans sa trente-sixième année. Attaché depuis treize ans au ministère des Affaires étrangères, M. Kaulek avait prêté un concours des plus actifs au classement et aux publications des Archives du ministère comme chef du bureau historique.

M. G. Hanotaux, directeur des affaires commerciales et consulaires, a prononcé sur sa tombe, avec une émotion partagée par tous les assistants, les paroles suivantes :

« Au nom des amis de Jean Kaulek, au nom de ses confrères de l'Ecole des chartes, au nom du Département des Affaires étrangères, auquel il appartenait, je viens ici dire adieu à notre pauvre ami.

« Depuis près de vingt ans que nous nous étions liés l'un à l'autre, je n'ai pu qu'aimer et admirer en lui à la fois le caractère, l'intelligence et le cœur. Dans cette enveloppe puissante, il avait le calme et la bonté que la nature donne, comme un frein plein de douceur, à ces forts dont la colère pourrait être redoutable. L'intelligence la plus ouverte et la plus éclairée, l'affabilité toujours soutenue, le labeur sûr et régulier faisaient de lui un admirable garde d'archives. S'il l'eût voulu, il eût pu rendre d'autres services. Son tact, sa prudence et sa fidélité républicaine l'eussent désigné pour une carrière plus active. Mais il se plaisait dans cet admirable dépôt des Affaires étrangères qu'il avait tant contribué à faire connaître au public et où, sous les auspices d'un chef et avec le concours de collaborateurs qui étaient des amis, il avait pris, naturellement et sans effort, une grande autorité. Jean Kaulek a été frappé en pleine force. Il laisse une œuvre considérable : sa publication des *Papiers de Barthélemy,* une autre œuvre interrompue, mais que des amis fidèles à sa mémoire ont promis d'achever. Surtout il laisse à ses amis, à sa famille, à ce pauvre enfant qui, si jeune, n'a connu que des deuils, à tous ceux que ce bon et brave cœur a si tendrement aimés, le souvenir d'une des âmes les plus nobles, les plus dévouées et les plus droites qu'il leur ait été donné de connaître et d'apprécier. »

BIBLIOGRAPHIE DES TRAVAUX DE J. KAULEK.

KAULEK (Jean-Baptiste-Louis), né à Paris, le 22 mars 1857. Promotion du 20 janvier 1880. Sous-directeur-adjoint, chef du bureau historique à la division des archives du ministère des Affaires étrangères, secrétaire de la Commission des archives diplomatiques, chevalier de la Légion d'honneur, officier d'Académie.

1. Inventaire analytique des archives du ministère des Affaires étrangères. Correspondance politique de MM. de Castillon et de Marillac, ambassadeurs de France en Angleterre (1537-1542), publiée, sous les auspices de la Commission des archives diplomatiques, par M. Jean Kaulek, avec la collaboration de MM. Louis Farges et Germain Lefèvre-Pontalis. Paris, F. Alcan, 1885. In-8°, XXII-500 p.

2. Inventaire analytique des archives du ministère des Affaires étrangères. Papiers de Barthélemy, ambassadeur de France en Suisse (1792-1797). I. Année 1792. — II. Janvier-août 1793. — III. Sept. 1793-mars 1794. — IV. Avril 1794-févr. 1795. — Paris, F. Alcan, 1886-1892. In-8°, x-520 p.; IV-527 p.; IV-562 p.; IV-658 p.

3. Recueil de fac-similés pouvant servir à l'étude de la paléographie moderne (XVIIe et XVIIIe siècles). Premier fascicule : Rois et reines de France. Paris, A. Colin, 1889. Grand in-4°, ... p. et 24 pl.
(En collaboration avec M. E. Plantet.)

4. Étude critique sur le *Rosier des guerres,* dans : *École nationale des chartes. Positions des thèses soutenues par les élèves de la promotion 1880.* Paris, 1880. In-8°, p. 27-28.

5. Documents relatifs à la vente de la bibliothèque du cardinal de Mazarin pendant la Fronde (janvier-février 1652).
Bulletin de la Société de l'histoire de Paris et de l'Ile-de-France. In-8°, VIII (1881), p. 131-145; et tirage à part, in-8°.

6. Nouveaux documents pour servir à l'histoire de la bibliothèque du cardinal Mazarin (1642-1652).

Ibid., IX (1882), p. 81-90; et tirage à part, in-8°.

7. Un projet d'assainissement de Paris au temps de Mazarin.

Ibid., X (1883), p. 41-43.

8. Louis XI est-il l'auteur du *Rosier des guerres?*

Revue historique. In-8°, XXI (1883), p. 312-322; et à part, in-8°, 9 p.

9. M. J. Kaulek a aussi collaboré à la publication de l'*Inventaire sommaire des archives du Département des Affaires étrangères; Mémoires et documents : France* (Paris, Impr. nat., 1883, in-8°, vii-472 p.), et a dirigé la publication du second volume : *Fonds étrangers* (1892, in-8°, ii-460 p.). — On lui doit enfin plusieurs comptes-rendus dans la *Revue critique* et la *Bibliothèque de l'École des chartes.*

— Par arrêté ministériel en date du 25 mars 1893, M. Charles Mortet, conservateur-adjoint à la bibliothèque Sainte-Geneviève, a été nommé conservateur à la même bibliothèque.

— Notre confrère M. Flammermont a été nommé professeur d'histoire à la Faculté des lettres de Lille (chaire transformée).

— Par arrêté ministériel du 29 août, nos confrères MM. Bourel de la Roncière ct Deloye, membres de l'École française de Rome, sont autorisés à prolonger leur séjour à ladite École pendant l'année scolaire 1893-1894.

— Par arrêté du 10 octobre 1893, notre confrère M. Coulon a été nommé membre hors cadre de l'École française de Rome pour l'année scolaire 1893-1894.

— Nous avons annoncé (p. 404) les succès de nos confrères MM. Jacqueton et Parfouru. Les ouvrages qui leur ont valu des récompenses de l'Académie des inscriptions et belles-lettres sont ainsi appréciés dans le rapport que M. Longnon a lu à la séance du 7 juillet 1893 :

« La première médaille a été décernée à M. Gilbert Jacqueton, conservateur-adjoint de la bibliothèque-musée d'Alger, pour son œuvre : *la Politique extérieure de Louise de Savoie. Relations diplomatiques de la France et de l'Angleterre pendant la captivité de François Ier, 1525-1526* (Paris, 1892, in-8°), qui forme un volume de la *Bibliothèque de l'École des Hautes études.* — L'objet de ce livre est l'étude des négociations par lesquelles Louise de Savoie, investie de la régence du royaume de France depuis le départ de François Ier pour l'Italie en 1524, parvint à détacher Henri VIII de l'alliance qu'il avait précédemment conclue avec Charles-Quint. Ces négociations, dont le résultat fut si favorable à notre pays, font grand honneur à la régente et aux agents qu'elle a dirigés. Le récit

très détaillé qu'en présente M. Jacqueton est presque uniquement fondé
sur des documents étudiés avec critique et dont beaucoup n'avaient
point encore été mis à contribution. Sur beaucoup de points, les historiens anglais ou français qui ont traité des mêmes faits sont rectifiés,
et de l'ensemble des recherches se dégagent des idées très personnelles,
en même temps que très justes, sur la politique de Louise de Savoie,
comme sur le caractère de Henri VIII et de son ministre le cardinal
Wolsey. M. Jacqueton ne s'est pas borné à employer les recueils imprimés, il a fait de fructueuses recherches aux Archives nationales, en
divers dépôts départementaux, au Musée Britannique et au Record
Office. Si la vaste collection des *Calendars,* publiée par le gouvernement anglais, lui a été d'un précieux secours, il ne s'est cependant pas
contenté des analyses qu'il trouvait toutes faites dans ces volumineux
recueils : autant qu'il l'a pu, il les a vérifiées sur les originaux, et non
sans profit. Son exposé de transactions compliquées et souvent obscures
est toujours clair et intéressant. On pourrait toutefois lui reprocher
certaines longueurs, un développement un peu exagéré donné à des
événements secondaires. Mais, somme toute, son livre dénote une critique déjà exercée et un sens historique fort droit.

« La seconde mention honorable est accordée à la publication que
MM. Paul Parfouru, ancien archiviste du département du Gers, et
J. de Carsalade du Pont ont faite des *Comptes consulaires de la ville de
Riscle, de 1441 à 1507* (Paris et Auch, 1892, in-8°), pour la Société historique de Gascogne. — Ces comptes sont intéressants à la fois comme
document historique et comme texte de langue. Les motifs de dépenses
sont ordinairement indiqués avec une telle précision que l'ensemble a
presque la physionomie d'une chronique. Malheureusement, ils ne se
rapportent pas à toute la période comprise entre les années 1441 à 1505 ;
cette période présente de graves lacunes portant sur les années 1453
à 1460 et 1463 à 1472, si bien que la collection publiée n'embrasse en
réalité que les comptes de quarante-neuf années. Le texte, en dialecte
gascon, des comptes de la ville de Riscle est précédé d'une introduction qui, publiée avec le premier fascicule du volume, n'offre pas toute
la précision qu'elle aurait pu avoir si elle n'avait été rédigée qu'après
l'impression complète des documents. Il est évident qu'il eût été loisible alors aux éditeurs de faire entrer dans l'introduction, qui porte la
seule signature de M. Parfouru, une partie des renseignements contenus dans les notes et qu'ils auraient ainsi placé en tête de leur publication un morceau capital de nature à lui donner une grande valeur.
Le glossaire qui accompagne le texte des comptes est suffisant. On n'en
saurait dire autant de la table analytique, appendice toujours si précieux de documents du genre de ceux-ci. Non seulement l'ordre alphabétique n'y est point rigoureusement observé, mais tous les passages
où figure un nom propre n'y sont pas rappelés. Malgré ces petites

imperfections, la Commission a été heureuse de pouvoir témoigner aux deux éditeurs l'estime que lui inspire leur travail. »

— M. Camille Doucet, dans la séance publique annuelle de l'Académie française du 16 novembre 1893, a annoncé, dans les termes suivants, les prix que deux de nos confrères, MM. Abel Lefranc (1,500 fr) et Fernand Bournon (1,000 fr.), ont obtenus sur la fondation Thérouanne :

« Un prix de quinze cents francs est décerné à M. Abel Lefranc pour son *Histoire du Collège de France,* œuvre à la fois d'un lettré et d'un érudit. Dans ce livre, le premier qui ait été publié sur l'histoire des lecteurs royaux, se trouvent réunis de nombreux documents, pleins d'intérêt, sur l'enseignement des lettres savantes avant et après la création de François 1er. Il manquait à notre littérature scolaire, et, grâce au patient labeur de M. Abel Lefranc, cette lacune est enfin comblée.

. . . .

« Dans un beau volume, intitulé : *la Bastille,* M. Fernand Bournon semble avoir dit le dernier mot sur l'histoire, tant de fois étudiée, de la célèbre prison d'État. Les recherches y abondent ; minutieuses et précises, elles complètent ou rectifient, sur plus d'un point, celles que d'autres écrivains avaient déjà publiées ; le style est simple en un sujet qui, d'ordinaire, prête à la déclamation. C'est un mérite à signaler, d'autant plus grand qu'il est plus rare. »

—A la suite d'une délibération de la Municipalité de la ville de Larnaca, en Chypre, le nom de notre confrère M. de Mas Latrie vient d'être donné à la grande rue qui réunit Larnaca à la Scala, port principal d'embarquement de l'ile de Chypre.

La décision est annoncée en ces termes par l'*Ethnos :* Ἡ μεγάλη ὁδὸς τῆς Λάρνακος μετωνομάσθη ὁδὸς De Mas Latrie πρὸς τιμὴν τοῦ ὁμωνύμου εὐγενοῦς καὶ φιλοκυπρίου Γαλάτου τοῦ συγγράψαντος τὴν ἱστορίαν τῆς Κύπρου.

NUMISMATE OU NUMISMATISTE ?

La lettre suivante a été adressée par M. An. de Barthélemy au Comité de publication :

« Mes chers confrères,

« Permettez-moi de vous adresser une observation à propos des quelques lignes publiées, sous ma signature, dans la dernière livraison de la *Bibliothèque de l'École des chartes.* C'est au sujet du mot *numismate* (p. 374) qui, je crois, ne devait pas être dans le manuscrit et qu'un prote a dû substituer au mot *numismatiste.*

« Si j'insiste sur ce détail, c'est que justement, dans le dernier numéro de la *Revue numismatique* qui paraissait en même temps, mon savant confrère M. Deloche m'adressait une lettre (p. 411), dans laquelle il établit qu'Adrien de Longpérier, en 1877, faisait valoir les raisons qui prouvent que le vocable *numismatiste* doit être préféré au vocable *numismate*.

« Depuis longtemps je me conforme à l'opinion de mon savant ami et je ne suis pas isolé. Je fais des vœux pour que cette modification, discutée depuis près d'un demi-siècle, soit officiellement adoptée.

« A l'École des chartes, le mot *diploma* nous a permis de nous qualifier de *diplomatistes*; le mot *numisma* doit donc autoriser la forme *numismatiste*.

« Veuillez agréer, mes chers confrères, l'assurance de mon cordial dévouement. »

SAINT-GERMAIN-DU-CHEMIN.

A propos d'un passage des Visites de Henri de Vezelai, publiées dans la présente livraison (p. 464), l'archiviste du Calvados, M. Armand Bénet, a bien voulu nous faire une communication d'où il résulte que la paroisse de Saint-Germain-du-Chemin, depuis longtemps supprimée, se trouvait comprise dans le territoire actuel de Fontenai-le-Marmion. L'ancien archiviste de l'abbaye de Barberi avait classé dans un même groupe les actes relatifs à Fontenai-le-Marmion et à Saint-Germain-du-Chemin. M. Bénet nous signale les textes suivants qui justifient son opinion :

Charte de Robert Marmion : « Cum tenemento quod tenebat de me apud Fontanetum le Marmion, quod vocatur cultura Sancti Germani de Chimino. »

Charte de Robert d'Ouffières, renonçant à ses prétentions : « Super quarta parte presentationis ecclesiarum Sancti Germani de Chimino et Sancti Hermetis de Fonteneto Marmionis. »

Charte des abbés de Savigni et de Saint-André-en-Gouffern, touchant l'abandon d'un procès intenté par Robert de Vassi : « Super presentatione quarte partis ecclesiarum Sancti Germani de Chimino et Sancti Hermetis de Fontaneto. » 1206.

Charte de Raoul Le Vavasseur : « Tres virgatas terre inter Sanctum Germanum de Chimino et Fontanetum le Marmion. » Sans date.

Robert dit Clément : « Rector ecclesiarum Sancti Hermetis de Fonteneto Marmionis et Sancti Germani de Chimino. » Janvier 1299 (v. st.).

SOURCE D'UNE PARTIE DU TRÉSOR DE BRUNETTO LATINI.

Le R. P. Timoteo Bertelli vient de publier la première partie de ses *Studi storici intorno alla bussola nautica* (Roma, 1893, gr. in-8°; extrait du tome IX des *Memorie della Pontificia Accademia dei Nuovi Lincei*). Il y donne de curieux détails sur le traité de cosmographie contenu dans le ms. latin 6556 de la Bibliothèque nationale et sur les rapports de ce texte avec le Trésor de Brunetto Latini, dont il a été question plus haut, p. 406-411. Il montre par des exemples décisifs que ce texte dérive d'un original français. A l'appui de cette opinion, on pourrait citer plusieurs des passages que nous avons produits, et notamment celui qui est relatif à la France et dans lequel se trouvent les mots : *Ad mare* ENGLETERE..., *et parvam* BRITANEAM *et* ANJO *et en* POITUN...

UN DIPLÔME FAUX DE THIERRI III.

On conserve à la bibliothèque de l'Université de Gand un diplôme du roi Thierri III, sur parchemin, et qui a été signalé par M. Verbaere, en 1878, dans le *Messager des sciences historiques*. M. Pirenne vient de l'étudier à nouveau dans le *Bulletin de la Commission royale d'histoire de Belgique* (5e série, t. III, n° 2). Le dispositif de ce diplôme est connu depuis longtemps ; c'est une concession d'immunité à l'abbaye de Saint-Bertin, en date du 23 octobre 682 ; elle a été transcrite au xe siècle dans le cartulaire de Folquin. Le parchemin de Gand fait à première vue l'impression d'un original authentique. Mais, si l'on en vient à le lire, on est étonné de rencontrer un latin tout différent de celui qui caractérise les actes originaux du viie siècle. De plus, dans le protocole, le rédacteur a dérogé à certaines règles constamment suivies à la chancellerie royale mérovingienne. C'est ainsi que la souscription royale est annoncée par le mot *signum ;* ainsi encore que le nom du roi a été écrit non par lui-même, mais par le même scribe à qui l'on doit le reste de l'acte. La date commence par *Data* au lieu de *Datum*. Si tout d'abord le diplôme de Gand n'éveille pas les soupçons, il n'en présente pas moins dans sa forme des anomalies. La signature royale est précédée tout à la fois d'un chrisme et d'une croix. La signature du chancelier est remplacée par des griffonnages. Il n'y a pas de blanc entre la dernière ligne du contexte et la date. L'emplacement du sceau est marqué par un trou irrégulier au lieu d'une incision cruciforme. Enfin le parchemin a été gratté. Telles sont les observations qui ont décidé M. Pirenne à ranger le prétendu diplôme original de Gand parmi les diplômes faux, au moins quant à la forme ; car les anomalies de rédaction sont de celles qu'on rencontre dans les diplômes qui ne nous sont parvenus que par des cartulaires, c'est-à-dire modifiés par les copistes. La conclusion du savant professeur de Gand pourra être contrôlée, car il a joint à son mémoire un fac-similé de l'objet du litige. Il a cru intéressant de profiter des ressources que la photographie offre aujourd'hui aux études paléographiques pour rapprocher d'un acte faux un acte authentique de la même époque, à savoir le fragment de charte conservé à la bibliothèque de Bruges et dont le texte a été donné, en 1856, d'après Bormans, par H. Bordier, dans la *Bibliothèque de l'École des chartes*. Il s'agit d'une vente de terres faite à un monastère. Ces terres étaient situées, d'après Bormans, *in pago Belocassino*, c'est-à-dire le Vexin; la forme *Belocassino* est bien étrange; mais c'est une erreur de lecture; le manuscrit porte, comme le dit M. Pirenne, *Bajocassino*.

M. Prou.

CHARTES FRANÇAISES CONSERVÉES A LEICESTER.

Quelques épaves des archives de l'ancienne Chambre des comptes ont été recueillies dans la bibliothèque du collège Ratcliffe à Leicester. Le Rév. Joseph Hirst, recteur de ce collège, vient d'en publier le catalogue dans la revue intitulée *The Ratcliffian*. Nous croyons utile de faire connaître à nos lecteurs l'existence de ces pièces.

I. Autorisation donnée par Philippe le Bel au comte de Nevers et de Réthel de lever pendant deux ans un péage près de Mézières pour la restauration du pont du Perier. Daté de Vincennes, le jeudi avant les Brandons 1304. « Per dominum Ingerrannum : P. DE STAMPIS. »

II. « C'est ce que nous avons trouvé en l'aumaire qui estoit seelées des seaus, et les nous a livré sire Guillaume Piz d'oe.

Primo, un escrin où il a oissement des xi^m vierges, et y a une lettre de la contesse de Flandres qui le tesmoigne.

Un coffin de fust où il a reliques de saint Jehan, et ii pieches de crital.

Une crois d'argent double à pié d'argent et à ii turquoises vers.

Item, une autre crois couverte d'argent à pié d'argent.

Unes tables couverte d'argent où il a os de plusseurs sains.

Item, une autre table couverte d'argent, où il a plusseurs reliques.

Une chasse de Limoges, où il a un os.

Une boite d'ivoire garnie d'argent, où il a une petite boiste d'allebaste.

Une boite ronde ymaginée d'ivoire, où il a plusseurs reliques.

Une chasse à ymages d'ivoire, où il a dedens plusseurs saintuaires.

Item, une chasse d'ivoire où il a plusseurs saintuaires. »

(Cédule jadis annexée à une autre pièce et en tête de laquelle une main moderne a mis au crayon la date 1315. L'écriture semble dénoter le premier tiers du xive siècle.)

III. Quittance d'une somme payée à « Petrus de Ouelhano, baiulus de Sans, » par l'ordre de Jean de Crespy, clerc du roi, surintendant de l'affaire des Juifs. A Toulouse, le 25 janvier 1313.

IV. Mandement adressé au baile royal de saint Louis par Aimeri du Cros, chevalier du roi, et son sénéchal. « Die sabbati in festo sancti Matthiæ apostoli, a. D. 1323. »

V. Jean, duc de Normandie, ordonne de payer 40 livres de parisis à son bouteiller privé Jehan Pastey. — Au Temple près de Paris, 5 août 1350.

VI. Le roi Jean ordonne de payer 500 livres de tournois à son féal chevalier « Bertrandus de Baucio, Branthulis et Curthedonis dominus. » — A Paris, 30 novembre 1350. « Per consilium : ADAM. Lecta domino Laudunensi : BUCY. »

VII. Le roi Jean ordonne de payer 500 livres de parisis à Nicolas des Essars et au fils de celui-ci, Philippe, chevalier. A Poissy, 10 mars 1351.

VIII. Charles, fils du roi Jean, ordonne de payer 10 francs d'or à son portier Thibault Moreau. Rouen, 11 août 1363. Signé : « Par le duc : JULIANUS. »

IX. « Donné par copie sous le seel de la prevosté de Vernon.

C'est l'instruccion faite par mons. le duc de Normendie, dalphin de Viennois, et son conseil, sur le fait des gens d'armes, archiers et arbalestiers qui sont devant le fort de Roulleboise, lesquiex gardent la rivière de Saine, que les annemis qui sont ou dit fort ne passent par deça Saine et que les marchandises qui, pour la nécessité et gouvernement du païs, monteront et avaleront la dite rivière et passeront par devant le dit fort puissent seurement monter et avaler la dite rivière.

Premièrement, pour le temps qu'il sera nécessité que les gens d'armes et bastiaux qui sont devant le dit [fort] y soient et demeurent, ovec les charges mises et imposées sur les dites marchandises, l'en paiera : pour chascun tonnel de vin montant et avalant la dite rivière et passant par devant le dit fort, pour chascun tonnel, comme dit est, un franc.

Item, pour chascune poese de sel montant et avalant, semblablement un franc.

Item, pour chascun lest de harenc caqué et de harenc sor, deux escus.

Item, pour chascun lest de cuirs, vint frans.

Item, pour chascun couple de figues et raisins, quatre souls.

Item, pour tout avoir de pois, huilles, cresses et sains, douze deniers pour livre.

Item, pour buche, glos, fain, plastre, muelles et cauel[1], pour le pesant d'un tonnel, deux soulz.

Lesquelles marchandises dessus dites qui avaleront la rivière de Saine passans par devant le dit fort, de quelconques part que il viegnent, pour venir à Rouen ou au-dessouz, baudront caupcion à Mante de ce que ilz pourront devoir ; et, par la dite caupcion baillant, s'en vendront et avaleront jusques en la dite ville de Rouen sans riens paier, et illec s'aqui-

---

1. Je ne vois pas d'autre lecture à proposer pour ce mot. Le moindre doute ne peut exister pour la lecture de la première et des deux dernières lettres C..el. La seconde lettre pourrait à la rigueur être un o et la troisième un n.

téront et paieront ce que il devront de chascunez marchandises le nombre que dessus est dit au receveur qui à ce est ordené. Et seront tenus les dis marchans de porter ou envoier à celui ou ceulx à qui il auront baillie la dite caupcion en la dite ville de Mante, certifficacion du receveur de Rouen que il auront paié et aquité les dites marchandises seguon le contenu de la dite caupcion baillie.

Item, les marchandises dessus dites, toutes celles qui avaleront par devant le dit fort qui pourroient demourer ou estre descarchies en aucunes villes entre le dit fort et la ville de Rouen, comme en la ville de Vernon, Andeli, le Pont de l'Arche, bouque d'Andelle et tous les autres lieux des mettes dessus dites, paieront et s'aquiteront en la ville de Vernon, au receveur qui à ce en sera ordené, en prenant lettre du dit receveur que icelles desrées auront aquittéez, et par ce demouront quittes de paier es mettes dessus dites en cas où icelles y seront descarchies.

Item, toutes les marchandises dessus dites qui seront carchies en la ville de Rouen ou au-dessous, pour monter la rivière de Saine, pour aler à Paris, à Mante et ailleurs, s'aquiteront en la dite ville de Rouen dès lors qu'il en partiront du nombre dessus dit, chascune seguon sa quantité et comme dessuz est desclairié; et auront lettre les marchans à qui les dites marchandises seront du receveur de la dite ville de Rouen, de ce que paié auront des dites marchandises, et par ce pourront monter sans riens plus paier pour la cause dessus dite.

Item, se l'en carche entre la dite ville de Rouen et le dit fort de Roulleboise aucune ou aucunes des dites marchandises, pour monter la rivière de Saine et aler à Paris, par devant le dit fort ou en aucuns autres lieux, paieront à Vernon chascune marchandise le nombre que dessus est dit, et auront lettre du receveur de la dite ville de ce que paié auront, et par ce monteront sans riens plus paier pour la cause dessus dite.

Ainssi signées : Par Mons. le duc en son conseil : JEHAN GONTIER.

En tesmognage de ce, nous avon seellées ces lettres du seel de la dite prevosté de Vernon. Ce fu fait l'an de grace mil trois cens soixante et trois, le mardi ching jours de decembre. DE LYMOGES. »

X. « Charles, par la grace de Dieu roy de France, à nostre viconte de Rouen, ou à son lieutenant, salut. A nous s'est complaint Jehan Havart, prestre, nagaires soy-disant chappellain d'une chappelle fondée en l'eglise parroichial de Saint-Martin jouxte le pont de Rouen, disant que Pierres Pitemen, pour le temps que il estoit lieutenant de nostre bien amé Eude Climent, maire de Rouen, et aussi, depuis ce, Guillaume Marguerie, lieutenant de Oudart d'Attainville, nostre bailli de Rouen, l'ont grevé et fait pluseurs tors et griefs et denés de droit en une cause pendent par entre le dit complaignant, d'une part, et Phelippe, deguerpie de feu maistre Pierres Chevance, alias Chant d'oisel, d'autre, en faisant jugié ou jugiés contre lui, à l'instance, proufit ou requeste de la dicte deguerpie ou de son attourné, indeuement, contre raison et la coustume du païs, et en pluseurs autres manieres, si comme il entent dire et desclairier plus à plain en temps et en lieu à suffisance desquielx griefs il ne lui laist pas à appeller, mais en doit avoir recours à nous et nous lui devons sur ce pourveoir de remède convenable. Pourquoy nous te mandons, en commettant, se mestier est, que, caucion suffisant receue du dit complaignant de sa complainte poursuir et de paier l'amende et le jugié se il en dechiet, tu adjournes les devant diz lieutenans, chascun en tant que le cas le touche et à lui appartendra, à ce qu'il soient à nostre prouchain eschiquier de Normendie pour les diz tors, griefs et denés de droit veir repparer et mettre au nient se par raison et coustume le doivent estre, et pour faire proceder et aller avant en oultre, si comme il appartendra par raison, en signifiant à la dicte deguerpie que elle y soit se elle cuide que bon soit et la cause lui touche, et ce pendent par la dicte caucion tien et fay tenir la chose contencieuse en l'estat que elle estoit par avant. Et se aucune chose a esté pour ce prinse, saisie ou arrestée du sien, si lui fay rendre et restituer sanz delay en certifiant nos amez et feaulx les gens qui tendront le dit eschiquier de tout ce que fait en auras, ausquelx nous mandons que aux dictes parties, ycelles oyes, facent bon et brief acomplissement de justice. Donné à Paris, le xiᵉ jour de septembre, l'an de grace mil CCC soixante et treze, et de nostre regne le xᵉ.

Par vous : R. DE BEAUFOU. »

(Et sur la queue destinée à recevoir le sceau :) « Si placet. »

XI. Charles V ordonne de payer 5,000 francs d'or pour les travaux du parc de Vincennes. 1377.

XII. Charles V ordonne de payer 100 francs d'or à Jean d'Orliens, garde du château du Petit-Goulet, pour ses gages d'un an. — Paris, 10 novembre 1378. Par le roy : BONSOLAS.

XIII. Charles VI ordonne de payer 4,000 francs d'or à Guillaume, vicomte de Melun. — Gisors, 24 mai 1391. Par le roy en son conseil : MONTAGU.

XIV. Charles VI ordonne de payer 200 francs d'or au panetier de la reine. — Paris, 2 septembre 1394. Par le roy, monseigneur le duc de Berry, les seigneurs de Lebret et de Guarancières presens : GONTIER.

XV. « Guillemin Paiant, marchant pierrier, demourant à Paris, confesse avoir eu et receu de hault et puissant prince monseigneur le duc de Bedfort, par les mains de honnourable homme et saige maistre Gilles de Ferieres, son secretaire et garde de ses privez coffres, la somme de quarante nobles d'or, à quarante-quatre solz parisis pièce, qui deuz lui estoient à cause d'unes patenostres à signeaux d'or et d'ambre musquat, environ autant de l'un que de l'autre, longues de quatre aulnes de long ou près ; et y a ung bouton d'or au bout, garni de quinze perles d'un karat la pièce l'une parmi l'autre, pesant icellui bouton avecques les dites perles une once deux esterlins ; et poisent tout ensemble les dites patenostres sept onces dix esterlins ou environ ; vendus et livrés à mon dit seigneur le dix-neuf jour de ce mois en son hostel de Bourbon pour le pris dessus dit ; de laquelle somme de XL nobles dessus dite le dit Guillemin Paiant se tient pour contant, etc., et en quitte le dit monseigneur le duc, son dit secretaire, et tous autres, etc., promettant, etc., obligant, etc., renonçant, etc. Fait l'an mil quatre cens trente et ung, le dimenche vint-trois jour de decembre. QUIGNON. GAUCLERC. »

Les lecteurs de la *Bibliothèque de l'École des chartes* sauront gré au Rév. Joseph Hirst d'avoir mis à leur disposition les analyses et les textes qui viennent d'être publiés.

LE RETOUR DE LA CROISADE DE BARBARIE.
(1390.)

Dans *la France en Orient au XIVe siècle,* M. Delaville Le Roulx donne les détails suivants sur la rentrée en France des croisés conduits par le duc de Bourbon : « De l'île d'Elbe, la flotte atteignit Porto-Fino ; c'est là que la plupart des croisés prit terre pour gagner Gênes. Mais le duc refusa de suivre l'exemple de ses compagnons, au grand déplaisir de la république, qui lui avait préparé une entrée triomphale. Malgré l'insistance des Génois, Louis de Bourbon persévéra dans son dessein, et les principaux chefs de la croisade, Coucy, le comte d'Eu, le comte dauphin d'Auvergne, imitèrent sa résolution. Embarqués à Marseille, disaient-ils, ils avaient fait vœu de rentrer en France par le même port, et rien ne pourrait les délier d'un engagement aussi sacré. Une fois à terre, ils se dirigèrent sur Paris, qu'ils atteignirent au commencement de novembre » (t. I, p. 198).

Bien que ces détails ne soient pas peut-être d'une importance capitale, il semble utile de les redresser, car ils sont en grande partie erronés. Les archives financières du Piémont nous en fournissent le moyen. La série, malheureusement incomplète, des comptes de l'hôtel de la maison de Savoie, possède néanmoins le compte de l'année 1390 [1], et l'on y trouve la trace d'un assez long séjour des croisés, et spécialement du duc de Bourbon en Piémont, aux frais du comte Amé VI, le vaillant chef de la croisade de Gallipoli en 1366 et 1367.

L'envoi, par le comte de Savoie, alors à Ivrée, de deux trompettes, l'un par Chivasso, l'autre par Turin, au-devant du duc de Bourbon, « venant de Gênes, » prouve un premier point d'une certaine importance. Cet envoi eut lieu le 29 octobre 1390 [2]. Jean-Galéas avait-il pro-

---

1. Turin. Archivio di Stato. Sezione IIIa, n° 256, registre 74.
2. Ibid., p. 173.

fité du passage d'un prince du sang et du vieux capitaine Enguerrand de Coucy pour solliciter par eux l'intervention de la cour de France contre Florence, qui venait de prendre à sa solde le comte d'Armagnac ? Toujours est-il que, peu après son retour à Paris, Coucy fut envoyé à Avignon pour tenter de retenir le comte d'Armagnac[1].

Quoi qu'il en soit, le 3 novembre 1390, le duc de Bourbon, le comte d'Harcourt, le sire de Coucy, Charles d'Albret, l'amiral Jean de Vienne, Boucicaut et un grand nombre d'autres Français, venant de la croisade, entraient à Santhià[2]. Le personnage nommé ici sous le nom de Boucicaut est Geoffroy Le Meingre, frère de Jean II; un cheval fut tué dans une joute qu'il eut contre un chevalier anglais, vers cette époque, en présence du duc de Bourbon et du comte de Savoie[3].

Voici le passage du compte qui contient les noms des hôtes d'Amé VI; plusieurs de ces noms sont connus; les autres sont impossibles à identifier : « ... Presentibus dominis duce Borbonii, comite d'Arecour, Cuciaci, principe Achaye, Carolo d'Alebret, Johanne de Vienna, admirato Francie, de Lespinace, Johanne de Roy[e], Buccicaudo, Johanne de Trie (?), le lovat escuio (sic), Le Baveux, Francisco d'Aubrechicourt, Guillelmo de la Pierra, Philiberto de Degoniæ, Philippo Clopart, Le Borgnie de Brante (sic), de Lostonoys, Ludovico de Giac, Stephano de Norry, Guidone de Borbonio, Johanne de Beauchamper, Octhone Alamano, Hugoneto Bornello, Roberto de Treczeques, Johanne Dorgeti, Ludovico de Meurlenz, Johanne de Anget (Hangest?), Bornio de la Heuse, de Fresville, Richardo de Bonfresvil (sic), Johanne de Roye, Tristanno de Roye, Gauterio de Couciaco, Johanne de Loques, Johanne de Hospitali, Johanne de Nan, Gauterio de Rupe (?), Guillelmo de Gournay, Johanne de Miramont... (suivent les noms des seigneurs de la cour de Savoie)..., omnibus militibus, pluribusque aliis nobilibus et personis diversorum locorum extraneis[4]. »

Ces personnages sont encore le 4 et le 5 novembre à Santhià; mais on constate la disparition du nom de Charles d'Albret; le 6, en outre manque celui de Coucy. Puis le compte passe subitement du 6 au 15 novembre. A cette dernière date, des Français, désignés expressément comme venant de Barbarie, sont encore à Santhià avec le comte de Savoie; on y trouve, entre autres, le duc de Bourbon, Charles d'Albret, Jean de Vienne avec Guillaume de Montferrat. Le 16, sans qu'on puisse expliquer un pareil détour, et aussi rapide, les mêmes personnages auraient été à Pignerol. Est-ce une erreur? Nous ne saurions l'établir sûrement[5].

1. P. Durrieu, les Gascons en Italie. Auch, 1885, in-8°, p. 61.
2. Province de Novare, circondario de Verceil.
3. Compte cité plus haut, registre 74, p. 173.
4. Compte cité plus haut, registre 74, p. 67.
5. Pour ce paragraphe, même registre, p. 70, 70 v°, 71 v°, 73.

Une nouvelle lacune des comptes nous conduit à Rivarolo, où les croisés se trouvent le 19, et, le soir, à Cirié, d'où ils partent le 20 au soir pour Avigliana. Le 21 au soir, ils partent pour Suse[1]. Enfin, le 22 novembre, le duc de Bourbon dîne à Ferrera avec sa suite, encore aux frais du comte de Savoie, comme le porte la dernière mention où il soit question des Français : « Die martis sequenti xxii^a mensis novembris, fuit dominus dux Borbonii in prandio in Ferreria cum sua comitiva. Et fuerunt ibidem facta officia omnia per Philippum de Gorzano, mistralem Secusie[2]. »

Ce jour-là même, 22 novembre 1390, vit sans doute les croisés passer le mont Genèvre pour gagner le Dauphiné. Il fut donc impossible au duc de Bourbon d'être à Paris avant les premiers jours de décembre, et il revint de Barbarie par Gênes et non par Marseille, ainsi que le sire de Coucy. E. JARRY.

RÉDUCTION DES QUANTIÈMES EN JOURS DE LA SEMAINE.

Nous avons publié dans notre tome LIII (1892), p. 683, d'après une communication de M. Oppert, une méthode pour calculer sans livre le jour de la semaine qui répond à une date donnée.

Le R. P. G. Chambeau, S. J., à Jersey, veut bien nous faire connaître une méthode sensiblement différente, qu'il a publiée, dit-il, dans le *Cosmos* du 11 juin 1892, sous la signature Chronologus. Nous la reproduisons d'après la communication qu'il nous adresse, en modifiant très légèrement la forme sous laquelle il la présente :

Chiffres conventionnels à retenir par cœur :

1º Indices mensuels[3] :

Janv.	Févr.	Mars	Avril	Mai	Juin	Juill.	Août	Sept.	Oct.	Nov.	Déc.
1	4	4	0	2	5	0	3	6	1	4	6

(Pour retenir ces douze chiffres, remarquez que les trois premiers groupes de trois forment trois carrés, 144, 025, 036, et que le quatrième, 146, reproduit, à un chiffre près, le premier, 144.) — Dans les années bissextiles, baissez d'une unité les indices des deux premiers mois : janvier 0, février 3.

2º Indices des styles :

Pour toutes les dates juliennes :	Pour les dates grégoriennes :			
	de 1582 à 1699	de 1700 à 1799	de 1800 à 1899	de 1900 à 1999
18	22	21	20	19

Soit q le Quantième de la date donnée, m l'indice du Mois, c le chiffre des Centaines d'années (la partie séculaire du millésime), a celui

1. Ibid., p. 73, 73 v°, 74, 75, 75 v°, 77.
2. Compte cité plus haut, registre 74, p. 79.
3. Ce sont les *réguliers* des anciens computistes diminués chacun d'une unité.

de l'Année dans le siècle (les deux derniers chiffres du millésime), $a/4$ le quart sans fraction de a.

Additionnez :

Pour les dates juliennes	$: q + m + a + a/4 + (18 - c).$
— — grégoriennes (1582-1699)	$: q + m + a + a/4 + (22 - c).$
— — — (1700-1799)	$: q + m + a + a/4 + (21 - c).$
— — — (1800-1899)	$: q + m + a + a/4 + (20 - c).$
— — — (1900-1999)	$: q + m + a + a/4 + (19 - c).$

(Toutes les fois qu'un des termes à additionner dépasse 7, on peut y substituer le reste de sa division par 7.)

Divisez le total par 7. Le reste donne le jour de la semaine, suivant la série convenue : 1 dimanche, 2 lundi, etc., jusqu'à 0 samedi.

Exemples :

Dates juliennes :

25 août 1270 :

q	$=$	25	ou 4
m		3	3
a		70	0
$a/4$		17	3
$18 - c$		6	6
		121	ou 16

$= $ (mult. de 7) $+ 2 \ldots$ Lundi.

24 février 1300 :

q	$=$	24	ou 3
m		3	3
a		0	0
$a/4$		0	0
$18 - c$		5	5
		32	ou 11

$= $ (mult. de 7) $+ 4 \ldots$ Mercredi.

Dates grégoriennes :

14 janvier 1584 :

q	$=$	14	ou 0
m		0	0
a		84	0
$a/4$		21	0
$22 - c$		7	0
		126	ou 0

$= $ (mult. de 7) $+ 0 \ldots$ Samedi.

21 mai 1893 :

q	$=$	21	ou 0
m		2	2
a		93	2
$a/4$		23	2
$20 - c$		2	2
		141	ou 8

$= $ (mult. de 7) $+ 1 \ldots$ Dimanche.

« Cette méthode, » nous écrit fort justement le R. P. Chambeau, « évite les gros chiffres et les grandes divisions; elle facilite les transpositions (de mois, année, siècle, style), si l'on soupçonne dans la pièce à dater quelque erreur d'écriture... Je ne saurais dire si je la préfère à celle que vous avez reproduite. Chaque esprit, du reste, affectionne un procédé ou un autre. Il me semble, en tout cas, qu'un tableau des valeurs de *m,* simple et compris, simplifie *une fois pour toutes* l'opération III, 2º, de votre méthode. »

Les calculs sont, en effet, beaucoup plus simples et plus rapides par la méthode du R. P. Chambeau. Cet avantage suffit à compenser le léger effort de mémoire qu'elle exige pour retenir les quelques chiffres conventionnels dont elle impose l'emploi.

QUESTIONS MÉROVINGIENNES

VII.

LES ACTES DES ÉVÊQUES DU MANS.

M. Julien Havet, qui est tombé malade le 15 juillet 1893 et est mort le 19 août, a laissé cet ouvrage inachevé. Le plan qu'il s'était tracé est suffisamment indiqué par les titres des paragraphes qu'il avait pu rédiger : § 1, *Introduction ;* — § 2, les « *Gesta Aldrici ;* » — § 3, *les Chartes des* « *Gesta Aldrici ;* » — § 4, *les* « *Actus pontificum ;* » — § 5, *les Chartes des* « *Actus pontificum* » *relatives aux monastères du diocèse ;* — § 6, *les Chartes des* « *Actus pontificum* » *relatives aux privilèges et aux domaines de l'évêché.* Le manuscrit s'arrête à ce sixième titre. — M. Julien Havet comptait publier en appendice « celles des chartes mérovingiennes qui... seront reconnues authentiques, ou en faveur desquelles pourra être invoqué le bénéfice du doute » (Introduction, ci-dessous p. 601). A cet effet, il avait transcrit et, plus ou moins complètement, annoté ces divers textes. Voici l'énumération de ceux dont la discussion ne figure pas dans les cinq paragraphes rédigés :

1° *Cod. Cenom.* 224 *fol.* 59 *r°. Hunaldi pro Berario de Gaviriaco. Genuinum* (hésitation sur la date).

2° *Cod. Cenom.* 224 *fol.* 64 *v°.* 669 *mart.* 1 *f. V. Childerici II pro Berario de Arduno. Genuinum.*

3° *Cod. Cenomann.* 224 *fol.* 65. 673 *augusti* 27 *fer. VII* (ou 674 *augusti* 27 *domin.*). *Childerici pro Aigliberto de Arduno. Genuinum.*

4° *Cod. Cenom.* 224 *fol.* 68 *v°.* 698/699 *mart.* 3 *die dom. aut f. II. Childeberti III pro Herlemundo de Comitatu. Genuinum.*

5° *Cod. Cenom.* 224 *fol.* 69. 698/699 *mart.* 3 *domin./f. II. Childeberti III pro Herlemundo de Arduno. Genuinum.*

6° *Cod. Cenom.* 224 *fol.* 67. 713 *mart.* 2 *f. V. Dagoberti III pro Herlemundo de immunit. eccl. Cenom. Genuinum (Anisola interpol.).*

7º *Cod. Cenom.* 224 *fol.* 69. 713 *mart.* 10 *fer. VI. Dagoberti III pro Herle-mundo de Arduno. Genuinum.*

8º *Cod. Cenom.* 224 *fol.* 69 *v*. 721 *junii* 1 *die domin. Agentum Aldramni pro Herlemundo de Arduno. Genuinum.*

9º *Cod. Cenom.* 224 *fol.* 58. 723 *mart.* 2 *f. III. Theoderici (IV) pro Berario de immunitate eccl. Cenom. Genuinum (an nomen B. interpol.?).*

10º *Cod. Cenom.* 224 *fol.* 70. 723 *mart.* 5 *feria VI. Theodorici IV pro (Herlem. et) Charivio de Arduno. Genuinum. Interpolatum.*

11º 716/743/744 [716 est barré] *mart.* 2 *fer. II | VI[I] | II. Chilperici (Childerici?[1]) pro Gauzioleno de Arduno. Genuinum.*

12º *Cod. Cenom.* 224 *fol.* 73 — ? 749 *mart. Gauzioleni de Canasverolas. Genuinum.*

13º et 14º *Testamenta Bertichramni et Hadoindi. Genuina* (le premier de ces documents du samedi 27 mars 616, le second du jeudi 6 février 643).

Une fiche qui se trouve parmi les notes de l'auteur porte : « *Actus pontif. Cenom. Chartes.* Le grand nombre de pièces datées des premiers jours de mars ne doit pas éveiller de soupçons. On remarque la même particularité dans les chartes royales authentiques de la première partie du volume de K. Pertz. »

Le manuscrit inachevé présentait çà et là, surtout dans les notes, des blancs et des indications provisoires abrégées. De là, dans l'imprimé, des suppléments, toujours placés entre crochets [ ], dont la mémoire de l'auteur n'est pas responsable.

§ 1. — *Introduction.*

On doit à Mabillon et à Baluze la publication de deux ouvrages du ixᵉ siècle, relatifs à l'histoire de l'évêché du Mans : les *Actus pontificum Cenomannis in urbe degentium* et les *Gesta domni Aldrici Cenomannicae urbis episcopi a discipulis suis.* Le premier est une histoire des évêques du Mans, depuis le fondateur de l'évêché, saint Julien, jusqu'à saint Aldric, évêque de 832 à 857. Le second est consacré uniquement à la vie de ce dernier évêque. L'un et l'autre contiennent la copie d'un grand nombre de chartes, tant mérovingiennes que carolingiennes, qui ne sont connues que par eux et qui ont fixé depuis longtemps l'attention des diplomatistes.

Ces chartes sont-elles authentiques?

Dans les *Actus pontificum*, il y en a beaucoup de fausses :

---

1. Ce mot est entre parenthèses dans l'autographe de l'auteur.

c'est un point hors de contestation. Nous avons le texte d'un jugement de la cour du roi Charles le Chauve, du 29 octobre 863, qui déclare faux une série de titres produits par l'évêque du Mans à l'appui de ses prétentions sur l'abbaye de Saint-Calais[1]; or, plusieurs des chartes rapportées par les *Actus* ont précisément pour but d'établir les droits de l'évêché sur cette abbaye. D'ailleurs, dans ces chartes comme dans plusieurs autres, on remarque des clauses ou des formules inusitées à l'époque mérovingienne. Aussi, dès 1740, les bénédictins, auteurs de l'*Histoire littéraire de la France,* estimaient que la plupart des titres des *Actus pontificum* sont « faux et supposés[2], » et leur jugement a été universellement accepté.

Sur les *Gesta Aldrici,* les mêmes savants pensaient autrement. « S'il s'est proposé pour modèle, » disent-ils en parlant de l'auteur des *Actus pontificum,* « les Actes de saint Aldric, comme il y a beaucoup d'apparence par le soin qu'il prend d'insérer dans sa narration les monuments publics qui ont trait à son entreprise, on peut dire qu'il n'a pas été fidèle à imiter la candeur et la bonne foi de cet autre Ecrivain, qui ne rapporte que des pièces sinceres et authentiques[3]. » Mais la critique allemande de notre siècle n'a pas accepté ce jugement favorable. Paul Roth[4], M. Th. de Sickel[5], M. Mühlbacher[6] ont l'un après l'autre signalé dans les *Gesta Aldrici* des pièces qui leur ont paru non moins fausses que celles des *Actus pontificum.* Les deux sources, selon les savants allemands, seraient également impures.

M. le professeur Bernhard Simson[7] a non seulement adopté la thèse de ses compatriotes, mais il l'a élargie et en a étendu la

---

1. Mabillon, *Annales,* III, 105; Marlène, *Amplissima Collectio,* I, 169; Bouquet, *Recueil des historiens,* VII, 297; *Questions mérovingiennes,* IV (*Bibliothèque de l'École des chartes,* XLVIII, 1887), Appendice, n° 21.

2. [*Histoire littéraire de la France,* V, p. 147.]

3. *Ibid.,* p. 146-147.

4. [Paul Roth, *Geschichte des Beneficialwesens,* p. 452 et 460; *Feudalität und Unterthanverband,* p. 103-104.]

5. *Acta regum et imperatorum Karolinorum,* II (1867), p. 286, 350, 352, 397 et suiv.

6. J.-F. Böhmer, *Regesta imperii,* I : *die Regesten des Kaiserreichs unter den Karolingern* (1880-1889, in-4°), *passim.*

7. *Die Entstehung der pseudo-isidorischen Fälschungen in Le Mans* (1886).

portée. A l'entendre, les *Actus pontificum* et les *Gesta Aldrici*
seraient l'œuvre d'un seul et même imposteur, qui aurait semé
avec une égale abondance dans l'un et l'autre ouvrage les productions de son talent de faussaire : bien plus, cet imposteur
serait encore l'auteur de deux falsifications autrement considérables, dont l'influence s'est exercée fort loin au delà des limites
du diocèse du Mans, les fausses Décrétales du pseudo-Isidore et
les faux Capitulaires du pseudo-Benoît Lévite[1]. J'ai exposé la
thèse de M. Simson dans un numéro précédent de ces *Questions*[2] :
j'y adhérais alors sans réserve. Elle a été adoptée par des savants
dont le nom fait autorité : M. Paul Viollet[3], M. l'abbé Duchesne[4],
membres de l'Institut ; M. Paul Fournier, professeur à la Faculté
de droit de Grenoble, qui l'a reprise et développée avec de nouveaux arguments[5].

Cette thèse a mis le comble au discrédit où étaient tombées les
chartes mancelles. Tout en déclarant faux les documents des
Actus, l'*Histoire littéraire* apportait à la condamnation quelque
tempérament : « Nous ne voudrions pas après tout assurer qu'ils
le soient tous, et qu'il n'y en eût aucun d'authentique dans un si
grand nombre[6]. » Bréquigny et Pardessus, s'inspirant l'un après
l'autre du même sentiment, avaient admis l'authenticité de
quelques-unes des pièces. Mais, en 1890, M. l'abbé Duchesne
ne croyait plus pouvoir user de cette indulgence : dans une dissertation consacrée à la chronologie des évêques du Mans[7], il
s'abstenait de tenir aucun compte des documents, soit des *Actus,*
soit des *Gesta,* les tenant apparemment tous *a priori* pour non
avenus.

Cependant, dès 1887, une voix s'était élevée en faveur d'une
partie au moins des textes du Mans : c'est une voix d'outre-

1. Simson, p. 134.
2. *Questions mérovingiennes,* IV (*Bibl. de l'École des chartes,* XLVIII), p. 11.
3. *Bibliothèque de l'École des chartes,* XLIX (1888), p. 658-660.
4. *Bulletin critique,* 1886, p. 445 ; *les anciens Catalogues épiscopaux de la
province de Tours* (1890, gr. in-8°), p. 45.
5. *La Question des fausses Décrétales* (1887 et 1888, 2 brochures in-8°,
extraites de la *Nouvelle Revue historique de droit français et étranger*).
6. [*Histoire littéraire de la France,* V, p. 147.] Cf. Sickel, II, p. 289 : « Wir
sind nicht berechtigt diese Diplome, weil wir sie nur aus einer entschieden
unlautern Quelle kennen, in Bausch und Bogen zu verwerfen. »
7. *Les anciens Catalogues,* etc., p. 35-52.

tombe, celle de G. Waitz, dans la préface de son édition des *Gesta Aldrici*, publiée après sa mort. Waitz n'a pas connu le livre de M. Simson, mais il a par avance combattu et détruit certaines de ses affirmations. Il a prouvé que les *Gesta Aldrici* ne peuvent pas être du même auteur que les *Actus pontificum*, et, sans nier qu'il y ait dans les *Gesta* des pièces fausses, il a montré qu'on s'était trop pressé d'en condamner plusieurs sans motif.

D'autre part, en 1890, un partisan déclaré de la thèse de M. Simson, M. Paul Viollet, a eu l'occasion d'examiner incidemment une charte des *Actus*, qui avait toujours été regardée comme apocryphe : et, en la considérant de près, il a été amené à en défendre l'authenticité[1]. Là aussi, le départ des pièces vraies et des pièces fausses n'est donc pas fait d'une façon définitive.

La lumière reste à faire. Pour y arriver, il faut examiner l'un et l'autre ouvrage et chercher à en déterminer, aussi précisément qu'il se pourra, la date, l'auteur, le but ou les tendances, les sources, l'autorité ; puis, il faudra passer à l'examen critique des chartes qu'ils rapportent. Malgré le titre placé en tête de ces *Questions,* cet examen ne saurait être limité aux chartes mérovingiennes ; on ne peut se faire une opinion sur la confiance due à chacune de celles-ci, si l'on n'en a une sur la valeur de tout le recueil dont elle fait partie.

Celles des chartes mérovingiennes qui, à la suite de cet examen, seront reconnues authentiques, ou en faveur desquelles pourra être invoqué le bénéfice du doute, seront publiées dans l'Appendice placé à la suite de ce mémoire. Pour les chartes mérovingiennes fausses, ainsi que pour les chartes carolingiennes fausses ou vraies, je me bornerai à renvoyer aux recueils usuels où elles ont été publiées ou cataloguées.

Je commence par celui des deux ouvrages qui a été le moins maltraité par la critique, et qui aurait dû ne l'être point du tout, les *Gesta domni Aldrici.*

§ 2. — *Les « Gesta Aldrici. »*

Les *Gesta Aldrici,* conservés par un seul manuscrit, du

---

1. *Histoire des institutions politiques et administratives de la France,* I (1890), p. 387-388.

XIe siècle[1], ont été publiés au XVIIe siècle par Baluze[2], de nos jours par feu G. Waitz[3], puis par feu M. l'abbé Robert Charles et M. l'abbé Louis Froger[4].

Ce n'est pas une biographie complète de l'évêque Aldric. Sur les vingt-quatre années que dura son épiscopat (832 à 857), les *Gesta* ne relatent que les huit premières (832 à 840). Les chartes qui y sont insérées sont surtout des actes de l'empereur Louis le Pieux, données pendant ces huit années.

Selon une opinion adoptée par M. de Sickel[5] et par M. l'abbé Duchesne[6], vers laquelle semble pencher aussi M. Simson[7], les *Gesta* ne devraient pas être étudiés à part : ce ne serait pas un ouvrage distinct, mais simplement un chapitre, le dernier et le plus long, de l'autre ouvrage, les *Actus pontificum*. — Waitz a montré la fausseté de cette hypothèse.

L'objet des *Actus* est l'histoire des évêques du Mans. Cette ville y est constamment supposée connue du lecteur et présente à son esprit. Au contraire, l'objet des *Gesta* n'est ni la ville ni le diocèse du Mans : c'est la personne d'Aldric. Quand son héros est nommé évêque, le biographe écrit : « Il obtint un certain évêché qu'on appelle le Mans » (*episcopatum quippe ei quoddam,*

---

1. Bibliothèque de la ville du Mans, n° 99. C'est par erreur que ce manuscrit a été indiqué parfois comme remontant au IXe siècle. La date de la transcription est assurée par une liste d'évêques, qui est copiée en tête du volume, et qui s'arrête de première main à l'évêque Avesgaud (995-1035). Toutes les éditions dérivent de ce manuscrit, même celle de Baluze (ci-après, p. 604, note 5); mais Baluze ne l'a probablement pas vu; il n'a dû en avoir qu'une mauvaise copie.

2. *Miscellanea*, in-8°, III (1680), p. 1-178; in-fol., [I (1761), p. 79-120.]

3. *Monumenta Germaniae*, in-fol., *Script.*, XV (1887), p. 304-327. On a malheureusement omis dans cette édition, sous prétexte (p. 307) de les réserver pour un autre volume des *Monumenta*, les nombreuses chartes dont les *Gesta* rapportent le texte.

4. *Gesta domni Aldrici Cenomannicæ urbis episcopi a discipulis suis*, texte publié et annoté par l'abbé R. Charles et l'abbé L. Froger (Mamers, 1889, in-4°). Les citations des *Gesta* qui se trouveront ci-après sont faites d'après cette édition, comparée avec le manuscrit, que j'ai pu, grâce à la libéralité de la bibliothèque du Mans et du ministère de l'instruction publique, examiner à Paris. J'indique avec les pages de cette édition les numéros des chapitres de Baluze, numéros non reproduits (on doit le regretter) dans l'édition Charles et Froger.

5. *Acta Karolinorum*, II, p. 287.

6. *Les anciens Catalogues épiscopaux de la province de Tours*, p. 45 et 48.

7. *Die Entstehung*, etc., p. 130, 134, 136.

cujus vocabulum est Cenomannis[1]). S'exprimerait-il ainsi s'il avait déjà écrit la vie des autres évêques de cette ville, si la biographie d'Aldric n'était, dans sa pensée, qu'une suite de celle de ses prédécesseurs ?

Aucun chapitre des *Actus* n'a de préface ; les *Gesta* en ont une. On met une préface à un ouvrage distinct, qui doit former un tout par lui-même ; on n'en met pas en tête de la dernière partie d'un ouvrage, dont le début en est dépourvu.

L'auteur des *Gesta* n'écrit pas la même langue que celui des *Actus*. On vient de voir, sous la plume du premier, un barbarisme, *episcopatum* pour *episcopatus*. Ce n'est pas la seule faute de grammaire dont il se soit rendu coupable. La phrase entière est d'une structure lourde et maladroite :

Episcopatum quippe ei quoddam, cujus vocabulum est Cenomannis, eligente eum ejusdem provincię archiepiscopo Landramno atque comite ejusdem parrochię Morigone sive omnibus prefixę parrochię nobilibus hominibus atque cunctis palatinis et clero vel populo, per bacculum Landramni Turonicę civitatis et predictę parrochię metropolitani, jamdictum episcopatum est in sua presentia et eo instigante a Hludowico gloriosissimo imperatore ortantibus cunctis cura pastorali commissum[2].

Répétitions gauches, longues incises, qui font perdre de vue le sujet grammatical, anacoluthe, barbarisme, obscurité[3], tous les défauts qui font le mauvais écrivain sont réunis en quelques lignes. Ils se retrouvent à peu près au même degré dans tous les chapitres des *Gesta*. L'auteur des *Actus* en est exempt ; son style, sans être ni précisément élégant ni classique, est aisé et grammaticalement correct ; on comprend ce qu'il veut dire[4].

M. Simson et M. Paul Fournier ont signalé avec raison, dans

---

1. Chapitre 1; édition Charles et Froger, p. 9. — Cette remarque est due à G. Waitz, *Monum. Germ., Script.*, XV, p. 304, note 4.

2. *Ibid.*

3. A qui rapporter les mots *in sua presentia et eo instigante?* à Aldric, à Landramn ou à Louis? A quelque hypothèse qu'on s'arrête, il est impossible d'obtenir un sens satisfaisant.

4. Voyez les passages ci-après. — C'est encore une remarque qu'on doit à G. Waitz : « Horum (Gestorum Aldrici) auctor dicendi genere utitur valde prolixo et contorto; semper easdem locutiones repetens, lectoribus revera taedium movet; *Actus* vero stilo facili et satis eleganti sunt conscripti. »

les *Gesta* comme dans les *Actus*, l'imitation du *Liber pontificalis* de l'Église romaine[1]. Le cadre de chaque biographie épiscopale est le même que celui de chaque biographie papale dans le *Liber pontificalis* : d'abord la nationalité de l'évêque, spécifiée aussi précisément que possible, puis l'énumération de ses actes, parmi lesquels les constructions d'édifices tiennent une grande place, et, à la fin, le nombre des cérémonies d'ordination auxquelles il a présidé, d'évêques, de prêtres, de diacres, de religieuses qu'il a consacrés. Ce trait, commun aux deux compilations mancelles, prouve que l'une des deux a servi de modèle à l'autre. Mais ce sont les *Gesta Aldrici* qui ont servi de modèle aux *Actus* : si les *Actus* avaient été écrits d'abord, si l'auteur des *Gesta Aldrici* avait eu devant les yeux la série des biographies des évêques du Mans et avait cherché à s'en inspirer, il aurait conçu son ouvrage comme une suite à cette série et non comme un écrit isolé ; il n'aurait ni composé une préface spéciale, ni laissé échapper ces mots : « episcopatum quoddam cujus vocabulum est Cenomannis. » D'ailleurs, les *Actus* renvoient expressément aux *Gesta*[2]. Les *Gesta Aldrici* ont donc été écrits les premiers, à l'imitation du *Liber pontificalis* romain, les *Actus pontificum* ensuite, à l'imitation des *Gesta Aldrici*.

Il est vrai que, dans un manuscrit des *Actus pontificum*, les *Gesta Aldrici* ont été incorporés aux *Actus*[3]; mais cette incorporation est du fait du copiste du XIIIe siècle. Ce qui le prouve, c'est que, pour se procurer le texte des *Gesta*, ce copiste a dû les emprunter au manuscrit unique, du XIe siècle, qui nous a conservé cet ouvrage[4]; il ne les trouvait donc pas dans son exemplaire des *Actus*. Cette transcription ne s'étend pas, du reste, au delà des premiers chapitres, et la plus grande partie des *Gesta* ne nous est connue que par le manuscrit du XIe siècle[5]. Le texte

1. Simson, p. 87; Fournier (1887), p. 19.
2. Ci-après, p. 606.
3. Bibliothèque du Mans, n° 224, fol. 84 v° à 90 v°.
4. Au titre du chapitre VII (Froger, p. 22), les mots *sive de villula nomine Busc atque de aliis villulis* sont, dans le ms. des *Gesta* (n° 99, fol. 10 v°), écrits ainsi : *sive de* uillula nomine *Busc atque de aliis villulis.*
Le copiste des *Actus* (n° 224, fol. 89) a écrit : *siue de Busc uillula nomine atque,* etc. C'est une faute qui ne s'explique que par l'emploi du n° 99 même, et non de tout autre manuscrit, même apparenté à celui-là.
5. Le texte des *Gesta Aldrici*, dans le ms. 224, s'arrête à ces mots du chap. X

authentique du chapitre des *Actus pontificum* sur saint Aldric,
donné par un autre manuscrit, a été imprimé par Mabillon[1] : il
ne copie pas les *Gesta Aldrici*, mais il y renvoie le lecteur, il
les analyse, il en parle comme d'un ouvrage antérieur et distinct[2].

Mais, dit-on, les *Gesta* se donnent eux-mêmes pour une partie
des *Actus*. On y lit, en tête d'un chapitre, ces mots :

Placuit etiam in hac scedula, quę de quibusdam actibus pontificum
Cenomannica in urbe degentium usque ad Aldricum ejusdem urbis
episcopum conscripta esse dinoscitur, inserere relationem sive memoriale, etc.[3].

Ces mots se trouvent en effet dans le manuscrit des *Gesta
Aldrici;* mais ils n'appartiennent pas à l'ouvrage. Le manuscrit,
au lieu de nous donner ces *Gesta* seuls, y a ajouté des suppléments ; Waitz l'a déjà fait remarquer[4] avec raison. Il est clair
que les mots : « in hac scedula... de quibusdam actibus pontificum
Cenomannica in urbe degentium... conscripta, » ne sont pas du
biographe qui avait écrit : « episcopatum quoddam, cujus vocabulum est Cenomannis. » Ils sont de l'historien qui a lui-même
intitulé son œuvre : *Actus pontificum Cenomannis. in urbe
degentium*. D'ailleurs, la langue et le style, à partir de ces mots :
Placuit etiam, sont ceux des *Actus* et non plus ceux des *Gesta*.
C'est un fragment des *Actus pontificum* qui s'est égaré dans le
manuscrit des *Gesta Aldrici*. Il en sera question plus loin,
non ici.

Où commencent ces additions, où finissent les *Gesta Aldrici?*
La langue et le style ne suffisent pas à fournir une réponse, car
certains chapitres, remplis surtout par des copies de pièces trans-
crites textuellement, laissent peu voir la manière d'écrire de
leur rédacteur. Waitz et M. Froger ont proposé des conjectures

(Froger, p. 30, ligne 4 du bas) : *et futurorum industrie qualiter cum*. Il est,
dans tout ce qui précède, rigoureusement conforme à celui du n° 99. — On
voit que M. de Sickel (*Acta*, II, p. 286) et Waitz (*Monum. Germ., Script.*,
XV, p. 307) se sont trompés en supposant que Baluze avait pu tirer les *Gesta*
du manuscrit n° 224. Il n'y a qu'un manuscrit des *Gesta*, c'est le n° 99.

1. Ms. Baluze 45, fol. 110; *Vet. Anal.*, in-8°, III, p. 276.

2. « In alia scedula quae de ejus actibus est causa memoriae et utilitatis
conscripta... » Ms. Baluze 45, fol. 110 v°; ci-après, p. 606.

3. Chap. XLVII (Froger, p. 130).

4. « Magnam quidem libri partem, quae nunc cum Gestis est coniuncta, postea
demum esse additam, facile est intellectu » (*Monum. Germ., Script.*, XV, p. 304).

différentes. Selon Waitz, le dernier chapitre des *Gesta* serait le n° XLVI de Baluze[1] (édition Charles et Froger, p. 128-130); selon M. Froger, ce serait le n° XXXVIII (p. 110-112). Ils n'ont dit, ni l'un ni l'autre, sur quels motifs ils ont fondé leurs opinions. On peut en proposer une troisième : le dernier chapitre de l'ouvrage est le n° XLIV (p. 123-127), le premier chapitre des additions est le n° XLV (p. 127). Voici les raisons de le croire.

Les *Actus pontificum,* ai-je dit, mentionnent une biographie d'Aldric, à laquelle ils renvoient leurs lecteurs, et l'analyse qu'ils en donnent permet d'y reconnaître sans peine nos *Gesta*[2] :

Aedificia autem quae praedictus pontifex multipliciter a novo operatus est, et ecclesias sive nonnulla monasteria quae a novo fundavit atque perficere et ornare studuit, necnon et restaurationes aliorum monasteriorum et caeterarum ecclesiarum, seu ordinationes episcoporum et sacerdotum et levitarum et reliquorum graduum, sed et de qua tribu ortus et cum quibus edoctus et qualiter ad sacros ordines est consecratus, et quantas res et cellulas seu monasteria ecclesiae sibi commissae juste et canonice atque legaliter acquisivit, et praecepta regalia et evindicationes quae ex his legibus et per judicium accepit, seu privilegia quae suis canonicis et monachis de rebus quas eis dedit ad eorum stipendia supplenda plena auctoritate fecit, atque praecepta regalia quae super his firmitatis et inconvulsionis causa accepit, seu nonnulla alia bona quae Domino annuente facere ad utilitatem sanctae Dei ecclesiae servorumque ejus et plebi sibi commissae meruit, si quis hoc investigare aut scire voluerit, in alia scedula quae de ejus actibus est causa memoriae et utilitatis conscripta, plenius invenire poterit. Quae tamen si quis perscrutando enucleatim legerit et saepius revolverit et quaedam memoriae commendaverit, indubitanter magnum lucrum ad defendendam et custodiendam canoniceque et regulariter sive legibus ecclesiam Cenomanicam regendam invenire Domino auxiliante poterit. Defendat eam Dominus omnipotens ab omnibus aemulis suis una nobiscum, humiliter oramus, et nunc et per cuncta secula seculorum. Amen.

---

1. Dans les quarante-six premiers chapitres eux-mêmes, Waitz voudrait reconnaître plusieurs auteurs et plusieurs époques. L'ouvrage se serait arrêté d'abord au chap. xxx; plus tard, on aurait ajouté xxxi à xliii, puis xliv à xlvi. Ce dépècement ne parait pas appuyé sur des raisons suffisantes.

2. Ms. Baluze 45, fol. 110; *Vet. Anal.,* in-8°, III, p. 276.

Dans chaque membre de phrase de cette analyse, on retrouve le contenu d'un ou plusieurs chapitres des *Gesta Aldrici* :

Aedificia autem quae... operatus est...	*Gesta*, II, III (Froger, p. 11-17); XLIII (p. 123);
Ecclesias sive nonnulla monasteria quae a novo fundavit...	XVII-XIX (p. 57-61); XXVII-XXVIII (p. 70-72);
Restaurationes aliorum monasteriorum et caeterarum ecclesiarum...	XXVI (p. 68); XXIX (p. 73);
De qua tribu ortus et cum quibus edoctus et qualiter ad sacros ordines est consecratus...	I (p. 5-9);
Quantas res et cellulas seu monasteria ecclesiae... acquisivit...	VI (p. 20-21); XII (p. 44); XXX (p. 74-78); XLIII (p. 122);
Praecepta regalia et evindicationes quae... accepit...	IX-XI (p. 28-44); XIII-XV (p. 45-56); XXXVIII-XLII (p. 110-121);
Privilegia quae suis canonicis et monachis de rebus quas eis dedit... fecit...	XXXII (p. 79-86); XXXIV (p. 88-95); XXXVI (p. 98-109);
Praecepta regalia quae super his... accepit...	XXXIII (p. 86-88); XXXV (p. 96-97); XXXVII (p. 109-110).

On doit donc retrouver aussi dans les *Gesta Aldrici* le passage que la même analyse indique en ces termes :

Seu ordinationes episcoporum et sacerdotum et levitarum et reliquorum graduum...

Or, on ne le retrouve qu'au chapitre XLIV (Froger, p. 126) :

Predictus quoque Aldricus episcopus fecit ordinationes per diversa' et canonica tempora LX. Episcopus ergo sacravit VII, sacerdotes vero DCCC, levitas DCCCC, subdiaconos quoque et reliquos ordines prout necessitas poposcebat...

Donc le chapitre XLIV appartient encore à l'ouvrage.

Le chapitre XLV, au contraire, y est étranger. Ce chapitre est ainsi conçu (Froger, p. 127) :

De translatione corporis sancti Pavacii et dextri brachii sancti Liborii. — Anno incarnationis domini nostri Ihesu Xpisti DCCCXL, indictione III, anno vero imperii Hludowici piissimi augusti XXVII

et anno VIII Aldrici hujus parrochię episcopi atque *hujus* cenobii
fundatoris, vii videlicet iduum juliarum die, sollempniter translatum
est a prescripto episcopo et ab aliis episcopis et sacerdotibus et reliquis sacris ordinibus corpus sancti Pavatii et brachium dextrum
sancti Liborii in *hanc* sancti Salvatoris ęcclesiam, *hucque* in nobilissima urna decenter a prefixis episcopis et sacerdotibus subsequen-
tibus signis humatum, quorum precibus ab omnibus petimus libe-
rari malis et cunctis frui eternaliter bonis, ipso auxiliante cui est
honor et gloria in saecula saeculorum. Amen.

Il s'agit ici d'un monastère qu'Aldric avait fondé en 836, sous
l'invocation du Sauveur[1], et auquel il donna, en 840, comme
nous l'apprend ce passage même, des reliques de deux de ses prédécesseurs, saint Pavace et saint Liboire. Le nom du premier de
ces deux saints supplanta dans la suite le vocable du Sauveur, et
le lieu, situé dans la banlieue du Mans, au nord de la ville, s'appelle aujourd'hui Saint-Pavace. On remarquera les mots *hujus
cenobii, in hanc sancti Salvatoris ęcclesiam*, etc., qui indiquent un texte, ou écrit à Saint-Sauveur, ou destiné à y être lu ;
on n'observe rien de pareil dans les *Gesta*, qui commencent par
supposer que leur lecteur ne connaît même pas le nom du Mans.
Il faut remarquer aussi la formule de la date : Louis le Pieux est
donné comme vivant le 9 juillet 840, tandis qu'il était mort le
20 juin précédent. La nouvelle de sa mort n'était donc pas encore
connue : la rédaction est contemporaine des faits, ou à peu près.
Le style est celui d'un procès-verbal ; ajoutons d'un procès-verbal rédigé par l'évêque lui-même, puisque son nom n'y est accompagné d'aucune épithète louangeuse. Le plus probable est qu'Aldric, en transportant à Saint-Sauveur les reliques des saints
Pavace et Liboire, fit placer dans l'église du monastère une inscription commémorative de la translation qu'il opérait[2], et que
le chapitre xlv est simplement une copie de cette inscription.

Mais le fait relaté dans cette inscription n'a pas été connu de

---

1. *Gesta*, XVII, p. 58. — La construction du monastère fut commencée le
1er mai et dura quatre mois et demi ; le monastère fut consacré le 16 septembre (*ibid.*, et XXXIV, p. 89). Cette consécration est relatée, comme un fait
encore récent, dans un acte du 1er avril 837 (XXXIV, p. 95). La construction
du monastère avait donc eu lieu du samedi 1er mai au mercredi 15 septembre 836.

2. Cf. *Gesta*, XVIII, p. 59 : « Et eorum pignora in eis collocavit, quorum
nomina super ea actenus adscripta esse videntur. »

l'auteur des *Gesta Aldrici*. En deux endroits de son œuvre, il aurait eu, s'il l'avait su, l'occasion d'y faire allusion, et il n'en a rien dit. La première fois[1], il énumère les saints dont les reliques reposaient à Saint-Sauveur ; il ne nomme ni Pavace ni Liboire. Plus loin[2], il raconte la découverte et l'histoire des reliques de ces deux saints ; il ne parle pas de leur translation à Saint-Sauveur. Il a donc écrit avant cette translation (9 juillet 840) : et, en effet, le fait le plus récent dont il parle est du 20 février 840[3].

Les *Gesta Aldrici* se terminent donc au chapitre XLIV, et le chapitre XLV ouvre la série des additions.

L'ouvrage ne nous est pas parvenu complet. Le chapitre XLIV, qui, d'après ce qui vient d'être dit, est le dernier, porte le titre suivant (Froger, p. 122, 123) :

De ospitalium constitutione et receptione, et de sex sanctorum corporibus in sinu matris aecclesię delatis et collocatis quorum nomina hic habentur inserta, et de XII signis in clocariis matris ęcclesię collocatis per singulis horis reboandis, et de consecratione episcoporum et sacerdotum ac reliquorum graduum sive sanctimonialium, et de commemoratione dedicationum ęcclesiarum.

Des cinq objets ainsi annoncés, le texte que nous avons n'en traite que quatre : la construction de deux hôpitaux, la découverte et la translation de six corps saints, l'installation de douze cloches à la cathédrale, la consécration de plusieurs évêques, prêtres, clercs et religieuses. Le chapitre se termine ensuite brusquement, sans dire un mot du cinquième objet, *De commemoratione dedicationum ęcclesiarum*. Le copiste du manuscrit qui a servi de modèle au nôtre n'a donc pas seulement allongé l'ouvrage, en y ajoutant des suppléments, il en a tronqué la partie authentique.

Une autre lacune se trouve à la fin du chapitre XXVIII (p. 72). La dernière phrase annonce une liste de biens épiscopaux donnés par Aldric au monastère de Teloché, et cette liste manque :

Has ergo villulas et res jamdictus Aldricus episcopus prefixo monasteriolo et monachis inibi Domino degentibus per suum privilegium confirmavit, una cum licentiam domni Hludowici piissimi impera-

1. *Gesta*, XVIII, p. 59.
2. *Ibid.*, XLIV, p. 124.
3. *Ibid.*, XV, p. 50.

toris et una cum [con]sensu Ursmari sui metropolitani et ceterorum suorum conprovincialium sanctorum episcoporum, assensum etiam prebente universo ordini et clero sibi commisso sive cuncto cetu Cenomannico [*lisez* Cenomannica] in parrochia Domino militantium sacerdotum ac levitarum atque reliquorum sacrorum ordinum ministrorum, id est[1]. (*sic*).

La préface des *Gesta Aldrici* a été omise dans les éditions de Baluze et de Waitz ; MM. Charles et Froger l'ont imprimée les premiers, d'après le manuscrit, qui la donne immédiatement avant le premier chapitre (fol. 4 v°). L'*Histoire littéraire* la jugeait étrangère à l'œuvre[2] ; on ne voit pas le motif de ce jugement. Il est vrai qu'elle est inutile et ne contient que des banalités qui pourraient se mettre aussi bien en tête de tout autre écrit ; mais la gaucherie et l'incorrection qu'on y remarque[3] la rapprochent du reste du livre, plutôt qu'elles ne l'en distinguent.

Avant cette préface, le même manuscrit donne plusieurs pièces de vers composées en l'honneur d'Aldric et dont quelques-unes lui sont adressées. Ces poésies, connues aujourd'hui sous le nom de *Carmina Cenomanensia*[4], ne font pas pour la plupart partie des *Gesta,* mais elles contiennent quelques renseignements à noter, particulièrement sur la composition de cet ouvrage[5]. La

1. Le manuscrit (n° 99, fol. 24 r°) porte *id ē*, abréviation régulière de *id est*. Baluze a omis ces deux mots. MM. Charles et Froger ont lu *idem*, et, pour essayer de donner un sens à cette leçon, ils ont transporté ce mot en tête du chapitre suivant, devant ceux-ci : *Memoratus namque Aldricus*, etc. Mais *idem memoratus* serait un pléonasme, et notre auteur commet assez de fautes de langue par lui-même pour qu'on doive éviter de lui en imputer qu'il n'a pas commises.

2. [*Histoire littéraire de la France*, V, p. 146.]

3. Elles ne sont pas entièrement du fait de l'auteur, mais aussi du copiste. Il y a des fautes qu'il faut corriger par conjecture. Ainsi, au lieu de : *Apparuisset enim ad maxima pertingitur* (p. 2), il faut évidemment lire : *A parvis etenim ad maxima*, etc. — P. 4, c'est la ponctuation des éditeurs qui demande à être rectifiée : la citation de saint Grégoire ne commence qu'au mot *Quia* (ligne 2), et non au mot *qui* (ligne 1).

4. Elles ont été publiées par dom Piolin, *Histoire de l'église du Mans*, II, p. 535-546, puis par M. Dümmler, *Monumenta Germaniae*, in-4°, *Poetae Latini aevi Carolini*, II (1884), p. 623-635. On doit regretter que MM. Charles et Froger ne les aient pas reproduites ; elles n'auraient pas beaucoup grossi leur publication, et on aurait eu sous la main, dans un même volume, tout le contenu du ms. 99 du Mans.

5. *Carmina Cenomanensia*, n° VII ; Dümmler, II, p. 632.

dernière de ces pièces est un prologue des *Gesta*, que les divers éditeurs ont eu tort de ne pas reproduire, car, à la différence des autres poésies, il fait véritablement partie de l'ouvrage ; sa place est immédiatement avant la préface en prose[1].

En résumé, les *Gesta Aldrici* forment un ouvrage distinct. Ils ne nous sont pas parvenus complets.

Ce qui en reste est compris dans le manuscrit 99 du Mans, du fol. 4 v° au fol. 39 v°, et dans l'édition de MM. Charles et Froger, de la page 1 à la page 127[2] (préface et chapitres I à XLIV).

La date de la rédaction des *Gesta Aldrici* peut être fixée à quelques mois près.

Ils sont antérieurs à la mort d'Aldric (857). Au chapitre XXIII (p. 17), le biographe parle d'une cérémonie qui, « maintenant, » dit-il, se fait le 22 décembre, mais qui devra être transférée au jour anniversaire de la mort d'Aldric, « quand il aura plu à Dieu de l'appeler à lui : »

Predicta vero festivitas et antedicta refectio fratrum quę modo agitur in XII kl. die januariarum die (*sic*), que et una die anticipatur propter dedicationem prefixe matris et senioris civitatis ęcclesię, decretum et consideratum est a jamdicto Aldrico episcopo et a predictis sanctis coepiscopis et suis sacerdotibus et canonicis universis ut transferatur in diem depositionis ejus, quando eum Dominus de hoc seculo vocare voluerit...

D'ailleurs, ils sont mentionnés dans deux morceaux écrits l'un et l'autre du vivant d'Aldric : le chapitre XXIII des *Actus pontificum*, où l'analyse des *Gesta*, citée plus baut[3], est précédée de ces mots :

... Aldricus... cui Dominus, oramus, hanc degere vitam secundum suam voluntatem tribuat, et post hanc vitam ei concedat sempiternam...

et la pièce n° VII des *Carmina Cenomanensia*, où on lit d'abord :

Hinc bona plura sacer quę presul fecerit ipse,

1. N° XI ; Dümmler, II, p. 635 ; ci-après, p. 614.
2. En ajoutant au texte donné par ces éditeurs les six vers mentionnés dans la note précédente.
3. [Ci-dessus, p. 607.]

Ejus scripsere omnia discipuli...
Actibus ex ejus recte conscriptus opimis
Hinc a discipulis cuncta libellus habet...

et ensuite :

Hunc tu pontificem conserva, Xpiste redemptor...
Cumque suprema ejus viduaverit urna pupillas,
Eternam requiem cede, precamur, ei[1].

Ils sont antérieurs aussi à la mort de Louis le Pieux (20 juin 840), ou du moins au moment où la nouvelle de sa mort arriva dans le Maine : car on a vu que l'auteur n'a pas connu la translation de saint Pavace, faite le 9 juillet 840, à une date où l'on croyait Louis encore vivant. Le nom de l'empereur revient à chaque page, et il n'est jamais fait allusion à sa mort ; silence qui se remarque par le contraste avec le langage des additions, où plusieurs fois les continuateurs ont laissé voir qu'ils écrivaient sous un autre règne :

Temporibus Hludowici piissimi augusti subter inserta causatio vel evindicatio fuit de monasterio Anisolę[2]...

Exemplar precarie de villa Tridente, quam Aldricus episcopus Bavoni vasso dominico fecit, tempore Hludowici piissimi augusti[3]...

Precaria de villa Calisamen quam fecit Aldricus Cenomannicę sedis episcopus Acberto vasso dominico, tempore Hludowici piissimi augusti[4]...

Enfin, on y trouve beaucoup de chartes de Louis et pas une seule de Charles le Chauve. Toutes ces circonstances commandent de placer la rédaction des *Gesta* avant la mort de Louis le Pieux.

Mais ils sont de peu antérieurs à cette mort, car ils contiennent cinq documents de l'an 838 (un du 22 mars[5], un du 11 mai[6], trois du 7 septembre[7]) et un du 20 février 840[8]. Ce dernier seul peut faire difficulté. C'est une charte de l'empereur, datée du

1. Dümmler, II, p. 632.
2. *Gesta*, XLVII, p. 130-131.
3. *Ibid.*, LX, p. 174.
4. *Ibid.*, LXX, p. 191.
5. *Ibid.*, XLII, p. 119.
6. *Ibid.*, XLIII, p. 122.
7. *Ibid.*, XXXVII, p. 109 ; XXXIX, p. 112 ; XLI, p. 117.
8. *Ibid.*, XV, p. 50.

20 février dans l'an 23 de l'empire et dans la troisième indiction, données chronologiques dont la première répondrait à 837, la seconde à 840. Mais la date de lieu, Poitiers, ne convient qu'au 20 février 840 : le chiffre de l'année de l'empire a donc été mal copié. Cette pièce étant la seule de l'année 840, Waitz a supposé qu'elle avait été ajoutée après coup et que le corps de l'ouvrage s'arrêtait au plus tard à 838[1]. C'est une hypothèse gratuite. Puisque l'ouvrage contient une pièce du 20 février 840, il a été écrit après ce jour. Les *Gesta Aldrici* ont donc été rédigés, ou du moins achevés, entre le 21 février et le 8 juillet 840.

Un passage seul doit avoir été retouché à une date moins ancienne[2]. C'est la phrase déjà citée sur les ordinations faites par Aldric. Il fit, dit-on, cette cérémonie soixante fois, et il consacra sept évêques et plusieurs centaines de prêtres et autres clercs :

Predictus quoque Aldricus episcopus fecit ordinationes per diversa et canonica tempora LX.

Episcopos ergo sacravit VII, sacerdotes vero DCCC, levitas DCCCC...

D'après le formulaire de la cour de Rome, connu sous le nom de *Liber diurnus*, les *canonica tempora*, pour les ordinations de prêtres et de diacres, étaient au nombre de six, savoir : les quatre-temps, le commencement et le milieu du carême[3]. Du 22 décembre 832, date de sa consécration, au 8 juillet 840, Aldric aurait pu faire au plus, pendant les sept années de 833 à 839, six ordinations par an, soit quarante-deux, et, dans l'année 840, quatre : en tout, quarante-six. En ajoutant les sept consécrations d'évêques, qui avaient pu se faire hors des temps marqués, on

---

1. « Quae de a. 840. narrantur procul dubio post addita sunt. » *Monum. Germ.*, *Script.*, XV, p. 304, note 1.

2. Trois passages que M. Waitz cite (p. 304, note 3), comme trahissant une rédaction notablement postérieure, ne me paraissent pas avoir ce sens. Ils n'impliquent, entre les faits dont ils parlent et l'époque de la rédaction, qu'un délai indéterminé et qui peut être aussi court que l'on veut. Ce sont ceux-ci : « sicut in posteris actum esse Domino annuente probatur » (XLIV, p. 125); « et nomina super ea... ascribere jussit, que et adhuc... repperiri hodierna die queunt » (III, p. 14, 15); « nomina super ea actenus adscripta esse videntur » (XVIII, p. 59). — Le premier de ces passages a été également allégué, dans le même sens, par M. l'abbé Froger (p. xix, note 2).

3. « Ordinationes vero presbiterorum seu diaconorum non nisi primi, quarti, septimi et decimi mensum jejuniis, sed et ingresso quadregismali atque medianę, vespere sabbati, noverit celebrandas. » *Liber diurnus*, VI ; édit. Sickel (1889), p. 6 ; édit. E. de Rozière (1869), p. 27.

n'arriverait encore qu'à cinquante-trois ordinations au lieu de soixante. Mais le chiffre de six ordinations par an était un maximum qui ne devait pas être atteint chaque année; on peut supposer que cette cérémonie ne se faisait guère, dans chaque diocèse, plus de deux ou trois fois par an. Ainsi, le chiffre de soixante ordinations peut convenir assez exactement aux vingt-quatre ans d'épiscopat d'Aldric (832-857). Ce chiffre et ceux qui l'accompagnent n'ont donc été écrits qu'après la mort de l'évêque. On peut supposer que le biographe, comprenant que ces données statistiques seraient sans intérêt tant que durerait l'épiscopat du héros, avait eu la précaution de laisser les chiffres en blanc, et que ces blancs ont été remplis seulement lorsque la mort d'Aldric permit d'inscrire des chiffres définitifs.

S'il fallait en croire le titre, le livre qui nous occupe serait l'œuvre collective de plusieurs auteurs, les élèves de l'évêque Aldric : *Gesta domni Aldrici Cenomannicę urbis episcopi a discipulis suis.* Cette affirmation a été prise à la lettre par l'un des poètes des *Carmina Cenomanensia*, qui l'a reproduite dans les vers cités plus haut :

> Ejus scripsere omnia discipuli...
> Actibus ex ejus recte conscriptus opimis
> Hinc a discipulis cuncta libellus habet.

Mais on ne peut l'admettre : on sent dans tout le livre une même langue, un même style, une même inspiration. Dans la préface, d'ailleurs, l'auteur parle de lui-même au singulier :

> Coadjuvante divinitatis gratia scribere conor... Hęc enim dicendo et me pariter vobiscum admoneo...

et sa personnalité unique se montre encore plus nettement dans le prologue en vers :

> Ad te, Xpiste potens, lacrimas nunc fundo lugubres,
> Nisibus et totis *famulus* te posco *miseillus*,
> Qui facis infantum dissertas obtime linguas,
> Da *mihimet* verbi claram splendere lucernam,
> Ut valeam retinenda patris conscribere facta
> Presulis Aldrici Cenomannica rura regentis[1].

---

1. *Carmina Cenomanensia*, XI; Dümmler, II, p. 635.

Nous avons donc affaire à l'œuvre d'un seul auteur[1]. Cet auteur
était clerc et habitait le Mans, cela est évident à première vue.
Mais quel clerc manceau, du temps d'Aldric, pouvait mettre ses
écrits sous le nom des élèves, *discipuli,* de ce prélat? Un des
élèves en question? C'eût été manquer de modestie ou de discrétion : car c'était, s'il faisait des fautes, les mettre à la charge de
ses condisciples. Un seul homme avait le droit de prendre ce
pseudonyme, c'était le maître commun de ces élèves, l'évêque
lui-même. Il faut en conclure que les *Gesta Aldrici* sont une
autobiographie.

Plusieurs circonstances confirment cette supposition.

Et d'abord, les *Gesta* rapportent, sur certains faits de la vie
d'Aldric, des circonstances intimes, des épisodes qui n'avaient
pas eu de témoin[2], qu'il pouvait seul connaître et raconter. Si donc
il n'en avait pas écrit le récit, il faudrait au moins qu'il l'eût dicté.

En second lieu, si l'auteur habitait le Mans, il est sûr qu'il
n'était pas Manceau, puisqu'il écrivait : « episcopatum quoddam,
cujus vocabulum est Cenomannis. » Telle était la condition d'Aldric. Germain de naissance, il avait passé sa jeunesse à Aix-la-
Chapelle, puis à Metz[3]. Il n'avait dû le choix de son évêché qu'au
hasard, qui avait amené la vacance du siège juste au moment où
l'empereur Louis (dont il était le confesseur et dont il suivait la
cour) passait près du Mans. Étranger à son diocèse, il avait commencé à le connaître en même temps qu'à le gouverner.

Le style des *Gesta Aldrici* est, le lecteur a pu en juger, laborieux et parfois obscur. Ces caractères sont surtout sensibles
quand on le compare avec celui des *Actus pontificum.*

Dans ce dernier ouvrage, on sent du latin qui a été pensé en
français, c'est ce qui nous le rend facile à comprendre. Les *Gesta*
donnent au contraire l'impression d'un texte pensé dans une
langue étrangère, et sont en tout cas l'œuvre d'un latiniste
médiocre. Or, d'une part, Aldric était Germain ; d'autre part,
bien qu'il eût été placé quelque temps, à Metz, à la tête de l'école
épiscopale[4], sa culture philologique ne devait pas être très développée. Nourri à la cour depuis l'âge de douze ans, il n'était

1. En faveur de cette opinion, voir aussi Simson, p. 132.
2. *Gesta*, I, p. 6.
3. *Ibid.*, p. 6, 7.
4. *Ibid.*, p. 8, 9.

devenu clerc et ne s'était mis à l'étude de la « grammaire, » du chant romain et de l'Écriture sainte qu'à plus de vingt ans[1]. Les pièces des *Carmina Cenomanensia*, composées sous ses yeux, et dont il a accepté la dédicace, montrent qu'il n'était difficile ni sur la versification ni sur la latinité. Au surplus, sa vie est celle d'un homme d'action et non d'un homme de cabinet, fait pour le gouvernement et non pour l'étude.

On objectera un passage des *Gesta* qui est consacré à l'énumération de ses vertus. S'est-il donc loué lui-même ?

Prefatus ergo pontifex fuit vir mitissimus et sapiens valde, lingua eruditus, psalmos omnes per ordinem memoriter retinens et in eorum sensibus subtilissima exercitatione limatus, lingua quoque in lectione polita, et exortator omnium bonorum operum, plebique florentissime salutaria predicans fidei catholicę et apostolicę inmutilate conservare perhenniter, sua monita salutarla predicans, corda fidelium corroborans, ortodoxę fidei ęmulator ac defensor fortissimus, paupertatis amator et inerga inopem provisionem non solum mentes pietatem sed studii sui laborem sollicitus (*sic*), captivorum etiam redemptor, orphanorum quoque et viduarum largitor, necessaria tribuens, amator religiositatis xpistianę normę et religiose volentibus vivere Dei timore habere in suis precordiis dilecto residens (*sic*). Vir vero erat mitissimus atque suavis omnique bonitate ornatus, amator cleri omni (*sic*) populi xpistiani, tardus ad irascendum et velox ad miserandum, nulli pro malo malum reddens neque vindictam secundum meritum tribuens, sed pius et misericors omnibus erat, cunctos attrahens neminemque dissipans[2].

En voilà plus, je l'avoue, qu'un auteur d'aujourd'hui n'oserait en dire sur lui-même. Pourtant, je suis encore moins frappé des louanges données ici à Aldric que de la discrétion avec laquelle il est loué. Notons d'abord qu'il ne l'est dans aucun autre cha-

---

1. « Cantum quippe Romanum atque grammaticam sive divinę scripturę seriem humiliter discere meruit » (*ibid.*, p. 8). Ceci se place après sa tonsure, qui fut suivie au bout de deux ans de son ordination au diaconat, par l'évêque Gondulfe; après trois autres années, il fut fait prêtre par Drogon, successeur de Gondulfe. Celui-ci était mort en 825 : Aldric était donc devenu diacre au plus tôt en 822 et avait été tonsuré au plus tôt en 820. Il était né le 21 juin 800 (Froger, p. v). Selon le n° VII des *Carmina Cenomanensia*, il aurait été fait clerc à vingt ans, diacre à vingt-cinq, prêtre à trente (Dümmler, II, p. 631).

2. *Gesta*, II, p. 11.

pitre ; et, dans celui-ci même, il y a non des appréciations, mais des affirmations, des faits : on dit quelles étaient, parmi les vertus, celles qu'Aldric avait en estime particulière, qu'il se piquait de cultiver, qu'il se flattait de posséder. Est-il sûr qu'au IXᵉ siècle un homme d'une culture peu raffinée, mais fort de sa conscience, ne se crût pas en droit de se donner un pareil certificat ? Moins d'un siècle plus tôt, on avait vu en Germanie un évêque (ou prétendu tel) proclamer sa propre sainteté, distribuer au peuple un livre qu'il avait fait lui-même, et où il se qualifiait « praeclarum atque totum speciosum, ex electione Dei natum, sanctum episcopum, » dédier des églises sous sa propre invocation, enfin y déposer, comme reliques, des fragments de ses ongles et de ses cheveux[1]. L'âge où de pareilles énormités étaient possibles avait sans doute, sur les témoignages qu'on peut se rendre soi-même, une autre façon de penser que le nôtre.

Il faut distinguer les louanges précises, qu'on peut quelquefois s'accorder à soi-même, et les compliments, qu'on ne fait jamais qu'à autrui. Le compliment, c'est la louange banale, en termes sonores et vagues. Les *Gesta Aldrici*, que j'attribue à Aldric, ne contiennent pas de compliments à son adresse, tandis que les vers composés par ses élèves en sont pleins :

> Te nutrix igitur Mettis suscepit alendum
> Dum pocius studiis esset alenda tuis.
> Mox inibi meritis efferuit (*sic*) actio pulcris
> Vestra salutifero prorsus odore calens,
> Sicut odoriferis flagrantia balsama guttis
> Aera diffuso nectare sepe replent...
> Coeperat innumeras sensim volitare per auras
> Fama quidem dulcis, gratior atque favis...
>
> Cuspide nempe tuo contagia dira fatescunt...
> Quam felix cuneus tali sub presule pollens,
> Cujus et altithronus est via, forma, salus[2]...
>
> Mater Gerhildis nomine dicta fuit...
> O felix venter, qui talem fundere partum

1. *Acta synodi Romanae*, 25 oct. 745, dans *Bonifatii et Lulli epistolae :* Jaffé, *Bibliotheca rerum Germanicarum*, III (1866), p. 139, 142 ; *Monumenta Germaniae*, in-4°, *Epistolae Merowingici et Karolini aevi*, I (1892), p. 318, 319.
2. *Carmina Cenomanensia*, V ; Dümmler, II, p. 625, 626.

Promeruit, mundo qui foret altus honor,
Quique daret populis mox gaudia plurima, natus
   Iohanni similis pluribus indiciis...

Exemplum cunctis, norma salutis erat.
Ingentes animos angusto in pectore versans,
   Hinc nova res populis miraque valde inerat...

Ignis et accensus modio non subditur unquam...
Candelabro lucens sed supraponitur alto
   Ut spargat cunctis lumina clara satis :
Haud secus Aldrici volitat dum fama per orhem,
   Excelsum currens venit ad usque polum[1]...

Enfin, l'auteur s'est trahi dans deux passages, l'un de la préface, l'autre du livre même. Dans le premier, il parle à ses
« élèves » et leur adresse des exhortations. Il avoue donc qu'il
est leur maître :

Primitus, quasi ad discipulos loquens, hortor ne parva fastidiendo
despiciant, ut ad majora utilius ac sagatius conscendere valeant[2]...

Dans l'autre, plus catégorique encore, le nom d'Aldric est
accompagné de l'épithète « pécheur, » et l'on demande à Dieu le
pardon de ses « crimes. » Comme l'a remarqué Waitz, cela ne
peut avoir été écrit que par lui[3].

Ad has ergo festivitates consideratum et decretum est ut predicti
sacerdotes revestiti mane prima conveniant... et supradicta officia
pro Aldrico episcopo mane prima ante horam terciam faciant, orantes
humiliter et supplicantes flexisque poplitibus Domini misericordiam
obsecrantes, tam sacerdotes cuncti quam et reliqui clerici omnes, ut
absolvat Dominus animam Aldrici peccatoris episcopi ab omni vin-
culo delictorum[4]...

---

1. *Ibid.*, VII, p. 629, 631.
2. Froger, p. 1. Plus loin (p. 3, ligne 1), l'auteur revient à sa fiction : « Ita
et vos seniores vel mei condiscipuli, non neglegamus percurrere parvulas sive
minimas scedulas... » Suivent des exhortations morales, qu'un *discipulus* ne se
permettrait pas d'adresser à ses *seniores* : « Hęc enim dicendo et me pariter
vobiscum admoneo ne torpor aut negligentię fastidium mentis nostrę aciem
obnubilet, » etc.
3. « Quod nemo nisi ipse scribere potuit. » *Monum. Germ., Script.*, XV,
p. 304, note 2.
4. *Gesta*, XXV, p. 67. Pour le même motif, on ne peut attribuer qu'à Aldric

L'auteur des *Gesta Aldrici* est donc l'évêque Aldric.

Son objet, en écrivant cette autobiographie, a été de consigner la mémoire de ce qu'il avait·fait pour le bien spirituel et temporel de son diocèse. Il a raconté non sa vie, mais sa gestion. Il devait son évêché à la faveur de l'empereur Louis le Pieux, qui lui témoignait une affection particulière. Né d'une famille noble et apparentée à la dynastie carolingienne[1], il avait passé son adolescence à la cour impériale[2]. L'empereur avait d'abord voulu l'attacher au service de l'État[3], lui avait ensuite donné une prébende dans le clergé de Metz, puis l'avait fait son confesseur[4]. Quand l'évêché du Mans fut vacant, Louis fut si pressé d'en faire don à son favori que celui-ci en fut investi deux jours après la mort de son prédécesseur[5]. La fidélité d'Aldric répondit aux bienfaits qu'il avait reçus. En 833, au fameux « champ du Mensonge, » Louis, attaqué par ses fils, se vit trahi par son armée et sa cour ; seuls, quelques évêques, en très petit nombre, lui restèrent fidèles ; Aldric fut de ce petit nombre[6]. Dans ces luttes, qui avaient pour principe l'irritation des fils aînés de Louis le Pieux contre leur marâtre, l'impératrice Judith, et leur frère du second lit, Charles le Chauve, Aldric fut toujours, ainsi que l'empereur lui-même, du côté de Judith et de Charles. Par sa mère, il était compatriote de Judith, et il ne serait pas impossible qu'il fût aussi son parent[7]. Dans ses *Gesta*, il est question deux fois

le n° IV des *Carmina Cenomanensia*, où on lit : « Aldricique tui famuli memor esto benignus Dans veniam scelerum... » (Dümmler, II, p. 625).

1. « Regia ex projenię ortus·atque aliis nobilissimis ex parentibus... » *Gesta*, I, p. 5.

2. *Ibid.*, p. 5 et suiv.

3. *Ibid.*, p. 7.

4. *Ibid.*, p. 7, 9.

5. « Et in tertia die, hora tertia, Aldrico sacerdoti, successori scilicet suo, in Turonica urbe... episcopatus est canonice et regulariter datus... » *Actus pontificum*, XXII ; *Vet. Anal.*, in-8°, III, p. 274. — « Nec magis ergo fuit sedes sine presule dicta Quam geminos Xpisto auxiliante dies. » *Carm. Cenom.*, VII ; Dümmler, II, p. 632. — Son prédécesseur, Francon II, étant mort le 6 novembre 832 (*Actus, ibid.*), il en résulte que l'investiture de l'évêché fut donnée à Aldric le vendredi 8 ; la présence de Louis le Pieux à Tours le 8 novembre 832 doit être ajoutée à ce que nous savions déjà de l'itinéraire de ce prince (Mühlbacher, p. 326). Le sacre d'Aldric eut lieu au Mans, six semaines plus tard, le dimanche 22 décembre 832 (*Gesta*, I, p. 10).

6. Mühlbacher, *Regesten*, I, p. 332, n° 896c.

7. « Natione patris ex parte Francus sive Saxho, matris quoque ex parte

des prières à faire « pour le seigneur Louis, empereur, pour sa
femme, l'impératrice Judith, et pour leur noble fils, le glorieux
roi Charles[1]; » il n'est pas dit un mot de Lothaire ni de Louis
le Germanique. Louis le Pieux mourant recommanda Aldric à
Charles, et l'évêque, après la mort de son protecteur, eut à souffrir de sa fidélité au jeune roi[2].

Voilà donc un prélat de cour, appelé par la faveur impériale
à un évêché riche, dans une contrée à laquelle aucun lien ne l'attachait, où l'on parlait une autre langue que la sienne, loin de
son pays d'origine et des résidences ordinaires du prince. Beaucoup d'autres, à sa place, n'auraient vu dans ce beau poste qu'une
source de revenus à recueillir, pour les dépenser à la cour, en
abandonnant aux clercs du pays l'administration effective du diocèse. Mais Aldric n'était pas d'un tempérament de sinécuriste.
A peine nommé, il s'occupa de mettre l'ordre dans son diocèse,
de reconstituer le temporel de l'évêché, de réformer le clergé
séculier et régulier, de bâtir des églises, de fonder des couvents,
d'élever des constructions d'utilité publique, d'améliorer la condition morale et matérielle de ses ouailles. Il ne se servit de la
faveur de l'empereur que pour assurer, par des privilèges impériaux sollicités et concédés à propos, la stabilité de ses réformes
et de ses fondations. Il déploya dans ces entreprises, — du moins
pendant les huit premières années de son épiscopat, celles que
nous connaissons le mieux, — une activité peu commune, et il
avait le droit d'en être fier.

Tout cela, il est vrai, ne nous est connu que par son témoignage. Mais il n'a relaté que des faits précis et patents, qui étaient
de notoriété publique. Il ne lui aurait pas été possible de les altérer. Rien n'invite à douter de sa bonne foi. Ses récits ont l'accent de la sincérité[3]; la lecture de son œuvre inspire la confiance

---

Alamannus atque Baiuvarius. » *Gesta*, I, p. 5. — Judith, par sa naissance, se
rattachait à la fois à la noblesse alamanne, bavaroise et saxonne : Simson,
Jahrbücher des fränkischen Reichs unter Ludwig dem Frommen, I (1874),
p. 146. — Cf. ci-dessus, p. 619, note 1.

1. « Pro domno Hludowico imperatore sive pro ejus conjuge Judith impera-
trice atque pro nobilissima prole eorum Karolo glorioso rege. » *Gesta*, XXIX,
p. 73. — « Pro domno Hludowico imperatore seu pro filio ejus Karolo. »
Ibid., XXVIII, p. 72.

2. Additions aux *Gesta*, LXVII, p. 164.

3. En deux endroits (II, p. 12, et XVIII, p. 59), l'auteur rapporte de prétendus miracles, que nul ne fera difficulté de croire, car ils n'ont rien de mira-

dans sa parole, non moins que l'estime pour ses vertus, dont il a eu seulement le tort de se vanter un peu trop haut et un peu naïvement.

A quelle occasion a-t-il écrit cette autobiographie, ou, si l'on veut, cette apologie ? On ne peut faire là-dessus que des conjectures. J'en proposerai une. L'évêché du Mans avait été donné à Aldric en 832, pendant une expédition de Louis le Pieux en Aquitaine : la concession princière avait été faite à Tours, et, quelque temps après, l'empereur était venu passer plusieurs jours au Mans, où son favori, à peine installé, lui avait fait les honneurs de sa nouvelle résidence. Depuis lors, sept ans s'étaient écoulés sans que l'empereur eût l'occasion de revenir du côté du Maine ; Aldric n'avait pu revoir son bienfaiteur qu'à la cour, il ne lui avait pas été donné une seconde fois de le recevoir dans son diocèse. Mais il pouvait espérer que cela lui serait donné en 840. L'empereur passa la plus grande partie de l'hiver de 839-840 à Poitiers, où il vit Aldric et lui accorda de nouvelles grâces pour son église. Il se disposait à y rester jusqu'à la fin du carême de 840. Il fut obligé d'abréger son séjour et de marcher en hâte vers la Germanie, pour réprimer une tentative de révolte de son fils Louis, et il mourut quatre mois après[1]. Mais ce départ fut soudain et imprévu : avant de recevoir les mauvaises nouvelles qui modifièrent ses résolutions, Louis le Pieux avait dû projeter un retour plus lent, et peut-être comptait-il passer par le Mans, ou du moins Aldric pouvait-il se flatter qu'il y passerait. N'était-ce pas pour l'évêque une occasion naturelle d'offrir à l'empereur le compte rendu de sa gestion, de lui montrer quel usage il avait fait de la dignité qu'il tenait de sa confiance ? L'hommage aurait été digne du prince et du prélat, qui tous deux ont su se recommander à l'estime de l'historien par une même qualité, le dévouement aux devoirs de leur charge.

Si les *Gesta Aldrici* sont, comme je le crois, l'œuvre d'un homme honnête et digne de foi, les chartes qui y sont alléguées

culeux. C'est une marque de sa bonne foi : un imposteur n'eût pas craint d'inventer des faits franchement merveilleux. — Notons aussi les soins minutieux qu'il prend pour s'assurer, après sa mort, des messes et des prières pour le repos de son âme (*Gesta*, XXIII-XXV, p. 64-67 ; Bouquet, *Recueil des historiens*, VII, p. 607) : c'est l'indice d'une âme timorée, et non d'une conscience sans scrupules.

1. Mühlbacher, *Regesten*, I, p. 369.

doivent être toutes authentiques[1]. L'opinion courante veut, au contraire, qu'il y en ait une partie de fausses. La question est assez grave pour mériter un examen à part.

§ 3. — *Les chartes des « Gesta Aldrici. »*

Les chartes insérées dans les *Gesta Aldrici* sont au nombre de dix-neuf, dont quatorze de l'empereur Louis le Pieux (de 832 à 840), trois de l'évêque Aldric (837 et 838) et deux de l'évêque Domnole (572 et 581).

Sur les quatorze chartes attribuées à Louis le Pieux, trois, selon M. Th. de Sickel, seraient fausses, quatre douteuses et sept authentiques.

On ne saurait trop hautement reconnaître les services que M. de Sickel a rendus à la diplomatique des Carolingiens, la pénétration dont il a fait preuve dans ses recherches, la lumière que ses travaux ont jetée sur toutes les questions qui se rattachent à cet ordre d'études. Mais on ne peut se défendre d'éprouver autant d'inquiétude que d'admiration quand on voit le critique pousser la confiance en sa méthode jusqu'à prétendre, à plus de mille ans de distance, reconnaître des faux fabriqués quelques années au plus après la date qu'ils portent. En effet, le signe le plus sensible auquel on reconnaît habituellement les chartes fausses, ce sont les anachronismes : les faussaires, voulant imiter les formules et le style des actes d'une autre époque, n'ont pas su le faire adroitement, et la science des diplomatistes les prend en défaut. Ici l'on suppose un contemporain de Louis le Pieux, un personnage influent de sa cour, un évêque, son parent, son confesseur et son favori, qui veut contrefaire les actes mêmes de cet empereur, ceux qu'il voit expédier journellement auprès de lui et, pour ainsi dire, sous ses yeux. Les moyens d'information, les modèles à copier s'offraient à lui en abondance. Pour les imiter de travers, pour se trahir et donner prise, il aurait fallu qu'il fût extraordinairement maladroit[2]. Tenter aujourd'hui de discer-

---

1. « In genuina Gestorum parte... neque quidquam aperte falsi refertur. » Waitz, p. 305.

2. Cf. Sickel, *Acta Karolinorum*, II, p. 289 : « ... es vollends leicht war für die Zeit Ludwigs sich gute Vorlagen zu verschaffen und mit den Gebräuchen der Kanzlei vertraut zu machen. »

ner des pièces forgées dans ces conditions, n'est-ce pas une entreprise téméraire et chimérique ?

D'autre part, il a dû arriver très rarement que des pièces
fussent forgées dans ces conditions. Car, autant le faux fabriqué
à la date même ou tout près de la date qu'il porte a de chances de
faire illusion aux modernes, autant il serait difficile, pour ne pas
dire impossible, de le faire accepter des contemporains. Au temps
où ont été écrits les *Gesta Aldrici*, Louis le Pieux vivait, la
plupart des fonctionnaires employés dans sa chancellerie vivaient :
ils pouvaient rendre témoignage de ce qui avait été concédé,
expédié et scellé depuis huit ans, et ce témoignage eût, à la première occasion, confondu le faussaire. Il y avait au Mans un
comte, nommé par l'empereur et chargé par lui du gouvernement
de la province. D'importantes concessions de droits, comme celles
qui font l'objet de nos chartes, ne pouvaient guère être expédiées
et reçues sans qu'on prît soin de les lui notifier ; aurait-il admis
la production tardive de ces pièces, s'il n'en avait eu, à la date
de leur expédition, aucune connaissance ? En cas de contestation,
les autorités judiciaires n'auraient pu se contenter, pour des
pièces aussi récentes, qu'on leur produisît des copies : il aurait
donc fallu forger de faux originaux, falsifier les souscriptions,
falsifier le sceau ? toutes circonstances qui augmentaient d'abord
la difficulté de la falsification, ensuite, en cas de découverte, les
dangers auxquels s'exposait le faussaire. Enfin, l'église du Mans,
dans l'intérêt de laquelle on suppose qu'auraient été commis des
méfaits aussi audacieux, avait alors pour chef un prélat fort bien
en cour, comblé des marques de la bienveillance princière, un
évêque à qui l'empereur accordait en mainte occasion, — les
diplômes non contestés sont là pour en faire foi, — des faveurs
analogues à celles qui font l'objet des prétendus apocryphes.
Quand on n'a qu'à demander des privilèges pour les obtenir, quel
besoin aurait-on d'en fabriquer de faux ?

Ainsi, *a priori*, il est très invraisemblable qu'Aldric ait inséré
dans ses *Gesta* de fausses chartes de Louis le Pieux ; et, s'il
l'avait fait, il serait très invraisemblable que la critique moderne
fût en état de les discerner. Cela dit, voyons les raisons particulières pour lesquelles l'éminent diplomatiste croit pouvoir taxer
de faux, plus spécialement, tel ou tel document.

Les *Gesta Aldrici,* chapitres XII à XIV (Froger, p. 44-49),
rapportent deux chartes accordées par Louis le Pieux en 836,

pour assurer à l'évêché du Mans la possession d'un monastère dont il sera plusieurs fois question dans ce mémoire, le couvent de femmes de Notre-Dame, situé entre l'enceinte de la ville et la Sarthe. La première est un acte de donation, la seconde un acte de restitution. Aldric, est-il dit, avait sollicité d'abord la donation, parce qu'il croyait que le monastère appartenait au fisc et que le prince pouvait en disposer. Puis, ayant retrouvé dans les archives épiscopales des pièces qui établissaient les droits anciens de l'évêché sur ce même monastère, il modifia sa demande et sollicita, non plus un don, mais une restitution. Louis le Pieux, qui avait déjà accordé la première requète, accueillit non moins favorablement la seconde. C'est ainsi que les deux chartes furent expédiées l'une après l'autre, la première le vendredi 17 mars 836[1], la seconde le mercredi 22 mars de la même année[2], et qu'elles ont été insérées textuellement à la suite l'une de l'autre dans les *Gesta Aldrici* :

Primo siquidem hoc accepit preceptum, quoniam putabat quod predictum monasteriolum donatio regum et fiscus esset imperatorum. Sed postquam invenit traditiones et precarias sive privilegia et strumenta multarum cartarum in vestigario sive armario predictę ęcclesię, qualiter prefatum monasteriolum sanctę Marię ad jamdictam matrem et civitatis ęcclesiam a Deo devotis et liberis atque nobilibus utriusque sexus hominibus traditum fuerat, aliud inde accepit preceptum, sicuti in eo continetur insertum.

Écoutons maintenant M. de Sickel : « D'après l'un des deux diplômes, dit-il, Louis aurait donné le monastère à l'évêque, et, d'après l'autre, cinq jours plus tard, il le lui aurait restitué. L'invraisemblance de ce procédé n'est pas diminuée par l'explication encore plus invraisemblable qu'en donne le biographe et oblige de sacrifier l'une des deux chartes comme fausse. Or, comme le texte de la charte de restitution ne soulève aucune difficulté, tandis que l'autre contient des formules de notification et d'annonce insolites, ainsi que des tournures peu usuelles, je me décide en faveur de la première[3]. » Voilà tout ; il n'en a pas

---

1. Sickel, II, p. 397, n° 3 ; Mühlbacher, p. 352, n° 926.
2. Sickel, p. 190, n° 344; Mühlbacher, p. 352, n° 927.
3. « Die betreffende Quelle enthält zwei auf das mon. S. Mariae et S. Petri in suburbio bezügliche Diplome, nach deren einem Ludwig das Kloster dem Bischof geschenkt, nach deren anderem er es ihm fünf Tage später restituiert

fallu davantage pour condamner une pièce. Ce n'est vraiment pas assez.

L'argument des formules et tournures insolites (on n'en cite qu'une seule) a si peu de poids aux yeux du critique lui-même, qu'il ne l'indique qu'accessoirement, comme un expédient pour se décider entre deux probabilités à peu près égales. Quant à l'invraisemblance, c'est un argument peu convaincant, car il est tout subjectif : ce qui paraît invraisemblable à un critique peut être vraisemblable aux yeux d'un autre. Il n'est certes pas invraisemblable qu'Aldric ait trouvé dans son évêché les archives en désordre ; c'est un accident auquel les dépôts d'archives sont exposés en tout temps et en tout pays. Il n'est pas moins vraisemblable qu'un prélat actif et zélé comme lui se soit occupé d'y remettre l'ordre et de savoir ce qu'elles contenaient, et, qu'en faisant ce classement, on ait mis la main sur des titres dont on ignorait l'existence ; on verra plus loin que ces découvertes furent facilitées, à l'insu d'Aldric, par l'industrie d'un clerc trop habile. Si, parmi les pièces retrouvées, il en était qui paraissaient établir ses droits sur des biens qu'il avait d'abord sollicités en pur don, il dut s'empresser de modifier sa requête et de demander une restitution au lieu d'une donation. Mais, comme il était loin de la cour et que peut-être, en ce siècle comme en d'autres, les bureaux n'expédiaient pas toutes les affaires avec une extrême célérité, la première demande aura pu suivre son cours après que la seconde était déjà formée, et aboutir quelques jours seulement avant celle-ci ; de sorte que les deux actes, contradictoires en la forme, d'objet identique au fond, auront été expédiés, comme nous les lisons, presque sous la même date. Dans tout ceci, rien d'invraisemblable, rien que de normal et de naturel.

Ce qu'on aurait plutôt le droit de déclarer invraisemblable, c'est ce que suppose M. de Sickel, la fausseté de l'une des deux chartes et l'authenticité de l'autre. Précisément parce qu'elles

haben soll. Die Unwahrscheinlichkeit dieses Vorganges wird durch die noch unwahrscheinlichere Erklärung des Biographen (s. Baluze l. c. 33 [XII, p. 45], vgl. die analoge Erzählung ibid. 17 [VI, p. 21]) nicht gemindert und nöthigt eine der beiden Urkunden als Fälschung preiszugeben. Da nun der Wortlaut von L. 344 in keiner Weise Anstoss erregt, das andere Stück aber ungewöhnliche Publications- und Ankündigungsformeln und nicht übliche Wendungen (wie rebus immobilibus ac seipsas moventibus) enthält, entscheide ich mich zu Gunsten des ersteren. » Sickel, *Acta Karolinorum*, II, p. 351.

font double emploi, la possession de l'une rendait l'autre inutile, et le faux aurait été commis sans but appréciable ; la remarque en a été faite par un disciple de M. de Sickel, M. le professeur Mühlbacher[1]. L'avantage qu'elles offraient l'une et l'autre à l'évêché n'était même pas équivalent : la restitution était doublement préférable à la donation, d'abord parce qu'elle consacrait l'ancienneté des droits dont il s'agissait, ensuite parce qu'elle confirmait implicitement d'autres pièces qui y sont visées, et qui pouvaient avoir besoin de confirmation. Ainsi un évêque, ou ses clercs, en possession d'un titre authentique excellent, se serait avisé d'en fabriquer par surcroît un faux, beaucoup moins bon que le vrai : et c'est en invoquant la vraisemblance qu'on prétend faire accepter cette singulière hypothèse !

Certes, les deux actes expédiés par la chancellerie de l'empereur, à moins d'une semaine d'intervalle, s'accordent mal ensemble. Mais, plus le désaccord est visible et le contraste choquant, moins il est possible de songer à un faux ; la faute eût été trop grossière et l'imposteur trop malhabile. L'ingénuité avec laquelle sont exposées l'erreur commise et la rectification témoigne de la sincérité du narrateur. Les deux chartes sont également authentiques[2].

Les deux autres chartes de Louis le Pieux condamnées par M. de Sickel se rattachent au différend entre l'évêché du Mans et l'abbaye de Saint-Calais, dont il a été parlé dans le n° IV de ces *Questions*. L'une, en date du 7 septembre 838, est l'acte même par lequel l'empereur reconnaît les droits anciens de l'évêché sur l'abbaye, et, en conséquence, la lui restitue[3]. L'autre, du 20 février 840, est une confirmation générale des biens de l'évêché, parmi lesquels est compris Saint-Calais, avec la mention de la restitution qui en a été faite[4]. Contre l'authenticité de ces deux pièces, le savant professeur et son école allèguent :

1° Qu'elles mentionnent et confirment de prétendues chartes antérieures, lesquelles sont fausses[5] ;

---

1. « Der zweck der fälschung ist allerdings nicht gut abzusehen. » Mühlbacher, *ibid.*, n° 926.

2. Cf. Waitz, p. 315, note 1 : « De chartis Ludovici a. 836, Mart. 17. et 22., quarum prima (*sic*), nescio an recte, falsa creditur... »

3. *Gesta*, XXXIX, p. 112; Sickel, p. 398, n° 5; Mühlbacher, p. 360, n° 951.

4. *Gesta*, XV, p. 50; Sickel, p. 398, n° 6; Mühlbacher, p. 369, n° 972.

5. Sickel, p. 353, 400; Mühlbacher, ibid.

2° Qu'elles sont en contradiction avec le jugement rendu par la cour du roi Charles le Chauve, le 29 octobre 863, pour l'abbaye de Saint-Calais, contre l'évêque du Mans[1];

3° Qu'elles contiennent quelques expressions peu ordinaires dans les chartes impériales de ce temps[2].

La première allégation est exacte, mais non probante. L'une et l'autre pièce mentionnent, il est vrai, des chartes, les unes des temps mérovingiens, les autres de Charlemagne, dont nous retrouverons le texte dans les *Actus pontificum,* et qui sont certainement apocryphes. Mais, de ce qu'une pièce vise des pièces fausses, il ne résulte pas qu'elle soit fausse elle-même; il suffit que l'autorité dont elle émane ait manqué de critique ou ait été mal informée. La chancellerie de Louis le Pieux était exposée à cet accident; c'est l'opinion de M. de Sickel lui-même. On a vu qu'il admet l'authenticité de la charte du 22 mars 836, par laquelle l'empereur rend à l'évêque du Mans le monastère de Notre-Dame[3]. Or, cette charte vise des pièces mérovingiennes, qui seront pareillement examinées plus loin à propos des *Actus pontificum,* et qui ne sont pas moins fausses que les titres relatifs à Saint-Calais. Inutile donc d'insister sur cet argument.

Le suivant témoigne d'une confiance très grande, — trop grande, — dans la justice royale au temps des Carolingiens. Il est vrai, le jugement de Louis le Pieux en 838 et celui de Charles le Chauve en 863 sont en contradiction : le premier dit que l'abbaye de Saint-Calais a toujours appartenu à l'évêché du Mans et déclare la lui restituer; le second affirme que la même abbaye a toujours appartenu au roi et que, quand l'évêque l'a obtenue, ç'a été, non à titre de restitution, mais à titre de bénéfice ou don précaire :

838 : ... Hludowicus divina repropiciante clementia imperator augustus... Notum esse volumus... quoniam adiens serenitatem nostram Aldricus venerabilis Cęnomannicę urbis episcopus... obtulit obtutibus majestatis nostrę... domni et genitoris nostri Caroli piis-

---

1. Sickel, p. 353, 399, 400.
2. Sickel et Mühlbacher, ibid.
3. Cf. Sickel, p. 351, à propos d'une autre charte (p. 74, note 28) : « Oder sollte etwa Alderich eben durch Fälschung von Urkunden der Vorgänger das Diplom Ludwigs erwirkt haben? » Oui, sauf que le faussaire n'est pas Aldric, mais un de ses clercs, l'auteur des *Actus pontificum ;* voyez ci-après § 4.

simi augusti inquisitionem atque supranominatum preceptum, per quod, ut jam dictum est, prescriptum Anisolę monasterium memorate matri ęcclesię sollepniter et legaliter reddidit... Quę ita liquidius cognoscentes... decernimus atque sanccimus ut memoratum monasterium Anisolę, quod aliquandiu ab eorum jure et dicione subtractum fuerat, abhinc in posterium habeant, possideant[1]...

863 : Cum resideret excellentissimus ac gloriosissimus rex Karolus in Vermeria palatio in conventu venerabilium archiepiscoporum, episcoporum, abbatum... cum illustribus comitibus et vassis dominicis... ventilare coepit controversiam ortam inter Rotbertum Cenomannicum episcopum et Ingelgarium monasterii sancti Charilefi abbatem... Interrogatus... abbas respondit per obedientiam et munificentiam ipsius regis sub monastica professione se ipsum tenere monasterium et exinde ei debitum exhibere famulatum. Tunc surgens gloriosus rex stetit ante praedictos judices et manifeste ostendit ex parte attavi, avi et genitoris jure hereditario sine ullo censu se ipsum possidere monasterium ac singillatim monachis abbatibus illud gubernandum commisisse, addiditque quod... Rotbertus... ipsum monasterium petierit ac illud ei, non restituendo, sed beneficii nomine largiendo commiserit... Tunc domnus rex interrogando adjuravit Wenilonem Senonensem et Helmeradum Ambianensem et Herpuinum Silvanectensem episcopum, qui temporibus piissimi imperatoris Hludowici fuerant, Adalardum quoque illustrem comitem secretorum ejus conscium et administrum, qui veraciter testati sunt ipsum monasterium praescripto Haldrico non restitutionis, sed beneficii nomine largitum... His ita elucidatis, reverendi antistites et nobilissimi proceres et ceteri assistentes apertissime cognoverunt cognoscentesque affirmaverunt regiam ejusdem monasterii praeponderare possessionem[2]...

Mais il ne faut pas perdre de vue la différence des situations aux deux époques. — En 838, l'évêque du Mans est un favori de l'empereur, son ancien confesseur, un des rares fidèles qui ne l'ont pas abandonné au plus mauvais moment de son règne. Il présente, à l'appui de ses prétentions sur Saint-Calais, des titres anciens, que nous savons, nous, être faux, mais dont la fausseté n'était pas évidente pour des hommes de son temps[3], puisque des titres

---

1. *Gesta*, XXIX, p. 113-115.
2. Ci-dessus, p. 599, note 1.
3. Il les croyait lui-même authentiques et les alléguait de bonne foi (p. 627, note 3, et ci-après, § 4, [p. 667-668, p. 682]).

aussi peu authentiques, produits deux ans auparavant pour justifier des prétentions analogues sur le monastère de Notre-Dame, avaient été admis et confirmés par la chancellerie impériale. Il est naturel que sa demande ait été accueillie favorablement et qu'il ait obtenu la restitution de Saint-Calais, comme il avait obtenu celle de Notre-Dame. Vingt-cinq ans plus tard, tout est changé. Le roi Charles a succédé à l'empereur Louis, et l'évêque Robert à l'évêque Aldric. Ce Robert, en cherchant un appui à Rome, s'est attiré l'inimitié de l'impérieux prélat qui domine l'esprit de Charles et qui gouverne l'Église de France, le célèbre Hincmar, archevêque de Reims[1]. Les moines de Saint-Calais, adversaires de l'évêque du Mans, ont eu le bon esprit de placer leur cause sous la protection du roi, et celui-ci, dès le début du procès, manifeste hautement la faveur qu'il leur porte. Par une déclaration en termes explicites, il fait connaître très précisément aux juges en quel sens il lui sera agréable de les voir prononcer. A partir de ce moment, le procès-verbal officiel ne nous fait plus voir qu'un simulacre de justice. L'évêque renonce à plaider ; la cour lui nomme un avocat ou procureur d'office, mais celui-ci prend si peu son rôle au sérieux qu'après avoir formulé la demande qu'il est censé devoir soutenir, il n'ouvre plus la bouche que pour l'abandonner sans discussion et acquiescer aux conclusions de ses adversaires[2]. C'est dans ces conditions que le roi demande aux quelques survivants du temps de son père de déclarer, non pas si celui-ci avait donné Saint-Calais à l'évêque Aldric (cela n'est pas contesté), mais s'il l'avait donné à titre de restitution (ce que lui-même il nie), ou à titre de don (ce qu'il affirme). Aucun de ces témoins n'avait eu de motifs pour s'intéresser particulièrement aux détails de l'affaire et en garder un souvenir précis : trois étaient des prélats, titulaires de diocèses éloignés du Mans, le quatrième un laïque, le comte Adalard. Mais, après les paroles du roi,

1. *Questions mérovingiennes,* IV (*Bibl. de l'Éc. des chartes,* XLVIII), p. 15.
2. « ... Ipsum monasterium praescripto Haldrico non restitutionis sed beneficii jure largitum. Interrogatus quoque idem advocatus episcopi et Witto ejus homo id ipsum professi su'nt... Advocatus igitur episcopi veridica professus est ratione non habere se vera et legitima instrumenta, per quae idem monasterium tenere posset, unde et se concredidit, et nulla principis aut judicum vi aut oppressione, sed propria voluntate et justo omnium assistentium judicio, easdem res cum querela warpivit. » *Questions mérovingiennes,* IV, p. 96; *Bibl. de l'École des chartes,* XLVIII, p. 246.

tous. quatre n'avaient que le choix de lui plaire en parlant comme lui, ou de lui infliger l'outrage d'un démenti public. Est-ce avoir bien mauvaise opinion du siècle de Charles le Chauve que de dire qu'en pareilles circonstances le témoignage de quatre courtisans, en présence du prince, n'offre pas tous les caractères dé la certitude?

Mais, dira-t-on, la sentence de 863 a déclaré faux les titres produits par l'évêque du Mans dans l'affaire de Saint-Calais[1], et à bon droit, puisque ces titres, tels qu'on les lit dans les *Actus pontificum*, sont rejetés par les diplomatistes. Or, l'acte de restitution de 838 devait être du nombre des pièces produites alors par l'évêque. Il est donc compris dans cette condamnation? Sans doute; mais la cour de Charles le Chauve n'est pas une autorité en matière de critique diplomatique. Si les savants modernes rejettent, d'accord avec elle, les chartes mérovingiennes des *Actus* relatives à Saint-Calais, ce n'est pas qu'ils s'en rapportent à elle, c'est parce que l'examen intrinsèque de ces chartes les a amenés à une opinion qui se rencontre avec la sienne. Son jugement, comme il s'est trouvé vrai dans l'ensemble, peut se trouver erroné sur un détail. La cour de Charles a pu rejeter à tort une pièce authentique (noyée dans un dossier de pièces fausses), tout aussi bien que la cour de Louis, vingt-cinq ans plus tôt, avait admis à tort des pièces apocryphes. Nous restons libres de croire à la fois, en dépit de l'acte de 863, que Louis le Pieux avait réellement restitué Saint-Calais à l'évêque du Mans, et, en dépit de l'acte de 838, qu'il avait eu tort de lui faire cette restitution. De ce côté encore, rien n'engage à douter de l'authenticité de nos deux chartes.

[*Ici M. Julien Havet avait noté pour lui-même :*

Ajouter en note :

Pas Turibe.

Peut-être quelque érudit pourra-t-il deviner ce qu'il s'était proposé d'écrire. Voir ci-dessous, p. 687.]

Restent quelques expressions peu usitées, dit-on, dans le style de la chancellerie de Louis le Pieux. Ce qu'on signale en ce genre

---

1. Voy. la note précédente. — « Et ne materia refricandae litis ulterius rcmaneret, jussit domnus rex ut instrumenta Cenomannicae ecclesiae, quae inutilia et falsa probata erant, intra quartum decimum diem in ejus exhiberentur praesentia penitusque abolirentur... » *Ibid.*

est peu de chose. Dans une des chartes[1], Charlemagne est appelé
« domno et genitore nostro Carolo gloriosissimo rege Francorum, » avec omission du titre impérial[2]; mais, quelques lignes
plus loin, dans la même pièce, il est qualifié de *piissimi augusti*.
Dans la même pièce encore, on trouve *sigillum,* qui est rare à
cette époque, au lieu d'*anulus,* qui est plus ordinaire ; mais M. de
Sickel cite lui-même plusieurs exemples de *sigillum,* et précisément dans des phrases analogues[3]. Ailleurs, on critique[4] l'expression *iterum iterumque jubemus,* qui semble, à bon droit,
appartenir plutôt au style oratoire qu'au style diplomatique ; mais
la faute est peut-être aux éditeurs modernes, qui, par une mauvaise ponctuation, à ce qu'il semble, ont rapproché mal à propos
deux mots destinés à être séparés[5]. Enfin, on remarque[6] qu'une
liste de domaines, dont la possession est confirmée à l'église du
Mans, est complétée par une mention banale, destinée à désigner
implicitement d'autres biens non dénommés : « sive alias villulas
quorum (*sic*) nomina in promptu non habentur, sed in plenariis
jamdictę sanctę matris ęcclesię tenentur insertas (*sic*). » Or, on
a remarqué que les tournures de ce genre sont fréquentes, dans
les *Gesta Aldrici,* dans les *Actus pontificum* et dans les additions à ces ouvrages[7]. La remarque est juste et intéressante ; ces

1. *Gesta,* XXXIX, p. 114.
2. Sickel, p. 353.
3. C'est-à-dire dans des phrases où les actes font allusion, comme ici, aux
sceaux attachés à d'autres actes mentionnés en passant. L'emploi d'*anulus*
n'est consacré d'une façon exclusive que dans la formule spéciale (*Corrobora-
tionsformel*) par laquelle est annoncé le sceau fixé à la charte même qui contient cette formule (Sickel, I, p. 199).
4. Sickel, II, p. 400.
5. *Gesta,* XV, p. 55. Baluze et M. Froger ont imprimé : « Praedictas enim
causas... concessimus, concessumque futuris temporibus esse volumus. Iterum
iterumque jubentes praecipimus ut nullus, » etc. Le manuscrit ne met aucune
ponctuation devant le premier *iterum.* Il faudrait donc ponctuer : « ... Concessimus, concessumque futuris temporibus esse volumus iterum, iterumque
jubentes praecipimus... » — Ceci dit en supposant que le texte est exactement
transcrit, car il se pourrait encore que la répétition du mot *iterum* fût due
à une simple erreur du copiste.
6. Mühlbacher, p. 369, n° 972.
7. « Dass Wendungen wie quarum nomina in promptu non habentur — quorum nomina propter prolixitatem hic non inseruimus — quia prolixum est
nobis in hac epistola omnia inserere — quas enumerare longum est für die
Fälschungen in den Gesta Aldrici charakteristisch sind, hat bereits Mühlbacher... bemerkt. » Simson, p. 62 ; cf. p. 59-62. Le mot *Fälschungen* seul est
ici de trop.

tournures, ainsi que bien d'autres[1], étaient habituelles à Aldric et
par suite à la mode dans son entourage, et l'usage ou l'abus qui
en est fait est un trait caractéristique des textes écrits ou inspirés
par lui ou par les clercs manceaux de son temps[2]. Mais, de ce
qu'une charte impériale rendue en faveur d'Aldric paraît avoir
été inspirée par Aldric, il ne résulte pas qu'elle soit fausse, bien
au contraire : rien n'était plus naturel, de la part de la chancellerie de l'empereur, que de demander au bénéficiaire d'une charte
les matériaux qui devaient servir à la libeller. Comment, en particulier, les bureaux auraient-ils été en état de rédiger une énumération de propriétés rurales, situées pour la plupart dans le
diocèse du Mans, et dont les noms ne pouvaient être connus ailleurs ? Force leur était de se borner à copier la liste qui leur était
fournie par l'impétrant, et c'est ce qu'ils ont fait. Nos deux chartes
sont authentiques.

Voilà pour les diplômes impériaux que M. de Sickel déclare
faux. Ses objections contre ceux qu'il appelle simplement douteux, *chartae dubiae fidei*, sont à peu près du même genre;
seulement il les tient lui-même pour moins probantes, puisqu'il
ne conclut qu'à douter et non à nier. Les réponses qu'on peut y
faire ne diffèrent guère non plus de celles qu'on vient de lire. Il
ne paraît donc pas utile de continuer dans le détail une discussion
déjà assez longue. Le lecteur curieux d'approfondir pourra se
reporter aux pièces elles-mêmes et aux pages où ont été formulées
les raisons alléguées pour les suspecter : j'ai la conviction qu'il
conclura comme moi que les soupçons sont mal fondés et que ces
quatre pièces, respectivement datées du 31 décembre 832[3], du

---

1. *Praefixus* pour *praefatus* (Simson, p. 65); *enucleatim* (p. 69); *matrem et
civitatis ecclesiam* (p. 72), etc.

2. Simson, p. 58-73; cf. Froger, p. **xxvi**.

3. *Gesta*, XI, p. 34; Sickel, n° 308, p. 179 et 345; Mühlbacher, p. 327, n° 883.
L'acte, qui a pour objet de maintenir l'évêché dans la possession des dîmes et
nones qui lui étaient dues en divers lieux, contient la confirmation d'une charte
de Charlemagne, mais mentionnée en termes vagues et que l'empereur ne dit
pas avoir vue; le texte apocryphe de cette charte de Charlemagne, tel qu'il
nous est parvenu ailleurs (Sickel, p. 67, 289, 346), a dû être fabriqué plus tard
et imité de celui de la charte de Louis le Pieux. — Il n'est pas exact que, dans
celle-ci, l'empereur reconnaisse à l'évêque la propriété des monastères de Notre-
Dame et de Saint-Calais, telle qu'elle lui a été attribuée plus tard; il ne lui
accorde encore que le droit d'y percevoir les dîmes et nones. — Waitz s'est
prononcé, contre M. de Sickel, pour l'authenticité de cette charte (*Monum.
Germ., Script.*, XV, p. [314, note 4]).

23 mars 836[1], du 22 mars 836[2] et du 7 septembre 838[3], sont toutes également authentiques.

Les sept autres chartes de Louis le Pieux, dont l'authenticité est reconnue même par MM. de Sickel et Mühlbacher[4], ne donnent lieu à aucune difficulté.

Il faut en dire autant des trois actes de l'évêque Aldric, qui n'ont été, à ma connaissance, contestés par personne[5]. Ils n'ont guère d'intérêt que pour l'histoire de cet évêque.

1. *Gesta*, XXXVIII, p. 110; Sickel, n° 346, p. 191, 351; Mühlbacher, p. 352, n° 929; confirmation d'immunité pour le monastère de Notre-Dame. M. Mühlbacher n'exprime aucun doute sur cette charte. M. de Sickel lui-même penche pour l'authenticité : « Ich muss bemerken dass sowol diese Urkunde als... 364 [voy. ci-dessous, note 3] von ungewöhnlicher Fassung sind und die seltene Anordnung der Immunitätsbusse... enthalten; aber geradezu deshalb verwerfen dürfen wir sie nicht. »

2. *Gesta*, XL, p. 115; Sickel, n° 345, p. 190, 351; Mühlbacher, p. 352, n° 928; concession du droit de monnayage. — « Muss ich auch das wesentlichste Bedenken welches ich... gegen die Echtheit dieser Urkunde aussprach, fallen lassen, nachdem ich... über die Tragweite derartiger Münzverleihungen eines bessern belehrt worden bin, und muss ich zugleich zugestehen dass sich in formeller Hinsicht... auch kaum noch etwas einwenden lässt... » (Sickel); « im wesentlichen unbedenklich, einzelheiten zweifelhaft » (Mühlbacher). Les seules objections précises sont la confirmation de chartes fausses et l'emploi de *sigilla;* voy. ci-dessus, p. 627, note 3, et p. 631, note 3.

3. *Gesta*, XLI, p. 117; Sickel, n° 364, p. 197, 353; Mühlbacher, p. 360, n° 950 ; confirmation d'immunité pour Saint-Calais. — M. de Sickel penche pour l'authenticité et énumère plusieurs motifs de l'admettre ; cf. ci-dessus, note 1.

4. *Gesta*, IX, p. 28; Sickel, n° 307, p. 178, 345; Mühlbacher, p. 327, n° 882 ; 29 décembre 832, confirmation des *cellae* de Saint-Hubin, Saint-Vincent et Saint-Ouen. « Weder Fassung noch Inhalt können beanstandet werden » (Sickel). — *Gesta*, X, p. 30; Sickel, n° 309, p. 179, 346; Mühlbacher, p. 328, n° 888; 8 janvier 833, restitution de biens tenus en fief par Hérembert. « Die... Urkunden... 309, 330, 357-359, 377 lassen sich in keiner Weise beanstanden » (Sickel). — *Gesta*, XIV, p. 47; Sickel, n° 344, p. 190, 350; Mühlbacher, p. 352, n° 927; 22 mars 836, restitution du monastère de Notre-Dame. Cf. ci-dessus, p. 624-626. — *Gesta*, XXXIII, p. 86; Sickel, p. 193, n° 352; Mühlbacher, p. 355, n° 937 ; 18 juin 837, confirmation d'un acte d'Aldric en faveur des chanoines du Mans. — *Gesta*, XXXV, p. 96; Sickel, n° 350, p. 192, 351; Mühlbacher, p. 355, n° 935; 15 juin 837, confirmation d'un privilège d'Aldric pour Saint-Sauveur (Saint-Pavace). — *Gesta*, XXXVII, p. 109; Sickel, p. 197, n° 363; Mühlbacher, p. 359, n° 349; 7 septembre 838, confirmation d'un acte d'Aldric relatif à la disposition de ses biens. — *Gesta*, XLII, p. 119; Sickel, p. 195, n° 357; Mühlbacher, p. 357, n° 941; 22 mars 838, restitution de biens. Cf. ci-dessus, ligne 6.

5. *Gesta*, XXXII, p. 79; 1ᵉʳ avril 837, privilège pour les chanoines. Cf. ci-des-

J'ai hâte d'arriver aux temps mérovingiens, dont les considérations précédentes m'ont- tenu bien longtemps éloigné, et dont
j'aurai à m'éloigner encore pour longtemps au paragraphe suivant. Les *Gesta Aldrici* rapportent deux actes du règne de
Chilpéric Ier, émanés l'un et l'autre de saint Domnole, évêque du
Mans, et datés : le premier du dimanche 6 mars 572[1], le second
du jeudi 4 septembre 581[2].

Sur la plupart des évêques manceaux des premiers siècles, on
ne sait guère que ce qu'en disent les *Actus pontificum,* et c'est
une source à la fois peu instructive et peu digne de foi. Sur
l'évêque Domnole, nous sommes mieux instruits, grâce à Grégoire
de Tours[3]. Cet auteur nous apprend qu'au temps des fils de Clovis Domnole était abbé du monastère de Saint-Laurent, à Paris,
ville comprise dans le royaume de Childebert Ier. Il noua des
intelligences avec Clotaire Ier, qui régnait à Soissons ; quand
celui-ci envoyait des émissaires pour espionner son frère Childe-

---

sus, p. 633, note 4, ligne 10. — *Gesta*, XXXIV, p. 88 ; 1er avril 837, privilège
pour Saint-Sauveur (Saint-Pavace). Cf. ci-dessus, p. 633, note 4, ligne 12. —
Gesta, XXXVI, p. 98 ; 838 (?), disposition de biens après décès. Cf. ci-dessus,
p. 633, note 4, ligne 14.

1. *Gesta*, VII, p. 22 ; Bréquigny, p. 68, n° 38 ; Pardessus, I, p. 134, n° 178 ;
ci-après, Appendice ...

2. *Gesta*, VIII, p. 26 ; Bréquigny, p. 76, n° 42 ; Pardessus, I, p. 148, n° 189 ;
ci-après, Appendice ...

3. « Domnolus vero Cinomannorum episcopus aegrotare coepit. Tempore
enim Chlotharii regis apud Parisius ad basilicam sancti Laurentii gregi mona-
steriali praefuerat. Sed quoniam Childeberto seniore vivente semper Chlothario
regi fidelis extitit et nuntios illius ad speculandum missos crebrius occultabat,
praestolabatur rex locum in quo pontificatus honorem acciperet. Migrante
autem Avenniensis civitatis pontifice istum illuc dare deliberaverat. Sed beatus Domnolus haec audiens ad basilicam sancti Martini antistitis ubi tunc
Chlotharius rex ad orationem venerat accessit, et nocte tota in vigiliis excu-
bans per priores qui aderant regi suggessionem intulit ut non quasi captivus
ab ejus elongaretur aspectu, nec permitteret simplicitatem illius inter senatores
sophisticos ac judices philosophicos fatigari, adserens hunc locum humilitatis
sibi esse potius quam honoris. Ad haec rex annuens migrante Innocentio Cinomannorum episcopo ipsum ecclesiae illi antistitem destinavit. Jam adsumpto
episcopatu talem se tantumque praebuit ut in summae sanctitatis culmen eve-
ctus, debili usum gressuum caeco restituerit visum. Qui post viginti duos epi-
scopati annos dum se cerneret morbo regio calculoque gravissime fatigari,
Theodulfum abbatem in loco suo praelegit cujus assensum rex praebuit voluntatem, sed non multum post tempus mutata sententia in Batechisilum domus
regiae majorem transfertur electio. Qui tonsoratus gradus quos clerici sortiun-
tur ascendens, post quadraginta diebus migrante sacerdote successit. » *Historia
Francorum*, VI, 9 ; édit. Arndt et Krusch, p. 254-255.

bert, Domnole les recevait et leur donnait secrètement asile. Après la mort de Childebert, Clotaire, devenu seul roi des Francs, voulut récompenser ces services politiques ; il offrit d'abord l'évêché d'Avignon, que l'abbé refusa, puis celui du Mans, qu'il accepta. Domnole devint évêque du Mans en 559[1]. Son pontificat dura vingt-deux ans (les *Actus* lui en attribuent quarante-six !), pendant lesquels il acquit une grande réputation de sainteté. Il tomba malade de la pierre et mourut en 581.

Les deux chartes de cet évêque, qu'on lit dans les *Gesta*, sont des concessions de biens en faveur de l'abbaye de Saint-Vincent du Mans. Elles se trouvaient dans les archives de cette abbaye : car Aldric, disent les *Gesta*, n'en eut connaissance qu'après qu'un acte de faveur de Louis le Pieux eut placé le monastère (et, par conséquent, les archives) sous sa dépendance immédiate. Elles sont peu utiles au récit où elles sont insérées ; elles ne prouvent pas la thèse à l'appui de laquelle elles sont alléguées, savoir : la dépendance de l'abbaye à l'égard de l'évêché. L'écrivain semble donc avoir saisi le premier prétexte venu pour orner son récit du texte de deux titres très anciens. On peut en conclure : 1° que les deux seules pièces anciennes qu'il cite sont aussi les deux seules qu'il ait connues (sans quoi il n'eût pas manqué d'en citer davantage), et cela confirme ce qui a déjà été dit de l'abandon et de la dilapidation des archives épiscopales sous les prédécesseurs d'Aldric ; 2° que cet écrivain (c'est-à-dire l'évêque Aldric) ne connaissait pas les faux actes mérovingiens dont sont remplis les *Actus pontificum*, et par conséquent qu'il n'avait pas trempé dans la fabrication de ces faux. C'est un point bon à noter dès à présent.

Le monastère de Saint-Vincent du Mans était, ces chartes mêmes nous l'apprennent, une fondation de Domnole. L'évêque avait fait venir, pour les y placer, des reliques de saint Vincent, martyr. On sait que Childebert Ier avait rapporté de Saragosse la tunique de saint Vincent et l'avait déposée dans l'église fondée par lui à Paris sous le triple vocable de Sainte-Croix, Saint-Étienne et Saint-Vincent, aujourd'hui Saint-Germain-des-Prés. Domnole dut sans doute à ses relations parisiennes le don de

---

1. Duchesne, *les Anciens Catalogues épiscopaux de la province de Tours*, p. 51. M. Duchesne interprète les mots *post quadraginta diebus* comme indiquant un délai compris entre la mort de Domnole et la consécration de Batéchisil. N'indiquent-ils pas plutôt le temps écoulé entre la tonsure de Batéchisil, successeur désigné, et la mort de Domnole, événement qui lui permit de prendre possession effective de la succession?

quelque fragment de la précieuse tunique. S'il sollicita ce don dès les premières années de son épiscopat, il put l'obtenir de l'évêque de Paris, saint Germain, sans qu'il fût besoin de demander l'assentiment des moines et de l'abbé de Sainte-Croix : car c'est en 566 seulement que ces religieux obtinrent de saint Germain le privilège de posséder et d'administrer les biens de leur monastère, au lieu d'être soumis, pour cette administration, à l'évêque de Paris[1]. — La première charte de Domnole, celle de 572, ne nomme d'autre patron du monastère manceau que le martyr saint Vincent; la seconde, datée de 581, en indique deux, saint Vincent et saint Laurent. Ce second vocable ne doit pas surprendre, dans une église fondée par un ancien abbé de Saint-Laurent de Paris; mais la différence dans le libellé des deux pièces donne lieu de conjecturer que quelques reliques de saint Laurent avaient à leur tour été transférées (comme celles de saint Vincent) de Paris au Mans, et que cette translation eut lieu après 572 et avant 581.

En dehors des *Gesta Aldrici,* on a une autre copie des deux chartes de Domnole dans les *Actus pontificum;* pour la charte de 572, il y en a une troisième dans le cartulaire de Saint-Vincent du Mans. Mais ces diverses copies ne représentent pas des traditions indépendantes; elles dérivent les unes des autres. Le texte des *Actus,* comparé à celui des *Gesta,* offre, il est vrai, un assez bon nombre de variantes[2], mais ce ne sont que des corrections opérées pour ramener le latin mérovingien aux règles de la grammaire latine ou pour rendre les phrases plus facilement intelligibles. Des mots explicatifs ont été ajoutés[3], des passages obs-

---

1. J. Quicherat, dans la *Bibliothèque de l'École des chartes,* 6ᵉ série, I (1865), p. 532, 539-555.

2. Ci-après, Appendice ...

3. [De brèves indications marginales permettent de retrouver les points visés par M. Julien Havet. Dans la charte de 572, les *Gesta Aldrici* donnent *quicumque oportuni ad domum ipsam fuerint;* les *Actus* ajoutent devant *fuerint* le mot *serviendum.* Un peu plus loin, les *Gesta* ont *Pupa cum filios, Populonio cum porcus;* les *Actus* ont *Pupa cum filiis, Pupilonio cum porcis quos custodit.* Dans la charte de 581, les *Gesta* ont *quod in eum conscriptum videtur;* les *Actus* ont *quod in eo conscriptum videtur bonum.* Plus loin, une citation du psaume CVIII est indiquée seulement dans les *Gesta : maledictionem illam incurrat quam propheta in psalmo CVIIII decantavit;* elle est donnée au long dans les *Actus : ... quam propheta in psalmo CVIII Jude cantavit, Fiant dies ejus pauci et episcopatum ejus accipiat alius.* (Voir ce passage, ci-dessous p. 644.)]

curs ont été supprimés[1]. Dans la première charte, l'ordre des souscriptions a été modifié, sans doute par quelque accident de copie ; c'est l'ordre des *Gesta* qui est le bon, car il place toutes les signatures des diacres après celles des prêtres, conformément à la hiérarchie ecclésiastique, tandis que les *Actus* les mêlent. Une variante d'une autre espèce et plus grave se remarque dans la seconde charte. Après ces mots, qui n'exprimaient qu'une donation de l'évêque au monastère : « ab hodierno die predictus abba antedicti loci ad stipendia fratrum nuncupante basilicę faciat revocare, » on a inséré ceux-ci, qui sont en désaccord avec le reste de la pièce et en changent la portée : « et sub jure memoratę Cenomannensi ęcclesiae juste et legitime esse debere censeo. » Ceci n'est plus une faute de copie : c'est une interpolation frauduleuse où se reconnaît la main du faussaire des *Actus*. Mais c'est un faux habile, car, en ajoutant seulement douze mots dans une charte assez longue, on n'altérait pas la physionomie de l'ensemble, et on pouvait espérer que l'interpolation passerait inaperçue. On voit par là le peu de confiance que mérite le texte des *Actus pontificum*. Quant au cartulaire de Saint-Vincent, il offre, pour la charte de 572, un texte plus court que celui des *Gesta ;* il y manque toute l'énumération des biens donnés par l'évêque au monastère. Bréquigny et La Porte du Theil ont vu dans cette brièveté un signe d'authenticité; ils ont reproduit le texte du cartulaire de Saint-Vincent et rejeté en note, comme suspect d'interpolation, tout ce que les *Gesta* donnent en plus. Ils ne seraient pas tombés dans cette faute s'ils avaient mieux regardé les premières pages du Cartulaire et s'ils avaient remarqué que la charte de Domnole y est précédée d'une notice sur la vie de cet évêque, empruntée textuellement aux *Actus pontificum*[2]. Si les rédacteurs du Cartulaire ont eu recours à cet ouvrage,

---

1. [Charte de 572, dans les *Gesta : per hanc paginam donationes quem Aunulfo diacono prof. unanimiter rogabimus conscribenda* (la copie des *Gesta* contenue dans le manuscrit des *Actus* écrit *prof.* par l'abréviation de *pro* et une *f* tildée). Dans les *Actus*, le mot *prof.* manque : *donationis quam Aunulfo diacono unanimiter rogavimus conscribendam.* (Voir ce passage, ci-dessous. p. 643.) Même charte : après *voluntas nostra perpetim auxiliante Domino capiat firmitatem*, les *Gesta* ajoutent quatre mots qui manquent dans les *Actus : Ausuiliani* (ou *Ausiulani*) *legis indeta mentione*. (Voir ce passage, ci-dessous p. 644.)]

2. *Cartulaire de l'abbaye de Saint-Vincent du Mans,* publié par l'abbé R. Charles et S. Menjot d'Elbenne (Mamers, 1886, gr. in-4°), col. 1-4, d'après le manuscrit de la Bibliothèque nationale, lat. 5444, p. 7-9.

c'est que, selon toute probabilité, à l'époque où ils ont travaillé,
les originaux vus par Aldric avaient péri depuis longtemps ; ils
durent donc aller chercher, dans la bibliothèque de la cathédrale,
les plus anciens titres de l'histoire de leur monastère, et le manuscrit des *Actus* (n° 224) leur fournit à la fois la vie et la charte
de Domnole. Il en résulte que le texte de Saint-Vincent a pour
cette charte moins de valeur encore que celui des *Actus* : celui-ci
est de seconde main, celui-là de troisième. Aussi est-il encore
plus fautif ; par exemple, non seulement il donne les signatures
dans le mauvais ordre où on les lit dans les *Actus*, mais il en omet
plusieurs, et il en ajoute d'autres qu'il a empruntées mal à propos
à la charte de 581.

Telles que les donnent les *Gesta Aldrici,* les deux chartes sont
authentiques. La langue, le style, les dispositions conviennent à
l'époque mérovingienne. Le passage de la première, que Bréquigny et La Porte du Theil ont suspecté d'interpolation, est celui
qui porte le mieux la marque de son antiquité : il contient une
énumération d'esclaves des deux sexes, que l'évêque déclare donner au monastère et qu'il désigne par leurs noms. Cette indication,
importante au moment où elle était faite, perdait sa valeur au
bout de quelques dizaines d'années : quel intérêt aurait-on eu à
la fabriquer après coup? Les doutes que les mêmes savants ont
exprimés sur la seconde charte ne fournissent qu'une nouvelle
preuve de la légèreté de leurs jugements. Ils hésitent à y croire,
disent-ils, parce qu'elles ne se trouvent pas ailleurs que dans les
Actus pontificum[1]. Or, elle est aussi dans les *Gesta Aldrici,*
et le texte donné par les *Gesta* est meilleur que celui des *Actus.*

Dans la charte de 572, la date est placée à la fin, avant les
signatures : « Actum Cenomannis in civitate anno xi regnante
domni nostri Chilperici regis pridie nonas marcias; » dans celle
de 581, elle est placée en tête et forme l'entrée en matière :
« Anno xx regni domini nostri Chilperici gloriosissimi regis prid.
non. septembr. ego Domnolus in Xpisti nomine, etc.[2]. » Cette
différence tient à ce que la première est une simple donation entre

---

1. [P. 76, note 1 :] « Huic autem Chartæ credere vix audemus, non aliis
testibus nixæ quàm actis Cenomanensium Episcoporum, inter quæ tot supposi-
titiæ Chartæ insertæ sunt. »

2. Dans le manuscrit des *Actus* (n° 224), ainsi que dans les éditions, soit des
Actus, soit même des *Gesta,* le membre de phrase *Anno... septembr.* a été
détaché de l'acte et réuni à la rubrique qui le précède, en sorte que la charte
ne semble pas contenir de date. Les mots *domini nostri Chilperici* suffisent à

vifs : « dono ergo in ipsius domni Vincentii honorem donatumque
esse volumus; » la seconde, une sorte d'acte de dernière volonté,
un supplément au testament de l'évêque : « quia ante tempus testamentum meum condidi, et in ipsum voluntatem meam adhuc non
complevi, quod in eum conscriptum videtur, volo in omnibus con-
servetur, et hęc paginola plenam capiat opto robore[1]. » C'était en
effet une règle, dans les testaments, de mettre la date au commencement. On pensait ainsi satisfaire plus sûrement aux prescriptions de la loi romaine[2]. On trouve cette règle observée dans la
plupart des actes mérovingiens qui nous sont parvenus sous le
nom de testaments, même dans ceux qui n'ont avec le testament
romain rien de commun que ce nom[3].

Le rédacteur des chartes de Domnole s'est conformé, dans une
certaine mesure, à un ensemble de lois qui régissaient, depuis
plusieurs siècles, la rédaction des textes en prose latine et qui
n'étaient pas encore tout à fait oubliées de son temps : je veux
parler des règles de la prose métrique, qui limitaient à un certain
nombre de types consacrés les agencements de syllabes longues
et brèves, permis à la fin des phrases ou à la fin des membres de
phrase. Ceci demande quelques mots d'explication.

L'existence de la prose métrique latine est une découverte
récente. Dans le livre où elle vient d'être exposée, les lois de
cette prose n'ont encore été discutées, établies et justifiées avec
détail que pour une époque, le IVᵉ siècle, et pour un écrivain de cette époque, l'orateur païen Symmaque[4]. L'auteur n'en

prouver que ces mots appartiennent à la charte de Domnole, et non à l'ouvrage
du IXᵉ siècle.

1. [Voir ce texte ci-dessous, p. 644.]

2. Les formalités pour la présentation du testament aux témoins et la signature devaient être accomplies *uno eodemque die* (novelle de Théodose II, du
12 septembre 439, §§ 2 et 4, dans la *Lex Romana Visigothorum*, édit. Haenel,
p. 266). En écrivant la date en tête du testament, et à la fin une mention telle
que *die et anno quo supra* ou *die et anno superius comprehenso,* on attestait
l'observation de cette règle.

3. Pardessus, I, p. 81, 136, 197; II, p. 15, 69, 251, 323; Marculfe, II, 17
(Zeumer, p. 86; E. de Rozière, n° 129, cf. 128), etc.

4. *La Prose métrique de Symmaque et les origines métriques du Cursus,* par
Louis Havet, professeur au Collège de France (Paris, 1892, 1 vol. in-8°, formant le 94ᵉ fascicule de la *Bibliothèque de l'École des hautes études*). Nos lecteurs n'ont pas oublié la prose rythmique du moyen âge, dont on doit la
révélation à notre confrère M. Noël Valois (*Étude sur le rythme des bulles
pontificales,* dans la *Bibliothèque de l'École des chartes,* XLII, 1881, et à part).
Les deux ordres de faits se lient étroitement. La découverte de M. Valois a
préparé et provoqué celle de M. Louis Havet.

a pas moins vu et indiqué, en quelques mots, l'application qui pourra être faite de sa méthode à d'autres temps et à d'autres écrivains[1]. Le système qu'il a observé chez Symmaque et qui, dans ses traits essentiels, est commun au grand nombre des prosateurs de la décadence latine, peut se résumer dans les règles suivantes :

Dans chaque phrase et dans chaque membre de phrase, le dernier mot peut avoir à peu près n'importe quelle forme métrique[2]; mais, ce dernier mot choisi, la forme métrique qu'il présente détermine la forme métrique que doit présenter la fin du mot précèdent (pénultième).

Les types de fin de phrase ou d'incises, qu'il est permis d'employer, sont ceux qu'indique le tableau suivant[3] :

Finale du mot pénultième[4] :	*Mot final :*
˘ ˘ ˘	˘ ˘
˘ ˘ ˘ ou ˘ ˘	˘ ˘ ˘ ou – ˘ ou – ˘ ˘
– –	˘ – ˘ ou ˘ – ˘ ˘[5]
– ˘ ou ˘ ˘ ˘	– – ˘ ou – – ˘ –
– ˘	– ˘ ˘ ˘
– ·	˘ ˘ – ˘ ou ˘ ˘ – ˘ ˘
˘ ˘ ·	˘ – – ˘ ou ˘ – – ˘ ˘
˘ ˘ ·	– ˘ – ˘ ou – ˘ – ˘ ˘
– ˘	˘ ˘ ˘ – ˘ ou ˘ ˘ ˘ – ˘
˘ ˘ ˘	– – – ˘[6] ou – – – ˘ ˘
˘ ˘ ˘	– ˘ – – ˘

Un monosyllabe lié par le sens au mot qui le suit est considéré comme ne formant avec celui-ci qu'un seul mot (par exemple un

---

1. *La prose métrique de Symmaque*, p. 8-12 (§§ 15-24).

2. Louis Havet, *la Prose métrique de Symmaque*, p. 5 (§ 9). — La restriction « à peu près » est nécessaire : certains types de mots paraissent exclus en fin de phrase, notamment quelques-uns de ceux qui présentent plusieurs brèves de suite, comme *ăgĭlĭum*, *bĕnĕfĭcĭum*, etc. (p. 111).

3. *Ibid.*, p. 111. — J'omets quelques formes rares, dont les exemples ne paraissent pas assez nombreux pour que les règles en soient assurées, notamment plusieurs de celles où le dernier mot a jusqu'à cinq et six syllabes ou davantage (p. 112).

4. Quand la finale indiquée est ˘ ˘ ou ˘˘˘, le mot pénultième doit avoir au moins trois syllabes. Quand la finale indiquée est – – ou – ˘, le mot pénultième peut avoir indifféremment deux ou plusieurs syllabes.

5. *Ibid.*, p. 34 (§ 50, lignes 1-3 et 9-11).

6. *Ibid.*, p. 32 (§ 48, lignes 2-6).

groupe comme *nōn-ĕrăt* équivaut à un mot comme *scrīpsĕrăt*[1]).

Si, ces règles présentes à l'esprit, on examine les textes de la première partie de l'époque mérovingienne, on reconnaît aisément qu'elles étaient connues à cette époque et que les écrivains s'attachaient à les observer. Elles sont suivies à peu près régulièrement à la fin du V⁰ siècle et au commencement du VI⁰, dans les écrits de saint Remi, son testament[2] et ses lettres[3]. A la fin du VI⁰ siècle, on les retrouve toujours bien reconnaissables dans des documents rapportés par Grégoire de Tours, tels qu'une lettre de sainte Radegonde[4], ou le texte officiel du traité d'Andelot[5]; seulement,

1. *Ibid.* et p. 76 (§ 94). Sur diverses autres combinaisons où entrent des monosyllabes, voir p. 76-78 (§§ 194-201); sur les règles spéciales aux formes monosyllabiques du verbe *sum*, p. 66-76 (§§ 138-193).

2. « Ego Remigius episcopus civitatis Remorum sacer*dotii cōmpos*, testamentum meum condidi *jūrĕ praētōrĭo*, atque id codicellorum vice va*lĕrĕ praĕcēpi*, si ei juris aliquid vi*debĭtur dĕfŭısse* .... Vitis plantam super vineam meam ad suburbanum positam simili modo com*munĭter pōssĭdĕbunt*, cum *Melanĭo vinĭtōre*, quem do in loco ecclesiastici *homĭnis -Albŏvĭchi*, ut Albovichus libertate ple*nissĭma pĕrfrŭătur* ..... Amantium et uxorem suam Daero *tibĭmet dĕrĕlĭnquo;* eorum filiam esse praecipio *libĕram Dăsŏvĭndam.* » Varin, *Archives administratives de Reims*, p. 4, 8, 16. Le dernier exemple est un des plus caractéristiques, à cause de la construction forcée à laquelle le testateur a eu recours pour finir par une cadence juste. On va voir, à la note suivante, une construction toute semblable, motivée apparemment par le même souci, dans une lettre du même saint Remi à Clovis.

3. « Angit me et satis me angit vestrae *caŭsă trĭstĭtĭae*, quod gloriosae memoriae germana vestra *transĭit -Albŏchlĕdis*, sed consolari possumus quia talis de hac *lūcĕ dĭscēssit*, ut recordatione magis suscipi *dĕbĕat qŭam-lūgĕri*. Illius enim vitae fuit quod adsumpta cre*dātŭr ā - Dŏmĭno*, quae a Deo electa mi*grāvĭt ād - caĕlos* (*Monumenta Germaniae*, in-4⁰, *Epistolae Merowingici et Karolini aevi*, I, p. 112). — L'auteur de la *Prose métrique de Symmaque* a déjà signalé les ressources que fournit l'observation des cadences métriques pour donner une ponctuation non arbitraire des textes anciens. Par les exemples qu'on vient de lire, on voit notamment que la métrique condamne la pratique allemande moderne, qui met invariablement une virgule devant les mots tels que *qui*, *quod*, *quam*, etc. En latin, comme en français (à la différence de l'allemand), on ne doit mettre de virgule devant cette sorte de mots que lorsque l'incise qui les précède est trop longue pour permettre à la voix de continuer sans repos.

4. « Congruae provisionis tunc roborabiliter ad effectum *tēndĭt ēxōrdĭum*, cum generalibus patribus medicis ac pastoribus ovilis sibi conmissi causa *aurĭbus trādĭtur*, cujus *sensĭbus cōnmēndātur*, quorum participatio de caritate, consilium de potestate, suffragium de oratione ministrare *potĕrĭt ĭntĕrvēntum.* » Grégoire de Tours, *Historia Francorum*, IX, 42; édit. Arndt et Krusch, p. 401.

5. « Cum in Christo nomine praecellentissimi domni Guntchramnus et Chil-

à cette époque, la prosodie commence à être mal connue, et les écrivains commettent force fautes de quantité[1]. Les traces de l'ancienne observance sont visibles, même au vi[e] siècle et au commencement du viie, dans quelques chartes royales[2] et jusque dans le formulaire de Marculfe[3]; mais alors, les infractions, sinon aux règles de la prose métrique, du moins aux lois de la prosodie, devenant de plus en plus nombreuses, le sens du procédé se perd chaque jour davantage, et la fin du viie siècle en marque l'abandon[4]. Je dois ici me borner à ces indications sommaires. Une

debertus reges vel gloriosissima domna Brunechildis regina Andelao caritatis *studio cōnvēnissent,*   ut omnia quae undecumque inter ipsos scandalum poterat generare pleniore cons*ilĭo dēfinirent,*   id inter eos mediantibus sacerdotibus atque proceribus Deo medio caritatis studio sedit placuit *ātquĕ cōnvēnit,*   ut quamdiu eos Deus omnipotens in praesenti saeculo superesse voluerit fidem et caritatem puram et simplicem sibi *debĕant cōnsĕrvāre.* » *Ibid.,* IX, 20, p. 374, 375.

1. Sur ces fautes, qui se rencontrent dès le commencement du siècle chez des écrivains comme Ennodius, cf. L. Havet, *la Prose métrique de Symmaque,* p. 11, 12 (§§ 23, 24).

2. « Per hoc supernae maje*stātis aūctōrem,*   cujus universa re*gūntŭr impĕ̆rĭo,*   placari credimus si in populo nostro justitiae *jūră sĕrvāmus,*   et ille pius pater et Dominus qui humanae fragilitatis substantiam suo semper adjuvare consu*ĕvĭt aūxĭlĭo,*   melius dignabitur cunctorum necessitatibus quae sunt opport*ūnă cōncēdĕre,*   quos cognoscit praeceptorum suorum *monĭta cŭstōdĭre...* Cuncta ergo quae hujus edicti te*nōrĕ dēcrēvĭmus,*   perpetualiter *volŭmus cŭstōdĭri,*   quia in sancta synodo Matisconensi haec omnia sicut nostis stu*dŭimus dēfinīre.* » *Guntchramni regis edictum,* 10 novembre 585, dans Boretius, *Capitularia (Monum. Germ.,* in-4°), I, p. 11, 12. — « Dagobertus rex Francorum episcopis et ducibus cunctoque populo Galliarum *finĭbus cōnstĭtŭto.* Condecet clementiae principatus nostri sagaci indagati*ōnĕ prōsĕ̆quĕre,*   et pervigili cura tractare ut electio vel dispositio nostra Dei voluntati *debĕant cōncŏrdāre,*   et dum nobis regiones et regna in potestate ad regendum largiente Domino noscuntur *ēssĕ cōnlātae,*   illis committantur privi*lēgĭa dĭgnĭtātum,*   quos vita laudabilis et morum probitas vel generositatis no*bĭlĭtas ādtŭlit.* » Charte de Dagobert I[er], 8 avril 630, dans K. Pertz, p. 15, n° 13.

3. « Conpellit nos affeccio caritatis vestrae radio inflam*māntĕ dĭvīno,*   illa pro vestro quieti providere quae nobis *manĕant ād - mĕrcēdem,*   et ea recto tramite inconvulso *limĭte tĕrmĭnāri,*   que perennem deinceps propiciante Domino ob*tĭnĕant firmĭtātem,*   quia non minor a Domino retributio speratur futura pro succiduis contem*plāntĕ tĕmpŏrĭbus,*   quam ad presens munera pau*perĭbus ōffĕrēntem.* » Marculfe, I, 1; Zeumer, p. 39; E. de Rozière, n° 574.

4. Une charte royale de 654, rendue dans une forme particulièrement solennelle, le privilège de Clovis II pour Saint-Denis (*Questions mérovingiennes,* V, Appendice II, n° 5), présente, à côté de plusieurs fins de phrase ou d'incise conformes aux lois métriques, comme *in mercĭdĕ cōnjūnccĭo, percĭpĕre glōrĭŏ-*

application complète et approfondie de la méthode nouvelle à l'ensemble de la littérature et de la diplomatique mérovingiennes devra être faite quelque jour. Elle donnera, sans nul doute, des résultats intéressants[1]. Mais revenons aux deux chartes de saint Domnole.

Celles-ci sont de l'époque de transition, où les lois de la prose métrique sont encore assez bien observées, celles de la prosodie déjà mal connues. Aussi la plupart des fins de phrase et d'incise y sont-elles aisées à scander, mais à une condition, c'est qu'on ne craigne pas d'admettre, çà et là, certaines fautes de quantité :

Congruum nobis fuit ut votum desiderabile in caritatis vestrę no*ticĭam pōnĕrēmus*, quia si consensus vester desiderium cordis nostri de*crētă ādnēctĕrit*, credimus nullius ullo umquam tempore contrarietate a nobis pariter firmata *pōssĕ cōnvēlli*. Cum pro salutem populi vel cu*stodĭam cīvĭtātis* reliquias d[omn]i ac venerabilis sancti Vin*centĭi mārtĭris* intercedente presumptione ausi fuerimus deferre *cum - Dĕi ādjūtōrĭo*, u[t] vestro eidem loco dignitatis ereximus in culmine ita petimus ut nostro pariter di*tētŭr ēt mūnĕre*, et si sensus vester in nos con*tulĕrit clārĭtātem*, hanc paginolam donationes vestro quesumus ut fir*mētūr rŏbōre*[2]. Dono ergo...

Suit une longue énumération des biens donnés, remplie en majeure partie de noms propres, et qui ne se serait pas prêtée à l'observation des lois du mètre. Celles-ci reparaissent aussitôt que cette énumération est terminée :

Hęc omnia quod per hanc paginam donationes quem Aunulfo diacono prof. unanimiter ro*gavĭmus cōnscrībēnda*, constat delegasse[3], nuncupata basilica habeat, teneat, possideat, quicumque loci ipsius

---

sam, vidētŭr ŏpĕrāre, confirmāssĕ dīnōscĭtur, nombre d'autres chutes, prohibées par les mêmes lois, telles que *vidēntŭr rĕquĭēscĕre, aetērnām pērcĭpĕre, pro quĭite futūrā dēbērit, ipsō cĕlĕbrētur* (ou *cĕlĕbrētur*), *manus nostrae īnfrā rŏbōrare.*

1. C'est sans doute par le souci de la prose métrique qu'il faut expliquer l'origine de certaines tournures d'un usage constant dans la diplomatique mérovingienne, comme *visi fuĭmus cōncēssĭsse, non habētŭr īncōgnĭtum, decrevĭmus rŏbŏrāre,* etc.

2. Double faute de prosodie : la quantité correcte est *rŏbŏre.*

3. La grammaire et le mètre s'accordent à attester qu'ici le texte est corrompu.

digni*tătĕm*[1] *pērcēpĕrit*, jure hereditario perpetualiter sibimet *vindīcet pōssĭdēndum.* Si ullo umquam tempore aut *pontīfex cīvĭtātum*, aut quilibet persona a nobis donata vel tradita de dominationem basilicę ipsius abs*trahĕre vŏluĕrit*[2], induat maledictionem pro benedictione et Domini nostri Ihesu Xpisti vel omnium sanctorum martirum in*cūrrăt ŏffēnsa*, et voluntas nostra perpetim auxiliante Domino *capĭat fīrmĭtātem*, A[qu]iliani legis [*ad*]-*dĕta mēntĭōne.*

De même dans la seconde charte :

... Cum evocassem domno et fratri meo Audoveo episcopo Andecavę civitatis visitare sanctis liminibus patroni pecculiaris mei Victori episcopi immo et sollempnitatem *ipsĭŭs cĕlēbrāssem*[3], cum consensu omnium fratrum meorum presbiterorum, quia ante tempus testamentum *mĕum cōndĭdi*, et in ipsum voluntatem meam adhuc non complevi, quod in eum con*scrīptūm vĭdētur*, volo in *omnĭbus consērvētur*, et hęc paginola plenam capiat *ōptō rŏbōre*[4]. Dono basilicę sanctorum Vincentii et Laurentii quem meo *ŏpĕrĕ cōnstrūxi*, et edific[io] pro salvationem civitatis et *popŭli cōnlŏcāvi*, colonica...

Suit la désignation des biens donnés, puis l'acte reprend :

Ab hodierno die predictus abba antedicti loci ad stipendia fratrum nuncupante basilicę *facĭat rēvŏcāre*[5], et tamen ut post meum quando Deus *jussĕrit ŏbĭtum*, qui presens fuerit ordinatus de loco prefato commemorationem meam annis singulis adim*plērĕ prōcūret.*

Ideo tibi Niviarde diacone ac defensor nostrę ęcclesię indico atque jubeo ut hoc tua traditione slcuti nunc ab ec*clesĭa pōssĭdētur*, cum omni soliditate vel adjacentia sua Leuso abbate *facĭas cōnsĭgnāri.* Hoc vero inse*rēndūm rŏgāvi*, ut qui voluntati mee obvius esse voluerit maledictionem illam incurrat quam propheta in psalmo [nono cen*tesĭmo*][6] *dēcāntāvit*, et presens pagina *manĕat Ĭncōn*-

---

1. L'original devait porter *dignitate,* ce qui explique la faute dc quantité.

2. Prononcez *vŏlĕrit* (?).

3. Le souci du mètre peut seul expliquer ici l'emploi de la forme syncopée *celebrassem,* au lieu de la forme normale *celebravissem.*

4. Cf. ci-dessus, p. 643, note 2.

5. On trouve chez Fortunat *rĕfulsit* et ailleurs *rĕfugium* (édit. Leo, dans les *Monumenta Germaniae,* in-4°, p. 426).

6. Lc ms. porte : *in psalmo CVIIII.* [Fin de phrase douteuse : v. p. 636, n. 3.]

vūlsa,   quam pro rei firmita[te] manu propria subscripsi et domnis et fratribus meis m[u]n[i]*ēndām rŏgāvi*.

Voilà une nouvelle confirmation de l'authenticité des deux pièces. En effet, si elles étaient fausses, elles n'auraient pu être fabriquées qu'au ixe siècle : or, au ixe siècle, cette observance n'était pas connue. J'ai signalé plus haut une incise ajoutée par le faussaire des *Actus* à la fin d'une phrase de la charte de 581 : « et sub jure memoratẹ Cenomannensi ẹcclesiae juste et legitime esse debere censeo. » En insérant de son chef un aussi petit nombre de mots, l'interpolateur devait croire qu'il ne risquait pas de donner prise à la critique ; cependant, il en a écrit assez pour le trahir. Sous la plume de l'auteur des deux chartes de saint Domnole, un mot final de forme dactylique, comme *cēnsĕo*, aurait dû être précédé d'un mot à pénultième brève, et *debēre* a la pénultième longue.

Conclusion : toutes les chartes rapportées dans les *Gesta Aldrici* sont authentiques, et, en particulier, les deux actes de saint Domnole pour le monastère de Saint-Vincent, appartenant à un siècle dont il nous est parvenu très peu de documents, auront droit à une place d'honneur dans le recueil des chartes authentiques de la période mérovingienne.

§ 4. — *Les « Actus pontificum. »*

Les *Actus pontificum Cenomannis in urbe degentium*[1], — souvent cités par les modernes sous les titres moins exacts de *Gesta pontificum* ou *Gesta episcoporum Cenomannensium*[2], — ont été publiés par Mabillon[3], d'après deux manuscrits qui existent encore. L'un, du xiiie siècle, était alors à la cathédrale du Mans ; Mabillon ne le connut que par une copie médiocre que lui fournit l'abbé de Saint-Vincent de cette ville[4]; il appartient

---

1. Tel est le titre dans le manuscrit du xiiie siècle (Bibliothèque du Mans, n° 224, fol. 15).

2. La copie de Du Chesne (Bibl. nat., Baluze, 45) est intitulée, en tête du premier feuillet (fol. 53), *Gesta pontificum Cenomanensium*. On ne peut savoir si ce titre a été fabriqué par Du Chesne ou emprunté par lui au manuscrit qu'il copiait. — Dans les deux manuscrits, chaque chapitre, contenant la vie d'un évêque, est intitulé *Gesta*.

3. *Vetera Analecta*, in-8°, III (1682), p. 50-397 ; in-fol. [(1723), p. 239-338].

4. « Acta hæc Episcoporum Cenomannensium ex regesto pontificali cathe-

aujourd'hui à la bibliothèque de la ville du Mans (n° 224)[1]. L'autre est une copie faite au xviie siècle par André Du Chesne[2], qui n'a pas dit d'où il l'avait tirée. Elle se trouvait dans la bibliothèque de Colbert et fut communiquée à Mabillon par Baluze[3]; elle est maintenant à la Bibliothèque nationale, collection Baluze, vol. 45 (fol. 53 et 68-144)[4].

Chacun de ces deux manuscrits contient certains morceaux qui manquent dans l'autre. Les vies des six personnages donnés comme les premiers évêques du Mans, Julien, Turibe, Pavace, Liboire, Victurus et Victurius, ne sont que dans le manuscrit du xiiie siècle : la copie de Du Chesne commence avec le septième, Principe, dont l'existence est connue d'ailleurs et qui était évêque en 511[5]. La même copie omet plusieurs fragments des chapitres

dralis ecclesiae rogatu meo describi curavit R. P. Abbas monasterii S. Vincentii ex nostris, qui regestum istud à venerabilibus Canonicis ejus Capituli commodato impetravit, postulante in primis humanissimo viro domino Godefrido Archidiacono, favente etiam domino le Vayer majori Decano meritissimo, atque cooperante D. Musseroto canonico... » *Vet. Anal.*, in-8°, III, p. 391.

1. La bienveillance du ministère de l'instruction publique et de l'administration municipale du Mans m'a permis d'examiner à loisir ce manuscrit, comme celui des *Gesta Aldrici,* à Paris. Pour la description du volume, voir [*Catalogue général des manuscrits des bibliothèques publiques de France.* Départements, tome XX (Paris, 1893, in-8°), p. 153-154]. — [En marge du manuscrit de M. Julien Havet se trouve une indication *Bolland.,* se rapportant à cette note. Cette indication vise probablement non pas Bolland lui-même, qui semble n'avoir eu aucune connaissance directe ou indirecte des *Actus* quand il préparait les documents relatifs à la vie de saint Julien (*Acta Sanctorum januarii,* II, p. 761-762), mais les Bollandistes. Il y a chance qu'il s'agisse de la vie de saint Turibe (*AA. SS. aprilis,* II, p. 416-418), publiée par Henschen en 1675, sept ans avant la publication des *Actus* par Mabillon. Cette vie, identique pour l'essentiel à celle qui figure dans les *Actus* (Mabillon, *Vetera Analecta,* in-8°, III, p. 63-65), est donnée par Henschen d'après l'ouvrage manuscrit de Joannes Morellus Lavallensis, *Nomenclatura seu legenda aurea pontificum Cenomanorum, ex vetustissimis Cathedralis Ecclesiæ Cenomanensis codicibus, in archivis prædictæ Ecclesiæ diu reconditis, in compendium fideliter digesta,* 1552. Or, Jean Moreau, *Parisiensis Academiæ Doctor Theologus et Cenomanensis Canonicus,* puise à une source manuscrite mancelle qui est peut-être le ms. 224 du Mans.]

2. On y reconnaît son écriture; cf. [par exemple une lettre de Du Chesne à d'Hozier (2 juillet 1621) dans le manuscrit Nouv. acq. franç. 6237, fol. 20].

3. *Vet. Anal.,* in-8°, III, p. 275 et troisième page de la préface.

4. Les feuillets ont été transposés par le relieur; il faut les lire dans l'ordre suivant : 53, 69-74, 68, 75-84, 87, 86, 85, 88-144.

5. Maassen, *Concilia aevi Merovingici* (dans les *Monumenta Germaniae,* in-4°, *legum sectio III*, t. I, 1893), p. 9-14.

suivants[1] ; dans l'ensemble, néanmoins, les deux manuscrits s'accordent à peu près pour la partie comprise depuis l'épiscopat de Principe jusqu'à celui du prédécesseur d'Aldric, Francon II, inclusivement (816-832).

De 832 à 1064, la copie de Du Chesne entre seule en ligne de compte : elle donne seule les chapitres relatifs à Aldric et aux neuf évêques qui l'ont suivi ; le manuscrit du Mans remplace le chapitre sur Aldric par une copie incomplète des *Gesta Aldrici*[2] et passe entièrement sous silence ses neuf successeurs. L'accord entre les deux exemplaires reprend avec la vie de l'évêque Arnaud (1067-1081), qui figure dans l'un comme dans l'autre, ainsi que celles de ses successeurs Hoël (1085-1097), Hildebert (1097-1125), Gui (1126-1135) ; puis il cesse de nouveau : dans la copie de Du Chesne, la vie de Gui est inachevée et suivie d'un simple catalogue sommaire des évêques postérieurs, jusqu'à la mort de Claude d'Angennes (15 mai 1601) ; dans le manuscrit du Mans, la vie de Gui est complète, et nous avons encore celles de Hugues (1135-1142), de Guillaume (1142-1186) et de Geoffroi de Loudon (1234-1255). Tout ceci peut se résumer dans le tableau suivant :

	Manuscrit du XIIIe siècle (bibl. du Mans, ms. 224) :	*Copie d'André Du Chesne* (Bibl. nat., ms. Baluze 45) :
	Julianus, Turibius, Pavatius, Liborius, Victurus, Victurius.	(*Manquent.*)
(511-832)	Principius, Innocens, Domnolus, Bertichramnus, Hadoindus, Berarius, Aiglibertus, Herlemun-	Principius, Innocens, Donnolus, Bertichrannus, Haduin-

---

1. Il manque : entre les fol. 68 v° et 75 r°, les deux chartes fausses de sainte Ténestine et de Childebert Ier, Mabillon, p. 92-95 ; — fol. 79 v°, tout ce qui est compris depuis les mots *vel reliquis*, Mabillon, p. 108, ligne 5 du bas, jusqu'aux mots *cum uxore et filiis*, p. 140, ligne 16 (soit 32 pages de texte imprimé in-8°) ; — fol. 83 v°, les trois pièces imprimées p. 151-158, de *Sequitur exemplar* à *Temporibus quoque* (la première de ces pièces est donnée plus loin) ; — fol. 87, 86, 85, les pièces imprimées p. 162-166, de *Similiter et exemplar* à *decrevimus roborare* (à la place de ces textes, le ms. Baluze 45 donne ici la pièce imprimée p. 151-154, qu'il avait omise plus haut) ; — fol. 93 v°, depuis *hominibus*, p. 185, l. 9, jusqu'à la fin du chapitre, p. 188 ; — fol. 97 r°, les pièces imprimées depuis le bas de la p. 199 jusqu'à la fin du chapitre, p. 211 ; — — fol. 97 v°, les pièces imprimées p. 213-228 ; — fol. 98 r°, celles des p. 230-239 ; — fol. 105 r°, de la p. 255, l. 14, à la p. 257, l. 20.

2. Ci-dessus, p. 604, notes 4, 5.

	dus, Gauziolenus, Herlemundus, Hodingus, Merolus, Joseph, Franco prior, Franco posterior.	dus, Berarius, Aiglibertus, Herlemundus, Gauziolenus, Hellemundus, Hodingus, Merolus, Joseph, Franco prior, Franco posterior.
(832-857)	*Copie incomplète des* Gesta Aldrici.	Aldricus.
(857-1064)	(*Manquent.*)	Robertus, Lambertus, Gunherius, Hubertus, Mainardus, Segenfridus, Avesgaudus, Gervasius, Vulgrinus.
(1067-1135)	Arnaldus, Hoellus, Hildebertus, Guido.	Arnaldus, Hoellus, Hildebertus, Guido (*ce dernier inachevé*).
(1135-1186)	Hugo, Guillelmus.	(*Manquent.*)
(1234-1255)	Gaufridus de Loduno.	(*Manque.*)
(1126-1601)	»	(*Catalogue des évêques, de Gui à Claude d'Angennes.*)

Mabillon n'avait d'abord connu que le manuscrit du Mans (par la copie que lui fournit l'abbé de Saint-Vincent). Toute son édition était imprimée d'après cet exemplaire, quand Baluze lui communiqua la copie de Du Chesne[1]. Il avait, par conséquent, dû passer sous silence les neuf successeurs d'Aldric (853-1064) ; et, pour Aldric lui-même, il n'avait donné que des extraits des *Gesta Aldrici*, tirés de l'édition de Baluze[2]. Dès qu'il eut con-

---

1. Les notes placées par Mabillon à la suite du texte, p. 391-397, ne mentionnent ni le manuscrit de Du Chesne, ni les chapitres conservés seulement par ce manuscrit. Il y est dit au contraire expressément que l'ouvrage se divise en deux parties, « prima (*sic*) a B. Juliano ad Aldricum, altera ab Arnaldo ad Gaufridum de Loduno » (p. 392). Mabillon n'avait donc encore, au moment où il imprimait ces pages, rien pour les évêques compris entre Aldric et Arnaud.

2. « In ms. codice Cenomannensi sequuntur gesta Aldrici Episcopi, prout ab eruditissimo Stephano Baluzio in tomo 3 Miscellaneorum edita sunt, quæ gesta huc compendio retuleram, omissis actis novem subsequentium ab Aldrico Episcoporum, quæ in exemplo ad nos transmisso desiderabantur » (*Vet. Anal.*, in-8°, III, carton de la p. 275).

naissance du nouveau texte, il fit imprimer des cartons, où il donna, à la place des extraits des *Gesta Aldrici*, les chapitres du manuscrit de Du Chesne relatifs à Aldric et aux neuf évêques suivants. Mais il ne toucha pas aux autres parties du volume. Son édition, telle qu'il l'a livrée au public, représente donc le manuscrit du Mans, seul, pour les prédécesseurs d'Aldric, ainsi que pour Arnaud et ses successeurs; et la copie de Du Chesne, seule, pour la partie intermédiaire, d'Aldric à Vulgrin inclusivement.

En annonçant à ses lecteurs la copie de Du Chesne, communiquée par Baluze, d'où il tirait le complément de son édition, Mabillon disait que ce texte, plus court que celui du XIII⁰ siècle, en était comme l'abrégé : « Acta Chesniana incipiunt à Principio Episcopo, et in Guidone desinunt, suntque veluti quoddam nostrorum compendium[1]. » Ces mots ont induit quelques critiques en erreur. On a cru qu'il s'agissait d'une rédaction distincte, d'un résumé analytique ou même d'un ouvrage nouveau, dû à un auteur qui aurait récrit toute l'histoire des évêques du Mans, depuis l'origine, en termes plus brefs. On a même voulu évaluer l'intervalle de temps qui aurait séparé les deux rédactions : les *Actus* primitifs, conformes au manuscrit du Mans, auraient été écrits au IXᵉ siècle, ceux de la copie de Du Chesne au XIIᵉ siècle[2]. La vérité est que les deux rédactions n'en font qu'une. Si le manuscrit de Du Chesne est plus court, c'est que certains chapitres ou fragments de chapitres y ont été omis, mais les parties conservées ne présentent aucune différence avec le manuscrit du Mans ou l'édition de Mabillon : c'est un exemplaire tronqué du texte des *Actus*, ce n'est pas un autre texte. Il a été tronqué, d'ailleurs, par accident au moins autant que par système. L'omission des six premiers chapitres, par exemple, ne peut avoir été ni réfléchie ni volontaire, car le septième, devenu le premier, débute par une allusion au précédent : « Domnus Principius..... successor extitit, largiente divina gratia, domni et *praefixi* Victurii praedictae urbis episcopi..... » Une autre lacune, aux chapitres relatifs aux évêques Domnole et Bertrand, appartient à la catégorie des accidents connus en typographie sous le nom de

---

1. *Vet. Anal.*, ibid.

2. *Histoire littéraire de la France*, [V, p. 148] ; Simson, *Die Entstehung der pseudo-isidorischen Fälschungen*, p. 45.

bourdons : elle a eu pour résultat de faire disparaître la valeur de
trente-deux pages de l'édition de Mabillon, et d'amalgamer en
une seule pièce une charte du roi Théodebert et la fin du testament de l'évêque Bertrand. On ne saurait dire si, dans ces deux
cas, les omissions doivent être imputées au manuscrit copié par
Du Chesne ou à Du Chesne lui-même. Peut-être aussi est-ce lui
qui aura supprimé en divers chapitres le texte d'un certain
nombre de chartes rapportées *in extenso*[1]. Ici l'omission a pu être
intentionnelle : on aura voulu alléger le récit historique en le
débarrassant d'un excès de pièces justificatives.

Est-ce encore par un accident matériel, est-ce par toute autre
circonstance qu'il faut expliquer la principale lacune du manuscrit 224, l'omission des biographies des neuf successeurs d'Aldric? On ne peut le dire. Quant à l'omission du chapitre sur
Aldric lui-même, elle est imputable au fait volontaire du copiste,
qui a jugé à propos de substituer à ce chapitre une transcription
des *Gesta Aldrici*[2], transcription qui, d'ailleurs, ne nous est pas
parvenue complète, soit qu'elle n'ait jamais été achevée, soit
qu'elle ait été mutilée après coup.

Le manuscrit d'où André Du Chesne a tiré sa copie devait être
du xiie siècle, puisqu'il s'arrêtait au milieu de la vie de Gui (1126-
1135). Il avait dû être conservé au Mans jusqu'au commencement du xviie siècle, puisque ses possesseurs y avaient ajouté,
de siècle en siècle, les noms des évêques qui s'étaient succédé
jusqu'alors sur le siège de cette ville; mais il n'y était plus dans
la seconde moitié du même siècle, puisque Mabillon, qui dut à
l'abbé de Saint-Vincent du Mans la connaissance du manuscrit
du xiiie siècle (alors à la cathédrale), n'apprit que par Baluze
l'existence du texte que représente la copie de Du Chesne. — Le
manuscrit du xiiie siècle, lui aussi, paraît en représenter un
du xiie. On a vu qu'il offre une lacune, dans la série des biographies épiscopales, entre les évêques Guillaume (1142-1186) et
Geoffroi de Loudon (1234-1255). En outre, les *Actus* y sont
précédés d'un catalogue des rois de France et d'un catalogue des
évêques, écrits l'un et l'autre, pour la plus grande partie, à la
même époque que le reste du manuscrit et continués par des additions de diverses mains. Or, la partie de première main s'arrête,

1. Ci-dessus, p. 647, note 1.
2. Ci-dessus, p. 604, notes 4, 5, et p. 647.

dans le catalogue des rois, à l'avènement de Louis VII (1137), et,
dans le catalogue des évêques, à la vacance qui suivit l'épiscopat
de Gui (1135). — On peut donc se demander si nos deux manuscrits ne seraient pas deux copies d'un même original exécuté ou
achevé vers 1137, copies devenues l'une et l'autre incomplètes
par suite d'accidents divers ; les vies de Hugues, de Guillaume et
de Geoffroi de Loudon, dans le manuscrit 224, auraient été ajoutées d'après quelque autre source. Mais ce n'est qu'une hypothèse
qu'il est impossible de vérifier.

Quoi qu'il en soit, nos deux manuscrits se complètent mutuel-
lement, et Mabillon a eu raison de suppléer par l'un à la principale lacune de l'autre. Pour avoir l'ensemble de l'ouvrage, il faut
le lire tel qu'il l'a imprimé d'après ces deux sources.

J'ai dit que les *Actus pontificum* sont une histoire des évêques
du Mans depuis l'origine jusqu'à saint Aldric. Pourtant, on vient
de voir que, dans les deux manuscrits comme dans l'édition, cette
histoire se poursuit bien après le temps d'Aldric, jusqu'au xiie et
même au xiiie siècle. C'est que, dans les *Actus* aussi bien que
dans les *Gesta Aldrici*, il faut distinguer l'œuvre de l'auteur et
celle des continuateurs.

La distinction est facile ; on peut dire qu'elle saute aux yeux.
Elle a été, dès l'origine, parfaitement indiquée par Mabillon :

Duæ quasi partes, horum sunt Actorum : prima (*sic*) à B. Juliano
ad Aldricum : altera ab Arnaldo ad Gaufridum de Loduno. Unus
idemque prioris partis auctor esse videtur. Idem enim in omnibus
genius ac stilus, idemque scopus, nempe in primis, ut abbatia sancti
Carileffi aliæque in jus ecclesiæ Cenomannensis asserantur... Poste-
rior pars à variis auctoribus scripta est, pro variis Pontificibus, sub
quibus quisque vixit[1].

Pour affirmer que les vies d'Arnaud (1067-1081), d'Hoël
(1085-1097) et d'Hildebert (1097-1125) sont l'œuvre d'un continuateur, nous n'avons pas besoin de raisonner par induction,
nous avons le témoignage de ce continuateur lui-même. La première phrase de la vie d'Hildebert, dans Mabillon, est incorrecte
et obscure : « Venerabilis quoque Hildeberti non imparis meriti

---

1. *Vet. Anal.*, in-8°, III; p. 392, 393, imprimées avant que Baluze eût communiqué à Mabillon la copie de Du Chesne (ci-dessus, p. 107, note 12).

actus describere disposui ;... » *quoque* et *non imparis* ne se rapportent à rien. Mais la copie de Du Chesne nous donne le véritable texte :

Expletis prout potui duorum episco[po]rum domni videlicet Arnaldi atque domni Hoelli gestis, venerabilis quoque Hildeberti non imparis meriti actus describere disposui, ne laudabilis ejus memoria inerti silentio tegeretur [1].

Le sentiment qui a poussé le copiste du manuscrit 224 à supprimer le premier membre de phrase est le même qui l'avait déterminé à incorporer dans son recueil les *Gesta Aldrici*. Il a voulu former un corps unique de l'histoire des évêques du Mans et faire disparaître la trace de l'origine multiple des parties qu'il assemblait. — On voit qu'un même écrivain a écrit les biographies d'Arnaud, d'Hoël et d'Hildebert. Il mentionne la mort de ce dernier prélat, mort survenue en 1134, plusieurs années après qu'il avait passé du siège du Mans sur celui de Tours. On peut donc lui attribuer encore avec assez de vraisemblance la vie de Gui (1126-1135), ou tout au moins la partie de cette vie commune aux deux manuscrits.

Sur les vies des neuf évêques compris entre Aldric et Arnaud, — Robert, Lambert, Gontier, Hubert, Mainard, Sigefroi, Avesgaud, Gervais et Vulgrin (857-1064), — Mabillon n'a pas eu à se prononcer : quand il écrivait le passage qui vient d'être cité, il ne connaissait pas encore le manuscrit qui donne seul ces biographies [2]. On doit les attribuer aussi à des continuateurs, car le chapitre qui les précède, celui d'Aldric, mentionne cet évêque comme encore vivant ; son auteur était donc contemporain d'Aldric, et ce n'est pas lui qui a pu écrire la vie de ses successeurs :

Aldricus... cui Dominus, oramus, hanc degere vitam secundum suam voluntatem tribuat, et post hanc vitam ei concedat sempiternam, amen [3].

De saint Julien à saint Aldric, au contraire, tout est d'une même plume, et Mabillon en a donné la preuve en trois mots : *idem in omnibus genius ac stilus, idemque scopus.* Le style

---

1. Ms. Baluze 45, fol. 131 r°.
2. Ci-dessus, p. 648, note 1, et p. 651, note 1.
3. Ms. Baluze 45, fol. 110 r°; *Vet. Anal.*, in-8°, III, p. 276; Simson, p. 48, 50.

de l'auteur des *Actus pontificum* nous est connu[1]; il est le même, parfaitement reconnaissable, d'un bout à l'autre de cette partie de l'ouvrage. Son « génie » et son but ne s'y reconnaissent pas moins; on sait que cet auteur est un imposteur et un faussaire, qui a cherché à augmenter frauduleusement la fortune temporelle de l'évêché. L'imposture inspirée par ce motif se rencontre dès les premiers chapitres, où l'on veut nous faire croire que l'apôtre du Maine et ses premiers disciples, en plein paganisme, auraient fait une distribution exacte de leur diocèse en paroisses et fixé le tarif des cens de cire et d'huile dus par chacune de ces paroisses à la mense épiscopale; anachronisme qui a choqué depuis longtemps les meilleurs critiques[2]. Le faux commence dès l'épiscopat de saint Innocent (au VIe siècle), sous le nom de qui on donne des chartes qui ne soutiennent pas l'examen; il se continue jusqu'à celui de Francon Ier (au IXe siècle), qui aurait obtenu de Charlemagne de prétendues concessions, manifestement copiées sur les vraies chartes de Louis le Pieux rapportées par les *Gesta Aldrici*. Tout cela est d'un seul et même écrivain, d'un contemporain d'Aldric[3].

Il faut excepter, dans la première partie de l'ouvrage, un seul fragment ajouté après coup; c'est un récit de la translation du corps de saint Julien, inséré après le chapitre relatif à la vie de ce saint[4]. Il y est question de faits qui eurent lieu « longtemps après la mort de l'évêque Aldric, » *longe autem post mortem Aldrici episcopi*. L'interpolation est sans doute imputable au copiste du manuscrit du XIIIe siècle.

Le point exact où finit l'ouvrage et où commencent les additions peut être déterminé avec précision. Si, au commencement du chapitre sur Aldric, tel que le donnent la copie de Du Chesne et, d'après elle, l'édition de Mabillon, il est question d'Aldric comme d'un homme encore en vie, *hanc degere vitam secundum suam voluntatem tribuat*, à la fin du même chapitre, au contraire, sa mort est relatée :

---

1. Ci-dessus, p. 603, note 4.

2. Tillemont, [*Mémoires pour servir à l'histoire ecclésiastique des six premiers siècles*, IV, p. 730, col. 2].

3. Waitz seul, à ma connaissance, a émis une opinion contraire (*Mon. Germ.*, *Script.*, [XV, p. 305, notes 5 et 6]). Ses raisons ont été réfutées d'avance par Mabillon, *Vet. Anal.*, in-8°, III, p. 393.

4. *Vet. Anal.*, in-8°, III, p. 60-62.

Dominus igitur Aldricus... cum annos XXIIII Cenomanensem rexisset ecclesiam, in pace defunctus est et in ecclesia sanctorum martyrum Vincentii et Laurentii honorifice sepultus. Post cujus obitum, *etc.* [1].

Le commencement et la fin du chapitre n'appartiennent donc pas au même auteur et à la même rédaction. Entre le paragraphe où l'on voit Aldric vivant et celui où l'on dit qu'il est mort, est insérée la copie d'une pièce fort longue, d'une prétendue bulle accordée par le pape Grégoire IV à l'évêque Aldric, le mardi 8 juillet 833, pour le protéger contre les machinations de ses ennemis. De l'aveu général, cette bulle est fausse [2]. Comme l'auteur des *Actus* est un faussaire, on pourrait être tenté de mettre encore ce faux à sa charge ; on pourrait même dire, en faveur de cette conjecture, qu'une pièce destinée à protéger un individu en particulier, n'ayant d'intérêt que du vivant de cet individu, n'a pu être fabriquée et alléguée après lui. Mais ici le titre mis en tête de la fausse bulle pour Aldric avertit expressément qu'on ne la rapporte que pour établir un précédent en faveur des autres évêques :

Epistola Gregorii papae, qualiter si aliquis Aldricum Cenomanicae urbis episcopum accusaverit, causa ejus non ab alio quam Romano pontifice terminetur : *quae etiam in exemplum aliis episcopis prodesse poterit* [3].

Ajoutons que la copie de cette bulle, introduite ici brusquement et hors de propos (sa vraie place, si elle avait dû en avoir une, aurait été dans les *Gesta Aldrici*), n'est rattachée par aucun lien au paragraphe qui la précède, tandis qu'une phrase de transition la lie au paragraphe suivant [4]; qu'elle est pleine de répétitions et toute d'un style diffus, bien éloigné du langage clair et coulant des *Actus* et des fausses pièces fabriquées par leur auteur ; enfin, que le paragraphe qui la précède immédiatement se termine par une formule de prière, analogue à celles qui se lisent à la fin des autres chapitres et destinée évidemment à former la péroraison de celui-ci et de l'ouvrage entier :

1. Ms. Baluze 45, fol. 113 v°; *Vet. Anal.*, in-8°, III, p. *285, *286·
2. Jaffé, n° 1958; Ewald, n° 2579; Simson, p. 51.
3. Ms. Baluze 45, fol. 110 v°; *Vet. Anal.*, in-8°, III, p. 277.
4. « Dominus igitur Aldricus accepta apostolicae auctoritatis epistola, suae sedi restitutus... defunctus est » (*ibid.*, fol. 113 v°, p. *285).

Defendat eam (*ecclesiam Cenomanicam*) Dominus omnipotens ab omnibus aemulis suis una nobiscum, humiliter oramus, et nunc et per cuncta secula seculorum, amen [1].

Donc, les *Actus pontificum* se terminent à ces mots (p. 277 de Mabillon), et tout ce qui suit, à partir de la fausse bulle de Grégoire IV inclusivement, appartient· aux additions postérieures. Nous devons faire abstraction de ces additions et considérer uniquement l'ouvrage lui-même, c'est-à-dire les pages 50 à 59 et 63 à 277 (ligne 6) de l'édition in-8° de Mabillon.

A ces pages, il faut ajouter un fragment conservé par le manuscrit des *Gesta Aldrici* et publié comme une partie de ces *Gesta*, mais où il est impossible de méconnaître la main de l'auteur des *Actus pontificum*. C'est, parmi les morceaux transcrits à la suite des *Gesta Aldrici*, celui qui, dans l'édition de MM. Charles et Froger, occupe les pages 130 et suivantes, jusqu'à la ligne 10 de la page 160. Non seulement on y reconnaît le style et la langue de notre auteur, mais celui-ci se désigne suffisamment au début, en répétant textuellement le titre qu'il a donné à son ouvrage, *Actus pontificum Cenomannis in urbe degentium* :

Placuit etiam in hac scedula, quę de quibusdam *actibus pontificum Cenomannica in urbe degentium* usque ad Aldricum ejusdem urbis episcopum conscripta esse dinoscitur, inserere relationem sive memoriale qualiter predictus Aldricus... monasterium Anisolę... legibus conquisivit...

Ces mots confirment ce qui vient d'être dit du cadre et de l'étendue des *Actus*, dans la pensée de l'auteur : c'est une histoire des évêques du Mans depuis l'origine jusqu'à Aldric, *usque ad Aldricum*. Ce morceau, consacré uniquement au récit de la restitution du monastère de Saint-Calais à l'évêque en 838, était, dans l'intention du même auteur, destiné à être incorporé dans l'ouvrage, *in hac scedula... inserere*, mais cette intention n'a pas été suivie d'effet, puisque aucun des deux manuscrits des *Actus* ne le donne. Concluons-en que c'est une addition, due, il est vrai, à l'auteur lui-même, mais écrite après le reste de l'ouvrage et quand certains exemplaires étàient déjà sortis de ses mains.

Selon l'opinion des auteurs de l'*Histoire littéraire*[2], reprise

1. *Ibid.*, fol. 110 v°, p. 277.
2. [*Histoire littéraire de la France*, V, p. 146.]

de nos jours par M. l'abbé Louis Froger[1], les *Actus pontificum* auraient été écrits sous l'épiscopat de Robert, successeur d'Aldric. Cette hypothèse est réfutée d'avance par le passage déjà cité où l'auteur souhaite longue vie à l'évêque Aldric[2]. Un passage non moins formel termine le chapitre additionnel conservé dans le manuscrit des *Gesta Aldrici;* là aussi il est parlé d'Aldric au présent :

Et sic falsitas subditur veritati atque injuste alienata juste resti-tuuntur, quę et *actenus a prefato episcopo* et a suę sędis ęcclesię ministris legibus *possidentur* et canonice atque regulariter guber-nantur[3].

Les *Actus pontificum* ont donc été écrits avant la mort d'Al-dric (857).

Ils ont été écrits après les *Gesta Aldrici*. On a vu qu'ils leur ont emprunté, pour les reproduire en les falsifiant, deux chartes mérovingiennes de l'évêque Domnole, tirées des archives de l'ab-baye de Saint-Vincent. On a vu qu'ils leur avaient emprunté leur plan même, le cadre ou le type sur lequel sont rédigées toutes les biographies épiscopales, type que les *Gesta* à leur tour avaient emprunté au *Liber pontificalis* de Rome. On a vu, enfin, que les *Actus* citent en termes exprès les *Gesta*[4]. Les *Gesta* ont été terminés dans le premier semestre de 840, avant la mort de Louis le Pieux[5]. L'auteur des *Actus*, au contraire (dans le cha-pitre supplémentaire conservé par le manuscrit des *Gesta*), fait allusion à la mort de l'empereur Louis[6]; et, un peu plus loin, il relate des faits qui se sont accomplis, dit-il, le 1er et le 3 août 841[7]. Ce chapitre supplémentaire, tout au moins, est donc postérieur à 841, et l'ensemble de l'ouvrage à 840.

1. *Gesta domni Aldrici,* introduction, p. ix et p. xviii, note 6.
2. Ci-dessus, p. 611.
3. *Gesta,* ch. liii; Froger, p. 160. — L'argument en sens contraire, que M. Froger veut tirer de l'emploi du mot *preerat,* dans une phrase alléguée par lui (*ad jus Cenomannice matris ecclesie cui prefatus episcopus preerat*), est peu probant en lui-même et surtout ne saurait être mis en balance avec les deux passages formels cités ci-dessus.
4. Ci-dessus, p. 636-637; p. 604; p. 605, note 2.
5. Ci-dessus, p. 612.
6. « *Temporibus Hludowici* piissimi augusti subler inserta causatio vel cvin-dicatio fuit... » *Gesta,* XLVII, p. 130-131. Cf. ci-dessus, p. 612.
7. *Gesta,* LII, p. 159-160.

Avant de chercher à préciser davantage, voyons ce qu'on peut deviner de la personne de l'auteur.

L'auteur des *Actus* écrit autrement que celui des *Gesta Aldrici;* or, l'auteur des *Gesta Aldrici* est Aldric; donc, l'auteur des *Actus* n'est pas Aldric.

L'auteur des *Actus* est un imposteur et un faussaire : les pièces apocryphes qu'il rapporte sont d'un style trop pareil au sien pour avoir pu être fabriquées par d'autres que par lui ; on l'a, d'ailleurs, vu à l'œuvre dans la falsification de la première charte de Domnole, dont les *Gesta* lui fournissaient le texte non altéré. L'évêque Aldric, au contraire, était un honnête homme. Il n'a donc ni inspiré ni toléré la rédaction des *Actus*. Cet ouvrage, écrit de son vivant, a dû être écrit à son insu.

L'auteur des *Actus* était un clerc du diocèse du Mans, attaché à l'évêché, car ses intérêts semblent se confondre avec ceux de l'évêque. Tous les faux qu'il allègue ont pour but d'assurer des droits et des biens, non seulement au diocèse, à la cathédrale ou au chapitre, mais, plus particulièrement, à l'évêque lui-même, à ce qu'on a appelé plus tard la mense épiscopale. Il semble qu'il disposait en maître de cette mense, et que, sans être évêque, il avait entre les mains toute l'administration effective de l'évêché.

Comment, du vivant de l'évêque Aldric, son évêché a-t-il pu se trouver administré par un autre ? Comment cet administrateur a-t-il pu, à l'insu du titulaire, mettre en œuvre des procédés que celui-ci aurait désavoués ? Un détail révélé par les actes du concile de Soissons, en 853, nous l'explique. Aldric n'assistait pas à ce concile ; il avait écrit ou fait écrire aux évêques pour excuser son absence, disant qu'il était atteint de paralysie, qu'il ne pouvait se déplacer, et sollicitant des prières, tant pour le reste de ses jours que pour son âme après sa mort. Le concile chargea l'archevêque de Tours, Amauri, de visiter le malade et de pourvoir aux mesures nécessitées par la situation de l'église du Mans :

Praeterea Cenomannicae urbis Aldricus episcopus paralysi dissolutus epistolam direxit, causam suae absentiae insinuans petensque ut maxime sibi adhuc viventi et quandocumque defuncto sacris precibus opitularentur. Quod exuberantes caritate se facturos promiserunt et metropolitano illius Turonicae urbis venerabili episcopo Amalrico, ut ad eamdem urbem accederet, injunxerunt, et quae-

cumque essent eidem ecclesiae proficua, ut strenue exequeretur, unanimiter praeceperunt[1].

On ne sait depuis quand Aldric était atteint de cette maladie.
Il était encore valide en 849, s'il est vrai qu'il faille rapporter
au concile tenu à Paris cette année la lettre au prince breton
Noménoé, qui porte son nom avec celui de plusieurs autres
évêques[2]. Le souci de s'assurer des prières avant et après sa
mort, qui paraît dans son message au concile de Soissons, est
conforme à ce que nous savons de sa piété timorée[3]. La mission,
donnée par le même concile au métropolitain, de pourvoir aux
besoins du diocèse, indique que le malade était hors d'état, non
seulement de se déplacer, mais aussi de gérer effectivement son
évêché. Quelques mesures qu'ait pu prendre l'archevêque, il ne
saurait être allé jusqu'à se substituer au titulaire pour tous les
détails de l'administration épiscopale. Celle-ci ne pouvait revenir
qu'au clergé local; un membre de ce clergé dut prendre le gouvernement de l'église du Mans. C'est ce clerc qui, pour défendre
le temporel de l'évêché, notamment pour soutenir la lutte contre
l'abbé de Saint-Calais au sujet de la possession de ce monastère,
aura fabriqué le tissu de fables et produit la collection de faux
qui constitue, pour une très grande partie, les *Actus pontificum*.

Quelques allusions à cette situation se devinent dans les documents écrits à l'occasion de cette lutte. Au concile de Bonneuil
en 855 (concile où Aldric ne parut naturellement pas plus qu'à
celui de 853), l'abbé de Saint-Calais se plaignit d'être inquiété,
non par l'évêque, mais par *certaines personnes* qui mettaient
en avant les prétendus droits de l'évêché : « harum praeceptio-
num irruptiones et violentissimas quorumdam instinctu ipsius
loci infe[sta]tiones asserentium subdole jure possessionis propriae
idem monasterium debere subici urbi Cinomannicae... intimavit. »
Le concile, faisant droit à ces plaintes, défendit à l'évêque *et
à toute personne étrangère au couvent* de porter atteinte à
l'indépendance de la communauté : « ita ut non episcopus, nulla
extera persona laicalis seu clericalis ad hoc inquietandum, per-
turbandum ac sollicitandum aut invadendum vel possidendum

1. Bouquet, *Recueil des historiens*, VII, p. 607.
2. *Ibid.*, VII, p. 503.
3. [Ci-dessus, p. 618; p. 620-621, note 3.]

monasterium aspiret[1]. » De son côté, le clerc manceau, administrateur de l'évêché et rédacteur des *Actus*, s'est trahi par un
mot échappé à sa plume, à la fin du chapitre supplémentaire relatif à Saint-Calais, et conservé dans le manuscrit des *Gesta
Aldrici* : l'église du Mans, prétend-il, a déjà obtenu la restitution du monastère, et, à présent même, l'évêque Aldric *et les
ministres de son église* le possèdent et le gouvernent : « quę et
actenus a prefato episcopo et a suę sędis ęcclesię ministris legibus
possidentur et canonice atque regulariter gubernantur[2]. »

Il s'est trahi plus directement dans deux autres chapitres,
dont l'examen attentif va nous livrer son titre officiel et son nom.

Pour attribuer les Fausses Décrétales du pseudo-Isidore à l'auteur des *Actus pontificum Cenomannensium*, M. B. Simson[3]
et M. Paul Fournier[4] ont allégué l'analogie des doctrines soutenues, dans les deux ouvrages, au sujet de l'institution des chorévêques. Les *Actus*, en effet, citent un prétendu concile national
de l'empire franc qui se serait tenu dans les premières années du
règne de Charlemagne et où auraient été arrêtés des canons relatifs aux chorévêques ; les termes dont ils se servent à cette occasion rappellent de très près ceux d'une fausse bulle de saint Léon
le Grand, insérée au recueil du pseudo-Isidore :

Fausse Décrétale du pape saint Léon I[5] (Jaffé - Lœwenfeld, n° 551. Hinschius, *Decretales pseudo-Isidorianae*, p. 628) :	*Actus pontif. Cenom.*, ch. XVII (Mabillon, *Analecta*, in-8°, III, p. 241 ; ms. du Mans, n° 224, fol. 74 v° ; ms. Baluze 45, fol. 99) :
Communi sententia statuen- dum oportuit, scientes quia, si- cut chorepiscopo vel presbitero inlicita consecratio est altaris, ita et constitutio. In divinis enim litteris praecipiente Domino so- lus Moses in tabernaculo Dei	Qua de re invenerunt sapien- tes et doctores ejusdem Karoli gloriosissimi regis una cum lega- tis apostolicis et omnes episcopi inter se sanxerunt secundum prio- rum sanctorum patrum instituta ut nullus chorepiscopus...

1. *Questions mérovingiennes*, IV, p. 86, 87 ; *Bibliothèque de l'École des
chartes*, XLVIII (1887), p. 236, 237.

2. *Gesta*, LIII, p. 160.

3. *Die Entstehung der pseudo-isidorischen Fälschungen*, p. 8 et suiv.

4. *La Question des Fausses Décrétales* (1887), p. 20.

5. Cf. la fausse décrétale de saint Damase, Hinschius, p. 508-515, et le texte
falsifié du concile de Séville, *ibid.*, p. 438.

erexit altare, solus ipse unxit, qui utique summus sacerdos Dei erat... Ideoque id quod tantum facere principibus sacerdotum jussum est, quorum tipum Moses et Aron tenuerunt, omnino decretum est ut chorepiscopi vel presbiteri qui filiorum Aaron gestant figuram arripere non praesumant... Nam... quaedam... sibi prohibita noverint, sicut presbiterorum et diaconorum ac virginum consecratio, sicut constitutio altaris ac benedictio vel unctio : siquidem nec erigere eis altaria, et ecclesias vel altaria consecrare, nec per inposiciones manuum fidelibus baptizandis vel conversis ex beresi paracletum spiritum tradere, nec crisma conficere... Haec enim omnia inlicita sunt chorepiscopis... quoniam quanquam consecrationem habeant, pontificatus tamen apicem non habent. Quae omnia solis debere summis pontificibus auctoritate canonum praecipitur...

Quoniam nec in tabernaculo Domini, quod Moyses fecerat, alius altaria non erigebat aut deponebat nisi tantum modo Moyses et Aaron, qui summi pontifices erant et quorum tipum hodie in sancta ecclesia episcopi gerunt, filiorum quoque eorum normam reliqui sacerdotes tenent...

Ut nullus chorepiscopus crisma conficeret, virgines sacraret, spiritum paraclitum traderet neque aecclesias dedicaret vel altaria erigeret seu aut sacraret, etiam oleum ad infirmos ungendos benediceret...

Quae vero omnia summis sacerdotibus et non chorepiscopis debentur, qui licet ordinationem habeant, tamen summi pontificatus apicem non habent...

La parenté des textes est évidente : Weizsäcker, qui l'a signalée[1], a eu raison de dire qu'ici les *Actus* renferment des matériaux empruntés au pseudo-Isidore[2] et que leur auteur a dû avoir les Fausses Décrétales en tout ou en partie sous les yeux[3]. — Ceci n'a rien que de vraisemblable : c'est en 853 que nous voyons constatée pour la première fois l'infirmité d'Aldric, à la faveur

---

1. *Der Kampf gegen den Chorepiskopat des fränkischen Reichs* (1859, in-8°), p. 13.

2. « Mit Benedikt'scher oder pseudoisidorischer Waare interpolirt. » *Ibid.*

3. « Der Verfasser der Acta episc. Cenomann. muss den Ps. Is. bereits vor sich gehabt haben... wenigstens die den Gegenstand betreffenden Stücke. » *Ibid.*, p. 16.

de laquelle l'auteur des *Actus* put seulement produire ses impostures ; c'est entre 847 et 852, selon les érudits qui se sont occupés en dernier lieu de la question, que parurent dans le monde les Fausses Décrétales[1]. Mais, si, entre les Fausses Décrétales et les *Actus*, il y a concordance dans les mots, il y a grande divergence dans les idées. L'auteur des Fausses Décrétales, le pseudo-Isidore, est opposé à l'institution des chorévêques : l'auteur des *Actus* en est partisan. Ce qui a pu faire illusion sur ce point, c'est que l'auteur des *Actus* connaît plus ou moins les textes des Fausses Décrétales contre les chorévêques, qu'il ne songe, pas plus que la plupart de ses contemporains, à en contester l'authenticité, et que, dès lors, il ne peut faire autrement que de les citer avec respect et de s'y soumettre en apparence. Mais il les tourne par des distinctions subtiles, et, en somme, il cherche à défendre *in extremis* l'institution dont le pseudo-Isidore a poursuivi et obtenu l'abolition radicale.

Une des principales causes qui vicient, selon le pseudo-Isidore, l'institution des chorévêques, c'est qu'ils sont habituellement consacrés par un seul évêque ; or, pour donner une consécration valable, selon les canons qu'il allègue, il faut le concours de plusieurs évêques ensemble. Mais il ajoute que, lors même qu'un chorévêque serait consacré par plusieurs évêques, d'autres causes empêcheraient encore de reconnaître son caractère : car, ou le chorévêque est installé dans un bourg ou un village, et alors c'est une infraction aux canons qui ordonnent de n'établir d'évêques que dans les chefs-lieux de cités ; ou il est adjoint au titulaire d'un siège épiscopal, et c'est une violation de la règle qui défend d'instituer deux évêques pour le même diocèse ; ou enfin il est consacré sans assignation de siège, *absolute,* et il ne peut avoir d'autorité nulle part :

Nec ab re dictum perpendo « quamquam manus impositionem episcoporum perceperint, » cum « episcoporum » nomen pluralem in se contineat numerum et apud grammaticos pluralis sit genitivus : videtur enim mihi quod tunc non ab uno sed a pluribus ordinabantur, quia nullatenus diceret « episcoporum, » si ab uno fieret talium ordinatio, cum « episcoporum » pluraliter dictum sit. Cum autem dixit corepiscopum, profecto villanum voluit intelligi episcopum : et si villanus, quid agit in civitate, cum in una civitate duo omnino

1. Fournier (1887), p. 27, 28.

esse prohibeantur episcopi? et si in villa et in eo loco ubi antea episcopi non fuerunt, cum et in modica civitate vel in villa aut castello
episcopus fieri prohibeatur... ne vilescat auctoritas et nomen episcopi, fuerint constituti, quid, rogo, erunt?... Si per episcoporum
manus impositionem perceperunt et ut episcopi sunt consecrati, ubi
sunt consecrati? Ad villam, quia chore villa est apud Grecos? et
qualiter ad villam si nec in castello aut in modica civitate licet fieri?...

Eos omni auctoritate carere non dubitate, scilicet quia tria obstant
quibus eorum cassatur actio vel institutio : unum, quod ab uno episcopo ordinari solent, in quo eorum ordinatio a canonibus discordat,
qui per manus episcoporum eos institui jubent; aliud, si a pluribus
episcopis sunt ordinati et aut in villa aut castello seu in modica civitate aut omnino non in eo loco prefixi quo juste episcopi fieri debent
aut dudum non fuerunt, ubi non vilescat auctoritas et nomen episcopi, aut si in civitate cum altero, cum, ut praedictum est, in una
civitate duo non debeant consistere episcopi ; tertium, si absolute
fuerint instituti, sicut de quibusdam audivimus, quae omnia episco-
pali omnino carent auctoritate [1].

De toutes ces objections, l'auteur des *Actus* ne retient que celle
qui porte sur le nombre des évêques participant à la consécration.
Il admet que, pour consacrer valablement un chorévêque, il faut
au moins trois évêques ensemble; mais, si cette condition est
remplie, le chorévêque peut, avec le consentement de l'évêque
titulaire, suppléer celui-ci dans toutes les fonctions de son ordre.
Ainsi l'a décidé, ajoute-t-il, le concile assemblé sous Charlemagne pour juger la demande de l'évêque Gauziolen, qui, frappé
de cécité, voulait être autorisé à s'adjoindre un chorévêque :

Hoc peracto misit iterum predictus Gauziolenus ad domnum Karolum filium predicti Pipini ut preciperet ei chorepiscopum ordinare.
Sed illo in tempore jam sapientia ordinante atque instigante domno
Karolo pollere ceperat et canonica auctoritas precipiente jamdicto
Karolo gloriosissimo Francorum rege enucleatim perscrutari. Qua de
re invenerunt sapientes et doctores... et omnes episcopi inter se
sanxerunt... ut nullus chorepiscopus crisma conficeret, virgines
sacraret, spiritum paraclitum traderet neque aecclesias dedicaret vel
altaria erigeret seu aut sacraret, etiam oleum ad infirmos ungendos

1. Fausse décrétale de saint Damase, Hinschius, p. 512. Ce latin confus et
inintelligible est habituel au pseudo-Isidore. Quelle différence avec le latin de
cuisine, si limpide et si simple, de nos *Actus !*

benediceret, *nisi a tribus esset ordinatus episcopis :* quę vero omnia summis sacerdotibus et non chorepiscopis debentur...

Ideoque medicinam invenientes predicti pontifices et eruditi doctores renuntiaverunt domno Karolo... ut chorepiscopus jamdicti Gauzioleni cecati episcopi *a tribus episcopis in idipsum convenientibus ordinaretur* et... haberet... ministerium quoque episcopále, tali benedictione si condignus fuerit adepta devotissime una cum consensu atque permisso Gauzioleno cecati episcopi, propterea quia ipse non poterat facere...

Supradictus enim Gauziolenus... deprecatus est domnum Karolum per suam epistolam et sanctam sinodum ut... Merolus chorepiscopus sacraretur, ut ministerium episcopale facere et exercere canonice atque perficere posset : quod et ita annuente Domino factum est, et predictus sacerdos Merolus memorata conditione *a tribus episcopis est chorepiscopus ordinatus,* a chore id est villare sortiente vocabulo. Qui ergo vivente Gauzioleno et eo jubente, licet simpliciter, sacrum episcopale ministerium exercere mobiliter studuit[1]...

Loin d'admettre qu'il soit illégal d'instituer un évêque ou un chorévêque *in villa aut in castello seu in modica civitate,* notre auteur assure que Mérolus fut institué chorévêque au titre d'une paroisse rurale du diocèse du Mans, *Salicus*[2], et cela encore avec l'assentiment du concile national :

Supradictus enim Gauziolenus... eligensque quendam sacerdotem de monasterio Aurionno Merilonem nomine, et dedit ei Salicam vicum publicum et canonicum sive alia beneficiola, obnixeque deprecatus est domnum Karolum per suam epistolam et sanctam sinodum ut supradicta conditione *ad titulum aecclesiae sancti Petri quę est constructa in Salico vico canonico predictus sacerdos Merolus chorepiscopus sacraretur,* ut ministerium episcopale facere et exercere canonice atque perficere posset, quod et ita annuente Domino factum est...

Voilà de quoi écarter définitivement l'hypothèse, — si plausible à d'autres points de vue, — qui attribuait les Fausses Décrétales à l'auteur de nos *Actus.* La vérité est plutôt dans ces mots de Weizsäcker : « Il faut que l'auteur des *Actus* ait écrit à une époque et dans des conditions où il se croyait obligé

1. *Vet. Anal.,* in-8°, III, p. 241, 242.
2. Probablement Sceaux-sur-Huisne (Sarthe).

de *justifier l'Église du Mans d'avoir eu des chorévêques;*
à une époque, par conséquent, où les doctrines du pseudo-Isidore
étaient admises. » Et, après avoir montré que l'histoire du prétendu concile de Charlemagne sur les chorévêques ne peut être
qu'une fable : « Tout le récit a été fabriqué *pour montrer que
le chorépiscopat du Mans était légitime[1].* » Mais, quel était le
chorépiscopat qu'il importait de légitimer? Celui des chorévêques[2]
de Gauziolen au VIIIe siècle? Qui donc s'en souciait au IXe siècle?
Notre auteur était trop avisé pour perdre son temps et sa prose
à des justifications d'un intérêt purement historique. Sa prétendue
explication de ce qui se serait passé autrefois n'a pu avoir pour
but que de défendre ce qui se passait de son temps. Si l'on a tenu
à établir que tel prédécesseur d'Aldric avait pu légitimement
avoir un chorévêque, c'est sûrement qu'Aldric lui-même en
avait un.

Il en a eu un en effet, nous le savons par plusieurs témoignages. En 836, au rapport des envoyés de l'évêque de Paderborn, qui vinrent recevoir au Mans des reliques de saint Liboire
données à leur église par Aldric, celui-ci avait un chorévêque
nommé David, qui l'assistait dans les délibérations relatives aux
affaires du diocèse[3]. Deux actes de 837, rapportés par les *Gesta
Aldrici*, portent la signature de ce chorévêque : « David corepiscopus subscripsi[4]. » On ignorait jusqu'à présent si cette préla-
ture inférieure avait continué d'exister dans le diocèse du Mans
au delà des premières années de l'épiscopat d'Aldric. L'empressement de notre auteur à la défendre contre les attaques du pseudo-
Isidore ne permet plus d'en douter. A l'époque où fut arrêté le
texte des *Actus*, au lendemain de l'apparition des Fausses Décrétales, Aldric, sûrement, avait encore un chorévêque. On peut

---

1. « Der Verfasser der Acta muss in einer Zeit geschrieben haben und unter
Verhältnissen, wo er meinte die Kirche von Le Mans darüber rechtfertigen zu
müssen, dass sie... Chorbischöfe... hatte, also in einer Zeit wo die pseudo-isidorischen Grundsätze über dieses Institut schon allgemein oder doch von dem
Verfasser selbst anerkannt waren... Die ganze Erzählung soll eben dazu die-
nen, zu zeigen, dass der Chorepiskopat in Le Mans ein gesetzlicher war... »
Weizsäcker, *Der Kampf gegen den Chorepiskopat*, p. 13, 14.

2. [Voir ci-dessous, p. 671.]

3. « Convocans omnem clerum, praesente quoque suo corepiscopo David
nomine, tractare cum eis diligenter coepit... » *Monumenta Germaniae, Script.*,
IV, p. [152]; déjà signalé et cité par M. Simson, p. 97.

4. *Gesta,* XXXII, XXXIV, p. 85, 95.

ajouter, sans crainte de se tromper, que ce chorévêque avait été consacré par trois évêques, et qu'il mettait dans cette circonstance le principal espoir de sa défense[1].

Ce n'est pas seulement sous Gauziolen que les *Actus* placent des chorévêques du Mans. L'évêque Aiglibert, qui vivait dans la seconde moitié du VIIe siècle, aurait eu, s'il fallait les en croire, un chorévêque nommé Pierre. Mais il ne faut sûrement pas les en croire. L'institution orientale des chorévêques resta ignorée en Occident pendant toute la période mérovingienne; elle ne s'introduisit dans le monde latin que dans la seconde moitié du VIIIe siècle[2]. Si l'auteur des *Actus* veut nous faire croire qu'elle a été connue au Mans un siècle plus tôt, c'est donc pour fournir

1. « Der Grundsatz des Ps. Damas. ... hat Anlass dazu gegeben, zu behaupten der Chorbischof von Le Mans sei wirklicher Bischof gewesen, sei von drei Bischöfen geweiht worden. » Weizsäcker, p. 16.

2. Le nom et l'institution des chorévêques paraissent en Orient au IVe siècle, dans les conciles d'Ancyre, d'Antioche, de Sardique, de Laodicée (Viollet, *Histoire des institutions politiques et administratives de la France*, p. 348, note 4); — à Rome, pour la première fois, si je ne me trompe, en 747, dans une lettre du pape Zacharie, qui cite le concile d'Antioche (Jaffé, n° 1750; Ewald, n° 2277; Jaffé, *Bibliotheca rerum Germanicarum*, IV, p. 21); — chez les Saxons, de 753 à 755, uniquement dans les documents relatifs à saint Boniface, qui était en relations plus directes avec Rome qu'avec le clergé franc (Jaffé, *Bibliotheca rerum Germanicarum*, p. 232, 260, 463); — chez les Francs, enfin, seulement en 789, dans un texte de capitulaire, qui cite les conciles d'Antioche et d'Ancyre (Boretius, *Capitularia*, p. 54, c. 9) et qui a été inspiré « e canonum collectione Dionysiana, quam Hadrianus papa anno 774 Karolo Magno transmiserat » (*ibid.*, p. 53). — Les capitulaires de 742 et de 755 (Boretius, p. 25, c. 4; p. 35, c. 13) allégués par M. Viollet (*ibid.*, p. 349, note 1) parlent de *supervenientes ignoti episcopi* ou d'*episcopi vagantes qui parrochias non habent nec sciamus ordinationem eorum qualiter fuit*, que rien n'autorise à identifier avec les chorévêques. Sur de prétendus chorévêchés attribués sans fondement à la Gaule du IVe et du Ve siècle, voir *Annales du Midi*, V (1893), p. 139. Du Cange ne cite d'autre exemple de l'emploi du mot aux temps mérovingiens que ceux que lui ont fournis nos *Actus*. M. Loening (*Das Kirchenrecht im Reiche der Merowinger*) ne fait aucune mention des chorévêques. Il n'y a pas d'article CHOREPISCOPUS ni COREPISCOPUS dans l'*Index rerum* des *Concilia aevi Merovingici*, publiés cette année même par M. Maassen dans la collection des *Monumenta Germaniae historica* (in-4°). M. l'abbé Duchesne veut bien me dire qu'il tient, comme moi, l'institution pour entièrement inconnue en Gaule pendant toute la période mérovingienne. — En somme, la notion et le mot ont été empruntés à l'Orient par la cour de Rome vers le temps de Zacharie, à la cour de Rome par saint Boniface au milieu du VIIIe siècle, puis par Charlemagne à la fin du même siècle; le mot et la chose n'ont guère existé ensemble qu'à la fin du VIIIe siècle en Allemagne et au IXe en France.

encore au chorévêque du ixe siècle un précédent à invoquer. Sur
ce chorévêque qui aurait vécu deux siècles avant lui, l'écrivain
est d'ailleurs remarquablement bien informé. Il sait sa patrie et
sa condition ; c'était, dit-il, un enfant du pays, né dans un village
du diocèse du Mans, de parents appartenant à la dépendance,
familia, de l'église cathédrale. Son humble naissance lui valut
le mépris des « nobles de la province, » qui tâchèrent d'en profiter pour dépouiller l'église qu'il gouvernait, mais le secours de
Dieu lui permit de repousser leurs attaques :

Petrus Cenomannice partis parrochie temporibus Theodorici regis
chorepiscopus et adjutor domni Aigliberti fuit... Prefatus namque
Petrus natus ex ipsa parrochia fuit in villa qui dicitur Campaniacus[1]
super fluvium Idoneę[2] et in familia matris et civitatis ecclesiae pro-
creatus. Qui licet ignobilis esset genere, nobilis tamen erat moribus.
Multas ergo impulsationes habebat a nobilioribus ejusdem provincie
hominibus de rebus sibi commissis, propterea quia infirmus[3] (*lisez*
infimus) erat genere. Deus autem, qui non elegit gentem sed men-
tem, in omnibus prestitit ei adjutorium qualiter non multas res per-
deret[4]...

Ou je me trompe fort, ou voilà un de ces passages dans lesquels
un écrivain, sous le nom d'autrui, se peint lui-même. Ce chorévêque qui ne voit dans son ministère que la défense du temporel
de son évêché, cet homme d'église qui ne demande à Dieu d'autre
secours que le gain de ses procès, c'est notre auteur. Ce portrait,
sans valeur pour le règne de Thierry III, est vrai si nous le trans-
portons à sa vraie date, dix ou quinze ans après l'avènement de
Charles le Chauve. Je n'affirmerais pas que le chorévêque d'Aldric fût né précisément, comme le prétendu chorévêque d'Aiglibert, à Champagné, sur la rivière d'Huisne ; mais, comme lui,
sans doute, il était du Maine, comme lui il était fils de parents
sujets de la cathédrale, comme lui enfin il se piquait de montrer
aux « nobles » de sa « province » que, pour être de basse naissance, il n'en savait pas moins défendre son bien.

Non seulement, pour l'auteur des *Actus*, le chorévêque peut
légitimement exercer ses fonctions, à la seule condition qu'il ait

1. Champagné (Sarthe).
2. L'Huisne, affluent de la Sarthe.
3. *Sic* dans les deux manuscrits.
4. *Vet. Anal.,* in-8°, III, p. 193.

été consacré par trois évêques; mais, en outre, il est pour le titulaire un successeur désigné, un coadjuteur : avec l'agrément du pouvoir, il peut lui succéder sans autre consécration. C'est, assure-t-il, ce qui s'était passé pour le chorévêque Mérolus, après la mort de l'évêque Hoding :

Tunc vero Merolus chorepiscopus exhortante clero vel populo ad palatium properans interrogavit Angilramnum... regis archicapellanum quid facere deberet. Domnus itaque Angilramnus sciscitans de sua ordinatione reperit eum a tribus esse ordinatum episcopis et propterea canonice posse adimplere episcopale ministerium... Rex Francorum nullum inveniebat cui ipsum episcopatum ita desolatum dare aut commendare potuisset : cepit consilium ut predicto Merolo licet chorepiscopo, a tribus tamen episcopis supradicta conditione ordinato, ipsum episcopatum daret, quod et ita consultu fidelium suorum factum est. Inde vero domnus Merolus remeans et ad sepedictam parochiam Cenomannicam perveniens ibi studiosissime et gratanter episcopale peregit multo tempore condigne officium[1]...

Qu'on se représente l'état du diocèse du Mans pendant les dernières années du pontificat d'Aldric, l'évêque titulaire infirme et sentant sa fin prochaine, l'évêché administré par un chorévêque, et l'on se figurera sans peine l'intérêt de ce chorévêque à répandre la croyance à un précédent comme celui-ci. Chorévêque, c'était une situation précaire et hasardée, dans un temps où l'institution même était en butte à de si rudes coups. Mais, qu'une personne bien en cour procurât à notre chorévêque un mot de recommandation auprès du roi Charles, et il pouvait, à la mort d'Aldric, à l'exemple de Mérolus, devenir *de plano* le successeur de son diocésain.

Is fecit cui prodest. Les *Actus pontificum* ont été écrits par le chorévêque qui gouvernait l'évêché du Mans, dans les dernières années de l'épiscopat d'Aldric, au nom du titulaire malade et impotent.

Ce chorévêque était encore, à cette date, le même David, que nous avons vu installé en 836 et 837. On verra au paragraphe suivant que certaines chartes fausses, qui sont insérées aux *Actus* et dont la fabrication peut être attribuée à leur auteur, ont commencé à être connues vers 836. Le fabricateur était, au moment

---

1. *Ibid.*, p. 247, 248.

où il les produisait, investi d'une certaine autorité dans le diocèse, car il fit croire qu'il les avait trouvées dans les archives de l'évêché; ces archives lui étaient donc ouvertes. Or, c'est précisèment en 836 que nous trouvons la première mention du nom de David avec la qualité de chorévêque. En outre, le catalogue des évêques du Mans, qui figure en tête du manuscrit des *Gesta Aldrici*[1], contient à côté de la liste des évêques celle des chorévêques; le nom de David y est inscrit le dernier; il n'a donc pas eu de successeur, et lui seul pouvait être encore en fonctions à l'époque où les Fausses Décrétales parurent et amenèrent à bref délai, en tous pays, l'abolition du chorépiscopat.

Si l'on songe au caractère suspect de ses récits en général, et de ce qu'il dit des chorévêques en particulier, on est en droit de penser qu'en réalité le dernier chorévêque du diocèse du Mans en était probablement aussi le premier. Le chorépiscopat était d'un usage plus ordinaire et mieux admis par l'opinion dans l'est de la monarchie franque, dans l'Allemagne actuelle, que dans notre France[2]; c'est peut-être parce qu'Aldric était Saxon qu'il eut l'idée d'introduire au Mans cette institution de son pays inconnue avant lui.

Quant à l'hypothèse de M. Simson, si on la réduit à attribuer les Fausses Décrétales, non à l'auteur même des *Actus*, mais simplement à l'entourage de l'évêque Aldric, les considérations qui précèdent ne lui ôtent rien de sa vraisemblance, tout au contraire. La haute position que le chorévêque David avait su conquérir dans le diocèse, à la faveur de l'infirmité de son maître, n'avait pu manquer d'éveiller des jalousies dans le clergé manceau. Si c'est un clerc du Mans qui a fait les Fausses Décrétales, le désir d'ébranler la situation d'un rival envié suffit peut-être à expliquer les attaques dirigées contre la dignité dont celui-ci était revêtu.

---

1. Froger, *Gesta*, p. xxi; Duchesne, *Anciens Catalogues épiscopaux*, p. 36.

2. Les attaques contre les chorévêques sont venues de France (Weizsäcker, p. 28). L'institution a été défendue par l'Allemand Hraban Maur, abbé de Fulda, puis archevêque de Mayence, qui était habitué à la voir fonctionner normalement autour de lui (*ibid.*, p. 27). C'est peut-être pour cela que le pseudo-Isidore a tenu à donner à sa compilation des Fausses Décrétales une fausse origine mayençaise : les coups qu'il dirigeait contre les chorévêques auraient plus de portée, s'ils paraissaient venir du pays même où ceux qu'on attaquait cherchaient et trouvaient des défenseurs.

En fait de sources écrites, l'auteur des *Actus pontificum* n'a guère connu que des pièces d'archives ; il en sera question au paragraphe suivant. Ses lectures historiques se réduisent à peu de chose, aussi bien sur l'histoire générale que sur celle de son diocèse. Il n'a qu'une notion fort confuse de la chronologie des empereurs romains ; il fait vivre saint Julien à la fois sous le pontificat de saint Clément (88-97) et sous les empereurs Dèce[1] (249-251), Nerva (96-98) et Trajan (98-117) ; ses compagnons Turibe et Pavace, l'un sous Antonin (138-161), l'autre sous Maximin (235-238) et sous Aurélien (270-275) ; Liboire, successeur immédiat de Pavace, *qui et post ejus obitum electus a populo et sacratus est episcopus*, et évêque pendant [quarante-neuf] ans, « annos undequinquaginta, » sous Constantin (306-337) et sous Valentinien (364-375), etc. Il n'a pas connu les ouvrages de Grégoire de Tours, où il aurait trouvé, sur l'histoire des évêques du Mans au VIe siècle, plusieurs faits qui lui ont échappé ; il n'a su ni le miracle attribué à Victurius, pendant un incendie de la ville du Mans[2] ; ni le vrai nom de l'évêque Innocent, qu'il appelle Innocens, au lieu d'Innocentius[3] ; ni la durée de l'épiscopat de saint Domnole, qu'il évalue à quarante-six ans, au lieu de vingt-deux[3] ; ni le fait que Domnole avait été abbé de Saint-Laurent de Paris[3], fait qui explique le choix de saint Laurent comme second patron du monastère de Saint-Vincent, fondé par cet évêque ; ni l'existence de l'évêque Badégisil[4] ; ni le titre précis, *archidiaconus*, de la charge remplie dans le clergé de Paris par saint Bertrand, dont les relations avec saint Germain de Paris ne lui sont connues que par le testament du premier, « conversatus, dit-il, cum domno Germano insigni Parisiacae urbis episcopo et ab eo edoctus atque *in quibusdam sacerdotalibus gradibus* est ordinatus et spiritualiter instructus ; » ni la date de l'épiscopat du même Bertrand, qu'il fait commencer sous Chilpéric, tandis qu'il

---

1. On serait tenté, à l'exemple du rédacteur du catalogue du XIIe siècle (ci-après, p. 671), de voir là un simple lapsus et de remplacer ce nom par celui de Domitien, si l'on ne se rappelait qu'une tradition assez répandue, qui a son origine première dans un passage de Grégoire de Tours (*Hist. Franc.*, I, 30 ; édit. Arndt et Krusch, p. 47, 48), faisait remonter au temps de Dèce l'origine de plusieurs églises de Gaule.

2. *Gloria confessorum*, 55 ; Arndt et Krusch, p. 780.

3. *Historia Francorum*, VI, 9 ; Arndt et Krusch, p. 254 ; ci-dessus, p. 634, note 3.

4. *Ibid.*, VI, 9, p. 255, et VIII, 39, p. 352.

ne commença que sous Clotaire II en 586 ou 587[1]. Il a dû connaître les actes du concile d'Orléans de 511 ; c'est là qu'il aura pris le nom de l'évêque Principe. Peut-être a-t-il connu aussi le testament de saint Remi ; malheureusement, cette pièce, fort intéressante en elle-même, mais fort étrangère à son sujet, ne lui a fourni que l'occasion de commettre une grosse erreur, en confondant Principe, évêque du Mans, avec son homonyme, le frère de saint Remi, évêque de Soissons. Les quelques vies de saints manceaux qui existaient de son temps, ne concernant guère que des personnages de l'ordre monastique, lui ont fourni peu de chose pour l'histoire des évêques[2].

A-t-il eu à sa disposition un ancien catalogue des évêques du Mans ? Cela n'est pas probable.

Les anciens catalogues épiscopaux du diocèse du Mans ont été publiés et étudiés, avec ceux des autres diocèses de la province de Tours, par M. l'abbé Duchesne[3]. Le savant académicien a montré que, pour les évêques du Mans, les diverses rédactions connues se ramènent à deux catalogues primitifs, dont l'un nous a été conservé en tête du manuscrit des *Gesta Aldrici*[4], l'autre en tête du plus ancien manuscrit des *Actus*, le n° 224 du Mans[5]. Tous deux, selon lui, sont du IXe siècle et de l'auteur des *Actus pontificum*. Il faut accepter ce jugement pour le premier catalogue, celui du manuscrit des *Gesta Aldrici*. Quoique l'exemplaire qui nous en est parvenu ait été écrit au XIe siècle et que la série des évêques y ait été continuée jusqu'à cette date[6], la rédaction première remonte sûrement au temps d'Aldric, car son nom y est inscrit en ces termes : « Domnus Aldricus episcopus. Feliciter multa vivat per tempora. » L'autre rédaction, celle du manuscrit 224, est probablement bien moins ancienne. C'est une copie revisée de la liste précédente, qu'on a corrigée en s'appliquant d'abord à la mettre d'accord pour l'ordre des noms avec le récit des *Actus*, ensuite à rectifier certaines erreurs des *Actus* eux-mêmes. L'évêque Badégisil, qui manquait dans le catalogue

1. *Ibid.*, VIII, 39, p. 352.

2. Comparez *Vet. Anal.*, in-8°, III, p. 150, et *Analecta Bollandiana*, III (1884), p. 159 et suiv., etc.

3. *Les anciens catalogues épiscopaux de la province de Tours* (1890), p. 35-51.

4. Froger, p. xxi ; Duchesne, p. 36.

5. *Vet. Anal.*, in-8°, III, p. 46-50 ; Duchesne, p. 41.

6. [Ci-dessus, p. 602, note 1.]

comme dans les *Actus pontificum*, a été rétabli, avec l'indication de la durée de son pontificat, cinq ans; le nom et le chiffre
n'ont pu être pris que dans Grégoire de Tours, que l'auteur des
Actus n'avait pas connu. La mention de saint Julien a été copiée
sur le titre du premier chapitre des *Actus*, mais avec une ingénieuse correction, *Domiciani* pour *Decii*, qui a fait disparaître
à la fois un gros anachronisme et une trace caractéristique du
mélange des traditions disparates auxquelles avait puisé l'écrivain[1]. Certains évêques ont reçu la qualification de saint, *beatus*,
et de ce nombre est Aldric, ce qui n'a pu être fait qu'un certain
temps après sa mort. — Sur le catalogue du manuscrit des *Gesta
Aldrici*, une seconde liste, placée après le nom d'Aldric, en
marge de celle des évêques, donne les noms de cinq chorévêques,
dont quatre sont connus par les *Actus, Petrus* (chorévêque sous
Aiglibert), *Scutfredus, Desideratus* et *Bertodus* (tous trois
sous Gauziolen); le cinquième est le *fac-totum* d'Aldric, l'auteur (selon l'opinion exposée ci-dessus) des *Actus pontificum*,
le chorévêque *David*. Ces cinq noms se retrouvent sur le catalogue du manuscrit 224, mais là, au lieu d'en former une liste à
part, on a associé chaque nom de chorévêque à un nom d'évêque,
et cela d'une façon fantastique, si bien qu'on a vieilli chacun d'eux
d'environ deux cents ans. Pierre, le chorévêque réel ou prétendu
d'Aiglibert (VIIe siècle), a été placé au temps de saint Principe
(Ve siècle)[2]. Seutfred ou Scienfrid, Désiré et Bertod, chorévêques
de Gauziolen, au VIIIe siècle, ont été mis sous Innocent, Domnole et Badégisil, au VIe[3]. David, enfin, qui vivait au IXe siècle

---

1. Voir ci-dessus, p. 669, note 1.

2. Il a été, sans doute par l'effet d'une retouche postérieure, rajouté une
seconde fois, à sa vraie place : « Domnus Aiglibertus episcopus... In cujus
tempore Petrus fuit corepiscopus. » — Le second catalogue a dû être connu de
l'auteur de la vie de saint Principe, publiée par les Bollandistes, où on lit :
« Cessavit episcopium post ejus obitum aliquo tempore propter praedictam
perturbationem, et ingentem quae grassabatur seditionem. Interea sedit chorepiscopus quidam nomine Petrus. » (*Vita Principii*, c. 5; *Acta Sanctorum septembris*, V, p. 331.)

3. Le premier de ces trois chorévêques, vrais ou fabuleux (plus probablement
fabuleux), appelé *Seutfredus* dans le premier catalogue, *Seienfridus* dans le
second, *Scienfredus* dans l'édition de ce dernier donné par Mabillon, a eu une
destinée singulière. Le pseudo-Fauste (Wattenbach, *Deutschlands Geschichtsquellen*, 5e Auflage, 1886, II, p. 471) publié dans les *Acta Sanctorum ordinis
S. Benedicti* [tome I, p. 274-298], connaissant mal la chronologie des évêques du
Mans, a placé [p. 289] Domnole après Bertrand, qui fut en réalité son second
successeur. Mabillon reconnut l'erreur; mais, comme de son temps on croyait

sous Aldric, a été reculé au VIIe siècle au pontificat de Béraire.
Il est clair qu'on a copié un catalogue où les noms des chorévêques figuraient en marge et qu'on a mal à propos fait
passer cette marge dans le texte. Le catalogue qui présentait
cette disposition ne pouvait être guère qu'un autre exemplaire
de celui que nous a conservé le manuscrit des *Gesta Aldrici*.
Mais, pour que, en le copiant, on ait pu se tromper au point de
placer sous Béraire le chorévêque d'Aldric, il fallait que le souvenir de celui-ci fût depuis longtemps déjà effacé. — Enfin, des
deux recueils de catalogues épiscopaux formés au moyen âge à
Saint-Aubin d'Angers et décrits par M. l'abbé Duchesne, le plus
ancien, celui du XIe siècle (Vatican, *Regin.* 465), reproduit la
liste du manuscrit des *Gesta Aldrici*, tandis que celle du manuscrit 224 a servi de base seulement au second recueil de Saint-
Aubin, formé au XIIe siècle (Bibl. nat., latin 4955, et Vatican,
Regin. 450 et 711), et au catalogue de Robert de Torigni,
dressé à la même époque. On se rappelle, d'ailleurs, que le catalogue du manuscrit 224 s'arrête de première main à l'année 1135[1]. De tout cela, on peut, je crois, tirer cette conclusion
probable que, jusqu'au XIe siècle, il n'existait d'autre catalogue
des évêques du Mans que celui dont la transcription figure en tête
du manuscrit des *Gesta Aldrici;* au XIIe siècle seulement, en
même temps qu'on s'occupait de continuer et de transcrire les
Actus pontificum[2], on s'avisa de faire disparaître les fautes qui
semblaient déparer ce catalogue, notamment les contradictions
qu'il offrait avec le récit des *Actus*, et l'on en établit un texte
revu et corrigé; ce texte, arrêté au XIIe siècle, est celui que nous
offre le manuscrit n° 224 de la bibliothèque du Mans.

Revenons au catalogue du manuscrit des *Gesta Aldrici*. On
vient de voir qu'il a été dressé au temps d'Aldric. On peut ajouter sûrement, avec M. l'abbé Duchesne, que son rédacteur n'est

---

à l'authenticité du pseudo-Fauste, il ne trouva d'autre ressource que de supposer une altération dans le texte : il proposa hypothétiquement de substituer
au nom de [Bertchramn] celui d'Innocent, et à celui de [Domnole] celui de
Scienfred, qui, d'après son catalogue, lui paraissait contemporain d'Innocent.
L'auteur de l'*Histoire de l'église du Mans*, Dom Piolin, a pris cette conjecture
sans valeur pour un texte authentique; il a non seulement donné place à Scienfred dans sa liste des évêques, mais consacré un chapitre spécial [ou du moins
une division de chapitre] au récit de son épiscopat [t. I, p. 239-246].

1. Ci-dessus, p. 650-651; Duchesne, *les Anciens Catalogues*, p. 40.
2. Ci-dessus, p. 650-651.

autre que l'auteur des *Actus pontificum*. Le texte qu'il a
mis en tête est comme sa signature : « Nomina episcoporum
Cenoman. in urbe degentium, » comme en tête des *Actus* :
« Incipiunt actus pontificum Cenomannis in urbe degentium, »
comme en tête du chapitre supplémentaire des *Actus* conservé dans le manuscrit des *Gesta Aldrici* : « In hac scedula
quę de quibusdam actibus pontificum Cenomannica in urbe
degentium... conscripta esse dinoscitur. » La durée de chaque
pontificat est indiquée dans le catalogue comme dans les *Actus*.
Les chiffres, à part quelques variantes insignifiantes, sont les
mêmes de part et d'autre, et sont de part et d'autre, M. Duchesne
en a donné des preuves multiples et convaincantes[1], complètement en désaccord avec la vérité historique. Enfin, si les noms
des évêques et l'ordre où ils se suivent ne sont pas toujours les
mêmes dans le catalogue et dans les *Actus*, les dissidences
portent sur des détails dont l'auteur des *Actus* lui-même ne se
montre pas bien certain, et à propos desquels son ouvrage porte
la trace de ses hésitations. Par exemple, le septième évêque, successeur de Victurius et prédécesseur d'Innocent, est appelé dans
le catalogue Sévérius, dans les *Actus*, où un chapitre entier lui
est consacré, Principius ; mais, au chapitre suivant, celui d'Innocent, l'écrivain a laissé échapper ces mots : « Ipse namque post
beati viri Severiani antecessoris sui transitum, » reste d'une première rédaction où l'évêque portait à peu près le même nom que
dans le catalogue, et que l'écrivain a oublié de faire disparaître
quand il s'est décidé à changer le nom de l'évêque en question[2].
De même, le catalogue donne, après l'évêque Aiglibert, un
Béraire II, qui n'a pas de biographie dans les *Actus* (et qui par
suite ne se retrouve pas dans les listes postérieures, telles que
celle du manuscrit 224) ; après Aiglibert, les *Actus* donnent tout
de suite Herlemond ; mais le chapitre consacré à celui-ci commence par ces mots, reste d'un temps où l'historien croyait encore
à l'existence du second Béraire : « Domnus Herlemundus Cenomannicae urbis episcopus, natione Francus, nobilibusque ex
parentibus natus et successor posterioris domni Berarii... » Le
catalogue est donc comme un brouillon ou un canevas des *Actus*,
une note où l'auteur a jeté les premiers traits de l'histoire des
évêques du Mans, traits qu'il a parfois rectifiés ensuite en rédi-

---

1. *Les Anciens Catalogues épiscopaux*, p. 49.
2. Cette remarque est due à M. l'abbé Duchesne (p. 45).

geant son ouvrage, mais sans prendre assez de soin de faire disparaître toutes les traces de ses pensées premières[1].

« D'après ce qui vient d'être dit, écrit M. l'abbé Duchesne[2], le
catalogue manceau remonte, en dernière analyse, à un auteur
ancien, mais fort suspect, celui des Actes des évêques du Mans.
Cependant, on n'est pas fondé à croire qu'il ait, en ce qui regarde
les noms et la suite des évêques, falsifié la tradition, s'il y en
avait une. Il a, sans doute, inventé la plupart des choses qu'il
raconte à propos de ces prélats; mais il n'avait aucune raison
d'imaginer de toutes pièces une liste épiscopale, si surtout il en
existait déjà une... Tout se réduit donc à savoir s'il existait au
Mans, avant lui, une liste des évêques. On ne peut le démontrer
directement. Cependant, l'analogie offerte par les listes épiscopales
de Tours, d'Angers, de Nantes, pour ne rien dire des églises
d'autres provinces, permet de croire qu'au Mans aussi on possédait ce minimum d'histoire épiscopale, et qu'ainsi l'auteur de
tant de pièces apocryphes n'a pas eu à inventer celle-là. » Je
crains que cette conclusion ne soit trop optimiste, et que la chronologie épiscopale de l'auteur des *Actus pontificum*, telle qu'il
l'a donnée, soit dans son catalogue, soit dans son grand ouvrage,
ne repose beaucoup plus sur l' « invention » que sur la tradition.

Un catalogue traditionnel aurait été un catalogue exact. A
Tours, à Angers, à Nantes, pour prendre les trois cités alléguées
en exemple par M. l'abbé Duchesne, toutes les vérifications historiques par lesquelles on a pu contrôler les anciens catalogues
en ont confirmé la véracité. S'il s'est glissé çà et là quelques
erreurs, ce sont des interpolations de noms ajoutés aux listes,
mais on ne voit pas que celles-ci, sous leurs formes les plus
anciennes, aient jamais omis aucun des noms qu'elles auraient
dû contenir, ou brouillé l'ordre de ceux qu'elles donnaient. Dans
le catalogue du Mans, il manque au moins deux évêques dont
l'existence est certaine, Principe, qui a signé les actes du concile
d'Orléans en 511, et Badégisil, qui, selon Grégoire de Tours, fut
évêque de 581 à 586. Le même catalogue met le nom de Bertrand
après ceux d'Hadoind et de Béraire, tandis qu'il résulte de Grégoire de Tours que Bertrand succéda immédiatement à Badégisil
en 586, et, de divers actes authentiques, qu'il fut évêque avant
Hadoind, à plus forte raison avant Béraire.

---

1. Cf. Duchesne, *ibid.*, p. 45, 2ᵉ alinéa.
2. *Ibid.*, p. 48.

Sur ce dernier point, ainsi que sur l'épiscopat de Principe, l'auteur du catalogue et des *Actus* a, dans son second travail, rectifié à propos les erreurs du premier. L'érudit du ix⁰ siècle aurait donc eu raison contre la tradition. Mais un érudit du ix⁰ siècle ne l'aurait pas pris aussi librement avec la tradition, s'il en avait existé une. Les catalogues épiscopaux avaient, dans le haut moyen âge (M. Delisle en a donné la preuve[1]), un emploi liturgique; on récitait à l'office la liste des évêques, afin d'associer nommément chacun d'eux au bénéfice des prières des fidèles et du clergé. Si un catalogue consacré par un pareil emploi avait existé au Mans au ix⁰ siècle, notre auteur se serait-il permis de rejeter son témoignage? S'il avait été de règle, jusqu'à lui, de prier pour un évêque Sévérius, successeur de Victurius et prédécesseur d'Innocent, aurait-il osé biffer ce nom de la liste sainte? Non, sans doute; nous sommes ici en présence d'un auteur qui retouche son œuvre, et qui la retouche librement, parce qu'elle est toute de lui et qu'elle ne repose sur aucune tradition antérieure et consacrée.

Sévérius n'est pas le seul prélat qui n'ait paru sur les listes des évêques du Mans que pour en disparaître presque aussitôt. Dans les martyrologes d'Allemagne, on trouve un certain saint Gundanisolus, dont le nom est associé, sous la date du 24 juillet, à ceux des saints Pavace et Turibe; tous trois sont qualifiés d'évêques du Mans et confesseurs : « Cenomannis depositio sanctorum Pavacii, Turribii et Gundanisoli episcoporum praefatae urbis et confessorum[2]. » Le même nom se rencontre aussi, paraît-il, dans la liturgie de quelques églises françaises, mais non dans celle de la cathédrale du Mans[3]. Dans les deux grandes compilations historiques mancelles, *Gesta Aldrici* et *Actus pontificum*, il n'en est fait aucune mention. Comment expliquer la destinée singulière de ce saint évêque du Mans, honoré en Allemagne et ignoré dans sa propre cathédrale? On sait qu'au commencement de son épiscopat Aldric fit don à l'église de Paderborn des reliques d'un de ses prédécesseurs, saint Liboire; nous avons un récit du voyage des clercs de Paderborn qui vinrent

1. *Histoire littéraire*, XXIX, p. 387.

2. *Acta Sanctorum julii*, V, p. 398, n° 16; Migne, *Patrologia latina*, CXXIV, col. 294-295.

3. Piolin, *Histoire de l'église du Mans,* I, p. cxxvii, cxxviii.

au Mans recevoir le corps saint des mains de l'évêque Aldric et du chorévêque David, et le rapportèrent dans leur pays. Ils disent qu'on les mena dans une église où se trouvaient les corps d'un grand nombre de saints et particulièrement d'évêques du Mans, et qu'on préleva sur cet ensemble, pour les en gratifier, outre le corps de saint Liboire, des reliques de saint Pavace et de saint Gundanisolus :

Processit ex urbe ad aecclesiam in qua sacratissimum beati Liborii corpus digno cum honore conditum habebatur. Erat autem eadem aecclesia juxta civitatem posita et in honore duodecim apostolorum dedicata, quam primus ejusdem sedis prẹsul nomine Julianus condidisse fertur... Erant autem in eodem loco aliorum quoque membra sanctorum in sarcofagis honeste recondita, maxime episcoporum civitatis illius, ex quibus tunc simul cum beati Liborii corpore datae sunt reliquiae Pavacii videlicet atque Gundanisoli[1]...

Ce sont évidemment ces envoyés de Paderborn qui ont rapporté en Allemagne le culte de saint Gundanisolus, où il s'est répandu en même temps que celui de saint Liboire[2]. En 836, on leur avait dit, au Mans, que c'était un des évêques de cette ville. En 840, quand furent écrits les *Gesta Aldrici* (où sont mentionnés à plusieurs reprises les noms et les reliques des premiers évêques et des principaux saints du diocèse), on ne prononçait déjà plus ce nom au Mans; on avait cessé de croire à l'évêque Gundanisolus, comme on cessa, sous Aldric aussi, de croire à l'évêque Sévérius ou Sévérianus. L'évêque Principe, découvert après coup, prit la place de Sévérius; Gundanisolus ne fut pas remplacé.

Tout ceci témoigne de beaucoup de confusion et d'incertitude. Le diocèse où l'on défaisait et refaisait ainsi la nomenclature épiscopale ne possédait sûrement pas une liste traditionnelle. L'église du Mans n'avait pas d'histoire, et elle cherchait à s'en faire une. Ce fut le chorévêque David qui se chargea de ce soin;

---

1. *Monumenta Germaniae, Script.*, IV, p. 152. — La fin de la phrase, avec le nom de Gundanisolus, manque dans l'édition du même texte donnée par les Bollandistes (*Acta Sanctorum julii*, V, p. 418).

2. [Ici l'auteur avait mis en note : *Voyez...*, et, pour lui-même, inscrit en marge : *Livre all*^d sur Liboire. Il s'agit sans doute de C. Mertens, *Der heil. Liborius, sein Leben, seine Verehrung und seine Reliquien, nach gedruckt und ungedruckten Quellen* (Paderborn, 1877, grand in-8°, xi-343 p., 4 pl.).]

il fit d'abord le catalogue, plus tard l'ouvrage suivi. Dans cette entreprise où il n'avait pas de devancier, des hésitations étaient inévitables; on vient d'en voir les traces. Parmi les personnages que le catalogue et les *Actus* s'accordent à donner pour les plus anciens évêques du Mans, il en est deux seulement pour qui ce dernier ouvrage fournit une durée chronologique précise : la date de la mort, indiquée par le mois, le jour et les consuls de l'année. Ce sont Turibe, le second évêque, successeur immédiat, assurent-ils, de saint Julien, et Victurius, le sixième évêque, prédécesseur de Principe :

Hic (Turibius) sedit in predicta sede annos V, menses VI, diesque XVI, qui ut fertur martyrio vitam finivit ac obiit XVI kl. maias P. C. Viatoris II. V. C. C.[1] et sepultus est a discipulis suis honorifice ultra fluvium Sartę in aecclesia Apostolorum...

Obiit ergo predictus vir beatus Victurius kl. septembris, plenus dierum, Fausto juniore et Longino bis consl.[2]. Meruit autem in pace migrare et ad Xpistum pervenire, et inter catervas sanctorum Dei collocari...

Ces indications doivent être exactes, car les deux formules de dates consulaires sont correctes; elles répondent, la première à 496 ou 497, la seconde à 490. Notre auteur, que nous avons vu si ignorant en chronologie romaine, était incapable de les inventer; il faut qu'il les ait copiées sur un monument plus ancien. Mais, si les dates sont exactes, la série chronologique donnée par le catalogue et répétée par les *Actus* ne peut l'être, car l'évêque mort en 496 ou 497 est le second de cette série, et l'évêque mort en 490 en est le sixième : le successeur aurait pré-

---

1. C'est-à-dire *post consulatum Viatoris iterum* (ou *bis*) *viri clarissimi consulis* (497) ; à moins qu'on ne préfère lire (le mot *iterum* étant mal placé, et les deux lettres *ii* pouvant bien être une faute de copie pour *u*) : *post consulatum Viatoris VV. CC.*, ce qui donnerait 496. Les inscriptions offrent d'assez nombreux exemples du redoublement des lettres V. C., même après le nom d'un seul consul.

2. Ce sont les consuls de 490. Comme veut bien me le faire remarquer M. l'abbé Duchesne, cet exemple est le seul où la date se présente sous cette forme : dans les autres textes connus, ou Faustus est nommé seul, ou Longin est nommé le premier et Faustus le second (*Corpus inscr. latin.*, V, nᵒˢ 5210, 5656, 5731; XII, nᵒ 2058). Mais en cela, comme le fait remarquer M. Mommsen, ces textes violent la règle ordinaire : c'est Faustus qui devait être nommé le premier (*Neues Archiv*, XIV, 1889, p. 237). Ce sont donc les autres exemples connus qui constituent des anomalies, et celui-ci est normal.

cédé de quatre rangs son prédécesseur[1]! Là chronologie du catalogue et des *Actus* est donc de fantaisie; par conséquent, elle n'est pas traditionnelle.

Ceci permet en même temps de deviner à quelle source, à défaut d'une ancienne liste d'évêques, a pu puiser l'auteur qui nous occupe. En l'absence d'autre document écrit, les dates de la mort de Victurius et de la mort de Turibe n'ont pu être fournies que par leurs épitaphes.

Le chorévêque David, pour se faire historien, s'était donc fait d'abord épigraphiste. Il avait compulsé les inscriptions anciennes, afin d'y recueillir les éléments de la liste épiscopale qu'il tentait de reconstituer. L'occasion de ces recherches lui avait été offerte assez naturellement; Aldric, dans ses *Gesta*, mentionne des fouilles qu'il avait fait faire pour retrouver les sépultures de ses prédécesseurs et qui amenèrent, en effet, la découverte des corps de plusieurs d'entre eux :

Prescriptus quippe Aldricus jamdictę urbis episcopus venerabilis invenit quędam corpora sanctorum vi quę in desertis ęcclesiis valde divinis officiis et luminaribus atque reliquis divinis cultibus negligebantur, quę una cum consilio consacerdotum suorum in gremio suę sedis ęcclesię et in confessione senioris ejusdem ęcclesię altaris decenter et rationabiliter collocavit, id est corpus sancti Juliani prefatę urbis episcopi et predicatoris primi, et sancti Turibii predicti episcopi Juliani successoris, sanctique Pavatii jamdictę urbis tercii episcopi et predicatoris obtimi, seu sancti Romani sacerdotes precipui et ut fertur nepotis sancti Juliani et Romanę ecclesię ministri... atque sanctę Tenestinę precipue virginis... sed et sanctę Adę quę et Adrebildis alio nomine nominatur..., et partem corporis sancti Liborii supradictę urbis quarti episcopi et confessoris optimi, et maximam partem corporis sancti Haduindi[2].

Ainsi, les saints qui auraient dû être l'objet de la vénération

---

1. Quelques modernes (Coulomb, Cauvin, Piolin) ont imaginé de dédoubler Turibe et d'en faire deux évêques différents : saint Turibe Ier, successeur de Julien, et Turibe II, successeur de Victurius, mort en 497. C'est un expédient commode pour grossir à peu de frais le catalogue des évêques; mais c'est substituer l'arbitraire à la critique.

2. *Gesta*, XLIV, p. 124. — Saint Liboire et saint Hadoind ne comptent pas dans le nombre de six annoncé au début du paragraphe, parce que leurs corps ne furent pas retrouvés entiers.

particulière des Manceaux, les premiers évêques de leur cité,
étaient, quand vint Aldric, abandonnés dans des églises
« désertes, » sans offices, sans culte, sans luminaire. Rien
d'étonnant à ce qu'on ne se fût pas non plus mis en peine d'en
conserver et d'en tenir à jour le catalogue. Dans ces églises
désertes où ils gisaient à l'abandon, leur présence n'était même
pas connue, et Aldric eut à les y « découvrir, » *invenit*. S'il les
découvrit, à quoi donc les reconnut-il? A des épitaphes, sans
doute, que l'on dut trouver en même temps que les corps. C'est
sur ces épitaphes qu'on lut et qu'on apprit pour la première fois
à connaître les noms de Turibe, de Pavace, de Liboire, noms
entièrement ignorés jusqu'alors[1]; c'est là aussi, apparemment,
qu'on crut un moment déchiffrer ceux de Sévérius, de Gundanisolus, puis de Romain, hypothèses fugitives qu'on abandonna
presque aussitôt. Notre auteur, — le chorévêque David, si l'on
admet les conclusions développées plus haut, — se chargea de
recueillir ces noms et d'en composer un catalogue épiscopal. Il
mit en tête saint Julien, dont le nom lui était connu par celui d'un
monastère du diocèse, où l'on honorait son tombeau[2]; peut-être
la tradition qui désigne ce saint comme le premier évêque et
l'évangélisateur du Maine existait-elle déjà et n'eut-il qu'à la
suivre. Parmi les autres, Turibe avait une épitaphe qui donnait,
non seulement une date consulaire (indication indéchiffrable pour
notre auteur, mais d'apparence très vénérable), mais aussi la
durée de son épiscopat, cinq ans et une fraction[3]. Cette brève
durée était propre à faire naître l'hypothèse d'une vie courte,
d'une mort violente, du martyre; il n'en fallait pas davantage

---

1. Les anciens martyrologes ne connaissent qu'un seul nom de saint, évêque
du Mans : saint Victurius ou Victorius, honoré le 1er septembre (communication verbale de M. l'abbé Duchesne; cf. *Acta Sanctorum martii*, II, p. **xxx**;
Acta Sanctorum julii, V, p. 537; Migne, CXXIII, col. 703, etc.). — *Pana-
cius* (*sic*), évêque du Mans, est mentionné dans la Vie de saint Gervais de
Chalon (*Acta Sanctorum julii*, II, p. 314); mais la même Vie prétend que,
sous son épiscopat, la cathédrale du Mans était déjà dédiée à saint Gervais,
détail qui rend tout le récit très suspect. Les *Actus* (ch. viii) ne font remonter
le culte de saint Gervais au Mans qu'à l'épiscopat de saint Victurius.

2. « Et monasteriolum sancti Juliani in quo ipse requiescit in corpore. »
Charte de Louis le Pieux, mardi 31 décembre 832; Mühlbacher, n° 883; *Gesta*,
XI, p. 36.

3. Les deux catalogues disent 5 ans et 16 jours, les *Actus* 5 ans, 6 mois et
16 jours.

pour suggérer l'idée de placer Turibe à l'époque païenne et d'en faire, par suite, le successeur immédiat de saint Julien. Ainsi seulement peut s'expliquer la haute antiquité indûment attribuée à ce prélat de la fin du ve siècle[1]. Les autres, Pavace, Liboire, Sévérius, durent être placés, on peut le craindre, un peu au hasard. Le compilateur y joignit Victurius, le seul des évêques de ces premiers temps dont la tradition eût gardé le souvenir[2]; soit d'après quelque autre tradition (dont la trace ne nous serait pas parvenue autrement), soit simplement de son chef et pour grossir sa liste, il le dédoubla en deux personnages, quasi-homonymes, le père et le fils, selon lui, Victurus et Victurius. Il sentait, d'ailleurs, si bien le peu de solidité de son édifice que, lorsqu'il eut besoin d'une place pour y insérer Principe, découvert après coup[3], il ne se fit pas scrupule de supprimer purement et simplement Sévérius, qui occupait jusque-là le rang assigné au nouvel arrivant. Il atteignit tant bien que mal, par ces expédients, l'époque où des noms d'évêques lui étaient fournis par des pièces d'archives, Innocent, Domnole, Bertrand, Hadoind, etc.; il inscrivit ceux-ci d'après le témoignage des chartes, non sans se tromper d'abord quelque peu sur l'ordre de leur succession. La durée des fonctions de chaque évêque lui était inconnue (sauf pour Turibe) ; comme la liste était trop courte pour remplir le temps écoulé depuis l'époque apostolique, à laquelle il voulait faire remonter la fondation de l'évêché, il attribua à la plupart des prélats un épiscopat aussi long que possible, quarante à cinquante ans chacun.

Si les noms des premiers évêques avaient été conservés par la tradition du diocèse, cette tradition aurait probablement conservé aussi le souvenir du jour de la mort de chacun d'eux ; car les premiers évêques, dans la plupart des diocèses, ont été de bonne heure honorés comme des saints, et la mémoire des saints se célèbre le jour anniversaire de leur mort. Or, les martyrologes d'Allemagne mettent la mort de saint Liboire au 23 juillet[4], et sa

---

1. Dans les martyrologes allemands cités ci-dessus (p. 675), le nom de Pavace précède celui de Turibe. Ces martyrologes représentent donc l'état de la tradition à un moment où Turibe n'avait pas encore reçu le rang d'ancienneté qu'il occupe aujourd'hui.

2. Ci-dessus, p. 679, note 1.

3. Sans doute d'après le concile de 511, cité plus haut [p. 670].

4. Migne, *Patrologia latina*, CXXIV, col. 289-292. [En marge : *Livre all[d] sur Liboire.* Voir ci-dessus, p. 676, n. 2.]

vie, écrite à Paderborn, assure qu'il mourut ce jour-là[1]; les *Actus pontificum* disent qu'il mourut le 9 juin. Les mêmes martyrologes placent au 24 juillet la commémoration collective des saints Pavace, Turibe et Gundanisolus[2]; les *Actus*, qui ignorent Gundanisolus, font mourir Pavace le 24 juillet, Turibe le 16 avril. — Voici, à cet égard, ce qu'on peut conjecturer. A côté de la commémoration de saint Liboire le 23 juillet, des saints Pavace et Turibe (et Gundanisolus) le 24, on trouve dans les martyrologes une fête de la translation de saint Julien le 25 juillet[3]; n'y a-t-il pas entre ces trois fêtes consécutives une relation étroite ? Nous apprenons par les *Gesta Aldrici* qu'Aldric avait tiré les corps des premiers évêques, y compris Julien, de plusieurs églises abandonnées, *desertis ecclesiis*[4]; nous apprenons, par la relation du voyage des clercs de Paderborn au Mans, qu'en 836 tous étaient réunis dans une même église, celle des Douze-Apôtres[5], située sur la rive droite de la Sarthe; Aldric les y avait donc fait transporter. Ces translations, se faisant de plusieurs églises différentes, avaient dû se faire en plusieurs jours; mais rien n'empêche de supposer qu'on avait choisi plusieurs jours consécutifs. On peut supposer que ces jours furent le 23, le 24 et le 25 juillet. Pour Julien, dont la fête principale (27 janvier) était apparemment déjà fixée par le culte qu'on lui rendait dans son ancienne église, l'anniversaire de la translation constitua une fête secondaire; pour les autres, dont on ne savait rien, on dut convenir que le jour de la translation serait celui de la fête principale.

Tel était l'usage que les clercs de Paderborn trouvèrent suivi au moment de leur visite au Mans, en 836; mal instruits de ces détails, ils durent naturellement s'imaginer que le 23 et le 24 juillet étaient les vrais jours mortuaires des saints Pavace, Turibe, Gundanisolus et Liboire; ils rapportèrent cette croyance dans leur pays et l'y répandirent. Mais, de son côté, au Mans, notre auteur, occupé de retoucher et d'améliorer son œuvre, dut s'aviser que cette accumulation de dates mortuaires en un même

1. « Decimo kalendarum augustarum die laetus migravit ad Dominum. » *Acta Sanctorum julii*, V, p. 413, c. 17.
2. Ci-dessus, p. 675, note 2.
3. Migne, CXXIV, col. 295-298.
4. Ci-dessus, p. 678.
5. Ci-dessus, p. 676.

moment de l'année choquait la vraisemblance et qu'il serait bon
d'en inventer d'autres. Il laissa Pavace en juillet, mais il mit
Liboire en juin et Turibe en avril[1]. — Quoi qu'on pense de cette
hypothèse, les doubles dates données pour la mort de saint Liboire
et pour la mort de saint Turibe sont une nouvelle preuve de l'incertitude qui régnait au Mans au ixe siècle sur les faits les plus
élémentaires de l'histoire du diocèse, incertitude bien difficile à
concilier avec l'existence d'une tradition ancienne. Cette tradition
n'a jamais existé. Pour les premiers siècles, le catalogue et la
chronologie épiscopale qui en est sortie sont sans valeur ; l'un
et l'autre représentent non une tradition, mais un ensemble de
conjectures et d'expédients, imaginés par un érudit du ixe siècle,
clerc doué d'une très médiocre érudition, de beaucoup de har-
diesse, d'une grande facilité et d'une conscience excessivement
large.

Revenons à la question de date.

Pour un ouvrage de longue haleine, comme les *Actus pontificum Cenomannis in urbe degentium*, cette question est multiple ; il y a la date de l'achèvement et de la publication de l'ouvrage, celle de la rédaction, celle de la préparation des matériaux.

L'achèvement et la publication ne peuvent avoir eu lieu qu'au
temps de la maladie d'Aldric et après l'apparition des Fausses
Décrétales. La maladie d'Aldric a commencé après 849 et
avant 853 ; les Fausses Décrétales ont paru, dit-on, entre 847
et 852. L'ouvrage est d'ailleurs, on l'a vu, tout entier antérieur
à la mort d'Aldric, car même le chapitre supplémentaire, composé après coup pour y être ajouté, a été écrit quand Aldric
était vivant. La mort d'Aldric est de janvier 857. L'achèvement
et la publication des *Actus pontificum* ont donc eu lieu dans les
années 850 à 856.

La rédaction a probablement été commencée plus tôt, car un
ouvrage aussi considérable aura exigé un travail de plusieurs
années. Mais elle n'a pu être commencée qu'après 840, puisque

---

1. Dans cette hypothèse, l'épitaphe authentique de Turibe n'aurait contenu
que les mots *P. C. Viatoris II. V. C. C.*, et *XVI kl. maias* serait une addition de notre auteur. On pourrait aussi admettre qu'au temps où les clercs de
Paderborn vinrent au Mans, le nom de Turibe était seul connu et que la partie
de l'épitaphe contenant la date aurait été découverte après leur départ ; en ce
cas la date *XVI kl. maias* pourrait être authentique.

le plan de l'ouvrage est imité de celui des *Gesta Aldrici*. Il serait chimérique de vouloir préciser davantage.

Les chapitres n'ont pas été écrits dans l'ordre où on les lit. Le chapitre vIII (celui de saint Innocent), qui donne encore au septième évêque le nom de Sévérianus, est, au moins quant à ce passage, antérieur au chapitre vII, où ce septième évêque est appelé Principius. Le chapitre d'Herlemond Ier, qui contient, d'accord avec le catalogue primitif, la mention du pseudo-Béraire II, est antérieur aux chapitres précédents, où ce Béraire II ne paraît pas. D'autres indices autorisent à assigner, non seulement au chapitre de saint Principe, mais aussi à ceux des prétendus premiers successeurs immédiats de saint Julien, Turibe, Pavace, Liboire, Victurus, une date postérieure à celle des chapitres suivants.

Il y avait dans un faubourg du Mans, sur la rive droite de la Sarthe, une église connue au temps d'Aldric sous le vocable des Douze-Apôtres. C'est là qu'on montra aux envoyés de l'évêque de Paderborn, en 836, les corps des premiers évêques du Mans, « honorablement disposés dans des sarcophages, » *in sarcofagis honeste recondita*[1]. Selon les chapitres II, III et IV des *Actus,* Turibe, Pavace et Liboire auraient été, aussitôt après leur mort, enterrés dans cette église :

Turibius... ut fertur, martyrio vitam finivit... et sepultus est a discipulis suis honorifice ultra fluvium Sartae in ecclesia apostolorum.

Sanctus Pavatius... Sedit autem in praedicta sede annos XLIIII et a discipulis suis honorifice ultra fluvium Sartae sepultus est in ecclesia apostolorum, in qua et sanctus Turlbius dudum episcopaliter et decenter humatus requiescit.

Liborius... obiit V idus junii et sepultus est a beato ac sancto Martino Turonensis ecclesiae archiepiscopo et a discipulis suis honorifice ultra fluvium Sartae in ecclesia apostolorum, quam domnus et sanctus Julianus dudum construxerat atque sacraverat, in qua et sanctus Pavatius antecessor ejus et sanctus Turibius antecessor sancti Pavatii corporaliter requiescunt.

De même au chapitre vII, relatif à saint Principe (celui qui a remplacé le Sévérius du catalogue primitif et le Sévérianus de la vie d'Innocent) :

---

1. Ci-dessus, p. 676.

Obiit ergo XVI kl. octobris et sepultus est ab aliis episcopis et a suis discipulis et ceteris consacerdotibus decenter et honorifice... in ecclesia apostolorum ultra fluvium Sartae, juxta sepulcra praedictorum sanctorum pontificum Turibii, Pavatii atque Victuri et Victurii.

Ici Liboire est oublié; par contre, dans le chapitre v (Victurus, père de Victurius), il est seul nommé :

Qui et in pace obiit et in ecclesia apostolorum ultra fluvium Sartae, in qua domnus Liborius requiescit in corpore, honorifice a suis sepultus est.

Au chapitre vi enfin (Victurius, fils de Victurus), le lieu de la sépulture de l'évêque n'est pas indiqué et l'église des Douze-Apôtres n'est pas nommée. Mais, au chapitre du huitième évêque, saint Innocent, apparaît une version toute différente; Victurus et Victurius auraient été les premiers évêques enterrés à cette église :

Ecclesiam quoque apostolorum ultra fluvium Sartae, in qua praedictus domnus *Victurius et ejus successores* requiescunt, exaltavit et exornavit, seu in ejus orientali parte absidam novam construxit, in qua... sancti Victuri et sancti Victurii ejus filii corpora honorifice collocavit et juxta eorum sepulturam suam praeparavit requietionem... Praedictus vero domnus Innocens in ecclesia apostolorum ultra fluvium Sartae, quam ipse emelioravit et exaltavit atque nobiliter decoravit, juxta corpora sancti Victuri et sancti Victurii, ubi sibi sepulturam olim praeparaverat, honorifice et condigne a suis consacerdotibus et discipulis sepultus est.

Les deux évêques suivants, Domnole et Bertrand, s'étant fait enterrer dans leurs fondations respectives de Saint-Vincent et de la Couture, n'ont pas donné l'occasion de reparler de l'église des Douze-Apôtres. Mais le nom de cette église revient à propos du successeur de Bertrand, Hadoind :

Hic quippe sedit annos in praedicta sede undetriginta, menses XI, dies XXIII, qui et in pace XIII kal. septembr. obiit et in ecclesia apostolorum ultra fluvium Sartae, in qua domnus *Victurius et ceteri nonnulli antecessores sui episcopi requiescunt*, honorifice a sacerdotibus et discipulis suis sepultus est.

Le *ceteri* indique qu'*antecessores* se rapporte, non à Victurius, mais à Hadoind. Si, au moment où il écrivait ces mots,

l'auteur avait pensé que saint Turibe, saint Pavace, saint Liboire
étaient enterrés dans la même église, il aurait eu autant et plus
de raisons de les nommer que Victurius. Par *ceteri nonnulli*,
il n'a donc voulu désigner que Victurus et Innocent.

Voilà donc deux versions opposées et contradictoires. Selon la
vie d'Innocent et celle d'Hadoind, les seuls évêques enterrés aux
Douze-Apôtres avaient été Victurus, Victurius, Innocent et
Hadoind. Selon celles de Turibe, de Pavace, de Liboire, de Victurus, de Principe, les trois premiers de ces évêques, ou l'un ou
deux d'entre eux, avaient déjà précédemment reçu la sépulture
dans la même église. La vérité est du côté de la première version;
car les *Gesta Aldrici* témoignent qu'Aldric trouva, « invenit, »
les corps des premiers évêques du Mans dans plusieurs églises
différentes et abandonnées, « in desertis ęcclesiis. » S'ils avaient
tous été dans la même, pourquoi ce pluriel? L'église où avaient
été enterrés Victurius au Ve siècle, Innocent au VIe, Bertrand
au VIIe, n'était pas à l'arrivée d'Aldric une église *deserta;* elle
appartenait à un monastère qui portait le nom du premier de ces
prélats, Victurius. En 582, l'évêque Domnole l'appelait *sancta
limina patroni pecculiaris mei Victori episcopi*[1]; en 616,
Bertrand « léguait 20 sous d'or *basilicę sancti Victurii pecu-
liaris patroni*[2]; » en 832, l'empereur Louis en confirmait la possession à Aldric, sous le nom de *monasterii sancti Victurii in
quo ipse domnus Victurius requiescit in corpore*[3]. C'est
évidemment cette église de Saint-Victurius que les vies d'Innocent et d'Hadoind désignent sous le nom (retrouvé ou arbitrairement restitué?) d'église des Douze-Apôtres. Si le culte y avait
été négligé, comme le dit Aldric des tombeaux des autres évêques,
il aurait compté Victurius au nombre de ces saints qu'il avait
trouvés *in desertis ęcclesiis* et dont il se vantait d'avoir remis
la sépulture en honneur. C'est, au contraire, parce qu'elle n'avait
pas cessé d'être honorée par la vénération des fidèles, qu'il la
choisit pour y transporter et y déposer les autres corps saints
qu'il avait tirés des *desertae ęcclesiae* et que les clercs de Paderborn y virent par ses soins *honeste recondita*[4]. La version

---

1. *Gesta Aldrici,* VIII, p. 26; ci-après, Appendice ...
2. Ci-après, Appendice I ...
3. Charte de Louis le Pieux, déjà citée : Mühlbacher, n° 883; *Gesta Aldrici,*
XI, p. 34.
4. C'est probablement à la suite de cette translation qu'Aldric changea le
vocable de Saint-Victurius pour le remplacer par celui des Douze-Apôtres.

qui, supprimant cette translation, suppose Turibe, Pavace et
Liboire enterrés dès l'origine à l'église des Douze-Apôtres ou de
Saint-Victurius, n'est donc qu'une de ces simplifications par lesquelles la plupart des traditions s'altèrent avec le temps ; on perd
la mémoire des complications sans intérêt ; or, la connaissance
des sépultures primitives des évêques n'avait plus d'intérêt, une
fois leurs reliques et leur culte transportés dans un autre sanctuaire. Par quelle raison notre auteur, qui devait savoir à quoi
s'en tenir, jugea-t-il à propos d'adopter cette simplification men-
songère et de l'accréditer par son récit ? Nous l'ignorons ; nous
savons seulement que le respect de la vérité n'était pas de nature
à l'empêcher de le faire, s'il le jugeait utile. Mais il ne put le faire
qu'assez longtemps après les événements, quand les témoins ocu-
laires avaient eu le temps d'oublier ou de disparaître. C'est pourquoi il convient de rapporter la rédaction des chapitres ii, iii, iv
et vii de son ouvrage à la dernière période de son travail, aux
dernières années de l'épiscopat d'Aldric. Les chapitres d'Innocent
et d'Hadoind, ou du moins les passages de ces chapitres relatifs à
l'église des Douze-Apôtres, sont sans doute un peu plus anciens.

Pour étayer les prétentions de l'évêché du Mans sur le monastère d'*Anisola* ou Saint-Calais, les *Actus* rapportent deux
légendes. L'une leur est commune avec la vie de saint Calais,
dont il a été traité au fascicule IV de ces *Questions* : c'est celle
des relations de saint Calais, *Karileffus,* avec l'évêque saint
Innocent, légende à l'appui de laquelle le compilateur a forgé de
fausses chartes de ces deux saints et du roi Childebert Ier. L'autre
est propre à notre auteur : elle place la première fondation d'*Anisola* longtemps avant l'époque de ces prétendues chartes, sous
l'épiscopat de Turibe :

Fecit igitur sanctus Turibius quarto ordinationis suae anno inter
alia monasteriola et ecclesias... monasteriolum ad animas Deo lucran-
das super fluvium Anisola, in loco cujus vocabulum erat Casa Gaiani
cujusdam pagani... In quo loco et in honore sancti Petri ecclesiam
construxit atque consecravit, ubi et suum sacerdotem nomine Tyr-
rum cum aliis clericis esse instituit... De qua et ad matrem civitatis
ecclesiam... censuit solvere per singulos annos ad lumen praedictae
ecclesiae de oleo libras iiii et de cera libras iii, *etc.* [1].

1. *Vet. Anal.,* in-8°, III, p. 63; cf. p. 76, 80, etc.

Cette dernière fable est restée inconnue aux rédacteurs de divers textes du ix⁰ siècle, dans lesquels est mentionnée la première légende, tels que la vie de saint Calais, la charte de Louis le Pieux pour Aldric, du samedi 7 septembre 838[1], les fausses chartes produites par le monastère au procès de 863 et recueillies dans le cartulaire de Saint-Calais. C'est peut-être encore une raison de mettre la vie de Turibe, qui la contient, au nombre des dernières inventions de l'écrivain. Une pareille production, en effet, n'aurait pu être mise sous les yeux d'Aldric : ayant présidé à la découverte et à l'exhumation du corps de Turibe, il savait que l'existence même de ce saint n'avait été révélée que par cette découverte, et il n'aurait pu admettre qu'on prétendît connaître son histoire. C'est seulement lorsque la maladie eut oblitéré ses facultés qu'on put risquer sans crainte cette dernière falsification, qui n'est pas la moins audacieuse[2].

La recherche et la préparation des matériaux ont dû se répartir sur un plus grand nombre d'années encore que la rédaction. Elles ont commencé dès les premiers temps de l'épiscopat d'Aldric. En ce qui concerne les chartes, fausses et vraies, ce point sera développé au paragraphe suivant. Quant à l'exhumation des saints Julien, Turibe, Pavace, Liboire (et Gundanisolus?), point de départ des études épigraphiques qui servirent de base à la première partie du catalogue épiscopal, on peut en déterminer la date avec précision. La translation de ces corps saints, de leurs *desertae ecclesiae* à l'église des Douze-Apôtres, se fit en trois jours consécutifs, les 23, 24 et 25 juillet. Elle était faite avant le 29 avril 836, jour où les clercs de Paderborn virent ces corps *honeste recondita* dans l'église des Douze-Apôtres, et même avant le 21 juin 835, jour où Aldric préleva sur les mêmes corps des fragments qu'il déposa comme reliques dans l'autel de gauche de la partie ouest de la cathédrale[3]. Aldric étant devenu évêque à la fin de 832, on ne pourrait hésiter qu'entre juillet 833 et juillet 834. Mais, dans l'été de 833, à la fin de juin, on voit Aldric auprès de l'empereur Louis en Alsace, au champ du Mensonge[4]; il n'aurait eu que juste le temps de se trouver au Mans pour y

---

1. Mühlbacher, n⁰ 951; *Gesta Aldrici*, XXXIX, p. 112-115.
2. Comparez ci-après [p. 690] la falsification relative à la vie de saint Almir et à la fondation de Greez. [Voir p. 630.]
3. *Gesta Aldrici*, III, p. 16, 17.
4. Ci-dessus, p. 619.

présider une cérémonie le 23 juillet. Il est donc plus probable que
l'exhumation des corps saints eut lieu les jeudi 23, vendredi 24
et samedi 25 juillet 834. C'est de ce moment qu'on peut faire
dater les premières recherches du chorévêque David sur l'histoire
des évêques du Mans.

Pour achever le portrait moral et littéraire de l'auteur des
Actus pontificum, il reste à faire connaître quelques autres
productions de sa plume.

Les Bollandistes ont publié, dans les *Acta sanctorum septembris*, la vie d'un saint manceau nommé Almir. Ce saint aurait
vécu au temps de l'évêque Domnole, c'est-à-dire au VIe siècle ;
l'hagiographe lui-même se donne comme écrivant au temps et par
l'ordre du même Domnole

Compulsi a fratribus, imperante etiam pontifice nostro beato
Domnolo, scribere vitam sancti Almiri... aggredimur[1].

Cet Almir aurait fondé un monastère, sur un terrain donné par
l'évêque, dans un lieu appelé [*Gres*][2] :

Sanctus itaque Almirus locum, qui hodie Gressus nominatur, oratione invenit, et largitione praedicti episcopi adeptus est. Qui locus
a quadam petra, quae ibi inventa est, ad eorum acuenda ferramenta,
ita nomen accepit et retinet usque in hodiernum diem... Atque ejus
adjutorio monasterium in honore beatae Mariae et sancti Petri fecit...
Praedictumque monasteriolum sub dispositione sancti Domnoli episcopi successoris videlicet Innocentis reliquit, de cujus sedis ecclesiae
jure erat[3]...

Ce monastère de Saint-Almir de Greez est mentionné à diverses
reprises dans les *Gesta Aldrici*. Le testament d'Aldric contient
deux dispositions en faveur des moines de Greez :

De reliquo autem vino cuncto et de annonis omnibus diversi generis et leguminibus sive fenis per diversa loca et in omnibus villis
nostris nobisque commissis reconditis, volumus atque precipimus
suppliciterque flagitamus ut decem partes fiant æqua lantia divisas...
Quarta largiatur monachis qui sunt in monasterio sancti Karilephi,

---

1. *Acta Sanctorum septembris*, III, p. 803.
2. Greez (Sarthe).
3. *Ibid.*, p. 805, 806, c. 8.

et in Gres, sive in Savonariis, atque sanctimonialibus monachis quę sunt in Intramnis monasterio[1].

Illi ergo greges jumentorum una cum eorum amissariis et boum utriusque generis seu porcorum et ovium, qui sunt in Gres et in Fraxinido in Belsa et in Senmuro, monachis in Gres Domino in ęcclesia sanctę Marię et sancti Almiri militantibus funditus absque ulla tarditate aut minoratione tribuantur[2].

Mais la fondation du monastère était du IXe siècle et non du VIe, car c'était l'œuvre d'Aldric lui-même. Les termes de ses *Gesta* sont là-dessus d'une précision qui ne laisse rien à désirer :

Prefatus ergo Aldricus episcopus in Gressus villa sui episcopii, in condita videlicet Cormense[3], monachos regulariter degentes instituit, ubi et monasteriolum, prout tunc temporis ratio dictavit et ipse melius potuit, ęcclesiam et claustrum edificavit et futuris temporibus habitationes monachis regulariter viventibus preparavit. Et hoc constituit ut semper ibi monachi essent et pro domno imperatore et pro eo sive pro universa ęcclesia die noctuque orarent... Ipsis enim monachis ex rebus suę sedis ęcclesię sibique divinitus commissis ad eorum varias necessitates sufficienter fulciendas atque supplendas dare habundanter, prout tunc temporis exposcebat necessitas, non distulit. Unde et scriptum quoddam sua ceterorumque venerabilium auctoritate episcoporum... roboratum... tradidit, ut ex rebus in eo insertis eorum necessitates supplerent[4]...

Le récit de la vie de saint Almir est donc mensonger. Si l'hagiographe n'avait pas daté son œuvre, on pourrait se borner à lui reprocher d'avoir accueilli une légende. Mais il se donne pour un homme du VIe siècle ; c'est donc un autre mot qu'il faut employer : la Vie de saint Almir est un faux.

Le faussaire est facile à identifier. Comme l'auteur des *Actus*, il se montre soucieux d'établir les droits de l'évêché sur le temporel des abbayes : on vient de voir en quels termes il affirme que le monastère de Greez a été fondé sur un terrain épiscopal, et placé, par le fondateur même, sous l'autorité de l'évêque.

1. *Gesta Aldrici*, XXXVI, 100. — Au lieu des mots *in Gres sive*, tous les éditeurs ont imprimé *ingressive*, barbarisme vide de sens.

2. *Ibid.*, XXXVI, p. 103, 104.

3. Cormes (Sarthe), non loin de Greez.

4. *Gesta Aldrici*, XXVII, p. 70, 71. — Par une méprise analogue, les éditeurs ont imprimé *ingressus* au lieu d'*in Gressus*.

Comme notre auteur, il écrit un latin facile, coulant, trop rapproché du français :

Avito vero omnes obediebant, quia *haec facere* inter se decreverant[1].

Comme lui, il appelle l'évêque qui précéda Domnole *Innocens*, au lieu d'*Innocentius*. Comme lui, il use volontiers de *praefixus* au sens de *praefatus*[2] :

Huic autem a praefixo episcopo verbum praedicationis commissum erat[3].

Comme lui, il affirme toujours qu'il pourrait en dire beaucoup plus qu'il n'en dit, qu'il se limite par crainte de la prolixité et pour épargner la peine et l'ennui des lecteurs et des auditeurs; comme lui, il appelle son livre *schedula* :

Multa itaque alia miracula, reliquarumque virtutum signa ingentia per praedictum sanctum virum Dominus operatus est, quae propter prolixitatem operis ac laborem vel fastidium audientium atque legentium in hac schedula inserere distulimus[4].

Enfin, sur les relations de saint Calais avec saint Innocent, sur leurs prétendues conventions réciproques, il fait allusion aux fables des *Actus*, et il renvoie expressément à cet ouvrage, qu'il appelle *Gesta pontificalia Cenomanicae urbis* :

Qualiter autem sanctus Carilephus cum praedicto sancto Innocente episcopo egerit, et quales cohaerentias habuerunt, vel qualia instrumenta chartarum simul fecerunt, in eorum opusculis sive in gestis pontificalibus Cenomanicae urbis hactenus insertum habetur[5].

En voilà assez pour prononcer que la Vie de saint Almir est de l'auteur de nos *Actus*. Si l'on songe que, chorévêque d'Aldric au moins depuis 836, il a dû être témoin oculaire de la fondation de ce même monastère de Greez, qu'il prétend ici faire remonter au vi[e] siècle, on ne pourra qu'admirer une fois de plus l'audace de ses impostures[6].

On ne saurait hésiter davantage à lui attribuer la Vie de saint Turibe, par un prétendu contemporain nommé *Charus filius*

---

1. *Acta Sanctorum septembris*, III, p. 803.
2. Ci-dessus, p. 632, note 1.
3. *Acta Sanctorum*, ibid., p. 805, c. 10.
4. *Ibid.*, p. 806.
5. *Ibid.*, p. 804, c. 7.
6. Cf. ci-dessus, p. 687, note 2.

Severi ; celle de saint Pavace, par un prétendu diacre *Deodatus*, qui aurait écrit sur l'ordre de saint Liboire ; celle de saint Domnole, par un auteur qui prétend écrire sur l'ordre de l'évêque Hadoind, et dont le récit est d'accord avec celui des *Actus* et en désaccord avec celui de Grégoire de Tours ; et peut-être d'autres encore, qui m'auront échappé. Quelques citations empruntées à ces divers morceaux suffiront pour édifier à ce sujet le lecteur :

Vita sancti Thuribii, 13 : Reliqua autem gestorum ejus et consecrationes episcoporum, ecclesiarum, presbyterorum... et ceterorum actuum ejus in gestis Cenomanicae urbis pontificum partim conscripta sunt, nisi ea quae de reliquis virtutibus ejus... in quadam schedula conscripta legimus, quae hic propter prolixitatem et taedium lectoris atque scriptoris non inseruimus. Si quis autem actus ejus et obitum atque sepulturam scire desiderat, legat libellum qui *de actibus pontificum praedicta Cenomanica in urbe Deo degentium conscriptus est...*
Ego Charus filius Severi Dei servus hanc S. Thuribii vitam, sicut vidi et audivi ac veraciter didici, in hac paginula ex parte scribere curavi, sed multa adhuc de eo scribenda remanent [1].

Vita sancti Pavacii, 17 : Ceterae autem virtutes quae meritis hujus sancti multae et innumerabiles claruerunt in alio libello insertae habentur, quae *propter prolixitatem et sarcinam legentium atque audientium* hic non inseruntur, sed cui eas audire delectat, in archivo nostrae matris ecclesiae hactenus reperire valebit. Reliqua autem gestorum ejus... quisquis scire voluerit, legat libellum qui *de actibus pontificum Cenomanica in urbe degentium conscriptus* atque in archivo praedictae matris ecclesiae habetur...

18 : Deodatus Christi levita vitam sancti Pavacii ad laudem et gloriam Dei omnipotentis, jubente domno Liborio patrono meo, magna ex parte descripsi, sed multa *propter prolixitatem* dimisi, quae multi mecum videntes et audientes adhuc qui in corpore manent sapientiores meditari possunt, ut honestius et amplius describantur [2].

Vita sancti Domnoli, 1 : Sanctae et individuae Trinitatis freti auxilio omniumque sanctorum precibus fulti, tum etiam praecedentium patrum incitati studiis, denique reverendissimi praesulis nostri Haduini hortatu confirmati, beatissimi patroni nostri Domnoli Cenomanicae urbis episcopi vitam... scribendam suscipimus... Neque enim id facimus nostra temeritate adducti, sed ut jam ante dictum est, voluntate et mandato venerandi pontificis nostri Haduini, qui

---

1. *Acta Sanctorum aprilis,* II, p. 420.
2. *Acta Sanctorum julii,* II, p. 543.

nos beatissimi Domnoli episcopi vitam jussit vel rudi exarare stylo[1]...

Il faut remarquer, dans ces diverses falsifications, l'uniformité du procédé : l'auteur prétendu prend toujours soin de se faire connaître, en indiquant soit son nom (avec la qualité de témoin oculaire), soit celui de l'évêque qui lui a ordonné d'écrire (et qui est le contemporain ou le successeur du héros). On se rappelle que, dans le catalogue épiscopal, rédigé par notre auteur, Hadoind est le successeur immédiat de Domnole[2]. La Vie de Domnole, écrite sur l'ordre prétendu d'Hadoind, a dû être composée par lui quand il suivait encore cette opinion. Il a donc travaillé concurremment à la rédaction de ses fausses Vies de saints et à celle des *Actus pontificum.*

Il avait encore écrit ou projeté d'écrire un autre ouvrage, auquel il fait allusion dans plusieurs chapitres des *Actus.* C'était un recueil des miracles (*virtutes, signa*) des saints évêques du Mans :

Praedicti enim sancti Pavatii meritis inibi multae et innumerabiles virtutes claruerunt, tam in vita ejus quam et post ejus obitum, sicut in schedulis, in quibus praefixae urbis aliorum episcoporum virtutes et signa sunt scripta, reperiri potest[3].

Cujus (Principii) obitum multa praecesserunt miracula et subsecuta sunt, quae hic propter prolixitatem et taedium scriptorum et auditorum non sunt inserta. Sed si quis ea plenius inquirere desideraverit, in aliis schedulis, in quibus aliorum pontificum vitae et miracula praedicta in urbe Domino degentium scripta sunt, invenire poterit[4].

Cujus (Innocentis) obitum innumerabilia praecesserunt signa et subsecuta sunt, quae hic propter prolixitatem et fastidium lectoris vel auditoris non inseruimus : sed tamen si quis ea inquirere voluerit, in aliis schedulis, in quibus et aliorum praescriptae Cenomannicae urbis pontificum virtutes insertae sunt, scripta reperire poterit[5].

Cet ouvrage ne paraît pas nous être parvenu, soit qu'on l'ait laissé perdre, soit plutôt qu'il n'ait, en réalité, jamais été écrit.

(Sera continué.)   Julien HAVET.

1. *Acta Sanctorum maii,* III, p. 606.
2. [Voir ci-dessus, p. 674-675.]
3. *Vet. Anal.,* in-8°, III, p. 66.
4. *Ibid.,* p. 73, 74.
5. *Ibid.,* p. 79.

L'ORIGINE ITALIENNE

DES

JUVENEL DES URSINS[1]

————— ⋊⋄⊢⋄⋉ —————

Il arrive parfois en histoire que les questions que l'on croyait les plus définitivement tranchées, les problèmes que tous les érudits, depuis des siècles, s'étaient trouvés d'accord à considérer comme résolus, viennent à se poser de nouveau. Il suffit de la découverte de quelque indice contraire à l'opinion reçue pour autoriser la revision du procès et faire condamner le jugement auquel tout le monde s'était tenu jusqu'ici.

C'est ce qui vient de se produire en ce qui concerne l'origine de cette illustre famille du xve siècle qui a donné à l'État ses plus hauts dignitaires et à l'histoire un de ses plus réputés chroniqueurs, la famille Juvenel des Ursins.

Nous avons eu précédemment l'occasion d'étudier dans un article de la *Bibliothèque de l'École des chartes*[2] un certain nombre de faits se rattachant à l'histoire de cette famille. Voulant déterminer quel était le nom exact de ceux que l'on appelait indistinctement « Juvénal des Ursins, » nous avons été amené à rechercher l'origine du surnom « des Ursins » que la famille a pris assez tard, vers 1438.

L'archevêque de Reims, l'historien, nous a donné une explication de ce surnom. Il nous dit que son père, le prévôt des marchands de Paris, du temps de Charles VI, celui qui ne s'est jamais appelé autrement que Jeàn Jouvenel, descendait directement des

---

1. Lecture faite à l'Académie des inscriptions et belles-lettres dans la séance du 9 juin 1893.
2. T. **L** (1889), p. 537-558.

Orsini d'Italie. A l'appui de cette assertion il existe un document publié par Denis Godefroy[1], qui est une généalogie faite à Rome d'après les archives des Orsini mêmes et qui montrerait comment les Juvenel des Ursins se rattachent à leurs ancêtres romains.

Nous n'avions pas longuement discuté cette prétention. Depuis François du Chesne[2], tout le monde s'était trouvé d'accord pour déclarer la pièce généalogique manifestement fausse et, dès lors, les assertions du chroniqueur Juvénal des Ursins, qui semblait s'appuyer sur elle, entachées d'erreur. D'ailleurs, les histoires que l'archevêque de Reims racontait de son grand-père paraissaient si fantaisistes que nul n'eût osé y ajouter foi.

Mais la thèse de Juvénal des Ursins a été reprise ces derniers temps d'une façon fort spécieuse. On a admis l'exactitude des affirmations de l'historien. On a déclaré bonne et valable la charte généalogique qui sert de base aux prétentions des Juvenel des Ursins; on a cherché à justifier tout ce qui est dit du père de Jean Jouvenel en rapprochant les faits d'histoire générale des actes de ce Pierre Jouvenel. La façon habile dont l'origine italienne des Juvenel des Ursins a été présentée et défendue, l'autorité, qui s'attache d'ailleurs au nom de l'érudit qui a tenté cette réhabilitation, méritent un examen détaillé et approfondi de la question[3].

C'est ce que nous allons faire.

Il nous faut au préalable écarter deux propositions préjudicielles.

La première est le point de savoir si le fait que l'archevêque de Reims nous a ou non trompés peut porter atteinte à sa valeur d'historien. La chose est de peu d'importance. Nous nous proposons un jour d'entreprendre une édition critique de l'*Histoire de Charles VI*. Nous montrerons à ce moment en quoi cette histoire est originale, en quoi elle est œuvre de seconde main. Nous établirons qu'elle est de première information pour tout ce qui a trait aux événements auxquels le père de l'historien a pris part entre autres. Or, si cette chronique est précieuse dans son ensemble parce qu'elle est autrement composée, ordonnée et surtout chro-

---

1. *Histoire de Charles VI*, éd. de 1653, p. 673.
2. *Hist. des chanceliers*, 1680, p. 492 et 511.
3. Voy. Paul Durrieu, *le Nom, le blason et l'origine de famille de l'historien Juvénal des Ursins*, dans *Annuaire-Bulletin de la Société de l'histoire de France*, t. XXIX, 1892, p. 193-221.

nologiquement distribuée que la *Chronique du religieux de Saint-Denis*, par exemple, elle rendra toujours le critique extrêmement perplexe à l'égard des actions que Juvénal des Ursins prête à son père. Ces actions sont très importantes. Or, si elles ne sont pas en contradiction formelle avec les dires des autres écrivains contemporains, elles ne sont confirmées, même par le plus petit indice, par aucun. Donc la solution du problème que nous étudions, si elle est défavorable à l'historien, ne changera pas notre confiance envers les parties du livre où il est fait mention de la famille de l'auteur, puisque cette confiance est faible; elle ne diminuera pas notre estime pour le reste de l'œuvre, laquelle est bonne, bien faite et nécessaire à consulter à côté des autres sources du temps.

Le second fait à écarter est la préoccupation que l'on pourrait nous croire de vouloir défendre l'explication à laquelle nous nous étions arrêté en désespoir de cause pour justifier ce surnom « des Ursins » et qui est un vocable approchant du mot de « Lurcine. » Nous avons dit, et nous le répétons, que cette solution ne nous satisfait que très médiocrement. Nous l'avons provisoirement adoptée parce qu'elle était la seule qui ne se heurtât pas à des impossibilités absolues. Nous la défendons mollement; nous ne ferions pas difficulté de l'abandonner si nous en trouvions une meilleure.

Ceci dit, examinons les preuves sur lesquelles on établit que les Juvenel des Ursins descendent bien des Orsini d'Italie.

Il y a quatre textes : l'affirmation de Juvénal des Ursins dans son *Histoire de Charles VI*[1]; la même affirmation du même auteur contenue dans un discours qu'il adressait à son frère Guillaume Juvenel des Ursins, chancelier de France[2]; une généalogie conservée dans les papiers de Baluze[3]; enfin le document émané des archives romaines des Orsini dont nous venons de parler.

Les deux premières autorités se confondent en une seule. Il n'y a donc en réalité que trois preuves.

Nous verrons qu'elles s'accordent très peu entre elles.

Prenons la charte généalogique. C'est une pièce d'archive. Si

---

1. Éd. Godefroy, p. 70.

2. Bibl. nat., ms. fr. 2701, fol. 46. Ce discours a été publié par fragments dans les annotations de l'*Hist. de Charles VI* par D. Godefroy.

3. Bibl. nat., fonds Baluze, t. LIX, Arm. II, paq. 5, n° 4, fol. 294 v° et 297 v°.

elle a tous les caractères d'authenticité, il va de soi que les affirmations qu'elle contient sont à considérer et que dès lors les affirmations de l'historien qui les suit plus ou moins sont d'autant confirmées.

Il s'agit d'un vidimus[1]. Le vidimus est daté du 27 mai 1447. L'acte vidimé est du 31 août 1445. Ce dernier commence de la sorte : « Verum est quod centum et decem anni sunt, vel circiter, quod quidam dominus vocatus Napolio de Ursinis fuit factus episcopus Metensis in Lotharingia. » Suit la série de tous les « des Ursins » français jusqu'à Jean Jouvenel. On voit qu'il ne s'agit ici que de la branche française. Il est dit plus bas que tous ces renseignements sont empruntés « ab archivis ejusdem domus ac generis Ursinorum. » Or, la généalogie contient des erreurs manifestes. Ceux qui cherchent à la justifier disent, pour excuser ces erreurs, qu'on a remis à l'archiviste romain des notes sur la branche française des Orsini et que cet archiviste s'est embrouillé dans ces notes. Nous reviendrons dans un instant sur cet argument. Pour le moment, constatons que la présente généalogie ne porte que sur des personnages français ; les renseignements de l'archiviste émanent tous de ces notes qu'on lui a transmises. S'il s'est trompé sur quelques parties, il peut s'être trompé sur d'autres, ou bien les renseignements qu'on lui a transmis étaient fautifs. Voici déjà un premier motif de défiance à l'égard de cette généalogie.

L'acte vidimé établit la série descendante de la manière qui suit : Napoléon des Ursins, évêque de Metz, a un frère, Juvénal des Ursins, ou, si on veut italianiser le mot, Giovenale. Ce frère a deux enfants : une fille, qui épouse un comte de Blammont, et un fils, Matthieu, ou Matteo. De ce Matteo naît Pierre Jouvenel, celui qui doit être le père de notre prévôt des marchands, Jean Jouvenel. Mais arrêtons ici la lecture de l'acte.

Notre document ne dit rien de la façon dont l'évêque de Metz Napoléon des Ursins se rattache aux Orsini d'Italie. On y a ingénieusement suppléé. On a constaté dans le grand ouvrage de Litta[2] que la généalogie des seigneurs de Manupello pouvait assez bien se souder au tronçon français. Litta s'arrête à un Napoleone. On en fait le père de l'évêque de Metz, et, en remontant de quatre

---

1. *Histoire de Charles VI*, annotations, p. 673.
2. *Famiglie celebri d'Italia*, v° Orsini, t. VII, tav. v.

générations dans Litta, on trouve successivement ce Napoleone, père de l'évêque de Metz, un Giovenale, un Matteo et un Napoleone, sénateur de Rome, qui vivait vers 1250.

La filière entière se trouve donc ainsi constituée :

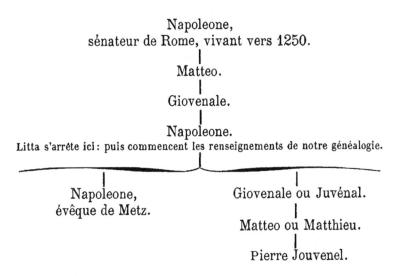

Napoleone,
sénateur de Rome, vivant vers 1250.

Matteo.

Giovenale.

Napoleone.

Litta s'arrête ici : puis commencent les renseignements de notre généalogie.

Napoleone,
évêque de Metz.

Giovenale ou Juvénal.

Matteo ou Matthieu.

Pierre Jouvenel.

Nous n'avons pas à discuter la généalogie de Litta. Nous en parlerons lorsqu'il s'agira de serrer les dates et de voir si un nombre déterminé de générations peuvent tenir dans un laps de temps donné.

Le premier personnage dont nous parle notre document, le plus important, celui qui est le chef de la branche française des Orsini, celui qui a établi cette branche en France et qui a fait toute sa fortune[1], est Napoléon, évêque de Metz. Or, ce Napoléon évêque de Metz n'a jamais existé !

On peut ouvrir l'*Histoire des evesques de l'eglise de Metz* de Meurisse[2], on n'y trouvera pas un seul prélat dont le nom rappelle de près ou de loin Napoléon des Ursins. Notre généalogie donne la date de cet épiscopat[3]. Elle le place en 1335. Consultez Meurisse à cette date, vous trouvez un évêque du nom de Jean

---

1. « Et fuit iste Matthias hæres illius Neapolinis episcopi ex quo percepit magnam successionem. » *Histoire de Charles VI*, p. 673.

2. Metz, 1634, in-fol.

3. « Verum est quod centum et decem anni sunt... » L'acte étant de 1445, cela nous donne bien 1335.

de Vienne[1] et pas la moindre trace de Napoléon des Ursins.

Cette erreur est considérable; elle infirmerait à elle seule la valeur de n'importe quelle généalogie. On en a compris toute l'importance; aussi a-t-on habilement cherché à la faire disparaître en trouvant de toutes façons un évêque de Metz qui pût être ce Napoléon. On va voir que cette explication ne soutient pas un examen attentif.

Il existe dans la série des évêques de Metz un prélat qui n'est connu que sous le nom de Laurentius[2]. On nous dit qu'il faut supposer que ce Laurentius est Napoléon des Ursins. Il devait sans doute s'appeler « Laurentius di Napoleone degli Orsini. » La fin du nom s'est perdue; il n'est resté que le commencement[3]. On saisit tout de suite ce que cette hypothèse a d'arbitraire et de hasardeux. Examinons-la cependant.

Meurisse nous apprend[4] que ce Laurent était protonotaire à la cour de Rome; il était bon prédicateur, avait beaucoup de talent, et jouissait si bien de la confiance du pape que celui-ci n'hésita pas à l'envoyer à Metz pour mettre fin à des discussions qui s'étaient élevées entre compétiteurs de l'évêché à la suite d'une élection. C'est à cette occasion qu'il fut élevé au siège épiscopal de Metz; il y demeura dix ans, puis alla mourir en Italie.

La charge de protonotaire était assurément une des plus importantes de la curie; mais, pour qui connaît les habitudes de la cour pontificale au moyen âge, il n'y a pas de doute que si un membre d'une aussi illustre famille que celle des Orsini avait eu un des siens engagé dans les ordres, présentant autant de titres que ce Laurentius, talent, habileté, et par-dessus tout confiance du pape, il ne serait pas resté dans le protonotariat, à plus forte raison n'eût-il pas été envoyé au loin comme évêque, il serait entré sans retard dans le sacré collège.

Ce Laurentius a laissé des traces de son épiscopat. Meurisse parle de six pièces, six documents émanés de cet évêque qu'il a vus et consultés dans la chancellerie de Vic. Il nous raconte les faits principaux de cet épiscopat. Il est bien étrange que les Messins, s'ils avaient eu vraiment à leur tête un homme d'aussi noble

---

1. Meurisse, *op. cit.*, p. 220.
2. Voy. Meurisse, *op. cit.*, p. 474-476.
3. Voy. P. Durrieu, *op. cit.*, p. 217.
4. Meurisse, *ibid.*

origine qu'un Orsini, aient absolument perdu le souvenir de son nom, sinon de ses actes.

Mais au surplus, voici l'argument décisif qui empêche d'identifier Laurentius avec Napoléon des Ursins. Ce Laurentius a été nommé évêque en 1270[1]. Si nous supposons qu'il avait au moins à cette date trente ou quarante ans, cela le fait naître en 1240 ou 1230. On voit d'abord que ceci ne s'accorde guère avec la date de 1335 donnée par l'acte généalogique. Mais maintenant jetez les yeux sur la généalogie complète, y compris les noms donnés par Litta, et vous verrez que pour que Laurentius soit Napoléon des Ursins il faut arriver à admettre que ce Laurentius, né en 1230, était l'arrière-petit-fils à la cinquième génération de Napoléon, sénateur de Rome, qui vivait en 1250 !

Il est inutile de poursuivre. Laurentius ne peut pas être Napoléon des Ursins. Il n'a donc jamais existé d'évêque de Metz du nom de Napoléon des Ursins. C'est pourquoi la première affirmation de notre document généalogique, celle qui est la base sur laquelle les autres reposent, est une pure invention.

Continuons. Le frère de ce prétendu évêque de Metz se nommerait Juvénal, ou Giovenale ; il a un fils, Matteo ou Matthieu. Il est inutile de dire qu'il n'existe nulle part la moindre trace de ces personnages. Il est impossible de prouver en aucune manière qu'ils ont réellement vécu. Bien mieux, leur existence est suspecte. Notre acte nous dit que l'évêque Napoléon maria ce Matteo et sa sœur à des membres de la famille du comte de Blammont. Si l'on consulte une généalogie de la famille de Blammont, on ne trouve pas la moindre allusion à cette alliance[2]. Il n'est pas question de ces personnages. Si l'on considère ensuite l'arbre généalogique que nous avons donné plus haut, on verra la curieuse coïncidence suivante. Les trois noms de la branche française qui suivent la génération à laquelle s'est arrêté Litta sont : Napoleone, Giovenale, Matteo. Or ces trois noms sont purement et simplement la répétition en sens inverse des trois noms qui finissent la liste de Litta, Napoleone (en remontant), Giovenale, Matteo. Quelle est la première idée qui vient à l'esprit ? C'est que celui qui a fabriqué notre généalogie, ayant trois noms à trouver pour relier Pierre Jouvenel au dernier Napoleone de Litta, ne

1. Meurisse, *ibid.*
2. Voy. D. Calmet, *Histoire de Lorraine*, VI, cclj.

s'est même pas donné la peine d'imaginer des prénoms nouveaux ;
il s'est borné à copier, en en changeant l'ordre, la liste qu'il avait
sous les yeux. S'il avait eu besoin d'un quatrième nom, ce nom,
toujours en remontant, eût été Napoleone. Le fait est d'autant
plus remarquable qu'il est tout à fait anormal dans la famille des
Orsini. Jamais on ne rencontre cette succession régulièrement
balancée des mêmes prénoms dans aucune branche des Orsini.
C'est ce qui a été déjà du reste remarqué[1]. Enfin, il n'est pas possible de dire que cette tradition d'adopter les mêmes prénoms que
les ancêtres se soit spécialement établie dans la branche française,
car fort malencontreusement, à partir de Pierre Jouvenel, où
nous entrons dans l'histoire connue et facile à vérifier, nous ne
rencontrons plus ni *Napoléon* ni *Matthieu*. Jean Jouvenel, le
prévôt des marchands, a eu seize enfants ; il n'a pas eu l'idée de
donner à aucun d'eux les noms en question. Il les a appelés Jean,
Guillaume, Michel, Jacques, Louis, Denis, Pierre..., etc., tous
noms bien français et dont aucun ne rappelle de près ou de loin
la fameuse famille italienne[2]. Nous en conclurons que Giovenale
et Matteo sont des personnages fort problématiques, que nous
n'avons aucune raison de croire à leur existence et que nous en
avons au contraire de la suspecter.

Reprenons l'acte vidimé de 1445. Le fils de Matteo est donc
Pierre Jouvenel. Comme nous l'avons dit, nous nous trouvons à
partir d'ici sur un terrain connu. Nous savons, par des sources
authentiques, que Pierre Jouvenel était un honnête marchand
drapier de Troyes[3], qui habitait une modeste maison de la rue de
Champeaux[4]. Pierre Jouvenel a eu pour fils Jean Jouvenel. Jean
Jouvenel fit ses études à Orléans, puis vint à Paris, fut nommé
conseiller au Châtelet en 1381, prévôt des marchands de Paris
en 1389, et successivement remplit les charges d'avocat du roi au
Parlement, de chancelier du duc de Guyenne, de premier président au parlement de Toulouse et de président au parlement de
Poitiers. Il mourut dans cette ville en 1431, à l'âge de soixante
et onze ans. Voilà les faits certains qu'établit l'histoire. Ils sont

1. Voy. P. Durrieu, *op. cit.*, p. 215.
2. Voy. la généalogie des Juvenel des Ursins dans Godefroy, *Histoire de
Charles VI*, p. 801.
3. Bibl. nat., Dép. des mss., collection Clairambault, reg. 61, p. 4731, n° 147.
4. Nous reviendrons tout à l'heure sur cette demeure.

prouvés par une multitude de documents ; on ne saurait avoir l'ombre d'un doute sur leur exactitude.

Or, reportons-nous à notre généalogie. Voici ce qu'elle nous raconte : « Pierre Jouvenel, après la mort de son père, fut amené à Troyes par quelques Italiens ; il y fut élevé. Il se maria avec une personne originaire de Champagne, appartenant à une bonne et grande maison. De ce mariage naquit Jean Juvénal des Ursins, qui fut de son vivant écuyer du roi Charles, père du présent roi[1]. Ce Jean Juvénal, en compagnie de plusieurs autres chevaliers de France, s'en alla au delà des mers, du côté de Jérusalem, au mont Sinaï. Puis il demeura quelques années en Égypte comme homme d'armes : c'est là qu'il mourut. Il s'était marié avec une personne de Bourgogne, dont il eut Jean Juvénal, actuellement conseiller du roi, et ses frères. » L'acte généalogique se termine ici.

Nous n'insisterons pas sur ces détails. On le voit, c'est de la pure imagination. L'auteur du document semble s'être amusé à inventer une biographie de Jean Jouvenel aussi contraire que possible à la réalité. On l'excuse en disant qu'il s'est embrouillé dans les indications qu'on lui avait fournies[2]. D'abord cela n'empêche pas que les erreurs n'existent ; en second lieu, si le rédacteur s'est trompé pour toutes les affirmations que nous pouvons vérifier, quelle créance devons-nous avoir en lui pour celles dont il est l'unique source ?

Si nous récapitulons, nous constatons que les trois quarts des renseignements fournis par ce document sont des erreurs manifestes, et que le dernier quart est légitimement suspect. Même avec la plus bienveillante critique du monde, il nous est donc absolument impossible d'admettre un seul instant l'autorité d'une pareille pièce. Cet acte est faux. Il a même été fabriqué grossièrement, sans aucune précaution, sans la moindre de ces habiletés par lesquelles on cherche à donner le change ; l'intention de l'auteur est évidente ; nous sommes en présence d'un simple jeu généalogique sans valeur. L'histoire ne peut pas et ne doit pas en tenir compte.

Je me trompe ; elle a cependant à en déduire une conséquence grave.

---

1. Le présent roi est Charles VII.
2. Voy. P. Durrieu, *op. cit.*, p. 198.

Les fils de Jean Jouvenel ont demandé copie de cet acte ; ils l'ont contresignée, l'ont fait attester par une foule de témoins et authentiquer par des notaires. Ils ont donc voulu la faire prendre au sérieux[1]. Ils ont entendu appuyer leurs prétentions de descendre des Orsini d'Italie sur cette généalogie. Or, celle-ci étant fausse, leurs prétentions doivent l'être du même coup. S'ils n'ont pu produire de meilleure preuve de leur descendance, c'est que celle-ci était plus que douteuse. Enfin, de deux choses l'une : ou ils ont réellement cru aux affirmations contenues dans cette pièce qu'ils patronnaient, et ils étaient bien simples, ou ils n'y ont pas cru, et alors leur intention de tromper apparaît clairement.

Voilà donc jugée la première preuve que l'on invoque en faveur de l'origine italienne des Juvenel des Ursins. Cette preuve n'a aucune valeur. Examinons maintenant la seconde. Nous nous trouvons en présence des affirmations de Jean Juvénal des Ursins, archevêque de Reims.

L'historien dit de son père, dans son Histoire de Charles VI[2] : « Et estoient ses predecesseurs extraits des Ursins de devers Naples et de Rome du mont Jourdain et furent amenez en France par un leur oncle nommé Messire Neapolin des Ursins, evesque de Metz. Et fut son père Pierre Juvenal des Ursins, bien vaillant homme d'armes et l'un des principaux qui résista aux Anglois avec l'evesque de Troyes, qui estoit de ceux de Poictiers, et le comte de Vaudemont. Et quant les guerres furent saillies en France, s'en alla avec autres sur les Sarrasins, et là mourut, auquel Dieu fasse pardon. »

Le même auteur s'exprime de la manière suivante dans le discours au chancelier dont nous avons parlé : « Pierre Juvenal des Ursins laissa [Jean Jouvenel, son fils], josne estudiant à Orléans ; et s'en ala aprez que les guerres furent salliez, à Naples, vers la

---

1. Et à ce propos relevons que dans la souscription de l'acte il est question d'un « Latinum de Ursinis archiepiscopum Treverensem. » Or Latino degli Orsini a été archevêque de Trani. M. P. Durrieu (*op. cit.*, p. 198, note) répond que c'est là une erreur du copiste qui aurait dû lire « Tranensem. » Nous voulons l'admettre. Mais que dira M. Durrieu de « Joanni archiepiscopo Rhemensi » qui se lit deux lignes plus bas ? Nous sommes en 1445 et Jean Juvénal des Ursins n'a été nommé archevêque de Reims qu'en 1449 ! Notre confrère nous dira que c'est encore là une erreur du copiste, qui aurait dû lire « Jacobo » et non « Joanni. » Avec un habile emploi de « l'erreur du copiste, » il n'est document faux qui ne puisse être imposé pour vrai.

2. P. 70.

royne de Naples, pour savoir se il pourroit recouvrer des terres
de Juvenal des Ursins, son ayeul, et en porta les lettres et tiltres
qu'il avoit deçà ; et ou païs avoit guerre, et y fut quatre ans au
service de ladicte dame en armes : et depuis y eut accords, et fut
en ung voyage dessus les Sarrazins, et là morut[1]. »

On voit de prime abord que Juvénal des Ursins ne s'accorde
pas avec la généalogie que lui et les siens ont fait venir de Rome.
Les divergences sont importantes. Il admet toujours comme souche
essentielle de la famille le fameux Napoléon des Ursins, évêque
de Metz, qui n'a jamais existé. Mais il ne parle plus de Giovenale
et de Matteo, les deux descendants suivants. Peut-être juge-t-il
leur existence trop problématique pour oser nous en entretenir.
Arrivé à son père Jean Jouvenel, qu'il a connu une bonne partie
de sa vie, qu'il a suivi, dont il a fermé les yeux en 1431 à Poitiers, et qu'il conserve dans un beau mausolée de la chapelle
Saint-Denis à Notre-Dame de Paris[2], il ne peut vraiment pas
raconter sur son compte l'invraisemblable histoire que nous rapporte la généalogie ; en vérité, ce serait trop choquant. Beaucoup
de gens qui avaient connu Jean Jouvenel existaient encore au
moment où l'archevêque écrivait. On n'aurait pu à ce point-là se
jouer de la crédulité publique. Juvénal des Ursins, par une simple
modification, se borne à attribuer à son grand-père Pierre Jouvenel ce que le document italien rapporte à l'actif du prévôt des
marchands. La croisade contre les musulmans subsiste toujours ;
mais ce n'est plus Jean Jouvenel qui l'entreprend, c'est son père
Pierre. Dans le changement, quelques modifications se sont produites. Il n'est plus question de voyage « ad partes Hierosoly-
mitanas » et « ad Montem Sinai ; » à la place, Pierre Jouvenel se
rend à Naples où il bataille plusieurs années durant.

Il paraîtra en premier lieu un peu bizarre qu'un humble marchand drapier de Troyes abandonne tout, son commerce, sa famille,
ses enfants, pour aller revendiquer au loin des droits hypothé-
tiques. Il faut ajouter qu'à ce moment la guerre était partout, et
les chemins peu sûrs. Il fallait avoir du courage pour entreprendre
un pareil voyage. Il reste à Naples pendant quatre années. Il
prend part aux batailles qui se livrent dans le pays. Ce laps de
temps écoulé, de deux choses l'une, ou il a obtenu satisfaction

---

1. Bibl. nat., Dép. des mss., ms. fr. 2701, fol. 46.
2. Voy. Godefroy, *Hist. de Charles VII*, annotations, p. 662.

dans ses réclamations, et alors il va rentrer en France pour faire profiter les siens de sa fortune, ou il n'a pas obtenu satisfaction, et à plus forte raison va-t-il revenir pour reprendre son commerce. Pas le moins du monde! Il passe en Égypte et va se faire tuer, pas si obscurément pourtant que ses enfants ne finissent par connaître ses aventures et leur issue tragique.

On conviendra que toute cette histoire a quelque chose de romanesque. En bonne critique, ce n'est pas sans de fortes réserves qu'on pourrait admettre une aussi extraordinaire odyssée.

Mais serrons davantage les faits : il s'agissait de trouver une expédition contre les Sarrasins qui coïncidât avec les pérégrinations de Pierre Jouvenel. On a cru l'avoir trouvée. Pierre Jouvenel aurait fait partie de ce qu'on a appelé la croisade de Pierre Ier, roi de Chypre, célébrée par Guillaume de Machaut, et qui aboutit à la prise, puis à la perte d'Alexandrie[1].

Rapprochons les dates, on va voir à quelle série d'inconséquences nous aboutissons.

La croisade de Pierre Ier est de 1365[2]. Or Juvénal des Ursins nous donne la date du départ de Pierre Jouvenel, lorsqu'il nous dit que Pierre Jouvenel partit, son fils, Jean Jouvenel, étant « josne étudiant à Orléans. » Jusqu'ici tout le monde avait admis avec le Père Anselme[3] que Jean Jouvenel était né en 1360. Il n'a pu être « josne étudiant » au moins qu'à quinze ans, c'est-à-dire en 1375. Voilà qui ne cadre plus avec la croisade de Pierre Ier de Chypre.

Qu'à cela ne tienne! On néglige la date de naissance de Jean Jouvenel acceptée par tous, et, pour les besoins de la cause, on avance de dix ans la naissance de Jean Jouvenel; on le fait naître en 1350[4].

Malheureusement, on n'a pas vu que ces dix ans ne suffisaient pas encore! Juvénal des Ursins dit bien que Pierre Jouvenel partit lorsque son fils était jeune étudiant, mais il ajoute qu'il alla d'abord à Naples, qu'il y resta *quatre ans* et que c'est seulement après ces quatre années qu'il passa en Afrique. Si nous ajoutons à ces quatre ans le temps des voyages, des traversées, nous avons

1. Voy. P. Durrieu, *op. cit.*, p. 212.
2. Voy. L. de Mas Latrie, *la Prise d'Alexandrie*. Genève, 1877, in-4°.
3. P. Anselme, *Histoire généalogique de la maison de France*, t. VI, p. 403.
4. P. Durrieu, *loc.* et *op. cit.*

en tout cinq ans. C'est donc de quinze ans qu'il faut avancer la naissance de Jean Jouvenel, et non de dix ans. Jean Jouvenel serait donc né en 1345.

S'il est né en 1345, il se trouve par déduction que Charles VII le nommera président du parlement de Poitiers à l'âge de quatre-vingt-six ans. Cela n'est pas impossible, c'est un peu surprenant.

Mais surtout si Jean Jouvenel est né en 1345, on ne peut faire naître son père Pierre Jouvenel que vers 1315 ou 1320 au moins. Or, maintenant reportez-vous à la généalogie des Orsini et Ursins de France que nous avons dressée plus haut, vous verrez qu'entre Napoleone degli Orsini, sénateur de Rome, qui vivait en 1250, et Pierre Jouvenel, né vers 1320, doivent se placer sept générations! Sept générations en soixante-dix ans! Une génération tous les dix ans!

La thèse est donc insoutenable. Pierre Jouvenel n'a pas assisté à la croisade de Pierre Ier : il n'a assisté à aucune croisade; il n'est jamais allé en Égypte. Il est resté à Troyes tout occupé de son commerce qui périclitait au milieu des difficultés inextricables que suscitaient les guerres du temps. Il n'a jamais songé à aller réclamer à Naples des successions auxquelles il n'avait pas droit, parce qu'il n'a jamais songé à descendre des Orsini d'Italie.

Que reste-t-il des affirmations de Juvénal des Ursins? Il reste que Pierre Jouvenel s'est vaillamment battu contre les Anglais sous les ordres du comte de Vaudemont et de l'évêque de Troyes Henri de Poitiers. Le fait est vraisemblable, mais en cela Pierre Jouvenel s'est comporté comme tous les bourgeois de Troyes qu'on avait requis pour la circonstance, et d'ailleurs cela ne prouve pas son ascendance illustre[1]. En dehors de cette assertion, Juvénal ne nous parle que du voyage de Pierre Jouvenel à

1. Voy. Boutiot, *Hist. de la ville de Troyes*, II, 114 et suiv., et Am. Aufauvre, *les Tablettes historiques de Troyes* (Troyes, Bouquot, 1858, in-8°), p. 17-20. On verra dans quel état précaire à cette époque a vécu la ville de Troyes, constamment attaquée par les Anglais ou des troupes de gens de guerre vagabonds. Et à ce propos relevons ce qui est dit plus haut, que Pierre Jouvenel partit pour l'Italie lorsque les guerres « furent saillies en France. » On songe à la paix de Brétigny de 1360 comme fin de la guerre. Malheureusement, à Troyes, la paix de Brétigny, loin d'être le retour de la tranquillité, fut au contraire le signal d'alarmes plus vives provenant des incursions des compagnies. On ne comprend pas que Pierre Jouvenel pût aller batailler à Naples lorsque les habitants de Troyes étaient constamment obligés de s'armer pour défendre leurs murs.

Naples et en Égypte, qui est inadmissible, et d'ailleurs encore ne
prouverait rien en faveur de l'origine italienne, et il nous raconte
l'histoire de l'évêque de Metz Napoléon des Ursins, que nous
savons pertinemment fausse.

Donc cette seconde preuve n'emporte pas mieux la conviction
que la première. Arrivons à la troisième.

Nous serons bref sur cette généalogie transmise par Baluze.
Nous allons la donner cependant pour montrer combien, lorsqu'on est en présence d'une légende, les traditions sont incer-
taines et les déclarations s'accordent peu.

« ... Et le père de Jehan Juvenal [Pierre Jouvenel]... estoit
filz de très illustres Romains de la maison Ursine, lequel ayant
esté amené en France par son frère Napoléon, lors archevesque
de Metz, avoit faits de glorieux faicts d'armes pour le bien de la
France contre les Anglois. Les Italiens descrivant la genealogie
de la branche françoise disent que l'année mil deux cent quarante,
un certain Napoléon Ursin vint en France, lequel espousa une
fille de la maison de Gombienon et que de leur mariage nasquit
un Napoléon second, depuis archevesque de Metz, Jehan Juvenal
et Gigonne, mariée au conte de Blammont. Ce Jehan Juvenal eut
pour femme la fille du frère dudit conte, et de leur mariage est
yssu Pierre des Ursins, lequel espousant la fille du seigneur de
Vergy, en Bourgongne, eut d'elle Jehan second, lequel fut marié
à la fille de Thibaut d'Assenay, vicomte de Troyes, proche
parente de Blanche, femme de Thibault, dernier comte de Champagne, et de Charles, roy de Navarre. Ce que j'ay tiray d'un
vieux escript laissé par ce mesme Jehan Juvenal, lequel a pris la
peine d'escrire de sa main ceste sienne alliance, les facultez de sa
maison et son testament, le tout signé de sa main propre du vingt-
huitieme jour de mars mil quatre cens vingt-cinq[1]... »

Ce document a la prétention de tirer sa source d'un texte écrit
et signé de Jean Jouvenel lui-même. Ceci est fort précieux. On
va voir ce qu'il en est.

Cette généalogie de Baluze commence par être en contradiction avec elle-même. Elle nous dit au début que les Orsini se sont
établis en France au moment où Pierre Jouvenel y a été appelé
par son frère le légendaire Napoléon des Ursins, évêque de Metz,
dont on fait ici un archevêque. Voilà donc Pierre Jouvenel le
frère de l'évêque de Metz, et non l'arrière-neveu, comme précé-

1. Bibl. nat., Dép. des mss. Baluze, Arm. II, paq. 5, n° 4, t. LIX, fol. 294 v°.

demment. Puis, dans le courant du texte, le degré de parenté change, et Pierre Jouvenel devient le neveu de l'évêque de Metz !

Ce n'est pas la seule contradiction. Nous venons de dire qu'au début de ce document, c'est Pierre Jouvenel qui vient en France faire souche d'Orsini. Quelques lignes plus bas, ce n'est plus Pierre Jouvenel, mais son grand-père, Napoléon des Ursins, qui s'établit de ce côté-ci des Alpes vers 1240. Ce Napoléon a trois enfants : l'évêque de Metz, Juvénal ou Giovenale, et une fille, Gigonne, qui épouse le comte de Blammont. On voit comment cet arbre généalogique s'accorde avec celui que nous avons dressé en commençant. Cette Gigonne n'est plus la fille de Giovenale, elle en est la sœur. Le fils de Giovenale, Matteo, père de Pierre Jouvenel, disparaît, cela fait une génération de moins, et voilà Pierre Jouvenel fils et non plus petit-fils de Giovenale. Ce Giovenale épouse la nièce de sa sœur.

Nous n'en avons pas fini avec les erreurs contradictoires, car en vérité il semble que ceux qui ont imaginé ces textes se soient complu à multiplier les inconséquences.

Jean Jouvenel aurait *écrit de sa main* que son père Pierre épousa « la fille du seigneur de Vergy en Bourgongne, » lorsqu'il n'y a pas de doute que Pierre épousa la fille de Thibaut d'Assenay, vicomte de Troyes[1]. Jean Jouvenel aurait donc oublié quelle était sa mère ! Bien mieux, il aurait écrit que c'est lui Jean qui épousa la fille de Thibaut d'Assenay, c'est-à-dire sa mère, lorsqu'une multitude de preuves nous font connaître que sa femme est Michelle de Vitry !

On le voit, de quelque côté que nous nous tournions, nous ne rencontrons qu'un tissu d'incohérences ou de faussetés. Il n'est pas une affirmation qui tienne devant un examen, même superficiel. Nous pensons que si après des constatations de ce genre, dont la moitié certainement ou le tiers eût suffi, on pouvait encore prendre au sérieux des documents de semblable valeur, c'est que la critique ne serait plus qu'une vaine science.

Nous devons donc conclure qu'aucune des preuves d'ordre diplomatique ou historique que l'on a produites pour montrer que les Juvenel des Ursins descendent des Orsini d'Italie ne soutient la discussion. Elles sont toutes fausses; elles sont inadmissibles parce qu'elles fourmillent d'impossibilités.

Dès lors, si les moyens de démonstration dont se sont servis les

---

1. P. Anselme, *Hist. gén.*, VI, 403.

Juvenel des Ursins pour prouver leur thèse sont inefficaces, le fonds de la thèse se trouve par là même condamné. Les Juvenel des Ursins ont prétendu tirer leur origine des Orsini d'Italie. Ils ont eu à le prouver, — indice certain que la chose n'était pas si sûre d'elle-même, — ils n'y sont pas parvenus, la question est jugée.

Et maintenant, en regard de cette prétendue noble extraction, examinons ce qu'on sait des Jouvenel à Troyes. Nous allons voir que la famille a été modeste, que rien ne trahit ni dans les prénoms ni d'aucune autre manière quelconque cette descendance italienne. Nous avons affaire à des bourgeois et non à des seigneurs italiens expatriés.

Nous avons dit qu'on a retrouvé l'emplacement de la demeure qu'occupait à Troyes Pierre Jouvenel. Cet emplacement est rue de Champeaux. La rue de Champeaux était une des principales rues de Troyes : elle constituait la suite de la Grand'Rue et faisait partie de l'artère qui, coupant la cité de part en part, reliait les deux extrémités de la ville : la porte de Paris et la porte Saint-Jacques.

Il ne faut pas juger de la situation de Pierre Jouvenel d'après l'hôtel dit des Ursins, qui existe actuellement au nº 26 de cette rue. C'était bien le lieu où habitait notre drapier, mais ce n'était pas la maison. Cet hôtel, en effet, est fort élégant[1]. Il date de la Renaissance. Une inscription qui peut se lire sur le bâtiment actuel nous apprend même que l'hôtel primitif fut reconstruit en 1520 et que l'édifice fut brûlé en 1524[2].

Cet hôtel primitif se nommait hôtel de Champeaux[3]. C'était bien la propriété de Pierre Jouvenel. Les Juvenel des Ursins s'en défirent en 1458 ; ils ont dû vendre à cette date « à Guyot, escuyer, une maison size à Troyes, rue de Champeaux[4]. » Cette

---

1. « A la hauteur du premier étage, dans le centre du corps de logis principal, est un joli petit oratoire à trois pans montant en poivrière dans un encadrement de pilastres superposés. Au sommet, trois frontons s'appliquent sur un couronnement en lanterne décoré de balustres. Les réseaux des fenêtres sont en prismes ; les vitraux qui représentent le Christ en croix et les figures des propriétaires dans l'attitude de donateurs sont d'une très belle exécution. » Am. Aufauvre, *Troyes et ses environs*, p. 119.

2. *Ibid.*

3. Voy. Corrard de Bréban, *les Rues de Paris*. Troyes, 1857, in-8°, p. 76.

4. Bibl. nat., Dép. des mss., coll. Dupuy, vol. 673, p. 84. — Dans un acte passé à la date du 29 mai 1468 devant Pierre Drouot, notaire, « il est dit que le seigneur de Souligny reconnaît que, le 24 décembre 1458, il avait reçu à titre

maison n'était pas grande, elle était basse ; elle convenait à un marchand qui pouvait jouir d'une certaine aisance et compter parmi les bourgeois de la ville ; rien en elle ne témoignait du noble ultramontain « vivant marchandement. »

Donc Pierre Jouvenel était « marchand drapier. » C'est la qualité qu'il se donne dans une quittance datée du 2 septembre 1360, par laquelle il reconnaît avoir reçu de la ville de Troyes la somme de 40 écus qu'il avait prêtée pour la rançon du roi Jean[1].

A côté de lui, il est question, dans les histoires troyennes, d'un autre Pierre Jouvenel à la même époque. Ce second Pierre était clerc marié. On ne peut le confondre avec le premier ; celui-ci avait épousé la fille de Thibaut d'Assenay ; le second Pierre avait pour femme une nommée Jacquotte. Il était mort avant la date de 1362[2]. Les statuts synodaux du diocèse de Troyes nous font connaître que la condition des clercs mariés était à Troyes assez inférieure. Les curés devaient exercer sur eux une autorité impérative. Ils devaient notamment veiller à ce que ces clercs portassent la tonsure et les habits de leur état fort exactement[3]. Il est possible que ce Pierre Jouvenel ait été un cousin du premier.

Nous avons encore retrouvé la trace d'un Jean Jouvenel vivant vers 1366. Le 31 juillet de cette année, il figure au rang de quatre-vingts notables habitants de Troyes, qui sont convoqués extraordinairement pour choisir les deux otages que la ville envoie en Angleterre à propos de la rançon du roi Jean le Bon[4]. L'année suivante, le même Jean Jouvenel est cité comme membre du conseil de la ville de Troyes. Ce conseil comprenait, en 1358, dix-huit membres ; peu après il en compta vingt-six ; puis on le ramena au chiffre de douze[5]. Jean Jouvenel est condamné à un franc d'amende pour avoir manqué à une séance[6].

d'amphitéose de messire Jean Juvénal des Ursins, archevêque de Reims, et du curateur de nobles personnes Jean Juvénal des Ursins, bachelier ès lois, archidiacre en l'église de Reims, et Jean Juvénal des Ursins le jeune, frères, enfants de noble et puissant seigneur Guillaume Juvénal des Ursins, seigneur de Trainel, chancelier de France, une maison rue Champeaux, appelée communément l'hôtel de Champeaux. » Voy. Corrard de Bréban, *op. cit.*, p. 78.

1. Bibl. nat., Dép. des mss., coll. Clairambault, 61, p. 4731, n° 147.
2. Th. Boutiot, *Hist. de la ville de Troyes*, II, 189.
3. Bibl. de Troyes, ms. 736. — Boutiot, *op. cit.*, II, 293.
4. Th. Boutiot, *Louis Jouvenel des Ursins*, dans *Ann. de l'Aube*, 1865, p. 94.
5. Th. Boutiot, *Hist. de la ville de Troyes*, II, 195.
6. Arch. mun. de Troyes, nouv. fonds, série AA, carton n° 1, liasse 1re, ori-

Ce Jean Jouvenel, qu'on ne saurait confondre avec le prévôt des marchands, puisque celui-ci est né en 1360, paraît donc avoir joui d'une certaine autorité à Troyes et joué le rôle d'un notable bourgeois.

Une troisième fois il est question de lui dans un procès que règle le parlement de Paris à la date du 12 octobre 1367. Il s'agit d'une rente annuelle de dix sous que réclamaient le doyen et le chapitre de l'église de Saint-Étienne de Troyes sur une maison qui appartenait à Jean Jouvenel et où il habitait : « in qua nunc suum fovet domicilium. » Le Parlement met fin à la contestation en ordonnant la vente de l'immeuble litigieux[1].

On trouve encore à Troyes un Guillaume Jouvenel. Ce Guillaume était chanoine de Saint-Étienne. Il figure dans une assemblée générale de mille membres, qui fut réunie en 1412 pour décider l'emprunt d'une somme de 1,000 livres à Étienne de Givry, afin d'armer et de fortifier la ville en prévision de la guerre[2].

Ce même Guillaume Jouvenel nous est représenté en 1427 comme un des partisans les plus fidèles et les plus dévoués du roi Charles VII à Troyes. Avec l'évêque de la ville, Jean Leguisé, et un notaire royal, Jean de Mesgrigny, il est un de ceux qui s'occupent le plus activement des intérêts de la cité[3].

Il est question d'un autre Guillaume Jouvenel en 1413. Celui-ci est qualifié « maître des œuvres de la ville ; » il est chargé des comptes relatifs aux travaux des fortifications[4].

---

ginal. « Soient contraincts les personnes qui s'ensuignent chascune d'un franc pour deffaut faiz le jour de la Magdeleine CCCLXVII à venir au conseil selon ce qu'adjournées estoient :

(Malade) Guy le Flamant,
Pierre Jaque,
François le Ciergier,
Guillaume Goslain,
} ne soient pas ci quatre exécutés.

Jehan de Rence, Jaque de Plancy, Odinot Mandant, Hue le Poissonnier, maistre Jean de Torvoye, Robert de Molesme, *Jehan Jouvenel* le Prieur de l'Isle. »

1. Arch. nat., X¹ᴬ 9182, fol. 29.

2. Arch. mun. de Troyes, nouv. fonds. Th. Boutiot, *Hist. de la ville de Troyes*, II, p. 335.

3. Th. Boutiot, *Ibid.*, II, p. 483.

4. Th. Boutiot, *Louis Jouvenel des Ursins, bailli de Troyes*, dans *Annuaire de l'Aube*, 1865, p. 96. Le même auteur nous donne dans son livre *l'Instruction publique à Troyes* (1865, in-8°, pl. II) un fac-similé de la signature de ce Guillaume Jouvenel. Elle présente une curieuse analogie avec la signature de

Ce ne sont pas là les seuls Jouvenel autres que le prévôt des marchands et ses descendants que nous connaissions.

Le P. Anselme parle d'un Pierre Jouvenel, frère de Jean Jouvenel, qui vivait encore vers l'an 1399[1]. Nous avons trouvé la trace de ce personnage dans un acte daté du 1er mars 1398 (n. st.). Il y est qualifié d'écuyer et y remplit l'office de procureur[2].

Il existe un autre très proche parent de Jean Jouvenel, nommé Guy Jouvenel, qui est dit en 1406 « chevalier de Saint-Jean de Jérusalem et prieur de l'Abbaye-au-Bois. » Ce Guy Jouvenel ondoie à sa naissance, le 19 février 1398 (n. st.), un fils du prévôt des marchands, nommé Denys, dans la chambre même de sa mère[3]. Le 13 juillet 1406, ce Guy est parrain, en compagnie de Gilles de Vitry et de Jehan le Bugle, d'un autre enfant de Jean Jouvenel, auquel on donna le nom de Pierre, mais qui ne vécut que deux jours[4].

Mentionnons en dernier lieu une « Jehanne la Jouvenelle, femme de messire Nicollas de Chalari, advocat en la court de parlement de Paris, » qui tient sur les fonts baptismaux de l'église Saint-Landry, avec Pierre d'Orgemont, doyen de Saint-Martin de Tours, un enfant de Jean Jouvenel, auquel on donne le nom de Pierre, à la date du 6 septembre 1407[5].

On voit par ces quelques renseignements que nous sommes en

Jean Jouvenel, le prévôt des marchands, que nous avons dans plusieurs quittances.

1. P. Anselme, *Hist. généal.*, t. VI, p. 403.
2. Bibl. nat., Dép. des mss., fonds Clairambault, tit. scellés, vol. 61, p. 4731, pièce 3, parch.
3. Bibl. nat., ms. fr. 4752, p. 113 et 115.
4. Ibid.
5. Ibid., p. 115. Il ne faut pas confondre cette « Jehanne le Jouvenelle » avec une fille de Jean Jouvenel nommée Jeanne. Cette fille était née le 24 janvier 1395 (n. st.). Elle aurait eu douze ans en 1407 et ne saurait être à cette date la femme de Nicolas de Chalari. D'ailleurs nous savons qu'elle n'a été mariée qu'en 1414 (Arch. nat., L 607, n° 11, fol. 1 v°). — Nous devons ici mettre en garde contre une erreur de M. Kervyn de Lettenhove (*Registres du parlement de Paris* cités par M. Kervyn de Lettenhove. Table des noms historiques, au mot Jouvenel), qui parle à la date du 10 juillet 1390 d'un Jean Jouvenel. « Ce jour fut fait l'enterrement ou sepulture de feu maistre Jean Jouvenel, clerc protonotaire du roi et greffier en son Parlement, lequel tint et fit les registres et exerça ledit office par l'espace de douze ans ou environ, moult notablement. » M. Kervyn de Lettenhove a mal lu Jean Jouvenel pour Jean Jouvenet. Ce Jouvenet, greffier du Parlement, est d'ailleurs fort connu (voy. *Journal de Nicolas de Baye*, éd. Tuetey, à la table).

présence d'une famille bourgeoise. Quelques-uns de ses membres entrent dans les ordres et parviennent à des situations distinguées : d'autres s'emploient utilement aux affaires de la ville de Troyes, figurent dans les assemblées de notables de la ville, pénètrent dans le conseil communal. La plupart travaillent pour vivre, ce qui semble attester qu'il n'est plus resté grand'chose de la grande fortune laissée par le prétendu évêque de Metz. Enfin, aucun d'eux ne porte un prénom qui rappelle de près ou de loin les ancêtres italiens. Il est impossible de s'imaginer que ces bourgeois si dévoués à leur cité, si attachés à la cause du roi, étaient, il y a une génération, des étrangers, et des étrangers appartenant à une des plus illustres familles princières d'Italie. On ne se figure pas qu'à Troyes, où accouraient les étrangers attirés par les foires, déchues, il est vrai, à ce moment-là, mais qui s'y parquaient, faisaient fortune, puis retournaient généralement dans leur pays, une famille italienne ait pu s'assimiler si vite avec les habitants au point de recevoir le plus complètement possible droit de cité et d'être traitée sur le même pied que les plus anciennes et les meilleures familles de la bourgeoisie de Troyes, au bout d'un très petit nombre d'années.

Et ainsi les renseignements directs que nous possédons viennent corroborer les preuves négatives qui condamnaient la prétention des Juvenel à descendre des Orsini d'Italie. Tous les faits sont d'accord. Il n'est pas un texte, pas une assertion reconnue exacte qui donne l'ombre d'une vraisemblance à cette légende. La conviction intime qui ressort de tout ce que nous avons exposé est au contraire qu'on a voulu nous tromper ; l'intention ne saurait faire de doute.

Dès lors, quelle valeur peut avoir le dernier argument que l'on invoque, celui à vrai dire qui a seul donné l'idée de cette tentative de réhabilitation, parce qu'il est ou semble être le plus spécieux, nous voulons dire une ressemblance fortuite entre le sceau de Jean Jouvenel et le blason des Orsini[1] ?

Nous avouons, étant donnée surtout l'importance que l'on accorde dans la circonstance présente aux armoiries, n'avoir qu'une confiance médiocre dans les preuves d'affiliation que peut apporter un blason. Il faudrait d'abord établir que les règles du blason ont été rigoureuses, que les principes qui ont été en usage dans la transmission des armoiries ou qui ont été adoptés pour

1. Voy. P. Durrieu, *op. cit.*, p. 205 et suiv.

le choix des armoiries étaient fixes, et chacun sait qu'au xv⁰ siècle on ne peut rien affirmer de pareil.

A la vérité, si l'on voulait démontrer la parenté de deux familles, que l'on produisît à l'appui un certain nombre de pièces sûres ou de preuves historiques vraisemblables, puis qu'en dernière analyse on invoquât comme témoignage, à la suite de bien d'autres, la similitude des armes, nous ne ferions pas difficulté de reconnaître, dans l'espèce, la valeur, bien que secondaire, de cet argument.

Mais, si toutes les preuves possibles sont contraires à une filiation supposée, si les documents et les faits sont d'accord pour déclarer impossible le rattachement d'une famille à une autre, nous le répétons, quelle autorité peut avoir une coïncidence tout à fait exceptionnelle des écus? En tout cas, serait-il un critique qui, faisant table rase de tout ce qui a été dit plus haut, se déclarerait convaincu par ce simple fait?

Examinons même les choses de plus près. Nous donnons ici les armes des Orsini d'après Litta, et les deux seuls sceaux que nous possédions de Jean Jouvenel dans l'état et la grandeur où nous les avons. C'est du reste d'après ces deux derniers sceaux que l'on a soutenu la thèse qui nous occupe. Le premier est appendu à un acte du 15 juillet 1400[1]. Le second appartient à un document daté du 17 décembre 1383[2].

Armoiries des Orsini, d'après Litta.

---

1. Bibl. nat., Dép. des mss., collect. Clairambault, reg. 61, p. 4731, n° 149.
2. Ibid., n° 148.

1. Sceau de Jean Jouvenel (1400).   2. Autre sceau de Jean Jouvenel
(1383).

On voit de prime abord que les deux sceaux ne nous ont pas
été conservés d'une façon bien intacte. Cependant, on peut suffisamment se rendre compte de ce qu'ils contiennent. Nous empruntons à M. Demay la description du premier sceau : « Écu portant
trois bandes sous un chef chargé de *trois* roses suspendu à un
arbre, accosté à gauche, la seule partie qui subsiste, de la lettre *r*.
Sans légende[1]. »

Or, les Orsini portent : bandé d'argent et de gueules de *six*
pièces, au chef d'argent chargé d'*une* rose de gueules boutonnée
d'or et soutenue de même.

Les armoiries ne sont rigoureusement pas pareilles. On nous
répondra que cela n'offre aucune difficulté, que le nombre des
pièces pouvait varier dans un blason, comme le chiffre des lys a
varié dans l'écu de France. Nous n'y contredisons pas : nous
constatons seulement combien, par malheur, dans la thèse que
nous combattons, il y a peu de faits précis et qui n'aient besoin
d'explications empiriques.

Admettons un instant ce qu'on nous propose. Les Jouvenel
descendent des Orsini. A la suite du détachement de la branche
française du tronc italien, le blason s'est trouvé régulièrement
modifié. Les Jouvenel ont fixé leurs armes à la forme que nous
venons de voir. Ils s'en sont tenus là. De père en fils, ils ont tous
conservé le même écu. Ils estimaient que ces armes, qui leur appartenaient légitimement, indiquaient suffisamment leur origine.

Mais alors, nous expliquera-t-on pourquoi, du jour où ils ont
affiché la prétention de descendre des Orsini, les Juvenel des
Ursins ont abandonné sans mot dire les armes de leur père et ont

1. Demay, *Inventaire des sceaux de la collection Clairambault*, I, p. 520,
n° 4953.

pris purement les armes des Orsini? Car ils ont pris les armes
des Orsini sans y rien changer : d'argent et de gueules, bandé de
six pièces, au chef d'argent, chargé d'une rose de gueules boutonnée d'or et soutenue de même. Si leur descendance était légitime, régulière, connue de tous, ne devaient-ils pas conserver
le blason de la branche française, et, dans le fait qu'ils ont simplement changé leurs armes pour prendre celles des Orsini, n'y
a-t-il pas une présomption grave contre la sincérité de leurs
prétentions?

C'est là du moins notre conviction. Nous avons la certitude
que les Juvenel des Ursins ont voulu donner le change. Ils ont
voulu nous tromper en nous faisant croire qu'ils tenaient leurs
armes de leurs ancêtres les Orsini, lorsque nous voyons que Jean
Jouvenel n'avait pas, comme ses fils, le blason des Orsini; l'archevêque de Reims a voulu nous tromper, — et ici le fait est
indéniable, — lorsqu'il a voulu nous faire croire que son père et
son grand-père s'appelaient « Juvénal des Ursins, » lorsqu'il est
prouvé d'une manière irréfutable qu'ils se sont appelés seulement
« Jouvenel. » Trop de témoignages s'élèvent contre leur bonne
foi pour qu'il soit possible d'hésiter.

Et c'est pourquoi nous attachons peu d'importance à la présence, sur le second sceau de Jean Jouvenel, de la figure d'un
animal qu'on a voulu prendre pour un ours[1]. Nous n'y voyons
que la fantaisie de l'ouvrier, peut-être italien, qui a fait ce sceau.
C'est pourquoi aussi nous tenons pour inexacte la cause que
donne Juvénal des Ursins au fait que son père aurait brillamment
reçu chez lui un grand seigneur allemand, le comte Berthold des
Ursins, qui faisait partie de la suite de l'empereur Sigismond,
lorsque celui-ci vint à Paris en 1416. Nous avons dit ailleurs
que cette histoire pouvait avoir un fond vrai, que Jean Jouvenel,
qui était un personnage important, a pu inviter et « festoyer »
le comte Berthold ; mais nous avons ajouté et nous répétons qu'il
n'a pas pu le recevoir, comme le dit Juvénal des Ursins, « pour
ce qu'ils estoient d'un [même] nom et armes, » puisqu'ils n'avaient
sûrement pas le même nom, et qu'ils ne portaient pas rigoureusement les mêmes armes[2].

---

1. Animal symbolique des Orsini. Voy. P. Durrieu, *op. cit.*, p. 208.
2. *Hist. de Charles VI*, p. 329. Voy. notre article : *le Nom de la famille
Juvénal des Ursins*, dans *Bibl. de l'École des chartes*, année 1889, p. 554.

La conclusion se dégage d'elle-même de tout ce que nous venons de dire. Les preuves que l'on invoque pour soutenir que les Juvenel des Ursins tirent leur origine des Orsini de Rome sont insuffisantes. Non seulement elles sont insuffisantes, mais elles se retournent contre la thèse elle-même et amènent à cette conviction qu'on a maladroitement tenté de faire passer pour vrai un fait qui par conséquent ne peut être que faux. On ne saurait invoquer ceci, que les Orsini dans la suite ont reconnu plus ou moins cette parenté. Ils n'avaient d'autre fondement pour établir leur certitude que les documents que nous avons vus, ce qui enlève toute autorité à leur témoignage ; il pouvait de plus ne pas leur être désagréable d'être affiliés à une importante famille française dont un des membres était chancelier de France, un autre archevêque-duc de Reims[1].

Il reste établi qu'on ne peut invoquer en faveur des prétentions des Juvenel aucun fait certain et aucun texte sérieux.

La question est donc définitivement jugée. Les Juvenel des Ursins ressemblent à cette foule de gens qu'on rencontre en tous temps et dans tous les pays, qui, non contents de la réputation qu'ils ont pu acquérir par leurs talents ou les services qu'ils ont rendus, ont la faiblesse de vouloir ajouter à leur gloire celle que peuvent procurer des ancêtres illustres.

---

1. Voy. P. Durrieu, *op. cit.*, p. 197. M. Durrieu attache une certaine importance au fait que Juvénal des Ursins, nommé évêque de Beauvais, se fit sacrer à Rome, dans le palais des Orsini, des mains d'un des membres de la famille, le cardinal Jordano degli Orsini, le 24 mars 1432. Seulement, à ce moment-là, la famille n'avait manifesté en rien son projet de descendre de ces Orsini ; l'évêque de Beauvais se nommait encore Jean Jouvenel. M. Durrieu infère d'une complainte adressée en 1433 au roi Charles VII et aux états du royaume assemblés à Orléans (Loisel, *Mémoires des pays, villes... de Beauvais et Beauvaisis*, Paris, 1617, in-4°, p. 329) que c'est à la suite de ce voyage à Rome, et sans doute après une constatation officielle faite de l'exactitude de ses prétentions, que la famille Juvenel a pris le surnom « des Ursins » (Durrieu, *op. cit.*, p. 197). Nous avons établi dans notre travail sur *le Nom de la famille Juvénal des Ursins* (p. 542) que c'est entre le 14 juillet 1437 et le 1er avril 1438 qu'il faut placer la date exacte où les Jouvenel ont modifié leur nom de famille, en spécifiant bien que pour arriver à ce résultat il fallait uniquement s'appuyer sur des documents authentiques et contemporains, et non sur des copies postérieures ou des textes imprimés. M. Durrieu invoque l'autorité d'un mémoire imprimé en 1617 pour affirmer que les Jouvenel ont commencé à s'appeler « des Ursins » en 1433, parce que cela corrobore sa thèse. Nous pourrions lui citer dix ouvrages publiés avant 1617, d'où l'on pourrait déduire que les Juvenel ont changé leur nom à une époque bien antérieure.

Dans l'église des Cordeliers de Troyes, sous une arcade pratiquée dans la muraille du chœur, se trouve le tombeau de Michel
Juvenel des Ursins, seigneur de la Chapelle-Gonthier, mort en
1470. Tout auprès, dans la chapelle de Saint-François, repose le
corps d'Oudart Colbert, seigneur de Villacerf, Saint-Pouange
et Turgy, mort en 1640[1]. Le hasard a rapproché deux membres
importants de deux célèbres familles, qui toutes deux, parties de
peu, sont arrivées très haut, et toutes deux se sont rencontrées
dans le même désir vain de tromper l'histoire sur leur origine.

Louis BATIFFOL.

1. Courtalon, *Topographie historique de la ville et du diocèse de Troyes*,
t. II, p. 255.

UNE COURSE

DE BAR-SUR-SEINE A PARIS

EN 1390.

S'il est vrai que Froissart s'est fréquemment trompé dans le cours de son énorme travail, il est également certain que l'on a eu tort de rejeter entièrement et avec trop de précipitation certains détails de ses récits qui, pour n'être pas absolument exacts dans les termes où il les présente, ne contiennent pas moins un fond de vérité qu'il est du devoir de la critique de dégager.

Jusqu'à présent, tous les historiens modernes, et moi à leur suite, avions considéré comme une légende le récit que Froissart fait d'un pari convenu entre le roi et le duc de Touraine, son frère, à leur retour du voyage de Languedoc (en janvier 1390), où ils étaient allés réformer les abus de l'administration du duc de Berry, leur oncle. Le roi, disait le chroniqueur[1], dans sa hâte de rejoindre à Paris la reine et sa cour, fit à Montpellier la gageure, contre son frère, d'arriver le premier à Paris : l'enjeu était de 5,000 francs d'or ; puis il ajoute que les deux princes partirent de Montpellier, accompagnés, le roi du sire de Garencières, le duc de Pierre, sire de la Vieuville. De Montpellier à Paris, le roi aurait mis quatre jours et demi, tandis que le duc, plus rapide, arrivait au bout de quatre jours un tiers ; sa victoire tenait à ce fait que le roi se reposa environ huit heures de nuit à Troyes en Champagne, tandis que le duc de Touraine descendait la Seine en bateau jusqu'à Melun, d'où il partait à cheval pour Paris.

Or, on avait fait remarquer très justement que Charles VI, dont on a reconstitué l'itinéraire jusqu'à la date du 20 février 1390

1. Froissart, éd. Kervyn de Lettenhove, t. XIV, p. 80 à 82.

(n. st.)[1], n'était pas venu directement de Montpellier à Paris et que, loin de faire ce trajet direct à bride abattue, il était passé fort lentement par Nîmes, Avignon, puis Dijon, où, du 13 au 17 février, le duc de Bourgogne avait offert des fêtes superbes à ses neveux. En conséquence, on repoussait en bloc l'épisode raconté par Froissart, sans remarquer que certains détails qui en contredisaient d'autres pouvaient faire croire que tout n'était pas également inexact, qu'il y avait peut-être des confusions qu'il importait d'éclaircir. Ainsi, pour ne s'arrêter qu'à la première remarque qui saute aux yeux, était-il croyable que Charles VI eût eu l'idée de passer par Troyes pour venir dans une course de vitesse de Montpellier à Paris? Et, en outre, pouvait-on admettre qu'il fût possible de parcourir à cheval la distance de Montpellier à Paris, même en cinq jours?

Un extrait d'un court mandement de Charles VI permet de rétablir les faits et de constater que Froissart ne s'est pas trompé aussi lourdement qu'on l'a dit, ou, plus exactement, qu'il a fait une confusion et surtout qu'il n'a pas inventé une façon d'histoire piquante.

« A plusieurs personnes, en recompensacion de ce que nous et « aucuns de noz gens avions prins de leurs chevaulx en venant « *hastivement* de Bar sur Seine à Paris au retour du voiage que « nagueres avons fait en notre pays de Languedoc, III° frans[2]. »

---

1. E. Petit, *Entrée du roi Charles VI à Dijon en février* 1390, et E. Jarry, *la Vie politique de Louis de France, duc d'Orléans,* p. 53 et 54.

2. Voici le texte complet du mandement :

« 26 mars 1390 (n. st.).

« Charles, par la grace de Dieu, roy de France, à noz amez et feaulx les generaulx conseilliers sur les aides ordenés pour le fait de la guerre, salut et dileccion. Savoir vous faisons nous avoir receu comptant de nostre amé Jaque Hemon, receveur general desdis aides, par la main de Michiel du Sablon, receveur d'iceulx aides en la ville et diocese de Paris, la somme de neuf cens cinquante frans d'or, lesquelz nous avons fait distribuer en ceste maniere ; c'est assavoir : à plusieurs personnes en recompensacion de ce que nous et aucuns de noz gens avions prins de leurs chevaulx en venant hastivement de Bar sur Seine à Paris au retour du voiage que nagueres avons fait en nostre pays de Languedoc, III° frans; à Henry de Hans, chevalier, pour don par nous à lui fait, II° frans ; à maistre Jehan Greelle, c frans, qu'il avoit pieça prestez à feu nostre tres chiere dame et mere, que Dieux pardoint ; à Dobich, pour un courcier brun bay que acheté et eu avons de lui, II° L frans, et à Jaquet de Rouvroy, nostre eschançon, c frans, que donnés lui avons pour une fois. Sy vous mandons que, de ladicte somme de IX° L frans d'or, vous tenez quitte et deschargé à plain

Tels sont les termes très clairs qui confirment le fond même du récit de Froissart. Ce document établit exactement le point de départ de cette course de vitesse et montre que le départ n'eut pas lieu de Montpellier, puisque en effet le duc de Bourgogne conduisit le roi et le duc de Touraine jusqu'aux limites du duché de Bourgogne, à Mussy-l'Évêque, où il les quitta le 20 février 1390 (n. st.). C'est à Bar-sur-Seine qu'il faut placer le lieu du départ des deux concurrents, et, comme Troyes est sur la route même de Bar-sur-Seine à Paris, on comprend fort bien que le roi ait pu s'arrêter à Troyes pour s'y reposer, pendant que son frère, plus habile, descendait la Seine en bateau jusqu'à Melun, d'où, frais et dispos, il fournissait une rapide course jusqu'à Paris. Réduite à ces proportions, l'histoire que Froissart raconte est exacte, et cette note aura atteint son but si elle persuade ceux qui s'occupent du célèbre chroniqueur qu'il est rarement tout à fait inexact et que ses erreurs mêmes contiennent très souvent une parcelle de vérité.

H. MORANVILLÉ.

ledit Jaque Hemon, et à noz amez et feaulx les gens de noz comptes à Paris, que icelle somme ilz alloent es comptes d'icellui Hemon et rabatent de sa recepte sans aucun contredit et sans pour ce avoir, demander ou requerir autre descharge, desclaracion, mandement ou quittance que ces presentes seulement, nonobstant quelconques ordenances, mandemens ou deffenses ad ce contraires. Donné à Paris, en nostre hostel lez Saint Pol, le xxvj° jour de mars l'an de grace mil CCC IIII[xx] et neuf, et de nostre regne le dixiesme.

« Par le Roy, presens messeigneurs le duc de Tourainne, le connestable, vous et autres du conseil.

« MONTAGU. »

(Bibl. nat., ms. fr. 20616, pièce 14.)

LETTRE INÉDITE

DE

CRISTOFORO LANDINO A BERNARDO BEMBO.

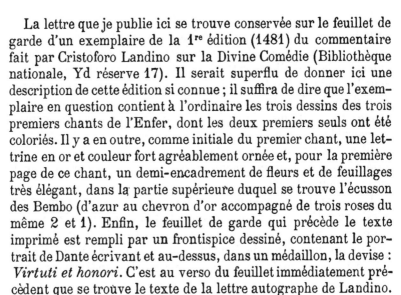

La lettre que je publie ici se trouve conservée sur le feuillet de garde d'un exemplaire de la 1re édition (1481) du commentaire fait par Cristoforo Landino sur la Divine Comédie (Bibliothèque nationale, Yd réserve 17). Il serait superflu de donner ici une description de cette édition si connue ; il suffira de dire que l'exemplaire en question contient à l'ordinaire les trois dessins des trois premiers chants de l'Enfer, dont les deux premiers seuls ont été coloriés. Il y a en outre, comme initiale du premier chant, une lettrine en or et couleur fort agréablement ornée et, pour la première page de ce chant, un demi-encadrement de fleurs et de feuillages très élégant, dans la partie supérieure duquel se trouve l'écusson des Bembo (d'azur au chevron d'or accompagné de trois roses du même 2 et 1). Enfin, le feuillet de garde qui précède le texte imprimé est rempli par un frontispice dessiné, contenant le portrait de Dante écrivant et au-dessus, dans un médaillon, la devise : *Virtuti et honori*. C'est au verso du feuillet immédiatement précédent que se trouve le texte de la lettre autographe de Landino.

C'est cette lettre d'envoi à Bernardo Bembo qui donne au volume sa principale valeur et le met tout à fait hors pair. Il y a bien aussi çà et là, dans le cours du volume, quelques annotations marginales que je crois être de la main du sénateur vénitien ; mais elles n'offrent aucun intérêt intrinsèque, étant de simples manchettes destinées à frapper l'œil et à lui faire retrouver tel passage qui avait tout d'abord fait impression sur le lecteur.

Depuis l'ouvrage capital où Bandini a esquissé, avec la Vie de Landino, une sorte de tableau de la littérature florentine au déclin du xvᵉ siècle[1], il n'a pas été, que je sache, rien publié d'important concernant la personne du célèbre commentateur. On a étudié son commentaire, on en a cherché les sources, on en a expliqué la fortune et discuté la valeur, mais on s'en est tenu sur lui aux renseignements donnés par Bandini. Notre document ne fournit d'ailleurs rien de nouveau pour la biographie du littérateur florentin ; il ne fait qu'ajouter, sur ses relations amicales avec le père du cardinal Bembo, un témoignage à celui qu'avait déjà donné le *Specimen literaturae florentinae*[2] par la publication de la lettre de dédicace au sénateur vénitien de la *Xandra* de Landino. Mais notre pièce présente encore un double intérêt. D'abord elle se rattache à l'événement qui a rendu cher à tous les amis de Dante le nom de Bernardo Bembo : la restauration dans l'église de Saint-François à Ravenne du tombeau du poète. On sait que c'est en 1481 qu'eut lieu cet événement mémorable, et il a été répandu trop d'encre sur ce sujet pour qu'il soit utile de nous y attarder. Mais on trouvera peut-être intéressant de voir comment la nouvelle fut accueillie par le grand commentateur.

La lettre de Landino nous offre encore un renseignement qui n'est pas à dédaigner pour l'histoire de l'imprimerie. C'est le passage où il nous apprend que, lorsqu'il reçut la nouvelle de la généreuse entreprise de Bembo, son imprimeur avait déjà tiré douze cents exemplaires de son ouvrage. Les indications de ce genre sont assez rares pour les œuvres de la prototypographie ; celle-ci nous apporte un nouveau témoignage du succès éclatant obtenu par le travail de l'érudit professeur de Florence. Il n'est pas besoin de rappeler que cette première édition fut suivie de plusieurs autres, en 1484, 1487, 1491, 1497, etc.

Quant à l'épigramme qui suit la lettre, elle n'a point trouvé place parmi les poésies de Landino insérées au tome VI des *Carmina illustrium poetarum Italorum* (Florentiae, 1720), et je ne crois pas qu'elle ait jamais été publiée.

---

1. *Specimen literaturae florentinae saeculi XV* (Florentiae, 1747-1751, 2 vol. in-8°).
2. Tome II, p. 164, n. 2. Cf. p. 180.

Avant de laisser la parole à mon auteur, je dois dire encore que je n'ai pu découvrir à quoi il fait allusion dans le cours de sa lettre, en parlant de cet « opus non multum ab illo alienum », auquel il était occupé et où il devait rappeler le bienfait de Bembo. Quant au Jacopo Tedaldi, qui lui avait apporté la nouvelle, tout ce que j'en puis dire, c'est qu'il appartenait à une noble famille florentine dont la notice se trouve dans Gamurrini[1], et que c'est probablement Jacopo di Piero Tedaldi.

E.-G. Ledos.

Bernardo Bembo equiti senatorique veneto splendidissimo Christophorus Landinus salutem dat. Ex Jacobo Tedaldo accepi te Danthis florentini poetaé sepulchrum Ravennae positum, cum jam et vetustate et hominum incuria pene assumptum esset, ornatius quam a principio constitutum fuerat tua impensa restaurasse, imitatus (sic) M. Tullium Ciceronem, qui in Sicilia questor cum esset Archimedi mathematico insigni idem olim munus prestiterat. Quamobrem universus populus florentinus plurimum se tibi debere fatetur, qui civem suum suumque poetam ex squalore in splendorem revocaveris. Mihi autem in tanta omnium voluptate permoleste accidit, quod, anteaquam hoc ex Jacobo cognoscerem, comentarios quos in illius poema scripseramus jam mille ac ducentis voluminibus impressos edideram. Poteram nempe in illis, modo id prescissem, immortalis tui in nomen florentinum beneficii perpetuum testimonium exhibere. Verum cum aliud hoc tempore non multum ab illo alienum in manibus versetur opus, licebit, ni fallor, et percomode et perbelle idem in eo efficere, quod in hoc non effecisse dolemus. Quamobrem cum idoneum ei rei locum in scribendo nacti fuerimus, Bernardi nostri Bembi,

> Bembi (inquam) cujus amor tantum mihi crescit in horas
> Quantum vere novo florens se subjicit alnus,

et cujus imago omni humanitatis genere refertissima mihi semper ante oculos versatur, minime oblitus fuero. Interim epigramma nostrum huic aepistolae subscriptum feliciter lege feliciterque vale.

---

1. *Istoria genealogica delle famiglie nobili toscane et umbre* (Fiorenza, stamp. di F. Onofri, 1668, p. 347-361).

Christophori Landini florentini in Danthis poetae sepulchrum a Bernardo Bembo jurisconsulto equiteque ac senatore veneto splendidissimo Ravennae restauratum.

Foecerat egregia constructum ex arte sepulchrum
    Tyrrheno Danthi prisca Ravenna novum,
Invida sed sacris obsunt quoque fata sepulchris
    Et turpi obducunt omnia pulchra situ.
At tu, delitiæ veneti, Bernarde, senatus,
    Tutela et sacri, maxime Bembe, chori,
Livida mordaci quod triverat ante vetustas
    Dente, novum niveo marmore restituis.

LETTRES

DE DOM LE CHEVALLIER A MONTFAUCON

RELATIVES A DES MANUSCRITS GRECS DE TOURS.

Le second volume des *Lettres des Bénédictins de la Congrégation de Saint-Maur* (1701-1741), que vient de publier M. Émile Gigas, de Copenhague (Paris, A. Picard, 1893, in-8°), contient (p. 23-25), entre autres pièces d'une réelle importance pour l'histoire de l'érudition française au XVIIIe siècle, une lettre adressée à Montfaucon par le sous-prieur de Saint-Julien de Tours, Dom Léon Le Chevallier, et qu'on nous permettra de reproduire. Cette lettre, non datée, mais certainement des premiers mois de 1706, est relative à un manuscrit de Saint-Martin de Tours, aujourd'hui perdu [1], dont la couverture contenait des fragments d'une homélie grecque, écrite en lettres onciales sur papyrus :

Mon Révérend Père,

Je vous envoye, ainsi que vous l'avez désiré, une page figurée d'un reste de manuscript grec, qui sert de couverture à un *Commentaire sur Job*. Jamais ms. n'a été plus délabré; on n'y trouve pas une seule ligne entière, ce n'est que quelques mots, quelques syllabes, quelques lettres et souvent des demy-lettres. Ce précieux fragment de l'antiquité étoit renfermé entre plusieurs parchemins, sur lesquels il étoit collé. La vétusté de la couverture, jointe à l'eau qui a tombé dessus, a décollé les parchemins et a découvert des lambeaux d'un ms. grec sur de l'écorce d'arbre. Le peu qui reste d'écriture est disposé différemment, tantost en suivant l'ordre de tout le ms., tantost à rebours, tantost de côté,

---

1. Voy. L. Delisle, *Notices sur les manuscrits disparus de la bibliothèque de Tours*, dans les *Notices et extraits des manuscrits* (1883), t. XXXI (1re partie), p. 214-215 et p. 58-59 du tirage à part.

tel qu'est ce que je vous envoye. Il y a même des pages où les
lettres sont disposées différemment. Le haut de la feuille que j'ay
transcritte est où j'ay mis une petite croix. C'est la plus entière
que j'ay pu trouver. Je me suis servi de la règle et du compas,
j'ay mesuré la hauteur des lettres et leurs distances entr'elles, et
j'ay tâché de les rendre parfaitement conformes. Peut-être se
trouvera-t-il quelques traits un peu trop forts, mais cela n'est
pas considérable, et les mêmes lettres dans l'original ne se ressemblent pas toujours pour la grosseur des jambages. La feuille
que je vous envoye est de la grandeur de celle du ms., mais je
n'ai pas cru devoir garder la distance qui se rencontre depuis le
TEKANON jusques au haut, parce que toute la page n'est pas remplie. J'ay donc commencé le plus près du bord que j'ay pu, afin
d'avoir quelque espace pour ajouter quelques mots tirez d'un[e]
autre page, ainsi que j'ay fait en ajoutant ΑΛΛΟΤΡΙΟΣ, etc. Au
reste, j'ay gardé toutes les distances des lignes et des mots et des
lettres. Vous pouvez aisément trouver, dans ce que je vous
envoye, un alphabet entier, si ce n'est le Ξ qui manque. Je ne
crois pas que dans ce qui reste on puisse tirer en tout dix mots
entiers[1]. Je souhaite, M. R. Père, que ce peu vous soit de quelque
usage. Du reste, il n'y a point de points dans ce que j'ay trouvé.
Encore une fois j'ay tout marqué exactement, et j'espère que
V. Révérence en sera assez contente.

J'ay un ms. de M[r] Du Poirier[2], contenant les 4 Évangiles,
qui paroît très ancien; je vous en enverray une page, et ensuitte,
si vous le trouvez bon, quelque peu du ms. de saint Chrysostome,
dont je vous ay envoyé les différentes leçons : il l'a eu de His-
paam. Ce Monsieur est un très brave homme, et qui a pour vous
bien de l'inclination de vous obliger. C'est à M. Galicon, chantre
de Saint-Martin, à qui je suis redevable du ms. grec dont je vous
envoye quelque chose. Il me l'a prêté avec bien de la bonté et
d'un très grand cœur.

Je présente mes respects au R. P. Prieur, et suis, etc.

Fr. Léon LE CHEVALLIER, m. B.

---

1. La première partie de cette lettre, traduite en latin et résumée, a été
publiée par Montfaucon, en regard du fac-similé gravé de ce fragment, dans sa
Palæographia græca (p. 215).

2. Montfaucon a publié, dans sa *Bibliotheca bibliothecarum mss. nova*
(II, 1036), une liste de manuscrits que possédait ce médecin de Tours.

On peut rapprocher de cette pièce une autre lettre inédite de Le Chevallier à Montfaucon, du 26 août 1706, relative au manuscrit des Évangiles dont il vient d'être question. Cette lettre, aujourd'hui reliée dans le volume 875 (fol. 7) du Supplément grec de la Bibliothèque nationale, est précédée du fac-similé (fol. 6) de la première page de ce manuscrit des Évangiles, qui, autant qu'on en peut juger, parait avoir été copié vers le xiiiᵉ siècle. Le texte de cette page mesure 16 centimètres sur 9; on y compte 20 lignes, y compris un titre en onciales byzantines allongées. Elle contient les cinq premiers versets du chapitre iᵉʳ de l'Évangile selon saint Matthieu, et la coupure des premières et dernières lignes que nous reproduisons pourra permettre de reconnaitre ce manuscrit, orné de peintures, parmi les nombreux exemplaires[1] que l'on possède du texte grec des quatre Évangiles :

TO῾ KATA῾ MATΘAῖON ᾽EYAΓΓΕΛΙON.
Βίϐλος γενέσεως Ἰῦ Χῦ ὑιοῦ
Δᾶδ, ὑιοῦ Αϐραὰμ· ᾽Αϐρα-
ὰμ. . . . . . .
. . . . . . ᾽Ιεσσαὶ
δὲ ἐγέννησε τὸν Δᾶδ τὸν βα[σιλέα].

Voici le texte de la lettre de Dom Le Chevallier à Montfaucon :

Mon Révérend Père,

Vous voyez dans l'autre feuillet une page entière d'un manuscrit de Mʳ Du Poirier, contenant les quatres Évangiles. Ce ms. paroît très ancien, et par la forme des lettres et par quelques peintures représentant quelques mystères de la Vierge et de Jésus-Christ, tels que sont la Transfiguration, l'Ascension, la Présentation au temple, l'Annonciation, quelques figures des Évangélistes et, au commencement de chaque Évangile, une mosayque. Les figures sont presque toutes usées; au reste, le ms. est très entier, de la même grandeur que la feuille que je vous envoye. J'espère que Votre Révérence ne sera pas mécontente de cette copie; elle est assez ressamblante; de dire qu'elle soit sans faute, non; à la onzième ligne, par exemple, j'ay mis Tτον, il ne

1. Dans ses Prolégomènes au *Novum Testamentum græce* de Tischendorf (Leipzig, 1890, in-8°), M. C.-R. Gregory a donné (p. 457-616) la notice de 1,273 manuscrits en minuscule des Évangiles.

faut que Τον. Du reste, j'ay esté le plus exact qu'il m'a été possible. Si vous êtes content, mandez-moy si vous souhaittez que je vous en envoye autant du ms. de saint Jean Chrysostome et d'un ancien Martyrologe[1], que conserve Mʳ Du Poirier, que je ne croiŝ pas si ancien que celuy-cy et dont l'écriture est plus coulante.

Je prie Votre Révérence de saluer pour moy le P. Noury et de luy dire que D. Philippe Le Cerf demeure icy. Je présente mes très humbles respects au R. P. Prieur, et suis, etc.

A Saint-Julien, ce 26 août 1706.

Fr. Léon LE CHEVALLIER, m. B.

[*P. S.*] Je suis fâché de m'être servi d'un papier si fin ; une autre fois je choisiray mieux.

---

1. Ce manuscrit de M. Du Poirier est aujourd'hui parmi les manuscrits légués par le célèbre médecin W. Hunter à la ville de Glasgow (voy. P. Meyer, *Documents manuscrits de l'ancienne littérature de la France conservés dans les bibliothèques de la Grande-Bretagne*, dans les *Archives des Missions* (1867), 2ᵉ série, t. IV, p. 154, et p. 121 du tirage à part).

BIBLIOGRAPHIE.

Samuel Berger. *Histoire de la Vulgate pendant les premiers siècles du moyen âge.* (Mémoire couronné par l'Institut.) Paris, 1893. In-8°, xxiv-439 pages.

« La Vulgate est à peu près la seule forme sous laquelle la Bible ait été répandue pendant mille ans dans tout l'Occident; c'est la seule encore qui soit en usage dans l'Église catholique. De la langue de la Vulgate, où le latin rustique des premiers siècles chrétiens se mêle à la latinité hébraïsante de saint Jérôme, sont sorties pour une grande part les langues romanes et particulièrement la langue française. La Vulgate a été par excellence le livre du moyen âge. Aucun ouvrage n'a été copié si souvent et avec un si grand luxe; son histoire se confond avec celle de la paléographie, en même temps qu'elle est un des plus beaux chapitres de l'histoire de l'art chrétien. » Ces lignes, que j'emprunte à l'introduction qui ouvre le livre de M. Samuel Berger, disent, mieux que je n'eusse pu le faire, quelle est pour les médiévistes l'importance de la Vulgate; en se consacrant à en écrire l'histoire, M. Berger a donc mérité la gratitude, non seulement des théologiens, mais de tous ceux qui portent intérêt à l'étude du moyen âge.

Ce volume ne contient pas l'histoire complète de la Vulgate. En effet, il n'y est pas traité des origines de cette célèbre version. « La Vulgate, » dit M. Berger, dans un mémoire postérieur au livre que nous analysons, « n'est qu'une revision des textes anciens [1]. » Quand ces textes seront publiés, la question de l'origine de la Vulgate sera ouverte. « Mais quand osera-t-on entreprendre d'écrire le premier livre de l'histoire de la Vulgate, c'est-à-dire l'histoire de saint Jérôme comme traducteur? C'est pourtant à ce sujet que toutes nos recherches doivent aboutir. » La même incertitude plane sur l'introduction de la Vulgate en Gaule. « Les premiers siècles de notre histoire nationale ne nous présentent souvent, à cet égard, qu'incertitudes et contradictions... C'est peu à peu, et d'une manière insensible, que la nouvelle version de la Bible

---

1. *Notice sur quelques textes latins inédits de l'Ancien Testament* (tiré des *Notices et extraits des manuscrits*, t. XXXIV, 3ᵉ partie). Paris, 1893. — Les autres citations que j'emprunte à M. Berger au cours de cet article sont tirées de l'*Histoire de la Vulgate*.

a pris la place des anciennes. » En présence de ces difficultés, M. Berger a cru avec raison qu'il n'y avait qu'une marche à suivre : « Partir
de l'époque la plus connue, où les manuscrits abondent, pour remonter
le plus près qu'il sera possible des origines et étudier surtout, dans les
manuscrits, la généalogie des textes. » C'est ainsi que l'auteur a été
amené à s'enfermer dans l'étude des premiers siècles du moyen âge :
le centre de son mémoire est l'époque carolingienne. Deux grands faits
partagent l'attention du lecteur, à savoir : les influences extérieures
qui modifient dans le royaume franc le texte de la Vulgate et la revision de ce texte provoquée par Charlemagne.

M. Berger reconnaît qu'il n'y a point, à proprement parler, de texte
gaulois de la Vulgate. Comme la France mérovingienne est un pays
divisé, elle est ouverte « à toutes les influences étrangères; » la Vulgate y subit ces influences. « L'histoire des anciens textes français est
tout entière dans la combinaison des textes étrangers sur le sol de
France. » Or, ces textes, qui ont enrichi nos Bibles françaises, proviennent surtout de deux régions de l'Europe, l'Espagne et l'Irlande,
où, parce qu'elles furent longtemps fermées, put se développer « une
littérature biblique homogène. » C'est pourquoi M. Berger étudie les
textes espagnols ou irlandais dans leurs pays d'origine, en indique les
caractères et les répartit en familles. Cela ne suffit pas au but qu'il
poursuit; car la conquête biblique de la Gaule fut opérée, non par les
textes eux-mêmes d'Espagne ou d'Irlande, « mais par des rejetons de
ces textes qui se sont implantés de proche en proche dans notre pays. »
Les progrès de cette invasion sont marqués exactement par l'auteur.
Ce sont d'abord les textes irlandais, qui forment « comme une cein-
ture autour des États mérovingiens qu'ils investissent; » ils s'établissent à l'ouest dans la province ecclésiastique de Tours, tandis qu'à
l'est on signale leur présence à Metz et à Wurzbourg, en même temps
que l'Italie les voit se propager à Bobbio et l'Allemanie à Saint-Gall
aussi bien qu'à Reichenau. Cependant les textes d'origine wisigothique, non contents de prendre racine dans le Midi, où ils donneront
naissance au texte languedocien, envahissent la Gaule par deux chemins, celui de la vallée du Rhône, où leur trace se retrouve à Vienne
et à Lyon, et celui de la vallée de la Loire, où s'en rencontrent des
manuscrits à Tours, à Fleury, à Angers. Les chemins de l'invasion
étant connus, le moment est venu d'examiner les textes qui, sous l'influence de ce double courant, se sont formés dans la France du Nord
à Saint-Riquier, à Saint-Vaast, à Corbie, à Saint-Denis et dans maints
autres monastères; cet examen permet à M. Berger de constater que,
dans toute son étendue, « la France du Nord unit les traditions du
Midi aux importations des missionnaires irlandais. » Cette partie de
l'ouvrage se termine par l'étude approfondie des textes qui se forment
à Saint-Gall et dans l'Italie du Nord.

Les infiltrations étrangères s'étaient produites « au hasard des circonstances. » Sous leur action irrégulière, l'anarchie se développa de
plus en plus dans le texte biblique. Ces tendances dissolvantes ren-
daient une réaction nécessaire; elle se produisit sous Charlemagne.
Deux noms personnifient à cette époque la revision des textes bibliques :
celui de Théodulfe et celui d'Alcuin. Le texte de Théodulfe, résultat
d'un effort individuel qui n'engendra qu'une œuvre éphémère, doit être
considéré comme « un texte septimanien, fondu avec un texte franco-
irlandais et corrigé par les mains d'un évêque franc; » c'était, en
somme, un retour à un texte étranger et vieilli qui ne devait pas laisser
de traces durables. Le réformateur qui fit école, ce fut Alcuin, qui
tenait sa mission de Charlemagne. Même avant d'avoir entrepris la
tâche que lui confia l'empereur, Alcuin avait bien mérité de la Bible
en dirigeant l'école palatine[1], où furent transcrits, d'après M. Berger,
la plupart des manuscrits en lettres d'or qui forment un groupe important des manuscrits bibliques. Le manuscrit où se trouve le texte qui
se rapproche le plus de celui d'Alcuin est, au jugement de M. Berger,
le célèbre *Codex Vallicellianus* B, 6. Le texte du *Vallicellianus* est originaire de Tours, quoique le manuscrit semble avoir été écrit dans le
nord de la France : en tout cas, ce texte a été, petit à petit, transformé
par l'école de Tours, fondée par Alcuin en 796, et bien connue grâce aux
beaux travaux de M. L. Delisle; sans doute peu différent à l'origine du
Codex Vallicellianus, le texte de Tours se modifie peu à peu jusqu'à ne
lui ressembler en rien. « Telle a été l'œuvre de cinquante ans de copie,
l'œuvre surtout des dix années qui ont précédé l'an 850 dans le monastère même qui avait été dirigé par Alcuin. » Cependant, si instable
qu'ait été le texte établi par Alcuin, il faut reconnaître que son œuvre
n'a pas été inutile. Après lui, le niveau a passé sur les singularités les
plus violentes des Bibles, « le texte est devenu plus égal et sa couleur
plus terne; les anciennes versions ont été mises presque partout hors du
texte biblique... Depuis Alcuin, la seule Bible en usage a été la version
de saint Jérôme, et les anciennes versions ont disparu. » C'est le grand
empereur qui a assuré le triomphe de la Vulgate.

Cependant la décadence se poursuit sous le règne de Charles le
Chauve et de ses successeurs. Alors l'invasion normande « fait refluer
la civilisation des bords de la Loire vers les plaines du Nord. » A la fin
du IXᵉ siècle, ce ne sont plus les abbayes de la Loire, c'est la province
ecclésiastique de Reims qui fournit les nombreuses Bibles attestant
pour la dernière fois la splendeur de la calligraphie carolingienne; au
premier rang se distinguent encore Saint-Vaast et Corbie. Mais le texte
de ces beaux manuscrits « est de basse époque et sans caractère, tel

---

1. Dès l'année 782, Alcuin était à la tête de cette école. — L'école de Tours
fut fondée par lui quatorze ans plus tard.

qu'il convenait à des temps déjà éloignés de la réforme d'Alcuin. » Là
s'arrête l'œuvre de M. Berger; il laisse seulement pressentir les nouveaux progrès de l'anarchie après cette époque et croit ne point exagérer en disant que, de la Vulgate, jusqu'au milieu du XIIIe siècle, il fut
fait « presque autant d'éditions que de copies. » Le XIIIe siècle, en faisant de la Bible « un livre scolaire et un produit de librairie, » sous
l'influence des hommes qui dirigeaient à Paris les études bibliques,
a réalisé une certaine uniformité, au moins extérieure; ainsi, « la Bible
a acquis une apparence et une disposition plus ou moins constantes;
elle est devenue un livre et non plus une collection de livres. » L'uniformité absolue des exemplaires de la Vulgate ne devait être assurée
que longtemps après l'invention de l'imprimerie par les éditions offi-
cielles de Sixte-Quint et de Clément VIII.

En retraçant cette histoire, je ne puis m'empêcher de songer aux
analogies qu'elle présente avec celle du droit canonique. Si l'on a pu
dire que le droit canonique de la Gaule mérovingienne est pour une
large part issu de l'église d'Arles[1], il n'en faut pas moins reconnaître
que ce droit dut subir plus tard l'influence profonde de courants
étrangers; or, parmi ces courants, on peut citer l'espagnol et l'irlandais. Le premier se manifeste par la célèbre *Hispana,* qui se rattache à
Séville, comme fait d'ailleurs le texte biblique du pays wisigothique;
le second trouve son expression dans la collection irlandaise, dont l'influence fut plus profonde qu'on ne croit sur le continent jusqu'au
déclin de l'époque carolingienne, et peut-être jusqu'à une époque plus
avancée. D'ailleurs, en fait de collections canoniques comme en fait de
texte biblique, l'âge carolingien essaya d'établir un certain ordre, soit
par la propagation de la *Dionysio-Hadriana,* soit plus tard par celle des
Fausses Décrétales. En somme, dans une large mesure, les textes
bibliques et les collections canoniques subissent les mêmes influences,
dont on pourrait, sans aucun doute, constater l'action dans d'autres
provinces de l'histoire ecclésiastique.

C'est le grand mérite de M. Berger d'avoir débrouillé, pour une
période importante, cette histoire des textes bibliques[2]. On retrouvera
dans son livre toutes les qualités de l'érudit consciencieux et exact qui
ne s'est épargné aucune peine pour examiner sur place des centaines

---

1. Voir le chapitre : *Arles et le droit canonique,* dans le beau livre de
M. l'abbé L. Duchesne : *Fastes épiscopaux de l'ancienne Gaule.*

2. Ce n'est que justice de mentionner les chapitres consacrés par M. Berger
à d'importantes questions accessoires : origines de la grande glose, ordre des
livres de la Bible, stichométrie. On remarquera aussi, parmi les appendices,
la description sommaire d'environ 300 manuscrits. Au cours de son ouvrage,
l'auteur a eu l'occasion de proposer l'explication de nombreux problèmes intéressant l'histoire de ces manuscrits.

de manuscrits, qui les décrit avec amour et les classe avec sagacité,
qui s'est fait des instruments de précision pour en identifier les textes,
qui cependant ne se hâte pas trop de conclure et évite de donner pour
des conclusions certaines des hypothèses, si vraisemblables qu'elles lui
paraissent; or, l'occasion de faire des hypothèses ne devait pas lui
manquer au cours de ses longs développements. D'ailleurs, il ne se
borne pas à résoudre une multitude de questions de détail; les vues
générales lui sont familières. Elles n'ont pas seulement inspiré le plan
de ses études; on en rencontre aussi l'expression, semée çà et là, comme
pour relever l'aridité d'un exposé technique; c'est que le paléographe
exercé est doublé non seulement d'un critique, mais d'un historien.
Aussi, M. Berger a atteint le but qu'il s'est proposé; son livre marque
un progrès considérable dans l'histoire des textes bibliques et par conséquent dans « l'histoire religieuse et littéraire des pays latins en général et particulièrement de notre pays. »

Paul FOURNIER.

Samuel BERGER. *Quam notitiam linguæ hebraicæ habuerint christiani
medii ævi temporibus in Gallia.* Parisiis, apud Hachette et soc.
bibliop., 1893. In-8°, ix-61 pages.

L'étude de M. S. Berger sur la connaissance qu'ont eue de la langue
hébraïque les chrétiens de notre pays au moyen âge ne modifiera guère
l'état de la science à ce sujet. Les faits nouveaux rassemblés ici confirment, en somme, les résultats connus de la critique touchant le caractère illusoire et purement légendaire d'une connaissance réelle de l'hébreu chez les théologiens et les exégètes bibliques de notre race au
moyen âge. De saint Jérôme à Reuchlin, cette science est demeurée
l'apanage et le patrimoine des Juifs. C'est toujours à des Juifs, le plus
souvent à des Juifs convertis, apostats et renégats, qu'ont dû s'adresser
les chrétiens pour l'interprétation de la lettre du texte hébreu de la Bible
ou pour la traduction des livres du Talmud.

Aujourd'hui encore, aucun hébraïsant de notre race, quelque étendue
que soit sa science, ne saurait, sans l'aide des Juifs, aborder l'étude des
livres et des traditions rabbiniques, dont l'importance est capitale pour
l'intelligence des antiquités judaïques et chrétiennes. N'est-ce pas des
gloses ou additions (*tosaphoth*) des différents livres de la Bible et des travaux exégétiques des rabbins du xie, du xiie et du xiiie siècle qu'est sorti,
toujours avec le concours des Juifs, le grand commentaire de Nicolas de
Lire? Luther, traducteur de la Bible, n'a-t-il pas dû autant aux *Postilles* du
moine franciscain que celui-ci aux tosaphistes de l'école juive française,
surtout au grand rabbin de Troyes, à Raschi? M. S. Berger, pour vivre
au milieu de nous, ne fait pas exception à la règle. Lui aussi, en pareille
matière, est un élève des rabbins, d'Arsène Darmesteter, d'Isidore Loeb,

de M. Lehmann, de M. Israël Lévy. Il écrit : « Non enim tantum mihi
confidebam ut sine ducibus peritissimis rabbinica studia vel tangerem. »
C'est que, pour nous, savants d'une autre race, c'est là une mer presque
inconnue : « fere inexploratum est æquor. »

Le premier chapitre du travail de M. S. Berger rappelle les résultats
auxquels est arrivée depuis longtemps la critique quant à l'auteur des
Quæstiones hebraicæ in libros Regum et Paralipomenon. On sait que le
scholiaste anonyme des versions de saint Jérôme est celui-là même qui
a composé, ou plutôt fourni les matériaux nécessaires pour composer
ce commentaire, longtemps attribué à saint Jérôme, et que l'auteur véritable de ces *Quæstiones hebraicæ* n'est autre que le savant « Hébreu »
cité par Raban Maur comme étant son contemporain. La rédaction de
ces *Quæstiones* est certainement d'un chrétien, mais le fond est d'un
Juif qui doit avoir vécu dans les premières années du ixe siècle.
M. S. B. estime que cet « Hébreu, » si versé dans la littérature talmu-
dique, était un Juif converti, une sorte de renégat oublieux de ses origines. Je suis d'un sentiment tout à fait opposé. Raban Maur ne dit
rien de semblable ; il appelle ce Juif « Hebræus in legis scientia florens. »
Le trait que relève l'auteur appartient certainement à Raban Maur, dont
l'orthodoxie était encore plus étroite que celle d'Alcuin, son maître.

Au ixe siècle encore, Agobard, l'illustre archevêque de Lyon, l'auteur
du *De judaicis superstitionibus,* nous révèle lui-même l'origine de son
érudition juive en témoignant qu'il avait, presque chaque jour, des
colloques avec des Juifs et apprenait ainsi « à connaître les mystères
de leur erreur. » Quant à Amolon, auquel M. B. semble attribuer
quelque teinture de la langue hébraïque, puisqu'il le cite, les Bénédictins eux-mêmes n'en ont pu croire Trithème à cet égard, dont ils adop-
tent pourtant d'ordinaire la banale formule : « Il savait le grec et l'hébreu. »

La revision et la correction des textes latins de la Bible est un des
traits caractéristiques des Pères et des théologiens du moyen âge. Or,
la manière dont se faisaient ces travaux de revision et de correction
nous donne la mesure du savoir des exégètes chrétiens. Quand on
croyait devoir corriger sur le texte hébreu quelques passages obscurs
de la Vulgate ou d'autres anciennes versions latines, on faisait venir
des Juifs instruits et on leur adressait des questions sur ces passages.
Les Juifs apportaient leurs rouleaux et, interrogés, traduisaient le texte
hébreu en langue vulgaire. C'est ainsi qu'Étienne, abbé de Citeaux,
fit faire en 1109 sa fameuse revision de tous les livres de la Bible.
« Judaeos quosdam in sua scriptura peritos adivimus, ac diligentissime
lingua romana ab eis inquisivimus de omnibus illis Scripturarum
locis... et jam in hoc nostro opere inserabamus... Qui suos libros
plurimos coram nobis revolventes et in locis illis ubi eos rogaba-
mus hebraicam sive chaldaicam scripturam romanis verbis nobis

exponentes, partes vel versus, pro quibus turbabamur, minime reppererunt. »

Odon, abbé de Saint-Martin de Tournai, Sigebert de Gemblours, qui enseigna à Saint-Vincent de Metz, également au xiiᵉ siècle, et dont l'auteur aurait pu rappeler les noms, ne montrèrent pas plus d'érudition originale que l'abbé de Cîteaux dans leurs travaux de revision et de correction de la Bible. Il en faut dire autant de ce Nicolas, ecclésiastique romain de la fin du xiiᵉ siècle, que je ne connais que par ce que cite de lui, après le P. H. Denifle, M. Berger, et qui reconnaît explicitement avoir eu recours aux lumières d'un « Hébreu » très versé dans la science du Talmud et des Midraschim.

Le *Correctorium parisiense* et les différents essais du même genre exécutés chez les Dominicains ne décèlent pas plus d'érudition originale. Le *Correctorium* de Hugues de Saint-Cher, dont la première rédaction a dû être faite entre les années 1236 et 1248 environ, dans le couvent des Frères prêcheurs de Sens, a eu pour principal auteur un Juif converti, frère Thibaut, celui-là même qui, en 1248, prit part à la condamnation du Talmud, dont il avait écrit une *Refutatio,* laquelle ne différait guère des *Extractiones de Talmut.* Un manuscrit porte ces paroles : « Isti sunt errores Judæorum in libro Thalemut, quorum translationem fr. Theobaldus, subprior ord. pred. in villa Parisiensi, *qui quondam erat Judæus,* transtulit de judaico in latinum. »

Faut-il ajouter que c'était bien moins l'hébreu biblique que l'hébreu rabbinique que savaient généralement les Juifs convertis, et qu'ils ne purent être que d'un médiocre secours pour l'intelligence des textes anciens ?

C'est avec raison que l'auteur attribue à un Juif cette curieuse traduction du texte hébreu de la Bible en latin qui fut commencée au xiiiᵉ siècle, et dont les manuscrits existent dans les bibliothèques d'Angleterre, à Oxford en particulier, c'est-à-dire dans une ville où une constitution du concile de Vienne portait que les langues hébraïque, chaldaïque et arabe devaient être enseignées, ainsi qu'à Paris d'ailleurs, à Bologne, à Salamanque. Nous croyons avoir prouvé ailleurs, d'après les textes mêmes rassemblés par Ch. Jourdain, que, à Paris au moins, cet enseignement ne prit jamais racine dans les écoles et ne put porter aucun fruit. Aussi bien, en recommandant l'étude des langues orientales, l'Église, j'entends les Pères des conciles de Vienne et de Bâle, ne se proposa jamais de former des hébraïsants pour interpréter la lettre des textes de l'Écriture, mais des missionnaires pour convertir « les infidèles. »

Roger Bacon, qui est un des plus beaux génies du xiiiᵉ siècle, je le reconnais, semble avoir exercé une sorte de fascination sur M. S. Berger : partout, en ce siècle, il pressent et devine l'influence de ce moine et de l'école d'Oxford sur les études grammaticales et exégétiques de la Bible ;

il l'identifie même avec des anonymes dont la science et la critique bibliques lui paraissent dignes du seul *doctor mirabilis*. S'il fallait incliner dans le sens de l'auteur et adopter ses hypothèses, l'œuvre de Roger Bacon devrait s'augmenter de bien des pages. Rien de moins prouvé. Que Roger Bacon, en dépit de la tradition, n'ait pas plus su l'hébreu que l'arabe, c'est ce que démontre manifestement la connaissance de ses livres. Des déclarations de principe en faveur de l'étude de ces langues pour l'intelligence de la Bible, on en trouve chez Bacon comme chez tous les Pères et docteurs de l'Église, fussent-ils, comme saint Augustin, les plus étrangers à la connaissance des langues hébraïque et chaldaïque. Bacon avait certes l'étoffe d'un linguiste, mais l'idée qu'il se faisait encore d'un helléniste ou d'un hébraïsant montre assez qu'ici le sens des mots est tout, et que, pour ce moine franciscain comme pour tous ses contemporains, « savoir le grec et l'hébreu » n'a jamais signifié ce que nous entendons par ces expressions. N'est-ce pas Roger Bacon qui, dans son *Epistola de laude Sacræ Scripturæ ad Clementem IV,* se faisait fort d'enseigner l'hébreu en trois jours? « Certum est mihi quod infra tres dies ego quemcunque diligentem et confidentem docerem hebræum... » Et de même pour le grec. M. S. Berger aurait bien dû méditer ce texte. Il y a plus. Bacon, qui avait vécu dans la familiarité d'Hermann l'Allemand et de Robert Grosse-Tête, savait aussi bien que nous à quoi s'en tenir sur la manière dont étaient faites les traductions de l'arabe ou du grec. Sans les « Sarrasins » d'Espagne et le prêtre grec dont parle Mathieu Paris, jamais ces traductions n'auraient vu le jour. Chacun de ces clercs était moins un traducteur qu'un aide travaillant à une traduction : *magis adjutor translationum quam translator.* Bacon reconnaît et témoigne hautement que, de son temps, la science du grec, de l'arabe et de l'hébreu était toute en la possession exclusive des Grecs, des Arabes et des Juifs. Il en gémit naturellement, car il accuse ces « ennemis des chrétiens » d'altérer, de tronquer et de corrompre les textes de ces traductions qu'ils livrent aux chrétiens, « surtout, ajoute Bacon, quand ils voient des hommes ignorants en ces langues et sciences présumer assez d'eux-mêmes pour entreprendre des traductions[1]. »

Il faut se bien persuader que, pendant des siècles, il a suffi, pour être réputé hébraïsant, de connaître ce qu'il y a de mots et de locutions hébraïques dans les œuvres exégétiques des Pères et dans les glossaires compilés pour l'intelligence de l'Écriture. Ces glossaires ont aussi attiré l'attention de M. Berger. Il nous a fait connaître, grâce à notre confrère M. Omont, « vir in plurimis excellens, » éloge auquel nous nous associons de tout cœur, un glossaire trilingue, hébreu, grec, latin, des plus

---

1. Fr. Rogeri Bacon opera quædam hactenus inedita (Londres, 1859). *Compendium studii philosophiæ,* c. VIII, p. 472.

intéressants; mais il a pu se persuader que l'érudition de saint Jérôme avait fait presque tous les frais de cette compilation. M. S. Berger aurait pu citer, dans notre fonds hébreu des manuscrits de la Bibliothèque nationale, trois glossaires hébreu-français, dont l'un porte la date de 1241, renfermant des gloses sur la plupart des livres de l'Ancien Testament (nᵒˢ 301, 302, 1243). Dans ces trois glossaires, les interprétations ou traductions en langue vulgaire sont écrites en caractères hébreux. Le manuscrit de 1241 fut exécuté par Joseph ben Samson pour rabbi Samuel ben Jacob. Il existait donc au xiiiᵉ siècle des glossaires hébreu-français. Mais ces glossaires étaient faits par des Juifs et pour des Juifs. Quand de pareils livres tombaient dans les mains des chrétiens, ceux-ci étaient d'ordinaire incapables d'en faire aucun usage.

Aussi, lorsqu'entraîné enfin par le courant de la tradition, qu'il avait jusqu'ici assez heureusement remonté, M. Berger ne craint pas d'écrire que les « études hébraïques, une certaine connaissance de la langue hébraïque tout au moins, florissaient au commencement du règne de Louis IX dans l'Université de Paris » (p. 30, 32 et 57), il n'a pour étayer cette étrange assertion qu'un propos intéressé de rabbi Yehiel de Paris, propos purement apologétique et sans preuves à l'appui, tenu au cours des controverses sur le Talmud, et une assertion empruntée à la relation latine de la controverse de 1240, à savoir que l'auteur des *Extractiones de Talmut* s'est fait « aider » (nous avons déjà vu ce qu'il faut entendre par ce mot) par deux chrétiens « très érudits en hébreu. » Or, dans l'étude de la *Revue des études juives* (1880-1881) d'où M. Berger a tiré ce renseignement, l'auteur, Isidore Loeb, que M. Berger « avait accoutumé de consulter chaque jour, au point de ne pas écrire une seule ligne en matière d'hébreu sans avoir son sentiment » (p. vii), Isidore Loeb écrit deux fois, en parlant du célèbre Juif apostat Nicolas Donin, l'adversaire de rabbi Yehiel : « Nicolas Donin prêta sans doute son concours aux deux savants chrétiens. » Voilà donc une nouvelle confirmation de la doctrine que je soutiens. En tout cas, loin d'être favorables à l'assertion de M. Berger, les textes mêmes qu'il avait invoqués la ruinent.

Un très court chapitre sur Nicolas de Lire termine l'ouvrage. L'auteur se défend d'insister pour ne pas se répéter. C'est fort bien fait, s'il entend par là que le plus grand exégète chrétien du moyen âge, l'auteur de ces *Postilles* de la Bible latine qui reproduisent tant de *tosaphoth* de la Bible et du Talmud des Juifs, n'a été, lui aussi, comme tous ses précurseurs chrétiens, que ce que Roger Bacon a si bien appelé *adjutor translationum*, c'est-à-dire que Nicolas de Lire n'a pas écrit un mot de son commentaire biblique, quant à la lettre du texte hébreu et aux interprétations des rabbins de Raschi, surtout, sans le secours, le conseil et la direction des Juifs. Nicolas de Lire le confesse du reste en ces termes d'une admirable sincérité : « Propter quod omnes volo scire quod in dictis operibus nichil posui de hebraico *ex capite proprio* tantum, sed cum directione et collatione atque consilio virorum in hebraico peritorum. » Voilà comment s'est formé, après bien des années de labeur, ce vaste commentaire, plus littéral, plus riche en interprétations et en traditions juives que ceux qui l'avaient précédé.

Luther usa largement de ces *Postilles,* ainsi qu'il l'a reconnu, et l'on peut croire que sa version de la Bible n'aurait pas été ce qu'elle est sans l'œuvre de Nicolas de Lire. Mais ceux qui connaissent l'histoire de la version de Luther se garderont de rien exagérer à cet égard. En tout cas, il s'agit de la version allemande de l'Ancien Testament, et non de la Réformation. Aussi me paraît-il regrettable que M. S. Berger ait donné asile au dicton absurde : Si Lyra non lyrasset, — Lutherus non saltasset.

Le présent opuscule, si intéressant, n'est guère composé que de notices et d'extraits sans autre lien que l'unité du sujet. M. S. Berger me parait déjà bien préparé pour écrire l'histoire des études hébraïques chez les chrétiens d'Occident au moyen âge, histoire toute négative, puisqu'elle aura pour résultat de dissiper les dernières illusions de la tradition sur ce sujet. Il convient seulement de souhaiter à l'auteur un peu plus de ce scepticisme scientifique dont était animé notre grand Richard Simon à l'endroit des connaissances en hébreu des auteurs du moyen âge.

L'impression qui me reste de la lecture de ce travail, et que j'ai essayé de justifier, est exactement celle que je résumais, en 1867, dans les *Positions* de ma thèse d'élève de l'École des chartes, et dont je demande en terminant la permission de reproduire en partie les termes mêmes : « Au moyen âge, comme dans l'antiquité, la science de l'hébreu est restée en la possession exclusive des Juifs. Partout et toujours, lorsqu'un chrétien voulut apprendre l'hébreu, il dut commencer par devenir disciple des rabbins. Il en fut de même pour le grec et l'arabe. Par la longue fréquentation d'un Juif, d'un Grec et d'un Arabe, on pouvait acquérir une certaine connaissance de leurs langues respectives, mais, avant de s'aventurer à traduire un texte, le chrétien devait toujours se l'être fait expliquer. C'est là une loi générale qui ressort de l'histoire comparée de la transmission des idées et des doctrines au moyen des langues. Ainsi Jérôme traduisit les livres hébreux de l'Ancien Testament. Ainsi Pierre le Vénérable, abbé de Cluny, fit faire sa traduction du Coran. Ainsi Boccace et Pétrarque lurent Homère. »

Jules SOURY.

Les Fabliaux. Études de littérature populaire et d'histoire littéraire du moyen âge, par Joseph BÉDIER. Paris, Bouillon, 1893. In-8°. (98ᵉ fascicule de la Bibliothèque de l'École des Hautes-Études.)

Voici un ouvrage excellent dans toutes ses parties, neuf, hardi, jeune, qui va troubler bon nombre de folk-loristes dans leurs plus intimes convictions et soulèvera sans doute plus d'une controverse.

Qui oserait douter encore aujourd'hui de l'origine indienne des fabliaux, des fables et de tous ces contes merveilleux que depuis quelques années on a recueillis avec tant de patience? Qui ne sait que la source de tous ces récits est aux bords du Gange? que du pays des bouddhistes ils se sont répandus d'abord en Perse et en Syrie, puis de là en Occident, en passant soit par Byzance, soit par l'Espagne ou l'Italie, ou bien encore venus directement sur les galées des croisés? Eh bien! cette origine, admise généralement par les érudits qui se sont occupés de la question, et universellement par les gens instruits qui se contentent des théories lancées par les maîtres, M. Bédier l'a sapée avec énergie, et les coups qu'il lui a portés me paraissent bien dangereux, sinon mortels.

Le livre est divisé en deux parties : dans la première, la plus importante, l'auteur discute la question si délicate de l'origine et de la transmission des contes populaires en général et plus particulièrement des contes qui ont fourni le sujet des fabliaux ; dans la seconde partie, considérant les fabliaux en tant que genre littéraire, il les étudie dans leur développement et dans leur rapport aux autres genres.

M. Bédier commence (chapitre préliminaire) par défendre avec esprit la forme *fabliau,* la seule qu'il veut employer, contre la forme *fableau,* préférée par « toute la jeune école romaniste. » Son argument se résume en ceci : la forme fabliau est erronée, mais elle est entrée dans l'usage de la langue depuis longtemps (depuis le président Fauchet), elle y a acquis le droit de prescription. — Il faut avouer que, si la qualité d'un argument, comme celle du vin, gagne en vieillissant, celui-ci doit être bon.

Cette première lance rompue, l'auteur définit avec beaucoup de précision et de netteté le genre des fableaux — disons des fabliaux —; ce sont des *contes à rire en vers.* Définition qui détermine exactement la chose et la distingue des autres genres narratifs du moyen âge, tels que lais, dits, romans, etc., mais qui est en désaccord avec l'usage, « car, dans l'usage courant de la langue, fabliau se dit de toute légende du moyen âge, gracieuse ou terrible, fantastique, plaisante ou sentimentale. Michelet, notamment, lui attribue sans cesse cette très générale acception. Cet abus du mot est ancien, puisqu'il remonte au président Claude Fauchet, qui écrivait en 1581. Depuis, les éditeurs successifs des poèmes du moyen âge l'ont accrédité : Barbazan en 1756, Legrand d'Aussy en 1779 et en 1789, Méon en 1808 et 1823, Jubinal en 1839 et 1842, ont réuni pêle-mêle, sous le même titre générique de *Fabliaux,* les poèmes les plus hétéroclites » (p. 4). Pourquoi M. Bédier, qui professe un si grand respect pour l'usage quand il s'agit de la forme d'un mot, fait-il si peu de cas du même usage pour le sens de ce mot? Et dire qu'il aurait pu contenter tout le monde, les jeunes romanistes aussi

bien que les vieux, en gardant la forme usuelle *fabliau* avec son acception vague et générale, tout en adoptant la forme primitive *fableau* avec
son sens précis de conte à rire en vers !

Des contes du moyen âge qui nous sont parvenus, 147 se conforment,
ou à peu près, à la définition de M. Bédier ; il nous reste donc
147 fabliaux. « C'est peu pour représenter le genre, mais nous en
avons assurément perdu un très grand nombre. Pour se figurer l'importance de ce naufrage, qu'on se rappelle l'histoire du recueil de farces
dit du *British Museum*. Dans un grenier de Berlin, vers 1840, on a
retrouvé un vieux volume, relié en parchemin, imprimé en caractères
gothiques. C'était un recueil factice de soixante et une farces ou mora-
lités françaises du xvie siècle. Or, cinquante-sept de ces pièces ne nous
sont connues que par cet unique exemplaire. Ainsi, un siècle environ
après l'invention de l'imprimerie, notre répertoire comique était si peu
à l'abri de la destruction que ce qui nous en reste serait diminué du
quart s'il n'avait plu à quelque amateur, à un bon Brandebourgeois
peut-être, de passage à Paris vers 1548, de collectionner des farces
françaises. Et les manuscrits du xiiie siècle sont autrement rares que
les plaquettes gothiques du xvie ! » (P. 13.) Pareille preuve ne peut
convaincre que les personnes déjà convaincues. Et d'abord, est-il bien
vrai que les manuscrits du xiiie siècle soient autrement rares que les
plaquettes gothiques du xvie ? Personnellement, je suis persuadé du contraire, ou, pour m'exprimer plus exactement, je suis persuadé que les
copies d'une œuvre en vogue au xiiie siècle sont aujourd'hui plus nombreuses que les exemplaires gothiques d'une œuvre ayant eu en son
temps le même succès. Les manuscrits littéraires sur parchemin ont
toujours été beaucoup plus respectés qu'on ne le croit généralement, et
j'estime qu'une édition du xiiie siècle, à vingt exemplaires seulement, a
eu plus de chances de parvenir à nous qu'une édition gothique à
cinquante ou même à cent exemplaires.

Une seconde et dernière preuve que nous avons perdu la plus grande
partie des fabliaux s'appuie sur des chiffres et des calculs du plus fantaisiste arbitraire.

M. Bédier est donc convaincu qu'il a péri « un nombre de fabliaux
difficilement appréciable, mais très grand. » Aussi je comprends son
étonnement de ce que « certaines inductions nous permettent de croire
que, si nous possédons seulement l'infinie minorité des fabliaux, nous
en avons pourtant l'essentiel. Une sorte de justice distributive a guidé
le hasard dans son œuvre de destruction » (p. 14). C'est sans doute la
même justice distributive qui a inspiré au bon Brandebourgeois, de
passage à Paris vers 1548, l'idée de collectionner des farces françaises.

Après ce chapitre préliminaire, dans lequel je me suis un peu attardé,
parce que des autres je n'aurai jamais à dire qu'un mot : excellent,
après ces préliminaires commence la première partie, qui a pour sujet,

soi-disant, « la Question de l'origine et de la propagation des Fabliaux, » en réalité, la Question de l'origine et de la propagation des contes populaires. J'essaierai d'analyser, aussi clairement, aussi brièvement qu'il me sera possible, cette partie, de beaucoup la plus importante du volume. Dans des chapitres de cette valeur, attestant des connaissances très étendues, ayant exigé une somme de travail considérable, exposés avec tant d'ordre, de clarté, de bon sens et de finesse, on aurait mauvaise grâce à discuter sur des points de détail, sans influence sur la marche du raisonnement. Il m'arriverait d'ailleurs très rarement de n'être pas d'accord avec l'auteur, et, si j'ai cru rencontrer çà et là quelques inexactitudes, quelques assertions contestables, je laisse le plaisir de les relever à ceux dont M. Bédier a démoli les systèmes et qui, s'ils ne veulent pas reconnaître leurs errements ou ne peuvent pas remplacer par des arguments nouveaux ceux dont l'insuffisance vient d'être démontrée, trouveront dans ces inexactitudes de quoi répondre aux coups qu'ils auront reçus.

L'auteur expose d'abord (chap. Ier), dans leurs grandes lignes, les diverses théories actuellement en conflit sur l'origine des contes populaires : la *théorie aryenne,* dont les partisans trouvent dans ces contes populaires modernes des détritus d'une ancienne mythologie aryenne ; la *théorie anthropologique,* qui y voit des survivances de croyances, de mœurs abolies, dont l'anthropologie comparée nous donne l'explication ; la *théorie orientaliste,* qui fait dériver ces contes d'une source commune, qui est l'Inde des temps modernes. C'est contre cette dernière théorie que M. Bédier dirige toutes ses attaques; aussi consacre-t-il son second chapitre à en faire l'historique et à en exposer les arguments. Dans les chapitres suivants, il reprend ces arguments un à un et s'attache à les réfuter.

Les indianistes prétendent que ces contes populaires n'ont pas existé dans l'antiquité classique ni dans le haut moyen âge, et qu'on les voit apparaître pour la première fois à la suite des relations que Byzance, les pèlerinages, les Croisades ont établies entre l'Orient et l'Occident. C'est une erreur. L'antiquité a connu les contes d'animaux, témoin les fables d'Avien, de Babrius, de Phèdre, et celles qu'on trouve éparses dans les ouvrages des auteurs grecs et latins. Elle a connu les contes merveilleux : sans parler des contes égyptiens, bien plus anciens que ceux de l'Inde, et dont plusieurs nous sont conservés dans des textes antérieurs à l'établissement des Aryas sur les bords du Gange; pour s'en tenir aux auteurs classiques, qu'est-ce que les contes de Midas, de Psyché? qu'est-ce que les contes de l'Odyssée? qu'est-ce que celui de Melampos? N'a-t-on pas retrouvé le conte si populaire de Jean de l'Ours dans les Métamorphoses d'Antoninus Liberalis? Le conte du Fils du Pêcheur ou du Dragon à sept têtes, l'un des plus répandus dans les collections européennes, ne se lit-il pas déjà dans Pausanias? Est-ce que le conte d'Éliduc, raconté avec tant de charme par Marie de France, n'est pas le même que celui de Glaucos qu'on trouve dans Eschyle, dans Pindare, dans Apollodore? L'antiquité a connu les nouvelles, témoin le roman de Zariadrès, raconté par Athénée d'après Charès de Milet; témoin les comédies de Ménandre, d'Alexis, de Philémon, les légendes érotiques de Philétas, d'Hermesianax de Colophon, et les contes sybaritiques et les fables milésiennes. L'antiquité a connu les contes à rire. C'est d'Apulée que La Fontaine a tiré son conte du Cuvier. Dans une des lettres d'Eschine, on peut lire un conte qui se retrouve dans le Pantchatantra, dans un de nos fabliaux, dans le Décameron de Boccace. Aristophane, dans les Fêtes de Cérès, rappelle un conte qui n'est autre que le fabliau du Pliçon, de Jean de Condé. Le fabliau du Vair Palefroi est déjà versifié par Phèdre; un autre récit de Phèdre contient les données essentielles des Quatre souhaits saint Martin; le fabliau de la Veuve qui se console sur la tombe de son mari est une variante de la Matrone d'Éphèse; celui du Manteau mal taillé courait aussi dans les légendes gréco-latines.

M. Bédier montre de même que le moyen âge antérieur aux Croisades n'a, pas plus que l'antiquité, ignoré nos contes.

Cependant, disent les indianistes, au xi° siècle, les occidentaux ignorent les collections de contes indiens; or, à cette époque, ils n'ont point de fabliaux. Aux xii° et xiii° siècles, les principales collections orientales sont traduites en latin, en espagnol, en français, et c'est précisément l'époque où les fabliaux fleurissent en France, en Allemagne. Cette coïncidence ne prouve-t-elle pas que les contes occidentaux ont pris leur source dans l'Inde? Mais, répond M. Bédier, les fabliaux représentent la tradition orale, et, si l'influence des livres s'est exercée sur nos conteurs, elle n'a pu être qu'inconsciente, car il est évident que nos jongleurs n'ont pas puisé à des sources écrites. Même à travers la tradition orale, cette influence des livres a été insignifiante, sinon nulle. En effet, une comparaison minutieuse de tous les recueils du moyen âge, traduits ou imités des conteurs orientaux, avec les principaux recueils de contes occidentaux, témoins de la tradition orale, nous montre treize contes seulement communs aux livres orientaux et aux narrateurs d'Europe, et encore de ce nombre trois sont attestés dans l'antiquité classique.

A vrai dire, et l'auteur est le premier à le reconnaître, cette démonstration n'a pas longue portée, car, pour la plupart des romanistes, « les fabliaux sont, sauf exception, étrangers à ces grands recueils traduits intégralement d'une langue dans une autre; ils proviennent de la transmission orale, et non des livres » (p. 113)[1]. Mais, comme l'a pensé justement M. Bédier, si cette démonstration est inutile aux

1. G. Paris, la Littérature française au moyen âge, 2° édit., p. 112.

romanistes, elle sera précieuse à la majorité des folk-loristes, mal informés des choses du moyen âge.

Les orientalistes ont d'autres arguments. Ils ont constaté, dans les contes de l'Occident, des survivances de l'esprit indien. M. Bédier n'a pas de peine à montrer combien illusoires sont ces prétendues survivances. Ils ont aussi constaté que, « si l'on compare les traits correspondants et différents des versions orientales et occidentales d'un même conte, ce sont les traits des versions orientales qui sont les plus intelligents, les plus logiques, les plus conformes à l'esprit du conte ; que, tout au contraire, les traits occidentaux sont maladroits, se trahissent comme des adaptations, nécessitées par la différence des mœurs, l'oubli de la signification première du conte, l'intelligence de narrateurs intermédiaires. » Autre illusion. M. Bédier a pris ceux de nos fabliaux dont on connait des formes orientales ; avec un véritable courage, il a soumis chacun d'eux à une analyse patiente, minutieuse ; il s'est livré à cet exercice sur chacune des versions occidentales ou orientales de chacun de ces contes et a constaté, lui, que ou bien la forme française est aussi logique que la forme indienne ou bien l'est davantage.

Ayant démontré que l'origine indienne des contes est indémontrable, M. Bédier en conclut « que nous devons renoncer à tout jamais à l'hypothèse de l'origine indienne ou orientale des contes populaires » (p. 214), conclusion qui n'est pas entièrement contenue dans la proposition précédente.

L'hypothèse de l'origine orientale écartée, l'auteur s'attache, dans un dernier chapitre, à montrer que les contes ne procèdent pas d'un foyer commun. Voici sa conclusion générale :

« Je crois, selon l'expression de M. Gaidoz, à la *polygénésie* des contes. Je crois qu'il n'y a pas eu de race privilégiée, indienne ni autre, qui, en un jour de désœuvrement, inventa les contes dont devait s'amuser l'humanité future.

« Je crois seulement à certaines modes littéraires qui, à telle époque, en tel pays, ont induit des écrivains à recueillir les contes populaires ; de ces modes procèdent les recueils indiens, les collections ésopiques grecques, les novellistes italiens, les jongleurs et leurs fabliaux, etc. Que ces recueils aient exercé de l'influence sur des conteurs d'autres pays, cela est trop évident ; que Musset ait pris des contes à Boccace, cela est assuré. De même, que tel. de nos rares fabliaux attestés en Orient soit emprunté au *Directorium humanae vitae*, cela est infiniment probable. J'accorde même volontiers que tous les onze, malgré les apparences contraires, proviennent de recueils indiens traduits. Le fait a tout juste la même importance que de savoir que Musset a pris à Boccace le conte de *Simone*.

« Je crois qu'il est des contes dont on peut déterminer la date et la patrie (ces dates sont diverses et divers ces pays, ce qui prouve la polygénésie des contes). Je crois qu'il y a des contes qui sont localisables, parce qu'ils ne conviennent qu'à certaines âmes ; c'est pourquoi les études de M. G. Paris sur les légendes de l'*Ange et de l'Ermite* ou de l'*Oiselet* sont fécondes.

« Je crois, par contre, que l'immense majorité des contes merveilleux, des fabliaux, des fables (tous ceux pour qui les théories générales sont bâties) sont nés en des lieux divers, en des temps divers, à jamais indéterminables » (p. 247, 248).

La seconde partie du volume est consacrée à une étude littéraire des fabliaux. M. Bédier nous montre d'abord comment chaque version d'un même conte exprime, avec ses mille nuances, les idées de chaque conteur et celles des hommes à qui le conteur s'adresse ; puis il passe en revue les 147 fabliaux qui nous restent et qu'il divise en catégories, « selon que les poèmes de chaque groupe procèdent d'une inspiration commune, exploitent les mêmes sentiments, prétendent à la même qualité du comique » : fabliaux qui supposent une gaieté extrêmement facile et superficielle, fabliaux qui répondent à la définition de l'esprit gaulois, fabliaux qui, outre l'esprit gaulois, supposent le mépris des femmes, fabliaux obscènes, fabliaux satiriques.

M. Bédier a pris trop au sérieux tous ces traits lancés à l'adresse des femmes, toutes ces tirades, tous ces axiomes aussi vieux que le monde, dont ceux qui les répètent ne croient généralement pas un mot, ne voulant qu'être plaisants. Un vilain bat sa femme et la laisse jeûner parce que, d'après l'Écriture, la femme a été tirée d'une côte d'Adam, et qu'un os ne sent pas les coups et n'a pas besoin de manger. — Le Vilain mire pense qu'une femme doit avoir une occupation ; pendant que lui travaille aux champs, elle, désœuvrée, penserait à mal. Le matin donc il la bat assez pour que tout le jour elle soit occupée à pleurer. Le soir, elle n'en est que plus tendre. Et M. Bédier de conclure que « les femmes, dans le monde bourgeois du moyen âge, semblent avoir courbé la tête aussi bas qu'en aucun temps et qu'en aucun lieu de la terre, sous la loi de la force et de la brutalité... Ni la mère, ni l'épouse, ni la sœur n'ont place dans cette épopée populaire. Une telle conception de la femme est le déshonneur d'une littérature. » C'est dur pour nos ancêtres. De la part de M. Brunetière, à qui il est emprunté, ce jugement n'étonne pas, mais sous la plume de M. Bédier, qui connaît la littérature du xiii⁰ siècle, il est étrange et ne peut s'expliquer que par un respect exagéré pour la parole du maître. M. Bédier sait bien que le Vilain mire ne bat pas plus sa femme dans le fabliau que le Médecin malgré lui dans la comédie de Molière ; il sait bien que, dans la littérature du moyen âge, les femmes n'ont pas été aussi maltraitées que dans la littérature contemporaine ; il connaît *Sapho, Mensonges,* et tant de chefs-d'œuvre de nos jours où la femme joue un rôle si indigne.

Après un chapitre sur la versification, la composition et le style des fabliaux, l'auteur détermine la place que ceux-ci occupent dans la littérature du xiiie siècle, montre à quel public ils s'adressaient et quels en ont été les auteurs.

Enfin des appendices contiennent une liste alphabétique de tous les fabliaux, des notes comparatives sur un certain nombre d'entre eux, des notes sur les auteurs et des corrections au texte de l'édition de MM. de Montaiglon et Raynaud.

S'il est des livres qu'un compte-rendu exact dispense de lire, certes, le présent volume n'est pas de ceux-là. Il abonde en renseignements utiles, en remarques judicieuses, que je ne pouvais citer sans écrire un nouveau livre et que le lecteur ira chercher à la source même. D'ailleurs, à part quelques chapitres un peu hérissés de schémas, la lecture en est, je ne dirai pas facile, mais attrayante. M. Bédier n'est pas seulement un érudit conscientieux, c'est aussi, et même avant tout, un littérateur, doué d'un esprit très fin, d'un goût très sûr, d'un style personnel. La forme de son livre mérite autant d'éloges que le fond, et si, pour faire œuvre de critique, je me croyais obligé d'y trouver à reprendre, je ne reprocherais à l'auteur qu'un petit péché de jeunesse : de gouailler un peu trop des hommes qui ont pu se tromper, mais se sont trompés avec talent (cf. p. 70, 71 et passim).

Ernest LANGLOIS.

Clair TISSEUR. *Modestes observations sur l'art de versifier.* Lyon, Bernoux et Cumin, 1893. In-8°, 355 pages.

A dire vrai, ce volume ne rentre pas dans le cadre de nos études, et l'on ne me permettrait pas d'en rendre compte ici. J'aurais eu plaisir à le faire, car c'est un livre écrit avec beaucoup d'esprit par un homme d'infiniment de bon sens, doublé d'un poète de talent, dont les lecteurs de cette Revue, sans peut-être qu'ils s'en doutent, connaissent déjà l'érudition. M. Clair Tisseur est en effet le savant qui se cache d'ordinaire sous le pseudonyme de Nizier du Puitspelu et dont les importantes études sur les patois du Lyonnais ont été plusieurs fois appréciées à cette même place, toujours avec éloges.

Si je signale ici cet ouvrage, c'est que l'auteur ne s'y est pas seulement occupé, comme ses devanciers, de la poésie et de la versification modernes ; il y a exposé aussi les principes de la métrique au moyen âge. Ce n'est pas, sans doute, ce qui contribue le plus à la valeur du livre, surtout pour les familiers de notre vieille littérature ; pourtant, si les remarques de l'auteur n'ont rien d'absolument personnel et n'ajoutent guère à ce que les gens du métier savaient déjà de l'ancienne versification française, du moins M. Tisseur est au courant des travaux récents sur la matière et en apprendra sûrement à beaucoup de ses lecteurs.

Mais, je le répète, la partie de son livre la plus originale, la plus intéressante et aussi de beaucoup la plus étendue est celle dont je ne puis parler ici, celle où M. Tisseur, dans son style à la fois malin et bon enfant, toujours piquant, fait part de ses judicieuses observations sur la versification actuelle; observations dont la *Bibliothèque de l'École des chartes* n'a cure, mais qui n'en sont pas moins instructives.

Ernest LANGLOIS.

Compte de Pierre de Ham, dernier bailli de Calais (1346-1347), par Jules-Marie RICHARD. Arras, 1893. Gr. in-8° de 20 pages. (Extrait du tome I des *Mémoires de la Commission départementale des Monuments historiques du Pas-de-Calais.*)

Notre confrère a justement voulu tirer de l'oubli les noms de deux officiers du comte d'Artois qui prirent une part active à la défense de Calais, assiégé par les Anglais après le désastre de Crécy. Il s'agit du bailli Jean de Ham et du châtelain Jean de Bléty, dont les services méritaient bien d'être enregistrés dans les Annales de Calais. Le rôle qu'ils ont joué se dégage nettement de différents articles du compte que M. Richard a très soigneusement analysé. Ce même compte, qui nous est arrivé dans un regrettable état de mutilation, ne renferme pas seulement de curieux détails sur les préliminaires du siège de Calais. Il sera utilement consulté par les historiens de l'art militaire, qui sauront gré à M. Richard d'avoir réuni dans son mémoire beaucoup de textes relatifs aux engins de guerre et à l'artillerie.

L. D.

Le maréchal François de Scépeaux de Vieilleville et ses mémoires, par l'abbé Ch. MARCHAND, docteur ès-lettres, professeur aux Facultés catholiques d'Angers. Paris, Alph. Picard et fils, 1893. In-8° de VII-XI et 1-369 pages.

M. l'abbé Marchand, en nous offrant cet ouvrage, n'a pas l'intention de nous donner simplement une nouvelle édition revue et corrigée des célèbres *Mémoires* de Vieilleville, publiés jusqu'ici sous le nom de Carloix, secrétaire du maréchal. « C'est, nous dit-il, une vie absolument nouvelle que j'apporte, que j'oppose à l'ancienne et que je prétends faire accepter à la place de celle-ci, » et il a grandement raison. M. Marchand possède, entre autres, une qualité qu'on ne saurait trop louer : c'est une de celles auxquelles nous devons le renouvellement moderne de la science historique ; je veux parler du scepticisme en histoire. Aussi n'accepte-t-il qu'avec prudence les soi-disant « Mémoires, » fabriqués quelquefois ou complétés à l'aide de racontars, et dont un examen souvent et forcément superficiel ne démontre pas toujours la fausseté ; il n'emploie les textes, soit imprimés, soit manuscrits, qu'après le plus sérieux contrôle. Lorsqu'il publiait, il y a quelques années, son histoire du maréchal *Charles Ier de Cossé, Comte de Brissac,* il eut recours aux Mémoires de Vieilleville et reconnut bientôt qu'on n'en pouvait tirer parti sans les avoir refaits, pour ainsi dire, en entier. C'est le résultat de ce travail qu'il nous présente aujourd'hui.

Son Introduction forme la critique générale des Mémoires primitifs, publiés, avec enthousiasme, pour la première fois en 1757, par le P. Griffet, d'après un manuscrit trouvé dans les archives de Durtal, et attribués, sans preuves à l'appui, à Vincent Carloix. Ces Mémoires furent l'objet des attaques les plus vives de la part de l'abbé Garnier en 1778 ; mais, qu'on traitât Carloix d'écrivain partial ou de romancier, son œuvre avait conservé quelque crédit. Or, non seulement Carloix se trompe, mais il cherche à tromper les autres. Aux invraisemblances qui fourmillent dans son histoire, il a joint le récit de faits imaginaires appuyés sur des documents fabriqués à plaisir pour la plus grande gloire du maréchal de Vieilleville. Tous les historiens du temps le contredisent et avec eux les documents authentiques. De plus, il a mis ces auteurs au pillage de la façon la plus scandaleuse : Du Bellay, Paradin, Rabutin, Brulart, lui ont fourni maintes phrases à peine altérées, et l'on pourrait citer telle page de La Popelinière où Carloix s'est contenté de substituer au nom de Biron celui de son maître. En présence de pareils faits, il est permis de se demander si c'est vraiment Vincent de Carloix, secrétaire du maréchal pendant trente-cinq ans et son compagnon de chaque jour, témoin oculaire par conséquent, qui a pu les écrire. M. Marchand termine son Introduction par une discussion sur ce point intéressant et conclut : *Non,* tout en désignant Durtal comme la résidence de l'auteur des Mémoires.

La vie du maréchal de Vieilleville se divise en onze chapitres, dans lesquels elle est retracée pas à pas, à l'aide de documents soigneusement contrôlés, dont plusieurs sont inédits. Pour ne pas nuire à la lecture du texte, les erreurs commises par le prétendu Carloix ont été relevées dans les notes avec exactitude, sagacité et sans longues phrases. Quant aux pièces justificatives, elles sont suffisamment nombreuses et bien choisies. Les recherches ont été faites avec soin, et rien ne semble avoir échappé à l'auteur, ni les actes, ni les livres français et étrangers. M. l'abbé Marchand, qui a séjourné à Londres pendant plusieurs années, en a mis à profit les richesses bibliographiques. Le texte est donc puissamment documenté et par là même un peu compact, mais d'un style coulant. La Révolution municipale de Metz, avec de curieux extraits de la *Chronique messine* rimée, les ambassades du maréchal en Allemagne et en Angleterre, la construction d'un temple dans les fossés de Lyon, où les demoiselles protestantes, retroussées « jusqu'à mi-jambe », allaient deux à deux portant des bannes de terre pour combler les fossés, en chantant leurs chansons de Marot à gorge déployée, les réceptions royales à Durtal, forment des pages pleines d'intérêt et de piquants détails. La vie et les hauts faits du maréchal y sont relatés dans leurs justes proportions par M. Marchand, sans que celui-ci prétende en rien les attaquer ni les rabaisser. Tout en nous donnant ainsi une œuvre originale, il a fait justice des inventions du soi-disant Carloix. On regrettera peut-être que, démolissant l'auteur présumé des Mémoires, M. l'abbé Marchand n'ait pas poussé plus loin la thèse de son Introduction et trouvé le coupable, mais, en réfléchissant à ce qui subsiste du faux, on ne peut s'empêcher de reconnaître combien médiocre serait le résultat d'en connaître l'auteur. L'ennemi avait élevé une citadelle : elle est détruite. Qu'importe l'ennemi ?

Adrien PLANCHENAULT.

Le Château de la Roche-Talbot et ses seigneurs, par le comte DE BEAUCHESNE. Mamers, 1893. In-8°, 378 p.; orné de quatre planches.

Le château de la Roche-Talbot est situé sur la paroisse de Souvigné, dans le canton de Sablé (Sarthe). Son nom a été retenu par l'histoire à trois reprises différentes : le 10 août 1481, lors de l'arrestation, accomplie la nuit dans ses murs, de René d'Alençon, comte du Perche; en 1488 et en 1491, pour les séjours qui y furent faits par Charles VIII, la première fois du 24 août au 3 septembre[1], la seconde du 23 au 30 août.

M. le comte de Beauchesne, propriétaire de cette terre, maintenant bien déchue de son ancienne splendeur, a cru devoir en établir l'histoire. A partir de Macé d'Anjou, qui, par un document d'août 1345, ouvre pour lui la série des seigneurs, en passant par les La Jaille (juin 1442-1580), les d'Apchon (1580-27 mai 1650), les d'Aché (1650-10 mai 1688), les Mautesson (1688-1773), Charles-Louis Prévost, marquis de Saint-Cyr (1773-14 août 1776), et Jacques Fanning (1776-9 août 1796), il est parvenu à éclairer la suite des diverses générations qui se sont succédé à la Roche-Talbot de la manière la plus complète et avec une bonne foi d'autant moins suspecte que ses titres de propriété remontent à un achat du 12 juillet 1823. Ce résultat a été obtenu, moins par le dépouillement des restes de l'ancien chartrier venus en ses mains que par de

---

1. Le premier séjour de Charles VIII à la Roche-Talbot a été pour M. de Beauchesne l'occasion de mettre au jour, p. 134, une lettre de Charles VIII à M. de la Trémoïlle, du 2 septembre 1488, restée jusqu'ici inédite. Elle lui a été communiquée par M. le duc de la Trémoïlle, propriétaire de l'original.

longues et pénibles recherches dans les archives publiques et privées et surtout dans les grands dépôts de Paris, où il a su mettre à contribution toutes les ressources mises aujourd'hui à la disposition des érudits.

Nous aurions voulu louer sans réserve cette excellente monographie, où les recherches sont rendues faciles par une table alphabétique des noms cités dans l'ouvrage, mais nous avons remarqué à plusieurs reprises la promesse faite par l'auteur de couronner son travail par diverses pièces justificatives. Nous ne pouvons que regretter que cet engagement n'ait pas été tenu, à l'égard surtout de ceux des actes en question découverts dans des chartriers privés et qui ne sont pas accessibles à tous.

BERTRAND DE BROUSSILLON.

Bibliographie de l'histoire de Belgique. Catalogue méthodique et chronologique des sources et des ouvrages principaux relatifs à l'histoire de tous les Pays-Bas jusqu'en 1598 et à l'histoire · de Belgique jusqu'en 1830, par Henri PIRENNE. Gand, 1893. In-8°, XVI-231 pages.

Bien qu'on s'entende assez sur la valeur de l'expression *histoire de Belgique* appliquée au moyen âge, c'est-à-dire à une période où les *provinciæ Belgicæ* n'existaient plus et où la Belgique moderne n'existait pas encore, on reconnaîtra que c'est là une expression plus commode et usuelle que précise et qu'il ne faut pas serrer de trop près. Aussi, arrêter le cadre de son livre n'a pas dû être pour M. Pirenne la portion la moins ardue de sa tâche ni celle qui lui a demandé le moins de réflexion. Il s'en est tiré en historien et il a su donner à son sujet une unité qu'il ne tenait pas de sa nature même. Le sous-titre du livre fait connaître de suite au lecteur ce qu'il doit y chercher. Pour les temps antérieurs au XVI° siècle, M. Pirenne a compris dans la Belgique non seulement les pays qui ont constitué le royaume actuel, mais aussi ceux qui ont partagé leurs destinées : l'Artois, les évêchés de Cambrai et d'Utrecht, les comtés de Hollande et de Gueldre. A la fin du XVI° siècle, une scission se produit dans le groupement des principautés réunies sous le gouvernement de la maison de Bourgogne : d'une part, la république des Provinces-Unies; d'autre part, les Pays-Bas catholiques. Dès lors, ces deux États se développent chacun de leur côté. Et, puisqu'il faut prendre une date déterminée, M. Pirenne a choisi celle de l'avènement d'Albert et d'Isabelle, soit l'année 1598. Il y a dès lors une histoire de Hollande et une histoire de Belgique, ou, pour mieux dire, des Pays-Bas catholiques. Donc, à partir de 1598, M. Pirenne ne tient compte que de ceux-ci.

Cette bibliographie est, de la volonté de l'auteur, incomplète; car le but qu'il s'est proposé est avant tout pédagogique. Et, quand même il s'adresserait aux érudits, — et de fait il a le droit d'y prétendre, — je le

féliciterais d'avoir été incomplet et d'avoir jeté par-dessus bord une foule
de livres de seconde main, dénués de valeur scientifique et qu'il convient
de laisser aux journaux de librairie et aux catalogues de bibliothèques.
Ce que M. Pirenne nous donne, c'est une introduction à l'histoire des
Pays-Bas, un guide sûr pour tous ceux qui désirent avoir des renseignements précis et connaître l'état des questions. Il a doté la Belgique d'un
livre analogue à celui de Dahlmann pour l'Allemagne, conçu dans le
même esprit, exécuté sur le même plan. Je crois utile toutefois d'en
indiquer les principales divisions :

Première partie. Recueils et ouvrages généraux. I. Sciences auxiliaires. II. Sources : 1. Chroniques, mémoires, pamphlets ; 2. Documents
d'archives : A. Inventaires et recueils généraux ; B. Inventaires et recueils
provinciaux et locaux ; 3. Coutumes, édits et ordonnances, documents
divers pour servir à l'histoire du droit ; 4. Mœurs et usages, traditions
populaires, chants historiques. III. Travaux historiques proprement
dits : 1. Histoire générale (Belgique ; Pays-Bas) ; 2. Histoire provinciale
et locale (Brabant, Flandre, Artois, Tournaisis, Frise et Groningue,
Gueldre, Zutphen, Drenthe, Overyssel, Hainaut et Cambrésis, Hollande
et Zélande, principauté de Liège, Stavelot et Looz, Limbourg, Luxembourg, Namurois, Utrecht) ; 3. Histoire du droit ; 4. Histoire constitution-
nelle ; 5. Histoire économique ; 6. Histoire ecclésiastique ; 7. Histoire de
l'instruction publique et histoire littéraire ; 8. Archéologie et histoire
de l'art. IV. Recueils de mémoires et périodiques.

Deuxième partie. Histoire par époques. I. Les Pays-Bas avant le traité
de Verdun. II. Les Pays-Bas du traité de Verdun au commencement
du XIIe siècle. III. Les Pays-Bas aux XIIe et XIIIe siècles. IV. Les Pays-Bas
de la fin du XIIIe siècle à l'avènement de la maison de Bourgogne. V. Les
ducs de Bourgogne. VI. Les Pays-Bas de 1477 à 1555. VII. La révolution
des Pays-Bas sous Philippe II (1555-1598). VIII. De l'avènement des
archiducs Albert et Isabelle au traité de Rastadt (1598-1714). IX. Du
traité de Rastadt à la fondation du royaume des Pays-Bas (1714-1814).
X. Le royaume des Pays-Bas et la révolution belge.

Quant à l'exécution du volume, elle est telle qu'on devait l'attendre
de M. Pirenne qui a fait ses preuves comme professeur et comme écrivain.
Les titres des ouvrages sont exactement transcrits, les lieux de publication, les dates et les formats soigneusement indiqués, la disposition
typographique très simple et très claire. Aussi ne doutons-nous pas que
les historiens français ne fassent bon accueil à un livre qui leur sera
particulièrement utile, tant il est impossible de séparer l'histoire de la
France de celle d'un pays qui dans son origine et son développement lui
est intimement lié, et où nos ancêtres ont si souvent donné carrière à
leur activité politique, guerrière et administrative.

M. PROU.

Le Projet de mariage entre Louis de France et Catherine de Hongrie et le voyage de l'empereur Charles IV à Paris (janvier 1378), par Noël VALOIS. Paris, 1893. In-8°, 15 pages. (Extrait de l'*Annuaire-Bulletin de la Société de l'histoire de France.*)

Une lettre de Charles V le Sage à Louis Ier de Hongrie, conservée dans un recueil épistolaire italien du xive siècle (ms. 940 de Cambrai), publiée en 1869 par M. Kervyn de Lettenhove, au tome IX de son *Froissart,* écartée sans preuves comme suspecte par M. Th. Lindner et dédaignée depuis par presque tous les historiens qui se sont occupés de cette période, vient d'être soumise à un nouvel examen par M. Noël Valois, qui arrive à des conclusions diamétralement opposées à celles de l'historien allemand. Aucune objection de forme ne pouvant être soulevée contre le document en question, et la seule objection de fond, — la mention, dans cette lettre de janvier 1378, de Catherine de Hongrie, que les historiens font mourir vers 1374, — reposant sur une simple hypothèse, au lieu que d'autres points de la lettre sont confirmés par des documents divers, l'authenticité n'en semble plus contestable.

Or, l'acte présente une double importance, fort bien mise en lumière par M. Valois. D'abord, il montre la persistance, en 1378, du projet formé par Charles V pour mettre les couronnes de Hongrie et de Naples sur la tête de son second fils et pour rattacher la Provence à la France. Il fait connaître le motif, ou du moins l'un des principaux motifs, du voyage en France de l'empereur Charles IV, sur lequel on s'est un peu perdu en vaines conjectures : il voulait, comme compensation aux agrandissements rêvés par la maison de France, s'assurer la couronne de Pologne, et il lui fallait pour cela le double consentement du roi de Hongrie, qui la gouvernait depuis huit ans déjà, et du roi de France, qui visait pour son fils cadet à l'héritage de Louis Ier.

On voit l'intérêt qu'offrent ces quelques pages pour l'histoire générale de l'époque.

E.-G. LEDOS.

LIVRES NOUVEAUX.

SOMMAIRE DES MATIÈRES.

RELIGIONS. — Judaïsme, 576, 586, 649, 730. — Catholicisme : bagiographie et lipsanographie, 506, 527, 550, 610, 710, 742; papauté, 628, 716, 730; croisades, 591; églises nationales, 471, 548; diocèses, 452, 453, 527; églises locales, paroisses, 540, 692, 693; ordres religieux, monastères, 448, 502, 512, 514, 531, 537, 568, 580, 583, 594, 595, 639, 652, 668, 723, 737, 738; inquisition, 733; liturgie, 516, 552; livres saints, 473. — Hétérodoxie, 522, 555, 716. — Superstitions, 587, 625.

ARCHÉOLOGIE, 461, 484, 488, 520, 549, 570, 645, 654, 662, 672, 699, 713, 719, 734. — Architecture, 529; religieuse, 476, 495. — Sculpture, 460. — Peinture, 614, 644; enluminure, 475, 741; émaillerie, 490; mosaïque, 613. — Verrerie, 606, 712. — Orfèvrerie, 462. — Costume, 603. — Musique, 525. — Numismatique, 463, 528, 533, 561, 618, 635, 706, 739.

LANGUES ET LITTÉRATURES, 467, 526, 621. — Hébreu, 474. — Latin, 538, 597, 664. — Langues romanes, 469, 689; français, 457, 519, 536, 558-560, 571, 584, 605, 634, 647, 678, 679, 697, 729; provençal et idiomes méridionaux, 634, 697; italien, 487. — Langues germaniques, 458, 622, 640, 747.

SOMMAIRE GÉOGRAPHIQUE.

ALLEMAGNE, 483, 515, 588, 624, 657, 658, 745. — Alsace-Lorraine, 625, 684, 705. — Bavière, 661. — Hesse, 448. — Poméranie, 528. — Provinces rhénanes, 451, 520, 585, 604, 681, 737. — Prusse, 484, 601. — Saxe, 656, 677, 726, 737, 738. — Thuringe, 655. — Westphalie, 627, 662.

AUTRICHE-HONGRIE, 492, 583, 598.

BELGIQUE ET PAYS-BAS, 503, 507, 509, 515, 585, 714, 727.

FRANCE, 548, 565, 566, 579, 581, 642, 727, 743. — Agenais, 455; Angoumois, 486; Armagnac, 735; Béarn, 533; Berry, 617; Bourgogne, 576; Forez, 711; Franche-Comté, 478; Languedoc, 542; Lorraine, 672; Lyonnais, 504, 734; Périgord, 594; Picardie, 568; Poitou, 577; Provence, 713; Roannais, 551; Rouergue, 524; Vivarais, 534. — Aisne, 537; Allier, 639; Alpes (Basses-), 527, 669; Alpes (Hautes-), 452, 513; Ardèche, 454; Ardennes, 518, 609, 638, 674; Aude, 723; Bouches-du-Rhône, 476; Cantal, 692, 693; Corrèze, 660; Côtes-du-Nord, 670; Doubs, 570; Finistère, 670; Gers, 510; Gironde, 620, 665, 721; Hérault, 588; Ille-et-Vilaine, 712; Jura, 563; Loir-et-Cher, 502; Loire, 553; Loire-Inférieure, 663, 688; Loiret, 477; Maine-et-Loire, 582, 600; Manche, 546; Marne, 535; Meurthe-et-Moselle, 666; Meuse, 540, 698; Morbihan, 670; Nord, 675; Pas-de-Calais, 514, 523, 717; Pyrénées (Basses-), 543, 547, 595, 649; Saône-et-Loire, 676; Sarthe, 501; Seine-et - Oise, 567, 575; Somme, 615, 701 - 703; Vienne (Haute-), 641; Vosges, 572.

GRANDE-BRETAGNE ET IRLANDE, 515, 748.

ITALIE, 529. — Abruzzes, 512; Napolitain, 521; Piémont, 732; État romain, 511; Toscane, 574; Vénétie, 494, 606, 646, 667.

POLOGNE, 449, 583, 653.

RUSSIE, 686.

SUISSE, 544.

ORIENT, 450, 471, 517, 715, 718.

AMÉRIQUE, 515.

448. ABÉE (Victor). Die Fuldaer Wahlstreitigkeiten im XII. Jahrh. und Abt Markward I. Cassel, E. Hühn, 1893. In-8°, 40 p. (Extrait de : *Jahrbuch des Vereins für Orts- und Heimatskunde in der Grafschaft Mark.*) 0 m. 75.

449. Acta rectoralia almae Universitatis studii Cracoviensis inde ab anno M CCCC LXIX. Editionem curavit Dr. Wladislaus Wislocki. Tomi I, fasciculus 1-2. Cracoviae, sumptibus Academiae litterarum Cracoviensis, 1893. In-8°, 432 p.

450. Actes passés à Famagouste de 1299 à 1301 par-devant le notaire génois Lamberto di Sambuceto. Publiés par C. Desimoni. Le Puy, impr. Marchessou, sans date. In-8°, 152 p.

451. Akten zur Geschichte der Verfassung und Verwaltung der Stadt Köln im XIV. und XV. Jahrh. Bearbeitet von Walther Stein. 1. Bonn, H. Behrendt, 1893. In-8°, XVIII-CLXXIX-769 p. (Publikationen der Gesellschaft für rheinische Geschichtskunde. X.) 18 m.

452. ALBANÈS (abbé). Rectification de la liste des évêques de Gap à la fin du XIIe siècle. Paris, Leroux, 1893. In-8°, 15 p. (Extrait du *Bulletin du Comité des travaux historiques et scientifiques,* section d'histoire et de philologie.)

453. ALLAIN (le chanoine E.). Pouillé du diocèse de Bordeaux au XVIIIe siècle, dressé d'après les documents inédits des archives de l'archevêché. Bordeaux, impr. Duverdier, 1893. Gr. in-4°, 29 p. (Extrait de l'*Inventaire sommaire des archives de l'archevêché de Bordeaux antérieures à 1790.*)

454. ANDRÉ (Édouard). Note sur un passage à Privas, attribué au pape Pascal II (1099-1118), mémoire lu au congrès de la Sorbonne, le 7 juin 1892. Paris, Leroux, 1893. In-8°, 12 p.

455. ANDRIEU (Jules). Une Province à travers les siècles. Histoire de

l'Agenais. Agen, Ferran frères; Paris, Picard et fils, 1893. In-8°, x-307 et 351 p.

456. ARNONE (Nicolò). Luigi III d'Angiò, duca di Calabria. Siena, tip. S. Bernardino, 1893. In-8°, 16 p. (Extrait de la *Rivista calabrese di storia e geografia,* 1893, fasc. 3.)

457. Aucassin og Nicolete. En oldfransk Kærlighedsroman fra omtrent Aar 1200. Ved S. Michaelis. Kœbenhavn, Reitzel, 1893. In-8°, 98 p. et 6 gr. 3 kr. 85 œre; relié, 6 kr. 50 œre.

458. BACKER (Louis DE). La Langue flamande en France depuis les temps les plus reculés jusqu'à nos jours. Gand, A. Siffer; Paris, Oudin; Bruxelles, Société belge de librairie, 1893. In-8°, 200 p. 2 fr.

459. BADEL (Émile). Pierre Gringoire, poète français, héraut d'armes de Lorraine (1470-1539). Nancy, impr. Voirin, 1892. In-16, 163 p.

460. BARBIER DE MONTAULT (X.). Avorio bizantino della fine dell' XI. secolo, nel museo cristiano del Vaticano. Roma, Danesi, 1892. In-4°, 4 p. (Extrait de l'*Archivio storico dell' arte,* anno V, fasc. 5.)

461. BARBIER DE MONTAULT (Mgr X.). Le Carrelage de l'église abbatiale des Châtelliers (Deux-Sèvres) au moyen âge et à la Renaissance. Poitiers, Blais, Roy et Cⁱᵉ, sans date. In-8°, 24 p. (Extrait des *Mémoires de la Société des antiquaires de l'Ouest,* t. XV.)

462. BARBIER DE MONTAULT (Mgr X.). Un Reliquaire du XIIIᵉ siècle à Sainte-Radegonde de Pommiers (Deux-Sèvres). Caen, H. Delesques, 1893. In-8°, 19 p. (Extrait du *Bulletin monumental.*)

463. BARTHÉLEMY (A. DE). Note sur la classification des monnaies carolingiennes. Paris, Impr. nationale, 1893. In-8°, 7 p. (Extrait des *Comptes-rendus de l'Académie des inscriptions et belles-lettres*).

464. BASIN (Thomas). Fragments inédits de l'histoire de Louis XI. Tirés d'un manuscrit de Gœttingue par M. Léopold Delisle. Paris, C. Klincksieck, 1893. In-4°, 33 p. et 3 planches. (Tiré des *Notices et Extraits des manuscrits de la Bibliothèque nationale et autres bibliothèques,* t. XXXIV, 2ᵉ partie.)

465. BAUMGARTNER (Mathias). Beiträge zur Psychologie und Erkenntnislehre des Wilhelm von Auvergne. München, Aschendorff, 1892. In-8°, 40 p.

466. BEAUNE (Henri). Les Faramanni burgondes dans la loi Gombette. Lyon, impr. Pitrat, 1893. In-8°, 23 p.

467. BÉDIER (Joseph). Les Fabliaux. Études de littérature populaire et d'histoire littéraire du moyen âge. (Thèse.) Paris, Bouillon, 1893. In-8°, XXVII-488 p. (Bibliothèque de l'École des hautes études.)

468. Béguelin (Édouard). Les Fondements du régime féodal dans la *lex romana curiensis*. (Thèse.) Paris, Larose, 1893. In-8°, 93 p.

469. Behrens (Dietrich). Bibliographie des patois gallo-romans. 2ᵉ édition, revue et augmentée par l'auteur, traduite en français par Eug. Rabiet. Berlin, W. Gronau, 1893. In-8°, vɪɪɪ-255 p. (Französische Studien. Neue Folge. 1.) 6 m.

470. Belhomme. Histoire de l'infanterie en France. Tome Iᵉʳ. Paris et Limoges, Charles-Lavauzelle, sans date. In-8°, 397 p. 5 fr.

471. Belin (A.). Histoire de la latinité de Constantinople. 2ᵉ édition, préparée par l'auteur, revue, augmentée et continuée jusqu'à notre temps par le R. P. Arsène de Chatel, ex-provincial des Capucins de Paris. Paris, A. Picard et fils, 1894. In-8°, 547 p., pl. et grav. 12 fr.

472. Belon (le P. Marie-Joseph), Balme (le P. François). Jean Brétral, grand inquisiteur de France, et la réhabilitation de Jeanne d'Arc. Paris, Lethielleux, 1893. In-4°, vɪɪ-396 p.

473. Berger (Samuel). Histoire de la Vulgate pendant les premiers siècles du moyen âge. (Thèse.) Nancy, Berger-Levrault, 1893. In-8°, xxɪv-443 p.

474. Berger (Samuel). Quam notitiam linguae hebraicae habuerint christiani medii aevi temporibus in Gallia. (Thèse.) Nancy, Berger-Levrault, 1893. In-8°, xɪɪ-61 p.

475. Berger (Samuel), Durrieu (Paul). Les Notes pour l'enlumineur dans les manuscrits du moyen âge. Paris, 1893. In-8°, 30 p. (Extrait des *Mémoires de la Société nationale des antiquaires de France*, t. LIII.)

476. Bernard (abbé). La Basilique primatiale de Saint-Trophime d'Arles. I. La Basilique primitive. Aix, impr. Nicot, 1893. In-8°, 454 p.

477. Bernois (abbé). Recherches sur Autruy et les seigneuries qui en dépendent. Orléans, Herluison, 1893. In-8°, 120 p.

478. Besançon et la Franche-Comté. Notes historiques, scientifiques et économiques. Besançon, impr. Dodivers, 1893. In-8°, xɪx-696 p., gravures. (Congrès de 1893 de l'Association française pour l'avancement des sciences.)

479. Biblioteca dei glossatori di Giovan Battista Palmieri, I, 1. Bologna, Treves, 1893. In-8°, 64 p. 2 l.

480. Bibliotheca Erasmiana. Répertoire des œuvres d'Érasme. 1ʳᵉ série : Liste sommaire et provisoire des diverses éditions de ses œuvres; 2ᵉ série : Auteurs publiés, traduits ou annotés par Érasme (liste sommaire et provisoire); 3ᵉ série : Sources, biographies d'Érasme et écrits le concernant; ouvrages qui contiennent des notes d'Érasme, des extraits

de ses œuvres, etc. Publication du bibliothécaire en chef et des conservateurs de la bibliothèque de Gand. Gand, impr. Vander Haeghen, 1893. In-4°, 186 et 135 p.

481. Bibliothèque (la) nationale, choix de documents pour servir à l'histoire de l'établissement et de ses collections, par Léon Vallée. Paris, E. Terquem, 1893. In-8°, xii-525 p. 18 fr.

482. Böhm (Johann). Geschichte der Pädagogik mit Charakterbildern hervorragender Pädagogen. 1. Die Geschichte der Pädagogik vor und nach Christus bis auf Montaigne. 2. Die Geschichte der Pädagogik von Montaigne bis zur Gegenwart. Nürnberg, F. Korn, 1893. In-8°, xv-336 et xv-434 p. 9 m.

483. Böhmer (J.-F.). Regesta imperii. II. Die Regesten des Kaiserreiches unter den Herrschern aus dem sächsischen Hause, 912-1024. Neu bearbeitet von Emil von Ottenthal. 1. Innsbruck, Wagner, 1893. In-4°, 252 p.

484. Boetticher (A.). Die Bau- und Kunst-Denkmäler der Provinz Ostpreussen. Im Auftrage des ostpreussischen Provinzial-Landtages bearbeitet. III : das Oberland. Königsberg, Teichert. Gr. in-8°, vii-122 p., 1 planche. 3 m.

485. Bogisic (V.). Le Statut de Raguse. Codification inédite du xiiiᵉ siècle. Paris, Larose et Forcel, 1894. In-8°, 44 p. (Extrait de la *Nouvelle Revue historique du droit français et étranger*, juillet-août et septembre-octobre 1893.)

486. Boissonnade (P.). Quomodo comites Engolismenses erga reges Angliae et Franciae se gesserint et comitatus Engolismae atque Marchiae regno Francorum adjuncti fuerint (1152-1328). (Thèse.) Angoulême, impr. Chasseignac, 1893. In-8°, vii-136 p.

487. Bortolan (D.). Vocabolario del dialetto antico vicentino (dal secolo xiv a tutto il secolo xvi). Vicenza, G. Galla, 1893. In-8°, 312 p. 5 l.

488. Bougenot. La Tombe d'Étienne de Sainte-Croix et l'église cathédrale de Chalon au xivᵉ siècle. Paris, Leroux, 1893. In-8°, 8 p. et pl. (Extrait du *Bulletin archéologique du Comité des travaux historiques et scientifiques*, 1892, n° 3.)

489. Bourbon-Lignières (comte de). Étude sur Jeanne d'Arc et les principaux systèmes qui contestent son inspiration surnaturelle et son orthodoxie. 2ᵉ édition, revue et augmentée. Paris, Lamulle et Poisson, 1894. In-18, ix-623 p.

490. Bourdery (Louis). Note sur un triptyque en émail peint de Limoges conservé au musée historique d'Orléans. Paris, Leroux, 1893. In-8°, 8 p., planche. (Extrait du *Bulletin archéologique du Comité des travaux historiques et scientifiques*, 1892, n° 3.)

491. Brambach (Wilhelm). Des Raimundus Lullus Leben und Werke in Bildern des xiv. Jahrhunderts. Karlsruhe, Ch.-Th. Groos, 1893. In-fol., 9 p. et 12 pl. en phototypie. 22 m. 50.

492. Bretholz (Berthold). Geschichte Mährens. Ier Band. 1e Abtheilung. (Bis 906.) Herausgegeben vom Lande-Ausschuss der Markgrafschaft Mähren. Brünn, C. Winiker, 1893. In-8°, xii-120 p.

493. Bricard (Georges). Un Serviteur et compère de Louis XI : Jean Bourré, seigneur du Plessis (1424-1506). Paris, A. Picard et fils, 1893. In-8°, 391 p. avec portrait.

494. Broglio d'Ajano (comte Romolo). Die Venetianische Seidenindustrie und ihre Organisation bis zum Ausgang des Mittelalters. Stuttgart, Cotta, 1893. In-8°, vii-59 p. (Münchener Volkswirthschaftliche Studien. II.) 2 m.

495. Brune (l'abbé). L'Architecture religieuse dans le Jura: Paris, Leroux, 1893. In-8°, 15 p. avec figures. (Extrait du *Bulletin archéologique du Comité des travaux historiques et scientifiques,* 1892, n° 3.)

496. Brunner (Heinrich). Forschungen zur Geschichte des deutschen und französischen Rechtes. Gesammelte Aufsätze. Stuttgart, Cotta, 1894. In-8°, x-750 p.

497. Bryan (Enoch-A.). The Mark in Europe and America : a review of the discussion of early land tenure. Boston, Ginn, 1893. In-12, vii-164 p. 1 dollar 10.

498. Bullrich (G.). Ueber Charles d'Orléans und die ihm zugeschriebene englische Uebersetzung seiner Gedichte. Berlin, Gaertner. In-4°, 23 p. 1 m.

499. Burgaud (Émile), Bazeries (commandant). Le Masque de fer. Révélations de la correspondance chiffrée de Louis XIV. Étude appuyée de documents inédits des archives du dépôt de la guerre. Paris, Firmin-Didot, 1893. In-18, 306 p. et plan.

500. Buret (R.). La Syphilis à l'époque féodale. Clermont (Oise), impr. Daix frères, 1893. In-8°, 12 p. (Extrait du *Journal des maladies cutanées et syphilitiques,* janvier 1893.)

501. Candé. L'Ancienne forteresse de Lude, d'après un plan inédit. Mamers, Fleury et Dangin, 1893. In-8°, 56 p., gravures et planches.

502. Cartulaire de l'abbaye cardinale de la Trinité de Vendôme, publié sous les auspices de la Société archéologique du Vendômois. Tome 1er. Paris, Picard et fils; Vendôme, C. Ripé, 1893. In-8°, 461 p.

503. Cartulaire de l'église Saint-Lambert de Liège, publié par S. Bormans et E. Schoolmeesters. Tome Ier. Bruxelles, Hayez, 1893. In-4°,

LII-699 p. (Collection de chroniques belges inédites, publiées par ordre du gouvernement.)

504. Cartulaire lyonnais. Documents inédits pour servir à l'histoire des anciennes provinces de Lyonnais, Forez, Beaujolais, Dombes, Bresse et Bugey, comprises jadis dans le Pagus major Lugdunensis, recueillis et publiés par M. C. Guigue. Tome II : Documents de l'année 1255 à l'année 1300. Lyon, impr. Plan, 1893. In-4°, 760 p.

505. Catalogue des manuscrits des bibliothèques publiques de France. Départements, tome XVIII : Alger ; tome XX : le Mans, Château-Gontier, Saint-Malo, Villefranche (Rhône), Vannes, Guingamp, Saint-Calais, Saumur, Angoulême, Castelnaudary, Castres, Lavaur, Béziers, Nogent-le-Rotrou, Seilhac, Avesnes, Arles, Mantes, Montargis, Cannes, Briançon. Paris, Plon, 1893. In-8°, XXXII-684 et 697 p.

506. Catalogus codicum hagiographicorum latinorum antiquiorum saeculo XII qui asservantur in Bibliotheca nationali parisiensi ediderunt hagiographi Bollandiani. Tomus III et indices. Bruxelles, Société belge de librairie, 1893. In-8°, 739 et 102 p.

507. CATTIER (F.). Évolution du droit pénal germanique en Hainaut jusqu'au XVᵉ siècle. Mons, impr. Dequesne-Masquelier, 1893. In-8°, 230 p.

508. CAUCHIE (Alfred). Mission aux archives vaticanes. Rapport à M. le ministre de l'intérieur et de l'instruction publique. Bruxelles, F. Hayez, 1893. In-8°, 182 p. (Extrait du *Bulletin de la Commission royale d'histoire*.) 4 fr.

509. CAUCHIE (Alfred). Notes sur quelques sources manuscrites de l'histoire belge à Rome. Bruxelles, F. Hayez, 1892. In-18, 48 p. (Extrait du *Bulletin de la Commission royale d'histoire*.) 2 fr.

510. CAZAURAN (abbé). Castelnau-d'Auzan et N.-D. de Pibèque. Auch, F. Soulé, 1893. In-8°, 81 p.

511. CERROTI (Franc.). Bibliografia di Roma medievale e moderna ; opera postuma accresciuta a cura di Enrico Celani. Vol. I. Storia ecclesiastico-civile. Roma, tip. Forzani, 1893. In-4°, XI p., 604 col. 25 l.

512. CERVONE (Marcellino). Compendio di storia de' frati minori nei tre Abruzzi dal tempo di Francesco d'Assisi ai nostri giorni. Lanciano, Rocco Carabba, 1893. In-16, 383 p. 2 l.

513. Chartes de Durbon, quatrième monastère de l'ordre des Chartreux, diocèse de Gap, publiées, sous les auspices de la Société d'études des Hautes-Alpes, par l'abbé Paul Guillaume. Paris, A. Picard et fils, 1893. In-8°, XXX-904 p., gravures.

514. Chartes (les) de Saint-Bertin, d'après le grand cartulaire de

Dom Charles-Joseph Dewitte, dernier archiviste de ce monastère, publiées ou analysées, avec un grand nombre d'extraits textuels, par M. l'abbé Daniel Haigneré. Tome III, 2ᵉ fascicule. Saint-Omer, impr. d'Homont, 1893. In-4°, p. 121-352. (Société des antiquaires de la Morinie.)

515. CHEVALIER (chanoine Ulysse). Allemagne. Amérique. Angleterre. Belgique. Topobibliographie. Montbéliard, impr. P. Hoffmann, 1893. In-16, 47, 16, 80, 24 p. (Extrait du *Répertoire des sources historiques du moyen âge*, 6ᵉ fascicule.)

516. CHEVALIER (chanoine Ulysse). Poésie liturgique du moyen âge. Rythme et histoire. Hymnaires italiens. Paris, Picard; Lyon, Vitte, 1893. In-8°, 236 p., 2 planches en phototypie. (Bibliothèque liturgique, tome Iᵉʳ.)

517. Chroniques d'Amadi et de Strambaldi, publiées par M. René de Mas Latrie. 2ᵉ partie : chronique de Strambaldi. Paris, Hachette, 1893. In-4°, 344 p.

518. CHUQUET (Arthur). Bayard et le siège de Mézières. La Statue de Bayard. Mézières, impr. Ronsin, 1893. In-8°, 16 p.

519. CLÉDAT (Léon). La Poésie lyrique et satirique en France au moyen âge. Paris, Lecène, Oudin et Cⁱᵉ, 1893. In-8°, 240 p. (Collection des classiques populaires.)

520. CLEMEN (P.). Die Kunstdenkmäler der Rheinprovinz im Auftrage des Provinzialverbandes herausgegeben. II, 2 : die Kunstdenkmäler der Stadt Duisburg und der Kreise Mülheim an der Ruhr und Ruhrort. Düsseldorf, Schwann. Gr. in-8°, vi-85 p., 3 planches. 3 m.; relié, 4 m.

521. COLONNA (Ferdinando), dei principi di Stigliano. Notizie storiche di Castelnuovo in Napoli. Appendice al volume : « Scoperte di antichità in Napoli dal 1876 al tutto giugno 1892, » con aggiunte di note storico-artistico-topografiche. Napoli, F. Giannini, 1892. Gr. in-8°, 152 p.

522. Correspondance des Réformateurs dans les pays de langue française, recueillie et publiée, avec d'autres lettres relatives à la Réforme et des notes historiques et bibliographiques, par A.-L. Herminjard. Tome VIII (1542 à 1543). Avec un index alphabétique des noms. Genève, Bâle et Lyon, Georg, 1893. In-8°, 543 p. 10 fr.

523. COTTEL (Jules-Aimé). Essai historique sur la commune de Beaurains (Pas-de-Calais). Arras, impr. Laroche, 1893. In-8°, ii-172 p., planches. Non mis dans le commerce.

524. COUDERC (Camille). Note sur les fastes consulaires de Bernard Arribat et documents sur l'histoire de Villefranche et du Rouergue à la fin du xviᵉ siècle. Rodez, impr. E. Carrère, 1893. In-8°, 182 p.

(Extrait du tome XIV des *Mémoires de la Société des lettres, sciences et arts de l'Aveyron.*)

525. COUTAGNE (le Dr Henry). Gaspard Duiffoproucard et les luthiers lyonnais du XVIe siècle, étude historique, accompagnée de pièces justificatives et d'un portrait en héliogravure. Discours de réception à l'Académie de Lyon. Paris, Fischbacher, 1893. In-8°, 85 p., portrait.

526. CREIZENACH (Wilhelm). Geschichte des neueren Dramas. I. Mittelalter und Frührenaissance. Halle, M. Niemeyer, 1893. In-8°, xv-586 p.

527. CRUVELLIER (chanoine J.-F.), ANDRIEU (abbé A.). Histoire religieuse et hagiologique du diocèse de Digne. Aix, impr. Nicot, 1893. In-8°, xxxi-500 p.

528. DANNENBERG (Hermann). Münzgeschichte Pommerns im Mittelalter. Berlin, A. Weyl, 1893. In-8°, iv-153 p. et 47 planches. 12 m..

529. DEHLI (A.). Architektonische und ornementale Details hervorragender Bauwerke Italiens im byzantinischen Styl. Mit genauer Angabe der Massverhältnisse. I-II. Serie. Berlin, Hessling und Spielmeyer, 1893. In-fol. de 50 pl. chaque. 40 m.

530. DELISLE (Léopold). « Catalogue of the collection of autograph letters and historical documents formed between 1865 and 1882 by Alfred Morrison, compiled and annotated under the direction of A.-W. Thibaudeau. » Paris, Impr. nationale, 1893. In-4°, 32 p. (Extrait du *Journal des Savants,* août-septembre 1893.)

531. DELISLE (Léopold). « Histoire de l'ordre hospitalier du Saint-Esprit, par l'abbé P. Brune. » Paris, Impr. nationale, 1893. In-4°, 16 p. (Extrait du *Journal des Savants,* juin 1893.)

532. DELISLE (Léopold). Sir Kenelm Digby and the ancient relations between the French libraries and Great Britain. Translated by G.-A. Barringer. London, John Bale and sons, 1893. In-8°, 17 p. (Reprinted from *the Library* for October 1892.)

533. DELOCHE (Max.). Sur la signification des mots « pax » et « honor » sur les monnaies béarnaises et du S barré sur des jetons de souverains du Béarn. Paris, C. Klincksieck, 1893. In-4°, 22 p. (Extrait des *Mémoires de l'Académie des inscriptions et belles-lettres,* t. XXXIV, 2e partie.)

534. DELPEUCH (le P.). Histoire de N.-D.-de-Bon-Secours en Vivarais. Lille, Desclée, de Brouwer et Cie, 1893. In-32, 102 p.

535. DEMAISON (L.). Une Description de Reims au XIIe siècle. Paris, Leroux, 1893. In-8°, 19 p. (Extrait du *Bulletin archéologique du Comité des travaux historiques et scientifiques,* 1892, n° 3.)

536. Deschamps (Eustache). Œuvres complètes. Publiées, d'après le manuscrit de la Bibliothèque nationale, par Gaston Raynaud. VIII. Paris, Firmin-Didot, 1893. In-8°, 366 p. (Société des anciens textes français.)

537. Desmasures (Alf.). Histoire du village de Bucilly et de son abbaye. Hirson, impr. Desmasures, 1892. In-8°, 33 p. et carte.

538. Deutsche Lyriker des xvi. Jahrhunderts. Ausgewählt und herausgegeben von G. Ellinger. Berlin, Speyer. In-8°, xl-122 p. (Lateinische Litteraturdenkmäler des xv. und xvi. Jahrhunderts, herausgegeben von M. Herrmann und S. Szamatólski, 7.) 2 m. 80 pf.

539. Deutsche Reichstagsakten unter Kaiser Karl V. 1. Bearbeitet von August Kluckhohn. Gotha, F.-A. Perthes, 1893. In-8°, iv-938 p. (Deutsche Reichstagsakten. Jüngere Reihe I.) 48 m.

540. Deux diplômes inédits pour la collégiale Sainte-Marie-Madeleine de Verdun : l'un, de l'empereur Henri III, 23 janvier 1056; l'autre, de son fils Henri IV, 14 octobre 1062, publiés par R. Parisot. Nancy, Berger-Levrault, 1893. In-8°, 11 p. (Extrait des Annales de l'Est, 1893.)

541. Deux livres de raison de l'Agenais, suivis d'extraits d'autres registres domestiques et d'une liste récapitulative des livres de raison publiés ou inédits, par Ph. Tamizey de Larroque. Auch, Cocharaux ; Paris, Picard et fils, 1893. In-8°, xiii-209 p.

542. Devic (Dom Claude), Vaissète (Dom J.). Histoire générale du Languedoc, avec des notes et des pièces justificatives. Édition accompagnée de dissertations et notes nouvelles, contenant le recueil des inscriptions antiques de la province, des planches de médailles, de sceaux, des cartes géographiques, etc., annotée par M. C. Robert, M. P. Meyer, M. A. de Barthélemy, M. A. Molinier, M. Germer-Durand, M. Zotenberg, publiés par M. Édouard Dulaurier, continuée jusqu'en 1790 par M. Ernest Roschach. Tome XV. Toulouse, Privat, 1892. Gr. in-8° à 2 col., xiv-1253 p.

543. Documents sur Notre-Dame de Sarrance (1343-1893), publiés par l'abbé V. Dubarat. Pau, impr. Dufau, 1893. In-8°, 93 p., gravures. (Extrait des Études historiques et religieuses du diocèse de Bayonne.)

544. Documents relatifs à l'histoire du Valais, recueillis et publiés par l'abbé J. Gremaud. Tome VI (1375-1402). Lausanne, G. Bridel. In-8°, viii-632 p. (Mémoires et documents publiés par la Société d'histoire de la Suisse romande, t. XXXVII.) 8 fr.

545. Donnet (Fernand). Pierre l'Hermite et la famille Lhermite d'Anvers. Anvers, impr. de Backer, 1893. In-8°, 102 p.

546. Drouet (Louis). Recherches historiques sur les vingt communes

du canton de Saint-Pierre-Église : antiquités, églises, châteaux, succession des curés, généalogie des seigneurs, guerres civiles et religieuses, écoles et municipalités, monastère de Notre-Dame. Cherbourg, impr. Saint-Joseph, 1893. In-8º, 498 p.

547. DUCÉRÉ (E.). Histoire topographique et anecdotique des rues de Bayonne. Tome V. Bayonne, impr. de A. Lamaignère, 1893. In-16, 343 p. 5 fr.

548. DUCHESNE (abbé Louis). Les Fastes épiscopaux de l'ancienne Gaule. I. Provinces du sud-est. Paris, Thorin, 1894. In-8º, VIII-356 p.

549. DUCOURTIEUX (Paul). Le Cimetière gallo-romain, mérovingien et carolingien de la Courtine à Limoges. Boîte en verre dans une sépulture gallo-romaine trouvée à Limoges. Limoges, Ducourtieux, 1893. In-8º, 32 p., planches. (Extrait du *Bulletin de la Société archéologique et historique du Limousin*, t. XL.)

550. DUEMMLER (E.). Sigebert's von Gembloux Passio sanctae Luciae virginis und Passio sanctorum Thebeorum. Berlin, Georg Reimer. In-4º, 125 p. (Extrait des *Abhandlungen der k. preussischen Akademie der Wissenschaften.*)

551. DUMOULIN (Maurice) (Jean Malissol). En pays roannais. Études d'histoire provinciale. Roanne, impr. M. Souchier, 1893. In-8º, 276 p.

552. DURAND (Guillaume). The Symbolism of churches and church ornaments : a translation of the first book of the « Rationale Divinorum ». With an introductory essay and notes by the Rev. John Mason Neale and the Rev. Benjamin Webb. London, Gibbings, 1893. In-8º, 202 p. 7 s. 6 d.

553. DURAND (Vincent). Abrégé de l'histoire de Charlieu. Montbrison, impr. Brassard, 1892. In-4º, 39 p.

554. EBERLE (Melch.). Der heilige Bonifacius, Apostel von Deutschland. Sein Leben und Wirken, nach den Wandgemälden der Basilika in München dargestellt. Augsburg, Kranzfelder, 1893. In-16, 177 p. 1 m.

555. Ein Traktat gegen die Amalricianer aus dem Anfang des XIII. Jahrhunderts. Nach der Handschrift zu Troyes herausgegeben von C. Baeumker. Paderborn, Ferd. Schöningh. In-8º, IV-69 p. (Extrait augmenté du *Jahrbuch für Philosophie.*) 2 m.

556. ÉTIENNE-GEORGES (abbé). Jeanne d'Arc considérée au point de vue franco-champenois. Troyes, Lacroix ; Paris, Lechevalier, 1894. In-8º, V-543 p. 7 fr. 50 c.

557. EUGÈNE III (une Bulle inédite du pape), par le comte A. de Loisne. Saint-Omer, impr. d'Homont, 1893. In-8º, 8 p.

558. Extraits de la Chanson de Roland, publiés, avec une introduction littéraire, des observations grammaticales, des notes et un glossaire complet, par Gaston Paris. 4ᵉ édition, revue et corrigée. Paris, Hachette, 1893. In-16, xxxiv-166 p. 1 fr. 50 c.

559. Extraits des chroniqueurs français du moyen âge (Villehardouin, Joinville, Froissart, Commines), avec notices biographiques et notes grammaticales, par L. Petit de Julleville. Paris, Colin, 1893. In-18, 412 p.

560. Extraits des chroniqueurs français (Villehardouin, Joinville, Froissart, Commines), publiés, avec des notices, des notes, un appendice, un glossaire des termes techniques, par Gaston Paris et A. Jeanroy. 3ᵉ édition. Paris, Hachette, 1893. In-16, iii-487 p. 2 fr. 50 c.

561. Farcinet (Charles). Numismatique. Les Identifications géographiques des monnaies mérovingiennes et le catalogue de la Bibliothèque nationale. Mâcon, impr. Protat, 1893. In-8°, 13 p.

562. Féret (P.). La Faculté de théologie de Paris et ses docteurs les plus célèbres. Moyen âge. Tome Iᵉʳ. Paris, Alph. Picard et fils, 1894. In-8°, lxiv-367 p.

563. Feuvrier (Jules). Notes historiques sur la ville de Dole. Dole, Krugell, 1893. In-18, 144 p.

564. Ficker (Julius). Untersuchungen zur Rechtsgeschichte. 2ᵉˢ Band. Untersuchungen zur Erbenfolge der ostgermanischen Rechte. 1ᵉ Hälfte. Innsbruck, Wagner, 1893. Gr. in-8°, 400 p. 11 m. 20.

565. Franz (F.). Die Schlacht bei Montlhéry. Ein Beitrag zur Geschichte Karls des Kühnen. Berlin, Gaertner. In-4°, 16 p. 1 m.

566. Frederichs (Julius). De slag van Kortrijk (11 Juli 1302), naar het hoogduitsch van generaal Köhler, uitgebreid en gewijzigd. Gent, Hoste, 1893. In-8°, 44 p., plan. 2 fr. 50 c.

567. Galichet (Léon). Histoire de Maisons-Laffitte depuis les temps les plus reculés jusqu'à nos jours. Maisons-Laffitte, Lépice, sans date. In-18, viii-400 p., portrait, gravures.

568. Ganneron (dom). Annales. Les Moissons de Thiérache. Synopsis pp. visitatorum provinciae Picardiae ordinis Cartusiensis. Publié par Paul Laurent. Paris, Picard et fils, 1893. In-8°, 16 et viii-32 p.

569. Gaudichon (O.). Description de quatre bulles du musée de Péronne. Péronne, impr. Quentin, 1892. In-8°, 13 p.

570. Gauthier (Jules). Répertoire archéologique du canton d'Amancey (Doubs). Besançon, impr. Jacquin, 1893. In-8°, 19 p.

571. Gautier (Léon). Les Épopées françaises. Étude sur les origines

et l'histoire de la littérature nationale. 2e édition, entièrement refondue. Tome II, 1re partie. Paris, Welter, 1892. In-8°, viii-416 p.

572. Gehin (Louis). Gérardmer à travers les âges. Histoire complète de Gérardmer depuis ses origines jusqu'au commencement du xixe siècle. Saint-Dié, impr. Humbert, 1893. In-8°, 333 p., planches en couleur. (Extrait du *Bulletin de la Société philomathique vosgienne*).

573. Genée (Rudolph). Hans Sachs und seine Zeit. Ein Lebens- und Kulturbild aus der Zeit der Reformation. Leipzig, J.-J. Weber, 1894. In-8°, xvi-524 p., 166 dessins et fac-similés dans le texte.

574. Genovali (Giuseppe). Memorie di storia viareggina dal 1040 al 1624. 3a edizione. Viareggio, tip. de Michelis e Genovali, 1893. In-16, 47 p.

575. Genty (abbé A.-E.). Épinay-sur-Orge (arrondissement de Corbeil, département de Seine-et-Oise) du viiie au xixe siècle. Paris, impr. Mouillot, 1893. In-8°, 192 p.

576. Gerson (A.). Essai sur les Juifs de la Bourgogne au moyen âge et principalement aux xiie, xiiie et xive siècles. Dijon, impr. Berthoud, 1893. In-8°, 68 p., gravures.

577. Ginot. Calixte II en Poitou, en 1096 et en 1119 (note sur deux ouvrages de M. Ulysse Robert). Poitiers, impr. Blais, Roy et Cie, 1893. In-8°, 4 p. (Extrait du *Bulletin de la Société des antiquaires de l'Ouest*, 1er trimestre 1893.)

578. Glasson. Le Châtelet de Paris et les abus de sa procédure aux xive et xve siècles, d'après les documents récemment publiés. Paris, Picard et fils, 1893. In-8°, 52 p. (Extrait du compte-rendu de l'Académie des sciences morales et politiques.)

579. Glasson (E.). Histoire du droit et des institutions de la France. Tome V : la féodalité (suite); les communes et les autres villes; l'église; la royauté. Paris, Pichon, 1893. In-8°, lxiii-549 p.

580. Gmelin (Julius). Schuld oder Unschuld des Templerordens. Kritischer Versuch zur Lösung der Frage. Stuttgart, W. Kohlhammer, 1893. In-8°, xiv-532 p. avec 20 tableaux. 15 m.

581. Gomel (Charles). Les Causes financières de la Révolution française. Les derniers contrôleurs généraux. Paris, Guillaumin, 1893. In-8°, xix-650 p. 8 fr.

582. Gontard de Launay. Recherches généalogiques et historiques sur les familles des maires d'Angers, accompagnées de pièces inédites provenant des archives départementales et de la bibliothèque de la ville. Tome Ier, 1re-2e livraisons. Angers, Lachèse, 1893. In-8°, xiv-286 p.

583. Gorzycki (Kazimierz-J.). Wpływ stolicy apostolskiej na roko-
wania pokojowe Kazimierza W. z Czechami i Zakonem Niemeckim.
[Influence du Saint-siège sur les relations de Casimir le Grand avec la
Bohême et l'ordre Teutonique.] Lwów, Seyfarth i Czajkowski, 1893.
In-8°, 37 p.

584. Gottschalk (A.). Ueber die Sprache von Provins im xiii. Jahrhundert, nebst einigen Urkunden. Cassel, Hühn. In-8°, 62 p. 1 m.
50 pf.

585. Gräflich von Mirbach'sche Archiv (das) zu Harff. Urkunden und
Akten zur Geschichte rheinischer und niederländischer Gebiete. Im
Auftrage des Grafen von Mirbach-Harff bearbeitet von Leonard Korth.
1er Band. 1144-1430. Köln, F.-Th. Helmken, 1892. In-8°, xii-349 p.
(Annalen des historischen Vereins für den Niederrhein, LV.)

586. Graetz. Histoire des Juifs. Tome IV. Traduit de l'allemand par
Moïse Bloch. De l'époque du gaon Saadia (920) à l'époque de la Réforme
(1500). Paris, Durlacher, 1893. In-8°, 476 p. 5 fr.

587. Graf (Arturo). Miti, leggende e superstizioni del medio evo.
Vol. II. Torino, Ermanno Loescher, 1893. In-8°, 398 p.

588. Grand (E.-Daniel). Rapport sur les archives municipales [de
Montpellier] pendant l'année 1892, suivi d'un appendice sur les
archives d'Allemagne. Montpellier, impr. Serre et Ricome, 1893. In-8°,
25 p. (Extrait corrigé et augmenté du Budget de 1893 de la ville de
Montpellier.) 0 fr. 50 c.

589. Grégoire Ier le Grand. Registrum epistolarum. II, 1. Libri VIII-IX.
Post Pauli Ewaldi obitum edidit Ludovicus M. Hartmann. Berlin,
Weidmann, 1893. In-4°, iv-235 p. (Monumenta Germaniae historica.
Epistolarum tomi II pars 1.) 8 m. sur papier ordinaire; 12 m. en grand
papier.

590. Grégoire X (les Registres de) (1272-1276). Recueil des bulles de
ce pape publiées ou analysées d'après les manuscrits originaux des
archives du Vatican, par M. Jean Guiraud. 2e fascicule. Paris, Thorin
et fils, 1893. In-4°, p. 113-216. (Bibliothèque des Écoles françaises
d'Athènes et de Rome, 2e série, XII, 2.)

591. Gruhn (L.-F.-Alb.). Der Kreuzzug Richards I. Löwenherz von
England. Berlin, R. Heinrich, 1892. In-8°, 47 p.

592. Grupp (G.). Kulturgeschichte des Mittelalters. I. Stuttgart,
J. Roth, 1894. In-8°, viii-357 p., avec 28 gravures. 6 m. 20.

593. Hanotaux (Gabriel). Histoire du cardinal de Richelieu. I : la
jeunesse de Richelieu (1585-1614); la France en 1614. Paris, Firmin-
Didot, 1893. In-8°, viii-556 p. et portrait. 10 fr.

594. Hardy (Michel). Députation des villes du Périgord pour le procès des Templiers. Périgueux, impr. de la Dordogne, sans date. In-8°, 8 pages.

595. Haristoy (abbé). Monographie de l'antique abbaye de Sainte-Eugrace. Bayonne, Lasserre, 1893. In-8°, 16 p.

596. Hauréau (B.). Notices et extraits de quelques manuscrits latins de la Bibliothèque nationale. Tome VI. Paris, C. Klincksieck, 1893. In-8°, 348 p.

597. Hauréau (B.). Le Poème adressé par Abélard à son fils Astralabe. Notice. Paris, C. Klincksieck, 1893. In-4°, 39 p. (Tiré des *Notices et extraits des manuscrits de la Bibliothèque nationale et autres bibliothèques*, t. XXXIV, 2° partie.)

598. Hauser (K.). Die alte Geschichte Kärntens von der Urzeit bis Kaiser Karl dem Grossen, neu aus Quellen bearbeitet. Klagenfurt, v. Kleinmayr. In-8°, iii-147 p., 2 cartes. 2 m. 40 pf.

599. Hausrath (Adolf). Peter Abälard. Ein Lebensbild. Leipzig, Breitkopf und Härtel, 1893. In-8°, vi-313 p. 6 m.; relié, 7 m.

600. Hautreux (abbé G.). Recherches historiques sur Montfaucon et ses trois paroisses. Angers, Germain et Grassin, 1893. In-8°, 76 p. (Extrait de la *Revue de l'Anjou*.)

601. Helbig (J.). Beiträge zur Geschichte der Stadt und des Bezirks Friedland, 2, 3. Friedland-i-W., Weber. In-8°, p. 65-192. (Extrait du *Friedländer Wochenblatt*.) 40 pf.

602. Herrmann (M.). Albrecht von Eyb und die Frühzeit des deutschen Humanismus. Berlin, Weidmann. In-8°, viii-437 p. 10 m.

603. Hill (Georgiana). A History of English dress, from the Saxon period to the present day. London, R. Bentley, 1893. In-8°, xvi-322 et viii-342 p.

604. Hirschberg (C.). Geschichte der Grafschaft Moers. Mörs, Spaarmann. In-8°, iii-123 p. 1 m.

605. Histoire littéraire de la France. Ouvrage commencé par des religieux bénédictins de la congrégation de Saint-Maur et continué par des membres de l'Institut (Académie des inscriptions et belles-lettres). Tome XXXI (xive siècle). Paris, Impr. nationale, 1893. In-4°, xxxi-837 p.

606. Hondt (Pieter d'). Venise. L'Art de la verrerie : histoire et fabrication. Paris, Lévy et Cie, sans date. In-8°, 157 p.

607. Hubert (Friedrich). Vergerio's publizistische Thätigkeit, nebst

einer bibliographischer Uebersicht. Göttingen, Vandenhoeck und Ruprecht, 1893. Gr. in-8°, xv-323 p. 5 m.

608. Inscriptions antiques des Pyrénées, par Julien Sacaze. Avant-propos par M. Albert Lebègue. Toulouse, Douladoure-Privat, 1892. In-8°, xi-579 p., 350 figures. (Bibliothèque méridionale, publiée sous les auspices de la Faculté des lettres de Toulouse, 2ᵉ série, t. II.) 20 fr.

609. Inscriptions (les) de Mézières. Recueil de textes historiques du xvᵉ siècle jusqu'à nos jours, par Henri Jadart. Caen, H. Delesques, 1892. In-8°, 36 p.

610. Inventaire des reliques, ustensiles et livres de la chapelle de Notre-Dame-des-Miracles à Saint-Omer en 1316, communication faite à la Société des antiquaires de la Morinie, par M. Justin de Pas. Saint-Omer, impr. d'Homont, 1893. In-8°, 13 p.

611. Istoria del re Giannino di Francia, a cura di Latino Maccari. Siena, tip. C. Nava. In-8°, lx-199 p. 4 l.

612. Italienischen (die) Buchdrucker- und Verlegerzeichen bis 1525, herausgegeben von Paul Kristeller. Strassburg, J.-H.-E. Heitz, 1893. In-4°, xv-145 p. avec planches. (Die Büchermarken oder Buchdrucker- und Verlegerzeichen, 2.) 50 m.

613. Jadart. La Mosaïque du sacrifice d'Abraham au musée de Reims (xiiᵉ siècle). Paris, Leroux, 1893. In-8°, 3 p. et planche. (Extrait du *Bulletin archéologique du Comité des travaux historiques et scientifiques*, 1892, n° 3.)

614. Janssens (comte de). Note sur une découverte de peintures murales à Saint-Pierre-du-Lorouer (Sarthe). Paris, 1893. In-8°, 9 p. et planche. (Extrait du *Bulletin de la Société nationale des antiquaires de France*, 1893.)

615. Janvier (A.). Livre d'or de la municipalité amiénoise. Paris, Picard, 1893. In-8°, ix-465 p.

616. Jean de Saint-Amand. Die Areolae des Johannes de Sancto Amando (xiii. Jahrhundert) nach Handschriften der Königlichen Bibliotheken zu Berlin und Erfurt zum ersten Male herausgegeben. Ein Beitrag zur Literaturgeschichte der Arzneimittellehre im Mittelalter von Dr. Julius-Leopold Pagel. Berlin, Georg Reimer, 1893. In-8°, xxiv-141 p. 2 m. 40.

617. Jeny (Lucien), Lanéry d'Arc (Pierre). Jeanne d'Arc en Berry et l'ancienne fête dite « de la Pucelle » à Bourges. Nouvelle édition, revue, illustrée et notablement augmentée. Paris, Techener, sans date. In-8°, 203 p. 3 fr.

618. Jonghe (B. de). Un Demi-Gros à l'aigle frappé par Henri V,

comte de Salm inférieur ou Salm en Ardenne, 1297-1306. Bruxelles, J. Goemaere, 1893. In-8°, 9 p., figures. (Extrait de la *Revue belge de numismatique*.) 0 fr. 80 c.

619. JOURDAIN (abbé). La Bibliothèque du roi au début du règne de Louis XV (1718-1736). Journal de l'abbé Jourdain, secrétaire de la Bibliothèqne, publié par H. Omont. Paris, 1893. In-8°, 92 p. (Extrait des *Mémoires de la Société de l'histoire de Paris et de l'Ile-de-France*, t. XX, 1893.)

620. JULLIAN (Camille). Ausone et Bordeaux. Études sur les derniers temps de la Gaule romaine. Bordeaux, impr. Gounouilhou, 1893. In-4°, x-175 p.

621. KADE (Otto). Die ältere Passions-Komposition bis zum Jahre 1631. Gütersloh, C. Bertelsmann, 1893. In-8°, 344 p. 9 m.

622. KELLE (Johann). Die Quelle von Ezzos Gesang von den Wundern Christi. Wien, F. Tempsky, 1893. In-8°, 42 p. (Extrait des *Sitzungsberichte der kais. Akad. der Wissensch. in Wien. Philos.-hist. Classe*, CXXIX, 1.) 0 fl. 50.

623. KELLER (Franz-Xaver). Der heilige Vater Franziskus von Assisi, Patriarch des seraphischen Ordens. Regensburg, Verlags-Anstalt, 1893. In-8°, xii-284 p. et 1 gravure. 2 m.

624. KIRCHHÖFER (Reinhold). Zur Entstehung des Kurcollegiums. Halle, C.-A. Kaemmerer, 1893. In-8°, 190 p. 3 m. 60.

625. KLÉLÉ (J.). Hexenwahn und Hexenprozesse in der ehemaligen Reichsstadt und Landvogtei Hagenau. Hagenau, F. Ruckstuhl, 1893. In-8°, viii-177 p. 3 m. 25.

326. KNELLER (Karl-Alois). Des Richard Löwenherz deutsche Gefangenschaft (1192-1194). Freiburg-i.-B., Herder, 1893. In-8°, iii-128 p. (59. Ergänzungsheft zu Stimmen aus Maria-Laach.) 1 m. 60.

627. KNIEKE (August). Die Einwanderung in den westfälischen Städten bis 1400. Ein Beitrag zur Geschichte der deutschen Städte. Münster, Regensberg, 1893. Gr. in-8°, 176 p. 3 m.

628. KÖNIG (Leo), S. J. Die päpstliche Kammer unter Clemens V. und Johann XXII. Ein Beitrag zur Geschichte des päpstlichen Finanzwesens von Avignon. Wien, Mayer, 1893. In-8°, 87 p. 1 fl. 25.

629. KORZON (T.). Historya wieków srednich, wyd. 2gie, przejrzane i poprawione. [Histoire du moyen âge.] Kraków, G. Gebethner, 1893. In-8°, viii-485-v-ii p., 4 cartes, 55 gr. et tableaux généalogiques. 3 fl. 16.

630. KRAUSE (G.) [Carus STERNE]. Die Trojaburgen Nordeuropas, ihr Zusammenhang mit der indogermanischen Trojasage von der entführ-

ten und gefangenen Sonnenfrau (Syrith, Brunhild, Ariadne, Helena), den Trojaspielen, Schwert- und Labyrinthtänzen zur Feier ihrer Lenzbefreiung. Nebst einem Vorwort über den deutschen Gelehrtendünkel. Glogau, Flemming. In-8°, xxxii-300 p., 26 figures. 8 m.; relié, 10 m.

631. LACOUDRE (le P. DE). La Vie de saint Volusien, évêque de Tours et martyr, patron de la ville de Foix, avec ce qui s'est passé dans les différentes translations de son corps et dans l'érection de l'abbaye de son nom. Foix, impr. Pomiès, 1893. In-8°, 79 p.

632. LAJOLO (Gregorio). Indagini storico-politiche sulla vita e sulle opere di Dante Alighieri. Torino, L. Roux, 1893. In-8°, 210 p. 2 l. 50.

633. LANGLOIS (Charles-V.), STEIN (Henri). Les Archives de l'histoire de France. Fasc. 3. Paris, Picard, 1893. In-8°, p. 609-1000. (Manuels de bibliographie historique. I.)

634. LANUSSE (Maxime). De l'Influence du dialecte gascon sur la langue française de la fin du xve siècle à la seconde moitié du xviie. Paris, Maisonneuve, 1893. In-8°, xv-471 p.

635. LA TOUR (Henri DE). Atlas des monnaies gauloises, préparé par la commission de topographie des Gaules et publié sous les auspices du ministère de l'instruction publique. Paris, E. Plon, Nourrit et Cie, 1892. In-fol., iv-12 p. et 55 pl.

636. LA TOUR (H. DE). Giovanni Paolo. Paris, C. Rollin et Feuardent, 1893. In-8°, 22 p. (Extrait de la Revue de numismatique, 1893.)

637. LA TOUR (H. DE). Pietro da Milano. Paris, C. Rollin et Feuardent, 1893. In-8°, 28 p., 1 planche et 1 dessin dans le texte. (Extrait de la Revue de numismatique, 1893.)

638. LAURENT (Paul). Variétés historiques ardennaises. Mézières pendant la défense de Bayard. Paris, Picard, 1893. In-8°, 51 p.

639. LAURENT (dom Pierre). Abrégé de l'histoire du monastère de Saint-Pourçain, composé vers la fin du xviie siècle pour dom Joseph Mège. Moulins, Durond, 1893. In-8°, 40 p.

640. LECHLEITNER (Franz). Der deutsche Minnesang. Eine Darstellung seiner Geschichte, seines Wesens und seiner Formen. Wolfenbüttel, J. Zwissler, 1893. In-8°, xv-402 p., iii-424 p. 10 m.

641. LECLER (abbé A.). Monographie du canton de Châteauponsac. 2e édition, revue et augmentée. Limoges, Ducourtieux, 1893. In-8°, 40 p.

642. LECOY DE LA MARCHE (A.). La Fondation de la France du ive au vie siècle. Lille, Desclée, 1893. In-8°, 294 p.

643. LEIST (Friedrich). Urkundenlehre. 2te verbesserte Auflage. Leip-

zig, J.-J. Weber, 1893. In-16, xii-372 p. et 6 planches. (Webers illustrierte Katechismen, n° 106.) Relié en toile, 4 m.

644. LEITSCHUH (Franz-Friedrich). Geschichte der karolingischen Malerei, ihr Bilderkreis und ihre Quellen. Berlin, G. Siemens, 1893. In-8°, xii-471 p. et 59 gravures. 12 m.

645. LEMONNIER (Henry). Études d'art et d'histoire. L'art français au temps de Richelieu et de Mazarin. Paris, Hachette, 1893. In-16, vii-421 p. 3 fr. 50 c.

646. LENEL (Walter). Studien zur Geschichte Paduas und Veronas im dreizehnten Jahrhundert. Strassburg, K.-J. Trübner, 1893. In-16, viii-86 p. 2 m. 60.

647. LENIENT (C.). La Poésie patriotique en France au moyen âge. Paris, Hachette, 1892. In-16, xx-459 p. 3 fr. 50 c.

648. LÉON (le R. P.). Vie de saint Jacques de la Marche, franciscain de l'Observance (1391-1476). Paris, impr. Gannereau, sans date. In-32, 93 p., grav. et portrait. (Bibliothèque franciscaine missionnaire.)

649. LÉON (Henry). Histoire des juifs de Bayonne. Paris, Durlacher, 1893. In-4°, xvi-440 p.

650. LESEUR (Guillaume). Histoire de Gaston IV, comte de Foix. Chronique française inédite du xv° siècle, publiée pour la Société de l'histoire de France par Henri Courteault. Tome I°r. Paris, Laurens, 1893. In-8°, lxxxiv-230 p. 9 fr.

651. Lettres des Bénédictins de la congrégation de Saint-Maur, 1701-1741. Publiées d'après les originaux conservés à la Bibliothèque royale de Copenhague. Copenhague, Gad. In-8°, 392 p. (Lettres inédites de divers savants de la fin du xvii° siècle et du commencement du xviii°. Publiées et annotées par E. Gigas. Tome II, 2° et dernière partie.) 6 kr.

652. LE VASSEUR (le P. Léon). Ephemerides ordinis Cartusiensis. Nunc primum a monachis ejusdem ordinis in lucem editae. Volumen V. Montreuil-sur-Mer, impr. Duquat, 1893. In-4°, 392 p.

653. LEWICKI (A.). Nieco o unii Litwy z korona. [Sur l'union de la Lithuanie à la couronne.] Kraków, Spólka wydawnicza, 1893. In-8°, 48 p. (Extrait du Przeglad polski.).

654. LICHTFIELD (F.). Illustrated History of furniture, from the earliest to the present time. With numerous illustrations. London, Truslove, 1893. In-8°, 298 p. 25 sh.

655. LIEBERMANN (B.). Geschichtliches aus Judenbach. Eine Quellenforschung als Beitrag zur Welt-, Cultur- und Kirchengeschichte.

Judenbach (Thüringen), B. Liebermann. In-8°, v-117 p., 1 planche. 1 m. 50 pf.; relié, 2 m.

656. LILIE (M.). Chronik der die Parochie Kötzschenbroda bildenden Lössnitzortschaften Kotzschenbroda, Niederlössnitz, Naundorf, Zitzschewig und Lindenau mit besonderer Berücksichtigung der Hoflössnitz und Nachbarorte. Dresden, Höckner. In-8°, VIII-283 p.

657. LINDNER (Th.). Deutsche Geschichte unter den Habsburgern und Luxemburgern (1273-1437). II : von Karl IV bis zu Sigmund; die allgemeinen Zustände. Stuttgart, Cotta. Gr. in-8°, XXII-429 p., 1 carte. (Bibliothek deutscher Geschichte.) 6 m.

658. LINDNER (Theodor). Die deutschen Königswahlen und die Entstehung des Kurfürstenthums. Leipzig, Dyk, 1893. Gr. in-8°, XII-234 p. 5 m.

659. Livres de comptes (les) des frères Bonis, marchands montalbanais du XIVᵉ siècle, publiés et annotés pour la Société historique de Gascogne par Édouard Forestié. 2ᵉ partie. Paris, H. Champion; Auch, L. Cocharaux, 1893. In-8°, 285 p. (Archives historiques de la Gascogne, fascicule 23.)

660. LONGY (F.). Le Canton d'Eygurande (Corrèze). Tulle, impr. Crauffon, 1893. In-8°, 350 p., 1 carte, 6 gravures. (Extrait du *Bulletin de la Société des lettres, sciences et arts de la Corrèze.*)

661. LUDEWIG (G.). Die Politik Nürnbergs im Zeitalter der Reformation (von 1520-1534). Göttingen, Vandenhoeck und Ruprecht. In-8°, III-156 p. 3 m. 50 pf.

662. LUDORFF (A.). Bau- und Kunstdenkmäler (die) des Kreises Lüdinghausen. Im Auftrage des Provinzial-Verbandes der Provinz Westfalen. Mit geschichtlichen Einleitungen von J. Schwieters. Münster, Paderborn, F. Schöningh, 1893. In-4°, III-116 p. et 105 pl., avec 2 cartes et illustrations dans le texte. (Die Bau- und Kunstdenkmäler von Westfalen.)

663. MAÎTRE (Léon). Les Villes disparues de la Loire-Inférieure. 8ᵉ livraison : Nantes avant les Normands (topographie et monuments). Nantes, impr. Grimaud, 1893. In-8°, p. 371-552, 10 planches.

664. MANITIUS (M.). Analekten zur Geschichte des Horaz im Mittelalter (bis 1300). Göttingen, Dieterich, 1893. In-8°, XV-127 p. 2 m. 80.

665. MARÉCHAUX (dom Bernard). Notre-Dame-de-la-Fin-des-Terres. Bordeaux, Bellier, 1893. In-16, 183 p., illustré. 2 fr. 50 c.

666. MARTIN (abbé Eugène). Pulligny. Étude historique et archéologique. Nancy, impr. Crépin-Leblond, 1893. In-8°, 112 p., gravures.

(Extrait en partie des *Mémoires de la Société d'archéologie lorraine,* en 1893.)

667. Mas Latrie (comte de). De l'Empoisonnement politique dans la république de Venise. Paris, Ch. Klincksieck, 1893. In-4°, 67 p. (Extrait des *Mémoires de l'Académie des inscriptions et belles-lettres,* t. XXXIV, 2ᵉ partie.)

668. Matthaei (Adelbert). Beiträge zur Baugeschichte der Cistercienser Frankreichs und Deutschlands, mit besonderer Berücksichtigung der Abteikirche zu Arnsburg in der Wetterau. Darmstadt, A. Bergstraesser, 1893. Gr. in-8° (viii-)67 p. avec illustrations dans le texte. 2 m.

669. Maurel (l'abbé J.-M.). Histoire de l'Escale. Forcalquier, impr. Crest, 1893. In-8°, 201 p.

670. Mauricet (A.). Les Anciennes Mesures de capacité et de superficie dans les départements du Morbihan, du Finistère et des Côtes-du-Nord. Vannes, impr. Galles, 1893. In-4°, vi-50 p.

671. Maxe-Werly. Notice sur l'épitaphe de Phelippin de Fains (1363). Paris, Leroux, 1893. In-8°, 9 p. (Extrait du *Bulletin archéologique du Comité des travaux historiques et scientifiques,* 1892, n° 3.)

672. Mazerolle (F.). Mélanges d'archéologie lorraine. N° 1. Nancy, Crépin-Leblond, 1893. In-8°, 7 p. (Extrait du *Journal de la Société d'archéologie lorraine,* avril 1893.)

673. Medin (Antonio). Un falso Jacopo da Carrara a Firenze. Padova, tip. fratelli Gallina, 1893. In-8°, 22 p. (Nozze Brunelli Bonetti-de Luppi.)

674. Menu (Henri). Mélanges d'épigraphie ardennaise. Caen, Delesques, 1893. In-8°, 41 p.

675. Messiaen (L.-J.). Histoire chronologique, politique et religieuse des seigneurs et de la ville de Comines, suivie de notices sur ses établissements publics, ses gildes, ses hameaux et ses hommes célèbres. Courtrai, veuve Nys et fils, 1892. In-fol., xi-413, 509 et 542 p., 1 pl. 15 fr.

676. Meulien (Émile). Histoire de la ville et du canton de Tournus, contenant les documents inédits des manuscrits de M. Bompar, ancien notaire. Publié par la Société des amis des arts et des sciences de Tournus. Tournus, impr. Miège, 1892. In-8°, iv-348 p., 2 eaux-fortes, 8 photographies.

677. Meyer (Martin). Zur älteren Geschichte Corveys und Höxters. Paderborn, F. Schöningh, 1893. Gr. in-8°, vi-54 p. (Beiträge zur Geschichtsforschung, herausgegeben von Prof. Dr. G. von Below. I.) 1 m. 60.

678. Meyer (Paul). Notice sur un manuscrit d'Orléans contenant

d'anciens miracles de la Vierge, en vers français. Paris, C. Klincksieck, 1893. In-4°, 30 p., planche. (Tiré des *Notices et Extraits des manuscrits de la Bibliothèque nationale et autres bibliothèques,* t. XXXIV, 2° partie.)

679. Miracles de Nostre-Dame par personnages, publiés, d'après le manuscrit de la Bibliothèque nationale, par Gaston Paris et Ulysse Robert. Tome VIII : Glossaire et tables par François Bonnardot. Paris, Firmin-Didot, 1893. In-8° à 2 col., II-376 p. (Société des anciens textes français, VIII.)

680. MOLINIER (A.). Les Sources de l'histoire de France, leçon d'ouverture du cours de critique des sources à l'École des chartes (10 avril 1893). Paris, Colin, 1893. In-8°, 27 p. (Extrait de la *Revue internationale de l'enseignement,* n° du 15 mai 1893.)

681. Monumenta Wormatiensia. Annalen und Chroniken. Herausgegeben von Heinrich Boos. Berlin, Weidmann, 1893. In-8°, XLVIII-726 p., 1 carte et 6 phototypies. (Quellen zur Geschichte der Stadt Worms. III.) 25 m.

682. MORTET (Charles). La Féodalité : sociologie générale, histoire des institutions françaises. Paris, Lamirault, 1893. In-8°, 120 p. (Extrait de la *Grande Encyclopédie.*)

683. MÜLLER (Fel.). Zeittafeln zur Geschichte der Mathematik, Physik und Astronomie bis zum Jahre 1500, mit Hinweis auf die Quellen-Literatur. Leipzig, Teubner, 1892. In-8°, IV-108 p. 2 m. 40.

684. NERLINGER (Ch.). Thann à la fin du XV° siècle (1469-1474), d'après des documents inédits. Paris, C. Schlaeber, 1893. In-8°, 29 p. (Collection d'histoire d'Alsace et de Lorraine, publiée par l'*Alsacien-Lorrain.*)

685. NICOLAS IV (les Registres de). Recueil des bulles de ce pape publiées ou analysées, d'après les manuscrits originaux des archives du Vatican, par M. Ernest Langlois. 9° fascicule. Paris, Thorin, 1893. In-4°, p. 1129-1304. (Bibliothèque des Écoles françaises d'Athènes et de Rome, 2° série, vol. IX.)

686. NIKITSKII (A.). Istoriia ekonomitcheskago byta Velikago Novgoroda. [Histoire de la vie économique de Novgorod la Grande.] Moscou, impr. de l'Université, 1893. In-8°, XIX-306 p. 2 roubles.

687. Notices et Extraits des manuscrits de la Bibliothèque nationale et autres bibliothèques, publiés par l'Institut national de France. Tome XXX ; 2° partie. Table alphabétique des matières contenues dans la partie occidentale des tomes XVI à XXIX des Notices et Extraits des manuscrits, par Julien Havet. Paris, Klincksieck, 1893. In-4° à 2 col., 309 p.

688. PARFOURU (Paul). Une Saisie de navires marchands anglais à

Nantes en 1587. Documents inédits. Rennes, impr. Oberthur, 1893. In-8°, 47 p. (Extrait des *Annales de Bretagne*.)

689. PARIS (Gaston). Les Faits épigraphiques ou paléographiques allégués en preuve d'une altération ancienne du *c* latin. Paris, Impr. nationale, 1893. In-8°, 16 p. (Extrait des *Comptes rendus des séances de l'Académie des inscriptions et belles-lettres*.)

690. PARIS (Gaston). La légende de Saladin. Paris, Impr. nationale, 1893. In-4°, 52 p. (Extrait du *Journal des savants*, mai à août 1893.)

691. PASCAL-ESTIENNE (M.-W.). Étude historique. Périnaïk. Une Bretonne compagne de Jeanne d'Arc. Avec préface de M. Lionel Bonnemère. 2ᵉ édition, revue, corrigée et augmentée. Paris, Chamuel, 1893. In-18, IX-168 p. 2 fr. 50 c.

692. PAUTARD (J.-F.). Histoire de la paroisse de Lescure. Saint-Flour, impr. Boubounelle, 1893. In-16, V-166 p.

693. PAUTARD (J.-F.). Histoire de la paroisse de Valuéjols. Saint-Flour, impr. Boubounelle, 1893. In-16, V-128 p.

694. PELLECHET (Mˡˡᵉ M.). Catalogue des incunables des bibliothèques publiques de Lyon. Lyon, impr. Delaroche, 1893. In-8°, II-481 p., fac-similés.

695. PERRIER (J.). Histoire sommaire par ordre chronologique des sénéchaux et connétables de France, avec des notes sur les combats, sièges, batailles, traités, etc., de 978 à 1789. Lyon, Georg, 1893. In-8°, 216 p.

696. Perrinaïc. Une Compagne de Jeanne d'Arc. Publié sous les auspices du comité de Perrinaïc. Paris, Lethielleux, 1893. In-32, 32 p., gravures.

697. PIAT (L.). Dictionnaire français-occitanien, donnant l'équivalent des mots français dans tous les dialectes de la langue d'oc moderne. Tome Iᵉʳ, A-H. Montpellier, impr. Hamelin, 1893. In-8°, 496 p.

698. PIERROT (A.). Origines de Montmédy. Montmédy, impr. Pierrot, 1893. In-8°, 54 p.

699. PILLOY (J.). Les Plaques ajourées carolingiennes au type du dragon tourmentant le damné. Paris, Leroux, 1893. In-8°, 10 p. avec figures. (Extrait du *Bulletin archéologique du Comité des travaux historiques et scientifiques*, 1892, n° 3.)

700. PIRENNE (Henri). L'Origine des constitutions urbaines au moyen âge. Paris, 1893. In-8°, 32 p. (Extrait de la *Revue historique*, t. LIII, année 1893.)

701. Poëtte (Charles). Origine des noms des rues et places de la ville de Saint-Quentin. Saint-Quentin, impr. Poëtte, 1891. In-16, 487 p.

702. Poëtte (Charles). Notice sur Vendeuil, canton de Moy, arrondissement de Saint-Quentin. Saint-Quentin, impr. Poëtte, 1892. In-16, 32 p.

703. Poëtte (Charles). Promenades dans les environs de Saint-Quentin. I-II. Saint-Quentin, impr. Poëtte, 1892-1893. In-16, ix-481 et 548 p.

704. Potiquet (le Dr). Les Végétations adénoïdes dans l'histoire. La maladie et la mort de François II, roi de France. Paris, Rueff, sans date. In-16, iv-107 p., portraits.

705. Prost (Auguste). Les Institutions judiciaires dans la cité de Metz. Nancy et Paris, Berger-Levrault, 1893. In-8°, xvii-259 p. 7 fr. 50 c.

706. Prou (Maurice). Recueil de dessins de monnaies mérovingiennes donné à la Bibliothèque nationale par M. A. de Barthélemy, membre de l'Institut. Paris, C. Rollin et Feuardent, 1893. In-8°, 15 p. et 1 pl. (Extrait de la Revue de numismatique, 1893.)

707. Prudhomme (A.). Histoire de Bayart. Tours, Mame, 1892. Gr. in-8°, 368 p.

708. Quis? Jeanne d'Arc eine Heilige? Sceptische Studien gelegentlich des Canonisationsprocesses. München, M. Poessl, 1893. In-8°, viii-147 p. 3 m.

709. Recesse (die) und andere Akten der Hansetage, von 1256-1430. Band VII (1419-1425). Auf Veranlassung S. M. des Königs von Bayern herausgegeben durch die historische Commission bei der kön. Akademie der Wissenschaften. Leipzig, Duncker und Humblot, 1893. Gr. in-8°, x-659 p. (Hanserecesse, Bd. VII.)

710. Renet (abbé). Saint Lucien et les autres saints du Beauvaisis, études historiques, liturgiques, chronologiques. Tome II. Beauvais, impr. de l'orphelinat Saint-Sauveur, 1893. In-8°, viii-679 p.

711. Reure (abbé). Histoire du château et des seigneurs de Lalière, augmentée de pièces justificatives. Roanne, impr. Miquel, 1893. In-8°, 118 p. (Études foréziennes.)

712. Robert (Charles). La Grande Verrière du xiii° siècle et autres vitraux anciens de la cathédrale de Dol. Rennes, impr. Simon, 1893. In-8°, 29 p., 2 chromolithographies. (Extrait des Mémoires de la Société archéologique d'Ille-et-Vilaine, t. XXII.)

713. Robida (A.). La Vieille France. Texte, dessins et lithographies. Provence. Paris, librairie illustrée, sans date. Gr. in-8°, 336 p. 25 fr.

714. Roche (Eugène). Histoire de Wenduyne-sur-Mer depuis les

temps les plus reculés jusqu'à nos jours. Suivie d'une note sur l'ancienne topographie de Wenduyne, par L. Gilliodts-Van Severen. Bruges, Daveluy, 1892. In-18, 74 p., 6 héliotypies. 50 c.

715. ROCHECHOUART (Journal de voyage à Jérusalem de Louis DE), évêque de Saintes, 1461, publié avec une notice sur sa vie par Camille Couderc. Paris, E. Leroux, 1893. In-8°, 107 p. (Extrait de la *Revue de l'Orient latin,* t. I.)

716. ROCQUAIN (Félix). La Cour de Rome et l'esprit de réforme avant Luther. I : la théocratie; apogée du pouvoir pontifical. Paris, Thorin, 1893. In-8°, VIII-428 p.

717. RODIÈRE (Roger). Notes sur les gouverneurs de Montreuil au XVIe siècle. Abbeville, impr. du Cabinet historique de l'Artois et de la Picardie, 1893. In-8°, 27 p.

718. RÖHRICHT (Reinhold). Regesta regni Hierosolymitani. (MXCVII-MCCXCI.) Innsbruck, Wagner. In-8°, 521 p.

719. ROGER-MILÈS (L.). Le Moyen âge : architecture, peinture, sculpture. Paris, J. Rouam, sans date. In-8°, 144 p., 170 gravures.

720. ROMAGNY (Ch.). Histoire générale de l'armée nationale depuis Bouvines jusqu'à nos jours (1214-1892). Nancy et Paris, Berger-Levrault, 1893. In-18, VI-331 p. 3 fr.

721. ROTGÈS (E.). Histoire de l'instruction primaire dans l'arrondissement de Bazas du XVIe siècle à nos jours, avec 12 cartes scolaires de l'arrondissement, suivie de notices sur les anciens collèges de Bazas et de Langon. Paris, J. Rouam, 1893. In-4°, XV-368 p.

722. Rotuli scaccarii regum Scotorum. The exchequer rolls of Scotland. Edited by George Burnett and Æ.-J.-G. Mackay. Vol. XIV. Ann. 1513-1522. Edinburgh, H. M. general register house, 1893. In-8°, CXCIII-836-2 p. (Series of chronicles and memorials published by authority of the Lords commissioners of H. M. treasury.)

723. SABARTHÈS (abbé). Étude sur l'abbaye de Saint-Paul de Narbonne. Narbonne, impr. Caillard, 1893. In-8°, 407 p., planches.

724. SABATIER (Paul). Vie de saint François d'Assise. Paris, Fischbacher, 1894. In-8°, CXXVI-419 p.

725. SANDER (Paul). Der Kampf Heinrichs IV. und Gregors VII. von der zweiten Exkommunikation des Königs bis zu seiner Kaiserkrönung (März 1080-März 1084). Berlin, A. Bath, 1893. In-8°, 222 p. 4 m.

726. SCHULTZE (Walther). Die Geschichtsquellen der Provinz Sachsen im Mittelalter und in der Reformationszeit. Im Auftrage der

historischen Commission der Provinz Sachsen verzeichnet. Halle,
O. Hendel, 1893. Gr. in-8°, vii-202 p. 4 m.

727. Sevens (Theodoor). Kortrijk in 1302 en de slag der gulden spo-
ren. Met twee kaarten en menigvuldige bewijsstukken. Kortrijk, Eug.
Beyaert, 1893. In-16, 117 p., 12 cartes. 1 fr. 50 c.

728. Spellanzon (Carlotta). Della Leggenda carolingia nella poesia
medievale e in alcuni poeti moderni. Venezia, tip. succ. M. Fontana,
1893. In-8°, 75 p. (Extrait de l'*Ateneo veneto,* avril-juin 1893.)

729. Stefan (Alois). Laut- und Formenbestand in Guillaumes li cler's
Roman « Fergus ». Klagenfurt, F. von Kleinmayr, 1893. Gr. in-8°,
49 p. 1 m.

730. Stern (Moritz). Urkundliche Beiträge über die Stellung der
Päpste zu den Juden. Mit Benutzung des päpstlichen Geheimarchivs
zu Rom. 1. Heft. Kiel, M. Stern, 1893. Gr. in-8°, 192 p. 10 m.

731. Suchet (J.-M.). Les Anciennes Corporations d'arts et de métiers.
Besançon, impr. Jacquin, sans date. In-8°, 20 p.

732. Surra (Giacomo). Vicende della lotta tra il comune Astigiano e
la casa d'Angiò (1259-1314). Torino, V. Bona, 1893. In-8°, 60 p. 2 l.

733. Tanon (L.). Histoire des tribunaux de l'inquisition en France.
Paris, Larose et Forcel, 1893. In-8°, 571 p. 12 fr.

734. Thiollier (F.). Vestiges de l'art roman en Lyonnais. Paris,
Leroux, 1893. In-8°, 17 p. avec figures et planches. (Extrait du *Bulletin archéologique du Comité des travaux historiques et scientifiques,* 1892,
n° 3.)

735. Tierny (Paul). La Sénéchaussée d'Armagnac. Lectoure siège de
la sénéchaussée. Auch, impr. L. Cocharaux, 1893. In-8°, 15 p.

736. Urkundenbuch des Stiftes St. Gereon zu Köln. Zusammengestellt und herausgegeben von P. Joerres. Mit vier Abbildungen und
einem Anhange, enthaltend Nachrichten aus frühmittelalterlichen
Autoren über die Kirche St. Gereon. Bonn, Hanstein, 1893. In-8°,
xvi-752 p.

737. Urkundenbuch des Klosters Pforte. 1er Halbband (1132 bis 1300).
Bearbeitet von P. Boehme. Halle, Hendel. In-8°, xxii-340 p. (Geschichtsquellen der Provinz Sachsen, etc. XXXIII, i.) 7 m.

738. Urkundenbuch der Stadt Goslar und der in und bei Goslar bele-
genen geistlichen Stiftungen. Herausgegeben mit Unterstützung des
Harzvereins für Geschichte und Alterthumskunde. Bearbeitet von
G. Bode. I (922-1250). Halle, Hendel. In-8°, xx-681 p. (Geschichtsquellen der Provinz Sachsen und angrenzender Gebiete. XXIX.) 16 m.

739. Vallentin (Roger). L'Atelier temporaire de Valence (1592). Valence, impr. Céas, 1893. In-8°, 16 p. (Extrait du *Bulletin de la Société d'archéologie et de statistique de la Drôme.*)

740. Valois (Noël). Le Projet de mariage entre Louis de France et Catherine de Hongrie et le voyage de l'empereur Charles IV à Paris (janvier 1378). Paris, 1893. In-8°, 15 p. (Extrait de l'*Annuaire-Bulletin de la Société de l'histoire de France.*)

741. Vaticanische Miniaturen. Herausgegeben und erläutert von Stephan Beissel, S. J. Quellen zur Geschichte der Miniaturmalerei. Miniatures choisies de la bibliothèque du Vatican. Freiburg-i.-B., Herder, 1893. In-4°, viii-59 p., 30 planches en phototypie.

742. Vie de la bienheureuse Alpaïs, vierge de Cudot, au diocèse de Sens (1150 à 1211), publiée pour la première fois en latin d'après un manuscrit chartrain du xiiie siècle et précédée d'une introduction française résumant la vie de la sainte et reproduisant les documents historiques qui la confirment, l'abrègent ou la complètent, par l'abbé P. Blanchon. Marly-le-Roi, l'auteur, 1893. In-8°, 239 p., gravures et planches.

743. Viollet (Paul). Comment les femmes ont été exclues en France de la succession à la couronne. Paris, C. Klincksieck, 1893. In-4°, 58 p. (Extrait des *Mémoires de l'Académie des inscriptions et belles-lettres,* t. XXXIV, 2e partie.)

744. Waitz (Georg). Deutsche Verfassungsgeschichte. V. Die deutsche Reichsverfassung von der Mitte des vii. Jahrhunderts. 1. Zweite Auflage, bearbeitet von Karl Zeumer. Berlin, Weidmann, 1893. In-8°, xvi-515 p. 13 m.

745. Windecke (Eberhart). Denkwürdigkeiten zur Geschichte des Zeitalters Kaiser Sigmunds. Zum ersten Male vollständig herausgegeben von Dr Wilh. Altmann. Berlin, H. Heyfelder, 1893. In-8°, xlviii-592 p.

746. Wodon (Louis). La Forme et la garantie dans les contrats francs. Étude d'histoire du droit. (Thèse.) Malines, L. et A. Godenne, 1893. In-8°, 239 p.

747. Zeidler (Victor). Die Quellen von Rudolfs von Ems Wilhelm von Orlens. Eine kritische Studie. Berlin, E. Felber, 1894. In-8°, 356 p.

748. Zimmer (Heinrich). Nennius vindicatus. Ueber Entstehung, Geschichte und Quellen der *Historia Brittonum.* Berlin, Weidmann, 1893. In-8°, viii-342 p. 12 m.

CHRONIQUE ET MÉLANGES.

— Par arrêté du 13 novembre 1893, notre confrère M. Guibert a été nommé stagiaire au département des estampes de la Bibliothèque nationale.

— Par arrêté du 18 novembre 1893, ont été nommés, dans le cadre du personnel de la Bibliothèque nationale, nos confrères :

MM. Trudon des Ormes, sous-bibliothécaire au département des imprimés ;
   Nerlinger et Batiffol, stagiaires au même département;
   Dorez, stagiaire au département des manuscrits.

— Par arrêté du 18 décembre, notre confrère M. Henri Moranvillé a été nommé bibliothécaire honoraire au département des manuscrits de la Bibliothèque nationale.

— Par arrêté en daté du 18 juillet, notre confrère M. Pierre de Vaissière a été nommé archiviste aux Archives nationales.

— Par arrêté en date du 9 novembre, notre confrère M. Noël Valois a été nommé archiviste honoraire au même établissement.

— Par arrêté en date du même jour, notre confrère M. Frédéric Sœhnée a été nommé archiviste au même établissement.

— Par décret en date du 29 juillet, notre confrère M. Lemonnier est chargé d'un cours d'histoire de l'art à la Faculté des lettres de Paris. Par décret en date du même jour, il est chargé de faire deux conférences par semaine à ladite Faculté.

— Notre confrère M. le vicomte Henri de Manneville a été nommé troisième secrétaire de l'ambassade de France à Berlin.

— Notre confrère M. Georges Salles a été nommé, le 17 juin, auxiliaire attaché aux travaux de l'Académie des sciences morales et politiques, pour la collection des Ordonnances des rois de France.

— Par arrêté du garde des sceaux en date du 20 novembre 1893, une commission de treize membres a été instituée à l'effet d'examiner les mesures les plus propres à assurer la conservation des anciennes minutes notariales et, s'il y a lieu, leur communication.

Font partie de cette commission nos confrères :

MM. DE ROZIÈRE, président ;
SERVOIS ;
DESJARDINS
et COÜARD.

— Par arrêté en date du 5 décembre, notre confrère M. Ernest Langlois, professeur à la Faculté des lettres de Lille, est nommé membre du conseil académique de Lille.

— Aux élections qui ont eu lieu le 20 août et le 3 septembre pour le renouvellement intégral de la Chambre des députés, nos confrères MM. Argeliès, Beauquier, Louis Passy, Pelletan, Philipon, anciens députés, ont été réélus.
Notre confrère M. Lefoullon a été élu député.

— Aux élections partielles qui ont eu lieu le 17 décembre, notre confrère M. de Lasteyrie a été élu député.

— Par arrêté en date du 14 janvier 1894, nos confrères MM. Batiffol, Corda, Couraye du Parc et Lefranc ont été nommés officiers d'Académie.

— L'Académie des inscriptions et belles-lettres a tenu sa séance publique annuelle le 24 novembre 1893. Nous reproduisons les passages du discours du président, M. Émile Senart, relatifs aux récompenses obtenues par plusieurs de nos confrères et aux travaux des archivistes paléographes membres de l'École française de Rome :

« M. Ernest Babelon, continuant la revue du dépôt confié à sa charge, a, sous la forme modeste d'un catalogue, publié un véritable traité, complet, bien informé, de la numismatique des Perses achéménides, des Satrapes et des villes tributaires de Chypre et de Phénicie. En un sujet hérissé d'incertitudes, il n'a ni pu ni prétendu dissiper toutes les ombres. Il a fait faire un pas considérable à un des chapitres les plus difficiles de la numismatique orientale. Le prix fondé par M. Allier de Hauteroche ne pouvait aller en meilleures mains.

. . . .

« C'est d'un point tout spécial de notre passé que s'est préoccupé M. de la Fons-Mélicocq en vous chargeant de couronner le meilleur ouvrage sur l'histoire et les antiquités de la Picardie et de l'Ile-de-France. M. Labande a bien mérité de cette étude par son *Histoire de Beauvais et de ses institutions communales jusqu'au commencement du XVe siècle*. Suppléant à l'insuffisance des archives publiques, il a su tirer parti de vastes collections particulières. Il a consacré à débrouiller les origines locales les plus judicieux efforts.

. . . .

« Le second prix (de la fondation du baron Gobert) est pour M. Lecoy de la Marche, auteur d'une laborieuse étude sur les *Relations politiques de la France avec le royaume de Majorque.* Ces relations ont été, à vrai dire, limitées par la durée et par la portée. Le royaume de Majorque, constitué en 1229 par Jacques Ier d'Aragon, disparut vers la fin du XIVe siècle. Parmi ses dépendances figurait Montpellier. C'est par la suzeraineté qu'ils exerçaient sur cette ville que nos rois furent amenés à s'immiscer dans les affaires des souverains de Majorque, dans leurs luttes avec l'Aragon, dans leurs négociations avec les papes d'Avignon. Au XIIIe siècle, l'influence de la France et l'action de ses rois sont partout. Ils n'intervinrent pourtant de ce côté à main armée que par la désastreuse expédition de Philippe le Hardi, en 1285. Le livre de M. Lecoy de la Marche n'intéresse donc notre histoire nationale que par des épisodes assez courts ou peu saillants. Mais il est le fruit d'un effort vraiment considérable. L'auteur n'a négligé aucun genre d'information : exploration de toutes les archives, étude minutieuse des lieux, rien n'a été épargné. Armé de beaucoup de faits nouveaux, il les a mis habilement en lumière.

. . . .

« Si les récompenses [du concours des antiquités de la France] sont plus modestes, elles ne sont pas moins honorables. Plus nombreuses, elles le sont encore trop peu ; et, bien que cette année ait mis en ligne moins de concurrents que vous n'en comptez d'ordinaire, comme d'ordinaire vous avez été obligés de laisser à l'écart plus d'un essai que vous eussiez aimé à encourager. C'est la condition, c'est un peu aussi l'honneur des concours.

« Aucun spectacle plus passionnant que la lutte du patriotisme qui s'ingénie, dans des conjonctures difficiles, à force de patience, de souplesse, à désarmer la fortune contraire, à suppléer par d'habiles combinaisons à l'insuffisance des ressources épuisées. C'est ce spectacle qu'a mis sous nos yeux M. Gilbert Jacqueton en étudiant la politique extérieure de la régente pendant la captivité de François Ier, en 1525 et 1526. Au prix de recherches étendues, poursuivies avec un souci de l'exactitude qui se contente difficilement et ne ménage aucune vérification, avec une netteté parfois un peu sèche mais toujours judicieuse, l'auteur a mis dans son vrai jour la figure sensée, active, persévérante de Louise de Savoie, la politique âpre et tenace d'Henri VIII et de Wolsey. M. Jacqueton avait, l'an dernier, obtenu une mention honorable ; en lui décernant cette fois la première médaille, vous saluez l'espérance d'un historien érudit et consciencieux.

. . . .

« *Les Comptes consulaires de la ville de Riscle* s'étendent sur quarante-neuf années comprises entre 1441 et 1507. La justification de la plupart des dépenses qu'ils énumèrent leur assure un intérêt historique ; il se double de l'intérêt philologique qui s'attache à un spécimen du dialecte gascon. L'Académie a attribué aux éditeurs, MM. Parfouru et de Carsalade du Pont, la seconde mention, non sans regretter quelques lacunes, quelques inégalités dans les index, en regrettant surtout que l'auteur de l'introduction, pour la publier avec le premier fascicule, se soit privé d'y incorporer les renseignements contenus dans la suite du commentaire et de lui donner toute l'ampleur que ce morceau considérable eût comportée.

. . . .

« A Rome, M. Sœhnée a dépouillé dans les archives du Vatican les registres des lettres secrètes d'Innocent VI pour les quatre premières années de son pontificat. Ses extraits éclairent les affaires générales de France, notamment les rapports du roi Jean avec Édouard III et avec Charles le Mauvais. Grâce à lui, nous suivons les efforts très sincères, malheureusement infructueux aussi, que le pape mit au service de notre pays dans ces heures sombres. Les registres suivants sont, paraît-il, moins instructifs pour notre histoire. Il eût été cependant souhaitable d'étendre ce travail au pontificat tout entier. — C'est aux registres d'Urbain IV que s'est attaqué M. Dorez. Son court mais judicieux mémoire servirait utilement d'introduction à une édition de ces pièces, qui nous intéressent tout particulièrement. »

— Les publications de MM. Jacqueton et Parfouru sont appréciées dans les termes suivants par M. Longnon, rapporteur du concours des antiquités de la France :

« La première médaille a été décernée à M. Gilbert Jacqueton, conservateur adjoint de la bibliothèque-musée d'Alger, pour son œuvre : *la Politique extérieure de Louise de Savoie. Relations diplomatiques de la France et de l'Angleterre pendant la captivité de François Ier*, 1525-1526 (Paris, 1892, in-8º), qui forme un volume de la « Bibliothèque de « l'École des hautes études. » —L'objet de ce livre est l'étude des négociations par lesquelles Louise de Savoie, investie de la régence du royaume de France depuis le départ de François Ier pour l'Italie en 1524, parvint à détacher Henri VIII de l'alliance qu'il avait précédemment conclue avec Charles-Quint. Ces négociations, dont le résultat fut si favorable à notre pays, font grand honneur à la régente et aux agents qu'elle a dirigés. Le récit très détaillé qu'en présente M. Jacqueton est presque uniquement fondé sur des documents étudiés avec critique et dont beaucoup n'avaient point encore été mis à contribution. Sur beaucoup de points, les historiens anglais ou français qui ont traité des mêmes faits sont rectifiés, et de l'ensemble des recherches se dégagent des idées très personnelles, en même temps que très justes, sur la politique de Louise de Savoie, comme sur le caractère de Henri VIII et de son ministre le cardinal Wolsey. M. Jacqueton ne s'est pas borné à employer les recueils imprimés, il a fait de fructueuses recherches aux Archives nationales, en divers dépôts départementaux, au Musée britannique et au Record Office. Si la vaste collection des *Calendars,* publiée par le gouvernement anglais, lui a été d'un précieux secours, il ne s'est cependant pas contenté des analyses qu'il trouvait toutes faites dans ces volumineux recueils : autant qu'il l'a pu, il les a vérifiées sur les originaux et non sans profit. Son exposé de transactions compliquées et souvent obscures est toujours clair et intéressant. On pourrait toutefois lui reprocher certaines longueurs, un développement un peu exagéré donné à des événements secondaires. Mais, somme toute, son livre dénote une critique déjà exercée et un sens historique fort droit.

. . . .

« La seconde mention honorable est accordée à la publication que MM. Paul Parfouru, ancien archiviste du département du Gers, et J. de Carsalade du Pont ont faite des *Comptes consulaires de la ville de Riscle,* de 1441 à 1507 (Paris et Auch, 1892, in-8ᵉ), pour la Société historique de Gascogne. — Ces comptes sont intéressants à la fois comme document historique et comme texte de langue. Les motifs de dépense sont ordinairement indiqués avec une telle précision que l'ensemble a presque la physionomie d'une chronique. Malheureusement ils ne se rapportent pas à toute la période comprise entre les années 1441 et 1507; cette période présente de graves lacunes, portant sur les années 1453 à 1460 et 1463 à 1472, si bien que la collection publiée n'embrasse en réalité que les comptes de quarante-neuf années. Le texte, en dialecte gascon, des comptes de la ville de Riscle est précédé d'une introduction qui, publiée avec le premier fascicule du volume, n'offre pas toute la précision qu'elle aurait pu avoir si elle n'avait été rédigée qu'après l'impression complète des documents. Il est évident qu'il eût été loisible alors aux éditeurs de faire entrer dans l'introduction, qui porte la seule signature de M. Parfouru, une partie des renseignements contenus dans les notes et qu'ils auraient ainsi placé en tête de leur publication un morceau capital de nature à lui donner une grande valeur. Le glossaire qui accompagne le texte des comptes est suffisant. On n'en saurait dire autant de la table analytique, appendice toujours si précieux de documents du genre de ceux-ci. Non seulement l'ordre alphabétique n'y est point rigoureusement observé, mais tous les passages où figure un nom propre n'y sont pas rappelés. Malgré ces petites imperfections, la commission a été heureuse de pouvoir témoigner aux deux éditeurs l'estime que lui inspire leur travail. »

— L'Académie des inscriptions et belles-lettres a mis au concours les questions suivantes, dans l'ordre des études du moyen âge :

I. *Étude sur la chancellerie royale depuis l'avènement de saint Louis jusqu'à celui de Philippe de Valois.* (Prix ordinaire, 1895.)

II. *Étude sur les traductions d'auteurs profanes exécutées sous les règnes de Jean II et de Charles V.* (Prix Bordin, 1896.)

III. *Étude critique sur l'authenticité des documents relatifs aux emprunts des Croisés.* (Prix Bordin, 1896.)

IV. *Étude sur les vies de saints traduites du grec en latin jusqu'au Xe siècle.* (Prix Bordin, 1896.)

— L'Académie des sciences morales et politiques, sur la fondation Le Dissez de Penanrun, a décerné une médaille à notre confrère M. Frantz Funck-Brentano, pour son ouvrage intitulé : *Catalogue des archives de la Bastille.*

CORRECTION AU TEXTE D'UNE DES SENTENCES DE VARRON.

L'une des *Pensées* de Varron, publiées par Quicherat dans la *Bibliothèque de l'École des chartes*, 3e série, t. I, p. 12, no 104, porte : « Hæreditarium putes quidquid *audisti; lucrum autem quod inveneris.* » La même leçon est donnée par Chappuis, *Sentences de Varron*[1], p. 92, no 124. Au lieu de *audisti,* il faut lire *adisti.* C'est une allusion à l'adition d'hérédité, sur laquelle on peut consulter notamment : Gaius, *Instit.,* H, 162, 163; Ulpien, XXII, 27; Ulpien au *Digeste,* XXIX, II, *De acq. vel omitt. hereditate,* 69.   P. VIOLLET.

HUGUES DU PUISET, CHANCELIER DE PHILIPPE-AUGUSTE.

Dans l'introduction au *Catalogue des actes de Philippe - Auguste,* p. LXXXV, il a été dit que les actes nos 1, 2, 3, 4, 5, 6, 7, 8, 11 et 12 ont été donnés par la main d'un chancelier qui s'appelle *Hugo secundus.*

Cette affirmation a paru téméraire à M. Al. Cartellieri, qui, dans ses savantes recherches sur l'avènement de Philippe-Auguste[2], s'exprime ainsi au sujet de ces dix actes : « Les nos 1, 6, 7, 11 et 12 sont inédits. Dans le no 3, autant qu'on en peut juger sur la foi des éditions, la formule relative au chancelier manque tout à fait. Dans le no 5, l'édition de Mabillon ne donne pas le *secundus* devant Hugues. L'examen des originaux montrerait peut-être qu'une erreur s'est glissée dans les notes de M. Delisle. »

Il est regrettable que M. Cartellieri n'ait pas pris la peine de vérifier les textes indiqués dans le Catalogue. Il aurait constaté que les dix actes auxquels il fait allusion contiennent tous, sans exception, la formule :

---

1. Voir, sur cette édition de Chappuis, Ritschl, dans *Museum für Philologie,* Neue Folge, t. XII, p. 147-154.

2. *Revue historique,* t. LIV, p. 32. Janvier-février 1894.

Data per manum secundi Hugonis cancellarii. Les observations qu'il fait sur les nᵒˢ 3 et 5 n'ont aucun fondement. La formule *Data per manum secundi Hugonis cancellarii* se lit dans les éditions que Juénin et Guillaume ont données de la charte de l'évêché de Mâcon (nᵒ 3 du Catalogue). Quant au nᵒ 5, charte des Bons Hommes de Chappes en Bois, si le mot *secundi* est omis dans l'édition de Mabillon avant le mot *Hugonis,* il se trouve dans l'exemplaire transcrit au fol. 163 vᵒ du registre F de Philippe-Auguste.

On peut donc tenir pour constant, malgré les doutes de M. Cartellieri, que les nᵒˢ 1-8, 11 et 12 du Catalogue des actes de Philippe-Auguste renferment la formule *Data per manum secundi Hugonis cancellarii.* Il y a plus. La même formule se trouve encore en 1180 dans un acte de Philippe-Auguste inséré au Petit Cartulaire de l'Hôtel-Dieu de Paris.

Sur ce détail diplomatique, la critique de M. Cartellieri n'a donc pas l'ombre de vraisemblance. Mais cet auteur peut avoir raison quand il est porté à ne voir qu'un seul et même chancelier dans le *Hugo secundus* des chartes de 1180 et dans le *Hugo* des chartes de 1180-1185. L'argument qu'il tire d'une lettre adressée au pape Luce III [1] par Étienne de Tournai est à prendre en considération et permet de supposer que Hugues du Puiset a été chancelier de France depuis 1179 jusqu'en 1185. **L. D.**

NOTE SUR QUELQUES MANUSCRITS DE LA REINE CHRISTINE [2].

Le R. P. Ehrle, dont la générosité égale le savoir, a communiqué à M. Léon Dorez un important document sur l'histoire de la bibliothèque de la reine Christine, document que M. Dorez a publié en 1892 dans la *Revue des Bibliothèques* (p. 129-140).

Jusqu'ici, on se perdait en conjectures sur le sort d'un certain nombre de manuscrits qui avaient fait partie autrefois de la bibliothèque de la reine; on en trouvait l'indication dans le catalogue donné de cette bibliothèque dans la *Bibliotheca bibliothecarum* de Montfaucon, et on les cherchait vainement dans le catalogue actuel du fonds de la reine à la bibliothèque du Vatican.

---

1. Et non pas Lucien III, comme on l'a imprimé dans la *Revue historique,* p. 32 et 33.

2. Nous devons la communication de cette note à l'obligeance de M. Paul Fabre, ancien membre de l'École française de Rome, dont les travaux sur le *Liber censuum* ont obtenu un si légitime succès.

De là grand émoi chez les érudits.

Pourtant, une note insérée dans le livre de M. l'abbé Batiffol, sur *la Vaticane de Paul III à Paul IV* (paru en 1890), aurait bien dû ouvrir les yeux. Le 27 octobre 1690, Emmanuel Schelstrate, premier custode de la Vaticane, annotant un inventaire des manuscrits de la reine Christine, conservé aujourd'hui encore à la Vaticane sous le numéro 7138 du fonds Vatican latin, écrivait ce qui suit :

« La Santità di nostro Signore Alessandro VIII havendo con il proprio denaro comparata la libraria della Regina di Suetia, ha donato alla libraria Vaticana gli codici manoscritti, eccetuati settanta duoi, chi sono dati al archivio apostolico, e ducenti quaranta alteri la piu grand parte duplicati, che sua Beatitudine ha ritenuti per uso della propria sua libraria. E questa notitia s'e messa al principio di questo indice, accio che nisciuno ricerca al avenire o pensi repetere predetti codici, chi in questo indice sono notati con le lettere A et B, la prima significando gli codici dati al Archivio e la seconda gli codici da Sua Beatitudine ritenuti. » (Batiffol, *ouvr. cité*, p. 60.)

L'inventaire contenu dans le ms. Vat. lat. 7138 représentait donc l'état du fonds de la reine au moment où il fut transporté au Vatican, et il était facile de relever dans cet inventaire les 72 numéros marqués d'un A pour avoir la liste des manuscrits qui devaient être distraits de ce fonds et affectés aux Archives.

Le document publié par M. Dorez contient cette liste toute faite[1] et nous apprend en même temps que les manuscrits désignés pour les Archives y ont été effectivement déposés; cela est important. En publiant cette liste, M. Dorez ajoutait que « les 72 manuscrits de la reine donnés aux Archives du Vatican par le pape Alexandre VIII y sont restés jusqu'ici et que, selon toute probabilité, ils seront prochainement transférés à leur véritable place, c'est-à-dire à la Vaticane. »

A vrai dire, il ne doit plus en rester beaucoup aux Archives Vaticanes, et nombre d'entre eux figurent depuis longtemps dans les armoires de la bibliothèque Vaticane, à la suite du fonds Ottoboni : il est vrai qu'ils y sont venus par un chemin bien détourné!

On n'a pas oublié la très intéressante communication qu'a faite ici même M. Lucien Auvray, sur les manuscrits français de la collection du baron Philippe de Stosch[2].

M. Auvray a remarqué que plusieurs des manuscrits français du baron de Stosch provenaient de la bibliothèque de la reine Christine, par un intermédiaire, qui, d'après lui, restait à déterminer.

---

1. Archives Vaticanes, arm. LVI, n° 3. Cette armoire contient de nombreux documents pour l'histoire de la bibliothèque et des archives du Saint-Siège.

2. *Bibl. de l'Éc. des chartes*, t. XLIX (1888), p. 706-708.

Peut-être y a-t-il eu plusieurs intermédiaires, mais le premier a été l'*Archivio segreto* lui-même. Singulier intermédiaire en vérité, et qui a bien trompé les espérances qu'on mettait en lui !

La provenance de trois manuscrits qui figuraient dans la bibliothèque du célèbre baron m'était déjà suspecte ; j'avais retrouvé chez lui deux manuscrits du *Liber censuum* et un manuscrit du cardinal d'Aragon, dont je constatais, un siècle plus tôt, la présence indéniable dans les Archives du Saint-Siège[1]. Voici maintenant que nous retrouvons dans sa bibliothèque au moins quarante-six des soixante-douze manuscrits qu'Alexandre VIII avait distraits du fonds de la reine pour les donner aux Archives.

Il y a là une piste à suivre. J'ai bien souvent importuné les archivistes du Vatican en leur demandant tel ou tel volume dont je trouvais l'indication dans les anciens inventaires, et bien souvent j'ai cru que le fatal *Non c'è* qui m'était répondu n'était qu'une formule commode pour écarter un gêneur. Maintenant, je puis affirmer, à la décharge des archivistes d'aujourd'hui, que les portes de ce dépôt, si obstinément fermées jadis aux investigations érudites, se sont montrées plus faciles aux collectionneurs de manuscrits. Lorsque le grand pape Léon XIII a ouvert si libéralement les Archives du Saint-Siège aux historiens de tous pays, il a non seulement bien mérité de l'Histoire, mais aussi, à mon avis, des Archives elles-mêmes : la publicité même des Archives les gardera, à l'avenir, mieux que n'a pu le faire le secret d'autrefois !

Je ne sais comment le baron de Stosch a rencontré sur sa route tant de manuscrits soustraits au dépôt qui en avait la garde. Toujours est-il que ce fin connaisseur prit en pitié ces manuscrits errants et leur donna généreusement un asile dans sa bibliothèque. On écrit maintenant l'histoire de beaucoup de bibliothèques ; celle du baron de Stosch mériterait une étude. ·

Lorsque Philippe de Stosch mourut, sa bibliothèque fut mise en vente ; les collections apostoliques rentrèrent alors, par voie d'achat, en possession de quelques-uns des manuscrits qui leur avaient été dérobés, — et ces manuscrits ont été versés, pour la plupart, dans le fonds Ottoboni, que le pape Benoît XIV venait précisément d'acheter pour la Vaticane.

Voici une liste de manuscrits, provenant de l'ancien fonds de la reine Christine, qui, après avoir été transportés aux Archives par ordre d'Alexandre VIII, ont émigré plus tard chez le baron de Stosch, d'où ils sont ensuite revenus au bercail, c'est-à-dire au Vatican. Cette liste n'est elle-même qu'une indication : il pourrait être intéressant, pour un

---

1. De même, selon toute probabilité, les *Gesta pauperis scholaris Albini* et le traité *De officio collectoris*, de Pierre Griphi, sont passés des Archives Vaticanes dans la collection du baron de Stosch.

de mes jeunes confrères de l'École de Rome, de la compléter et de la rectifier s'il y a lieu.

BIBLIOTHÈQUE DE LA REINE (Nᵒˢ DE MONTFAUCON).	BIBLIOTHÈQUE DE STOSCH.	FONDS OTTOBONI AU VATICAN.	BIBLIOTHÈQUE DE LA REINE (Nᵒˢ DE MONTFAUCON).	BIBLIOTHÈQUE DE STOSCH.	FONDS OTTOBONI AU VATICAN.
91	A. CCXXXVII	2795	726	F. XXV	2952
144	F. XXVI	2960	773	A. CCXXXVI	
160¹	A. LXIII		795	F. XIV	3083
170	A. LXXXVI		799	F. XXXII	2962
180	A. XXXI		824	F. XXVIII	2955
211²	M. XXVI		830	F. XXX	
219	A. CLXXXIV		849	M. XXXIII	
233	A. LXXVI (?)		855	F. XXXIV	
253	F. V	2939	1177	F. XXXV	2964
259	F. IX (?)		1178	F. XI	2945
318	A. CLXXXV (?)		1184	A. CLX	
339	A. LXXVII		1224	F. XX	3079
367	A. LXXV		1226	H. XXXIX	
385³	A. CCXXIII	2791	1232	M. L (?)	
386	H. VII	3058	1248	H. XXXVIII	3025
509⁴	A. CCXXXI		1251	F. XXXVII	2966
544	A. CLIII		1267	A. XCII	3081
549	A. XLIV		1340	F. XXXVIII [Vat. 7241]	
563	A. CLXVI		1345	E. XXVI	
567	M. XIV		1533	H. XX	3008
701	F. XIX		1601	H. XXI	
703	A. CCXXXIII	2791	1630	M. XXIII	3026
706	F. XXIX		1880	H. XXVI	
710	A. CLXXXVIII		2116⁵	A. LXX	2635
725	F. XIII	3086	2137	F. XXXVI	

LE CHARTRIER DU CHATEAU DE DURTAL.

Bien que les chartriers particuliers soient communs en France, il en est qui présentent un intérêt assez grand pour qu'on les signale. C'est

1. Nᵒ 161, dans le document publié par M. Dorez.
2. Nᵒ 277 dans le même document.
3. Le même document attribue à tort au nᵒ 386 le contenu du nᵒ 385 et omet le nᵒ 385.
4. Ce nᵒ 509 est celui qui est indiqué dans le document de M. Dorez : sous ce numéro, Montfaucon donne autre chose, et j'ai cherché en vain ce *Registre des lettres du roi de Chypre* parmi les autres numéros de son Catalogue.
5. Les nᵒˢ 2116 et 2137 ne se trouvent pas dans Montfaucon.

à ce titre que j'indique les archives du château de Durtal, en Anjou, archives dont j'ai eu la bonne fortune de trouver des restes, il y a quelques mois, chez M. Bouchet, conseiller général de la Sarthe, à Bazouges, et que celui-ci a bien voulu me permettre de dépouiller à loisir. Le grand-père de M. Bouchet, ami du dernier des La Rochefoucauld qui posséda et vendit Durtal en 1808, reçut de lui, en même temps que le don d'un ancien et splendide mobilier de salon en tapisserie de Beauvais, l'autorisation de puiser, dans les archives du château, les documents qui lui sembleraient intéressants. Nul ne sait ce qu'est devenu le fonds principal de ces archives, mais les pièces que M. Bouchet a sauvées de l'oubli, au nombre d'une centaine, fournissent à elles seules des renseignements qu'on chercherait vainement ailleurs sur les possesseurs successifs de Durtal.

J'ai classé ces pièces en plusieurs sections, dont voici un aperçu :

1o Copies (xve au xviie s.) et originaux d'actes du xie au xvie siècle, relatant des fondations et donations faites par les seigneurs de Mathefelon et de Durtal.

2o 1243-1778. Titres de famille et de propriétés des sieurs et dames de Mathefelon, de la Roussière, de la Haye, de Husson, de Chalon, de la Jaille, du Mas, d'Espinay, de Scépeaux, de Schomberg et de la Rochefoucauld.

3o 1210-1787. Aveux et déclarations rendus aux seigneurs de Durtal et de Mathefelon.

4o 1461-1673. Aveux et déclarations rendus aux possesseurs de divers fiefs relevant de Durtal et de Mathefelon.

5e 1269-1770. Actes concernant diverses personnes du pays de Durtal et autres, dont les de Bois-Saint-Père, de Noireux, de Broons, de Brézé, de Villeblanche, de Baïf, Le Bigot d'Espiez, de Crochard, Miette de Lessart, Arthuis, Lenoir du Bourg et Aumont de Bazouges.

Parmi ces documents, je cite comme plus précieux une lettre autographe de Louis de Rohan à M. d'Espinay (sans date d'année, xvie s.), des instructions données au sieur de Vieilleville envoyé en Allemagne (5 pages, avec signature de la main de Charles IX, 25 mars 1560, anc. st.), un plan de la forêt de Chambiers (xviiie s.) et divers actes concernant le maréchal de Vieilleville.   A. Planchenault.

NOTRE-DAME-DU-PRÉ, A PONT-AUDEMER.

L'église Notre-Dame-du-Pré, à Pont-Audemer, était un joli monument du xiie siècle, d'un style simple et excellent, assez bien conservé[1]. Elle servait, depuis le commencement de ce siècle, de magasin

1. Canel, *Notice sur les monuments religieux les plus remarquables de l'ar-*

à écorces. Elle a été vendue l'an dernier, et le nouveau propriétaire, sans doute égaré par une fausse esthétique, lui a fait subir les mutilations suivantes : le toit a été enlevé; les murs, les colonnes et les chapiteaux ont été grattés; quelques chapiteaux, la plupart des corbeaux sculptés que M. Canel signalait, en 1838, avec raison, comme remarquables, ont été descellés, et l'on s'en est servi pour édifier, dans le jardin voisin du propriétaire, — un jardin d'usine, — une construction très bizarre, qui ressemble assez aux murailles d'un château de dominos. Faire de fausses ruines avec des vraies, cette opération, qui aurait comblé de joie Bouvard et Pécuchet, s'il leur eût été donné de s'y livrer, a été accomplie à Pont-Audemer, en 1893, sans soulever d'objection.   Ch.-V. Langlois.

INSCRIPTION FRANÇAISE

TROUVÉE DANS L'ILE DE CHYPRE.

En creusant un terrain pour établir les fondements d'une construction domestique au village de Chiti, près de Larnaca, dans l'île de Chypre, les ouvriers ont récemment mis à découvert une grande dalle de marbre blanc, sur laquelle est gravée l'effigie d'une femme vêtue de longs habillements et tenant les mains élevées et rapprochées, s'appuyant sur la poitrine. Autour de la dalle, on lit l'inscription suivante :

✝

[ICI GIST] DAME. SIMONE.

FILE. DE. SIRE. GVILIAME. GVERS.

FEME. DE. SIRE. RENIER. DE.

GIBELET. Q. TRESPASA. LAN. DE.

M. CCC. LI. A. V. IORSS. D. NOVENBE.

Les Giblet étaient une des grandes familles des royaumes de Chypre et de Jérusalem. Les Guers ou Cuers sont inconnus.

Le nom du village de Chiti est certainement issu du nom de *Citium*, mais la situation de Chiti ne peut correspondre à l'emplacement de l'antique ville, qui était un port de mer et dont les ruines s'étendent de la ville de Larnaca à la plage de la Scala. Les navires n'auraient pu aborder aux terrains plus élevés sur lesquels se trouvent les jardins et le village. Les rois Lusignans avaient fait construire sur ce site agréable et sain un château de plaisance que l'on appelait *le Quid.*

L. de Mas Latrie.

rondissement de Pont-Audemer, dans le *Bulletin monumental,* IV (1838), p. 390. — L. Delisle et L. Passy, *Mémoires et notes de M. Aug. Le Prévost pour servir à l'histoire du département de l'Eure,* t. II, 2ᵉ partie, p. 557.

NAVAL RECORD SOCIETY.

Il vient de se fonder en Angleterre une Société spécialement consacrée à l'étude de l'histoire et de l'archéologie maritimes : le public français doit y prendre un intérêt tout particulier, à cause des luttes séculaires dont la Manche et la mer du Nord ont été les témoins. Les guerres de Charles H, de Guillaume III et de la reine Anne sont imparfaitement connues. Il y a des centaines de liasses au Record Office vierges de toute investigation ; il y a des centaines de documents au British Museum et dans des collections privées que signalent les rapports de la Commission historique des manuscrits. Parmi les publications proposées, relevons les lettres de lord Howard, 1587-88 ; les six dialogues maritimes de Boteten, 1630 ; les traités de Mouson, 1640 ; les lettres de Blake et de l'escadre méditerranéenne pendant les guerres anglo-française et anglo-hollandaise, 1652-57 ; le journal de bord du capitaine Stephen Martin (fin du XVIIᵉ s.), etc. Le secrétaire de la Société, Prof. J. K. Langhton (Catesby house, Manor road, Barnet), reçoit les adhésions ; la souscription annuelle est de 26 francs (une guinée).

ANGLO-NORMAN RECORD SOCIETY.

On annonce aussi le projet de fonder à Londres une association pour la publication des anciennes chartes et des anciens cartulaires des abbayes normandes et anglaises. Le prix de la souscription annuelle serait de deux guinées. Les adhésions sont reçues par M. W. A. Lindsay, Carlton Club, Pall Mall, London, S. W.

MAÎTRE BERNARD[1].

« Cher confrère,

« Permettez-moi de défendre une de mes assertions déjà vieilles, que M. Ch.-V. Langlois a cru devoir combattre dans un des derniers cahiers de votre *Bibliothèque*. Je ne prends la plume pour traiter de nouveau ce sujet qu'afin de rendre plus claire une démonstration qui n'a pas semblé l'être. M. Langlois a été si bienveillant pour moi dans son article que je regrette d'avoir à le contredire ; mais la question est historique, et, quand il s'agit d'histoire, il ne faut jamais hésiter à dire ce qu'on estime vrai.

1. La lettre suivante a été adressée au président du Comité de publication, à l'occasion du mémoire qui a été publié à la page 225 du présent volume, sous le titre de : *Questions d'histoire littéraire. Maître Bernard.*

« Oui, j'ai pendant longtemps admis, avec tout le monde, que Bernard de Chartres et Bernard *Silvestris* étaient la même personne diversement qualifiée. Plus tard, ayant reconnu que Bernard de Chartres avait professé d'abord à Chartres, puis à Paris, et Bernard *Silvestris* à Tours, j'ai distingué l'un de l'autre, malgré l'apparente conformité de leur doctrine.

« M. Langlois vient d'opposer une conjecture à cette distinction, supposant que Bernard de Chartres a pu, quittant Paris, se rendre à Tours et, par un hasard quelconque, être dès lors appelé *Silvestris* après l'avoir été jusqu'alors *Carnotensis*.

« Cette conjecture ne paraît pas, dès l'abord, facilement acceptable. On sait que Bernard de Chartres, chancelier de l'église de Chartres de l'année 1124 à l'année 1126, vint ensuite à Paris, où Jean de Salisbury l'entendit professer en 1136. On sait, en outre, qu'il vivait encore en 1141. Cette dernière date est, en effet, celle d'une lettre à son adresse de son ancien disciple Gilbert de la Porrée. Or, comme Jean de Salisbury, l'appelant *senex Carnotensis,* nous le montre en 1136 déjà chargé d'années, on doit tenir pour invraisemblable qu'il ait, après 1141, comme le suppose M. Langlois, été chercher à Tours un moins nombreux et conséquemment moins honorable auditoire que celui de Paris. On doit d'autant moins le croire qu'il aurait dû vivre, d'après son propre témoignage, jusqu'en 1153.

« Mais voici un argument bien plus fort en faveur de la distinction que nous avons proposée. Il nous est fourni par Matthieu de Vendôme.

« Nous citons de nouveau ces vers, par lesquels Matthieu de Vendôme nous informe qu'il a fait ses premières études dans la ville de Tours, sous la discipline de Bernard *Silvestris :*

> Me docuit dictare decus Turonense magistri
> Silvestris, studii gemma, scolaris honor.
> Dictando didici quid scribat amicus amico,
> Subjectus domino mancipioque potens.

« Eh bien, quand le jeune Matthieu fut-il, à Tours, un des écoliers de Bernard *Silvestris?* C'est là ce qu'il importe de rechercher.

« Nous le voyons encore à Tours, au déclin de sa vie, achevant sa *Tobiade* sous le pontificat de son compatriote Barthélemy de Vendôme :

> Quæ tibi dat metra Vindocinensis alumnus
> Perlege Parisius, Aurelianis habe.
> Vos mihi nutrices ; Martinopolis alma
> Mater, ubi patrui, sed patris, ossa jacent ;
> Vernat ubi præsul mihi compatriota...

« Barthélemy de Vendôme fut élevé sur le siège de Tours en 1174. Il est donc prouvé que Matthieu résidait à cette date dans la ville de Tours.

« Mais d'où venait-il? Il venait de Paris, où il avait fait un séjour de dix ans et qu'il avait quitté misérable, criblé de dettes :

> Parisius studui duo per quinquennia, rebus
> Exhaustis, regimen præsidiale peto...
> Parisiensis humus bursæ prædaria, sumptus
> Prodiga, res patulo sorbuit ore meas...
> Heu ! careo libris, quia sumptus prodiga nostrum
> Hausit marsupium Parisiensis humus...

« En supposant donc que, mettant la dernière main à sa *Tobiade* au cours de l'année 1175, il fût alors, ce qui n'est guère probable, tout nouvellement rentré dans la ville de Tours, Matthieu de Vendôme arrivait à Paris en l'année 1165.

« Mais alors d'où venait-il? Il venait d'Orléans, qu'il avait plus longtemps habité. Nous l'y trouvons vers l'année 1145, puisqu'il composa dans cette ville son *Ars versificatoria* et qu'il y cite la *Cosmographia Turonensis* de son ancien maître, dédiée, comme on le sait, au nouveau pape Eugène III. Nous l'y trouvons même avant 1142, puisque, partant pour Paris, il fait ainsi ses adieux aux murs d'Orléans :

> Parisius maturo gradum; mihi dulcis alumna,
> Tempore Primatis, Aurelianis ave !

« Or, le chroniqueur Richard de Poitiers nous atteste que cet illustre farceur Hugues, déjà surnommé le Primat ou Primat, comme ayant eu le premier rang parmi les professeurs d'Orléans, et, pour son inconduite, dépossédé de sa charge, résidait en 1142 dans la ville de Paris, où sans doute il s'était réfugié après son éclatante disgrâce. Suppose-t-on qu'il y était à cette date récemment venu? Suppose-t-on, en outre, que Matthieu n'avait quitté l'école de Tours pour celle d'Orléans que la veille même du jour où Primat fuyait vers Paris? Ce n'est pas certainement ce que semble dire *Tempore Primatis mihi dulcis alumna*. Cependant, admettons l'une et l'autre hypothèse. Comme il avait étudié cinq ans au moins à l'école de Bernard *Silvestris*, Matthieu l'avait eu pour maître, à Tours, en cette année 1136 où Jean de Salisbury, visitant Paris, y prêtait l'oreille aux leçons de Bernard de Chartres. Notons enfin qu'en cette année 1136 Bernard *Silvestris* avait acquis déjà, comme professeur, un grand renom, *decus Turonense, studii gemma*, etc., etc. On a donc lieu de croire que l'enseignement de l'un et celui de l'autre commencèrent, à Tours, à Paris, vers le même temps.

« Nous aurions encore quelques raisons à donner pour montrer que les deux Bernard ne doivent pas être confondus; mais celles-là nous semblent suffire.

« Votre bien dévoué,

« B. HAURÉAU. »

M. Langlois nous communique la note suivante :

« Au sujet de l'un des problèmes traités dans mon article intitulé : *Maître Bernard,* — l'identification de Bernard *Silvester* et de Bernard de Chartres, — je n'ai pas eu la bonne fortune de convaincre les deux savants qui avaient soutenu, avant moi, pour des raisons différentes, une opinion contraire à la mienne. On vient de voir que M. Hauréau n'est pas convaincu ; M. l'abbé Clerval, de son côté, ne se rend pas à l'argumentation que j'ai empruntée à M. Hauréau contre sa thèse[1]. Est-il possible, en cette matière, d'arriver à une conclusion qui s'impose à tous ? C'est ce que j'aurai peut-être l'occasion d'examiner bientôt à propos de l'ouvrage considérable que M. Clerval prépare sur « l'École de Chartres au moyen âge, » et du livre que M. Max Herrmann nous promet, à bref délai, sur l'histoire de la Rhétorique médiévale[2].

« Je profite, en attendant, de l'occasion présente pour signaler un nouvel exemplaire partiel de la Somme bernardine, à joindre aux manuscrits que j'ai énumérés ci-dessus (p. 231-232). C'est le ms. n° 45 de la Bibliothèque communale de Savignano di Romagna (Italie), ainsi décrit au tome I des *Inventari dei manoscritti delle biblioteche d'Italia,* de M. Mazzatinti : « Incipit liber artis omnigenum dictaminum. De dicta- « minum scientia nulla industria facetus... (fol. 1-37). — Incipit « metrice scientie plena eruditio a Bernardo M[agdunensi] diligenter « edita (fol. 37-58). — Grata rithmorum documenta noviter ad animo- « rum jocunditatem edita (fol. 59-70). — Incipiunt colores rhetorici « metrice compositi (fol. 70-86). — Incipiunt multiplices epistole que « diversis et variis negotiis utiliter possunt accomodari, a Bernardino « composite (fol. 86-133). » — Suit l'*epistolarium* de Gui Faba. Le manuscrit, du xiv° siècle, est incomplet. »

PROCÉDÉ POUR REPRODUIRE LES FILIGRANES
DU PAPIER.

L'instruction suivante a été communiquée au congrès des sociétés savantes par notre confrère M. Jules Gauthier, archiviste du Doubs :

« Placer sous le filigrane (ce dernier étant disposé de façon que la dépression en creux soit tournée en haut) une feuille de papier au ferro-prussiate ; mettre ensuite une plaque de verre sur le papier. Exposer le tout en plein soleil en lui donnant, s'il est possible, une légère inclinai-

---

1. Voy. Merlet et Clerval, *un Manuscrit chartrain du XI° siècle.* Chartres, 1893, in-4°.

2. Max Herrmann, *Albrecht von Eyb und die Frühzeit des deutschen Humanismus.* Berlin, 1893, in-8°, p. 175, note 1.

son. Quinze à vingt minutes suffiront pour que le filigrane, agissant comme un cliché photographique, ait tracé ses moindres détails, ainsi que les « pontuseaux » et « vergeures » qui l'avoisinent, sur le papier au ferro-prussiate. Celui-ci, au sortir du châssis-presse, est immédiatement plongé dans l'eau et soumis à un soigneux lavage sous un jet de fontaine pendant quelques minutes; on le fait sécher ensuite en le plaçant sur du papier buvard, la face bleutée appliquée sur celui-ci, sans l'exposer, durant ces manipulations, aux rayons directs du soleil.

« Un châssis-presse d'assez fortes dimensions, tel qu'il est usité pour le tirage des épreuves photographiques, servira pour les filigranes sur feuillets détachés. Pour ceux qui se trouvent sur les feuillets d'un manuscrit ou d'un livre, il sera bon de créer un appareil particulier basé sur les données nécessaires : 1° rendre au moyen d'une pression suffisante le papier du filigrane parfaitement lisse; 2° empêcher tout déplacement du cliché et de l'épreuve pendant la durée de l'exposition au soleil. »

Ajoutons que le même procédé peut être employé pour prendre un calque de tout document écrit, imprimé ou dessiné, pourvu qu'il soit tracé en traits bien noirs, sur papier mince, et que le verso soit entièrement blanc. On applique le verso du document sur la face sensible du papier au ferro-prussiate, on établit une pression suffisante pour assurer un contact parfait, et on prolonge l'exposition plus longtemps que pour la reproduction d'un filigrane. Après le lavage, on verra un fac-similé exact des caractères ou du dessin de l'original se détacher en blanc sur fond bleu.

ERRATUM.

A la page 195, ligne 3, en remontant : au lieu de *Courtaux,* il faut lire *Courteault.*

LISTE DES SOUSCRIPTEURS

A LA

BIBLIOTHÈQUE DE L'ÉCOLE DES CHARTES [1]

POUR L'ANNÉE 1893.

Bibliothèques et Sociétés.

PARIS.

Académie des inscriptions et belles-lettres.
Alliance israélite.
Archives départementales de la Seine.
Archives nationales.
Association générale des étudiants.
Bibliographie de la France, journal général de l'imprimerie et de la librairie.
Bibliothèque de l'Arsenal.
— *Cardinal.*
— *Mazarine.*
— *nationale* (département des imprimés).
— —(département des manuscrits).
— *de l'Université,* à la Sorbonne.
— *de la Ville.*
Cercle agricole.
Cercle catholique des étudiants.
Chambre des députés.

Directeur de l'enseignement supérieur, au ministère de l'Instruction publique.
Directeur du secrétariat et de la comptabilité, au ministère de l'Instruction publique.
École nationale des chartes (2 ex.).
École normale supérieure.
École Sainte-Geneviève.
Études religieuses.
Faculté de droit.
Institut catholique.
Ministère de l'Instruction publique (55 ex.).
Ministère de la Marine.
Ordre des avocats.
Revue archéologique.
Revue historique.
Société bibliographique.
Société historique.

DÉPARTEMENTS.

AIX-EN-PROVENCE. *Bibliothèque Méjanes.*
— — *universitaire.*
ALBI. *Archives du Tarn.*
ALGER. *Bibliothèque universitaire.*
AMIENS. *Société des Antiquaires de Picardie.*
ANGERS. *Société d'agriculture.*

ARRAS. *Bibliothèque de la Ville.*
AVRANCHES. *Société d'archéologie.*
BAYONNE. *Bibliothèque de la Ville.*
BESANÇON. *Biblioth. universitaire.*
BÉZIERS. *Société archéologique.*
BLOIS. *Bibliothèque de la Ville.*
BORDEAUX. *Bibliothèque de la Faculté de droit.*

---

1. Ceux des souscripteurs dont les noms seraient mal orthographiés, les titres omis ou inexactement imprimés, sont instamment priés de vouloir bien adresser leurs réclamations à M. Alphonse PICARD, libraire de la Société de l'École des chartes, rue Bonaparte, 82, à Paris, afin que les mêmes fautes ne puissent se reproduire dans la cinquante-cinquième liste de nos souscripteurs, qui sera publiée, suivant l'usage, à la fin du prochain volume de la *Bibliothèque.*

— *Bibliothèque universitaire.*
BOULOGNE-SUR-MER. *Bibliothèque de la Ville.*
CARCASSONNE. *Archives de l'Aude.*
CHATEAUROUX. *Archives de l'Indre.*
CHERBOURG. *Bibliothèque de la Ville.*
CLERMONT-FERRAND. *Archives du Puy-de-Dôme.*
— *Bibliothèque universitaire.*
DOUAI. *Société d'agriculture.*
DRAGUIGNAN. *Archives du Var.*
GUÉRET. *Archives de la Creuse.*
LIGUGÉ. *Bénédictins* (RR. PP.).
LILLE. *Archives du Nord.*
— *Biblioth. de l'Institut catholique.*
— — *universitaire.*
LYON. *Bibliothèque de l'Archevêché.*
— — *de la Faculté de droit.*
— — *de l'Institut catholique.*
— — *universitaire.*
MANS (LE). *Bibliothèque de la Ville.*
MARSEILLE. *Archives municipales.*
— *Bibliothèque de la Ville.*
MONTAUBAN. *Bibliothèque de la Ville.*
MONTBRISON. *Société de la Diana.*
MONTPELLIER. *Bibliothèque universitaire.*
MOULINS. *Bibliothèque de la Ville.*

NANCY. *Bibliothèque de la Ville.*
NANTES. *Bibliothèque de la Ville.*
NICE. *Bibliothèque de la Ville.*
NIORT. *Archives des Deux-Sèvres.*
ORLÉANS. *Bibliothèque de la Ville.*
PAU. *Bibliothèque de la Ville.*
POITIERS. *Bibliothèque universitaire.*
— — *de la Ville.*
— *Société des Antiquaires de l'Ouest.*
REIMS. *Bibliothèque de la Ville.*
RENNES. *Bibliothèque universitaire.*
— — *de la Ville.*
ROCHELLE (LA). *Bibliothèque de la Ville.*
ROUEN. *Bibliothèque de la Ville.*
SAINTES. *Bibliothèque de la Ville.*
SAINT-ETIENNE. *Bibliothèque de la Ville.*
SOISSONS. *Bibliothèque de la Ville.*
SOLESMES. *Bénédictins* (RR. PP.).
TOULOUSE. *Bibliothèque universitaire.*
TOURS. *Bibliothèque de la Ville.*
VALENCIENNES. *Bibliothèque de la Ville.*
VENDÔME. *Bibliothèque de la Ville.*
VITRÉ. *Bibliothèque de la Ville.*

ÉTRANGER.

BALTIMORE. *American (the) Journal of archaeology.*
— *Bibliothèque Peabody.*
BARCELONE. *Ateneo Barcelones.*
BERNE. *Bibliothèque cantonale.*
— — *de l'Université.*
BRUXELLES. *Académie royale des lettres, des sciences et des beaux-arts* de Belgique.
— *Bollandistes* (RR. PP.).
BUKAREST. *Bibliothèque centrale.*
CAMBRIDGE (États-Unis). *Collège Harvard.*
FLORENCE. *Archives de Toscane.*
— *Archivio storico italiano.*
FRIBOURG. *Bibliothèque cantonale.*
GENÈVE. *Archives.*
— *Bibliothèque cantonale.*
— — *de l'Université.*
JERSEY. *Cour royale.*
LAUSANNE. *Bibliothèque cantonale.*
LISBONNE. *Bibliothèque nationale.*
LONDRES. *English (the) hist. review.*

LOUVAIN. *Jésuites* (RR. PP.).
MALTE. *Bibliothèque publique.*
MAREDSOUS. *Bénédictins* (RR. PP.).
METZ. *Archives.*
MILAN. *Archivio storico lombardo.*
MONT-CASSIN. *Bénédictins* (RR. PP.).
NEW-YORK. *American (the) geographical society.*
PALERME. *Bibliothèque nationale.*
PISE. *Bibliothèque de l'Université.*
ROME. *Accademia (Reale) dei Lincei.*
— *Archives du Vatican.*
— *Bibliothèque Victor-Emmanuel.*
— *École française.*
— *Società romana di storia patria.*
SOFIA. *Bibliothèque de l'Université.*
VIENNE. *Académie impériale des sciences* (classe philosophico-historique).
— *Bibliothèque de l'Université.*
— *Mittheilungen des Instituts für österreichische Geschichtsforschung.*

MM.

*ALAUS (Paul), à Montpellier[1].
ALBON (le marquis D'), au château d'Avenges (Rhône).
*ALLEMAGNE (Henry D'), attaché à la Bibliothèque de l'Arsenal, à Paris.
*ANCHIER (Camille), attaché à la Bibliothèque nationale, à Paris.
*ANDRÉ (Édouard), archiviste de l'Ardèche, à Privas.
*ANDRÉ (Francisque), archiviste de l'Aube, à Troyes.
APPERT, à Flers.
*ARBOIS DE JUBAINVILLE (Henry D'), membre de l'Institut, professeur au Collège de France, à Paris.
ASHER ET Cⁱᵉ, à Berlin (11 ex.).
*AUBERT (Félix), à Saint-Mandé (Seine).
*AUBERT (Hippolyte), conservateur de la bibliothèque de Genève, à Vermont, près Genève (Suisse).
*AUBRY-VITET (Eugène), à Paris.
*AUDREN DE KERDREL, sénateur, à Paris.
AUMALE (le duc D'), à Chantilly.
*AUVRAY (Lucien), sous-bibliothécaire à la Bibliothèque nationale, à Paris.
*BABELON (Ernest), conservateur à la Bibliothèque nationale, à Paris.
BAER ET Cⁱᵉ, à Francfort.
*BAILLET (Auguste), à Orléans.
BALME (le R. P.), à Paris.
BARRAS, à Saint-Maxime (Var).
BARRIÈRE-FLAVY, avocat, à Toulouse.
*BARROUX (Marius), archiviste adjoint de la Seine, à Paris.
*BARTHÉLEMY (Anatole DE), membre de l'Institut, à Paris.
*BATAILLARD (Paul), archiviste de la Faculté de médecine, à Paris.
*BATIFFOL (Louis MANCEST-), stagiaire à la Bibliothèque nationale, à Versailles.
*BAUDON DE MONY (Charles), à Paris.

*BEAUCORPS (le vicomte DE), à Orléans.
BEAUCOURT (le marquis DE), à Paris.
*BEAUREPAIRE (Charles DE), correspondant de l'Institut, archiviste de la Seine-Inférieure, à Rouen.
BELLET (l'abbé), à Tain (Drôme).
*BÉMONT (Charles), maître de conférences à l'École des hautes études, à Paris.
*BERGER (Élie), archiviste aux Archives nationales, à Paris.
BERLOQUIN, curé de Courcoué (Indre-et-Loire).
*BERTHELÉ (Joseph), archiviste de l'Hérault, à Montpellier.
*BERTHOU (Paul DE), à Nantes.
*BERTRAND DE BROUSSILLON (Arthur), au Mans.
BESSE (dom), à l'abbaye de Ligugé (Vienne).
BILOT DE CHATEAURENAULT, à Paris.
*BLANCARD (Louis), correspondant de l'Institut, archiviste des Bouches-du-Rhône, à Marseille.
BLANCHARD, à Nantes.
BOCCA, libraire, à Turin (4 ex.).
BONDOIS, professeur au Lycée Buffon, à Paris.
*BONNARDOT (François), sous-inspecteur des travaux historiques de la ville de Paris, à Montrouge (Seine).
*BONNASSIEUX (Pierre), archiviste aux Archives nationales, à Paris.
*BONNAULT D'HOUÉT (le baron DE), au château d'Hailles, par Moreuil (Somme).
*BOREL (Frédéric), à Paris.
BORRANI, libraire, à Paris (3 ex.).
BOUCHER (Mᵐᵉ), à Cherbourg.
*BOUCHOT (Henri), bibliothécaire à la Bibliothèque nationale, à Paris.
BOUDET, président du tribunal, à Saint-Flour.
*BOUGENOT (Symphorien), à Paris.

---

1. Les noms précédés d'un astérisque sont ceux des membres de la Société de l'École des chartes.

*Bourbon (Georges), archiviste de l'Eure, à Évreux.

*Bourgeois (Alfred), archiviste de Loir-et-Cher, à Blois.

*Bourmont (le comte Amédée de), à Paris.

*Bournon (Fernand), à Paris.

Bouvy (le R. P. Eugène), à Paris.

Bréard (Ch.), à Versailles.

Bresson, à la Seyne (Var).

Brockhaus, libraire, à Leipzig (5 ex.).

Brôlemann, à Paris.

*Bruchet (Max), archiviste de la Haute-Savoie, à Annecy.

*Bruel (Alexandre), sous-chef de section aux Archives nationales, à Paris.

*Brutails (Auguste), archiviste de la Gironde, à Bordeaux.

*Buche (Henri), à Paris.

Buchholz, libraire, à Munich.

Buck, libraire, à Luxembourg.

Bull, libraire, à Strasbourg.

Caarelsen, libraire, à Amsterdam.

Cabié, à Roqueserrière (Haute-Garonne).

Caix de Pierlas, à Turin.

*Calmettes (Fernand), à Paris.

*Campardon (Émile), chef de section aux Archives nationales, à Paris.

Carabin, à Paris.

Carrère, à Toulouse.

*Casati (Charles), conseiller honoraire à la Cour d'appel, à Paris.

*Castan, correspondant de l'Institut, bibliothécaire de la ville, à Besançon.

Cauvet, président de chambre honoraire, à Montpellier.

*Cauwès, professeur à la Faculté de droit de Paris, à Versailles.

*Cerise (le baron), à Paris.

*Chambure (Hugues de), au château de Montmartin (Nièvre).

Champion, libraire, à Paris.

*Charavay (Étienne), à Paris.

Chardon (H.), conseiller général, au Mans.

Charmasse (de), à Autun.

*Chatel (Eugène), à Paris.

*Chauffier (l'abbé), à Vannes.

Cherbuliez, libraire, à Genève.

Chevalier (l'abbé J.), à Romans (Drôme).

Chevalier (l'abbé U.), à Romans (Drôme).

Chevelle, notaire, à Vaucouleurs (Meuse).

Clausen, libraire, à Palerme.

*Clédat (Léon), doyen de la Faculté des lettres, à Lyon.

*Clément (l'abbé Maurice), à Paris.

Condamin (le Dr), à Lyon.

*Coppinger (Emmanuel), à Paris.

*Corda (Augustin), sous-bibliothécaire à la Bibliothèque nationale, à Paris.

*Coüard (Émile), archiviste de Seine-et-Oise, à Versailles.

*Couderc (Camille), sous-bibliothécaire à la Bibliothèque nationale, à Paris.

*Coulon (Auguste), membre de l'École française, à Rome.

*Courajod (Louis), conservateur au musée du Louvre, à Paris.

*Couraye du Parc (Joseph), sous-bibliothécaire à la Bibliothèque nationale, à Paris.

Courcel (Valentin de), à Paris.

*Courteault (Henri), archiviste aux Archives nationales, à Paris.

Coussemaker (de), à Bailleul (Nord).

*Coville (Alfred), professeur à la Faculté des lettres, à Lyon.

*Coyecque (Ernest), archiviste aux Archives de la Seine, à Paris.

*Croÿ (Joseph de), au château de Monteaux (Loir-et-Cher).

*Cucheval-Clarigny, membre de l'Institut, à Paris.

Cumont (le marquis de), à la Roussière, près Coulonges (Deux-Sèvres).

*Curzon (Henri de), archiviste aux Archives nationales, à Paris.

Daguin, avocat, à Paris.

*Dareste (Rodolphe), membre de l'Institut, conseiller à la Cour de cassation, à Paris.

Daspit de Saint-Amand, à la Réole.

*Daumet (Georges), à Paris.

*David (Louis), conseiller maître honoraire à la Cour des comptes, à Paris.

*Delaborde (le vicomte H.-François), archiviste aux Archives nationales, à Paris.

*Delachenal (Roland), à Paris.

*Delahaye (Jules), ancien député, à Tours.

*Delaville Le Roulx (Joseph), à Paris.

*Delisle (L.), membre de l'Institut, administrateur général de la Bibliothèque nationale, à Paris.

Deloche, membre de l'Institut, à Paris.

*Deloye (Augustin), ancien conservateur du musée Calvet, à Avignon.

*Demaison (Louis), archiviste de la ville, à Reims.

*Demante (Gabriel), professeur honoraire à la Faculté de droit de Paris, à Castelnaudary.

Denifle (le R. P.), archiviste au Vatican, à Rome.

Denis (le chanoine), à Meaux.

*Deprez (Michel), conservateur à la Bibliothèque nationale, à Paris.

*Desjardins (Gustave), chef de bureau au ministère de l'instruction publique, à Paris.

*Digard (Georges), professeur à l'Institut catholique, à Paris.

Dion (Adolphe de), à Montfort-l'Amaury.

*Dorez (Léon), stagiaire à la Bibliothèque nationale, à Paris.

Douais (l'abbé), professeur d'histoire à l'École supérieure de théologie, à Toulouse.

Drème, premier président honoraire de la Cour d'appel, à Agen.

*Dubois-Guchan (Gaston), à Sées (Orne).

*Du Chêne (Arthur), à Baugé (Maine-et-Loire).

*Ducom (André), attaché aux archives de la Chambre des députés, à Paris.

*Dufour (Théophile), directeur de la bibliothèque de la ville, à Genève.

*Dufourmantelle (Charles), à Ajaccio.

*Dufresne de Saint-Léon (Arthur), à Paris.

Dulau et Cie, libraires, à Londres (4 ex.).

Dumolard, à Milan.

Dumoulin, professeur, à Roanne.

*Dunoyer de Segonzac (Jacques), archiviste de la Sarthe, au Mans.

*Dupond (Alfred), archiviste des Deux-Sèvres, à Niort.

*Dupont-Ferrier (Gustave), professeur au lycée, à Lons-le-Saunier.

*Durand (Georges), archiviste de la Somme, à Amiens.

*Durrieu (Paul), conservateur adjoint au musée du Louvre, à Paris.

Duruy, membre de l'Institut, à Paris.

Duval, à Paris.

*Duval (Louis), archiviste de l'Orne, à Alençon.

Duvivier, avocat, à Bruxelles.

*Eckel (Auguste), archiviste de la Haute-Saône, à Vesoul.

Engelcke, libraire, à Gand.

*Enlart (Camille), à Paris.

*Estienne (Charles), archiviste du Morbihan, à Vannes.

Even (P.), à Paris.

*Fagniez (Gustave), à Paris.

Falk, libraire, à Bruxelles.

Farcy (de), à Château-Gonthier.

*Faucon (Maurice), à Arlanc (Puy-de-Dôme).

*Favre (Camille), colonel-brigadier d'infanterie, à Genève.

*Feugère des Forts (Philippe), à Paris.

*Finot (Jules), archiviste du Nord, à Lille.

*Finot (Louis), sous-bibliothécaire à la Bibliothèque nationale, à Paris.

Flach, professeur au Collège de France, à Paris.

*Flamare (Henri de), archiviste de la Nièvre, à Nevers.

*Flammermont (Jules), professeur à la Faculté des lettres, à Lille.

*Fleury (Paul de), archiviste de la Charente, à Angoulême.

*Flourac (Léon), archiviste des Basses-Pyrénées, à Pau.

*Forgeot (Henri), à Paris.

Fouilhoux (l'abbé), à Clermont-Ferrand.

*Fournier (Marcel), professeur agrégé à la Faculté de droit de Caen, à Paris.

*Fournier (Paul), professeur à la Faculté de droit, à Grenoble.

Fournier-Latouraille, à Brioude.

* François Saint-Maur, ancien président de chambre à la Cour d'appel, à Pau.

*Fréminville (Joseph de), archiviste de la Loire, à Saint-Étienne.

Frick, libr., à Vienne (Autriche).

* Froment (Albert), à Paris.

* Funck-Brentano (Frantz), sous-bibliothécaire à la Bibliothèque de l'Arsenal, à Paris.

*Furgeot (Henri), archiviste aux Archives nationales, à Paris.

* Gaillard (Henri), professeur au collège Stanislas, à Paris.

Gama-Barros (de), à Lisbonne.

*Gauthier (Jules), archiviste du Doubs, à Besançon.

Gautier (J.), à Paris.

*Gautier (Léon), membre de l'Institut, chef de section aux Archives nationales, professeur à l'École des chartes, à Paris.

Gebethner et Cie, libraires, à Varsovie.

*Gerbaux (Fernand), archiviste aux Archives nationales, à Paris.

Gerold et Cie, à Vienne (3 ex.).

* Giraudin (l'abbé), directeur au grand séminaire, à Périgueux.

* Giry (Arthur), professeur à l'École des chartes, à Paris.

Glasson, membre de l'Institut, à Paris.

*Gossin (Léon), à Paris.

*Grand (Daniel), archiviste de la ville, à Montpellier.

* Grandjean (Charles), secrétaire-rédacteur au Sénat, à Paris.

* Grandmaison (Charles de), correspondant de l'Institut, archiviste d'Indre-et-Loire, à Tours.

*Grandmaison (Louis de), sous-bibliothécaire à la Bibliothèque nationale, à Paris.

*Gréa (dom), supérieur des Chanoines réguliers, à Saint-Antoine (Isère).

Gremaud (l'abbé), professeur, à Fribourg (Suisse).

*Guérin (Paul), secrétaire des Archives nationales, à Paris.

* Guiffrey (Jules), administrateur des Gobelins, à Paris.

* Guignard (Philippe), bibliothécaire de la ville, à Dijon.

*Guigue (Georges), archiviste du Rhône, à Lyon.

*Guilhiermoz (Paul), bibliothécaire honoraire à la Bibliothèque nationale, à Paris.

Guillaume (l'abbé), archiviste des Hautes-Alpes, à Gap.

* Guillaume (Joseph), archiviste aux Archives nationales, à Paris.

* Hanotaux (Gabriel), directeur au ministère des Affaires étrangères, à Paris.

Hauréau, membre de l'Institut, à Paris.

* Havet (Julien), conservateur adjoint à la Bibliothèque nationale, à Paris.

* Helleu (Joseph), à Paris.

* Henry (Abel), à Paris.

* Herbet (Félix), avocat, à Paris.

* Herbomez (Armand d'), au château d'Orcq, par Tournay (Belgique).

Herluison, libraire, à Orléans.

* Héron de Villefosse (Antoine), membre de l'Institut, conservateur au musée du Louvre, à Paris.

* Hervieu (Henri), ancien député, à Avallon.

* Himly (Auguste), membre de l'Institut, doyen de la Faculté des lettres, à Paris.

Hoche, à Paris.

Houdebine, à Combrée (Maine-et-Loire).

* Hugues (Adolphe), archiviste de Seine-et-Marne, à Melun.

* Isnard (Albert), sous-bibliothécaire à la Bibliothèque nationale, à Paris.

Jacob, archiviste, conservateur du musée, à Bar-le-Duc.

* Jacqueton (Gilbert), conservateur adjoint de la Bibliothèque-Musée, à Alger.

Janvier (le comte), à Amiens.

*Jarry (Eugène), ancien auxiliaire de l'Institut, à Orléans.

*Joüon des Longrais (Frédéric), à Rennes.

*Kaulek (Jean), sous-directeur adjoint au ministère des Affaires étrangères, à Paris.

Kermaingant (de), à Paris.

*Kohler (Charles), bibliothécaire à la Bibliothèque Sainte-Geneviève, à Paris.

Kramers, libraire, à Rotterdam (2 ex.).

*Labande (Honoré), conservateur du musée Calvet, à Avignon.

*Laborde (le marquis de), à Paris.

*La Borderie (Arthur de), membre de l'Institut, à Vitré (Ille-et-Vilaine).

*Labrouche (Paul), archiviste des Hautes-Pyrénées, à Tarbes.

*Lacaille (Henri), à Paris.

Lachenal, ancien receveur des finances, à Brioude.

*Lair (Jules), directeur de la Compagnie des entrepôts et magasins généraux, à Paris.

*Lalanne (Ludovic), bibliothécaire de l'Institut, à Paris.

*Laloy (Émile), sous-bibliothécaire à la Bibliothèque nationale, à Paris.

Lameere, conseiller à la cour, à Bruxelles.

Lamertin, à Bruxelles.

Lamm (Per), librairie Nilsson, à Paris (9 ex.).

*Langlois (Ch.-V.), chargé de cours à la Faculté des lettres, à Paris.

*Langlois (Ernest), professeur à la Faculté des lettres, à Lille.

*La Rochebrochard (Henri de), au château de Boissoudan, par Champdeniers (Deux-Sèvres).

*La Roncière (Charles Bourel de), membre de l'École française, à Rome.

Laschenais (de), au château de la Salle (Saône-et-Loire).

Lascombe (A.), au Puy-en-Velay.

*La Serre (Roger Barbier de), conseiller référendaire à la Cour des comptes, à Paris.

*Lasteyrie (le comte Robert de), membre de l'Institut, professeur à l'École des chartes, député, à Paris.

Lauer, élève de l'École des chartes, à Neuilly-sur-Seine.

*Laurent (Paul), archiviste des Ardennes, à Mézières.

*Le Brethon (Paul), attaché à la Bibliothèque nationale, à Paris.

*Lecestre (Léon), archiviste aux Archives nationales, à Paris.

Leclerc (l'abbé), au collège de Vaugirard, à Paris.

Lecorvec, à Paris.

*Lecoy de la Marche, sous-chef de section aux Archives nationales, à Paris.

*Ledos (Eugène-Gabriel), sous-bibliothécaire à la Bibliothèque nationale, à Paris.

Lefeuvre, à Jersey.

*Lefèvre (André), professeur à l'École d'anthropologie, à Paris.

*Lefèvre-Pontalis (Eugène), à Paris.

*Lefèvre-Pontalis (Germain), secrétaire d'ambassade, à Paris.

*Lefoullon (Anatole), député, à Paris.

*Lefranc (Abel), secrétaire du Collège de France, à Paris.

*Le Grand (Léon), archiviste aux Archives nationales, à Paris.

*Lelong (Eugène), archiviste aux Archives nationales, à Paris.

Lemaire, à Paris.

*Lemonnier (Henry), professeur à l'École des beaux-arts, chargé de cours à la Faculté des lettres, à Paris.

*Lempereur (Louis), archiviste de l'Aveyron, à Rodez.

*Léonardon (Henri), conservateur adjoint de la Bibliothèque, à Versailles.

Léotard, sous-bibliothécaire de la ville, à Montpellier.

*Leroux (Alfred), archiviste de la Haute-Vienne, à Limoges.

Le Soudier, libraire, à Paris (6 ex.).

Le Sourd (le Dr), à Paris.

*Lespinasse (René de), à Paris.

Lestringant, libraire, à Rouen.

Lévêque, à l'abbaye Sainte-Madeleine, à Marseille.

Lévis-Mirepoix (le duc de), au château de Léran (Ariège).

* Lex (Léonce), archiviste de Saône-et-Loire, à Mâcon.

Liénard, secrétaire de la Société philomathique, à Verdun-sur-Meuse.

Loescher et Cie, libraires, à Rome.

Lorenz (Alf.), libraire, à Leipzig.

* Loriquet (Henri), archiviste du Pas-de-Calais, à Arras.

* Lot (Ferdinand), attaché à la bibliothèque de la Sorbonne, à Paris.

* Loth (Arthur), à Versailles.

Louis-Lucas, professeur à la Faculté de droit, à Dijon.

* Maitre (Léon), archiviste de la Loire-Inférieure, à Nantes.

* Mandrot (Bernard de), à Paris.

* Manneville (Henri de), secrétaire d'ambassade, à Berlin.

Marais, chef d'escadron d'artillerie, à Poitiers.

* Marais (Paul), sous-bibliothécaire à la Bibliothèque Mazarine, à Paris.

Marchant, curé de Varambon (Ain).

* Marichal (Paul), archiviste aux Archives nationales, à Paris.

* Marsy (Arthur de), à Compiègne.

* Martel (Félix), inspecteur général de l'enseignement primaire, à Garches (Seine-et-Oise).

* Martin (Camille), à Paris.

* Martin (Henry), conservateur adjoint à la bibliothèque de l'Arsenal, à Paris.

* Marty-Laveaux (Ch.), à Paris.

* Mas Latrie (Louis de), membre de l'Institut, à Paris.

* Mas Latrie (René de), chef de bureau au ministère de l'instruction publique, à Paris.

Masson, à Amiens.

* Maulde La Clavière (René de), à Paris.

Maumus, avocat, à Mirande.

* Mazerolle (Fernand), archiviste de la Monnaie, à Paris.

* Merlet (René), archiviste auxiliaire d'Eure-et-Loir, à Chartres.

* Meunier du Houssoy (Ernest), à Paris.

Mévil (Mme Sainte-Marie), à Viéville (Haute-Marne).

* Meyer (Paul), membre de l'Institut, directeur de l'École des chartes, à Paris.

Meynial, professeur à la Faculté des lettres, à Montpellier.

Millard, curé de Saint-Gond, par Baye (Marne).

Mireur, archiviste du Var, à Draguignan.

Moindrot, libraire, à Romorantin.

* Molard (François), archiviste de l'Yonne, à Auxerre.

* Molinier (Auguste), professeur à l'École des chartes, à Paris.

* Molinier (Émile), conservateur au musée du Louvre, à Paris.

* Monclar (le marquis de), ministre plénipotentiaire, à Caracas.

Monléon (de), à Menton.

* Montaiglon (Anatole de), professeur à l'École des chartes, à Paris.

* Moranvillé (Henri), bibliothécaire honoraire à la Bibliothèque nationale, à Paris.

Moré (Louis), libraire, à Paris.

* Morel-Fatio (Alfred), secrétaire de l'École des chartes, à Paris.

* Moris (Henri), archiviste des Alpes-Maritimes, à Nice.

* Mortet (Charles), conservateur à la Bibliothèque Sainte-Geneviève, à Neuilly-sur-Seine.

* Mortet (Victor), bibliothécaire de l'Université à la Sorbonne, à Neuilly-sur-Seine.

Nepolsky, à Paris.

* Nerlinger (Charles), stagiaire à la Bibliothèque nationale, à Paris.

* Neuville (Didier), sous-chef de bureau au ministère de la marine, à Paris.

Nierstrasz, libraire, à Liège.

Nijhoff, à la Haye.

Nolval (Alfred), à Paris.

*Normand (Jacques), à Paris.
Nutt (David), libraire, à Londres.
Oleire, libraire, à Strasbourg.
Olivier (Em.), à Lyon.
*Omont (Henri), conservateur adjoint à la Bibliothèque nationale, à Paris.
Ongania et Cie, libraires, à Venise.
*Paillard, ancien préfet, à Charly, près Cluny.
Pange (le comte de), à Saint-Germain-en-Laye.
*Paradis (l'abbé), curé de Sainte-Marguerite, à Paris.
Parent de Rosan, à Paris.
*Parfouru (Paul), archiviste d'Ille-et-Vilaine, à Rennes.
*Paris (Gaston), membre de l'Institut, professeur au Collège de France, à Paris.
Parker, libraire, à Oxford.
*Pasquier (Félix), archiviste de l'Ariège, à Foix.
*Passy (Louis), député, à Paris.
*Pécoul (Auguste), à Paris.
Peeters, à Louvain.
*Pélicier (Paul), archiviste de la Marne, à Châlons-sur-Marne.
Pelizza, à Cannes.
*Pelletan (Camille), député, à Paris.
*Peretti de la Rocca (Emmanuel de), à Arcueil (Seine).
*Périn (Jules), avocat, à Paris.
*Petit-Dutaillis (Charles), à Paris.
*Philippon (Georges), à Paris.
*Picard (Auguste), libraire-éditeur, à Paris.
*Planchenault (Adrien), à Angers.
*Poëte (Marcel), attaché à la Bibliothèque Sainte-Geneviève, à Paris.
Poitevin, à Paris.
Porée, curé de Bournainville (Eure).
Porquet, libraire, à Paris.
*Port (Célestin), membre de l'Institut, archiviste de Maine-et-Loire, à Angers.
*Portal (Charles), archiviste du Tarn, à Albi.
*Pougin (Paul), à Paris.

*Prost (Bernard), sous-chef de bureau au ministère de l'instruction publique, à Paris.
*Prou (Maurice), sous-bibliothécaire à la Bibliothèque nationale, à Paris.
*Prudhomme (Auguste), archiviste de l'Isère, à Grenoble.
Quarré, libraire, à Lille.
Quidde (le Dr), à Munich.
*Raguenet de Saint-Albin (Octave), au château de Soulaire, par Orléans.
Rancogne (P. de), à Angoulême.
Ratyé (G.), à Lyon.
Rault (l'abbé), à Gausson (Côtes-du-Nord).
*Raunié (Émile), rédacteur au ministère de l'instruction publique, à Paris.
*Raynaud (Gaston), bibliothécaire honoraire à la Bibliothèque nationale, à Paris.
*Rébouis (Émile), bibliothécaire de l'Université, à Paris.
Regnier, à Évreux.
Reinwald, libraire, à Paris (6 ex.).
*Rendu (Armand), à Paris.
*Réville (André), à Paris.
*Reynaud (Félix), archiviste adjoint des Bouches-du-Rhône, à Marseille.
*Richard (Alfred), archiviste de la Vienne, à Poitiers.
*Richard (Jules-Marie), à Laval.
*Richebé (Raymond), à Paris.
Richemond (de), archiviste de la Charente-Inférieure, à la Rochelle.
*Richou (Gabriel), conservateur de la bibliothèque de la Cour de cassation, à Paris.
Ristelhuber (P.), à Strasbourg.
Rivière, au couvent de Santiago, à Uclès (Espagne).
Robert (l'abbé), à Paris.
*Robert (Ulysse), inspecteur général des bibliothèques et archives, à Saint-Mandé (Seine).
*Rocquain (Félix), membre de l'Institut, chef de section aux Archives nationales, à Paris.

*Romanet (le vicomte de), au château des Guillets, par Mortagne (Orne).

Roserot, archiviste des archives historiques, à Chaumont.

Rosny (de), à Boulogne-sur-Mer.

Rothschild (la bibliothèque du baron J. de), à Paris.

*Rouchon (Gilbert), archiviste du Puy-de-Dôme, à Clermont-Ferrand.

*Roussel (Ernest), archiviste de l'Oise, à Beauvais.

*Roux (Henri de), attaché à la Bibliothèque nationale, à Paris.

*Roy (Jules), professeur à l'École des chartes, à Paris.

*Rozière (Eugène de), membre de l'Institut, sénateur, à Paris.

Ruef, libraire, à Anvers.

Sabatier, à Saint-Cierge-la-Serre (Ardèche).

*Saige (Gustave), conservateur des archives du palais, à Monaco.

*Sainte-Agathe (Joseph de), à Besançon.

*Salles (Georges), auxiliaire de l'Institut, à Paris.

Sassenay (le marquis de), à Paris.

Schepens, libraire, à Bruxelles.

Schulz, libraire, à Paris.

*Sculfort (Henry), industriel, à Maubeuge (Nord).

Séguenot, à Paris.

Seigneur (l'abbé), à Paris.

*Senneville (Gaston de), conseiller référendaire à la Cour des comptes, à Paris.

*Sepet (Marius), bibliothécaire à la Bibliothèque nationale, à Paris.

*Servois (Gustave), garde général des Archives nationales, à Paris.

Sickel (Th. von), directeur de l'Institut autrichien d'études historiques, à Rome.

*Sœhnée (Frédéric), archiviste aux Archives nationales, à Paris.

*Sœhnée (Guillaume), à Paris.

*Souchon (Joseph), archiviste de l'Aisne, à Laon.

*Soullié (Louis), à Cumières (Marne).

*Soury (Jules), sous-bibliothécaire à la Bibliothèque nationale, à Paris.

*Soyer (Jacques), à Blois.

Spirgatis, à Leipzig.

*Spont (Alfred), attaché à la Bibliothèque de l'Arsenal, à Paris.

Steichert et Cie, libraires, à New-York (3 ex.).

*Stein (Henri), archiviste aux Archives nationales, à Paris.

*Tardif (Joseph), avocat, à Paris.

*Tausserat (Alexandre), sous-chef du bureau historique au ministère des Affaires étrangères, à Paris.

*Teilhard de Chardin (Emmanuel), à Sarcenat, par Clermont-Ferrand (Puy-de-Dôme).

Tempier (Dauphin), archiviste des Côtes-du-Nord, à Saint-Brieuc.

Terquem, libraire, à Paris.

*Terrat (Barthélemy), professeur à l'Institut catholique, à Paris.

*Teulet (Raymond), archiviste aux Archives nationales, à Paris.

Thoison, à Larchan (Seine-et-Marne).

*Tholin (Georges), archiviste de Lot-et-Garonne, à Agen.

Thomas, libraire, à Paris.

*Thomas (Antoine), chargé de cours à la Faculté des lettres, à Paris.

Thorin, libraire, à Paris (2 ex.).

*Tierny (Paul), archiviste du Gers, à Auch.

Touchebeuf, avocat, à Brioude.

*Tournouër (Henri), à Paris.

*Tranchant (Charles), ancien conseiller d'État, administrateur des Messageries maritimes et des Mines de la Loire, à Paris.

*Travers (Émile), ancien conseiller de préfecture, à Caen.

*Travers (Henry), attaché à la Bibliothèque nationale, à Paris.

Treuttel et Würtz, libraires, à Strasbourg (2 ex.).

Triger (Robert), au Mans.

*Trudon des Ormes (Amédée), sous-bibliothécaire à la Bibliothèque nationale, à Paris.

*Tuetey (Alexandre), sous-chef de section aux Archives nationales, à Paris.

Tumerel, libraire, à Saint-Omer.

* Vaesen (Joseph), à Paris.

* Vaissière (Pierre de), archiviste aux Archives nationales, à Paris.

Vallet de Viriville (Mme), à Paris.

* Valois (Noël), archiviste honoraire aux Archives nationales, à Paris.

Van Stockum, à la Haye.

Vauvilliers, avoué, à Dijon.

* Vayssière (Augustin), archiviste de l'Allier, à Moulins.

* Vernier (Jules), archiviste de la Savoie, à Chambéry.

* Vétault (Alphonse), bibliothécaire-archiviste de la ville, à Rennes.

* Veyrier du Muraud (l'abbé), premier vicaire, à Neuilly (Seine).

* Viard (Jules), archiviste aux Archives nationales, à Saint-Mandé (Seine).

Vignat, à Orléans.

* Viollet (Paul), membre de l'Institut, professeur à l'École des chartes, bibliothécaire-archiviste de la Faculté de droit, à Paris.

* Virey (Jean), à Paris.

Vyt, libraire, à Gand.

* Walckenaer (André), attaché à la Bibliothèque Mazarine, à Paris.

Wallon (H.), secrétaire perpétuel de l'Académie des inscriptions et belles-lettres, à Paris.

Watteville (le baron de), directeur honoraire au ministère de l'instruction publique, à Paris.

Welter, libraire, à Paris (7 ex.).

* Welvert (Eugène), rédacteur au ministère de l'instruction publique, au Chesnay (Seine-et-Oise).

Wescher, conservateur adjoint honoraire à la Bibliothèque nationale, à Paris.

TABLE DES MATIÈRES.

TABLE ALPHABÉTIQUE[1].

---

1. Les noms précédés d'un astérisque sont ceux des archivistes paléographes ou anciens élèves pensionnaires de l'École des chartes.

Nogent-le-Rotrou, imprimerie DAUPELEY-GOUVERNEUR.

9 780428 294540